MAGDEBURG

MAGDEBURG

PORTRÄT EINER STADT

VERLAG JANOS STEKOVICS

HALLE AN DER SAALE, IM JAHR 2004

Magdeburg. Phantastisch.

HANNS H. F. SCHMIDT

„Die Stadt Magdeburg ist nicht phantastisch." Diese Behauptung veröffentlichte im Jahre 1930 in einer Zeitschrift der Dramatiker Georg Kaiser. Sein Lebensbericht war überschrieben „Von Magdeburg nach Magdeburg", und man las: „Ich schaue mich um – und erblicke die Katastrophe einer Heimatstadt, die nicht in einer phantastischen Gegend liegt, sondern Magdeburg ist und nur einen Fluß Elbe hat, dem Kies entnommen wird, um diese kahle Stadt unbedenklich weiter zu bauen."
Selbstverständlich wollte er aber auch nicht ungerecht sein, bemerkte Georg Kaiser, denn vielleicht seien Heimatstädte wohl immer reizlos für den, der in ihnen aufwuchs und sich zu oft darin umschaute.
Es ist freilich eine Erfahrung, daß die meisten Menschen kaum noch unbefangen und aufgeschlossen sehen können, was sie tagtäglich vor Augen haben. Vielleicht hat der expressionistische Dichter darüber hinweg gesehen ... Und: Was ist phantastisch? Zunächst das Überraschende, mit dem unsere Gedanken und Gewohnheiten plötzlich aus den starren Gleisen geworfen werden. Oft ist es das Vergangene, das um uns seinen Kreis schließt. Das Gewesene – sowieso immer unvollständig überliefert – hinterläßt nachfolgenden Generationen leere Gehäuse. Wir geraten neugierig oder durch Zufall in sie, spazieren darin umher, wollen in ihnen leben mit unserem eigenen Zeit- und Weltverständnis. Und geraten in ungewohnte Widersprüche, in das Phantastische. Da berühren oder bedrohen uns fremde Schicksale. Hier entkommen wir nicht den ansonsten gemiedenen Gefühlen für Aufblühen, Reifen und Dahinwelken in der Zeit, diesem ruhelosen Fluß, der auch das Geröll unseres Wirkens gleichgültig auf dem Grunde fortspült. Wenig nur bleibt den Nachfahren am Ufer liegen.
Bestimmt war Magdeburg auch zu Georg Kaisers Zeiten eine phantastische Stadt: enge Gassen zwischen hohen, erbärmlich ineinandergeschachtelten Häusern; steile Treppen vom Ufer, dem

Anker- und Handelsplatz mit allerlei zwielichtigem Gesindel hinauf zu den Bordellgassen; unheimlich wirkende Pforten in grauen Mauern, die aufgelöste Klosterhöfe umschlossen. Einst kam Doktor Faust um die Ecke, um in einem Weinkeller seinen Dämmerschoppen zu trinken, bestaunt und gefürchtet wegen unerklärbarer Kunststückchen. Dort schlich Till Eulenspiegel umher, pfiff sich ein Liedchen, glücklich über den Einfall, den Magdeburgern einzureden, er würde in wenigen Tagen über ihren Marktplatz dahinfliegen wie ein Vogel. In aller Frühe kamen die wunderschönen, aber gefährlichen Nixen aus der Elbe, um in gewöhnlicher Tracht auf dem Markt einzukaufen. Wehe dem Mann, der sich in sie verliebte! Zum Glück konnte man die Elbjungfern von der zwar ebenfalls schönen wie raffinierten Weiblichkeit der Hansestadt samt fruchtbaren Umlandes gut unterscheiden: Die Nixen hatten immer einen nassen Rockzipfel. Phantastisch.
Noch um 1850 war Magdeburg ein fünfhundert Meter schmaler Streifen, der sich nur eintausend Meter am linken Ufer der Elbe entlangzog. Auf diesem Areal mußten über fünfzig Prozent der Einwohner wohnen. Die Gräben und Wallsysteme und Bollwerke der preußischen Festung, die am 11. November 1806 von über 20 000 bestens ausgerüsteter Soldaten an 7 000 Franzosen (ohne Geschütze) kampflos übergeben wurde, lagen wie ein zackenreiches Halsband um Bürgerhäuser, Werkstätten und Speicher. Nirgendwo in Deutschland waren mehr Einwohner auf einen Quadratkilometer gezwängt.
Heutzutage kann man die Kulissen dieser phantastischen, aber beängstigenden Stadt Magdeburg nur noch auf schwarzweißen Fotografien betrachten. Sie wurden am 16. Januar 1945 durch anglo-amerikanische Bomben vollkommen zertrümmert.
Inzwischen steht das wenige oder restaurierte Überkommene in der Stadt eher am Rande der geschäftigen, modernen Innenstadt und sorgsam getrennt vom Zeitgenössischen. Aber auch vom Durchdringen des Vergangenen mit dem Neuen lebt das Phantastische. Dort kann man von der blumenbunten Uferpromenade gemächlich hinaufsteigen zum klobigen Stadtmauerrest und betritt schon durch das nächste Tor unseren hektischen Alltag. Gerade drängt man sich noch durch die Menge in einer neuerbauten Geschäftspassage und ist doch nach wenigen Schritten an einem stillen, knappen Rasenplatz vor einem jahrhundertealten Gotteshaus. Solche überraschenden, reizvollen Gegensätze lassen sich überall finden.
Einer meiner Wege in ein phantastisches Magdeburg führte über die neue Strombrücke und die Zollelbe, auf der einst die Brückenfiguren mit den Requisiten für Landwirtschaft, Handel, Industrie und Schiffahrt theatralisch-altmodisch ausstaffiert waren. Mit ihnen stellte das historische Ensemble allerdings treffend die Grundlagen für das

Schicksal der Stadt von der ersten urkundlichen Erwähnung im Jahre 805 (und bereits früher) bis in die absehbare Zukunft hinein dar. Zwischen diesen Brücken liegt eine Insel – der Werder. Wo auf ihm die Mittelstraße nach Norden führt, rahmen zwei Klinkerbauten, rot und gelb, wie ein unvollendetes Tor meinen Weg. Auf einem Relief reichen sich altdeutsche Männer die Hände, jemand spielt versonnen Harfe, nur ein Hund spitzt die Ohren.

Dort ragen Hochhäuser aus DDR-Jahrzehnten, unweit ein ebenerdiges Häuschen, das eher in ein Städtchen im Harz paßt. Neben dem einst vornehmen hölzernen Gartenpavillon streckt sich die ziegelbraune Speicherwand, in deren Giebel der Kranbalken rostet. An der nächsten Abzweigung beginnt die „Badestraße". Wo heute altersgraue Schuppen und struppige Gärten abgeräumt werden, lag einst das Badeparadies an der Alten Elbe. Man muß Phantasie mitbringen, um sich an diesem stillen Ort das sommerlich-vergnügte Getümmel und Geplansche vor einem knappen Jahrhundert vorzustellen. Und wer sich mit dem Fluß treiben ließ, kam noch vor der Eisenbahnbrücke nach – Ostende, denn die nächste Flußbadeanstalt trug den Namen des exquisiten Modebades in Belgien. Versteht sich, daß in entgegengesetzter Richtung die (Magdeburger) „Riviera" lag.

Während nun die linke Seite der Mittelstraße mit hohen Gebäuden samt Erkern und Zierrat im wilhelminischen Geschmack, der besser rund um den Hasselbachplatz (einem Mittelpunkt der Stadt) paßt, überrascht, schaut man auf der anderen Seite in eine andere Welt: Hinter eisernen Gittern breitet sich ein weiter, verlassener Park. Felsblöcke grenzen einen Teich ein, über den sich eine Brücke wölbt. Phantastisches: ein Weiher ohne Wasser, die kunstgeschmiedete Brücke über einer grasbewachsenen Mulde, zusammengetragene Felsgründe ...

Auf alten Stadtplänen heißt der nächste Querweg „Theaterstrasse". Von einem Bühnenhaus ist weit und breit nichts mehr zu sehen, aber einst öffnete hier während der Sommermonate das „Viktoria-Theater" seine Kasse, um Unterhaltendes zu präsentieren. Das Gebäude auf dem Grundstück Mittelstraße 16 wurde 1860 in Eile und mit wenig Kapital errichtet. Am 18. Mai begann man mit dem Schwank „Eine Nacht in Berlin". Warum nicht „Eine Nacht in Magdeburg"? Waren Magdeburger vielleicht schon damals zu bescheiden? Auf jeden Fall bin ich überzeugt, hier passierte auch nichts Amüsanteres als in „Eine Nacht in Venedig". Später erfuhren heranwachsende „Elbröver" aus ihrem Heimatkundebuch: „Im Theater ist es immer, als wenn alles richtig geschähe. Das machen die Schauspieler so; die spielen so fein."

Wer kann sich schon in jene Zeit hineinversetzen als hier kein stiller Platz lag, sondern ein schlichtes Theater ungezählte Menschen vergnügte, daß man miteinander lachte und sich kennenlernte, weil

PETRIFÖRDER

wieder ein besessener Direktor Striese mit seiner Truppe um das Überleben kämpfte?
Vom Werder in der Elbe finden sich überall Blicke hinüber zur Stadt auf dem westlichen Ufer mit ihrer Silhouette aus dem Dom und weiteren Kirchen sowie Hochhäusern. Wer sich aber umschaut, erkennt das überraschende Neben- und Durcheinander, das die Phantasie belebt: die „villenartigen" Häuser (nun wieder durchweg in frischen Farben), Fachwerkwände und Neuverputztes, öde Mauern und blühende Gärten. In düsteren Einfahrten buchstabiert man letzte Hinweise von Anno Dunnemals, daß eine „Plättnerin im Hof links eine Treppe" auf Arbeit wartet und „Betteln, Hausieren und Musicieren ist hier verboten!", daß „Otto Scheidt Conserven engros und Weinhandlung" den „Fernsprecher Nr. 2955" bekommen hat. Am Giebel des „Feierabendheimes" – 1879 bis 1906 erbaut – singt ein einsamer Engel. Sehr surrealistisch. Ein stimmungsvoller Platz für Magdeburgs Gespenster in der Wasserstraße, denke ich, wenn sie im Mondenschein herbeischweben und sich auf dem Dachfirst versammeln. Wer kann denn eintreffen? Die berühmten Männer und wenige Frauen fallen einem ein: Da hockt der Liedermacher Walther von der Vogelweide, der im Jahre 1199 das kulturelle Rahmenprogramm zum Magdeburger Reichstag bestritt. Und die gläubige Mechthild von Magdeburg, die Dichterin der innigen Gottesliebe. Und Paul von Hindenburg, der sich nach seiner Zeit als kommandierender General des IV. Armeekorps gern seiner Jagderlebnisse in Börde und Vorharz erinnerte. Helmuth von Moltke (einer seiner Vorgänger) meckerte über das ständig schlecht beheizte Theater. Martin Luther saß hier auf der Schulbank, Werner von Siemens in Festungshaft, Bürgermeister Otto von Guericke, der 1631 die vollständige Zerstörung der stolzen Stadt erlebte, sitzt noch immer ...
Als ein freundlicher Herr aus einem sehr fernen Bundesland dieses Denkmal fotografiert hatte, fragte er mich (als gerade Vorübereilenden), was der Mann dort oben auf dem Sockel getan hätte? „Der erfand die Luftpumpe." Der Mann zweifelte: „Gabs denn damals scho Fahrrädle?"
Schade! Wenn sich weltweit durchgesetzt hätte „Magdeburger Pumpe", dann wäre die Stadt rund um den Globus allgemein bekannt. Etwa wie Peking-Ente oder Pilsener Bier. Jammerschade. Und auf die internationalen Speisenkarten ist Magdeburg auch nicht mit einer markanten Spezialität geraten. Ja, wenn dort gedruckt ist „Wiener Würstchen" oder „Kopenhagener" oder „Szegediner Gulasch", dann umgaukeln die Gäste sofort appetitanregende Wunschbilder. Selbst mit „Mecklenburger Bauernkotelett" soll das heutzutage schon möglich sein. Aber Magdeburg? Früher wurde in den Zeitungen tüchtig geworben mit den Versen „Wodurch ward ihm wieder wohl? Durch Magdeburger Sauerkohl!" Leider zählten diese Blätter offenbar nicht zur Weltpresse.

Um die nächste Ecke auf dem Werder! „Und nun wollen wir uns noch ein bißchen an der Zollelbe umsehen", fordert das vergilbte Heimatkunde-Buch auf: „Überall liegen Kähne, hüben und drüben ..." Damals haspelten sich die Dampfer mit ihren Schleppkähnen sogar an einer auf dem Grund liegenden eisernen Kette entlang. Heutzutage findet man in diesem „Winterhafen" noch einige Veteranen der Flußschiffahrt. „Dort hat ein großer Raddampfer angelegt. Er heißt Albatros ... mit seinen Schornsteinen, seinen Kohlenhaufen, Böcken und schweren Tauen, seinen Rettungsbooten ..."
Nein. Diese Zeit ist vorüber. Der Magdeburger Hafen ist zu einem modernen und leistungsfähigen Umschlagplatz geworden. Hier ist der Raddampfer nur auf einem grünen Gasthausschild „Am Zollhafen" zu sehen. Aber wer elbaufwärts in Richtung „Rotes Horn" auf dieser Insel wandert, sieht einen der letzten Raddampfer namens „Württemberg". Den zogen die Magdeburger vor Jahren auf das Ufer, wo man das museale Stück besichtigen kann, aber sich auch in seinem Restaurant niederläßt. Von dort schaut man den Möwen zu (und umgekehrt) und den Wellen, die zur Nordsee strömen. Und manchmal verschwindet ein Motorschiff der modernen „Weißen Flotte" hinter der nahen Flußkrümmung. Irgendwohin unterwegs: mit unserer Phantasie.

* * *

Wenn ich es recht sehe, sind die magnetgleichen und liebenswürdigen Reiseziele, diese interessanten Städte der Welt letztlich in unserer Vorstellung auch nur auf eine Straße, ein Bauwerk oder einen Platz geschrumpft. Diese knappen Ausschnitte schaffen es aber tatsächlich, daß wir sie für das Ganze nehmen und über sie bereits ins Schwärmen geraten. Paris – und schon sieht man vor sich die Champs-Elysée mit dem Fluchtpunkt Arc de Triomphe! Oder wie ist es mit Prag, angeblich die „goldene Stadt"? Jawohl: Wenzelsplatz, Hradschin. Selbst in Rio de Janeiro hat man noch einen Zuckerhut, in Kopenhagen die kleine Seejungfrau ... Und Magdeburg?
Eine liebe Kollegin hat mir vor einiger Zeit von ihrer Verblüffung erzählt, als sie auf dem Magdeburger Domplatz von einer unsicheren Reisenden gefragt wurde, ob da drüben wirklich der Dom stände? Selbstverständlich! Komisch, sagte die Frau kopfschüttelnd: Auf Postkarten sieht er viel mächtiger aus ...
Deshalb: Bauwerke allein, auch wenn sie kunstgeschichtlich einmalig sind, machen eine Stadt nicht zu einem Magneten für Neugierige. (Übrigens möchte ich gern einmal die Anzahl von Magdeburgern sehen, die noch nie in diesem Gotteshaus gewesen sind!). Wenn wir den ersten gotischen Dom auf deutschem Boden betreten, umgibt

Privateigentum
der
KD Elbe-Kreuzfahrten
ANLEGEN VERBOTEN !

uns ein Gehäuse, das über Jahrhunderte hinweg unmittelbar Magdeburg und die Macht seines Erzbistums weithin verkörperte.
Im Dämmerlicht des Domschiffs zeichnet das Fenster in der Westwand einen lichten Kreuzstern, eingeschlossen in einen Kreis, der zwischen zwei langgestreckten Spitzbogen ruht. Steinernes Stabwerk durchzieht die leuchtende Glasfläche. Das Zerbrechliche ist mit der Mauerwucht vereint.
Der ottonische Vorgängerbau, seit dem Jahre 955 zur Kathedrale ausgebaut, wurde ausgerechnet am Karfreitag 1207 durch ein Feuer zerstört. Erzbischof Albrecht II. ließ die Ruine nicht wieder instand setzen. Romanische Massigkeit galt nicht mehr. Überall löste eine neue Baugesinnung die wuchtigen Mauern auf und ließ große Fensterfronten wachsen. Je schlanker die stützenden Pfeiler wurden, desto höher trugen die Säulen gewagte Wölbungen in die Höhe. Zwar blieb im Magdeburger Dom das Vorbild frühgotischer Bischofskirchen in Frankreich erkennbar, doch während der langen Bauzeit bis 1520 wurden fremde Anregungen bald eigenständig verarbeitet.
Auch in das entstehende Neue wurde Überliefertes eingefügt. Noch immer entdeckt man monolithische Säulen aus Marmor, Porphyr und Granit, die einst auf Weisung Kaiser Ottos I. unter kaum vorstellbaren Mühen aus zerstörten Bauten im fernen Oberitalien herangeschafft werden mußten für den romanischen Kirchenbau. Der Merseburger Bischof Thietmar, ein Grafensohn und aus eigenem Erleben Chronist der ottonischen Herrscher, überlieferte: „In alle Säulenkapitelle befahl er sorgsam Heiligenreliquien einzuschließen, um den Bestand des Bauwerkes in alle Zeiten zu sichern." Über eintausend Jahre sind seitdem verflossen.
Aus dem Vielerlei architektonischer Räume im Magdeburger Dom kehre ich gern zu einem sandsteinernen Gezelt zurück. Ein Sechzehneck ist sein Grundriß (so auch im Dom Karl des Großen in Aachen). Auf ihm stehen dünne Steinplatten mit ausgesägten Öffnungen, die Säulen und Giebel und letztlich das Zeltdach tragen. In diesem Gehäuse thronen in der Düsternis zwei steinerne Gestalten – eine Frau und ein Mann. Ihr freundliches Lächeln macht uns die Plastiken aus dem 13. Jahrhundert sympathisch.
Manche Wissenschaftler deuten die beiden Figuren als Weltherrscher Christus und seine Ecclesia (Kirche). Doch die Magdeburger haben über Jahrhunderte weitererzählt, dort sitzt Otto I., der im Hohen Chor seit 973 seine letzte Ruhe gefunden hat, und an seiner Seite sieht man seine Gemahlin Editha, eine angelsächsische Prinzessin. „Die beste von allen Frauen", lobte die Dichterin Hroswitha von Gandersheim. Auch das Grab der Königin liegt in diesem Dom, und für die vielbesuchte Wallfahrtsstätte schuf man noch 1510 einen Sarkophag.

Die männliche Figur weist mit ihrer linken Hand dem Betrachter eine kreisrunde Schale, angefüllt mit gleichgroßen Kugeln: eine als Mittelpunkt, sechs im ersten, sie umgebenden Ring, zwölf im zweiten. Einige Experten erklären die Kugelscheibe als christliches Symbol – es sollen Weintrauben sein, die gekeltert werden müssen. Andere erkennen ein von Islam beeinflußtes Bild vom Kosmos mit seinen Planetenbahnen und dem Tierkreis. Aber richtige Magdeburger haben es seit Jahrhunderten gewußt: Die neunzehn Kugeln erinnern an nichts anderes als an neunzehn Tonnen Gold, die Otto I. für den Kirchenbau stiftete.

Nach einer ebenfalls noch lebendigen Überlieferung soll in der sechzehneckigen Kapelle ein Engel an einer eisernen Stange gehangen haben. Nach dem Friedensvertrag, der den Dreißigjährigen Krieg beendete, soll er plötzlich herabgefallen und in viele Trümmer zerplatzt sein. Das geschah just in dem Augenblick, als die stolze Stadt an der Elbe für immer ihre politische Selbständigkeit und die herausragende Stellung in der mittelalterlichen Geschichte verlor. Das einflußreiche Erzbistum wandelte man um in ein Fürstentum. Schnell war es der Spielball zwischen Spannungen und Interessen, die Sachsen und Brandenburg gegeneinander aufbauten. Immerhin hatten die sächsischen Kurfürsten bereits das Magdeburger Burggrafenamt erworben. Doch schließlich rückten 1666 kurbrandenburgische Truppen ins Magdeburgische, und kurze Zeit danach mußte man dem neuen Landesherren huldigen. Bald wurde die Stadt zur größten und modernsten Festung des neuen Königreiches Preußen ausgebaut.

In Kriegszeiten um 1813 machte die französische Besatzung nicht nur aus dem Dom, sondern auch aus beinah allen Magdeburger Kirchen – Pferdeställe, Vorratsräume und Lazarette. Es bedurfte großer Anstrengungen, um nach 1820 aus dem völlig verwahrlosten Dom wieder ein Gotteshaus zu schaffen.

Und ein nächstes Glied in der Kette aus Bemühungen, um ein altes Gehäuse wie diese Kirche auch für uns als notwendigen Lebensraum zu bewahren: Nach den Zerstörungen 1945 mußten elf Jahre vergehen, ehe wieder ein Gottesdienst im Dom stattfand.

* * *

„Ich mache mir was aus Magdeburg!", erklärte burschikos der Architekt Bruno Taut, der nach dem Ersten Weltkrieg als Stadtbaurat nach Magdeburg berufen wurde. Da es an Geld für Neubauten erstmal fehlte (ein altes Leiden!), überredete er die Magdeburger, ihre Häuser wenigstens hübsch kunterbunt zu tünchen. Damals war es nämlich allgemein üblich, alle Gebäude gleichmäßig grau anzustreichen. (Übrigens selbst den Dresdener Zwinger!). Nun also einmal kräftig rauf und runter auf der Farbpalette. „Anstelle des

schmutzig-grauen Hauses trete endlich wieder das blaue, rote, grüne, gelbe, schwarze, weiße Haus in ungebrochen leuchtender Tönung."

Mit dem barocken Rathaus begann das Experiment: gelb und rot und weiß. Fachleute und Neugierige reisten an. Magdeburg – die erste phantastisch-bunte Stadt in Mitteleuropa!

Ein berühmter Besucher hieß Ilja Ehrenburg und war sowjetischer Schriftsteller. Er wollte weinen! Statt Hausfassaden nur „Blutsymphonien" und „lila Rasereien"! „Ich würde um keinen Preis in dieser Stadt bleiben", notierte Ehrenburg und: „Zum Glück gibt es in Magdeburg einen Bahnhof." So urteilte er 1922. (Angemerkt sei, daß die Stadt in den vierziger Jahren des 19. Jahrhunderts bereits der erste wichtige Eisenbahnknotenpunkt Deutschlands dank zentraler Lage war.)

Mit expressionistischen Farbflächen und kubistischen Bauformen schaffte es Magdeburg also nicht zu einer Stadt zu werden, die man unbedingt gesehen haben mußte. Zeugen dieser einst modernen Architektur sind erhalten und werden aufwendig gepflegt. Sie gehörten zu den vielzitierten „Goldenen Zwanzigern", und betagte Magdeburger haben mir oft vorgeschwärmt, welch Leben damals auf den Straßen herrschte: Wieviel Lokale gab es, Theater und Dutzende Kinos, ungezählte Geschäfte und Handwerksbetriebe, dazu eines der fortschrittlichsten Ausstellungs- und Messegelände um 1930, in kurzer Zeit auf der Elbinsel geschaffen. Großzügige Parkanlagen an beiden Ufern der Elbe und auf ehemaligen Festungsgelände um die turbulent-geschäftige Innenstadt, an deren Tradition die erfolgreiche Bundesgartenschau 1999 anknüpfen konnte. Da war Magdeburg solide, mondän und skurril – kurz: das Phantastische, das uns alle reizt. Und die Seele „vons Janze" war der „Breite Weg" (mit Schokoladen- und Poussierseite), wobei wörtlich genommen der Broadway in New York auch nichts anderes bedeutet. Im vergangenem Jahrzehnt ist der „Breite Weg" wieder zum Mittelpunkt der Stadt geworden.

Wem genügen nun Geschichte, Kunst, Industrie und Technik immer noch nicht, um Magdeburg anziehend und phantastisch zu finden? Was bewahrt denn unser Langzeitgedächtnis noch auf, wenn im Gespräch ein Stadtname aufhorchen läßt? Richtig – die Frauen! Die Pariserin – und schon haben wenigstens die Herren sofort eine deutlich plastische, abgerundete Vorstellung, auch wenn sie selbst noch nie in natura eine Pariserin an Ort und Stelle betrachten durften, geschweige denn begreifen. Und die Wienerin. Die Berlinerin. Die Buxtehuderin ... Und die Magdeburgerin?

Dabei begann alles hier so paradiesisch wie nirgendwo, denn kenntnisreiche Sprachforscher behaupten ja nachdrücklich, daß magda oder maged und buru ursprünglich die „Mädchenheide" bezeichnete, also einen Landstrich, auf dem die allerschönsten Mädchen aufwuchsen.

Die altehrwürdigen Chronisten der Stadt wußten sogar noch von einem goldenen Bildwerk mit vier nackenden Damen (o, wenn wir das noch hätten, wie wäre Magdeburg weltbekannt!), das hier bereits die alten Römer (als sie jung waren) anbeteten und verehrten (wohl auf den Kien). Eine Jungfrau, hoch ihren Kranz haltend, kam samt Burg sogar in das Wappen!
Es liegt in der Natur der Angelegenheit, daß aus Jungfrauen Frauen werden. So muß sich auch später mit den Magdeburgerinnen etwas entscheidend geändert haben, denn um 1600 vermerkt Johannes Sommer als „wahres Sprichwort: Wer zu Magdeburg will ein Bürger sein, der muß der Frauen gehorsam sein!" Pastor Sommer lebte zum Glück in Osterweddingen in der Börde.
Ein gewisser Heinrich Schäffer hat vor rund hundert Jahren die Magdeburgerin besungen: „Ganz deutsche Art, wenn sie genügsam und sittsam still zu Hause lebt, doch wie die Sklavin, schmiegsam, biegsam, wenn sie im Walzertakte schwebt." Aber wohl nur dann ...
Was ist nach dieser Inventur zu tun, damit Magdeburg überall unterhaltsam, vergnüglich, temperamentvoll wird, wie es von anderen Städten behauptet wird?
Ich behaupte – wagemutig – alle Zutaten sind bereits vorhanden. Man muß nur aufgeschlossen und neugierig kommen und sich umsehen. Dann wird jeder Besucher seinen einmaligen und phantastischen Mix aus dem Vorhandenen schaffen: mit schönen Magdeburgerinnen und anregenden Parkanlagen, mit Friedrich dem Großen und bestem Sauerkohl, mit heimischer Küche und den anerkannten Leistungen Magdeburger Theater, Musiker und Museen, mit vielen Geschäften und historischen Bauten undundund ...

Manchmal stellt man noch sein Licht unter den Scheffel. In Magdeburg gibt es keine Pariser Straße, obwohl ich hier in den Zug in jene Metropole steigen kann. In der Weltstadt Paris dagegen ist man schon viel weiter. Als ich vor einiger Zeit zwischen Eiffelturm und Arc de Triomphe (also im Mittelpunkt!) zu einem Straßenschild aufblickte, was stand dort weiß auf blau? „Rue de Magdebourg". Na bitte!

* * *

„Magdeburg stehet in meiner Erinnerung als eine Hauptstadt, gelegen in der Ebene am Elbstrome, hat einen Dom und andere stattliche Kirchen, große schmucke Häuser, bewohnet von viel tausend Menschen, so mit Lärmen durch die Gassen strömen. In den Werkstätten pochen und basteln die Handwerker, in den Kaufläden und Schreibstuben wird gekramt, gebucht, bankerottiert und Geld in Truhen gescharrt. Schiffer verladen Ballen und Kisten in ihre Kähne, die das gelbe Wasser umspület. Soldaten bauen auf den Schanzen, Bauern treiben Vieh über die lange Brücke … ‚Ich' ging auf

den Marktplatz, wo ich gern Ball oder Kreisel gespielt, und über den Breiten Weg, so die Stadt vom Krökentor bis zum Sudenburger Tor durchquert. Prächtig sind allda die Bürgerhäuser, haben breite Freitreppen, künstlich geschmiedete Gitter und am Dache speiende Ungetüme. Über den eisenbeschlagenen Pforten pranget mancherlei Zierat, als da sind Pferdeköpfe, wilde Männer, fromme Sprüche oder Sinnbilder, etwa ein steinern Rad, eine fette Henne, ein gülden Hufeisen ...“

(Bruno Wille: Die Abendburg, 1909)

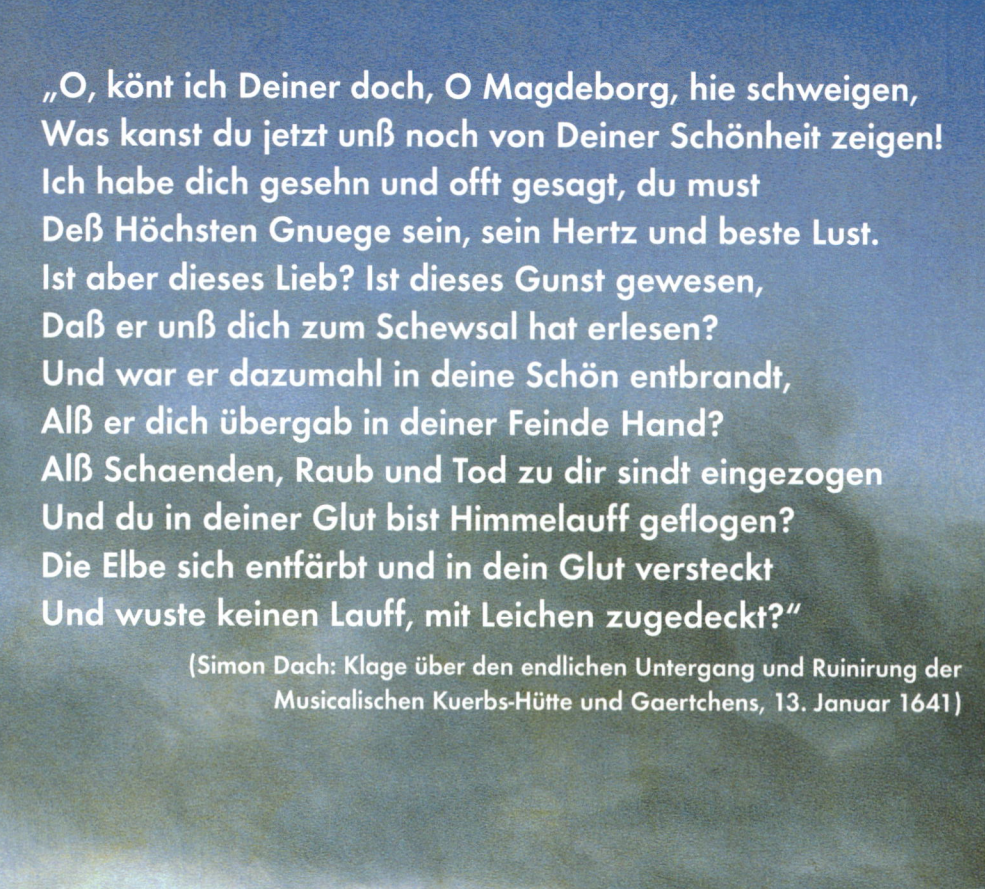

„O, könt ich Deiner doch, O Magdeborg, hie schweigen,
Was kanst du jetzt unß noch von Deiner Schönheit zeigen!
Ich habe dich gesehn und offt gesagt, du must
Deß Höchsten Gnuege sein, sein Hertz und beste Lust.
Ist aber dieses Lieb? Ist dieses Gunst gewesen,
Daß er unß dich zum Schewsal hat erlesen?
Und war er dazumahl in deine Schön entbrandt,
Alß er dich übergab in deiner Feinde Hand?
Alß Schaenden, Raub und Tod zu dir sindt eingezogen
Und du in deiner Glut bist Himmelauff geflogen?
Die Elbe sich entfärbt und in dein Glut versteckt
Und wuste keinen Lauff, mit Leichen zugedeckt?"

(Simon Dach: Klage über den endlichen Untergang und Ruinirung der Musicalischen Kuerbs-Hütte und Gaertchens, 13. Januar 1641)

Mai 1631.

„... auf dem Alten Markt stehen zwei Denkmäler, die zueinander passen, wie Tillys Stiefel zu einem modernen Fuß, in der Mitte Kaiser Otto, der Große, und etwas zur Seite ... Oberbürgermeister Francke, Harnisch und Frack dicht beisammen ... Nachher betrachtete ich das Innere des Doms: Otto der Große liegt im Chor unter einer schlichten Marmorplatte begraben und Editha, seine Gemahlin, hinter dem Altar.
Wie ich noch an den Gräbern stand, marschierten im Sturmschritt durch alle Tore Soldaten ein, ich glaubte, Tilly hielte Geisterparade ab, es war aber die preußische Garnison, die nach Takt und Kommando sang, betete und dem Herrn diente ..."

(Christian Friedrich Hebbel in einem Brief an seine Gattin, 10. Oktober 1861)

„... Um nun von den Übermaßen, denen meine Achtung mehr gewachsen ist als mein Herz, auf jene Gegenstände zu kommen, denen ich mich liebevoll nahen kann: die Menschen von Magdeburg scheinen mir wertvoller als ihre neuen Häuser. Ich kannte niemanden, als ich ankam, ich kannte mehrere, als ich wegfuhr. Ein Beweis für diese Stadt. Man kann nicht lange in ihr fremd bleiben. Es waren stille, kritische, heitere Menschen ... Die Vergangenheit nistet in den alten

Häusern und weht vom Elbhafen durch den alten Teil der Stadt. Die Menschen sind noch Kleinstädter genug, um Launen und Schrullen zu haben. Die Besten unter ihnen haben gar nicht den Ehrgeiz, Großstädter zu sein. Sie lassen sich Zeit. Die Straßenbahnen fahren erfreulich langsam. Die Frauen sind hübsch. Und die Polizeistunden schlagen spät …"

(Joseph Roth in der „Kölnische Zeitung", 3. Mai 1931)

Magdeburg macht Geschichte

Magdeburger Chronik

INGELORE BUCHHOLZ
CONSTANZE BUCHHOLZ

805 Erste urkundliche Erwähnung im Diedenhofer Kapitular Karls des Großen als „magadoburg“.

936 Otto I. wird in Aachen zum König gekrönt. Im Laufe seiner Regierungszeit hält er sich häufig in Magdeburg auf.

937 Otto I. gründet das Benediktinerkloster St. Mauritius als Familienkloster. Seine Schule besitzt hervorragende Bedeutung.

941 Die „Ecclesia plebeia“ wird erstmals urkundlich erwähnt. Sie war vermutlich mit der Stephanskirche, die sich am Südende der Johanniskirche befand, identisch.

946 Tod der Königin Editha.

955 Im Zusammenhang mit dem langgehegten Ziel Ottos, Magdeburg zum Erzbistum zu erheben, beginnt der Ausbau der Kirche des Moritzklosters zur Kathedrale. Damit entsteht der ottonische Dom.

961 Otto I. überweist dem Moritzkloster alle von den Christen zu entrichtenden Zehnten in verschiedenen östlich der Saale gelegenen Gauen.

962 Otto wird in Rom zum ersten deutschen Kaiser gekrönt.

965 Otto I. verleiht dem Moritzkloster wichtige Herrschaftsrechte. Es erhält die Herrschaft über die Burg und den Burgbezirk, bis dahin Eigentum des Königs.

Markt-, Münz- und Zollrecht werden verliehen. Erste urkundliche Erwähnung eines Marktes in Magdeburg.

967 Die Synode von Ravenna beschließt die Erhebung Magdeburgs zum Erzbistum, nachdem der Widerstand der Bischöfe von Mainz und Halberstadt durch deren Tod endete.

968 Die Mönche des Moritzklosters müssen in das Kloster Berge umziehen. An ihre Stelle treten die Domherren des neuen Erzstifts. Jedes Jahr gedachten die Mönche ihrer Vertreibung mit einer Trauerprozession.

Weihnachten 968 wird der erste Erzbischof von Magdeburg, Adalbert, feierlich in sein Amt eingeführt. Das Moritzkloster wird Sitz des Domstiftes. Die schon bestehenden Bistümer Brandenburg und Havelberg sowie die neu gegründeten Meißen, Zeitz und Merseburg sind dem Erzbistum unterstellt. Das Magdeburger Erzstift steht nun neben den alten Sitzen von Köln, Mainz und Trier.

973 Otto I. stirbt in Memleben. Im Magdeburger Dom wird er begraben.

1015–18 Erzbischof Gero gründet das Kloster Unser Lieben Frauen als Kollegiatsstift.

1126 Norbert von Xanten, der Gründer des Prämonstratenserordens, wird Erzbischof von Magdeburg.

Otto der Große, idealisierte Darstellung aus dem 18. Jahrhundert

Siegel Ottos III.

1129 Prämonstratensermönche ziehen in das Kloster Unser Lieben Frauen ein. In kurzer Zeit entstehen 16 Töchterklöster, u. a. in Havelberg, Jerichow, Leitzkau, Quedlinburg und Ratzeburg.

Magdeburger Bürger erheben sich gegen den Erzbischof Norbert von Xanten.

1152–92 Erzbischof Wichmann, ein Vertrauter des Kaisers Friedrich Barbarossa, erteilt Innungsprivilegien, die zu den ältesten in Deutschland gehören.

1188 Erzbischof Wichmann nimmt mit dem Stadtrechtsprivileg eine Reformierung des Magdeburger Stadtrechts vor. Viele Städte östlich der Elbe übernehmen dieses Recht.

1207 Der erste ottonische Dom brennt nieder.

1209 Baubeginn des heutigen Domes. Er ist der erste gotische Dom auf deutschem Boden.

1214 Erzbischof Albrecht bestätigt der Gewandschneiderinnung die unter Erzbischof Wichmann erhaltenen Privilegien und bestimmt, daß die Eintrittsgelder in diese Innung für das gerade errichtete Hospital zum Heiligen Geist verwendet werden. Es ist die erste urkundliche Erwähnung des Heilig-Geist-Hospitals.

um 1230–um 1250 Der Gelehrte Bartholomäus Anglicus wirkt in Magdeburg.

um 1235–70 Mechthild von Magdeburg lebt hier als Begine und verfaßt Dichtungen in niederdeutscher Sprache.

um 1240 Der Magdeburger Reiter auf dem Alten Markt entsteht. Das Kunstwerk ist das einzige vollplastische Reiterstandbild des hohen Mittelalters in Europa. Das Original aus Sandstein befindet sich heute im Kulturhistorischen Museum.

1275 Während einer großen Prozession stürzt die Elbbrücke ein.

1294 Der Erzbischof muß den Bürgern kommunale Hoheitsrechte zuerkennen.

Städtische Verwaltungsangelegenheiten werden in die Kompetenz des Rates überführt. Das Schultheißenamt geht an den Rat über, der damit die volle Gerichtshoheit erhält. Die Schöffen müssen die Hypothekenbücher an den Rat übergeben.

13. Jahrhundert Magdeburg wird Mitglied der Hanse.

1301 Zehn Innungsmeister, die Sitz und Stimme im Rat verlangt hatten, werden auf dem Alten Markt verbrannt.

1325 Nach langjährigen Streitigkeiten mit dem Erzbischof Burchard III. erschlagen ihn erboste Bürger im Keller des Rathauses.

1330 Nach heftigen innerstädtischen Kämpfen gegen die Patrizier wird ein neuer Rat eingesetzt. Die fünf großen Innungen – Gewandschneider, Krämer, Leinwandschneider, Kürschner sowie die vereinigten Gerber und Schuhmacher – wählen je einen Vertreter in den Rat. Aus den anderen, den kleinen oder gemeinen Innungen, werden ebenfalls fünf Ratsleute gewählt. Die neue Ratsverfassung behält bis zum Jahre 1630 Gültigkeit.

1350 Die Pest wütet erstmalig in Magdeburg.

1381 An der Westseite der Jakobstraße wird der Grundstein für den Bau der Jakobikirche gelegt. Über das Schicksal des Vorgängerbaus ist nichts bekannt.

1402 Die Stadtbevölkerung stürmt die erzbischöfliche Münze auf dem Alten Markt. Ursache war die fortwährende Verringerung des Silbergehalts der Münzen, die im Vergleich zu fremden Zahlungsmitteln an Wert verloren, und somit eine Verschlechterung der Lebenslage.

Erzbischof, Domkapitel und Patriziat unterdrücken den Aufstand.

1493 Unter Erzbischof Ernst werden die Juden aus dem Erzbistum vertrieben. Das Judendorf bekommt den Namen Mariendorf und wird mit der Sudenburg vereinigt.

1497 Martin Luther ist Schüler in Magdeburg.

Stadtrechtsprivileg, im Jahre 1211 an die Stadt Goldberg in Schlesien mitgeteilt

In nomine sancte et individue trinitatis. Wichmannus Dei gratia sancte Magdeburgensis ecclesie archiepiscopus.

Pro honore civitatis nostre Magdeburgensis et defensione ipsius multos labores pertulimus et expensas fecimus. Quapropter omnibus adversitatibus que ei possunt accidere nimirum conpatiendo de casu qui ei in exustione accidit vehementer perturbati, ubicumque possumus ad eam consolandam piam voluntatem habemus. Itaque cum ex antiqua institutione multis modis in iure civili et aliis incommoditatibus constricta fuerit, pro huiusmodi mitigandis et relevandis consilio episcoporum, prelatorum et canonicorum ecclesie nostre, burchgravii quoque et aliorum fidelium nostrorum in eo convenimus, ut districtio que vara appellatur, solis iuramentis que pro rebus obtinendis vel abdicandis fieri debent exceptis, specialiter postposita sit. Insuper si filius alicuius quemquam vulneraverit vel occiderit et pater absens fuerit, ut plenius manum non apposuerit, si testimonio sex probabilium virorum hoc probare potuerit, a culpa et a pena culpe omnimodis absolutus sit. Eadem lex erit omni hominum certamini astanti vel accurrenti: si testimonio sex probabilium virorum ostendere potuerit innocentiam suam, omnimodis absolutus sit. Sed quoniam varius sit eventus certaminum, si aliquis aliquem vulneraverit vel occiderit et ille qui reus est pro priorem querelam ei qui lesus est per iudicium facere voluerit, vel si aliquis de quo querela mota fuerit per verbum quod ambord appellatur se tueri voluerit, nisi legitimo testimonio causam suam ostenderit, per iudicium verbum illud quod ambord dicitur inhibemus. Si vero aliquis infra vel extra civitatem spoliatus, vulneratus vel occisus fuerit et infra terminum in quo iniuriam sustinuit ad iudicem proclamaverit, de reo si conprehensus fuerit debita fiat iusticia. Aut si aufugerit, si postmodum ille qui lesus est reum invenerit et iniuriam suam testibus idoneis se proclamasse probare potuerit, tamquam si iniuria recens existeret ei satisfaciat. Sed si aliquem de civitate in sancto et bono proposito peregrinandi obligatum esse constiterit, aut si aliquis pro agendis necessariis vite sue in negotiis suis ad eundum paratus sit et interim aliqua causa occurrerit pro qua placitum burgravii aut scultheti expectare deberet, decernimus ne votum peregrinandi aut causam negotiandi occasio huiusmodi dilationis impediat, sed potius eadem die sicut ad debitam fieri deberet iudicia causa terminetur et finem accipiat. Item si civis contra hospitem vel hospes contra civem aliquam querelam habuerit pro qua placitum burgravii vel scultheti expectare deberet, ne per huiusmodi dilationem aliqua dampna utrimque emergant, statuimus ut eadem die cum causa mota fuerit terminetur et sopiatur. Verum quoniam huiusmodi cause non nisi per sententiam scabinorum iudicium terminari poterant, tamen pro commoditate civium quam hospitum ordinamus ut si scabini iudicio presentes non sint, a burgravio vel a scultheto sententia a civibus requisita iusticie sortiatur effectum. Et ut ius civile de bona nostra voluntate in omnibus mitigatum ex nullius sculteti iusticie impulsu sustineat dispendium, statuimus nichilominus ut in conventu civium nulli stulto liceat inordinati verbi obstrepere neque voluntati meliorum in ullo contraire. Sed quia de talibus plerumque dampnum toti provenit civitati, precipimus statuentes ut talium omnimodis postposita sit presumptio, et si quis ad id presumptionis prorupit, ea severitate puniatur a civibus ne alius tale quid audeat. Ut itaque omnis huius nostre constitutionis series futuris temporibus firma et inconvulsa permaneat, scripto notatam noticie posterorum transmittimus, quam sigilli nostri impressione roboratam sub anathemate confirmamus, adhibitis idoneis testibus quorum nomina sunt hec: Baldramus Brandeburgensis episcopus, Hupertus Havelbergensis episcopus, Sifridus abbas Hersueldensis, Rockerus Magdeburgensis maior prepositus, Theodericus Nienburgensis maior prepositus, Gero vicedominus, Albertus archidiaconus, Conradus frater burgravii, Heinricus longus, Sifridus de Anevorde, Olricus prepositus sancte Marie, Fridericus Seburch presbyter. Laici quoque: Bernardus dux Saxonie, Dedo marchio orientalis, Burchardus burgravius Magdeburgensis et frater eius Gevehardus, Walterus de Arnesten, Rodolfus de Iericho, Richardus de Alesleve et frater eius Heinricus et Gumpertus et alii quamplures. Cives quoque Magdeburgenses: Otto, Martinus, Reinbertus, Udo, Heinricus, Reinnerus, Druchtlevus, Giselbertus, Iohannes, Conradus magister monete, Walterus et alii multi tam clerici quam laici. Actum anno incarnationis domini MCLXXXVIII, indictione VI.

Sciendum autem quod has institutiones a domno Wichmanno Magdeburgensi archiepiscopo [illegible] de [illegible] in perpetuum observandas sigilli nostri impressione roboravimus anno MCCXI.

Magdeburg vor der Zerstörung – Darstellung nach Merian, 1633

1503 Erzbischof Ernst von Sachsen verlegt die Residenz nach Halle.

1513 Erzbischof Ernst von Sachsen, der sich die Vorhalle zwischen den Westtürmen des Domes als Grabkapelle einrichten ließ, stirbt. Die Deckplatte seines Grabmales schuf der Nürnberger Künstler Peter Vischer d. Ä.

1513 Das Domkapitel wählt Albrecht von Brandenburg zum Erzbischof von Magdeburg

1517 Der Dominikanerpater Johann Tetzel erscheint in Magdeburg, um im Auftrag Kardinal Albrechts Ablaßbriefe zu verkaufen. Von den Einnahmen sichert sich Kardinal Albrecht die Hälfte, um die Anleihe bei den Fuggern zu begleichen, die er für seinen Ämterkauf aufgenommen hatte. Der Mißbrauch des Ablaßhandels veranlaßt Martin Luther, seine 95 Thesen zu veröffentlichen.

1524 In Magdeburg setzt sich die Reformation durch. Martin Luther predigt in der Johanniskirche. Noch im gleichen Jahr wird in den Pfarrkirchen die katholische Messe abgeschafft.

Gründung des Altstädtischen Gymnasiums (Stadtschule), das sich großer Berühmtheit erfreut.

In der Buttergasse freigelegte Kellergewölbe

Neustädter Siegel

1528/29 Der Buchdrucker Michael Lotter läßt sich in Magdeburg nieder. Mit ihm erreicht der Buchdruck hier einen ersten Höhepunkt.

1531 Magdeburg tritt dem Schmalkaldischen Bund bei.

1547 Über die Stadt wird die Reichsacht verhängt. Magdeburg gilt als Hort des Protestantismus.

1548 Auf dem Augsburger Reichstag wird das Interim verkündet. Allein Magdeburg widersetzt sich dem Versuch, den Katholizismus als einziges Glaubensbekenntnis anzuerkennen. Magdeburg wird zum Zentrum des Widerstandes gegen das Interim. Viele Anhänger der Reformation suchen hier Zuflucht, darunter Flacius Illyricus, ein führender Vertreter der Bewegung gegen das Interim. Auch Erasmus Alberus trifft in Magdeburg ein. Zahlreiche Flugschriften werden gedruckt und Magdeburg erhält seinen Namen als „Unseres Herrgotts Kanzlei".

Die Pest fordert 2 500 Tote.

1550/51 Belagerung Magdeburgs durch Moritz von Sachsen, um die Stadt zur Annahme des Interims zu zwingen. Sie endet mit einem Vergleich.

1559–74 In Basel erscheinen die „Magdeburger Centurien", ein epochemachendes kirchengeschichtliches Werk in 13 Bänden. Der Hauptinitiator war Flacius Illyricus.

1562 Kaiser Ferdinand I. spricht Magdeburg von der Reichsacht los.

1566 Die sich zum Protestantismus bekennenden Erzbischöfe verwalten von nun an als „Administratoren" wie weltliche Landesfürsten das Erzbistum.

Kloster Unser Lieben Frauen. Blick ins Mittelschiff und ins nördliche Seitenschiff. Zustand 1891

Monasterium Imperiale Divi Johannis Baptistæ in Monte ad Albim prope Magdeburgum
Autoritate Serenissimorum et Potentissimorum Electorum Saxon. et Brandenburgens. Ducum Brunswic. et Lüneburgens. Megapolitan et Würtenbergens. celebratus Conventus à 1 D. Nicolao Selneccero, Theolog. Saxon. 2 D. Christophoro Cornero et 3 D. Andrea Musculo, Theologis Brandenburgens. 4 D. Martino Chemnitio, Theolog. Brunswic. 5 D. Davide Chÿtræo Theol. Megapolit. et 6 D. Jacobo Andreæ, Theolog. Würtenbergens. propter concordiam Ecclesiam Confess. Augustanæ in Monasterio Bergensi ad Albim prope Magdeburgum, tempore Reverendiss. Abbatis Domini P. Ulneri. Mens. Majo Anno 1577.
1
2
3
4
5
6
FORMULA CONCORDIÆ

Im Klosterberge wird 1577 von den abgebildeten Theologen die Konkordienformel ausgearbeitet.

Das Wappen der Brauer- und Bäckerinnung aus dem Jahre 1637

1567 Siegfried Sack hält im Magdeburger Dom den ersten evangelischen Gottesdienst ab.

1577 Ein Theologenkonvent verabschiedet im Kloster Berge die Konkordienformel. Sie geht in das 1580 gedruckte Konkordienbuch, eine Sammlung lutherischer Bekenntnisschriften, ein.

1602 Otto von Guericke wird in Magdeburg geboren.

1631 Am 10. Mai erstürmen kaiserliche Truppen die Stadt und zerstören sie. Nur der Dom, das Kloster Unser Lieben Frauen und einige Häuser am Domplatz bleiben erhalten. Die Zahl der Toten konnte nie genau ermittelt werden. Es sollen 15 000 bis 20 000 Opfer gewesen sein.

1648 Mit dem Westfälischen Frieden ist der Dreißigjährige Krieg beendet. Das Kurfürstentum Brandenburg erhält als Ersatz für die an Schweden abgetretenen Gebiete die Anwartschaft auf das säkularisierte Erzbistum Magdeburg.

Die Altstadt hat nur noch ca. 3 000 Einwohner. Vor dem Dreißigjährigen Krieg waren es 25 000 bis 30 000.

Darstellung der Belagerung Magdeburgs aus dem Jahre 1629

Siegel der Schuster- und Gerberinnung

Churfürstl.
Brandenb.
PRIVILEGIUM,
Für die in der Alt- und Neu-Stadt Magdeburg verhandene Colonie aus der Stadt Mannheim/ auch andere Refugirte aus der Pfaltz.

ALTIUS ASCENDET

Cölln an der Spree/
Druckts Ulrich Liebpert/ Churf. Brandenb. Hoff-Buchdrucker.
1690.

Das säkularisierte Erzstift Magdeburg kommt als Herzogtum Magdeburg de jure an das Kurfürstentum Brandenburg.

Darstellung einer Schiffmühle. Aus der Magdeburger Schöppenchronik geht hervor, daß bereits um 1297 am Welschen Turm (heute Lukasklause) eine Schiffmühle lag. Um 1700 gab es in der Stadt davon 23.
Weitere Schiffmühlen waren in Buckau, Neustadt und beim Herrenkrug. Die Schiffmüller nutzten das starke Gefälle der Elbe am Domfelsen und an der Strombrücke.

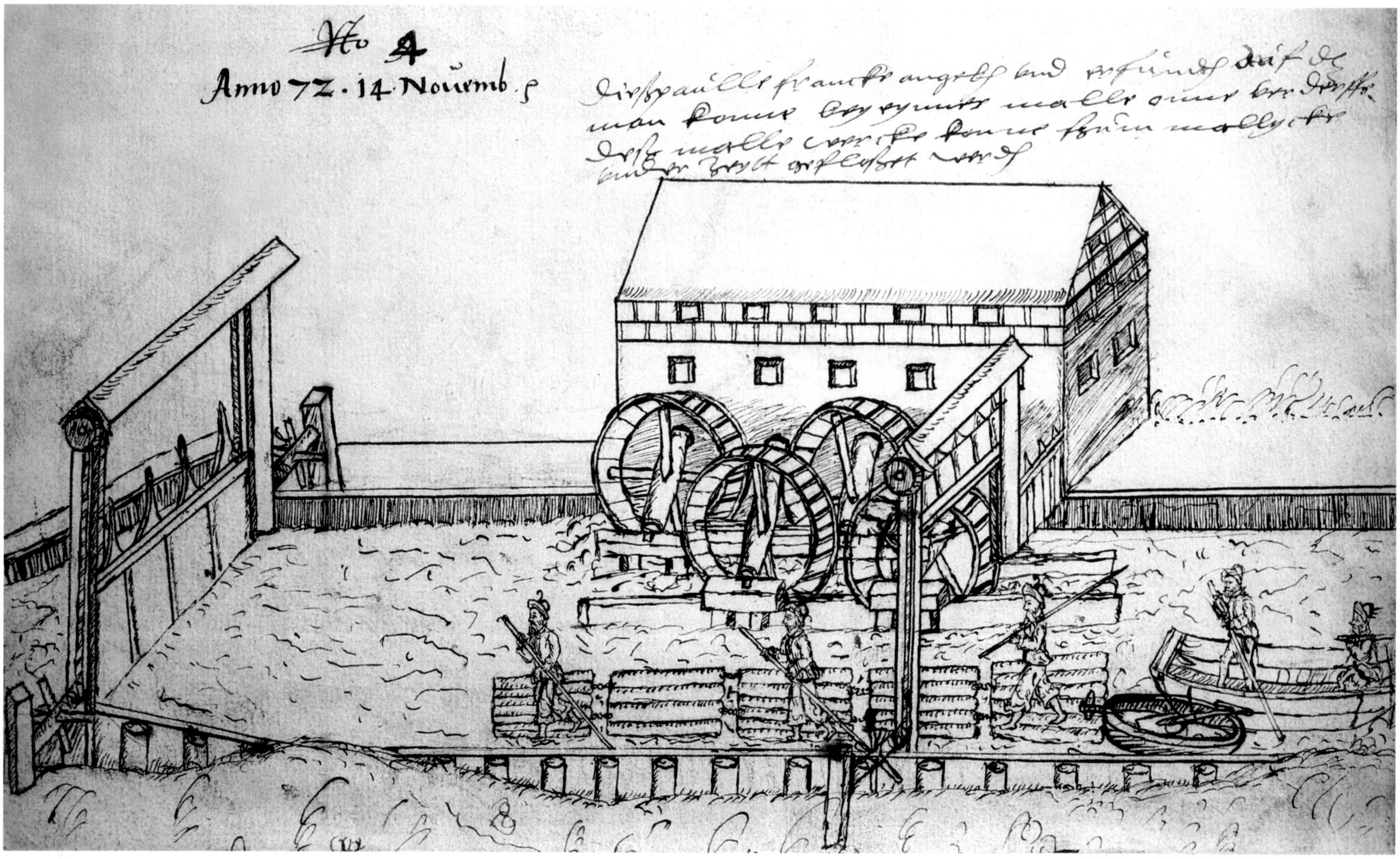

Otto von Guerickes
Halbkugelversuch

1666 Vertrag zu Kloster Berge. Magdeburg fällt de facto an das Kurfürstentum Brandenburg.

1678 Nach 52jähriger Tätigkeit im Rat legt Otto von Guericke sein Amt als Bürgermeister nieder.

1680 Nach dem Tode des letzten kursächsischen Administrators kommt das säkularisierte Erzstift Magdeburg als Herzogtum Magdeburg de jure an das Kurfürstentum Brandenburg.

1681 Georg Philipp Telemann wird in Magdeburg geboren.

1683–1702 Auf dem Werder entsteht die Zitadelle unter Leitung von Heinrich Schmutze.

1686 Otto von Guericke stirbt in Hamburg. Sein Leichnam wird nach Magdeburg überführt.

1689 Nach dem Pfälzer Erbfolgekrieg siedeln sich Pfälzer Reformierte, die von französischen Truppen aus ihrer Heimat vertrieben wurden, in Magdeburg an. Es sind teils französisch sprechende Wallonen, teils deutsche Pfälzer. Sie bilden hier die Pfälzer Kolonie.

1691–98 Bau des barocken Rathauses mit niederländisch-italienischen Renaissanceeinflüssen durch Ingenieurhauptmann Heinrich Schmutze.

1692 Es erfolgt die Bildung einer Baukommission zur Leitung des Wiederaufbaus der Stadt.

Siegel der Sudenburg aus dem 15. Jahrhundert

1702–47 Fürst Leopold von Anhalt-Dessau, der „Alte Dessauer", ist Festungsgouverneur von Magdeburg. Magdeburg wird stärkste Festung Preußens. Viele Barockbauten entstehen.

1714 Magdeburg wird Verwaltungszentrum. Die Behörden des Herzogtums Magdeburg werden von Halle nach Magdeburg verlegt.

1731 König Friedrich Wilhelm I. gibt den Befehl zur Besiedlung der Turmschanze. Die Friedrichstadt entsteht.

1743 In der Knochenhaueruferstraße wird ein Armen-, Waisen- und Krankenhaus eröffnet.

1746 Johann Heinrich Rolle wird Organist an der Johanniskirche in Magdeburg. Er wirkt bis zu seinem Tode in Magdeburg und schafft ein vielbeachtetes musikalisches Werk.

1748 Der Ingenieuroffizier Gerhard Cornelius von Walrave kommt als Gefangener des preußischen Staates auf die Festung Magdeburg. Er soll Festungspläne an Österreich verraten haben. 25 Jahre – bis zu seinem Tod – verbringt er in der von ihm selbst errichteten Sternschanze.

Alter Markt, 1706

Stadtansicht von Osten mit Festungswerken um 1740 von F. B. Werner (1690–1778) und A. Glässer

1757 Preußen befindet sich im Krieg mit Österreich und anderen Staaten. König Friedrich II. ordnet im Oktober an, daß „die ganze königliche Familie nun sogleich gerades Weges nach Magdeburg abgehen und daselbst so lange bis zu geänderten Umständen bleiben und sich aufhalten soll".

1764 Johann Philipp Guischard erhält die Konzession zum Betrieb einer Fayencemanufaktur.

1778 Der Magdeburger Kaufmann und Schiffer Johann Friedrich Keller eröffnet im Haus „Zum goldenen Sieb" in der Petersstraße eine Handlungsschule.

Johann Adam Creutz aus Halle gründet in Magdeburg seine Buchhandlung.

1793 Gründung der Zeichenschule, einer Vorläuferin der späteren Kunstgewerbe- und Handwerkerschule.

1794 Auf dem Breiten Weg wird ein Schauspielhaus, das erste ständige Theater Magdeburgs, erbaut. Der Architekt ist Friedrich Wilhelm Freiherr von Erdmannsdorff.

1806 Kapitulation der Festung Magdeburg vor heranrückenden französischen Truppen. Die preußische Garnison rückt aus der Stadt ab.

1807 Magdeburg wird dem Königreich Westfalen einverleibt und zur Hauptstadt des Elbdepartements ernannt.

1809 Auflösung der Innungen.

1812/13 Auf Befehl Napoleons werden der größte Teil der Neustadt und die Sudenburg abgebrochen, um den Festungsbereich zu erweitern.

„Herrn W. A. Francke königl. Landrath und Oberbürgermeister, Ritter hoher Order etc. dem sinnigen Schöpfer von Magdeburgs freundlichen Umgebunden hochachtungsvoll und ergebenst gewidmet vom Lithographen Albrecht Platt." Geschenk an Oberbürgermeister August Wilhelm Francke, Mitte 19. Jahrhundert

1813/14 Aus strategischen Gründen erfolgt der Abriß des südlich der Altstadt gelegenen Klosters Berge.

1814 Abzug der Franzosen und Einzug der verbündeten preußischen und russischen Truppen. Magdeburg ist wieder preußisch.

1815 Magdeburg wird Hauptstadt der preußischen Provinz Sachsen.

1817–48 August Wilhelm Francke ist Oberbürgermeister von Magdeburg.

1817 Übergabe des Krankenhauses Altstadt.

1822 Die Elbschiffahrtsakte vom 23. Juni 1821 tritt in Kraft. Sie hebt die Stapel- und Umschlagrechte der Elbestädte und die Privilegien der Schiffer auf. Die Zahl der Elbezollstätten verringert sich von 35 auf 14.

1823 Lazare Carnot, Organisator der französischen Revolutionsheere, stirbt nach siebenjährigem Aufenthalt als Emigrant in Magdeburg.

Der Kaufmann und Gutsbesitzer August Leberecht Bodenstein errichtet in der Sieverstorstraße eine Brauerei.

Siegel auf einem Holzschnitt in der „Chronica Der Sachsen und Niedersachsen" von Johannes Pomarius aus dem Jahre 1589

1823 Die Stadtsparkasse Magdeburg nimmt ihre Tätigkeit auf.

Samuel Aston läßt sich in Magdeburg nieder und gründet eine Maschinenfabrik (ab 1840 Gräflich Stolbergsche Maschinenfabrik).

1824 Der berühmte königlich-preußische Gartenarchitekt Peter Joseph Lenné entwirft den Plan für den Klosterbergegarten. Dieser gehört zu den ältesten deutschen Volksgärten.

In der Neustadt wird die neue Nicolaikirche, die nach Plänen von Karl Friedrich Schinkel entstand, eingeweiht. Sie gilt als bedeutendster Bau des Klassizismus in Magdeburg.

1827 Die mit dem Krankenhaus Altstadt verbundene medizinisch-chirurgische Lehranstalt nimmt ihren Betrieb auf.

Der erste städtische Friedhof außerhalb der Stadtmauern, der von Peter Joseph Lenné konzipierte Nordfriedhof, wird eröffnet.

1831/32 Magdeburg wird von einer Choleraepidemie heimgesucht. 375 Menschen sterben.

1838 Gründung der „Magdeburger Dampfschiffahrts-Compagnie".

Gründung der Maschinenfabrik Buckau „Alte Bude" an der Sülzemündung.

Plan der Stadt Magdeburg, Prag, 1809

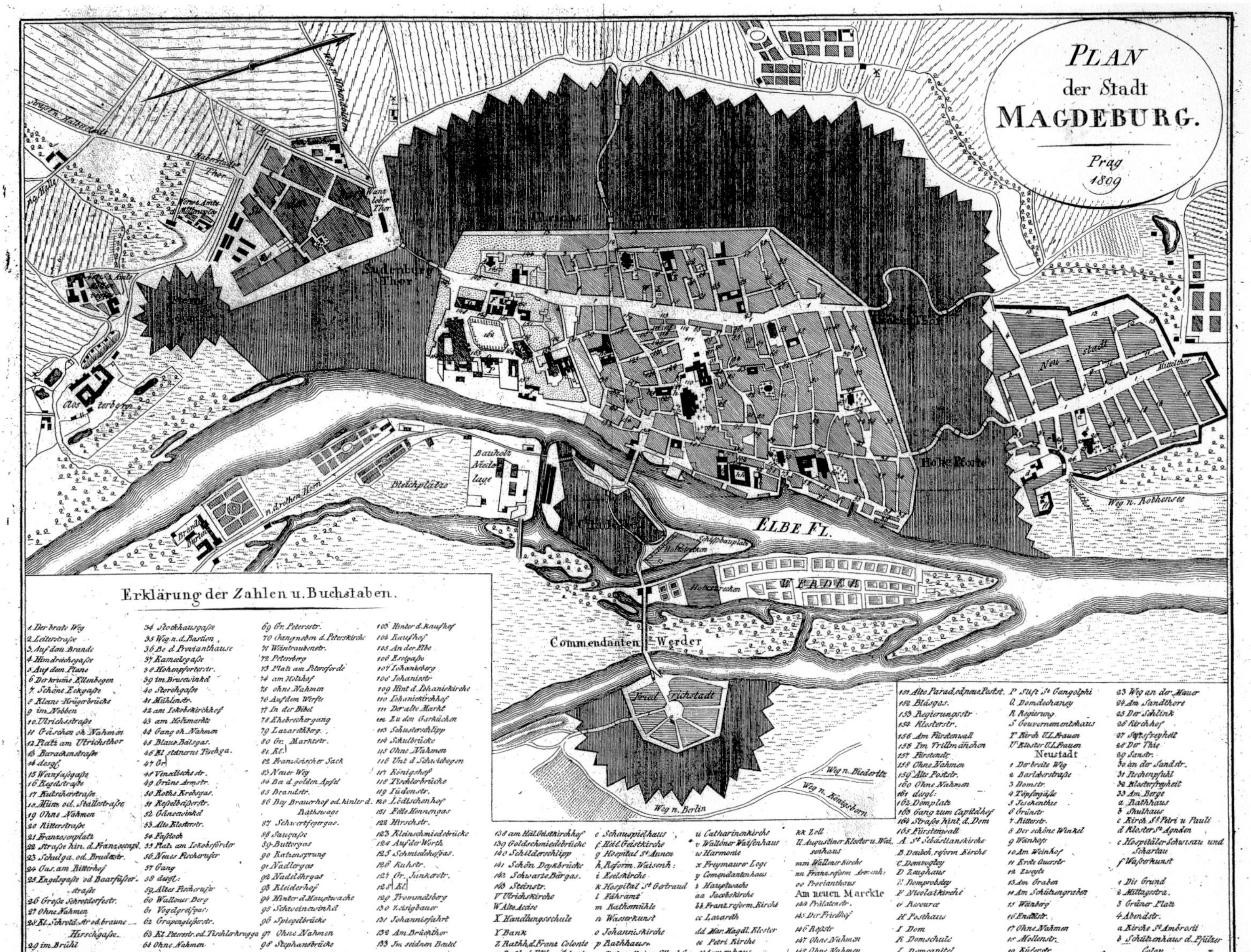

1839 Einweihung des ersten Streckenabschnittes der Magdeburg-Leipziger Eisenbahn von Magdeburg bis Schönebeck.

1840 Magdeburger Bilderstreit durch Pfarrer Sintenis ausgelöst. Die „Lichtfreundebewegung“ entsteht. Leberecht Uhlich (ab 1845 in Magdeburg) wird nach 1841 ihr anerkannter Führer.

1841–43 Bau der Eisenbahnstrecke Magdeburg-Halberstadt.

1844 Wegen der die preußische Krone und Regierung beunruhigenden kirchlichen Auseinandersetzungen in Magdeburg wird Karl Friedrich Göschel im Range eines preußischen Oberpräsidenten zum besonderen Konsistorialpräsidenten eingesetzt, um die Opposition zu unterdrücken.

Der 1808 in Magdeburg geborene Wilhelm Weitling hält sich in Magdeburg unter Polizeiaufsicht auf und wird nach Hamburg ausgewiesen.

1846 Einweihung der Eisenbahnstrecke Magdeburg-Potsdam.

1847 Gründung der Freien Gemeinde in Magdeburg. Sie ist die größte ihrer Art in Preußen.

1848 Die Magdeburger Adresse vom 1. März mit „Märzforderungen“ an die preußische Krone ist eine der ersten in Preußen und steht am Beginn der Revolution von 1848 in der Monarchie; Am 15. März kommt es zu gewaltsamen Auseinandersetzungen zwischen Revolutionären und dem Militär auf dem Domplatz.

Magdeburg wird zu einem wichtigen Zentrum der konservativen Parteibildung in Preußen mit Ernst Ludwig von Gerlach an der Spitze.

Der liberale Magdeburger Abgeordnete Hans Victor von Unruh wird im Oktober Präsident der preußischen Nationalversammlung.

1850 Am Neuen Weg (heute Weitlingstraße) gründet Bernhard Schäffer eine mechanische Werkstatt. Sie bildet den Anfang des Meßgeräte- und Armaturenwerkes „Schäffer & Budenberg“. In ihr sind zunächst nur drei Arbeiter beschäftigt, die Plattenfedermanometer herstellen.

1853–81 Karl Gustav Friedrich Hasselbach ist Oberbürgermeister. Er beginnt mit der Stadterweiterung.

1855 Hermann Gruson gründet in Buckau eine Maschinenfabrik mit Eisengießerei.

Ansicht des Hauptbahnhofs

Das 1876 eröffnete Magdeburger Stadttheater. Das Gebäude wurde während des Zweiten Weltkrieges schwer beschädigt. 1958 erfolgte die Sprengung der Ruine.

1862 Rudolf Wolf gründet in Buckau eine Maschinenfabrik. Er produziert stationäre und fahrbare Lokomobile.

Eine neue Strombrücke entsteht.

1866 In Magdeburg entsteht eine Sektion der I. Internationale unter dem Vorsitz von Johannes Münze.

Die Errichtung der Elbstrombauverwaltung schafft die Voraussetzung für die planmäßige und umfassende Regulierung der Elbe. Der erste Elbstrombaudirektor ist Theodor Kozlowski. Er übt das Amt bis 1880 aus.

1867 Eingemeindung Sudenburgs.

1872 Eröffnung des Südfriedhofs.

1874 Eröffnung des Hauptbahnhofs.

Die Standesämter und die Berufsfeuerwehr nehmen ihre Tätigkeit auf.

1876 Das Stadttheater zwischen der Hasselbach- und der Viktoriastraße wird eröffnet.

1877 Inbetriebnahme der Pferdebahn Sudenburg-Breiter Weg-Neustadt-Buckau.

1878 Der Dramatiker Georg Kaiser wird in Magdeburg geboren.

1885 Die Allgemeine Ortskrankenkasse für den Gemeindebezirk Magdeburg konstituiert sich.

1885 Eugen Polte gründet ein Unternehmen, das sich in den folgenden Jahren zu einem führenden Munitionsbetrieb entwickelt.

1886 Eingemeindung der Neustadt.
Fahlberg-List nimmt die Saccharinproduktion auf.

Siedlung Neue Heimat in Westerhüsen, 1926

1887 Eingemeindung von Buckau.

Magdeburg bildet einen eigenen Stadtkreis.

Eröffnung der Kunstgewerbe- und Handwerkerschule.

1890 Die erste Nummer der SPD-Zeitung „Volksstimme" erscheint.

1893 Inbetriebnahme des Handelshafens, des Schlacht- und Viehhofes sowie des Museums am Domplatz 5.

1894 Übergabe des Sudenburger Krankenhauses.

1895–99 Auf dem Breiten Weg wird die Hauptpost errichtet.

1896 Eröffnung der „Gruson-Gewächs- und Palmenhäuser der Stadt Magdeburg".

1898 Der Westfriedhof wird eingeweiht. Er hat zunächst einen Umfang von 18,4 Hektar.

1899 Erstmals fährt die elektrische Straßenbahn durch Magdeburg.

Aus der Korporation der Kaufmannschaft entsteht die Handelskammer.

Die neue deutsch-reformierte Kirche am Kaiser-Otto-Ring wird geweiht.

1903 Die Königsbrücke wird dem Verkehr übergeben.

1905 Mit einem Schauturnen wird die neuerbaute Friesenturnhalle eröffnet.

1906 Eröffnung des Kaiser-Friedrich-Museums.

1907 Am Kaiser-Wilhelm-Platz wird das Zentraltheater eröffnet. Es bringt zunächst überwiegend Varietéprogramme und später Operetten zur Aufführung. Im ersten Jahr seines Bestehens kann es eine Besucherzahl von 385 129 aufweisen.

Die Vereinigten Maschinenbauschulen beziehen ihr neues Gebäude Am Krökentor.

Das Denkmal für Oberbürgermeister Francke auf dem Platz Bei der Hauptwache muß dem Denkmal für Otto von Guericke, geschaffen von Carl Echtermeyer, weichen. Das Franckedenkmal wird in den Nordpark versetzt.

Reger Schiffsverkehr auf der Elbe

Übergabe der Sternbrücke durch Oberbürgermeister Hermann Beims

1908 Die Stadt erwirbt das „Industriegelände" zwischen Neustadt und Rothensee.

Hans Grade startet auf dem Cracauer Anger den ersten deutschen Motorflug.

Eingemeindung von Rothensee.

1910 Eingemeindung von Cracau, Fermersleben, Lemsdorf, Prester, Salbke und Westerhüsen. Magdeburg hat jetzt 279 629 Einwohner.

1912 Endgültige Aufhebung der Festung.

Die Magdeburger Vorortbahnen AG entsteht.

1918 Relativ unblutiger Verlauf der Novemberrevolution unter Dominanz der Mehrheitssozialdemokratie. Der Magdeburger Otto Landsberg (MSPD) ist Mitglied des Rates der Volksbeauftragten.

1919 Infolge der Novemberrevolution wird der Sozialdemokrat Hermann Beims Oberbürgermeister.

Hermann Beims wird zum Oberbürgermeister gewählt.

Gründung des „Stahlhelm – Bund der Frontsoldaten" in Magdeburg. Bundesführer wird der Magdeburger Fabrikant Franz Seldte.

1921 Der Architekt Bruno Taut kommt als Stadtbaurat nach Magdeburg. In seiner dreijährigen Tätigkeit setzt er entscheidende Impulse für das Bauwesen der Stadt. Er entwickelt u. a. den ersten Flächennutzungsplan, entwirft die „Halle Land und Stadt", mobilisiert die Bevölkerung für eine farbenfrohe Gestaltung der Häuserfassaden und entwirft Pläne zum Bau von begrünten Wohnsiedlungen.

1922 Oberbürgermeister Hermann Beims übergibt die Sternbrücke dem Verkehr.

Die „Halle Land und Stadt" wird eröffnet.

Im Rotehornpark findet die Mitteldeutsche Ausstellung für Siedlung, Sozialfürsorge und Arbeit (MIAMA) statt.

In der Wilhelmstädter II. Volksschule wird eine Versuchsschule eingerichtet. Der Unterricht erfolgt nach den Ideen des Reformschulpädagogen Berthold Otto.

1923 Die Allgemeine Nahrungs- und Genußmittelausstellung (ANUGA) öffnet im Stadtpark ihre Pforten.

Der Generalstreik zum Sturz der Cuno-Regierung erfaßt auch Magdeburg.

1924 Unter dem Vorsitz von Otto Hörsing entsteht in Magdeburg das sozialdemokratisch orientierte „Reichsbanner Schwarz-Rot-Gold“. Magdeburg ist Bundessitz dieser Organisation.

In Buckau wird eine Versuchsschule eröffnet.

1925 Einweihung des Flugplatzes auf dem Großen Cracauer Anger.

Oberbürgermeister Hermann Beims legt den Plan für die Bildung eines Landes „Mitteldeutschland“ (Provinz Sachsen, Thüringen, Anhalt und Braunschweig) vor, Magdeburg ist dabei die Rolle der Landeshauptstadt zugedacht. Die Stadtverwaltung läßt Pläne für eine Stadt mit 700 000 Einwohner ausarbeiten, die auch umfangreiche Eingemeindungen enthalten.

Bis 1928 entsteht die Beimssiedlung.

1926 Eingemeindung von Diesdorf.

Pläne zur Sanierung der Altstadt entstehen.

Die Straßenbahn fährt bis Schönebeck.

1927 Die Theaterausstellung zieht Tausende Besucher an. Die in nur wenigen Monaten aus diesem Anlaß erbaute Stadthalle wird eröffnet. Sie bietet 5 000 Besuchern Platz. Der Eisenskelettbau wurde von Stadtbaurat Johannes Göderitz entworfen.

In der Listemannstraße öffnet das neue, ebenfalls im Stil des Neuen Bauens errichtete Fernmeldeamt.

Die Zitadelle wird der Stadt übergeben und in der Folgezeit abgetragen.

Die Mieter-Bau-und Sparverein e. G. m. b. H. errichtet in der Zeit bis 1930 die Siedlung Brückfeld.

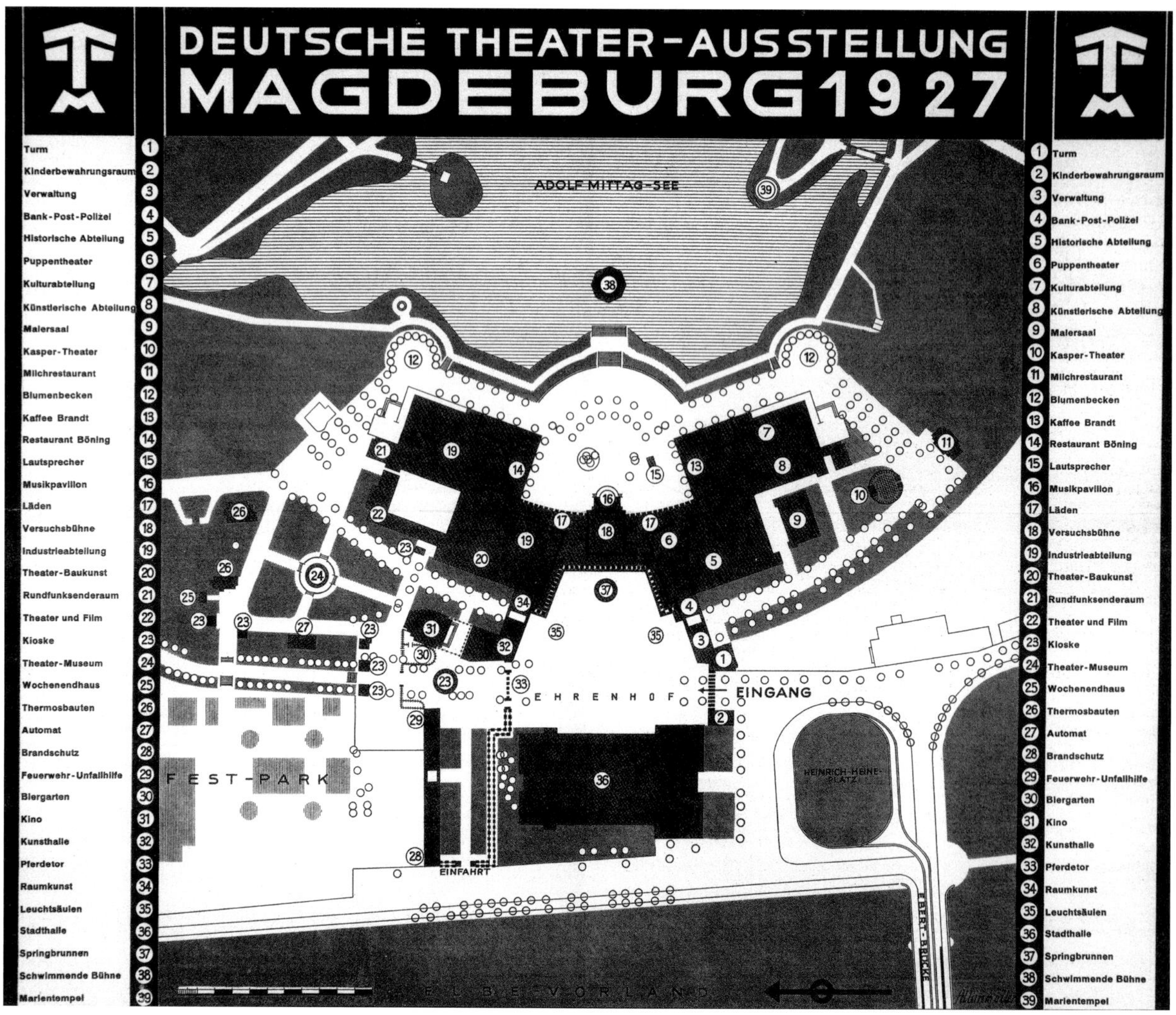

Plan der Deutschen Theater-Ausstellung in Magdeburg, 1927

Luftbildaufnahme vom Ausstellungsgelände, 1937

„DIE KLEINE STADT MAGDEBURG
HAT SICH UM DAS
WELTTHEATER VERDIENT GEMACHT."
(COMEDIA, PARIS 1927)
STADTHALLE MAGDEBURG

Stadthalle Magdeburg, Postkarte, 1927

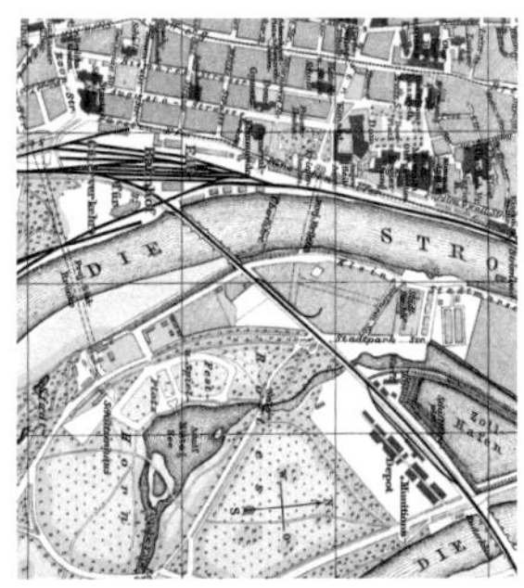

Darstellung des Festspielplatzes auf einer Karte von 1910. Zehn Jahre später wurde hier das Ausstellungsgelände errichtet.

Flughafen Magdeburg-Süd, 1937

In Magdeburg-Westerhüsen wird in der Zeit bis 1931 die Siedlung „Neue Heimat“ erbaut. Architekten sind Konrad Rühl und Gerhard Gauger.

1928 Der Theologe Günther Dehn löst durch einen Vortrag in der Ulrichsgemeinde einen heftigen Streit über Kriegerdenkmäler und Kirchen aus. Der Streit eskaliert in Magdeburg wegen des Ehrenmals für die Gefallenen des Ersten Weltkriegs, das für den Dom vorgesehen ist.

1929 Die SPD hält in Magdeburg ihren Parteitag ab.

Im Nordquerhaus des Magdeburger Domes wird am Totensonntag das Mahnmal für die Gefallenen des Ersten Weltkrieges von Ernst Barlach aufgestellt. 1933 wird es als Werk „entarteter Kunst“ entfernt. 1957 kehrt es an seinen ursprünglichen Standort zurück.

1930 Inbetriebnahme der Großgaserei.

1931 Hermann Beims tritt nach zwölfjähriger Amtszeit in den Ruhestand. Nachfolger wird der Berliner Stadtrat für Verkehr Ernst Reuter (SPD).

1932 In Magdeburg gibt es ca. 40 000 Arbeitslose, das sind 39 Prozent aller Erwerbsfähigen.

Das Wasserwerk Colbitz wird in Betrieb genommen.

Die Erwerbslosensiedlung Birkenweiler (Milchweg) entsteht.

Bei den Reichstagswahlen am 6. November stimmen in Magdeburg von 229 922 Wahlberechtigten 61 895 für die NSDAP, 65 097 für die SPD und 28 576 für die KPD.

Hermann Beims stirbt an den Folgen eines Unfalls.

1933 Im Januar beginnen Sanierungsarbeiten in der Altstadt, die besonders im nördlichen Teil mit 600 Bewohnern je Hektar übervölkert ist. Zunächst werden durch Arbeitsbeschaffungsmaßnahmen Hintergebäude überwiegend stadteigener Grundstücke abgerissen.

Oberbürgermeister Ernst Reuter wird zum Rücktritt gezwungen und in Schutzhaft genommen. Bei den Kommunalwahlen am 12. März geht die NSDAP mit 74 088 Stimmen vor der SPD mit 61 342 und vor der KPD mit 16 351 Stimmen in Führung. Dr. Fritz Markmann (NSDAP) wird Oberbürgermeister und verbleibt bis April 1945 im Amt.

Magdeburg hat 306 894 Einwohner.

Die Zinkhütte wird errichtet.

Die nationalsozialistische Diktatur führt zu Verfolgungen, Verhaftungen und Mißhandlungen von Regimekritikern und Angehörigen wie Sympathisanten von SPD, Gewerkschaften und KPD; Anfang März werden massiv jüdische Geschäfte ange-

Bruno Beye: Demaskierung. Titelblatt der Volksstimme-Beilage, 1930

SCHAUINSLAND
ILLUSTRIERTE BEILAGE DER VOLKSSTIMME
Was hinter der Hakenkreuzlarve steckt

Bruno Beye: Was hinter der Nazilarve steckt. Titelblatt der Volksstimme-Beilage, 1932

griffen, wenig später auch jüdische Einrichtungen und Persönlichkeiten angegriffen bzw. mißhandelt.

Nach einem Vertrag der Stadtverwaltung mit Verantwortlichen des Raketenflugplatzes Berlin-Reinickendorf (Rudolf Nebel) soll in Magdeburg die erste bemannte Rakete gestartet werden. Es kommt nur zu einem unbemannten Start einer Modellrakete auf dem Gut Mose bei Wolmirstedt.

1934 Austragung der Europameisterschaften im Schwimmen in Magdeburg. Die Sport-Großveranstaltung wird zur Generalprobe für die Olympischen Spiele von Berlin 1936.

1936 An der Ebendorfer Chaussee entsteht die Siedlung „Danziger Dorf".

Die Junkers Flugzeugwerke AG in Dessau übernimmt die Junkers Motorenbau und Magdeburger Werkzeugmaschinenfabrik GmbH. Das Unternehmen führt den Namen Junkers Flugzeug- und Motorenwerke AG. Das bis 1945 funktionstüchtige Werk erstreckt sich in der Neuen Neustadt von der Wasserkunst- bis zur Kastanienstraße, im Westen begrenzt von der Nachtweide, im Osten durch die Schrote. Ein zweiter Komplex befindet sich in der Rothenseer Flur.

Der erste Spatenstich für die Junkerssiedlung erfolgt.

1937 Domprediger Ernst Martin, maßgeblicher konservativer evangelischer Theologe („Stahlhelmpfarrer") seiner Zeit und aktiv im Kreise der „Deutschen Christen" legt ein öffentliches Schuldbekenntnis ab und schließt sich der „Bekennenden Kirche" an. Er übt nach dem Judenprogrom vom November 1938 und der Zerstörung der Magdeburger Synagoge öffentliche Kritik an der Judenverfolgung im Dom.

Die NS-Stadtverwaltung rühmt sich, als erste deutsche Großstadt eine separate Schule für jüdische Kinder eingerichtet zu haben.

1938 Das Schiffshebewerk Rothensee wird fertiggestellt.

Die Synagoge in der Großen Schulstraße und viele Geschäfte jüdischer Bürger fallen den faschistischen Pogromen zum Opfer. 113 Personen werden verhaftet und ins KZ Buchenwald abtransportiert.

1940 Am 16. Juli, von 2.12 Uhr bis 2.30 Uhr, erleben die Bewohner Magdeburgs den ersten Luftalarm.

Trümmerwüste nach dem 16. Januar 1945

Luftaufnahme der englischen Luftwaffe von der zerstörten Altstadt, 1945

In der Nacht vom 21. zum 22. August werfen britische Flugzeuge die ersten Bomben auf Magdeburg. Häuser im Südwesten der Stadt werden getroffen. Drei Menschen sterben.

1944 Zwölf Luftangriffe auf Magdeburg. Neben Objekten der Rüstungsindustrie (Krupp-Gruson-Werk, Brabag, Junkerswerke) sind Wohnviertel Ziele der Bombardements. Fast 2 000 Menschen sterben, etwa 25 000 verlieren ihre Wohnung.

1945 Am 16. Januar sinkt Magdeburg unter dem Großangriff anglo-amerikanischer Flugzeuge in Schutt und Asche. 90 Prozent der Innenstadt werden zerstört. Tausende Tote sind zu beklagen. Im April 1945 hat Magdeburg nur noch 90 000 Einwohner.

Am 18. April besetzen amerikanische Verbände den Westteil Magdeburgs (bis 1. Juli 1945). Die amerikanische Besatzungsmacht setzt den Sozialdemokraten Otto Baer als Oberbürgermeister ein.

Am 19. April erreichen amerikanische Truppen nach mehrtägigen Kämpfen in der Stadt Magdeburg die Elbe. Der größte Teil der Stadt ist befreit.

Am 5. Mai besetzen sowjetische Truppen den Ostteil der Stadt. Magdeburg ist eine geteilte Stadt.

oben: Trümmerbahn in der Nähe des Hauptbahnhofs

Notunterkunft

Ruinen am Domplatz

Trümmerberg am heutigen Universitätsplatz, im Hintergrund das wiederaufgebaute Maxim-Gorki-Theater (früher: Zentraltheater)

Ab 5. Juni besetzen nach den Amerikanern englische Truppen den größeren westlich der Elbe gelegenen Teil der Stadt. Diese übergeben die Besatzung des größeren Westteils der Stadt am 1. Juli 1945 an die sowjetischen Truppen.

Das Präsidium der Provinz Sachsen konstituiert sich als Selbstverwaltungsorgan.

Am 1. Oktober nehmen rund 25 000 Schüler den Unterricht wieder auf.

Im Kloster Unser Lieben Frauen findet der erste Neulehrerkursus statt.

1946 Das Neuaufbauamt entsteht.

Nach Freilegung der Straßen wird eine Trümmerbahn geschaffen, deren Gleislänge im Juni 1948 28,5 km beträgt.

An der Johanniskirche geht eine Schuttwiederaufbereitungsanlage in Betrieb.

Am 12. März fährt der erste Zug über die wiedererrichtete Herrenkrug-Eisenbahnbrücke.

Unter dem Druck der sowjetischen Besatzung und der KPD-Führung kommt es zum Zusammenschluß von SPD und KPD zur SED.

Am 29. April rollt der Verkehr über die wiedererrichtete Strombrücke.

Am 30. Juli erläßt die Provinzialregierung die Verordnung, alles Eigentum der Nazi- und Kriegsverbrecher in Volkseigentum zu überführen.

Die Arbeitsgemeinschaft der kriegszerstörten Städte in der Provinz Sachsen wird gegründet.

Im Dezember wird die Provinz Sachsen in Provinz Sachsen-Anhalt umbenannt.

1947 Die Provinz Sachsen-Anhalt wird durch SMAD-Befehl in Land Sachsen-Anhalt umbenannt.

Der Landtag beschließt die Verfassung des Landes Sachsen-Anhalt.

Ausstellung „Magdeburg lebt!" im Kulturhistorischen Museum.

1948 Die Trümmeraufbereitungsanlage am Schroteplatz nimmt ihren Betrieb auf.

1949 Das Kommunale Wirtschaftsunternehmen (KWU) erhält eine Geschäftsordnung.

Der sowjetische Stadtkommandant übergibt dem Magistrat der Stadt Magdeburg die Verwaltungshoheit.

AMO – Kultur- und Kongreßhaus

Wiederaufbau
Breiter Weg/Ernst-Reuter-Allee in drei Phasen

Erstmals nach dem Krieg stellen Magdeburger Betriebe auf der Leipziger Messe aus.

1950 Eröffnung des Magdeburger Tiergartens.

Verhaftung von Oberbürgermeister Eberhardt und Stadtrat Koß und Aburteilung; Endgültige Stalinisierung der Stadtverwaltung. Wegbereitung für eine „sozialistische Großsstadt".

Die Kunstgewerbe- und Handwerkerschule wird als Fachschule für angewandte Kunst anerkannt.

Das Stadtarchiv öffnet wieder seine Pforten.

1951 Grundsteinlegung für den Beginn des umfassenden Wiederaufbaus der Stadt.

1952 Eingemeindung von Ottersleben.

Das Land Sachsen-Anhalt wird aufgelöst in die Bezirke Magdeburg und Halle. Magdeburg ist nun Bezirkshauptstadt.

Der erste Brückenbau der DDR, die Wilhelm-Pieck-Brücke, wird übergeben.

1953 Grundsteinlegung zum Aufbau des Zentralen Platzes.

Volksaufstand am 17. Juni.

Das Haus „Immer bereit" wird bezogen.

An der Hochschule für Schwermaschinenbau werden die ersten 532 Studenten immatrikuliert.

1954 Eröffnung der Medizinischen Akademie Magdeburg.

SAG-Betriebe werden an das deutsche Volk übergeben.

Die ersten Wohnungen am Zentralen Platz sind bezugsfertig.

1955 Der Dom öffnet wieder seine Pforten.

Täve Schur gewinnt die Friedensfahrt.

Die Fachschule für Wasserwirtschaft wird eröffnet.

1956 Die Ulrichskirche wird gesprengt.

Eingemeindung des Barleber Sees.

In Neustadt entstehen die ersten Häuser in Großblockbauweise.

Die Bauausstellung im Kulturhistorischen Museum zeigt das zukünftige Stadtbild Magdeburgs.

1957 Der Erich-Weinert-Preis der Stadt Magdeburg wird erstmals verliehen.

„Bärbogen" am Breiten Weg

Teil der geplanten, nicht ausgeführten Bebauung am Zentralen Platz

Punkthaus an der Ernst-Reuter-Allee

1958 Eröffnung des Städtischen Puppentheaters in der Warschauer Straße.

Die Ruine des Stadttheaters wird gesprengt.

1959 Abriß der bereits wieder aufgebauten Heilig-Geist-Kirche.

1961 Die Hochschule für Schwermaschinenbau erhält den Status einer Technischen Hochschule. Sie trägt den Namen „Otto von Guericke".

1962 Einweihung der Elbeschwimmhalle.

1963 Eröffnung des Hotels „International".

1964 Letzter Abriß einer Kirche mit dem Turm und den Ruinen des Kirchenschiffs von St. Katharina im Nordabschnitt des Breiten Weges (damals: Karl-Marx-Straße).

1965 Die neue Strombrücke wird dem Verkehr übergeben.

1969 Das wiedererrichtete Rathaus wird bezogen.

Grundsteinlegung für das Centrum-Kaufhaus (heute Karstadt), größtes Warenhaus in der DDR-Zeit

Der sowjetische Offizier Igor Belikow rettet mit einer spektakulären Tat ein aus dem 5. Stock eines innerstädtischen Hauses gestürztes Kind. Belikow wird Ehrenbürger Magdeburgs.

1971 Grundsteinlegung für den Neubaukomplex „Reform".

1972 Das Pädagogische Institut Magdeburg erhält den Status einer Hochschule.

1973 Grundsteinlegung für das Neubaugebiet Magdeburg-Nord.

Eröffnung des Centrum-Warenhauses (heute Karstadt).

Der 1000. Todestag Kaiser Ottos des Großen wird von offiziellen Stellen der Stadt Magdeburg ignoriert. Lediglich die evangelische Domgemeinde feiert eine Andacht.

1974 Einweihung des Glockenspiels im Rathausturm.

Inbetriebnahme der Magdeburger S-Bahn.

Freigabe der Elbuferpromenade.

Der 1. FC Magdeburg wird Fußball-Europapokalgewinner der Pokalsieger. Es ist der einzige Triumph einer DDR-Mannschaft in einem Fußball-Europapokalwettbewerb.

1977 Eröffnung der Konzerthalle „Georg Philipp Telemann" im Kloster Unser Lieben Frauen.

1979 Eingemeindung von Olvenstedt.

1981 Grundsteinlegung für den Wohnkomplex Neu-Olvenstedt.

1986 Übergabe des von Heinrich Apel geschaffenen Brunnens in der Leiterstraße.

1989 Beginn der „Gebete für die gesellschaftliche Erneuerung" im Dom.

Am 40. Jahrestag der Gründung der DDR wird Polizei gegen Demonstranten eingesetzt.

1990 Gründung der Industrie- und Handelskammer des Landes Sachsen-Anhalt mit Sitz in Magdeburg.

Erste freie Kommunalwahlen in der DDR. Die neu gewählte Stadtverordnetenversammlung wählt Dr. Willi Polte zum Oberbürgermeister.

Der neue Rat der Stadt beschließt, sich künftig Magistrat zu nennen.

Ein Feuer richtet im Großen Haus der Bühnen der Stadt Magdeburg schweren Schaden an.

Erste Landtagswahlen in den neuen Bundesländern.

Magdeburg wird Hauptstadt des Landes Sachsen-Anhalt.

Bronzeplastik Käthe Kollwitz vor dem Kloster Unser Lieben Frauen

1991	InterCity-Züge halten erstmals in Magdeburg.
	Eröffnung des Ökumenischen Gymnasiums und des Norbertusgymnasiums.
	Als letzte sowjetische Truppeneinheit verläßt die 3. Stoßarmee Magdeburg.
1992	Offizielle Gründung der Fachhochschule Magdeburg.
	Freigabe der Westringbrücke.
	Beginn der Neupflasterung der Hegelstraße und Sanierung der Häuser.
	Eröffnung des Theaters am Jerichower Platz als Ersatzspielstätte.
1993	Zusammenführung der Medizinischen Akademie, der Technischen Universität und der Pädagogischen Hochschule zur Otto-von-Guericke-Universität Magdeburg.
	Der Bundespräsident Richard von Weizsäcker eröffnet in Magdeburg die „Straße der Romanik".
	Im Nordwesten der Stadt öffnet der Flora-Park, das zweitgrößte Einkaufszentrum Deutschlands.
1994	Wahlen zum Stadtrat und zum Oberbürgermeister. Dr. Willi Polte bleibt im Amt.
	Eingemeindung von Pechau und Randau-Calenberge.
	Feierlichkeiten zur Errichtung des Bistums Magdeburg der Katholischen Kirche, Amtseinführung von Diözesebischof Leo Nowak.
	Abschluß der Umstellung von Stadt- auf Erdgasversorgung.
1995	Eröffnung der Ausstellung „Dann färbte sich der Himmel blutrot…" anläßlich des 50. Jahrestages der Zerstörung der Stadt.
	Enthüllung eines Mahnmals auf dem neugestalteten Luftopferfeld auf dem Westfriedhof.
	Abriß von Anlagen auf dem ehemaligen Fahlberg-List-Gelände in Salbke.
	Eröffnung eines neuen geschützten Wohnprojektes für mißhandelte Frauen durch das Amt für Gleichstellungsfragen.
	Gründung des Fördervereins Dom.

Eulenspiegelbrunnen auf dem Alten Markt von Heinrich Apel

In Magdeburg wird die „Straße der Romanik" eröffnet. Die erste Station der Tourismusstraße ist der Magdeburger Dom.

Gründung des Vereins zur Förderung der Bundesgartenschau.

Pflanzung der ersten Bäume für die Bundesgartenschau am Jerichower Platz.

Inbetriebnahme der ersten Niederflurstraßenbahnen.

Einweihung des neuen Standesamtes in der Humboldtstraße 11.

Eröffnung des Technikmuseums auf dem ehemaligen SKET-Gelände mit einer Exposition über Bruno Taut.

Wiederaufstellung des restaurierten Lutherdenkmals.

28. Hauptversammlung des Deutschen Städtetages.

Richtfest für das Wasserstraßenneubauamt auf dem Werder.

Gründung der „BUGA Magdeburg 1999 GmbH".

Sprengung des Gasometers in Rothensee.

Bezug des neuen Hauptverwaltungsgebäudes der Stadtsparkasse in der Lübecker Straße.

Beginn der Sanierungsarbeiten an der Zollbrücke und an der Anna-Ebert-Brücke einschließlich der Gleise.

Gründung des „Runden Tisches gegen Gewalt in Magdeburg".

Anlage eines neuen Radwanderweges.

Die Häuser der Hegelstraße wurden in den 90er Jahren fast vollständig saniert.

Neuerbautes Theater der Landeshauptstadt, 1997

Übergabe des Verwaltungsneubaus der Oberfinanzdirektion Magdeburg, Kritik des Bundes der Steuerzahler an der „Gigantomanie“.

Zustimmung der Europäischen Kommission zur Förderung des Stadtteils Cracau im Projekt Urban.

Demonstration auf dem Domplatz für den Erhalt des SKET.

1996 Der Stadtrat beschließt die jährlich von Stadt zu Stadt wechselnde Patenschaft über UNICEF, das Kinderhilfswerk der Vereinten Nationen.

Gründung des Kuratoriums „1200 Jahre Magdeburg“.

Einweihung der neuen Friedens- und Jerusalembrücken.

Einweihung einer Hubschrauberstation am Walter-Friedrich-Krankenhaus.

1997 Schließung des Magdeburger Armaturenwerkes (MAW).

Die SKET Schwermaschinenbau Magdeburg GmbH geht in die Gesamtvollstreckung.

Auf Beschluß des Stadtrates wird eine Arbeitsgruppe „Initiative für Olvenstedt“ gegründet.

Die evangelische Kirche überläßt der Stadt Magdeburg per Vertrag die Johanniskirche endgültig.

In Magdeburg werden die Deutschen Feuerwehrmeisterschaften ausgetragen. Den Gesamtsieg erringt die Magdeburger Berufsfeuerwehr.

Nach fünfjähriger Bauzeit erfolgt die Wiedereröffnung des Theaters der Landeshauptstadt.

Eröffnung des City-Carrés auf dem Bahnhofsvorplatz (40 000 m² Einkaufsfläche).

Die Ostseite des Breiten Weges (zwischen Bärstraße und Ernst-Reuter-Allee) mit sanierten Straßen und Gehwegen wird für den Verkehr freigegeben.

Einweihung des Geschäftshauses der Telekom in der Leipziger Straße.

Theatermasken am Immermann-Brunnen

Blick aus der Vogelperspektive auf die Bördelandhalle

Blick auf das Gewerbegebiet am Hafen

Das neue Standesamt

Neugestaltung des Randbereiches des Hasselbachplatzes.

Eine der SKET-Auffanggesellschaften, die Verseilmaschinenbau GmbH, wird privatisiert.

Mirko Stage gründet „future – die Jugendpartei".

Die Brücke am Wasserfall ist fertig.

Im Ulrichshaus wird das erste Geschäft geöffnet.

Die Stadt kauft von der Bahn AG ein Areal von 4 500 m² in der Maybachstraße für den neuen Busbahnhof.

1998 Die Frauen-Aktions-Tage 1998 finden in Magdeburg statt.

Proteste gegen die Schließung von Kindertagesstätten.

Prof. Dr. Andreas Geiger ist neuer Rektor der Magdeburger Fachhochschule.

1999 Demonstration gegen den Einzug der DVU in den Landtag.

Die SPD geht als stärkste Partei aus den Landtagswahlen hervor.

Freigabe einer neuen Brücke über die ICE-Strecke am Diesdorfer Graseweg.

Das Appartementhaus am Breiten Weg 5–7 wird abgerissen.

Zur Gestaltung des Domplatzes läuft ein Architekturwettbewerb.

Magdeburg hat einen „Platz des 17. Juni".

Zwischen dem MDR und der BUGA GmbH wird eine Kooperationsvereinbarung unterzeichnet.

Neuer Rektor der Otto-von-Guericke-Universität ist Prof. Dr. Klaus Erich Pollmann.

Pechau feiert sein 1050jähriges Jubiläum.

Grundsteinlegung für das größte europäische Wasserstraßenkreuz bei Magdeburg.

Der Verkehr rollt zweispurig über den Nordbrückenzug.

Eröffnung des Straßentunnels am Askanischen Platz.

Neue Sülzebrücke in Buckau eingeweiht.

8. Aktionstag gegen Arbeitslosigkeit.

Nur noch sieben ICE-Paare machen in Magdeburg täglich Station.

Eröffnung des Allee-Centers.

Im Park am Fürstenwall wird ein Denkmal für Sinti und Roma von Wolfgang Roßdeutscher eingeweiht.

Sprengung des achtgeschossigen Wohnblocks am Breiten Weg. An dieser Stelle soll ein Hundertwasserhaus entstehen.

Wiedereröffnung der Johanniskirche.

Ein Topographischer Atlas für Sachsen-Anhalt erscheint.

Das Grünflächenamt wird Eigenbetrieb.

2100 Studenten werden an der Otto-von-Guericke-Universität immatrikuliert.

Die BUGA schließt ihre Pforten am 17. Oktober.

Mit der Grundsteinlegung für die neue Schleuse Hohenwarthe beginnt die dritte und letzte Bauphase des Wasserstraßenkreuzes Magdeburg.

Archäologen graben am Platz des Friedens.

Die Elbeschwimmhalle ist nach der Sanierung wieder geöffnet.

Die Landesbauausstellung auf dem neuen Messegelände ist für Aussteller und Besucher ein Erfolg.

Futuristische Architektur des Spaßbades „NEMO"

Der Neubau des City-Carrés auf dem Bahnhofsvorplatz

Der Magdeburger Dom wird nicht in die Liste des Weltkulturerbes aufgenommen.

Das Urban-Förderprogramm für Cracau wird verlängert.

Die Stadtbibliothek zieht von der Weitlingstraße auf den Breiten Weg.

Aus den Trümmern des zerstörten Magdeburg entstehen auf dem BUGA-Gelände Gärten der Erinnerung.

Eröffnung des NEMO-Spaßbades anläßlich der BUGA.

Eröffnung der BUGA mit den interessanten Objekten Jahrtausendturm, Seebrücke, Fußgängerbrücke über die Herrenkrugstraße und Schwebebahn am 23. April.

Steffen Wesemann aus Wolmirstedt sichert sich in Magdeburg den Etappensieg der Friedensfahrt.

Igor Belikow, der Katrin Lehmann rettete, bittet um Spenden für ein Krankenhaus in seiner Heimatstadt Lugansk.

Erster Spatenstich für den neuen Busbahnhof in der Leiterstraße.

Sonnenfinsternis wird mit Partys in der ganzen Stadt gefeiert.

Umzug der Fachhochschule auf den neuen Campus am Herrenkrug.

Wiedereröffnung der Johanniskirche.

Gedenkveranstaltungen zur Erinnerung an den 9. November 1989.

Silvesterparty in der Stadthalle wird wegen zu geringen Kartenverkaufs abgesetzt.

Richtfest für die neue Musikschule am Breiten Weg.

Eröffnung der Verlängerung der Westringbrücke als Europaring.

Babette und Matthias Kaßner gaben sich am 31. Dezember 1999 als tausendstes Paar im alten Jahr und im alten Jahrtausend im Hochzeitshaus das Jawort.

In der Silvesternacht begrüßen Tausende Magdeburger das Jahr 2000 auf dem Alten Markt.

Der letzte Weihnachtsmarkt im 2. Jahrtausend

Blick ins Allee-Center im Sommer 1999

Fassade des neuen Gebäudes der Stadtbibliothek, 1999

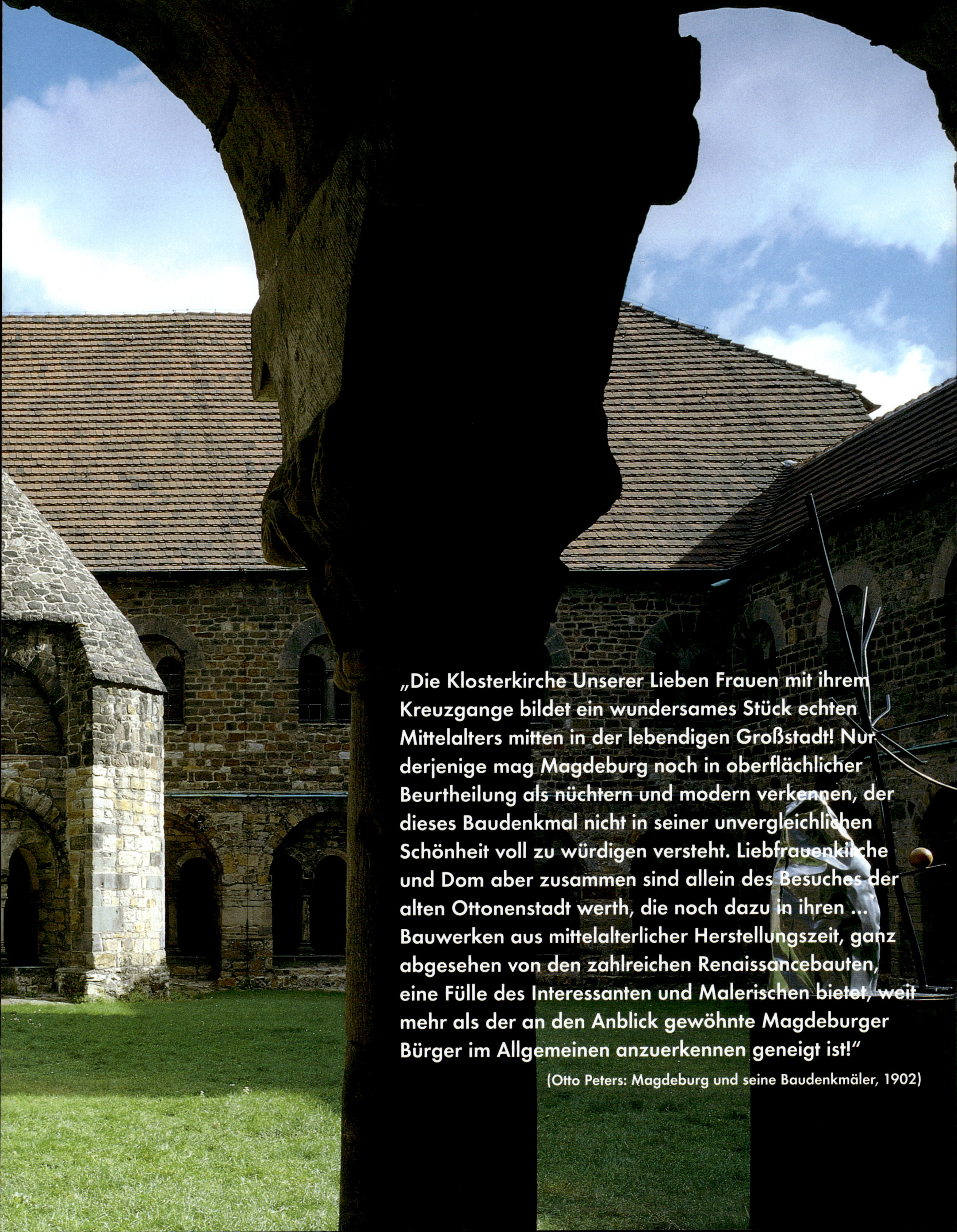

„Die Klosterkirche Unserer Lieben Frauen mit ihrem Kreuzgange bildet ein wundersames Stück echten Mittelalters mitten in der lebendigen Großstadt! Nur derjenige mag Magdeburg noch in oberflächlicher Beurtheilung als nüchtern und modern verkennen, der dieses Baudenkmal nicht in seiner unvergleichlichen Schönheit voll zu würdigen versteht. Liebfrauenkirche und Dom aber zusammen sind allein des Besuches der alten Ottonenstadt werth, die noch dazu in ihren ... Bauwerken aus mittelalterlicher Herstellungszeit, ganz abgesehen von den zahlreichen Renaissancebauten, eine Fülle des Interessanten und Malerischen bietet, weit mehr als der an den Anblick gewöhnte Magdeburger Bürger im Allgemeinen anzuerkennen geneigt ist!“

(Otto Peters: Magdeburg und seine Baudenkmäler, 1902)

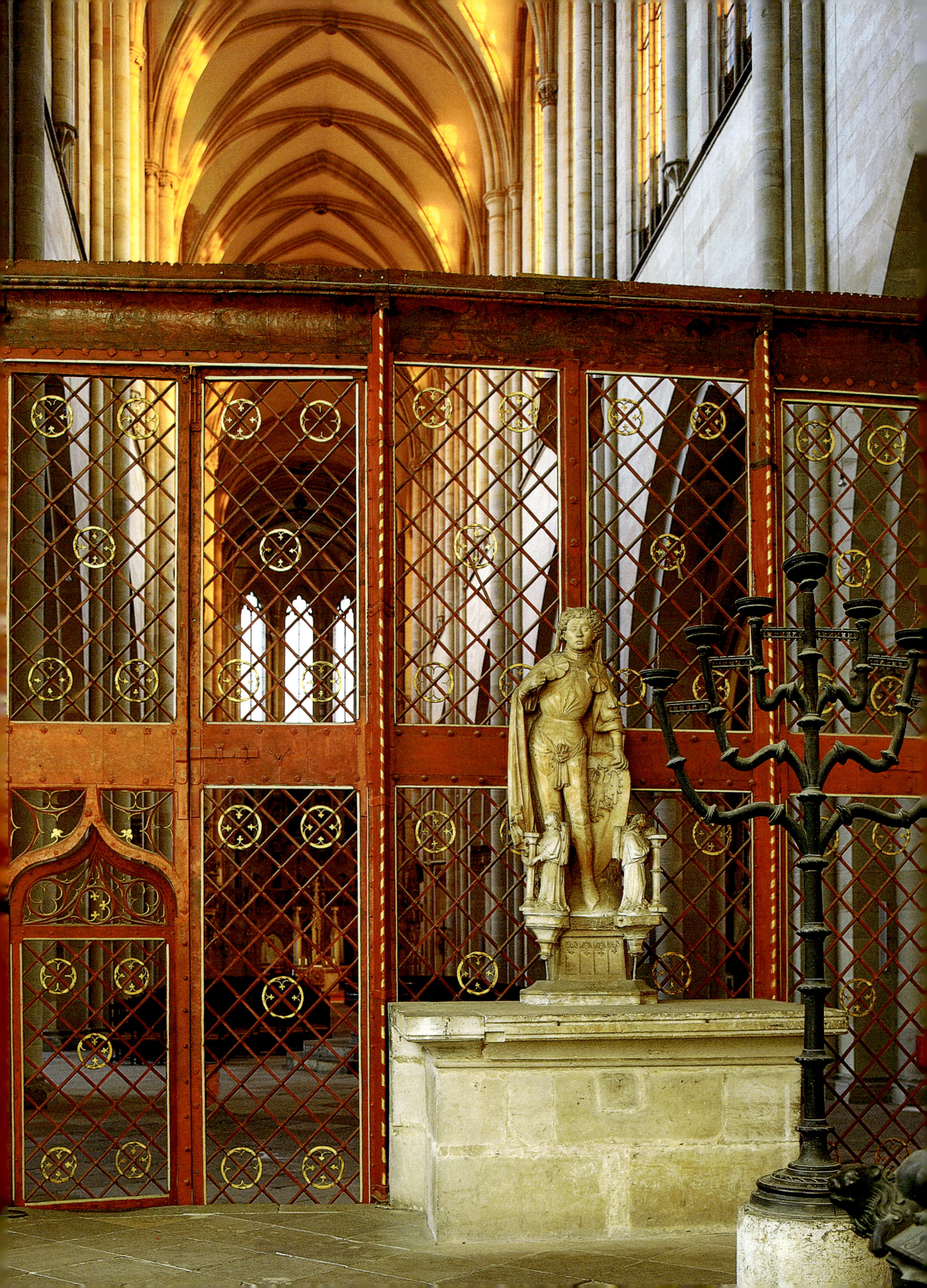

„Ich reiste in den dreißiger Jahren ... vielfach in Städten und Landschaften, die für die Fortsetzung meiner geplanten Kaiserlegende ... wichtig waren. So kam ich nach Magdeburg ... Es war ein Samstag und der Küster des Doms sagte mir, er habe keine Zeit, mich zu führen ... ich sagte ihm, daß ich von weit her komme ... worauf er mir anbot, den Dom aufzuschließen und mich darinnen für einige Zeit einzuschließen ... Ich sah mir vor allem das Grab Kaiser Ottos an und nahm auch sonst alles Bemerkenswerte des herrlichen Domes auf ... Die Dämmerung brach ein, und ich machte mich schon darauf gefaßt, die Nacht allein im Dom verbringen zu müssen. In diesen Dämmerstunden nun, die ich allein in dem ungeheuren Dom verbrachte, wurde die Vergangenheit seltsam lebendig. Ich sah gleichsam durch die hohen Kirchenfenster die Brandfahnen von einst über die Stadt wehen ..."

(Gertrud Le Fort: Brief an Hajo Jappe, 6. Juli 1960)

Streifzug
durch
frühere
Zeiten

Magdeburg, 21. September 937:
König Otto I. stattet die von ihm in Magdeburg gegründete Kirche und deren geistliche Gemeinschaft mit Rechten und Besitztümern aus.
(DO I 14.- Or. StA Magdeburg.-
Aufn.: Lichtbildarchiv älterer Originalurkunden Marburg, 15890)

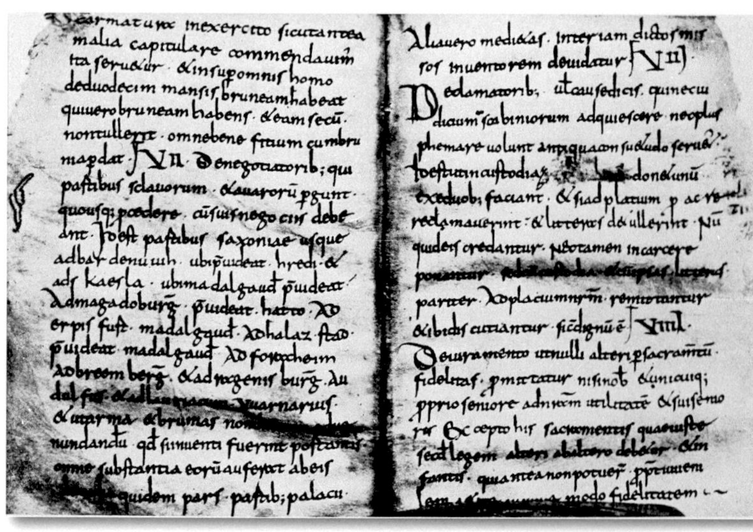

Diedenhofer Kapitular aus dem Jahr 805 mit der ersten Erwähnung Magdeburgs

Magdeburg im Mittelalter

MATTHIAS SPRINGER

Man rechnet das Alter eines Ortes von dem Jahr an, in dem sein Name zum ersten Mal genannt worden ist. In Wirklichkeit haben die meisten Orte schon lange bestanden, bevor sie zum ersten Mal erwähnt worden sind, denn selten fällt die früheste Aufzeichnung des Namens mit der Gründung der Ortschaft zusammen.

Im Jahr 2005 feiert Magdeburg den 1200. Geburtstag

Der Name Magdeburgs wurde jedenfalls zuerst im Jahre 805 erwähnt. Er findet sich in einer schriftlichen Verfügung Kaiser Karls des Großen (reg. 768 bis 814). Die Verfügung gehört zu einer Gattung von Schriftstücken, die man als Kapitularien bezeichnet. Erlassen wurde sie zu Diedenhofen (franz. Thionville), das nach heutigen Begriffen in Lothringen liegt. Karl der Große regelte in dem betreffenden Kapitular unter anderem den Handelsverkehr mit den Elbslawen. In diesem Zusammenhang wurde bestimmt, daß in Magdeburg ein Mann namens Aito die Aufsicht führen solle. (Es mag sein, daß sein Name auch Atto oder Hatto gelautet hat, denn die Handschriften überliefern ihn in unterschiedlichen Formen.) Die Händler durften nämlich keine Waffen und Harnische ausführen. Offensichtlich sollte der genannte Aito die Einhaltung des Verbots überwachen – unabhängig davon, was für Aufgaben er außerdem zu erfüllen hatte. Mit ihm fassen wir den ersten namentlich bekannten Einwohner Magdeburgs.
Ebenfalls 805 unternahm Karls des Großen gleichnamiger Sohn, der König Karl (der vor seinem Vater gestorben ist), einen Feldzug nach Böhmen und ins Land östlich der mittleren Elbe. Eines seiner Heere fuhr auf dem Fluß bis nach Magdeburg. Im nächsten

Magdeburg – Holzschnitt aus der Schedelschen Weltchronik, 1493

Magdeburg, 9. Juli 965:
Kaiser Otto I. schenkt der Kirche des heiligen Mauritius zu Magdeburg die bisher dem Reich zustehenden Rechte und Einkünfte von Markt, Münze und Zoll zu Magdeburg.
(DO I 301.– Or. StA Magdeburg.–
Aufn.: Lichtbildarchiv älterer Originalurkunden Marburg, 16035)

Jahr, also 806, ließ der König hier auf dem rechten Ufer eine Befestigung errichten. Im Zusammenhang mit beiden Ereignissen wird der Name Magdeburgs ausdrücklich in der Chronik von Moissac genannt, einem Geschichtswerk, das im Süden Frankreichs entstanden ist.

Die amtlichen Jahrbücher, die am Hof Karls des Großen geführt worden sind und die man als die fränkischen Reichsannalen bezeichnet, erzählen zum Jahre 805 zwar von dem Unternehmen gegen Böhmen. Doch nennen sie Magdeburg nicht. Ebenso wenig tun sie das im Jahre 806, als sie von der Errichtung einer Burg am Ufer der Elbe berichten. Es ist beeindruckend, daß der Name Magdeburgs in Moissac bekannt war, denn diese Stadt liegt etwa 80 km nordwestlich von Toulouse und damit 1000 km von uns entfernt.

Was bedeutet der Name „Magdeburg"?

Zu erklären ist er aus dem Germanischen (und nicht aus dem Slawischen). Nach der einen Deutung entspricht der erste Teil des Wortes, also *Magde-* dem neuhochdeutschen *Maid* 'Jungfrau', 'Mädchen'. So wurde der Name nachweislich bereits während des 10. Jahrhunderts verstanden. Gelehrte Verfasser haben ihn in jener Zeit als *virginum civitas* ins Lateinische und als *Parthenopolis* sogar ins Griechische übersetzt. Beides bedeutet 'Jungfrauenstadt'. Der Name *Magadoburg* (wie seine älteste Form lautet) ließe somit auf einen Platz schließen, an dem in der heidnischen Zeit, lange vor 805, jungfräuliche Gottheiten verehrt worden waren.

Wir sehen, daß der Ort und sein Name schon geraume Zeit bestanden haben müssen, als ihn die Verfasser des Erlasses von Diedenhofen oder der Chronik von Moissac erwähnten, denn im Reich Karls des Großen sind keine heidnischen Heiligtümer mehr errichtet worden.

In die graue Vorzeit gelangt man ebenso mit den anderen Erklärungsversuchen. Diese führen das Namenglied *Magde-* entweder auf *magatha* 'Kamille' zurück oder sehen in ihm ein schwer deutbares Wort, das auch in verschiedenen Ortsnamen Englands auftaucht.

Seite 76: Standbild des heiligen Mauritius (um 1250) im Sanktuarium des Doms

Seite 77: Standbild der heiligen Katharina (um 1250), Schutzheilige des Magdeburger Doms

Vom gewöhnlichen Ort zur Stadt

Seit 805 ist Magdeburg also faßbar, nur vierzig Jahre später als Aachen. Wie die Siedlung an der Elbe zu jener Zeit ausgesehen hat, wissen wir aber nicht. Auf der Erdoberfläche haben sich keine Überreste damaliger Bauten erhalten; und die Bodenfunde sind dürftig. Überhaupt hören wir erst im Jahre 936 erneut von Magdeburg. Die mitunter anzutreffende Behauptung, der Ort wäre 827, 847 oder 870 erwähnt worden, ist unzutreffend.

Daß Magdeburg 936 wieder hervortritt, hängt mit der Tätigkeit Ottos I. zusammen, der in jenem Jahr seinem Vater Heinrich I. als ostfränkisch-deutscher König folgte, 962 in Rom zum Kaiser gekrönt wurde und nach einer langen Regierung 973 starb. Am 14. Oktober 936 stellte der junge Herrscher in Magdeburg eine Urkunde für das Kloster Fulda aus. Das bedeutet nicht, daß er das Schriftstück selber geschrieben oder dessen Wortlaut verfaßt hätte. In jener Zeit beherrschten nur die Geistlichen die Kunst des Schreibens, sofern man von Ausnahmen absieht. Obendrein waren die Urkunden lateinisch abgefaßt. Dieser Sprache waren die weltlichen Herren ebenfalls nicht mächtig. Die eigenhändige Mitwirkung des Königs an der Ausstellung der Urkunde beschränkte sich darauf, daß er das Zeichen seines Namens auf dem Pergamentblatt mit einem Strich versah und somit die Urkunde vollzog. Natürlich hatte der Aussteller vorher die Rechtshandlung vorgenommen, die beurkundet wurde.

Der 14. Oktober 936 bildet also den ersten genau bestimmbaren Tag, an dem sich Otto I. in Magdeburg aufgehalten hat. Doch können wir behaupten, daß der König bereits vorher hier weilte. Seine Gemahlin Edith hatte den Ort nämlich bei der Hochzeit im Jahre 929 (oder 930) als Morgengabe erhalten. Folglich muß das Ehepaar an diesem Platz über einen Hof verfügt haben, auf dem es wohnen konnte.

Magdeburg blieb ein bevorzugter Aufenthaltsort Ottos I. Nachweisbar ist, daß der Kaiser 105 Tage hier verlebt hat, die sich auf zweiundzwanzig Aufenthalte verteilen. Was die Anzahl der an einem bestimmten Ort zugebrachten Tage angeht, so wird Magdeburg von Frankfurt am Main übertroffen. Dort belaufen sie sich auf 226. Aber sie sind auf lediglich zwölf Aufenthalte verteilt. An dritter Stelle steht Aachen mit acht Aufenthalten und 87 Besuchstagen. Zu beachten ist natürlich, daß man insgesamt nur von einer geringen Zahl der Lebenstage Ottos I. sagen kann, an welchem Ort er sie überhaupt verbracht hat.

Der Kaiser hat Magdeburg mit einem für seine Zeit hervorragenden Bauwerk ausgezeichnet, nämlich einer Pfalz. Hinter dieser Bezeichnung verbirgt sich ein Königspalast mit dazu gehörenden anderen Gebäuden, wie man es in Goslar oder Paderborn sehen kann. Leider ist von der Magdeburger Pfalz über der Erde keine Spur mehr zu finden. Nur durch Ausgrabungen wissen wir von ihr. Erst in den achtziger Jahren hat die Wissenschaft eine Vorstellung von der Eigenart der Anlage gewonnen. Leider kann man nicht einmal sagen, bis wann der Prachtbau gestanden hat. Möglicherweise ist er bereits im Jahre 982 eingestürzt.

Trotz der häufigen Anwesenheit und der Fürsorge Ottos I. war Magdeburg in seinen Tagen weder eine Hauptstadt noch ein Königsitz. Über solche Einrichtungen verfügten die Herrscher des 10. Jahrhunderts keineswegs. Vielmehr regierten und lebten sie in der Weise, daß sie mit ihrem Hofstaat von einem Ort zum anderen zogen.

Auf jeden Fall hat Otto I. die Grundlagen für den Aufschwung Magdeburgs gelegt. Aus seiner Zeit stammen auch die ersten steinernen Zeugnisse aus der Geschichte der Stadt, die heute noch sichtbar sind.

Am 21. September 937 erfolgte eine Rechtshandlung, die für die Geschichte Magdeburgs von wesentlicher Bedeutung war: Otto I. gründete ein Kloster, das er dem heiligen Moritz – oder wenn man will, Mauritius – und dessen Gefährten aus der thebaischen Legion weihte. Die thebaische Legion war eine römische Truppeneinheit, deren Angehörige zur Zeit des Kaisers Diokletian (284–305) allesamt wegen ihres christlichen Glaubens hingerichtet worden sein sollen.

Nach jahrelangem Bemühen, in dem er den heftigen Widerstand des Erzbischofs von Mainz und des Bischofs von Halberstadt zu überwinden hatte, gelang es Otto I. 968, das Erzbistum Magdeburg zu errichten. Die Kirche des Moritzklosters wurde dessen Hauptkirche, der heilige Moritz der Schutzherr des neuen Erzbistums. So ist sein Standbild im heutigen Dom zu bewundern. Allerdings stammt es erst aus der Mitte des 13. Jahrhunderts.

Vom ottonischen Vorgänger des heutigen Doms haben wir nur eine unvollkommene Kunde. Doch fällt

Otto I. (912-973)

Pfalzrekonstruktion nach Meckseper

der Blick des gegenwärtigen Besuchers auf Bauteile, die bereits Otto I. und seine Zeitgenossen betrachten konnten: Es handelt sich unter anderem um den Taufstein sowie um die Säulenschäfte aus Marmor, Granit und Porphyr, die das Obergeschoß des Chores tragen. Der Kaiser hat diese Kunstwerke aus Italien kommen lassen, wo sie im späten Altertum entstanden waren.

Bereits lange vor ihrem Tod suchten die mittelalterlichen Herrscher eine Kirche aus, in der sie ihre letzte Ruhestätte finden wollten. Otto I. hatte den Dom zu Magdeburg dafür bestimmt. Sein Grab befindet sich heute in der Mitte des hohen Chores. Schon 946 war seine erste Gemahlin Edith in derselben Kirche bestattet worden. Ihr prächtiges Grabmal stammt aus der Zeit um 1500.

Die Errichtung des Erzbistums 968 führte dazu, daß die Mönche des Moritzklosters ihren Sitz dem Erzbischof überlassen mußten. Sie erhielten eine neue Wirkungstätte, die als das Kloster Berge in die Geschichte eingegangen ist. An seinen Standort erinnert der nach ihm benannte Park auf dem heutigen Stadtgebiet.

Ein Erzbischof war nicht nur das geistliche Oberhaupt seines Sprengels, sondern auch der Vorgesetzte („Metropolit") mehrerer Bischöfe, deren Bistümer zusammen mit dem jeweiligen Erzbistum eine Kirchenprovinz bildeten. Die Kirchenprovinz Magdeburg schloß die Bistümer Havelberg, Brandenburg, Zeitz-Naumburg, Merseburg und Meißen ein. All diese Bistümer sind von Otto I. gegründet worden. Ihre Dome beherrschen das Bild der Landschaft bis in die heutige Zeit.

Indem Magdeburg zum Sitz eines Erzbischofs wurde, muß die Anzahl der Menschen beträchtlich zugenommen haben, die an dem Ort wohnten. Zu einer Domkirche gehörten nämlich auch Domherren. Das waren Geistliche, die zusammen eine Körperschaft bildeten, die man als das Domstift oder das Domkapitel bezeichnet. Natürlich verfügten sowohl der Erzbischof als auch die Domherren über ein entsprechendes Gesinde, das ihre Haushalte führte. Ferner muß man beachten, daß ein Bischof oder Erzbischof ein Gefolge aus bewaffneten Dienstleuten unterhielt. Mindestens zur Versorgung dieses Personenkreises war eine beträchtliche Anzahl von Handwerkern erforderlich. Wir brauchen bloß an Sattler und Schmiede zu denken.

Am Sitz eines Bischofs befand sich regelmäßig auch ein Nonnenkloster. Ein solches läßt sich auch für die Magdeburger Frühzeit nachweisen. Es war dem heiligen Laurentius geweiht. Leider wissen wir von diesem Kloster nur sehr wenig.

Die genannten Einrichtungen und die ihnen angehörenden Menschen schufen eine der Voraussetzungen dafür, daß Magdeburg sich zu einer Stadt entwickeln

konnte. Sie führten nämlich dazu, daß der Ort zu einem Siedlungsschwerpunkt wurde und sich somit vom flachen Land in seiner Umgebung abhob.
Als Sitz eines Erzbischofs wurde Magdeburg aber nicht nur zu einem geistlichen, sondern auch zu einem weltlichen Mittelpunkt. Letzten Endes geht die Stellung Magdeburgs als Hauptstadt des Bundeslandes Sachsen-Anhalt auf diese Tatsache zurück. Die deutschen Bischöfe stiegen im Laufe der Jahrhunderte nämlich zu Reichsfürsten auf, das heißt, zu Oberhäuptern von Landesstaaten innerhalb des deutschen Reichs. Otto I. hat diese Entwicklung eingeleitet, indem er den Bischöfen weltliche Herrschaftsrechte übertrug. Die Nachfolger des Kaisers sind auf dieser Bahn fortgeschritten.
Der geistliche Amtsbezirk eines Bischofs oder Erzbischofs deckte sich nicht mit seinem weltlichen Machtbereich. Wir haben daher das Erzbistum Magdeburg (als den geistlichen Amtsbezirk) vom Erzstift Magdeburg (als dem weltlichen Machtbereich) zu unterscheiden. Infolge der Reformation, die in den evangelischen Gebieten Deutschlands die geistlichen Fürstentümer beseitigte, wurde das Erzstift Magdeburg in ein Herzogtum umgewandelt. Die Stadt Magdeburg blieb sein Verwaltungsmittelpunkt.
Was ist unter der Übertragung weltlicher Herrschaftsrechte zu verstehen? Regelmäßig haben die deutschen Könige ihren Bischöfen (oder auch Äbten) die Zölle zugesprochen, die an ihren Sitzen zu erheben waren. Ferner erhielt der Bischof das Recht, Münzen zu prägen, Märkte abzuhalten und seinen Ort mit Befestigungen zu umgeben. Obendrein wurde er mit dem Königsbann ausgestattet. Das heißt, der geistliche Herr und niemand anderes durfte an seinem Ort im Namen des Königs Recht sprechen. Dabei müssen wir beachten, daß das Richten für das Frühmittelalter der Inbegriff des Regierens war.
Die entsprechenden Befugnisse waren in Magdeburg dem Moritzkloster von Otto I. während der Jahre 937, 942 und 965 zugesprochen worden. 968 gingen sie auf den Erzbischof über. Besonders wichtig sind hierbei die Bestimmungen vom 9. Juli 965, nach denen der Ort Magdeburg unter dem Abt des Moritzklosters und seit 968 unter dem Erzbischof als dem Inhaber des Königsbanns einen besonderen Gerichtsbezirk ausmachte. Damit war eine weitere Voraussetzung für die Entstehung der Stadt gegeben, denn eine mittelalterliche Stadt bildete einen eigenen Rechtsbezirk.
Aus der Urkunde von 965 erfahren wir auch, daß zu Magdeburg Kaufleute ansässig waren – ein Personenkreis, der zu einem maßgeblichen Teil der Einwohner der mittelalterlichen Städte werden sollte. In späteren Jahrhunderten bestand die städtische Oberschicht nämlich weithin aus Kaufleuten, will sagen, Fernhändlern.

Ebenso bemerkenswert ist der Hinweis der Urkunde, daß in Magdeburg auch jüdische Kaufleute ihren Sitz hatten. Der Fernhandel des 10. Jahrhunderts wurde weit eher von Juden als von Christen betrieben. Die Verbindungswege liefen bis ins muslimische Spanien. So hat der jüdische Reisende Ibrahim ibn Ja'kub im Auftrag des Kalifen von Cordoba während der sechziger Jahre des 10. Jahrhunderts Mittel- und Osteuropa bereist und darüber einen Bericht in arabischer Sprache verfaßt. In Magdeburg war er mit Otto I. zusammengetroffen.

Eine wichtige Ware des damaligen Fernhandels bildeten übrigens Sklaven, die aus den slawischen Ländern ausgeführt und teils auf dem Landweg, teils über das Mittelmeer in die muslimischen Staaten oder ins byzantinische Reich gebracht wurden.

Als Sitz von Händlern ist Magdeburg aber noch besser belegt: Am 26. Juni 975 bekräftigte Kaiser Otto II. (973–983), der Sohn und Nachfolger Ottos I., „den in Magdeburg wohnenden Kaufleuten" (*mercatoribus Magadeburg habitantibus*) das Recht, das ihnen sein Vater verliehen hatte, nämlich überall in seinem Reich zollfrei Handel zu treiben, nur nicht zu Mainz, Köln, Tiel und Bardowieck. Die Verleihung Ottos I., auf die Otto II. sich berief, ist nicht überliefert. (Tiel war ein wichtiger Handelsplatz des Früh- und Hochmittelalters und lag am südlichen Mündungsarm des Rheins). Es ist ungewöhnlich, daß eine Anzahl von Kaufleuten als Empfänger einer Königsurkunde erscheint. Die Kaiser Konrad II. und Lothar III. haben 1025 und 1136 die Urkunde Ottos II. bestätigt. Übrigens kann man nicht sagen, wie die kaiserliche Vorschrift verwirklicht worden ist. Schließlich haben die Magdeburger Händler keine Abschriften der Urkunde mit sich geführt, um sie den betreffenden Zolleinnehmern vorzuweisen – die sie obendrein nicht hätten lesen können.

Sarkophag Kaiser Ottos I. im Dom

Die um 1500 aufgestellte Tumba der Königin Edith († 946) im Dom

Was die Befugnis angeht, Recht zu sprechen, so konnte sie in vielen weltlichen Strafsachen nicht von Geistlichen wahrgenommen werden, denn diese durften keine Bluturteile fällen. Waren Geistliche also Gerichtsherren, so brauchten sie für diese Angelegenheiten einen weltlichen Stellvertreter, den Vogt (vom lateinischen *advocatus*). Folglich hatte auch der Erzbischof von Magdeburg einen solchen Vertreter.

Zu den weiteren Aufgaben eines Vogts gehörte es, seiner kirchlichen Einrichtung Schutz zu gewähren und sie vor weltlichen Gerichten zu vertreten. Die Entwicklung des Amtes brachte es mit sich, daß es in Adelsfamilien erblich wurde und daß seine Inhaber einen erheblichen Anteil an den Einkünften der von ihnen vertretenen Einrichtungen beanspruchten. Die Entwicklung der Vogtei ist für die Magdeburger Stadtgeschichte von Bedeutung.

Übrigens haben sich die mittelalterlichen Gerichte durchaus nicht nur mit Straftaten oder strittigen Sachen beschäftigt, sondern dienten auch der freiwilligen Gerichtsbarkeit. So wurden Grundstücksübertragungen vielfach vor Gericht vorgenommen.

Otto I. verfolgte anscheinend den Gedanken, die Heiden im östlichen Mitteleuropa und in Osteuropa zu bekehren und ihr Land der Magdeburger Kirchenprovinz einzugliedern. Adalbert († 981), Magdeburgs erster Erzbischof, hatte sich 961 nach Kiew an den Hof der Großfürstin Olga begeben, um in ihrem Land das Christentum einzuführen. Doch mußte er im nächsten Jahr unverrichteter Dinge zurückkehren. Bis ins 13. Jahrhundert lebten die Magdeburger Ansprüche auf die kirchliche Vorherrschaft über das östliche Europa immer wieder auf.

Die ersten Städte des Mittelalters in vorher städtelosen Gebieten sind im allgemeinen an Bischofsitzen entstanden. Ursprünglich städtelos waren die Gebiete, die nicht zum Römischen Reich gehört hatten, folglich auch Deutschland östlich des Rheins und nördlich der Donau. Dementsprechend knüpfte sich der Aufschwung Magdeburgs zur Stadt an die Gründung des Erzbistums.

Am Sitz eines Bischofs befand sich zugleich eine Schule, oder besser: Hochschule. Immerhin dauerte die Ausbildung zum höheren Geistlichen so lange wie heute der Bildungsgang, der das Universitätsstudium einschließt. Seit etwa 950 wirkte Ohtrich († 981), einer der berühmtesten Gelehrten seiner Zeit, an der Magdeburger Domschule. Sein Schüler Brun von Querfurt hat ihn den Cicero seines Zeitalters genannt. 981 führte Ohtrich in Ravenna ein Streitgespräch mit Gerbert von Aurillac, dem nachmaligen Papst Silvester II. (999–1003), der als Wissenschaftler einen außerordentlichen Ruhm genoß.

In Magdeburg sind in jener Zeit mehrere hervorragende Leute zur Schule gegangen. Neben Brun von Querfurt sei Thietmar von Merseburg genannt. Brun fand 1009 in Ostpreußen den Tod, als er die Pruzzen zu bekehren versuchte. Thietmar († 1018) wurde Bischof von Merseburg und hat ein bedeutendes Geschichtswerk hinterlassen.

Nach Ottos II. Tod trat Magdeburg in seiner Bedeutung für die deutschen Könige zurück, blieb jedoch ein wichtiger Ort.

Wir machen einen Sprung ins erste Drittel des 12. Jahrhunderts. Mit jener Zeit ist die Geschichte des Klosters „Unser Lieben Frauen“ eng verknüpft. Im heutigen Deutsch bedeutet der Name „Das Kloster unserer lieben Herrin“. Er zeigt an, daß das Gotteshaus der Jungfrau Maria geweiht war. Die Kirche bestand seit den Tagen des Erzbischofs Gero (1012 bis 1023). Sie beherbergte ein Stift. Es gab also Stifter nicht nur an Domen. Im Unterschied zu den Domstiftern werden die anderen als Kollegiatstifter oder Kollegiatkapitel bezeichnet. Streng genommen dürften wir nicht vom Kloster, sondern müßten vom Stift Unser Lieben Frauen sprechen.

Der Dom zu Havelberg

Unter der Regierung des Erzbischofs Norbert von Xanten (1126–1134) erlangte diese Stätte eine Bedeutung, die weit über die Grenzen Magdeburgs hinausging. Norbert war ein Mann von europäischer Geltung. Er hatte 1120 zu Prémontré in Frankreich eine geistliche Gemeinschaft gegründet. Sie wurde zum Mittelpunkt des Ordens der Prämonstratenser, der seinen Namen nach dem Gründungsort führt und die Lebensweise der Mönche mit der seelsorgerischen Tätigkeit der Weltgeistlichen verband.

1126 wurde Norbert von Xanten Erzbischof von Magdeburg. 1129 übertrug er seinen Prämonstratensern die Kirche Unser Lieben Frauen. Während der folgenden Jahrzehnte erhielt das Bauwerk die Gestalt, in der es vor uns steht, und stieg zum Mutterkloster der Prämonstratenser im nordöstlichen Deutschland auf (oder in der sächsischen Zirkarie, um einen Fachausdruck der Prämonstratenser zu gebrauchen).

Unter der Regierung Norberts von Xanten regte sich erstmals die Einwohnerschaft Magdeburgs im Gegensatz zu ihrem Stadtherrn. Wahrscheinlich 1129 kam es zu einem Aufstand der Bürger. (Der Zeitpunkt ist nicht ganz sicher, denn Norberts ältere Lebensbeschreibung versetzt die Ereignisse ins Jahr 1131.) Der neue Erzbischof hatte sich durch die Bevorzugung der Prämonstratenser und durch sein strenges Gebaren bei vielen Geistlichen und Laien unbeliebt gemacht. Die Empörung entzündete sich an einem rein kirchlichen Anlaß:

Norbert behauptete, der Dom sei entweiht worden und müsse entsühnt werden. In der Nacht vom 29. zum 30. Juni 1129 nahm er die heilige Handlung vor, und zwar hinter verschlossenen Türen. Die erregte Bürgerschaft glaubte, der Erzbischof wolle den Kirchenschatz und die Reliquien entwenden und sich mit der Beute davonmachen. Vor dem Dom versammelte sich eine wütende Menge, so daß Norbert in ein befestigtes Bauwerk flüchten mußte, das anscheinend vom Dom aus zu erreichen war. (Jedenfalls muß man die Angaben von Norberts Lebensbeschreibung so verstehen.) Die Aufständischen versuchten, mit Gewalt dort einzudringen. Die jüngere Lebensbeschreibung überliefert sogar, daß sie in ihrer niederdeutschen Sprache „theid ut, theid ut“ gerufen hätten: „Kommt raus, kommt raus!“

Da erschien der Burggraf. Diesen Titel führte nunmehr der Vogt des Erzbistums, von dessen Amt wir oben gesprochen haben. Zur Zeit der Ereignisse lag die betreffende Würde in den Händen des Heinrich von Groitzsch. Ihm gelang es, die streitenden Parteien zu trennen, indem er einen Gerichtstag ansetzte, auf dem die Klagen gegen den Erzbischof vorgetragen werden sollten.

Der Gerichtstag fand auch statt, muß aber in Wirren geendet haben, denn wir erfahren, daß die Bürger versuchten, die Prämonstratenser aus dem Kloster Unser Lieben Frauen zu vertreiben. Norbert mußte aus Magdeburg fliehen. Doch kam es im selben Jahr zu einem Ausgleich mit den Bürgern. Der Erzbischof konnte in seine Stadt zurückkehren. Eine Rede, die er bei dieser Gelegenheit gehalten haben soll, ist von der heutigen Wissenschaft als ein später entstandenes literarisches Machwerk erkannt worden.

Erhebungen der Städter gegen ihren jeweiligen bischöflichen Herrn waren im späten 11. und im 12. Jahrhundert nicht ganz selten. In solchen Aufständen wollten die Bürger oftmals Forderungen durchsetzen, die auf die Selbstverwaltung ihrer Gemeinde hinausliefen. Die Magdeburger Unruhen des Jahres 1129 lassen jedoch keine eigentlich städtischen Ziele erkennen. Norbert hatte auch auf dem flachen Land Gegner. So fand er nach seiner Flucht aus Magdeburg den Giebichenstein (bei Halle) verschlossen, als er sich dorthin zurückziehen wollte.

Wenn es bei dem Magdeburger Aufruhr auch nicht um die städtische Selbstverwaltung ging, so erschienen doch die Stadtbewohner (*cives*) als faßbare Gruppe von Personen. Es wird auch berichtet, daß sie den Leuten, die bei der Erhebung abseits stehen wollten, mit der Hauszerstörung drohten und diese Maßnahme auch gegen einen Dienstmann des Erzbischofs angewandt hatten. Die Hauszerstörung war eine eigentümlich städtische Strafe und schloß die Ausstoßung aus der Gemeinde ein.

Romanische Krypta des Domes zu Merseburg

Marienkirche des romanischen Klosters Unser Lieben Frauen

Krypta des Domes in Zeitz

Das Magdeburger Recht

Die mittelalterliche Stadt wird erst dann in befriedigender Weise faßbar, wenn sie als Siedlung besonderen Rechts verstanden wird; und sie ist seit dem 12. Jahrhundert von den Zeitgenossen als solche verstanden worden. Noch heute, oder vielleicht gerade heute, bildet ja das Stadtrecht das Merkmal, das die Stadt von der Landgemeinde unterscheidet, denn am Siedlungsbild oder an der Wirtschaftsweise ist heute schwerlich ein großes Dorf von einer kleinen Stadt zu unterscheiden – zumindest nicht in einem Land wie Deutschland.

Nun hat es im Mittelalter niemals ein einheitliches Stadtrecht gegeben. Vielmehr verfügte jede Stadt über ihr eigenes Recht, sofern sie sich nicht des Rechts einer anderen Stadt bediente. Dennoch wiesen die Stadtrechte Gemeinsamkeiten auf. Zum Beispiel war innerhalb der Stadt die Fehde, also die gewaltsame Selbsthilfe verboten, während sie auf dem flachen Land als erlaubtes Rechtsmittel galt. Ebenso erlangten die Bewohner der Stadt die persönliche Freiheit, auch wenn sie als Hörige geboren waren. Die neuzeitliche Wissenschaft hat diesen Zustand in die Worte gekleidet: „Stadtluft macht frei."

Wie uns bereits bekannt ist, bildete Magdeburg seit 965 einen besonderen Gerichtsbezirk. Damit war der Ort aber noch lange keine Siedlung besonderen Rechts. Dieser Zustand wurde erst im 12. Jahrhundert erreicht. Magdeburg fügte sich damit in die allgemeine Entwicklung ein. Von wesentlicher Bedeutung sind in diesem Zusammenhang die Vorrechte, die Kaiser Heinrich V. im Jahre 1111 der Stadt Speyer verlieh.

Die Betrachtung des Magdeburger Stadtrechts hat unbedingt den Erzbischof Wichmann zu berücksichtigen, der von 1152 bis 1192 regierte. Wichmann war gewiß der Bedeutendste aus der Reihe der Magdeburger Erzbischöfe. Er hat sich auf vielen Gebieten betätigt. Hier soll er uns nur insofern beschäftigen, als er die Geschicke seiner Bischofstadt bestimmt hat.

Ziemlich verbreitet ist die Meinung, Wichmann habe 1188 das Magdeburger Stadtrecht geschaffen. Doch ist diese Ansicht irrig. Allerdings war eine Handlung des Erzbischofs aus jenem Jahr für die Entwicklung des Magdeburger Rechts höchst bedeutsam; aber dieses Recht selbst gab es bereits seit geraumer Zeit: Schon 1159 hatte Wichmann die Kaufleute von Großwusterwitz mit dem Recht von Magdeburg ausgestattet. Ebenso verlieh er 1174 das Magdeburger Recht an Jüterbog. Darüber hinaus bleibt zu erwähnen, daß der Markgraf Otto von Meißen (1156 bis 1190) zwischen 1161 und 1170 Leipzig mit diesem Recht bedacht hat. Wahrscheinlich bewidmete schon 1160 Albrecht der Bär seine Neugründung Stendal mit dem Recht von Magdeburg, doch ist die Echtheit der betreffenden Urkunde nicht unumstritten.

Was geschah nun 1188? Zu Pfingsten hatte eine Feuersbrunst die Stadt Magdeburg heimgesucht. Wie Wichmann in einer während desselben Jahres erlassenen Urkunde ausführte, erfüllte ihn „Mitleid wegen des Schadens, den der Brand angerichtet" hatte, so daß er „den aufrichtigen Wunsch" hegte, „dem Ort mit allen Mitteln beizustehen". Deshalb „milderte er das Recht und machte es erträglicher". So schränkte der Erzbischof die außerordentlich strenge Formgebundenheit ein, die dem Magdeburger Recht ebenso wie anderen mittelalterlichen Rechten bis dahin eigen war: Wer etwa die bei einem Verfahren geltenden Bräuche nicht kannte und sie deshalb nicht beachten konnte, unterlag vor Gericht oder hatte zumindest eine Geldbuße zu leisten. Deshalb waren Ortsfremde von vornherein benachteiligt. Nach Wichmanns Rechtsbesserung sollten die strengen Bräuche nur bei den Eiden weitergelten, die den Erwerb oder die Veräußerung von Gütern betrafen, womit wahrscheinlich Liegenschaften gemeint sind.

Ferner beseitigte Wichmann die Haftung des Vaters für den Sohn bei Körperverletzungen und in Totschlagsachen und erleichterte die Verfolgung von Raubüberfällen sowie sonstiger Gewaltverbrechen.

Wenn ein Rechtsstreit zwischen Magdeburger Bürgern und Ortsfremden zu entscheiden war, brauchte der Kläger nicht auf den nächsten Gerichtstag des Burggrafen oder des Schultheißen zu warten. Vielmehr sollte die Sache am selben Tag entschieden werden. Falls die Schöffen, die eigentlich den Spruch zu fällen hatten, nicht anwesend waren, konnte der Burggraf oder der Schultheiß das Urteil von anderen Bürgern erfragen.

Zum besseren Verständnis sei hinzugefügt, daß im mittelalterlichen Gerichtsverfahren der Vorsitzende des Gerichts – in diesem Fall also der Burggraf oder der Schultheiß – das Urteil nicht zu fällen, sondern von den Beisitzern zu erfragen hatte. Ähnliches gilt heute noch in englischen oder amerikanischen Gerichtsverfahren, bei denen nicht der Richter, sondern die Geschworenen über den Schuldspruch zu entscheiden haben.

Obendrein setzte Wichmann fest, daß ein Magdeburger Bürger auch dann einen Anspruch auf die sofortige Behandlung seiner Klage haben sollte, wenn ihn der Aufschub bis zum nächsten ordentlichen Gerichtstag am Antritt einer Pilgerfahrt oder einer Reise in lebensnotwendigen Geschäften hinderte.

Die Rechtsbesserung erstreckte sich weiter auf die Verfassung der Stadt. So verbot Wichmann, die Bürgerversammlung durch törichtes Geschrei zu stören und dem Willen „der besten Bürger" (*meliores*) zuwiderzuhandeln. Unter den *besten Bürgern* hat man die Oberschicht der Stadt zu verstehen.

Augenfällig ist an Wichmanns Bestimmungen, daß sie die Rechtssicherheit im allgemeinen und die der

Fremden im besonderen stärkten. Ob sich der Erzbischof bei seinen Magdeburgern beliebt gemacht hat, weil seine Vergünstigungen auch den Gästen der Stadt zugute kamen, vermag man nicht zu sagen. Jedenfalls förderte die Rechtsbesserung die Anziehungskraft Magdeburgs als Handelsort. Der Kirchenfürst wußte, was seinen Bürgern gut tat, und wird sie notfalls auch zu ihrem Glück gezwungen haben.

Daß Wichmanns Rechtshandlung vom Jahre 1188 nicht die Schaffung, sondern nur eine Besserung des Magdeburger Rechts darstellte, ändert nichts an der Bedeutung des Vorgangs: Wichmann hat dem Magdeburger Recht die Bahn gewiesen, auf dem es sich zu einem für die Bürger besonders günstigen Stadtrecht entwickelte.

Wie schon erwähnt, hätte jede Stadt ihr eigenes Recht haben können. Dieser denkbaren völligen Zersplitterung der Rechtslandschaft stand entgegen, daß viele Orte sich des Rechts einer bestimmten Stadt bedienten. Besonders die zahlreichen Städte, die während des 12. und 13. Jahrhunderts von den zuständigen Fürsten gegründet worden sind, erhielten ein schon bestehendes Stadtrecht. Derselbe Vorgang läßt sich beobachten, wenn ein bereits vorhandener Ort zur Stadt erhoben wurde.

In diesem Rahmen erlangte nun das Recht von Magdeburg im östlichen Mitteleuropa sowie in Osteuropa eine außerordentliche Verbreitung. Schon seine Übertragung nach Leipzig bezeugt das. Später sind zahlreiche Städte in Schlesien und Polen mit ihm bedacht worden. Damit ist die Ostgrenze seiner Verbreitung aber noch lange nicht erreicht. Sein weiteres Vordringen verdankte es der Politik der polnischen Könige. So hat noch 1597 Sigismund III. Wasa (1587 bis 1632) die Stadt Witebsk mit ihm bewidmet. Witebsk liegt etwa 475 km von Moskau, aber 1400 km von Magdeburg entfernt. Nach Magdeburger Recht lebten auch Krakau, die alte Hauptstadt Polens, sowie Kiew und Vilnius, die Hauptstädte der Ukraine und Litauens. Zuletzt wurde Poltawa in der Ukraine 1752 mit ihm ausgestattet. Zu jener Zeit hatte es sich allerdings weit von seinen Ursprüngen entfernt. Vergegenwärtigt man sich die Bedeutung, die das Magdeburger Recht im östlichen Mitteleuropa und in Osteuropa gewann, dann erscheint es wie ein Gleichnis, daß Wichmanns Bild auf den Türen der Kathedrale von Nowgorod in Rußland dargestellt ist.

Zu den Grundsätzen des Magdeburger Rechts gehörten das erbliche Eigentum der Bürger an ihren Grundstücken sowie die Möglichkeit, frei über diese Besitztümer zu verfügen. Die Städte, die nach diesem Recht lebten, folgten auch in ihrer Verfassung dem Vorbild der Mutterstadt.

Nun ist das Magdeburger Recht in seiner Geburtsstadt niemals aufgezeichnet worden, zumindest nicht in Gestalt einer umfassenden Sammlung. Seine Verleihung an einen bestimmten Ort bedeutete also nicht, daß die so bedachte Gemeinde ein Buch bekommen hätte. Dennoch blieb der Zusammenhang zwischen Magdeburg und den Städten, die nach seinem Recht lebten, lange Zeit gewahrt, womit zugleich die Einheitlichkeit des Magdeburger Rechts gesichert wurde. Traten nämlich in den Tochterstädten strittige Rechtsfragen auf oder waren sich die Gerichte bei Urteilen nicht sicher, dann wandten sie sich an die Magdeburger Schöffen um Auskunft. Im Spätmittelalter haben auch Städte beim Magdeburger Schöffenstuhl Rat gesucht, die nicht nach Magdeburger Recht lebten. Auf diese Weise ist es zum Beispiel nach Braunschweig, Helmstedt oder Goslar gelangt.

Bronzegrabplatte des Erzbischofs Wichmann von Seeburg († 1192) im Chorumgang des Magdeburger Doms

Petrikirche mit kreuzrippengewölbter Vorhalle aus dem 15. Jahrhundert

Standen grundsätzliche Fragen zur Erörterung, so erteilten die Schöffen Rechtsweisungen oder Rechtsmitteilungen. Wenn es um einzelne Fälle ging, wurden die Auskünfte als Schöffensprüche bezeichnet.
Leider ist das Archiv des Magdeburger Schöffenstuhls, wo die Abschriften der Auskünfte gesammelt waren, 1631 bei der Eroberung der Stadt verbrannt. Jedoch haben die Empfängerorte die Sprüche und Mitteilungen aufbewahrt. Auf dieser Grundlage läßt sich das Magdeburger Recht wiederherstellen. Jenem Zweck hatte sich das Institut zur Erforschung des Magdeburger Stadtrechts in Magdeburg gewidmet und die Weisungen und Sprüche zusammengetragen. Diese Sammlung ist jedoch der Zerstörung Magdeburgs am 16. Januar 1945 zum Opfer gefallen. Erst während der jüngsten Vergangenheit hat es die Wissenschaft wieder unternommen, die Auskünfte der Magdeburger Schöffen in ihrer Gesamtheit zu veröffentlichen.
Übrigens konnten die Rechtsmitteilungen ziemlich umfangreich sein. So umfaßt das Weistum für Breslau vom Jahre 1261 immerhin 15 Druckseiten. Diese Rechtsmitteilung ist auch deshalb beachtenswert, weil sie das erste amtliche Schriftstück der Stadt Magdeburg in deutscher, und zwar in hochdeutscher Sprache bildet, obwohl die Stadt im niederdeutschen Sprachgebiet lag. Dagegen stammt die erste erhaltene Ratsurkunde in niederdeutscher Sprache aus dem Jahre 1294. Bevor die Stadt für ihre Schriftstücke die deutsche Sprache verwendete, waren diese lateinisch verfaßt – wie anderswo auch.
Bereits seit dem 13. Jahrhundert hat es sogenannte private Sammlungen des Magdeburger Rechts gegeben. Dabei handelte es sich um Bücher, die einzelne Leute anlegten, um sie für die Rechtssprechung oder die Rechtswissenschaft zu benutzen. Eine solche Sammlung lief unter dem Namen des Magdeburger Weichbildrechts um. Es gibt die Meinung, daß die Magdeburger Schöffen dieses Werk im 15. Jahrhundert als amtliches Stadtrechtsbuch angesehen hätten. Auch wenn das zutrifft, hat das Weichbildrecht nicht das gesamte Magdeburger Recht enthalten.
Im östlichen Mitteleuropa war neben dem Magdeburger Recht das Recht der Magdeburger Dienstleute verbreitet, das auch als „einfaches Magdeburger Recht“ (*ius Magdeburgense simplex*) bezeichnet wurde.
Im Zusammenhang mit der Rechtsbesserung von 1188 stößt man auf die Verfassung der Stadt, die wir im folgenden näher betrachten wollen.

Die Verfassung der Stadt und die Entwicklung der Bürgerschaft

Unter der Verfassung ist hier nicht etwa eine geschriebene Verfassung zu verstehen, sondern die Art und Weise, wie die Stadt regiert und verwaltet worden ist.
Eine Grundfrage der mittelalterlichen Stadtgeschichte ist die, in welchem Maße die einzelne Stadt der Gewalt ihres Herrn unterlag. Anders ausgedrückt: Wie groß war die Eigenständigkeit der jeweiligen Gemeinde? Wie ausgeprägt war ihre Selbstverwaltung?
Es gab wenige Städte, die sich völlig von ihrem Herrn befreien konnten – die Freien Städte. Zu ihnen gehörten neben anderen Köln und Regensburg. Die Selbständigkeit aller anderen war mehr oder weniger eingeschränkt – wie und in welchem Maße ist nur im einzelnen Fall zu klären.
Reichsstädte hießen die Städte, die auf dem Reichsgut lagen, also in Gebieten, über die der deutsche König in seiner Eigenschaft als König verfügte. (Daneben hatte er sein Hausgut, das ihm unabhängig davon gehörte, daß er König war.)
Der König war der Herr der Reichsstadt: Er konnte sie z. B. verpfänden. Die Begriffe der Reichsstadt und der Freien Stadt sind oftmals vermengt worden, zum Teil mit Absicht, weil jede Stadt ihre Rechtslage so günstig wie möglich darstellen wollte. So beanspruchten viele Reichsstädte, zugleich Freie Städte zu sein.
Die übrigen Städte in Deutschland kann man als Landstädte bezeichnen. Ihr Stadtherr war ein Fürst oder sogar ein kleiner Adliger. Nun gab es Städte, die wegen ihrer Stellung mit ihrem Herrn im Streit lagen und deren Rechtslage über Jahrhunderte in der Schwebe blieb. Zu ihnen gehörte Magdeburg. Es beanspruchte, eine Reichsstadt zu sein, mußte diesen Anspruch in der Neuzeit aber endgültig aufgeben.
Übrigens konnten Städte durchaus zu Herrinnen anderer Städte werden. In Italien vernichteten die großen Gemeinden wie Mailand oder Florenz auf diese Weise die Selbständigkeit ihrer Nachbarinnen und schufen Flächenstaaten. Vereinzelt gerieten auch in Deutschland kleine Städte unter die Gewalt ihrer mächtigeren Nebenbuhlerinnen, z. B. Geislingen unter die Herrschaft von Ulm. Magdeburg hat nach einer solchen Ausdehnung im 15. Jahrhundert gestrebt. Wenn Magdeburg auch niemals vermocht hat, die Herrschaft des Erzbischofs völlig abzuschütteln, gelang es der Stadt doch, ihrem Herrn den Aufenthalt in ihren Mauern so weit zu verleiden, daß er seinen Sitz in Halle nahm. In gleicher Weise haben alle deutschen Bischöfe, außer dem Freisinger, während des 13. und 14. Jahrhunderts nicht in den Städten Hof gehalten, wo sich ihre Domkirchen befanden. Im 15. Jahrhundert verlief die Entwicklung vielerorts rückläufig.
Auch zu den Zeiten, in denen die Bischofstädte die Einflußnahme ihres jeweiligen Herrn am weitesten zurückgedrängt hatten, beherbergten sie die Hauptkirche seines Sprengels. Der Bischof behielt natürlich das Recht, an diesem Mittelpunkt seines geistlichen Amtes die ihm zukommenden Befugnisse wahrzunehmen. Daraus konnten sich gegebenenfalls erhebliche Spannungen entwickeln.

Jedoch darf man sich nicht vorstellen, daß die Städte ihren Herren in ununterbrochener Feindschaft gegenübergestanden hätten. Die Beziehungen waren wechselhaft. Oftmals hingen sie von der Persönlichkeit des Stadtherrn oder von Umständen ab, die von den Parteien nicht herbeigeführt worden waren. Obendrein konnten es nur Städte von einiger Bedeutung darauf ankommen lassen, die Auseinandersetzung mit ihrem Herrn bis zur offenen Widersetzlichkeit zu treiben. Ferner gestalteten sich die Zustände in den Bischofstädten verwickelter als anderswo, weil die Bischöfe durchaus nicht immer in Eintracht mit ihren Domkapiteln lebten und diese ihrerseits über Herrschaftsansprüche verfügten.

Was nun die Verhältnisse in Magdeburg angeht, so muß man sich vergegenwärtigen, für welche Siedlung oder welches Gebiet die Verfassung überhaupt gegolten hat, von der zu sprechen ist. Es leuchtet ein, daß zum mittelalterlichen Magdeburg noch keineswegs die Orte gehört haben, die im 19. oder 20. Jahrhundert eingemeindet worden sind und deren Namen als Bezeichnungen von Stadtteilen weiterleben wie Buckau oder Olvenstedt.

Das mittelalterliche Magdeburg umfaßte jedoch einen noch beträchtlich engeren Raum, als das heutige Stadtgebiet im eigentlichen Sinne ausmacht. So bildeten die Magdeburger Neustadt und Sudenburg jeweils eine Stadt für sich.

Die Neustadt wurde erstmals 1209 erwähnt. Zwischen ihr und der Altstadt, also dem eigentlichen Magdeburg, befand sich das Dorf Frose (das nicht mit dem Frohse verwechselt darf, das heute einen Stadtteil von Schönebeck bildet). Dieses Dorf schloß das Gelände ein, auf dem heute die Petrikirche und die Wallonerkirche stehen.

Nach Süden reichte die Altstadt Magdeburg nicht über den Dombezirk hinaus. Das heißt, die Stadtgrenze befand sich unmittelbar hinter dem Kreuzgang. Im Westen folgte sie einer Linie, die längs der heutigen Otto-von-Guericke-Straße und der Erzbergerstraße verläuft. Unter dem Erzbischof Albrecht II. (1205–1232) wurde ein Teil Froses der Altstadt einverleibt. Seitdem erstreckte sich die nördliche Begrenzung der Stadt vom Krökentor, an das heute noch eine Straße erinnert, ziemlich gerade nach Osten. Im Osten bestimmte die Elbe die Grenzen der Stadt.

In diesem Umfang war das Stadtgebiet seit der Mitte des 13. Jahrhunderts ummauert, wobei ein großer Teil der Befestigungen offensichtlich bereits während des 12. Jahrhunderts vorhanden war. Ihr gerader Verlauf läßt auf eine planmäßige Anlage schließen. Übrigens ist überliefert, daß der Erzbischof Gero (1012–1023) die Mauern vollendet habe, die Otto I. hätte beginnen lassen. Man vermutet, daß von diesen Bauwerken nur der Dombezirk eingeschlossen worden sei. Was die östliche Stadtmauer angeht, so „folgte sie zunächst dem Steilabfall der Niederterasse. Erst um 1240 wurde das N.-Ufergelände an der Elbe und um 1430 dessen s. Teil durch gradlinige lange Mauern mit Türmen einbezogen“ (Schwineköper).

Irgendwelche Befestigungen, die den Ort Magdeburg oder Teile von ihm umgaben, müssen schon im 10. Jahrhundert (und 805) vorhanden gewesen sein. Nur haben sie ursprünglich aus Gräben, Erdwällen und Spitzpfählen bestanden.

Die Stadtmauern waren nicht nur eine Gegebenheit des Kriegswesens, sondern auch ein Zeichen der Eigenständigkeit der mittelalterlichen Stadt. „Zusammen mit dem eigenen Siegel und dem Rathaus waren es die Stadtmauern, welche im 12. und 13. Jahrhundert anzeigten, ob es einer Stadtgemeinde gelungen war, sich von ihrem Stadtherrn zu befreien oder diesen doch wenigstens zurückzudrängen“ (Boockmann).

Doch unterstand den städtischen Behörden nicht einmal das gesamte Gebiet innerhalb der Mauern. Der Dombereich lag außerhalb ihrer Zuständigkeit und wurde vom Möllenvogt verwaltet, einem Beauftragten des Erzbischofs. Das Gebiet wurde auch als der Neue Markt bezeichnet. Es erstreckte sich nördlich des Doms.

Der in die städtischen Mauern einbezogene Teil Froses gehörte rechtlich erst seit 1390 zur Stadt. Solche Verhältnisse waren nicht etwa Magdeburger Besonderheiten. Vielmehr kamen sie in vergleichbaren mittelalterlichen Städten regelmäßig vor.

Die Mauern haben in der Neuzeit die Grenzen der Festung Magdeburg bestimmt. Nur im Süden griff diese über die mittelalterliche Altstadt hinaus. Was das 13. Jahrhundert angeht, so darf man nicht annehmen, daß das von den Mauern umschlossene Gelände bereits durchgehend bebaut war. Offensichtlich hat es zu jener Zeit noch leere Flächen einbezogen.

Wie nördlich der Altstadt die Neustadt ein eigenes Gemeinwesen bildete, so südlich die Sudenburg. Auf lateinisch hieß der Ort *suburbium*, was ‚Vorstadt‘ bedeutet. Die mittelalterliche Sudenburg lag unmittelbar südlich des Doms. Der heutige Stadtteil dieses Namens ist erst im 19. Jahrhundert erbaut worden.

Wie war nun das Zusammenleben der Menschen innerhalb der Mauern geregelt? Aus Wichmanns Stadtrechtsbesserung vom Jahre 1188 kennt man folgende Würdenträger und Einrichtungen: den Burggrafen und den Schultheißen mit ihrem jeweiligen Gericht, die Schöffen, „die besten Bürger“ (*meliores*) und die Bürgerversammlung (*conventus civium*). Wir wollen den Burggrafen und den Schultheißen hier als erzbischöfliche Würdenträger ansehen und die Untersuchung ihrer Befugnisse zurückstellen.

Was die städtischen Einrichtungen im engeren Sinne angeht, so beginnen wir mit der Betrachtung der *Meliores*, weil diese einerseits am frühesten faßbar wer-

Die Bronzekopie des Magdeburger Reiters wurde 1966 auf dem Alten Markt aufgestellt.

Das neuzeitliche Rechtsbewußtsein oder Rechtsempfinden befremdet es, daß sowohl die Würde des Burggrafen als auch die des Schultheißen vererbt wurden. Unter mittelalterlichen Verhältnissen war derartiges die Regel. Für die inneren Verhältnisse einer mittelalterlichen Stadt war das Vorhandensein von Gilden, Zünften oder Innungen von großer Bedeutung. Vermittels solcher Körperschaften brachten sich maßgebliche Teile der Einwohnerschaft zur Geltung. Im Mittelalter ergaben sich die Rechte des Einzelwesens weitgehend aus der Zugehörigkeit zu einer anerkannten Gemeinschaft. Angeborene Rechte kannte jene Zeit nur als vererbbare Vorrechte, wozu auch Herrschaftsansprüche gehörten. Die Vorstellung, daß alle Menschen von Geburt gleiche Rechte hätten, war jener Zeit völlig fremd.

den und ihnen andererseits keine Dauer beschieden war: Unter der genannten Personengruppe ist, wie bereits ausgeführt, die Oberschicht der Stadtbewohner zu verstehen. Im Unterschied zu dem (später auftretenden) Patriziat war sie nicht fest abgeschlossen. Das heißt, es war möglich, ohne besondere Förmlichkeiten in diese Schicht aufzusteigen. Ein solcher Aufstieg setzte ein bestimmtes Vermögen voraus. Die entsprechenden Mittel hatten die Aufsteiger in der Mehrzahl der Fälle durch den Handel erworben. Neben großen Kaufleuten gehörten zu den besten Bürgern in manchen Städten auch Dienstleute (Ministerialen) des betreffenden Stadtherrn.

Die Dienstleute oder Ministerialen bildeten als solche seit dem 11. Jahrhundert einen besonderen Stand, dessen Angehörige als Kriegsleute, Verwalter, Inhaber von Hofämtern und Berater weltlicher oder geistlicher Fürsten sowie des deutschen Königs tätig waren. Ihre Nachkommen wandelten sich im 14. Jahrhundert zum niederen Adel um oder gingen im städtischen Patriziat auf. Die Dienstleute lebten nach besonderen Rechten, die ebenso wenig einheitlich waren wie die Stadtrechte. Der Anteil der Ministerialen an der städtischen Entwicklung war von Fall zu Fall verschieden. Wie es scheint, konnten sie in Magdeburg bis 1293 Ämter bekleiden.

Die in der Urkunde von 1188 als *meliores* bezeichnete Personengruppe ist unter anderen Benennungen schon vorher faßbar: Im Zusammenhang mit dem Aufstand des Jahres 1129 hört man von *maiores civitatis,* „den Großen der Stadt". Im Jahre 1164 treten *potentissimi burgensium Magdeburgensis civitatis* „die wichtigsten Bürger der Stadt Magdeburg" als Zeugen eines Gütertauschs auf, übrigens neben Ministerialen des Erzbischofs. 1167 spricht Wichmann von den *Magdeburgensis civitatis maiores* „den Großen der Stadt Magdeburg".

Im Unterschied zu den Schöffen bildeten die besten Bürger keine feste Körperschaft, sondern betätigten sich wahrscheinlich im Einvernehmen mit dem Stadtherrn als dessen Ratgeber und zugleich als Anführer der Bürgerschaft. Wichmanns Verbot, den besten Bürgern in der Bürgerversammlung zu widersprechen, läßt erkennen, daß diese Leute offensichtlich das Recht hatten, verbindliche Weisungen für das innerstädtische Leben abzugeben. Zumindest wollte ihnen der Erzbischof diese Rolle zuerkennen.

Die Bürgerversammlung, die 1188 als *conventus civium* erwähnt wird, bestand über Jahrhunderte weiter. Auf deutsch hieß sie Burding. Der Wortbestandteil *Bur-* hat nichts mit dem Wort *Bürger* zu tun, sondern hängt mit *Bauer* zusammen, wobei zu beachten ist, daß das Wort *Bauer* (alt: *bûr*) ursprünglich nicht ‚Landwirt', sondern 'Nachbar', 'Mitbewohner' bedeutet hat. Das Burding war also die Versammlung der Gemeindegenossen.

Diese Versammlung wird bereits in einer Urkunde Wichmanns vom Jahre 1167 faßbar. Der Erzbischof bestätigte hier ein Rechtsgeschäft, dessen Zustandekommen genau geschildert wird. Da das Schriftstück eine wichtige Quelle für die Magdeburger Verfassungsgeschichte ist, wollen wir seinen Inhalt genauer betrachten:

Bodo von Wanzleben, ein Lehensmann oder ein Dienstmann des Erzbischofs, schenkte dem Kloster Unser Lieben Frauen ein Grundstück in Magdeburg, das er zuvor von einer würdigen Frau (*matrona*) namens Ida gekauft hatte. Der Kauf war vor dem Gericht des Burggrafen, der Versammlung der Schöffen und derjenigen der gesamten Bürgerschaft erfolgt. Der Aufwand zeigt, welches Gewicht der Übertragung von Liegenschaften zukam. Schon bei der Betrachtung der Stadtrechtsbesserung des Jahres 1188 war zu sehen, daß solche Rechtsgeschäfte an besondere Formen gebunden waren.

Wichmann bestätigte Bodos Schenkung sowohl nach dem geistlichen Recht als auch „nach dem Recht des Marktes", womit offensichtlich das Recht gemeint ist, das später als Magdeburger Stadtrecht erscheint. Auf das Recht des Magdeburger Marktes hatte der Erzbischof bereits 1164 Bezug genommen.

Die Bürgerversammlung taucht als solche wesentlich seltener in den Quellen auf als die übrigen Behörden der Stadt – aus dem einfachen Grund, weil die Angehörigen der anderen Einrichtungen häufig als Zeugen in Urkunden erscheinen; und die Urkunden bilden eben die Hauptquelle unserer Kenntnis der städtischen Verfassung. Jedoch ist im Spätmittelalter regelmäßig vom Rat und der Gemeinde die Rede, und zwar nicht allein in Magdeburg. Die Gemeinde hat sich in der Bürgerversammlung verkörpert, so daß diese mittelbar faßbar wird.

Unter den städtischen Behörden, wie sie im Jahre 1188 erscheinen, wird mancher Leser vielleicht den Rat vermissen. Aber eine solche Einrichtung bestand im 12. Jahrhundert noch nicht. Die deutschen Stadträte entstanden erst im Verlauf des 13. Jahrhunderts. (Utrecht, das zum mittelalterlichen Deutschen Reich gehörte, verfügte schon 1196 über einen Rat. Wie die Verhältnisse in Italien waren, geht in diesem Zusammenhang nichts an.)

In Magdeburg wird der Stadtrat zum ersten Mal in einer Urkunde des Jahres 1244 faßbar. Dazu ist unten Näheres auszuführen. Zuvor wollen wir die beiden Würdenträger betrachten, die in Wichmanns Urkunde vom Jahre 1188 genannt wurden.

Der Hochvogt des Erzbistums Magdeburg erscheint seit dem 12. Jahrhundert unter der Bezeichnung Burggraf (*comes urbis*). Man könnte den Mann auch Stadtgrafen nennen. Was die Magdeburger Verfassung angeht, so ist er vor allem als Inhaber der höheren Gerichtsbarkeit von Bedeutung.

Der Schultheiß war der Inhaber der niederen Gerichtsbarkeit. Er wird auch als Untervogt bezeichnet. Wichmanns Urkunde läßt erkennen, daß die beiden Würdenträger innerhalb bestimmter Fristen Gericht hielten. Aus der Magdeburger Rechtsmitteilung für Breslau vom Jahre 1295 geht hervor, daß das Burggrafending am 5. Februar, am 26. Juni und am 11. November tagte, während der Schultheiß am 6. Januar sowie am jeweils ersten Dienstag nach der Oster- und der Pfingstwoche zu Gericht saß. Außerdem hielt der Schultheiß regelmäßig alle vierzehn Tage ein, wie man es nennt, ungebotenes Ding. Die Wirklichkeit entsprach allerdings nicht unbedingt solchen Grundsätzen.

Die Rechtsbesserung von 1188 sah vor, daß der Burggraf und der Schultheiß aus besonderen Anlässen außerordentliche Gerichtssitzungen anberaumen konnten. In solchen Fällen durften gewöhnliche Bürger als Urteilsfinder eintreten, falls die Schöffen nicht anwesend waren.

Das Recht, sich in einer bestimmten Stadt in einer bestimmten Weise wirtschaftlich zu betätigen, ergab sich aus der Zugehörigkeit zu einer bestimmten Gilde, Innung oder Zunft. Die betreffende Körperschaft legte fest, wie die wirtschaftliche Betätigung ihrer Mitglieder zu erfolgen hatte.

Es ist in wissenschaftlichen Darstellungen üblich, die Bezeichnung Gilde für eine Vereinigung von Kaufleuten und die Bezeichnung Zunft für eine Vereinigung von Handwerkern anzuwenden; doch hat sich der Sprachgebrauch des Mittelalters nicht nach dieser Unterscheidung gerichtet.

Neben den genannten Wörtern *Gilde*, *Innung* oder *Zunft* kannten die Zeitgenossen übrigens noch weitere Ausdrücke. Ich werde im Folgenden das Wort *Innung* zur Bezeichnung des Oberbegriffs für (Kaufleute-)Gilden und (Handwerker-)Zünfte gebrauchen und folge damit der im alten Magdeburg üblichen Ausdrucksweise. Die lateinischen Urkunden der Stadt nannten die Innung *fraternitatis unio*, was man auch mit *Bruderschaft* wiedergeben könnte.

Als früheste Magdeburger Innung erscheint die der Gewandschneider oder Tuchhändler. Angeblich hat ihr der Erzbischof Wichmann 1183 das alleinige Recht bestätigt, in der Stadt mit Tuch (das heißt offensichtlich: mit Wollstoffen) zu handeln. Wichmanns Urkunde ist nicht in der lateinischen Urschrift, sondern nur in zwei niederdeutschen Übersetzungen aus dem Spätmittelalter überliefert, deren Wortlaut nicht über den Verdacht erhaben ist, verunechtet zu sein (wie die Urkundenforscher sich ausdrücken). In den (lateinischen) Urkunden des 13. Jahrhunderts kommt nämlich zunächst keine Gilde der Gewandschneider vor, wohl aber die der Kaufleute (*mercatores*). Die Innung der Gewandschneider taucht erst in den jüngeren (deutsch geschriebenen) Urkunden auf. Die wiederum nennen keine Gilde von Kaufleuten, wohl aber die der Krämer (siehe unten).

Eine Zwischenstellung nimmt eine Urkunde Albrechts II. vom Jahre 1214 ein. Auch sie ist nur in einer niederdeutschen Übersetzung überliefert. Darin heißt es, niemand solle Tuch innerhalb Magdeburgs oder vor der Stadt zuschneiden oder verkaufen, er habe denn die Erlaubnis nach den Gesetzen „der koplude, de wandt in der stadt snydende sint“ (der Kaufleute, die in der Stadt Tuch schneiden). Der Übersetzer muß in seiner lateinischen Vorlage *mercatores* gefunden haben. Es mag sein, daß bereits die Urschrift die Tätigkeit dieser Kaufleute, also den Tuchhandel näher beschrieben hat. Von Gewandschneidern (*pannicidae* oder *incisores panni*) hat sie offensichtlich nicht gesprochen. Das hätte der Übersetzer mit dem einfachen deutschen Wort *Gewandschneider* wiedergeben können.

Vielleicht hat Wichmann eine Innung von Kaufleuten bestätigt, die sich dann in zwei Gilden aufspaltete. Allerdings kann die genannte Urkunde des Jahres 1183 überhaupt unecht sein, denn auf den Namen des berühmten Erzbischofs wurden etliche Schriftstücke gefälscht.

Auf jeden Fall sind die zwei Gilden – die der Kaufleute oder Gewandschneider und die der Krämer (*institores*) – seit 1281 nachweisbar. Sie bildeten die beiden vornehmsten Innungen der Stadt Magdeburg. Das Wort *Krämer* hatte in jener Zeit noch nicht die Bedeutung des ortsgebundenen Kleinhändlers oder gar des Hausierers. Vielmehr wurde es auf eine Art von Kaufleuten angewandt, die mit bestimmten Gütern handelten. Diese Leute betätigten sich nicht nur in ihrer Heimatstadt, sondern auch anderswo. Wir haben Kenntnis von Krämern aus Magdeburg sowie aus Köln, die um 1299 in Stendal tätig waren. Sie werden im selben Atemzug mit Leuten genannt, die Gewürze verkauften. Das waren für mittelalterliche Verhältnisse sehr teure Güter, weshalb die Krämer auch in dem Fall, daß sie auf den Kleinhandel beschränkt gewesen wären, über erhebliche Vermögen verfügt haben müssen.

Die Gewandschneider und die Krämer bildeten zwei der „fünf großen Innungen“, die in Magdeburg bestanden und die eben seit 1281 nachweisbar sind. Die anderen drei waren die der Kürschner, die der Leinwandschneider sowie die der Lohgerber unter Einschluß der Schuhmacher. Die übrigen Zünfte wurden als die gemeinen (= einfachen) Innungen bezeichnet. Sie können hier nicht im einzelnen aufgeführt werden.

Damit sind die Voraussetzungen geschaffen, die Verfassung der Stadt Magdeburg weiter zu verfolgen: Bevor der Rat bestand, lag die Leitung der städtischen Angelegenheiten Magdeburgs bei den Schöf-

Der Magdeburger Reiter mit Begleitfiguren, um 1240 – erstes freistehendes Reiterstandbild im mitteleuropäischen Raum

fen. Man kann diesen Zustand als die Schöffenverfassung bezeichnen. Der weitere Gang der Dinge war nun so, daß die Schöffenverfassung von der Ratsverfassung abgelöst wurde.
Die Urkunde des Jahres 1244, in der erstmals der Magdeburger Rat erwähnt wird, ist von diesem selber ausgestellt. Weitere Aussteller sind die Schöffen und die Gemeinde. Die Urkunde bestätigt die Innung der Schwertfeger und regelt zugleich deren innere Verhältnisse. Bemerkenswert ist, daß damit die städtischen Behörden ein Recht wahrnahmen, das ehemals dem Stadtherrn vorbehalten war. Bemerkenswert ist ferner, daß der Rat in der üblichen Zahl von zwölf Mitgliedern erscheint. Wenn die Zwölfzahl hier als üblich bezeichnet wird, so muß beachtet werden, daß der Rat zwar in vielen Städten ein Dutzend Mitglieder umfaßte, daß aber in anderen Orten ganz andere Zahlen vorkommen. Auch für die Ratsverfassung gilt, daß sie bei aller Ähnlichkeit in den einzelnen Städten sehr verschieden gestaltet war.
1244 bestand der Magdeburger Stadtrat wohl schon einige Zeit. Es ist nämlich ein Verzeichnis überliefert, das bereits für das Jahr 1238 Ratsmänner namentlich aufführt, und zwar in der Zwölfzahl.
Zunächst bestimmte der Rat neben den Schöffen die Geschicke der Stadt. Anfänglich konnten diese auch dem Rat angehören. Im Laufe der Zeit wurden sie aus der Leitung der städtischen Angelegenheiten verdrängt und auf ihre richterlichen Aufgaben beschränkt. Eine diesbezügliche Umwälzung erfolgte 1293. Die Schöffenchronik berichtet von großer Zwietracht und handgreiflichem Streit in der Stadt. Der Rat und die Innungsmeister verlangten von den Schöffen unter Drohungen die Herausgabe der Bücher, in denen die Grundstücksübertragungen verzeichnet waren, und bemächtigten sich ihrer schließlich mit Gewalt. Auch wurden schwere Vorwürfe gegen die Schöffen erhoben.
Ereignisse jenes Jahres führten wohl auch dazu, daß die Stellung eines Dienstmanns nicht mehr mit einem städtischen Amt vereinbar war. Es sei ein Gesetz ergangen, berichtet die Schöffenchronik, daß Leute, die in der Fürsten Rat säßen oder von ihnen bezahlt würden, aus dem städtischen Rat vertrieben werden sollten. Bei solchen Personen ist an die Dienstleute zu denken.
Jedenfalls hatten die Schöffen seit 1294 ihren Amtssitz nicht mehr im Rathaus. Die Rechtsweisung für Breslau von 1295 führt die Schöffen und die Ratsmannen getrennt auf. 1336 wurde ausdrücklich bestimmt, daß kein Schöffe dem Rat angehören oder Vorsteher einer Innung sein durfte. Ebenso ging das Stadtarchiv in die Zuständigkeit des Rats über. Die Obliegenheiten der Schöffen als Oberhof der Städte, die nach Magdeburger Recht lebten, blieben von solchen Veränderungen unbeeinträchtigt.

Auch in Magdeburg gab es wie in anderen Städten Bürgermeister. Auch hier waren es regelmäßig zwei. Aus dem 16. Jahrhundert ist eine Liste überliefert, die bereits für das Jahr 1213 einen Mann nennt, der das Amt bekleidet haben soll. Wenn die Angabe den Tatsachen entspräche, wären Bürgermeister in Magdeburg außerordentlich früh aufgetreten. Die Ungewöhnlichkeit des Falls hat zu der Vermutung Anlaß gegeben, daß der Verfertiger des Verzeichnisses aus dem 16. Jahrhundert einen Burmeister seiner Vorlage für einen Bürgermeister gehalten hat. Zur Erinnerung: *Bur-* hat nichts mit *Bürger* zu tun hat. Ebenso wenig entsprach das Amt des Burmeisters dem des Bürgermeisters.

Manche Forscher halten die Angabe der Liste für richtig. In diesem Fall wäre zu erklären, warum die Schöffenchronik erst 1293 und die Urkunden erst 1302 von einem oder mehreren Bürgermeistern in Magdeburg sprechen.*

Wenn man sich mit den mittelalterlichen Stadträten oder anderen Amtsträgern beschäftigt, hat man zu untersuchen, welcher Herkunft die Männer waren, die ihnen angehörten. Die Entwicklung verlief regelmäßig so, daß anfänglich nur Angehörige der städtischen Oberschicht im Rat saßen. Diese Oberschicht wurde in der Neuzeit als das Patriziat bezeichnet. Den Menschen des Mittelalters war dieses Wort nicht geläufig. Das Patriziat hatte sich gewöhnlich aus den *Meliores* entwickelt. Es beschränkte sich auf eine bestimmte Anzahl von Geschlechtern. Familien, die im Nachhinein in der Stadt emporgekommen waren und vielleicht in denselben Vermögensverhältnissen lebten, rechneten nicht unbedingt dazu.

Jedenfalls beanspruchten im Laufe der Zeit weitere Bevölkerungsgruppen als die alten führenden Geschlechter einen Anteil an der Stadtregierung. Die Gegensätze führten des öfteren zu erbitterten und gewaltsam ausgetragenen Kämpfen.

Man hat diese Vorgänge früher als Zunftrevolution bezeichnet. Heute zieht man es vor, von Bürgerkämpfen zu sprechen, da die Träger des Aufruhrs nicht unbedingt die Zünfte oder nicht diese allein waren. Die Ergebnisse der Unruhen waren in den einzelnen Städten ganz unterschiedlich.

Auch Magdeburg ist von Bürgerkämpfen nicht frei geblieben. Ihr Verlauf ist im einzelnen nicht klar. Die lateinisch abgefaßte Geschichte der Magdeburger Erzbischöfe berichtet zum Jahre 1301, daß Zunftmeister wegen ihres „Verrats“ auf dem Markt verbrannt worden wären. Heinrich von Lamspringe, der Verfasser des ersten Teils der Magdeburger Schöffenchronik, weiß mit keinem Wort von solchen Vorkommnissen zu berichten. Obendrein war der Feuertod keine Strafe, die wegen aufrührerischer Handlungen verhängt worden wäre. So kann man gegenüber der betreffenden Mitteilung der Bischofsgeschichte einige Zweifel anmelden. Da die Nachricht inmitten eines Berichts über Judenverfolgungen steht und bei solchen Verfolgungen Juden unter der Anklage der Hostienschändung oder ähnlicher religiöser Vergehen verbrannt worden sind, mag der Verfasser der Geschichte der Erzbischöfe Ereignisse durcheinandergebracht haben, sofern nicht die handschriftliche Überlieferung der Bischofsgeschichte verwirrt worden ist. Für das letztere (oder für einen Irrtum des Verfassers) spricht, daß man in dem Werk unmittelbar nach dem Bericht über den Stadtbrand von 1207 liest, der Abt von Nienburg wäre verbrannt worden, was eindeutig falsch ist.

Bürgerkämpfe entzündeten sich oftmals daran, daß die Stadträte Steuern ausgeschrieben hatten. Und die Räte kamen vielfach dann in die Lage, Steuern auszuschreiben, wenn ihre Stadt in einen Krieg verwickelt war. Auch in Magdeburg waren es Geldnöte, die im Jahre 1330 die Stadt an den Rand des Bürgerkrieges brachten. Aber die Zwangslage war nicht wegen einer der üblichen Fehden, sondern infolge eines unerhörten Ereignisses entstanden:

Im September 1325 war der Erzbischof Burchard III., der seit 1307 regiert hatte, in Magdeburg ermordet worden. Die Magdeburger hatten den Kirchenfürsten nach langwierigen Auseinandersetzungen gefangen genommen und ihn in einem Keller des Rathauses in Haft gehalten. Dort wurde er von seinen Wächtern mit einem Türriegel erschlagen.

Die Tat erregte größtes Aufsehen. Papst Johannes XXII. verhängte über die Einwohner Magdeburgs den Ausschluß aus der Kirchengemeinschaft, den Bann, und belegte die Stadt mit der Kirchensperre (dem Interdikt), was zur Folge hatte, daß in den Mauern Magdeburgs keine geistlichen Handlungen vorgenommen werden durften. Der deutsche Kaiser Ludwig der Bayer legte die Stadt in die Acht.

Heinrich von Lamspringe stellt fest, es habe die Stadt „unermeßlich viel Geld“ gekostet, wieder zu Gnaden zu kommen. 1331 hob der Papst die Strafen auf, wobei er die zu erbringenden Sühneleistungen genau festlegte und unter anderem bestimmte, daß der Rat und die Gemeinde fortan jedem neuen Erzbischof die Lehenshuldigung und den Treueid zu leisten hätten. Das bedeutete die ausdrückliche Anerkennung der bischöflichen Stadtherrschaft.

Um das „unermeßlich viele Geld“ zu beschaffen, mußte in Magdeburg eine Steuer erhoben werden, was lange nicht mehr geschehen war. Es kam zu „großer Zwietracht zwischen der Gemeinde und den Reichsten, so daß die Gewandschneider, die Krämer und die Reichsten sich bewaffnet auf dem Johanniskirchhof, bei der Gerichtslaube und im Gildehaus der Krämer versammelten, während die Gemeinde am Barfüßerkloster sowie auf dem Kirchhof von Sankt Ulrich zusammenkam,“ wie Heinrich von Lamsprin-

* Allerdings ist die Vermutung wenig befriedigend, daß der Verfertiger des Verzeichnisses, das aus dem 16. Jahrhundert überliefert ist, einen Burmeister seiner Vorlage zu einem Bürgermeister gemacht hätte. Es ist eher wahrscheinlich, daß er Leute, die in Urkunden des 13. Jahrhunderts die Reihe der Zeugen anführten, für Bürgermeister gehalten hat.

Die Geschichtsschreibung – nicht nur die des Mittelalters und der frühen Neuzeit – entwickelt mitunter die Neigung, Einrichtungen und Zustände in Zeiten zurückzuversetzen, in denen sie noch nicht bestanden haben.

Was waren die Aufgaben des Stadtrats? Die 1295 für Breslau ergangene Rechtsweisung nennt an erster Stelle die Aufsicht über die Maße und Gewichte und über den Handel mit Lebensmitteln sowie die Bestrafung betrügerischen Handels. Außerdem war es die Obliegenheit des Rates, das Burding einzuberufen. Das geschah durch Glockengeläut. Wer der Zusammenkunft fernblieb, hatte eine Geldbuße zu zahlen. In dem Zusammenhang ist zu bemerken, daß nur die Leute der entsprechenden Verpflichtung unterlagen, die tatsächlich Bürger der betreffenden Stadt waren. In den mittelalterlichen Städten wohnten auch zahlreiche Menschen, die nicht zu den Bürgern gehörten. Das Bürgerrecht war vielfach an ein bestimmtes Mindestvermögen oder andere Voraussetzungen gebunden.

ge erzählt. Man hat davon auszugehen, daß die beiden Parteien Söldner hatten aufmarschieren lassen. Die Gewandschneider und die Reichsten wären allein ihren Gegnern an Zahl schwerlich gewachsen gewesen. Jedenfalls hatten die Leute schon damit begonnen, einander zu beschießen, als der Erzbischof Otto (1327–1361) „mit seinen Mannen" einschritt und die Streitenden trennte.

Die Ereignisse gipfelten in der Einsetzung eines neuen Rates. Am 8. Mai 1330 stellten die Schöffen, die Ratmannen, die Innungsmeister und die „Bürgergemeinde" eine Urkunde aus, in der die neue Verfassung festgelegt wurde. Diese beruhte auf einem Vergleich, den die gesamte Bürgerschaft, „arm und reich", geschlossen hatte und der für ewige Zeiten gelten sollte.

Die Urkunde legte fest, wie die Wahl des Rates fortan zu erfolgen hatte: Aus den fünf großen Innungen sollte jedes Jahr je ein Mann in den Rat gewählt werden. Gleichermaßen hatten die einfachen Innungen fünf Mann in den Rat zu entsenden. Diese zehn Leute wiederum hatten zwei Leute aus den gewöhnlichen Bürgern zu Ratmännern zu ernennen.

Die Einzelheiten des Wahlverfahrens sowie weitere Bestimmungen über die Verwaltung der Stadt können hier nicht wiedergegeben werden

Außerdem bestimmte der Vergleich von 1330, daß die Urheber der jüngsten Unruhen aus der Stadt gewiesen wurden und einige ehemalige Ratmänner und Innungsmeister ihre Wählbarkeit verloren.

Im wesentlichen hat die in jenem Jahr eingeführte Verfassung bis 1630 gegolten. Das heißt nicht, daß der Stadt nach 1330 innere Kämpfe erspart geblieben wären. So kam es zum Beispiel 1402 zu heftigen Wirren, die sich an einer Münzverschlechterung entzündeten und mit einem Streit zwischen der Stadt und dem Erzbischof einhergingen.

Rückgreifend müssen wir eine Begebenheit erwähnen, die für die Selbstverwaltung wichtig war: Wie die anderen deutschen Städte hatte Magdeburg danach gestrebt, die Gerichtsbarkeit in die eigenen Hände zu bekommen. Das gelang im Jahre 1294: Erzbischof Erich (1283–1295) verpflichtete sich am 6. Januar jenes Jahres, das Amt des Schultheißen nur noch an Magdeburger Bürger zu verleihen, und zwar an Männer, die jeweils vom Rat vorzuschlagen waren. Dann kaufte die Stadt das Amt seinem bisherigen Inhaber für 500 Mark Silber ab. Im selben Jahr trat der Herzog Albrecht von Sachsen das Burggrafentum für neunhundert Mark Silber an den Erzbischof ab. (Das Geld wurde von der Stadt bezahlt.)

Eine Mark war ein halbes Pfund. Man geht nicht völlig fehl, wenn man die Mark auf 250 Gramm ansetzt, obwohl ihr Gewicht in Wirklichkeit zwischen 230 und 270 Gramm schwankte. Größere Mengen von Geldstücken wurden nicht gezählt, sondern gewogen.

Der Erzbischof versprach, das Burggrafentum niemals mehr zu veräußern. Die Rechtshandlungen wurden am 30. und 31. Mai 1294 beurkundet. Nunmehr tagte das Burggrafengericht unter dem Vorsitz des Erzbischofs, der allerdings einen weltlichen Fürsten als seinen Beisitzer brauchte. Fortan scheint dieses Gericht sich auf solche Handlungen wie die Ernennung der Schöffen beschränkt zu haben.

In irgendeinem Zusammenhang mit der Selbstverwaltung steht auch das vielleicht wichtigste Kunstdenkmal der Stadt, nämlich der Magdeburger Reiter. Die Frage ist nur, in welchem: Sollte das Standbild die städtische Selbständigkeit versinnbildlichen, oder war es umgekehrt ein Werk, das der Erzbischof hatte aufstellen lassen, um seine stadtherrliche Gewalt sichtbar zu machen? Die Wissenschaft ist sich nicht einig. Ebenso umstritten bleibt, welchen Kaiser das Kunstwerk darstellt: Karl den Großen, Otto I., Otto II. oder Friedrich II. (1212–1250)?

Johanniskirche vor der Rekonstruktion (1993)

Magdalenenkapelle, 1315 auf dem Gelände des ehemaligen Magdalenenklosters als Sühnekapelle errichtet

Religiöses Leben

Das Mittelalter kannte keine religionsfreien Lebensbereiche: Kirchliche Vorschriften regelten die Nahrungsaufnahme, die kirchlichen Feste bestimmten den Ablauf des Jahres.
Nach den Tagen der Heiligen wurden die Urkunden datiert. Krankenhäuser und Altersheime waren kirchliche Einrichtungen. Die Vorstellung, daß die Religion eine Privatsache sei, wäre dem mittelalterlichen Menschen unbegreiflich gewesen.
Die heute noch sichtbaren Zeugnisse der mittelalterlichen Frömmigkeit sind die Kirchen.
Sie bleiben beeindruckend und bestimmen das Stadtbild; doch in früheren Jahrhunderten sind sie noch viel stärker hervorgetreten. Erstens überragten sie die anderen Bauwerke viel deutlicher, denn diese hatten nicht die Höhe der gegenwärtigen Häuser. Zweitens waren die Kirchen schon zu einer Zeit aus Stein errichtet, in der die meisten anderen Gebäude noch aus Holz oder Fachwerk aufgeführt waren. Auf Leute, die an Holzhäuser gewöhnt sind, haben Steinbauten eine tiefgehende Wirkung.
Die bedeutendste Kirche der Stadt war natürlich der Dom. 1207 brannte das ottonische Bauwerk ab. Spätestens zwei Jahre später legte Erzbischof Albrecht II. (1205–1234) den Grundstein für den Bau, der heute zu bewundern ist. Albrecht hatte in Paris studiert. In Frankreich lernte er die gotische Baukunst kennen. Er muß von ihr so beeindruckt gewesen sein, daß er den neuen Stil nach Magdeburg verpflanzte. Obwohl am Dom dreihundert Jahre gebaut worden ist, teilte er das Schicksal vieler gotischer Bischofskirchen: Er ist nie vollendet worden.
Das Ansehen eines mittelalterlichen Gotteshauses beruhte weitgehend auf den Reliquien, die es barg. Die wundertätigen Überreste zogen Besucher von nah und fern an, die von Krankheiten zu genesen hofften oder andere Ziele mit Hilfe der Heiligen erreichen wollten. Otto I. hatte seinen Dom in ungewöhnlich reicher Weise ausgestattet, indem er Reliquien sogar in die Säulenköpfe des Bauwerks einschließen ließ.
Dem Erzbischof Albrecht II. glückte 1220 ein wichtiger Erwerb: Er erlangte vom Herzog von Meran den Hirnschädel des heiligen Moritz, den er am 28. September 1220, dem Michaelstag, feierlich nach Magdeburg brachte. Das Fest muß außerordentlich prächtig gewesen sein.
Spätestens seit dieser Zeit wurden alljährlich am Mauritiustage, also am 22. September, die Reliquien des Doms ausgestellt und im feierlichen Zug umhergetragen. Das prächtige Schauspiel wurde von der gesamten Magdeburger Geistlichkeit veranstaltet. Da viel Volk zusammenströmte, schloß sich an die kirchliche Feier ein großer Jahrmarkt an, die Herrenmesse. Herren bezeichnet hier die Heiligen, die verehrt wurden. Die Herrenmesse fand auf dem Neuen Markt statt. Das Herrenfest selber und der sich daran knüpfende Jahrmarkt sind schon für das Jahr 1179 bezeugt, und zwar aus einer Urkunde des Erzbischofs Wichmann für die Stadt Burg.
Wie sehr die kirchlichen Belange mit anderen Lebensbereichen verknüpft waren, geht schon daraus hervor, daß (nicht etwa nur in Magdeburg) das Wort *Messe* neben der Bedeutung ‚Gottesdienst' auch die Bedeutung ‚Jahrmarkt' angenommen hat.
Im Spätmittelalter wurden die Reliquien des Doms außerdem am Sonntag nach Fronleichnam ausgestellt. *Fronleichnam* bedeutet ‚der Leib des Herrn'. Das Fronleichnamsfest diente der Verehrung der geweihten Hostie und wurde erst 1264 für die gesamte Kirche eingeführt. Eine prächtige Feier stellte auch die Weihe des Doms am 22. Oktober 1363 dar, die der Erzbischof Dietrich von Portitz mit dem Beinamen Kagelwitt (1361–1367) vornahm.
Von den kirchlichen Einrichtungen, die neben dem Dom bestanden, wurden schon das Kloster Berge und das Stift Unser Lieben Frauen vorgestellt. Einem anderen Stift gehörte die heute als katholische Kathedrale dienende Sebastianskirche an. Es war vom Erzbischof Gero (1012–1023) gegründet worden. Daneben bestanden etliche andere Stifter. Sie dienten nicht der Seelsorge unter den Laien. Diese Aufgabe fiel den Pfarrkirchen zu.
Der Name der Ambrosiuskirche im Stadtteil Sudenburg erinnert an die wahrscheinlich älteste Pfarrkirche, die sich auf dem Gebiet der Gesamtstadt befunden hat, nämlich auf dem des mittelalterlichen Sudenburgs. Die älteste Pfarrkirche der Altstadt war offensichtlich die Johanniskirche.
Die bisher genannten kirchlichen Einrichtungen standen in einem engen Verhältnis zum Leben der mittelalterlichen Stadt. Aber sie waren keine Geschöpfe der mittelalterlichen Städte. Pfarrkirchen gab es auch auf dem Lande. Die Klöster und Stifter waren weit häufiger ländliche als städtische Gebilde.
Zu Beginn des 13. Jahrhunderts entstanden jedoch kirchliche Gemeinschaften, die Kinder der Städte waren und deren Dasein an die Stadt gebunden blieb. Es handelte sich um die Bettelorden.
Im ersten oder zweiten Jahrzehnt des 13. Jahrhunderts gründeten der Italiener Franz von Assisi den Orden der Franziskaner (oder Barfüßer) und der Spanier Dominicus den Orden der Dominikaner. Die unklare Zeitangabe folgt daraus, daß man verschiedene Handlungen als den Anfang dieser Orden ansehen kann.
Zu den Grundsätzen sowohl der Franziskaner als auch der Dominikaner zählte die Armut – die Armut nicht nur des einzelnen ihrer Mitglieder wie in den älteren Mönchsgemeinschaften, sondern die Besitzlosigkeit der gesamten Körperschaft. Die Bettelorden

lebten von Spenden. Diese Daseinsgrundlage war nur in Städten gegeben.
Im Unterschied zu den älteren Orden betrieben die Bettelmönche Seelsorge unter den Laien, und zwar in einer Weise, die den Bedürfnissen der städtischen Bevölkerung entsprach.
Der amtliche Name der Dominikaner war „Orden der Predigerbrüder". Die Bezeichnung verrät, worin Dominikus eine Hauptaufgabe der von ihm gegründeten Gemeinschaft gesehen hat.
Diese Seelsorge war personenbezogen. Wer bei den Franziskanern oder Dominikanern die geistlichen Gnadenmittel empfangen wollte, konnte es tun.
Dagegen hatte die ältere Seelsorge auf der Bindung der Laien an ihre jeweilige Pfarrkirche beruht. Das Auftreten der Bettelmönche führte dazu, daß die alte Pfarreinteilung in den Städten zerrüttet wurde.
Schließlich pflegten die Bettelmönche den gelehrten Unterricht. Welches ihrer Mitglieder als Seelsorger tätig werden wollte, hatte ein Studium hinter sich zu bringen. Mit diesen Bemerkungen sind die Eigenheiten der Bettelorden keineswegs erschöpft.
Wie sehr die neuen Orden den Bedürfnissen ihrer Zeit angepaßt waren, zeigt ihre rasche Verbreitung über die Städte Europas. So trifft man in Magdeburg die Dominikaner bereits 1224 und die Franziskaner ein Jahr später. Beide Orden hatten ihre ersten Niederlassungen in der Neustadt. Aber schon 1225 nahmen die Dominikaner in der Altstadt ihren Sitz, und zwar an der Stelle, wo heute das ehemalige Hauptpostamt steht. Als Albrecht II. ihnen das Grundstück übertrug, betonte er in der betreffenden Urkunde, daß er selber sie nach Magdeburg gerufen habe und von besonderer Liebe zu ihnen erfüllt sei. Der Erzbischof war auch Graf der Romagna (eines Gebiets im östlichen Oberitalien) und hatte den neuen Orden wahrscheinlich während eines Aufenthalts auf der Appeninenhalbinsel kennengelernt. Die eben genannte Urkunde enthält übrigens die erste Nennung des Breiten Wegs („lata platea"), also der Hauptstraße der Magdeburger Altstadt.
Das Franziskanerkloster befand sich seit 1230 gleichfalls in der Altstadt. Es lag nach heutigen Begriffen nördlich der Julius-Bremer-Straße. Im Unterschied zu vielen anderen Städten erinnert in Magdeburg leider kein Straßenname mehr an die Wirksamkeit der Bettelmönche. Übrigens wurden die Dominikaner vielerorts – so auch in Magdeburg – Paulaner- oder Paulinermönche genannt, weil sie ihre Kirchen regelmäßig dem Apostel Paulus geweiht hatten.
Besser ist im heutigen Stadtbild die Erinnerung an den Orden der Augustinereremiten oder einfach Augustiner zu fassen (in den Martin Luther 1505 eintreten sollte). Diese Gemeinschaft war seit 1284 in Magdeburg ansässig. Die Kirche ihres Klosters ist die heutige Wallonerkirche.
Der vierte der großen Bettelorden, die Karmeliter, kam während der dreißiger Jahre des 14. Jahrhunderts nach Magdeburg, ist aber nicht sehr hervorgetreten.
Die Franziskaner müssen gleich nach ihrer Ankunft in Magdeburg eine Hochschule eingerichtet haben – ein Studium, wie es in der Sprache des 13. Jahrhunderts hieß. Es gelang dem Orden, 1231 einen bedeutenden Gelehrten für die neue Niederlassung zu gewinnen, der aus England stammte und bisher in Paris tätig gewesen war. Er hieß Bartholomäus und wurde wegen seiner englischen Herkunft mit dem Beinamen Anglicus („aus England") versehen. Seit 1235 arbeitete Bartholomäus Anglicus an seinem Buch „De proprietatibus rerum". Man kann die Überschrift wiedergeben als „Die Eigenschaften der Dinge". Das Buch ist Jahrhunderte lang als Nachschlagewerk benutzt und in mehrere Volkssprachen übersetzt worden. Noch Shakespeare hat es herangezogen. Bartholomäus Anglicus ist nach 1250 gestorben. Leider sind wir über die franziskanische Hochschule in Magdeburg sonst sehr schlecht unterrichtet.
Die bisher genannten Klöster beherbergten geistliche Gemeinschaften von Männern. Nun gab es zwar schon vor dem 13. Jahrhundert Nonnen in Magdeburg, aber die damals anbrechende neue Zeit brachte auch eine Zunahme geistlicher Gemeinschaften von Frauen. Zuerst ist hier das Maria-Magdalenen-Kloster zu nennen, das der Erzbischof Albrecht II. im Jahre 1230 gegründet hat und von dem die Magdalenenkapelle übrig geblieben ist. Der Orden der Magdalenerinnen war erst 1227 vom Papst Gregor IX. bestätigt worden. Nach der herrschenden Meinung war es seine ursprüngliche Aufgabe, bekehrte Dirnen aufzunehmen. Aber schon frühzeitig muß er Frauen überhaupt angezogen haben, die ein klösterliches Leben führen wollten; und die Anzahl solcher Frauen erhöhte sich während des 13. Jahrhunderts.
Wir kommen damit auf das Gebiet der religiösen Frauenbewegung des Mittelalters. Unter dieser Bezeichnung hat die Wissenschaft des 20. Jahrhunderts verschiedene Strömungen zusammengefaßt, in denen Frauen seit dem Ausgang des 12. Jahrhunderts ihr persönliches Heil in besonderen Lebensformen suchten. In diesem Zusammenhang war der Orden der Magdalenerinnen entstanden. Es bildeten sich auch weibliche Zweige der Bettelorden heraus wie die Dominikanerinnen und Franziskanerinnen (die Klarissen). Andererseits schlossen sich Frauen ketzerischen Bewegungen an. Schließlich kamen neuartige Gemeinschaften auf, die eine Mittelstellung zwischen dem Klosterdasein und dem Laientum einnahmen. Zu diesen Gemeinschaften rechneten die in vielen Städten, so auch in Magdeburg vertretenen Beginen. Mit den Magdeburger Beginen ist das Leben einer Persönlichkeit verknüpft, die zu den hervorragenden

Frauen des 13. Jahrhunderts zählt, nämlich der Mechthild von Magdeburg. Mechthild wurde um 1207 geboren und starb um 1282 im Kloster Helfta. Um 1230 trat sie in die Magdeburger Beginengemeinschaft ein. 1261 scheint sie die Stadt verlassen zu haben. Die Bedeutung der Mechthild von Magdeburg beruht auf ihrem Werk „Das fließende Licht der Gottheit," an dem sie seit 1250 arbeitete. Es „ist das älteste erhaltene Zeugnis weiblicher mystischer Theologie in deutscher Sprache". Unter der Mystik ist hier die geistige Strömung des Mittelalters zu verstehen, die den unmittelbaren Zugang zu Gott oder das Einswerden mit ihm suchte und für möglich hielt. Wenn man will, kann man diese Denkweise als demokratisch bezeichnen, denn sie ermöglichte es ihren Anhängern oder Anhängerinnen ohne die priesterliche Vermittlung in Verbindung zu Gott zu treten. Daher rührte auch das Bestreben der Mystiker, die erlebte Gottesschau in der Volkssprache und nicht auf Lateinisch niederzuschreiben.

Die meisten großen Städte des mittelalterlichen Deutschlands waren nicht rein christlich. Sie beherbergten auch jüdische Gemeinden. In Magdeburg begegnet man jüdischen Kaufleuten bereits im 10. Jahrhundert. Bis zum Jahre 1493 haben die Juden einen festen Bestandteil der Magdeburger Bevölkerung gebildet. Im Spätmittelalter bewohnten sie eine eigene Siedlung, das Judendorf. Es lag südöstlich der alten Sudenburg und wurde mitunter zu ihr gerechnet.

Die Lage der Juden im christlichen Europa war seit dem ersten Kreuzzug 1095/1096 gefährdet. (Allerdings hatte es schon zwischen 1007 und 1012 in Frankreich mörderische Ausschreitungen gegen sie gegeben.) Nach blutigen Verfolgungen wurden die Juden 1290 aus England und während des 14. Jahrhunderts aus Frankreich vertrieben (zuerst 1306, endgültig 1394/95). Dagegen stieg die jüdische Bevölkerung in Deutschland während des 13. Jahrhunderts stark an. Hier fanden auch viele Flüchtlinge aus Frankreich eine neue Heimat.

Allerdings kam es im 13. Jahrhundert auch in Deutschland zu Verfolgungen, weil die Juden bezichtigt wurden, Ritualmorde verübt oder Hostien geschändet zu haben. Diese Anklagen, die in Westeuropa schon im 12. Jahrhundert erhoben worden waren, zogen teils regellose Gewalthandlungen, teils Hinrichtungen nach sich, die im Ergebnis von Gerichtsverfahren erfolgten. Solche Übergriffe blieben jedoch auf einzelne Orte und Landschaften beschränkt. In Magdeburg gab es sie in Zusammenhang mit Ereignissen des Jahres 1301. Damals oder 1302 – der Zeitpunkt läßt sich nicht genau bestimmen – wurden das Judendorf geplündert und mehrere seiner Einwohner erschlagen, weil sie angeblich ein Kruzifix angefertigt und den Heiland ein zweites Mal gekreuzigt hätten.

Im Zusammenhang mit der ganz Europa erfassenden Pest der Jahre 1349 bis 1351 wurde die Verfolgung der Juden unter der Bezichtigung allgemein, sie hätten die Seuche durch Brunnenvergiftungen herbeigeführt. Die gebildeten Christen zweifelten an solchen Vorwürfen, konnten aber gegenüber dem Massenwahn nichts ausrichten, so auch nicht in Magdeburg. Obwohl der Erzbischof Otto (1327–1361) und der Magdeburger Stadtrat bemüht waren, die Juden zu schützen, taten sich die städtischen Unterschichten 1350 mit den Bauern zusammen und überfielen das Judendorf: „Während einige Juden die Flucht ergriffen, verteidigten die anderen sich und die Siedlung tapfer. Schließlich gewann der Pöbel die Oberhand, unternahm Plünderungen und verbrannte die Juden in den Häusern und mit den Häusern. Doch konnten der Erzbischof und andere Landesherren zahlreiche Juden, die zu ihnen geflohen waren, in ihren Burgen retten," berichtet der Verfasser der Geschichte der Magdeburger Erzbischöfe.

Nach einiger Zeit wurde das Judendorf wieder besiedelt. Doch blieben seine Einwohner nicht von Verfolgungen verschont, die sich von Zeit zu Zeit wiederholten. 1372 nahm der Erzbischof Peter (1371–1381) „unsere lieben Juden, die wohnhaftig sind in unserem Judendorfe in der Sudenburg zu Magdeburg" in seinen Schutz. Als Gegenleistung hatten die Juden jährliche Abgaben zu entrichten. Ähnlich Schutzbriefe stellten auch spätere Erzbischöfe aus, zuletzt der Erzbischof Johann (1464–1475) im Jahre 1466.

In weltlichen Dingen unterschied sich die Lebensweise der jüdischen Oberschicht nicht von der ihrer christlichen Zeitgenossen. So berichtet die Schöffenchronik von einem höfischen Fest zu Weißenfels im Jahre 1384, bei dem die Juden „stachen und turnierten". Beide Wörter bezeichnen ritterliche Spiele: Das Gestech war ein Zweikampf, während beim Turnier zwei Parteien aufeinandertrafen, die aus mehreren Kämpfern bestanden.

Böses brachte den Juden der Aufenthalt eines der berühmtesten Männer des 15. Jahrhunderts in Magdeburg: Im Juni 1451 weilte Nikolaus von Kues (1401 bis 1464) in der Stadt. Er war Philosoph, Kirchenpolitiker, Kardinal und Bevollmächtigter (Legat) des Papstes für Deutschland. In dieser Eigenschaft verfügte er am 25. des Monats, daß die Juden und Jüdinnen in der Kirchenprovinz Magdeburg fortan wie in Rom ein deutlich sichtbares Zeichen auf ihrer Kleidung zu tragen hätten, damit sie von den Christen unterschieden werden könnten. Das hatte es also in der Kirchenprovinz Magdeburg bisher nicht gegeben. Obendrein verbot der Kardinal den Juden, künftighin Wucher zu treiben, also Geld gegen Zinsen zu leihen. Während des gesamten Mittelalters hat die Kirche einen vergeblichen Kampf gegen den Wucher geführt. Christen sollte das Zinsnehmen sowieso verboten sein.

Literarische und künstlerische Leistungen

Von Ohtrich, dem Leiter der Magdeburger Domschule im 10. Jahrhundert, sind keine Werke überliefert.
Eine Persönlichkeit, die unter ihren Zeitgenossen so berühmt gewesen wäre wie er, hatte die Domschule in späteren Jahrhunderten nicht mehr aufzuweisen. Sie scheint seit der Zeit des Erzbischofs Wichmann (1152–1192) das gelehrte Recht gepflegt und damit eine ziemliche Ausstrahlung erlangt zu haben. Mit einiger Wahrscheinlichkeit hat Eike von Repgow († nach 1235), der Verfasser des Sachsenspiegels, seine Ausbildung hier empfangen. Das älteste Kanzleihandbuch aus Deutschland, die sogenannte „Sächsische Summa prosarum dictaminis“, stammt von einem Verfasser, der in Beziehungen zu Magdeburg gestanden hat. Vermutlich hat er sein Werk in den dreißiger Jahren des 13. Jahrhunderts abgeschlossen.
Für die Belange der Kunst ist bedeutsam, daß schon zu Wichmanns Zeit der Dom über eine Orgel verfügte. Ebenso war der Bronzeguß während des 12. Jahrhunderts in Magdeburg hoch entwickelt. Das berühmteste Zeugnis dieser Tätigkeit ist die Nowgoroder Bronzetür mit der Abbildung des Erzbischofs Wichmann. Das Kunstwerk war für die polnische Stadt Plock bestimmt und ist später nach Rußland gelangt. Bekannt ist sogar der Name des Gießers, der die Tür geschaffen hat. Er lautete Riquin.
Die Kunstgeschichtsforscher nehmen an, daß die im Magdeburger Dom befindliche Grabplatte des Erzbischofs Friedrich (1142–1152) gleichfalls aus Riquins Werkstatt stammt. Ebenso als Magdeburger Schöpfung gilt die bronzene Grabplatte Wichmanns, die nach der Ansicht einiger Forscher aber seinen Nachfolger Ludolf (1192–1205) darstellt. Neuerdings ist auch die Magdeburger Herkunft kleinerer Kunstwerke aus Bronze nachgewiesen worden.
Seit dem 13. Jahrhundert gelangte der höhere Unterricht ganz in die Hände der Bettelmönche. Die franziskanische Lehranstalt in Magdeburg wurde bereits erwähnt.
Nun waren die Schriften des Bartholomäus Anglicus und der Mechthild nicht die einzigen literarischen Schöpfungen, die das mittelalterliche Magdeburg hervorgebracht hat und deren Verfasser oder Verfasserinnen wir kennen. Neben ihnen sind zunächst die zwei Geschichtswerke zu nennen, auf denen unsere Kenntnis der Magdeburger Verhältnisse zum großen Teil beruht. Es handelt sich um die lateinisch geschriebene Geschichte der Magdeburger Erzbischöfe sowie um die in deutscher Sprache abgefaßte Schöffenchronik. Auf Niederdeutsch lautet ihr Name Schöppenchronik.
Die Geschichte der Magdeburger Erzbischöfe (Gesta archiepiscoporum Magdeburgensium) stammt von mehreren Verfassern und geht bis 1513. Der erste Teil des Werkes, der sich bis 1142 erstreckt, ist dem Abt

Bronzegrabplatte des Erzbischofs Friedrich von Wettin († 1152) im Chorumgang des Magdeburger Doms

Arnold vom Kloster Berge zugeschrieben worden, der auch dem Kloster Nienburg vorgestanden hat. Nach neuesten Forschungen war dieser Mann jedoch nicht der Schöpfer des betreffenden Teils des Geschichtswerks. Der Verfasser ist allerdings in Magdeburg zu suchen.

Der zweite Teil der Bischofsgeschichte umfaßt die Zeit bis 1371 und stammt wahrscheinlich von einem Magdeburger Bettelmönch oder ist von einem solchen bearbeitet worden. Der dritte Abschnitt rührt von mehreren Verfassern her, bei denen es sich wohl um Domherren handelte.

Jedenfalls setzt die Erzählung mit der Gründung der Stadt ein, die im Mittelalter auf den römischen Staatsmann Julius Caesar zurückgeführt wurde. Natürlich findet sich in der Bischofsgeschichte kein zusammenhängender Bericht über Magdeburg von Caesar, der im Jahre 44 v. Chr. ermordet worden ist, bis auf Otto I. Erwähnt wird aus diesem Zeitraum nur die Wirksamkeit Karls des Großen, von dem es heißt, er habe in Magdeburg eine Stephanskirche errichtet.

Von größerem Belang ist die Schöffenchronik. Wie gesagt, handelt es sich um ein Werk, das in deutscher Sprache abgefaßt ist. Damit fügt es sich in eine besondere literarische Gattung ein, nämlich die der Städtechroniken. Die Literatur des Mittelalters war weithin standesgebunden und standesbezogen. So gab es eine kirchliche Geschichtsschreibung und eine weltliche. Diese wiederum war teils adlig, teils städtisch. Während die geistliche Geschichtsschreibung sich der lateinischen Sprache bediente, benutzte die weltliche die jeweiligen Landessprachen. (Es leuchtet ein, daß diese Aussagen nur für Teile Europas gelten.)

In Deutschland liegt die Geschichtsschreibung des Adels in gereimten Werken vor. Dagegen waren die Städtechroniken in schlichter Prosa abgefaßt. Sie gingen jeweils aus einer Stadt hervor und brauchten untereinander in keinem Zusammenhang zu stehen. Gemeinsam war ihnen, daß sie das städtische Selbstbewußtsein und Selbstverständnis zum Ausdruck brachten. Auf die einzelnen Zeitalter zwischen der Mitte des 14. Jahrhunderts und dem Beginn der Neuzeit, also der Zeit um 1500, sind die städtischen Geschichtsschreiber unterschiedlich verteilt. Nur in Köln, Straßburg und Magdeburg hat die Geschichtsschreibung während dieses gesamten Zeitraums geblüht. In der letztgenannten Stadt liegt ihr Ergebnis also in Gestalt der sogenannten Schöffenchronik vor. Der Verfasser ihres ersten Teils war Heinrich von Lamspringe. Wie sein Name verrät, stammten er oder seine Vorfahren wahrscheinlich aus dem Ort Lamspringe (bei Alfeld in Niedersachsen). Was wir von ihm wissen, erfahren wir zum größten Teil aus seinem Geschichtswerk.

Heinrichs Geburt ist um 1325 anzusetzen. Er war Geistlicher. Bereits 1350 hielt er sich in Magdeburg auf. Das Jahr war verhängnisvoll für die Stadt, denn die Pest, die schon seit 1348 in Europa wütete, ergriff auch sie. Das große Sterben, wie Heinrich die Seuche bezeichnete, hat ihn so beeindruckt, daß er später die Gliederung seiner Chronik danach ausrichtete. „Wir waren“, schreibt er, „in einem Hause unser zehn. Acht starben; nur ich und ein anderer wurden vom Tode verschont.“ Ähnlich sah es in anderen Häusern aus.

Die Pest hatte auch den Schreiber der Magdeburger Schöffen weggerafft. An seine Stelle trat Heinrich. In amtlicher Eigenschaft hatte er an bedeutsamen Verhandlungen teilzunehmen, die die Bürger mit ihrem Stadtherrn führten. Er gehörte sogar Abordnungen an, die Magdeburg an den Kaiser Karl IV. (1346 bis 1378) schickte. Berichte über diese Begebenheiten fügte Heinrich in sein Geschichtswerk ein, so daß man von ihnen ein anschauliches Bild gewinnt.

An seiner Chronik hat Heinrich von Lamspringe nach 1360 zu arbeiten begonnen; und zwar schrieb er Niederdeutsch. 1372 ist das letzte Jahr, von dem er berichtet. Wie man vermutet, schied er 1373 aus dem Schreiberamt, vielleicht deshalb, weil die Alterssichtigkeit seine Tätigkeit erschwerte. 1386 wird er als Bürger von Groß-Salze (heute ein Ortsteil von Schönebeck) genannt. Noch 1396 war er am Leben, denn in jenem Jahr machte er dem Kloster Plötzky (bei Schönebeck) eine Schenkung.

Heinrichs Chronik unterscheidet sich von anderen Werken der Gattung dadurch, daß er auch die Urgeschichte des Landes beschreibt, in dem seine Stadt liegt. Wie der Verfasser des ersten Teils der Geschichte der Magdeburger Erzbischöfe beginnt er mit Julius Caesar; aber Heinrich weiß auch über die Zeit bis auf Otto I. allerhand zu erzählen – zwar nicht über Magdeburg, jedoch über die Sachsen. Es sind natürlich sagenhafte Mitteilungen, auf die wir hier stoßen. Mit Heinrichs I. Tod im Jahre 936 endet das erste Buch der Schöffenchronik.

Das zweite Buch behandelt die Zeit bis 1349. Dann, also mit dem Pestjahr 1350, fängt das dritte Buch an. Allerdings halten die einzelnen Abschnitte die zeitliche Gliederung nicht so streng ein. Vielmehr bieten sie öfter Rückblicke in frühere Jahre. In einer gereimten Vorrede führt Heinrich aus, daß die Kenntnis der Vergangenheit dazu dienen solle, Streit und Ungemach von der Stadt fernzuhalten.

Wie bereits angedeutet, verdienen die Abschnitte von Heinrichs Chronik besondere Aufmerksamkeit, die er als Augenzeuge beschrieben hat – womit durchaus nicht gesagt ist, daß die anderen Teile keine Aufmerksamkeit verdienten. Heinrich berichtet nicht nur vom Wüten der Pest oder den Besprechungen mit dem Kaiser, sondern gibt auch eindrucksvolle Darstellungen vom Auftreten der Geißler im Jahre 1349 oder lebensnahe Schilderungen der einzelnen Magdeburger Erzbischöfe, die zu seiner Zeit regierten.

rechts: Detail des thronenden Herrscherpaares (einst auch gedeutet als Otto der Große) in der sechzehneckigen Kapelle aus dem 13. Jahrhundert im Magdeburger Dom

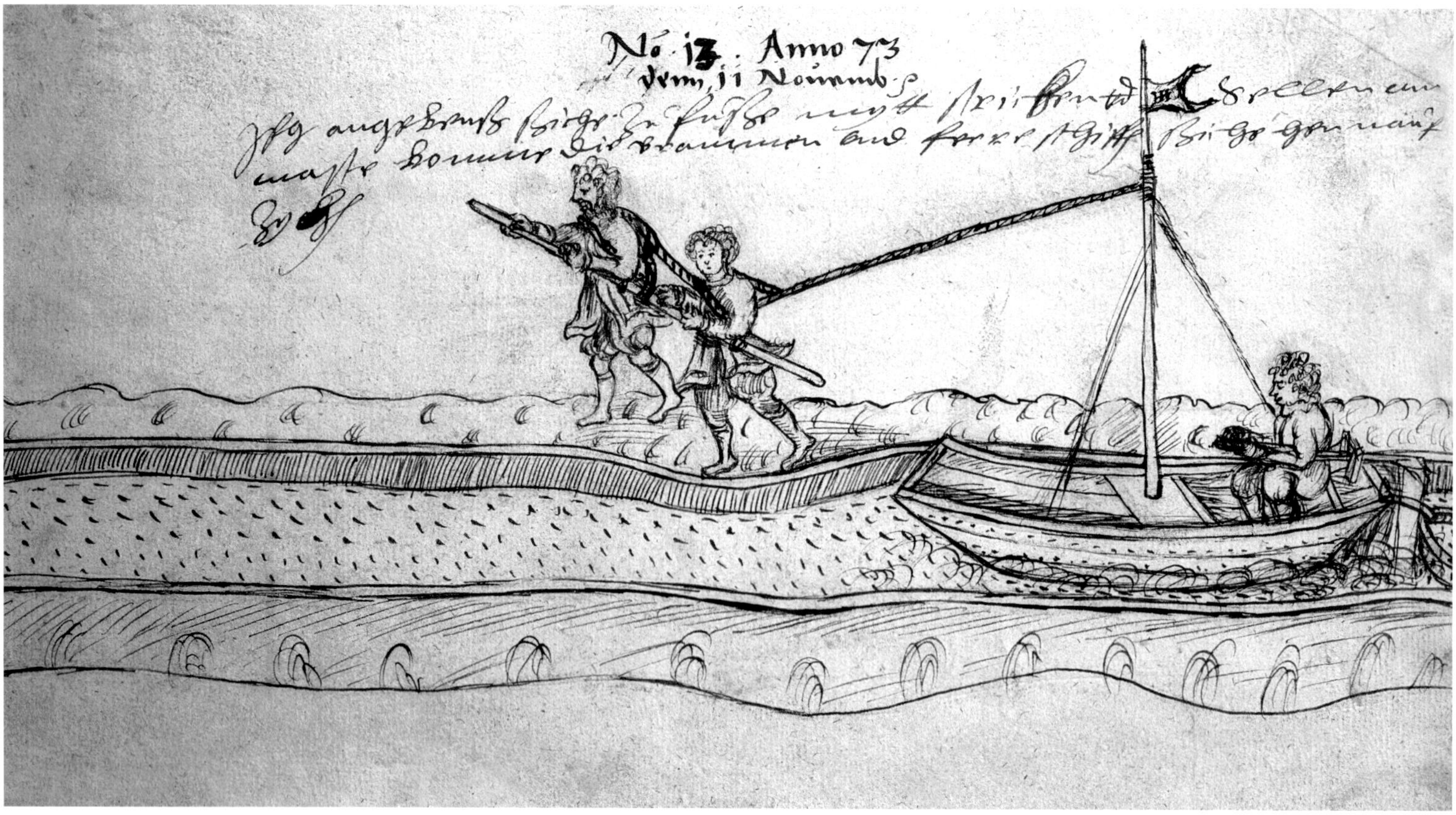

Treidler.
Treideln ist das Ziehen eines Flußfahrzeugs mit Tauen durch Pferde, Menschen oder Maschinen. Auf der Elbe hieß das Ziehen „Bomätschen“. Es wurde hergeleitet von „am (Mast-) Boom ziehend watscheln“.

Die Geißler waren eine religiöse Massenbewegung. Sie bildeten Bruderschaften, deren Mitglieder glaubten, die Übel der Welt zu beseitigen, indem sie umherzogen und sich unter Einhaltung bestimmter Bräuche regelmäßig selber auspeitschten. Besonders weite Verbreitung fanden sie während der Pestjahre in der Mitte des 14. Jahrhunderts.

Das Werk des Heinrich von Lamspringe kann zu den vorzüglichsten Denkmälern der mittelniederdeutschen Literatur gezählt werden und stellt einen der ersten Versuche dar, die Geschichte einer Stadt als einheitliches Ganzes zu gestalten.

In seiner Vorrede hatte Heinrich die Schöffen ermahnt, sie sollten dafür sorgen, daß die Chronik nach seinem Tode weitergeführt würde. Dieser Wunsch ist in Erfüllung gegangen: Verschiedene Verfasser haben die Magdeburger Schöffenchronik bis ins 16. Jahrhundert fortgesetzt, zuletzt nicht mehr in niederdeutscher, sondern in hochdeutscher Sprache. Die späteren Verfasser, die nicht alle namentlich bekannt sind, waren auch nicht unbedingt Mitarbeiter der Schöffen, so daß der Name „Schöffenchronik“ nur bedingt richtig ist.

Einer von ihnen war Engelbert Wusterwitz (um 1385 bis 1433), der 1411 bis 1424 in Magdeburg „Syndicus“ war (wie er sich selber nennt) und später ein Geschichtswerk verfaßte, das zu den Anfängen der Chronistik der Mark Brandenburg zählt. Wusterwitz' Anteil an der Magdeburger Schöffenchronik umfaßt die Jahre 1411 bis 1421.

Auch von den literarischen Werken, die nicht zur Geschichtsschreibung zählen, verdienen es mehrere, erwähnt zu werden: Zur Zeit des Erzbischofs Albrecht II. (1205–1232) schuf ein Verfasser namens Odo eine lateinische Dichtung mit dem Titel *Ernestus*: „Herzog Ernst“. Der Stoff, dem Odo sich zuwandte, war bereits vorher in mittelhochdeutscher Sprache behandelt worden. Es gibt nicht viele lateinische Werke des Mittelalters, die landessprachliche Vorlagen haben.

In der Dichtung vom Herzog Ernst sind zwei verschiedene geschichtliche Sachverhalte verarbeitet, nämlich Liudolfs Aufstand gegen seinen Vater, den Kaiser Otto I., in den Jahren 953/54 sowie die Erhebung des Herzogs Ernst II. gegen seinen Stiefvater, Kaiser Konrad II., am Ende der zwanziger Jahre des 11. Jahrhunderts. Übrigens ist der eben erwähnte Liudolf vor seinem Vater gestorben.

Odos Werk enthält eine Beschreibung Magdeburgs, die man etwa so wiedergeben kann: „Wo sich die Elbe durch Sachsens fruchtbare Gefilde ergießt, liegt ein Ort, den weder ein Berg beengt, noch ein Hügel erhebt, sondern der sich ganz in der Ebene befindet und wegen seiner Tugenden zu rühmen ist.“ Odos Sprache zeichnet sich nicht durch Klarheit aus.

Aus dem 13. Jahrhundert ist ferner ein Magdeburger Dichter bekannt, der deutsche Werke verfaßt hat. Es handelt sich um Brun von Schönebeck. Die Schöffenchronik berichtet, daß er „viele deutsche Bücher“ geschaffen habe. Es handelte sich sowohl um weltliche als auch um geistliche Dichtungen. Leider sind von

Bruns Werken nur einige der letztgenannten überliefert. Zu nennen ist das „Hohe Lied", das 1275/76 entstanden ist, als der Verfasser schon bejahrt war. Brun hat sich ausdrücklich gleichermaßen an Leser wie an Leserinnen gewandt.

Im 14. Jahrhundert hat Jordan(us) von Quedlinburg (1300–1370 oder 1380), der dem Orden der Augustinereremiten angehörte, zeitweise in Magdeburg als Lesemeister gewirkt (nachweislich 1336–1338). Er schuf zahlreiche geistliche Werke, die sich während des Spätmittelalters großer Beliebtheit erfreuten und teilweise ins Niederdeutsche und Niederländische übersetzt worden sind. Vom Ansehen, das Jordanus genoß, zeugt, daß er im Gerichtsverfahren gegen die Mörder des Erzbischof Burchard III. 1331 bis 1349 im päpstlichen Auftrag als Richter wirkte.

Aus dem 15. Jahrhundert wäre Heinrich Toke zu nennen, der um 1390 geboren wurde, seit 1426 Domherr in Magdeburg war sowie die Stelle des Dompredigers bekleidete. Er nahm seit 1432 am Konzil zu Basel teil. Diese Versammlung, die seit 1431 tagte, erstrebte wie die vorhergehenden Konzilien von Pisa (1409) und Konstanz (1414–1418) eine grundlegende Verbesserung („Reform") der Kirche. Obendrein hatte sich das Basler Konzil mit den Hussiten auseinanderzusetzen. Heinrich Toke wirkte auf diesem Gebiet als einer der Verhandlungsführer. Seit 1439 wohnte er wieder in Magdeburg, wo er 1454 oder 1455 gestorben ist.

Heinrich Toke hat eine beträchtliche Anzahl von Schriften hinterlassen, von denen viele noch ungedruckt sind. Unter seinen Werken befinden sich Predigten, die er in Magdeburg gehalten hat. Er wird als eindrucksvoller Redner geschildert.

Magdeburgs Beziehungen zu anderen Städten

Das Leben der Bürger im spätmittelalterlichen Deutschland war unter anderem von den Städtebünden gekennzeichnet. Sie bilden eine Besonderheit der deutschen Geschichte. Erscheinungen wie der lombardische Bund im Italien des 12. Jahrhunderts sind damit nicht vergleichbar.

Hinzu kommt mit der Städtehanse eine Vereinigung besonderer Art, die mit heutigen Begriffen kaum zu erfassen ist, denn einen eigentlichen Bund stellte sie nicht dar. Die Hanse war keineswegs auf Seestädte beschränkt, sondern reichte weit ins Binnenland hinein. Das erste Bündnis, das Magdeburg selbständig mit einer anderen Stadt einging und dessen Vereinbarungen überliefert sind, gehört ins Jahr 1315. Es wurde mit Halberstadt abgeschlossen. (Es sei bemerkt, daß sich die Bürger Magdeburgs und Kölns 1167 ausdrücklich dem Bündnis ihrer Erzbischöfe gegen Heinrich den Löwen angeschlossen hatten.)

Es folgten Verträge mit Halle (1324), Helmstedt, Halberstadt, Quedlinburg und Aschersleben (alle 1351). Die Vereinbarungen galten gewöhnlich für einige Jahre. Doch kamen auch ewige Bündnisse vor.

Magdeburgs Vertragspartner waren untereinander oder mit weiteren Städten verbündet. Dieses Netz von Vereinbarungen bereitete den sächsischen Städtebund vor, als dessen eigentliches Gründungsjahr man 1384 angesehen hat. Damals schlossen sich zunächst Goslar, Hildesheim, Hannover, Einbeck und Braunschweig für sechs Jahre zusammen. Im selben Jahr traten weitere Städte sowie die Bischöfe von Hildesheim und Halberstadt der Vereinigung bei.

Es fällt auf, daß auch zwei Bischöfe, also Fürsten dem Vertrag von 1384 beitraten. Dieser Fall steht nicht vereinzelt da. Die Ziele der Städte und der Fürsten stimmten oftmals überein, wenn es darum ging, kleine Herrschaftsträger auf dem flachen Lande, die sogenannten Raubritter, auszuschalten.

Magdeburg hat sich erst im Jahre 1404 vertraglich an dieses sächsische Bündnis angeschlossen, indem es mit Braunschweig, Hildesheim, Göttingen und Einbeck eine Vereinbarung schloß, die für zehn Jahre Geltung hatte. 1415 wurde das Bündnis für weitere zehn Jahre verlängert.

Die Städtebünde wollten den unbehinderten Handel ihrer Mitglieder gewährleisten. Im allgemeinen griff ein Bund auch zugunsten einer ihm angehörenden Stadt ein, wenn deren Herr ihre Selbständigkeit bedrohte. Ebenso waren die Städtebünde bemüht, die bestehenden Verfassungen ihrer Mitglieder zu bewahren oder in ihrem Sinne zu regeln. Für den sächsischen Städtebund gewann in diesem Zusammenhang die „Halberstädter Schicht" besondere Bedeutung, eine innerstädtische Auseinandersetzung, der Truppen unter Beteiligung Magdeburgs im Jahre 1425 ein Ende machten. Kämpfe, die innerhalb einer Stadt um die Verfassung geführt wurden, bargen die Gefahr in sich, daß der Stadtherr die Wirren nutzte, die Selbstverwaltung einzuschränken. Halberstadt gelang es noch einmal, sich gegen derartige Ansprüche seines Bischofs zu behaupten, obwohl er zusammen mit dem Sächsischen Städtebund den Aufruhr niedergeworfen hatte. 1426 wurde zu Goslar ein Bündnis auf drei Jahre abgeschlossen, dem die gastgebende Stadt sowie Magdeburg, Braunschweig, Halle, Hildesheim, Halberstadt, Göttingen, Quedlinburg, Aschersleben, Osterode, Einbeck, Hannover, Helmstedt, Northeim, Hameln, Alfeld, Bockenem und Gronau angehörten. Braunschweig und Magdeburg erscheinen an der Spitze des Bundes. Es wurde bestimmt, daß beide Städte künftig die Mittlerstellung zwischen ihm und der Hanse bekleiden sollten. Das 1426 geschlossene Bündnis wurde regelmäßig bis 1450 verlängert. Später verlor der Sächsische Städtebund an Bedeutung, obwohl er bis ins 16. Jahrhundert bestand.

Als Mitglied der Hanse galt Magdeburg seit der Mitte des 14. Jahrhunderts. (Es läßt sich gewöhnlich nicht sagen, seit wann genau eine Stadt dieser Vereinigung beigetreten war und wieviel Städte ihr zu einem bestimmten Zeitpunkt angehörten.) Magdeburg und Braunschweig bildeten die „Vororte" (die führenden Städte) des sächsischen Viertels der Hanse.
Die Beziehungen Magdeburgs zur Hanse verflochten sich mit seiner Stellung im Sächsischen Städtebund. Nach der oben erwähnten Vertragsverlängerung von 1415 ging es im selben Jahr ein Bündnis mit den wendischen Hansestädten ein.
In diesen Jahren häuften sich die Übereinkünfte. Die Städte befürchteten nämlich Einfälle der Hussiten und wollten dementsprechende Vorkehrungen treffen.
Überhaupt sind die Bündnisse vor dem Hintergrund der Politik des Kaisers und des jeweiligen Landesherrn zu betrachten. Doch kann das in diesem Rahmen nicht geschehen.

Aus den späteren Jahrzehnten des 15. Jahrhunderts ist ein gesamthansisches Bündnis vom Jahre 1443 zu nennen, das nur von Lübeck, Hamburg und Magdeburg beurkundet wurde, woraus ersichtlich ist, daß den drei Städten eine führende Stellung zukam. Die zweite Hälfte des 15. Jahrhunderts, der Ausgang des Mittelalters, brachte in vielen Gebieten die Städte unter den Einfluß ihres jeweiligen Landesherrn, so auch Magdeburg.
Die Verträge der Städte enthielten oftmals genaue Bestimmungen über die Hilfe, die sie einander im Kriegsfall zu leisten hatten. Als Beispiel sei die Vereinbarung angeführt, die Magdeburg 1351 mit Helmstedt geschlossen hat: Auf Verlangen sollten die Magdeburger ihrer Bündnispartnerin zwölf Mann mit Glefen und drei Schützen stellen. Das Worte *Glefe* bezeichnete den Reiterspieß. Bei den zwölf Mann mit Glefen handelte es sich also um Reiter, bei den Schützen um Leute, die zu Fuß mit der Armbrust kämpften.
Die fünfzehn Mann hatten vier Tage nach der Anforderung durch die Stadt Helmstedt aufzubrechen. Die Helmstedter hatten ihnen Kost, Futter und „Hufbeschlag" zu geben. (Gemeint sind die Kosten für die Hufeisen und das Beschlagen der Pferde.) Den Sold erhielten die Leute aus Magdeburg.
Wenn die Helmstedter eine größere Anzahl zu ihrer Unterstützung brauchten, sollten die Hilfstruppen aus Magdeburg bis auf 45 Mann aufgestockt werden, und zwar mit 36 Reitern und neun Schützen. (Es könnte auch gemeint sein, daß die 45 Mann zusätzlich gestellt werden sollen. Die Stelle ist nicht ganz klar.) Die Vereinbarungen lassen die Größenordnungen erkennen, in denen sich die Streitkräfte der Städte bewegten. Die zu stellenden Mannschaften setzten sich gewöhnlich aus Leuten zusammen, die im Dienst der jeweiligen Stadt standen, also aus Söldnern.

Während der dreißiger Jahre des 15. Jahrhunderts kam Magdeburg in die Lage, die Unterstützung seiner Verbündeten in Anspruch zu nehmen: 1431 geriet es nämlich in einen offenen Kampf mit dem Erzbischof Günther (1403–1445). Der Krieg dauerte bis 1435.
Die Gegenstände der Auseinandersetzung mögen geringfügig erscheinen. Trotzdem wurden die Hansestädte, vor allem die sächsischen, in die Feindseligkeiten hineingezogen. Obendrein ergriffen mehrere Fürsten Mittel- und Niederdeutschlands für die eine oder die andere Seite Partei. Schließlich hatten sich der Kaiser Sigismund (1410–1437), der Papst Eugen IV. (1431–1437) und die allgemeine Kirchenversammlung, die seit eben dem Jahr 1431 in Basel tagte, mit den Magdeburger Geschehnissen zu befassen.
Der Streit entzündete sich an einem Bauwerk. Ohne Günthers Genehmigung hatten die Magdeburger neben dem erzbischöflichen Palast einen Turm und eine Mauer errichtet. Der Beginn der Arbeiten fiel ins Jahr 1430. Damit griffen sie ins Befestigungsrecht ihres Stadtherrn ein. Der Erzbischof machte geltend, daß die neue Anlage ihn am freien Zugang nach Magdeburg hindere. Obendrein gehörte nach Günthers Meinung das Bauland der Kirche und nicht der Stadt. Dagegen rechtfertigten die Magdeburger den Neubau mit dem Hinweis auf die Hussiten, die 1429 in die Lausitz und die Mark Meißen eingefallen waren. Es sei zu erwarten, daß die Ketzer bis nach Magdeburg vorstießen. Ob der Rat der Stadt tatsächlich solche Befürchtungen hegte, kann dahingestellt bleiben, denn der Erzbischof erklärte sich bereit, die Wehranlagen der Stadt im gegenseitigen Einvernehmen an den Stellen zu verstärken, wo es nötig sei.
Wir sind über die Einzelheiten aus der langen Klageschrift des Erzbischofs vom 2. April 1432 und der noch längeren Klageerwiderung der Bürger vom 7. Mai desselben Jahres unterrichtet. In diesen Schriftstücken erscheinen noch weitere Streitpunkte. So hatten die Bürger in erzbischöflichen Teichen gefischt und erzbischöfliches Vieh weggetrieben. Solche Handlungen werden im allgemeinen den sogenannten Raubrittern zugeschrieben. Es zeigt sich, daß die Städte mit ihren Gegnern genauso umgingen. Natürlich warfen die Magdeburger ihrem Erzbischof entsprechende Handlungen vor.
Die Schriftsätze, die einem Schiedsgericht unterbreitet wurden, enthalten aber auch bemerkenswerte Rechtsstandpunkte und begründen sie. So führte der Erzbischof aus, er habe gegen die Stadt Magdeburg gewaltsam vorgehen können, ohne ihr förmlich die Fehde angekündigt (ihr abgesagt) zu haben, denn sie habe Mörder beherbergt und in Sold genommen. In diesem Zusammenhang legte er dar, unter welchen Voraussetzungen eine Fehde überhaupt statthaft sei. Die Stadt wiederum vertrat andere Rechtsgrundsätze:

Nur mit Genehmigung des Königs sei es erlaubt, Krieg zu führen. Auch auf das römische Recht beriefen sich die Magdeburger.
Die ersten Gewalthandlungen fanden also 1431 statt. Der Erzbischof beeinträchtigte den Verkehr von und nach Magdeburg, indem seine Leute Überfälle auf den Straßen verübten. Außerdem suchten sie die Dörfer heim, in denen die Bürger über Landbesitz verfügten. Besonders kreideten die Magdeburger dem Erzbischof an, daß er mit den Feindseligkeiten begonnen hatte, während sich Hilfstruppen der Stadt am Zug nach Böhmen gegen die Hussiten beteiligten. Gemäß einer Verfügung König Sigismunds hätten während dieser Zeit alle Fehden ruhen müssen.
Umgekehrt hielt sich die Stadt am Eigentum des Erzbischofs und seiner Verbündeten in eben der Weise schadlos, die sie der anderen Seite zum Vorwurf machte. Auch sie ließ Dörfer überfallen, die ihren Gegnern gehörten.
Solche Übergriffe bildeten einen wesentlichen Teil der damaligen Kriegsführung. Die feindlichen Parteien waren bemüht, einander wirtschaftlichen Schaden zuzufügen. Übergriffe, die in diesem Zusammenhang auf Kaufleute oder Dörfer begangen wurden, ließen sich als solche nicht von Raubüberfällen unterscheiden. Sie galten jedoch als erlaubt, wenn vorher eine förmliche „Absage" oder Kriegserklärung erfolgt war. Es herrschte aber keineswegs Übereinstimmung, unter welchen Umständen eine Absage rechtens war und wer überhaupt eine Fehde ankündigen konnte. Was also die eine Seite als rechtmäßige Kriegführung ansah, galt der anderen als Verbrechen und umgekehrt. Vor diesem Hintergrund muß man die Haltung der Städte gegenüber den sogenannten Raubrittern und den Vorwurf des Erzbischofs sehen, die Magdeburger hätten Mörder in ihrem Sold.
Die Stadt Magdeburg begnügte sich durchaus nicht mit der Abwehr erzbischöflicher Angriffe und mit einfachen Schädigungen des Gegners. Vielmehr unterwarf sie Anfang November 1431 die Magdeburger Neustadt sowie Sudenburg mit dem Judendorf und dem Flecken St. Michael. Die Orte wurden gezwungen, die Herrschaft der Stadt Magdeburg anzuerkennen. Hieraus spricht das Bestreben, ein der Stadt unterworfenes Landgebiet zu schaffen, wie es sich auch anderswo beobachten läßt.
Beide Parteien waren um Verbündete bemüht. Erzbischof Günther gewann die Bischöfe von Hildesheim, Halberstadt und Naumburg für sich. Ebenso traten der Markgraf von Brandenburg, der Herzog von Pommern, der Landgraf von Hessen und der Graf von Ruppin auf seine Seite. 1432 verbündete sich Günther mit dem Herzog Wilhelm von Braunschweig.
Die Stadt Magdeburg ist von mehreren ihrer städtischen Bundesgenossinnen mit Waffen, Mannschaften und Geldlieferungen tatkräftig unterstützt worden. Ein solches Verhalten war nicht selbstverständlich. Wenn Städte von Auseinandersetzungen nicht unmittelbar betroffen waren, kamen sie ihren Verbündeten oftmals mit bloßen Fehdebriefen zu Hilfe, die sich an die Gegenpartei richteten. Das abweichende Verhalten der sächsischen Hansestädte zeugt von der Wirksamkeit dieser Einung (wie man einen solchen Vertrag nennt), zumindest im vorliegenden Fall.
Als ihre Verbündeten haben die Magdeburger in der Klageerwiderung von 1432 folgende Städte genannt: Braunschweig, Lüneburg, Hannover, Hildesheim, Goslar, Halberstadt, Quedlinburg und Aschersleben. Später gesellte sich Hameln hinzu. Besonderen Wert legte Magdeburg aber auf sein Zusammengehen mit Halle: Mit dieser Stadt sei es seit mehr als achtzig Jahren verbunden, ohne daß der Zustand beanstandet worden sei. In bezug auf die Bündnisse von Städten ist nämlich zu bemerken, daß sie reichsrechtlich verboten waren – unabhängig davon, daß dieses Verbot sich nicht durchsetzen ließ. Innerhalb eines Rechtsstreits mußten sich die verbündeten Städte aber mit der Rechtslage auseinandersetzen. So machte Magdeburg unter anderem geltend, daß Bündnisse nach dem Naturrecht erlaubt wären.
Der Stadt gelang es auch, Fürsten auf ihre Seite zu ziehen, indem sie Streitigkeiten innerhalb der regierenden Häuser ausnutzte. So gewann sie Bernhard von Anhalt und Heinrich von Braunschweig für sich, während andere Fürsten von Anhalt und Heinrichs Bruder Wilhelm den Erzbischof unterstützten.
Günther II. machte von seiner Stellung als Erzbischof Gebrauch, indem er die Haltung Magdeburgs als einen Angriff auf die Geistlichkeit darstellte. In diesem Sinne strengte er ein Verfahren vor dem Basler Konzil an. 1434 erging das Urteil, das ganz zugunsten des Erzbischofs ausfiel: Günther II. hatte den Ausschluß und die Kirchensperre über die Stadt verhängt. Das Konzil bestätigte diese Maßnahmen und wies die weltlichen Fürsten an, mit Gewalt gegen Magdeburg vorzugehen, wenn es „mit der Verstocktheit des Königs Pharao" die kirchlichen Zuchtmittel mißachten wollte.
Die Magdeburger legten bei Eugen IV. Berufung ein; aber der Papst verwies die Sache 1435 an die Basler Kirchenversammlung zurück. Inzwischen war die Reichsacht in Kraft getreten, mit der Kaiser Sigismund 1434 die Stadt bedroht hatte.
All das machte auf die Magdeburger geringen Eindruck. Das Blatt wendete sich erst, als es Günther II. gelang, ein Bündnis mit dem Kurfürsten Friedrich von Sachsen und anderen Fürsten abzuschließen. 1435 erlitten die Städter eine Niederlage; und es kam zu einem Vergleich, der von Schiedsleuten erarbeitet und am 4. Mai 1435 in Halle verkündet wurde. Im Juni schlossen Magdeburg und Halle mit dem Erzbi-

schof Frieden. Im August folgte die Lösung aus Acht und Bann.
Der Ausgang des Kriegs war insgesamt günstig für die Stadt, denn sie durfte ihre neuen Befestigungen behalten, die ja den Ausgangspunkt der Kämpfe gebildet hatten. Auch wurden Magdeburg, Halle und die anderen Städte des Erzstifts bei ihren Rechten gelassen. Das heißt, der Erzbischof konnte seine Macht nicht ausdehnen. Natürlich mußte Magdeburg die eroberten Schlösser und Burgen herausgeben. Auch erfüllten sich die Hoffnungen der Stadt nicht, andere Orte ihrer Herrschaft zu unterwerfen.
Der Krieg verdient deshalb so große Aufmerksamkeit, weil es während der folgenden fünfzig Jahre nicht mehr zu so schweren Auseinandersetzungen zwischen Magdeburg und seinem Stadtherrn kam. Zugleich war es den Städten des Erzstifts zum letzten Mal gelungen, sich gegenüber dem Erzbischof in einem Krieg zu behaupten.

Alltag und Feste

Die Grenzen der Stadt Magdeburg im Mittelalter sind genau faßbar. Ganz anders sieht es mit der Anzahl der Einwohner aus, die innerhalb ihrer Mauern lebten. Für die erste Hälfte des 15. Jahrhunderts veranschlagen die Fachleute die Bewohner Magdeburgs auf die Zahl von höchstens 20 000. Damit gehörte die Stadt zu den Großstädten. Man meint, daß im Deutschen Reich nur etwa zehn Städte mehr als 20 000 Einwohner gehabt hätten. Köln soll über 40 000 Menschen in seinen Mauern gezählt haben. Die größten Städte Europas (Paris, Gent, Brügge, Mailand, Venedig und Florenz) hatten mehr als 50 000 Einwohner.
Die Einwohnerschaft einer mittelalterlichen Stadt war nicht einheitlich, die Lebenshaltung der einzelnen Schichten sehr unterschiedlich. Vom Alltag der großen Masse ist nur wenig bekannt. Ein genaueres Bild haben wir von den Lebensformen der Oberschichten – allerdings auch erst aus dem späten oder spätesten Mittelalter. Die Malerei der zweiten Hälfte des 15. Jahrhunderts gibt nämlich wirklichkeitsgetreue Darstellungen des Inneren der Häuser und der Kleidung der Menschen, mitunter auch des Treibens auf den Straßen und Plätzen. Ebenso spiegelte die Holzschnitzerei die Mode ihrer Zeit wider. Wichtige Rückschlüsse auf das Alltagsleben erlauben ferner die Testamente, die seit dem Spätmittelalter in reicher Anzahl überliefert sind. Sie führen oftmals die zu vererbenden Gegenstände des Hausrats Stück für Stück auf. Leider fällt diese Quellengattung für die mittelalterliche Stadt Magdeburg weg.
Als Zeugnisse der Bekleidung können die Bildwerke schon der früheren Zeit als des 15. Jahrhunderts angesehen werden, so auch die steinernen Darstellungen im Magdeburger Dom. Hier stellt das Bildnis des Heiligen Mauritius zum Beispiel eine außerordentlich wichtige Quelle für die Entwicklung des Körperpanzers dar.
Insgesamt sind wir über die Feste besser unterrichtet als über den Alltag. Die Anzahl der Feiertage war im Mittelalter beträchtlich höher als heute, denn außer den hohen kirchlichen Festen, die heute noch begangen werden, wurde an vielen Tagen verschiedener Heiliger gedacht – wessen im einzelnen, war von Ort zu Ort verschieden. Wegen der vielen Feiertage war die jährliche Arbeitszeit im Mittelalter nicht viel höher als heute – ganz im Unterschied zu den Verhältnissen des 19. Jahrhunderts.
Ein herausragender Festtag in Magdeburg war der Mauritiustag mit der sich anschließenden Herrenmesse. Neben den jährlich wiederkehrenden Feiertagen sind aber auch einmalige Veranstaltungen zu nennen. 1199 erregte der Hoftag größtes Aufsehen, den der König Philipp zu Weihnachten in Magdeburg veranstaltete. Der König selber und seine Gemahlin Irene trugen während dieser Feierlichkeit die Krone, was ein höchst seltenes Ereignis war. An dem Hoftag nahmen zahlreiche Fürsten und Herren teil. In jenen Tagen befand sich auch der Dichter Walther von der Vogelweide in Magdeburg. Er hat das Fest in einem Lied besungen: „Nirgends auf der Welt war höfische Sitte und Lebensart so vollendet wie hier", meinte er.
Wie schon erwähnt, brachte im Jahre 1220 der Erzbischof Albrecht II. den Hirnschädel des Heiligen Mauritius unter großen Feierlichkeiten in die Stadt. Heinrich von Lamspringe wußte offenbar auf der Grundlage ihm vorliegender schriftlicher Quellen Folgendes zu erzählen: „Da ward eine so große Festesfeier, wie sie im Sachsenland niemals stattgefunden hatte. Es kamen viele geistliche und weltliche Fürsten dahin: der Bischof Friedrich von Halberstadt mit seiner gesamten Geistlichkeit und anderen Bischöfen, so daß man über sechshundert Geistliche zählte, die dem Heiligtum mit großer Andacht entgegengingen. Dazu kam viel Volk. Die Feierlichkeiten wurden drei Tage lang unter Lobgesängen auf die Heiligen zugebracht."
Feste konnten auch ein Ausdruck der Lebensweise der Oberschicht sein. So berichtet die Schöffenchronik von Spielen, die zu Pfingsten stattfanden: der Roland, der Schildbaum, die Tafelrunde und andere. Um 1280 habe es in Magdeburg noch Konstabeln gegeben. „Das waren Söhne der reichsten Bürger. Sie pflegten dem Spiel vorzustehen, das jetzt von den Ratmannen selber geleitet wird." Wie Heinrich von Lamspringe ausführt, gehörte Brun von Schönebeck zu den Konstabeln. Brun sei von den anderen Konstabeln gebeten worden, ein Gralsspiel zu dichten. Das habe er getan und höfische Briefe nach Goslar, Hildesheim, Braunschweig, Quedlinburg, Halber-

stadt sowie in andere Städte gesandt. Alle Kaufleute, „die Ritterschaft üben wollten," seien eingeladen worden, nach Magdeburg zu kommen. Dem Gewinner im ritterlichen Spiel winkte eine schöne Dame als Preis, eine „Fee" (vrow Feie). Nach der ausführlichen Schilderung des Gepränges erzählt die Schöffenchronik, daß ein alter Kaufmann aus Goslar die schöne Fee erworben habe. Der führte sie mit sich, verheiratete sie und stattete sie so reich aus, daß sie „ihr wildes Leben nicht mehr führte". Brun von Schönebeck hatte über das Fest „ein deutsches Buch" geschrieben, das Heinrich von Lamspringe offensichtlich für seine Schilderung benutzt hat.

Die Begebenheiten zeigen, wie sehr die Lebensweise der städtischen Oberschicht im späten 13. Jahrhundert noch derjenigen des landsässigen Adels ähnelte. In jener Zeit kam es noch zu häufigen Heiraten zwischen beiden Gruppen der Gesellschaft. Am Ende des 15. Jahrhunderts sah das anders aus. Auch auf diesem Gebiet kündigte sich eine neue Zeit an.

Literaturhinweise

BINDING, GÜNTHER: Deutsche Königspfalzen. Von Karl dem Großen bis Friedrich II. (765–1240). Darmstadt, 1996.

BISCHOFF, KARL: Magdeburg. Zur Geschichte eines Ortsnamens, in: Beiträge zur Geschichte der deutschen Sprache und Literatur, Bd. 72 (1950).

BOOCKMANN, HARTMUT: Die Stadt im späten Mittelalter. München, 1986.

CLAUDE, DIETRICH: Geschichte des Erzbistums Magdeburg bis in das 12. Jahrhundert. Bd. 1 und 2, (= Mitteldeutsche Forschungen, Bd. 67/I und II), Köln-Wien, 1972 und 1975.

Die deutsche Literatur des Mittelalters. Verfasserlexikon, Berlin-New York, 1978ff.

DIESTELKAMP, BERNHARD: Bischofstadt, in: HRG, Bd. 1.

DIESTELKAMP, BERNHARD: „Freiheit der Bürger – Freiheit der Stadt", in: Die abendländische Freiheit vom 10. zum 14. Jahrhundert. hg. von Johannes Fried (= Vorträge und Forschungen, Bd. 39), Sigmaringen, 1991.

EHBRECHT, WILFRIED: Magdeburg im Sächsischen Städtebund. Zur Erforschung städtischer Politik in Teilräumen der Hanse, in: Festschrift für Bernhard Schwineköper zu seinem siebzigsten Geburtstag. Sigmaringen, 1982.

EBEL, FRIEDRICH: Magdeburger Recht, Bd. 1ff. Köln-Wien, 1983ff.

GANSWEIDE, BIRGIT: Der „Ernestus" des Odo von Magdeburg (= Münchener Beiträge zur Mediävistik und Renaissance-Forschung, 39), München, 1989.

GRAUWEN, WILFRIED MARCEL: Norbert, Erzbischof von Magdeburg (1126–1134). Duisburg, 1986.

Hanse – Städte – Bünde. Die sächsischen Städte zwischen Elbe und Weser um 1500, Bd. 1 und 2 (= Magdeburger Museumsschriften, Nr. 4, Bd. 1 und 2), Magdeburg, 1996.

HRG: Handwörterbuch zur deutschen Rechtsgeschichte, Bd. 1–5, Berlin, 1971–1998.

LEHMANN, EDGAR: Der Palast Ottos des Großen in Magdeburg, in: Architektur des Mittelalters. Funktion und Gestalt. Weimar, 1984.

MÜLLER-MERTENS, ECKHARD: Die Reichsstruktur im Spiegel der Herrschaftspraxis Ottos des Großen (= Forschungen zur mittelalterlichen Geschichte, Bd. 25), Berlin, 1980.

MECKSEPER, CORD: Das Palatium Ottos des Großen in Magdeburg, in: Burgen und Schlösser, 1986/II.

MENDE, URSULA: Schreiber-Mönch und reitende Superbia. Bronzeleuchter der Magdeburger Gußwerkstatt des 12. Jahrhunderts, in: Erzbischof Wichmann (1152–1192) und Magdeburg im hohen Mittelalter. Magdeburg, 1992.

NASS, KLAUS: Die Reichschronik des Annalista Saxo und die sächsische Geschichtsschreibung im 12. Jahrhundert (= Monumenta Germaniae Historica. Schriften, Bd. 41), Hannover, 1996.

NICKEL, ERNST: Magdeburg in karolingisch-ottonischer Zeit, in: Zeitschrift für Archäologie, Bd. 7 (1973).

Norbert von Xanten. Adliger. Ordenstifter. Kirchenfürst. Festschrift zum Gedächtnis seines Todes vor 850 Jahren. Köln, 1984.

Prémontré des Ostens. Das Kloster Unser Lieben Frauen Magdeburg vom 11. bis 17. Jahrhundert, Oschersleben, 1996.

PUHLE, MATTHIAS: Der sächsische Städtebund, Entstehung und Wirkung, in: Hanse – Städte – Bünde, Bd. 1.

SCHELLING, RENATE: Magdeburger Schöffensprüche und Magdeburger Weichbildrecht in urkundlicher und handschriftlicher Überlieferung, in: Hanse – Städte – Bünde, Bd. 1.

SCHLESINGER, WALTER: Zur Geschichte der Magdeburger Königspfalz, in: Blätter für deutsche Landesgeschichte, Bd. 104 (1968).

SCHUBERT, ERNST: Der Magdeburger Reiter (= Magdeburger Museumshefte, 3), Magdeburg, 1994.

SCHUBERT, ERNST: Stätten sächsischer Kaiser, Leipzig-Jena-Berlin, 1990.

SCHULZE, HANS K.: Kaufmannsgilde und Stadtentstehung im mitteldeutschen Raum, in: Gilden und Zünfte. Kaufmännische und gewerbliche Genossenschaften im frühen und hohen Mittelalter (= Vorträge und Forschungen, Bd. 29), Sigmaringen, 1985.

SCHWINEKÖPER, BERENT: Magdeburg, in: Provinz Sachsen. Anhalt (= Handbuch der historischen Stätten Deutschlands, Bd. 11 = Kröners Taschenausgabe, Bd. 314), Stuttgart, [2]1987.

SCHWINEKÖPER, BERENT: Motivationen und Vorbilder für die Errichtung der Magdeburger Reitersäule. Ein Beitrag zur Geschichte des Reiterbildes im hohen Mittelalter, in: Institutionen, Kultur und Gesellschaft im Mittelalter. Festschrift für Josef Fleckenstein zu seinem 65. Geburtstag. Sigmaringen, 1984.

SPRANDEL, ROLF: Geschichtsschreiber in Deutschland 1347–1517, in: Mentalitäten im Mittelalter (= Vorträge und Forschungen, Bd. 35), Sigmaringen, 1987.

SPRINGER, MATTHIAS: Städte im Krieg. Der Kampf Magdeburgs und seiner Verbündeten gegen den Erzbischof Günther in den Jahren 1431 bis 1435, in: Hanse – Städte – Bünde, Bd. 1.

TIEFENBACH, HEINRICH: Magdeburg, in: Festschrift für Rudolf Große zum 65. Geburtstag (= Stuttgarter Arbeiten zur Germanistik, Nr. 231), Stuttgart, 1989.

TRUSEN, WINFRIED: Die Rechtsspiegel und das Kaiserrecht, in: Zeitschrift der Savigny-Stiftung für Rechtsgeschichte. Germanistische Abteilung, Bd. 102 (1985).

WENTZ, GOTTFRIED U. SCHWINEKÖPER, BERENT: Das Erzbistum Magdeburg, Bd. 1,1 und 1,2 (= Germania Sacra. Die Bistümer der Kirchenprovinz Magdeburg, Bd. 1), Berlin-New York, 1972.

Von der Reformation bis zum Ende des Zweiten Weltkriegs

MATHIAS TULLNER

Magdeburg war ein wichtiger Schauplatz der Reformation. Martin Luther nahm an der Einführung der Reformation in der Elbestadt unmittelbaren Anteil. Der Reformator selbst hatte hier auch einen Teil seiner Schulbildung erfahren. Insofern ist Magdeburg auch eine Lutherstadt.

Brennpunkt der Reformation und „Unseres Herrgotts Kanzlei"

Doch Magdeburg war auch die Bischofsstadt von Kardinal Albrecht, Luthers Gegenspieler. Hier war er als Erzbischof geistlicher Oberhirte, Landesherr und Stadtherr. Residiert hat er allerdings in Halle. Albrechts Metropolitenamt in Magdeburg und nicht so sehr die Tatsache, daß er außerdem noch Erzbischof und Kurfürst von Mainz sowie Administrator von Halberstadt war, ist für die Auslösung der Reformation von herausragender Bedeutung gewesen. Ohne Zweifel sind das Wirken von Martin Luther und die Vorgänge im ernestinischen Kurfürstentum Sachsen und seiner Hauptstadt Wittenberg von erstrangiger Bedeutung für die Reformationsgeschichte. Der Erzbischof und das Erzstift Magdeburg waren jedoch nicht nur in bestimmter Weise Gegenpol in dieser Entwicklung, die Stadt Magdeburg zählte darüber hinaus zu den wichtigsten Brennpunkten der Reformation im Reich. Der Stadt und dem Erzstift Magdeburg kam bereits im Prozeß der Auslösung der Reformation eine herausragende Rolle zu und zwar eine bedeutend größere, als sich das im allgemeinen in der Reformationsgeschichtsschreibung niederschlägt. Zu den wesentlichen Faktoren, die zur Auslösung der Reformation eben nicht irgendwo in Europa, sondern an der Mittelelbe führten, gehört, daß sich hier im Verlaufe des Mittelalters machtpolitische Konstellationen herausgebildet hatten, die schließlich dazu führten, daß das Erzstift Magdeburg unter den konkurrierenden Einfluß der Kurfürstentümer Brandenburg und Sachsen geraten war. Beide Mächte schickten sich am Ausgang des Mittelalters an, die Stadt und

links: Bischofsgang im Dom

Magdeburg – Stadtansicht von Osten, vor 1631. Aus der Topographie des M. Merian

M D X X III
SIC·OCVLOS·SIC·ILLE·GENAS·SIC·ORA·FEREBAT·
ANNO·ETATIS·SVE·XXXIIII
ALBERTVS·MI·DI·SA·SANC·ROMANAE·ECCLAE·TI·SAN
CHRYSOGONI·PBR·CARDINA·MAGVN·AC·MAGDE·
ARCHIEPS·ELECTOR·IMPE·PRIMAS·ADMINI·
HALBER·MARCHI·BRANDENBVRGENSIS·

das Erzstift ihrem Machtbereich einzugliedern. Nach dem Tode des Erzbischofs Ernst von Wettin im Jahre 1513 gelang es dem Hause Brandenburg, Albrecht von Hohenzollern sowohl auf den Erzstuhl in Magdeburg als auch auf den Bischofsstuhl in Halberstadt zu heben. Ein Jahr später wurde Albrecht auch noch zum Erzbischof von Mainz gewählt. Er war somit einer der mächtigsten Fürsten des Reiches. Im Jahre 1520 wurde er schließlich zum Kardinal erhoben.
Die Konzentration hoher und höchster Kirchenämter in der Hand Albrechts war für sich bereits Ausdruck der tiefen Krise der Kirche. Der Papst verlangte für seine Zustimmung hohe Summen, die das Bankhaus Fugger in Augsburg vorstreckte. Als verhängnisvoll erwies sich, die außerordentlichen Summen auf dem Wege der Ausschreibung von Ablaß gegen bestimmte Zahlungen einzutreiben. Der Mißbrauch des Ablaßhandels durch die Beauftragten des Magdeburger Erzbischofs Albrecht geriet schließlich zum Anlaß für Martin Luther, seine berühmten Ablaßthesen zu veröffentlichen, die zum Auslöser der Reformation wurden. Während diese Vorgänge allgemein bekannt sind, wird weniger beachtet, daß Erzbischof Albrecht den Ablaßhandel zunächst im Juni 1517 in seiner Bischofsstadt Magdeburg betreiben ließ – folgerichtig, da Magdeburg die

Nikolaus von Amsdorf (1483–1565), Kupferstich aus dem 17. Jahrhundert

links: Kardinal Albrecht von Brandenburg, 1513–1545, als Albrecht V., Erzbischof von Magdeburg

Blick zur Petrikirche, im Vordergrund die Magdalenenkapelle

Denkmal Martin Luthers (1483–1546) an der Johanniskirche zu Magdeburg reichste und bedeutendste Stadt in seinem Machtbereich war. Der bekannte Ablaßprediger Tetzel traf in Magdeburg aber auf Widerstände und Zweifel, wandte sich deshalb zunächst nach Halle und ging dann nach Jüterbog. Erzbischof Albrecht selbst war gleich zu Beginn seines Episkopats in Konflikt mit der Stadt Magdeburg geraten, da diese die von den Ständen gebilligten Steuern zunächst verweigerte. Die Stadt gab schließlich in der Steuerfrage nach, um die Bestätigung des Blutbanns zu erreichen. Somit verfolgte sie gegenüber dem Erzbischof eine alte und bewährte politische Praxis – den Erzbischöfen Stück für Stück ihre Befugnisse abzuhandeln oder abzukaufen.

Magdeburg war nicht nur die bedeutendste Stadt des Erzstifts, als Hansestadt war es auch Vorort der niedersächsischen Städte und dominant im deutschen Nordosten. Die Stadt hatte gegenüber den Erzbischöfen bedeutende Rechte und Privilegien erkämpft, ohne aber die Reichsfreiheit zu erhalten. Es regten sich hier schon früh Kräfte zur Unterstützung Luthers. Im Jahre 1521 sind bereits Mönche bedrängt und Schriften gegen den Klerus verbreitet worden. Unmittelbarer Anlaß dafür war der Ärger darüber, daß Mönche und Klerus bürgerlichen Geschäften nachgingen, aber die dafür vorgesehenen bürgerlichen Lasten (Steuern) nicht mittrugen. Es gab erste lutherische Predigten in dieser Zeit. Gleichzeitig versuchten Abordnungen des Rates der Stadt, eine Einigung mit Kardinal Albrecht in strittigen Fragen zu erzielen und so Konfliktpotential zugunsten der Stadt abzubauen. Der Kardinal allerdings reagierte abweisend. Die Spannungen mit ihm trugen dazu bei, daß die Stimmung im Rat allmählich zugunsten der lutherischen Lehre umschlug. 1522 befand sich mit Nikolaus Sturm bereits einer der Bürgermeister unter den Anhängern Luthers. Es waren vor allem die Mönche des Augustinerklosters, die ab 1522 Luthers Lehre publik machten. Vom Augustinerkloster aus verbreitete sich die neue Lehre auf die benachbarte Pfarrei St. Peter und schließlich auf die übrigen Gemeinden.

In Magdeburg wurde das Jahr 1524 zum entscheidenden Jahr für die Einführung der Reformation. Noch vor dem Erscheinen Martin Luthers hatte eine Reihe von Predigern in Magdeburg den Boden für die neue Lehre bereitet. Unter ihnen ragte ein offenbar aus Helmstedt stammender ausgetretener Mönch namens Johann Grauert hervor. Grauert stand mit seinen Auffassungen denen Thomas Müntzers nahe und forderte u. a. dazu auf, daß der „gemeine Mann" gegebenenfalls gewaltsam aktiv werden solle, um die Mönche zu verfolgen und auszutreiben. Radikale Tendenzen wurden auch von dem aus Zwickau zugereisten Magister und Arzt Wolfgang Cyklops und seinen Anhängern vertreten. Die Radikalisierung der reformatorischen Bewegung und die Tatsache, daß in fast allen Kirchen der Stadt zu dieser Zeit bereits evangelische Predigten stattfanden, die von den Innungen unterstützt wurden, zwangen den Rat der Stadt zum Handeln. Die Konsequenz war, daß man nunmehr Luther selbst einlud, um der Bewegung, die außer Kontrolle zu geraten drohte, Ziel und Richtung zu geben. Er erschien am 24. Juni 1524 und nahm Quartier im Augustinerkloster. Mit seinen beiden Predigten am 24. Juni in der Augustinerkirche und am 26. Juni in der Johanniskirche setzte er die Reformation in der Elbestadt durch.

Luther hat einen seiner engsten Mitarbeiter und Freunde, Nikolaus von Amsdorf, empfohlen, um die Reformation in Magdeburg zu befestigen. Amsdorf traf im September in der Elbestadt ein und wurde in achtzehnjähriger Tätigkeit zum eigentlichen Reformator der Stadt.

Im Sommer 1524 kam es in Magdeburg wiederholt zu Unruhen, d. h. zu Bilderstürmereien, Plünderungen und gewalttätigen Auseinandersetzungen mit Mönchen bis hin zu Gewalttätigkeiten im Dom selbst. Alle sechs Pfarreien der Altstadt Magdeburg wurden 1524 lutherisch – auch das Augustinerkloster, während mit dem Domkapitel drei Stiftskirchen und die Klöster der Dominikaner, Franziskaner und Prämonstratenser katholisch blieben. Damit erfuhr die Altstadt eine konfessionelle Teilung in einen größeren Bereich in der Stadtmitte und im Norden, der lutherisch war, und einer Minderheit im Süden der Stadt um den Dom herum. Magdeburg war damit die erste große Stadt des Reiches, die zur Reformation überging. Darin lag die besondere Bedeutung der Magdeburger Vorgänge für die weitere Ausbreitung der Reformation.

Kardinal Albrecht sah der Entwicklung in seiner Bischofsstadt keineswegs gleichgültig zu. Als seine Versuche, den Lauf der Ereignisse zu unterbinden, fehlschlugen, beantragte er 1524 sowohl die Acht wie den Bann gegen seine Hauptstadt an der Elbe und verlangte die Wiedereinführung des alten Glaubens. Die Maßnahmen des Kardinals und seiner Räte veranlaßten Magdeburg, den Verteidigungszustand herzustellen, da man mit einem gewaltsamen Einschreiten rechnete. Die Lage der Stadt verschlechterte sich erheblich dadurch, daß auf Betreiben Kardinal Albrechts dessen Bruder, Kurfürst Joachim von Brandenburg, und auch der Herzog Georg von Sachsen der Stadt bzw. ihren Bürgern das freie Geleit und den Schutz entzogen. Das mußte vor allem den Handel der Stadt treffen. Man konnte sich mit dem braunschweigischen Herzog Heinrich zwar darüber einigen, daß dieser den Magdeburger Handel nicht schädigte, aber in der Religionsfrage zeigte der Fürst ebensowenig Neigung, Magdeburg beizustehen wie der anhaltische Fürst Wolfgang (Bernburg) und andere Fürsten der Region. Kardinal Albrecht gelang es Ende 1524, eine beträchtliche Anzahl von Fürsten des mitteldeutschen Raumes in eine Frontstellung ge-

gen die Stadt Magdeburg zu bringen und sie im Falle der Verhängung der Acht zu Hilfeleistungen zu bewegen. Die bedrohliche Lage für die Elbestadt entspannte sich 1525 vor dem Hintergrund des thüringischen Bauernkrieges, der die Aufmerksamkeit der Fürsten auf sich zog. Zudem waren brandenburgische und sächsische - besonders Leipziger - Handelsinteressen mit der Elbestadt durch die Störungen der Handelstätigkeit der damals für die mitteldeutsche Wirtschaft höchst bedeutenden Stadt Magdeburg bedroht. So erklärten sowohl der brandenburgische Kurfürst als auch der sächsische Herzog die Rücknahme ihrer Maßregeln gegen die Handelstätigkeit Magdeburgs. Im Jahre 1525 war auch die innere Lage der Elbestadt gekennzeichnet von heftigen Kämpfen um die Fortführung der Reformation durch Aktionen unterer Volksschichten. Vor allem soziale Probleme der unteren Schichten der Stadt waren die Hauptursache, daß diese in erheblichem Maße radikalen Ideen zuneigten. Im Ergebnis eskalierender Auseinandersetzungen verlangten Volksaufläufe schließlich die Änderung der Ratsverfassung zugunsten der Unterschichten. Auch Nikolaus von Amsdorf konnte der Tumulte nicht Herr werden, so daß der Rat schließlich die Forderung bewilligte, zwei der Ratsmitglieder aus den sechs Pfarreien zu

Magdeburg, Stadtansicht von 1550/51 nach Augustin von Brack

wählen und nicht mehr ausschließlich durch die Innungen. Dieser Erfolg der Unterschichten wurde im folgenden Jahr nach der Niederlage des Bauernkrieges wieder rückgängig gemacht.
Die Gefahren, die insgesamt vom Bauernkrieg ausgingen und die durch die innerstädtischen Kämpfe mit den unteren Volksschichten entstanden waren, führten zu einem vorläufigen Ausgleich zwischen der Stadt und dem Kardinal. Der Kardinal machte allerlei Zugeständnisse, zu deren wichtigsten die erwähnten Aufhebungen der Handelsbenachteiligungen der Stadt Magdeburg in den mit dem Kardinal verbundenen Fürstentümern gehörten. Dafür unterstützte der Rat der Stadt den Kardinal gegen die aufständischen Bauern. Aus Furcht vor Unruhen waren viele Adlige, Geistliche und andere Besitzenden in die feste Elbestadt unter Mitnahme ihrer Kostbarkeiten geflüchtet, um hier Schutz zu suchen. Auch der Abt des Klosters Berge hatte den Rat um Schutz gebeten. Als jedoch eine bewaffnete Abteilung der Stadt zu diesem Zweck das Kloster besetzte, war dies das Signal zum Sturm auf das Kloster durch Bauern und Angehörige der Stadtarmut. Das Kloster wurde durch die Aufständischen eingenommen und geplündert. Es handelte sich um eine der nördlichsten Volksaktionen im Zusammenhang mit dem Bauernkrieg, die in

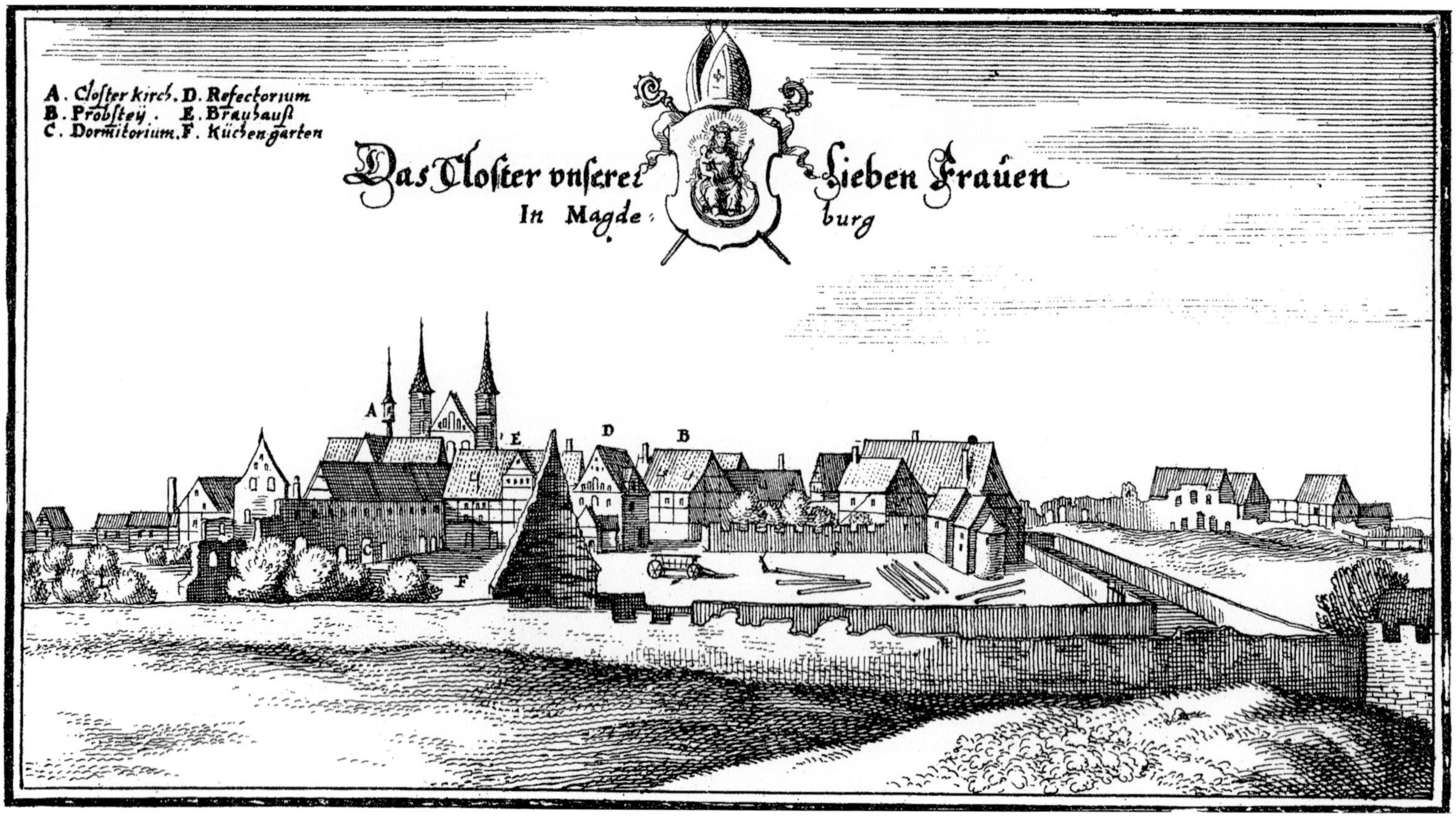

Das Kloster Unser Lieben Frauen, Stich nach Merian, 1653

Deutschland stattgefunden haben. Durch die Niederlage der Bauern bei Frankenhausen war die unmittelbare Bedrohung, die von den Aufständischen ausging, für Stadt und Erzstift Magdeburg abgewendet worden.

Im Verlaufe des Jahres 1525 baute man in der Altstadt Magdeburg ein bedeutendes reformiertes Schulwesen auf. 1524 war eine für sämtliche Pfarreien zuständige Stadtschule eingerichtet worden. Auf Empfehlung Melanchthons setzte man Caspar Cruziger als Rektor ein. Unter seiner Leitung entwickelte sich diese Schule zur evangelischen Musterschule. 1527 trat der von Luther empfohlene Georg Major an die Stelle Cruzigers. Das Magdeburger protestantische Schulwesen galt bis zur Zerstörung der Stadt im Jahre 1631 als vorbildlich und stand somit am Beginn einer langen Tradition der evangelischen Schulen in Deutschland. Im Jahre 1526 trat der Rat der Stadt dem Torgauer Bund der evangelischen Fürsten bei. Damit setzte sich eine höchst interessante Entwicklung der Magdeburger Haltung gegenüber dem Erzbischof und auch dem Reich fort: Magdeburg handelte faktisch wie eine freie Reichsstadt, was von den evangelischen Fürsten ausdrücklich gebilligt wurde. In der Stadt untersagte man den Bürgern den Besuch des katholischen Gottesdienstes in den beim alten Glauben verbliebenen Stifts- und Klosterkirchen. Dominikaner und Franziskaner mußten dem Rat der Stadt schriftlich eine Rechtfertigungschrift einreichen, in der sie anhand der Bibel nachweisen sollten, warum sie weiter im Mönchsdasein verharrten. Noch aber war die Widerstandskraft des katholischen Domkapitels und der Orden groß genug, um die Stadt von gewaltsamen Schritten abzuhalten. Dennoch wurde klar, daß der Rat das Stillhalteabkommen in der Reformationsfrage mit Kardinal Albrecht von 1525 nicht mehr einzuhalten gedachte. Erneute Beschwerden des Kardinals beim Kaiser bewirkten, daß dieser am 30. September 1527 über Magdeburg die Acht verhängte. Kardinal Albrecht aber vermied zunächst eine Veröffentlichung. Magdeburg sah um 1528 die Zeit gekommen, die Reichsfreiheit gegen den Kardinal durchsetzen zu können. Albrecht hatte bereits faktisch anerkennen müssen, daß die Stadt ihre geistlichen Angelegenheiten selbst regelte. Nunmehr verweigerte sie die Entrichtung von Zöllen an den erzbischöflichen Zollstationen. Auf dem Landtag zu Groß Salze 1531 lehnte die Stadt auch die Zahlung von Landsteuern ab. Immerhin war sie aber erschienen. Magdeburg schloß sich nunmehr als eine der ersten deutschen Städte dem 1531 von den evangelischen Fürsten nach dem Reichstag zu Augsburg geschlossenen Schmalkaldischen Bund an.

Kardinal Albrecht dagegen brachte 1533 bei Verhandlungen in Halle auf der Moritzburg mit Kurfürst Joachim von Brandenburg, Herzog Georg von Sachsen sowie den Herzögen Erich und Heinrich von Braunschweig-Lüneburg ein Schutz- und Trutzbündnis gegen die evangelische Bewegung zustande. Die Gefahr, die für die evangelische Sache von diesem Hallischen Bund ausging, veranlaßte Magdeburg und andere Städte des norddeutschen Raumes zur Akti-

vierung des Städtebundes der Hanse. Im Januar 1534 schlossen sich zum Zwecke des gegenseitigen Beistandes in Religionsangelegenheiten folgende Hansestädte zusammen: Goslar, Magdeburg, Braunschweig, Hildesheim, Göttingen, Hannover und Einbeck. Die unentschiedene Situation im Verhältnis Magdeburgs zu Kardinal Albrecht als Landesherrn des Erzstifts erreichte 1536 einen aus der Sicht der Stadt neuen Stand zu ihren Gunsten, als der Kardinal einen förmlichen Vertrag mit ihr abschloß. Durch diesen Beistandspakt im Falle eines Angriffs durch Dritte schien Albrecht die Stadt Magdeburg als reichsunmittelbar anzuerkennen. Er griff sogar zugunsten des Magdeburger Handels ein, als Hamburg mit der strengen Handhabung seines Stapelrechts diesen in arge Bedrängnis brachte. 1538 aber mußte Magdeburg in einem Vertrag mit Hamburg wesentliche Einbußen im Elbhandel hinnehmen. Für die Wirtschaft der Stadt handelte es sich dabei um einen bedeutenden Vorgang, der die Handelsstellung Magdeburgs auf längere Sicht erheblich verschlechterte.
Nach dem Landtag zu Calbe des Jahres 1541 hat Kardinal Albrecht sein Erzstift für immer verlassen. Damit hatte er das Scheitern seiner Bemühungen, im Erzstift die Reformation zu verhindern, eingestanden. Dies hatte zur Folge, daß die Reformation sich im Erzstift rasch verbreitete. Der Kardinal verstarb im Jahre 1545 in seinem verbliebenen Erzstift Mainz. Er hatte trotz der Reformationskämpfe die Stadt Magdeburg als Landesherr nicht nur in ihrer wirt-

Das Magdeburger Stadtwappen, Darstellung in „Der Barfuszer zu Magdeburg grund yhres Ordes", gedruckt in Magdeburg im Jahre 1526

Kloster Berge nach Merian, 1653

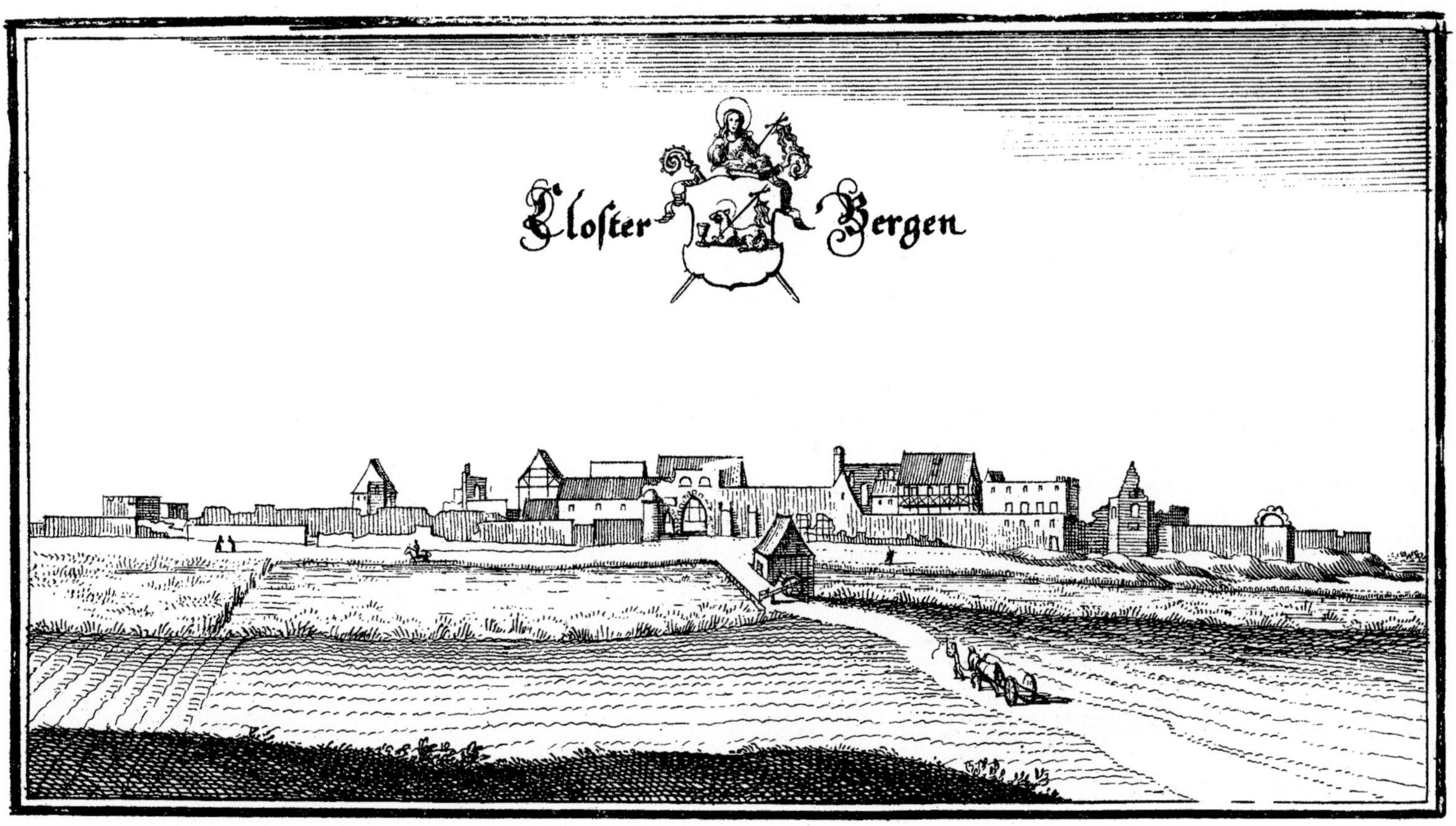

Kurfürst Moritz von Sachsen
(1521–1553)

schaftlichen Entwicklung unterstützt, sondern der Stadt auch weitgehende Rechte zugestanden und sie mehrfach in Vertragssystemen wie eine selbständige Stadt behandelt.

Nachfolger Kardinal Albrechts wurde der bereits zum Koadjutor bestellte Johann Albrecht von Brandenburg. Hatte Magdeburg schon dessen Anerkennung als Koadjutor verweigert, sah man nun die Zeit gekommen, sich endgültig vom Erzbischof loszusagen und verweigerte dessen Anerkennung. Dies führte zur weiteren Verschärfung der Konflikte mit der katholischen Partei und mit dem Hause Brandenburg. Der Kaiser konnte sich nunmehr jedoch wegen seiner gewonnenen außenpolitischen Freiheiten energischer einschalten. Der albertinische Herzog Moritz erhielt für die Unterstützung der kaiserlichen Position in Mitteldeutschland die Aufgabe des „Konservators, Exekutors und Schirmherrn" über das Erzstift Magdeburg und das Hochstift Halberstadt. Mit dieser albertinisch-sächsischen Option wurde dem alten obersächsisch-brandenburgischen Konflikt um die Vorherrschaft an der Mittelelbe eine neue Seite hinzugefügt. Herzog Moritz – wiewohl evangelisch – hatte sich auf die Seite des Kaisers begeben, um seinen ernestinischen Vettern in Wittenberg schließlich die Kurwürde streitig zu machen. Moritz war auch im Schmalkaldischen Krieg 1547 wichtigster Verbündeter des Kaisers.

Nach dem Tode Kardinal Albrechts ließ der obrigkeitliche Widerstand gegen die Reformation nach. In Magdeburg verbot der Rat der Stadt im April 1546 dem Domkapitel, den Kollegiatstiften und den katholischen Klöstern, katholischen Gottesdienst zu halten. Gewaltsame Aktionen führten zur Wegnahme der Kultgegenstände und Kleinodien und zum Verschluß der Einrichtungen. Die Insassen wurden jedoch noch nicht vertrieben.

Neustadt nach Merian, 1653

Abbildung der Stadt Magdeburg vor der Zerstörung 1631

Während des Schmalkaldischen Krieges erfolgte im gesamten Erzstift die Aufhebung des größten Teils der verbliebenen Klöster. In der Magdeburger Neustadt wurde nunmehr auch die Reformation eingeführt. Aus der Stadt wurden auch die letzten der katholischen Anhänger vertrieben.
Die Niederlage der Protestanten im Schmalkaldischen Krieg hatte tiefgehende Auswirkungen auf das Erzstift und Magdeburg. 1546 rückte Herzog Moritz mit Heeresmacht gegen Wittenberg. Daraufhin begaben sich alle Professoren der Universität in das sichere Magdeburg, darunter Melanchthon und Georg Major. Für die Stadt auf lange Sicht von großem Nachteil verweigerte aber der Rat die Fortführung des Vorlesungsbetriebes in Magdeburg, weil man den zu erwartenden großen Zuzug der Studenten nicht wollte. So wurde eine große Chance der Entwicklung der Stadt vertan, und Studenten wie Professoren verließen nach und nach wieder die Elbestadt.
Nach der unglücklichen Schlacht bei Mühlberg im Jahre 1546 schien die protestantische Sache auch im Erzstift aussichtslos. In Halle rückten die Truppen des Kaisers ein. Das Erzstift wurde zusammen mit dem Hochstift Halberstadt vom Kaiser wiederhergestellt. Der nunmehr zum Kurfürsten erhöhte Moritz von Sachsen erhielt die Burggrafschaft über Magdeburg. Die geschlagenen Führer der Protestanten flohen nach der Mühlberger Schlacht in die feste Stadt Magdeburg. Die protestantischen Kräfte erhielten damit eine bedeutende Verstärkung. Die Stadt, die sich längst auch militärisch für eine Verteidigung gerüstet hatte, kämpfte nun allein gegen das kaiserliche Interim von 1548. Am 27. Juli war die Reichsacht über sie verhängt worden. Die niedersächsischen Städte Hamburg, Lübeck, Lüneburg, Bremen, Braunschweig, Hildesheim und Magdeburg sowie einige weniger bedeutende hatten das Interim abgelehnt. Bis auf Magdeburg und Bremen mußten sie aber alle nachgeben. In der Folgezeit wurde Magdeburg zur Hauptbastion und geradezu zum Symbol des protestantischen Widerstandes gegen das kaiserliche Interim und der Verteidigung der protestantischen Sache im Reich. In der Elbestadt trafen 1549 auch der aus Regensburg vertriebene Nikolaus Gallus und 1551 Flacius Illyricus ein. Beide Persönlichkeiten wurden zum Mittelpunkt des literarischen Kampfes, der von diesem Ort aus zur Verteidigung des Protestantismus geführt worden ist. Magdeburg war damals auch eine bedeutende Stadt des Buchdrucks. In der Folgezeit verließen eine Vielzahl von Druck- und Flugschriften die Elbestadt. Die herausragende Rolle Magdeburgs in diesem Prozeß hat zu der ehrenvollen Bezeichnung „Unseres Herrgotts Kanzlei" geführt. Hier entstand damals auch die erste protestantische Kirchengeschichte, die „Magdeburger Centurien".

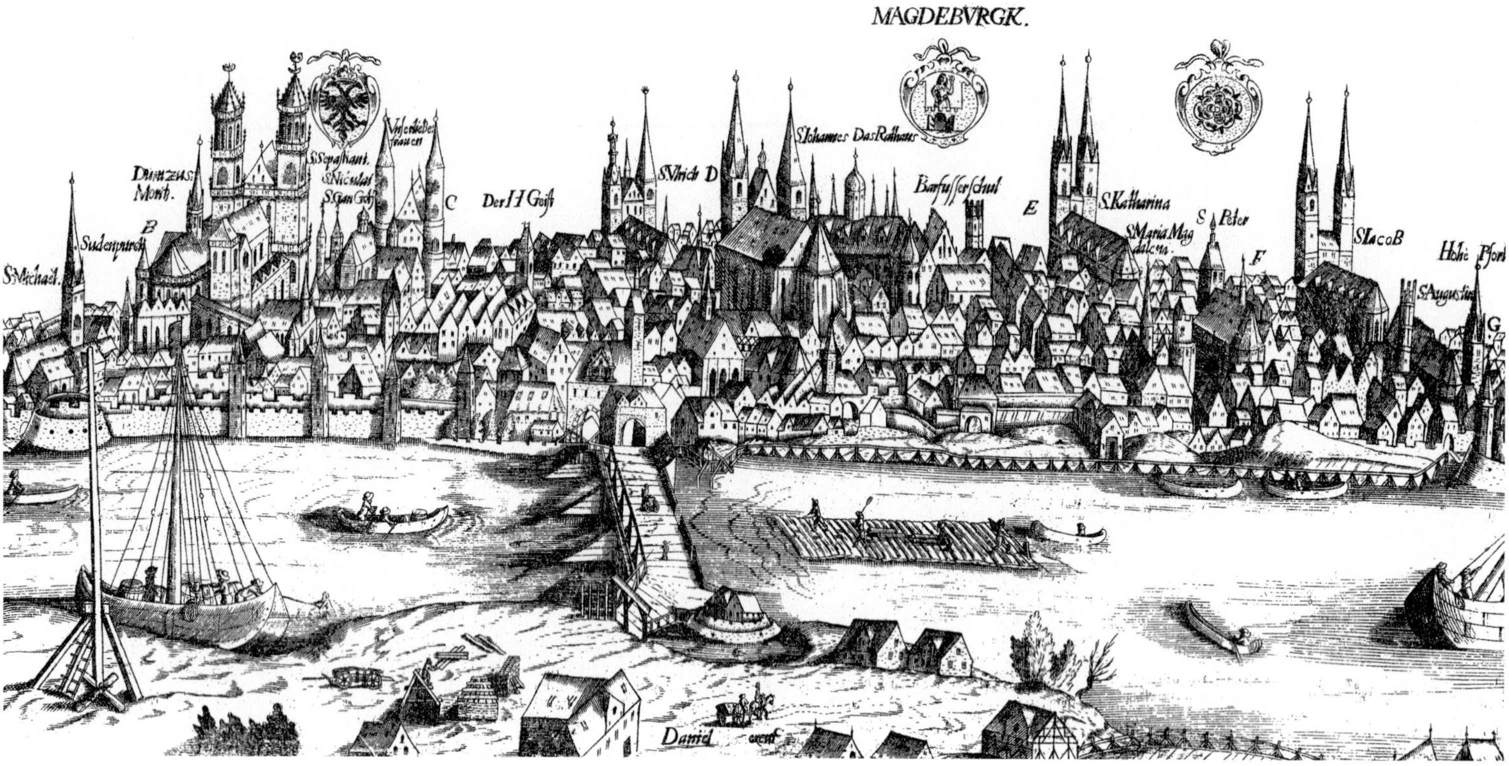

Magdeburg 1631, Ausschnitt aus dem Flugblatt nach der Schrift „Extrakt zweier Schreiben aus der Stadt Magdeburg" vom 10. Mai 1631

In den Jahren 1550/1551 wurde die Stadt militärisch von kaisertreuen Fürsten bedrängt und unter der Führung des nunmehrigen albertinischen Kurfürsten Moritz von Sachsen belagert. Magdeburg erlangte als ungebrochenes Zentrum protestantischen Widerstandes gegen Kaiser und Reich Ruhm in ganz Europa. Die Stadt konnte auch deshalb erfolgreich widerstehen, weil sie von einer Reihe von Fürsten und Städten, darunter besonders durch den Kurfürsten von Brandenburg, unterstützt worden ist. Der die Belagerung durch Moritz von Sachsen beendende Vergleich hatte in der Glaubensfrage zur Folge, daß in der Stadt fünf katholische Klöster wiederhergestellt wurden und Dom und Stiftskirchen die Erlaubnis erhielten, katholischen Gottesdienst zu halten. Das Domkapitel konnte aus seinem Exil in Egeln zurückkehren. Es handelte sich jedoch nur um einen kurzzeitigen Erfolg der Gegenreformation. Moritz von Sachsen selbst bereitete zu diesem Zeitpunkt bereits seinen Abfall vom Kaiser vor. Der sächsische Kurfürst hatte mit diesem Vergleich auch das alte obersächsische Ziel der Ausdehnung Kursachsens in den Mittelelberaum und damit des Zugriffes auf die Stadt Magdeburg verfehlt.
Für die nach Selbständigkeit strebende Stadt Magdeburg wurde das „Tripartit", die gemeinsame Wahrnehmung der Oberherrschaft der Kurfürsten von Brandenburg und Sachsen sowie des Erzbischofs über die Stadt, geschlossen. Dies bedeutete zwar die erneute Zurückweisung der Selbständigkeitsbestrebungen der Stadt durch den Kaiser, doch waren dem Erzbischof als Stadtherren noch die Kurfürsten von Brandenburg und Sachsen zur Seite gestellt worden.

Für das Erzstift und die Stadt Magdeburg war die endgültige Durchsetzung der Reformation mit dem Episkopat des brandenburgischen Erzbischofs Sigismund (1552-1566) gekommen. Im Jahre 1561 wurde im Dom zu Magdeburg der erste evangelische Gottesdienst gehalten. Da die Erzbischöfe aus dem Hause Brandenburg vom alten Glauben abgefallen waren, entfiel ihr geistliches Amt, sie wurden als protestantische Landesherren nunmehr mit „Administratoren" bezeichnet.
1567 erfolgte die Reformation im Domstift und bis 1573 in den anderen Magdeburger Kollegiatstiften. Das Prämonstratenserkloster in Magdeburg widerstand bis zum Jahre 1597 der Reformation.
Für die Entwicklung des evangelischen Bekenntnisses war von Bedeutung, daß 1577 im Kloster Berge bei Magdeburg auf der Grundlage des Torgauischen Buches die sogenannte Konkordienformel fertiggestellt worden ist, die einen Ausgleich zwischen den verschiedenen evangelischen Richtungen herbeiführen sollte. Die Konkordienformel erwies sich jedoch als nicht tragfähig, die Konflikte zu beenden. Das Domkapitel und die Pfarrer Magdeburgs gehörten zu denen, die sich weigerten, die Konkordienformel zu akzeptieren.
Für die Stadt Magdeburg war die Zeit der Reformation und der Glaubenskriege der Höhepunkt ihrer Macht- und Bedeutungsentfaltung. Die Entwicklung der Stadt endete jedoch nicht mit der erstrebten Reichsfreiheit. Dagegen begannen sich für Magdeburg zunehmende wirtschaftliche Probleme abzuzeichnen, denn die erfolgreichen Kriege zehrten die

Mittel immer mehr auf, und die Schulden stiegen an. Es entstand allmählich eine Lage, von der rückblickend August Wilhelm Franke, Oberbürgermeister Magdeburgs in der ersten Hälfte des 19. Jahrhunderts, sagte, daß die „Anstrengungen für die Verteidigung der evangelischen Freiheit seine Jugendkraft (die Magdeburgs, M.T.) erschöpft" hatten, und daß man seitens der Stadt „wollte nicht inne werden, daß sie an einer inneren Auszehrung sieche".

Der Dreißigjährige Krieg und das Trauma der Zerstörung

Als das 17. Jahrhundert begann, schien die Stadt Magdeburg im Zenit ihrer Macht zu stehen. Sie war im Reich und in der ganzen westlichen Christenheit bekannt und berühmt als standhafte Bastion der Verteidigung des evangelischen Glaubens, als die Stadt, die dem kaiserlichen Interim getrotzt hatte.

Der Beginn des Dreißigjährigen Krieges hatte die Stadt Magdeburg nicht direkt berührt. Ihre Haltung gegenüber dem Krieg und den kriegführenden Parteien war eine mit den anderen Hansestädten abgestimmte Neutralität. Das Neutralitätskonzept erwies sich aber nur als wirksam, solange der Krieg den mitteldeutschen Raum nicht berührte. Auf längere Sicht war es sogar gefährlich. Die Position Magdeburgs war gleich in mehreren Punkten unsicher und zwiespältig. Die Stadt begriff sich einmal als herausragende Bastion des Protestantismus im Reich, was angesichts der Konfliktlage des Krieges von vornherein erhebliche Gefahren in sich barg, gleichzeitig strebte sie nach Reichsfreiheit. Die aber war nur vom Kaiser, dem Haupt der katholischen Partei, zu erlangen. Hinzu kamen andauernde und heftige Auseinandersetzungen mit dem Administrator des Erzstifts und dem jetzt protestantischen Domkapitel. Als Hansestadt war sie auf die Zusammenarbeit besonders mit den niedersächsischen Städten ausgerichtet, aber auch in den für sie immer ungünstiger verlaufenden Konflikt mit Hamburg verwickelt. Von zunehmender Bedeutung erwies sich die Erscheinung, daß die nunmehr bereits über ein Jahrhundert andauernden Kämpfe Magdeburgs in der Religionsfrage zwar zu großem Ruhm für die Stadt, aber auch zur Schwächung ihrer Wirtschaftskraft geführt hatten. Magdeburgs relativ rasches Unterliegen gegenüber Hamburg in der Frage der Vorherrschaft im Elbhandel wie die Stagnation seiner wirtschaftlichen Entwicklung insgesamt hatten darin wesentliche Ursachen. Die Stadt hatte sich 1619 geweigert, von ihr verlangte Beiträge zu den Rüstungen des Niedersächsischen Reichskreises zu leisten. Diese Nichtbeteiligung an den Rüstungen des protestantischen Reichskreises gegen die kaiserlich-katholische Bedrohung brachte ihr das (allerdings nur vorübergehende) Wohlwollen des Kaisers, aber auch die Distanz der niedersächsischen Stände ein.

In den ersten Jahren des Dreißigjährigen Krieges traten im Reich wirtschaftliche Krisen ein, die sich unter anderem in Auseinandersetzungen um die sogenannten „Kipper und Wipper" entluden. In Magdeburg (wie auch in anderen Städten des Reiches) hatte der Rat die städtische Münze an einen privaten Münzmeister verpachtet, der die Stadt mit minderwertigem Geld überschwemmte. Die Folge war eine erhebliche Teuerung um das Jahr 1620. Die Kornpreise stiegen bis auf das Zehnfache. Bald konzentrierten sich Unmutsbezeugungen der von der sozialen Not am meisten betroffenen Unterschichten gegen den Rat, den man beschuldigte, durch die Verpachtung der Münze an die „Kipper und Wipper" sich auf Kosten der notleidenden Bürger zu bereichern und sogar mit den Spekulanten im Bunde zu stehen. Es kam zu Tumulten und anderen Volksaktionen, als sich herausstellte, daß tatsächlich Ratsmitglieder unter den „Kippern und Wippern" waren. Während fünftägiger Tumulte waren 16 Tote und ca. 200 Verletzte zu beklagen, 16 Häuser wurden eingeäschert.

Die unsichere Lage der Stadt zwischen den Parteien des Krieges, ihre eigene Unentschlossenheit sowie die inneren Spannungen zwangen Magdeburg, selbst erheblich aufzurüsten. Im Jahre 1623 waren die Arsenale der Elbestadt mit dem erforderlichen Kriegsgerät aufgefüllt und 800 Soldaten geworben. Das Mittelelbgebiet wurde im Jahre 1625 Kriegsschauplatz. Die Armee des kaiserlichen Feldherrn Wallenstein rückte in jenem Herbst in das Erzstift Magdeburg und das Hochstift Halberstadt ein. Wallenstein hatte sofort damit begonnen, die „fetten" Stifte auszuplündern. Die Besetzung des Erzstifts hatte von Beginn an erhebliche negative Auswirkungen auf den Magdeburger Handel und die städtische Gesamtsituation. Noch schwieriger wurde die Lage, als Wallenstein die Öffnung der Tore und die Aufnahme einer Garnison von der Elbestadt verlangte. Er sicherte sogar zu, daß die Stadt beim evangelischen Glauben bleiben könne. Doch der Rat lehnte dies mit Unterstützung der Bürgerschaft ab. Gegenüber dem Kaiser versuchte man aber dennoch, eine taktierende Ausgleichspolitik fortzusetzen. Mit der Zurückweisung der wallensteinschen Forderungen war die Stadt Magdeburg praktisch in eine Kriegssituation eingetreten.

Die schwankende Politik der Stadt gegenüber Wallenstein, dem Kaiser und dem Administrator Christian Wilhelm trug zu zunehmenden innerstädtischen Problemen bei. Die immer spürbareren Folgen durch die Übergriffe der kaiserlichen Truppen im Umland führte dazu, daß eine wachsende Zahl Bürger und Ratsmitglieder zum Lager des Administrators Chri-

Administrator
Christian Wilhelm von
Brandenburg
(1587–1665)

stian Wilhelm und des niedersächsischen Reichskreises neigten. An der Spitze derer, die ein Bündnis mit dem Administrator suchten, standen der Stadtsyndikus Werdenhagen und der Militärbefehlshaber Schneidewind, während sich eine Mehrheit der Ratsgeschlechter um die Ratsherren Johann Alemann und Andreas Rohr für einen Ausgleich mit Wallenstein bzw. dem Kaiser einsetzte. Ein Versuch Christian Wilhelms, die Stadt Magdeburg im Handstreich in seine Gewalt zu bringen, scheiterte. Die mißglückte Aktion des Administrators hatte für die Stadt zur Folge, daß nunmehr auch die Truppen des niedersächsischen Reichskreises den Handel und Verkehr schädigten. Das Heer des niedersächsischen Reichskreises wurden von der Armee Wallensteins 1626 bei Lutter am Barenberge und an der Dessauer Elbbrücke geschlagen. Die Siege der kaiserlichen Armeen bewirkten, daß in Magdeburg die militanten protestantischen Parteigänger des Administrators, darunter die meisten Geistlichen der Stadt, zunehmend kleinlauter wurden. Die bekannten Anhänger des Administrators mußten mit Verfolgungen des schwankenden Rates rechnen. Unter anderem war Stadtsyndikus Werdenhagen gezwungen, die Stadt zu verlassen, der Militärbefehlshaber Schneidewind wurde auf Verlangen Wallensteins inhaftiert, jedoch nicht, wie eigentlich verlangt, ausgeliefert. Die Stadt mußte ihre Zustimmung dazu erteilen, die Gebeine des heiligen Norbert, 13. Erzbischof von Magdeburg, zu exhumieren. Sie wurden nach Prag gebracht. Diese Überführung war ein die Öffentlichkeit der Stadt stark erregender Vorgang und stärkte die militant protestantische Opposition gegen die Ratspolitik des Ausgleichs und des Zurückweichens vor den Forderungen des Kaisers und seiner die Stadt umgebenden Truppen. Im September 1627 erkaufte sich der Rat Magdeburgs von Wallenstein das Recht, die Festungswerke auf 1000 Schritt ausdehnen zu können und dabei einen großen Teil der Bauwerke der Vorstädte niederzulegen. Diese Maßnahme, die der Verteidigung der Stadt und der Beseitigung der ungeliebten Konkurrenz der Vorstädte gleichermaßen diente, mußte allerdings sehr teuer erkauft werden und schwächte ihre Finanzkraft weiter. Im weiteren Verlauf des Krieges verschlechterten sich zunehmend die Rahmenbedingungen für die protestantischen Stände und damit auch für das Erzstift und die Stadt Magdeburg. Schon 1627 setzten Restitutionsbestrebungen der katholischen Partei des Kaisers gegenüber den protestantischen geistlichen Territorien ein, die auch auf Magdeburg und Halberstadt zielten. Nach dem Tode des Administrators von Halberstadt, Christian von Braunschweig, im Jahre 1626 setzte der Kaiser die Wahl seines noch unmündigen Sohnes Leopold Wilhelm zum neuen katholischen Bischof durch. Das Magdeburger Domkapitel befürchtete, daß nunmehr auch das Erzstift Magdeburg rekatholisiert werden sollte. Daher entschloß es sich Anfang 1628 zu einem ungewöhnlichen Akt und setzte den inzwischen mit der Acht belegten Administrator Christian Wilhelm ab. Zum neuen Administrator wurde der Koadjutor August von Sachsen gewählt. Man hoffte, durch die Wahl eines sächsischen Fürsten dem Schicksal von Halberstadt zu entgehen, da das protestantische Sachsen mit dem Kaiser verbündet war. Nachdem jedoch am 6. März 1629 das Restitutionsedikt erschienen war, hörte die kaiserliche Politik des relativen Ausgleichs mit der Stadt und dem Erzstift auf. Der Kaisersohn Leopold Wilhelm wurde jetzt mit päpstlichem Entscheid zum Erzbischof von Magdeburg und Bremen ernannt. Er kam jedoch nicht wirklich in den Besitz des Erzstifts. Es setzten aber nunmehr, gestützt auf das militärische Übergewicht der katholischen Partei, massive Rekatholisierungstendenzen im Erzstift und in der Stadt Magdeburg ein. So mußte der Rat der Stadt Anfang Juli 1628 zustimmen, daß der lutherische Probst des Klosters Unser Lieben Frauen durch einen Katholiken ersetzt wurde. Auch das

Kloster Berge vor den Toren der Stadt wurde rekatholisiert. Die Beschwichtigungspolitik der Stadt gegenüber den kaiserlichen Forderungen, vor allem gegenüber den kaiserlichen Truppen, die das Umfeld der Stadt beherrschten, war gescheitert.

Die Truppen Wallensteins hatten Magdeburg weitgehend von Zufuhren abgeschnitten, so daß sogar eine Nahrungsmittelkrise in der Stadt eintrat, und sie sich durch teure Getreidelieferungen auf dem Wasserwege der Elbe aus anhaltischen und sächsischen Gegenden versorgen mußte. Zu der Blockade der Stadt kam 1629 auch die förmliche Belagerung. Magdeburg setzte in seiner bedrängten Lage auf die Unterstützung der Hansestädte, deren Vermittlungsversuch zunächst fehlschlug. Im Juli 1629 hingegen erteilte Wallenstein den Beauftragten der Hansestädte Lübeck, Hamburg, Braunschweig und Hildesheim die Genehmigung, nach Magdeburg zu reisen. Die Vermittlung der Hansestädte scheiterte jedoch an der unnachgiebigen Haltung Wallensteins, der ohne Umschweife die Öffnung der Stadt für seine Truppen verlangte. So zog sich die Belagerung Magdeburgs weiter in die Länge, und die wirtschaftlichen und militärischen Mittel der Stadt wurden weiter aufgebraucht. Der anhaltende Widerstand Magdeburgs veranlaßte Wallensteins Beauftragte, abermals eine Vermittlung der Hanse zuzulassen. Ende September 1629 trafen wiederum hanseatische Gesandte aus Lübeck, Bremen, Braunschweig und Hildesheim in Magdeburg ein. Jetzt hatte sich die Kriegslage gewandelt. Wallenstein war im Begriff, mit seiner Armee an die Ostseeküste vorzurücken und die Magdeburger Angelegenheit verlor für ihn an Bedeutung. So konnten die Gesandten der Hansestädte die Aufhebung der Belagerung erreichen. Magdeburg hatte sich damit den Armeen Wallensteins und der Rekatholisierungspolitik des Kaisers nicht unterwerfen müssen, jedoch waren die wirtschaftliche Lage der Stadt und die soziale Situation der Bewohner zerrüttet worden. Die Mittel- und vor allem die Unterschichten litten Not, und die inneren Konflikte der Stadt verschärften sich. Die Anhänger des abgesetzten Administrators Christian Wilhelm nutzten die Lage, um unter Berufung auf die protestantischen Traditionen der Stadt die Ausgleichspolitik des Rates mit dem Kaiser bzw. den Belagerern zu bekämpfen. Militante evangelische Prediger leisteten ihren Beitrag dazu von den Kanzeln herab. Die Lage war für den Rat schließlich derartig bedrohlich geworden, daß er zustimmte, daß aus jedem Stadtviertel eine Vertrauensperson der Opposition bestimmt wurde. Diese insgesamt 18 Vertreter der Stadtviertel, die „Plenipotenzier“, wurden dem Rat zur Seite gestellt, um während der Belagerung in allen Angelegenheiten die Interessen der Bürgerschaft zu vertreten. Der Rat konnte damit ohne deren Zustimmung keine Beschlüsse fassen. Dieser gravierende Eingriff in die Ratsverfassung konnte nach der Belagerung nicht mehr rückgängig gemacht werden. Wegen der unklaren Verfassungssituation riefen die Oppositionskräfte gegen den alten Rat nun ihrerseits unter Ausnutzung der insurrektionellen Stimmung die Vermittlung der Hansestädte im innerstädtischen Konflikt mit der patrizischen Oberschicht an. Ende Januar 1630 trafen die Gesandten der Städte Lübeck, Hamburg, Bremen, Braunschweig und Hildesheim in Magdeburg ein. Das Ergebnis der Schlichtung der Hansestädte war, daß die alte Ratsverfassung von 1330 abgeschafft und durch eine neue ersetzt worden ist. Die neue Ratsverfassung sah vor, den Rat von 75 auf 24 Mitglieder erheblich zu verkleinern. Das Privileg der Innungen bzw. der ratsfähigen Geschlechter, aus ihrer Mitte die Ratsmitglieder zu wählen, wurde beseitigt. Durch Wahlmänner, die nur noch zu einem Teil aus den Innungen, sonst aber von den Bürgern der Stadtviertel gewählt worden waren, entstand jetzt ein gänzlich neuer Rat – auf Lebenszeit gewählt. Dieser bestand aus vier Bürgermeistern, vier Kämmerern und 16 Ratsmitgliedern. Alternierend regierte eine Hälfte des Rates, während die andere passiv an der Tätigkeit teilnahm. Nur noch zwei Mitglieder des alten Rates haben in den neuen Eingang gefunden. Dem Rat war ein 50 Personen umfassender Bürgerausschuß beigegeben, der in wichtigen Fragen zu hören war. Die neue Ratsverfassung wurde am 16. März 1630 eingeführt. Sie konnte jedoch grundsätzlich nichts an der bedrängten Lage Magdeburgs ändern. Das Erzstift war noch immer von kaiserlichen Truppen besetzt, die nach wie vor den Zugang von Waren und Personen nach Magdeburg sperrten und Übergriffe aller Art verübten. In dieser angespannten Situation in und um die Stadt Magdeburg kam es zu Maßnahmen kaiserlicher Beauftragter, das Restitutionsedikt bzw. die Einsetzung des Kaisersohnes Leopold Wilhelm zum katholischen Erzbischof von Magdeburg sowie die Absetzung des evangelischen Domkapitels zu vollziehen. Während die Stadt Halle und die anderen Städte des Erzbistums dem neuen Erzbischof am 5. Mai 1630 huldigten, verweigerte Magdeburg nicht nur die Huldigung, sondern auch die Erlaubnis für das neue Domkapitel, die Stadt zu betreten. Angesichts der Bedrängnis in der Konfessionsfrage, die vom Kaiser ausging, nahmen jetzt die Kräfte wieder zu, die zur Partei des abgesetzten brandenburgischen Administrators Christian Wilhelm neigten.

Christian Wilhelm hielt sich zu dieser Zeit am Hofe des Schwedenkönigs Gustav Adolf auf. Er hatte mit dessen Wissen durch Beauftragte in Magdeburg für seine Position werben lassen. Wie schon in den Überlegungen Wallensteins spielte die Stadt Magdeburg wegen ihrer äußerst günstigen Lage an der Mit-

Der Sturm von Magdeburg am 10ten May im Jahre

Nün bald zwei hundert Jahre sind entschwunden,
Das Brand und Mord die Vaterstadt bedroht;
Wo mancher Brave seinen frühen Tod,
Im Kampfgewühl von Feindeshand gefünden.

Es ist die Zeit, wo Tyllys Blutgesellen
Zum Opfer sich, was lebend nur, ersahn;
Wo Magdeburg sonst blühend, mächtgen Wahn,
Verfiel in siedend heissen Flammenquellen.

Der Sturm

telelbe und ihrer Bedeutung in Norddeutschland in der Strategie Gustav Adolfs eine wichtige Rolle. Er ließ daher in Magdeburg für ein Bündnis mit Schweden bzw. dem abgesetzten Administrator werben. Christian Wilhelm, der mit schwedischem Geld Truppen aufstellte, machte Magdeburg sehr weitgehende Versprechungen für den Fall eines Bündnisses. Jedoch hatte selbst der neue Rat Bedenken, eine eindeutige Entscheidung zugunsten des früheren Administrators zu treffen. Abermals wollte man sich daher an die Hansestädte wenden. Die wegen der gegenreformatorischen Aktionen und der fortgesetzten Anwesenheit der kaiserlichen Truppen im Umland aufgebrachte Bürgerschaft erzwang jedoch mit Volksaufläufen und Sympathiekundgebungen für Christian Wilhelm einen Umschwung der Stimmung in der Stadt zugunsten des früheren Landesherrn. Daraufhin erschien Christian Wilhelm heimlich selbst in Magdeburg. Hier organisierte er mit seinen Anhängern einen zunehmenden Druck auf den zögernden Rat. Schließlich entschloß sich der Rat tatsächlich dazu, dem folgenreichen Bündnis mit Schweden zuzustimmen. Magdeburg war damit die einzige Hansestadt, die freiwillig ein förmliches Bündnis mit den Schweden schloß. Der wieder faktisch in seine Funktion als Administrator des Erzstifts eingetretene Christian Wilhelm fiel im August/September 1630 über die schwachen kaiserlichen Besatzungen im Erzstift her und erreichte Anfangserfolge. Diese leichten Erfolge begünstigten Versäumnisse bei der Vorbereitung der Stadt Magdeburg gegenüber erneuten Angriffen der kaiserlichen Truppen. Der Rat beeilte sich dagegen, mit dem Administrator in dieser günstig scheinenden Situation ein Abkommen abzuschließen, das die Rechte der Stadt gegenüber dem Landesherrn sehr weit ausdehnte und faktisch deren Selbständigkeit bedeutete.
Mitte September 1630 aber rückten die Truppen des kaiserlichen Generals Pappenheim in das Erzstift. Die schlecht ausgerüsteten und schlecht bezahlten Truppen des Administrators wurden auf Magdeburg und die Vorstädte zurückgeworfen, wo sie zu einer Plage für die Bevölkerung wurden. Als sich dann auch noch die Kunde verbreitete, daß der Schwedenkönig selbst noch fern war und kaum in die Kämpfe eingreifen konnte, begann der Rat erneut, gegenüber dem Kaiser zu taktieren. Angesichts dieser Entwicklung in Magdeburg wurde auch der Schwedenkönig Gustav Adolf aktiv, versprach seine baldige Ankunft und sandte seinen Hofmarschall, den Oberst Dietrich von Falkenberg, in die Stadt.
Falkenberg gelang es, Magdeburg beim Bündnis mit Schweden zu halten. Er übernahm den Oberbefehl über die Truppen, warb Kriegsvolk und organisierte die Verteidigung der Stadt. Ende 1830 rückte die Armee Tillys vor Magdeburg. Noch kam es nicht zur

General Gottfried Heinrich Graf zu Pappenheim (1594-1632)

Sturm von Magdeburg am 10. Mai 1631

Johann Tserclaes Graf von Tilly (1559–1632)

Die letzten Magdeburger verlassen den Dom. Domprediger Bake kniet vor Tilly und bittet um Gnade.

einschließenden Belagerung, da sich der kaiserliche Feldherr zunächst gegen den Schwedenkönig im Norden wandte. Nach der Rückkehr Tillys Ende März 1631 begann der Angriff des Belagerungsheeres gegen Magdeburg. In der Stadt waren etwa 30–40 000 Menschen eingeschlossen.

Die bedrohliche Lage der belagerten Stadt hatte einen erneuten Stimmungsumschwung in der Bevölkerung zur Folge, die nunmehr ein Einlenken gegenüber den kaiserlichen Belagerungstruppen und Kapitulation verlangte. Die Angehörigen der entmachteten Innungen, namentlich der Brauherren, versuchten wenige Tage vor dem Sturm der kaiserlichen Armeen auf die Stadt, mit Hilfe des aus der Stadt gewiesenen Johann Alemann, der sich auf seinem Gut Sohlen vor der Stadt aufhielt, einen Ausgleich mit Tilly herbeizuführen. Sie scheiterten aber mit ihrem Vorstoß an der Mehrheit des neuen Rates. Dennoch neigte sich die Stimmung auch des Rates angesichts der aussichtslosen Kriegslage mehr und mehr der Kapitulation zu, ohne sich aber zu einer klaren Haltung durchzuringen. Die in Aussicht genommene Kapitulation wurde so bis zum 10. Mai 1631 hinausgezögert, als die kaiserliche Armee schließlich die Stadt eroberte und vernichtete. Nach Otto von Guerickes Zeugnis sind dabei etwa 20 000 Menschen umge-

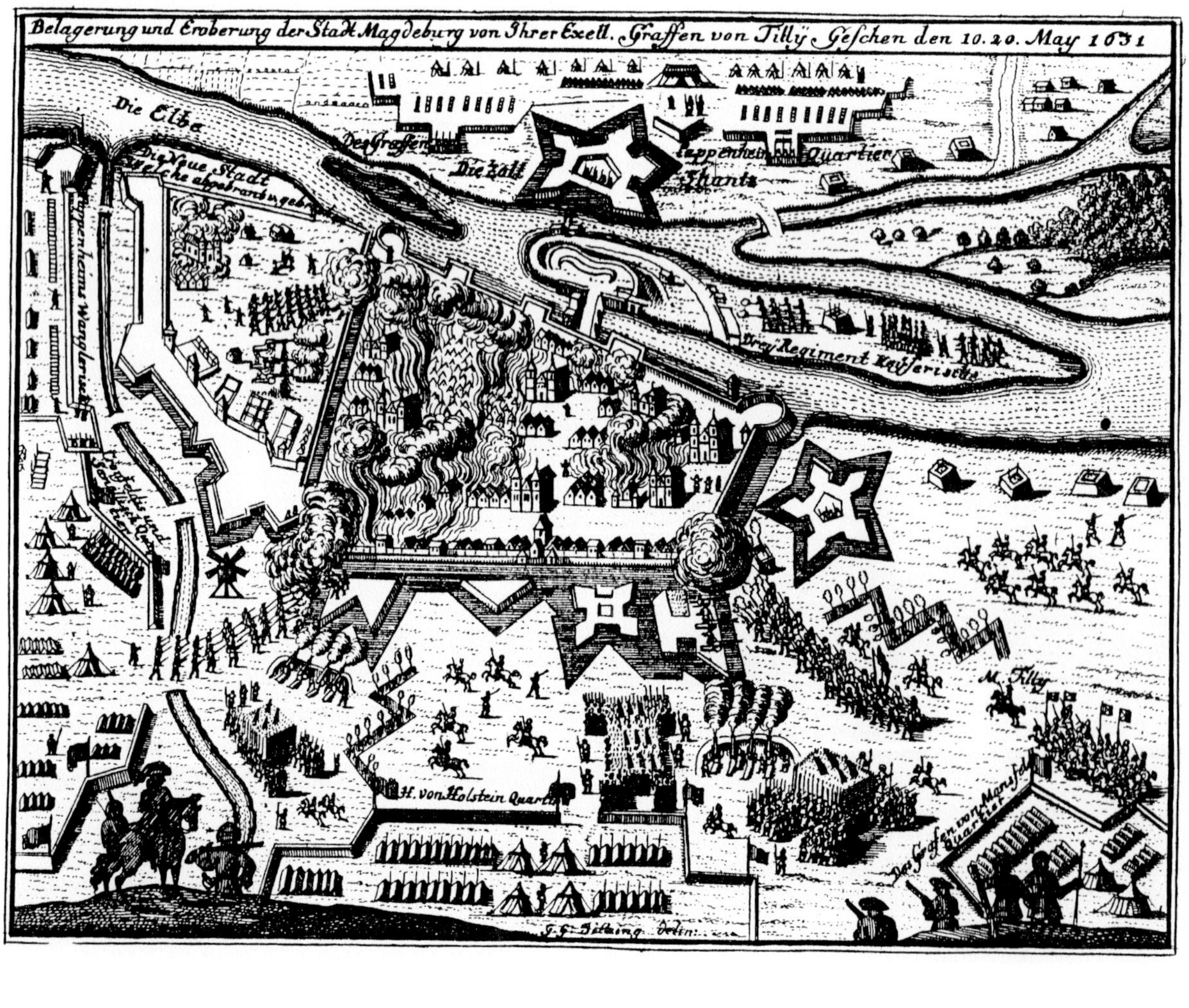

Darstellung der Belagerung und Eroberung der Stadt Magdeburg durch die Truppen Tillys 1631

Einzug der Pfälzer und Wallonen in die Stadt, Magdeburg 1689

kommen. Die Stadt ist vor allem durch Brände bis auf wenige Reste vernichtet worden.

Die Zerstörung Magdeburgs ist oft mit dem Untergang Trojas und Jerusalems im Altertum verglichen worden und galt bis zum Ersten Weltkrieg als Symbol für die Schrecken des Krieges schlechthin. Magdeburg war die einzige Hansestadt, die völlig zerstört wurde.

Für die Stadtgeschichte Magdeburgs insgesamt bedeutete die weitgehende Vernichtung von 1631 einen entscheidenden Bruch. Es sank aus der ersten Reihe der deutschen Städte ab, die weitere Entwicklung verlief unter grundlegend anderen Bedingungen und Perspektiven. Die Katastrophe stellte sogar die Weiterexistenz der Stadt überhaupt in Frage. Der fortgesetzte Krieg erlaubte zunächst keine Erholung oder gar den Wiederaufbau.

Tilly konnte aus der Eroberung und Vernichtung Magdeburgs keinen Nutzen ziehen oder gar anstatt der verhaßten protestantischen Bastion ein gut katholisches „Marienburg" auf deren Trümmern errichten, da er bei Breitenfeld im September 1631 von der Armee Gustav Adolfs von Schweden geschlagen wurde. Im Jahre 1632 besetzten die Schweden die Reste Magdeburgs. Eine amtliche Zählung der verbliebenen Einwohner im Februar ergab lediglich die Zahl von 449 Personen.

Der Prager Frieden von 1635 veränderte die Lage Magdeburgs erneut gravierend. Die Schweden hatten bis dahin lediglich Versprechungen gegenüber der Stadt gemacht, die sie fast alle nicht einhielten. Nach dem Tode Königs Gustav Adolf in der Schlacht bei Lützen sanken die Aussichten der Stadt auf die versprochene reichliche Entschädigung immer mehr. So sah Magdeburg in einem Beitritt zum Prager Frieden eine Möglichkeit, seine Stellung zu verbessern und alte Ziele – vor allem die Reichsfreiheit – wieder zu verfolgen. Der Kurfürst von Sachsen hatte durch den Prager Frieden nicht nur erhebliche Besitzungen an der Mittelelbe erhalten, sein Sohn August, der 1628 gewählte Administrator des Erzstifts, konnte jetzt die Herrschaft über das Erzstift antreten. Infolge des Machtzuwachses der Sachsen versuchten diese, mit militärischer Gewalt die Schweden zum Beitritt zum Prager Frieden zu zwingen und rückten deshalb in das Erzstift ein. Im Mai 1636 wurde die nur notdürftig verteidigungsfähige Stadt Magdeburg von sächsischen Truppen belagert. Die Stadt mußte sich abermals verteidigen, kapitulierte aber am 5. Juli 1636. Damit wurden die Sachsen die neuen Herren über Magdeburg. Jetzt schien die sächsische Politik ihr altes Ziel einer Vorherrschaft an der Mittelelbe und über die Stadt Magdeburg erreicht zu haben. Magdeburg mußte dem sächsischen Kurfürsten die Interimshuldigung leisten

Magdeburg im 18. Jahrhundert. Detail aus einem zeitgenössischen Stich. Im Vordergrund sind die Zitadelle und die Strombrücke, im Hintergrund die Stadtkirche St. Johannis und die Katharinenkirche zu sehen.

und eine Garnison aufnehmen. Die sächsischen Einquartierungen erwiesen sich als äußerst drückend für die sich nur mühsam wieder erholende, halbwüste Stadt. Dem Rat gelang es unterdessen im Jahre 1638, vom Kaiser zunächst die vor der Zerstörung der Stadt bestehenden Privilegien erneut bestätigt zu erhalten. Dies war notwendig, weil bei dem Brand die früheren Urkunden vernichtet worden waren. Dagegen lehnte der Kaiser das Verlangen nach Reichsfreiheit, Zollfreiheit im Reich und andere Privilegien abermals ab. Im Sommer des Jahres 1643 rückten schwedische Einheiten in das Erzstift und in das Stift Halberstadt ein. Die Schweden behandelten die sächsisch besetzte Stadt Magdeburg als Feindesgebiet, vernichteten die Getreideernte und behinderten den Zugang zur Stadt.
Im Auftrage des Rates erreichte Otto von Guericke am Dresdener Hof in dieser Situation einen bedeutenden diplomatischen Erfolg für Magdeburg, indem unter Ausnutzung eingetretener politischer Konstellationen der Abzug der sächsischen Garnison und die Aufhebung der Blockade der Stadt vereinbart werden konnten. Die Sachsen zogen im April 1646 aus Magdeburg ab. Die Stadt konnte wieder eine eigene Garnison unterhalten. Der Rat betrachtete auch diesen Erfolg als einen Schritt zur Reichsfreiheit. Folglich verweigerte Magdeburg dem Administrator August die versprochene Huldigung. Man lehnte sich diplomatisch wieder mehr an die Schweden an, die der Stadt abermals weitgehende Versprechungen gemacht hatten.

Mit den diplomatischen Missionen Magdeburgs wurde zunehmend Bürgermeister Otto von Guericke betraut, der auf diesen Reisen seine Experimente vorführte und damit Aufsehen erregte.
Bis zum Ende des Dreißigjährigen Krieges und zum Westfälischen Friedensschluß blieb Magdeburg von weiteren militärischen Angriffen verschont. Die Stadt selbst entsandte mit Bürgermeister Otto von Guericke ihren fähigsten Diplomaten nach Osnabrück, um bei der Friedenskonferenz die Interessen Magdeburgs zu vertreten und vor allem die Reichsfreiheit zu erreichen. Die weitgespannten Ziele wurden in Osnabrück mit schwedischer Hilfe formal größtenteils durchgesetzt. Das Ziel der Reichsfreiheit der Stadt schien erreicht, da ihr diese zugesichert wurde, allerdings unter Bedingung, daß sie den urkundlichen Beweis erbringen könne, daß Kaiser Otto I. tatsächlich die Reichsfreiheit für die Elbestadt gewährt hatte. Dieser konnte jedoch nicht erbracht werden. Es gilt als sicher, daß derartige Urkunden in Wahrheit niemals existiert haben. Da die versprochene schwedische Hilfe für die Durchsetzung der Ziele Magdeburgs praktisch ausblieb, stand die Stadt in der Frage der Reichsfreiheit zunehmend auf verlorenem Posten. Die alten Rivalen der Stadt, die Kurfürstentümer Sachsen und Brandenburg, deren Politik sich schon seit dem ausgehenden Mittelalter auf die Einverleibung der wichtigen Stadt Magdeburg und ihres fruchtbaren Umlandes in ihren Machtbereich richtete, waren im Ergebnis des Dreißigjährigen Krieges stark genug, um die Reichsfreiheit der schwer verwüsteten Stadt Magdeburg zu verhindern. Brandenburg erhielt im Westfälischen Frieden das ehemalige Hochstift Halberstadt als Fürstentum und die Anwartschaft auf das säkularisierte Erzstift Magdeburg („Herzogtum Magdeburg"), das bis zum Ableben des sächsischen Administrators August von diesem regiert werden sollte, um dann an Brandenburg zu fallen. Besondere Schwierigkeiten hatte Magdeburg in dieser Zeit mit dem aufstrebenden Kurfürstentum Sachsen, das gegen die sich nur langsam erholende Stadt versuchte, deren Handelsprivilegien zugunsten der sächsischen Städte Burg und Barby, besonders aber zugunsten Leipzigs zu brechen. In diesen Konflikten zeigte sich deutlich die Überlegenheit der mächtigen Flächenstaaten gegenüber der Stadt Magdeburg.

Die brandenburgisch-preußische Festungsstadt

Die in die schwer zerstörte Stadt Magdeburg zurückkehrenden oder neu hinzukommenden Bewohner versuchten in der Zeit nach dem Westfälischen Frieden, die weitgehend wüsten Stätten wieder herzurichten und das städtische Leben wieder in Gang zu bringen. Es ist jedoch von einer gänzlich anderen Stadt auszugehen, als sie es vor der Zerstörung war. Nicht nur die Häuser waren zerstört und das bisherige politische, wirtschaftliche und kulturelle Leben abgebrochen worden. Nur ein kleiner Teil der ursprünglichen Bevölkerung selbst hatte die Katastrophe überlebt. Die nunmehrige langsam wachsende Einwohnerschaft stand somit nur teilweise in einer urbanen Kontinuität bzw. in der bisherigen Tradition stadtgeschichtlicher Entwicklung. Um 1680 wird eine Bevölkerungszahl von ca. 8 000 angenommen. Diese, nur ein Viertel der Bevölkerung von vor 1631 ausmachende Einwohnerschaft wurde im Pestjahr 1681 erneut erheblich reduziert, so daß 1683 nur wenig mehr als 5 000 Menschen in der Elbestadt lebten. Obwohl sich starke Veränderungen in der Zusammensetzung der Bevölkerung ergeben hatten, gingen jedoch von alten Magdeburger Familien die bestimmenden Vorstellungen für eine neue Perspektive der Stadt aus. Das Wirken des großen Naturforschers Otto von Guericke als Bürgermeister und Diplomat ist dafür charakteristisch. Dessen vielfältige diplomatische Missionen scheiterten in ihrem Hauptziel, die nunmehr bei weitem weniger mächtige und sogar in ihrer Existenz bedrohte Stadt in den Status einer freien Reichsstadt zu bringen. Deren Aussichtslosigkeit hat Guericke selbst offenbar im Verlaufe seiner Missionen erkannt oder erahnt. Immerhin aber ist ihm trotz des Scheiterns der Reichsfreiheit erheblicher Anteil an der Wiederbelebung und auch am Wiederaufbau der Stadt zuzuschreiben. Die diplomatischen Manöver Magdeburgs beendete der brandenburgische Kurfürst Friedrich Wilhelm im Jahre 1666 gewaltsam, indem er ein Heer vor die Stadt ziehen ließ und ultimativ deren Unterwerfung bzw. Erbhuldigung sowie die Aufnahme einer brandenburgischen Garnison verlangte. In seiner Bedrängnis schickte der Rat nach altgewohnter Art Hilfeersuchen an die Hansestädte Hamburg, Lübeck und Braunschweig und versuchte damit, hanseatische Organisationen bzw. die des Sächsischen Städtebundes wieder zu beleben. Dies erwies sich als anachronistisch und aussichtslos. Die noch stark von der Zerstörung gekennzeichnete und nicht verteidigungsfähige Stadt Magdeburg unterzeichnete schließlich den Vertrag von Kloster Berge und verlor damit endgültig ihre Selbständigkeit. Auch Otto von Guericke hatte zu den Befürwortern des Vertrages gehört.

Gesandtenporträt von Otto von Guericke (1602–1686), Gesandter der Stadt Magdeburg auf dem Westfälischen Friedenskongreß

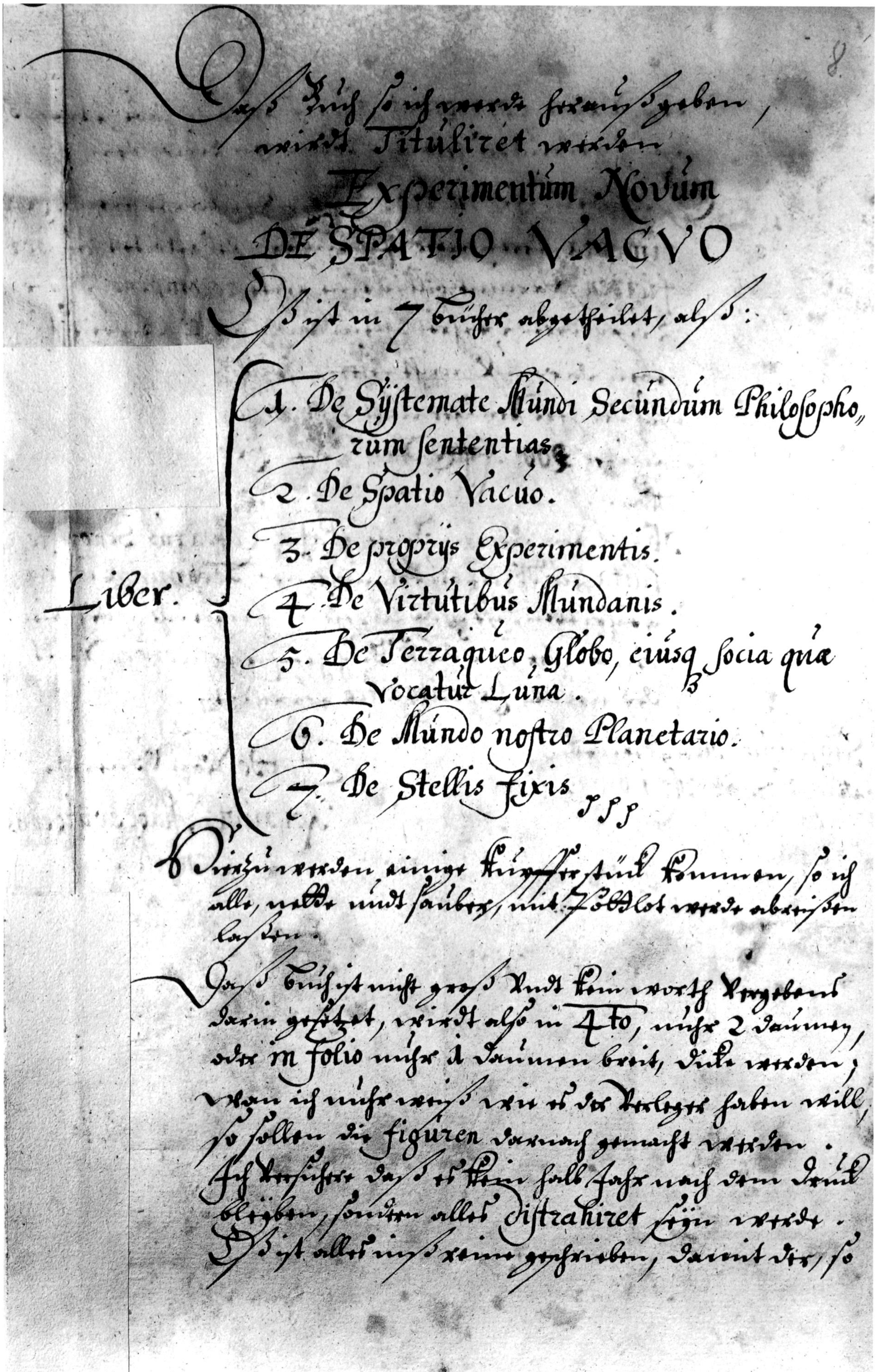

8

Daß Buch so ich werde herauß geben, wirdt Tituliret werden

Experimentum Novum
DE SPATIO VACUO

Es ist in 7 bücher abgetheilet, alß:

Liber
1. De Systemate Mundi Secundum Philosophorum sententias.
2. De Spatio Vacuo.
3. De proprijs Experimentis.
4. De Virtutibus Mundanis.
5. De Terraqueo Globo, eiusq socia quae vocatur Luna.
6. De Mundo nostro Planetario.
7. De Stellis Fixis

Hierzu werden einige Kupfferstück kommen, so ich alle, nette undt sauber, mit [?] werde abreißen lassen.

Daß buch ist nicht groß undt kein worth vergebens darin gesetzet, wirdt alsò in 4to, nuhr 2 daumen, oder in folio nuhr 1 daumen breit, dicke werden; wan ich nuhr weiß wie es der Verleger haben will, so sollen die figuren darnach gemacht werden. Ich versichere daß es keine halb Jahr nach dem Druck bleiben, sondern alles distrahiret sein werdt. Es ist alles nuhr rein geschrieben, damit der, so

Ankündigung des Buches von Otto von Guericke über die neuen Experimente zum luftleeren Raum, 1668

den Druck corrigiret, keine Ursache habe, etwas
falsch gedrucktes heraus kommen zu lassen.

Es haben die, in lib. 3tio offenbarte neue Experimenta, deren über 40, ein grosses gekostet zu per-
ficiren, darumb billig eine gute recompens da vor
zu fordern were, allein man will dieserseits
eben darauff nicht sehen, jedoch etwas wird
sich der Herr Verläger nicht entbrechen, welches doch
unter 200 Rthlr undt 24 Exemplar nicht sein
kan.

Was von diesem Buche, Pater Casparus Schot, Je-
suita zu Würtzburgk, in seiner Technica Curiosa
geschrieben, ist alda zu sehen, zugleichen bey vielen andern, so dieses Buch hefftig desideriren undt
der neuen Experimenten verlangen.

Signatum Magdeburgk
den 6 Sept: Ao 1668.

Otto von Guericke
Reipubl: Magdeburgensis
Consul.

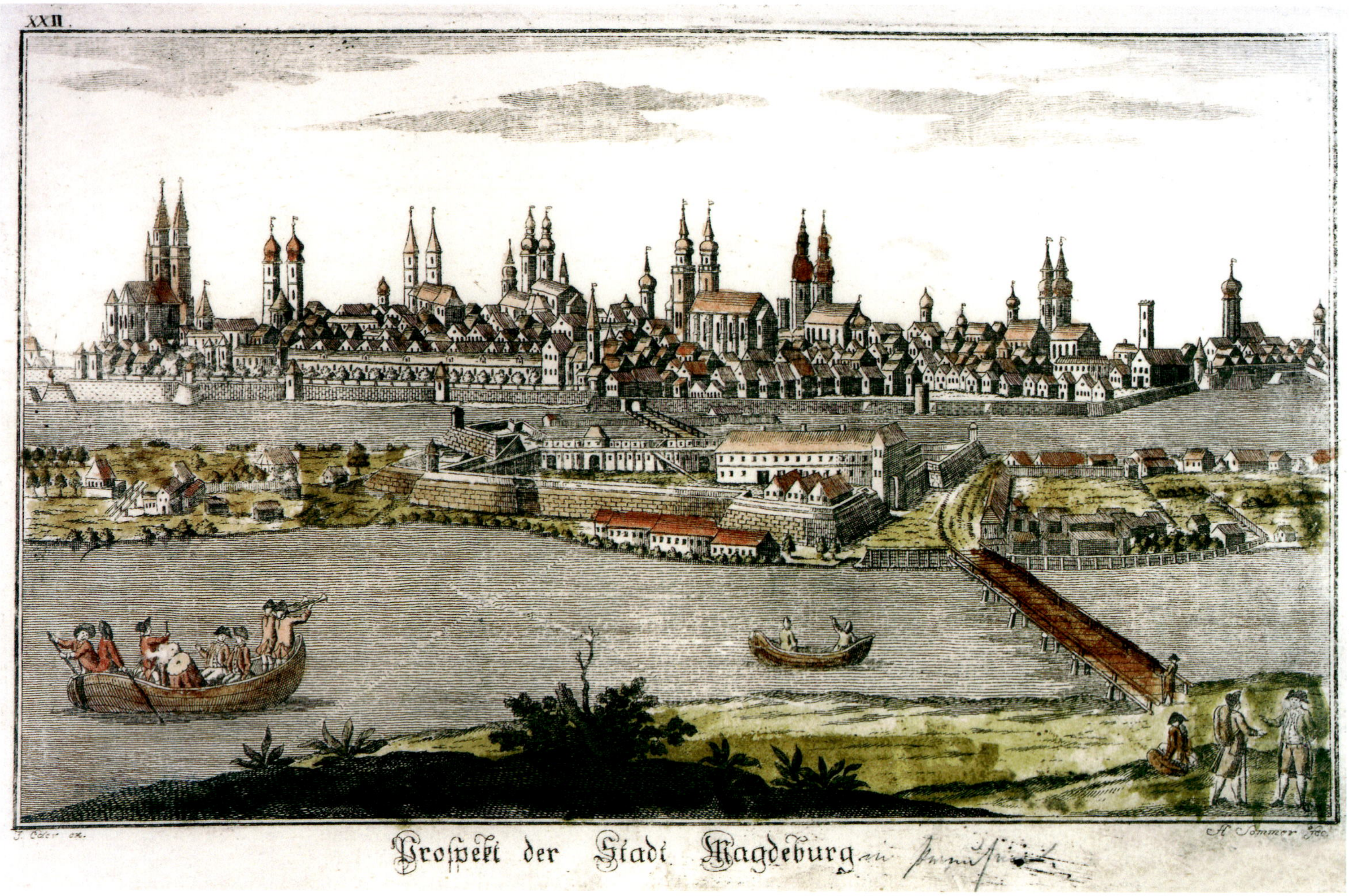

Stadtansicht mit Zitadelle, 1725

Leopold von Anhalt-Dessau (1676 - 1747)

Mit dem Vertrag vom Kloster Berge, der der Stadt ihre wirtschaftlichen Privilegien weitgehend sicherte, erhielt die Stadt einigermaßen klare und verläßliche Bedingungen für eine weitere Entwicklung innerhalb des brandenburgisch-preußischen Staates. Das Zugeständnis der wirtschaftlichen Privilegien der Stadt Magdeburg, zu denen das Stapelrecht gehörte, erleichterte der Stadt die Annahme der Kapitulation. Im Vertrag von Kloster Berge war bestimmt worden, daß die Stadt nicht nur ihre Wirtschaftsstellung erhalten, sondern auch ihre „freie Administration" beibehalten konnte. Dies erwies sich schon bald als bloße Deklaration, die dem Ausbau des brandenburgischen Staates geradewegs entgegengesetzt war und keine Perspektive besaß. Magdeburg sank zu einer brandenburgischen Provinzstadt herab und mußte in der Folge den Ausbau zur stärksten Festung des brandenburgischen Flächenstaates hinnehmen. Mit dem Vertrag von Kloster Berge endete eine relativ lange Zeit, in der sich die Stadt Magdeburg als freie Reichsstadt bewegte. Gleichzeitig war der bereits Jahrhunderte währende Kampf vor allem zwischen Sachsen und Brandenburg um die Vorherrschaft im Mittelelberaum zugunsten der Brandenburger entschieden worden. Einschneidend für die Stadtgeschichte war, daß Kurfürst Friedrich Wilhelm noch zu Lebzeiten des Administrators Herzog August von Sachsen 1679 die Pläne zum Bau einer Zitadelle bekanntmachte. Die Stadt lehnte eine Zitadelle entschieden ab, weil sie diese zutreffend auch als Zwingburg gegen alle Selbständigkeitsbestrebungen ansah. Sie hatte jedoch keinerlei wirksame Mittel, den Zitadellenbau zu verhindern. Die Befugnisse des Rates der Stadt wurden erheblich beschnitten, indem ihm im Jahre 1683 vom Kurfürsten ein Schultheiß (Stadtpräsident) vorgesetzt wurde, der die Interessen des brandenburgischen Staates sicherte.

Der brandenburgische Staat war zwar nicht an einer Sonderentwicklung der Stadt interessiert, aber die wirtschaftliche Entwicklung und der Wiederaufbau der nach wie vor nicht gänzlich unbedeutenden Stadt lag im Interesse des Staates. Daher wurden wirtschaftliche bzw. Handelsinteressen Magdeburgs vor allem gegenüber der reichlich aggressiven kursächsischen Wirtschaftspolitik durch die brandenburgische Regierung wahrgenommen. Besonders wichtig war die Ansiedlungspolitik der calvinistischen Glaubensflüchtlinge aus Frankreich und anderen Gebieten Westeuropas. Vor allem nach dem Potsdamer Edikt von 1685 kamen etwa 15 000 hugenottische Glaubensflüchtlinge nach Brandenburg-Preußen. Die entvölkerte Stadt Magdeburg stellte dabei nach Berlin und Potsdam einen Schwerpunkt der Einwanderung dar. Abermals erlebte sie dadurch eine gravierende Veränderung ihrer Bevölkerung.

Zu den um diese Zeit etwa 5 500 „einheimischen" Einwohnern kamen ca. 1 500 französische Hugenotten, 2 000 Wallonen und 400 Pfälzer, von denen allerdings ein Teil in der Folgezeit wieder abwanderte. Auf längere Sicht wirkte sich die Zuwanderung der Glaubensflüchtlinge für die Stadtentwicklung positiv aus. Kurzfristig aber ist es zu mannigfaltigen Problemen im Zusammenleben der Bevölkerungsgruppen gekommen. Die Glaubensflüchtlinge, die sich vor allem im Norden und Osten der Altstadt niedergelassen hatten, waren nicht nur fremd, sondern repräsentierten auch kulturell und wirtschaftlich zumeist höhere Entwicklungsstufen. Außerdem waren sie in eigenen Gemeinden organisiert und genossen bedeutende Privilegien gegenüber den Einheimischen. Mit ihrer Ansiedlung entstanden auch starke reformierte Kirchengemeinden, die bis in das 19. Jahrhundert hinein das kirchliche Leben der Stadt mitbestimmten. Die Kolonisten trugen erheblich zur wirtschaftlichen und kulturellen Entwicklung der Stadt bei. So war bereits im Jahre 1720 ein Viertel aller zu diesem Zeitpunkt vorhandenen Häuser der Stadt von ihnen aufgebaut und in Besitz genommen worden. Stellte die hugenottische Zuwanderung bereits eine gravierende Wendung in der Stadtgeschichte dar, so wirkte der Ausbau der Stadt zur stärksten brandenburgisch-preußischen Festung ebenfalls in einschneidender

Breiter Weg 12, sogenanntes Pieschel'sches Haus, erbaut ca. 1700, umgebaut 1889/90

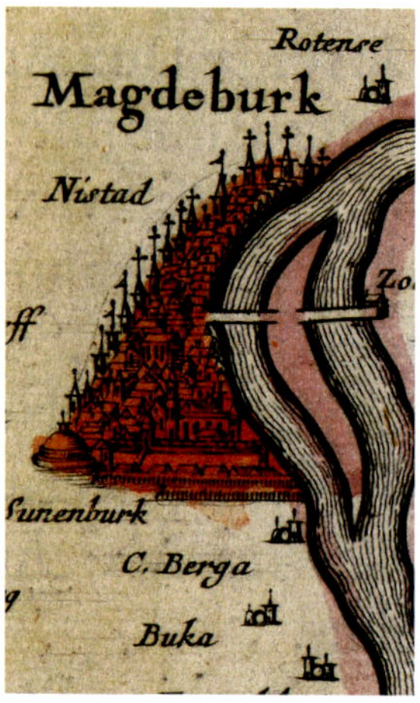

„Diese Anno 1631 erbärmlich zerstörte Stadt ist nun herrlich wieder aufgebaut, auch die Regierung, so vorher in Halle, hierher verleget, und hat sehr gute Handlung. Daselbst ist die Citadelle, die neu angelegten Fortificationen, das am Domplatz gelegene schöne Königs-Haus, die schöne Wasser-Mühle und Wasserkunst, die Domkirche zu St. Mauritii, so Kayser Otto I. erbauet und voller Antiquitäten in- und außerhalb ist ... ingleichen das vor der Stadt liegende Kloster Bergen ... zu sehen."

(Die vornehmsten europäischen Reisen, wie solche durch Deutschland, Frankreich, Italien ... vermittelst der dazu verfertigten Reisecharten ... und was auf solchen Curicuses zu bemerken, 1799)

Denkmal des Generals Friedrich Wilhelm von Steuben (1730–1794)

Weise und für eine lange Zeit prägend für Entwicklung und den Charakter der Stadt. Der Festungsbau stand unter der Leitung des holländischen Festungsbaumeisters Gerhard Cornelius von Wallrave. Festungsgouverneur wurde 1702 der Fürst Leopold I. von Anhalt-Dessau, der „Alte Dessauer".

Mit dem Wirken des „Alten Dessauers" in Magdeburg ist nicht nur der Ausbau und die Ausgestaltung der Festung selbst, sondern auch das Entstehen eines neuen Stadtbildes, das bis zur erneuten Zerstörung im Zweiten Weltkrieg prägend blieb, verbunden.

Einige Zeit lang bestand um 1700 die Gefahr, daß die Festung rein militärisch genutzt und die verbliebene Bevölkerung elbaufwärts bei Frohse neu angesiedelt werden sollten. Waren zu dieser Zeit die Schäden von 1631 für das Stadtbild noch prägend, entstand in der Folgezeit eine neue Stadt. Im Jahre 1737 wurden nur noch acht Brandstellen gezählt. Die Einwohnerzahl war zu diesem Zeitpunkt auf über 10 000 gestiegen. Etwa hundert Jahre nach der Katastrophe von 1631 war Magdeburg als barocke Stadt wiederaufgebaut. Domplatz, Breiter Weg und Alter Markt waren für diese neue Stadt charakteristisch. Am Domplatz entstanden repräsentative Bauten, zu denen das Königliche Palais gehörte, das in der Folgezeit auch als Zufluchtsort für die königliche Familie im Gefahrenfalle diente, ebenso wie die Festung in bedrängter Lage des Staates den Staatsschatz beherbergte. Im Jahre 1713 waren die Bauten bereits so weit vorangeschritten, daß der König den Umzug der Regierungsbehörden des als „Herzogtum Magdeburg" bezeichneten früheren Erzstiftes von Halle nach Magdeburg anordnete. Damit wurde der Grundstein dafür gelegt, daß Magdeburg neben einer Konzentration des Militärs in der Folgezeit auch ein Ballungszentrum der Behörden und der dazugehörigen Verwaltungsbeamten wurde. Fürst Leopold und sein Regime erwarben sich auch Verdienste bei der Errichtung von Wirtschafts- und Nutzbauten. Darunter befand sich der Bau des Alten Packhofes (von Festungsingenieur Preußer zwischen 1729 und 1731 errichtet), der das Zentrum des Magdeburger Güterumschlages, welcher stark vom bestehenden Stapelrecht gekennzeichnet und nach wie vor eine Haupteinnahmequelle der städtischen Wirtschaft war, bildete. Unter der Leitung Preußers wurde auch der Fürstenwall errichtet, der fortan einen der beliebtesten und schönsten Punkte der Stadt bildete. Von Bedeutung war bei diesen vom Festungsgouverneur ausgehenden Maßnahmen für die städtische Infrastruktur, daß wichtige Straßen der Stadt gepflastert, unregelmäßige Straßen begradigt oder beseitigt und neue angelegt wurden.

Die gewaltige Festung aber blieb für Magdeburg prägend. Die Stadt und ihr Leben waren abhängig vom Festungsregime. Dazu gehörten auch von vornherein Strukturmaßnahmen, die etwa die Gründung einer Universität oder anderer Einrichtungen, die für die Funktion der Festung störend oder potentiell gefährlich sein konnten, ausschlossen. In hohem Maße waren nicht nur durch Priorität der Festung und ihrer Bedürfnisse bzw. des Militärs eingeengte Rahmenbedingungen für die Stadtentwicklung entstanden. Die ständige Anwesenheit von bis zu 5 000 Soldaten und Militärpersonen beeinflußte nachhaltig die geistig-kulturelle Situation der Stadt. Es kann zwar für Magdeburg im 18. Jahrhundert eine gegenüber vergleichbaren Städten durchaus ähnliche Kulturentwicklung festgestellt werden, wobei neben den Bürgergesellschaften, einem beachtlichen Schulwesen und anderen kulturellen und wissenschaftlichen Aktivitäten vor allem das Musikleben bemerkenswert war, aber es zeigte sich doch, daß beispielsweise hier geborene, herausragende Künstler als Wirkungsstätten andere Städte bevorzugten, unter ihnen auch der 1681 in Magdeburg geborene Musiker Georg Philipp Telemann, der vorwiegend in Hamburg wirkte.

Der Magistrat der Stadt beschloß im Jahre 1751, Straßenschilder aufzustellen, was jedoch erst 1755 tatsächlich eingeleitet werden konnte. Vorher waren Straßenverzeichnisse aufzustellen bzw. zu erneuern. Die Straßenschilder, auf denen auf weißem Grund mit schwarzer Schrift die Namen aufgetragen waren, bedeuteten aber nicht, daß auch die Häuser durchnumeriert waren. Vielmehr wurden diese immer noch mit besonderen Namen bzw. dazugehörigen Hauszeichen bezeichnet. Erst im Jahre 1796 führte man eine Numerierung der Häuser ein. Die fortlaufende Numerierung, wie sie bis zur Gegenwart bekannt ist, erfolgte in Magdeburg erst im Jahre 1807. Seit 1788 gab es eine nächtliche Straßenbeleuchtung auf der Basis von Öllampen.

In einer Familie des preußischen Offizierskorps wurde 1730 der spätere amerikanische General Friedrich Wilhelm von Steuben geboren. Zu seinen Taufpaten zählte neben namhaften Militärs der Magdeburger Garnison auch König Friedrich Wilhelm I., der „Soldatenkönig", selbst. Steuben wurde nach einem abenteuerlichen und reichlich verworrenem Leben in Europa an der Seite George Washingtons in Amerika während des Unabhängigkeitskampfes gegen die Engländer der Begründer der Armee der entstehenden Vereinigten Staaten.

Die Festung Magdeburg wurde unter Friedrich dem Großen mehrfach während seiner Kriege in Verteidigungszustand versetzt, mußte sich aber nicht tatsächlich feindlicher Angriffe erwehren. In friderizianischer Zeit wurden verbliebene besondere Befugnisse und Rechte des Rates der Stadt endgültig beseitigt und die Stadtverwaltung, wie in anderen preußischen Städten auch, als in Preußen übliche Staatsverwaltung organisiert. In der Regierungszeit Friedrichs des Großen wandelte sich die Haltung bedeutender Tei-

GENERAL VON STEUBEN

le der Magdeburger Bewohner mehr und mehr positiv gegenüber dem preußischen Staat. Das hing nicht nur mit dem Vorhandensein besonders großer und einflußreicher staatsnaher Bevölkerungsgruppen, Militär und Beamtenschaft, zusammen, sondern vielmehr mit der erfolgreichen Wirtschaftspolitik Preußens unter Friedrich II. sowie mit den mentalen Wirkungen der militärischen Erfolge in den Schlesischen Kriegen bzw. im Siebenjährigen Krieg. Seit dieser Zeit gab es in Magdeburg eine zunehmende borussische Identifikation.

Über öffentliche Feierlichkeiten aus Anlaß des Beginns eines neuen Jahrhunderts ist aus Magdeburg Näheres vom Jahreswechsel von 1799 auf 1800 bekannt. Nach dem Glockengeläut aller städtischen Gotteshäuser um Mitternacht intonierte am Rathaus ein Chor Lieder aus dem Magdeburger Gesangbuch, die von einer versammelten Menschenmenge mitgesungen worden sind. Am Neujahrstage gab es in den Kirchen beim Gottesdienst besondere Festgesänge.

Durch die Kriege und Eroberungen Napoleons hatte sich die Situation in Europa, den deutschen Staaten und damit auch in Preußen bis zum Jahre 1806 grundlegend verändert. Der unter Napoleons Protektorat entstandene Rheinbund vereinigte die Mehrzahl der deutschen Fürsten mit ihren Ländern auf der Seite des Kaisers der Franzosen. Preußen unter König Friedrich Wilhelm III. sah sich nach einer lange schwankenden Politik veranlaßt, am 9. Oktober 1806 Frankreich den Krieg zu erklären. Der Aufmarsch der preußischen Einheiten vollzog sich in starkem Maße über die Festung Magdeburg in Richtung auf Thüringen. Dort kam es bei Jena und Auerstedt am 14. Oktober 1806 zu der für Preußen katastrophalen Niederlage, die den Staat in eine existentielle Krise stürzte.

Für den Kriegsfall war die stärkste Festung der Monarchie kampfbereit aufgerüstet. Die vernichtende Niederlage der preußischen Armee führte aber zu einer zusammenhanglosen und wilden Flucht der Truppenteile nach und durch Magdeburg, was einen verheerenden Eindruck auf die Besatzung der Festung und die Bevölkerung der Stadt hinterlassen hat. Am 17. Oktober kam auch der flüchtende König selbst in die Stadt. Ebenso gehetzt, wie er gekommen war, stürzte er mit seiner Begleitung aus der Festung hinaus in Richtung Osten, wo er dann erst im äußersten Zipfel der Monarchie, in Memel, seine Flucht beendete. Seit diesen Tagen gibt es die Erzählung, die Berliner Gassenjungen hätten den Reim geprägt: „Unser Dämel sitzt in Memel". Dies waren keine Umstände, die die starke und kriegstaugliche Magdeburger Besatzung und die Bürgerschaft der Elbestadt zu heroischen Taten motivieren konnten. In der Festung Magdeburg waren 22 000 Mann unter dem Kommando des Generals Franz Kasimir von Kleist verblieben. Für die Situation Magdeburgs spielte noch eine andere Bewußtseinslage eine Rolle: Der Untergang der Stadt nach der Belagerung durch Tilly im Jahre 1631 war zu dieser Zeit noch wache Erinnerung und drängte sich nunmehr als Parallele auf. General von Kleist selbst war bewußt, daß er in einer vergleichbaren Lage wie einst Oberst Falkenberg war. Die Bürgerschaft „fürchtete mehr, als sie hoffte", wie es in Berichten aus dieser Zeit heißt, daß der preußische König die Verteidigung der Stadt anordnen könnte. So blieben die kampfentschlossenen Kräfte sowohl beim Militär als auch in der Bürgerschaft in der Minderheit gegenüber denen, die zur Kapitulation bereit waren. Allerdings stellt sich unter solchen Umständen die Frage, welchen Sinn eine Verteidigung in dieser Lage hätte haben sollen. Vor dem Hintergrund des später siegreichen Befreiungskrieges wurde aber von der borussischen Geschichtsschreibung viel eher das leuchtende Beispiel Kolbergs und seiner Verteidigung unter Gneisenau und Nettelbeck kolportiert und damit die Magdeburger fast kampflose Kapitulation gegen einen weit unterlegenen Feind als besonders schmachvoll gebrandmarkt. Der General von Kleist wurde mit herablassendem Hinweis auf sein greisenhaftes Alter mit Schande überhäuft.

Napoleons Marschall Ney, der – was den Verteidigern der Festung Magdeburg unter den eingetretenen chaotischen Umständen unbekannt war – mit nur etwa 7 000 Mann und ohne zureichendes Kriegsgerät für einen erfolgversprechenden Angriff auf die waffenstarrende Festung vor der Stadt lag, hat bei Unterhandlungen die Erinnerung an Magdeburgs Untergang von 1631 bewußt beschworen und damit offensichtlich Wirkung erzielt. Die französischen Truppen plünderten zunächst die Stadt und auch die Bürger, bei denen die Soldaten einquartiert waren, aus. Dies hörte erst auf, als an Marschall Ney 150 000 Taler gezahlt wurden. Damit zeigten sich die Franzosen als Eroberer und Gewaltherrscher, was ihre Position von vornherein unterminierte. Daran änderte auch nicht viel, daß später Napoleon mit dem General Eblé einen korrekten Mann zum Gouverneur ernannte, dessen Bildnis noch bis in das 20. Jahrhundert hinein in ehrendem Gedenken im Magdeburger Rathaus hing.

Der im Jahre 1807 zwischen Preußen und Napoleon geschlossene Frieden von Tilsit reduzierte das Staatsgebiet Preußens auf etwa die Hälfte, die sich auf die Territorien östlich der Elbe begrenzte. Westlich der Elbe wurde von Napoleon mit der Hauptstadt Kassel das Königreich Westfalen geschaffen, dessen König sein Bruder Jerome war. Dazu gehörte jetzt auch Magdeburg. Das Königreich war nach dem Vorbild Frankreichs in Departements eingeteilt, die nach Flüssen oder Landschaften benannt worden waren. An der Westseite der Mittelelbe entstand mit Magdeburg als

Hauptstadt das Elbdepartement, zu dem nicht nur die Magdeburger Börde, sondern erstmals in einem administrativen Rahmen auch die Altmark gehörte.
Das Königreich Westfalen konzipierte Napoleon als Musterstaat, womit er „moralische Eroberungen“ in Deutschland machen wollte, d. h. französische Gesetzlichkeit und Freiheiten sollten hier beispielhaft wirken. So wurden das bürgerliche Gesetzbuch (Code Napoleon) eingeführt und eine Verfassung am 15. November 1807 nach französischem Vorbild gewährt. Damit kam die Stadt Magdeburg erstmals in ihrer Geschichte in die Lage, einem Staatswesen anzugehören, das auf einer modernen bürgerlichen Verfassung beruhte. Es war keineswegs so, daß die Bürger die neuen Rechte und Freiheiten nicht geschätzt hätten. In Gesellschaft und Wirtschaft setzten einschneidende Umgestaltungen ein. Die Privilegien des Adels wurden ebenso abgeschafft wie die Leibeigenschaft und die Frondienste. Ein einheitliches Steuerwesen für die ganze Monarchie versprach Vorteile für das Finanzwesen. Vor allem die Einführung der Gewerbefreiheit bedeutete einen tiefen Einschnitt in das Wirtschaftsleben. Es bestanden somit günstige Voraussetzungen für eine erfolgreiche Entwicklung. Alle diese von ihrem Charakter her modernen bürgerlichen Umgestaltungen sind jedoch weitgehend gescheitert oder blieben Rhetorik, da schließlich der Aspekt der Fremdherrschaft überwog. Napoleon konnte nach Belieben in alle Belange eingreifen, die Staatssprache war französisch; Kontribution, ständig steigende Steuerlasten und die besonders unangenehme Militärpflicht verstärkten die Wahrnehmung der Unterdrückung. Die Verheißungen eines liberalen Rechtsstaates wurden in der Praxis durch Zensur, Polizeischikanen und Allmacht der Verwaltung oft in ihr Gegenteil verkehrt. Die Magdeburger Wirtschaft

Plan der Festung Magdeburg, um 1750

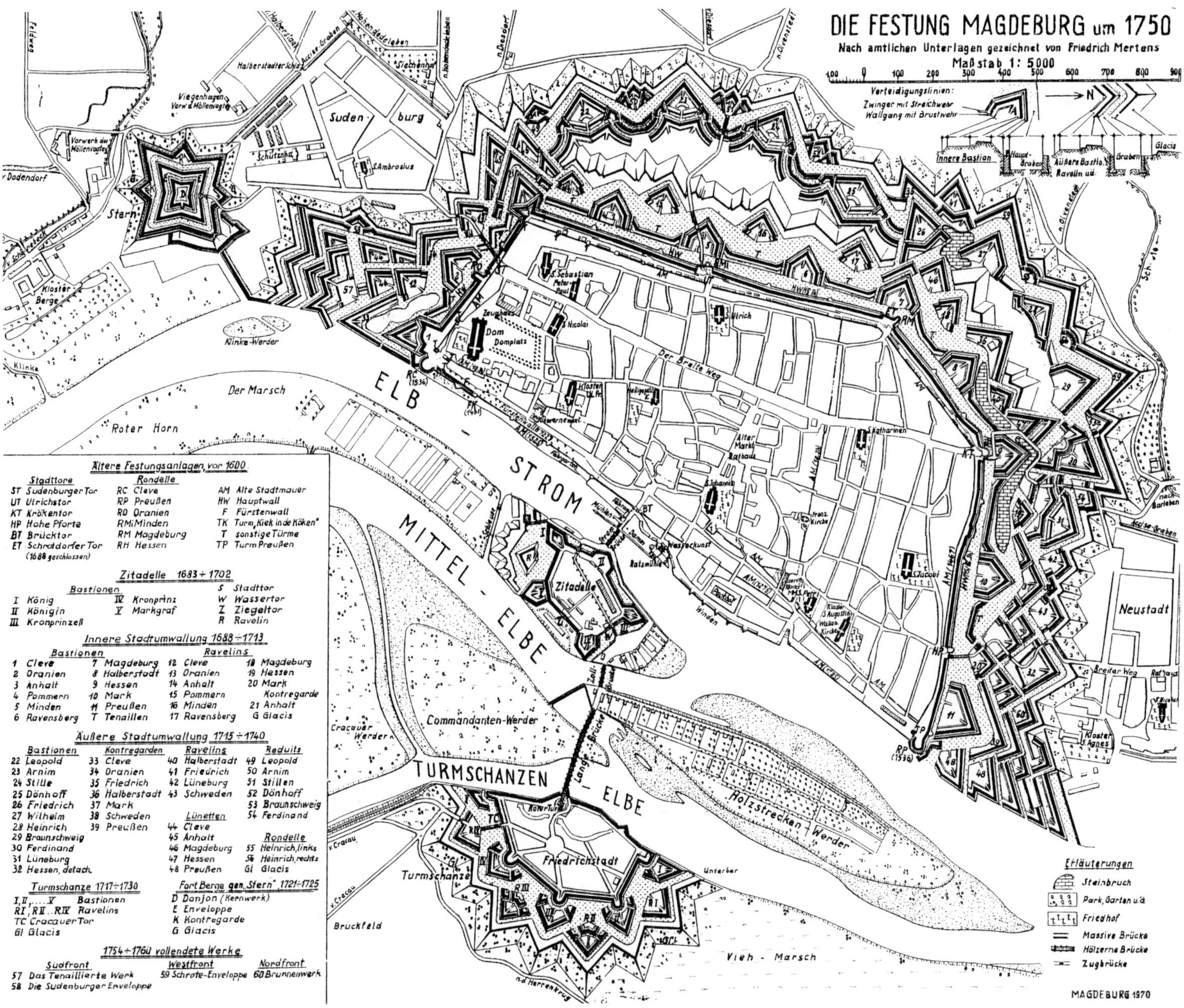

Karl Friedrich Friesen
(1784–1814)

geriet durch die Praxis der 1806 verkündeten Kontinentalsperre in eine schwere Krise, indem traditionelle Gewerbe wie Textilherstellung und Verarbeitung von Rohrzucker gänzlich vernichtet wurden. Der Handel, eine Haupteinnahmequelle, verebbte zunehmend. Hinzu kamen für die nunmehr größte westfälische Festung mit herausragender Bedeutung an der Ostgrenze direkter napoleonischer Herrschaft außerordentliche Lasten für die Unterhaltung des großen französischen Festungskontingents.

So drückend die Fremdherrschaft gerade auf wirtschaftlichem Gebiet in Magdeburg war, bildeten sich doch in dieser Zeit Ansätze für eine in späteren Jahrzehnten des 19. Jahrhunderts strukturbestimmende Wirtschaft heraus. Es handelte sich vor allem um den Beginn der Rübenzuckerfabrikation und um die Zichorienverarbeitung. Zwar verschwand die Zuckerrübenverarbeitung nach Ende der französischen Herrschaft bzw. der Kontinentalsperre vorübergehend gänzlich, wurde aber vom Ende der zwanziger Jahre das Kernstück der Industrialisierung und eines neuen Wirtschaftsprofils in und um die Stadt Magdeburg.

Im Jahre 1810 begann der Ausbau der Festung. Dafür wurden große Teile der Neustadt und Sudenburg bestimmt. Anfang 1812 wurde von Napoleon die Ausführung der Abrißpläne angeordnet. Die ganze Sudenburg und umliegende Gebäude wurden abgetragen und 248 Häuser der Neustadt mit dem Agnetenkloster niedergerissen. Hinzu kamen noch einige Häuser und Anlagen am Brücktor und Gärten an der Ostseite der Stadt. Die Niederlage der napoleonischen Truppen in Rußland verschlimmerte die Lage in Magdeburg. In dieser Zeit wurde das Pressionsregime des Generalkommissars der Polizei, des früheren preußischen Kriegsrates Schultze, zur noch lange nachwirkenden Schreckenserinnerung für Magdeburger Bürger. Anfang Februar wurden weitere Teile der Neustadt dem Erdboden gleichgemacht. Auch in der Friedrichstadt und der Altstadt wurden zu diesem Zwecke Gebäude abgerissen, Friedhöfe und andere Anlagen eingeebnet. Die betroffenen Menschen wurden in der Regel dadurch ins Elend gestürzt. Zwar hat man ihnen eine Entschädigung in Geld oder in Form neuer Grundstücke in den weit vor der bisherigen Stadt zu erbauenden bzw. im Bau befindlichen neuen Vorstädten „Hieronymusstadt“ (Neue Neustadt) und „Katharinenstadt“ (Sudenburg) in Aussicht gestellt, jedoch kamen nur wenige ohne große Benachteiligungen oder längere Leidenszeiten in den Genuß wirklicher Entschädigungen.

Obwohl der eigentliche Aufbau der neuen Vorstädte im wesentlichen erst nach der Befreiung von der französischen Herrschaft erfolgte, hat der französische Plan die Neue Neustadt bis zur Gegenwart in ihren Straßenführungen bestimmt. Seit dieser Zeit verfügt Magdeburg über das Kuriosum einer „Neuen“ und einer „Alten“ Neustadt.

Von Magdeburg aus unternahmen die französischen Truppen im April 1813 einen Vorstoß auf Berlin, bei dem sie in der bekannten Schlacht bei Möckern von preußischen und russischen Truppen geschlagen wurden. Napoleon selbst kümmerte sich angesichts der für ihn bedrohlichen Kriegslage im Juli 1813 um die Verstärkung der Festung Magdeburg.

Die Begeisterung für den Kampf um die Befreiung von der französischen Fremdherrschaft wurde von den Bürgern Magdeburgs mitgetragen. 1809 hatte man mit Sympathie den Zug des Friedrich Karl von Katte verfolgt, der eigentlich der Befreiung Magdeburgs dienen sollte. Eine ähnliche Sympathie wurde im gleichen Jahr dem Zug des Majors von Schill zuteil, der vor den Toren der Stadt bei Dodendorf französischen Festungsverbänden ein Gefecht lieferte. Im Befreiungskampf gegen Napoleon erreichte der Magdeburger Karl Friedrich Friesen Ruhm und Vorbildwirkung für die Jugend ganzer deutscher Generationen. Friesen gehörte zum patriotischen Kreis des „Turnvaters“ Jahn und hatte herausragende Bedeu-

tung für die Entwicklung von Schwimmen und Fechten als Sportarten in Deutschland. Er trat 1813 in das Korps der Lützower Jäger ein und wurde persönlicher Adjutant Lützows. Nach seinem Tode im Jahre 1814 wurde er als „Idol der deutschen Jugend" zum Symbol des bürgerlichen Patriotismus in Deutschland. Besonders in der Sportbewegung ist eine lebendige Erinnerung an Friesen bis in die Gegenwart erhalten.
Die militärischen Niederlagen Napoleons gegen die verbündeten europäischen Mächte verschärften die Verhältnisse für die Magdeburger Bürger in der Festung durch Steuerlasten, Requirierungen im privaten und öffentlichen Bereich. Beispielsweise standen für das kirchliche Leben der Stadt nur noch die Johanniskirche, die Heiliggeistkirche und die französische Kirche zur Verfügung. Alle anderen wurden zu militärischen Zwecken von den Franzosen genutzt. Nunmehr nahmen auch direkte Übergriffe auf das Eigentum und auf Personen durch die zunehmend nervöser und undisziplinierter werdenden Soldaten zu. Nach der Niederlage Napoleons in der Völkerschlacht bei Leipzig blieb die Festung Magdeburg noch längere Zeit in französischer Hand, da die Verbündeten sich nicht für eine Belagerung der Festung entschieden hatten. Die französischen Truppen wurden in Magdeburg sogar noch am 11. Mai 1814 auf das Lilienbanner der wieder in Frankreich herrschenden Bourbonen vereidigt. Erst vom 16. Mai an zogen die Franzosen und ihre Verbündeten aus Magdeburg ab. Am 23. Mai besetzten preußische Truppen die Stadt, tags darauf erfolgte unter dem Jubel der Einwohner der Einzug der Preußen unter General von Tauentzien, dabei auch russische Einheiten unter Führung des Generals Ilowoiski. Mit den Truppen kamen auch preußische Verwaltungsbeamte, darunter der in Magdeburg geborene spätere Oberpräsident und preußische Minister Wilhelm Anton von Klewitz als Zivilgouverneur der wiedererworbenen Provinzen zwischen Elbe und Weser. Magdeburg war wieder preußisch.

Gotthilf Sebastian Rötger (1749–1831), Propst des Klosters Unser Lieben Frauen

Preußisches Verwaltungszentrum, Militärstadt und Anfänge der Industrialisierung

Die erneute Integration der Stadt Magdeburg in den nunmehr sowohl gründlich reformierten wie auch erheblich vergrößerten preußischen Staat brachte für die Stadt und ihre Entwicklung abermals neue Bedingungen mit sich. Zunächst wurde sie nach einigem

Kloster Berge, Aquarell des Hofmalers Alberti, 1791

Denkmal des Majors von Schill in Dodendorf

Das Augustinerkloster zu Magdeburg

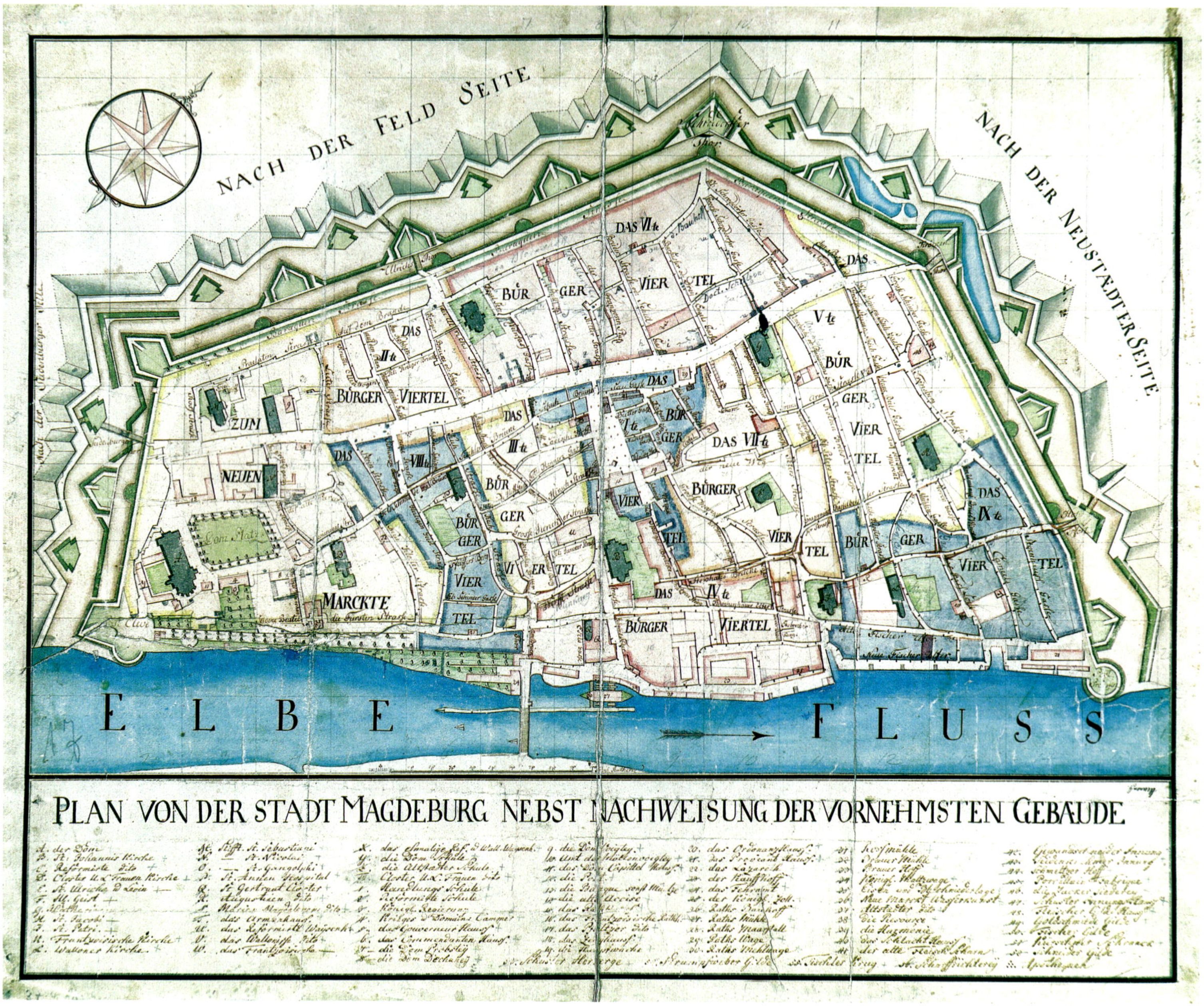

Handzeichnung des Stadtplans von Magdeburg um 1790 mit der Vierteleinteilung

Stadtplan aus dem Jahre 1822

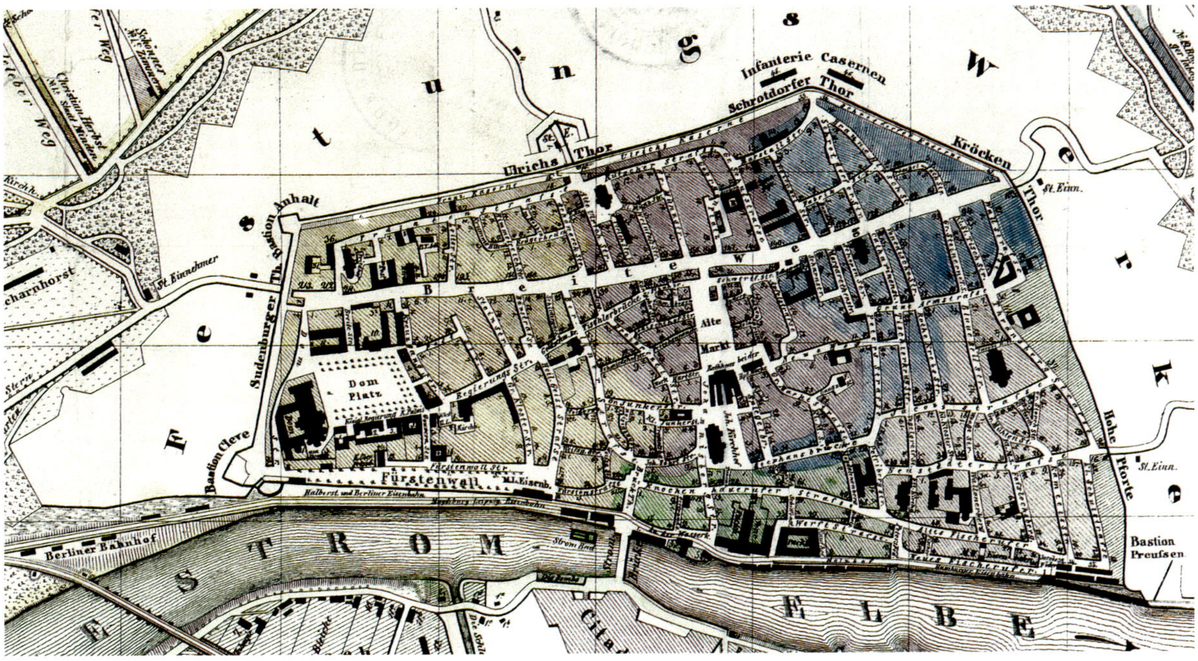

Plan von Magdeburg aus dem Jahre 1855 (Ausschnitt)

Der Alte Markt, um 1810

Zögern Hauptstadt einer neugeschaffenen, aus verschiedenen „altpreußischen" und vor allem vom Königreich Sachsen abgetrennten Gebieten gebildeten Provinz Sachsen. Außerdem war Magdeburg auch Hauptstadt eines der drei Regierungsbezirke der Provinz. Die beiden anderen Regierungsbezirke waren Merseburg und Erfurt. Magdeburg konnte sich jedoch trotz seiner neuen Hauptstadtwürde nicht zum politischen, wirtschaftlichen und kulturellen Zentrum der aus verschiedenen historischen Traditionen zusammengesetzten Provinz Sachsen entwickeln. Die Behörden waren über das ganze Gebiet verstreut worden. Vor allem aber blieb die Stadt aus übergeordneten Interessen seitens des preußischen Staates nach wie vor stärkste und wichtigste Festung der Monarchie. Dennoch konzentrierte sich in der Stadt eine große Beamtenschaft, die neben dem Regierungs- und Oberpräsidium noch im Konsistorium, das für die ganze Provinz eingerichtet wurde, sowie in einem Oberappellationsgericht tätig war. Neben diesen mittleren und höheren Beamten war für die Stadt vor allem das Militär prägend. Auch das Generalkommando des IV. Armeekorps, das mit dem bereits vorhandenen Militär eine ungewöhnlich breite Schicht von höheren und hohen Militärs bildete, kam hierher. Die von Franzosen vorgenommene Festungserweiterung blieb bestehen. Dies erwies sich bereits in den ersten Jahren nach 1815 als problematisch für die Wirtschaftsentwicklung der Altstadt, wo kaum Gelände zur Errichtung von Anlagen zur Verfügung stand. Nicht nur fehlender Platz zur Ansiedlung von Unternehmungen bildete ein Problem für die Entfaltung der Wirtschaft, sondern das Festungsregime selbst und die Allmacht der Militärs erwiesen sich auf längere Sicht als entwicklungshemmend. In der Frühphase der Industrialisierung, in der ersten Hälfte des 19. Jahrhunderts, wirkten diese Faktoren jedoch noch nicht in einer Weise, daß die Stadt Magdeburg entscheidende Entwicklungnachteile gegenüber vergleichbaren Städten erfuhr, zumal in den nahen Vorstädten Raum für industrielle Entwicklungen vorhanden war. Wirtschaftlich entwickelte sich die Stadt zunächst nach dem fast vollständigen Niedergang der Textilproduktion sogar günstig. Mit der fruchtbaren Börde im Hinterland blühte vor allem die Zichorienverarbeitung. Bis zum Ende des Jahrhunderts blieb die Elbestadt nicht nur Verarbeitungszentrum, sondern auch Handelsmittelpunkt für den „falschen Kaffee", der aus den Pflanzen hergestellt wurde. Relativ früh siedelten sich englische Vertretungen für Maschinen, die in der fortgeschrittenen Landwirtschaft des Magdeburger Raumes und anderen Wirtschaftszweigen eine zunehmende Rolle spielten, an. Nach wie vor war der Handel mit dem

überkommenen Stapelrecht an der Elbe eine Haupteinnahmequelle der Wirtschaft der Stadt. Daher traf es beim Handelsbürgertum und in der Stadtöffentlichkeit keineswegs auf Zustimmung, daß auf der Grundlage von Festlegungen des Wiener Kongresses im Jahre 1821 die Elbschiffahrtsakte abgeschlossen wurde, die auch das Stapelrecht aufhob. Manche Zeitgenossen, darunter auch solche, die als Experten galten, sahen darin den Untergang der Magdeburger Wirtschaft. Neben der Elbschiffahrtsakte, die auf den freien Schiffsverkehr auf der Elbe hinauslief, war es vor allem das preußische Zollgesetz von 1818 und dann die Gründung des Deutschen Zollvereins, die ganz neue Bedingungen auch und besonders für die Magdeburger Wirtschaftsentwicklung geschaffen haben. Unter den Persönlichkeiten, die die mit der einsetzenden Industrialisierung verbundenen neuen Möglichkeiten energisch zu nutzen versuchten, war der seit 1817 im Amt befindliche Oberbürgermeister August Wilhelm Francke, der auf Bitten der Bürgerschaft von König Friedrich Wilhelm III. eingesetzt worden war und neben diesem Amt auch noch die des Landrats für den Landkreis Magdeburg und des Polizeipräsidenten innehatte.
Für die Stadtentwicklung der ersten Hälfte des Jahrhunderts hat sich die Wahl Franckes zum Oberbürgermeister weit über die Wirtschaftsentwicklung hinaus als segensreich erwiesen. Er war frühliberalen Ideen verbunden und ein persönlicher Bekannter von König Friedrich Wilhelm III. Francke hatte hohen persönlichen Anteil an der Modernisierung der Stadt und deren Öffnung gegenüber zeitgemäßen Entwicklungen. Bevor sich für Magdeburg völlig neue Perspektiven wirtschaftlicher Entfaltung im Zeichen der Industrialisierung mit Dampfschiffahrt auf der Elbe, Eisenbahnen und eigener industrieller Entwicklung gestalteten, setzten zahlreiche Modernisierungsmaßnahmen im kommunalen Bereich ein. Dazu gehörte der Aufbau eines modernen Schulwesens, woran Carl Christoph Gottlieb Zerenner maßgeblichen Anteil hatte. Früh wandte sich die Magdeburger Stadtverwaltung dem Sozialproblem zu. Es wurde nicht nur ein für die Zeit gut funktionierendes und in mancher Hinsicht vorbildliches Armenwesen aufgebaut, im Jahre 1823 rief man mit Blick auf Lösungsvarianten der sozialen Frage auch eine in Preußen frühe städtische Sparkasse ins Leben, die für die Unterschichten die Möglichkeit schaffen sollte, wirtschaftliche Sicherheit und Vorsorge treffen zu können. Eine moderne Straßenbeleuchtung, eine öffentliche Badeanstalt, die Anlage von Plätzen für Leibesübungen – „Turnen“ war in dieser Zeit unter politisches Verdikt gefallen –, die Pflasterung der Gehwege in der Innenstadt und andere Maßnahmen verbesserten die Le-

Dampfschiff „Stadt Magdeburg“, 1839

Eröffnung der Eisenbahnstrecke nach Schönebeck

bensbedingungen der Bürger der Stadt. Von besonderer Bedeutung waren die Schaffung bzw. der großzügige Ausbau von Parkanlagen, die mit Hilfe des bekannten preußischen Gartenbaumeisters Lenné entstanden, und deren bedeutendste der Herrenkrugpark und der Kloster Berge Garten waren. Diese Parkanlagen bestimmten fortan das Stadtbild der Elbestadt und bildeten die Grundlage für deren Charakter als „grüne Stadt". Von den vielfältigen Modernisierungsmaßnahmen dieser Zeit, die meist direkt mit dem Wirken von August Wilhelm Francke zu tun haben, ragt die Neugestaltung der städtischen Wasserversorgung heraus. Seit alters her entnahm die Stadt Magdeburg ihr Wasser aus der Elbe. Die Kommunalpolitik der ersten Hälfte des 19. Jahrhunderts entwickelte das bemerkenswerte Ziel, die Bürger der Stadt kostenlos mit Wasser mittels einer modernen Wasserleitung zu versorgen. Dazu wurden nicht nur Dampfmaschinen eingesetzt, es entstanden auch ein Leitungssystem aus gußeisernen Rohren sowie ein Kanalsystem für das Abwasser. Damit befand sich die Stadt in einer Spitzenstellung in Europa. Das Wasser wurde von sogenannten „Kunstpfählen" gezapft. Die großzügige Wasserversorgung konnte allerdings nicht verhindern, daß 1831 eine Choleraepidemie die Elbestadt erfaßte und weit über 300 Menschen das Leben kostete. Es deutete sich damit an, daß die Entnahme des Wassers aus der Elbe bei gleichzeitiger ungeklärter Einleitung der Abwässer grundsätzlich neue stadthygienische Überlegungen verlangte. Die Wasserversorgung in der Amtszeit August Wilhelm Franckes hat zu der volkstümlichen Reflexion der Magdeburger geführt, daß die großen Bürgermeister bedeutende Erfinder von „Pumpen" gewesen seien: Guericke mit seiner Luftpumpe, Francke mit der „Wasserpumpe" und später Hasselbach, dem wegen der auf Kreditbasis vorgenommenen Stadterweiterung die Erfindung der „Geldpumpe" nachgesagt worden ist. Francke schrieb nicht zu Unrecht im Jahre 1825 an den Oberpräsidenten der Provinz Sachsen, Friedrich Christian Adolf von Motz, der später als preußischer Minister entscheidende Verdienste bei der Gründung des deutschen Zollvereins hatte: „Aus allem geht hervor, daß wohl keine Stadt im Preußischen so brillante Resultate ihrer Administration ... aufzuweisen hat, als Magdeburg."

Auf wirtschaftlichem Gebiet zeigten sich neue Ansätze im Zeichen der Industrialisierung zunächst neben der zunehmenden Maschinerie in den Zichorienfabriken (später in Zuckerfabriken) in der Elbschiffahrt. Schon 1818 befuhr erstmals ein Dampfschiff die Elbe bei Magdeburg. 1836/37 entstand nach Hamburg auch in Magdeburg eine Dampfschiffahrtsgesellschaft, die noch eine Maschinenfabrik betrieb, ab 1838 Buckauer Maschinenfabrik. Diese Maschinenfabrik reparierte und baute Dampfschiffe; zuerst die „Kronprinz von Preußen", dann 1839 das erste vollständig (einschließlich der Dampfmaschine) in Magdeburg (Buckau) gebaute Schiff „Stadt Magdeburg". Bis zur Revolution von 1848/49 war diese Fabrik eine der größten im Zollvereinsgebiet. Neben ihr hatten sich weitere Maschinenbaubetriebe in und um die Stadt etabliert, die Magdeburg zu einem frühen industriellen Kern und Maschinenbauzentrum machten.

Der Maschinenbau in Magdeburg war außer der Schiffahrt vor allem eng mit der fortgeschrittenen

Landwirtschaft des fruchtbaren Umlandes verbunden. Um 1830 entstanden in und um Magdeburg Zuckerfabriken, deren Ausrüstungen zunehmend auch in Magdeburg gebaut wurden. Der bedeutendste Ausrüster von Zuckerfabriken war nach 1840 die Maschinenfabrik des Grafen zu Stolberg-Wernigerode. 1841 gründete sich in Magdeburg auf Initiative des Industriellen Elias Christian Ludwig Zuckschwerdt mit dem „Verein der deutschen Runkelrübenzuckerfabrikanten“ die erste deutsche überregionale Unternehmerorganisation. Um die Jahrhundertmitte wies die Stadt Magdeburg mit ihrem Umland eine auch im deutschen Rahmen hohe Konzentration von in Betrieb befindlichen Dampfmaschinen auf; im Regierungsbezirk Magdeburg waren im Jahre 1849 insgesamt 249 Dampfmaschinen im Einsatz. Wichtig für die Gesamtentwicklung der Stadt war der früh einsetzende Eisenbahnbau. Auf diesem Gebiet hatte August Wilhelm Francke besondere Verdienste, vor allem indem er das Magdeburger Bürgertum und seine Repräsentanten von der unvergleichlichen Bedeutung der Eisenbahn zu überzeugen verstand. Pläne für eine Fernbahn nach Magdeburg waren von der Stadt Leipzig ausgegangen, die einen Zugang zur Elbe suchte und in Magdeburg zunächst auf Ablehnung gestoßen war. 1839 aber konnte das Teilstück zwischen Magdeburg und Schönebeck freigegeben und ein Jahr später

August Wilhelm Francke (1785–1851)

Stadtansicht von Süden mit Friedrich-Wilhelm-Garten (heute: Klosterberge-Garten), 1831, von Carl Hasenpflug

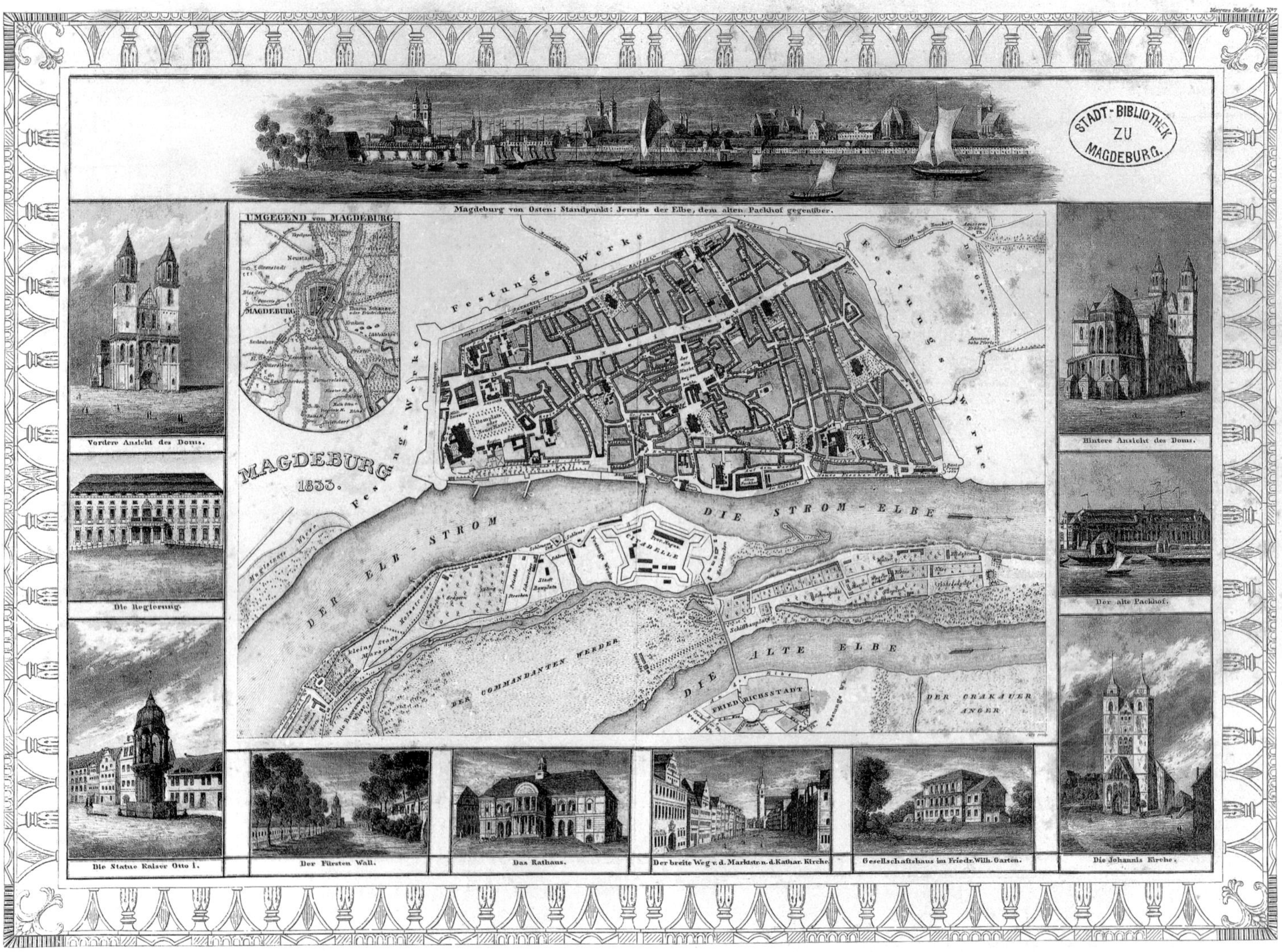

Plan von Magdeburg und Umgebung mit verschiedenen kleineren Ansichten, 1833

die ganze Strecke bis Leipzig in Betrieb genommen werden. Damit war die zweite deutsche Fernbahnlinie mit Anschluß bis Dresden fertiggestellt. Die Eisenbahn eröffnete ein völlig neues Feld von Mobilität, das in seinen wirtschaftlichen, kulturellen und mentalen Auswirkungen tiefgreifende Veränderungen nach sich zog und die Stadt Magdeburg an hervorragender Stelle an diesen neuartigen Entwicklungen teilhaben ließ. Die günstigen wirtschaftlichen Bedingungen, die weitsichtige und großzügige Kommunalpolitik und andere Faktoren führten trotz der durch die Festung gegebenen Beschränkungen dazu, daß Magdeburg in der ersten Hälfte des 19. Jahrhundert eine Phase außerordentlich kräftigen Wachstums zu verzeichnen hatte. Das zeigte sich auch deutlich in einem sprunghaften Anwachsen der Bevölkerungszahlen von ca. 23 000 Einwohnern im Jahre 1813 auf etwa 70 000 in der Mitte der 40er Jahre. Die Stadt Magdeburg war in der ersten Hälfte des Jahrhunderts sogar diejenige mit dem größten Wachstum im Zollvereinsgebiet. Im mitteldeutschen Raum verfügte zu diesem Zeitpunkt nur Dresden über mehr Einwohner. Die stürmische Entwicklung der Wirtschaft und der Bevölkerung sowie die kommunalen Modernisierungen vollzogen sich jedoch stets unter den Bedingungen der preußischen Festung. Die Festung und ihr Regime bestimmten die Lebensabläufe in der Stadt mehr oder minder mit, im Zweifelsfall waren die Festungsinteressen entscheidend. Die Festung selbst war in der Zeit der „Demagogenverfolgung" nicht nur für Preußen, sondern für den ganzen Deutschen Bund Kerker und politische Zwingburg der Reaktion. Die konkreten Folgen für die mentale Befindlichkeit des öffentlichen und privaten Lebens – beispielsweise lebten viele Magdeburger von Lieferungen und sonstigen Beziehungen mit der Festung und dem Militär – sind bislang nicht genau untersucht worden. Zu den herausragenden Beispielen prominenter Festungsgefangener aus politischen Gründen zählt der bekannte mecklenburgische Literat Fritz Reuter, der seinen zwangsweisen Aufenthalt in der Magdeburger Festung in dem berühmten Werk „Ut mine Festungstid" literarisch verarbeitet hat.

In der Zeit des Vormärz gingen von Magdeburg einige Impulse für liberale und demokratische Bewegung in Preußen und im Deutschen Bund aus, die das Bild, in dieser Zeit der bürgerlichen Emanzipation sei die Stadt von keinem besonderen Gewicht gewesen, erheblich relativieren. Magdeburger Abgeordnete traten im provinzialsächsischen Landtag und in der Stadtverordnetenversammlung für Bürgerrechte und die verfassungsmäßige Umgestaltung des preußischen Staates ein. Von Magdeburg ging mit der Bewegung der „Lichtfreunde" eine für ganz Preußen und das evangelische Deutschland bedeutende Strömung für Liberalisierung und Demokratisierung der evangelischen Kirche und des Staates zugleich aus. Nicht zufällig in der Provinz Sachsen, der Heimat der Reformation, entstand nach 1838 eine Dissidentenbewegung im Schoße der preußischen Staatskirche. Im Preußen nach 1815 hatte die Verschränkung von Kirche und Staat eine bis dahin nicht gekannte Qualität erreicht. Die Provinz Sachsen mit dem Magdeburger Konsistorium an der Spitze hatte wegen der Reformationstradition und wegen der Universität Halle, einer der wichtigsten theologischen Lehr- und Forschungsstätten in Preußen, einen herausragenden Stellenwert. Hier entzündete sich der Konflikt zwischen der staatskirchlichen Orthodoxie und rationalistischen Pfarrern und Laien an einem an sich geringfügigen Gegenstand: Der Magdeburger Kunstverein hatte 1838 ein Bild einer betenden Bauernfamilie am Waldesrand erworben und davon Lithographien anfertigen lassen. Als dann in der Presse ein schwülstiges Gedicht zu diesem Bild erschien, protestierte der Magdeburger Pfarrer Sintenis und setzte rationalistische Argumente dagegen. Die ganze Sache eskalierte, da das Konsistorium mit einer Untersuchung gegen Sintenis eingriff und die Angelegenheit zu einer ausufernden Auseinandersetzung zwischen der Staatskirche und rationalistischen Pfarrern wuchs. In kurzer Zeit erhielten die Rationalisten, denen es um Liberalisierung und Demokratisierung der Kirche und schließlich des mit der Kirche eng verwobenen Staatswesens ging, massenhaften Zulauf. Die führende Persönlichkeit der Magdeburger und provinzialsächsischen „Protestantischen Freunde", die schließlich die eigentlich abwertend gemeinte Bezeichnung „Lichtfreunde" für sich akzeptierten, war der Magdeburger Pfarrer Leberecht Uhlich.

Das harte Vorgehen des Magdeburger Konsistoriums gegen die Dissidenten trug dazu bei, daß sich eine Massenbewegung in und um Magdeburg bildete. Als 1844 mit Karl Friedrich Göschel auch noch ein prominenter preußischer Kirchenpolitiker im Range eines Oberpräsidenten als Konsistorialpräsident in Magdeburg eingesetzt wurde, trieb der Konflikt seinem Höhepunkt zu. Neben Göschel konzentrierten sich in Magdeburg in und um das Konsistorium noch weitere prominente orthodoxe Kirchenmänner und

Stadtansicht von Osten, um 1840

Wilhelm Weitling
(1808-1871)

konservative preußische Spitzenpolitiker. Ihre führende Persönlichkeit war Ernst Ludwig von Gerlach, Präsident des Oberappellationsgerichtes und persönlicher Freund und Berater von König Friedrich Wilhelm IV. Gerlach war es auch, der den jungen Otto von Bismarck darin beeinflußte, 1846 nach Schönhausen, in die Nähe Magdeburgs, überzusiedeln.
Aus der Bewegung der Lichtfreunde entwickelten sich bis 1848 zahlreiche Vereine und Strömungen mit liberalen, demokratischen und sozialen Zielsetzungen. Bemerkenswert war auch, daß Frauen innerhalb der Bewegung gleiche Rechte erhielten und so eine frühe Wurzel der Frauenbewegung entstand. Die Dissidenten wurden kurz vor der Revolution mit der Suspendierung von Leberecht Uhlich aus der preußischen Staatskirche getrieben und bildeten freie Gemeinden. Die Magdeburger Gemeinde war die bei weitem größte. Durch die Lichtfreundebewegung entstanden nicht nur scharfe kirchliche und politische Konflikte, es wurden auch eine breite politische Öffentlichkeit hergestellt und Organisationsformen sowie Führungspersönlichkeiten hervorgebracht. Zu den Strukturen, die auf die Lichtfreunde zurückgingen, kamen noch Bürger- und Volksversammlungen, die ebenfalls von Magdeburg aus in Preußen ihren Ausgang nahmen. Nicht direkt mit Magdeburger Vorgängen verbunden, wurde der in Magdeburg geborene Wilhelm Weitling zum Vordenker und zu einer der wichtigsten Persönlichkeiten frühen sozialistischen Denkens in Deutschland. Weitling war auch Begründer des „Bundes der Gerechten", der in Magdeburg eine seiner Gemeinden hatte.
Die starke politische Polarisierung in Magdeburg vor der Revolution von 1848 hatte zur Folge, daß Konsistorialpräsident Göschel und Polizeidirektor Ludwig von Kamptz, unter dessen Leitung die direkten Repressalien gegen die Dissidenten und Oppositionellen erfolgten, zu Symbolfiguren der Reaktion geworden sind. Gegen beide richteten sich auch gewalttätige Aktionen am Beginn der Revolution am 15. März 1848, als es auf dem Domplatz bei Auseinandersetzungen mit dem Militär zu Verwundeten und Toten kam. Göschel und Kamptz wurden aus der Stadt vertrieben. Magdeburg war eine der ersten Städte in Preußen, in denen an die Krone revolutionäre Forderungen gestellt worden sind. Die Stadt gehörte nach Berlin in den östlichen Provinzen der Monarchie zu den Brennpunkten des revolutionären wie des gegenrevolutionären Geschehens. Beide Richtungen hatten hier starken Rückhalt. Mit dem Magdeburger Abgeordneten der Preußischen Nationalversammlung Hans Victor von Unruh profilierte sich in Preußen einer der führenden liberalen Politiker. Unruh war in der Zeit der schärfsten Konfrontation der Nationalversammlung mit der Krone zum Präsidenten des Parlaments gewählt worden.

Leberecht Uhlich
(1799-1872)

Industrie- und Großstadt – Entwicklung und Stagnation bis zum Ersten Weltkrieg

Nach der gescheiterten Revolution von 1848/49 bemühten sich die in ihrer großen Mehrheit liberalen Stadtverordneten vergeblich, für den im Jahre 1848 zurückgetretenen Oberbürgermeister Francke einen geeigneten Nachfolger zu finden. Hans Victor von Unruh war der Wunschkandidat. Es bestand jedoch keinerlei Aussicht, beim König für diese Symbolfigur der Revolution die notwendige Bestätigung zu erlangen. Neuer Oberbürgermeister wurde vielmehr 1851 (1. Bürgermeister, ab 1853 Oberbürgermeister) Carl Gustav Hasselbach, ein konservativer Kommunalpolitiker.
Dennoch wurde die politische Öffentlichkeit der Bürgerstadt vom Liberalismus dominiert. Gestützt auf die Militärbehörden und die Beamtenschaft bestand in der Stadt jedoch auch immer ein starkes konservatives Spektrum. Ein lokal erhebliches Gewicht hatten nach wie vor demokratische Kräfte, die sich vorwiegend in Leberecht Uhlichs Freier Gemeinde sammelten, welche noch immer mehrere tausend Mitglieder zählte. Zu dieser Zeit gab es in Magdeburg eine wachsende jüdische Gemeinde mit ca. 800 Mitgliedern. 1851 wurde die Magdeburger Synagoge eingeweiht.
Während die politischen und kirchlichen Verhältnisse in den Jahren nach der Revolution in Magdeburg wie in ganz Preußen und dem Deutschen Bund von einer Reaktionsphase gekennzeichnet waren, stellte das Einsetzen der vollen Industrialisierung die Stadt vor die Aufgabe, lange aufgestaute Probleme der

Stadtentwicklung zu lösen. Es kam in der Folgezeit in den Vorstädten, vor allem in Buckau, zur Gründung bedeutender Firmen des Maschinen- und Anlagenbaus, der Gießereitechnik und anderer Branchen, die Weltgeltung erlangen sollten. Darunter befanden sich auch die für die Magdeburger Industriegeschichte charakteristischen Unternehmen von Hermann Gruson (gegr. 1855) sowie von Rudolf Wolf (gegr. 1862). Jetzt aber wurden die Festung und ihr Regime endgültig und unübersehbar zum entscheidenden Entwicklungshemmnis. Versuche, die nachteilige Wirkung der Festung für das Magdeburger Wirtschaftsleben zu beseitigen oder abzuschwächen hatte es bereits in der ersten Hälfte des 19. Jahrhunderts gegeben. Bereits damals ist eindringlich auf den Wohnungsmangel, die Enge der Altstadt und die sich daraus ergebenden stadthygienischen Probleme hingewiesen worden. Alle Vorschläge, diese Enge aufzubrechen, großzügige Verkehrsanlagen, Wohnungen, notwendige öffentliche Bauten usw. zu schaffen, scheiterten an der Allmacht der Militärs. Zu den grundlegenden Notwendigkeiten der Modernisierung gehörte auch die Errichtung eines modernen Zentralbahnhofes. Die Auswirkungen der Festung haben in hohem Maße dazu beigetragen, daß in den

Ernst Ludwig von Gerlach (1795-1877)

DIE MAGDEBURGER INDUSTRIE UM 1900

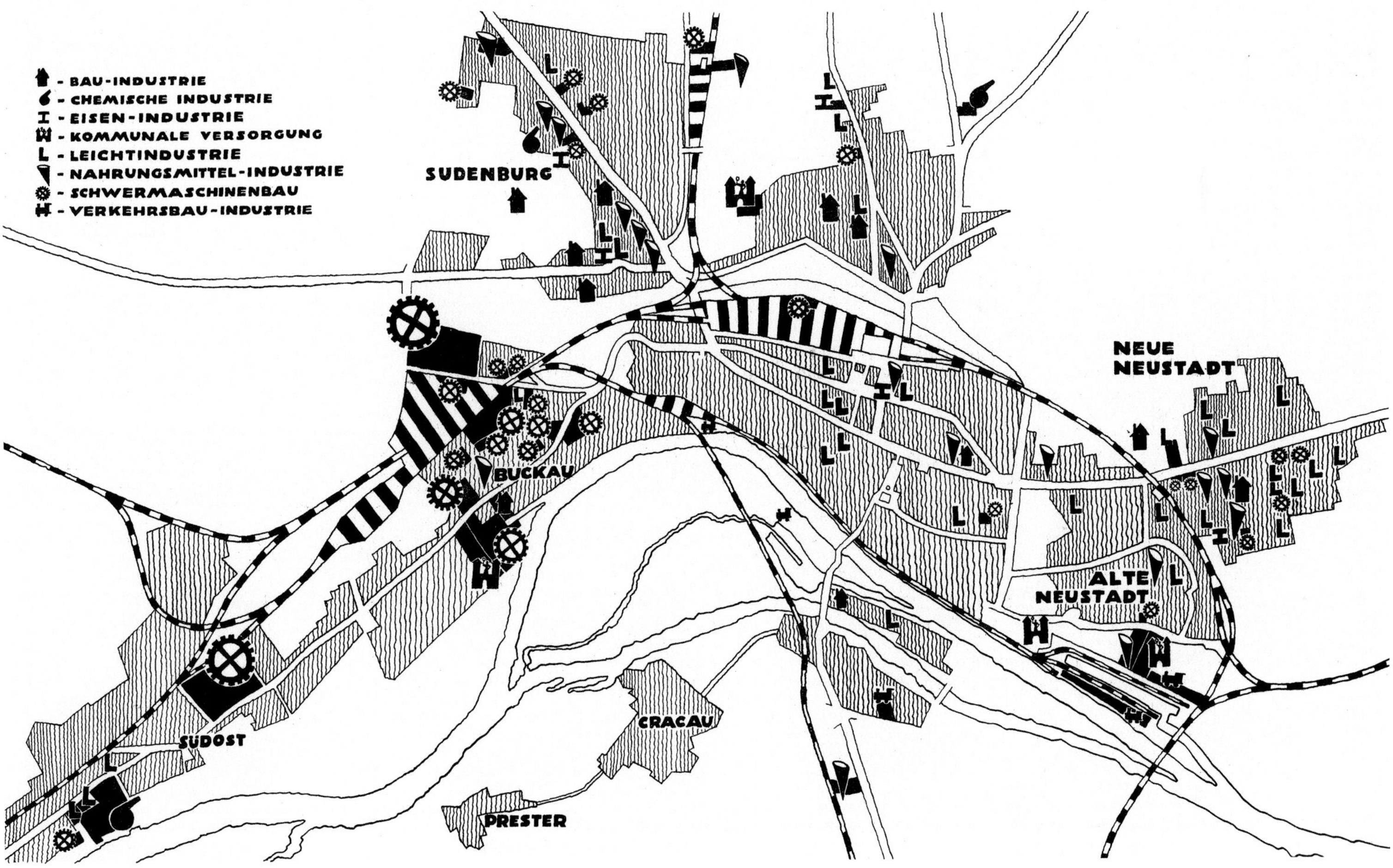

Bernhard Schäffer (1823–1877), Erfinder des Plattenfeder-Manometers und Gründer der Meßgeräte- und Armaturenfabrik „Schäffer & Budenberg"

Christian Friedrich Budenberg (1815–1883) gründete mit Bernhard Schäffer die Meßgeräte- und Armaturenfabrik „Schäffer & Budenberg"

wichtigen Jahren zwischen der Jahrhundertmitte und der Reichseinigung von 1871 die bis dahin eine Spitzenstellung unter den preußischen und deutschen Städten behauptende Stadt Magdeburg in der Entwicklung gegenüber anderen Städten erheblich zurückfiel, obzwar noch andere Ursachen dafür auszumachen sind. Dies bedeutete nicht, daß sich nicht auch der städtische Raum Magdeburg im Zeichen von Industrialisierung und Urbanisierung beträchtlich vergrößert hätte. Um das Problem deutlich werden zu lassen: Im Jahre 1852 hatte die Stadt Magdeburg etwas mehr als 76 000 Einwohner. Leipzig verfügte im gleichen Jahr über fast 67 000 Einwohner. 1900 hatte sich Magdeburg zu einer Stadt mit knapp 230 000 Einwohnern entwickelt, Leipzig aber war mit knapp 584 000 bei weitem stärker gewachsen. Bedeutende Fabrikgründungen, die den Strukturwandel Magdeburgs zur Industriestadt maßgeblich bestimmt haben, waren von vornherein in den Vorstädten und besonders im günstig gelegenen Buckau gegründet worden. Nicht selten zogen erfolgreiche Betriebe

Magdeburg und Vorstädte, Plan von Albert Rathke aus dem Jahre 1886

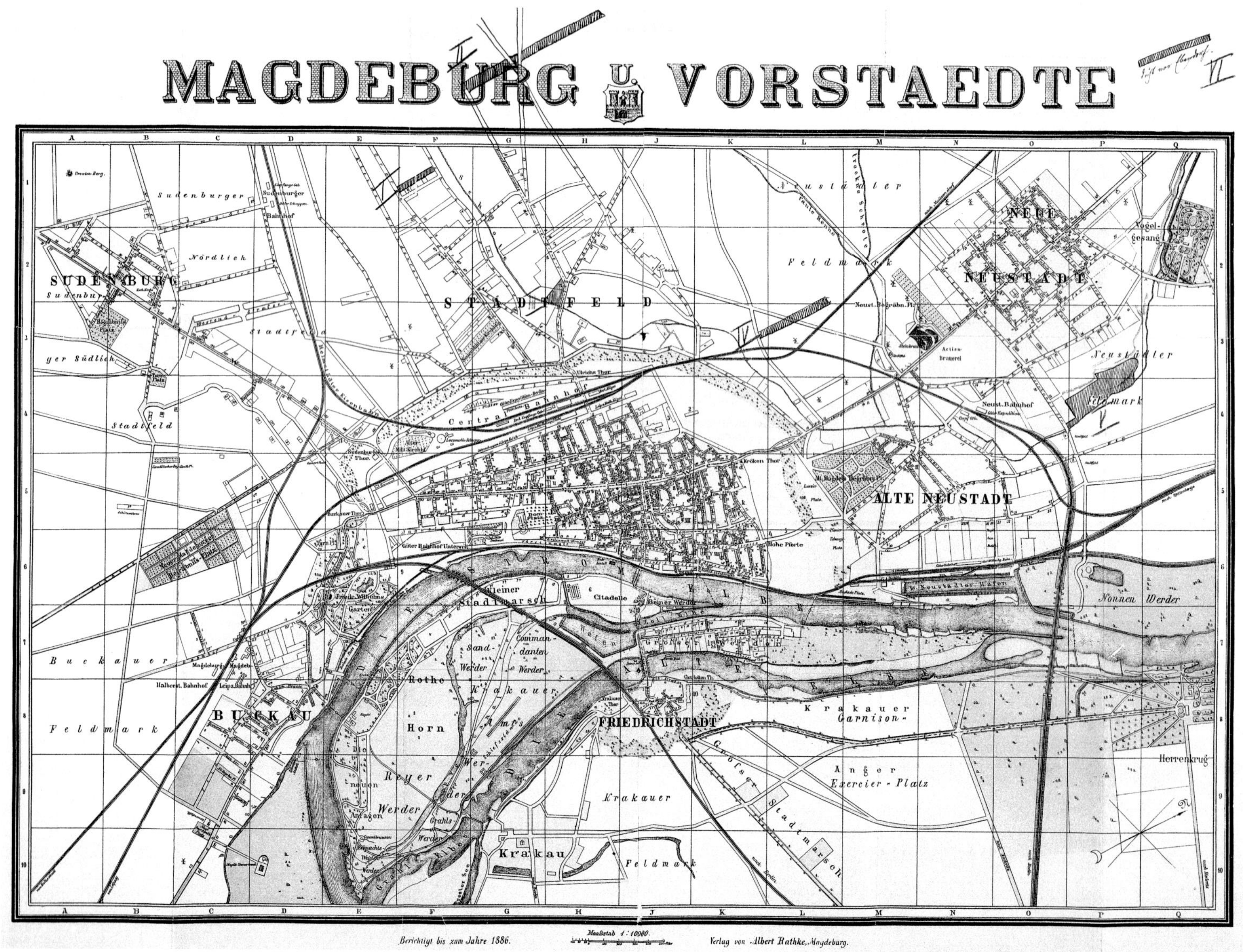

wegen der Enge und der Festungssituation in die Vorstädte um. Das Unternehmen Schäffer & Budenberg zählte dazu. Zur zentralen Frage der Stadtentwicklung wurde das Verhältnis zur Festung und zum Militär bzw. die Stadterweiterung – letztere war notwendig, um sich im Zeitalter der Industrialisierung und der Urbanisierung zu einer modernen Großstadt entwickeln zu können. Dabei ging es auch um das Problem der Eingemeindung der Vorstädte. Unter Oberbürgermeister Gustav Hasselbach leitete die Stadtverwaltung langwierige, aber schließlich erfolgreiche Verhandlungen mit der preußischen Regierung und der Militärverwaltung hinsichtlich der obengenannten Fragen ein. Bevor das noch zu greifbaren Ergebnissen führte, wurde 1867 auf Initiative von Sudenburg selbst diese Vorstadt eingemeindet. Schließlich kam im Jahre 1870 ein Vertrag mit der preußischen Regierung zustande, nach dem die Stadt ein 54 Hektar großes Gelände im Süden und Westen der bisherigen Stadt (Bahnhofsgelände, Guerickestraße, Hasselbachplatz, Hegelstraße usw.) kaufen konnte. Die militärischen Siege des preußischen Staates vor allem im Jahre 1866 und die faktische Herstellung des deutschen Nationalstaates unter Preußens Führung mögen zur Kompromißbereitschaft des Militärs in der Festungsfrage beigetragen haben.

Die Festung aber wurde nicht etwa aufgegeben, sondern man verlegte ihre Anlagen in modernisierter Form weiter nach draußen vor die Stadt. Ihre militärische Bedeutung nahm in der Folgezeit ab, ihre Stellung gegenüber der Stadt aber blieb. Erst 1912 wurde der letzte Festungskommandant abberufen. In den Jahren nach der Gründung des Deutschen Kaiserreiches entstanden auf dem für die Stadt gewonnenen Gelände repräsentative Gebäude privater und öffentlicher Natur. Schulneubauten wie die Guericke-Oberrealschule in der Ravensberger Straße, die Augusta- und Bismarck-Schule und andere entstanden. Das Stadttheater an der Kaiser(Guericke)-Straße wurde neben weiteren modernen Bauten errichtet. Das Militär baute zwischen 1889 und 1893 das prächtige Gebäude des Generalkommandos am Fürstenwall. Mit diesem Palais wurde die Bedeutung des preußischen Militärs für die Stadt Magdeburg noch einmal unübersehbar hervorgehoben.

Innerhalb des Festungsgeländes konnte 1873/74 der dringend benötigte neue Zentralbahnhof (Hauptbahnhof) eröffnet werden. Es hatte die Gefahr bestanden, daß Magdeburg – in der Frühzeit der Eisenbahn wichtiger Knotenpunkt – vom Fernverkehr abgekoppelt werden würde.

Die Entwicklung zur Großstadt erfuhr eine wesentliche Entwicklung durch die Eingemeindung der mit der Altstadt bereits eng verwachsenen Vorstädte Neustadt (fast 30 000 Einwohner im Jahre 1886) und Buckau (17 500 Einwohnern im Jahre 1887). Das

Oberbürgermeister Gustav Hasselbach (1809–1882)

Wachstum Magdeburgs als Industriestadt brachte mannigfaltige stadthygienische und soziale Probleme mit sich. Ein ständiges Problem bestand neben der Wohnungsfrage für die Unterschichten in der Wasserversorgung, die nach wie vor aus der Elbe gespeist wurde. Die ungeklärte Einleitung von Elbwasser in die städtischen Leitungen erwies sich mit fortschreitender Industrialisierung und die damit verbundene Umweltverschmutzung als immer problematischer. 1859 wurde vor der Stadt, die bis dahin mit ihren ungeklärten Abwässern der stärkste Verschmutzer des eigenen Wassers war, in Buckau ein neues Wasserwerk eröffnet. Hier entstanden schrittweise Anlagen zur Aufbereitung des Flußwassers, ohne daß man das Problem wirklich in den Griff bekam. Gelöst werden konnte das Abwasserproblem erst nach 1880 durch die Ableitung auf Rieselfelder östlich der Stadt bei Körbelitz. Die letzte Cholerawelle, die 1873 die Stadt erfaßt und über 1 500 Todesopfer gefordert hatte, beschleunigte die Lösung der Abwasserfrage. Ebenfalls in dieser Zeit wurden nach den Hauptstraßen auch die anderen Straßen der Stadt gepflastert. Die Straßen erhielten eine moderne Gasbeleuchtung.

Die entstehende Arbeiterbewegung hatte in Magdeburg bereits vor 1848 erste Organisationsformen angenommen. 1863 entstand ein Arbeiterbildungsverein, bei dem Johannes Münze und Julius Bremer eine führende Rolle spielten. Der Bildungsverein war in Magdeburg wegen der Tradition der Freien Gemeinde unter Führung von Leberecht Uhlich stark von dessen Ideen und des ihm nahestehenden Dr. Max Hirsch beeinflußt. Mit Julius Bremer und Wilhelm Klees profilierten sich die führenden Persönlichkeiten der Frühgeschichte der Magdeburger Sozialdemokratie. In der Stadt bestand eine der Sektionen der I. Internationale. Die Magdeburger Arbeiterorganisationen hatten sich zunächst dem ADAV des Ferdinand Lasalle angeschlossen und waren danach der Eisenacher Partei August Bebels beigetreten. Mit der Festungssituation hing zusammen, daß die entstehende Arbeiterbewegung in Magdeburg besonders rigoros verfolgt wurde. Der Staatsanwalt Tessendorf, bis 1874 in Magdeburg, hatte sich hier geradezu durch seine Unnachsichtigkeit für höhere Aufgaben im Kampf gegen die Sozialdemokratie in Preußen empfohlen. Eine besonders enge Verbindung ging die Magdeburger Sozialdemokratie mit Braunschweig und Wilhelm Bracke ein. Bracke war wiederholt Reichstagskandidat für seine Partei in Magdeburg. Die besonderen Verfolgungen der sozialdemokratischen Arbeiterbewegung in der Festungsstadt Magdeburg hatten zur Konsequenz, daß sich hier bis zum Ende des Jahrhunderts keine stabile und kontinuierliche Organisation eines Ortsvereins bilden konnte.

Die Jahrhundertwende bedeutete für die Stadt keine wesentliche Zäsur. Repräsentative Bauten komplettierten den unter Hasselbach begonnenen Ausbau der Stadt. Herausragend waren der Bau des Kaiser-Friedrich-Museums und des Justizpalastes.

Mit der Straßenbahn, seit 1899 elektrisch betrieben, entstand ein modernes Verkehrsmittel. Die Elektrizität hielt Einzug zunächst zu Beleuchtungszwecken und bald auch in wirtschaftlicher Anwendung.

Um die Jahrhundertwende wurde bereits sichtbar, daß die Konzentration der Industrie auf den Schwermaschinen- und Apparatebau erhebliche Risiken barg, und das Profil der Wirtschaft insgesamt einer Erweiterung und Modernisierung bedurfte. Dazu gehörte auch die Erweiterung der Hafenanlagen mit der Perspektive des Anschlusses an den zu bauenden Mittellandkanal und der Bau eines neuen Verschiebebahnhofes, um die wirtschaftliche Bedeutung als Eisenbahnknotenpunkt wieder zu unterstreichen. Aus Gründen der Wirtschaftsentwicklung, aber auch der Stadtentwicklung insgesamt, wurden großflächige Eingemeindungen vorgenommen: 1908 Rothensee, 1910 Cracau, Fermersleben, Lemsdorf, Prester, Salbke und Westerhüsen. Dennoch war um die Jahrhundertwende deutlich geworden, daß Magdeburg beträchtlich in seiner Stadtentwicklung gegenüber vergleichbaren Großstädten wie Leipzig, Dresden, Hannover und München zurückgeblieben war. Die eingeleiteten Maßnahmen erwiesen sich zwar als tendenziell richtig, wurden jedoch von einer erstarrten Stadtverwaltung, die weitgehend im Einvernehmen mit dem nach wie vor dominanten Militär, der hohen Beamtenschaft der Staatsbürokratie und der konservativen Kirchenleitung handelte, eher schläfrig umgesetzt.

Zu den herausragenden technischen Leistungen der Zeit nach der Jahrhundertwende gehörte die erfolgreiche Ausführung des ersten deutschen Motorfluges auf dem Cracauer Anger durch Hans Grade. Grade aber fand für seine Motorenwerke oder gar für einen Flugzeugbau in Magdeburg keine Basis und ging 1909 in die Nähe von Berlin.

Keine Perspektive in seiner Geburtsstadt Magdeburg sah auch der bedeutende deutsche Dramatiker Georg Kaiser für sich. Er verließ nach einer reichen Heirat die Elbestadt im Jahre 1911.

Als dann eine neue Phase der Rüstung begann, die schließlich in die Vorbereitung des Ersten Weltkrieges mündete, geriet die traditionelle Magdeburger Wirtschaft als Rüstungsindustrie wieder in den Aufwind, was notwendige Strukturmaßnahmen blockierte. Zu den ernsten Problemen der Stadt gehörte weiterhin das Wasser. Trotz ständiger Modernisierungen des Buckauer Wasserwerkes erwies sich das Elbwasser wegen der nicht aufzuhaltenden Verschmutzung als Gefahr für die Gesundheit der Menschen. Nach 1880 hatte es mehrfach die Situation gegeben, daß das Elbwasser ungenießbar war. Heftige Auseinanderset-

Denkmal für die 1864, 1866 und 1870/71 gefallenen Magdeburger in der Parkanlage der Hegelstraße, Enthüllung 1877

Oberbürgermeister Hermann Beims (1863-1931)

zungen mit der preußischen Regierung hatten deren dringende Empfehlung zur Folge, daß Magdeburg seine Wasserversorgung auf die Basis von Grundwasser umstellen sollte. Eine aufwendige Suche nach einer Lösung brachte kurz vor dem Ersten Weltkrieg das Ergebnis, daß eine Entnahme im Bereich der Letzlinger Heide eine geeignete Möglichkeit darstellte. Wegen des Krieges ist es allerdings nicht mehr zu ernsthaften Maßnahmen gekommen.

Der Erste Weltkrieg wurde wie im ganzen Deutschen Reich mit großer Begeisterung begrüßt. Die Magdeburger Wirtschaft wurde als Rüstungsindustrie bedeutend aufgebläht und die Stadt dadurch zu einem wesentlichen Rüstungszentrum. Die Patronenfabrik Polte war die größte ihrer Art in Deutschland. Nach der ersten Kriegsbegeisterung allerdings folgte auch in Magdeburg die Ernüchterung. Kriegstote, Not und Hunger kehrten ein. Im Winter 1916/17 erlitten die Magdeburger mitten im fruchtbarsten Landwirtschaftsgebiet Deutschlands ebenso den „Kohlrübenwinter“ wie anderswo im Reich. Im Verlaufe des Jahres 1918 folgte angesichts der Kriegslage der Niedergang des wirtschaftlichen, sozialen und kulturellen Lebens in Magdeburg. Es regte sich verschiedentlich ein Aufbegehren der Bevölkerung in Form von Streiks und anderen Widerstandsmaßnahmen gegen das politische und wirtschaftliche System. Obwohl auch in Magdeburg die 1917 gegründete USPD Anhänger und Mitglieder hatte, dominierte innerhalb der Arbeiterbewegung die Mehrheitssozialdemokratie. 1917 war mit Hermann Beims einer der prominentesten Magdeburger Sozialdemokraten in den Magistrat aufgenommen worden. Die Magdeburger MSPD erreichte in der Zeit vor und während der Novemberrevolution nicht nur in Preußen, sondern auch im Reich erheblichen Einfluß, was sich bereits darin zeigte, daß im Kabinett des Max von Baden ein Magdeburger Redakteur der „Volksstimme“ als Unterstaatssekretär vertreten war. Otto Landsberg, ein weiterer prominenter Mehrheitssozialdemokrat aus Magdeburg, wurde Mitglied des Rates der Volksbeauftragten. Während der Novemberrevolution war Magdeburg keines der nationalen Zentren der Auseinandersetzungen. Zu den Besonderheiten der Revolution gehörte in der Elbestadt, daß die Bewegung so gut wie völlig von der Mehrheitssozialdemokratie beherrscht wurde und vergleichsweise etwa mit den Nachbarstädten Halle und Braunschweig sowohl weitgehend unblutig als auch undramatisch verlief. Persönlichkeiten der MSPD, vor allem Hermann Beims und Ernst Wittmaak, profilierten sich als führende Kräfte der nunmehr für die Geschicke der Stadt längere Zeit bestimmenden politischen Richtung.

Magdeburg zwischen den Weltkriegen (1919 bis 1933)

Im demokratischen Staatswesen der Weimarer Republik eröffneten sich für Magdeburg gänzlich neue Perspektiven zur Stadtentwicklung. Anders als während mehrerer Jahrhunderte der Zugehörigkeit zur Monarchie von Brandenburg/Preußen war die Elbestadt nicht mehr eingezwängt in eine bestimmte Rol-

Georg Kaiser (1878-1945)

le innerhalb des autoritären Staatswesens. Dadurch konnten tiefgreifende und prägende Entwicklungen im Sinne einer generellen Modernisierung eingeleitet werden. Die Stadt hatte unter der preußischen Monarchie eine zwiespältige Entwicklung genommen und war schließlich auf wichtigen Gebieten zu einer eher schläfrigen, in ihrer urbanen Entfaltung gehemmten preußischen Provinz- und Militärstadt geraten. Dies prägte auch das geistige und politische Klima.

Das war zwar nicht allein maßgebend, aber doch dominant für die Stadt. Magdeburg war die einzige der preußischen Provinzhauptstädte, die diese Stellung zwar formal innehatte, aber in der Realität nur teilweise und unvollkommen oder gar nicht ausfüllen konnte. Im Jahre 1919 hatte Magdeburg 286 041 Einwohner und war damit die mit Abstand größte Stadt der Provinz Sachsen. Die Elbestadt und die Region der Mittelelbe waren in der Zeit der Weimarer Republik politisch gesehen einerseits eine der Hochburgen der Sozialdemokratie im Reich, aber gleichzeitig auch starke Bastionen konservativer bzw. nationalkonservativer Kräfte. Diese hatten ihre Basis vor allem in Teilen der Beamtenschaft, des Militärs, der früheren preußischen Staatskirche und auch der Wirtschaft. Bereits Anfang des Jahres 1919 wurde in Magdeburg unter maßgeblicher Mitwirkung des Fabrikanten Franz Seldte die Organisation „Stahlhelm. Bund der Frontsoldaten" als Reichsbund gegründet. Seldte wurde ihr „Erster Bundesführer". Die Organisation, die eine der mitgliederstärksten und einflußreichsten der Zeit der Weimarer Republik wurde, hatte ihr Reichszentrum in Magdeburg.

Im politischen Spektrum der Stadt war noch eine linksliberale, zumeist in der DDP organisierte Strömung von Bedeutung, während die Kommunisten eine gelegentlich zwar lautstarke, aber insgesamt einflußlose Gruppierung blieben.

Anfang des Jahres 1919 kam es in der Elbestadt zu einer Zuspitzung und Radikalisierung der politischen Lage. Sie wurde durch Aktionen unzufriedener Soldaten und Matrosen ausgelöst und hatte eine Basis in Teilen sozialer Unterschichten. In Magdeburg waren solche Kräfte eine Minderheit, bildeten aber auch hier eine Plattform für kommunistische Kräfte und deren Agitation. Angebliche Putschpläne unter den Soldaten hatten die Ordnungskräfte zur Verhaftung des Vorsitzenden des Soldatenrates und Vorsitzenden des Ortsverbandes der USPD, Albin Brandes, und zweier seiner Mitarbeiter veranlaßt. Dies löste eine Revolte aufgebrachter Soldaten aus, bei der es zu Schießereien und Plünderungen kam. Der zufällig in der Stadt anwesende Reichsjustizminister Otto Landsberg wurde dabei entführt und wieder befreit – eine Aktion, die in der Folge zu einer der politischen Possen der frühen Zeit der Weimarer Republik wurde. Die Truppen der Generals Maercker machten den Wirren gewaltsam ein Ende, wodurch am 9. April auf dem Domplatz und seiner Umgebung zehn Tote und 39 Schwerverletzte zu beklagen waren. Diese Zusammenstöße beendeten die gewaltsamen Aktionen in Magdeburg. Es zeigte sich bald, daß eine Mehrheit der Bevölkerung und besonders der Arbeiterschaft nach wie vor fest hinter der MSPD stand. Anfang März erlangten die Sozialdemokraten bei den ersten demokratischen Wahlen zur Stadtverordnetenversammlung die absolute Mehrheit. Zum Oberbürgermeister der Stadt wurde am 24. April 1919, auch von bürgerlichen und konservativen Kräften, ohne Gegenstimme Hermann Beims gewählt. Diese Einmütigkeit stellte in jener Zeit eine Besonderheit in deutschen Großstädten dar. Mit Beims stand ein außergewöhnlich befähigter Kommunalpolitiker an der Spitze der Stadtverwaltung. Er vertrat wache und klare Vorstellungen im Sinne der Modernisierung der Stadt. Beims hatte trotz verschiedener Anfeindungen auch im rechten Lager die Unterstützung politischer und wirtschaftlicher Kräfte.

Franz Seldte (1882 - 1947)

Führende Persönlichkeiten des bürgerlichen Lagers im Stadtparlament wie Carl Miller, Wilhelm Kobelt (DDP) und Georg Zehle (DNVP) leisteten an der Spitze ihrer Parteien und Gruppierungen, oft in Zusammenarbeit mit dem Beims-Magistrat, ebenfalls wichtige Beiträge zur Entwicklung der Stadt. Die hochgesteckten Ziele der neuen Führung Magdeburgs wurden vor allem durch die sich ausbreitende Not der Menschen gebremst. Das Jahr 1923 blieb den Menschen vor allem als Notzeit im Zeichen der Inflation in Erinnerung. Trotz dieser schwierigen Zeit wurde die kommunale Modernisierung zielstrebig eingeleitet. Dazu gehörte die Fertigstellung der Sternbrücke, die den Rotehorn-Park mit dem Ausstellungsgelände an die Innenstadt anbinden sollte. Mit der „Mitteldeutschen Ausstellung Magdeburg" (MIAMA) im Jahre 1922 wurde eine erfolgreiche Expositionstätigkeit der Stadt begründet. Andere Ausstellungen, besonders die „Deutsche Zuckerausstellung" bereits nach Ende der Krise im Jahre 1925, erzielten ein hohes Maß an Wirtschaftsförderung in der Stadt und der Region und verschafften ihr Geltung als mitteldeutsches Zentrum. Für die Modernisierung waren neue Ideen und Wege nötig. Unter solchen Zielstellungen konnte für den wichtigen Baubereich mit Bruno Taut einer der profiliertesten Architekten seiner Zeit im Jahre 1921 für das Amt des Stadtbaurates gewonnen werden. Mit Taut begann eine Entwicklung, die Magdeburg zu einem Zentrum des „Neuen Bauens" und „Neuen Gestaltens" machte. Obwohl unter der direkten Leitung Tauts in der Krisenzeit nur wenige Bauten ihre Realisierung erfuhren, hat sein Wirken tiefe Spuren in der Entwicklung und besonders im Baugeschehen der Stadt hinterlassen. Seine Schüler und Mitarbeiter, besonders

Einweihung des Wasserwerkes Colbitz durch Oberbürgermeister Ernst Reuter (1889–1953), 1932

Johannes Göderitz, Carl Krayl und Conrad Rühl, setzten sein Werk eindrucksvoll fort.
Eines der dringendsten Probleme stellte die Wohnungsnot der unteren Schichten dar. Magdeburg gehörte zu jenen deutschen Großstädten, die wegen stadthygienischer Mängel die höchsten Ziffern der Säuglingssterblichkeit, Tuberkulose und weiterer Krankheiten aufwies. Zur Behebung der Misere ging Magdeburg vor allem den Weg über die Unterstützung der bereits vor dem Ersten Weltkrieg bestehenden und sich im Jahre 1921 zum „Verein für Kleinwohnungswesen“ zusammenschließenden Wohnungsbaugenossenschaften, deren Leitung Willi Plumbohm innehatte. Das für moderne Stadtgestaltung beispielhafte Wirken der Genossenschaften konnte erst nach der wirtschaftlichen Erholung nach 1924 größere Erfolge erreichen. Zwischen 1925 und 1928 wurde die erste große Siedlung an der Großen Diesdorfer Straße, die spätere Hermann-Beims-Siedlung, errichtet. Weitere Siedlungen an der Berliner Chaussee, in Westerhüsen, auf dem Brückfeld und in der Neuen Neustadt vervollständigten den modernen Wohnungsbau.
Im Jahre 1923 vorbereitet wurde mit dem „Reichsbanner Schwarz-Rot-Gold“ 1924 eine weitere große nationale politische Organisation gegründet, die in Magdeburg ihren Sitz und ihr Reichszentrum hatte. Das „Reichsbanner Schwarz-Rot-Gold“ war als Schutzbund der Demokraten gegen die Feinde der Demokratie und der Republik gedacht.
An der Spitze der Organisation standen Oberpräsident Otto Hörsing und Karl Höltermann. Die Gründung war eine Reaktion auf fortgesetzte Angriffe radikaler Kräfte auf die Republik.
Nach 1924 ging die Stadtverwaltung ernsthaft daran, mit massiver Unterstützung der städtischen Wirtschaft und der Öffentlichkeit die Stellung der Stadt als Provinzialhauptstadt bzw. Hauptort einer föderalen Neugliederung in Mitteldeutschland entscheidend auszubauen. Oberbürgermeister Hermann Beims stand an der Spitze dieser Bemühungen. Beims hatte im Verein mit Vertretern der mitteldeutschen Wirtschaft die „Mitteldeutschlandfrage“ im Merseburger Provinziallandtag aufgeworfen – die Frage der Überwindung der Zersplitterung und einer sinnvollen föderalen Neugliederung Mitteldeutschlands. Nunmehr entfaltete sich eine außerordentlich lebhafte Debatte vor allem politischer, wirtschaftlicher und wissenschaftlicher Kreise in- und außerhalb der Provinz Sachsen. In dieser Diskussion, die Bestandteil der allgemeinen deutschen Auseinandersetzung um die notwendige Reichsreform war, hatte Beims den Zusammenschluß der Provinz Sachsen mit den Freistaaten Anhalt, Thüringen und Braunschweig vorgeschlagen. Wirtschaftliche und politische Kreise der Stadt strebten die Erhebung Magdeburgs zur mitteldeutschen Landeshauptstadt an. Diesem Ziel dienten auch eine Vielzahl von Maßnahmen der Stadtverwaltung und der Magdeburger Öffentlichkeit sowie der Wirtschaft zum wirtschaftlichen, politischen und kulturellen Ausbau der Elbestadt. Dabei wurde das ehrgeizige Projekt verfolgt, den historischen Rückstand, den Magdeburg durch die Fesseln der Festung gegenüber solchen Städten wie Dresden, München, Leipzig und Hannover hatte hinnehmen müssen, aufzuholen. Unter anderem ließ die Stadtverwaltung Pläne für eine 700 000 Einwohner zählende Metropole an der Elbe ausarbeiten. Diesen weitgesteckten Zielen diente auch der zügige Ausbau Magdeburgs mit repräsentativen öffentlichen Gebäuden. Auf diesem Gebiet sind eine Reihe von aufsehenerregenden Erfolgen gelungen. Das Fernmeldeamt, das Gebäude der Allgemeinen Ortskrankenkasse sowie der Chirurgische Pavillon des Sudenburger Krankenhauses gehörten dazu, vor allem aber die Stadthalle (mit dem Ausstellungsgelände), die aus Anlaß der Deutschen Theaterausstellung in einer achtmonatigen Bauzeit im Jahre 1927 errichtet wurde.
Die Theaterausstellung, die Magdeburg weithin bekanntmachte, war in erster Linie als Mittel gesehen worden, das Ansehen der Stadt zu erhöhen und ihre Stellung zu stärken. Um das Magdeburger Theater ging es dabei erst in zweiter Linie. Obwohl die Stadt keine herausgehobene Stellung im deutschen Kulturleben wie Berlin, Dresden oder München einnahm, verfügte sie über ein ordentliches Theater, ein Musikleben, das eine lange Tradition hatte und auf gutem Niveau stand, sowie über weitere beachtliche Kulturbereiche. Mit der dritten Deutschen Theaterausstellung im Jahre 1927 – die beiden ersten hatten in Berlin bzw. in Wien stattgefunden – hatte Magdeburg den Höhepunkt einer außerordentlich dynamischen

kommunalen Entwicklung und der erfolgreichen Bemühungen um „Geltung“ in Mitteldeutschland und im nationalen Rahmen erreicht. Für den weiteren repräsentativen Ausbau benötigte die Kommune das Zitadellengelände. Man hatte gehofft, nach dem Ende der Monarchie in Preußen diesem Ziel rasch näherzukommen. Dies erwies sich jedoch als Trugschluß. Erst im Jahre 1927 kam nach immerhin 35 Jahren entsprechender Verhandlungen ein Vertrag zustande.

Nach dem Erfolg der Theaterausstellung stellten sich jedoch auch zunehmend Rückschläge für die weit gespannten Metropolitanpläne der Stadt ein. Die Hauptursachen dafür waren, daß die angestrebte föderale Neugliederung Mitteldeutschlands mit Magdeburg als Zentrum sich als nicht realisierbar erwies und vor allem die preußische Staatsregierung und einige Reichsbehörden der Metropolitanpolitik Magdeburgs entgegenwirkten. Andere mitteldeutsche Städte bzw. Regionen, besonders Halle, Merseburg und auch Erfurt, konnten zudem erfolgreich eigene Ansprüche zum Nachteil Magdeburgs durchsetzen. So wurde die Reichsbahndirektion Magdeburg zugunsten von Hannover, Hamburg und Halle aufgelöst; entgegen ursprünglicher Zusagen erhielt die Elbestadt keine der zwei preußischen Lehrerakademien der Provinz (kamen nach Halle und Erfurt). An Erfurt verlor Magdeburg auch das Landesarbeitsamt. Auf dem Gebiet der Etablierung einer Hochschuleinrichtung oder gar Universität erreichten Stadtverwaltung und Öffentlichkeit nichts. Es hat auch keine energischen Anstrengungen dazu gegeben. Dieser Aspekt der Stadtentwicklung bildete ein zwar nicht völlig vernachlässigtes, aber doch in seiner grundsätzlichen Tragweite von der Kommunalpolitik nicht als vordringlich betrachtetes Feld. Immerhin aber wurden mit Hilfe der Universität Halle „Hochschulwochen“ veranstaltet, die sich eines großen Zuspruchs der Bürgerschaft erfreuten.

Zu den weit gespannten Plänen der führenden Kräfte der Elbestadt gehörten weiterhin umfangreiche Eingemeindungsprojekte. Auch in dieser Frage gelangen nur Teilerfolge. Diesdorf, der Biederitzer Busch, Gut Zipkeleben, Kreuzhorst und Forst Pechau wurden eingemeindet und so eine beträchtliche Erweiterung des Stadtareals erzielt. Jedoch mißlang die Eingemeindung von Schönebeck, Frohse, Salzelmen sowie Barleben, Biederitz und Heyrothsberge. Besonders das Mißlingen des bereits sehr weit gediehenen Schönebeck-Projektes bremste die ausgreifenden Pläne Magdeburgs zur weiteren Modernisierung und zum Ausbau der Stadt, die zunächst aufgeschoben und dann aufgegeben werden mußten, als die Weltwirtschaftskrise von 1929 voll auch auf Magdeburg durchschlug. Für die Wirtschaft der Elbestadt erwies sich ihre recht einseitige industrielle Profilierung durch den exportintensiven Maschinenbau als besonders krisenanfällig. Die langfristig angelegte Finanzpolitik des Magistrates war trotz der immer größer werdenden Lasten durch die weiter ansteigende Arbeitslosigkeit die Grundlage dafür, daß die Stadt nicht kurzfristig in Schwierigkeiten geriet. So konnten bis nach 1930 der Wohnungsbau fortgeführt und das neue Industriegelände Rothensee weiter ausgebaut werden. 1930 wurde auch die Großgaserei Rothensee fertig, die das Kernstück des regionalen Gasverbundes in Mitteldeutschland bildete. Im gleichen Jahr sank die Arbeitslosenzahl vorübergehend, ohne daß dies eine nennenswerte Entlastung bedeutete.

Die Entwicklung der Stadt in der Zeit der Weimarer Republik hatte bis zur Krise von 1929 auf vielen Gebieten zu der angezielten Modernisierung geführt. Auf einigen Sektoren wie dem modernen Wohnungsbau und auch hinsichtlich öffentlicher Bauten und deren Funktion in einer modernen Kommune hatte Magdeburg sogar Spitzenstellungen im Reich erobert. Zu den Erfolgen der Kommunalpolitik gehörte, daß im Krisenjahr 1930 nach jahrzehntelangen Debatten trotz der eingetretenen Lage damit begonnen werden konnte, die Wasserversorgung der Elbestadt durch Grundwasser aus der Colbitz-Letzlinger Heide zu sichern und sich damit vom Elbwasser zu lösen.

In der Krise radikalisierten sich die politischen Auseinandersetzungen auch in der Elbestadt. Die NSDAP wurde seit 1930 immer stärker. Bis dahin waren in Magdeburg traditionell der „Stahlhelm“ und die DNVP auf der rechten Seite des politischen Spektrums bestimmend. Die Magdeburger Verhältnisse trugen mit dazu bei, daß die Stahlhelmführung

Haus in der Siedlung Neue Heimat, 1928, von den Architekten Gerhard Gauger und Konrad Rühl

ihre eigene Stellung und Rolle innerhalb der politischen Rechten in Deutschland über- und die Nationalsozialisten und deren Bewegung unterschätzte. In der Arbeiterschaft und auch in den Mittelschichten hatte nach wie vor die Sozialdemokratie Resonanz. Als die Krise auf ihren Höhepunkt zusteuerte, schied Hermann Beims aus dem Amt des Oberbürgermeisters. Nachfolger wurde nach längeren Auseinandersetzungen innerhalb der Magdeburger SPD, mit Unterstützung der sozialdemokratischen Parteiführung, der Berliner Stadtrat Ernst Reuter. Damit blieb Magdeburg die einzige deutsche Großstadt, die während der gesamten Zeit der Weimarer Republik ein sozialdemokratisches Stadtoberhaupt hatte. In der kurzen Amtszeit Reuters (knapp zwei Jahre) wurden mitten in der Krise bemerkenswerte Ansätze einer aktiven Wirtschafts- und Sozialpolitik und auch der weiteren Stadtentwicklung erreicht. Auch jetzt war die Stadtverwaltung um die „Geltung" der Stadt bemüht. Neben der Ehrung für Gerhart Hauptmann war das verwegene Projekt des ersten bemannten Raketenfluges in der Geschichte der Menschheit mit städtischen Mitteln gefördert worden. Die Bemühungen unter Leitung des Raumfahrtpioniers Rudolf Nebel scheiterten jedoch an technischen Problemen und schließlich am Verbot der NS-Führung.

Magdeburg unter dem Hakenkreuz (1933–1945)

Oberbürgermeister Ernst Reuter selbst war ein Beispiel für die entschlossene Verteidigung der Demokratie gegen die NS-Diktatur. Nach der Machtübernahme wurde er eines der prominenten Opfer des Terrors des NS-Regimes, als ihn am 11. März 1933

Magdeburger Piloten-Rakete im Startgestell, im Vordergrund: Rudolf Nebel

SA-Leute unter Mißhandlungen aus seinem Amtszimmer warfen. Inhaftierung, KZ-Aufenthalte und Emigration waren sein weiteres Schicksal, das er mit vielen Magdeburger Demokraten und Widerstandskämpfern teilte. Bürgermeister Goldschmidt wurde am gleichen Tag unter entwürdigenden Umständen durch die Stadt getrieben. Er kam später in einem KZ ums Leben. Wie andere deutsche Städte erlebte Magdeburg in der Folgezeit zunehmende Verfolgungen jüdischer Mitbürger, von denen später viele, wie auch Regimegegner oder -kritiker, dem NS-Terror zum Opfer fielen. Nach der Machtübernahme durch die Nationalsozialisten erfolgte eine Welle der Aufmärsche und Kundgebungen. Mit einem Aufmarsch der SA Ende Februar 1933 vollzog sich ein charakteristisches Ereignis für den weiteren Verlauf der Entwicklung in Magdeburg unter der NS-Diktatur. Unter Anwesenheit von SA-Chef Röhm hielten der Gauleiter der NSDAP, Wilhelm Loeper, und Prinz August Wilhelm Reden; Domprediger Ernst Martin predigte zum Feldgottesdienst. Dies hatte insofern eine symbolische Bedeutung, als daß sich das Geschehen im Reichszentrum des „Stahlhelm" vollzog und den alleinigen nationalsozialistischen Führungsanspruch deutlich verdeutlichte. Die aktive Teilnahme führender Persönlichkeiten des „Stahlhelm" oder solcher, die die Seldte-Organisation maßgeblich unterstützt haben, zeigte deren Unterwerfung unter die NS-Herrschaft.

Gleichzeitig ging die Verfolgung von Regimekritikern weiter. Nach dem Reichstagsbrand standen besonders sozialdemokratische und kommunistische Kräfte im Visier. Die Redaktionen der „Volksstimme" und der „Tribüne" sowie Parteilokale der Linksparteien wurden durchsucht. Gegner des Regimes wurden inhaftiert und erlitten Mißhandlungen. Da Magdeburg eine der Hochburgen der Sozialdemokratie im Reich war, richtete sich die Verfolgung in besonderer Weise gegen deren Repräsentanten. Noch weitgehend unbemerkt von der Öffentlichkeit kamen die ersten Nazigegner ums Leben. In und um Magdeburg entstand eine Anzahl von Konzentrationslagern. Regimegegner oder wen man dafür hielt, wurden eingesperrt und mißhandelt, so z.B. im Reichsbannerobjekt „Stadion Neue Welt". Anfang März 1933 griff die SA massiv jüdische Geschäfte in Magdeburg an. Darunter waren solch bekannte Häuser wie das der Gebrüder Barrasch, Wertheimer und Cohn. Derartige Übergriffe und andere Aktionen gegen jüdische Geschäfte und Bürger wiederholten sich in der Folgezeit immer mehr und weiteten sich aus. Einer der Höhepunkte war der 1. April, als die NSDAP zum Boykott jüdischer Geschäfte, Ärzte und Rechtsanwälte aufrief.

Der Widerstand gegen den Nationalsozialismus entwickelte in Magdeburg zahlreiche Formen. Viele

Menschen unterschiedlicher Herkunft und Motivation haben sich der Vereinnahmung durch das Regime und seine Ideologie verweigert bzw. sich auf verschiedene Weise gewehrt. In den Arbeitervierteln der Stadt vollzog sich darüber hinaus eine von offizieller Parteipolitik unabhängige Zusammenarbeit etwa von Sozialdemokraten, Kommunisten und Gewerkschaftlern, deren Inhalt oft die undramatische gegenseitige Unterstützung und die Erhaltung der eigenen Identität gegen das Regime war.

Allerdings stellte sich für eine zunehmende Zahl der Magdeburger die Zeit von 1933 bis zum Beginn des Zweiten Weltkrieges ganz anders dar, nämlich als allgemeine Aufschwungphase. Die sichtbaren Terrorakte des Regimes, etwa gegen jüdische Geschäfte und Mitbürger, wurden verdrängt bzw. hingenommen oder gar mit Zustimmung bedacht. Viele glaubten an die „nationale Erhebung" Deutschlands nach dem Versailler Diktat und dem Ende der ebenfalls von vielen ungeliebten Republik von Weimar. Bei den Reichstagswahlen am 5. März 1933 (Wahlbeteiligung 90,1 %) erreichte die NSDAP in Magdeburg 84 509 Stimmen. Immerhin gaben bereits unter den Bedingungen der Diktatur noch 64 197 Wähler ihre Stimme der SPD. Die Kommunisten erhielten 25 323 und die „Kampffront Schwarz-Weiß-Rot" mit Franz Seldte an der Spitze 21 082 Stimmen. Die anderen Gruppierungen blieben bedeutungslos. Das Ende der tiefen Wirtschaftskrise wurde Anfang 1933 immer spürbarer. Für Magdeburg bedeutete das neben einem allgemeinen Wirtschaftsaufschwung die Vollendung längst vorbereiteter Projekte wie die Errichtung und Produktionsaufnahme der Zinkhütte, an deren Bau schon 1933 ca. 3 000 Arbeiter Lohn und Brot fanden. Die Stadt hatte im April 1933 308 041 Einwohner und befand sich im Wachsen. Im weiteren Verlaufe des Jahres 1933 wurde die Weiterführung des Baus des Mittellandkanals bis an die Elbe bei Magdeburg in Angriff genommen. Es begannen konkrete Vorbereitungen des Autobahnbaus, der der Stadt ebenfalls erhebliche Standortvergünstigungen versprach. Die Einführung des freiwilligen und später obligatorischen Reichsarbeitsdienstes stieß angesichts der hohen Arbeitslosigkeit in Magdeburg auf überwiegende Zustimmung.

Im März 1933 fand sich eine Mehrheit im Kirchenrat der Domgemeinde, die unter dem Einfluß von führenden Vertretern der „Deutschen Christen" die Entfernung des seit seiner Aufstellung im Jahre 1929 umstrittenen Barlach-Ehrenmals für die Gefallenen des Ersten Weltkriegs aus dem Dom beschloß. Diesen Akt kritisierte die „Magdeburgische Zeitung", die ansonsten bereits weitgehend das Regime begrüßte, in der Öffentlichkeit und machte sich so nicht nur zum Sprecher vieler Mitglieder der Domgemeinde, sondern auch vieler Magdeburger.

Ehrenmal für die Gefallenen des Ersten Weltkrieges von Ernst Barlach im Magdeburger Dom, 1929 aufgestellt, 1933 als „entartete Kunst" entfernt und 1956 wieder errichtet

Ende März 1933 wurde Fritz Markmann Oberbürgermeister. Unter Markmanns Leitung wurde vieles, was die Magdeburger Kommunalpolitik der Weimarer Republik an Entwicklungs- und Modernisierungsstrategien angelegt oder eingeleitet hatte, zu Ende geführt. Neben den Industrieansiedlungen und infrastrukturellen Maßnahmen war dies auch ein umfangreicher Wohnungsbau, der mit dem Fortschreiten der Jahre der NS-Herrschaft auch eigene Konturen aufwies. Vertreter der Öffentlichkeit und der Wirtschaft fuhren auch in Magdeburg damit fort, sich gründlich über die NS-Diktatur und ihren Charakter zu täuschen. Dies zeigte sich in der Wiederaufnahme der Mitteldeutschlanddebatte im Frühsommer 1933. Die Zeit erschien günstig, um in der Frage der föderalen Gliederung Mitteldeutschlands und dabei in der Metropolitanfrage für Magdeburg zu einem positiven Ergebnis zu kommen. Die „Magdeburgische Zeitung" verlangte energisch die Schaffung von „Sachsen-Anhalt" mit Magdeburg als Zentrum. Gauleiter und Reichsstatthalter von Anhalt und Braunschweig,

Wilhelm Loeper, erteilte derartigen Vorstößen eine Abfuhr, indem er die Magdeburger Industrie- und Handelskammer darauf verwies, die Einheit Mitteldeutschlands sei in seiner Person gewährleistet. Zu den Ausprägungen der Zeit der NS-Diktatur in Magdeburg und Mitteldeutschland gehörte es auch, daß die Geschichte der Stadt und des Raumes in den Dienst der NS-Ideologie gestellt wurde. Das schloß die herausragenden historischen Stätten und Persönlichkeiten Magdeburger Geschichte ein. In Magdeburg konzentrierte man sich inhaltlich auf die große mittelalterliche Geschichte der „Hauptstadt des deutschen Ostens“ und vereinnahmte ideologisch die Stätte der Reformation bzw. „Unseres Herrgotts Kanzlei“.

Für die Geschichte der Stadt zwischen 1933 und 1939 war charakteristisch, daß sie auf vielen Gebieten eine Scheinblüte erlebte. Dies betraf zunächst die Wirtschaft. Der erneute Aufschwung basierte zum einen auf bereits eingeleiteten Maßnahmen und Projekten, die jetzt realisiert oder abgeschlossen werden konnten. Zum anderen aber kam der Magdeburger Wirtschaft in dem auf die Aufrüstung orientierten Wirtschaftskonzept der Hitlerdiktatur eine große Rolle zu. Die ohnehin vorhandene Rüstungsindustrie der Stadt wurde nunmehr neu belebt und beträchtlich ausgebaut. Gerade die metallverarbeitende Industrie erlebte einen erneuten Aufschwung. Magdeburg erhielt unter anderem auch das wichtigste Werk zur synthetischen Herstellung von Benzin aus Braunkohle, die BRABAG, sowie eine bedeutende Flugzeugindustrie. Gleichzeitig wurde die Rolle als Zentrum der Börde, eine der wichtigsten landwirtschaftlichen Regionen Deutschlands, im Sinne der NS-Landwirtschaftspolitik, der „Erzeugerschlacht“, aufgewertet. Im August 1934 war die Zinkhütte fertiggestellt und auch die Elektrifizierung der Eisenbahnlinie nach Halle, die Anfang Oktober in Betrieb ging, abgeschlossen. Die Elbregulierung, die verschiedene Staustufen und auch einige Staubecken – so eines bei Hohenwarthe – vorsah, versprach zusammen mit dem in Bau befindlichen Mittellandkanal, Magdeburg als „blauem Kreuz“ eine Vorzugsstellung im deutschen und europäischen Wasserstraßennetz zu sichern. In der Folgezeit vollzog sich auf dieser Linie ein stürmischer Ausbau der Stadt zu einem der wichtigen deutschen Zentren der NS-Wirtschaft im Zuge der Aufrüstung.

Eine Reihe von Ergebnissen und Signalen einer erfolgreichen Stadtentwicklung von den Jahren 1934/35 an schienen dem Regime Recht zu geben. Dazu gehörte an vorderster Stelle der Abbau der Arbeitslosigkeit. Die Zahl der Arbeitslosen war rasant zurückgegangen. Waren am 1. Februar des Jahres 1933 noch 36 549 Menschen als arbeitslos registriert, waren es im Mai 1935 nur noch 11 971. Zum Abbau der Arbeitslosenzahl trugen neben dem Arbeitskräftebedarf der zumeist für die Rüstung arbeitenden metallverarbeitenden Industrie und staatlich gelenkten Großprojekten auch eine Reihe von Projekten der Stadtverwaltung bei, die Straßenbauarbeiten, Sanierungsarbeiten und den Wohnungsbau betrafen. Ende 1934 war der Bau der „Brücke der Magdeburger Pioniere“ fertig.

Politisch wurde das Regime auch in Magdeburg mehrheitlich unterstützt; bemerkenswert ist dennoch, daß ein im Vergleich zum Reichsdurchschnitt hoher Prozentsatz der Magdeburger Distanz dazu hielt. Solche Haltungen waren in einer Weise verbreitet, daß es die gleichgeschaltete Presse für nötig hielt, gegen bestimmte Verweigerungen bei Sammlungen und anderen Aktivitäten im Sinne der Diktatur öffentlich zu agitieren und Drohungen gegen Menschen mit solchen Verhaltensweisen auszustoßen. Die Diktatur ging weiterhin mit großer Rigorosität gegen ihre Gegner und Kritiker und besonders gegen linke Kräfte vor. Eine spektakuläre Verhaftung betraf den führenden Kommunisten Martin Schwantes, Magdeburger Lehrer, Anfang 1934. In diesem Jahr wurden die kommunistischen Gruppierungen in Magdeburg weitgehend zerschlagen und ihre Führer verhaftet. Erst nach 1937 kam es wieder zum Neuaufbau einer funktionstüchtigen Organisation.

Schon seit der Zeit der zwanziger Jahre hatten sich Massenveranstaltungen und besonders Sportveranstaltungen durchgesetzt. Magdeburg erlebte im August 1934 als einen Höhepunkt die Europameisterschaften im Schwimmen, die bereits im Zeichen der Vorbereitung der Olympischen Spiele 1936 in Berlin standen. Das Publikum erfreute sich an einer Vielzahl deutscher Siege und einer großen internationalen Beachtung der Stadt. Zu solchen Massenveranstaltungen im Geiste der Zeit gehörte auch eine von 200 000 Menschen besuchte Flugschau am 2. September 1934. War das gesellschaftliche Leben vor dem Hintergrund abnehmender Arbeitslosigkeit einerseits organisiert durch eine Vielzahl von Aktivitäten der NS-gesteuerten Verbände oder Vereinigungen, schien sich auch das alltägliche Leben für viele Menschen, die mit dem Regime in Übereinstimmung oder doch Duldung lebten, zu verbessern. Deutschlandflüge, Ostlandfahrten, die oft über Magdeburg gingen, das Kino sowie zunehmend der Rundfunk faszinierten viele Menschen. Auch die einsetzenden KdF-Ferienfahrten („Kraft durch Freude“) in die schönsten Gegenden Deutschlands trugen ihren Teil zur Akzeptanz des Regimes bei vielen Menschen bei. Sehr viel diskutierte man in dieser Zeit auch über das Fernsehen und dessen gelegentliche Versuche. Dabei wurde der Blick vieler getrübt für die Unrechts- und Greueltaten der Diktatur bzw. die Tendenz zur Verdrängung befördert. Das Regime ging nach wie vor ebenso brutal wie demagogisch bei der Verfolgung seiner

Gegner und vor allem jüdischer Mitbürger vor. In Magdeburg wurde ein Schauprozeß gegen den Leiter der privaten Handelsschule Bruck, Albert Hirschland, inszeniert, der für die Begründung der Nürnberger Rassengesetze eine Rolle spielte. Die Hirschland-Affäre trug dazu bei, daß sich das Verhältnis der evangelischen Kirche im Raum Magdeburg zur Diktatur weiter kritisch entwickelte. Das herausragende Beispiel für den Weg von Kirchenvertretern, die lange auch mit der NSDAP sympathisiert hatten, war der Weg von Domprediger Ernst Martin. Martin war eine der wichtigsten Persönlichkeiten der Magdeburger Kirchenführung und geradezu Symbolfigur für die national-konservative Seite in der evangelischen Kirche. Er vollzog für diese Richtung in der evangelischen Kirche Magdeburgs und im Reich einen charakteristischen Wandel. Bereits seit 1934 hatte er sich vom NS-Regime mehr und mehr distanziert. Seine Berufung zum Bischof von Berlin kam wegen dieser Entwicklung nicht mehr zustande. Schließlich wurde er sogar wegen öffentlich bekundeten Respekts für die „Bekennende Kirche" aus den Reihen der „Deutschen Christen" ausgeschlossen. Im Jahre 1937 trat er nach einem öffentlichen Schuldbekenntnis vor der Magdeburger Domgemeinde der „Bekennenden Kirche" bei. Besonders nach dem Judenpogrom vom November 1938, bei dem auch die Magdeburger Synagoge zerstört wurde, übte Ernst Martin wie auch andere Pfarrer in Predigten teilweise scharfe Kritik am Regime.

Die Verfolgung jüdischer Bürger hatte in Magdeburg noch die Besonderheit, daß frühzeitig jüdische Schüler im kommunalen Schulwesen abgesondert und diskriminiert wurden. Zum 1. April 1938 richtete man zwei Sammelklassen für jüdische Schüler in der Kleinen Schulstraße 24 ein. Der Magdeburger Stadtschulrat rühmte sich im Mai 1938, daß Magdeburg die erste deutsche Stadt mit einer speziellen Judenschule sei.

Im Alltagsleben schien dagegen für viele Magdeburger, von der immer perfekteren Propaganda des Regimes massiv proklamiert, die Erfolgsentwicklung weiterzugehen. Am Ende des Jahres 1936 war das Arbeitslosenproblem beseitigt. Zu den Szenarien der Massenveranstaltungen des NS-Staates gehörten Aktionen mit außergewöhnlichen und befremdlichen Inhalten. Eine solche Massenveranstaltung wurde im August 1936 mit 100 000 Hitlerjungen aus dem Raum Mittelelbe abgehalten, indem man die Belagerung und Erstürmung Magdeburgs im Jahre 1631 durch die Truppen Tillys inszenierte.

In den Jahren 1937 und 1938 erreichte die Entwicklung der Stadt im Zeichen des Hakenkreuzes ihren Höhepunkt. Am 10. Januar 1937 konnte die Autobahnstrecke Magdeburg-Berlin mit der Übergabe der Autobahnbrücke bei Hohenwarthe eröffnet werden.

Domprediger Ernst Martin (1885–1974)

Von Bedeutung waren weiterhin die Fertigstellung des Mittellandkanals und die Eröffnung des Schiffshebewerkes Rothensee in Anwesenheit von Rudolf Hess im Oktober 1938. Die Heranführung des Mittellandkanals an die Elbe bei Magdeburg hatte für die Stadt zur Folge, daß sie jetzt Mittelpunkt des Systems der deutschen Binnenschiffahrt geworden war.

Bei Auslösung des Zweiten Weltkrieges waren Stadt und Region Magdeburg zu einem der führenden deutschen Wirtschaftszentren unter dem Aspekt der gigantischen Aufrüstung des NS-Staates geworden. Im Jahresrückblick auf 1938 schrieb die „Magdeburgische Zeitung", daß das mitteldeutsche Industriegebiet dabei sei, das Ruhrgebiet einzuholen. Weitere großangelegte Wirtschafts- und Infrastrukturprojekte blieben jedoch wegen des Krieges unvollendet oder in den Anfängen stecken. Das betraf den Ausbau der Elbe zum Großschiffahrtsweg, die Überquerung des Flusses durch den Mittellandkanal und den Autobahnbau von Magdeburg nach Halle bzw. Hamburg. Magdeburg erreichte bis zum Ausbruch des Zweiten Weltkrieges eine Einwohnerzahl von 340 000, die in den ersten Jahren des Zweiten Weltkrieges noch leicht anstieg. Damit verfügte die Stadt über die höchste Einwohnerzahl in ihrer Geschichte, die sie auch in der zweiten Hälfte des 20. Jahrhunderts nicht einmal annähernd wieder erreichte.

Der Beginn des Krieges brachte für die Stadt zunächst neben der Einberufung der Wehrpflichtigen zum Kriegsdienst umfangreiche Luftschutzmaßnahmen

Blick über die zerstörte Altstadt, im Vordergrund die Marienkirche des Klosters Unser Lieben Frauen

mit sich, wahrnehmbar vor allem nachts im Straßenbild als Verdunkelungen. Der Kriegsverlauf jedoch schien wegen der raschen Siege derartige Maßnahmen überflüssig zu machen, zumal Magdeburg wegen seiner mitteldeutschen Lage als wenig gefährdet galt. Im August 1940 aber gingen die ersten Bomben auf die Stadt nieder. Der von den Nazis entfesselte Krieg schlug auch hier direkt zurück. Magdeburg lebte nunmehr zunehmend in Angst. Im Sommer 1941 ebbten die britischen Luftangriffe zunächst ab, 1942 jedoch begann die britische Luftwaffe mit bislang nicht gekannter Intensität, deutsche Städte zu bombardieren. Im Herbst 1943 wurden konkrete Pläne zur massenweisen Evakuierung Magdeburger Bevölkerung in ländliche Räume ausgearbeitet. Bis Anfang 1944 blieben aber die befürchteten Angriffe auf Magdeburg, eines der Rüstungszentren des Reiches, aus. Am 21. Januar 1944 erfolgte ein weiterer Bombenangriff auf Magdeburg, der trotz seiner Wirkungen sein eigentliches Ziel des Flächenbombardements verfehlte. Noch weitere Angriffe forderten viele Opfer und brachten erhebliche Zerstörungen. Anfang 1945 zeichnete sich die vollständige Kriegsniederlage für Nazideutschland als unausweichlich ab. Für die Stadt Magdeburg wurde der 16. Januar 1945 zum Katastrophentag, der fortan parallel mit dem Datum des Untergangs der Stadt im Jahre 1631 genannt wurde. Am Tage zerstörten amerikanische Bomber mit beträchtlicher Wirkung vorwiegend Industrieanlagen. In der Nacht dann entfachten britische Bomberstaffeln einen Feuersturm, der die Innenstadt weitgehend vernichtete. Magdeburg wurde bis zur Gesichtslosigkeit zerstört, viele seiner Bewohner fanden den Tod, die verbliebenen stürzten in schreckliches Elend. Die Angriffe hinterließen eine der am schwersten zerstörten Städte des Reiches. Bis zur Gegenwart gibt es eine oft emotional geführte Debatte um die Zahl der Opfer der Katastrophe. Im Zusammenhang mit der Ausstellung „Dann färbte sich der Himmel blutrot …“ des Kulturhistorischen Museums Magdeburg im Jahre 1995 gab es dazu nicht nur neue Erkenntnisse, sondern die teilweise befremdliche Diskussion hat von Fachleuten eine sachlich begründete Betrachtung erfahren. Eine genaue Zahl der Opfer ließ sich nicht ermitteln. Auch nach dem 16. Januar hat es noch weitere Bombenangriffe auf Magdeburg gegeben, bei denen ebenfalls zahlreiche Menschen umkamen und weitere Zerstörungen angerichtet worden sind. Das Vorrücken der Alliierten in Deutschland brachte auch das zerstörte Magdeburg in die Nähe der Fronten. Ende März 1945 wurde die Stadt als „Festung" zur Verteidigung gegen die aus westlicher Richtung nahegekommenen amerikanischen Bodentruppen vorbereitet. Am 11. April hatten die Amerikaner den Stadtrand erreicht. Zu diesem Zeitpunkt lebten noch etwa 90 000 Menschen hier. Die verlangte Kapitulation wurde von den deutschen Militärbefehlshabern abgelehnt. Am 12. April war die Stadt von allen Seiten westlich der Elbe eingeschlossen. An diesem Tag sprengten deutsche Kommandos die Elbbrücken. Zu den Maßnahmen des deutschen Militärs gehörte auch, daß 3 000 Häftlinge aus einem Lager nahe des Schlachthofes in Marsch nach Osten gesetzt worden sind, wobei sie unter Artilleriebeschuß gerieten. Die amerikanischen Truppen kämpften sich von verschiedenen Seiten in die Stadt vor. Am 17. April erlitt Magdeburg wegen des anhaltenden Widerstandes erneut einen Bombenangriff. Am 18. April erreichten amerikanische Panzer den erst am Tage zuvor zerstörten Justizpalast. Am

Die „Trauernde Magdeburg" in der zerstörten Johanniskirche

Die durch Bombenangriffe zerstörte Stadt

19. April hat die US-Armee den westlich gelegenen Hauptteil der Stadt befreit und stand an der Elbe. Der anhaltende Widerstand von deutschen Kommandos vom Ostteil und vom Rotehorn-Park aus führte in den letzten Kriegstagen noch zu weiteren Opfern und Zerstörungen (u.a. Stadthalle). Erst am 30. April verließen die letzten deutschen Einheiten das umkämpfte Areal. Am 5. Mai trafen erste Abteilungen der sowjetischen Armee im Ostteil der Stadt ein. Von da an war Magdeburg für einige Wochen eine geteilte Stadt. Im zeitgenössischen Empfinden gingen die Menschen und die im innerstädtischen Bereich bis zur Unkenntlichkeit zerstörte Stadt einer ungewissen Zukunft entgegen.

Der größere westelbische Teil Magdeburgs wurde Anfang Juni 1945 von britischen Truppen besetzt, die sich am 1. Juli zurückzogen und zum Entsetzen vieler Magdeburger sowjetischen Truppen Platz machten. Ganz Magdeburg gehörte damit der sowjetischen Besatzungszone an.

Literatur (Auswahl):

BUCHHOLZ, INGELORE/BUCHHOLZ, CONSTANZE/BALLERSTEDT, MAREN: Magdeburger Bürgermeister, hrsg. vom Magistrat der Stadt Magdeburg, Magdeburg o. J. (1994);

MATTHIAS PUHLE (HRSG.): „Dann färbte sich der Himmel blutrot …“. Die Zerstörung Magdeburgs am 16. Januar 1945, Magdeburg 1995;

VON FEHDEN UND KÄMPFEN. Bilder aus der Geschichte der Arbeiterbewegung Magdeburgs, Magdeburg 1910;

MATTHIAS PUHLE (HRSG.): „… gantz verheeret!“ Magdeburg und der Dreißigjährige Krieg. Beiträge zur Stadtgeschichte und Katalog zur Ausstellung des Kulturhistorischen Museums Magdeburg im Kunstmuseum Unser Lieben Frauen 2. Oktober 1998 bis 31. Januar 1999, , Halle/Saale 1998;

GESCHICHTE DER STADT MAGDEBURG, hrsg. vom Rat der Stadt, 2. Aufl., Berlin 1977;

HERTEL, GUSTAV/HÜLßE FRIEDRICH (BEARB.): Friedrich Wilhelm Hoffmanns Geschichte der Stadt Magdeburg, 2 Bde., Magdeburg 1885;

MATTHIAS PUHLE (HRSG.): Magdeburg in Bildern von 1492 bis ins 20. Jahrhundert, (Magdeburger Museumsschriften 5), Magdeburg 1997;

PRINZ, REGINA: Neues Bauen in Magdeburg. Das Stadtbauamt unter Bruno Taut und Johannes Göderitz, Diss. München 1997;

RIETZ, FRANK-E.: Die Magdeburger Pilotenrakete, Halle/Saale 1998;

SCHNEIDER, DITMAR: Otto von Guericke. Ein Leben für die Alte Stadt Magdeburg, 2. Aufl., Leipzig 1997;

SCHRADER, FRANZ (HRSG.): Beiträge zur Geschichte des Erzbistums Magdeburg, Leipzig 1969;

TULLNER, MATHIAS: Die Revolution von 1848/49 in Sachsen-Anhalt, Halle/Saale 1998;

WILLE, MANFRED: Die goldenen Zwanziger, Magdeburg 1994;

WOLTER, F. A.: Geschichte der Stadt Magdeburg von ihrem Ursprung bis auf die Gegenwart, Magdeburg 1901.

Einheiten der 30. US-Infanterie-Division bereiten sich von Norden kommend zum Sturm auf Magdeburg vor.

Daten zur Magdeburger Stadtgeschichte

Mai 1945 bis Oktober 1990

MAREN BALLERSTEDT

Die Situation im Mai 1945:
„Die Trümmer der großen Luftangriffe und des Artilleriebeschusses der Kampfhandlungen boten ein grauenvolles Bild. Schutt und Geröll, ausgebrannte Fahrzeuge, Reste von Panzersperren, große Bombentrichter und zerfahrene Bürgersteige behinderten jeglichen Verkehr. Die Toten der letzten Luftangriffe waren bei weitem noch nicht geborgen, die Versorgungsbetriebe der Stadt lagen still, die Bevölkerung war ohne Gas und Licht und mußte das Wasser für die täglichen Bedürfnisse von weit abgelegenen Stellen, meist aus Brunnen in den Kleingärten am Stadtrande, holen. Wesentliche Teile der Bevölkerung waren in den letzten Kriegswochen in die Dörfer geflohen, viele Flüchtlinge wiederum waren infolge der Kampfhandlungen in die Stadt gekommen. In den Elbbunkern saßen Tausende von Bewohnern der östlichen Vororte, die infolge der Brückensprengungen nicht in ihre Heimstätten zurückkehren konnten. Die Stadtverwaltung hatte ihre Bürohäuser, ihre Einrichtungen ... fast restlos eingebüßt, und von dem eingearbeiteten Personal war nur noch ein geringer Bestand vorhanden." (Zitat aus dem Rechenschaftsbericht der Stadtverwaltung vom 27. Juli 1946.) Die Bevölkerungszahl war von über 330 000 vor dem Krieg auf 90 000 Magdeburger gesunken. Vier Fünftel der gesamten Altstadt und fast alle öffentlichen Gebäude, darunter zahlreiche Schulen, Kliniken und Kirchen, waren zerstört, Wirtschaft und Verkehr lahmgelegt.

3. Mai 1945 Die amerikanische Militärregierung überträgt Otto Baer das Amt des Bürgermeisters der Stadt westlich der Elbe und bestimmt Werner Höhne zum Stellvertreter. Beide werden am gleichen Tag vereidigt und treten am 4. Mai ihren Dienst an.

5. Mai 1945 Sowjetische Truppen besetzen die östlichen Stadtteile Magdeburgs.

7. Mai 1945 Die Kommandantur löst die NSDAP und alle ihre Gliederungen auf.

19. Mai 1945 Die Stadtverwaltung Magdeburg gibt bekannt, daß sich mit Zustimmung der Alliierten Militärregierung alle männlichen Personen zwischen 16 und 60 Jahren sofort zur unentgeltlichen Pflichtarbeit zur Verfügung zu stellen haben. Im Zusammenhang mit den Aufräumungsarbeiten sollen die für den Neuaufbau wertvollen Materialien aus den Trümmern geborgen werden.

21. Mai 1945 (Pfingstmontag): Zunächst sind die männlichen Einwohner der Wilhelmstadt zur Pflichtarbeit aufgerufen. Jeder einzelne hat an diesem Tag 100 Steine abzuputzen und nach Anweisung zu stapeln.

27. Mai 1945 Alle männlichen Einwohner der Gebiete Neue Neustadt, Rothensee und der Siedlungen im Norden Magdeburgs müssen Pflichtarbeit leisten. „Wer sich der Arbeit entzieht, wird bestraft“, verkündet das Amtliche Mitteilungsblatt einen Tag zuvor.

28. Mai 1945 Nachdem als Ersatz für das zerstörte Straßenbahnnetz der Autobusverkehr Sudenburg-Neue Neustadt bereits wenige Tage zuvor aufgenommen worden war, wird nun eine zweite Autobuslinie eröffnet. Sie führt von Buckau über den Hasselbachplatz zur Leipziger Straße.

3. Juni 1945 Alle männlichen Einwohner der Gebiete Altstadt, Buckau, Fermersleben, Salbke, Westerhüsen, Sudenburg und Lemsdorf einschließlich der Siedlungen im Süden der Stadt müssen Pflichtarbeit leisten. Auch an den folgenden Sonntagen findet jeweils Pflichtarbeit statt.

Der Organist Werner Tell gibt in der Ambrosiuskirche das erste öffentliche Konzert nach Kriegsende.

Die im Zweiten Weltkrieg zerstörten Grusonschen Gewächshäuser

Die Ulrichskirche, ca. 1947

4. Juni 1945 Der Straßenbahnbetrieb wird wieder aufgenommen. Die Linie 3 verkehrt zwischen Diesdorf und Hauptbahnhof montags bis freitags von 6 bis 10 Uhr und von 15 bis 19 Uhr sowie sonnabends von 6 bis 10 Uhr und von 12 bis 16 Uhr. Es ist zunächst die einzige Straßenbahnlinie in Magdeburg nach dem Krieg.

5. Juni 1945 Die Engländer besetzen vorübergehend Magdeburg-West.

10. Juni 1945 Die Sowjetische Militäradministration in Deutschland erläßt ihren Befehl Nr. 2, der die Bildung antifaschistisch-demokratischer Parteien und freier Gewerkschaften auf dem Territorium der sowjetischen Besatzungszone gestattet.

11. Juni 1945 Die Alliierte Militärverwaltung beurlaubt Oberbürgermeister Otto Baer. Für zwei Wochen ist Dr. Gerhard Lehfeldt Chef der Stadtverwaltung.

25. Juni 1945 Stadtkommandant Major Gibson beruft Otto Baer wieder zum Dienst.

1. Juli 1945 Die Anglo-Amerikaner ziehen entsprechend den Vereinbarungen zwischen den Mächten der Antihitlerkoalition aus den zeitweilig von ihnen besetzten Gebieten ab. Die Truppen der Roten Armee, die zuvor nur die östlichen Stadtgebiete besetzt hielten, marschieren in das westelbische Magdeburg ein. Die sowjetische Kommandantur in Magdeburg-Ost wird daraufhin aufgelöst und eine neue, für die gesamte Stadt zuständige Kommandantur gebildet.

In Magdeburg-Ost wird der Schulunterricht wieder aufgenommen.

12. Juli 1945 Die von amerikanischen Pionieren neben der alten Strombrücke errichtete Behelfsbrücke, die Freundschaftsbrücke, wird nun auch für die Zivilbevölkerung geöffnet.

16. Juli 1945 Die Provinz Sachsen wird wiederhergestellt, allerdings unter wesentlichen territorialen Änderungen, wie dem Einschluß des Freistaates Anhalt. Die Provinz unterteilt sich in die Regierungsbezirke Magdeburg, Merseburg und Dessau, die bis Juli 1947 bestehen. Die Hauptstadt ist Halle.

18. Juli 1945 Nach Instandsetzuung der Oberleitung verkehrt die Straßenbahnlinie 1 wieder. Sie fährt von Sudenburg über die Otto-von-Guericke-Straße nach Neustadt. Die Autobuslinie von Sudenburg nach Neustadt wird gleichzeitig eingestellt und damit ermöglicht, die Autobuslinie Leipziger Straße-Polizeipräsidium-Hasselbachplatz-Buckau weiterzuführen bis R. Wolf-Südost.

22. Juli 1945 Ein Sinfoniekonzert des Städtischen Orchesters unter Leitung von GMD Erich Böhlke in der Pauluskirche bildet den Auftakt für des Wirken des Kulturdienstes, dem die Pflege des Kulturlebens auf einer möglichst breiten Grundlage obliegt. In dem ersten Nachkriegs-Sinfoniekonzert sind die „Unvollendete“ von Schubert und die 7. Sinfonie von Beethoven zu hören. In der darauffolgenden Woche wird das Konzert mehrmals wiederholt. Es ist immer ausverkauft.

29. Juli 1945 In Magdeburg findet die erste Dienstversammlung der Landräte und Oberbürgermeister der kreisfreien Städte der Provinz statt. Sowohl für die Provinz als auch für den Bezirk Magdeburg wurden kurz zuvor präsidiale Verwaltungen eingesetzt. Als Präsident für den Regierungsbezirk Magdeburg ist Otto Baer berufen worden (Personalunion Regierungspräsident und Oberbürgermeister von Magdeburg).

31. Juli 1945 Im östlichen Teil Magdeburgs lösen sich die selbständigen Verwaltungsorgane auf. Alle Fachbereiche werden geordnet an die Stadtverwaltung Magdeburg übergeben.

Juli 1945 Die Stadt Magdeburg erwirbt das Harmoniegebäude in der Otto-von-Guericke-Straße 64 und richtet es als „Haus der Kunst“ her.

Der Antifa-Block, ein Block antifaschistisch-demokratischer Parteien, wird gegründet. Nachdem KPD und SPD ihre Parteiorgansiation bereits wieder im Juni aufbauen konnten, bestehen in Magdeburg seit Anfang Juli auch die Ortsgruppe der LDP und der Ortsverband der CDU.

Bombenschäden am Magdeburger Dom

4. August 1945 Die Städtischen Bühnen veranstalten im „Haus der Kunst“ einen großen Opern-Konzert-Abend.

11. August 1945 Im „Haus der Kunst“ findet der erste Kammermusikabend statt. Es spielt das Kobin-Quartett.

Die vier Blockparteien organisieren eine Großkundgebung auf dem Domplatz, an der über 30000 Menschen teilnehmen. Die Reden sind von dem Willen, die Hinterlassenschaften des Hitlerfaschismus zu überwinden, durchdrungen.

12. August 1945 Neben dem Aufruf zur allgemeinen Pflichtarbeit ergehen Sonderanordnungen für die ehemaligen Mitlieder der NSDAP. Männer und Frauen werden zur Arbeit verpflichtet. Ehemalige Nazis, die in keinem festen Arbeitsverhältnis stehen, müssen auch an jedem Wochentag unentgeltlich Arbeit leisten.

17. August 1945 Die Straßenbahnlinie 3 fährt jetzt von Diesdorf bis zum Wasserwerk Buckau. Ab 1. September verkehrt sie von Diesdorf bis zur Leipziger Chaussee.

Die Reichsbahndirektion Magdeburg konstituiert sich. Damit geht ein lang gehegter Wunsch der Bevölkerung und besonders der Geschäftswelt in Erfüllung.

18. August 1945 Die neu gegründete Bank der Stadt Magdeburg nimmt im Gebäude der früheren Reichsbankhauptstelle ihre Tätigkeit auf. Daneben besteht die Stadtsparkasse in der alten Form weiter.

Im „Haus der Kunst“ findet die Erstaufführung von Goethes „Faust“ statt.

28. August 1945 Der Druckereibetrieb des früheren Faber-Verlages wird von der Stadtverwaltung der Kommunistischen Partei übergeben.

1. September 1945 Eine neue Omnibuslinie wird eingerichtet. Die Busse fahren von Cracau über den Alten Markt und die Große Münzstraße zum Ulrichstor. Die Omnibuslinie vom Wasserwerk Buckau bis zum Postamt Südost bleibt unverändert in Betrieb.

Eine Nachweiskarte über die Erfüllung der Pflichtarbeit und der Arbeitspflicht wird eingeführt. Mit ihr soll kontrolliert werden, ob und inwieweit Männer und Frauen ihrer Arbeitspflicht und der von der Stadtverwaltung angeordneten Pflichtarbeit nachkommen, „zu der vorderhand nur die Männer an jedem zweiten Sonntag aufgerufen werden“. Der Arbeitspflicht und der sonntäglichen Pflichtarbeit, soweit dazu aufgerufen wird, unterliegen sämtliche Männer vom vollendeten 14. bis zum vollendeten 65. Lebensjahr und sämtliche Frauen vom vollendeten 14. bis zum vollendeten 55. Lebensjahr. Der gleiche Personenkreis hat für jede Lebensmittelkartenperiode einen Kulturbeitrag von 0,50 Mark zu leisten, dessen Zahlung durch Einkleben einer Kulturbeitragsmarke in die Nachweiskarte zu belegen ist. Männer und Frauen erhalten künftig nur dann Lebensmittelkarten, wenn sie die Nachweiskarte vorlegen.

1. September 1945 Im „Haus der Kunst“ erleben die Magdeburger die erste Opernpremiere nach dem Krieg. Es ist „Orpheus und Eurydike“ von Christoph Willibald Gluck.

Ein Teil der Gruson-Gewächshäuser ist wieder zugänglich.

2. September 1945 Auf Anordnung der russischen Militärregierung müssen für die Braunkohle-Benzin Aktiengesellschaft (Brabag) 2000 Pflichtarbeiter abgestellt werden.

3. September 1945 Oberbürgermeister Baer, Bürgermeister Kaßner, Stadtrat Weiß und Schrader vom Allgemeinen Gewerkschaftsbund rufen die Bevölkerung zu Spenden für das Flüchtlings-Hilfswerk „Rettet die Heimat!“ auf. Das Anliegen besteht darin, Flüchtlingen, Umsiedlern und auch heimkehrenden deutschen Soldaten in den Tagen ihres Aufenthaltes in Magdeburg Verpflegung und hygienische Betreuung zukommen zu lassen. Bis Ende September 1945 werden rund 500 000 Durchwanderer in Magdeburg gezählt.

Mit dem Erlaß einer entsprechenden Verordnung wird in der Provinz Sachsen die Bodenreform eingeleitet.

6. September 1945 Die Provinzialregierung erläßt die Verordnung über die Säuberung der Verwaltung und Wirtschaft. Bis Anfang Januar 1946 werden die Naziaktivisten entlassen, bis Juni 1946 der größte Teil ehemaliger NSDAP-Mitglieder.

12. September 1945 Auf Anordnung des Militärkommandanten für die Stadt Magdeburg werden sämtliche bisher bestehenden Sportvereine mit sofortiger Wirkung aufgelöst. Das Tragen der Vereinsabzeichen ist verboten. Das Vermögen der Vereine wird beschlagnahmt. In der Folgezeit gründet sich unter Vorsitz von Joachim Freiberg ein antifaschistischer Sportausschuß Magdeburgs, der den Wiederaufbau der Volkssportbewegung durchführen wird. Der antifaschistische Sportausschuß gliedert sich in Volkssportgemeinschaften, die in jedem Stadtteil gebildet werden.

15. September 1945 Die SPD, Unterbezirk Magdeburg, veranstaltet in der Blankenburger Straße 58-70 eine Großkundgebung. Otto Grotewohl tritt als Redner auf.

23. September 1945 Während der Pflichtarbeit gelingt es an diesem Sonntag, durch den Trümmerberg einen Durchgang zum Eingang des Hauptbahnhofes zu schaffen.

24. September 1945 Die Durchführung der Verordnung zur Wohnraumbeschlagnahme, die sich in erster Linie gegen die ehemaligen Mitglieder der NSDAP und ihrer Gliederungen richtet, beginnt. Über 10 000 Wohnungen müssen überprüft werden. Bei den erfaßten Nazis und Kriegsverbrechern und ihren Familien müssen gemäß den Bestimmungen Möbel für die Einrichtung von Wohnungen politischer Häftlinge und Verfolgter sowie auch besitzlos gewordener Opfer der Naziregierung beschlagnahmt werden. Die Anordnungen führt das Wohnungsamt aus.

25. September 1945 Die Straßenbahnlinie 14 fährt vom Hauptbahnhof nach Südost. Die von Buckau nach Südost bisher eingesetzten Autobusse entfallen von diesem Tage an.

29. September 1945 Die Spenden zu dem großen von Oberbürgermeister Baer eingeleiteten Flüchtlings-Hilfswerk, das jetzt den Namen „Wir helfen der Heimat" führt, überschreiten die ersten 100 000 Mark. Bis Ende November 1945 kommen rund eine Million Mark zusammen.

Angestellte, Arbeiter und Beamte der Behörden von Magdeburg und der Belegschaften aus Großbetrieben versammeln sich zu Gedenkfeiern für die Opfer des Faschismus.

1. Oktober 1945 Die Magdeburger Ober-, Mittel- und Volksschulen mit insgesamt etwa 25 000 Schülern nehmen ihren Unterricht wieder auf. Da viele Schulgebäude zerstört oder schwer beschädigt sind, müssen zunächst mehrere Schulen in einem Gebäude untergebracht werden. Damit ist der Unterricht vor- und nachmittags erforderlich. Die Oberschulen sind: Domgymnasium, Wilhelm-Raabe-Schule, Otto-von-Guericke-Schule, Bismarckschule, Berthold-Otto-Schule. Die Anzahl der Mittelschulen, die an diesem Tag den Unterricht wieder aufnehmen, beträgt sechs, die der Volksschulen 21. Der Schulbetrieb in den Stadtteilen östlich der Elbe läuft wie bisher weiter.

Auch die Berufs-, Berufsfach- und Fachschulen öffnen wieder. Es sind dies folgende Berufsschulen:
- Kaufmännische Berufsschule, Kirchhofstraße 1,
- Industrie-Berufsschule, Am Krökentor 3,
- Gewerbliche Berufsschule, Falkenbergstraße 10,
- Berufsschule für Grafik und gestaltende Gewerbe, Brandenburger Straße 9,
- Hauswirtschaftliche Berufsschule, Falkenbergstraße 10.

Berufsfach- und Fachschulen:
- Bildungsanstalt für hauswirtschaftliche Frauenberufe, Wallonerberg 6/7,
- Handels- und Höhere Handelsschule, Kirchhofstraße 1,
- Meisterschule, Brandenburger Straße 10,
- Vorbereitungskurse für die Meisterprüfung für alle Handwerkszweige, Brandenburger Straße 10.

Kriegsschäden im Theater

Enttrümmerung, im Hintergrund die Ulrichskirche

Mit Baggern und Trümmerbahn werden die Ruinen beseitigt.

Enttrümmerung in der Altstadt mit Trümmerbahn

Notunterkünfte, 1945

Ruine des Stadttheaters

6.–21. Oktober 1945	Auf dem Domplatz findet wieder die Herbstmesse statt.
29. Oktober 1945	Die Versorgung mit Stadtgas ist wieder möglich. Nach Ausblasen der Gasleitungen wird dann am 13. November das erste Gas an die Verbraucher abgegeben. Die Versorgung mit Strom geschieht bereits wieder seit 21. April 1945.
	In den Gruson-Gewächshäusern stehen drei weitere Schauhäuser zur Besichtigung offen.
30. Oktober 1945	Die Arbeitszeit in sämtlichen Magdeburger Betriebsstätten, Büros und Verwaltungen beträgt für alle Arbeiter, Angestellten und Beamten mit Wirkung vom 30. Oktober bis 31. Dezember 1945 54 Arbeitsstunden in der Woche. Ausgenommen von dieser Regelung sind Jugendliche bis zum 16. Lebensjahr und sämtliche Frauen, soweit das Gewerbeaufsichtsamt für sie keine längeren Arbeitszeiten zuläßt. Für die über 48 Stunden hinausgehende Arbeitszeit ist ein Zuschlag zu zahlen.
30./31. Oktober 1945	Die Sowjetische Militäradministration in Deutschland erläßt die Befehle Nr. 124 und 126 über die Beschlagnahmung und provisorische Übernahme des Eigentums der Kriegs- und Naziverbrecher. In Magdeburg fallen unter anderem folgende Betriebe unter die Bestimmungen: Krupp-Gruson A. G., Maschinenfabrik R. Wolf (Buckau), A. W. Mackensen, Schäffer & Budenberg, Otto Gruson und der Faber-Verlag.
1. November 1945	Das vom Kulturdienst geschaffene Kabarett „Der rote Faden“ wird unter künstlerischer Leitung des Schriftstellers Hanns Gensecke eröffnet. Die Vorstellungen finden im Saal der Städtischen Feuersozietät, Kaiser-Friedrich-Straße 16 (heute Gerhart-Hauptmann-Straße), statt.
1. Dezember 1945	Angesichts des bevorstehenden Winters ergeht an die Magdeburger Bevölkerung der Appell zur Hilfsaktion „Rettet die Kinder!“.
16. Dezember 1945	Im „Haus der Kunst“ findet die Gründungsfeier der Ortsgruppe des Kulturbundes zur demokratischen Erneuerung Deutschlands statt. Präsident ist der Schriftsteller Hanns Gensecke (1958 Umbenennung in Deutscher Kulturbund, 1972 in Kulturbund der DDR, 1990 Gründung des Kultur- und Heimatvereins Magdeburg e. V.).
8.–23. Dezember 1945	Auf dem Platz am Stadttheater findet der Weihnachtsmarkt statt.

Anfang 1946 Die erste Schuttverarbeitungsmaschine, bestehend aus einem Ziegelbrecher und einem Sortiersieb, nimmt auf dem Fleischmarkt neben der Johanniskirche ihren Betrieb auf. Sie wurde im Krupp-Gruson-Werk gebaut.

9. Januar 1946 Im Rahmen einer Feierstunde wird das neue Seminar für Volkslehrer eröffnet. Ausbildungskurse für Volkslehrer laufen bereits seit Oktober und Dezember 1945. 60 Teilnehmer der ersten Kurse beginnen ihren Schuldienst am 1. Februar 1946.

15. Januar 1946 Das Hilfswerk der Provinz Sachsen, später Volkssolidarität genannt, wird gegründet. In ihm gehen das Hilfswerk „Wir helfen der Heimat" und die Aktion „Rettet die Kinder" auf. In 24 Nähstuben werden nicht nur Kleidungsstücke gesammelt und ausgebessert, sondern auch andere Hilfeleistungen angeboten.

28. Januar 1946 Der Sozialdemokrat Rudolf Eberhard wird Oberbürgermeister von Magdeburg.

Frühjahr 1946 Die Demontage bzw. Teildemontage verschiedener Magdeburger Groß- und Mittelbetriebe zur Wiedergutmachung der durch die Wehrmacht in Rußland angerichteten Schäden setzt ein. Unter die Demontage fällt auch die Braunkohle-Benzin AG (Brabag), die seit Herbst 1945 bereits wieder produzierte. Das Fried. Krupp Grusonwerk hat in der Folgezeit zusammen mit anderen Betrieben, darunter Maschinenfabrik Buckau R. Wolf AG, Otto Gruson, Polte, Schäffer & Budenberg, A. W. Mackensen, umfangreiche Reparationslieferungen durchzuführen.

12. März 1946 Nach unendlich mühe- und gefahrvoller Arbeit wird die 714 Meter lange Herrenkrug-Eisenbahnbrücke, die von den Nazis gesprengt worden war, wieder dem Verkehr übergeben. Auch die Hubbrücke in Höhe des Domes ist seit einiger Zeit wiederhergestellt.

24. März 1946 KPD und SPD vereinigen sich zur Magdeburger Kreisorganisation der SED.

1. April 1946 Die Volkshochschule Magdeburg nimmt unter Leitung von Direktor Heinrich Germer ihre Arbeit wieder auf.

16. April 1946 Die Tageszeitungen „Volksblatt" (SPD) und „Volks-Zeitung" (KPD) stellen ihr Erscheinen ein. An ihrer Stelle erscheint in Halle die „Freiheit".

Einweihung der wieder erbauten Strombrücke, im Vordergrund Oberbürgermeister Rudolf Eberhard, 1946

29. April 1946 Tausende wohnen der Einweihung der wieder erbauten Strombrücke bei. Sie entstand seit November 1945 unter Verwendung der Pfeiler der alten Strombrücke. Auf diese Pfeiler wurden drei nebeneinanderliegende Brückenzüge von je 3,40 Meter nutzbarer Breite aufgebaut. Der südliche und mittlere Brückenzug ist für den Wagen- und Straßenbahnverkehr, der nördliche für den Fußgängerverkehr bestimmt.

Mai 1946 Das Neuaufbauamt wird gebildet. Es hat die Aufgabe, die Baustoffe und Arbeitskräfte, soweit sie dem zivilen Sektor zur Verfügung stehen, auf das zweckmäßigste einzusetzen, sie den Stellen des dringendsten Bedarfs zuzuleiten. Im Vordergrund steht dabei die Wiederinstandsetzung des beschädigten Wohnraumes.

18. Mai 1946 Die Städte Magdeburg, Halberstadt, Dessau und Zerbst bilden die Arbeitsgemeinschaft der kriegszerstörten Städte in der Provinz Sachsen.

Juni 1946 Das Neuaufbauamt beginnt mit dem Verlegen der ersten Gleise für die Abräumungsarbeiten. Bis Ende 1946 werden 4,5 Kilometer Gleise verlegt und bis zu 250 Arbeiter beim Neuaufbauamt beschäftigt.

16. Juli 1946 In Magdeburg bildet sich die Beratende Versammlung. Grundlage ist eine Verordnung der Provinzialregierung Sachsen, bei allen Selbstverwaltungsorganen derartige Versammlungen einzurichten. Sie sind Vorläufer der im Herbst 1946 zu wählenden Parlamente. Die Beratende Versammlung in Magdeburg setzt sich aus je sechs Vertretern der drei Blockparteien und des FDGB, zwei Vertretern der Vereinigung der gegenseitigen Bauernhilfe, je einem Vertreter der FDJ und des antifaschistischen Frauenausschusses und zwei Vertretern des wissenschaftlichen und kulturellen Lebens zusammen. Am 27. Juli 1946 tritt sie zu ihrer ersten Sitzung zusammen.

Juli 1946 Von Januar bis Juli 1946 wurden in Magdeburg etwa 600000 durchreisende Umsiedler betreut. In Quarantänelagern in der heutigen Spielhagenstraße und an der Holsteiner Straße in Südost werden jene Umsiedler versorgt, die in der Stadt bleiben. In Magdeburg ließen sich allein bis zum 1. April 1946 9 217 Umsiedler nieder, die sich nun am Wiederaufbau der Stadt einbringen.

Bisher sind seitens des Sozialdezernates 16 städtische und Betriebskindergärten eingerichtet worden. Durch den Arbeitseinsatz vieler Magdeburger Frauen erwei-

Otto-von-Guericke-Straße nach dem Zweiten Weltkrieg mit Blick auf den Schroteplatz

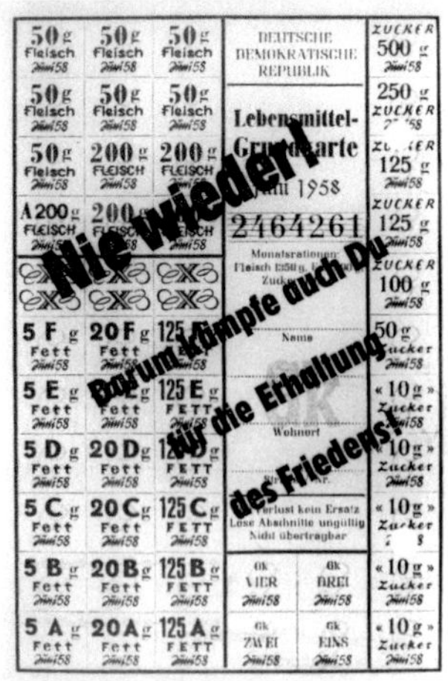

sen sie sich als dringend notwendig. Daneben gibt es elf konfessionelle Kindergärten.

Die Zahl der Krankenhausbetten hat sich von 298 (18. April 1945) auf 2 365 (22. Juli 1946) erhöht.

Bis Juli 1946 sind in Privathäusern Magdeburgs etwa 5 000 Wohnungen wieder bewohnbar gemacht worden. Doch die Wohnungsnot bleibt ein großes Problem. Außerhalb der Stadt warten noch 60 000 evakuierte Magdeburger auf die Zuzugsgenehmigung.

8. September 1946 In der Provinz Sachsen finden Gemeindewahlen statt, die ersten Wahlen in diesem Territorium nach dem Krieg. Sie unterliegen zahlreichen Einschränkungen. Die „bürgerlichen Parteien“ CDU und LDP werden bei Vorbereitung und Durchführung der Wahlen seitens der Besatzungsmacht benachteiligt. Die Wahlbeteiligung im Stadtkreis Magdeburg beträgt 89,9 Prozent. Die SED erhält 51,3, die LDP 29,6, die CDU 18,4 und der Antifaschistische Frauenausschuß 0,72 Prozent. Die SED bekommt im neuen Stadtparlament 36, die LDP 21, die CDU 13 Sitze.

30. September 1946 Die Neuaufbau Magdeburg G. m. b. H. als Trägerin der gesamten Abräumungsarbeiten wird gebildet. Träger sind die Stadt, die gemeinnützigen Siedlungsgesellschaften und der Konsumverein.

31. Januar 1947 Beim Spielen mit einem Artilleriegeschoß auf einem zerbombten Grundstück in Magdeburg-Fermersleben werden vier Kinder getötet und zwei schwer verletzt.

12. Februar 1947 Die Städtischen Bühnen schließen ihre Pforten wegen der großen Kälte und Kohlenmangels.

8. März 1947 Die Gründungsversammlung des Demokratischen Frauenbundes in Magdeburg findet statt.

30. März 1947 Die Vereinigung der Verfolgten des Naziregimes (VVN) in Magdeburg wird gegründet.

März 1947 Um der Hochwassergefahr zu begegnen, ist ein Katastrophendienst im Einsatz, dem 900 Männer angehören. Sprengungen des Eispanzers der Elbe finden statt. Große Teile um Magdeburg sind überschwemmt.

23. April 1947 Auf dem „Schwarzen Markt“ findet eine Groß-Razzia statt.

8. Juni 1947 Im Städtischen Museum wird die Ausstellung „Magdeburg lebt“ eröffnet.

12. Juni 1947 55 Männer und Frauen gründen die Ortsgruppe der „Gesellschaft zum Studium der Kultur der Sowjetunion“. 1949 wird sie in „Gesellschaft für Deutsch-Sowjetische Freundschaft“ umbenannt.

22. Juni 1947 Auf dem Westfriedhof wird der Ehrenhain für die Opfer des Faschismus eingeweiht.

1. August 1947 Das Presseorgan der SED, die „Volksstimme“, erscheint erstmals. Ursprünglich war die „Volksstimme“ Organ der SPD.

15. September 1947 Die Straßenbahn fährt wieder nach Schönebeck.

27. September 1947 Das Städtische Museum eröffnet die Ausstellung für Kleingarten und Brachland.

September 1947 In einer Großaktion der Kriminalpolizei, der Schutzpolizei und des Amtes für Handel und Versorgung werden verstärkt Razzien gegen Schwarzhandel und Schieberei durchgeführt. Dabei werden vor allem Getreide, Kartoffeln, Zwiebeln, Erbsen, Zucker, Fleisch, Eier, Speck, Käse, Öl, Zigaretten, Leder, Lammfelle, Rinderhäute, Stoffe und Gebrauchsgegenstände aller Art sichergestellt.

30. November 1947 Im Palast-Theater in Sudenburg findet mit einer Werbeveranstaltung der Auftakt für die Volksbühne, die sich als „wahres Volkstheater“ versteht, statt. Schon in den zwanziger Jahren gab es in Magdeburg eine Volksbühne, eine Theatergemeinde, die Form und Inhalt der Bühnenkunst für sich mitbestimmt.

21. Januar 1948 In Sudenburg findet mit dem Mostar-Stück „Der Zimmerherr" die erste Aufführung der neugegründeten Volksbühne Magdeburg statt. Es handelt sich um eine Premiere der Städtischen Bühnen vorzugsweise für die Angehörigen der Volksbühne.

26. Januar 1948 Ein Feuer zerstört einen Teil der Drenckmannschen Mühle. 100 Tonnen Mehl werden vernichtet.

1. März 1948 Das Krupp-Grusonwerk eröffnet seine Betriebspoliklinik.

Im „Landhaus Cracau" überreicht Bürgermeister Walter Kaßner aufgrund der Verordnung über die Bodenreform Eigentumsurkunden an Kleinsiedler und Neubauern. Das Gelände des ehemaligen Flughafens Magdeburg-Ost wird fruchtbares Siedlungs- und Ackerland. Hier entsteht die Siedlung „Friedensweiler".

13. März 1948 Das erste Schiff der neu in Betrieb gesetzten Schiffswerft Rothensee läuft vom Stapel. Es ist ein Hochsee-Seiner (Motorschiff). Seine Länge beträgt 26 Meter.

17. April 1948 Die Krankenanstalt Sudenburg erhält den Namen „Gustav-Ricker-Krankenhaus".

4. Mai 1948 Die erste kommunale Poliklinik wird am Tränsberg eröffnet. Zunächst stehen den Patienten die Innere, die Chirurgische, die Frauen-, die Kinder-, die Nerven- und die Zahnärztliche Abteilung zur Verfügung.

9. Mai 1948 Tausende Magdeburger sehen zu, wie am Schroteplatz die Trümmeraufbereitungsanlage ihren Betrieb aufnimmt. Die „Volksstimme" schreibt: „Nach den Festansprachen und nach einem langanhaltenden Pfeifsignal der Lokomotive setzte sich das Räderwerk der Anlage in Bewegung. Jede Minute wurde eine Lore voll Ziegelbruch verarbeitet. Der ununterbrochene Strom des gemahlenen roten Splitts ergoß sich über das lange Förderband in den Silo." Die Anlage verarbeitet große Mengen von Mauersteinbruch zu Ziegelmehl und Ziegelsplitt unterschiedlicher Körnung.

24. Mai 1948 Durch die Linie 11 ist die Straßenbahnverbindung zur Alten Neustadt wiederhergestellt. Die Bahn verkehrt ab Hauptbahnhof im Abstand von 24 Minuten.

Juni 1948 Die Länge der Gleise der Trümmerbahn ist auf 28,5 Kilometer angewachsen. 28 Feldbahnlokomotiven bewegen 617 Kipploren. Sechs Bagger beseitigen den Trümmerschutt.

15. November 1948 Der erste „Freie Laden" öffnet. Hier können Waren zu erhöhten, staatlich festgesetzten Preisen erworben werden, die sonst nur auf Lebensmittelkarten oder Bezugsscheine erhältlich sind. Da die Preise weit unter denen des schwarzen Marktes liegen, ist der Andrang groß.

1948 Das Kommunalwirtschaftsunternehmen der Stadt Magdeburg (KWU) wird auf der Grundlage der Kommunalwirtschaftsverordnung vom 24. November 1948 gegründet. Es ist Rechtsträger der dem Rat der Stadt unterstellten Betriebe der volkseigenen örtlichen Wirtschaft einschließlich Land- und Forstwirtschaft. 1951 erfolgt die Auflösung.

30. Januar 1949 Die im Zweiten Weltkrieg stark zerstörte Hauptwerkstatt der Magdeburger Straßenbahn nimmt wieder den Betrieb auf.

1. März 1949 Weitere Kleinsiedler erhalten die Eigentumsurkunden über je 1250 Quadratmeter ehemaligen militärischen Geländes des Flugplatzes Ost.

3. März 1949 Erstmals nach dem Krieg präsentieren sich Magdeburger Betriebe auf der Leipziger Messe. Aufsehen erregt die von der Magdeburger Werkzeugmaschinenfabrik ausgestellte Vielstahl-Drehbank, die wegen ihrer enormen Leistung den Namen „Der rasende Magdeburger" erhält.

7. März 1949 Die ersten Kinder halten Einzug in die ehemalige Banckschе Villa in der Reichelstraße. Das Jugendamt hat im Obergeschoß des Hauses ein Kindervollheim mit

20 Plätzen eingerichtet. Die Kinder werden hier Tag und Nacht betreut. Im Erdgeschoß ist schon seit längerer Zeit ein Kindergarten untergebracht.

1. April 1949 Die Siedlung Friedensweiler erhält Eisenbahnanschluß.

30. April 1949 Die im Krieg zerstörte Hauptbahnhofshalle ist wieder für den Publikumsverkehr freigegeben.

1. Juni 1949 Die Linie 6 der Magdeburger Straßenbahn fährt wieder bis zum Herrenkrug.

20. Juni 1949 In Rothensee läuft der Seiner IV vom Stapel. Während die ersten drei auf der Staatswerft Rothensee errichteten Seiner ihre Maschinenausrüstung von anderen Werften erhielten, werden nun die Maschinen hier eingebaut. Die Werft in Rothensee will jetzt jeden Monat einen Seiner mit Dieselmotoren von Buckau-Wolf fertigstellen.

25. Juni 1949 Bürgermeister Walter Kaßner übergibt der FDJ das wiedererrichtete Franke-Jugendheim als Kulturhaus der Jugend.

9. Juli 1949 Im Vogelgesangpark öffnet eine Sommerblumenschau.

17. Juli 1949 Mit einem großen Schwimmfest wird das frühere Wilhelmsbad als Stadtbad eingeweiht.

25. Juli 1949 Auf dem Hof des Meßgerätewerkes Schäffer & Budenberg spricht Adolf Hennecke vor Magdeburger Arbeitern über Entstehung und Ziele der Aktivistenbewegung. Die Presse stellt regelmäßig Bekenntnisse und Erfolge von Arbeitern in der Aktivistenbewegung vor. In Wirklichkeit jedoch stößt die Begeisterung auf viele Widerstände.

30. Juli 1949 In der Lindenhofsiedlung wird Richtfest gefeiert.

15. August 1949 Nach Beseitigung der Kriegsschäden auf der Rennbahn finden im Herrenkrug wieder Pferderennen statt. Der Zuschauerandrang ist so groß, daß die Kassierer an den Eingängen überfordert sind. Die Menschen durchbrechen die Absperrungen und gelangen gratis zur Bahn.

Plakatwand mit Ankündigung der Ausstellung zum 100jährigen Jubiläum der Revolution von 1848

Altes Rathaus mit Kriegsschäden

1. September 1949 Die erste in Magdeburg nach dem Krieg neu erbaute Schule nimmt in Friedensweiler mit vorerst sechs Klassen den Unterricht auf.

10. September 1949 Das Ehrenmal für die Opfer des Faschismus auf dem Westfriedhof wird enthüllt.

10. Oktober 1949 Die Betriebsberufsschule der Firma Fahlberg-List wird eingeweiht.

14. November 1949 Der sowjetische Stadtkommandant übergibt dem Rat der Stadt Magdeburg die Verwaltungshoheit.

27. November 1949 Der Saal des im Krieg beschädigte Kristallpalastes wird wieder der Öffentlichkeit übergeben. Er kann über 2000 Personen aufnehmen. Die Bühne bietet einem großen Orchester Platz. Bisher fehlte in Magdeburg ein Saal für größere kulturelle und politische Veranstaltungen.

November 1949 Die neue 100-Tonnen-Preß- und Extraktionsanlage der Öl- und Fettwerke ist fertiggestellt. Mit der Produktion kann Anfang 1950 begonnen werden.

3. Dezember 1949 Die von der Alexander-Schuke-Orgelbauanstalt Potsdam erbaute Orgel im Domremter wird innerhalb der Kirchenmusiktage des Domchores eingeweiht.

17. Dezember 1949 In der Rogätzer Straße wird ein neuer Gasometer mit 50 000 Kubikmetern Fassungsvermögen zur Nutzung übergeben.

21. Dezember 1949 In Magdeburg leuchten wieder die ersten 1 000 Gaslaternen.

22. Dezember 1949 Das um 1890 errichtete Palais in der Hegelstraße 42 wird als Haus der Gesellschaft für Deutsch-Sowjetische Freundschaft (DSF) eingeweiht. Die DSF zählt zu diesem Zeitpunkt in Magdeburg 12 000 Mitglieder. Bis 1990 wird sie in dem repräsentativen Gebäude in der Hegelstraße ihren Sitz haben.

Dezember 1949 Bis Ende 1949 werden 958 274 Kubikmeter Trümmerschutt beseitigt. Das sind etwa 22 Prozent der gesamten Schuttmasse der Stadt. Millionen von wiederverwendungsfähigen Mauersteinen werden bis dahin geborgen und stehen dem Neuaufbau zur Verfügung.

29. Januar 1950 Die Arbeiten des Architekturwettbewerbes zur Gestaltung des Geländes um den Hauptbahnhof, zum Bau eines neuen Rathauses und zur baulichen Planung für markante Punkte in der Innenstadt werden der Öffentlichkeit vorgestellt und lösen eine breite Diskussion aus.

26. Februar 1950 Das Magdeburger Betonwerk auf dem Schroteplatz wird seiner Bestimmung übergeben.

1. März 1950 Nach Beendigung der Enttrümmerungsarbeiten in der Umgebung des Hauptbahnhofes fährt die Straßenbahn wieder durch die Kantstraße.

Zwischen Stadtfeld und Nordwest nimmt eine Kraftomnibuslinie den Verkehr auf.

15. März 1950 Das Stadtarchiv ist wieder geöffnet.

10. April 1950 In der Maschinenfabrik Buckau-Wolf wird ein Nachtkindergarten eingerichtet. Er ist für Kinder der Frauen, die in der Spät- und Nachtschicht arbeiten, bestimmt.

1. Juni 1950 Das Gesellschaftshaus in der Schönebecker Straße öffnet als Haus der Jungen Pioniere seine Pforten.

15. Juni 1950 In der Ackerstraße 16 wird ein neuer Kindergarten übergeben.

2. Juli 1950 Oberbürgermeister Rudolf Eberhard und Stadtbaurat Erich Koß werden verhaftet.

21. Juli 1950 Stadtrat Heinrich Germer und Stadtschulrat Oskar Linke eröffnen den Heimattiergarten. 1958 erhält er den Status eines Zoologischen Gartens.

27. Juli 1950 Die Stadtverordneten beraten über die Umbenennung von 99 Straßen, Wegen und Plätzen, deren Namen als „nicht mehr tragbar“ empfunden werden. Einzelheiten werden später noch einmal im Bauausschuß beraten. Das Adressbuch von 1950/51 weist insgesamt 128 Umbenennungen aus. Auch die Stadtteile erhalten andere Bezeichnungen. Friedrichstadt heißt Brückfeld, Wilhelmstadt wieder Stadtfeld, die Junkers-Siedlung und die Siedlung Gänseei werden Nordwest.

28. Juli 1950 Die Rationierung der Kartoffeln wird aufgehoben.

4. August 1950 Der in Magdeburg geborene Dichter Erich Weinert erhält das Ehrenbürgerrecht der Stadt.

1. September 1950 Die Rationen auf die Mütterzusatzkarten werden verdoppelt und die Fleisch- und Fettrationen erhöht.

Rückansicht der 1950 eröffneten Pawlow-Poliklinik

5. September 1950 Philipp Daub (SED) wird Oberbürgermeister von Magdeburg.

10. Oktober 1950 Die am 11. Juli begonnene Enttrümmerung der „Insel“ in Buckau ist beendet. Allein hier wurden aus dem Schutt 1 Million Mauersteine geborgen, abgeputzt und zur Verarbeitung gestapelt.

13. Oktober 1950 In der Schönebecker Straße wird die Pawlow-Poliklinik feierlich eingeweiht. Sie dient in erster Linie den Mitarbeitern der großen Magdeburger Betriebe Otto Gruson, Buckau-Wolf sowie Schäffer & Budenberg. Schöpfer des mit 120 Räumen ausgestatteten Baus ist der Magdeburger Architekt Arno Meng.

19. Dezember 1950 Die Brücke des Friedens über die Alte Elbe wird eingeweiht.

21. Dezember 1950 Das ehemalige Zentraltheater öffnet als Maxim-Gorki-Theater wieder seine Pforten.

In Magdeburg-Cracau wird die St.-Andreas-Kirche geweiht.

1950 Die Kunstgewerbe- und Handwerkerschule wird als Fachschule für angewandte Kunst anerkannt.

28. Februar 1951 Der erste Neubau im Zentrum Magdeburgs nach Kriegsende, das Wohnhaus Otto-von-Guericke-Straße 47 an der Ecke Keplerstraße, ist fertiggestellt und zum Teil schon bezogen. Es hat 33 Wohnungen.

8. März 1951 In der Mittelstraße 13/14 öffnet ein Kindergarten (Wochenheim).

2. April 1951 Das Bismarckdenkmal auf dem Friedensplatz wird entfernt und nach Potsdam übersandt. Bereits 1947 hatten die Stadtverordneten auf Antrag der SED-Fraktion für die Beseitigung des Denkmals votiert.

6. April 1951 Zur Verbesserung des Verkehrs zu den östlichen Stadtteilen nimmt die Straßenbahnlinie 5 zwischen Hauptbahnhof und Berliner Chaussee den Verkehr auf.

7. April 1951 Der Erweiterungsbau der August-Bebel-Schule wird eingeweiht.

23. April 1951 Der Deutsche Platz erhält den Namen Boleslaw-Bierut-Platz (heute Universitätsplatz).

April 1951 Der Ausbau des Hauses Schleinufer 22 zur Städtischen Tuberkulose-Fürsorgestelle ist fertiggestellt. Die Tbc-Fürsorgestelle kann nunmehr aus ihrer bisherigen behelfsmäßigen Unterkunft in der Virchowstraße herausgenommen werden.

Die 1951 eröffnete Fachschule für Chemie „Justus von Liebig“

Blick auf die Ruine der Jakobi-Kirche, 50er Jahre

1. Mai 1951 Oberbürgermeister Philipp Daub legt den Grundstein für den Baukomplex am Breiten Weg, der bis dahin größten Wiederaufbaumaßnahme in Magdeburg. Die Bevölkerung ist aufgerufen, durch Aufbaustunden mitzuwirken. Von den geleisteten Arbeitsstunden hängen Sonderzuteilungen an Lebensmitteln sowie Konsumgütern und sogar die Berücksichtigung bei der Wohnungsvergabe ab. Bereits wenige Monate später schmückt die Richtkrone den Bauplatz, und zum Jahresende werden die ersten Wohnungen übergeben.

Das Krupp-Gruson-Werk wird in „Schwermaschinenbau Ernst Thälmann" umbenannt.

Das Kino „Theater des Friedens" am Alten Markt mit 1032 Sitzplätzen empfängt die ersten Besucher.

1. Juni 1951 Die Waldschule Nord ist wieder geöffnet. Hier werden Tbc-gefährdete Kinder unterrichtet.

1. Juli 1951 Die O-Buslinie Lemsdorf-Buckau nimmt den Verkehr auf.

9. Juli 1951 Die Mitropa-Gaststätte auf dem Magdeburger Hauptbahnhof steht nun den Reisenden zur Verfügung.

5. August 1951 Das Jugendwohn- und Durchgangsheim „Erich Scharf" in der Landsbergstraße 88 (heute Albert-Vater-Straße) wird seiner Bestimmung übergeben. Hier wohnen Kinder und Jugendliche im Alter von vier bis 18 Jahren.

1. Oktober 1951 Die Fachschule für Chemie „Justus von Liebig" empfängt die ersten Studenten.

13. Oktober 1951 Die Maschinenfabrik Buckau-Wolf heißt nun „Schwermaschinenbau Karl Liebknecht".

7. November 1951 Das Kulturhaus „Ernst Thälmann" wird eröffnet. Das Programm gestalten unter anderem das Werkorchester des Ernst-Thälmann-Werkes, der Chor der Berthold-Otto-Schule sowie Künstler der Städtischen Bühnen Magdeburg und der Staatsoper Berlin.

21. Dezember 1951 Der erste Wohnblock der Großbaustelle am Breiten Weg ist bezugsfertig.

1951 Die Rationierung von Brot, Mehl und anderen Getreideerzeugnissen sowie Hülsenfrüchten wird aufgehoben.

Die Medizinische Fachschule beginnt mit ihrer Ausbildung. Dreißig Jahre später wird sie den Namen „Otto Schlein“ erhalten.

15. Januar 1952 Am Klosterhof 1a wird die Poliklinik Südost eröffnet. Sie ist die zweite städtische Poliklinik Magdeburgs.

18. Januar 1952 Nach einem Musterprozeß verurteilt das Landgericht Magdeburg den ehemaligen Oberbürgermeister Rudolf Eberhard und den ehemaligen Stadtbaurat Erich Koß zu Zuchthaus und Vermögensentzug wegen Sabotage. 1993 erklärt das Landgericht Magdeburg das Urteil für rechtswidrig und aufgehoben.

1. Mai 1952 In Magdeburg gibt es nun sechs Stadtbezirksverwaltungen. Durch diese Dezentralisierung soll die Verwaltungsarbeit verbessert werden.

8. Mai 1952 Der Magdeburger Tierpark erhält seinen ersten Bären.

Mai 1952 Zum Säubern der Magdeburger Gaslaternen werden jetzt erstmals auch Frauen eingesetzt. Es sind vier Frauen, die sich als Lampenwärter betätigen.

13. Juli 1952 Die Übermauerung der Bärstraße am Breiten Weg wird fertiggestellt (Bärbogen).

23. Juli 1952 Das „Gesetz über die weitere Demokratisierung des Aufbaus und der Arbeitsweise der staatlichen Organe in den Ländern der DDR“ wird beschlossen. Es verfügt die Auflösung der Länder. Am 25. Juli beschließt der Landtag Sachsen-Anhalt seine Selbstauflösung und die Bildung der Bezirke Halle und Magdeburg. Magdeburg wird Hauptstadt des gleichnamigen Bezirkes. Der Rat des Bezirkes Magdeburg konstituiert sich am 7. August 1952 im AMO-Kulturhaus (Kulturhaus „Ernst Thälmann“).

28. August 1952 Der Ministerrat beschließt die städtebauliche Planung der Städte Leipzig, Dresden, Magdeburg und Rostock. „Der Planung dieser Städte liegen die Erfahrungen des Städtebaus der Sowjetunion und die durch Studium und Praxis gewonnenen Erkenntnisse zugrunde“, schreibt die Volksstimme am 30. August 1952.

Das im Dezember 1953 bezogene Haus „Immer bereit“ in der Karl-Marx-Straße

30./31. August 1952 Nach einjähriger Rekonstruktionsarbeit kann der Sportplatz am Königsweg wieder benutzt werden. Die Sportstätte trägt den Namen Heinrich-Germer-Stadion.

3. September 1952 Der Präsident der DDR, Wilhelm Pieck, spricht auf einer Großkundgebung vor 100 000 Magdeburgern auf dem Domplatz.

17. September 1952 Ottersleben wird mit 16 000 Einwohnern nach Magdeburg eingemeindet.

30. September 1952 Als erster Brückenneubau der DDR wird die Wilhelm-Pieck-Brücke (Nordbrücke) dem Verkehr übergeben. Die Gesamtlänge der Brücke beträgt 220 Meter. Die Stahlkonstruktion spannt sich 120 Meter über den Strom.

13.–15. Dezember 1952 Unregelmäßigkeiten bei der Verteilung von Jahresendprämien führen in einigen Magdeburger Betrieben zu Arbeitsniederlegungen.

16. Januar 1953 Im Altstädtischen Krankenhaus wird eine Frauenabteilung mit 95 Betten eingeweiht. Es ist der erste Neubau einer Klinik in den städtischen Krankenhäusern seit 15 Jahren.

1. März 1953 Der erste Aufbausonntag im Rahmen des Nationalen Aufbauwerkes 1953 der Stadt Magdeburg findet statt. Hierzu versammeln sich die freiwilligen Aufbauhelfer an sechs zentralen Stellplätzen. Als Schwerpunkte für die folgenden Jahre gelten die Bebauung des Zentralen Platzes und die Anlage der Ost-West-Achse (heute Ernst-Reuter-Allee).

28. März 1953 Die Bezirksbehörde der Deutschen Volkspolizei gründet in Magdeburg die Sportgemeinschaft „Dynamo“.

5. Mai 1953 Der 1207 erstmals erwähnte Breite Weg erhält den Namen Karl-Marx-Straße.

10. Mai 1953 Der stellvertretende Ministerpräsident der DDR, Walter Ulbricht, legt den Grundstein zum Aufbau des Zentralen Platzes. Die Stadt soll im Rahmen des „Nationalen Aufbauwerkes“ der DDR stärker gefördert werden.

28. Mai 1953 Die Regierung ordnet eine Erhöhung der Arbeitsnormen an. Die zehnprozentige Normerhöhung bedeutet eine erneute Verschlechterung des Lebensstandards, denn bereits im April waren Preiserhöhungen durchgeführt worden. Der Unmut unter den Arbeitern wächst. Seit Wochen hatte sie die Propaganda zu einer freiwilligen Steigerung der Arbeitsnormen aufgerufen, war aber kaum auf Gehör gestoßen.

16. Juni 1953 Das Haus in der Hegelstraße 42 (heute Palais am Fürstenwall) erhält den Namen Haus der Deutsch-Sowjetischen Freundschaft „Erich Weinert“.

17. Juni 1953 Der Volksaufstand in der DDR erfaßt auch Magdeburg. Es finden Proteste und Demonstrationen der Metallarbeiter gegen überhöhte Normen und unverhältnismäßig hohe Lebensmittelpreise bei gleichbleibenden Löhnen statt. Außerdem ertönt der Ruf nach freien Wahlen, nach Ablösung der Regierung und Bestrafung von schuldigen Funktionären, nach Amnestie politischer Häftlinge sowie nach einem einheitlichen Deutschland. Zuerst legen die Arbeiter im Ernst-Thälmann-Werk die Arbeit nieder. Arbeiter der anderen Großbetriebe schließen sich dem Protestzug an. Von Buckau kommend, bewegt er sich über die Karl-Marx-Straße in Richtung Alter Markt. Auch von Norden marschiert ein Zug spontan in Richtung Stadtzentrum. Ein Teil der Demonstranten bewegt sich zur Strafvollzugsanstalt Sudenburg, ein anderer Teil zieht zum Bahnhof und weiter über den Damaschkeplatz, wo Arbeiter das Gebäude des Rates des Bezirkes stürmen, zum Sitz der SED-Bezirksleitung in der Gerhart-Hauptmann-Straße. Akten und Bilder werden auf die Straße geworfen. Über die Liebknechtstraße zieht die aufgebrachte Menge dann zur Strafvollzugsanstalt Sudenburg. Demonstranten dringen in das Gebäude der Bezirksbehörde der Deutschen Volkspolizei und des Gerichts ein. Von dort wollen sie politische Häftlinge befreien. Es fallen Schüsse. Zwei Polizisten kommen ums Leben. Andere Demonstranten dringen in die Redaktion der „Volksstimme“ und in das Fernmeldeamt ein. Bereits am Mittag erscheinen die ersten russischen Panzer. Um 14 Uhr verhängt die Sowjetische Militäradministration den Ausnahmezustand über Magdeburg. Dennoch flackern bis zum Abend an den verschiedensten Punkten der Stadt immer wieder Proteste auf. Aus der Untersuchungshaftanstalt Neustadt werden über 200 Insassen befreit.

Der Aufstand wird niedergeschlagen. Mehrere Todesopfer und über 40 Verletzte sind zu beklagen. Zahlreiche Personen werden festgenommen.

18. Juni 1953 In vielen Betrieben verweigert ein großer Teil der Belegschaft zunächst die Arbeit und wählt, wie zum Beispiel auf der Staatswerft Rothensee, ein Streikkomitee. Doch die Arbeiter beugen sich der Anwesenheit russischer Panzer und den um sich greifenden Verhaftungen.

Ein sowjetisches Standgericht verurteilt in Magdeburg Alfred Dartsch und Herbert Strauch wegen Beteiligung am Aufstand zum Tode durch Erschießen. Beide werden hingerichtet.

16. August 1953 Im Rotehornpark findet das 1. Magdeburger Elbefest statt.

21. August 1953 Die Marienkirche des im Zweiten Weltkrieg schwer beschädigten Klosters Unser Lieben Frauen wird nach langjährigen Restaurierungsarbeiten wieder zur Nutzung freigegeben.

1. September 1953 Die Kinder- und Jugendsportschule Magdeburg tritt ins Leben.

6. September 1953 Das Schwimmstadion der Bauarbeiter BSG „Aufbau Börde" wird eröffnet.

12. September 1953 Das Richtfest für den Neubaukomplex Neue Neustadt (Schmidtstraße, Morgenstraße, Hamburger Straße, Nachtweide) findet statt.

13. September 1953 Im Stadion der Bauarbeiter an der Großen Diesdorfer Straße zieht eine nationale Radsportveranstaltung um den „Großen Preis der Stadt Magdeburg" viele Zuschauer an.

28. Oktober 1953 Die O-Bus-Linie von Sudenburg nach Ottersleben wird ihrer Bestimmung übergeben.

11. Dezember 1953 Im Gustav-Ricker-Krankenhaus wird eine Chirurgische Poliklinik eröffnet.

21. Dezember 1953 20 freiwillige Aufbauhelfer ziehen mit ihren Familien in das Haus „Immer bereit", das erste im Rahmen des Nationalen Aufbauwerkes neu entstandene Wohnhaus, ein. Es befindet sich in der Karl-Marx-Straße 221 (heute wieder Breiter Weg). Oberbürgermeister Philipp Daub hält die Festansprache.

Alte Strombrücke

Vorlesungssaal in der Medizinischen Akademie, nach 1954

24. Dezember 1953	In der Nicolaikirche in der Neustadt, deren Wiederaufbau 1948 begann, findet wieder Gottesdienst statt.
1953	Die erste Landwirtschaftliche Produktionsgenossenschaft (LPG) in Magdeburg entsteht in Friedensweiler.
1. Januar 1954	Mit Wirkung vom 1. Januar 1954 werden auf Beschluß der sowjetischen Regierung die letzten SAG-Betriebe in Volkseigentum überführt, so der Schwermaschinenbau „Ernst Thälmann" (vorm. Krupp-Gruson), der Schwermaschinenbau „Georgi Dimitroff" (vorm. Otto Gruson), das Meßgeräte- und Armaturenwerk „Karl Marx" (vorm. Schäffer & Budenberg), der Schwermaschinenbau „Karl Liebknecht" (vorm. Buckau-Wolf), der Schwermaschinenbau „7. Oktober" (vorm. Mackensen).
4. Januar 1954	Magdeburg erhält eine Volksmusikschule, die spätere Musikschule. Ab 1967 trägt sie den Namen „Georg Philipp Telemann".
3. März 1954	Für die ersten 500 Studenten der neu ins Leben gerufenen Hochschule für Schwermaschinenbau beginnen die Vorlesungen. Die Studenten wurden bereits im Herbst 1953 immatrikuliert und absolvierten bis jetzt ein Praktikum. Die Hochschule für Schwermaschinenbau wurde aufgrund des Ministerratsbeschlusses vom 6. August 1953 geschaffen.
20. April 1954	Am Geburtshaus des Dichters Erich Weinert in der Thiemstraße 7 wird ihm zu Ehren eine Gedenktafel enthüllt.
1. Mai 1954	Die ersten Wohnungen am Zentralen Platz sind bezugsfertig.
8. Mai 1954	Die Staatswerft in Rothensee erhält den Namen „Edgar André".
18. Juni 1954	Die Arbeiterwohnungsbaugenossenschaft (AWG) „Karl Liebknecht" wird gegründet. Es ist die erste AWG in Magdeburg.
24. Juli 1954	In der Schilfbreite wird der erste Spatenstich für den ersten Wohnblock der AWG des VEB Schwermaschinenbau „Ernst Thälmann" ausgeführt.
21. August 1954	Der hergerichtete Saal in der Gaststätte „Neue Welt" kann wieder genutzt werden. Er bietet 600 Personen Platz.
2. September 1954	Für Kinder der Sprachheilschule wird auf dem Gelände des Klosters Unser Lieben Frauen ein Internat eröffnet. Es ist das erste Internat dieser Art in der DDR.
7. September 1954	Im Maxim-Gorki-Theater findet die feierliche Gründung der Medizinischen Akademie Magdeburg (heute Universitätsklinikum) statt.
21. September 1954	Am neu eingerichteten Lehrmeister-Institut beginnen 300 zukünftige Lehrmeister ihre Ausbildung.
13. Oktober 1954	Die Kinderkrippe des Ernst-Thälmann-Werkes wird eingeweiht.
15. Oktober 1954	Die ersten 24 Mieter ziehen in den Block C der Wilhelm-Pieck-Allee (heute Ernst-Reuter-Allee) ein.
3. Dezember 1954	In den rekonstruierten „Oli-Lichtspielen" sind wieder Filme zu sehen.
10. Dezember 1954	Der Stadtausschuß zur Vorbereitung der Jugendweihe konstituiert sich. Auch zuvor gab es schon Jugendweihen, allerdings unter Trägerschaft der Freireligiösen Gemeinde.
19. Dezember 1954	Die Kreuzkirche wird feierlich eingeweiht.
20. Dezember 1954	Die Synagoge in der Klausenerstraße wird eingeweiht. Es ist die ehemalige Wolfsche Villa.
1954	Jugendliche der Aktion Sühnezeichen helfen beim Aufräumen und Wiederaufbau der 1945 zerstörten Heiliggeistkirche.
1. Januar 1955	Eine neuerbaute Kinderkrippe des VEB Schwermaschinenbau „Karl Liebknecht" wird eröffnet.
5. Januar 1955	Die Volksröntgen-Kataster beginnen.

Blick über die Stadt nach Norden, um 1954

Der erste Selbstbedienungsladen in Magdeburg, 1956

„Kokospalme", eine Verkaufsstätte der Margarineindustrie in der Karl-Marx-Straße

Februar 1955	Das Magdeburger Gesundheitswesen verfügt über 4000 Krankenhausbetten.
5. Mai 1955	Der Klub „Otto von Guericke“ in der Hegelstraße 3 wird eröffnet.
31. Mai 1955	In der Schilfbreite sind die ersten 18 Wohnungen bezugsfertig.
Juni/August 1955	In der Wilhelm-Pieck-Allee (heute Ernst-Reuter-Allee) öffnen mehrere Verkaufsstellen, zum Beispiel für Molkereiprodukte, Kosmetik, Uhren und Schmuck, Fischwaren, Bekleidung.
14. August 1955	Die Pioniereisenbahn im Stadtpark Rotehorn absolviert ihre Jungfernfahrt. Sie wurde innerhalb von vier Wochen errichtet.
27./28. August 1955	In Magdeburg findet ein gesamtdeutsches Treffen der Jugend statt.
1. September 1955	Der Sportclub Aufbau (später SC Magdeburg) wird gegründet.
	Zwei Schulen nehmen den Unterricht auf, die Schule in der Schmeilstraße und die in der Turmschanzenstraße.
9. September 1955	Die weltberühmte Sopranistin Erna Berger gastiert im Kristallpalast.
18. September 1955	Das neue Stadion am Gübser Damm wird mit dem 1. Bezirks-Turn- und Sportfest vor 40000 Zuschauern eingeweiht. Das Stadion trägt den Namen des Magdeburger Widerstandskämpfers Ernst Grube.
21./22. September 1955	Der Rat der Evangelischen Kirche in Deutschland tagt in den Pfeifferschen Stiftungen zu Magdeburg. Es wird bekanntgegeben, daß sich der Hilfswerk-Ausschuß der EKD für Magdeburg als Stadt des kirchlichen Wiederaufbaus im Jahre 1956 entschieden hat.
22. September 1955	Nach umfangreichen Restaurierungsarbeiten öffnet der Magdeburger Dom wieder seine Pforten. Bischof Johannes Jänicke wird in sein Amt eingeführt.
8. Oktober 1955	Die ersten 60 Wohnungen in der Karl-Liebknecht-Siedlung zwischen Planetensiedlung und Lindenhof sind bezugsfertig.
Oktober 1955	Das neue Kulturhaus des VEB Schwermaschinenbau „Georgi Dimitroff“ ist fertig. Mit dem Bau war im August 1954 begonnen worden.
16. Dezember 1955	Die Magdeburger Straßenbahn nimmt den Verkehr durch die Ost-West-Straße (heute Ernst-Reuter-Allee) auf.

In der Karl-Liebknecht-Siedlung (SKL-Siedlung), nach 1955

Die Pioniereisenbahn im Rotehornpark, nach 1955

30. Dezember 1955	Die Gaststätte „Stadt Prag" wird eröffnet. Sie verfügt über 240 Sitzplätze. Das Café hat 310, die Bar 66 Plätze. Auf der Terrasse ist Platz für etwa 154 Personen.
1. Januar 1956	Eine Produktionsgenossenschaft des Fleischerhandwerks wird gegründet. Sie trägt den Namen „Fortschritt".
3. Januar 1956	Die Ost-West-Straße erhält den Namen Wilhelm-Pieck-Allee (heute Ernst-Reuter-Allee).
5. April 1956	Die Ulrichskirche wird trotz massiver Proteste gesprengt. Sie war im Zweiten Weltkrieg teilweise zerstört worden. Ihr Wiederaufbaubau paßte nicht in das städtebauliche Konzept einer sozialistischen Großstadt, obgleich es eine Reihe denkmalpflegerischer Projekte zum allmählichen Wiederaufbau gegeben hatte.
16. Mai 1956	Der Grundstein zum Neubau der Hochschule für Schwermaschinenbau wird gelegt.
21. Juni 1956	Die neue Straßenbahnstrecke vom Ernst-Grube-Stadion über den Nordbrückenzug wird eingeweiht.
7./8. Juli 1956	Im Ernst-Grube-Stadion findet des 1. Kreis-Turn- und Sportfest statt.
1. September 1956	Die Fachschule für Wasserwirtschaft am Domplatz wird festlich eingeweiht. Jährlich werden etwa 100 Wasserbauingenieure die Schule verlassen.
5. Oktober 1956	Die Stadtverordnetenversammlung beschließt die Eingemeindung des Barleber Sees aus dem Kreis Wolmirstedt in den Stadtkreis Magdeburg. 1958 erklärt der Rat der Stadt Magdeburg das Gelände zum Erholungsgebiet. Ab 1965 steht es unter Landschaftsschutz.
6. Oktober 1956	Die Pioniereisenbahn im Rotehornpark eröffnet am Bahnhof „Freundschaft" den Fahrbetrieb auf der Gesamtstrecke. Endstation ist am Heinrich-Heine-Weg.
27. Oktober 1956	Das Haus des Handwerks wird nach dem Wiederaufbau als Kulturhaus eröffnet.
15. Dezember 1956	Im Kulturhistorischen Museum öffnet die Bauausstellung ihre Pforten. Sie gibt einen Überblick über das zukünftige Stadtbild.
21. Dezember 1956	Der erste Selbstbedienungsladen des Bezirkes Magdeburg wird in der Karl-Marx-Straße (heute Breiter Weg) eröffnet. 1951 gab es dort schon einmal einen HO-Selbstbedienungsladen.

Bauten an der Nordseite der Wilhelm-Pieck-Allee, 1955/56

Ulrichskirche von Osten, vor 1956

Dezember 1956	Auf der Großbaustelle Morgenstraße findet in Anwesenheit von Philipp Daub Richtfest statt. Die Häuser werden in Großblockbauweise errichtet, die Kopfhäuser im traditionellen Mauerziegelwerk.
1956	Das Ehrenmal für die Gefallenen des 1. Weltkrieges von Ernst Barlach wird wieder im Dom aufgestellt. Es wurde 1929 für den Magdeburger Dom geschaffen, 1934 aber als „entartete Kunst“ entfernt.
1. März 1957	Für einen Teil der Arbeiter gilt nun die 45-Stunden-Woche.
April 1957	In Magdeburg bestehen 14 Arbeiterwohnungsbaugenossenschaften (AWG).
22. Mai 1957	Beim Rat der Stadt Magdeburg wird unter Vorsitz von Oberbürgermeister Philipp Daub eine Kommission zum Wiederaufbau der Stadthalle gegründet.
30. Mai–2. Juni 1957	In Magdeburg findet das 1. Bezirkstreffen der Pionierorganisation statt.
8. Juni 1957	Anläßlich des Arbeiterjugendkongresses spricht Walter Ulbricht auf dem Domplatz.
19. Juli 1957	In der Mittagstraße wird eine Wochenkrippe für Kinder im Alter von sechs Wochen bis zu drei Jahren eröffnet. Der Preis beträgt eine Mark pro Tag.
3. August 1957	Im Ernst-Grube-Stadion wird ein Festival der Jugend mit ausländischer Beteiligung eröffnet.
16. August 1957	Nach seiner endgültigen Fertigstellung wird das Haus des Handwerks eingeweiht. Vom 10. zum 11. August übernachteten bereits Nikita Chruschtschow und Walter Ulbricht in diesem Gebäude.
5. Oktober 1957	Bei einem Großfeuer in der Hafenstraße brennen die 2. und 3. Etage der Reinigungsanlage der Magdeburger Mühlenwerke aus.
1. November 1957	Das Hotel Gewerkschaftshaus am Ratswaageplatz 1 bis 4 wird neu eröffnet.
7. November 1957	Der Erich-Weinert-Preis der Stadt Magdeburg wird erstmals verliehen. Der Preisträger ist Uwe Franke, Leiter des Institutes für Lehrerbildung.
9. November 1957	In der Duvigneaustraße (heute Jean-Burger-Straße) eröffnet der Rat der Stadt sein Gästehaus.
Dezember 1957	Die ersten 54 Ärzte, die ihr Examen an der Medizinischen Akademie Magdeburg bestanden haben, werden in die Praxis entlassen.
1957	Die Untersuchungshaftanstalt I der Deutschen Volkspolizei am Moritzplatz dient nach erfolgtem Umbau als Untersuchungshaftanstalt des Ministeriums für Staatssicherheit. Seit 1990 besteht hier die Gedenkstätte Moritzplatz Magdeburg für die Opfer politischer Gewalt.
25. Januar 1958	Die neue Eingangshalle an der Medizinischen Akademie wird ihrer Bestimmung übergeben.
20. Februar 1958	In der Großen Münzstraße gibt es nun einen zentralen Sprachheilkindergarten mit 40 Plätzen.
28. März 1958	Auf dem Zentralen Platz findet die Großkundgebung „Tod dem Atomtod!“ statt, an der mehr als 100 000 Menschen teilnehmen.
29. März 1958	Die Südfront der Stadttheaterruine wird gesprengt. Die Mauersteine sollen für den weiteren Ausbau der Stadthalle verwendet werden.
März 1958	In Magdeburg gibt es 900 Kinderkrippenplätze.
20. April 1958	Die letzten Reste der Stadttheaterruine werden gesprengt.
11. Mai 1958	500 freiwillige Aufbauhelfer bergen an diesem Sonntag 20 400 Steine und 82 Kubikmeter Schutt des ehemaligen Stadttheaters.
14. Mai 1958	In der Zollstraße wird das erste Veteranen-Klubhaus Magdeburgs übergeben.
25. Mai–1. Juni 1958	Die Magdeburger Kulturfesttage finden statt.

Hinter den Neubauten auf der Südseite des Alten Marktes

Medizinische Akademie Magdeburg, um 1958

Hotel Gewerkschaftshaus am Ratswaageplatz, von der Julius-Bremer-Straße aus gesehen, nach 1957

Altstadt mit Kloster Unser Lieben Frauen, dem Kirchenschiff der Heiliggeistkirche, der Ruine der Johanniskirche, im Hintergrund die Ruinen der Katharinen- und Jakobikirche, um 1958

Neuaufbau in der Otto-von-Guericke-Straße, im Hintergrund die Sebastiankirche

Das 1958 eröffnete Palast-Filmtheater in Buckau

28. Mai 1958	Die Volkskammer beschließt das Gesetz über die Abschaffung der Lebensmittelkarten.
19. Juli 1958	Die Arbeiter des Liebknechtwerkes spenden einen Stundenlohn für den Wiederaufbau der Stadthalle. Sie unterstützen damit die Bewegung „Einen Baustein für die Stadthalle“.
Juli 1958	Acht Produktionsgenossenschaften des Fleischerhandwerks mit 65 Mitgliedern entstehen.
	80 Prozent der Betriebe des Meisterhandwerks der Stadt arbeiten genossenschaftlich.
4. August 1958	Die LPG Rothensee wird gegründet. Ihr gehören 32 bäuerliche Betriebe an.
16./17. August 1958	Das 6. Elbefest findet statt.
21. August 1958	Für das Asbest-Betonwerk in Rothensee wird der Grundstein gelegt.
1. September 1958	Das Städtische Puppentheater in der Warschauer Straße öffnet seine Pforten.
	In den Schulen beginnt der polytechnische Unterricht.
11. September 1958	Das Palast-Filmtheater in Buckau erwartet die ersten Besucher.
15. September 1958	Die Ratsapotheke in der Wilhelm-Pieck-Allee wird eröffnet.
9. November 1958	Am Hauptpostgebäude wird eine Gedenktafel für die 1919 von den Maerker-Truppen erschossenen Magdeburger Arbeiter enthüllt.
20. November 1958	In der ehemaligen Mittagschen Villa auf dem Werder öffnet ein Kinderwochenheim mit 80 Plätzen.
Februar 1959	Erste Sprengungen an der Ruine des alten Zeughauses (ehemalige Stiftskirche St. Nikolai) finden statt.
9. März 1959	Am Fermersleber Weg wird eine neue Kinderkrippe mit 72 Plätzen übergeben. Insgesamt gibt es in Magdeburg zu diesem Zeitpunkt 20 Krippen mit 1050 Plätzen.
28. April 1959	Der Springbrunnen in der Wilhelm-Pieck-Allee wird eingeweiht.
3. Mai 1959	Magdeburg ist Etappenort der Internationalen Friedensfahrt. 50 000 Magdeburger empfangen die Sportler im Ernst-Grube-Stadion. Auch in den folgenden Jahren ist die Elbestadt häufig Etappenort dieses Radsportereignisses.
21. Mai 1959	Die westliche Hälfte der Nordwand der Stiftskirche St. Nikolai am Domplatz wird um 19 Uhr gesprengt. Am Abbruch wird mehrere Wochen gearbeitet.
25. Mai 1959	Zwischen Sudenburg und Rothensee wird mit der Linie 10 der durchgehende Straßenbahnverkehr aufgenommen.
11. Juli 1959	Die „Weiße Flotte“, die bisher dem VEB Fahrgastschiffahrt Dresden angegliedert war, wird den Magdeburger Verkehrsbetrieben übergeben. Zur „Weißen Flotte“ gehören die Fahrgastschiffe „Hermes“, „Stadt Schönebeck“, „Sachsen-Anhalt“, „Sonnenschein“, „Frohsinn“, „Adler“ und „Carolus“.
Juli 1959	Die Stadt ist fast trümmerfrei. Von 1955 bis Juni 1959 wurden 6 180 000 Kubikmeter Trümmer beseitigt.
26./27. August 1959	Die Langhauswände der Heiliggeistkirche werden trotz massiver Proteste gesprengt. Seit Juni wurde die im Krieg beschädigte und dann wieder aufgebaute Kirche geräumt (Gestühl, Orgel, Altar, Skulpturen, Grüfte), Vorhalle und Westwand wurden abgebrochen.
August 1959	Der Kreuzgang des Magdeburger Doms wird restauriert.
	Das neue Pathologische Institut der Medizinischen Akademie ist fertiggestellt.
11. September 1959	Drei Gartenbaubetriebe in Cracau schließen sich zu einer Gärtnerischen Produktionsgenossenschaft (GPG) zusammen, der ersten in Magdeburg. Die einzelnen Betriebe sollen sich spezialisieren, um größere Erträge zu erzielen.

Wilhelm-Pieck-Allee im Winter 1957/58

Großblock-Baustelle in der Morgenstraße, um 1956

Großblockbauweise in der Morgenstraße, 1957

September 1959	Eberhard Roßdeutscher beendet die Restaurierung des Pferdetores im Stadtpark Rotehorn.
6. Oktober 1959	Der Erweiterungsbau für das Ratswaage-Hotel ist vollendet. Das Hotel bietet jetzt 191 Personen Platz.
12. Oktober 1959	Im Maxim-Gorki-Theater wird die Kulturakademie Magdeburg gegründet. Sie ist die erste Einrichtung dieser Art in Magdeburg.
29. Oktober 1959	Im Kulturhaus „Ernst Thälmann“ gründet sich der erste „Zirkel schreibender Arbeiter“ des Bezirkes Magdeburg.
12. Dezember 1959	Der Blüthnersaal an der Stadthalle ist fertiggestellt und wird seiner Bestimmung übergeben.
25. Januar 1960	Die Erich-Weinert-Buchhandlung wird eröffnet.
15. Mai 1960	In der Duvigneaustraße (heute Jean-Burger-Straße) wird eine Sonderschule für körperbehinderte Kinder eröffnet. Sie erhält am 5. Oktober 1960 den Namen des Arztes und Dichters Friedrich Wolf.
1. September 1960	An der neu erbauten Schule am Nordpark und in der neuen Schule am Lindenhof beginnt der Unterricht.
11. Oktober 1960	Am Altstädtischen Krankenhaus wird der Kindergarten Stadtmitte mit 100 Plätzen eröffnet.
16. Januar 1961	Zum Gedenken an die Zerstörung Magdeburgs am 16. Januar 1945 erklingt erstmals die 9. Sinfonie von Ludwig van Beethoven. Die Aufführung an diesem Tag wird zu einer Tradition in Magdeburg.
1. März 1961	Das Deutsche Rote Kreuz übernimmt die Schnelle Hilfe bei Verkehrs- und anderen Unfällen. Bisher unterstand diese Aufgabe der Feuerwehr.
10. Mai 1961	Die Hochschule für Schwermaschinenbau erhält den Status einer Technischen Hochschule. Sie trägt den Namen „Otto von Guericke“.
14. Mai 1961	Der Zoo veranstaltet das erste Zoofest.
25. Mai 1961	Musiker, Musikwissenschaftler, Musikpädagogen und Laien gründen der Arbeitskreis „Georg Philipp Telemann“. Seine Mitglieder stellen das Leben und das

Ausstellung im Altstädtischen Krankenhaus

musikalische Werk des Magdeburger Komponisten fortan stärker in den Mittelpunkt der musikwissenschaftlichen und musikpraktischen Arbeit.

Der 1959 übergebene Springbrunnen in der Wilhelm-Pieck-Allee

10. Juni 1961 Die 3. Arbeiterfestspiele der DDR werden in Magdeburg eröffnet.

14. Juni 1961 In Anwesenheit von Li Weinert, der Witwe Erich Weinerts, wird in der Thiemstraße 7, dem Geburtshaus des Dichters, eine Erich-Weinert-Gedenkstätte eröffnet.

Erstmals nach 18 Jahren findet im Kloster Unser Lieben Frauen wieder eine Kreuzgangserenade statt.

26. September 1961 Friedrich Sonnemann (SED) wird als Nachfolger von Philipp Daub Oberbürgermeister Magdeburgs.

5. Oktober 1961 Das in Magdeburg erbaute Fahrgastschiff „Erich Weinert" läuft vom Stapel. Li Weinert tauft es. Am 21. Dezember wird es der „Weißen Flotte" übergeben, und am 14. Januar 1962 unternimmt es seine Jungfernfahrt.

5. November 1961 Im Gobelinsaal des Kulturhistorischen Museums erklingt zum ersten Mal die „Sonntagsmusik" des Arbeitskreises „Georg Philipp Telemann".

1. Januar 1962 Magdeburg hat nun ein Baukombinat. In ihm sind solche bisher selbständigen Betriebe, wie VEB-Bau, Wohnungsbau, Ausbau, Baustoffwerk, Kieswerk und Natursteinwerk, zusammengefaßt.

25. Januar 1962 Die Schauspielerin Helene Weigel tauft das vierte Luxusschiff, das auf der Werft „Edgar André" gebaut wurde, auf den Namen „Bertolt Brecht".

1. März 1962 An der TH „Otto von Guericke" wird ein programmgesteuertes Rechenzentrum in Betrieb genommen.

9–11. März 1962 In der Hermann-Gieseler-Halle findet der VII. Deutsche Bauernkongreß statt.

6. April 1962 Als erste Trainingsstätte dieser Art wird das Kanu-Lehrbecken des Sportclubs „Aufbau" in Betrieb genommen.

28. April 1962 Die Elbe-Schwimmhalle wird eingeweiht.

1. September 1962 Das Lehrerbildungsinstitut erhält den Status eines Pädagogischen Instituts.

Kreuzung Wilhelm-Pieck-Allee/Karl-Marx-Straße, 1960

Statussymbol der 60er Jahre: der „Wartburg", im Hintergrund das Hotel „International" (heute Maritim), nach 1963

Das Hotel „International" im Bau, 1961/62

Foyer des Hotels „International", 1963

3.–5. November 1962	Die 1. Magdeburger Telemann-Festtage finden statt.
21. November 1962	Der Eingang des Hauptbahnhofes am Platz der Volkssolidarität (heute Kölner Platz) ist fertiggestellt.
4. Januar 1963	Das Wochenblatt „MZ am Wochenende“ erscheint erstmals.
23. Februar 1963	Die Podiumbühne im Maxim-Gorki-Theater wird eröffnet.
Februar 1963	Das Denkmal für Königin Luise wird infolge einseitiger Geschichtsbetrachtung vom Sockel gestoßen.
12. März 1963	Das 250. Schiff, das auf der Werft „Edgar André“ gebaut wurde, läuft vom Stapel.
19. Mai 1963	An der Westseite des Boleslaw-Bierut-Platzes (heute Universitätsplatz) sind die Enttrümmerungsarbeiten abgeschlossen.
27. Juli 1963	Das Hotel „International“ an der Otto-von-Guericke-Straße wird nach dreijähriger Bauzeit eröffnet.
5. Oktober 1963	Mit der Montage der letzten Platte sind vier achtgeschossige Wohnhäuser im Nordabschnitt der Karl-Marx-Straße (heute Breiter Weg) im Rohbau fertiggestellt.
7. Oktober 1963	Der Nordabschnitt der Karl-Marx-Straße wird für den Straßenbahnverkehr freigegeben.
21. Oktober 1963	In der Elbe-Schwimmhalle beginnen die 14. Deutschen Schwimmeisterschaften.
1. November 1963	Mit der Kaufhalle in der Jakobstraße wird die bis dahin größte Lebenmittelverkaufsstelle der DDR eröffnet.
29. November 1963	Am Emanuel-Larisch-Weg nimmt eine zentrale Küche für Schulspeisung den Betrieb auf. Hier werden täglich 3500 Portionen Essen bereitet.
Dezember 1963	Die Fachschule für angewandte Kunst in der Brandenburger Straße, die Nachfolgerin der traditionellen Kunstgewerbe- und Handwerkerschule, wird geschlossen. Laut offizieller Begründung zeigt die Wirtschaft keinen Bedarf an Absolventen künstlerischer Fachschulen. Nach Schließung der Schule geht die Masse der im Haus verbliebenen Schülerarbeiten durch unachtsamen Umgang verloren. Die Schulakten sollen später in einer Baracke des Rates des Bezirkes verbrannt sein.
Januar 1964	Auf dem Gelände der Medizinischen Akademie wird der Neubau des Bezirksinstituts für Blutspendewesen fertiggestellt.
	Die ersten Mieter ziehen in Wohnungen im Nordabschnitt der Karl-Marx-Straße. Bis April 1964 sind alle achtgeschossigen Wohnhäuser im Nordabschnitt der Straße bezugsfertig.
15. März 1964	Die Straßenbahnlinie 2 fährt nun ohne Schaffner. Bald folgen die anderen Linien der Magdeburger Verkehrsbetriebe.
24. März 1964	Das Kirchenschiff der Katharinenkirche wird gesprengt. Ursprünglich sollte die Kirche in den Wiederaufbau des Nordabschnitts der Karl-Marx-Straße einbezogen werden, weshalb auch bereits Aufräumungsarbeiten seitens der Altstadtgemeinde erfolgt waren. Stadtbaudirektor Ungewitter schreibt im Januar 1964: „Der Wiederaufbau der Ruine als Kirche in einem Teil des neuen Zentrums in der Stadt Magdeburg ist nicht zu vertreten.“
4. /5. Juni 1964	Das 10. Pressefest findet statt.
14. August 1964	An der Westfassade des Magdeburger Doms beginnen Restaurierungsarbeiten.
5. Oktober 1964	Stadtbaudirektor Ungewitter übergibt die 1200 Meter lange Jakobstraße in ihrer gesamten Länge von der Walther-Rathenau-Straße bis zum Johannisberg dem Verkehr.
6. Oktober 1964	In der Prälatenstraße (heute Max-Josef-Metzger-Straße) wird die 27. Kinderkrippe Magdeburgs übergeben.

Die neue und die alte Strombrücke, um 1965

Jakobstraße mit Lutherdenkmal, im Hintergrund das Rathaus, vor 1969

Neuaufbau der Jakobstraße, rechts die Petrikirche und die Wallonerkirche, 60er Jahre

In der Karl-Marx-Straße, Anfang der 60er Jahre

Die Gaststätte „Blitz-Gastronom" in der Karl-Marx-Straße, 1962

Platz der Volkssolidarität (heute Kölner Platz) mit Busbahnhof vor dessen Umgestaltung

Planetarium in der Nordpark-Schule, 1967

Kindergarten in der Bertolt-Brecht-Straße

Walter Ulbricht vor dem Modell zum Wiederaufbau Magdeburgs

Astronomie-Unterricht in der Nordpark-Oberschule, um 1967

Drillingskinder

Im Kindergarten

Stadtrundfahrt mit dem Mini-Bus, 1969

9. Januar 1965 In der Liebigstraße öffnet das Jugend-Café „Impro“. Es wird zu einem „Kult-Treff“.

20. Januar 1965 Die Bibliothek des Klosters Unser Lieben Frauen ist erstmals nach 1945 für die Benutzung zugänglich.

6. April 1965 Louis Armstrong gibt in der Hermann-Gieseler-Halle ein Konzert.

8. Mai 1965 Das Mahnmal für die ermordeten Magdeburger Widerstandskämpfer von Eberhard Roßdeutscher wird in der Steubenallee enthüllt.

5.–10. Juli 1965 Die Magdeburger feiern ein Jubiläum: 1000 Jahre Marktrecht. Zahlreiche kulturelle Veranstaltungen finden statt.

6. Oktober 1965 Nach dreijähriger Bauzeit wird die neue Strombrücke dem Verkehr übergeben.

26. Oktober 1965 Werner Herzig (SED) wird Oberbürgermeister. Er steht bis zur politischen Wende im Herbst 1989 an der Spitze der Stadtverwaltung.

21. Dezember 1965 Im Ernst-Thälmann-Kulturhaus wird der 1. FCM gegründet.

22. Januar 1966 Die neue Trinkwasserleitung Colbitz-Magdeburg wird in Betrieb genommen.

28. Januar 1966 Eine öffentliche Wohnungstauschzentrale nimmt ihre Tätigkeit auf.

Januar 1966 Nach langem Für und Wider fallen die Türme der im Zweiten Weltkrieg stark beschädigten Katharinenkirche. Noch 1965 hatte die Stadtverordnetenversammlung beschlossen, die Mittel zur Finanzierung des Ausbaus der Türme bereitzustellen und diese für kulturelle Zwecke zu nutzen. Am 19. Mai 1965 verkündete die LDZ: „Herrlicher Ausblick nach 203-Stufen-Aufstieg. Katharinenturm wird instand gesetzt.“ Doch wenige Monate später, nach einem Besuch Walter Ulbrichts in der Elbestadt, wurde der Beschluß wieder aufgehoben.

8. Februar 1966 Das Kinderkaufhaus in der Karl-Marx-Straße (Breiter Weg) öffnet seine Pforten.

7. März 1966 Das Südende der Jakobstraße wird für den Verkehr freigegeben und damit der Anschluß zur neuen Strombrücke hergestellt. Da die Jakobstraße eine neue Trassenführung erhalten hat, mußte das Rondell vor der Johanniskirche weichen. Das Lutherdenkmal steht wenige Meter nördlich seines ursprünglichen Standortes.

19. April 1966 Die wiederaufgebaute Stadthalle wird ihrer Bestimmung übergeben. Sie erhält eine Gedenktafel zu Ehren Ernst Thälmanns.

Strandleben am Barleber See

Kugelbrunnen im Nordabschnitt der Karl-Marx-Straße, entworfen vom Berliner Kunstschmied Fritz Kühn, eingeweiht 1966

21. April 1966 Die Wasserspiele im Nordabschnitt der Karl-Marx-Straße (Breiter Weg) werden in Betrieb gesetzt. Ihr Schöpfer ist Fritz Kühn.

10. Juli 1966 Oberbürgermeister Werner Herzig verleiht auf der „Messe der Meister von morgen" erstmals den Otto-von-Guericke-Preis der Stadt Magdeburg. Die Verleihung erfolgt auf Beschluß des Rates der Stadt Magdeburg vom 18. Mai 1966 jährlich einmal an drei Jugendkollektive oder jugendliche Einzelpersonen.

10. August 1966 Eine Kopie des Magdeburger Reiters aus Bronzeguß wird auf dem Alten Markt aufgestellt.

13. September 1966 Die Städte Magdeburg und Kayes (Mali) schließen einen Freundschaftsvertrag ab.

14. September 1966 Von nun an erfolgt die vollständige Trinkwasserversorgung Magdeburgs mit reinem Heidewasser aus dem Wasserwerk Colbitz. Das Wasserwerk Buckau übernimmt die Industriewasserversorgung.

9. Januar 1967 Das Ernst-Thälmann-Werk erhält als erster Betrieb im Bezirk Magdeburg einen Lochkartenrechner „Robotron-100". Wenige Tage später kommt auch im VEB Fahlberg-List ein solcher Rechner zum Einsatz.

16. Januar 1967 Im Wohnkomplex Spielhagenstraße wird die 30. Kinderkrippe eröffnet. Damit stehen in Magdeburg nun 1920 Krippenplätze zur Verfügung. Bezüglich der Raumordnung ist die Einrichtung nach Plänen von Professor Trauzettel in Dresden in Zusammenarbeit mit Kinderärzten und Pflegekräften erbaut worden.

17. Januar 1967 Mit der Einweihung eines Kindergartens im Komplex Spielhagenstraße ist zusammen mit der tags zuvor eröffneten Krippe die erste Kindergarten-Kinderkrippen-Kombination in der Stadt entstanden.

5. April 1967 Im Armaturenwerk „Karl Marx" wird erstmals in der DDR das ECM-Verfahren (elektrochemische Metallverarbeitung) angewendet.

21. April 1967 In der Polytechnischen Oberschule am Nordpark wird eine Schulsternwarte ihrer Bestimmung übergeben.

16. Juni 1967 Der Grundstein für die Stahlgießerei Rothensee wird gelegt.

25. Juni 1967 Anläßlich des 200. Todestages von Georg Philipp Telemann wird in der Wilhelm-Pieck-Allee (heute Ernst-Reuter-Allee) eine Gedenktafel enthüllt.

Modell zur Gestaltung des Zentralen Platzes mit dem geplanten 110 Meter hohen Haus des Schwermaschinenbaus, dessen Bau nicht realisiert wurde, 1968

Das „Belikow-Denkmal" erinnert an die Tat des sowjetischen Hauptmanns Igor Belikow, der am 13. März 1969 in der Wilhelm-Pieck-Allee der vierjährigen Katrin Lehmann das Leben rettete. 1977 erhielt Belikow das Ehrenbürgerrecht der Stadt Magdeburg.

Die 1969 eröffnete Schule in Magdeburg-Diesdorf

11. Juli 1967	Die Magdeburger gedenken der Opfer des Zugunglücks von Langenweddingen, unter denen viele Kinder waren. Die Trauerfeier findet auf dem Westfriedhof statt.
26. August 1967	Mit der Übergabe des Haltepunktes Magdeburg-Thälmannwerk verbessern sich für Tausende von Arbeitern die Verkehrsbedingungen.
7. Oktober 1967	Im Rotehornpark, nördlich des Pferdetores, tritt eine Achterbahn ihre erste Fahrt an. Es ist die letzte hölzerne Achterbahn der DDR.
1. Dezember 1967	Das Dickhäuterhaus im Zoo wird seiner Bestimmung übergeben.
22. Dezember 1967	In Magdeburg-Rothensee erfolgt die Grundsteinlegung für ein Plattenwerk des Wohnungsbaukombinates Magdeburg.
18. April 1968	In Magdeburg-Südwest wird eine Kinderambulanz mit 63 Betten übergeben.
26. Juli 1968	Im Nordabschnitt der Karl-Marx-Straße öffnet die Otto-von-Guericke-Buchhandlung.
18.–31. August 1968	Auf dem Flugplatz Süd finden die V. Weltmeisterschaften im Motorkunstflug statt.
8. September 1968	Auf dem Herrenkruggelände wird ein großer Festgottesdienst anläßlich der 1000jährigen Wiederkehr der Gründung des Erzbistums Magdeburg abgehalten. Auch im Dom und in der Sebastiankirche finden festliche Veranstaltungen statt.
14. September 1968	Die neue Synagoge für die Magdeburger Jüdische Gemeinde wird eingeweiht. Sie befindet sich in einem Gebäude der Gröperstraße.
18. Januar 1969	Beim Kulturbund gründet sich eine Arbeitsgemeinschaft Genealogie. Sie ist die erste und lange Zeit die einzige Vereinigung dieser Art in der DDR.
13. März 1969	Der sowjetische Hauptmann Belikow rettet in der Wilhelm-Pieck-Allee (heute Ernst-Reuter-Allee) der vierjährigen Katrin Lehmann das Leben, als sie in 22 Meter Höhe aus dem Fenster stürzte. 1977 erhält Igor Belikow das Ehrenbürgerrecht der Stadt Magdeburg.
Anfang April 1969	Die erste Lieferung der neuen Trieb- und Beiwagen aus den Tatra-Werken (CSSR) für die Magdeburger Verkehrsbetriebe ist eingetroffen.
14. April 1969	Die Magdeburger Verkehrsbetriebe richten eine neue Buslinie ein. Sie verkehrt zwischen der Endstelle der Straßenbahn Rothensee und Barleber See.
3. Oktober 1969	In einem feierlichen Akt erhält Oberbürgermeister Werner Herzig den Schlüssel für das wiedererrichtete Rathaus.
	Für das Centrum-Warenhaus (heute Karstadt) findet die Grundsteinlegung statt.
6. Oktober 1969	Das von dem Magdeburger Bildhauer Joachim Sendler geschaffene Weinertdenkmal im Nordabschnitt der Karl-Marx-Straße (Breiter Weg) wird enthüllt.
	Die neuen Straßen am Elbufer und von der Halberstädter zur Leipziger Straße über den Fuchsberg werden dem Verkehr übergeben.
18. Oktober 1969	Die Weihe der neuen Domorgel, die von der Potsdamer Firma Schuke gebaut wurde, findet statt.
25. Januar 1970	Nach Lok Südost holt der SC Magdeburg zum zweiten Mal den deutschen Hallenhandball-Meistertitel der DDR in die Elbestadt.
11. März 1970	Während der Ausschachtungsarbeiten in der Baugrube für das zukünftige Bauarbeiterhotel am Zentralen Platz wird eine mittelalterliche Abfallgrube entdeckt.
März 1970	Gegenüber der Medizinischen Akademie verwandelt sich die Schilfbreite in einen großen Baukomplex. Es entstehen unter anderem drei sechzehngeschossige Wohnhochhäuser.
9. April 1970	Die Ausschachtungsarbeiten für das Hochhaus an der Jakobstraße beginnen.
19. April 1970	Der 100. „Medizinische Sonntag" findet statt.
8. Mai 1970	Für das Bauarbeiterhotel an der Regierungsstraße wird der Grundstein gelegt.

Wilhelm-Pieck-Allee,
Bauarbeiten am
Springbrunnen, 1958/59

1. Metamorphose (rechts):
Wilhelm-Pieck-Allee, 1968

Blick auf die Große
Steinernetischstraße mit der
Johanniskirche im
Hintergrund

2. Metamorphose:
Nordabschnitt der Karl-Marx-
Straße mit Blick auf die
Große Steinernetischstraße

Jakobstraße mit Jakobikirche
der Enttrümmerung

3. Metamorphose:
Wiederaufbau an der
Jakobstraße

Aufbau des Nordabschnitts
der Karl-Marx-Straße, im
Hintergrund der Dom

4. Metamorphose:
Nordabschnitt der Karl-Marx-
Straße

Otto-von-Guericke-Straße/Ecke Große Münzstraße mit dem Institut für Seegeltung, vor 1945

5. Metamorphose:
Konstruktionsgebäude des ehemaligen Schwermaschinenbaues „Karl Liebknecht" (SKL) in der Otto-von-Guericke-Straße

Zerstörter Haydnplatz mit Hasselbachbrunnen im Vordergrund

6. Metamorphose:
Neubauten am Haydnplatz

Zerstörtes südliches Stadtzentrum

7. Metamorphose:
Wiederaufgebautes südliches Stadtzentrum mit Friedensplatz und dem Haus „Immer bereit"

12. Mai 1970	Auch für ein neues Sport-Lehrgebäude des Pädagogischen Institutes wird der Grundstein gelegt.
12. Juni 1970	Die feierliche Übergabe des Hauses der Lehrer findet statt. Es wurde an der Stelle der abgerissenen Katharinenkirche, im Nordabschnitt der Karl-Marx-Straße, errichtet.
7.–10. Juli 1970	Magdeburg tritt der Weltföderation der Partnerstädte bei. Die Stadt Magdeburg hat zu diesem Zeitpunkt Partnerschaften mit Donezk (1962), Talange (1963), Hagondange (1964) und Kayes (1966). Es folgen Hradec-Kralove (1972), Setubal (1976), Sarajevo (1977), Lüttich (1978), Turin (1981), Valencia (1981), Gorki (1982), Nagasaki (1983) und Braunschweig (1987).
1. Oktober 1970	Magdeburg erhält fluoridiertes Trinkwasser.
7. Oktober 1970	Die mittelalterliche Halle an der Buttergasse empfängt als Weinkeller die ersten Gäste. Fortan ist die Buttergasse eines der begehrtesten, aber auch teuersten Restaurants in Magdeburg, bis sie nach der Wende geschlossen wird.
22. November 1970	Die wiedererstandene Petrikirche erhält die Weihe als katholisches Gotteshaus.
15. Dezember 1970	Der Brunnen „Till Eulenspiegel“ von Heinrich Apel auf dem Alten Markt wird eingeweiht.
11. Mai 1971	Die neuerbaute Dynamo-Schwimmhalle wird eröffnet. Magdeburg verfügt nun über drei Hallenbäder.
21. Mai 1971	Für den Neubaukomplex „Reform“ wird der Grundstein gelegt.
13. Dezember 1971	Magdeburg hat nun eine Poliklinik für kleine Haus- und Zootiere.
September 1971	Alois Pisnik, 1. Sekretär der Bezirksleitung Magdeburg der SED, erhält das Ehrenbürgerrecht der Stadt Magdeburg (1990 aberkannt).
7. Januar 1972	Im Ernst-Grube-Stadion ist Flutlichtpremiere. Der 1. FCM gewinnt gegen Dynamo Dresden.
Februar/Frühjahr 1972	Im Februar beschließt das SED-Politbüro die Umwandlung der Betriebe mit staatlicher Beteiligung, von privaten Industrie- und Baubetrieben sowie von Produktionsgenossenschaften des Handwerks (PGH) in Volkseigentum. Die Blockpartei LDPD, in der viele Leiter derartiger Betriebe vertreten sind, zieht mit. Innerhalb kürzester Frist werden in der DDR 11 000 private und halbstaatliche Betriebe enteignet. Den gleichen Weg haben etwa 2000 PGH und 500 Handwerksunternehmen zu gehen. Auch in Magdeburg sind zahlreiche Betriebe betroffen. Die Leiter von halbstaatlichen und privaten Unternehmen werden – teils unter Androhung von Repressalien – zu Erklärungen der „freiwilligen“ Übergabe ihrer Betriebe in Volkseigentum gegen eine Entschädigung gezwungen.
3. Mai 1972	In der Chirurgischen Klinik der Medizinischen Akademie setzen Ärzte erstmals in Magdeburg einem Patienten einen Herzschrittmacher ein.
17. Mai 1972	Der 1. FC Magdeburg wird zum ersten Mal Fußballmeister der DDR. 30 000 Zuschauer verfolgen im Ernst-Grube-Stadion das Spiel gegen die Mannschaft aus Frankfurt/Oder.
1. Juli 1972	Das Strandbad Salbker See empfängt seine Gäste. Magdeburg ist nun um ein Erholungszentrum reicher.
4. Juli 1972	Im Magdeburger Rathaus finden erstmals wieder Eheschließungen statt.
1. September 1972	Die erste Teilstrecke am Magdeburger Ring zwischen Barleber und Ebendorfer Chaussee wird übergeben.
12. September 1972	Die amerikanische Kommunistin Angela Davis erhält das Ehrenbürgerrecht der Stadt Magdeburg.
15. September 1972	Das Pädagogische Institut Magdeburg erhält den Status einer Hochschule und den Namen „Erich Weinert“.

Der enttrümmerte Breite Weg mit der Ruine der Katharinenkirche, vor 1964

8. Metamorphose:
Das wiederaufgebaute Stadtzentrum, Ende der 60er Jahre. Wilhelm-Pieck-Allee, 1968

Ruine der Deutsch-Reformierten Kirche am heutigen Haydnplatz (früher Skagerrakplatz)

9. Metamorphose:
Haydnplatz

Zerstörte Innenstadt, links im Hintergrund die Katharinenkirche, vor 1966

10. Metamorphose:
Wilhelm-Pieck-Allee, 1968

Blick auf die Ruine der Katharinenkirche, links das Gewerkschaftshaus, vor 1964

11. Metamorphose:
Julius-Bremer-Straße, im Hintergrund die Achtgeschosser der Karl-Marx-Straße

Warteraum in der Ambulanz der Kinderklinik im Emanuel-Larisch-Weg

Weinkeller „Buttergasse", nach 1970

Magdeburger Drillinge

4. Oktober 1972	Das plastische Ensemble „Fünf Sinne" des Magdeburger Bildhauers Heinrich Apel wird an der Südseite des Rathauses aufgestellt.
7. Oktober 1972	In der Stahlgießerei Rothensee finden die erste Schmelze und der erste Ofenabstich statt.
6. Dezember 1972	An der Medizinischen Akademie nimmt ein modernes Nierenzentrum die Tätigkeit auf.
15. Februar 1973	Für das Neubaugebiet Magdeburg-Nord findet die Grundsteinlegung statt. Auf 105 Hektar werden über 11 000 Wohnungen errichtet.
5. März 1973	800 Schüler ziehen in die neue Schule in Reform I ein.
14. März 1973	Gerhard Mieth gründet den Georg-Philipp-Telemann-Chor, der ab 1985 von Wolfgang Boxberger dirigiert wird. Weitere bekannte Chöre sind u. a. die Magdeburger Singakademie (seit 1972) sowie der Kinder- und Jugendchor der Stadt Magdeburg (seit 1956).
15. Juni 1973	In der Schmidtstraße in Magdeburg-Neustadt wird der Grundstein für eine neue Bezirksparteischule gelegt. Sie öffnet im September 1975. Nach der Wende entsteht hier das Congress Center Magdeburg (CCM), das am 31. März 1996 schließt.
7. August 1973	An der Albert-Vater-Straße öffnet eine Tankstelle.
3. September 1973	Die Polytechnische Oberschule Reform II nimmt den Schulbetrieb auf.
10. September 1973	Die Zooschule wird eröffnet.
26. Oktober 1973	Im Neubaugebiet Magdeburg-Nord (Neustädter See) erhalten die ersten Mieter ihre Wohnungsschlüssel.
3. Dezember 1973	Das Centrum-Warenhaus öffnet seine Pforten.
30. Januar 1974	Mit einer Verkaufsfläche von 1600 Quadratmetern öffnet die Kaufhalle in Reform.
6. April 1974	Der 1. FC Magdeburg gewinnt zum zweiten Mal die DDR-Fußballmeisterschaft.
8. Mai 1974	Die Kameraden der Freiwilligen Feuerwehr Magdeburg-Südost nehmen ihr neues Gerätehaus in der Zackmünder Straße in Besitz.
	In Rotterdam gewinnt der 1. FC Magdeburg im Spiel gegen AC Mailand als erste DDR-Mannschaft den Europapokal. Als die Fußballer später nach Magdeburg zurückkehren, werden sie auf dem Alten Markt jubelnd empfangen.
Juli 1974	Der Bau der Fußgängerbrücke über die Georgi-Dimitroff-Allee (heute Schleinufer) beginnt.
11. September 1974	Für die 1000. Wohnung im Neubaugebiet Magdeburg-Nord findet die Schlüsselübergabe statt.
28. September 1974	Das in Apolda gegossene Glockenspiel auf dem Rathausturm mit 47 Glocken wird eingeweiht.
29. September 1974	Die Magdeburger S-Bahn nimmt den Betrieb auf. Sie verkehrt auf 38,6 Kilometer mit 14 Haltestellen.
1. Oktober 1974	Die feierliche Übergabe der Elbuferpromenade als „Promenade der Völkerfreundschaft" findet statt. Dazu gehören auch Plastiken, wie der „Fährmann" von Eberhard Roßdeutscher, der „Fischbrunnen" von dem Kunstschmied Wilfried Heider, die Bronzeplastik „Spielende Kinder" von Ursula Schneider-Schulz sowie die Stele der Völkerfreundschaft auf dem Lukashügel, entworfen von Gerhard Rommel und ausgeführt von Karl Möpert.
	Der VEB Denkmalpflege übergibt das für zwei Millionen Mark restaurierte Kloster Unser Lieben Frauen. Damit steht der Stadt ein repräsentiver Ausstellungsort zur Verfügung. Schon wenige Tage später sind hier die ersten Ausstellungen zu sehen.

Bismarckdenkmal am Breiten Weg

3. Oktober 1974	Der Verkehr auf dem Magdeburger Ring wird von der Albert-Vater-Straße bis zur Halberstädter Straße freigegeben.
	Die neue Haltestellenanlage der Straßenbahn am Damaschkeplatz wird in Betrieb genommen.
5. Oktober 1974	Der Parkplatz hinter dem Centrum-Warenhaus kann nun benutzt werden.
7. Oktober 1974	Im Rotehornpark wird die Hyparschale eröffnet (erste Ausbaustufe schon am 27. September 1969). Der Name dieser Glas- und Metallkonstruktion leitet sich von der Form eines hyperbolischen Paraboloids ab. Es ist ein Kultur- und Freizeitzentrum mit vier Hallen.
	Im Magdeburger Zoo wird eine neue Raubtieranlage übergeben.
7. März 1975	200 ältere Bürger ziehen in das neue Feierabendheim Reform ein.
26. April 1975	Die „Kleine Galerie" in der Himmelreichstraße empfängt die ersten Besucher.
7. Mai 1975	Im Rotehornpark kehren die ersten Gäste in die neue Gaststätte „Jägerhütte" ein.
21. Mai 1975	Der FCM wird zum dritten Mal Fußballmeister der DDR.
3. Juni 1975	Die Evangelische Kirchengemeinde St. Johannis übereignet die Ruine der Johanniskirche samt Grundstück in die Rechtsträgerschaft des Rates der Stadt Magdeburg. Mit einem 1997 abgeschlossenen Vertrag überläßt die Kirche dann die Johanniskirche endgültig der Stadt.
Juli 1975	33 Tatrawagen aus der CSSR werden für den Einsatz auf den Straßenbahnlinien 1, 2, 3, 12 und 22 vorbereitet.
15. August 1975	Die Südwestrampe am Knotenpunkt Damaschkeplatz des Magdeburger Ringes wird für den Verkehr freigegeben.
27. September 1975	Die Gaststätte „Kosmos" in Reform empfängt die ersten Gäste. Sie bietet 342 Personen Platz.
2. Oktober 1975	Der Abschnitt des Magdeburger Ringes zwischen Kirschweg und Salbker Chaussee wird dem Verkehr übergeben.
3. Oktober 1975	Erstmals nach 1945 wird ein Streckenneubau für die Straßenbahn in Betrieb genommen. Er dient der Erschließung des Neubaugebietes Magdeburg-Nord. Von dort verkehrt die Linie 8 bis zum Olvenstedter Platz.
19. Dezember 1975	Die letzte und gleichzeitig größte Brücke des Magdeburger Ringes, die über die Halberstädter Straße führt, verbindet die bereits befahrbaren Teile der Stadtautobahn. Eröffnet wird zunächst die westliche Fahrbahn. Damit ist der gesamte Magdeburger Ring befahrbar.
Dezember 1975	Das erste Feierabend- und Pflegeheim im Neubaugebiet Magdeburg-Nord wird von seinen Nutzern bezogen.
	Die Poliklinik West II ist fertiggestellt.
16. Januar 1976	Die 45 000. Wohnung seit dem Wiederaufbau Magdeburgs wird im Neubaugebiet Kroatenweg übergeben.
Januar 1976	Der Abriß der noch vorhandenen Gebäude in der Leiterstraße beginnt. Hier werden in den nächsten Jahren neue Gebäude entstehen.
5. Februar 1976	In Otterleben eröffnet eine Jugendherberge. Sie verfügt über 60 Betten.
1. März 1976	Die Schnelle Medizinische Hilfe ist nun rund um die Uhr einsatzbereit.
4. März 1976	Die Brotfabrik nimmt ihren Betrieb auf. Sie wurde innerhalb von zweieinhalb Jahren auf dem Gelände der Konsum-Mühlen- und Teigwarenwerke am Klosterkamp errichtet.
7. April 1976	Der VEB IFA-Vertrieb Magdeburg eröffnet in der Halberstädter Chaussee ein neues Autohaus. Auf der rund 620 Quadratmeter großen Verkaufsfläche sollen 1976 etwa 5500 Pkw verkauft werden. Um ein Auto zu erhalten, sind jahrelange Vorbestellungen erforderlich.

12. Metamorphose: Die gleiche Stelle (Bismarckdenkmal) nach begonnenem Wiederaufbau

21. April 1976 Der Seitenrad-Schleppdampfer „Württemberg" wird seiner Bestimmung als Museums- und Gaststättenschiff übergeben.

14. Mai 1976 Für die Poliklinik Nord findet die Grundsteinlegung statt.

13. Juni 1976 Bei den Magdeburger Verkehrsbetrieben kommt ein neues Entwertersystem zum Einsatz. Fahrscheine müssen vor Antritt der Fahrt gekauft und nach Besteigen des Verkehrsmittels entwertet werden.

15. Juli 1976 Im Wohnkomplex Schilfbreite wird der erste 16geschossige Wohnblock Magdeburgs übergeben.

1. September 1976 Die Musikschule „Georg Philipp Telemann" erhält den Status einer Bezirksmusikschule.

20.–25. September 1976 Im Magdeburger Puppentheater findet das 1. Puppentheaterfestival der DDR statt.

29. September 1976 Die „Magdeburger Originale" des Bildhauers Eberhard Roßdeutscher werden an der Stadtmauer unterhalb des Fischerufers angebracht.

Der Börde-Expreß tritt seine erste Fahrt von Magdeburg nach Berlin an. Der Zug fährt ohne Halt und benötigt für die Strecke etwa zwei Stunden. Im Volksmund ist er als „Bauarbeiterzug" bekannt, weil die zum Aufbau Berlins von hier abgezogenen Arbeitskräfte ihn als Verkehrsmittel nutzen.

6. Oktober 1976 Das letzte Teilstück des Magdeburger Ringes – die zweite Richtungsfahrbahn zwischen Hermann-Matern-Straße (heute Wiener Straße) und Halberstädter Straße – sowie die Auffahrrampe am Fuchsberg werden dem Verkehr übergeben.

12. November 1976 Die Nationale Sammlung Kleinplastik der DDR im Kloster Unser Lieben Frauen wird eröffnet.

28. Februar 1977 Die Straßenbahnlinie 9 nimmt den Verkehr auf.

1. April 1977 Die Schüler der Kinder- und Jugendsportschule erhalten ein neues Internat.

3. April 1977 Der SC Magdeburg wird DDR-Hallenhandballmeister.

April 1977 Im Neubaugebiet Kroatenweg wird ein Feierabendheim mit 180 Plätzen eröffnet.

12. Mai 1977 Im neuen Konsum-Teigwarenwerk läuft die Produktion an.

Plan für den Aufbau der Leiterstraße, 1975

19. Juni 1977	Innerhalb weniger Stunden fallen 66,5 Liter Regen pro Quadratmeter. Viele Keller und Straßen sind unter Wasser.
2. September 1977	Im Neubaugebiet Magdeburg-Nord wird ein Schulplanetarium seiner Bestimmung übergeben.
17. September 1977	Mit einem Konzert des weltberühmten Violinvirtuosen Igor Oistrach wird die Konzerthalle „Georg Philipp Telemann" im Kloster Unser Lieben Frauen eröffnet.
5. Oktober 1977	In der Baugrube an der Otto-von-Guericke-Straße legt Alois Pisnik, Mitglied des ZK und 1. Sekretär der Bezirksleitung der SED, den Grundstein für den Bau der neuen Leiterstraße.
8. Dezember 1977	Die Zentrale Poliklinik der Medizinischen Akademie wird eröffnet.
Februar 1978	In der ehemaligen Drenckmannschen Mühle richtet das Dienstleistungskombinat mehrere Werkstätten ein.
16. März 1978	Auf Beschluß der Stadtverordnetenversammlung tragen sich die ersten Magdeburger in das Ehrenbuch der Stadt ein. Aus dieser Veranstaltungsform entwickelt sich später die wöchentliche Auszeichnung mit dem „Blumenstrauß der Woche".
21. März 1978	Im Neubaugebiet Reform wird die bis dahin größte Tankstelle Magdeburgs eröffnet.
22. März 1978	In der Leipziger Straße öffnet die Gustav-Ricker-Buchhandlung.
16. April 1978	Der Magdeburger Zoo empfängt den 10millionsten Besucher.
22. April 1978	Die Handballer des SC Magdeburg gewinnen in Magdeburg zum ersten Mal den Europapokal der Landesmeister.
29. April 1978	Bürger, die sich im „Mach-mit-Wettbewerb" verdient gemacht haben, erhalten den „Blumenstrauß der Woche". Dazu erklingt das Magdeburger Glockenspiel mit einer Wunschmelodie.
30. Juni 1978	Die erste Berufsschule am Lorenzweg wird ihrer Bestimmung übergeben.
Juni 1978	Die Achterbahn im Stadtpark ist demontiert.
11. Mai 1978	Im Neubaugebiet Neustädter Feld wird die erste Wohnung übergeben.
9. September 1978	Die Hochschule für Musik „Felix Mendelssohn Bartholdy" Leipzig eröffnet in Magdeburg Auf dem Wall 3 (heute Fürstenwallstraße) eine Außenstelle mit den Fachrichtungen Gesang und Gitarre.
6. Oktober 1978	Im Park der Jungen Pioniere (heute Klosterbergegarten) wird eine drei Meter hohe Bronzestele des Berliner Bildhauers Gerhard Rommel eingeweiht. Sie ist Anne Frank gewidmet.
Januar 1979	Die Gleise für die Straßenbahnlinie 10 führen bereits bis zur Stahlgießerei Rothensee.
26. Februar 1979	Auf dem Gelände der Medizinischen Akademie wird das neue Gebäude der Medizinischen Fachschule eröffnet.
17.–25. März 1979	Das II. Nationale Puppentheaterfestival findet statt.
1. April 1979	Olvenstedt wird nach Magdeburg eingemeindet.
28. Juni 1979	Im Rathaus findet die Eröffnungsveranstaltung für die Tage der Denkmalpflege statt. Sie werden im Bezirk Magdeburg erstmals durchgeführt.
20. Juli 1979	In der Hyparschale beginnt die Bezirkskunstausstellung.
August 1979	Die ersten Mieter ziehen in das Hochhaus auf dem Werder ein.
1. September 1979	Im Berufsschulkomplex Lorenzweg wird die zweite Schule ihrer Bestimmung übergeben. 600 Lehrlinge können hier unterrichtet werden.
21. September 1979	Das neue Plattenwerk nimmt die Produktion auf.

Leipziger Straße, 1971

Die Kaufhalle Nord an der Lübecker Straße, 70er Jahre

Neubau mit Einraumwohnungen an der Westseite des Domplatzes, im Hintergrund die Sebastiankirche und das Hochhaus der Volksstimme. Das Appartementhaus aus den 60er Jahren wurde 1998 abgerissen.

In der Konzerthalle „Georg Philipp Telemann“ erklingt anläßlich der Kulturfesttage erstmals die neue Orgel, die vom VEB Orgelbau Dresden (Firma Jehmlich) angefertigt wurde.

1. Oktober 1979 Die 60 000. Wohnung, die seit 1945 in Magdeburg entstanden ist, wird übergeben.

3. Oktober 1979 Die von dem Künstlerehepaar Policek gestaltete Wand am Zwischenbau zum Centrum-Warenhaus wird der Öffentlichkeit übergeben.

4. Oktober 1979 Die Straßenbahnlinie 10 fährt jetzt bis zur Autobahnbrücke.

6. Oktober 1979 Die fertiggestellte Vorhalle der Johanniskirche wird mit einer Ausstellung über die Architektur der Stadt Magdeburg eröffnet. Der Wiederaufbau der im Zweiten Weltkrieg stark zerstörten Johanniskirche ist nicht vorgesehen. Dieser erfolgt erst nach der politischen Wende.

Die „Weiße Flotte“ verfügt am Petriförder über ein neues Abfertigungsgebäude.

Oktober 1979 Der Domplatz wird nun von jungen Linden umsäumt. Die Barockfassaden zeigen zum Teil einen neuen Farbanstrich. Der Garten der ehemaligen Möllenvogtei ist erstmals für die Bevölkerung zugänglich.

November 1979 Mit dem Einsatz der Buslinie 70 verbessert sich die Verkehrsanbindung zum Neustädter Feld.

Februar 1980 Die Männer-Handball-Mannschaft des SC Magdeburg wird zum dritten Mal DDR-Meister.

Auf dem Werder werden die Fundamente für das zweite Wohnhochhaus gelegt.

4. April 1980 In der Klewitzstraße 16 wird ein „Haus für Volkskunst“ eröffnet.

1. Mai 1980 Im Wohngebiet Neustädter See wird eine neue Poliklinik übergeben.

Der als Aussichtsturm gestaltete Südturm der Johanniskirche ist der Bevölkerung von nun an zugänglich.

22. Mai 1980 Am Boleslaw-Bierut-Platz (heute Universitätsplatz) erfolgt die Grundsteinlegung für ein neues Fernmeldezentrum.

26. August 1980 Kurt Ranke, Vorsitzender des Rates des Bezirkes Magdeburg, erhält das Ehrenbürgerrecht der Stadt Magdeburg (1990 aberkannt).

28. Oktober 1980 Die 50. Schule, die nach 1945 in Magdeburg entstanden ist, wird im Neustädter Feld übergeben.

13. Februar 1981 Der Grundstein für den Wohnkomplex Neu-Olvenstedt wird gelegt. Trotz Schaffung großer Wohnkomplexe an der Peripherie Magdeburgs kann der Bedarf an Wohnungen zu DDR-Zeiten nicht befriedigt werden. Zugleich ist ein fortlaufender Verfall historischer Bausubstanz zu beobachten.

15. Februar 1981 Die Frauen des SC Magdeburg werden Handballmeister der DDR.

14. März 1981 Das plastische Ensemble „Telemann und die vier Temperamente“ von Eberhard Roßdeutscher wird enthüllt. Anlaß ist der 300. Geburtstag von Georg Philipp Telemann.

8. April 1981 Im Wohngebiet Neustädter Feld wird die bis dahin größte Kaufhalle des Bezirkes Magdeburg eröffnet.

9. April 1981 Der Märchenbrunnen im Wohngebiet Neustädter See wird übergeben.

April 1981 Die Handballer des SC Magdeburg werden zum zweiten Mal Gewinner des Europapokals.

8. Mai 1981 Das von Fritz Cremer geschaffene Mahnmal „Oh Deutschland, bleiche Mutter“ auf dem Westfriedhof wird enthüllt.

Mai 1981 Unterhalb des Klosters Unser Lieben Frauen findet die Plastik „Der Aufsteigende“ von Fritz Cremer ihren Platz.

4. Juli 1981	Am Neustädter Bahnhof wird ein Busbahnhof in Betrieb genommen.
1. September 1981	Im Berufsschulkomplex wird die vierte und letzte Berufsschule übergeben.
15. Dezember 1981	Die ersten 96 Familien erhalten ihre Zuweisung für eine Wohnung im Neubaugebiet Olvenstedt.
1. Januar 1982	Das Kombinat „Baureparaturen und Modernisierung" wird gegründet.
Februar 1982	Am Hasselbachplatz beginnt die Rekonstruktion des südlichen Stadtzentrums.
März 1982	Der neue Milchhof an der Ebendorfer Chaussee nimmt die Produktion auf. Die Gesamtanlage kostete rund 80 Millionen Mark.
18.–25. April 1982	In Magdeburg findet das III. Puppentheaterfestival statt.
30. April 1982	Die erste Kindergarten- und Kinderkrippeneinrichtung im Neubaugebiet Olvenstedt wird eröffnet.
6. Juni 1982	Ein 180 Meter hoher Schornstein für das Kraftwerk Rothensee ist fertiggestellt.
Juli 1982	Die neue Buslinie 73 verbindet das Neubaugebiet Olvenstedt mit dem Olvenstedter Platz.
1. September 1982	Die 30. Magdeburger Kulturfesttage werden in der Konzerthalle „Georg Philipp Telemann" eröffnet.
28. Oktober 1982	Die Stadtverordnetenversammlung beschließt die Baumschutzordnung für die Stadt Magdeburg.
30. Dezember 1982	Mit der Einweihung eines Jugendklubs im Neubaugebiet Neustädter See gibt es 71 derartige Klubs in Magdeburg.
16. März 1983	Von Neu-Olvenstedt bis zur Hundisburger Straße verkehrt die neue Buslinie 71.
1. Mai 1983	Die Lukasklause wird als Ausstellungzentrum der Magdeburger Museen und Gedenkstätten eröffnet.
1. September 1983	Im Kloster Unser Lieben Frauen wird die Ausstellung „Hiroshima-Nagasaki. Mahnung und Verpflichtung" eröffnet. Aus diesem Anlaß weilt der Oberbürgermeister von Nagasaki in Magdeburg.
5. Oktober 1983	In der Gareisstraße wird die Plastik „Der Gefesselte" (Weitlingdenkmal) enthüllt.
6. Oktober 1983	Im Wohngebiet Neustädter See öffnet die „Schwimmhalle der Werktätigen".
27. April 1984	Die Straßenbahnlinie 12 nimmt den Verkehr zum Neubaugebiet Olvenstedt auf.
30. April 1984	In der Leiterstraße beginnt das neue Berufsberatungszentrum mit seiner Tätigkeit.
18. Mai 1984	Im Neustädter Feld wird ein Feierabendheim mit 186 Plätzen bezogen.
20. Mai 1984	Bischof Dr. Christoph Demke weiht im Norden Magdeburgs die Kirche der evangelischen Hoffnungsgemeinde. Die Kirche wurde in knapp vier Jahren gebaut. Die Idee von einem alles überdachenden Zelt fand hier eine städtebaulich-ästhetische Lösung. Der Glockenturm befindet sich neben der Kirche.
1. Juni 1984	Die von Heinrich Apel geschaffene Plastik „Die Rettungstat des Hauptmanns Belikow" wird in der Wilhelm-Pieck-Allee (heute Ernst-Reuter-Allee) enthüllt.
11.–31. August 1984	Das 2. Internationale Stadtpleinair findet in Magdeburg statt. Künstler aus mehreren sozialistischen Ländern nehmen daran teil.
3. September 1984	In Lemsdorf wird der 54. Schulneubau in Magdeburg nach dem Zweiten Weltkrieg übergeben.
16. September 1984	Bischof Johannes Braun weiht am Milchweg die Kirche des katholischen Gemeindezentrums St. Mechthild. Der Bau hat eine achteckige Form mit einem aus Betonglas gefertigten Lichtband, auf dem das Kupferdach ruht.
6. Oktober 1984	Die Gorki-Plastik im Neubaugebiet Olvenstedt wird aufgestellt. Sie ist ein Geschenk aus der Sowjetunion.

4. Januar 1985	Das Zentrum für Telemann-Pflege und -Forschung tritt ins Leben. Vorsitzender ist Dr. Wolf Hobohm.
28. Januar 1985	Ab jetzt können auf Wunsch alle Neugeborenen Magdeburgs in das „Buch der jüngsten Bürger der Stadt Magdeburg" eingetragen werden. Dies geschieht in einer Feierstunde. Die letzte Eintragung in das „Buch der jüngsten Bürger" erfolgt im Juli 1990.
Januar 1985	Nach monatelanger Rekonstruktion wird das Haus der DSF (heute Palais am Fürstenwall) in der Hegelstraße 42 wieder eröffnet.
1. Mai 1985	Der erste Bauabschnitt des Pflegeheimes Ost in der Weidenstraße wird zur Nutzung übergeben.
16. Mai 1985	An der Luxemburg-Oberschule wird ein „Traditionskabinett der Volksbildung" eingeweiht. Es bildet den Grundstock für das spätere Schulmuseum der Stadt Magdeburg.
Mai 1985	In der Karl-Marx-Straße findet das Plastikensemble „Generationen" von Bernd Göbel seinen Platz.
27. Oktober 1985	Die Großgaststätte „Oka" in Neu-Olvenstedt empfängt die ersten Gäste.
10. November 1985	Bischof Johannes Braun weiht die katholische Kirche St. Adalbert in Magdeburg-Reform. Vier Jahre später erhebt er St. Adalbert zur Pfarrei.
7. April 1986	Das Mikroelektronik-Entwicklungszentrum im Stammbetrieb des SKET nimmt den Betrieb auf. Dazu weilt Ministerpräsident Willi Stoph in Magdeburg.
	Auf dem Gelände der Medizinischen Akademie findet die Grundsteinlegung für den Neubau des Instituts für Neurobiologie und Hirnforschung der Akademie der Wissenschaften statt.
11. April 1986	Im Wohnkomplex Neu-Olvenstedt wird eine Schwimmhalle eingeweiht.
13. April 1986	Der Kinderspielplatz in der Hegelstraße wird seiner Bestimmung übergeben. An seiner Herstellung haben sich 24 Betriebe, Architekten und Künstler beteiligt.
15. April 1986	Für das Krankenhaus in Neu-Olvenstedt findet die Grundsteinlegung statt.
22. April 1986	Vor dem Stammbetrieb des SKET wird der Platz der Thälmannwerker mit dem Thälmanndenkmal eingeweiht. Das Denkmal erhält in den neunziger Jahren seinen Standort in der Schilfbreite.

AWG-Wohnungen in der Schilfbreite

Kaufhalle Nord in der Lübecker Straße

21. Mai 1986 Im Maxim-Gorki-Theater findet eine Festveranstaltung zur Otto-von-Guericke-Ehrung der DDR statt, der sich ein zweitägiges Kolloquium an der TH anschließt.

13. Juni 1986 Die neue Spielstätte der „Kugelblitze" in der Karl-Marx-Straße 200 wird übergeben. Sie verfügt über 180 Plätze.

18. Juni 1986 Der von Heinrich Apel geschaffene Brunnen in der Leiterstraße wird eingeweiht.

20. Juni 1986 Die 21. Arbeiterfestspiele der DDR werden auf dem Magdeburger Domplatz eröffnet. 3,4 Millionen Besucher erleben an drei Tagen in Magdeburg und in 14 Festspielkreisen über 700 Veranstaltungen. Rechtzeitig zum Beginn der Festlichkeiten ist das Haus Domplatz 5 äußerlich rekonstruiert. Die Leiterstraße kann von Fußgängern wieder passiert werden, ist aber noch Baustelle.

21. Juni 1986 Nach einem alten Bördebrauch erscheint erstmals der Hochzeitsbitter auf dem Alten Markt.

25. Juni 1986 Das ehemalige Klubhaus Junger Talente öffnet nach fünfmonatiger Rekonstruktion als Zentraler Klub der Jugend.

1. September 1986 Im Neubaugebiet Olvenstedt öffnet die mittlerweile sechste Schule ihre Pforten.

2. Oktober 1986 Ein neues Dauerheim mit 80 Plätzen für Kinder unter drei Jahren steht von nun an am Sülzeweg zur Verfügung.

6. Oktober 1986 Oberbürgermeister Herzig legt den Grundstein für einen neuen Gebäudekomplex der Pädagogischen Hochschule.

7.–11. Oktober 1986 Der Lehrstuhl für Kunstgeschichte der Universität Leipzig veranstaltet ein internationales Symposium über den Magdeburger Dom.

10. Oktober 1986 Der sogenannte Plättbolzen am Hasselbachplatz erhält seine Kuppel. Dies ist nur eine der umfangreichen Rekonstruktionsmaßnahmen, die seit Mitte der 80er Jahre im südlichen Stadtzentrum, rund um den Hasselbachplatz, durchgeführt werden.

15. Dezember 1986 An der Medizinischen Akademie wird ein neues Bettenhaus für die Kliniken für Orthopädie und HNO-Krankheiten eingeweiht. Es verfügt über insgesamt 224 Betten, zwei Röntgeneinrichtungen und eine physiotherapeutische Abteilung.

18. Dezember 1986 Erich Honecker und die Chefs der diplomatischen Missionen weilen anläßlich einer Hasenjagd in Magdeburg. Viele Magdeburger Werktätige werden zum „Jubeln" in die Nähe des Hauptbahnhofes bestellt.

Dezember 1986 Zu diesem Zeitpunkt ist jeder fünfte Magdeburger sportlich organisiert.

16.–25. Januar 1987 Die Fachgruppe Stadtgeschichte im Kulturbund der DDR zeigt im Haus der DSF (heute Palais am Fürstenwall) eine Ausstellung zur Geschichte der Karl-Marx-Straße. Diese Ausstellung stößt in der Bevölkerug auf großes Interesse.

11. März 1987 Erstmals wird der vom Rat der Stadt Magdeburg gestiftete Georg-Philipp-Telemann-Preis verliehen. Preisträger ist der Musikwissenschaftler Prof. Walther Siegmund-Schultze aus Halle/Saale.

23. März 1987 Die TH „Otto von Guericke" erhält den Status einer Technischen Universität. Erster Rektor ist Prof. Dr. Reinhard Probst.

15. Juni 1987 Das neue Motorschiff „Stadt Magdeburg" tritt auf der Elbe seine Jungfernfahrt an.

25. Juni 1987 Die Stadt Magdeburg erhält als erste Großstadt der DDR den Titel „Wasserwirtschaftlich vorbildlich arbeitendes Territorium".

Juni 1987 In der Klinik für Gynäkologie und Geburtshilfe der Medizinischen Akademie wird der Gametentransfer erfolgreich angewandt. Die Idee dazu entstand an dieser Klinik 1983.

Juli 1987 Auf dem Magdeburger Flugplatz findet eine große Flugschau statt. Sie bildet den Abschluß der Internationalen Wettkämpfe im Präzisionsflug.

Rückseite der Gedenkmedaille zu 1175 Jahren Stadt Magdeburg

19.–26. September 1987	Magdeburg ist Gastgeber des IV. Puppentheaterfestivals der DDR.
21./22. September 1987	Mit einem Kolloquium und einer Ausstellung begeht die Stadt den 1050. Jahrestag der Gründung des Moritzklosters.
4. Oktober 1987	Im Rahmen der „Sonntagsmusiken“ findet das 250. Jubiläumskonzert statt.
5. Oktober 1987	Die neu erbaute Pettenkoferbrücke wird dem Verkehr übergeben.
15. Oktober 1987	Nach dem Beispiel anderer Bezirksstädte nimmt die Schnelle Medizinische Hilfe einen Dringlichen Kinderärztlichen Hausbesuchsdienst in ihr System auf.
8. Dezember 1987	Die Oberbürgermeister von Magdeburg und Braunschweig unterzeichnen im Rathaus eine Vereinbarung über die Städtepartnerschaft.
22. Dezember 1987	Der Jugendklub „Düppler Mühle“ in Neu-Olvenstedt wird eröffnet.
26. Februar 1988	Die Stadtverordnetenversammlung beschließt auf einer festlichen Sitzung die Städtepartnerschaft Magdeburg-Braunschweig.
6. März 1988	Der Trompetenvirtuose Ludwig Güttler erhält den Georg-Philipp-Telemann-Preis.
April 1988	Die Karl-Marx-Straße und die Otto-von-Guericke-Straße sind jetzt wieder durch die Leiterstraße verbunden.
29. Juni 1988	Mit der Eröffnung eines Klubs der Volkssolidarität im Neptunweg gibt es in Magdeburg nun 14 Klubs und sechs Treffpunkte für ältere Bürger.
15. August 1988	Vor dem Centrum-Warenhaus wird das dritte Gleis für die Straßenbahn in Betrieb genommen.
1. September 1988	Am Lukashügel findet eine feierliche Gedenksteinenthüllung statt. Es ist ein Stein aus jenem Gebäude in Hiroshima, über dem am 6. August 1945 die Atombombe explodierte. Der Stein wurde vom VEB Denkmalpflege in Sandstein eingepaßt.
	In Neu-Olvenstedt wird eine neue Tagesstätte für psychisch und physisch schwerstgeschädigte Kinder eröffnet.
1./2. September 1988	Die Partnerstädte Magdeburg und Braunschweig veranstalten ein Friedensforum.
8. September 1988	Der legendäre Orientexpreß passiert Magdeburg.
18. September 1988	In der Petrikirche wird die Orgel geweiht.
19.–24. September 1988	Bereits zum 15. Mal findet die „Woche der Magdeburger Schriftsteller“ statt.
6. Oktober 1988	Kinder und Erzieherinnen feiern Einzug in den neuen Kindergarten in der Oststraße auf dem Werder. Im Jahre 1988 gehen rund 13000 Drei- bis Sechsjährige (rund 97 Prozent) in 89 kommunale und 26 betriebliche Vorschuleinrichtungen. Seit 1984 wurden in Magdeburg 14 Kindergärten neu erbaut.
19. Oktober 1988	In der Hyparschale öffnet die Ausstellung „150 Jahre Maschinen- und Anlagenbau in Magdeburg“ ihre Pforten.
27.–30. Oktober 1988	In Magdeburg finden die 1. Bezirkstheatertage statt.
4. November 1988	Manfred Gawlik, Vorsitzender des Bezirksverbandes der CDU, überreicht der Synagogengemeinde eine von dem Magdeburger Metallgestalter Josef Bzdok geschaffene Menora.
	Der Rat der Stadt veranstaltet ein festliches Kolloquium anläßlich des 800. Jubiläums des Stadtrechtsprivilegs von Erzbischof Wichmann.
10. November 1988	Im Gedenken an die Pogromnacht von 1938 enthüllt Oberbürgermeister Werner Herzig am ehemaligen Standort der Magdeburger Synagoge ein Mahnmal. Anschließend findet eine Gedenkveranstaltung auf dem Jüdischen Friedhof statt. Am Abend erklingt im Maxim-Gorki-Theater ein Synagogalkonzert.
3.–11. Dezember 1988	Die 1. Kabarettage des Bezirkes Magdeburg werden veranstaltet.
8. Dezember 1988	Die Montagearbeiten für die dritte Fußgängerbrücke über den Magdeburger Ring beginnen.

Vorderseite der Gedenkmedaille der Stadt Magdeburg zum 30. Jahrestag der DDR

1. Januar 1989 Für die rund 700 Hektar Wald auf dem Territorium der Stadt wird ein eigenes Forstrevier Magdeburg gebildet.

8. Januar 1989 Im Maxim-Gorki-Theater findet ein Synagogalkonzert mit dem Westberliner Oberkantor Estrongo Nachama statt.

16. Januar 1989 Gerhard Glogowski, Oberbürgermeister von Braunschweig, überreicht dem Rat der Stadt Magdeburg symbolisch eine von dem Braunschweiger Bildhauer Prof. Jürgen Weber geschaffene sakrale Bronzefigur. Das Kunstwerk wird im Dom der Öffentlichkeit übergeben.

19. Januar 1989 Auf dem Alten Markt werden zwölf Kugelrubinien gepflanzt.

20. Januar 1989 Kampfgruppenkommandeure beraten in Magdeburg über Maßnahmen zum Schutz der DDR.

1. März 1989 Die neue Leitstelle der Schnellen Medizinischen Hilfe in der Leipziger Straße 16 wird in Betrieb genommen.

10. März 1989 Die Neupflasterung des Alten Marktes mit widerstandsfähigeren Steinen aus Granit und Basalt beginnt.

12. März 1989 Der Magdeburger Dr. Willi Maertens erhält den Georg-Philipp-Telemann-Preis der Stadt.

23. April 1989 Wie schon im Vorjahr, sind die Magdeburger Basketballer auch 1989 wieder DDR-Meister.

7. Mai 1989 Kommunalwahlen finden statt. Nach offiziellen Angaben sind nur wenige der abgegebenen Stimmen gegen den Wahlvorschlag zu verzeichnen. Später wird wegen Wahlfälschung ermittelt.

16. Mai 1989 In Magdeburg werden die ersten Geldautomaten eingeführt, zunächst in der Großen Münzstraße.

23. Mai 1989 Die Weltklasse-Handballer Wieland Schmidt und Ingolf Wiegert werden unter minutenlangem Beifall der Zuschauer aus dem SCM-Oberliga-Team verabschiedet.

23.–25. Mai 1989 Anläßlich des 200jährigen Jubiläums der Großen Französischen Revolution veranstaltet die Stadt Magdeburg eine Carnot-Ehrung. Im Rahmen dieser Ehrung wird am 23. Mai im Nordpark die von Heinrich Apel geschaffene Carnotbüste enthüllt.

25. Mai 1989 Anläßlich des 200. Geburtstages des Park- und Landschaftsgestalters Peter Joseph Lenné wird im Klosterbergegarten eine von Heinrich Apel geschaffene Lennébüste enthüllt.

In Magdeburg findet eine Zentrale Wissenschaftliche Konferenz zum Thema „40 Jahre DDR – 40 Jahre erfolgreicher Kampf um Sozialismus und Frieden“ statt.

27.–31. Mai 1989 Magdeburg ist erstmals Gastgeberstadt für die seit 1979 veranstalteten Werkstatt-Tage der Kabaretts der DDR.

30. Mai–4. Juni 1989 Aus Anlaß des 100jährigen Jubiläums der Pfeifferschen Stiftungen tagt die „Kaiserswerther Generalkonferenz“ in Magdeburg. Während der Tagung erfolgt in den Pfeifferschen Stiftungen am 31. Mai die Grundsteinlegung zur Errichtung eines Zentralen Wirtschaftsgebäudes.

7. Juni 1989 In das „Buch der jüngsten Bürger“ wird die 10 000. Eintragung vorgenommen.

11.–30. Juni 1989 In der Hyparschale findet die Bezirksausstellung des bildnerischen Volksschaffens statt. Es sind über 784 Exponate zu sehen.

13.–18. Juni 1989 In der Elbe-Schwimmhalle finden die 40. DDR-Meisterschaften im Schwimmen statt. Damit werden zum sechsten Mal in der Elbestadt die Meister ermittelt.

30. Juni 1989 In der Leiterstraße eröffnet der Fruchthof, der von 21 landwirtschaftlichen Produzenten beliefert wird. Er soll helfen, den Versorgungsengpaß mit frischem Obst und Gemüse zu beheben.

Otto-von-Guericke-Plakette der Stadt Magdeburg

24. Juli 1989 Der Wasserstand der Elbe beträgt 93 Zentimeter.

Juli 1989 Durch die andauernden hochsommerlichen Temperaturen und den niedrigen Wasserstand kommt es im Adolf-Mittag-See zum Fischsterben. Hilfsmaßnahmen werden sofort eingeleitet.

4. August 1989 Der ausgebaute Renneweg wird für den Verkehr freigegeben und damit die Verkehrsanbindung zum Neubaugebiet Olvenstedt verbessert.

12. August 1989 Die „Trauernde Magdeburg“ wird wieder in der Ruine der Johanniskirche aufgestellt. Jahrelang hatte sie auf dem Hof des Kulturhistorischen Museums gestanden.

1. September 1989 Die achte neue Schule im Komplex Neu-Olvenstedt öffnet ihre Pforten.

Im Datenverarbeitungszentrum Magdeburg wird der erste 32-bit-Rechner im Bezirk in Betrieb gesetzt.

14. September 1989 Mitglieder des Domgemeindekirchenrates konstituieren sich zur „Beratergruppe Dom“. Sie beschließen, mit Gebeten um gesellschaftliche Erneuerung zu beginnen.

18. September 1989 130 bis 150 Menschen kommen zum ersten Gebet für gesellschaftliche Erneuerung (Montagsgebet) in den Dom. Die Presse schweigt die wöchentlichen Gebete bis Mitte Oktober tot.

21. September 1989 Die Glocken der Petrikirche werden geweiht. Sie stammen aus Köthen.

Die Stadtorganisation des Freidenkerverbandes gründet sich.

23. September 1989 Das Richtfest zum ersten Bauabschnitt des neuen katholischen Gemeindezentrums „St. Josef“ wird gefeiert.

Mit einem Sportfest wird die Freizeitsportanlage am Gneisenauring in Neu-Olvenstedt übergeben.

25. September 1989 Etwa 450 Menschen besuchen das zweite Montagsgebet.

28. September 1989 Der rekonstruierte Jugendstilsaal der Bibliothek in der Weitlingstraße 1a wird übergeben.

1. Oktober 1989 Im Kloster Unser Lieben Frauen wird die „Nationale Sammlung Plastik der DDR“ übergeben. In diesem Zusammenhang ist der obere Kreuzgang des Klosters Unser Lieben Frauen wieder zugänglich. Rund 50 Plastiken haben im Freiraum rund um das Kloster ihren Platz gefunden. Die Sammlung ist hervorgegangen aus der 1976 begonnenen „Nationalen Sammlung Kleinplastik der DDR“.

2. Oktober 1989 Zum dritten Montagsgebet versammeln sich etwa 1200 Menschen.

3. Oktober 1989 Am Sülzeweg wird eine neue Werkstatt für behinderte Jugendliche und Erwachsene mit 85 Plätzen eröffnet.

5. Oktober 1989 Die Polizei verhaftet Demonstranten.

In der Inselgalerie wird eine Ausstellung über Leben und Werk von Jutta Balk eröffnet. Jutta Balk hatte sich nach dem Zweiten Weltkrieg große Verdienste um die Wiederbelebung des Puppenspiels in Magdeburg erworben.

Im Betriebsteil Süd des VEB Förderanlagen „7. Oktober“ an der Sudenburger Wuhne wird der Grundstein für eine neue Stahlbauhalle gelegt.

6. Oktober 1989 Die neue Fußgängerbrücke über den Magdeburger Ring im Bereich In den Meerwellen ist freigegeben.

7. Oktober 1989 In Magdeburg findet ein Volksfest anläßlich des 40. Geburtstages der DDR statt. In den Abendstunden kommt es in der Innenstadt zu Menschenansammlungen, die der Forderung der Polizei nach Auflösung nicht nachkommen. Vor den „Kugelblitzen“ gehen Sicherheitskräfte mit Schlagstöcken gegen Jugendliche vor. Die Sicherheitskräfte führen an diesem Abend 130 Personen zu. Danach werden über einhundert Ordnungsstrafverfahren eingeleitet, später jedoch annulliert.

Erich-Weinert-Plakette der Stadt Magdeburg

9. Oktober 1989 Etwa 4500 Menschen kommen zum Montagsgebet in den Dom, umlagert von gepanzerten Fahrzeugen und Mannschaftswagen der Sicherheitskräfte auf den Straßen und Plätzen ringsum. Kampfgruppen stehen bereit. Die „Erklärung aus dem Dom" wird verabschiedet, die zur Gewaltlosigkeit und Besonnenheit aufruft.

13. Oktober 1989 Das vollautomatisierte Wasserwerk Colbitz nimmt den Dauerbetrieb auf. Es ist das erste vollautomatisch gesteuerte Wasserwerk der DDR und gewährt die Trinkwasserversorgung im Großraum Magdeburg.

Eine Delegation der Stadt Magdeburg unter Leitung von Oberbürgermeister Werner Herzig reist nach Braunschweig und nimmt dort an einem Symposium anläßlich der Zerstörung Braunschweigs vor 45 Jahren teil.

16. Oktober 1989 Etwa 7000 Personen finden sich zum Montagsgebet ein. Es findet eine Unterschriftensammlung für einen Brief an das Innenministerium in Berlin mit der Forderung nach Zulassung der neuen Parteien und Initiativen statt.

Mitte Oktober 1989 Das Schauspielensemble und Studenten des Schauspielstudios der Bühnen der Stadt Magdeburg verlesen an mehreren Abenden nach den Vorstellungen in den Theatern der Stadt eine Erklärung, mit der sie sich in den „öffentlichen Dialog" begeben.

23. Oktober 1989 Im Dom wird das „Grüne Band der Hoffnung" als phantasievolles Zeichen einer gewaltfreien Reform vorgestellt. Da der Dom überfüllt ist, versammeln sich einige tausend Menschen außerhalb seiner Mauern und verfolgen die im Dom gehaltenen Reden über Lautsprecher. Tausende formieren sich nach dem Montagsgebet zu einem Schweigemarsch durch das Stadtzentrum. Die Domgemeinde hatte zuvor an die Besonnenheit aller appelliert, friedlich zu demonstrieren. Auf den mitgeführten Transparenten sind Forderungen nach Zulassung demokratischer Bürgerinitiativen, freien und geheimen Wahlen und Freilassung von politisch Inhaftierten zu lesen. Es bleibt friedlich.

30. Oktober 1989 Erneut ziehen Tausende im Anschluß an das Gebet für gesellschaftliche Erneuerung friedlich durch die Innenstadt. Sie fordern unter anderem zivilen Wehrersatzdienst und die Anerkennung des „Neuen Forums".

Ende Oktober/ Anfang November 1989 Über 800 Magdeburger im arbeitsfähigen Alter haben seit Sommer bis zu diesem Zeitpunkt mit ihren Kindern die DDR verlassen. Nur zwei Wochen später vervierfacht sich die Zahl. Da auch viele Mitarbeiter medizinischer Einrichtungen fortgehen, entsteht eine komplizierte Situation im Gesundheitswesen.

Das Kabarett „Die Kugelblitze" reagiert auf die Massenflucht aus der DDR spontan mit einem Programm unter dem Titel „Bleibe im Lande und wehre dich täglich".

4. November 1989 Etwa 40 000 Menschen demonstrieren auf dem Domplatz für die demokratische Erneuerung und befragen Politiker zur gegenwärtigen Situation.

6. November 1989 Ein Demonstrationszug zieht nach dem Montagsgebet zum Alten Markt, wo sich trotz starken Regens Zehntausende versammeln und mit Vertretern des Rates der Stadt, der Parteien, der Kirche und des Neuen Forums in den offenen Dialog über Probleme der gesellschaftlichen Erneuerung treten. Sprechchöre und Pfiffe sind zu hören.

8. November 1989 Oberbürgermeister Werner Herzig legt sein Amt nieder. Er begründet diesen Schritt mit der gegenwärtigen politischen Lage. Sein Rücktritt war in den letzten Tagen auf öffentlichen Foren vielfach gefordert worden. Bis zur Wahl eines neuen Oberbürgermeisters übernimmt der bisherige 1. Stellvertreter, Ernst Ullrich, die Amtsgeschäfte.

10. November 1989 Einen Tag nach der Öffnung der Grenze sind vor den Volkspolizei-Kreisämtern bis in die späten Abendstunden nicht abreißende Menschenreihen zu sehen. Visa für ständige Ausreisen und für Besuchsreisen werden unbürokratisch erteilt.

13. November 1989 Von nun an verkehren täglich Linienbusse von Magdeburg nach Helmstedt. Die Deutsche Reichsbahn setzt täglich Sonderzüge ein.

Vorderseite der Telemann-Gedenkmedaille der Stadt Magdeburg, 1981

Auf Einladung des Rates der Stadt und von Initiativgruppen kommen trotz Kälte und Nebel Zehntausende auf dem Domplatz zusammen.

15. November 1989 Vertreter des Rates der Stadt, des Neuen Forums und der Beratergruppe Dom beschließen, Kommissionen zur Überprüfung der Ereignisse der jüngsten Vergangenheit zu bilden. Sie sollen sich mit der Untersuchung der Wahlen am 7. Mai 1989, der Aufklärung von Übergriffen der Sicherheitsorgane und von Amtsmißbrauch befassen.

18. November 1989 Der Regionalverband und der Stadtverband Magdeburg der Sozialdemokratischen Partei in der DDR (SPD) werden gegründet. Die 118 Delegierten wählen Dr. Willi Polte zum ersten Sprecher des Regional- und Stadtverbandes.

Von nun an ist an den Schulen im Bezirk Magdeburg der Sonnabend unterrichtsfrei.

20. November 1989 Tausende ziehen friedlich zum Gebäude des Amtes für Nationale Sicherheit (ehemals Ministerium für Staatssicherheit), Kreisamt Magdeburg. Sie protestieren gegen die Praktiken dieser Einrichtung.

29. November 1989 Der Boleslaw-Bierut-Platz erhält den Namen Universitätsplatz.

2. Dezember 1989 Auf dem Domplatz findet erneut eine große Kundgebung statt. Hauptredner ist Pfarrer Tschiche, Mitbegründer des Neuen Forums. Im Anschluß formiert sich ein Demonstrationszug zum Gebäude des Rates des Bezirkes.

3. Dezember 1989 Die Häftlinge der Strafvollzugsanstalt streiken. Sie fordern unter anderem Amnestie, bessere Verpflegung und menschenwürdige Arbeitsbedingungen.

4. Dezember 1989 Mehr als 60 000 Magdeburger demonstrieren nach dem Montagsgebet in der Innenstadt. Erstmals vereint der Zug Teilnehmer der Andachten aus dem Dom und der Sebastiankirche.

5. Dezember 1989 Das Bürgerkomitee konstituiert sich. Ihm gehören Vertreter des Neuen Forums, der SPD, des Demokratischen Aufbruchs, von Demokratie jetzt, der Initiative Frieden und Menschenrechte, der Katholischen Koordinierungsgruppe und der Beratergruppe Dom an. Das Bürgerkomitee will die Vernichtung von Akten, die Machtmißbrauch und Übergriffe der Sicherheitsorgane beweisen, verhindern, Einfluß auf Gewaltfreiheit bei der Besetzung von Dienststellen ausüben und vertrauensvolle Hinweise von Bürgern entgegennehmen und an Untersuchungsausschüsse weiterleiten.

Staatsanwalt Frank Gross, Beauftragter des Bezirksstaatsanwaltes, versiegelt in Anwesenheit von Vertretern des Neuen Forums das Archiv der ehemaligen Bezirksverwaltung des MfS am Kroatenweg, um Beweismaterial sicherzustellen.

Vertreter der alten und neuen Parteien und Organisationen, des Rates der Stadt sowie der Kirchen finden sich zum ersten „Runden Tisch“ im Bezirk Magdeburg zusammen. Mit ihm soll eine Art Ratgeber- und Kontrollfunktion für die bestehenden Strukturen ausgeübt werden.

7. Dezember 1989 Bürgerrechtler besetzen die Bezirksverwaltung des Ministeriums für Staatssicherheit am Kroatenweg, um die Vernichtung von Stasiakten zu verhindern. Wenige Tage später, am 12. Dezember, stellt die Stasi-Bezirksverwaltung ihren Dienstbetrieb ein. Waffen, Munition und Nachrichtentechnik übernimmt die Polizei.

9. Dezember 1989 Rund 3 000 Schüler Magdeburgs demonstrieren am Vormittag in der Innenstadt für eine Erneuerung im Bildungswesen.

12. Dezember 1989 Das Bürgerkomitee eröffnet im Rathaus ein Büro.

14. Dezember 1989 Die Stadtverordneten wählen einen neuen Oberbürgermeister. In geheimer Wahl erhält Dr. Werner Nothe (SED) 130 Stimmen, Dirk Zierau (LDPD) 50 Stimmen.

18. Dezember 1989 Verschiedene oppositionelle Gruppierungen stellen im Dom ihre Ansichten zur „deutschen Frage“ vor. Sie fordern die Einheit Deutschlands.

Rückseite der Telemann-Gedenkmedaille der Stadt Magdeburg, 1981

19. Dezember 1989 Auf Einladung der Magdeburger SPD spricht der Vorsitzende der Sozialistischen Internationale und Ehrenvorsitzende der SPD, Willy Brandt, auf einer Kundgebung auf dem Domplatz.

Eine Untersuchungskommission zur Sichtung von Akten und anderen Datenträgern im Bestand des ehemaligen Ministeriums für Staatssicherheit wird eingesetzt.

27. Dezember 1989 Die ersten beiden Busse des neu aufgenommenen Linienverkehrs von Braunschweig treffen in Magdeburg ein.

12. Januar 1990 Rockstar Udo Lindenberg gibt in der Stadthalle ein Konzert.

14. Januar 1990 Zehntausende folgen dem Aufruf oppositioneller Parteien und Bewegungen zu einer Kundgebung auf dem Domplatz gegen „Restaurationspolitik der SED und ihres Sicherheitsapparates".

15. Januar 1990 Im Anschluß an das Gebet um gesellschaftliche Erneuerung steht der Demonstrationszug durch das Stadtzentrum im Zeichen der endgültigen Zerschlagung der Stasi.

17. Januar 1990 Erstmals erscheint „Die Andere Zeitung" (DAZ), die sich als unabhängige Bezirkszeitung Magdeburgs versteht. Im Mai 1990 stellt sie ihr Erscheinen ein.

In Magdeburg findet der erste „Grüne Tisch" statt.

18. Januar 1990 Der „Runde Tisch der Jugend" tritt zusammen.

Die Volksstimme erklärt sich als unabhängige Zeitung.

20. Januar 1990 Autobesitzer aus Ost und West bieten ihre Fahrzeuge entlang der Straße zum Parkplatz am Barleber See feil. Die Folge ist ein Verkehrschaos. Der Verkehr zur Autobahnauffahrt in Richtung Marienborn kommt zeitweise zum Stillstand. Wenige Tage danach wird der sogenannte Blechmarkt für private Gebrauchtwagen am Barleber See vorerst gestrichen.

22. Januar 1990 Die Montagsdemonstration steht im Zeichen der Forderung nach Aufdeckung der Verbindung der SED/PDS Staatssicherheit.

24. Januar 1990 Der Rat der Stadt beschließt, die Karl-Marx-Straße vom Hasselbachplatz bis zum Zentralen Platz wieder in Breiter Weg umzubenennen.

25. Januar 1990 Etwa 500 Mitarbeiter des Gesundheitswesens fordern auf dem Alten Markt höhere Löhne, bessere Arbeitsbedingungen und mehr Grundurlaub.

26. Januar 1990 Orkanartige Stürme brausen in der Nacht zum 26. Januar über Magdeburg hinweg.

29. Januar 1990 „Sicherheit der Arbeit" ist das Motto der Montagsdemonstration.

1. Februar 1990 Mehrere tausend Mitarbeiter des Gesundheitswesens demonstrieren auf dem Alten Markt für eine gerechte Tarifpolitik.

6. Februar 1990 In einem Freundschaftsspiel stehen sich im Ernst-Grube-Stadion der 1. FCM und Eintracht Braunschweig gegenüber.

14. Februar 1990 Der PDS-Stadtvorstand konstituiert sich.

24. Februar 1990 Die erste Ausgabe des Magdeburger Stadtmagazins konstituiert sich.

27. Februar 1990 Im Gebäude des ehemaligen Kreisamtes des MfS in der Walther-Rathenau-Straße 88 öffnet das Amt für Arbeit seine Pforten.

3. März 1990 Krippenerzieherinnen und Kindergärtnerinnen demonstrieren auf dem Alten Markt für den Erhalt der Kindereinrichtungen.

6. März 1990 Die „Allianz für Deutschland" veranstaltet eine Wahlkundgebung mit Bundeskanzler Helmut Kohl auf dem Domplatz. Der Kanzler verspricht: „... keinem wird es schlechter gehen als vorher!"

10. März 1990 Die Magdeburgische Gesellschaft von 1990 zur Förderung der Künste, Wissenschaften und Gewerbe gründet sich.

Demonstrationszug in der Wendezeit

13. März 1990	Auf dem Alten Markt werden die ersten Braunschweig-Tage eröffnet.
13.–18. März 1990	Die 10. Magdeburger Telemann-Festtage finden statt.
19. März 1990	Nur knapp 100 Besucher kommen zum Montagsgebet.
28. März 1990	Der Ortsverband Magdeburg der FDP der DDR wird gegründet.
März 1990	In Magdeburg gibt es inzwischen 35 private Reisebüros.
	In einem Wohnblock im Schrotebogen besteht seit März ein geschütztes Wohnheim für geistig und körperlich Behinderte mit 17 Plätzen.
Anfang April 1990	Eine Gruppe Autonomer und Punks besetzt das Ex-Stasi-Gefängnis am Moritzplatz, um ihrer Forderung nach einem eigenen Jugendobjekt Nachdruck zu verleihen. Bald darauf bildet sich der „Unabhängige Jugendzentrum Knast e. V.", der auf dem Gelände des ehemaligen Stasi-Gefängnisses seinen Sitz hat.
4. April 1990	In Magdeburg wird die Christlich-Soziale Partei (CSP) gegründet. Sie ist aus dem ehemaligen Bezirksvorstand Magdeburg der DSU hervorgegangen.
5. April 1990	An der katholischen Propsteikirche St. Sebastian beginnt der Einbau eines neuen Hauptportals.
8. April 1990	Im Theater des Friedens findet der 300. Medizinische Sonntag statt.
9. April 1990	Der Arbeiter-Samariter-Bund tritt wieder ins Leben.
	Die Außenstelle der Treuhandanstalt für den Bezirk Magdeburg nimmt ihre Arbeit auf.
12. April 1990	Die Industrie- und Handelskammer (IHK) Magdeburg wird wiedergegründet.
29. April 1990	In der Wallonerkirche findet die Gründungsversammlung der Magdeburger Kreisorganisation der Johanniter-Unfallhilfe statt.
30. April 1990	Mitarbeiter des Greenpeace-Laborschiffes „Beluga" verschließen für einige Tage die Abwasserrohre des Chemiebetriebes Fahlberg-List, damit kein Abwasser mehr in die Elbe geleitet werden kann.
3. Mai 1990	Oberbürgermeister Werner Nothe übergibt das Krankenhaus in Neu-Olvenstedt offiziell an den Ärztlichen Direktor OMR Dr. Uwe Müller. Gleichzeitig erhält die Einrichtung den Namen „Walther-Friedrich-Krankenhaus".

6. Mai 1990	69,03 Prozent der wahlberechtigten Magdeburger beteiligen sich an der Kommunalwahl. Die SPD erhält 32,98 Prozent der Stimmen, die CDU 31,33 Prozent, die PDS 16,09 Prozent, Bündnis 90/Grüne 8,2 Prozent und die F. D. P. 3,69 Prozent.
	Unbekannte beschmieren das Erich-Weinert-Denkmal mit Farbe.
12. Mai 1990	Ein Untersuchungsausschuß der Stadtverordnetenversammlung und des Runden Tisches sowie des Bürgerkomitees konstituiert sich.
20. Mai 1990	In den Mittagsstunden zerstört ein durch Brandstiftung ausgelöstes Feuer das Große Haus der Bühnen der Stadt Magdeburg. Der Täter bleibt unbekannt.
25. Mai 1990	Am Parkplatz Spiegelbrücke wird der erste Parkscheinautomat Magdeburgs installiert.
27. Mai 1990	In der Hyparschale öffnet die 10. Kunstausstellung des Verbandes Bildender Künstler des Bezirkes Magdeburg ihre Pforten. Werke von 109 Künstlern sind zu sehen.
	In der Leipziger Straße/Ecke Halberstädter Straße greifen in der Nacht etwa 25 Skinheads Punks an.
31. Mai 1990	Die Stadtverordneten wählen Dr. Willi Polte (SPD) zum Oberbürgermeister.
Mai 1990	Die Fraktion für das künftige Stadtparlament aus Neuem Forum, Demokratie jetzt, Initiative Frieden und Menschenrechte, Grüner Partei, Grüner Liga sowie Unabhängigem Frauenverband konstituiert sich (Regenbogenfraktion).
1. Juni 1990	Der neue Rat der Stadt beschließt, sich künftig als Magistrat zu bezeichnen.
	In der Walther-Rathenau-Straße 88 arbeitet das erste Kinderschutzzentrum der DDR.
5. Juni 1990	Das Volksbad Buckau schließt aus ökonomischen Gründen.
9. Juni 1990	127 Gewerkschaftsvertreter aus allen Bezirken gründen in Magdeburg die Gewerkschaft Öffentliche Dienste, Transport und Verkehr der DDR. Ein Magdeburger, Robert Knauth, wird ihr Vorsitzender.
13. Juni 1990	Die RAF-Terroristin Inge Viett, die seit 1987 unter anderem Namen in Magdeburg lebt, wird in der Hans-Grundig-Straße verhaftet.
15. Juni 1990	Oberbürgermeister Dr. Polte wird feierlich in sein Amt eingeführt.
27. Juni 1990	Unter Vorsitz von Astrid Eberlein gründet sich der Magdeburger Ortsverband des Richard-Wagner-Verbandes.
Juni 1990	Die ersten 25 jüdischen Emigranten aus der Sowjetunion kommen nach Magdeburg.
1. Juli 1990	Die Wirtschafts-, Währungs- und Sozialunion tritt in Kraft.
	Bei Fahlberg-List sind etwa 1 500 Beschäftigte von Kurzarbeit betroffen.
	Das Haus der DSF in der Hegelstraße 42 heißt nun „Palais am Fürstenwall“.
3. Juli 1990	Im Krankenhaus Altstadt wird der Grundstein für die Erweiterung und Modernisierung der Klinik für Innere Medizin gelegt.
9. Juli 1990	Aus den 226 Ortsgruppen der Volkssolidarität konstituiert sich ein neuer Stadtvorstand. Die Magdeburger Volkssolidarität betreut zu dieser Zeit etwa 2 200 Rentner und 18 Klubs.
12. Juli 1990	Die Magdeburger erleben den ersten langen Einkaufsdonnerstag in ihrer Stadt. Die Geschäfte sind bis 20. 30 Uhr geöffnet.
15. August 1990	Der Magistrat beschließt den sofortigen Beitritt Magdeburgs zum Städtetag.
20. August 1990	Die Klinik für Kinderheilkunde des Krankenhauses Magdeburg-Olvenstedt nimmt ihre Tätigkeit auf.
21. August 1990	In verschiedenen Magdeburger Polikliniken findet ein Warnstreik des medizinischen Personals statt.

22. August 1990 Das bisherige Schwermaschinenbaukombinat „Ernst Thälmann“ (SKET) ist nun eine AG. Das Unternehmen hat zu dieser Zeit etwa 18000 Beschäftigte. Auch das Schwermaschinenbaukombinat „Karl Liebknecht“ (SKL) wird im Sommer 1990 in eine AG umgewandelt.

3. September 1990 Für mehr als 120 Kinder beginnt der Unterricht an der ersten Freien Waldorfschule in Magdeburg.

Im Stadtgebiet Reform nimmt eine Schule für geistig Behinderte ihre Tätigkeit auf.

4. September 1990 Das Amt für Gleichstellungsfragen lädt zum 1. Runden Tisch der Frauen in das Rathaus ein.

8.–16. September 1990 Im Rotehornpark findet die „HA-GE-MA“, Messe für Handwerk und Gewerbe, statt.

14. September 1990 Die Gedenktafel für Friedrich Wilhelm von Steuben findet wieder ihren Platz am Hauptpostgebäude. Sie war 1950 entfernt worden und kam erst nach der Wende wieder an die Öffentlichkeit.

17. September 1990 In der Stadthalle wird der Städte- und Gemeindebund des Landes Sachsen-Anhalt gegründet.

22. September 1990 Im Herrenkrug veranstaltet der neugegründete Magdeburger Rennverein seine erste Rennveranstaltung. Das drohende Ende des Magdeburger Galoppsports ist damit abgewendet.

23. September 1990 Bundeskanzler Helmut Kohl spricht auf dem Domplatz.

26. September 1990 Häftlinge der Untersuchungshaftanstalt treten in den Hungerstreik und besetzen das Dach. Sie fordern Amnestie. Drei Tage später ist der Streik beendet.

29. September 1990 Der 1. Magdeburger Kunstverein gründet sich.

September 1990 Das Neue Forum hält Mahnwachen in der Stadt. Es fordert unter anderem, daß sich die Politiker für die Aufnahme des Gesetzes über den Umgang mit Stasi-Akten in den Einigungsvertrag beider deutscher Staaten einsetzen.

Am Moritzplatz kommt es mehrfach zu Auseinandersetzungen zwischen Jugendlichen. Im „Unabhängigen Jugendzentrum Knast“ konzentrieren sich linksgerichtete Punks, die immer wieder Zielscheibe von Skinheads sind.

Täglich werden mehr als 300 Autos in Magdeburg angemeldet.

An der Hubbrücke beginnen umfangreiche Reparaturarbeiten. Insbesondere wird der Bohlenbelag erneuert.

3. Oktober 1990 Um 0.00 Uhr wird die Teilung Deutschlands beendet. Der „Tag der deutschen Einheit“ wird feierlich, teils euphorisch begangen. Die Stadtverordneten treffen sich mit Gästen aus der Partnerstadt Braunschweig zu einem Festakt im Rathaus. Sie benennen an diesem Tag acht Straßen um. So heißt nun auch der Nordabschnitt der Karl-Marx-Straße wieder Breiter Weg.

Im Volksmund nur „Fahnenmonument“ genannt, Denkmal von Joachim Sendler, 1974

„Ich habe früher gewußt, daß es eine Stadt Magdeburg gibt. Sündigerweise dachte ich: eine Stadt wie jede andere. Ich kam hierher, durch Arbeit ermüdet, in einem reichlich nervösen Zustand ... Ich mußte meine Naivität büßen! Was ist Magdeburg? Anscheinend eine Stadt, sogar eine große. Der Bahnhof enthält nicht die geringste Warnung: Kaum aber ist man vertrauensselig an dem Kontrolleur vorüber, der einem die Fahrkarte abnimmt, und hat den Bahnhofsplatz betreten, so beginnt auch schon der Teufelsspuk ... Hier ... blicken einen statt Häuserfassaden 'Blutsymphonien'

und 'lila Rasereien' an. Es ist nicht nur ein einziges Haus eines Sonderlings, nein, es sind ihrer zehn, zwanzig, hundert – ich habe sie nicht gezählt ... Zeitungskioske, die wie Kaktusse bemalt sind, verletzen das Auge ... Selbst die Straßenbahn ist prächtig gemustert wie ein Drache ... So wurde der Stadt Magdeburg ein neues Antlitz verliehen. Das ist ein Stück Geschichte ... Ich würde um keinen Preis in dieser Stadt bleiben. Aber ich könnte auch nicht in Venedig leben ..."

(Ilja Ehrenburg: Visum der Zeit, 1922)

„... Die Häuser Magdeburgs sind zwar modern und gewöhnlich, doch besitzt es noch eine Anzahl im siebzehnten Jahrhundert erbauter, mit Sandsteinornamenten, mit großen Bogenthüren und stattlichen Giebeln ausgestatteter. Der breite Weg und der alte Markt enthalten besonders viel Häuser in diesem nicht reinen, aber immerhin kräftigen Styl, wie auch das Rathhaus mit einer Pfeilerhalle unten, einer luftigen Gallerie oben und einem säulengestützten Balkon in der Mitte sich recht würdig ausnimmt. Vor ihr versetzt die einfache Sandstein-Reiterstatue Kaiser Ottos I. auf einem von Statuen in knappen Rüstungen umgebenen Piedestal in die Wiegenzeit der Stadt ... Diese Statue erfreute sich von den Fischer- und Hökerfrauen eines gewissen Cultus, indem dieselben am Morgen des ersten Mai dem Kaiser Blumensträuße und einige Gläser Liqueur auf den Rand der Plattform, die ihn trägt, hinstellten ...“

(Johann Karl Friedrich Rosenkranz: Von Magdeburg nach Königsberg, 1875)

„So wurde ich denn im August 1862 der Finanzabteilung in Magdeburg überwiesen. Magdeburg war damals noch in seinen alten Festungsgürtel eingeschnürt und ein wenig vergnüglicher Ort. Das erste, was mir bei meiner Ankunft in Magdeburg erzählt wurde, war die bekannte Geschichte von dem Reisenden, welcher als verdächtig zur Polizei sistiert worden war, weil er im Fremdenbuch als Zweck seines Magdeburger Aufenthaltes angegeben hatte 'Vergnügens halber' ..."

(Eugen Richter: Jugenderinnerungen, 1893)

„Es ist die erste preußische Stadt, preußischer noch als Berlin …"
(Heinrich Laube, 1837)

Blüte und Niedergang

Eike von Repgow

Eine Stadt und ihre Namen

URSULA FÖLLNER

Eine Stadt wie Magdeburg ist im Laufe ihrer mehr als tausendjährigen Geschichte mit vielen Bezeichnungen versehen worden. So spiegeln sich in ihren Beinamen sowohl die Phasen des Aufblühens als auch der Zerstörung wider. Ebenso aber sind es auch regionale Merkmale, die bei der Benennung Pate standen. Es sei eine Reihe von Beispielen genannt, die jedoch beliebig ergänzt werden könnte: *Elbestadt, Stadt am Elbestrom, Bördestadt; Landeshauptstadt, Kaiserstadt, Bischofsstadt, Universitätsstadt; Sportstadt, Handballhochburg; Zweites Ravenna, Hiroshima des 30jährigen Krieges, Unseres Herrgotts Kanzlei; Stadt des Schwermaschinenbaus.*

Diese verschiedenen Beinamen oder attributiven Benennungen sind für die Beleuchtung der Ortsgeschichte durchaus interessant, zeigen sie doch die unterschiedlichen politisch-administrativen, sozialen, kulturellen und wirtschaftlichen Entwicklungsphasen der Stadt, stehen aber mit dem eigentlichen Ortsnamen nur wenig in Zusammenhang. Besonders der hier zu betrachtende Name *Magdeburg* zeichnet sich im Gegensatz zu den Beinamen der Stadt durch eine große Stabilität aus, wobei von einigen lautlichen Varianten abzusehen ist. Dessen ungeachtet stößt die Forschung jedoch auch bei diesem, dem ersten Anscheine nach leicht erklärbaren Namen *Magdeburg* auf große Schwierigkeiten:

Ein wesentliches Prinzip der Ortsnamenforschung ist das Ausgehen von der frühesten überlieferten Form. Jedoch sind die Möglichkeiten, der Erstnennung nahezukommen, dadurch stark begrenzt, daß man auf schriftliche Überlieferungen angewiesen ist. Diese reichen zeitgeschichtlich nicht weit genug zurück, sind lückenhaft und unterliegen unzähligen Zufälligkeiten, was für *Magdeburg* bedeutet, daß bisher die beiden frühesten Namenbelege aus dem Jahre 805 stammen. Das unter Karl dem Großen verfaßte Kapitular von Diedenhofen nennt den Ort *Magadoburg* neben anderen und schreibt in dieser lateinisch verfaßten Urkunde den Kaufleuten des Reiches vor, nicht über die genannten Orte nach Osten hinaus, also in das Slawengebiet hinein, ihren Handel auszudehnen. Wie es zu jener Zeit durchaus üblich war, erscheint der Name in der lateinisch formulierten Urkunde deutsch, jedoch dem fränkischen Schreiber entsprechend in einer hochdeutschen Form und nicht in regionalem Altniederdeutsch (Altsächsisch).

Diese Konstellation veranlaßte den Historiker Walter Möllenberg in der ersten Hälfte des 20. Jahrhunderts, nicht von der ersten überlieferten Form auszugehen, sondern das erst 1294 greifbare *Maidheburch,* was einer regionalen Sprachform des Magdeburger Landes entspricht, seinen Erklärungen zugrunde zu legen.

Er vermutete, *-burg* sei aus dem slawischen *buro/bor* mit der Bedeutung 'Wald' entwickelt worden, und

Ausschnitt aus dem Diedenhofener Kapitular von 805

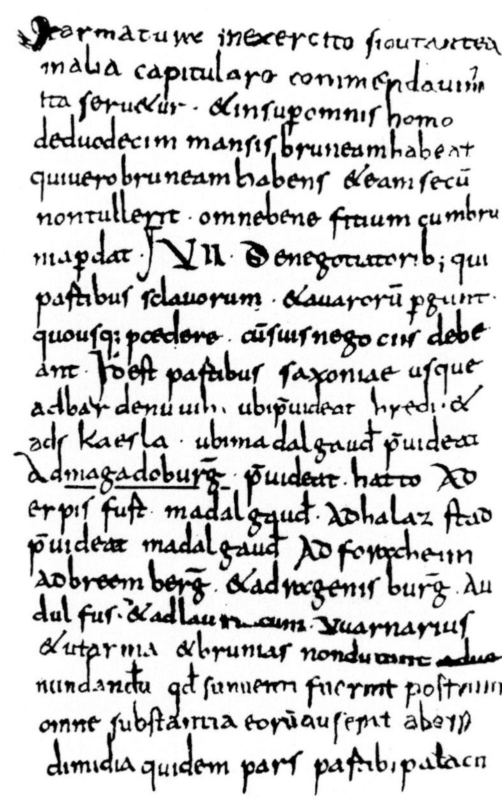

Siegel der Schöffen zu Magdeburg, 14. Jahrhundert

magd- stamme von *med-/miod* (Honig) ab. Daher bedeute *Magdeburg* eigentlich 'Honigwald' oder 'Honigwiese'.
Diese Herleitung des Ortsnamens aus dem Slawischen ist aber bereits durch Karl Bischof 1950 widerlegt worden, da sie weder siedlungsgeschichtlich noch sprachgeschichtlich haltbar ist. So ist z.B. das Namenelement *-bur(u)/-bor* tatsächlich in ursprünglich slawischen Ortsnamen mehrfach in das deutsche *-burg* umgedeutet worden (*Brennabor* zu *Brandenburg*), allerdings bezieht sich *-bor* auf Kiefernwälder (lat. pinus) – im betreffenden Siedlungsgebiet existierten hingegen Laubwälder. (Vgl. dazu ausführlicher K. Bischoff 1950, S. 392 ff.) Karl Bischoff führt weiter aus: „Ganz gewiß haben die Franken 805 nicht erst nach einem Namen für ihren Stützpunkt an der Elbe suchen müssen. Der war schon da. Sächsisches (d. h. altniederdeutsches – U. F.) Magathaburg haben sie gehört und in ihrer Sprache und Orthographie als Magadoburg wiedergegeben." (S. 413)
In Heinrich Rathmanns Geschichte der Stadt Magdeburg (1800) heißt es: „Im Jahre 805 kommt also Magdeburgs Name zuerst in der wahren Geschichte vor. Man nannte es damals in dem vollen, harten und schleppenden Fränkischen Dialekt Magadoburg, auch wohl Magadaburg, Magathaburg und Magadeburg; in der Folge aber in dem weicheren Sächsischen Dialekt Maideburg oder Maidenburg, Meydeborch, Megedeborch."
Wenn Rathmann hier auch keine exakte dialektale Zuordnung der verschiedenen Varianten vornimmt, so deutet seine Aufzählung doch auf den Formenreichtum des Namens hin, von dem uns sicherlich nur ein Teil der damaligen Verwendungsweisen überliefert ist, denn natürlich fehlen mündliche Nachweise völlig.
Dennoch lassen sich unterschiedliche Namens-Entwicklungslinien unterscheiden, deren Stränge bis in die Gegenwart führen:
1. Eine hochdeutsch-fränkische Linie wird u. a. durch *-d-* gekennzeichnet, wie es bereits in der Erstnennung des Namens auftritt. Sehr frühzeitig begegnet uns in dieser hochdeutschen Form der heutige offizielle Name (vgl. das dritte Beispiel):
Magadoburg (z. B. 805 – Diedenhofener Kapitular),
Magedeburg (z. B. 937 – Schenkungsurkunde Ottos I. für das Moritzkloster),
Magdeburg (!) (z. B. 968 – Urkunde Ottos I., Ancona).
2. Eine niederdeutsche Linie, bei der in den frühen Formen *-th-* auftritt bzw. die *g-Ausfall* aufzuweisen hat. Beispiele hierfür sind:
Magathaburg (z. B. 936 – Urkunde Ottos I.),
Magetheburg (z. B. 12. Jahrhundert – Münzen),
Madeburg (z. B. 1075 – Papsturkunde),
Madeburch (z. B. 1295 – Eintragung eines Magdeburger Studenten in Bologna). Die letzten beiden Formen entsprechen dem heute gesprochenen ostfälischen Dialekt, wodurch sich eine „Unterströmung gesprochener Sprache ein ganzes Jahrtausend zurückverfolgen" läßt. (Bischoff, a. a. O. S. 401)
Noch eine weitere niederdeutsche Variante des Namens wird im 12. Jahrhundert zuerst außerhalb der Stadt nachweisbar:
Maideburgensis [ecclesie] (1174 Quedlinburg),
Maydenborgh (1290 Lübeck),
Maidebovrch (1304 Magdeburger Schöffensiegel).
Diese Form des Ortsnamens mit diphthongiertem Stammvokal (Doppellaut ai/ay) erhielt in der Stadt über einige Zeit hinweg offiziellen Charakter, wurde dann aber aufgrund innerstädtischer Veränderungen wieder aufgegeben. So können wir in der Schöppenchronik des Hinrik von Lamspringe aus dem 14. Jahrhundert nachlesen: „In dem 1294 jar koften de borgere dat borchgrevenambacht [...] und dat schultetenambacht." Damit hatte die Stadt die Gerichtsbarkeit in eigener Hand und war in dieser Hinsicht weniger vom Erzbischof abhängig, wodurch der Rat an Ansehen und Macht gewann. So schloß sich die Stadt beispielsweise in jener Zeit auch der Hanse an. Sprachlich findet dieses gewachsene Selbstbewußtsein u. a. darin seinen Ausdruck, daß man sich von der lateinischen Sprache als der bisherigen Verwaltungs- und Urkundensprache abwendet und in deutsch, genauer in niederdeutsch, schreibt. Die erste derartige Ratsurkunde datiert auf das Jahr 1294 und verwendet *Maidheburch*. Damit bricht der Rat auch mit der alten Kanzleitradition, den Namen in einer der hochdeutschen Varianten zu formulieren. Gefördert wird dieser Gebrauchswandel durch die Vernichtung der als Vorbilder gebrauchten alten Kanzleiurkunden in Folge des Rathausbrandes im Jahre 1293.
Neben der Form *Maideburch* steht im 14. Jahrhundert jedoch außerdem *Magdeburg*, was vor allem in Urkunden des Erzbischofs, des Domkapitels und der Klöster auftritt. Die Schöffen benutzten beide Varianten. So bleiben bis zum 15. Jahrhundert die Formen erhalten, danach beginnt *Magdeborch* zu dominieren. „Gegen alle mundartliche Entwicklung hat sich die Kanzleiform auch in der gesprochenen Sprache durchgesetzt. Sie gewährt selbst der aus ihr entstandenen heimischen Sprechform *Machdeborch* nur im Winkel der Umgangssprache und Mundart noch ein bescheidenes Daseinsrecht, aber doch so, daß sich an *Machdeborch, -burch* und *Magdeburg, -burch* deutlich Heimische und Fremde scheiden. Das alles ist nur ein kümmerlicher Rest einstiger Mannigfaltigkeit." (Bischoff, a. a. O., S. 416)
3. Eine dritte Überlieferungslinie des Ortsnamens könnte als „gelehrte" oder griechisch-lateinische Linie bezeichnet werden.

Insbesondere diese Nennungen haben seit dem Hochmittelalter Chronisten und sonstige Historiker immer wieder dazu angeregt, Legenden über die Gründung der Stadt zu ersinnen, aufzugreifen oder sogar noch auszugestalten.
Obwohl die Urkunden des frühen Mittelalters gewöhnlich in lateinischer Sprache ausgestellt worden sind, erscheinen die Ortsnamen, wie bereits erwähnt, häufig in deutscher, jedoch auch in lateinischer oder griechischer Sprache. So wird 989 *Magdeburg* als *urbs Parthenopolitana (Jungfraustadt)* innerhalb eines Diploms Ottos III. in das Griechische übertragen. Der Schreiber des Dokumentes, in dem uns erstmals diese griechische Version des Namens greifbar wird, war bereits unter Otto I. und II. tätig und stand somit in relativ naher Beziehung zur Kaiserfamilie. Bischoff (a.a.O., S. 417–418) stellt die Vermutung an, die Übersetzung *Parthenopolis* sei innerhalb der Stadt in der Umgebung der Kaiserin Theophanu, der Frau Ottos II., entstanden. Im März 973 weilte der Kaiserliche Hof in der Stadt, im Juni desselben Jahres fanden im Dom die Beisetzungsfeierlichkeiten für Otto I. statt, so daß vorausgesetzt werden kann, daß auch die spätere, aus Byzanz stammende und griechisch sprechende Kaiserin anwesend war. Zu Ehren Theophanus oder innerhalb ihres Gefolges könnte die Übersetzung entstanden sein.
Thietmar von Merseburg greift den Namen *Parthenopolis* in seiner Chronik wieder auf. Da er an der gleichen Domschule, zeitgleich mit dem Schreiber der Urkunde von 989, wirkte, wird der Zusammenhang zwischen den Personen und dem Einfluß der griechischsprachigen Kaiserin deutlich.
Spätere Autoren nutzten die bildungssprachlichen Übersetzungen *Virginopolis, Castrum Puellarum* oder *Civitas Virginum,* um Gründungsfabeln zu erdichten.
Den Anfang macht Hinrik von Lamspringe mit der Schöppenchronik:
„*he* (d. h. Cäsar–U. F.) *buwede hir, dar dusse stat steit, ein borch und einen tempel in de ere siner goddinne Dianen, de heit he na siner tungen Parthenya . dar af gaf he dusser stad den namen.*“
Im 16. Jahrhundert findet sich die gleiche Legende in der Chronica der Sachsen und Niedersachsen des Johannes Pomarius (Pfarrer an der Petrikirche zu Magdeburg). Er zeigt 1588 in seinem Werk sogar als Beweis eine Abbildung des Standbildes, das die Erbauer der Stadt hier angeblich verehrt haben sollen.

Magdeburg, wohl als germanisch-sächsischer Siedlungsort entstanden, und seine Bürgerschaft hätten eine erhebliche Aufwertung erfahren, wäre die Gründung der Stadt bereits auf die Römer oder insbesondere auf Cäsar zurückzuführen gewesen. Doch schon 1800 läßt sich bei Rathmann (S. 24–25) in der bereits zitierten Geschichte der Stadt Magdeburg das Entscheidende nachlesen: „Von welcher Magd aber, oder vielmehr Jungfrau, oder von welchen Jungfrauen, dieser Name herrührt, ist ganz ungewiß. Die alten fabelhaften Chronikschreiber leiten ihn ohne Bedenken von der Venus, jener bekannten Göttin bey den Römern, her, indem sie behaupten, daß die Römer hier der Venus einen Tempel erbauet haben, und daß dieselbe bis zu Karls des Großen Zeiten hier verehrt worden sey. Sie schmücken die Fabel auch mit allerley artigen Erfindungen aus. Nach ihren Beschreibungen und nach einem in mehreren Chroniken befindlichen Holzstiche, verehrte man damals zu Magdeburg die Venus, in der Gestalt eines unbekleideten Frauenzimmers, mit einem Myrthenkranze um den Kopf, auf einem von zwey Schwänen und zwey Tauben gezogenen goldnen Wagen stehend, mit einer brennenden Fackel auf der Brust, in der rechten Hand die Weltkugel, in der linken drey goldene Aepfel haltend, und hinter ihr die Grazien, welche ihr mit verschlungenen Händen und abgewandtem Gesichte Aepfel zum Geschenk darreichten – Karl der Große aber soll im Jahr 780 ihren Tempel zu Magdeburg zerstört, und ihr Bildniß vernichtet haben.
Die ganze Sage hat wahrscheinlich der Verfasser der alten plattdeutschen Chronik der Sassen, Botho, ein Bürger zu Braunschweig, am Ende des 15ten Jahrhunderts (1494) erdichtet, und aus ihm hat sie Albert Krazius zu Anfang des 16ten Jahrhunderts, so wie andere spätere Chronikschreiber genommen.“
Obwohl diese Erklärung nun schon vor 200 Jahren gegeben wurde, gilt sie im Grunde heute noch, wenn auch über das frühe Magdeburg des 9. Jahrhunderts insbesondere durch Ausgrabungsergebnisse jüngster Zeit etwas mehr bekannt geworden ist. Aber die Kenntnisse über den Namen, die auf Dokumenten verschiedener Art beruhen, reichen nicht bis zur Phase der Namengebung zurück, sondern nur bis zum Jahr 805. Aus diesem Grunde ist man auf sprachwissenschaftliche Analysen und daraus abgeleitete Hypothesen angewiesen, will man der ursprünglichen Bedeutung des Namens auf die Spur kommen.
Die zu Beginn des 20. Jahrhunderts von Walter Möllenberg aus dem Slawischen abgeleitete Erklärung des Städtenamens als ‘Honigwald’ oder ‘Honigwiese’ wurde schon eingangs als recht unwahrscheinlich beschrieben. Einen weithin akzeptierten Erklärungsversuch unternahm dagegen Mitte des 20. Jahrhunderts Karl Bischoff (a.a.O.), der den ersten Namenbestandteil auf eine altniederdeutsche Form für ‘Mädchen’ zurückführt und sich gegen Interpretationsversuche wendet, dieses in Zusammenhang mit der Jungfrau Maria zu bringen. Vielmehr sei es aus einer heidnischen Bezeichnungswelt her zu sehen.

„Die Venus mit ihren Jungfrauen als Sinnbild der Stadt Magdeburg", Darstellung aus der Chronica der Sachsen und Niedersachsen von Johannes Pomarius

Auf diesen Erkenntnissen fußend umschrieben Ernst Eichler und Hans Walther die ursprüngliche Bedeutung des Namens mit 'geschützte Stätte heidnischer weiblicher Wesen'. Während nunmehr das Grundwort *-burg* im Sinne von 'geschützter Siedlung' in der Fachwissenschaft nicht mehr umstritten ist, gibt es für das Bestimmungswort *magd-* in neuerer Zeit interessante andere Deutungen als die von Bischoff. Heinrich Tiefenbach verwirft nach einer morphologischen Analyse die Deutung von *magd-* als 'Mädchen', weil viele der *magd*-Formen in den überlieferten Magdeburger Ortsnamenvarianten nicht in die entsprechenden altniederdeutschen Wortbildungsmuster einzuordnen seien. Außerdem weist er darauf hin, daß sich die oft und auch von Karl Bischoff zum Vergleich herangezogene altsächsische Glosse *ekmagadi* aus der Werdener Prudentiushandschrift auf antike Bildungstraditionen bezieht und nichts mit germanischer Naturreligion zu tun habe. Damit gibt Tiefenbach den Anstoß, erneute etymologische Betrachtungen zum Ortsnamen *Magdeburg* anzustellen, da sich die von Bischoff gefundene Erklärung nun wohl nicht mehr beibehalten läßt. Statt dessen schlägt er nach dem Vergleich mit möglicherweise verwandten deutschen und englischen Namenkompositionen (z. B. engl. Mayfield und dt. Magetheide des Sachsenspiegels) eine Übersetzung als 'Kamille' vor. Dies hätte eine Benennung der germanisch-sächsischen Siedlung am Ufer der Elbe in der Bedeutung 'Kamillenburg' zur Folge, was jedoch eher fragwürdig erscheint. (Vgl. Tiefenbach 1989, S. 311.)
Alle diese Deutungsversuche aufgreifend und kritisch reflektierend stellt Jürgen Udolph (1998, 321.) fest: „Dieser Vorschlag überzeugt allerdings ebenso wenig wie die Verbindung mit 'Magd'. […] Während man ein Kamillenfeld oder eine Kamillenheide evtl. noch akzeptieren könnte, ist ein Kamillenberg, eine Kamillenquelle, eine Kamillenburg kaum vorstellbar." Er schlägt seinerseits eine vierte Erklärung der ursprünglichen Bedeutung des Ortsnamens *Magdeburg* vor. Auf der Grundlage einer umfangreichen Sammlung historischer Belege, der Hinzuziehung von Vergleichsnamen Norddeutschlands und morphologischer Analysen, in die u.a. auch Adjektive vordeutscher Sprachformen einbezogen werden, dehnt er die Betrachtung auf die eng mit dem Altniederdeutschen verwandten Ortsnamen in England aus. Hierdurch ergibt sich der Schluß, daß das Bestimmungswort *magd-* wohl ursprünglich ein Adjektiv gewesen sei, das auf ein rekonstruiertes **magh-* mit der Bedeutung 'groß', 'mächtig' zurückgeführt werden kann. „Das vermutete germ. Adj. wäre demnach im Wortschatz verschwunden (bzw. verdrängt durch *mikil* und *groß*) hätte aber im Namenschatz Norddeutschlands, u.a. in dem ON *Magdeburg* als 'große Burg' seine Spuren hinterlassen."(A.a.O.) Diese Auffassung stützt Udolph durch die Nennung einer Vielzahl ähnlich konstruierter Ortsnamen, deren Grundwörter sinnvoll durch die Ergänzung *groß* näher bestimmt werden können, so z.B. deutsch *Megedefelde* ('großes Feld'), *Magetheide* ('große Heide'), *Magedobrunno* ('großer Brunnen') oder englisch *Maiden Castle, Maiden Way oder Maidens Bridge* etc.
Damit wäre es also weder ein Mädchen noch eine Frau und auch nicht die Kamille, der *Magdeburg* seinen Namen zu verdanken hat, sondern die ursprüngliche Bedeutung könnte als 'große Burg' oder 'mächtige geschützte Siedlungsstätte' umschrieben werden. Außerdem weist die durch Udolph dargestellte Etymologie des Namens deutlich über das Jahr 805 zurück. Wenn diese recht profane Erklärung des Namens auch nicht so gut für eine bildliche Darstellung geeignet ist, wie es die oben erwähnten Gründungsfabeln des Mittelalters waren, scheint sie doch der Wahrheit, soweit sie heute noch erschlossen werden kann, am nächsten zu kommen.

Literaturhinweise:

BISCHOFF, KARL: Magdeburg. Zur Geschichte eines Ortsnamens. In: Beiträge zur Geschichte der deutschen Sprache und Literatur, hrsg. von Th. Frings. Halle/Saale, 1950.

EICHLER, ERNST UND WALTHER, HANS: Städtenamenbuch der DDR. Leipzig, 1986.

MÖLLENBERG, WALTER: Magdeburg um 800. Magdeburg, 1936.

RATHMANN, HEINRICH: Geschichte der Stadt Magdeburg von ihrer ersten Entstehung an bis auf gegenwärtige Zeiten. 1. Band. Magdeburg, 1800.

TIEFENBACH, HEINRICH: Magdeburg. In: Soziokulturelle Kontexte der Sprach- und Literaturentwicklung, Festschrift für Rudolf Große zum 65. Geburtstag, hrsg. von S. Heimann, G. Lerchner, U. Müller, I. Reiffenstein und U. Strömer. Stuttgart, 1989.

UDOLPH, JÜRGEN: Megedefelde. In: U. Ohainski und J. Udolph, Die Ortsnamen des Landkreises und der Stadt Hannover. Niedersächsisches Ortsnamenbuch. Teil 1. Bielefeld, 1998.

UDOLPH, JÜRGEN: Magdeburg = „Mägdeburg"? In: Namen im Text und Sprachkontakt. K. Hengst gewidmet (= Namenkundliche Informationen, Beiheft 20 [Studia Onomastica 10]), Leipzig 1999, S. 247–266.

Ein besonderer Klang ...

ZUR SPRACHGESCHICHTE MAGDEBURGS

URSULA FÖLLNER
SASKIA LUTHER

Die über Jahrhunderte hinweg innerhalb einer Stadt ausgebildeten Sprachformen prägen das Bild, das sich die Einwohner vom besonderen Charakter ihrer Stadt machen, ebenso wie historische oder moderne Bauwerke. Aber im Gegensatz zu Funktionalität und Ästhetik von Gebäuden werden Merkmale, Vorzüge, Geschichte und Besonderheiten der Sprache von einer Mehrzahl der Stadtbewohner kaum bewußt reflektiert oder öffentlich diskutiert. Dessen ungeachtet verbinden die meisten Menschen mit ihrer Heimatstadt einen speziellen Sprachklang, fühlen sich durch bestimmte Wörter emotional berührt und beziehen einen Teil ihrer Identität aus regionalsprachlicher Prägung. Hierauf bezogene auf- oder abwertende Eigen- oder Fremdeinschätzungen sind zumeist kaum rational begründet und selten durch die spezifischen Merkmale der Sprache erklärbar. So erfährt bspw. auch die in Magdeburg gesprochene Umgangssprache, also die „legere" Sprachform, die in inoffiziellen, entspannten, alltäglichen Situationen gebraucht wird, sehr gegensätzliche Bewertungen. Viele Magdeburger behaupten (auch von sich selbst), man würde in der Stadt ein sehr schlechtes Deutsch sprechen und einen fürchterlichen, gewöhnlichen Slang gebrauchen. Diese Äußerungen beziehen sich zumeist auf die Aussprachegewohnheiten und einige grammatische Besonderheiten, weniger auf den Wortschatz. Andere Magdeburger fühlen sich durch den besonderen Klang der Sprache angerührt, weil er ihnen ein Gefühl von Vertrautheit und heimatlicher Nähe vermittelt und sie sich auch über ihre Umgangssprache als Magdeburger definieren. Daß sie sich selbst dabei auf die „Schüppe" zu nehmen wissen, beweist z. B. das Magdeburger Alphabet, das A wie „Arbse" (Erbse) und L wie „Lektrische" (Elektrische – 'Straßenbahn') buchstabiert. Aber niemandem käme der Gedanke, daß das Magdeburgische eine vorbildliche, nachahmenswerte Sprachform sei, man entschuldigt sich geradezu für die angeblich schlechte Aussprache. Im Gegensatz zu dieser negativen Selbsteinschätzung steht die Tatsache, daß sich in jüngster Zeit zahlreiche Call-Center großer Unternehmen in der Stadt etabliert haben, deren Manager als einen wesentlichen Grund für die Auswahl Magdeburgs ausdrücklich die hiesige Sprachneutralität bzw. Dialektfreiheit angeben. Darüber hinaus zeigen sprachwissenschaftliche Untersuchungen, daß es in der Gegenwart immer schwerer fällt, das Spezifische der heutigen Magdeburger Umgangssprache und der durch sie beeinflußten Realisierung der Standardsprache nachzuweisen.

Viele Merkmale der heutigen Stadtsprache finden ihre Erklärung nur durch deren Einbettung in die regionale Sprach- und Sozialgeschichte, wodurch mitunter ein Rückgriff in bereits lange vergangene

Der altsächsische Sprachraum im 9. Jahrhundert

Aus dem 13. Jahrhundert stammt das erste Rechtsbuch in deutscher Sprache: der Sachsenspiegel des Eike von Repgow. Hier: Darstellung Eikes von Repgow sowie der Kaiser Konstantin des Großen und Karl des Großen als Gesetzgeber.

Epochen erforderlich ist. So befindet sich zu Zeiten ihrer Erstnennung (805) die spätere Stadt Magdeburg im äußersten Osten eines Siedlungsgebietes, in dem nach germanischen Dialekten Altsächsisch (d.h. Altniederdeutsch) gesprochen wurde und das in der Dialektologie als Altland bezeichnet wird (vgl. Karte, Goossens 1983).

Über diese frühen Sprachformen der Region geben heute vor allem Orts-, Flur-, Fluß- und Personennamen Auskunft. „Der Name der *Elbe* [...] gehört zu einer idg. [indogermanischen – F.L.] Wurzel **albh-*, von der sowohl lat. [lateinisch – F.L.] *albus* 'weiß' wie anord. [altnordisch – F.L.] *elfr*, norw. [norwegisch – F.L.] *elv* 'Fluß' abstammen." (Bischoff 1967, 1.) Der heutige Straßenname Wuhne 'Grenz- bzw. Grasstreifen oder Feldweg' (*Sudenburger Wuhne*) in Magdeburg könnte laut Bischoff (a.a.O., S. 19) auf einen nordgermanischen Zusammenhang hinweisen. In den ostfälischen Mundarten der Gegenwart sind Eigenheiten des Altniederdeutschen konserviert. So weist z. B. die mundartliche Form des Ortsnamens und heutigen Stadtteilnamens Olvenstedt einen von *a* über *e* zu *i* weitergeführten Umlaut auf *(Olvenstidde),* und der Stadtteilname *Sudenburg* mit seinem Nasalschwund *(n)* vor altem Reibelaut widerspiegelt typische altsächsische Lautung (im Gegensatz dazu sei hochdeutsches Su*n*dhausen genannt).

Zuverlässigere Quellen für die Sprachgeschichte der Stadt als für diese frühen Zeiträume bieten die Schriften des Mittelalters. Für Magdeburg seien im folgenden einige genannt, aus denen Sprachwissenschaftler Schlüsse über das in der Stadt und ihrer Umgebung gebrauchte sog. Mittelniederdeutsche gezogen haben. Für den Magdeburger Raum des 9. bis 12. Jahrhunderts können vor allem lateinische Urkunden, Totenbücher (Totenkalender) in Merseburg (nach Bischoff 1954, 50 aus Magdeburg stammend), Halberstadt, Wendhausen, Quedlinburg und in Magdeburg selbst sowie Chroniken genannt werden, die deutsche Personen- und Ortsnamen enthalten, aus denen in gewisser Weise Rückschlüsse auf die sprachlichen Verhältnisse jener Zeit möglich sind. Bereits damals muß wohl von zwei Sprachschichten ausgegangen werden: In der oberen waren – immer neben dem Latein – hochdeutsche, vor allem fränkische Einflüsse zu spüren, während die untere Sprachschicht sicher mit dem gesprochenen Niederdeutsch gleichzusetzen ist. Ein schönes Beispiel liefert dafür der Rufname *Otto*, denn die sächsische (niederdeutsche), regionale Form lautet *Odda* bzw. *Oddo.* In den Königsurkunden und anderen Schriftzeugnissen des 10./11. Jahrhunderts wird jedoch immer in Annäherung an die Sprache der hochdeutschen Stämme die Form *Otto* geschrieben (vgl. Bischoff 1967, 251f.), die sich später auch in der unteren Sprachschicht durchsetzte.

Wenn von niederdeutschen Sprachdenkmalen des Mittelalters die Rede ist, dann muß auf eine außergewöhnliche Frau, die etwa 30 Jahre als Begine in Magdeburg gelebt und gewirkt hat, hingewiesen werden: Mechthild von Magdeburg (von ca. 1210 bis ca. 1282). Sie kann als die bedeutendste deutsche Mystikerin bezeichnet werden; leider ist ihr Hauptwerk „Offenbarungen der Schwester Mechthild oder Das fließende Licht der Gottheit", welches sie im Kloster Helfta fertigstellte, nur in hochdeutschen Abschriften und lateinischen Übersetzungen überliefert.

Ebenfalls aus dem 13. Jahrhundert stammt das erste Rechtsbuch in deutscher Sprache: der Sachsenspiegel des Eike von Repgow (um 1180–nach 1233). Wie er selbst betont, hat er das praktizierte Land- und Lehnrecht seiner Heimat (Reppichau liegt in der Nähe von Dessau) zunächst in Latein aufgeschrieben und dann seinen Sachsenspiegel ins Niederdeutsche elbostfälischer Prägung übersetzt. Eikes Beziehung zu Magdeburg läßt sich einmal über die Sprache (Elbostfälisch) finden, die eben auch die damalige Sprache Magdeburgs war, zum anderen ist es wahrscheinlich, daß er die Domschule in Magdeburg (möglicherweise auch die in Halberstadt) besuchte. Schließlich wird er in einer Urkunde von 1233 als Zeuge in Magdeburg (Stadtteil Salbke) erwähnt.

Ein weiteres bedeutendes mittelniederdeutsches Sprachzeugnis stellt die Magdeburger Schöppenchronik dar. Hinrik von Lamspringe, der erste Schreiber, verfaßte seine Darstellung der Stadtgeschichte zwischen 1360 und 1372 mit Billigung, vielleicht sogar auf Veranlassung der Schöppen Magdeburgs: *„Gode to eineme love und to eren, minen leven heren den schepen der stad to Magdeborch to leve und der sulven stad to vromen hebbe ik mannege croneken overlesen und hebbe dar ut gesocht und getogen dusse na* *gesatten stucke unde schrift.*" (Die Chroniken der deutschen Städte 1962, S. 1) Er nennt seinen Namen *Hinrik* selbst in der niederdeutschen Sprachform, die sowohl in Magdeburg als auch in seinem wahrscheinlichen Geburtsort Lamspringe im heutigen Niedersachsen üblich war.

Die ältesten überlieferten Aufzeichnungen der städtischen Verwaltung in Form von Stadtbucheintragungen stammen aus dem 13. Jahrhundert. Leider gelten die Magdeburger Stadt- oder auch Schöppenbücher als verschollen, sie wurden wahrscheinlich beim großen Brand von Magdeburg 1631 vernichtet. Die Existenz von anderen Quellen wie Urkunden, Schöffensprüchen und der Schöppenchronik des Hinrik von Lamspringe läßt jedoch einige Schlüsse auf Inhalt und Form der Stadtbücher Magdeburgs zu. Die hohe Gerichtsbarkeit wurde durch den Erzbischof selbst bzw. durch seinen Vogt, den Burggrafen, und die niedere Gerichtsbarkeit durch die Schultheißen ausgeübt. Nach Lück besetzten die Urteilerbänke des Burggrafen- und Schultheißengerichts die Schöffen (1996,141). Hinrik von Lamspringe schreibt in seiner Schöppenchronik, daß eben diese Schöppen in Magdeburg seit 1215 Bücher über Auflassungen und Vergabungen (*gifte*) führten. Diese Stadtbücher erfüllten zunehmend die Funktion eines gerichtlichen Zeugnisses, da diese Aufzeichnungen als rechtsgültiger Beweis galten. In den ältesten überlieferten Stadtbucheintragungen anderer Städte, wie z. B. Halles, Akens und Haldenslebens, wurden vor allem Rechtsgeschäfte der Bürger festgehalten, wie Käufe, Verkäufe, Verpachtung, Renten- und Kreditgeschäfte, Testamente und Eheverträge. Da jene Städte ihre Gerichtsbarkeit nach dem Magdeburger Recht ausübten (vgl. u.a. Hertel 1882, IX) und die entsprechenden Stadtbücher erst in der Mitte des 13. Jahrhunderts, also später als die Magdeburger, einsetzten, kann wohl davon ausgegangen werden, daß in den Magdeburger Stadtbüchern ähnliches festgehalten worden ist. Der Vergleich mit anderen Stadtbüchern des Umlandes von Magdeburg legt die Vermutung nahe, daß die frühen Eintragungen in die Magdeburger Stadtbücher sehr wahrscheinlich in lateinischer Sprache verfaßt worden sind, denn die Stadtbücher von Haldensleben wurden von 1255 bis ca. 1330/31 auch in Latein geschrieben.

In Magdeburg existierten vermutlich *neben* den bereits erwähnten Schöffenbüchern später auch Bücher des Rates. Krause verweist darauf, daß die Schöffen durch die Ratsherren nach der Gründung des Rates, der 1244 zum ersten Mal urkundlich belegt ist, fast völlig aus der städtischen Verwaltung gedrängt worden sind und zur Herausgabe ihrer Bücher gezwungen wurden (vgl. 1939, 138). In anderen Urkunden bzw. in der Schöppenchronik finden sich die zeitgenössischen Bezeichnungen der Schöppen- und Stadtbücher – teilweise lateinisch, überwiegend jedoch in mittelniederdeutscher Sprache: *de boke, dar de gifte inne stunden* (Schöppenchronik 1360–1372); *in libro civitatis* (1328); *der stadt giftboke* (1457); *der stadt boke* (1438); *des rats boke* (1543).

Die Sprache der Magdeburger Schöppen war bis zum 16. Jahrhundert zweifelsfrei niederdeutsch. Da der Magdeburger Schöppenstuhl jedoch von überregionaler Bedeutung war und Rechtsauskünfte über Magdeburg und das Umland hinaus gab, richteten sich die Schöppen oft nach der sprachlichen Herkunft der Fragenden und gaben dementsprechend auch in hochdeutscher Sprache Auskunft. Bischoff führt als frühesten Beleg dafür bereits eine Urkunde aus dem Jahr 1261 an, in der der Stadt Breslau bzw. Herzog Heinrich III. von Schlesien das Magdeburger Recht in hochdeutscher Sprache mitgeteilt wurde (vgl. Bischoff 1967, 264). Zu einer Zeit also, in der die städtischen Urkunden nur in lateinischer Sprache geschrieben wurden, formulierten die Schöppen bereits empfängerbezogen in der entsprechenden regionalen Sprachform. In ganz Deutschland wurden bis 1299 insgesamt nur ca. 300 niederdeutsche Urkunden verfaßt (vgl. Peters 1983, 74).

Auf solche und weitere schriftliche Überlieferungen sind wir heute angewiesen, wenn rekonstruiert werden soll, wie sich in der Stadt Magdeburg und ihrer Umgebung die verwendeten Sprachformen gewandelt haben.

Verdrängung des Niederdeutschen

Wie erwähnt, sprach und schrieb, wer des Schreibens kundig war, im Magdeburg des Mittelalters niederdeutsch oder lateinisch. Die Verwendung des Plattdeutschen war nicht abhängig von sozialer Zugehörigkeit oder vom Bildungsstand der Einwohner, und bis auf bestimmte Bereiche, wie z. B. Theologie, kirchliche Verwaltung (besonders des erzbischöflichen Hofes) oder Wissenschaft, konnte seit dem Hochmittelalter die Muttersprache alle Kommunikationsbereiche abdecken (erste niederdeutsche Ratsurkunde 1294, erste niederdeutsche Urkunde des Domkapitels 1305 und des Erzbischofs 1328). Es wurden bspw. Verträge in niederdeutscher Sprache zwischen den beiden Hansestädten Halle und Magdeburg geschlossen, in denen sie sich der gegenseitigen Freundschaft und Unterstützung versicherten. So heißt es im Jahre 1343: „*Wie ratmanne, der innunghe mestere alle und die burghere ghemeyne der alden stad to Magdeburch bekennen openliken an disme jeghenwerdighen breve allen den, die ön sehen oder hören, dat wie uns undersproken hebben umme eyne were unde hülpe mit unsen fründen den burgern von Halle […]*" (Zitiert nach Urkundenbuch der Stadt Magdeburg, Bd.1, Nr. 385.)

Neben solchen typisch niederdeutschen Merkmalen wie bspw. ***wie*** vs. *wir*; *breve* (mit stimmhaftem Reibelaut), ***openliken*** vs. ***öffentlich*** (unverschobene Konsonanten) oder ***dat*** vs. ***das*** zeigt der Textausschnitt auch einige regionale Spezifika, die sich bis heute im Ostfälischen des Magdeburger Umlandes oder in der Umgangssprache erhalten haben: Kürzung des Stammvokals vor bestimmten Endungen *(hebben)*, besondere Pronomen *(ön)* oder Rundung des i-Lautes *(hülpe)*. Ein vergleichbarer, lebendiger Eindruck von der ehemals in der Stadt gesprochenen Sprache vermittelt sich in der Gegenwart, wenn man das Plattdeutsche der Börde hört. Denn im Gegensatz zu der ehemals niederdeutschen Landschaft südlich des Harzes ist das Niederdeutsche in der ländlichen Umgebung Magdeburgs auch heute noch gebräuchlich.

Daß diese Sprache seit Beginn des 20. Jahrhunderts fast völlig aus der Stadt verschwunden ist, findet seine Ursachen nicht in der Sprache selbst, sondern in wirtschaftlichen, sozialen und kulturellen Veränderungen in der frühen Neuzeit, die sich auf das Prestige des Mitteldeutschen positiv und auf die Bewertung des Plattdeutschen negativ auswirkten. Wenn die Magdeburger Sprachgeschichte (und damit auch die Ablösung des Niederdeutschen) sich auch nicht unmittelbar aus der Geschichte ihrer Buchdruckerkunst erschließen läßt, weil die Überlieferung der Druckerzeugnisse zu lückenhaft ist und nur ein bestimmter kommunikativer Bereich berücksichtigt wird, so spiegeln sich darin doch deren wesentliche Züge wider: Bereits sehr früh, nämlich im Jahre 1479, liegt aufgrund einer vorausschauenden Förderung der „Schwarzen Kunst" durch das Domstift mit einem *lateinischen* Meßbuch, dem Missale Praemonstratense (vgl. U. Altmann 1980), ein erster Druck vor. Ein Jahr später erscheint der erste *niederdeutsche* Druck, ein Almanach (Einblattkalender) auf das Jahr 1480. Ausschließlich *lateinische* und *niederdeutsche* Werke verließen im 15. Jahrhundert die Magdeburger Druckereien, wobei bemerkenswert ist, daß unter den niederdeutschen Titeln auch solche medizinischen und theologischen Inhaltes waren: 1483 „Eyn schone Arstedyge boeck von allerleye ghebreck vnnde kranckheyden der mynschen"; 1484 „Epistolen vnnde ewangelia med der glosen dorch dat gantze iar".

Das 16. Jahrhundert bietet dann außer lateinischen vor allem ein Nebeneinander von *nieder-* und *hochdeutschen* Drucken, die inhaltlich durch die Reformation und damit im Zusammenhang stehende Auseinandersetzungen geprägt sind. Dieses historische Ereignis ist es auch, das die Verdrängung des Plattdeutschen durch das Mitteldeutsche in Magdeburg befördert, ist es doch die Stadt, die zuerst öffentlich die evangelische Lehre einführt und in dieser Hinsicht über Jahrzehnte eine exponierte Stellung einnimmt. Die Mehrzahl der deutschen Drucke ist in der ersten Hälfte des 16. Jahrhunderts noch *niederdeutsch*, in der zweiten Hälfte dominiert dann das *Hochdeutsche*, nur noch Bibeln und Gesangbücher werden häufiger nicht in dieser Sprache veröffentlicht. Magdeburg wird zu „Unsres Herrgotts Kanzlei", der einzigen Stadt, von der aus reformatorische (und damit meist *hochdeutsche*) Drucke ausgehen konnten. Es kann aber, wie bereits erwähnt, vermutet werden, daß in der Stadt nicht erst seit dem 16. Jahrhundert eine *niederdeutsch-hochdeutsche Zweisprachigkeit* herrschte.

Da bereits die Magdeburger Schöppen ihre Rechtsauskünfte adressatenbezogen entweder in Nieder- oder in Mitteldeutsch verfaßten, schon im niederdeutschen Sachsenspiegel (13. Jh.) des Eike von Repgow sich mitteldeutsche Passagen (Reimvorrede) bzw. Einzelwörter finden lassen und Brun von Schönebeck in der Sprache der mitteldeutschen Dichter sein Vorbild sah, dem er nacheiferte, war der Sprachenwechsel vorbereitet. Auch am erzbischöflichen Hof war das Hochdeutsche verbreitet, denn seit 1327 stammte eine ganze Reihe von Bischöfen aus diesem Sprachgebiet und brachte Beamte, wie z. B. Schreiber, von dort mit. Die Zweisprachigkeit des 16. Jahrhunderts dürfte der intellektuellen Schichtung der Bevölkerung entsprochen haben (vgl. G. Eichhorn 1966, 552), denn besonders die gebildeten Bürger sahen zu jener Zeit das in Mitteldeutschland gesprochene Deutsch als nachahmenswert an. Viele von ihnen, die in Magdeburg zu Ansehen kamen und somit auch sprachliches Vorbild sein konnten oder Einfluß auf die städtischen Schulen hatten, waren zuvor Studenten in Wittenberg gewesen, wo man schon früher zu dieser Sprache übergegangen war, oder erhielten ihre Ausbildung an einer der anderen mitteldeutschen Universitäten. So studierte der geborene Magdeburger und spätere Domprediger Reinhard Bake in Wittenberg und Jena, promovierte der spätere Pastor der Johanniskirche und Superintendent Tilemann Heßhusen in Wittenberg, absolvierte der spätere Rektor der Johannisschule Georg Major die Wittenberger Universität ebenso wie der langjährige Rektor des Gymnasiums, Prediger des Nikolaistifts und Literat Georg Rollenhagen. Es verwundert nicht, daß Hochdeutsch als Schulsprache empfohlen wurde, denn an der „Magdeburger Stadtschule überwogen im 16. Jahrhundert die Lehrer aus Sachsen, Thüringen und Schlesien, d.h. aus dem ostmitteldeutschen Mundartgebiet. Der erste Rektor, Caspar Cruciger, kam aus Wittenberg, der Rektor Matth. Judex war Meißner, und Siegfried Sack stammte aus Thüringen" (Bischoff 1938, 46). Aber der Sprachenwechsel im schriftlichen Bereich ging nur allmählich vonstatten, denn erst 1570 wird letztmalig eine Verordnung des Rates und noch 1588 „Dat nye testament" von Martin Luther in

niederdeutsch gedruckt. Der in Sudenburg geborene Geistliche Torquatus schrieb zwar (lateinisch) in seinen Annalen, daß die höheren Schichten das Niederdeutsche nun für eine „sächsische Barbarei" hielten und lieber das vornehmere Meißnische verwendeten, sein eigenes Hausbuch jedoch verfaßte er immer noch niederdeutsch.
Die allmähliche Verdrängung des Niederdeutschen dürfte neben den o. g. Gründen mit einem weiteren in Zusammenhang stehen: Bereits 1550/51 war die Stadt Magdeburg Zufluchtsstätte vieler Anhänger des Protestantismus (auch aus Mitteldeutschland) gewesen, und erneut wurde sie es vor der großen Zerstörung 1631. Man kann sicher davon ausgehen, daß dieser Zustrom hochdeutsch sprechender Flüchtlinge nicht ohne Wirkung auf die Sprache der Stadt blieb. Einen drastischen Einschnitt in alle Lebensumstände, damit auch in die sprachlichen Traditionen, brachte zudem die Katastrophe von 1631, denn von vormals mindestens 30 000 Einwohnern der Altstadt (vgl. Gericke 1998, 25) gibt ein handschriftliches Verzeichnis danach nur noch ganze 200 Familien an (vgl. „... gantz verheeret!" 1998, 274).

„Dat nye testament" von Martin Luther in niederdeutsch gedruckt

Herausbildung der Umgangssprache oder des „Magdeburgischen"

Unzweifelhaft hat das Niederdeutsche als die vom 9. bis in das 16. Jahrhundert in der Stadt mehrheitlich verwendete Sprachform in der Umgangssprache ihre Spuren bis heute hinterlassen. Denn wenn auch im schriftlichen und im offiziellen mündlichen Sprachgebrauch das Niederdeutsche in Magdeburg ab dem 17. Jahrhundert als verdrängt gilt, so wurde es doch von Teilen der Bevölkerung bis in das 20. Jahrhundert hinein noch mündlich gebraucht. Zum einen waren es bestimmte Berufsgruppen, so z. B. die Fischer, Schiffer und Ackerbürger, die weiterhin plattdeutsch sprachen, zum anderen aber verwendete man weiterhin Plattdeutsch auch in den ehemaligen Vororten, die besonders im 19. Jahrhundert eingemeindet wurden, was für eine geringe Zahl von Sprechern (z. B. in Alt-Olvenstedt oder Ottersleben) bis heute gilt. Darüber hinaus zogen Bewohner des niederdeutschen Umlandes in die Stadt (vgl. die Ausführungen zu den Familiennamen) und brachten ihren Dialekt mit. Diese niederdeutsche Basis der Umgangssprache zeigt sich auch heute, wie einige der folgenden Merkmale der Magdeburger Umgangssprache belegen. Solche Auffälligkeiten sind aber durchaus nicht auf die Stadt begrenzt, das Charakteristische dieser Sprachform ergibt sich erst aus der Kombination vieler solcher Einzelmerkmale.
Statt des Dativs wird häufig der Akkusativ verwendet, denn das Niederdeutsche kennt nur einen Objektkasus, und im Ostfälischen, zu dem Magdeburg gehört, ist das der Akkusativ. Somit heißt es z. B. *Merk* ***dich*** *das!*, *Gib* ***mich*** *das!*, oder im Geschäft wird *Salat mit* ***Pilze*** angeboten. Aufgrund dieser Unzulänglichkeiten, derer man sich in Magdeburg durchaus bewußt ist, wird hin und wieder *vorsichtshalber* der Dativ verwendet, was dann (hyperkorrekt) ebenfalls zu Abweichungen vom Standard etwa wie folgt führt: *Frag* ***ihm*** *mal!* oder *Ich traue* ***mir*** *das nicht!*
Bei der Pluralbildung der Substantive dominiert das niederdeutsche *-s*, das in der Gegenwart durch den starken Einfluß des Englischen auf das Deutsche eine weitere Stützung erfährt. Somit treten bspw. folgende Formen auf: *die Jungens, die Mädchens, die Rollers.* Darüber hinaus finden aber auch die Endungen *-er* und *-n* häufig Verwendung: *die Rest***er***, die Stöck***er*** oder *die Stiefel***n***, die Teller***n***.*
Die Sätze werden oft nach niederdeutschem Muster zusammengesetzt, bspw. sind Konstruktionen mit *zu* beliebt: *Sie* ***hat*** *das Barometer auf Sturm* ***zu*** *stehen!*, *Der* ***hat*** *ein dolles Auto in der Garage* ***zu*** *stehn!*
Typisch niederdeutsche (ost- und westfälische) Rahmenbildungen entstehen durch die Trennung von Pronominaladverbien nach dem Muster ***Wo*** *ich kein Vertrauen* ***zu*** *habe ...*, ***Da*** *gehörst du nicht* ***zu*** *...*, ***Wo*** *ich mich* ***drüber*** *freue.*

Die älteste und bedeutendste Straße führte bei den Magdeburgern – trotz der zeitweiligen Umbenennung in Karl-Marx-Straße – immer den Namen Breiter Weg. Nur die Häuser 178/179 sind heute noch von der einstigen barocken Pracht des Breiten Wegs erhalten (Lichtenberg & Bühling sowie Witte). Sie entstanden zwischen 1727 und 1730.

Ein generelles Merkmal von Umgangssprachen ist der Gebrauch vieler Partikel, die der Vermittlung von „Zwischentönen" dienen. Im Magdeburgischen ist das niederdeutsche *man* ('nur') besonders beliebt: *Komm mich* ***man*** *nach Hause!, Mach* ***man*** *langsam!* oder ***Man*** *nicht so dolle!*
Aber Quelle der Umgangssprache Magdeburgs war nicht nur das Niederdeutsche, sondern auch das seit dem 16. Jahrhundert als vorbildlich empfundene *gesprochene* (meißnische) Mitteldeutsche. „Von der neuhochdeutschen Schriftsprache hätte man *Pfanne, rufen, Schäfer, Kopf, Apfel, Dampf* übernehmen müssen. Man ersetzte aber nur niederdeutsches *ropen* und *Schaoper* durch *rufen* und *Schäfer,* sprach fortan *Fanne* und behielt *Kopp, Appel* und *Damp* bei, [...]" (Bischoff 1938, 49–50). Und so *ver**kl**oppen* sich Kinder heute noch, machen einen *Kö**pp**er* ins Wasser oder *schni**pp**eln* Papier klein. Auf mitteldeutschen Einfluß geht auch das häufig gebrauchte *uff* zurück. Eigentlich hätte altes *ûf* lautgesetzlich zum standardsprachlichen *auf* werden müssen, da aber im vorbildlichen Meißnischen das *u* bereits gekürzt war, blieb es bei der Form *uff.* Somit hört man in Magdeburg, daß die Tür ***uff****jemacht* werden solle, ***uff*** *de Straße* ***uff****jepaßt werden muß* oder die Aufforderung: *Klopp man dr**uff**,* ***uff*** *den Narel!*
Kurz gesprochen wird der in der Standardsprache lange Vokal *a* in Gras oder Glas: *Grass, Glass.* Auch vor bestimmten Endungen kürzt das Ostfälische den Vokal, so daß es bspw. in Magdeburg heißen kann *Ville fährt man uffn Waren* oder *Stell man de Stebbeln* (Stiefel) *balle widder vor de Türe.* Das Magdeburgische zeichnet sich in der Lautung durch seine besonders vielfältigen Realisationen des stimmhaften Verschlußlautes **g** aus. So gibt es folgende Möglichkeiten: *Ma**ch**debor**ch*** (das erste *ch* wird wie in *machen,* das zweite dagegen wie in *man**ch**e* gesprochen); *jut, jerne, ejal; Oore* (Auge), *Lare, Waare;* ***k****ucken,* ***L****an**k**er; bringen, Mangel.* Wenn hier auch nicht alle Charakteristika der Magdeburger Umgangssprache beschrieben werden können, so soll doch noch auf das sogenannte *„klaore a"* hingewiesen werden, das auch ein wesentliches Merkmal ist, welches man in der Stadt zur Selbstbeschreibung heranzieht. Es ist ein dunkler *a-Laut,* der eine Klangfarbe zwischen *a* und *o* aufweist. So tritt er auch in den Wörtern *Gabel* und *da* der folgenden Redewendung auf, mit der die Magdeburger ihre Sprache charakterisieren: *Da kullern mich doch de Arbsen vonne Jabel!*
Neben diesen (in einer Auswahl) vorgestellten grammatischen und lautlichen Eigenheiten des Magdeburgischen weist es jedoch auch eine Reihe von lexikalischen Besonderheiten auf. Zum einen Teil entspringen sie der niederdeutschen Grundlage dieser Umgangssprache, zum anderen Teil verdanken wir sie aber wohl der Freude am Wortspiel und an volksetymologischen Bildungen der Stadtbevölkerung. Diese Gabe spiegelt sich natürlich auch in allen anderen Umgangssprachen wider, vermittelte aber zumindest bis zur Mitte des 20. Jahrhunderts eine starke regionale Bindung. Im Gegensatz zur Stabilität grammatischer und lautlicher Merkmale der Umgangssprache, die bspw. gegenwärtig anhand von schriftlichen Schularbeiten nachgewiesen werden können, unterliegt die Lexik einem schnellen Wandel, so daß einige der folgenden Beispiele heute nur noch durch die älteste Generation aktiv verwendet werden.
Ein Bereich, der traditionell viele Regionalismen aufweist, sind Speisen und Getränke. Für Magdeburg gelten bspw. ursprünglich *Bötel* (Eisbein), *Braunkohl* (Grünkohl), *Jauersche* (ähnlich der Bockwurst), *Pottsuse* (spezielle Art von Schmalzfleisch), *Lehm und Stroh* (Erbsbrei mit Sauerkohl), *Eiback* (Rührei), *Bratwurstkloß* (Gehackteskloß), *Bollen-* bzw. *Beamtenstippe* oder *Himmel und Erde* (Kartoffeln mit Birnen). Backwaren mit regionalem Gepräge sind u. a. *Bäckersülze, Prilleken, Kalte Schnauze, Sister* oder (wenn mißlungen) *klitschiger* Kuchen. Der dazugehörige Kaffee kann je nach seiner Qualität als *Muckefuck* (Malzkaffee), *Käffe* (dünner Kaffee oder *Plurre)* oder als *Kaffee* (guter und starker Kaffee) bezeichnet werden. (Weitere sowie bereits veraltete Bezeichnungen vgl. Neubert 1937, 42–47.) Interessant sind auch Benennungen, die charakteristische Merkmale von Personen aufspießen: *Duselmeier* (Glückspilz), *Dollbräjen* (umtriebiger, pfiffiger Mann), *Sabberack* (Schwätzer), *Sülzenfröhlich* (unbeschwerter, einfältiger Mensch), *Nappsülze* (langweiliger Mensch) oder

Schmidts Zicke (hochnäsige Frau) und die für Magdeburg typische Bezeichnung *Kahle* (mit „dunkelstem“ *a*), mit der vor allem Kinder, aber auch erwachsene kleine Personen bezeichnet werden können. Manche der genannten Wörter, die als kleine Auswahl für die hier vorgestellte Umgangssprache dienen sollen, weisen noch deutlich ihre niederdeutsche Herkunft aus, so z.B. *Pott*suse, *Napp*sülze oder Prill*eken*. Anders verhält es sich mit vielen historischen Namen, die Straßen und Plätze der Stadt tragen. Sie entstanden oft bereits schon im Mittelalter, jener Zeit also, in der man in Magdeburg niederdeutsch sprach, wurden jedoch im Laufe der Zeit verhochdeutscht, wodurch ihr eigentlicher Ursprung heute verdunkelt ist.

Magdeburger „Namenlandschaft“

Örtlichkeitsnamen

Die heutige Namenlandschaft der Stadt gibt uns in einer kleineren Dimension einen Überblick über die typischen Ortsnamen des Magdeburger Umlandes, denn was innerhalb als Stadtteilname auftritt, findet sich vergleichbar als selbständiger Ortsname außerhalb: *Fermersleben* oder *Ottersleben* können stellvertretend für die charakteristischen *leben*-Orte in der Börde stehen; *Sudenburg, Neustadt* bzw. *Olvenstedt* vertreten eine Vielzahl der auch in unserer Region mit *-burg* und *-stadt* bzw. *-stedt* gebildeten Namen; *Lemsdorf* oder *Diesdorf* stehen für die *dorf*-Namen des Umlandes. Während diese Benennungen ihren (wohl auch siedlungsgeschichtlichen) Ursprung auf germanische oder frühdeutsche (altsächsische) Sprachformen zurückführen, erinnern Stadtteilnamen wie *Buckau, Pechau, Randau* oder *Cracau* daran, daß Magdeburg im frühen Mittelalter deutscher Grenzort war, bis an den heran sich das slawische Siedlungsgebiet erstreckte, denn *-au* dürfte hier die eingedeutschte Form des slawischen *-ow* sein. Als alle diese Stadtteile besonders im 19., aber auch noch im 20. Jahrhundert eingemeindet wurden, wandelte sich ihr Name vom ursprünglichen selbständigen Ortsnamen zum Stadtteilnamen.

Auch Straßennamen legen noch heute Zeugnis von einer langen und wechselvollen Geschichte der Stadt ab. Aber sie änderten sich häufig, bis im Jahre 1755 der Beschluß gefaßt wurde, Schilder mit dem jeweiligen Namen anzubringen. Als die Stadt dann nach 1631 am 16. Januar 1945 zum zweiten Mal in Schutt und Asche versank, verschwanden auch viele Straßenzüge für immer, denn in den fünfziger und sechziger Jahren hielten sich die Stadtplaner beim Wiederaufbau nur selten an die alten Grundstücksgrenzen und Straßenverläufe. Daher ist es heute manchmal schwierig, genau zuzuordnen, welche Straßen- und Häusernamen zusammengehören und an welchen Orten der Stadt sie sich einstmals befanden. Wichtige Informationsquellen stellen in dieser Beziehung bspw. die historischen Stadtpläne, Adreßbücher, die Aufsätze von Gustav Hertel, Karl Janicke u. a. in den Magdeburger Geschichtsblättern oder das Häuserbuch der Stadt Magdeburg, Teil I und Teil II, dar, aber auch die Ausführungen von Werner Priegnitz in der Reihe „Da fließt die Elbe mittendurch“ in der Magdeburgischen Zeitung („MZ“) der sechziger und Anfang der siebziger Jahre. Hier sollen exemplarisch einige noch heute existierende, aber bereits sehr alte Straßennamen erläutert werden:

Die wohl älteste und bedeutendste Straße der Stadt führte bei den „echten“ Magdeburgern immer den Namen *Breiter Weg*; daran änderte auch die zeitweise Umbenennung in *Karl-Marx-Straße* wenig. Die Existenz dieser alten Heerstraße wird erstmals für 1207 lateinisch als *lata platea* und schon für 1209 niederdeutsch als *brede weg* durch die Schöppenchronik bezeugt. Dieser Name ist in vielen Orten Norddeutschlands verbreitet und natürlich verwandt mit dem berühmten *Broadway.*

Es gibt und gab einige Straßen, die als zweiten Wortbestandteil *-brücke* aufweisen, so heute die *Goldschmiedebrücke* und die *Krügerbrücke. Brücke* bedeutet hier ‘gepflasterter Weg’, denn es gehört zu niederdeutsch *brüggen* (pflastern). So hatten wohl die Zünfte der Schuhmacher und der Tischler mit der früheren *Schuhbrücke* und der *Tischlerbrücke* solche Straßen, wogegen die 1284 als *pons speculorum* erwähnte frühere *Spiegelbrücke* ihren Namen auf ein Haus *Zu den drei Spiegeln* zurückführt.

Ebenfalls durch einen früheren Häusernamen wird der Name des *Faßlochsberges* erklärt. 1280 noch als *Cuvore* (Kuhförder, der Weg, auf dem das Vieh auf die Elbwiesen getrieben wurde) belegt, trägt die Straße später den Namen *Im Voßloch*, benannt nach einem dortigen Gasthaus. Durch die Verdrängung des Niederdeutschen war den Magdeburgern im 18. Jahrhundert wohl nicht mehr klar, daß *voß* die niederdeutsche Variante von *Fuchs* war, weshalb sie *voß* im Zusammenhang mit *loch* nun in *Faßloch* umformten. Der Namenbestandteil *-berg* ist im Stadtteil, in dem sich der *Faßlochsberg* befindet, verbreitet, denn viele Straßen führen hier von der Jakobstraße hinab zum Elbufer: *Johannisberg(straße), Wallonerberg*; früher u. a. auch *Trommelsberg* und *Magdalenenberg.* Dieses Stadtviertel trug bis zur Zerstörung 1945 im Volksmund den Namen *Knattergebirge*, wohl wegen der erwähnten *berg*-Straßen und des Lärms, der u. a. durch das Holperpflaster entstand, wenn die Wagen darauf hinab zum Elbufer rollten. Ein anderer Name dieses Stadtbezirkes lautete *Pottlappenviertel*, eine ebenfalls abschätzige Bezeichnung, denn hier lebten auf engstem Raum viele arme Einwohner der Stadt.

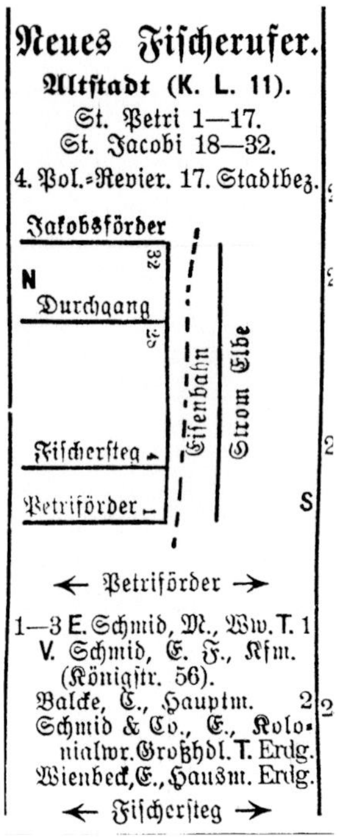

Neues Fischerufer.
Altstadt (K. L. 11).
St. Petri 1—17.
St. Jacobi 18—32.
4. Pol.-Revier. 17. Stadtbez.

← Petriförder →

1—3 E. Schmid, M., Ww. T. 1
V. Schmid, E. F., Kfm. (Königstr. 56).
Balcke, C., Hauptm. 2
Schmid & Co., E., Kolonialwr. Großhdl. T. Erdg.
Wienbeck, E., Hausm. Erdg.

← Fischersteg →

Der Name kann sicherlich auf die schon unter Otto I. hier angesiedelten westslawischen (polabischen) Familien bezogen werden, die ihren Wohnort mit *pod Labem* ('unten an der Elbe') angaben, was später von den Magdeburgern in *Pottlappen* (niederdeutsch für 'Topflappen') verballhornt wurde.

Der heutige Anlegeplatz der Weißen Flotte, der *Petriförder*, war bis zum 18. Jahrhundert der Name, der zu diesem Platz führenden Straße. *Förder* waren 'Fahrstraßen', die zum Warentransport angelegt worden waren, auch die *Johannesbergstraße* wurde zeitweilig *Johannesförder* genannt. Als weiteres Benennungsmotiv sind hier natürlich die Stadtkirchen *Johannis-* und *Petrikirche* zu nennen. Auch die *Jakobstraße* verdankt einer Kirche ihren Namen, der *Jakobikirche*, die zwar heute nicht mehr existiert, der aber Wilhelm Raabe mit seinem Buch „Unsres Herrgotts Kanzlei", das über die Belagerung 1550/51 berichtet, ein literarisches Denkmal errichtet hat.

Zwei weitere Straßennamen, deren heutige Formen bei ihrer Deutung in die Irre führen, seien noch erwähnt. Obwohl der Teufelsbrunnen in der *Leiterstraße* als ein markantes Detail eine Leiter aufweist, so hat die Straße ihren Namen doch nach dem *Leder* (niederdeutsch *Ledder*) erhalten (1275 *vicus corii*) und müßte somit eigentlich *Lederstraße* heißen. Die heutige *Hartstraße* erhielt wohl ihren Namen nach dem Denkmal, das an ihrer Einmündung auf den Alten Markt gestanden hat, einem *Hirsch*. 1425 ist sie noch in ihrer niederdeutschen Form als *Hertstraße* ('Hirschstraße') und im 17. und 18. Jahrhundert dann als „verhochdeutschte" *Herz- oder Harzstraße* belegt.

Roland, Reiter und Hirschsäule vor dem Magdeburger Rathaus. Holzschnitt, Mitte 16. Jahrhundert

Eine ganze Reihe von Straßennamen weist durch ihre frühere Funktion als (niederdeutsche) Flurnamen darauf hin, daß manche heutige Stadtteile bis in das 19. und 20. Jahrhundert hinein selbständige Ortschaften und durch Land- und Viehwirtschaft geprägt waren. Dazu gehören u. a. *Im Siek* ('stets feuchte Stelle im Acker'); *An der Lake, Lange Lake, Sülzlake, Steinlaken-* und *Rohrlaken-Privatweg* ('Sumpf' oder 'feuchte Stelle in einer Wiese'); *Diesdorfer* und *Sudenburger Wuhne, Kroaten-, Kloster-* und *Lerchenwuhne* ('Grenzstreifen in Gestalt eines Ackerstückes oder Weges') sowie das bereits aus dem Germanischen herzuleitende *Thie* ('Gerichts- und Festplatz') in den Namen *Am Thie* und *Thieberg*.

Über die Geschichte der Stadt erzählen selbstverständlich auch noch andere Namen, bspw. solche, die auf das Wirken bedeutender Personen (*Hasselbachplatz, Sieverstorstraße, Franckestraße, Editharing, Gruson-Gewächshäuser)* hinweisen oder auf wichtige Gebäude oder Institutionen (*Theaterstraße, Klosterbergegarten, Herrenkrugstraße*). Gerade in einer Stadt wie Magdeburg, die in ihrer Geschichte mehrfach zerstörerischen Katastrophen ausgesetzt war, sind es oftmals nur noch die Namen, die als letzte Zeugnisse an verlorengegangene Denkmale der Stadtgeschichte erinnern. Insofern gebührt ihnen besondere Aufmerksamkeit.

Mehrmals war die Stadt auch Zufluchtsort für Menschen, die wegen ihrer religiösen Auffassungen verfolgt wurden: so um 1550/51 und um 1631 für Protestanten, später dann erneut, nachdem Kurfürst Friedrich Wilhelm am 29.10.1685 das Edikt von Potsdam erlassen hatte. In Magdeburg entstand daraufhin die zweitgrößte Kolonie französischsprachiger Flüchtlinge (pfälzisch-wallonische sowie französische) in Preußen. Der Name der Walloner Kirche geht hierauf ebenso zurück wie der des Pfälzer Platzes; denn nachdem die Hugenotten in Frankreich verfolgt und von dort vertrieben worden waren, fanden sie Zuflucht in der Pfalz, mußten aber dann auch von dort fliehen, weil französische Truppen einmarschierten.

Der französische Einfluß ist jedoch nicht nur auf die Kolonie des 17. Jahrhunderts beschränkt, sondern auch durch die Rolle des Französischen als Kultur- und Bildungssprache sowie die Besetzung der Stadt durch napoleonische Truppen erklärbar. Außer in der Umgangssprache (*Kledage, Detz, Bongse, etepetete)* spiegeln sich diese Ereignisse auch im Rahmen der Familiennamen wider.

Curt Schröter
Olvenstedter Straße 28,
Eing. Schillerstr. T. 325 03

Maschinen-Handlungen

Curt Schröter
Olvenstedter Straße 28,
Eing. Schillerstr. T. 325 03

Kartoffel-Großhandlungen

J. H. Schröder & Sohn
Otto von Guericke-Str. 45
T. Steph. 40839 u. 40840.

J. H. Schröder & Sohn
Otto von Guericke-Str. 45
T. Steph. 40839 u. 40840.

Familiennamen

Einwohner der oben erwähnten Pfälzer Kolonie, die sich dauerhaft in Magdeburg niederließen, beeinflußten im 18. Jahrhundert die weitere wirtschaftliche und soziale Entwicklung; so beschleunigten sie die Ansiedlung zahlreicher neuer Gewerbe bzw. Industriezweige, wie z. B. Textilgewerbe und Tabakverarbeitung. Aber auch sprachlich hinterließen sie ihre Spuren. Einige Familiennamen damaliger Kolonisten sind heute noch vielen Magdeburgern bekannt: *Johann Caspar Coqui* (Kaufmann, Fabrikant und Bürgermeister der Pfälzer Kolonie von 1788 bis 1808; sein Enkel Johann Gustav Coqui, ebenfalls ein erfolgreicher Großkaufmann und Stadtverordneter in Magdeburg; heute: Coquistraße in Buckau), *Gruson* (Ein Nachfahre der zugewanderten Familie, Hermann August Jaques Gruson, gründete 1855 eine Maschinenfabrik und eine Eisengießerei und ließ später die nach ihm benannten Gewächshäuser bauen.) und *Reclam* (Die bekannte Leipziger Verlegerfamilie stammt von einem Vetter des in Magdeburg eingewanderten Jean Gaspard Reclam ab.).

Aber nicht nur die (ehemals) französischen Familiennamen sind für die an Magdeburger Sprach- und Stadtgeschichte Interessierten bedeutsam, sondern ebenso die Frage nach den Wurzeln der Familiennamen in und um Magdeburg. Schaut man sich z. B. das Telefonbuch der Stadt (1999/2000) unter dem Aspekt der Familiennamen an, fallen bestimmte Häufungen auf, die ihre Wurzeln u. a. in der bereits beschriebenen niederdeutschen Sprachtradition haben. So sind 256 Familien mit dem Namen *Schröder/Schroeder/Schrödter/Schroeder/Schröer* verzeichnet und 206 Familien *Schneider*. Damit kann man an der Schwelle zum neuen Jahrtausend die Feststellung bestätigen, die Bischoff bereits 1967 traf: Magdeburg ist bis in die jüngste Zeit eine niederdeutsche *Schröder*-Stadt geblieben und keine hochdeutsche *Schneider*-Stadt geworden. Bischoff bezieht sich dabei auf das Magdeburger Adreßbuch von 1938, in dem rund 500 *Schröder*-Eintragungen 300 *Schneider*-Eintragungen gegenüberstehen (vgl. Bischoff 1967, 274f.). Der Familienname *Schröder* ist niederdeutscher Herkunft: mittelniederdeutsch *schrôder* 'Schneider' zu *schrôden/schrâden* 'schroten/zerschneiden/schneidern' und wurde als ostfälische Bezeichnung für den Schneider (vgl. Schröder-Innung in Magdeburg!) verwendet. Auch beim niederdeutsch/hochdeutschen Namenpaar *Pape/Pfaff(e)* dominiert im Magdeburg der Gegenwart die niederdeutsche Variante *Pape* mit 27 Nennungen gegenüber *Pfaff(e)* mit nur neun Nennungen. Anders dagegen bei *Pi(e)per* und *Pfeif(f)er*; vier Familien *Pi(e)per* stehen 76 Familien *Pfeif(f)er* gegenüber. Seit dem 16. Jahrhundert verhochdeutschte man viele ursprünglich niederdeutsche Namen, wobei dieser Trend von Wort zu Wort und regional unterschiedlich war. So wurde niederdeutsch *Pi(e)per* zu durchschnittlich 53% zu *Pfeif(f)er*, *Pape* dagegen kaum zu *Pfaff(e)*, weil *Pfaffe* seit der Reformation als Schimpfwort (besonders im protestantischen Norden des deutschen Sprachraumes und speziell in Magdeburg als einer Hochburg des Protestantismus) galt und verständlicherweise niemand ein Schimpfwort als Familiennamen tragen wollte. (Vgl. Kunze 1998, 163.)

Wie die Beispiele andeutungsweise zeigen, können Namen also über bestimmte dialektale und sprachgeschichtliche, aber auch über siedlungs-, kultur- und sozialgeschichtliche Besonderheiten einer Stadt Auskunft geben. Dazu muß man sie jedoch 'entschlüsseln', denn die Familiennamen sind heute oftmals nicht mehr in ihrer ursprünglichen Form erhalten, bzw. die ihnen zugrunde liegende Bedeutung ist nicht ohne weiteres ersichtlich. Aufschluß über die Geschichte der Magdeburger Familiennamen können die ältesten überlieferten Namen der Einwohner Magdeburgs geben, die den bereits genannten mittel-

alterlichen Quellen zu entnehmen sind. Frühestens in der Mitte des 12. Jahrhunderts setzte eine nennenswerte Überlieferung von Namen für das Magdeburger Gebiet ein. Aber noch längst nicht alle Personen trugen damals zwei Namen (Rufname + Familienname), sondern die Zweinamigkeit begann sich erst langsam durchzusetzen. Sie entwickelte sich aus dem Bedürfnis und der Notwendigkeit, eine Person genauer zu bezeichnen, als das der Rufname allein hätte leisten können, da es zu Häufungen bestimmter Rufnamen in den sich entwickelnden Städten kam. So ist in den Magdeburger Quellen des 13. Jahrhunderts 114 mal der Rufname *Conrat/Cone* überliefert. In den Quellen des 14. Jhs. lassen sich sogar 182 *Conrat/*Cone-Eintragungen finden. Deshalb wurde vielen Personen ein charakterisierender Beiname gegeben, der zur genauen Identifizierung beitrug. Nach 1350 war in der Regel die Zweinamigkeit in den größeren Städten üblich, so daß das Fehlen eines Beinamens selbst zum Beinamen werden konnte: *Heinrich ane* (ohne) *czunamen* (Breslau 1361/vgl. Kunze 1998, 59). Ausgenommen davon waren Persönlichkeiten, die nicht näher charakterisiert zu werden brauchten, weil sie ohnehin jeder kannte. Solche stadtbekannten Personen waren offensichtlich die Schreiber, wie folgende Beispiele zeigen: *her Hinric de allde statscriver* (1381) – gemeint ist wahrscheinlich der erste Verfasser der Magdeburger Schöppenchronik, der in anderen Quellen als *Hinrik von Lamspringe* bezeichnet wird; *Meynhardus scrivere unses herren van Meideborch* (1390), der weniger häufig auch mit dem Beinamen *Spechosen* verzeichnet worden ist (vgl. Zoder 1921, 40). Auch in der jüngsten Vergangenheit lassen sich einige wenige solcher Beispiele finden, wie *Mutter Theresa, Lady Diana, Kaiser Franz, Steffi und Boris*.

Welche Beinamen gaben sich nun die Magdeburger im Mittelalter? Im wesentlichen stammen die Beinamen aus folgenden Bereichen, wobei alle angeführten Beispiele aus Magdeburger Quellen (vgl. Zoder 1921) stammen:

Patronymika (Namen des Vaters) in verschiedenen Stufen: *Hinricus Heinen son* (Name des Vaters im Genitiv + son) – *Friedrich Heinen, Friedrich Jacobi* (Genitiv) – *Friedrich Heine, Friedrich Jakob(us)*,

Metronymika (Namen der Mutter): *filii domine Sophie; Busse vern Asselen* (*vor/ver* = gekürzt aus mittelniederdeutsch *frowe* 'Frau' als ehrende Anrede vor dem Namen),

Herkunftsnamen: u. a. der heute sehr seltene Familienname *Magdeburg* (*Daniel Magdeburg*, der selbst Bürger der Stadt war); *Bastian von Czerwst* (Zerbst), *Heinrich Swabe*,

Wohnstättennamen: *by der brugge – Brugge/Bruggeman; ut de Ledherstrate – Ledher, Marcus Schulte zum goldenen Arm* (nach dem Hausnamen),

Berufsnamen: *Cone Boddiker* (Böttcher) *der boddiker meister* und

Übernamen: *Blivot* (Bleifuß), *de Korte* (der Kurze), *Spechose* (Speckhose).

Im Laufe der Zeit wurden aus vielen Beinamen wirkliche Familiennamen. Ein Familienname liegt dann vor, wenn er über mehrere Generationen vererbt worden ist, wenn Geschwister denselben Familiennamen tragen, der Familienname inhaltlich nicht zu der betreffenden Person paßt und bestimmte sprachliche Kriterien zutreffen (wie Wegfall von Präposition oder Artikel zwischen Ruf- und Beinamen).

Drei der genannten Namengruppen sind für die Geschichte Magdeburgs unter sozial-, kultur- und wirtschaftsgeschichtlichen Aspekten besonders interessant: die Herkunfts-, Berufs- und Übernamen. Ein Drittel aller überlieferten mittelalterlichen Familiennamen Magdeburgs sind Herkunftsnamen. Sowohl Adelsfamilien als auch Angehörige anderer sozialer Schichten benannten sich nach ihrem Herkunftsort bzw. wurden danach bezeichnet. So findet man in den Magdeburger Quellen so bekannte Adelsgeschlechter wie die *Alvensleben*, *Alsleben* und *Arnstein.* Kamen jedoch bei den Adelsfamilien neue Besitzungen hinzu, wurde oft der neue Name angenommen: *Bosse und her Hinrik von Alvensleben von des huse wegen zu Arxleben.* Wenn ein Ministerialer, Bürger oder Bauer einen Herkunftsnamen führte, war das in der Regel der Name des Geburtsortes bzw. des ursprünglichen Wohnortes. Bischoff verweist darauf, daß eine Unmenge von Ortsnamen der Altmark, der Börde und des Jerichower Landes in Magdeburg als Familiennamen weiterleben, z. B. *Ebendorf, Pechau, Moser/Möser, Barby, Dobberkau* und *Mechau.* Diese Namen geben u. a. ein anschauliches Bild davon, aus welchen Ortschaften die Familien nach der Zerstörung Magdeburgs 1631 zugewandert sind (vgl. Bischoff 1967, 275). Bis auf *Ebendorf* sind noch heute alle genannten Familiennamen in Magdeburg vertreten: 11 x *Pechau*, 19 x *Moser/Möser*, 9 x *Barby*, 1 x *Dobberkau* und 1 x *Mechau.*

An den Berufsnamen läßt sich besonders gut der Übergang von Beinamen zu Familiennamen nachvollziehen. Während bei der Benennung einer Person nach dem Muster *Rufname + Präposition + Berufsbezeichnung* (*Arnolt de smed*) noch offen ist, ob bereits ein Familienname vorliegt, handelt es sich bei folgenden Beispielen tatsächlich um Familiennamen, da der Name nicht mit dem Beruf übereinstimmt: *Hannes Isenmenghere der korsenwechten mester Ratsherr* (1345/*isenmenghere* = Eisenwarenhändler; *korsenwe(r)cht* = Pelzrockmacher – besonders in Ostfalen verbreitet, später verdrängt durch 'Kürschner'); *Hinricus Faber* (Handwerker) *Domvikar* (1356); *Tidericus Hosenmeker Stiftsherr zu S. Peter und Paul* (1382) (vgl. Zoder 1921, 52).

Die Familiennamen der mittelalterlichen Quellen lassen Rückschlüsse auf inzwischen veraltete Berufsbezeichnungen bzw. nicht mehr vorhandene mittelalterliche Berufe zu, die es in und um Magdeburg gegeben hat: *de worstmekere*; *Mestmeker* (Messerschmied); *de Venstermekersche*; *de bodel* ('Büttel', Gerichtsdiener, Henker), *Lostoter* (Lohe 'Gerbrinde'; der in der Mühle die Lohe stößt); *Corrsmekere* (auch: *Korsenwerchte* 'Kürschner'); *Silgrever* (Kanalgräber); *Waterintoger* (Wasserschöpfer); *Seger* (Sämann); *oltbuter* (Flickschuster), *dy bachyne* (Begine), *Scriver* (Schreiber); *scultheyte* (aus den Stadtbüchern von Haldensleben 1330–1349). Aus der besonders im Magdeburger Raum verbreiteteten Bezeichnung für das Fleischerhandwerk *Fleischhauer* wurde durch Kontraktion der beiden Wortbestandteile seit der Mitte des 14. Jahrhunderts die heutige Bezeichnung dieses Berufes in der Standardsprache *Fleischer*.

Ebenfalls im ostfälischen Sprachraum war die Bezeichnung *Stover* statt hochdeutsch *Bader* für den Besitzer einer Badestube verbreitet, wobei sich später *Bader* im Sprachgebrauch durchsetzte. Das läßt sich auch an den heutigen Magdeburger Familiennamen erkennen: 10 x Bader; 1 x Stüwe / 2 x Stüber / 1 x Stübe – die mittelniederdeutsche Ausgangsform *Stover* ist nicht (mehr) vorhanden (Telefonbuch der Stadt 1999/2000).

Die im mittelalterlichen Magdeburg zahlreich vertretenen Übernamen, die nach körperlichen und geistigen Eigenschaften eines Menschen bzw. nach seinen Gewohnheiten, Lebensumständen oder nach bestimmten ihn betreffenden Ereignissen vergeben worden sind, spiegeln in gewisser Weise die Normvorstellungen, den Humor und auch die Spottlust unserer Vorfahren wider. So fand man für reiche Personen eine Vielzahl von Übernamen, von denen einige zu Familiennamen wurden: *Velepennig; Hundirtmark; Dusentmark; Rike* u. a. Aus dem ursprünglich attributiv gebrauchten *rike* (*riken Cone* – 1363) wurde wenig später der Familienname *Rike* (*Conrad Rike* – 1383). Weitere Beispiele aus den Urkunden Magdeburgs und den Stadtbüchern für den schöpferischen Umgang unserer Vorfahren mit der Sprache sind: *Snackevel* (Schwätzer); *Duwel; Coltofen* ('kalter Ofen' als Name für einen armen Mann); *Cramsac; Hinkemann; Smerbug* (Fettbauch); *Harkstro* ('Harke das Stroh!'); *Howeder* ('Hau wieder!'); *Schafnicht* ('Schaffe nichts!'). Während diese Benennungen zum Teil wieder aufgegeben oder sprachlich abgeschliffen wurden, haben sich einige Übernamen bis heute erhalten und gehören sogar zu den häufigsten deutschen Familiennamen. So ermittelte Kunze anhand der Telefonverzeichnisse Deutschlands (Stand 1995), daß 2% (56 872) aller erfaßten Personen *Klein* (Magdeburg: 77 und 18 x *Kleine*); 1,5% *Braun* (Magdeburg: 56, 67 x *Braune* und 18 x *Brauns*) und 1,4% *Lange* (Magdeburg: 233 und 22 x *Lang*) heißen (vgl. 1999, 198). In seltenen Fällen bildeten bestimmte Festtage das Benennungsmotiv für die Familiennamengebung. So lebt die heute eher vergessene ostfälische Bezeichnung des Osterfestes *Paschen* in dem Familiennamen *Pasch(e)(n)* weiter, der noch heute 11 x als *Pasch(e)*, 15 x als *Paschke* und einmal sogar als *Paschedag* in Magdeburg vorkommt.

Die angeführten Beispiele der Örtlichkeits- und Familiennamen belegen, daß trotz der seit dem Mittelalter vorhandenen und bis in die Gegenwart reichenden vielfältigen Siedlungsbewegungen und der damit verbundenen Sprach- und Dialektmischung die Namenlandschaft einer Stadt bzw. einer Region Rückschlüsse auf deren Geschichte zuläßt, so auch auf die Geschichte Magdeburgs.

In der Namenlandschaft einer Stadt überdauern viele Bezeichnungen – wie der Breite Weg in Magdeburg – die wechselhaften Zeiten.

Literaturhinweise:

ALTMANN, URSULA: Bartholomäus Ghotan. Magdeburger Erstdrucker um 1480. Berlin 1980.

BISCHOFF, KARL: Sprache und Geschichte an der mittleren Elbe und der unteren Saale. Köln, Graz 1967.

BISCHOFF, KARL: Elbostfälische Studien. Halle 1954.

BISCHOFF, KARL: Die Volkssprache in Stadt und Land Magdeburg. Magdeburger Kultur- und Wirtschaftsleben. Nr. 16. Magdeburg 1938.

Die Hallischen Schöffenbücher: Hrsg. von Gustav Hertel. Geschichtsquellen der Provinz Sachsen und angrenzender Gebiete. Bd. 14. Hrsg. von der Historischen Kommission der Provinz Sachsen, Halle 1882.

Die Magdeburger Schöppenchronik: Hrsg. von Karl Janicke. Die Chroniken der deutschen Städte. Hrsg. von der Historischen Kommission bei der Bayerischen Akademie der Wissenschaften. Göttingen 1869(Reprint 1962).

Die Stadtbücher von Neuhaldensleben. Hrsg. von Theodor Sorgenfrey und Max Pahnke. Berlin 1923.

EICHHORN, GOETZ: Zum Verhältnis der hoch- und niederdeutschen Druckersprache Magdeburgs in der ersten Hälfte des 16. Jahrhunderts. In: Wissenschaftliche Zeitschrift der Universität Halle, 15. Jg., 1966. H. 4, S. 549–557.

FISCHER, JOHANNES: Die französische Kolonie zu Magdeburg. Magdeburger Kultur- und Wirtschaftsleben. Nr. 22. Magdeburg 1942.

„... gantz verheeret!" Magdeburg und der Dreißigjährige Krieg. Magdeburger Museumsschriften. Nr. 6. Hrsg. von Matthias Puhle. Halle 1998.

GERICKE, HANS OTTO: „Zu St. Ulrich die Reichen ..." Die wirtschaftliche Situation der Stadt vor und während des Dreißigjährigen Krieges. In: „... gantz verheeret!" Magdeburg und der Dreißigjährige Krieg. Magdeburger Museumsschriften. Nr. 6. Hrsg. von Matthias Puhle. Halle 1998. S. 25–34.

GOOSSENS, JAN (HRSG.): Niederdeutsch, Sprache und Literatur. Eine Einführung. Band 1: Sprache. Neumünster 1983.

Häuserbuch der Stadt Magdeburg. Teil I. Bearbeitet von Ernst Neubauer. Magdeburg 1931.

Häuserbuch der Stadt Magdeburg. Teil II. Aus dem Nachlaß von Ernst Neubauer, bearbeitet von Hanns Gringmuth-Dallmer. Halle 1956.

HERTEL, GUSTAV: Straßen- und Häusernamen von Magdeburg. In: Geschichtsblätter für Stadt und Land Magdeburg. Magdeburg 1880. S. 125 –156.

JANICKE, KARL: Über Magdeburgische Häusernamen. In: Geschichtsblätter für Stadt und Land Magdeburg. Magdeburg 1880. S. 17–36.

KRAUSE, PAUL: Magdeburger Stadtbücher. In: Zur Geschichte und Kultur des Elb-Saale-Raumes. Hrsg. von Otto Korn. Burg 1939. S. 136–151.

KUNZE, KONRAD: dtv-Atlas Namenkunde. Vor- und Familiennamen im deutschen Sprachgebiet. München 1998 und 1999.

LÜCK, HEINER: Der Magdeburger Schöffenstuhl als Teil der Magdeburger Stadtverfassung. In: Hanse Städte Bünde. Die sächsischen Städte zwischen Elbe und Weser um 1500. Hrsg. von Matthias Puhle. Magdeburg 1996. S. 138–151.

LÜCK, HEINER: Über den Sachsenspiegel. Halle 1999.

NEUBERT, ERICH: Ein Spaziergang durch die Magdeburger Mundart. Magdeburger Kultur- und Wirtschaftsleben. Nr. 11. Magdeburg 1937.

PETERS, ROBERT: Mittelniederdeutsche Sprache. In: Niederdeutsch. Sprache und Literatur. Eine Einführung. Bd. 1: Sprache. Hrsg. von Jan Goossens. Neumünster 1983. S. 66–115.

Urkundenbuch der Stadt Magdeburg. Band 1. Bearbeitet von Gustav Hertel. Halle 1892 (Neudruck: Aalen 1975).

WIEHLE, MARTIN: Magdeburger Persönlichkeiten. Magdeburg 1993.

ZODER, RUDOLF: Familiennamen in Ostfalen. 2 Bde. Hildesheim 1968.

ZODER, RUDOLF: Magdeburger Familiennamen. In: Geschichtsblätter für Stadt und Land Magdeburg. Magdeburg 1921–1924. S. 29–62.

Verborgene Schätze

ZUR GESCHICHTE DER STADTARCHÄOLOGIE

HEINER SCHWARZBERG

Die Stadt Magdeburg ist aufgrund ihrer langen und im europäischen Rahmen herausragenden Geschichte von höchstem historischen Interesse.
Der wechselvolle Verlauf ihrer Entwicklung vom fränkischen Grenzposten über die Hanse- und freie Reichsstadt hin zur heutigen Hauptstadt des Landes Sachsen-Anhalt kann einerseits anhand von Erwähnungen und Abbildungen in zeitgenössischen Schriften sowie andererseits durch die Untersuchung erhaltener Bausubstanz nachvollzogen werden.
Eine dritte und nicht minder wichtige Quelle ist die archäologische Stadtkernforschung. Diese relativ junge Spezialrichtung der Ur- und Frühgeschichte beschäftigt sich mit der Erforschung wie auch dem Schutz der im Boden untertägig verborgenen stadtgeschichtlichen Zeugnisse.
Auch in Magdeburg hinterließen die nahezu 1200 Jahre urkundlich nachvollziehbarer Entwicklung ihre Spuren in erhaltenen meterdicken Siedlungsschichten, Hausgrundrissen, Brunnen und ehemaligen Friedhöfen.
Durch die gezielte und detaillierte wissenschaftliche Untersuchung und den Schutz derartiger Befunde wird es möglich, neben herausragenden Arealen, wie z. B. der Domimmunität, auch andere Gebiete zu erfassen und somit das alltägliche Leben der Stadtbewohner zu rekonstruieren, über das die Schriftquellen meist keine Auskunft geben.
Somit bildet die Stadtkernarchäologie einen bedeutenden Baustein, der zur Abrundung des historischen Gesamtbildes unbedingt notwendig ist.

Forschungsgeschichte

Über die ersten archäologischen Forschungen im Gebiet der Stadt Magdeburg liegen nur spärliche Aufzeichnungen vor, doch sind frühe Grabungen bereits aus der ersten Hälfte des 19. Jahrhunderts für das Gebiet des südöstlich der Altstadt gelegenen früheren Klosters Berge bekannt (Wiggert 1834). Diese erfolgten zeittypisch im Zuge der romantischen Rückbesinnung auf die eigene Vergangenheit in Historischen Vereinen.
Besonderes Interesse rief natürlich der Dom als besonderes Wahrzeichen Magdeburgs hervor. Hier fanden spätestens seit 1876 erste wissenschaftlich motivierte Schürfungen statt. Von einer systematischen Erforschung der Stadtgeschichte aufgrund archäologischer Quellen konnte selbstverständlich noch nicht die Rede sein. Auch die Grabungen in der Stiftskirche St. Nicolai im Jahre 1908 dienten mit der Suche nach der Grablege Otto von Guerickes ausschließlich spektakulären Zwecken. Beobachtungen von Überresten früherer Gebäude, wie sie z. B. beim Ab-

Ausgrabungen am Domplatz, 1959-1968

Freilegung eines Abschnitts der Stadtbefestigung in der Otto-von-Guericke-Straße, März 1953

riß des Langhauses der St. Gangolphi-Kapelle 1906 gelangen, erfolgten sporadisch und wurden nur in Ausnahmefällen festgehalten.
Ein neuer Abschnitt der archäologischen Stadtkernforschung in Magdeburg brach in den 20er Jahren des 20. Jahrhunderts an. Ab 1926 führte der Hallenser Architekt Alfred Koch die ersten dokumentierten und als wissenschaftlich zu bezeichnenden Ausgrabungen im Dom durch. Er legte dabei eine Krypta des Vorgängerbaues mit einem hochqualitativen Fliesenfußboden frei. Die letzten planmäßigen Ausgrabungen der Vorkriegszeit unternahm 1931 Landeskonservator Hermann Giesau im Ostteil des nördlichen Kreuzgangtraktes des Domes.
Völlig neue Ausgangsbedingungen für die Erforschung des unterirdischen Archivs der Stadtgeschichte brachte das Ende des Zweiten Weltkrieges. Ein besonderer Verdienst kommt hierbei dem Magdeburger Heimatforscher Werner Priegnitz zu. Nach den tiefgreifenden Zerstörungen der Stadt betrieben er und einige Freizeithistoriker als Erste – zum Teil unter lebensgefährlichen Bedingungen – in den Ruinen archäologische und bauhistorische Forschungen. Priegnitz sind z. B. die Aufnahme der Kellergewölbe um den Alten Markt und verschiedene Dokumentationen, wie z. B. von zum Teil mittelalterlichen Putzritzungen an kurz darauf beräumten Ruinen, zu verdanken.
Von 1948 an hatte Magdeburg die Chance, zu einem Pionierprojekt der sich durch die umfangreichen Baumaßnahmen im gesamten Deutschland herausbildenden planmäßigen Stadtkernarchäologie zu werden. Im November 1947 suchte der mit der Ordnung der Museen Magdeburg und Burg beauftragte Archäologe und Kunsthistoriker Ernst Nickel den damaligen Direktor des Institutes für Ur- und Frühgeschichte der Akademie der Wissenschaften zu Berlin, Wilhelm Unverzagt, auf und erläuterte ihm seine Überlegungen zu einer gezielten archäologischen Forschung in der zerstörten Stadt. Unverzagt, der seit den Kochschen Grabungen im Dom 1926 archäologische Untersuchungen in Magdeburg mit hohem Interesse verfolgt hatte, sagte seine Unterstützung zu. Am 3. März 1948 kam es zu einer ersten Ortsbegehung, aus der heraus am 18. April eine Arbeitstagung erwuchs, in deren Verlauf unter Anwesenheit des damaligen Oberbürgermeisters, des Stadtkämmerers, Vertreter aller Ämter, von Mitarbeitern des Landesmuseums für Vorgeschichte und der Kunstdenkmalpflege sowie Unverzagt und Fritz Rörig als Vertreter der Akademie der Wissenschaften eine „Arbeitsgemeinschaft zur Erforschung der Vor- und Frühgeschichte Magdeburgs" gegründet wurde. Über zwanzig Jahre hinweg wurde nun der Aufbau der Stadt unter der Leitung Nickels durch das Institut in Berlin gezielt stadtarchäologisch begleitet. Dazu richtete man eigens eine Forschungsstelle in Magdeburg ein. Nahezu alle größeren Baugruben der Neubauten konnten durch Notbergungen untersucht werden. An verschiedenen Punkten erfolgten umfassendere Untersuchungen, die den Charakter von Rettungsgrabungen gehabt haben dürften. Die durchgeführten Forschungen besaßen somit durchaus unterschiedlichen Aussagewert.
Die erste Euphorie und Hochstimmung wird sich beim Rat der Stadt wie auch bei den Archäologen schnell gelegt haben, als klar wurde, daß wissenschaftlicher Fortschritt oft auch mit Bauverzögerungen verbunden ist. So schildert Nickel bereits 1964 im Vorwort seiner monographischen Vorlage der Ergebnisse der Grabungen auf dem Alten Markt Charakter und Probleme der Untersuchungen: *„Arbeitskräftemangel zog manche Arbeit über Wochen und Monate dahin. Dazu kamen technische Schwierigkeiten. Oft mußten systematische Forschungen unterbrochen werden, da Enttrümmerung und Schachtungen für den Neuaufbau der Stadt ein anderweitiges schnelles Zugreifen erforderten …"*(Nickel 1964, S. IX).
Auch heute noch erfordert Stadtarchäologie gerade in der Landeshauptstadt Magdeburg mit ihrem derzeitigen immensen Bauvolumen und den sich daraus automatisch ergebenden Konflikten zwischen Investition und Bodendenkmalpflege von allen beteiligten Parteien besondere Sensibilität.
Zwischen 1948 und 1968, dem Ende der Untersuchungen auf dem Domplatz, erfolgten nach bestehender Quellenlage in Magdeburgs Altstadt mindestens 152 archäologische Maßnahmen, davon 26 planmäßige Grabungen und 126 Notbergungen (Nickel in: Herrmann und Donat 1973, S. 226–273). Jedoch nur die Ergebnisse der Ausgrabungen im Gewölbe in der Buttergasse, auf dem Alten Markt sowie dem Johanniskirchhof wurden bislang umfassend publiziert. Untersuchungen am Knochenhauerufer,

Grabungen in der Buttergasse um 1950. Nach der Zerstörung der Stadt 1945 wird eine Halle aus der Mitte des 13. Jahrhunderts ausgegraben.

am Brücktor, die neun Jahre währenden Grabungen auf dem Domplatz, die Forschungen auf der Spiegel- und der Stephansbrücke, der Johannisfahrtstraße sowie auf einem Teil des sogenannten „Zentralen Platzes" zwischen Altem Markt und der späteren Wilhelm-Pieck-Allee wurden nur auszugsweise vorgestellt.

Nach Beendigung der Grabungen am Domplatz und der Auflösung der Forschungsstelle Magdeburg erfolgte die Betreuung von Baumaßnahmen verstärkt durch das Kulturhistorische Museum – vor allem durch Gert Gosch und Gert Böttcher – sowie das frühere Landesmuseum für Vorgeschichte, das heutige Landesamt für Archäologie Sachsen-Anhalt in Halle, zuerst durch Johannes Schneider. 1988 wurde die Außenstelle des Landesmuseums für den damaligen Bezirk Magdeburg unter der Leitung von Thomas Weber gegründet. Bauarchäologische Beobachtungen wurden auch durch das frühere Institut bzw. heutige Landesamt für Denkmalpflege, zumeist durch Reinhard Schmitt, durchgeführt.

Gerade in den letzten Jahren kam es in Sachsen-Anhalt, bedingt durch die unzähligen Baumaßnahmen, die aufgrund der im Denkmalschutzgesetz des Landes verankerten Regelungen beim Vorhandensein von archäologischen Funden und Befunden wissenschaftlich begleitet werden müssen, zu Rettungsgrabungen in den mittelalterlichen Kernen vieler Städte. Auch in Magdeburg wurden größere stadtarchäologische Maßnahmen durchgeführt, so z. B. 1994 und 1997 bis 1998 in der St. Johanniskirche, 1995 bis 1996 auf dem Friedhof der sogenannten „Wallonerkirche" St. Augustini sowie 1996 bis 1997 auf dem südlichen „Zentralen Platz". Weiterhin erfolgten 1998/99 Arbeiten zwischen Breitem Weg und Domplatz, im Umkreis der in den fünfziger Jahren abgetragenen gotischen Hallenkirche St. Nicolai, die seit dem 18. Jahrhundert als Zeughaus genutzt wurde, und seit 1998 im Bereich des Domplatzes und seines südöstlichen Umfeld. Letztlich erfolgte 1999 eine Rettungsgrabung im Bereich des Friedensplatzes an der südlichen Peripherie des Altstadtgebietes, der eine öffentliche Diskussion vorausging.

Zurückblickend auf die baulichen Eingriffe, die das vergangene Jahrhundert dem Stadtbild aufprägte, muß festgestellt werden, daß dadurch zwar einerseits hochinteressante und äußerst detaillierte Einblicke in die Geschichte Magdeburgs ermöglicht, aber andererseits auch große Flächen mehrere Meter tief abgeschachtet wurden. An dieser Stelle soll noch einmal betont werden, daß Stadtkernarchäologie nicht allein die Erforschung, sondern auch die Pflege und den Schutz dieser Denkmäler beinhaltet.

Auswahl bedeutender archäologischer Untersuchungen in Magdeburg

Die Ausgrabungen im Dom

Bereits 1876 und 1896 wurden beim Einbau einer Fußbodenheizung im Chor des ab 1209 errichteten gotischen Domes ältere Fundamente aufgefunden. Nach der Entdeckung von Bauresten vor dem südlichen Westturm durch Paul-Jonas Meier und Hans Kunze im Jahre 1920 und einem Domaufmaß durch Alfred Koch kam es unter dessen Leitung Anfang 1926 zu Grabungsarbeiten mit der Zielsetzung, Baureste des ottonischen Domes festzustellen. Die Dokumentation der aufgedeckten Skelettgräber oblag den Archäologen Hans Hahne und Werner Schulz aus Halle.

Die ersten Schnitte, die direkt am nördlichen Seitenschiff, in Höhe des zweiten und des dritten Strebepfeilers von Osten, angelegt wurden, bestätigten die Vermutung eines stratigraphisch älteren Gebäudes. Das angelegte Profil von 2,30 m Tiefe ergab verschiedene Verfüllhorizonte und lose Steinlagen, die der Ausgräber als Abbruchschutt des ottonischen bzw. Bauspuren des gotischen Domes sowie als Überreste älterer Gebäude interpretierte (Koch 1926, S. 5). In der zweiten Kampagne im März 1926 wurden auf dem Domplatz drei beigabenlose Gräber unter einem mittelalterlichen Pflaster freigelegt. In diesen Zeitraum und den April 1926 fiel auch die Entdeckung der Krypta und des älteren Turmes an der südöstlichen Chorumgangsperipherie. Der aufgedeckte Bau besaß die gleiche Ausrichtung wie der romanische Kreuzgang. Es handelte sich, soweit man von den wenigen ergrabenen Bauresten und einigen schriftlichen Quellen ausgehen kann, um eine dreischiffige Säulenbasilika mit westlich vorgelagertem Atrium, östlichem Querhaus und einem mehrfach umgebauten Chor mit ein wenig eingezogener Apsis. Der Schnittpunkt von Chor und Apsis wurde, ähnlich dem Merseburger Dom, von einem quadratischen Turm gestützt.

Die Zusammensetzung der Fundstücke erfordert akribische Arbeit. Fundstelle: Gewölbe in der Buttergasse, um 1950

Die Krypta wurde nur in ihrem südlichen Teil ergraben. Sie besitzt einen Durchmesser von etwa 7,20 m. Das aufgehende Mauerwerk war in einer Höhe bis zu 1,40 m erhalten und ruhte auf einer durchgängigen Grauwackebruch-Fundamentierung. Die Mauern sind aus hochqualitativem hammerrechtem Grauwackebehau und Gußmauerwerk gefügt. Die Gestaltung des Hauptinnenraumes erfolgte in Form antiker Märtyrergräber als überzogener Halbkreis von fast 15 m Durchmesser, in dessen Zentrum die Hauptbestattung zu erwarten wäre. Der Scheitel des Halbrundes besaß wohl fünf Nischen – ähnlich den heutigen Chorumgangskapellen – von denen zwei ergraben wurden.

Besonders interessant ist der wohl antike und hier sekundär wiederverwendete Mosaikfußboden, der mit anderen im Dom verbauten älteren Spolien in eindrucksvoller Weise die Bedeutung der Metropolitankirche im 10. und 11. Jahrhundert widerspiegelt.

Südlich beigeordnet sind in einem Nebengang der Krypta, in das Fundament des etwa 7,80 m großen Turmes eingeschnitten, zwei Grabkammern von 2,30 x 1,10 m angelegt worden. Das nördlich zu vermutende, jedoch nicht ergrabene Pendant befindet sich annähernd unter dem noch heute in seiner gotischen Form sichtbaren Edithagrabmal. Da, wie überliefert, die Königin 947 im Moritzkloster beigesetzt wurde, legte bereits Koch nahe, daß der nach 955 überlieferte ottonische Dom (ab 968 Kathedrale des Erzbistums) und das 937 gestiftete Kloster identisch sein könnten. Die ergrabenen Turmreste sind von denen der Krypta losgelöst. Sämtliche Fundamente sind durch jüngere gestört, die sich wohl mit den Baumaßnahmen ab 1209 verbinden lassen.

Koch vermutete, daß die Krypta bereits zu Zeiten Ottos I. in der heutigen Form entstand, doch kann diese Theorie mittlerweile als widerlegt angesehen werden. Die Umdatierung erfolgte aufgrund archivalischer Quellen und stilistischer Beobachtungen. So deuten die kleinteiligen Sockelprofile, wiederum in hoher Ähnlichkeit zu Merseburg, in das 2. Viertel des 11. Jahrhunderts. Für diese Zeit ist eine unter Erzbischof Hunfried (1023–1051) geweihte neue Krypta überliefert, so daß für die durch Koch ergrabenen Baureste der Begriff „Hunfried-Krypta" geprägt wurde (Schubert 1994, S. 26).

Im Jahre 1959 wurden unter dem Ziel, die Gestalt des Westabschlusses des von Koch angeschnittenen ottonischen Domes festzustellen, die Grabungen wieder aufgenommen. Im westlichen Langhaus wurden im Bereich des zweiten Joches zwei Schnitte angelegt. Eine weitere Sondage erfolgte im nordwestlichen Teil, zwischen dem dritten und vierten Pfeiler (Schneider 1985, S. 300–312).

Heimatforscher bei der Arbeit unter den Trümmern von Magdeburg, um 1950

Als wichtigster Befund dieser Untersuchungen wurde eine rechteckige dreischiffige Fundamentstruktur von 11,5 x 8,6 m angesprochen, die offensichtlich die Krypta eines Westwerkes oder -chores des ottonischen Baues, also das Gegenstück der 1926 von Koch ergrabenen Anlage, darstellt. Auch die Existenz des bereits früher angeschnittenen, sich westlich anschließenden Atriums konnte bestätigt werden. Die ältesten Fundamentreste sind vielleicht mit dem überlieferten Königshof Heinrichs I. zu verbinden.

Die Grabungen am Brücktor

Ab 1952 wurden im Zuge der Stadtkernforschungen im Bereich des Brücktors archäologische Untersuchungen vorgenommen (Nickel 1956). Diese sollten Fragen zum Alter des hier vorhandenen Elbüberganges klären. Zwar wird das Brücktor erst 1523 erstmalig erwähnt, doch bestand es höchstwahrscheinlich schon wesentlich länger. Die Ausgrabungen dauerten mit größeren Unterbrechungen bis 1955 an und erreichten eine Gesamtausdehnung von 210 m².
Während der Untersuchungen, die auch einen Teil der 1296 als „Sperlingsberg" bezeichneten Johannisfahrtstraße einbezogen, konnte unter einer Pflasterung ein Bohlenweg entdeckt werden. Nickel stellt ihn anhand der Beifunde in das 13. Jahrhundert. Der Weg wurde aus 9 m langen und 40–50 x 15–20 cm starken Nadelholzbohlen gesetzt. Bemerkenswert waren verschiedene eingeschnittene 1,10 bis 1,20 m breite Fahrspuren. An der Nordostseite des Weges war ein Rödelbalken zur Stützung und zur Verhinderung des Abrutschens der Wagen in den Schlick angebracht. Die Bohlen lagerten auf Unterzügen.
Wenig darunter befand sich ein weiterer Bohlenweg, den Nickel in das 12. Jahrhundert datiert. Dieser scheint sich aufgrund von Überschwemmungen abgesenkt zu haben. Die Balken, ebenfalls 9 m lang, waren sämtlich durchbohrt und mit ihren Unterzügen verbolzt. Zur Abstützung der Substruktion waren 1,10 m lange, gegabelte Baumstämme eingerammt worden, in die die Unterzüge eingelassen waren. Auch dieser Bohlenweg zeigte starke Abnutzungsspuren.
Darunter befand sich als unterste Schicht ein Pflaster, in dessen Kontext anscheinend kein datierbares Fundmaterial geborgen wurde.
Bei den Grabungen am Knochenhauerufer (Nickel 1952) war neben Uferbefestigungen aus dem 12. und 13. Jahrhundert bereits ein erster Bohlenweg von 4 m Breite, wohl aus dem 13. Jahrhundert, ergraben worden.

Der alte Markt und das Gewölbe in der Buttergasse

Neben dem Domplatz galt seit jeher dem Alten Markt als vermutetem ottonischen, wenn nicht sogar karolingischen Siedlungskern das besondere Interesse der stadtgeschichtlichen Forschung.
Die Gestalt des Platzes ist – bei annähernder Ost-West-Ausrichtung und einer Länge von ungefähr 100 m – trapezförmig. Er fällt von Westen kommend in Richtung Elbufer leicht ab.
Die Ostseite wird durch das Rathaus eingenommen. Es wurde bis etwa 1698 im Westteil durch den Ingenieur-Hauptmann Heinrich Schmutze fertiggestellt. Seinen Kern bildet jedoch mittelalterlicher Baubestand, der wohl aus dem 13. Jahrhundert stammt. Zusammen mit dem Gebäude der heutigen Industrie- und Handelskammer an der Nordseite des Alten Marktes stellt es den geringen, noch bestehenden Rest der Vorkriegsbebauung dar. Bis dahin wurde das Areal von meist barocken Kaufmannshäusern mit mittelalterlichem Kern eingenommen. Nach Norden und Süden führten kleinere Gassen vom Markt weg: die Hauptwache (früher Kleiderhof), die Nadelöhrstraße, die Buttergasse und die Schwerdtfegerstraße (früher Saugasse) bzw. die Hart-(früher Hirsch-)straße, die Fettehennenstraße, die Lödischehofstraße, der Schwibbogen und die Schuhbrücke. Diese Gebäude- und Straßensituation wurde, wie der überwiegende Teil der Innenstadt, im Januar 1945 ein Raub der Flammen bzw. in der Nachkriegszeit abgetragen.

Einerseits beinhaltete die Zerstörung des Alten Marktes den unwiederbringlichen Verlust bedeutender Bausubstanz, auf der anderen Seite war nun die Möglichkeit einer umfassenden Erforschung der Bau- und Besiedlungsgeschichte geboten. Unter diesen Prämissen begann zuerst Priegnitz im Auftrag des Rates der Stadt Magdeburg, des Landeskonservators und der Akademie der Wissenschaften zu Berlin mit der Vermessung und Bauphasendatierung der Keller um den Alten Markt, die u.a. auch eine Kontinuität der alten Straßenzüge bewies.

Im Zuge der aufbaubegleitenden Stadtkernforschungen begannen dort und in der nächsten Nähe ab 1948 archäologische Ausgrabungen, zuerst im mittelalterlichen Gewölbe in der Buttergasse, später auf dem Alten Markt selbst und in östlicher Verlängerung bis hin zu Johanniskirche und Johanniskirchhof. Das Hauptaugenmerk lag auf der Ermittlung des Beginns und weiteren Ablaufs der Besiedlungsgeschichte (Nickel 1960).

Schon vor dem Krieg war man auf große Tonnengewölbe an der Abzweigung Buttergasse/Alter Markt aufmerksam geworden, was auch Priegnitz durch seine Vermessungen bestätigte, so daß hier die Grabungsarbeiten begannen. Tatsächlich wurde eine bisher in Magdeburg einmalige, vierschiffige Halle von sieben Jochen vorgefunden, die bis in die Vorkriegszeit durch verschiedenste Einbauten zerteilt wurde. Sie besitzt Dimensionen von etwa 29,90 x 15,15 bzw. 13,55 m in NNO-SSW-Ausrichtung mit einer trapezoiden Grundform. Die Wände wurden aus Grauwacke gefügt. Die Joche und Schiffe sind durch Pfeiler und Säulen voneinander getrennt, die Decke der Halle besteht aus Längs- und Quertonnen, die einander durchdringen. Im Gegensatz zu den quadratischen Pfeilern, die aus Grauwacke bestehen, wurden die Rundpfeiler aus Quarzit und (Bernburger) Sandstein gefertigt. Die sogenannten Zwickelkapitelle setzt Hans-Joachim Mrusek zwischen 1190 und 1250 an (Mrusek 1956/57, S. 662). Es konnten innerhalb des Gebäudes verschiedene Erneuerungsphasen und Planierhorizonte festgestellt werden. Im frühen 17. Jahrhundert wurde ein Holzfußboden eingezogen. Verschiedentlich traf man unter den Planierhorizonten in den anstehenden Löß eingetiefte kleine Gruben mit Kugeltöpfen angetroffen, die von Nickel als ausgeräumte Schatzverstecke gedeutet werden. Bei seiner Befundinterpretation bleibt er allerdings die Erklärung schuldig, warum die Schatzgefäße in allen nachweisbaren Fällen unzerstört im Boden belassen wurden. Die Frage nach dem Zeitpunkt der Erbauung der Halle konnte trotz verschiedener Schnitte archäologisch nicht genau geklärt werden. Die angeschnittenen inneren Fundamentgräben enthielten kein datierbares Material, auch die äußere Stratigraphie ist fraglich, da die jüngeren Störungen bis auf einen Bereich 50 cm unterhalb des aufgehenden Mauerwerkes herabgingen.

Die ersten Schnitte der Marktgrabung begannen direkt an der Ostwand des Seidenkramerinnungshauses, also im äußersten Westen des Platzes. Schon hier wurden verschiedene Pflasterschichten angeschnitten, die auf eine gezielte Befestigung des Marktes ab dem 12. Jahrhundert deuten, jedoch verwischten zahllose Ausbesserungen diese klaren Straten, die sich teilweise auf der gesamten Ausdehnung der ergrabenen Marktfläche nachweisen ließen. Deutlich hob sich nach Nickel die Brandschicht der Zerstörung von 1631 ab.

„Highlight" der Marktgrabung war die Auffindung der Überreste einer über 13 m langen und 3 m breiten Marktbude, die sich durch ihre verkohlten Schwellenhölzer abzeichnete. Sie war NNW-SSO-gerichtet und durch Trennwände in fünf Räume unterteilt. Die erhaltenen Befunde erlaubten eine Rekonstruktion als Fachwerkbau. Nickel datiert die Bude in das 13. Jahrhundert, wobei Brandreste auf ein Vorgängergebäude schließen lassen. Als Grund der Aufgabe der hölzernen Bude führt er die höhere Zweckmäßigkeit von steinernen Gebäuden an und verweist auf die Stadtbrände von 1188 und 1207. Über den genauen Inhalt des Gebäudes konnte aufgrund des Fundmaterials keine Klarheit erlangt werden. Bei der Fortsetzung der Grabung nach Osten wurde ein weiterer Gebäuderest mit verkohlter Schwelle, wohl ebenfalls eine Marktbude, vorgefunden.

Einen sehr interessanten Befund stellt ein stark gestörtes Fundament dar, in dessen Zusammenhang verschiedene Schrötlinge und zwei tuschnapfähnliche Schüsselchen gefunden wurden. Nickels Vermutung, die Funde stünden mit der 1402 erstmalig erwähnten Erzbischöflichen Münze auf dem Alten Markt in Verbindung, erscheint gerade mit seinem Verweis auf ein ähnliches Beispiel, die Münzstätte von Kutná Hora, sehr plausibel. Die Magdeburger Münze wurde nachweislich 1525 abgebrochen.

Den Grabungsschnitt weiter nach Osten erweiternd wurde eine große Abfallgrube angeschnitten, die in ihrer Füllung umfangreiches keramisches Material des hohen und späten Mittelalters, Glas, Schlacke und Knochenobjekte enthielt.

Im Nordosten des Marktes wurde ein bereits 1904 aufgefundener Stein mit der Inschrift *„Roland 1727"* wiederentdeckt. Dies bestätigt die Überlieferung, daß die Überreste des 1631 zerstörten Rolands erst 1727 bei der Neupflasterung der Stadt beseitigt worden seien. Der gesamte Ostbereich des Marktes war durch intensive Erdbewegungen stark gestört.

Aufgrund der Schichtenfolge und der Verwendung von Bernburger Sandstein für die Fundamentplatte des Magdeburger Reiters glaubt Nickel, die Errich-

tung des Standbildes auf dem Markt in das 13. Jahrhundert setzen zu können. Der Schluß liegt aufgrund der kunsthistorischen Einordnung sowie des dafür überlieferten Aufstellungsdatums von 1240 nahe, geht man von der Wahrscheinlichkeit einer denkmaltopographischen Konzeption für den Markt, das Herz der wachsenden Kaufmannsstadt, aus.
Eine Schachtung im Hof des Rathauses mußte aufgrund der „Gefährdung des Küchenbetriebes" des Restaurants im Ratskeller abgebrochen werden.
Ein weiterer Schnitt wurde nördlich des Gebäudes angelegt. Er brachte außer der Erkenntnis, daß die frühesten Schachtungen wohl in das 13. Jahrhundert datieren, wenig Interessantes. Zwar würde diese Befundansprache die Vermutungen auf ältere Bauphasen des Rathauses in Frage stellen, doch waren die geöffneten Schnitte so geringen Ausmaßes, daß ihnen nicht mehr als Stichprobencharakter zugeschrieben werden kann.

Die St. Johanniskirche und der Johanniskirchhof

Nach der Beendigung der Untersuchungen auf dem Alten Markt begannen die Forschungen auf dem ehemaligen Johanniskirchhof und in der Johanniskirche selbst.
Die Grabungen konnten leider nicht flächendeckend erfolgen, denn nach 1945 errichtete Baracken und deren Zugänge, ein großes Feuerlöschbecken sowie eine große (undichte) öffentliche Toilettenanlage erschwerten die Arbeit erheblich.
Die Johanniskirche, bereits mit Nennungen 941 als „ecclesia plebeia" und 1015 als „ecclesia mercatorum" in Verbindung gebracht, wurde erstmalig gesichert 1170 erwähnt. Nach einem verheerenden Stadtbrand 1293 begann, abgesehen vom Westwerk und Teilen des südlichen Seitenschiffes, ein Neubau der Kirche, der um 1330 abgeschlossen worden sein soll. Nach einer weiteren Zerstörung 1631 wurde sie bis 1670 wiederhergestellt. Durch die schweren Bombentreffer im September 1944 und die fast vollständige Zerstörung am 16. Januar 1945 schien ihr Schicksal schon besiegelt, doch blieb sie trotz des Versuches, sie „abräumen" zu lassen, als Mahnmal gegen Krieg und Zerstörung erhalten.
Nachdem 1991 ein Kuratorium zum Wiederaufbau gegründet worden war, erfolgte 1992 eine Fortsetzung der Grabungen von 1950/51. Wegen der geringen Anzahl absolutchronologisch datierbarer Funde nimmt Olaf Schröder 1996 eine relative Bauphasendatierung vor (Schröder 1996). Bei der ältesten nachweisbaren Steinbauphase handelt es sich um zwei konzentrische Apsiden, die sich stratigraphisch über einem Grab des 10. Jahrhunderts mittig im Langhaus am Beginn des zweiten Joches von Osten befinden. Schröder hält eine Entstehung im 10./11. Jahrhundert für möglich. Die Radiocarbondatierung der Knochensubstanz eines unter diesen Befunden ent-

Ausgrabungen an der Johanniskirche, um 1950

haltenen West-Ost-gerichteten Skelettgrabes soll – so Weber, 1996 – in das 10. Jahrhundert weisen (Weber 1996, S. 60f., Anm. 12).
Bei den Ausgrabungen von 1950/51 war eine ältere Krypta festgestellt worden, die Nickel zuerst als Chor eines Sakralbaues aus ottonischer Zeit interpretierte. Mrusek vermutete hierin die erwähnte „ecclesia plebeia“. Dieses war jedoch bereits durch Nickel relativiert und die Fundamente in das 12. Jahrhundert gestellt worden und erfuhr auch bei den jüngeren Grabungsmaßnahmen eine Bestätigung. Es ergab sich der Grundriß eines kreuzförmigen, wohl dreischiffigen Kirchenbaues mit verblüffender Affinität zu Bauwerken Hirsauer Schule. Auch die Krypta, begehbar über seitlich eingebaute Stollen, war mehrschiffig. Die Mauern des nördlichen Seitenschiffes laufen exakt auf Lisenen des Westwerkes zu, so daß vermutet werden kann, daß das Westwerk mindestens in seinem unteren Bereich bereits zum Vorgänger des heutigen Kirchenbaues gehörte. Dieser Bau wird von Schröder mit der 1152 als Marktkirche und 1170 als Johanniskirche genannten Anlage in Verbindung gebracht, bei der es sich wohl um eine Basilika gehandelt hat. Nach den Umbauten im frühen 14. Jahrhundert zur gotischen Hallenkirche erhielt sie bis spätestens 1623 ihre jetzige Form.
Die jüngsten Grabungen des Landesamtes für Archäologie erbrachten zahlreiche neue Befunde, die diese Bauabfolge ergänzen und teilweise verändern. Diese äußerst spannenden Ergebnisse sind jedoch noch nicht abschließend publiziert worden.
Östlich des Chores wurde während der Grabungen Nickels Anfang der fünfziger Jahre eine Fangmauer dokumentiert, die ihrerseits durch einen jüngeren Bau, die sogenannte „Unterburg“ (um 1602), gegen das Abrutschen am starken Gefälle des Elbhochufers gesichert wurde.
Da für die Enttrümmerung der anliegenden Gegend die Kellerzeile unterhalb des Johanniskirchhofes, zum Knochenhauerufer hin, gesprengt werden sollte, erfolgte 1952 eine verstärkte Konzentration der Grabungsarbeiten auf dieses Areal. An der Stelle der Grundstücke Johannisberg 1b und c, auf der die von Markgraf Gero im 10. Jahrhundert gestiftete St. Cyriakus- später St. Stephanskapelle vermutet wurde, konnte starkes Mauerwerk im Osten, Süden und Norden festgestellt werden. Eine Datierung dieser Befunde gibt Nickel leider nicht, doch läßt der überlieferte Name „Bastion“ eher auf eine frühneuzeitliche Befestigung schließen. Die Befestigungsmauer zur Elbe hin datiert Nickel in das 13. Jahrhundert. Aufgrund der Einsturzgefahr der Kellergewölbe konnten dort keine intensiveren Untersuchungen unternommen werden.
Nach mehrjähriger Unterbrechung wurden die Grabungen 1955 im Westteil fortgesetzt und dauerten, unterbrochen durch ständige parallele Notbergungen in den Fundamentschnitten der Neubauten, bis 1959 an. Hier sind neben verschiedenen, nicht näher beschriebenen Mauern und Kellerresten besonders drei Kalkbrenngruben mit Lüftungseinrichtungen bemerkenswert. Diese Befunde datiert Nickel in die Zeit vor 1200. Die Datierung fußt jedoch nicht auf klaren Befunden, da aus diesen Gruben auch Fundmaterial eines Zeitraumes um 900 vorliegt. Es kann aber festgehalten werden, daß eine Besiedlung in diesem Gebiet anscheinend schon in vorottonischer Zeit erfolgte.
Der Überlieferung nach soll sich das Kaufhaus der Burger und der ostelbischen Kaufleute auf den Grundstücken Spiegelbrücke 1–3 befunden haben. 1176 war es errichtet und bei der Eroberung und Plünderung der Stadt durch Kaiserliche Truppen 1631 zerstört worden. Wegen des bereits bestehenden Verwaltungstraktes des Rathauses auf dem Areal Spiegelbrücke 1–2 konnte nur noch die Parzelle 3 durch verschiedene Schnitte untersucht werden. Diese erwiesen sich jedoch als stark gestört und erbrachten nur vermischte Verfüllungen. Bauliche Überreste des Burger Kaufhauses konnten nirgendwo festgestellt werden.
Von besonderer Bedeutung waren die Grabungen im Ostteil des Johanniskirchhofes. Hier lag in etwa 2,50 m Tiefe die verstürzte Wand eines Gebäudes, das anhand der Keramik in das ausgehende 10., spätestens aber in das 11. Jahrhundert datiert wurde (Nickel 1959). Eine bündige Eichenholzbohlenlage, von einer ungefähren Stärke von 3–5 cm und einer Länge von fast 2,00 m, die unter dem Versturz angetroffen wurde, interpretiert Nickel als eine ebenfalls umgefallene Bohlenstubenwand. Der Laufhorizont bestand aus gestampftem Löß, der mit zahlreichen Holzkohlepartikeln durchsetzt war. In der Mitte befand sich eine eingetiefte, wohl offene Feuerstelle. In einem der Schnitte konnte das ursprüngliche Bodenniveau mit einer bronzezeitlichen Grube ermittelt werden. Daraus ergab sich, daß das Haus leicht eingetieft war – eine Beobachtung, die für zahlreiche Gebäude um 1000 gemacht werden konnte. Leider war der Gesamtbefund durch zahlreiche Kanalisationsschachtungen und Gräber des Johanniskirchhofs stark beeinträchtigt, so daß z. B. auch die Ostbegrenzung des Hauses nicht genau ermittelt werden konnte. Jedoch ist die Länge mit mindestens 17,60 m und einer Breite von fast 9,00 m äußerst beachtlich und hebt die Bedeutung dieses Bauwerkes hervor. Die große Menge an verkohltem Getreide, Roggen, Gerste, Hafer und Erbsen läßt Nickel das Gebäude als Wirtschaftsbau identifizieren. Es jedoch mit dem Hof des Markgrafen Gero in Verbindung zu bringen, der von der Magdeburger Heimatforschung an dieser Stelle vermutet wurde, ist zwar verlockend, kann

aber bei unserem völlig unvollständigen Bild von der Binnenstruktur Magdeburgs um 1000 nicht bewiesen werden. Durch die höchstwahrscheinlich unmittelbare Nähe des ottonischen Marktes kommen auch andere Interpretationen in Frage. Das von der Grabungsmannschaft in vorbildlicher Weise gesicherte und wieder verfüllte Gebäude wurde 1962 bei Ausschachtungsarbeiten für den Neubaublock A 1 zum größten Teil zerstört.
In der Johannisfahrtstraße, die sich, allmählich ansteigend, parallel zum Hochufer befand, wurden im Bereich der Grundstücke 7–10 verschiedene Schnitte angelegt. Sie diente wohl als Zufahrt vom Elbübergang über das Brücktor zum Alten Markt. Es konnten neben den Spuren zahlreicher Pflasterungen z. T. noch Reste früherer Bebauung in Form von Steinfundamenten erfaßt werden. Der starke Verkehr vom und zum Fluß führte zu einer hohlwegartigen Eintiefung. Wohl im 13. Jahrhundert wurde die Hochfläche durch die bereits genannte „Futtermauer“ befestigt.

Die Grabungen auf dem Zentralen Platz

Die Geschichte der Grabungen auf dem Zentralen Platz begann bereits 1952 mit Schachtungen für den Wohnblock direkt südlich des Alten Marktes im Bereich Schuhbrücke 5–22, Schwibbogen 3–10, Lödischehofstraße 7, 8, 13, 14 und 19, 20 sowie den Grundstücken Alter Markt 3–14. Das Gelände war vorher planiert, mit Ziegelsplitt verfüllt und unter dem Namen „Roter Platz“ als Aufmarschort genutzt worden. Die Arbeiten erfolgten größtenteils im Winter 1952/53, der so streng war, daß selbst die Schachtungen zum Teil mittels Sprengung durchgeführt werden mußten. Auch durch heftige Schneefälle wurden die Grabungsarbeiten sehr behindert. Es konnten 64 Fundstellen untersucht (Nickel 1964, S. 34f.) und zahlreiche Lesefunde aufgenommen werden. Meist handelte es sich um einfache, in den Löß eingetiefte Abfallgruben sowie einen ovalen Ofen und verschiedene Kalkbrenngruben, die Nickel in das ausgehende 12./beginnende 13. Jahrhundert stellt. Aufgrund der Grabungsumstände konnten leider keine klaren Fundzusammenhänge festgehalten werden, doch zeigte sich ein dem Alten Markt ähnliches Bild mit einem Einsetzen der Besiedlung um etwa 1000 bis zur vollständigen Aufsiedlung im 12./13. Jahrhundert.
Zwei Großbauvorhaben führten zwischen November 1996 und März 1997 östlich wie auch westlich des Breiten Weges, etwa in Höhe der Ulrichskirche, zu weiteren Ausgrabungen.
Bei der östlichen Fläche handelte es sich um das Gebiet zwischen der ehemaligen Berliner Straße, der Tischlerbrücke und der Schmiedehofstraße sowie der Dreienbrezelstraße (Ulpts 1999; Carruba und Schwarzberg 1999). Die westliche Parzelle umfaßte eine kleinere Fläche östlich der Ulrichskirche (Ungerath 1999). Mit einer Ausdehnung von ca. 6 600 m^2 war dieses Areal die größte bisher untersuchte zusammenhängende Fläche in Magdeburg. Durch die Erhaltung der nach 1945 beräumten Freifläche blieb bis zum Baubeginn das Bodendenkmal des engparzellierten Viertels erhalten.
Die Hauptaufgaben bestanden in der Klärung der Siedlungsgeschichte auf diesem zwischen Altmarkt- und Dom- bzw. Pfalzbereich gelegenen Areal, wo im hohen Mittelalter und der frühen Neuzeit Ratsherren, angesehene Kaufleute und Handwerker wohnten und sich die gotische St. Bartholomäuskapelle befand.
Neuzeitliche und moderne Kellereinbauten, die teilweise metertief in die anstehenden tertiären Grünsände reichten, hatten die archäologische Denkmalsubstanz zwar erheblich gestört, doch konnten dennoch einige bemerkenswerte Beobachtungen dokumentiert werden. Zu den frühen Befunden zählen einige Gruben, die neben Kugeltopf- und Kumpffragmenten auch Scherben von Gefäßen des sogenannten „Magdeburger Typus“ enthielten und ins hohe Mittelalter weisen. Weiterhin wurden der Laufhorizont eines vermutlich eingetieften Kellers von 3 x 4 m mit einer quadratischen Grube aus dem 13./14. Jahrhundert sowie ein spätmittelalterliches Grubenhaus ergraben. Auch im Bereich der Tischlerbrücke 8 trat ein Grubenhaus, hier mit Pflasterung, zutage. Es kann aufgrund wellenverzierter Gefäßfragmente in das hohe Mittelalter datiert werden.
Verschiedene Keller verrieten mittelalterlichen Ursprung. Sie waren teilweise aus Grauwackebruch in Trockenmauerweise gebaut und mit Backsteinziegeln im Format 28 x 9 x 13 cm versetzt worden. Auch bei ihnen ist eine Datierung in das ausgehende 13./beginnende 14. Jahrhundert zulässig. Ein weiteres Kellergewölbe von 6 x 6 m war aus Oberrotliegendem in feinem Mörtel gesetzt. Ein anderer, an der Schmiedehofstraße/Ecke Berliner Straße befindlicher Gewölbekeller besaß straßenseitig Licht- bzw. Lüftungsschächte. Alle Keller zeigten die Spuren intensiver neuzeitlicher oder moderner Umbauten. Der Großteil stammte aus dem 17./18. Jahrhundert. In dieser Zeit wurde das Gebiet um den Zentralen Platz intensiv handwerklich genutzt. Neben Hinweisen auf knochenverarbeitende Produktion ist eine verhältnismäßig gut erhaltene Schmelzofenanlage im Bereich der Tischlerbrücke 8 besonders bemerkenswert.
Reste der Bartholomäuskapelle konnten trotz intensiver Nachforschungen nicht aufgefunden werden. Vermutlich verlief die südliche Grabungsgrenze knapp vor deren Grundmauern. Jedoch deutet Blei-

Die Ausgrabungen auf dem Domplatz von 1959 bis 1968 wurden von Ernst Nickel geleitet.

folie aus einer holzausgesteiften Abfallgrube, die außerdem noch ein interessantes Keramikspektrum des frühen 14. Jahrhunderts enthielt, vielleicht auf die Dachdeckung der nahen Kapelle.
Zusammenfassend läßt sich zu den jüngsten Arbeiten auf dem „Zentralen Platz" bemerken, daß die Besiedlung dieses Gebietes wohl im 10. bis 12. Jahrhundert mit der Anlage von Grubenhäusern und eingetieften Kellern begann, jedoch von einem städtischen Siedlungsgefüge noch nicht die Rede sein kann. Zum Ende des 13. Jahrhunderts begann dann die endgültige Aufsiedlung, verbunden mit der Anlage von Kellern aus Grauwacke oder Oberrotliegendem auf engen Parzellen. Nach den intensiven Zerstörungen des Dreißigjährigen Krieges wurden die alten Kellergewölbe weiter genutzt und ausgebaut und blieben sogar z. T. bis in das 20. Jahrhundert erhalten. Die ausschließliche Verwendung von Backsteinziegeln zum Kellerbau begann erst im 19. Jahrhundert.

(K)eine Kaiserpfalz? – Die Grabungen im Bereich des Domplatzes

Trotz der zahlreichen Ausgrabungen im Gebiet der mittelalterlichen Altstadt Magdeburgs ist es der Domplatz, der immer wieder besonders im Mittelpunkt des allgemeinen Interesses steht. Und es sind die aktuellen Forschungen, die eine Neuabfassung dieses Kapitels notwendig machten. Der Anfang dieser Untersuchungen liegt allerdings 44 Jahre zurück, denn zwischen 1959 und 1968 führte Ernst Nickel mit dem Ziel, Überreste der dort vermuteten karolingischen Befestigungsanlage zu finden, auf dem Domplatz gezielte Ausgrabungen durch (Nickel 1966; Schneider 1985, S. 322–325). In verschiedenen Schnitten traf er die Spuren mindestens zweier Spitzgräben an, über denen die Reste mehrerer Grubenhäuser lagen. Nickel datiert die Spitzgräben in karolingische Zeit und verbindet sie mit dem erwähnten fränkischen Grenzhof. Die Grubenhäuser seien Anfang des 10. Jahrhunderts, kurz vor der Errichtung der Kaiserpfalz entstanden. Daran schloß sich eine Diskussion an, die mehrere Jahrzehnte währte: Johannes Schneider setzt die Gräben 1985 mit einer Datierung in das 6./7. Jahrhundert aufgrund des damaligen Standes der Keramikchronologie sehr früh an. Gerd Böttcher stellt 1992 zu Recht Schneiders Datierung in Frage und setzt die Gräben in das 8./9. Jahrhundert (Böttcher 1992, S. 83). Die Grubenhäuser könnten dagegen Spuren des vorottonischen Königshofes sein. Grabungen der letzten Jahre durch Rainer Kuhn bestätigten schließlich diese zeitlichen Ansätze (Kunz 2003; Kuhn 2003, Abb. 2a). Überraschend war ein ursprünglich 8-10 m breiter und ca. 4 m tiefer Graben aus dem 10 Jh., der, so Brigitta Kunz, einer kaiserlichen Burg würdig sei (Kunz 2003, S. 130). Er verlief ca. 50 m westlich der karolingischen Gräben, fast parallel zum heutigen Breiten Weg, durch die Grundstücke 5–10 und knickte dann nach Nordost ab. Eine Fortsetzung der Befestigung fanden Schneider 1975 unter dem nördlichen Klausurflügel des Klosters Unser Lieben Frauen (Schneider 1980, S. 84, 86) und Kuhn 2000 an der Südwestecke des Domplatzes und 2001 im Bereich der Großen Klosterstraße. Spätestens Mitte des 11. Jahrhunderts ist der Graben wieder verfüllt worden.
Ein besonders wichtiger Fund war die Entdeckung der Grundmauern einer seltenen Vierkonchenkapelle aus dem 10. Jahrhundert mit einem Innendurchmesser von 8,5 m auf dem Gelände Breiter Weg 5-7 an der östlichen Peripherie des Domplatzes (Kunz 2003, S. 134–136).
Während der Untersuchungen auf dem Domplatz stieß Nickel 1959 auf ausgedehnte Baureste, die ihn aufgrund ihrer Position mitten auf dem seit jeher unbebauten Areal – 50 m nördlich der Metropolitankirche – zu dem Schluß führten, daß es sich dabei eigentlich nur um das Palatium Ottos I. handeln könne, das dann während des Stadtbrandes 1207 zerstört worden sei. Denn unter Otto dem Großen war Magdeburg Zentrum des Reiches geworden. Neben der Stiftung des Mauritiusklosters im Jahre 937 und dem Baubeginn eines Domes als königliche Grablege im „Roma nova" gehörte auch zwischen 929 und 936 die Anlage einer Pfalz zu den damit einhergehenden Maßnahmen. Diese wird in Diplomen Ottos mehrfach erwähnt. Auf den Vorbericht Nickels und den herausragenden Grundriß, der als Profanbau seinesgleichen suchte, folgen verschiedene Rekonstruktionsversuche, von denen hier nur exemplarisch die

von Cord Meckseper (Meckseper 1986) und zuletzt von Günther Binding (Binding 1996, S. 159) genannt seien.

Doch kam alles anders! Seit Ende der 1990er Jahre erfolgt die Neubearbeitung der bis heute unveröffentlichten Grabungsunterlagen Nickels durch Babette Ludowici. Bald erschien ihr die Einphasigkeit der Fundamentzüge fraglich und schließlich konnte sie nachweisen, daß es sich ursprünglich um ein Gebäude des 10. Jahrhunderts gehandelt hat, das dann im 12. oder spätestens im 13. Jahrhundert erweitert, aber nicht fertiggestellt worden sei. Die Bauruine wurde dann als Bronzegießerwerkstatt genutzt und im oder ab dem 13. Jahrhundert abgerissen (Ludowici 2002; Kuhn 2003, S. 142–143). Die Trennung der beiden Bauteile hatte aber schwerwiegende Folgen für die Interpretation des Gebäudes, zeigt doch der durch die Bebauung der Ostseite des Domplatzes fragmentierte Grundriß etliche Parallelen zu den ottonischen Kirchenbauten des Klosters Memleben und vor allem zu St. Maximin in Trier. Erste Vermutungen, es handele sich um keinen Profan-, sondern um einen großen Sakralbau, konnten letztlich durch jüngste Grabungen bestätigt werden, bei denen gemauerte Grüfte und einfache Erdbestattungen innerhalb und außerhalb der Fundamente entdeckt werden konnten (Kuhn 2003, S. 151–154). Eine dieser Grüfte wurde unter spektakulären Umständen geborgen und befindet sich nun im Kulturhistorischen Museum.

Aus dieser überraschenden Klärung ergeben sich jedoch neue Fragen: Wo befindet sich die Pfalz, die nichtsdestotrotz urkundlich nachgewiesen ist? Ihre Lokalisierung muß in Ermangelung aussagekräftiger Befunde späteren Untersuchungen vorbehalten bleiben – allerdings spricht einiges für einen ursprünglichen Standort am Nordende des Platzes, im Bereich des heutigen Landtages. Doch auch die Identität des mittlerweile sicheren Kirchenbaues gibt Rätsel auf. Die für das 10. Jahrhundert außergewöhnliche Breite von mehr als 40 m und eine aufwendige Ausstattung mit Marmor und Mosaiken sprechen einerseits für den Dom Ottos des Großen. Unter anderem die früheren Baubefunde unter dem heutigen Dom, die dort verbauten und vor allem ergrabenen antiken Spolien, die Kaisergrablege und die Ähnlichkeit zur Trierer Klosterkirche, durch deren Mönche Otto das Moritzkloster besetzen ließ, sprechen allerdings eher für Letzteres.

Auch wenn die Auswertungen der alten und der neuen Grabungen noch nicht abgeschlossen sind, kann die Neubewertung der Befundlage auf dem Domplatz und die neu entstandene Diskussion nicht hoch genug gewürdigt werden. Vielleicht hat die Stadt einen repräsentativen Pfalzbau verloren, doch hat sie einen ottonischen Sakralbau von internationalem Rang gewonnen.

Zusammenfassung

Die Geschichte Magdeburgs stellt sich auf den ersten Blick in ihren schriftlichen wie auch materiellen Quellen als sehr intensiv durchforscht dar. Es konnte gezeigt werden, daß nach vereinzelten Untersuchungen der Vorkriegszeit und der einschneidenden Zerstörung im Januar 1945 gezielte archäologische Maßnahmen durchgeführt wurden, die – soweit nachvollziehbar – unter schwierigen Bedingungen, aber wohl auf hohem grabungstechnischen Niveau erfolgten. Allein in den Jahren 1948 bis 1968 wurden durch die Akademie der Wissenschaften zu Berlin über 150 archäologische Grabungen unterschiedlicher Dauer und Intensität unternommen. Kleinere Maßnahmen durch das Kulturhistorische Museum Magdeburg sowie das Landesmuseum Halle folgten. Für diese sehr hohe Anzahl an Untersuchungen ist allerdings der Publikationsstand mehr als dürftig. Die 1960 begonnene Reihe „Ergebnisse der archäologischen Stadtkernforschung in Magdeburg" (Nickel 1960; ders. 1964) wurde nach dem zweiten Band 1964 nicht weiter fortgesetzt.

Die gesamten Grabungsaktivitäten scheinen sich nach 1959 fast ausschließlich auf den Domplatz konzentriert zu haben und danach im Sande verlaufen zu sein, die archäologische Forschungsstelle Magdeburg wurde aufgelöst. Die Bearbeitung des früh- und hochmittelalterlichen Materials erfolgte durch Nickel und Grimm hauptsächlich aufgrund kunsthistorischer Methoden, vor allem typologischer Vergleiche (Nickel 1964; Grimm 1959). Stratigraphien lagen offensichtlich nur selten zugrunde, dendrochronologische Untersuchungen wurden (unter Einbeziehung des Fehlens einer Standardkurve in den 50er und 60er Jahren natürlich verständlich) nicht durchgeführt. Die Vorlage des spätmittelalterlichen Materials durch Hans-Joachim Stoll (Stoll 1971) im Jahre 1969

Freilegung der vermeintlichen Kaiserpfalz auf dem Domplatz, zwischen 1959 und 1968

ist zwar ein hochinteressanter Beitrag, eröffnet jedoch in Ermangelung von verwertbaren Abbildungen keinerlei Möglichkeit eigener Untersuchungen am keramischen Inventar dieser Periode. Nur kleinere herausragende Fundkomplexe wurden detailliert vorgelegt.

Die Auflösung der Akademie der Wissenschaften zu Berlin und des daran angeschlossen Zentralinstitutes für alte Geschichte und Archäologie sowie die langjährige Trennung der Grabungsdokumentation vom Fundmaterial trug nicht gerade zu einem besseren Wissens- und Publikationsstand der Forschung zur Stadtentwicklung Magdeburgs bei. Neuere Forschungen auf dem sogenannten „Zentralen Platz", in der Johanniskirche, im Bereich der gesprengten Nikolaikirche zwischen Breitem Weg und Domplatz sowie am Friedensplatz am Domplatz und an der Großen Klosterstraße lassen jedoch auf einen deutlich schnelleren, allgemein zugänglichen Material- und Wissenszuwachs hoffen.

Überblickshafte Betrachtungen zur Stadtentwicklung anhand archäologischer Funde und Befunde wurden 1955/56 durch Mrusek, 1992 durch Böttcher sowie 1998 durch den Verfasser vorgelegt. Jedoch konnten sich diese Arbeiten zum Großteil nur auf bereits publizierte Ergebnisse und Beobachtungen stützen. Die Aufarbeitung des unveröffentlichten Fundmaterials und dessen überregionale Einbindung ersetzten sie nicht.

Was jedoch haben nun die trotz aller Einschränkungen wichtigen archäologischen Untersuchungen für einen Fortschritt unseres Wissens über die Entwicklung der Stadt Magdeburg gebracht?

Vor allem interessiert hierbei aufgrund mangelnder Bausubstanz und geringerer detaillierter Quellen (am 10. Mai 1631 brannte das ratsherrliche Archiv aus) der ältere, früh- bis hochmittelalterliche Abschnitt. Zur Verdeutlichung soll hier die immer noch hochbedeutsame zusammenfassende Arbeit zur Entwicklung Magdeburgs von Mrusek dienen, die 1955/56 in den frühen Jahren der Stadtkernforschungen entstand, diese aber bereits intensiv nutzte und daher äußerst geeignet ist (Mrusek 1955/56).

Die mittelalterliche Besiedlung Magdeburgs beruhte auf günstigen verkehrsgeographischen (Elbfurten, Altwege, Schiffahrt), bodenkundlichen (Lage inmitten der Magdeburger Börde, eines der größten Schwarzerdegebiete Deutschlands) wie auch klimatischen (Regenschatten des Harzes) Bedingungen. Dies führte bereits durch den ur- und frühgeschichtlichen Menschen zu einer intensiven Nutzung (Gringmuth-Dallmer 1971).

Durch die Grabungen bis 1968 und ab 1998 auf dem Domplatz, 1975 im Liebfrauenkloster und 1998/99 am Breiten Weg kann es mittlerweile als bewiesen angesehen werden, daß die Entwicklung einer städtischen Siedlung u. a. von einer auf dem Domplatz über dem Hochufer befindlichen befestigten Siedlung ausgegangen ist. Später bestand hier ein fränkischer Stützpunkt. Hinter diesem könnte sich vielleicht auch die lange gesuchte karolingische Befestigung verbergen. Allerdings stammen anscheinend Lesefunde des 9. Jahrhunderts auch von zahlreichen anderen Fundplätzen im gesamten Altstadtgebiet (Nickel in: Herrmann und Donat 1973, S. 226–273). Vermutungen, die frühmittelalterliche Siedlung habe sich unterhalb des Domplatzes, direkt an der Elbe befunden, sind mit Hinblick auf die beständige Hochwassergefahr und die nachweislich erst im 12. Jahrhundert erfolgte Uferbefestigung im Bereich des Brücktores und des Knochenhauerufers kritisch zu betrachten. Mrusek beschreibt die karolingische Ansiedlung als periodisch besuchten Kaufmannswik mit an der Elbe gelegenem Handels- und Umschlagplatz.

Durch die Gründung eines neuen Marktes, des Moritzklosters sowie schließlich des Erzbistums und die Anlage der ergrabenen Kaiserpfalz und eines Domes mit königlicher Grablege wurde der gesamte Schwerpunkt der Besiedlung auf die Hochfläche oberhalb der Elbe gelegt, die über flache Einsenkungen von der Elbe aus erschlossen wurde. Der Markt scheint räumlich von der durch Otto I. und Erzbischof Gero im 10./11. Jahrhundert befestigten Dom- bzw. Pfalzimmunität, deren Begrenzung 1952 als Mauer bzw. 1998 als Graben nachgewiesen werden konnte, getrennt gewesen zu sein. Er wird im Bereich der 1015 als *„ecclesia mercatorum"* genannten St. Johanniskirche bestanden haben. Hier bildete sich ein zweiter Siedlungskern der späteren Stadtentwicklung heraus. Allerdings erbrachten die Grabungen auf dem Alten Markt erstaunlich wenig Funde dieses Zeitraums, so daß davon ausgegangen werden muß, daß der ottonische nicht mit dem noch heute vorhandenen Alten Markt identisch ist, sondern sich weiter östlich, zur Elbe hin, befunden hat. Allerdings, so Mrusek 1955/56, *„... war Magdeburg in ottonischer Zeit eine weiträumige Siedlungslandschaft und noch keine Stadt im späteren Sinne. Die Domburg, die Marktsiedlung und die Burggrafenburg lagen auf den höchsten Plätzen, nahe am Hochuferrand. Im weiten und nahen Umkreis lagen zahlreiche Siedlungskomplexe ... und andere Dörfer und Vorwerke, dazwischen befestigte Höfe. Die ... Marktsiedlung ist nur ein Teil der Siedlungslandschaft, steht aber in völliger Abhängigkeit von der Domburg."* (Mrusek 1955/56, S. 1257) Diese detaillierte Einschätzung konnte durch die jüngsten Grabungen auf einer 6 000 m² großen Fläche des Zentralen Platzes, östlich wie auch westlich des Breiten Weges, bestätigt werden, wo zwar Spuren einer Begehung und sporadischen Besiedlung des Zeitraumes um 1000 gefunden wurden, aber eine regelrechte Aufsiedlung ausgeschlossen werden konnte. Zu diesem Besiedlungsbild gehören sicher auch die durch Gosch dokumentierten Befunde eines Grabens des 10./11. Jahrhunderts aus der Leiterstraße (Gosch 1982).

Die mehrfach urkundlich genannte Burggrafenburg, vielfach an der Stelle des späteren Maria-Magdalenen-Klosters vermutet (die auch teilweise als „Nonneburg" bezeichnet wurde), konnte bisher noch nicht nachgewiesen werden. Mrusek versucht, den bei Merian 1653 abgebildeten Hünenturm auf dem Grundstück Fischerufer 53 als Bergfried der Burggrafenburg zu lokalisieren. Dabei stützt er sich auf eine Erwähnung in der Chronik des Pomarius (Mrusek 1955/56, S. 1232, Anm. 99). Jedoch muß bei der schwierigen Quellenlage mit Vorsicht argumentiert werden. Auch die hohe Konzentration von kirchlichen Bauten auf dem Hochufer (nach Mrusek aufgrund der Schenkung des Geländes der aufgelassenen Burggrafenburg im 13. Jahrhundert) und der gesamte wehrhafte Charakter der Elbfront vermögen nicht völlig zu überzeugen. Mrusek rekonstruiert durch Besonderheiten des älteren Stadtgrundrisses und über Vergleiche mit den Situationen in anderen Städten die Kernburg direkt nördlich der alten Stadtmauer, eine Vorburg an der Stelle der Petri- und der Augustinikirche sowie eine Burgmannensiedlung nördlich und westlich davon, eventuell identisch mit dem Dorf Frose, dem dritten Siedlungskern der Altstadt. Für keinen Punkt dieser Theorien gibt es bis heute allerdings stichhaltige Beweise. Neben der Johanniskirche wurde ein Wirtschaftsgebäude ergraben, das von Nickel in die Zeit vor 1000 datiert und mit dem erwähnten Hof des Markgrafen Gero in Verbindung gebracht wird. Möglicherweise hängt dessen Zerstörung mit dem Slawenaufstand 983 zusammen, der Magdeburgs erste Blüte vorerst beendete.

Der erneute große Aufschwung Magdeburgs in der Mitte des 12. Jahrhunderts, vor allem bedingt durch das Geschick und die Energie Erzbischofs Wichmann von Seeburg (1152–1192) und die Rolle in der zweiten Phase der Ostexpansion, läßt sich sehr gut in der Zunahme des archäologischen Fundmaterials, wie auch im baulichen Sektor und der Planung und Erweiterung des Stadtgrundrisses und mehrfachen Befestigung des Stadtgebietes sowie der Landgewinnung der hochwassergefährdeten und bis dahin nur periodisch genutzten Elbniederung nachweisen. In diesem Zeitraum entstandene feudale feste Höfe, wie sie z. B. auf den Grundstücken Warthe 3–4 oder Große Münzstraße 7 nachgewiesen werden konnten bzw. bis nach 1945 sichtbar waren. Leider wurden sie, abgesehen von einer Ausnahme vom Georgenplatz, bisher nicht archäologisch untersucht. Spuren mittelalterlicher Stadtbefestigungen konnten z. B. in der Gouvernementsstraße ergraben werden.

Weitere Zeugnisse der Bedeutsamkeit Magdeburgs finden sich in den zahlreichen neuen oder erweiterten Sakralbauten, den Spuren der Kaufmannshäuser und Hallen des 12./13. Jahrhunderts um den Alten Markt wie auch in der nachgewiesenen Pflasterung zahlreicher Straßen.

Die Stadt erhielt nun ihre endgültige Form, die durch die späteren umliegenden Befestigungssysteme bis ins 19. Jahrhundert fixiert werden sollte. Daran änderten auch die Verheerungen der Erstürmung 1631 nichts.

Literaturhinweise:

Ausgrabungen im Magdeburger Dom. In: Blätter für Handel, Gewerbe und sociales Leben. Beiblatt zur Magdeburgischen Zeitung 48, Magdeburg 1903, S. 401f. und 409ff.

Binding, Günther: Deutsche Königspfalzen. Von Karl dem Großen bis Friedrich II. (765–1240). Darmstadt 1996. S. 155–161.

Böttcher, Gert: Die topographische Entwicklung Magdeburgs bis zum 12./13. Jahrhundert. Ein Versuch. In: Erzbischof Wichmann (1152–1192) und Magdeburg im Hohen Mittelalter. Katalog z. Ausstellung. Magdeburg 1992. S. 80–92.

Brachmann, Hansjürgen: Der Markt als Keimform der mittelalterlichen Stadt Überlegungen zu ihrer Genese im ostfränkischen Reich. In: H. Brachmann und J. Herrmann (Hg.): Frühgeschichte der europäischen Stadt.Voraussetzungen und Grundlagen. Berlin 1991. S. 117–130.

Brachmann, Hansjürgen: Von der Burg zur Stadt – Magdeburg und die ostmitteleuropäische Frühstadt. In: Brachmann, H. (Hg.): Burg – Burgstadt – Stadt. Zur Genese mittelalterlicher nichtagrarischer Zentren in Ostmitteleuropa. Berlin 1995. S. 317–348.

Carruba, Bettina u. Heiner Schwarzberg: Eine holzgefaßte Abfallgrube aus der Magdeburger Altstadt. In: Arch. Berichte aus Sachsen-Anh. 1997/1, S. 163–178.

Gosch, Gert: Ein mittelalterlicher Graben in der Leiterstraße in Magdeburg. In: Ausgr. und Funde 27, 1982. S. 196–200.

Grimm, Paul: Zur Entwicklung der frühmittelalterlichen deutschen Keramik in den Bezirken Halle-Magdeburg. In: Prähist. Zeitschr. 37/1959. S. 72–100.

Gringmuth-Dallmer, Eike: Die urgeschichtliche Besiedlung der Altstadt Magdeburgs. In: Jahresschr. für mitteldt. Vorgesch. 55/1971. S. 35–53.

Herrmann, Joachim u. Peter Donat: Corpus archäologischer Quellen zur Frühgeschichte auf dem Gebiet der DDR (7.–12. Jh.). Bez. Rostock (Westteil), Schwerin und Magdeburg. Berlin 1973.

Koch, Anton: Die Ausgrabungen am Dom zu Magdeburg im Jahre 1926. Sonderheft des Montagsblattes der Magdeburgischen Zeitung. Magdeburg 1926.

Krause, Hans-Joachim: Das Kloster als Bauwerk. Seine Gestalt, Geschichte und denkmalpflegerische Instandsetzung. In: Basilika, Baudenkmal und Konzerthalle, Kloster Unser Lieben Frauen Magdeburg. Magdeburg 1977. S. 6–24.

Kuhn, Rainer: Ergebnisse archäologischer Ausgrabungen in den Jahren 1998 bis 2003 im südlichen Stadtzentrum Magdeburgs. In: Die Geschichte des Magdeburger Domplatzes. Darstellung der archäologischen, bauhistorischen und städtebaulichen Entwicklung und Nutzung des Magdeburger Domplatzes im Laufe der Jahrhunderte bis zur Gegenwart. Schriftenreihe des Stadtplanungsamtes Magdeburg 91, Magdeburg 2003, S. 138–157.

KUNZ, BRIGITTA: Archäologie am Domplatz zu Magdeburg – Im Schatten der Kaiserpfalz. In: Die Geschichte des Magdeburger Domplatzes. Darstellung der archäologischen, bauhistorischen und städtebaulichen Entwicklung und Nutzung des Magdeburger Domplatzes im Laufe der Jahrhunderte bis zur Gegenwart. Schriftenreihe des Stadtplanungsamtes Magdeburg 91, Magdeburg 2003, S. 124-136.

LEHMANN, EDGAR: Der Palast Ottos des Großen in Magdeburg. In: F. Möbius und E. Schubert (Hg.): Architektur des Mittelalters. Weimar 1983. S. 42–62.

LEOPOLD, GERHARD: Der Dom Ottos I. zu Magdeburg. Überlegungen zu seiner Baugeschichte. In: F. Möbius und E. Schubert (Hg.): Architektur des Mittelalters. Funktion und Gestalt. Berlin 1983. S. 63–83.

LUDOWICI, BABETTE: Ein neu entdeckter Kirchenbau in Magdeburg? Zweiter Bericht zum Stand der Auswertung der Grabungen von 1959-1968 auf dem Magdeburger Domplatz. In: Arch. Korr.blatt 32,2/2002, S. 1-13.

MECKSEPER, CORD: Das Palatium Ottos des Großen in Magdeburg. In: Burgen und Schlösser 27/1986. S. 101–115.

MRUSEK, HANS-JOACHIM: Zur städtebaulichen Entwicklung Magdeburgs im hohen Mittelalter. In: Wiss. Zeitschr. d. Martin-Luther-Universität Halle-Wittenberg V, Heft 6/1955/56. S. 1219–1314.

MRUSEK, HANS-JOACHIM: Bautechnische Einzelheiten in der mittelalterlichen Profanbaukunst. In: Wiss. Zeitschr. d. Martin-Luther-Universität Halle-Wittenberg VI/1956/57. S. 641–672.

NICKEL, ERNST: Ausgrabungen in der Altstadt von Magdeburg. In: Wiss. Annalen 1/1952. S. 57–61.

NICKEL, ERNST: Vorottonische Befestigungen und Besiedlungsspuren auf dem Domplatz in Magdeburg. In: Prähist. Zeitschr. 43;44/1955/56. S. 237–278.

NICKEL, ERNST: Stadtkernforschung in Magdeburg im Jahre 1955. In: Ausgr. und Funde 1/1956. S. 232–235.

NICKEL, ERNST: Die Freilegung des Chors der Johanniskirche Magdeburg. In: Ausgr. und Funde 1/1956. S. 235–239.

NICKEL, ERNST: Ein Haus aus der Zeit um 1000 auf dem Johanniskirchhof in Magdeburg. In: Zeitschr. f. Archäologie 4/1959. S. 44–48.

NICKEL, ERNST: Ein mittelalterlicher Hallenbau am Alten Markt in Magdeburg. Deutsche Akademie der Wissenschaften zu Berlin, Schriften der Sektion für Vor- und Frühgeschichte, Bd. 8, Berlin 1960.

NICKEL, ERNST: Der „Alte Markt" in Magdeburg. Deutsche Akademie der Wissenschaften zu Berlin, Schriften der Sektion für Vor- und Frühgeschichte, Bd. 18, Berlin 1964.

NICKEL, ERNST: Magdeburg in karolingisch-ottonischer Zeit. In: Zeitschr. f. Archäologie 7/1973. S. 102–142.

NICKEL, ERNST: Zur materiellen Kultur des späten Mittelalters der Stadt Magdeburg. Mit Beiträgen von Herbert Süss, Berlin und Friederike Happach, Halle (Saale). In: Zeitschr. f. Archäologie 14/1980. S. 1–60.

PRIEGNITZ, WERNER: Mittelalterliche Bauten am Alten Markt zu Magdeburg. (Typoscript im Archiv des Institutes für Kunstgeschichte der Martin-Luther- Universität Halle-Wittenberg). Magdeburg 1949.

PRIEGNITZ, WERNER: Reste des alten Handwerksbrauches der Fugenritzung in der Altstadt Magdeburgs. Mit einer Einführung von Heiner Schwarzberg. In: Burgen und Schlösser in Sachsen-Anhalt 7/1998. S. 42–55.

RATHJE, KARIN: Ausgrabung Magdeburg, Wallonerberg 5. Ein Friedhof aus den Jahren 1690 bis 1827. In: Arch. Berichte aus Sachsen-Anh. 1996/ I. S. 69–73.

SCHLESINGER, WALTER: Zur Geschichte der Magdeburger Königspfalz. In: Blätter für dt. Landeskunde 104/1968. S. 1–31.

SCHLESINGER, WALTER: Der Markt als Frühform der deutschen Stadt. In: Vor- und Frühformen der europäischen Stadt im Mittelalter I. Darmstadt 1973. 262–276.

SCHMIDT, REINHARD: Untersuchungen zur Baugeschichte des Hauses Domplatz 5 in Magdeburg. In: Wiss. Zeitschr. der Martin-Luther-Universität Halle-Wittenberg 41, Geisteswiss. Reihe/1992. S. 18–28.

SCHNEIDER, JOHANNES: Ein Spitzgraben unter dem Kloster Unser Lieben Frauen in Magdeburg. In: J. Schneider (Hg.): Vom Faustkeil bis zur Kaiserpfalz. Magdeburg 1980. S. 84, 86.

SCHNEIDER, JOHANNES: Die Funde der Magdeburger Domgrabung. Mit einem Exkurs über die frühmittelalterliche Magdeburger Gruppe. In: Jahresschr. für mitteldt. Vorgeschichte 68/1985. S. 297–338.

SCHRÖDER, OLAF: Archäologische Untersuchungen in der Magdeburger Johanniskirche. In: Arch. Berichte aus Sachsen-Anh. 1994 (1996). S. 173–185.

SCHUBERT, ERNST: Der Dom in Magdeburg. Leipzig 1994.

SCHULZ, CAROLINE: Die archäologischen Ausgrabungen am Zentralen Platz Magdeburg. In: Magdeburgs Innenstadt lebt. Schriftenreihe des Stadtplanungsamtes Magdeburg 70, Magdeburg 1998. S. 137–140.

SCHWINEKÖPER, BERENT (Hg.): Magdeburg. In: Handbuch der historischen Stätten Deutschlands. Bd. 11, Provinz Sachsen-Anh. Stuttgart 1975. S. 288–316.

STOLL, HANS-JOACHIM: Die spätmittelalterliche Keramik von Magdeburg. Phil. Diss. Jena 1971.

STOLL, HANS-JOACHIM: Zum spätmittelalterlichen Töpferhandwerk in Magdeburg. Ein Beitrag zur gesellschaftlichen Stellung der mittelalterlichen Töpfer. In: Zeitschr. für Archäologie 10/1976. S. 223–240.

STOLL, HANS-JOACHIM: Die Stadtkerngrabungen in Magdeburg 1948–1968. In: J. Schneider (Hg.): Vom Faustkeil bis zur Kaiserpfalz. Magdeburg 1980. S. 82–85.

STOLL, HANS-JOACHIM: Reste eines Rundbaues vor der Westfassade des Magdeburger Doms. In: F. Möbius und E. Schubert (Hg.): Architektur des Mittelalters. Funktion und Gestalt. Weimar 1984. S. 84–86.

STOLL, HANS-JOACHIM: Die Münzschatzgefäße auf dem Gebiet der DDR von den Anfängen bis zum Jahre 1700. Weimarer Monogr. 12. Weimar 1985.

STOLL, HANS-JOACHIM: Eine mittelalterliche Abfallgrube von Magdeburg mit späten Formen der Kugelbodenkeramik. In: Zeitschr. f. Archäologie 19/1985. S. 253–261.

SCHWARZBERG, HEINER: Bemerkungen zu 50 Jahren archäologischer Stadtkernforschung in Magdeburg. Arch. Beiträge 1, Halle 1998.

ULPTS, INGO: Stadtkernforschung in Magdeburg. Die archäologische Großgrabung Zentraler Platz-Ost. In: Arch. Berichte aus Sachsen-Anh. 1997/1 (1999). S. 125–162.

UNGERATH, OLIVER: Grabungen zwischen Breitem Weg und ehemaliger Ulrichskirche. In: Arch. Berichte aus Sachsen-Anh. 1997/1 (1999). S. 107–124.

WEBER, THOMAS: Bericht zur archäologischen Denkmalpflege im Regierungsbezirk Magdeburg. In: Arch. Berichte aus Sachsen-Anh. 1995/ I (1996). S. 47–61.

WIGGERT, FRIEDRICH: Ueber Alterthümer aus dem Boden des vormaligen Klosters Berge vor Magdeburg. Neue Mitteilungen des Thür.-Sächs.-Vereins 1, Heft 2/1834. S. 97–99.

Der Magdeburger Hoftag des Jahres 1199

STEFAN PÄTZOLD

Zu Weihnachten des Jahres 1199 hielt König Philipp, der von 1198 bis 1208 regierte, in Magdeburg einen Hoftag ab. Ein Hoftag war eine bei Bedarf vom König gebotene Versammlung adliger Herren derjenigen Gegenden, in denen sich der Herrscher während seiner Reisen durch das Reich gerade aufhielt. Er rief die Männer herbei, damit sie ihm bei seinen politischen Entscheidungen, bei der richterlichen Urteilsfindung nach Gewohnheitsrecht oder im Kampf gegen seine Feinde mit Rat und Tat beistehen sollten.
Die Augenzeugen des Geschehens in Magdeburg – allen voran der Dichter Walther von der Vogelweide (er lebte ungefähr von 1170 bis 1230) und wohl auch der namentlich nicht bekannte Fortsetzer der Halberstädter Bischofschronik (entstanden um 1209) – waren sich einig: Seinen besonderen Glanz erhielt der Hoftag dadurch, daß der König vor aller Augen unter der Krone und in Begleitung seiner prächtig gekleideten Gemahlin Maria in feierlicher Prozession am Weihnachtstag zum Gottesdienst in den Magdeburger Dom ging. Sowohl der Dichter als auch der Chronist gaben ihre Eindrücke von dem festlichen Zug in ihren Werken wieder. Dort beschrieben sie auch Philipps Herrschaftszeichen: Der Staufer war in königliche Gewänder gehüllt; seinen Kopf zierte die Reichskrone; in der Hand hielt Philipp das Zepter.

Dem König vorangetragen wurde das Reichsschwert. Die prächtige Erscheinung des Herrschers wurde durch sein würdevolles Auftreten während der Festprozession betont: Feierlich schritt er einher. In angemessenem Abstand folgte ihm die Königin. Umgeben war das Königspaar von zahlreichen Begleitern: vom Herzog Bernhard von Sachsen, der das Reichsschwert trug, und von den anwesenden Bischöfen, die, in ihre Pontifikalgewänder gehüllt, zu beiden Seiten von König und Königin gingen. Die Königin wurde eigens noch von einer Schar edler Frauen geleitet, die durch Judith, die Gattin des Herzogs von Sachsen, und die Äbtissin Agnes von Quedlinburg angeführt wurde. Es folgten, ihrem Rang entsprechend, Fürsten, edle Herren, Grafen und Barone sowie nichtadliges Volk aller Schichten. Dieser Prozessionszug wurde umringt von einer riesigen Menge jubelnder und Beifall klatschender Menschen.
Nicht nur den Zeitgenossen erschien der Hoftag als ein besonderes, ein herausragendes Ereignis. Auch die Historiker kommen nach rund 800 Jahren zu dieser Einschätzung. Dabei sind aus ihrer Sicht vornehmlich drei Gesichtspunkte hervorzuheben.
Erstens: Daß Hoftage oft an christlichen Festtagen, besonders aber an Ostern, Pfingsten und Weihnachten, stattfanden, war im Mittelalter gang und gäbe. Von der Wahl eines solchen Termins erhoffte man sich in besonderem Maße göttlichen Schutz und

Putzritzungen im Magdeburger Dom

Der Magdeburger Dom, Westansicht

himmlischen Segen. Zwischen Hof- und Festtagen bestand darüber hinaus eine sich gegenseitig verstärkende Wechselwirkung: Der Hoftag sicherte dem Geschehen eine gewisse öffentliche Aufmerksamkeit und bot den Rahmen für würdige Feierlichkeiten; der Festtag, zumal ein herausragender wie Weihnachten, verlieh dem Ereignis spirituellen Gehalt und sinntragende Wichtigkeit. Hinzu kam, daß die Abhaltung eines Hoftages zu Weihnachten dem König in besonderem Maße erlaubte, seine Nähe zu Gott, Jesus Christus und der Kirche zu demonstrieren. Zwar dürfte Philipp kaum mehr daran gedacht haben, seinen Herrschaftsanspruch – wie etwa noch Heinrich III. vor dem Investiturstreit – mit Argumenten zu untermauern, die auf geistlich begründeten Vorstellungen von einem Königtum in göttlichem Auftrag beruhten. Aber er sah sich zweifellos in einer besonderen Beziehung zum Sakralen, die ihn unter anderen Christen hervorhob und auszeichnete. So wird der Wahl des Termins neben anderen Intentionen auch die Absicht des Staufers zugrundegelegen haben, sein Ansehen als König durch die religiöse Bedeutung des Weihnachtsfestes zu vergrößern.

Zweitens: Philipps Wunsch, seine königliche Würde vor der Öffentlichkeit des Hoftages möglichst nachdrücklich zu zeigen, ließ sich im Rahmen einer sogenannten Festkrönung angemessen in die Tat umsetzen. Festkrönungen zeichneten sich gegenüber anderen Krönungsarten, wie etwa den Erst- oder Befestigungskrönungen, dadurch aus, daß dem König an einem Festtag im Verlauf einer liturgischen Handlung durch einen Koronator zumindest im Range eines Bischofs, besser aber eines Erzbischofs, die Krone aufgesetzt wurde. Zwar berichten die Quellen zum Magdeburger Hoftag nicht ausdrücklich von dem Akt der Krönung, aber die Umstände, unter denen der König am Weihnachtstag unter der Krone ging und mit weiteren Herrschaftszeichen in feierlicher Prozession zum Magdeburger Dom zog, lassen darauf schließen, daß kurz zuvor eine solche stattgefunden hatte.

Walther von der Vogelweide hob nun Philipps Gang unter der Krone in seinem Ersten Philippston in auffälliger Weise hervor. Er betonte, daß Philipps Kopf und die alte Reichskrone auf wunderbare Weise zusammenpaßten; niemand dürfe trennen, was durch göttliche Fügung füreinander bestimmt sei. Bestandteil der Krone sei ein besonderer Edelstein, den man „den Waisen" nenne; nach ihm würden die Fürsten Ausschau halten und ihn als ihren Leitstern betrachten. Philipp trüge überdies, wie vor ihm sein Vater und sein Bruder, den kaiserlichen Ornat sowie Reichskrone und Zepter. Feierlich schritte er einher, begleitet von seiner hochgeborenen Gattin. Dieser würdevolle Auftritt gefiele den Thüringern und den Sachsen, die ihm ihren Dienst erwiesen, und auch die Heiligen Drei Könige hätten Gefallen an dem Staufer. Übersetzt aus der bildreichen Sprache des Dichters hieß Walthers Botschaft: Die Reichskrone sei durch Gottes Fügung für den Staufer bestimmt. Die Fürsten sollten ihr Augenmerk auf die Reichskrone richten und sich nicht an anderen Kronen orientieren wie etwa derjenigen, mit der Otto IV. gekrönt worden sei. Philipp verfüge darüber hinaus auch über alle anderen Herrschaftszeichen, die dem Welfen fehlten, beispielsweise Kaisermantel und Zepter. Ferner hätten sowohl Friedrich I. Barbarossa als auch sein Sohn Heinrich VI. schon denselben Ornat getragen wie Philipp; die Staufer seien damit das richtige, also das zur Herrschaft bestimmte Geschlecht. Zwischen Kaisertum und Königtum unterschied Walther nicht; „des riches krone" galt ihm zugleich als Kaiserkrone; aus seiner Sicht stand dem Staufer somit auch die Kaiserwürde zu. Walther bemühte sich demnach, das Königtum seines Mäzens mit unterschiedlichen Argumenten zu legitimieren. Dazu bediente er sich in erster Linie einer religiös begründeten Kronensymbolik, bezog geschickt aber auch die anderen Herrschaftsinsignien ein, die dem Welfen fehlten.

Merkwürdig mutet freilich Walthers Hinweis auf die Heiligen Drei Könige an. Er läßt sich jedoch plausibel erklären, wenn man berücksichtigt, daß nur zwölf Tage nach dem Geschehen in Magdeburg Philipps Widersacher Otto IV. seinerseits in Köln einen glänzenden Hoftag abhielt. In dessen Verlauf setzte der Welfe im Kölner Dom am Epiphaniastag (6. Januar, auch Dreikönigstag genannt) des Jahres 1200 den Figuren des Dreikönigsschreins goldene Kronen auf. Wahrscheinlich hatte Otto vorher zu deren Herstellung die bei seiner Aachener Erstkrönung am 12. Juli 1198 benutzten Insignien gestiftet. Auf diese symbolhafte Kulthandlung bezog sich nun wohl Walther von der Vogelweide in seinem Ersten Philippston, den er bald nach dem Magdeburger Hoftag dichtete: Selbst die Heiligen Drei Könige, die Otto IV. zuvor so reich beschenkt hatte, konnten dem Glanz der Reichskrone und der anderen traditionellen Herrscherinsignien sowie der Würde von Philipps wahrhaft königlicher Erscheinung in Magdeburg ihren Beifall nicht versagen.

Erst wenn man den Zusammenhang der beiden inhaltlich korrespondierenden Vorgänge in Magdeburg und Köln in Betracht zieht, erschließt sich also die volle Bedeutung des Magdeburger Geschehens: Der Staufer bemühte sich schon bald nach seiner Erstkrönung im Jahr 1198 darum, sein Königtum durch einen solchen Kultakt als das richtige zu erweisen, der es ermöglichte, die Reichskrone, das sprechendste Symbol seiner herrscherlichen Würde, besonders wirksam in den Mittelpunkt einer aussagekräftigen Inszenierung zu rücken. Zwar genügte Philipp der bloße Besitz der „echten" Insignien noch keineswegs,

um seine Erstkrönung als die im verfassungsrechtlichen Sinne einzig gültige darzustellen; denn wichtiger als die Krönung mit der Reichskrone waren für die Legitimität der Koronation der rechte Ort und der richtige Weihespender. Aber: Der Besitz der traditionellen Herrschaftszeichen stärkte Philipps Herrschaftsanspruch und sicherte ihm Anerkennung und politisches Gewicht. Das hatte Walther von der Vogelweide verstanden; das hatte vor ihm auch schon König Philipp selbst richtig eingeschätzt. So nutzte der Staufer Hoftag, Weihnachtsfest und Festkrönung zu einer symbolischen Demonstration königlicher Macht und Würde mit starker Signalwirkung für die Öffentlichkeit sowie zu einer Manifestation seines legitimen Königtums – und damit als politische Mittel im Thronstreit.

Drittens: Philipp bediente sich nicht allein nur der geradezu magischen Wirkungsmacht der alten Reichskrone; er setzte auch noch andere Instrumente für seine Zwecke ein. Das läßt die Halberstädter Bischofschronik deutlich werden. Sie berichtet nämlich davon, daß den König und sein großes Gefolge eine riesige Menschenmenge umgab, auf die der sorgsam inszenierte Auftritt des Königs seine Wirkung nicht verfehlte: Die Menge freute sich, sie jubelte, klatschte und applaudierte. Vielleicht war der Beifall in Magdeburg gar nicht so rauschend und die Begeisterung nicht so groß, wie es in der Halberstädter Chronik beschrieben wird. In jedem Fall aber dürfte der König gefeiert worden sein. Die Anwesenden, so scheint es, bekundeten ihre Zustimmung zu Philipps Königtum und bekräftigten seine (Fest-) Krönung. Das mag durchaus der vom König und seinen Helfern beabsichtigten Wirkung entsprochen haben. Alle, die in Magdeburg am Rande der Festprozession anwesend waren, und nicht nur das adlige Gefolge des Königs, wären somit ein Teil der Inszenierung geworden.

Eine besondere Rolle kam gleichwohl dem königlichen Gefolge zu. Die Lehnsleute, die hinter ihrem staufischen Herrn einhergingen, stellten eine ganz offenkundige Machtdemonstration, eine deutliche Drohung an die welfischen Gegner dar, denn die Gefolgsmänner waren gut ausgebildete Krieger und Anführer bewaffneter Scharen, die in Philipps Diensten kämpfen würden. Der Aufmarsch der Großen, allesamt Ritter, veranschaulichte militärische Stärke. Daß König und Gefolgsleute auch durchaus bereit waren, für ihre Sache gewaltsam einzutreten, zeigt der in Magdeburg gefaßte Entschluß, im Sommer gegen Braunschweig zu ziehen. Wichtig war für Philipp an dem Zug der Gefolgsleute überdies, die neugewonnenen Verbündeten vorführen zu können, etwa Bischof Gardolf von Halberstadt oder den Markgrafen Dietrich von Meißen. Dabei ging es nicht nur darum, eine bloße Verstärkung des Gefolges sichtbar werden zu lassen, sondern auch darum, zu zeigen, daß man im Norden des Reiches, ganz besonders aber in dessen Osten, unter den Sachsen und Thüringern, an Macht und Einfluß gewonnen hatte. Gerade die Beziehung zu Sachsen wurde betont: Der sächsische Herzog trug dem König das Schwert voran, die sächsische Herzogin geleitete die staufische Königin ebenso wie die Äbtissin eines der traditionsreichsten geistlichen Institute dieses Reichsteils, des Stifts Quedlinburg nämlich, in dessen Kirche König Heinrich I. beigesetzt worden war. In dieser Hinsicht war auch die Wahl des Ortes für Hoftag und Festkrönung sinnträchtig. Denn im Magdeburger Dom hatte Heinrichs Sohn, Kaiser Otto I. („der Große“), seine letzte Ruhestätte gefunden. Es ist, als hätte Philipp, der König aus dem Südwesten des Reiches, in Magdeburg an die Tradition liudolfingischer Herrschaft in Sachsen anknüpfen wollen. Noch wichtiger für die Wahl des Ortes, an dem Philipp mit dem Erzbischof einen wichtigen Verbündeten hatte, war seine Lage unweit der welfischen „Hauptstadt“ Braunschweig. Man tagte gleichsam unmittelbar vor den Augen Ottos IV., was einer ungeheueren Provokation gleichkam und das siegesgewisse Selbstbewußtsein des Staufers zeigte. Die Wirkung wurde durch den Zug nach Hildesheim im Anschluß an den Magdeburger Hoftag noch verstärkt.

Besser, als Philipp und seine Getreuen es im Jahre 1199 taten, hätte man Ort, Zeit und Ablauf einer königlichen Kurie in der gegebenen Situation des Thronstreites nicht zu einer aussagekräftigen politischen Demonstration nutzen können.

Putzritzungen im Magdeburger Dom

Literaturhinweise:

Die Gedichte Walthers von der Vogelweide, hrsg. von Karl Lachmann, Carl von Kraus und Hugo Kuhn, Berlin (13. Aufl.) 1965, 18,29–20,15.

Gesta episcoporum Halberstadensium, ed. Ludwig Weiland, in: Monumenta Germaniae Historica, Scriptores (MGH SS), Bd. 23, 1874, S. 113 Z. 39–S. 114 Z. 10.

Eduard Winkelmann: Philipp von Schwaben und Otto IV. von Braunschweig, Bd. 1, Leipzig 1873, S. 148–153.

Hans Walther Klewitz: Die Festkrönungen der deutschen Könige, in: Zeitschrift der Savigny-Stiftung für Rechtsgeschichte, Kanonistische Abtlg. 28 (1939), S. 48–96.

Jürgen Petersohn: Kaisertum und Kultakt in der Stauferzeit, in: Ders., Politik und Heiligenverehrung im Hochmittelalter, Sigmaringen, 1994, S. 101–146, bes. S. 125–127.

Stefan Pätzold: *Curiam celebrare*. König Philipps Hoftag zu Magdeburg im Jahre 1199, in: Zeitschrift für Geschichtswissenschaft 47, Heft 12 (1999), S. 1061–1075.

Protokollband zum Wissenschaftlichen Kolloquium „Der Hoftag 1199 zu Magdeburg und der staufisch-welfische Konflikt“ (3. Dezember 1999), hrsg. vom Kuratorium „1200 Jahre Magdeburg“ e.V. und dem Landesheimatbund Sachsen-Anhalt e.V. [in Vorbereitung].

Eine europäische Rechtsmetropole des Mittelalters und der frühen Neuzeit

HEINER LÜCK

Im Mittelalter und in der frühen Neuzeit gingen von dem „Mitteldeutschland als Kulturland“[1] mannigfache Impulse für die europäische Kulturgeschichte aus. Zu ihnen gehörte auf rechtlichem Gebiet neben dem Sachsenspiegel[2] das Stadtrecht von Magdeburg. Beide Rechtsquellen prägten nicht nur das Rechtsleben im mittel-, ost- und norddeutschen Raum, sondern beeinflußten in erheblichem Maße auch die Rechtsordnungen mehrerer osteuropäischer Länder. Der zwischen 1220 und 1235 im östlichen Harzvorland entstandene Sachsenspiegel beinhaltet ausschließlich Regeln, die für die ländliche Bevölkerung galten. Davon unabhängig hatten sich in der Handelsmetropole Magdeburg an der mittleren Elbe auf dem Wege der Gewohnheit Normen herausgebildet, die für Handel und Handwerk sowie für die Balance der Machtverhältnisse in der Stadt praktikabel und günstig waren.

I.

Schon seit dem 11. Jahrhundert begannen sich die Städte im mitteldeutschen Raum allmählich aus der allgemeinen Rechtsordnung herauszuheben. In dem Maße, wie dieser Prozeß fortschritt, wurde eine Unterscheidung in das weiterhin allgemein geltende Recht (Landrecht) und das im Zusammenhang mit der rechtlichen Privilegierung der Städte sowie städtischer Normensetzung entstehende Stadtrecht sinnvoll und notwendig.[3] Im Gegensatz zum Lehnrecht trat das Stadtrecht als relativ eigenständige Quellengruppe jedoch erst um die Mitte des 13. Jahrhunderts stärker in Erscheinung. In einigen Punkten, vor allem in bezug auf die individuelle Freiheit[4], wichen die Regelungen zum Teil gravierend vom Landrecht ab.

Diese Differenzierung darf jedoch nicht als scharfe Trennung aufgefaßt werden. Die Rechtskreise standen trotz unübersehbarer Eigenheiten zueinander in einem bestimmten Wechselverhältnis. Als Beispiel sei auf die berühmte Rechtsmitteilung der hallischen Schöffen an die schlesische Stadt Neumarkt von 1235[5] verwiesen. Offensichtlich sind hier einige Bestimmungen des Landrechts von den Schöffen als brauchbar für die Regelung stadtrechtlicher Materien anerkannt worden.

Der Unterschied zwischen Stadt und umliegendem Land war ein rechtlicher. Er betrifft gewissermaßen zwei grundlegende Aspekte des Zusammenlebens der Stadtbewohner. Zum einen liegen den städtischen Verhältnissen besondere rechtliche Regelungen zugrunde, die vom Landrecht abweichen. Zum anderen ist die Stadt als Bürgerschaft in bestimmter Weise rechtlich verfaßt, d.h. die Bürger sind untereinander durch den Bürgereid verbunden und den Entscheidungen des gewählten Rates als Organ der Bürgerge-

1 Günter Mühlpfordt: Mitteldeutschland als Kulturland der Frühneuzeit. Von der Wittenberger Reformation bis zur Weimarer Klassik. in: Historische Forschung in Sachsen-Anhalt. Ein Kolloquium anläßlich des 65. Geburtstages von Walter Zöllner, hg. von Heiner Lück und Werner Freitag (= Abhandlungen der Sächsischen Akademie der Wissenschaften zu Leipzig, Philolog.-histor. Kl. 76/3), Stuttgart – Leipzig 1999, S. 53–83, hier S. 53

2 Zum Forschungsstand vgl. Heiner Lück: Über den Sachsenspiegel. Entstehung, Inhalt und Wirkung des Rechtsbuches. Mit einem Beitrag zu den Grafen von Falkenstein im Mittelalter von Joachim Schymalla (= Veröffentlichungen der Stiftung Schlösser, Burgen und Gärten des Landes Sachsen-Anhalt 1), Halle 1999.

3 Vgl. dazu zuletzt Karl Kroeschell: Stadtrecht und Landrecht im mittelalterlichen Sachsen, in: Der sassen speyghel. Sachsenspiegel-Recht-Alltag. Beiträge und Katalog zu den Ausstellungen „Bilderhandschriften des Sachsenspiegels – Niederdeutsche Sachsenspiegel“ und „Nun vernehmet in Stadt und Land“, hg. von Egbert Koolman, Ewald Gaßler u. Friedrich Scheele (= Veröffentlichungen des Stadtmuseums Oldenburg 21 zugleich Schriften der Landesbibliothek Oldenburg 29), Oldenburg 1995, S. 17–29.

4 Vgl. Bernhard Diestelkamp: „Freiheit der Bürger – Freiheit der Stadt“, in: Die abendländische Freiheit vom 10. zum 14. Jahrhundert. Der Wirkungszusammenhang von Idee und Wirklichkeit im europäischen Vergleich, hg. von Johannes Fried (= Vorträge und Forschungen XXXIX), Sigmaringen 1991, S. 485–510; Gerhard Dilcher: Das mittelalterliche Stadtrecht als Forschungsproblem, in: JuS 1989, S. 875–879.

5 Urkundenbuch der Stadt Halle, ihrer Stifter und Klöster, Teil 1 (806–1300), bearb. von Arthur Bierbach (= Geschichtsquellen der Provinz Sachsen und des Freistaates Anhalt, Neue Reihe 10), Magdeburg 1930 [UBH I], Nr. 224 (S. 206–214).

Siegel des Schöffenstuhls

meinde unterworfen, so jedenfalls seit den ersten Jahrzehnten des 13. Jahrhunderts.[6]

Die Verfassung der Stadt beruhte in der Regel auf Privilegien des Stadtherrn, die der Siedlung (ursprünglich häufig nur der Kaufmannssiedlung) bestimmte Freiheiten gewährten.[7] Ihre schriftliche Zusammenfassung führte zu den *Handfesten* – einer ersten Erscheinungsform des Stadtrechts.[8] Diese Privilegien betrafen oft die Gerichtsbarkeit, das Verfahren und städtebürgerliche Freiheiten, z.B. die freie Verfügung über Grundbesitz.

In Magdeburg, einem wichtigen Handelsplatz an der Grenze zu den slawischen Gebieten, konnten sich relativ früh gewohnheitsrechtliche Normen entwickeln, die den städtischen Produktions- und Handelsbedingungen gut entsprachen. Schon 994 sind die Vorrechte der Magdeburger Kaufleute an die Stadt Quedlinburg weitergegeben worden. Von einem Stadtrecht kann zu dieser Zeit jedoch noch nicht gesprochen werden. Anders war das schon 1188, als Erzbischof Wichmann (1152–1192) der Stadt Magdeburg ein Privileg verlieh, das bestimmte Erleichterungen im Gerichtsverfahren vorsah.[9] Es setzte also eine bestehende Rechtsordnung in der Stadt voraus. Diese unterschied sich vom ringsum geltenden Landrecht, das ca. 40 Jahre später im Sachsenspiegel aufgezeichnet wurde. Anfang des 13. Jahrhunderts verlangte der polnische Herzog Heinrich I. von Schlesien (1202–1238) eine Abschrift des Wichmannschen Privilegs, um es seiner neuen Stadt Goldberg (1211) zugrundezulegen. In den folgenden drei Jahrzehnten wurden Spandau (1232), Prenzlau (1235), Guben (1235) und Stettin (1237) mit Magdeburger Recht bewidmet.[10]

Seit dem 13. Jahrhundert trat zu diesen Privilegien eine jüngere Rechtsschicht, die maßgeblich aus der Normensetzung der städtischen Organe und der Rechtsauskunftstätigkeit der in der Stadt wirkenden Schöffen oder/und Ratsmitglieder hervorging.[11]

II.

Bei der Neugründung von Städten wurden diese Normen, die sich an den spezifisch städtischen Verhältnissen orientierten, nicht selten zugrundegelegt. Das erfolgte mit einer entsprechenden Privilegierung durch die Gründungsurkunde. Auch auf bereits seit langem bestehende Städte wurde das Recht einer anderen Stadt übertragen. Dieser Vorgang wird als *Bewidmung* bezeichnet. Es entstand somit eine Art Rechtsverwandtschaft, welche die Tochterstädte mit ihrer Mutterstadt verband. Von den Tochterstädten gelangte das (häufig abgewandelte) Stadtrecht an weitere Städte. Im Ergebnis dieser Weitergabe des Rechts entstanden die Stadtrechtsfamilien, von denen die Magdeburger und Lübecker Stadtrechtsfamilie die bedeutendsten waren.[12]

Die Verbindung zur Mutterstadt blieb nicht nur durch die Zuordnung des weitergegebenen Stadtrechts erhalten, sondern vor allem durch die Einholung von *Rechtsweisungen*[13] und *Rechtsmitteilungen*[14] beim Rat[15] (z.B. Lübeck) oder bei den Schöffen der Mutterstadt (z.B. Magdeburg). Das geschah regelmäßig dann, wenn das eigene Stadtrecht auszulegen war, d.h. eine Regelungslücke enthielt. Der Rat oder die Schöffen der Mutterstadt teilten daraufhin eine Antwort in Form einer Rechtsweisung mit. Doch wurden auch im Zusammenhang mit Stadtgründungen oder bei Verlust des schriftlich fixierten Tochterrechts (etwa durch Brand) um Abschriften des Mutterrechts gebeten. Hierauf gab die Mutterstadt Rechtsmitteilungen an den Interessenten, der ein Stadtgründer oder eine bereits bestehende Stadt sein konnte.

Schließlich kam das Verlangen hinzu, konkrete Rechtsfälle von den Rechtskundigen der Mutterstadt entscheiden zu lassen. Der Rat oder die Schöffen der Mutterstadt fertigten in diesen Fällen Urteile aus, welche vom Gericht der Tochterstadt nur noch zu verkünden waren. Diese *Spruchkollegien* waren keine Gerichte; sie konnten nur auf der Grundlage einer Anfrage bzw. Bitte um eine Rechtsauskunft tätig werden. Die Autorität ihrer Rechtssprüche ergab sich aus der hervorragenden Rechtskenntnis ihrer Mitglieder, die keine juristische Ausbildung besaßen. Sie wandten jenes Recht an, das sie in den heimischen schriftlichen Quellen vorfanden und von ihren Vor-

6 Vgl. Gerhard Dilcher: Stadtrecht, in: Handwörterbuch zur deutschen Rechtsgeschichte, hg. von Adalbert Erler u. Ekkehard Kaufmann (HRG), Bd. 4, Berlin 1990, Sp. 1863–1873, hier Sp. 1863.

7 Vgl. dazu Hans Planitz: Die deutsche Stadt im Mittelalter. Von der Römerzeit bis zu den Zunftkämpfen, 5. Aufl., Weimar 1980, S. 78 ff.

8 Vgl. Adalbert Erler: Handfeste, in: HRG 1 (1971), Sp. 1960.

9 Vgl. Rolf Lieberwirth: Das Privileg des Erzbischofs Wichmann und das Magdeburger Recht (= Sitzungsberichte der Sächsischen Akademie der Wissenschaften zu Leipzig, Philolog.-histor. Kl., Bd. 130, H. 3), Berlin 1990.

10 Rolf Lieberwirth: Die Wirkungsgeschichte des Sachsenspiegels, in: Die Wolfenbütteler Bilderhandschrift des Sachsenspiegels. Aufsätze und Untersuchungen. Kommentarband zur Faksimile-Ausgabe, hg. von Ruth Schmidt-Wiegand, Berlin 1993, S. 63–86, hier S. 72 f.

11 Friedrich Battenberg: Schöffenstuhl, in: HRG 4, Sp. 1474 bis 1478.

12 Vgl. auch Rolf Lieberwirth: Stadtrecht-Stadtrechtsfamilien-Hansisches Recht-Unter besonderer Berücksichtigung des Magdeburger Rechts, in: Vertrauen in den Rechtsstaat. Beiträge zur deutschen Einheit im Recht. Festschrift für Walter Remmers, hg. von Jürgen Goydke, Dietrich Rauschning, Rainer Robra u.a. in Verbindung mit der Juristischen Fakultät der Martin-Luther-Universität Halle-Wittenberg, Köln-Berlin-Bonn-München 1995, S. 677–685.

13 Dieter Werkmüller: Rechtsweisung, in: HRG 4, Sp. 417–419.

14 Ders.: Rechtsmitteilung, in: HRG 4, Sp. 313–315.

15 Klaus-Peter Schroeder: Rat, Ratsgerichtsbarkeit, in: HRG 4, Sp. 156–166, hier Sp. 161.

fahren mündlich vermittelt bekamen. Die so entstandenen Rechtsweisungen und Urteile wurden bei den Empfängern gesammelt und in gesonderte Bücher geschrieben.[16] In diesen *Ratsurteils-*[17], *Oberhofurteils-*[18] und *Schöffenspruchsammlungen*[19] ist eine weitere Quellengruppe des Stadtrechts zu sehen.[20]
Diese unterschiedlichen Beziehungen der Tochterstädte zur Mutterstadt werden als *„Rechtszug an den Oberhof"*[21] bezeichnet. *Oberhof* meint hier das Schöffen- oder Ratskollegium der Mutterstadt, bei dem die bessere Kenntnis des entsprechenden Stadtrechts vorausgesetzt wurde.[22] Bei Neugründungen war der Rechtszug häufig schon im Gründungsprivileg festgelegt. Mit der Weitervergabe eines bestimmten Stadtrechts von einer Tochterstadt an weitere Städte entstand nicht selten ein neuer Oberhof als rechtliches Zentrum dieser Gruppe mit ähnlichen Stadtrechten. Die Verbreitung der Stadtrechte führte somit nicht nur zu inhaltlichen Verwandtschaften, sondern auch zu einem System von Oberhöfen, denen jeweils eine bestimmte Anzahl von Städten mit ähnlichen Rechten zugeordnet war.
Auch in den Städten entstanden seit dem 13. Jahrhundert private Rechtsaufzeichnungen, deren Verfasser versuchten, die von ihrer Provenienz her sehr heterogenen Rechtssätze aus Gewohnheitsrecht, Privilegien, Satzungen und Rechtssprüchen zusammenzufassen. Diese *Stadtrechtsbücher* stellen die städtische Variante der *Land-* und *Lehnrechtsbücher* dar[23] und bilden neben den älteren Handfesten und den Spruchsammlungen eine weitere Quellengruppe des Stadtrechts. Zu solchen Rechtsaufzeichnungen kam es auch in der Stadt Magdeburg und in ihren Tochterstädten.[24] Dabei wurden stets nur bestimmte Materien des Magdeburger Rechts fixiert. Eine generelle Zusammenfassung des Magdeburger Rechts gibt es nicht[25] und wurde wohl auch zu keinem Zeitpunkt ernsthaft angestrebt. Zu den wichtigsten Magdeburger Stadtrechtsbüchern gehört das „Sächsische Weichbild" (auch „Buch von der Gerichtsverfassung" genannt), dessen älteste Teile aus der Mitte des 13. Jahrhunderts stammen dürften. In seiner im 15. Jahrhundert erreichten Vulgataform fand das Rechtsbuch eine große Verbreitung.[26]

Stein vom Schöppenstuhl

„Magdeburg ist unter die fürnehmste Stätte in gantz Sachsen gezehlet worden, wie auch Johann Angelus Werdenhagen schreibet: Magdeburg seye in Sachsen eine ‚Metropolis' mit herrlichen Privilegia vor anderen Stätten. So seye dort auch ein ... Schöppen-Stuel, von dem nicht allein von den Sachsen, sondern auch den Böhmen, Pohlen, Lausnitzern, Schlesiern ec. In schweren Fällen vielmahls guter Rath und Bescheid abgeholet worden ..."
(Matthäus Merian: Topographia Germaniae, 1642)

16 Friedrich Ebel: Aufzeichnung von Ratsurteilen und Schöffensprüchen im Lübecker und Magdeburger Rechtskreis, in: Judicial Records, Law Reports and the Growth of Case Law Reports, hg. von J. H. Baker (= Comparative Studies in Continental and Anglo-American Legal history 5), 1989, S. 123 ff.

17 Z.B. Lübecker Ratsurteile, hg. von Wilhelm Ebel, 4 Bde., Göttingen-Berlin-Frankfurt a.M. 1955-1967.

18 Die älteren Urteile des Ingelheimer Oberhofs, hg. von Adalbert Erler, 4 Bde., Frankfurt a.M. 1952–1963.

19 Als Beispiele für vorbildliche Editionen seien genannt: Die Schöffenspruchsammlung der Stadt Pößneck, bearb. von Gerhard Buchda, Willy Flach, Reinhold Grosch (= Thüringische Archivstudien 7–10), Weimar 1957–1971; Guido Kisch: Leipziger Schöffenspruchsammlung (= Quellen zur Geschichte der Rezeption 1), Leipzig 1919.

20 Vgl. dazu auch Guido Kisch: Schöffensprüche als historische Quellen, in: Niederdeutsche Mitteilungen 4 (1948), S. 50 ff.

21 Vgl. dazu Jürgen Weitzel: Rechtszug, in: HRG 4, Sp. 433–443, hier Sp. 435 f.; Dieter Werkmüller: Oberhof, in: HRG 3 (1984), Sp. 1134–1146.

22 Dieser Terminus ist in der allgemeinen rechtsgeschichtlichen Literatur üblich geworden. Allerdings muß hier angemerkt werden, daß der Begriff in den sächsischen Quellen nicht auftaucht. In ihnen ist durchgängig von den „Schöffenstühlen" die Rede. In bezug auf ihre Funktion im Verhältnis zu den Tochterstädten ist wohl das gleiche gemeint. Auf Unterschiede zwischen „Oberhof" und „Schöffenstuhl" ist zu Recht hingewiesen worden. Vgl. Gerhard Buchda: Rezension zu G. Baumgärtel, Die Gutachter- und Urteilstätigkeit der Erlanger Juristenfakultät in dem ersten Jahrhundert ihres Bestehens, zugleich ein Beitrag zur Geschichte der Rechtspflege, Jur. Diss. Erlangen 1951, und E. Klugkist, Die Göttinger Juristenfakultät als Spruchkollegium, Göttingen 1952, in: ZRG GA 71 (1954), S. 484–491.

23 Dietlinde Munzel: Stadtrechtsbücher, in: HRG 4, Sp. 1873–1877, hier Sp. 1873.

24 Vgl. die Übersicht bei Ulrich-Dieter Oppitz: Deutsche Rechtsbücher des Mittelalters, Bd. 1: Beschreibung der Rechtsbücher, Köln-Wien 1990, S. 46 ff.

25 Vgl. Gerhard Buchda: Magdeburger Recht, in: HRG 3, Sp. 134–138, hier Sp. 134.

26 Das saechsische Weichbildrecht. Jus municipale saxonicum, hg. von A. v. Daniels u. F. v. Gruben, 1. Bd.: Weltchronik und Weichbildrecht in XXXVI Artikeln mit der Glosse (= Rechtsdenkmäler des deutschen Mittelalters, hg. von D. v. Daniels, F. v. Gruben u. F. J. Kuehns. Sächsisches Weichbildrecht), Berlin 1858.

Mehrere einschlägige Untersuchungen[27] lassen erkennen, daß es ganz maßgeblich die Verfassung der Stadt Magdeburg war, welche im europäischen Osten eine erhebliche Anziehungskraft ausübte.[28] Ein zentrales Element dieser Stadtverfassung war der Magdeburger Schöffenstuhl, der ganz wesentlich zur Ausformung des Magdeburger Stadtrechts beitrug.[29]
Noch in der Rechtsmitteilung für Herzog Heinrich I. von Schlesien erscheinen die Schöffen als einzige Repräsentanten der Stadt Magdeburg: *schabini, iudices et universi burgenses in Magdeburch.*[30] Spätestens seit 1244 stand der nunmehr etablierte Rat, welcher zunächst als ein Ausschuß der Schöffen für die Verwaltung der Stadt erscheint[31], neben den Schöffen (*scabini, consules in Magdeburgk*).[32] Das Verhältnis beider Kollegien mußte gestaltet werden. Dieser Prozeß war begleitet von tiefgreifenden Auseinandersetzungen zwischen Schöffen und Rat einerseits sowie Stadtherrschaft und Stadtgemeinde andererseits. Ihren Höhepunkt erreichten diese Vorgänge in den Jahren 1293/1294. Die *Magdeburger Schöppenchronik* berichtet ausführlich darüber.[33] Im Ergebnis konnte der Rat die Schöffen ausschließlich auf ihre Funktion als Urteilsfinder im Burggrafengericht und Schultheißengericht sowie auf ihre Spruchtätigkeit im Schöffenstuhl beschränken. Der Rat dagegen war für die Rechtsetzung (Ratsbeschlüsse, „Willküren") und die Wahrnahme der städtischen Verwaltung zuständig. Vor allem aber hatte der Rat entscheidenden Einfluß auf die Hoch- und Niedergerichtsbarkeit erlangt.[34] Das Gericht für die Magdeburger Bürger ist nunmehr vom Schöffenstuhl zu unterscheiden. Seit dem späten 13. Jahrhundert stehen sich elf Schöffen und elf Ratmannen mit einem Bürgermeister gegenüber.[35] Im Jahre 1336 wurde die gleichzeitige Mitgliedschaft in Schöffenstuhl und Rat sogar ausdrücklich untersagt.[36] Die Herausbildung der Stadtverfassung nach Magdeburger Recht war damit zu einem gewissen Abschluß gelangt. Die Trennung von Rats- und Schöffenkollegium war eines ihrer markantesten Merkmale, das sich regelmäßig in den Tochterstädten wiederfindet. Das Schöffenkollegium hatte wohl schon früh eine feststehende Mitgliederzahl.[37] Im 12. Jahrhundert bestand es häufig aus fünf bis sechs Schöffen. Seit etwa der Mitte des 13. Jahrhunderts zählte der Schöffenstuhl regelmäßig elf Mitglieder, doch scheinen schon unter Wichmann elf bzw. zwölf Schöffen zu bestimmten Rechtsakten hinzugezogen worden zu sein, wenn es um Belange der Bürgerschaft ging.[38] Im Burggrafengericht saß zudem der Schultheiß als erster Schöffe, so daß dort insgesamt zwölf Schöffen vorhanden waren. Diese Schöffenämter waren jedoch nicht immer vollständig besetzt.[39] Die Schöffen gelangten durch Wahl in ihr Amt. Das Kollegium hatte das Recht, freigewordene Stellen zu besetzen. Der Hinzugewählte mußte vor dem Burggrafen den Amtseid[40] ablegen. Das geschah regelmäßig im feierlich gehegten Burggrafengericht. Danach wurde der Schöffe vom Burggrafen an die Hand genommen und zu seinem Platz geführt. Dabei handelt es sich nur noch um einen formalen Akt, entscheidend war die Wahl durch das Schöffenkollegium. Wahl und Bestätigung erfolgten auf Lebenszeit. Nur der Tod oder eine Absetzung wegen Pflichtverletzungen konnte die Amtszeit beenden. Als Voraussetzungen für den Einzug in den Schöffenstuhl lassen sich nur ganz allgemeine Anhaltspunkte erkennen, die sich im Kern schon in fränkischer Zeit herausgebildet hatten.[41] Aus den Magdeburger Urkunden des

27 Gertrud Schubart-Fikentscher: Die Verbreitung der deutschen Stadtrechte in Osteuropa (= Forschungen zum deutschen Recht, Bd. IV, H. 3), Weimar 1942; Rolf Lieberwirth: Das sächsisch-magdeburgische Recht als Quelle osteuropäischer Rechtsordnungen (= Sitzungsberichte der Sächsischen Akademie der Wissenschaften zu Leipzig, Philolog.-histor. Kl., Bd. 127, H. 1), Berlin 1986; Heiner Lück: Die Verbreitung des Sachsenspiegels und des Magdeburger Rechts in Osteuropa, in: Der sassen speyghel. Aus dem Leben gegriffen-Ein Rechtsbuch spiegelt seine Zeit, hg. von Mamoun Fansa (= Archäologische Mitteilungen aus Nordwestdeutschland 10), Oldenburg 1995, S. 37–49.

28 Heiner Lück: Magdeburger Recht in der Ukraine, in: ZNR 12 (1990), S. 113–126, hier S. 117. Vgl. auch Friedrich Ebel: Der Magdeburger Schöppenstuhl, in: JuS 1981, S. 330–331, hier S. 330.

29 Vgl. Heiner Lück: Der Magdeburger Schöffenstuhl als Teil der Magdeburger Stadtverfassung, in: Hanse-Städte-Bünde. Die sächsischen Städte zwischen Elbe und Weser um 1500. Ausstellung. Kulturhistorisches Museum Magdeburg 28. Mai bis 25. August 1996, hg. von Matthias Puhle, Magdeburg 1996, S. 138–151.

30 Urkundenbuch der Stadt Magdeburg, bearb. von Gustav Hertel, Bd. 1: Bis 1403 (= Geschichtsquellen der Provinz Sachsen und angrenzender Gebiete 26), Halle 1892, Neudruck Aalen 1975 [UBM I], Nr. 100 (S. 51–53).

31 Der Rat ist bereits 1238 erkennbar. Vgl. Theodor Goerlitz: Die Anfänge der Schöffen, Bürgermeister und Ratmannen in Magdeburg, in: ZRG GA 65 (1947), S. 70–85, hier S. 84; Berent Schwineköper: Magdeburg, in: HRG 3, Sp. 129–134, hier S. 131.

32 UBM I, Nr. 107 (S. 56–57).

33 Die Magdeburger Schöppenchronik, hg. von K. Janicke (= Die Chroniken der deutschen Städte vom 14. bis in's 16. Jahrhundert 7), Leipzig 1869, S. 171 ff.

34 Berent Schwineköper: Zur Deutung der Magdeburger Reitersäule, in: Festschrift Percy Ernst Schramm zu seinem siebzigsten Geburtstag von Schülern und Freunden zugeeignet, Bd. 1, Wiesbaden 1964, S. 117–142, hier S. 128.

35 Goerlitz: Anfänge (wie Anm. 31), S. 79.

36 UBM I, Nr. 362 (S. 224–226).

37 Dieses und das Folgende nach Rudolf Schranil: Stadtverfassung nach Magdeburger Recht. Magdeburg und Halle (= Untersuchungen zur Deutschen Staats- und Rechtsgeschichte 125), Breslau 1915, S. 90 ff.

38 Goerlitz: Anfänge (wie Anm. 31), S. 83 f.

39 In der Schöppenchronik wird gelegentlich die Vakanz von Schöffenstellen beklagt, da der Erzbischof mit der Bestätigung zögere. Vgl. Die Magdeburger Schöppenchronik (wie Anm. 33), S. 218 ff. (passim).

40 Die Eidesformel lautete im späten 15. Jahrhundert: „To deme rechte, dar gy gekorn syn, dat gy deme richtere vnd der stadt rechte ordele vinden willen vnde den scheppenstol noch magdeburgschem rechte vorstan, also gy rechtest konnen vnde weten, vnde des volge hebben vnde des durch neyne sacke laten, dat gik Got so helppe vnde dy Hyligen" (abgedruckt in: Magdeburger Recht, hg. von Friedrich Ebel, Bd. I: Die Rechtssprüche für Niedersachsen [= Mitteldeutsche Forschungen 89/I], Köln-Wien 1983, S. VII).

41 Friedrich Battenberg: Schöffen, Schöffengericht, in: HRG 4, Sp. 1463–1469, hier Sp. 1465 f.

12. Jahrhunderts geht hervor, daß die Schöffen (*maiores, potissimi*) den vornehmen Bürgergeschlechtern und der erzbischöflichen Ministerialität angehörten. Ferner sollten sie frei und unbescholten sowie redegewandt sein. Im übrigen dürften alle Qualifikationsmerkmale des spätmittelalterlichen Richters auch für die Schöffen zutreffen.[42]

Nachdem das Rathaus 1293 abgebrannt war, wurde auch die räumliche Trennung von Rat und Schöffen vollzogen, indem die Schöffen die sogenannte *Schöffenkammer* in der Johannisbergstraße 1 erwarben.[43] Dort hatten sie ihren Sitz bis 1425. Die Geste der rechten Hand des Magdeburger Reiters, der nach ganz herrschender Auffassung einen Kaiser darstellt[44], wird als Hinweis auf diesen Platz gedeutet.[45] Im Jahre 1425 bezogen die Schöffen mit Erlaubnis des Rates und der Innungen ein neues Haus in der Hauptwache 1. Von diesem Schöffenhaus hat sich ein Reliefstein aus dem Jahre 1590, der möglicherweise das Portal schmückte, bis heute erhalten.[46] Da sich die echte Dingstätte des Burggrafengerichtes in der Nähe der Schöffenkammer befand,[47] scheinen neben dem Reiterstandbild auch der untergegangene Roland[48] und das ebenfalls nicht mehr vorhandene Hirschstandbild[49] in einem Zusammenhang mit dieser Örtlichkeit zu stehen.[50]

Für die umfangreichen Schreibarbeiten nahmen die Schöffen wohl zunächst den Stadtschreiber in Anspruch. Im Jahre 1350 stellten sie erstmals einen eigenen Schöffenstuhlschreiber an.[51]

Die Sprüche der Schöffen wurden zunächst mit dem Stadtsiegel gesiegelt. Erst nach der funktionalen und räumlichen Trennung des Rates vom Schöffenkollegium taucht ein eigenes Schöffenstuhlsiegel auf. Eine genauere Datierung ist bislang nicht gelungen.[52] Ein sicherer Nachweis liegt erst aus dem Jahre 1336 vor, doch wird das Siegel schon vorher vorhanden gewesen sein. Möglicherweise besteht hier auch mit der Neubildung des Rates im Jahre 1330[53] ein Zusammenhang. Die drei überlieferten Siegelbilder weisen im wesentlichen die gleiche Darstellung wie der Schöffenhausstein auf.[54] Auch die Umschriften weichen nur geringfügig voneinander ab.[55]

Der Schöffenstuhl sprach zunächst nur nach einheimischem Recht. Die spezifischen Rechte der anderen Städte wurden nicht berücksichtigt. Seit etwa 1400 wandte er jedoch auch zunehmend das *Gemeine Sachsenrecht* an[56], das sich infolge der Weiterentwicklung von Sachsenspiegel und Magdeburger Stadtrecht durch Spruchpraxis und Rechtssetzung allmählich herausbildete.[57] Noch zu Beginn des 16. Jahrhunderts haben die Magdeburger Schöffen das römische Recht fast gänzlich ignoriert.[58]

Für die Verbreitung des Magdeburger Rechts besaß auch die etwa 85 km südlich von Magdeburg gelegene Stadt Halle an der Saale eine gewisse Bedeutung. Wie in Magdeburg übte auch in Halle der Burggraf die hohe Gerichtsbarkeit über die Stadt aus, während die niedere Gerichtsbarkeit dem Schultheißen zukam.[59] Die Salzproduktionsstätte (Talstadt) unterhalb der (Berg-) Stadt unterstand der besonderen Jurisdiktion des erzbischöflichen Salzgrafen. Im Jahre 1263 wurde Halle von der Willkür der erzbischöfli-

42 Vgl. Heiner Lück: Die kursächsische Gerichtsverfassung 1423 bis 1550 (= Forschungen zur deutschen Rechtsgeschichte 17), Köln-Weimar-Wien 1997, S. 232 ff.

43 Schranil: Stadtverfassung (wie Anm. 37), S. 71, 97, 234. Vgl. auch Theodor Goerlitz: Die Magdeburger Schöffensiegel (Hängesiegel, aufgedrückte Siegel und Sekrete) sowie ihre verschiedenartige Verwendung, in: ZRG GA 63 (1943), S. 327–333, hier S. 329.

44 In der Figur wird traditionell Otto I. (936–973) gesehen. Vieles spricht zweifellos für diese Annahme (Schwineköper: Magdeburger Reitersäule, wie Anm. 34, S. 117 ff.). Aber auch ein abstraktes Kaiserbild im Sinne eines „Leibzeichens" ist in Erwägung zu ziehen (ebd., S. 140 f.). Vor einiger Zeit ist wieder die nicht neue Vermutung (ebd., S. 123), es handele sich um Friedrich II. (1212/1220–1250), im Zusammenhang mit der Diskussion um die Rolande favorisiert worden. Vgl. Winfried Trusen: Der „heilige" Roland und das Kaiserrecht, in: Festschrift Nikolaus Grass. Zum 70. Geburtstag dargebracht von Fachkollegen und Freunden, hg. von Kurt Ebert, Innsbruck 1986, S. 395–406, hier S. 401.

45 So auch Schwineköper: Magdeburger Reitersäule (wie Anm. 34), S. 141 und Trusen: Roland (wie Anm. 44).

46 Exakte Beschreibung bei Gerhard Buchda: Schöffenstuhlsiegel I, 1: Magdeburg, in: ZRG GA 61 (1941), S. 262–265. Er zeigt Christus als Weltenrichter auf einem Regenbogen sitzend, die Füße auf der Weltkugel ruhend, mit drei Nägeln, einer Lanze und der Dornenkrone als Attribute seines Martyriums am Kreuz. Die Umschrift lautet: FAC IVSTE VT IVSTIS IVSTVS SIS PRAEMIA IVSTIS IVSTA DEI IVSTI DEXTERA IVSTA DABIT (= Tue recht, daß du seist gerecht den Gerechten, gerechten Lohn den Gerechten wird geben die gerechte Rechte des gerechten Gottes). Übersetzung nach L. Clericus: Das Wappen der Stadt Magdeburg, (Magdeburg) 1884, S. 8.

47 Schwineköper: Magdeburger Reitersäule (wie Anm. 34), S. 129 f.

48 Vgl. Bernd Ulrich Hucker: Der hansestädtische Roland, in: Hanse-Städte-Bünde (wie Anm. 29), S. 474–494.

49 Vgl. Walther Schulz: Der Hirsch mit dem goldenen Halsbande in der mitteldeutschen Überlieferung und das Hirschbild von Magdeburg, in: Jahresschrift f. Mitteldeutsche Vorgeschichte 10 (1956), S. 251–260.

50 Zur Topographie vgl. Theodor Goerlitz: Der Ursprung und die Bedeutung der Rolandsbilder, Weimar 1934, S. 131 sowie die archäologischen Untersuchungen von Ernst Nickel: Der „Alte Markt" in Magdeburg (= Ergebnisse der archäologischen Stadtkernforschung in Magdeburg, hg. von W. Unverzagt, Teil 2), Berlin 1964, S. 5 ff., 29 f., 33.

51 Schranil: Stadtverfassung (wie Anm. 37), S. 98 f.

52 Vgl. Goerlitz: Magdeburger Schöffensiegel (wie Anm. 43), S. 327 ff.

53 UBM I, Nr. 334 (S. 200–203).

54 Vgl. die Beschreibung bei Buchda: Schöffenstuhlsiegel (wie Anm. 46), S. 258 ff.

55 1. Siegel: : + : S': SCABINORVM : DE : MAIDEBOVRCH; 2. Siegel: : + : SIGILLVM : . : SCABINORUM :.: MAGDEBVRGENSIVM; 3. Siegel: S : SCABINORVM. MAGDEBVRGENS (nach Buchda: Schöffenstuhlsiegel, wie Anm. 46).

56 Friedrich Ebel: Die Spruchtätigkeit des Magdeburger Schöppenstuhls für Niedersachsen, in: ZRG GA 98 (1981), S. 30–55.

57 Vgl. Gerhard Buchda: Gemeines Sachsenrecht, in: HRG 1, Sp. 1510–1513.

58 Otto Stobbe: Geschichte der deutschen Rechtsquellen, 1. Abt. (= Geschichte des deutschen Rechts in sechs Bänden, bearb. von G. Beseler, H. Hälschner, J. W. Planck u. a., 1. Bd., 1. Abt.), Braunschweig 1860, S. 281.

59 Heiner Lück: Das Gericht des Burggrafen von Magdeburg zu Halle an der Saale. Eine Skizze nach vorwiegend sächsischen Quellen, in: Vertrauen in den Rechtsstaat (wie Anm. 12), S. 687–701.

chen Beamten befreit. Ferner mußte der Erzbischof den Bürgern zusichern, ohne ihren Willen keine neuen Salzbrunnen zu graben. Einen wichtigen Schritt auf dem Weg zur Selbstverwaltung stellte für die Städte der Erwerb der erzbischöflichen Gerichtsrechte bzw. der Einfluß auf ihre Ausübung dar. So gelang den Bürgern der Stadt Magdeburg 1294 der Ankauf des Burggrafen- und Schultheißenamtes. Wenige Jahre später ging auch in Halle das Burggrafengericht auf einen Bürger über; das Amt des Salzgrafen wurde nicht mehr besetzt. Damit lag die Gerichtsbarkeit in beiden Städten faktisch in städtischer Hand. Formal blieb der Erzbischof zwar Gerichtsherr, doch durfte er Schultheißenamt und Schöffenbank nur noch mit den von der Stadt gewählten Personen besetzen. Demzufolge symbolisierten die steinernen Rolandfiguren[60] (in Halle als steinerne Kopie des 18. Jahrhunderts noch vorhanden[61], in Magdeburg im 17. Jahrhundert zerstört[62]) die landesherrliche, d.h. erzbischöflich-burggräfliche, Gerichtsbarkeit über die jeweilige Stadt. Im Jahre 1310 bestätigte Erzbischof Burchard III. (1307–1325) der Stadt Halle ihr eigenes Recht („burkore"). Auch in Halle wurde mit der Herausbildung des Rates (erstmals 1258 genannt) die Funktion der Schöffen ausschließlich auf die Rechtsprechung beschränkt, während alle Verwaltungsaufgaben dem Rat zufielen.

Hier muß im 12. Jahrhundert bereits eine besondere Rechtsordnung, die den Magdeburger Verhältnissen sehr ähnlich war, existiert haben. Die im 12. Jahrhundert neu gegründete Stadt Leipzig sollte nach hallisch-magdeburgischem Recht leben.[63] Um 1181 soll dieses Recht an Neumarkt in Schlesien weitergegeben worden sein.[64] Das „Sächsische Weichbild"[65] weist ausdrücklich auf die exponierte Stellung Halles in der Magdeburger Stadtrechtsfamilie hin: Alle Rechtsuchenden aus Polen, Böhmen, Mähren sowie aus den Marken Lausitz und Meißen sollten sich mit Rechtsfragen nach Halle wenden.[66] Dementsprechend erteilten die hallischen Schöffen der schlesischen Stadt Neumarkt 1235 jene Rechtsweisung, die dadurch berühmt geworden ist, daß sie erstmals auf den Sachsenspiegel Bezug nimmt.[67] Damit war von Halle aus der erste Schritt der Sachsenspiegelrezeption in Richtung Osten getan, dem weitere folgten. Gleichzeitig war damit die Verbindung von Magdeburger Recht und Sachsenspiegel hergestellt, die sich auf dem Weg nach Osten als zukunftsträchtig erweisen sollte.

Seit dem 15. Jahrhundert erschwerten zwei allgemeine Erscheinungen in der deutschen Rechts- und Verfassungsgeschichte die Arbeit der ausschließlich mit Laien besetzten Schöffenstühle. Zum einen wurde der Bedarf an gelehrter Rechtsprechung infolge der Rezeption der fremden Rechte immer offensichtlicher. Zwischen der Laienrechtsprechung und dem gelehrten Recht tat sich eine Diskrepanz auf, die man mit der Inanspruchnahme der Juristenfakultäten der Universitäten an Stelle und neben den alten Schöffenstühlen zu überbrücken suchte. Zum anderen etablierten sich die Territorien als Gebiete mit einer in sich abgeschlossenen Gerichtsverfassung, die bei dem Fürsten oder seinem Hofgericht ihre Spitze haben sollten. Dieses Selbstverständnis der Territorialherren trug dazu bei, den „Rechtszug" an Spruchkollegien außerhalb ihres Territoriums durch Verbot abzuschneiden. Ein solches Verbot erging z.B. 1432 in Kursachsen, das insbesondere die Rechtseinholung aus Magdeburg unterbinden sollte.[68] Eingehalten wurde es jedoch nicht. Im Jahre 1540 folgte das Herzogtum Preußen mit einem ganz ähnlichen Verbot.

Das Jahr 1547 markiert einen existentiellen Einschnitt in der Geschichte des Magdeburger Schöffenstuhls.[69] Nach der Verhängung der Reichsacht über Magdeburg am 27. Juli 1547 ergingen Verbote an die Städte der Ober- und Niederlausitz sowie Schlesiens, Böhmens und Mährens. Fortan sollten sie nicht mehr ihr Recht aus Magdeburg, sondern aus Prag holen. Am 26. Juni 1549 hob Kaiser Karl V. (1519–1556) den Magdeburger Schöffenstuhl sogar auf. Seine Aufga-

60 Winfried Trusen: Rolandsäulen, in: HRG 4, Sp. 1102–1106.

61 Vgl. Heiner Lück: Der Roland und das Burggrafengericht zu Halle. Ein Beitrag zur Erforschung der Gerichtsverfassung im Erzstift Magdeburg, in: Europa in der Frühen Neuzeit. Festschrift für Günter Mühlpfordt, Bd. 1: Vormoderne, hg. von Erich Donnert, Weimar-Köln-Wien 1997, S. 61–81.

62 Antonius David Gathen: Rolande als Rechtssymbole. Der archäologische Befund und seine rechtshistorische Deutung (= Neue Kölner rechtswiss. Abhandlungen 14), Berlin 1960, S. 17 ff., 32 f., 40, 102 ff.

63 Codex diplomaticus Saxoniae regiae II/8 (= Urkundenbuch der Stadt Leipzig, T. 1, hg. von Karl Friedrich v. Posern-Klett), Leipzig 1868, Nr. 2. Es handelt sich wahrscheinlich um eine Fälschung aus dem Jahre 1216.

64 Schubart-Fikentscher: Verbreitung (wie Anm. 27), S. 190.

65 Oppitz: Deutsche Rechtsbücher I (wie Anm. 24), S. 47.

66 Sächs. Weichbild X § 1: „Nu vornemet, wy dy stat zu Meideborg allererst besazt wart mit des landes wilkor unde mit bestetigkeit an dem rechte, wy sie noch wichbilderecht hat, unde dy eldiste von dem lande ist, und Halle daruz gestifft ist; unde darumme sollen alle dy von Polen unde die von Behemen, unde uz der marcke zu Lusiz unde von den steten allen, die dorinne begriffen sien, ir recht zu Halle holen." (Das saechsische Weichbildrecht, wie Anm. 26).

67 UBH I, Nr. 224 (S. 206–214).

68 Abgedr. bei Theodor Distel: Beiträge zur älteren Verfassungsgeschichte des Schöppenstuhls zu Leipzig, in: ZRG GA 20 (1887), S. 89–115, hier S. 110–111.

69 Das Folgende nach Eugen Schiffer: Der Schöppenstuhl zu Magdeburg. Festschrift zur Einweihung des neuen Justizgebäudes in Magdeburg, Magdeburg 1905, S. 16 ff. u. Fritz Markmann: Zur Geschichte des Magdeburger Rechts, in: Magdeburg in der Politik der deutschen Kaiser. Beiträge zur Geopolitik und Geschichte des ostfälischen Raums. Anläßlich der 1000jährigen Wiederkehr der Thronbesteigung Ottos des Großen hg. von der Stadt Magdeburg, Heidelberg-Berlin 1936, S. 114–128.

Osteuropa zwischen Weichsel und Dnjepr – die Verbreitung des sächsisch-magdeburgischen Rechts in Europa

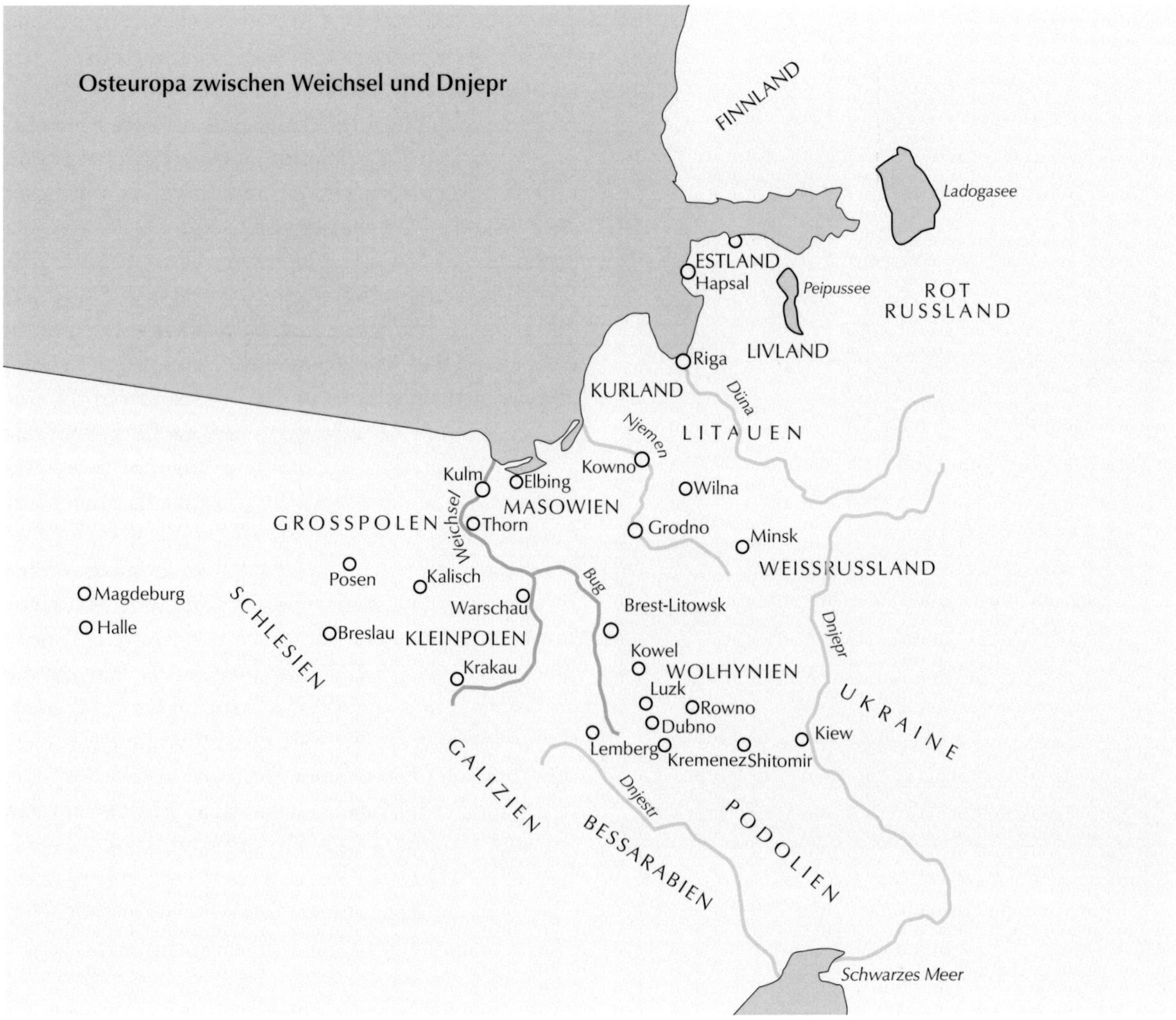

ben sollte die Juristenfakultät der Universität Frankfurt an der Oder wahrnehmen.[70] Doch gelang es der Stadt Magdeburg mit der Vermittlungshilfe des sächsischen Kurfürsten August (1553–1585), den Schöffenstuhl im Jahre 1554 nach Magdeburg zurückzuholen. In den folgenden Jahren finden sich auch gelehrte Juristen[71] im Schöffenstuhl, um den Anforderungen des eindringenden fremden Rechts gerecht zu werden.

Die große Zeit des Schöffenkollegiums war jedoch vorüber. Es hat weder qualitativ noch quantitativ[72] an seine rechtsschöpferischen Leistungen des Spätmittelalters anknüpfen können. In den benachbarten Juristenfakultäten (Frankfurt an der Oder, Jena, Helmstedt, Leipzig, Wittenberg) und Schöffenstühlen moderneren Typs (etwa Brandenburg, Halle, Jena, Leipzig, Wittenberg) waren den Magdeburger Schöffen starke Konkurrenten erwachsen, die zudem durch eine entsprechende territorialstaatliche Gesetzgebung begünstigt wurden. Eine Verordnung des Administrators des säkularisierten Erzstifts Magdeburg vom 8. September 1586, wonach im Erzstift nur noch von den Schöffenstühlen Magdeburg und Halle[73] Rechtssprüche eingeholt werden sollten, konnte sich nicht durchsetzen.[74]

Am 10./20. Mai 1631 zerstörten die Truppen Tillys die Stadt Magdeburg. Auch das Schöffenhaus mit dem Schöffenstuhlsarchiv wurde vernichtet.[75] Tausende von Schöffenspruchabschriften und Registereinträgen sind damit der Forschung für immer verloren gegangen. An Versuchen, den Schöffenstuhl wieder aufzurichten, hat es nach dem Westfälischen Frieden nicht gefehlt. So erklärte der Administrator

70 Vgl. dazu auch Jörgen Haalck: Zur Spruchpraxis der Juristenfakultät Frankfurt an der Oder, in: Heimatkunde und Landesgeschichte. Zum 65. Geburtstag von Rudolf Lehmann, hg. von Friedrich Beck (= Veröffentlichungen des Brandenburgischen Landeshauptarchivs 2), Weimar 1958, S. 151–169.

71 Schiffer: Schöppenstuhl zu Magdeburg (wie Anm. 69), S. 17, führt ohne nähere Nachweise die Doktoren Joachim Gregorii, Franz Pfeil, Jakob Alemann, Matthias Schröder, Moritz Busso, Zacharias Kock, Ulrich Sturm und Heinrich Walter auf.

72 Von 1414 bis 1547 sind allein 450 Rechtssprüche an die Stadt Görlitz ergangen. Breslau erhielt zwischen 1425 und 1532 242 Sprüche aus Magdeburg (Stobbe, wie Anm. 58, S. 278 f.).

73 Zum hallischen Schöffenstuhl vgl. Gerhard Buchda: Zur Geschichte des hallischen Schöppenstuhls, in: ZRG GA 67 (1950), S. 416–440.

74 Forschungen über den Schöffenstuhl nach 1547 fehlen bislang. Friedrich Ebel hat immerhin die herkömmliche Aussage relativiert, wonach der Schöffenstuhl aufgehört habe, für die deutsche Rechtsentwicklung zu existieren. Vgl. Ebel: Spruchtätigkeit (wie Anm. 56), S. 33.

75 Reste des Archivs sollen aus Unkenntnis in der Elbe versenkt worden sein (Stobbe, wie Anm. 58, S. 282).

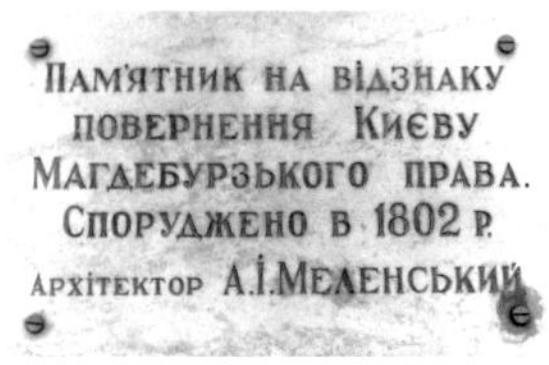

Denkmal des Magdeburger Rechts in Kiew

am 21. November 1668, daß er die Wiedereinrichtung eines Schöffenstuhls in Magdeburg erwäge. Doch dagegen protestierte der Rat, wohl in Ansehung der zu erwartenden Kosten, bei dem Kurfürsten von Brandenburg in dessen Eigenschaft als designierter neuer Landesherr über Magdeburg. Dieser wies ein solches Ansinnen unter dem 8./18. Januar 1669 zurück. Als Argument wurde die Vielzahl von Juristenfakultäten und anderer Schöffenstühle in der näheren Umgebung Magdeburgs angeführt. Nach der 1680 erfolgten Übernahme des weltlichen Herzogtums Magdeburg erklärte der „Große Kurfürst" Friedrich Wilhelm von Brandenburg (1640–1688) am 26. Mai 1686 endgültig, daß in Magdeburg kein neuer Schöffenstuhl errichtet werde. Gleichzeitig wurden alle Rechtsuchenden angehalten, sich an den Schöffenstuhl zu Halle zu wenden. Bemerkenswert ist, daß noch im 17. und 18. Jahrhundert vereinzelt Akten an den Magdeburger Schöffenstuhl zum Verspruch gesandt wurden. Mit entsprechenden Vermerken gelangten sie an den Brandenburger Schöffenstuhl[76].

Der rapide Niedergang konnte Ruhm und Bedeutung des Magdeburger Schöffenstuhls für die deutsche und osteuropäische Rechtsentwicklung nicht ungeschehen machen. Außer dem Rat von Lübeck ist es keinem anderen vergleichbaren Spruchkollegium gelungen, eine derartig weitreichende geographische und zeitliche Wirkung zu entfalten.

III.

In enger Verbindung mit dem Sachsenspiegel gelangte das Magdeburger Recht nach Schlesien, Polen, in das Deutschordensland, in das Baltikum, in die Ukraine, nach Böhmen, Mähren, in die Slowakei und nach Ungarn. Die eigenartige Symbiose, welche der Sachsenspiegel mit dem Magdeburger Recht auf dem Weg nach Osteuropa einging, kommt in den Quellen durch die Bezeichnungen *ius Theutonicum*, *ius Maideburgense* und *ius Saxonum* zum Ausdruck, welche ursprünglich unterschiedliche Inhalte hatten. Davon setzte sich *ius Maideburgense* (Magdeburger Recht) als die umfassende Bezeichnung für das sächsische Landrecht und das Magdeburger Stadtrecht, oft auch für das deutsche Recht (*ius Theutonicum*) schlechthin, durch.[77] Die moderne Forschung erfaßt dieses Ineinandergreifen daher mit dem Begriff „sächsisch-magdeburgisches Recht".

Wie die frühen Rechtsmitteilungen aus Magdeburg und Halle schon andeuten, spielte das (bis 1335) polnische Herzogtum Schlesien[78] eine wichtige Mittlerrolle bei der Rezeption des sächsisch-magdeburgischen Rechts im Osten.[79] Noch im 13. Jahrhundert wurden Goldberg (1211)[80], Breslau (vor 1241)[81], Neumarkt (1235)[82], Glogau (1263)[83] u.a. mit Magdeburger Recht bewidmet.[84] In Breslau entstand eine örtliche Bearbeitung des Sachsenspiegels in Gestalt des Breslauer Landrechts[85]. Auch das Stadtrecht von Magdeburg erfuhr hier eine besondere Weiterentwicklung, die unter der Bezeichnung Magdeburg-Breslauer systematisches Schöffenrecht[86] bekannt wurde. Im Jahre 1261 hatten die Magdeburger Schöf-

76 Über seine Spruchtätigkeit vgl. Adolf Stölzel: Die Entwicklung der gelehrten Rechtsprechung, untersucht auf Grund der Akten des Brandenburger Schöppenstuhls, 2 Bde., Berlin 1901; Otto Tschirsch: Der Brandenburger Schöppenstuhl, in: Brandenburg / Oberlandesgericht. Festgabe zur Eröffnung, hg. von Peter Macke, Baden-Baden 1993, S. 13–35 (Neudruck der erstmals 1922 erschienenen Arbeit).

77 Vgl. dazu Lieberwirth: Das sächsisch-magdeburgische Recht (wie Anm. 27), S. 5 ff.

78 W. Wegener: Schlesien, in: HRG 4, Sp. 1413–1426.

79 Vgl. auch Walter Kuhn: Die deutschrechtlichen Städte in Schlesien und Polen in der ersten Hälfte des 13. Jahrhunderts, Marburg 1968.

80 Vgl. auch Hugo Weczerka: Goldberg, in: Handbuch der historischen Stätten. Schlesien, hg. von Hugo Weczerka, Stuttgart 1977, S. 139–141.

81 Vgl. auch Wolf-Herbert Deus: Breslau, in: Handbuch Schlesien (wie Anm. 80), S. 38–54, u. die Edition Magdeburger Recht, hg. von Friedrich Ebel, Bd. II: Die Rechtsmitteilungen und Rechtssprüche für Breslau, Teil 1: Die Quellen von 1261 bis 1452, Teil 2: Die Quellen von 1453 bis zum Ende des 16. Jahrhunderts (= Mitteldeutsche Forschungen 89/II/1 u. 2), Köln-(Weimar)-Wien 1989/1995.

82 Vgl. Hugo Weczerka: Neumarkt, in: Handbuch Schlesien (wie Anm. 80), S. 342–347.

83 Vgl. auch Hans-Ludwig Abmeier: Glogau, in: Handbuch Schlesien (wie Anm. 80), S. 127–134.

84 Schubart-Fikentscher: Verbreitung (wie Anm. 27), S. 157, 164 ff.

85 Oppitz: Deutsche Rechtsbücher I (wie Anm. 24), S. 30 f.; W. Wegener: Schlesisches Landrecht, in: HRG 4, Sp. 1426–1429.

86 Oppitz: Deutsche Rechtsbücher I (wie Anm. 24), S. 49.

fen der Stadt Breslau eine umfassende Rechtsmitteilung erteilt[87] und zudem wohl auch ein vollständiges Exemplar des Sachsenspiegels übersandt.[88] Vielleicht war es gerade jene Handschrift, welche Bischof Thomas II. von Breslau (1270–1292) zwischen 1272 und 1292 von dem deutschen Notar Konrad von Oppeln in das Lateinische übersetzen ließ (Versio Vratislaviensis[89]). Etwa zweihundert Jahre später (zwischen 1484 und 1493) verfaßte der Breslauer Handelsherr und Schöffe Kaspar Popplau das Rechtsbuch „Der Rechte Weg"[90], das er auf das Magdeburg-Breslauer systematische Schöffenrecht, das Breslauer Landrecht sowie auf Magdeburger, Hallenser, Leipziger und Dohnaer[91] Schöffensprüche stützte.

Als Oberhöfe verbreiteten Breslau und Neumarkt das Magdeburger Recht in Form von Rechtsmitteilungen weiter. Bis zur Mitte des 14. Jahrhunderts erhielten Liegnitz (1266)[92], Ratibor (1299)[93], Schweidnitz (1363)[94], Namslau (vor 1359)[95] und Haynau (1333)[96] Magdeburg-Breslauer Recht.[97] Bewidmungen mit Neumarkter Recht erfolgten u.a. in Kosten-

IVS MVNICIPALE.
To iest/
Prawo Miejskie
Maydeburskie / nowo z Łacińskiego y z Niemieckiego ná Polski iezyk z pilnością y wiernie przełożone.
Przez PAWLA SZCZERBICZA ná ten czás SYNDIKA LWOWSKIEGO.
Cum Gratia & Priuilegio S. R. M.
Drukowano
We Lwowie / kosztem y nakłádem tegoż Páwłá Szczerbicá własnym.
M. D. LXXXI.

Magdeburger Recht, hg. von Pawel Szczerbicz, Lemberg, 1581

87 Magdeburger Recht, hg. von Friedrich Ebel (wie Anm. 81), Bd. II, Teil 1, Nr. 1.

88 Karl Kroeschell: Rechtswirklichkeit und Rechtsbücherüberlieferung. Überlegungen zur Wirkungsgeschichte des Sachsenspiegels, in: Text-Bild-Interpretation. Untersuchungen zu den Bilderhandschriften des Sachsenspiegels, 1. Textband, hg. von Ruth Schmidt-Wiegand, München 1986, S. 1–10.

89 Oppitz: Deutsche Rechtsbücher I (wie Anm. 24), S. 26; vgl. dazu Ilpo Tapani Piirainen: Der Sachsenspiegel von Conrad von Oppeln und Rechtshandschriften für Breslau, in: Die Anfänge des Schrifttums in Oberschlesien bis zum Frühhumanismus. Im Auftrag der Stiftung Haus Oberschlesien hg. von Gerhard Koselleck, Frankfurt a.M.-Berlin-Bern-New York-Paris-Wien 1997, S. 237–250.

90 Renate Schelling-Schiewer: „Der Rechte Weg". Zur Edition eines spätmittelalterlichen Rechtskompendiums, in: Jb. der Schlesischen Wilhelms-Universität zu Breslau 30 (1989), S. 293–300; vgl. dazu auch demnächst Der Rechte Weg. Ein Breslauer Rechtsbuch des 15. Jahrhunderts, hg. von Friedrich Ebel unter Mitarbeit von Wieland Carls u. Renate Schelling, Köln-Weimar-Wien (im Druck).

91 Vgl. auch Harald Schieckel: Dohna, in: Handbuch der historischen Stätten Deutschlands, Bd. 8: Sachsen, hg. von Walter Schlesinger, Stuttgart 1965 (Neudruck 1990), S. 63–65; Harald Lilge: Der Schöppenstuhl zu Dohna, jur. Diss. Breslau 1940, Dresden 1940.

92 Zu Liegnitz vgl. auch Hugo Weczerka: Liegnitz, in: Handbuch Schlesien (wie Anm. 80), S. 282–295; Theodor Goerlitz: Das Magdeburger Recht in Liegnitz, in: Liegnitz. 700 Jahre einer Stadt deutschen Rechts …, hg. von Th. Schönborn, Breslau 1942, S. 24–32; Ilpo Tapani Piirainen: Die Schöffenbücher von Legnica/Liegnitz. Ein Beitrag zum Frühneuhochdeutschen in Slask/Schlesien, in: Neuphilologische Mitteilungen 91 (1990), S. 417–430; ders.: Das Stadtbuch von Legnica/Liegnitz aus den Jahren 1371–1445. Ein Beitrag zum Frühneuhochdeutschen in Slask/Schlesien, in: Studia Neerlandica et Germanica, Wroclaw/Breslau 1992, S. 287–193.

93 Georg Hyckel: Ratibor, in: Handbuch Schlesien (wie Anm. 80), S. 426–430.

94 Vgl. auch Leonhard Radler: Schweidnitz, ebd., S. 491–496, und die Edition Die Magdeburger Schöffensprüche und Rechtsmitteilungen für Schweidnitz, bearb. von Theodor Goerlitz u. Paul Gantzer (= Die Magdeburger Schöffensprüche und Rechtsmitteilungen, Reihe VII: Schlesien, Bd. 1), Stuttgart 1940.

95 Vgl. Hugo Weczerka: Namslau, in Handbuch Schlesien (wie Anm. 80), S. 326–328.

96 Vgl. auch Hugo Weczerka: Haynau, ebd., S. 178–180.

97 Schubart-Fikentscher: Verbreitung (wie Anm. 27), S. 158, 180 ff.

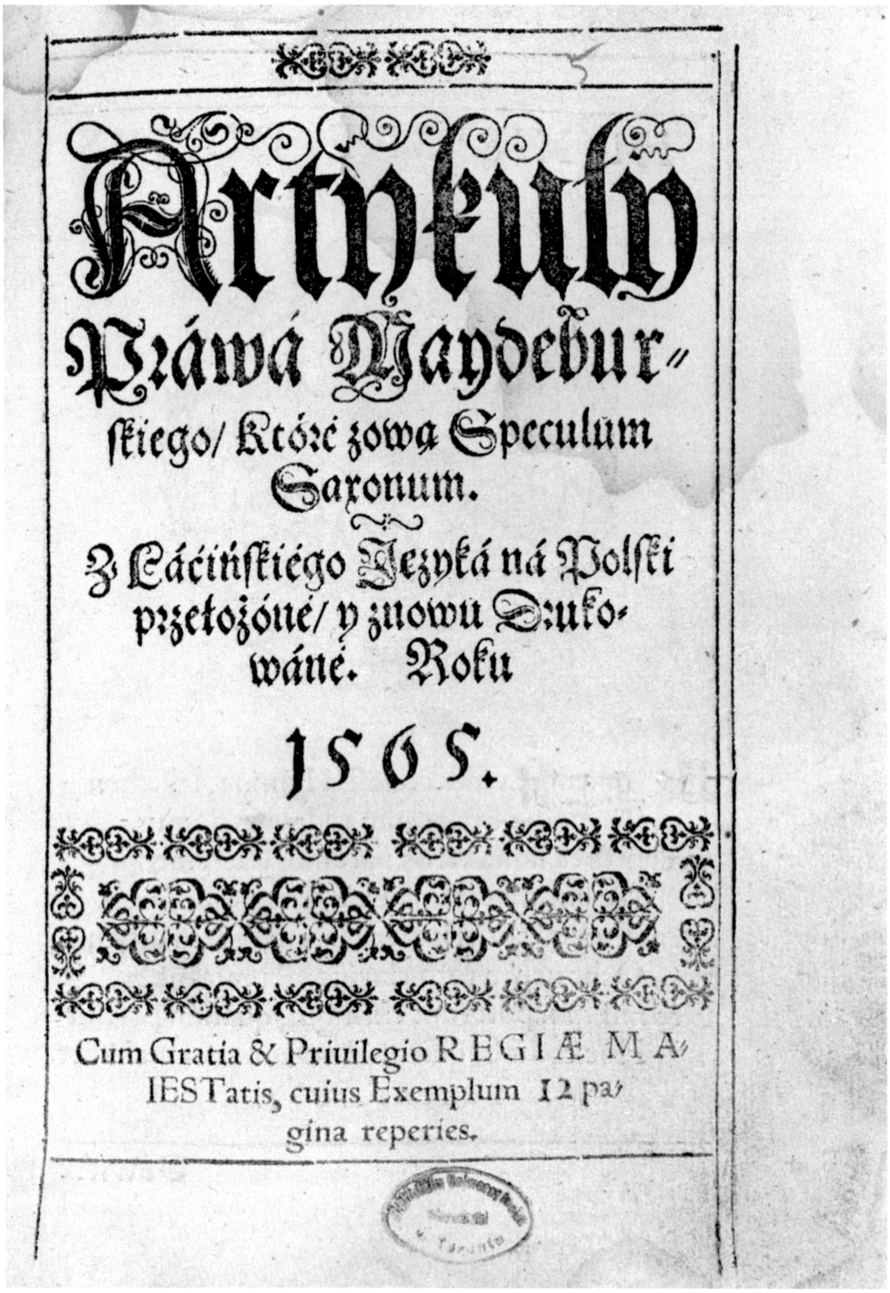
Artykuły
Práwá Maydebur-
ſkiego/ Które zową Speculum
Saxonum.
Z Láćińſkiego Języká ná Polſki
przełożóne/ y znowu Druko-
wáne. Roku
1565.
Cum Gratia & Priuilegio REGIÆ MA-
IESTatis, cuius Exemplum 12 pa-
gina reperies.

Polnischer Druck des sächsisch-magdeburgischen Rechts, 1565

blut[98] (1214), Viehau (1214), Ujest[99] (1223), Leubus[100] (1249), Reichenbach[101] (1250), Brieg[102] (1250), Trebnitz[103] (1250), Oels[104] (1255), Grottkau[105] (1268) und Oppeln[106] (1327).[107]

Sowohl das Neumarkter[108] als auch das Löwenberger Rechtsbuch[109] aus dem frühen 14. Jahrhundert stellen regionalbezogene Bearbeitungen des Sachsenspiegels dar. Den Sachsenspiegel reflektieren weiterhin das von Nikolaus Wurm[110] verfaßte Liegnitzer Rechtsbuch[111] und das Glogauer Rechtsbuch.[112] Das darin niedergeschriebene Recht diente als Grundlage für die Bewidmung vieler Siedlungen in den schlesischen Herzogtümern.[113]

Von Schlesien aus wurden das Magdeburger Stadtrecht und der Sachsenspiegel nach Polen übernommen.[114] Nach den bezeugten Sachsenspiegelhandschriften muß Kleinpolen als ein Zentrum der Verbreitung des deutschen Rechtsbuchs in Polen angesehen werden.[115] Dafür bildet wohl die Handschrift, welche 1308 in Breslau für die Stadt Krakau[116] angefertigt worden war, den Ausgangspunkt.[117] Die Stadt Krakau war bei ihrer Neugründung im Jahre 1257 mit Magdeburg-Breslauer Recht bewidmet worden. Von hieraus verbreiteten sich Sachsenspiegel und Magdeburger Recht in östliche Richtung nach Rotreußen und nordwärts nach Großpolen.[118] So wird im Jahre 1253 die Stadt Posen mit Magdeburger Recht bewidmet, wo auch ein Oberhof für die großpolnischen Städte deutschen Rechts tätig war.[119]

Für die kleinpolnischen Städte deutschen Rechts ließ der polnische König Kasimir der Große (1333–1370) 1356 auf der Krakauer Burg ein besonderes Gericht als Oberhof einrichten.[120] Bei dieser Gelegenheit schaffte der König wohl auch eine Handschrift des Sachsenspiegels und weitere Bücher des Magdeburger Rechts an, um den deutschen Rechtsbüchern in seinem Reich Geltung zu verschaffen. Kasimir sorg-

98 Vgl. auch Gotthard Münch: Kostenblut, in: Handbuch Schlesien (wie Anm. 80), S. 243–244.

99 Vgl. auch Walter Kuhn: Ujest, ebd., S. 549–550.

100 Vgl. auch Josef Joachim Menzel: Leubus, ebd., S. 277–279.

101 Vgl. auch Hugo Weczerka: Reichenbach, ebd., S. 433–438.

102 Vgl. Helmut Neubach: Brieg, ebd., S. 54–58.

103 Joseph Gottschalk: Trebnitz, ebd., S. 542–544.

104 Vgl. Hugo Weczerka: Oels, ebd., S. 368–373.

105 Vgl. auch Helmut Neubach: Grottkau, ebd., S. 162–164.

106 Vgl. dazu auch Walter Kuhn: Oppeln, ebd., S. 378–385.

107 Schubart-Fikentscher: Verbreitung (wie Anm. 27), S. 194 f.

108 Oppitz: Deutsche Rechtsbücher I (wie Anm. 24), S. 60; Dietlinde Munzel: Neumarkter Rechtsbuch, in: HRG 3, Sp. 955–956.

109 Oppitz: Deutsche Rechtsbücher I (wie Anm. 24), S. 61.

110 Vgl. Brigitte Janz: Wurm, Nikolaus, in: HRG 5 (1998), Sp. 1546–1548.

111 Oppitz: Deutsche Rechtsbücher I (wie Anm. 24), S. 58.

112 Ebd., S. 62 f.

113 Zur politisch-territorialen Entwicklung Schlesiens vgl. Hugo Weczerka: Geschichtliche Einführung, in: Handbuch Schlesien (wie Anm. 80), S. XVI–XCIII, hier S. XXXIV–XLVII.

114 Vgl. M. Herberger: Kolonisation, in: HRG 2 (1978), Sp. 954–960, hier Sp. 957.

115 Elisabeth Nowak: Die Verbreitung und Anwendung des Sachsenspiegels nach den überlieferten Handschriften, Diss. Hamburg 1965, Mskr., S. 325.

116 Vgl. dazu auch Antonia Jelicz: Das alte Krakau. Alltagsleben vom 13. bis zum 15. Jahrhundert, Leipzig 1981, S. 20 ff.

117 Vgl. dazu zuletzt Dagmar Hüpper: Auftraggeber, Schreiber und Besitzer von Sachsenspiegel-Handschriften, in: Der Sachsenspiegel als Buch, hg. von Ruth Schmidt-Wiegand u. Dagmar Hüpper (= Germanistische Arbeiten zu Sprache und Kulturgeschichte 1), Frankfurt a.M.-Bern-New York-Paris 1991, S. 57–104, hier S. 70 ff. Vgl. die Edition Der Sachsenspiegel aus Oppeln und Krakau, hg. von Ilpo Tapani Piirainen u. Winfried Waßer (= Schriften der Stiftung Haus Oberschlesien, Landeskundliche Reihe, Bd. 10), Berlin 1996.

118 Nowak (wie Anm. 115), S. 325.

119 Schubart-Fikentscher: Verbreitung (wie Anm. 27), S. 310 ff., u. die Edition Magdeburger Schöffensprüche für die Hansestadt Posen und andere Städte des Warthelandes, bearb. von Theodor Goerlitz (= Die Magdeburger Schöffensprüche und Rechtsmitteilungen, Reihe VIII: Wartheland, 1. Bd.), Stuttgart 1944.

te auch für zahlreiche Privilegierungen in den neu gewonnenen Ostgebieten Wolhynien, Halicz, Galizien und Podolien. Für Kleinpolen und Galizien werden ca. 650 Ortschaften, für Großpolen ca. 150 Städte und zahlreiche Dörfer deutschen Rechts angenommen.[121]

In zahlreichen Rechtsbüchern des Magdeburger Rechts, die in diesen Städten und Dörfern benutzt wurden, wird der Sachsenspiegel nur mittelbar berührt. In anderen tritt er jedoch um so stärker hervor.[122] Zu den letzteren gehören das Zwickauer Stadtrechtsbuch[123] (ca. 1348 bis ca. 1358) und das Meißener Rechtsbuch[124] (1357–1387). Vor allem durch das Meißener Rechtsbuch, welches Kaiserrecht, Landrecht und Stadtrecht in sich vereinigte,[125] gelangten Bestimmungen des Sachsenspiegels nach Polen. Hier beeinflußte es das Elbinger Rechtsbuch[126] und das Posener Buch des Magdeburger und Meißener Rechts[127]. Das aus Halle stammende Neumarkter Recht wurde während des 13. und 14. Jahrhunderts an Nowy Targ am Dunajec (1254), Mstow, Brzesko, Tarnow (1279), Kalisch (1282), Kobylin (1203) und Kazimierz (1318) übertragen.[128] Magdeburgisches Recht besaßen weiterhin Sandomir (vor 1244), Pudlein (1244) u.a.[129]

Magdeburger Roland, Darstellung aus der Chronik der Sachsen und Niedersachsen des Johannes Pomarius, 1588

120 Ludwik Lysiak: Ius supremum Maydeburgense castri Cracoviensis 1356–1794. Organisation, Tätigkeit und Stellung des Krakauer Oberhofs in der Rechtsprechung Altpolens (= IUS COMMUNE, Sonderhefte 49), Frankfurt a.M. 1990, S. 15 ff.; Decreta iuris supremi Magdeburgensis castri Cracoviensis. Die Rechtssprüche des Oberhofs des deutschen Rechts auf der Burg Krakau 1456–1481, hg. u. eingeleitet von Ludwik Lysiak u. Karin Nehlsen-von Stryk (= IUS COMMUNE. Sonderhefte 68), Frankfurt a.M. 1995; Karin Nehlsen-von Stryk: Das sächsisch-magdeburgische Recht in der Spruchtätigkeit des Oberhofs des deutschen Rechts auf der Burg zu Krakau, in: Wirkungen europäischer Rechtskultur. Festschrift für Karl Kroeschell zum 70. Geburtstag, hg. von Gerhard Köbler u. Hermann Nehlsen, München 1997, S. 829–850.

121 Lieberwirth: Das sächsisch-magdeburgische Recht (wie Anm. 27), S. 13.

122 Leslaw Pauli: Polnische Literatur des Magdeburger Rechts im 16. Jahrhundert, in: Studien zur Geschichte des sächsisch-magdeburgischen Rechts in Deutschland und Polen, hg. von Dietmar Willoweit u. Winfried Schich (= Rechtshistorische Reihe 10), Frankfurt a.M.-Bern-Cirencester 1980, S. 150 ff.

123 Oppitz: Deutsche Rechtsbücher I (wie Anm. 24), S. 55; Dietlinde Munzel-Everling: Zwickauer Rechtsbuch, in: HRG 5, Sp. 1859–1862.

124 Oppitz: Deutsche Rechtsbücher I (wie Anm. 24), S. 55 ff.; Dietlinde Munzel: Meißener Rechtsbuch, in: HRG 3, Sp. 461–463; Ulrich-Dieter Oppitz: Zum Meißner Rechtsbuch, in: Wirkungen europäischer Rechtskultur (wie Anm. 120), S. 907–914..

125 Munzel: Meißener Rechtsbuch (wie Anm. 124), Sp. 462.

126 Oppitz: Deutsche Rechtsbücher I (wie Anm. 24), S. 57.

127 Ebd., S. 53; Dietlinde Munzel: Posener Rechtsbuch, in: HRG 3, Sp. 1831–1832.

128 Schubart-Fikentscher: Verbreitung (wie Anm. 27), S. 283.

129 Ebd., S. 292 ff.

Im Deutschordensland vollzog sich die Rezeption des sächsisch-magdeburgischen Rechts vor allem über die *Kulmer Handfeste*[130]. Dieses Stadtrechtsprivileg[131] wurde 1233 vom Hochmeister des Deutschen Ordens[132] den Städten Thorn[133] und Kulm[134] verliehen. Beide Städte entwickelten sich zu Metropolen deutschen Rechts in diesem Gebiet und trugen als Oberhöfe zur weiteren Verbreitung des sächsisch-magdeburgischen Rechts bei. Darüber hinaus wurden sowohl in Kulm als auch in Thorn weitere Rechtsbücher angefertigt. So entstand gegen Ende des 14. Jahrhunderts in Kulm ein Rechtsbuch, welches auf dem Magdeburg-Breslauer systematischen Schöffenrecht, Magdeburger Schöffensprüchen und dem Schwabenspiegel[135] beruht. Unter der Bezeichnung „der alte Kulm" fand es im Deutschordensland, in Polen und in der Ukraine große Verbreitung. In vielen Handschriften wurden Bestimmungen aus den sächsischen Rechtsbüchern hinzugefügt.[136] Wahrscheinlich in Thorn kam es zwischen 1386 und 1402 zur Aufzeichnung eines Rechtsbuches mit dem Titel „Magdeburger Fragen", das auf dem „alten Kulm" sowie Krakauer und Thorner Quellen beruht.[137] Ebenfalls in Thorn verfaßte der Stadtschreiber Walter Ekhardi zwischen 1400 und 1402 auf Grundlage verschiedener Bücher des Magdeburger Rechts und des Sachsenspiegels eine neue systematische Sammlung, die den Namen „Neun Bücher des Magdeburger Rechts"[138] erhielt und u.a. das Danziger Schöffenbuch[139] aus dem späten 15. Jahrhundert beeinflußte. Von Kulm wurden viele Orte Masowiens mit Magdeburger Recht ausgestattet.[140] Im Laufe des 15. Jahrhunderts gelangte Magdeburger Recht bugaufwärts in verschiedene Städte Podlachiens.[141] In diesen Städten und Dörfern wurde in erster Linie Magdeburger Stadtrecht angewandt. Doch auch dort, wo das Magdeburger Stadtrecht ohne ausdrückliche Bezugnahmen auf den Sachsenspiegel übernommen wurde, beeinflußte es das örtliche Landrecht.[142]

In Litauen sind u. a. Wilna (1387), Brest-Litowsk (1390), Kowno (1391?) und Grodno (1391) als Städte Magdeburger Rechts bezeugt.[143] Von hier aus gelangte Magdeburger Recht nach Weißrußland[144], wo es insbesondere die Verfassung der Stadt Minsk (1496) prägte.[145] Vermittelt durch das hamburgische Recht beeinflußten das Magdeburger Recht und der Sachsenspiegel seitdem auch die Rechtsentwicklung der Städte Riga[146], Reval[147] und Hapsal.[148]

Die Wirksamkeit des Magdeburger Rechts und des Sachsenspiegels in den baltischen Gebieten ist jedoch vor allem durch den *Livländischen Spiegel*[149] dokumentiert. Das um die Mitte des 14. Jahrhunderts entstandene Rechtsbuch enthält eine an den baltischen Verhältnissen orientierte Bearbeitung des Land- und Lehnrechts. Um 1400 ging der Livländische Spiegel im sogenannten *Mittleren livländischen Ritterrecht*

130 B. Koehler: Kulmer Handfeste, in: HRG 2, Sp. 1244–1246; Dietmar Willoweit: Kulmer Handfeste, in: Lexikon des Mittelalters (LexMA), Bd. 5, München-Zürich 1991, Sp. 1564–1565; Guido Kisch: Die Kulmer Handfeste (= Forschungen zur Rechts- und Sozialgeschichte des Deutschordenslandes 2), Sigmaringen 1978; Krystyna Zielinska-Melkowska: Przywilej chelminski 1233 i 1251 (= Teksty pomników prawa chelminskiego w przekladach polskich 1) (Die Kulmer Handfeste von 1233 und 1251, Texte der Denkmäler des Kulmer Rechts in polnischer Übersetzung 1, poln.), Torun 1986; dies.: Pierwotny i odnowiony przywilej chelminski (1233 i 1251 r.) (= Biblioteczka Torunska 2), (Die erste und zweite Kulmer Handfeste 1233 und 1251, Kleine Thorner Bibliothek 2, poln.), Torun 1984.

131 W. Klötzer: Stadt(rechts)privileg, in: HRG 4, Sp. 1877–1880.

132 Vgl. dazu H. H. Hofmann: Deutscher Orden, in: HRG 1, Sp. 698–702.

133 Vgl. Adalbert Erler: Thorn, in: HRG 5, Sp. 195–197; Ernst Bahr: Thorn, in: Handbuch der historischen Stätten. Ost- und Westpreußen, hg. von Erich Weise, Stuttgart 1966 (Neudruck 1981), S. 221–225.

134 C. A. Lückerath: Kulm, in: LexMA 5, Sp. 1562–1563; Ernst Bahr: Kulm, in: Handbuch Ost- und Westpreußen (wie Anm. 133), S. 111–113. Vgl. dazu auch Das Kulmer Gerichtsbuch 1330–1430. Liber memoriarum Colmensis civitatis, bearb. von Carl August Lückerath u. Friedrich Benninghoven (= Veröffentlichungen aus den Archiven Preußischer Kulturbesitz 44), Köln-Weimar-Wien 1999.

135 Winfried Trusen: Schwabenspiegel, in: HRG 4, Sp. 1547–1551.

136 Oppitz: Deutsche Rechtsbücher I (wie Anm. 24), S. 51.

137 Ebd., S. 50 f.

138 Ebd., S. 51 f.

139 Ebd., S. S. 52.

140 Vgl. Anna Borkienwicz-Celinska: Ze studiów nad rozwojem prawa chelminskiego w sredniowieczu we wsiach Mazowsza pólnocno-zachodniego (ziemie plocka, zawkrzenska, wyszogradzka, ciechanowska) (Studien zur Entwicklung des Kulmer Rechts im Mittelalter in den Dörfern des nordwestlichen Masowien, poln.), in: Studia Culmensia historico-juridica czyli ksiega pamiatkowa 750-lecia prawa chelminskiego, tom drugi, Redaktion: Zbigniew Zdrókowski, Torun 1988, S. 85–125.

141 Schubart-Fikentscher: Verbreitung (wie Anm. 27), S. 256 f.

142 Ebd., S. 40.

143 Ebd., S. 315; vgl. dazu auch J. M. Jurginis: Sudba magdeburgskogo prawa w litowskich gorodach (= Das Schicksal des Magdeburger Rechts in den litauischen Städten, ukrain.), in: Istorija SSSR 1975/4, S. 145–155.

144 Vgl. dazu auch Olga Keller: Magdeburgskaje prawa (Magdeburger Recht, weißruss.), in: Spadtschyna 5/1997, S. 90–101, hier insbes. S. 98–99.

145 Schubart-Fikentscher: Verbreitung (wie Anm. 27), S. 318. Vgl. dazu auch S. J. Kopysskij: Magdeburgskoje prawo w gorodach Belorussii, konez XV-perwaja polowina XVII w. (Magdeburger Recht in den Städten Weißrußlands, Ende des 15. bis erste Hälfte des 17. Jahrhundert, russ.), in: Sowjetskoje Slawjanowedenije 5/1972, S. 26–41.

146 H. Blaese: Riga, in: HRG 4, Sp. 1066–1069.

147 Ders.: Reval, ebd., Sp. 953–956.

148 Schubart-Fikentscher: Verbreitung (wie Anm. 27), S. 503 ff.

149 H. Blaese: Livländischer Spiegel, in: HRG 3, Sp. 20–22; Oppitz: Deutsche Rechtsbücher I (wie Anm. 24). S. 30.

auf, das 1422 ausdrücklich als Gesetzbuch in Kraft gesetzt wurde.[150] In dieser Form gelangten Regeln des Magdeburger Rechts und des Sachsenspiegels in die Kodifikation des liv-, est- und kurländischen Privatrechts von 1864, das wiederum eine wichtige Grundlage für das lettische Zivilgesetzbuch von 1937[151] bildete.

Völlig neue Möglichkeiten der Verbreitung von Rechtsquellen hatten sich mit der Erfindung des Buchdrucks eröffnet. Die ersten gedruckten Ausgaben des Sachsenspiegels stammen aus Basel (1474), Köln (1480), Augsburg (1481), Leipzig und Stendal[152] (1488). Für die weitere Verbreitung des sächsisch-magdeburgischen Rechts in Osteuropa spielten jedoch die polnischen Druckausgaben eine entscheidende Rolle.[153] Schon 1506 wurde von Jan Laski eine lateinische Fassung des Sachsenspiegels und des Magdeburger Weichbildes neben heimischen Rechtsquellen publiziert.[154] Die Ausgabe beruht auf der Übersetzung des Sachsenspiegels ins Lateinische, welche Konrad von Sandomir in der Mitte des 14. Jahrhunderts vorgenommen hatte (Versio Sandomiriensis[155]). Der Krakauer Stadtschreiber Nikolaus Jaskier gab 1535 lateinische Ausgaben des glossierten Sachsenspiegels[156] und des glossierten Weichbildes[157] heraus. Schließlich folgten 1581 eine polnische Übersetzung des Weichbildes[158] durch den Lemberger Syndikus Pawel Szczerbicz und die Ausgabe eines Sachsenspiegels in alphabetischer Ordnung.[159] Die lateinischen Ausgaben erfuhren eine wissenschaftliche Bearbeitung durch Johann Cervus Tucholczyk (1500–1557), Johann Cerasinus Kirstein (1507–1561), Stanislaus Eichler (nach 1560) und Bartolomäus Groicki (gest. 1605).[160] Im Jahre 1558 publizierte Groicki die „Artykuly prawa majdeburskiego, ktore zowia Speculum Saxonum" (= Artikel des Magdeburger Rechts, welche man Speculum Saxonum nennt). Aus der Feder desselben Autors stammt die Rechtssammlung „Porzadek sadow i spraw miejskich prawa majdeburskiego w Koronie Polskiej" (= Stadtgerichts- und Prozeßordnung des Magdeburger Rechts im Kronland Polen), die später in der Slowakei[161], vor allem aber in der Ukraine eine Rolle spielte.

Die Geschichte des sächsisch-magdeburgischen Rechts in der Ukraine läßt sich in zwei große Perioden gliedern – in eine polnisch-litauische (14. Jahrhundert bis 1654) und in eine russische (1654–1834). Der politisch-staatliche Hintergrund, vor dem das sächsisch-magdeburgische Recht in die Ukraine Eingang fand, ist die Zugehörigkeit der Ukraine zum polnisch-litauischen Staat von 1363 bis 1654.[162] Nach deutschem Verständnis waren die meisten ukrainischen Städte stadtherrliche Städte des Königs. Handwerker und Kaufleute drängten nach günstigeren Produktions- und Handelsbedingungen und suchten sich gegen häufige Übergriffe der Lokalgewalten zu erwehren. Das Interesse des Königs betraf vor allem die Einnahmen aus den Städten und die Sicherung der Grenzen. Das Instrument, um diesen Interessenausgleich von Städten und Königtum herbeizuführen, bot die Einführung einer Stadtverfassung, die man aus polnischen Städten kannte. Die Kunde davon werden schon die deutschen Kolonisten mitgebracht haben, die sich im 13. Jahrhundert in Lemberg, Wladimir und Luzk angesiedelt hatten. In Lemberg hatten sich deutsche Kaufleute zu einer Genossenschaft zusammengeschlossen und einen Vogt gewählt. Dieser hielt Gericht über die Bürger unter Beteiligung der Schöffen. Kurze Zeit später bildete sich ein Rat als Organ der Bürgerschaft heraus. Diese wohl auf dem Wege der Gewohnheit entstandene Stadtverfassung bestätigte Kasimir der Große im Jahre 1356 durch ein besonderes Privileg.[163] Es ist das erste Privileg Magdeburger Rechts in der Ukraine.

150 Vgl. dazu auch Friedrich Georg Bunge: Sachsenspiegel, als Quelle des mittleren und umgearbeiteten livländischen Ritterrechts, so wie des öselschen Lehnrechts, Riga 1827; Leo Leesment: Über das Alter des Livländischen Rechtsspiegels, in : ZRG GA 50 (1930), S. 171-179;

151 Civillikums. Kodifikacijas nodalas 1937 gada izd., Hamburg 1990.

152 Vgl. dazu Rolf Lieberwirth: Ein Stendaler Wiegendruck des Sachsenspiegels aus dem Jahre 1488, in: Rechtsgeschichte in den beiden deutschen Staaten (1988–1990), hg. von Heinz Mohnhaupt (= IUS COMMUNE, Sonderhefte 53), Frankfurt a.M. 1991, S. 245–260; U. K. Jacobs: Stendal, in: HRG 4, Sp. 1959–1961.

153 Vgl. Leslaw Pauli: Polnisches Recht, in: HRG 3, Sp. 1808–1813; ders.: Polen, in: Handbuch der Quellen und Literatur der neueren europäischen Privatrechtsgeschichte, hg. von Helmut Coing, Bd. II/2, München 1976, S. 551–560.

154 Commune inclyti Regni Poloniae privilegium constitutionum et indultum publicitus decretorum approbatorumque, Cracoviae 1506.

155 Vgl. dazu Oppitz: Deutsche Rechtsbücher I (wie Anm. 24), S. 26.

156 Iuris provincialis quod Speculum Saxonum vulgo nuncupatur libri tres opera vigilanti in correctiorem redacti materiam, adiunctis simul glossis, aliisque addictionibus noviter recollectis pro interpretatione textus magis necessariis, Cracoviae 1535.

157 Iuris Municipalis Maidenburgensis liber vulgo Weichbild nuncupatus ex vetustissimis exemplaribus vigilanti opera latinitati datus, summaque cum diligentia recognitus, adiunctis simul glossis et textus interpretationibus ad id necessariis, Cracoviae 1535.

158 Ius Municipale to jest prawo miejskie majdeburskie nowo z lacinskiego i niemieckogo na polski jezyk z pilnoscia i wiernie przelozone, Lwow 1581.

159 Speculum Saxonum albo prawo saskie i majdeburskie porzadkiem obiecadla z lacinskich i niemieckich egzemplarow zebrane a na polski jezyk z pilnoscia i wiernie przelozone, Lwow 1581.

160 Vgl. dazu Pauli: Literatur (wie Anm. 122), S. 150 ff.

161 Franz Klein-Bruckschwaiger: Ergebnisse einer Archivreise in der Slowakei, in: Südost-Forschungen XIII (1954), S. 199–258, hier S. 203.

162 Vgl. dazu auch Feliks Michailowitsch Schabuldo: Semli jugo-sapadnoj russi w sostawe welikogo knjashestwa litowskogo (Das südwestrussische Gebiet im Verband des Großfürstentums Litauen, russ.), Kiew 1987.

163 Istorija Lwowa (Geschichte Lembergs, ukrain.), hg. von W. W. Sekretarjuk, Kiew 1984, S. 22/30; Isabel Roeskau-Rydel: „Die Stadt der verwischten Grenzen". Die Geschichte Lembergs von der Gründung bis zur ersten Teilung Polens (1772), in: Lemberg-Lwów-Lviv. Eine Stadt im Schnittpunkt europäischer Kulturen, hg. von Peter Fäßler, Thomas Held u. Dirk Sawitzki, 2. Aufl., Köln-Weimar-Wien 1995, S. 18–45, hier S. 20–22.

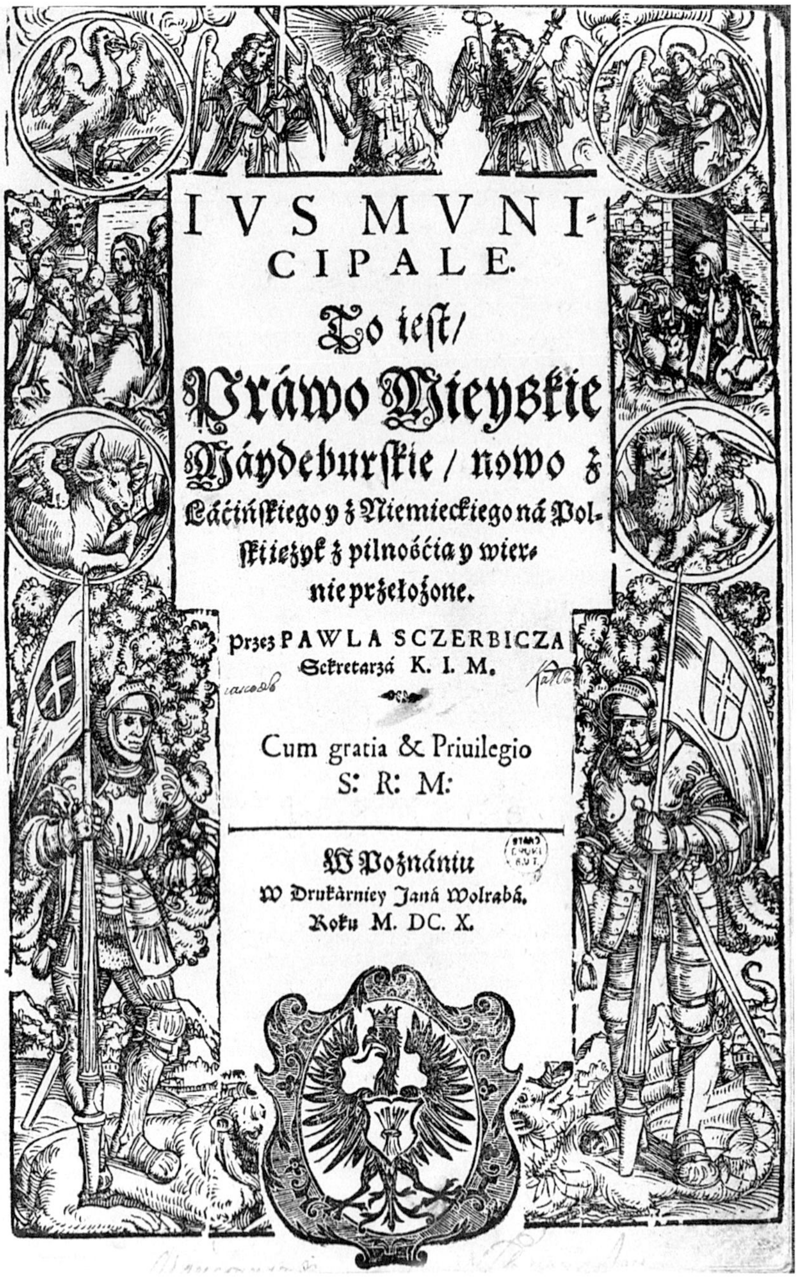
IVS MVNICIPALE.
To iest/
Prawo Mieyskie Maydeburskie / nowo z Łacińskiego y z Niemieckiego na Polskie iezyk z pilnośćią y wiernie przełożone.
Przez PAWLA SCZERBICZA Sekretarza K. I. M.
Cum gratia & Priuilegio S: R: M:
W Poznaniu
W Drukarniey Jana Wolraba.
Roku M. DC. X.

Polnischer Druck des sächsisch-magdeburgischen Rechts, 1610

Das zunächst in der deutschen Kolonistensiedlung angewandte Recht, das wohl aus Schlesien mitgebracht worden war, wurde somit spätestens bis 1356 auf die Gesamtheit der Städtebürger ausgedehnt. Weitere Privilegierungen folgten, so Wladimir (Ende 15. Jahrhundert), Kiew (zwischen 1494 und 1497)[164], Luzk (1432), Dubno (1498), Rowno (Ende 15. Jahrhundert), Lewkow (1503), Peremil (Ende 15. Jahrhundert), Kwasow (1513), Dorogobusch (1514), Beljew (1516), Kusmin (1517), Kowel (1518), Ostroschjez (1528), Kremenez (1442), Tortschin (1450), Berestetschko (1547), Wyschwa (1548), Konstantinow (1561), Polischtschenzy (1561), Brazlaw (1564), Olyka (1564) und viele andere.[165] Seit 1444 gab es in Lemberg ein Obergericht für alle Städte und Dörfer deutschen Rechts in Galizien und Podolien, soweit sie der polnischen Krone unterstanden.
Neben den Stadtprivilegien auf Magdeburger Recht bilden in der Ukraine die sog. „Sammlungen des Magdeburger Rechts" eine wichtige Quellengruppe. Als Grundlagen dieser Sammlungen dienten vor allem die polnischen Bearbeitungen des Sachsenspiegels und des Sächsischen Weichbildrechts, also die Übersetzungen des Nikolaus Jaskier und des Pawel Szczerbicz. Hinzu kamen die Werke des Bartolomäus Groicki, vor allem seine Stadtgerichts- und Prozeßordnung „Porzadek sadow i spraw miejskich prawa majdeburskiego w Koronie Polskiej", die in der Ukraine als „Porjadok praw ziwilnich magdeburskich" (Ordnung der Magdeburger Zivilrechte) bekannt wurde. Große Verbreitung fand auch die Sammlung „Prawo ziwilnoje Chelminskoje" (Kulmer Zivilrecht) von Kuschewitsch.[166]
Mit der Loslösung der Ukraine von Polen gingen nach 1654 der Gebrauch und das Beherrschen der polnischen Sprache zunehmend zurück. Die polnisch abgefaßten Rechtsquellen liefen Gefahr, nicht mehr von den Richtern und Rechtsuchenden verstanden zu werden. Das Bedürfnis nach Rechtstexten in der Muttersprache verstärkte sich besonders um die Wende zum 18. Jahrhundert. Diesem Verlangen trug der Kosaken-Hetman Skoropadskij Rechnung, indem er die Zusammenfassung des Litauischen Statuts, des Speculum Saxonum sowie des Buches

164 Zu Kiew im einzelnen Lück: Magdeburger Recht in der Ukraine (wie Anm. 28), S. 115 ff.

165 Nach Pjotr Michailowitsch Sas: Feodalnye goroda Ukrainy w kone XV–60-ch godach XVI. w. (Feudale Städte der Ukraine am Ende des 15. bis in die 60er Jahre des 16. Jahrhundert, russ.), Kiew 1989, S. 175.

166 Arkadi Petrowitsch Tkatsch: Istorija kodifikazii dorewoljuziienogo prawa Ukrainy (Geschichte der Kodifikation des vorrevolutionären Rechts der Ukraine, ukrain.), Kiew 1968, S. 50.

„Ordnung“ von Groicki und deren Übersetzung in das Ukrainische veranlaßte. Diese Sammlung war 1721 fertiggestellt und 1730 den Gerichten zur Anwendung anbefohlen. Zu einer Autorisierung durch den Zaren kam es jedoch nicht. Wenig später erhielt die Sammlung den Titel „Prawa Malorossiskije s knig Statuta, Saxona i Porjadka wypisannyi“ (Kleinrussische Rechte, herausgeschrieben aus den Büchern Statut, Saxon und Ordnung). In der ersten Hälfte des 18. Jahrhunderts entstanden weitere Sammlungen auf der Grundlage der Bücher des Magdeburger Rechts. So wurde zwischen 1732 und 1735 die Sammlung „Kniga Serzalo Saksonow ili prawo saksonskoje i magdeburgskoje“ (Buch Spiegel der Sachsen oder sächsisches und magdeburgisches Recht) angefertigt. Sie beinhaltet den Sachsenspiegel von Jaskier, das „Magdeburger Zivilrecht“ und das Kulmer Recht. Diese Sammlung wurde noch im 19. Jahrhundert in den ukrainischen Gericht angewendet. Schließlich ist noch die Sammlung „Kniga Porjadok praw grashdanskich (Buch Ordnung der Zivilrechte)“ zu nennen, die mehrere ukrainische Quellen des Magdeburger Rechts zusammenfaßt.

Bei diesen Sammlungen handelt es sich also im wesentlichen um Bearbeitungen des sächsisch-magdeburgischen Rechts in lateinischer, polnischer oder russischer Sprache, die maßgeblich auf den Arbeiten von Groicki, Szczerbicz und Kuschewitsch beruhen. Sie lagen auch den Kodifikationsversuchen zugrunde, die seit 1728 von einer entsprechenden Kommission betrieben wurden. Im Jahre 1743 wurde ein umfassender Kodifikationsentwurf vorgelegt. Mit ihm sollten unter dem Titel „Prawa, po kotorym suditsja malorossijskij narod“ (Rechte, nach denen das kleinrussische Volk Recht spricht) die verschiedenen Rechte in der Ukraine zu einem einheitlichen Ganzen zusammengefaßt werden. Als Quellen dienten neben dem Litauischen Statut von 1614 wiederum die traditionellen Bücher des Magdeburger Rechts (Speculum Saxonum von Jaskier, Jus municipale Magdeburgense von Szczerbicz, Buch „Ordnung“ von Groicki, Kulmer Recht von Kuschewitsch, ein deutscher Text des Sachsenspiegels). Offenbar wegen der zu starken Berücksichtigung der ukrainischen Eigenheiten wurde der Entwurf vom Zaren nicht bestätigt. Dessen ungeachtet fand er durch Abschriften große Verbreitung und Anwendung.

Bis zum Ende des 18. Jahrhunderts folgten weitere Sammlungen, die jedoch mehr oder weniger auf dem Entwurf von 1743 beruhten. Ihnen allen sind Verweise auf den Sachsenspiegel gemeinsam. Als letztes Glied in dieser Kette ist die Sammlung der kleinrussischen Rechte (Sobranie Malorossijskich praw) von 1807 zu erwähnen, die neben zahlreichen Bezugnahmen auf das Kulmer und Magdeburger Recht 457 Verweise auf den Sachsenspiegel enthält.[167]

In Böhmen und Mähren waren zahlreiche, vor allem im Norden dieser Gebiete gelegene Städte mit Magdeburger Recht bewidmet. Wohl noch im 13. Jahrhundert erhielt Leitmeritz als erste böhmische Stadt Magdeburger Recht,[168] wo sich auch ein Oberhof für die böhmischen Städte und Siedlungen Magdeburger Rechts etablierte.[169] Für die mährischen Städte sächsisch-magdeburgischen Rechts erlangte Olmütz eine ähnliche Stellung.[170] Ein Privileg von 1352 verpflichtete die Städte, ihr Recht ausschließlich aus Olmütz zu holen. Etwa 110 Ortschaften gingen in Olmütz zu Haupte, darunter Freudental, Mährisch-Neustadt, Littau, Weißkirchen und Deutschhausen.[171] Bis zu den Hussitenkriegen war das Magdeburger Recht auch in Prag präsent.[172]

Die älteste Aufzeichnung deutschen Rechts in der Slowakei[173] stellt die „Zipser Willkür“[174] aus dem Jahre 1370 dar. Eine ihrer Quellen ist der Sachsen-

167 Lück: Magdeburger Recht in der Ukraine (wie Anm. 28), S. 125.

168 J. Zemlicka: Leitmeritz, in: LexMA 5, Sp. 1864; vgl. dazu auch die Edition Magdeburger Schöffensprüche und Rechtsmitteilungen für den Oberhof Leitmeritz, bearb. von Wilhelm Weizsäcker (= Die Magdeburger Schöffensprüche und Rechtsmitteilungen, Reihe IX: Sudetenland, Bd. 1), Stuttgart 1943.

169 W. Wegener: Böhmen, in: HRG 1, Sp. 469–482, hier Sp. 474.

170 Ferdinand Seibt: Mähren, in: HRG 3, Sp. 165–170, hier Sp. 167.

171 Klaus-Peter Schroeder: Olmützer Gerichtsordnung, ebd., Sp. 1243–1274, hier Sp. 1243; Lieberwirth: Wirkungsgeschichte (wie Anm. 10), S. 73.

172 Jiri Kejr: Prag, in: HRG 3, Sp. 1854–1861, hier Sp. 1856; vgl. auch Das altprager Stadtrecht aus dem XIV. Jahrhunderte, nach den vorhandenen Handschriften zum ersten Mal hg. u. erläutert von Emil Franz Rössler (= Deutsche Rechtsdenkmäler aus Böhmen und Mähren, eine Sammlung von Rechtsbüchern, Urkunden und alten Aufzeichnungen zur Geschichte des deutschen Rechtes 1), Prag 1845.

173 Der Erforschung der deutschen Rechtsquellen in der Slowakei hat sich vor allem Ilpo Tapani Piirainen aus germanistischer Sicht sehr verdienstvoll angenommen: „Acta Forensia“ der Stadt Kirchdrauf/Spisske Podhradie. Ein Beitrag zum Frühneuhochdeutschen in der Slowakei, in: Neuphilologische Mitteilungen 95 (1994), S. 167–173; Das älteste Stadtbuch von Preßburg/Bratislava aus den Jahren 1402–1506, in: Neuphilologische Mitteilungen 97 (1996), S. 231–237; Das Berg- und Stadtrecht von Banska Stiavnica/Schemnitz. Untersuchungen zum Frühneuhochdeutschen in der Slowakei, Oulu 1986; Das Iglauer Bergrecht nach einer Handschrift aus Schemnitz. Untersuchungen zum Frühneuhochdeutschen in der Slowakei, Heidelberg 1980; Das Stadt- und Bergrecht von Kremnica/Kremnitz. Untersuchungen zum Frühneuhochdeutschen in der Slowakei, Heidelberg 1983; Deutsche Siedler und deutschsprachige Gesetze in der wirtschaftlichen Entwicklung der Slowakei, in: Die Deutschen in Ostmittel- und Südosteuropa. Geschichte. Wirtschaft. Recht. Sprache, Bd. 2, hg. von Gerhard Grimm u. Krista Zach, München 1996, S. 133–151; Die Satzung des Rates der Stadt Kosice/Kaschau aus dem Jahre 1404. Edition und Untersuchung eines frühneuhochdeutschen Textes aus der Slowakei, in: Neuphilologische Mitteilungen 88 (1987), S. 237–255; Stadtbücher aus der Mittelslowakei, in: Ars. Kunsthistorische Revue der Slowakischen Akademie der Wissenschaften 1977/1981, S. 51–62; Ein deutsches Rechtsbuch des 17. Jahrhunderts aus Kirchdrauf, in: Karpaten-Jahrbuch 48 (1997), S. 127–135; (gemeinsam mit Arne Ziegler) Collectanea Allerlay Nutzlicher Vnnd Nothwendiger Regeln des Rechtens. Ein deutsches Rechtsbuch aus dem Jahre 1628 aus der Slowakei, Leutschau 1995.

174 Oppitz: Deutsche Rechtsbücher I (wie Anm. 24), S. 45; Ilpo Tapani Piirainen, Maria Papsonova: Das Recht der Sips/Zips. Texte und Untersuchungen zum Frühneuhochdeutschen in der Slowakei, 2 Bde. (= Veröffentlichungen des Germanistischen Instituts der Universität Oulu 8), Oulu 1992.

spiegel. Dieses sächsisch beeinflußte Stadtrecht wurde von mehreren slowakischen Städten übernommen.[175] Gegen Ende des 14. Jahrhunderts wird in der nordslowakischen Stadt Sillein ein Rechtsbuch angefertigt, das Weichbild und Sachsenspiegel für die praktischen Bedürfnisse der Stadt zusammenfaßt.[176] Ferner sind auch die Schriften des Bartolomäus Groicki in der Slowakei beachtet worden.[177]

In Ungarn diente der Sachsenspiegel als eine Quelle für das Ofener Stadtrechtsbuch.[178] Es beeinflußte seinerseits das Recht der königlichen Freistädte[179], welche unter einem gemeinsamen Obergericht (Tavernikalgericht) standen.[180]

IV.

Dem Ende des sächsisch-magdeburgischen Rechts in Osteuropa kann hier nicht nachgegangen werden. Seine Wirkungen waren bis in die Neuzeit spürbar. Am längsten hielt sich das sächsisch-magdeburgische Recht offenbar in der Ukraine. Seine Geltung verlor es hier erst mit der Inkraftsetzung der großrussischen Gesetzessammlung „Swod sakonow Rossijskoj Imperij“ (Gesetzessammlung des Russischen Kaiserreiches) im Jahre 1840 (für die linksufrige Ukraine) bzw. 1842 (für die rechtsufrige Ukraine). In Wirklichkeit war dem jedoch schon im 18. Jahrhundert eine starke Russifizierung des ukrainischen Rechts vorausgegangen.[181]

Die Bedeutung des sächsisch-magdeburgischen Rechts für Osteuropa kommt noch heute in der ukrainischen Metropole Kiew sichtbar zum Ausdruck. Hier steht am Ufer des Dnjepr seit 1802 ein Denkmal, das an die Zugehörigkeit Kiews zur Magdeburger Stadtrechtsfamilie erinnert und vom Stolz der Kiewer Bürger auf ihre alten Privilegien kündet.[182]

175 Vgl. dazu auch die interessante sprachgeschichtliche Studie von Rudolf Kuchar: Z jazykovej nemecko-slovenskej problematiky prekladu magdeburského práva (Zur sprachlichen deutsch-slowakischen Problematik bei der Übersetzung des Magdeburger Rechts, slowak.), in: Wort und Name im deutsch-slavischen Sprachkontakt. Ernst Eichler von seinen Schülern und Freunden, hg. von Karlheinz Hengst, Dietlind Krüger, Hans Walther unter Mitarbeit von Inge Bily, Weimar-Wien 1997, S. 533–544.

176 Oppitz: Deutsche Rechtsbücher I (wie Anm. 24), S. 62; Ilpo Tapani Piirainen: Das Stadtrechtsbuch von Sillein. Einleitung, Edition und Glossar, Berlin-New York 1972.

177 Klein-Bruckschwaiger (wie Anm. 161), S. 217 f.

178 Oppitz: Deutsche Rechtsbücher I (wie Anm. 24), S. 59 f.; Das Ofner Stadtrecht. Eine deutschsprachige Rechtssammlung des 15. Jahrhunderts aus Ungarn, hg. von Karl Mollay, Weimar 1959.

179 Dietlinde Munzel: Ofener Stadtrechtsbuch, in: HRG 3, Sp. 1184–1186.

180 Stefania Mertanova: IUS TAVERNICALE. Studie o procese formovania prava tavernickych miest v etapach vyvoja tavernickeho sudu v Uhorsku (15.–17. stor.) [Ius Tavernicale. Studien über den Prozeß der Formierung des Rechts der Tavernikalstädte in den Entwicklungsetappen des Tavernikalgerichts in Ungarn (15.–17. Jahrhundert) slowak.], Bratislava 1985.

181 Lück: Magdeburger Recht in der Ukraine (wie Anm. 28), S. 125 f.

182 Heiner Lück: Das Denkmal des Magdeburger Rechts in Kiew, in: Forschungen zur Rechtsarchäologie und Rechtlichen Volkskunde 12 (1990), S. 109–119; ders.: Ius Maideburgense. Sachsenspiegel und Magdeburger Stadtrecht in Osteuropa, in: scientia halensis 1999/2, S. 11–12.

Die „Magdeburgische Hochzeit“ im Spiegel der Literatur

MANFRED KÖPPE

Die Kunde von der Zerstörung der *„weitberümbte[n] feste[n] Statt Magdenburg“* in den Morgenstunden des 10. Mai 1631 (nach dem Julianischen Kalender) verbreitete sich wie ein Lauffeuer. Feldherren bedienten sich eilfertig der Korrespondenzen und Avisen. Flüchtlinge, soeben dem Inferno entronnen, berichteten von *„Morden und Brennen, Plündern, Peinigen [und] Prügeln“*. Tillysche Söldner grölten: *„All gewonnen, all gewonnen“*, prahlten von *„sigreichen Victori“*, von Beute und Ranzion, von *„Fressen und Sauffen, drey gantzer Tage“* lang.
Das ging als „Magdeburgische Hochzeit“ – als Hochzeit des *„Junkgesellen“* Tilly mit der magdeburgischen *„Junkfrau“*– in das Gedächtnis der Nachwelt ein.

„Ein Spiegel bin ich worden
Der ganzen weiten Welt,
In Angst und Not verdorben“,
heißt es in einem Liede, gedruckt 1632.

Wer das sprachlich faszinierende und facettenreich ausgestaltete Bild von der *„Magdeburgischen Hochzeit“* geprägt hat, ist nicht überliefert.
Es knüpft an gebräuchliche sprachliche Analogien, an zeitgenössische christliche Symbolik, Ehemetaphorik und Sexualsymbolik an.

„Dann Sachssen jhm [Tilly] so wohl gefallen,
Das vor andern Orten allen
Ihme daselbs außlesen wolt
Eine Braut, die jhn wärmen solt,
In seinm Alter, sein Leben lang.
Aber der Braut war mächtig bang
Ihr war bewusst sein Blutvergiessn,
Drumb wolt sie jhn nicht lassen geniessn
Ihrer Liebe, wehret sich lang
Biß er sie endlich mit Fewr zwang,
Vnd außzog gantz nackend vnd bloß,
Da sasse sie zwar in seim Schoß,
Doch nichts als vnwilln war bey jhr,
Weil sie verlohren all jhr Zier.
Drauff Tylli sie fein trösten kund,
Mir seinem listvergifften Mund ...“

(*Tyllische Confect-Gesegnung*, Flugblatt 1631)

Klägliches Beylager/Der Magdeburgischen Dame, so sie den/10. Maij dieses 1631. Jahrs, mit jhrem Blut-/dürstigen Gemahl, dem Tilly gehalten. Flugblatt, Leipzig, 1631

Ein solches „Hochzeiten“ wurde in der Literatur, in Medien und Briefen schon vor der Zerstörung gebraucht und als „Magdeburgische Hochzeit“ schließlich in unterschiedlichen sprachlichen Ausformungen und als Titel literarischer Werke bis heute verwendet.

*

Die Verheerung und Schändung der *„fürnehme[n] berümbte[n] Evangelische[n] Handelsstadt Magdeburg“*, eine der damals volkreichsten und für Freund wie Feind bedeutendsten Städte Deutschlands, war *die* Sensation des Krieges. Auf Messen und Märkten, von Buchführern, Postmeistern und Postkurieren wurden Flugblätter, Flugschriften und Zeitungen gehandelt – über 260 sind uns heute bekannt – und Lieder gesungen, die die Gier nach *„neuen Zeitungen“* („neuen Nachrichten“) befriedigten, Jubel oder Entsetzen hervorriefen je nach Confession und Partei. Zumeist auf dramatische Weise öffneten sie auch Zeitgenossen in London, Paris, Amsterdam, Stockholm, Rom oder Madrid sowie an den deutschen Fürstenhöfen die Augen dafür, wie *„Kayserliche Mayestät mit seinen protestirenden Untertanen“* verfahre oder wie Gott jene strafe, die sich Kayserlicher Mayestät widersetzten.

Literaten, Zeitgenossen des *„Teutschen Krieges“*, übernahmen schon sehr früh den Anspruch, die Magdeburgische Hochzeit als abschreckendes Beispiel anzumahnen.

Was bewegte nun die Zeitgenossen, die in der Mehrheit auch Leidensgenossen waren, an der Zerstörung Magdeburgs?

Es war zunächst das Maß der Greuel – *„seit Jahrhunderten unerhört“*, wie der Historiker Golo Mann schrieb; *„ein jegliches Maß der üblichen Zucht – und Zügellosigkeit überschreitende Grausamkeiten“*, urteilte der Ortschronist Ferdinand Albert Wolter – und das in einer selbst im Frieden an Greueltaten gewöhnten Zeit.

Otto Gerike (seit 1666 von Guericke), Tatzeuge der Magdeburgischen Hochzeit, faßte das in die eingangs zitierten Worte *„Da ist nicht als Morden, Brennen, Plündern, Peinigen, Prügeln gewesen“*. Er fügte wertend hinzu, *„... daß es mit Worten nicht genugsam kann beschrieben und mit Thränen beweint werden“*.

Das begegnet uns als Metapher für das unerhörte Maß an Greuel und für die Trauer in der schöngeistigen Literatur von Simon Dach (1641): *„O könt ich deiner doch, O Magdeburg, hie schweigen“*, über Friedrich von Schiller (1793): *„... für welche die Geschichte keine Sprache und die Dichtkunst kein Pinsel hat“*, Wilhelm Raabe (1903): *„... es ist nicht anzusagen ... was niederging durch diesen Deutschen Krieg...“* bis Günter Grass (1979): *„Das Elend Magdeburgs ließ nur noch Schweigen zu“*.

„Am 12. Mai.“, berichtete Otto von Guericke, *„ließ Tilly die bis dahin sorglich gehütete Domkirche eröffnen, in die sich 4000 Menschen jeden Alters und Standes, größtenteils weiblichen Geschlechts, geflüchtet hatten ... Der erste Domprediger, Dr. Bake, trat dem greisen Feldherren entgegen, warf sich vor ihm auf die Knie und redete ihn mit bittenden Worten an“*, die dem römischen Dichter Virgil nachempfunden und bereits von Johann Malsius auf den Stadtbrand von 1613 geschrieben worden waren: *„Nun ist gekommen der Tag und das unabwendbare Schicksal Magdeburgs. Hin wie der Troer, wie Iliums Ruhm, ist der auch der Maidstadt“*.

Zeitgenössische und spätere Historiker sowie Literaten verglichen das Inferno von Magdeburg mit der Zerstörung geschichtsprägender Städte, deren Brandspur sich durch weit mehr als drei Jahrtausende zog, wie Troja, Jerusalem, Theben und Tyros, Sagunt, Karthago, Corinth und Numantia, Szigeth, Maastricht, Smolensk und Moskau. Der Historiker Kunze nannte es gar *„das Hiroshima des 17. Jahrhunderts“*.

Magdeburg wurde so zum Maß aller Greuel, an dem das Schicksal von Städten gemessen wurde.

In Schutt und Asche, 1886, eine Jugendschrift von Th. Justus, Ps. f. Theodore Zedelius

In Schutt und Asche.

Eine Geschichte

aus Deutschlands trübster Zeit

von

Th. Justus.

Stereotyp-Ausgabe.

Reutlingen.
Druck und Verlag von Enßlin und Laiblin.

Palm Kleinau

Eine Bördegeschichte aus dem Dreißigjährigen Kriege

von

August Uhle

Schkeuditz bei Leipzig
Verlag von W. Schäfer
1918

Palm Kleinau, 1918,
von August Uhle,
Pfarrer/Superintendent im
Bördedorf Irxleben

Während in Böhmen die Lunte des Krieges brannte, publizierte Erhard Madur 1619 bei dem Magdeburger Verleger Andreas Betzel zwei Gedichte auf die Hochzeit des altstädtischen Kantors Heinrich Grimm, der eine Jungfer Brandt ehelichte:

„Da einm Grimmigm an sein Handt/
Zu Ehre gegeben ist ein BRANDT/
Allem von großer Liebe wegen/
Ist auch darzu noch so verwegn/
Das er den BRAND ins Bett wil legn/
Sich daran zu wärmen frue und spat“.

Und gefeiert wurde auch noch, als Magdeburg im Frühjahr 1631 fest im Würgegriff der kaiserlich-ligistischen Armeen war: *„Jedoch waren noch immer Hochzeiten, auch den Sontag Cantate, da die Kugel aufn Hochzeitstisch bei St. Jacob geflogen“*, schrieb Christopherus Krause, Lehrer am Altstädtischen Gymnasium, Frühprediger und Kantor zu St. Jacob, in sein Tagebuch.
Unberechenbar wie das Leben trieben die Widersprüche zum Krieg. Abgründe zwischen Gott und Welt, Ewigkeit und Zeit, Tod und irdischem Glück, Wissen und Glauben, Liebe und Krieg, Fatum und Fortuna taten sich auf, als das Unwetter heraufzog.
„Was sag ich?“, fragte Andreas Gryphius, *„Wir vergehen wie Rauch von starken Winden?“*; und Grimmelshausen: *„Adieu, Welt, in deinem Hause ist das Vergangene schon verschwunden, das Gegenwärtige verschwindet uns unter den Händen, und das Zukünftige hat nie angefangen“.*
Böse Vorahnungen nahenden Unheils – wie sie u. a. in Sagen wie *„Der Teufel und der Turmwächter“* oder *„Der Totengräber zu Magdeburg“*, im *„Blutschwitzen der Pflastersteine“* oder *„Im gräulichen Sturmwinde“* Gestalt wurden – bedrückten die Menschen. Nach Samuel Walther habe *„Jonas Nicolai gewesener Prediger zum Heiligen Geist … 50 Vorboten, welche den Untergang andeuten sollen, colligiret“*. Die Bürger erlebten Pest, Feuersbrünste, die Kipper- und Wipperunruhen.
„Der Kipper, Teufel und Soldat,
Die haben itzt gewalten“,
heißt es in einem Volkslied.

Sie erlitten die ersten Attacken des Krieges 1625, die Wallensteinsche Belagerung 1629 als vorläufigen Höhepunkt.
Die „Literatur des Interims“ – jener Zeit der Gegenreformation mit der erfolglosen Belagerung Magdeburgs durch ein kaiserliches Exekutionsheer 1550/51 – war da besonders gefragt. So wurde das derzeit entstandene anonyme *„Ein schön Lied von der Stadt Magdeburg“* mit den mahnenden Versen *„O Magdeburg, halt dich feste“* neu gefaßt und 1629 gedruckt. 1631 erschien die vom Leipziger Drucker Gregor Ritzsch ins Deutsche übertragene *„Elegia / de obsidione Magdebvrgensis“*, 1551 von Petrus Lotichius Secundus geschrieben, mit den bekannten Versen:
„Denn / leider / kommen wird der Tag voll Leids und trawren /
Do ich nicht mehr / wie vor / wird retten meine Mawren /
Vnd wird nicht mehr als denn von mir noch vbrig seyn /
Als nur die ledig Stell vnd schatt des Nahmens mein“.

Was wunder, daß Literatur wie der von Johann Staricus *„New reformirt = und vermehrter Heldenschatz“* außerordentlich begehrt war. Ursprünglich als ein Not- und Hilfsbüchlein für „Kriegsleute“ geschrieben, wurde es von Auflage zu Auflage zu einem Arznei-, Kunst- und Wunderbuch erweitert. Ein begehrter literarischer Strohhalm! Straricius, Organist, *„gekrönter Poet“*, soll vermutlich als Notarius zeitweise um 1618 in Magdeburg gelebt haben.

Die Zerstörung Magdeburgs

Drama in fünf Akten
von August Trümpelmann

Alle Rechte vorbehalten

Magdeburg
Druck und Verlag: Faber'sche Buchdruckerei
1902

Die Zerstörung Magdeburgs, 1902, ein Drama von August Trümpelmann, Pfarrer an St. Johannis in Magdeburg

Der Stolz, dem Interim getrotzt, der Wallensteinschen Belagerung 1629 widerstanden und bislang keine Besatzung geduldet zu haben, verdrängte zumindest zeitweilig die Ängste. Flugblätter sind ebenso Zeugen dafür wie Nicolaus Ritterhusius, Professor römischen Rechts in Altdorf, mit seinem wiederum von Opitz herausgegebenen sechzehnstrophigen Gedicht in Dialogform:
„Werbung. Hertzoges Albrecht von Friedlandt, an Jungkfrau Magdeburgk, Dero abschlägige antwort und corber, resolvirt d (en) 8. September. anno 1629", mit der Schlußstrophe der *„Magdeburgk":*
„Adie, Friedtlandt, fahr immer hin,
Lern beßer courtoisieren,
Es geht dir nit nach deinem Sinn,
Man thut dich corbissieren!
Gehen Halberstadt auff die Commiß,
Thue dich zum Ofen setzen,
So bist du deinß Quartiers gewiß:
Hiemitt wolln wir unß letzen".

Die Widersprüche im Inneren der Stadtgemeine Magdeburgs, ihr gespanntes Verhältnis zu Kaiser und Reich und das Lavieren zwischen den Mächten waren die Flammenzeichen, die nicht zu tilgen waren. Die dann getroffene Entscheidung für das Bündnis mit Gustav Adolf erwies sich als schicksalsschwer. So konnte schließlich, nicht völlig unabwendbar, die kaiserlich-ligistische Soldatesca die „Magdeburgische Hochzeit" feiern.

*

Zeitzeugen, die in oder vor Magdeburg stritten oder litten, als Sieger oder dem Inferno Entronnene, äußerten sich in Avisen, Briefen, Berichten, Tagebüchern, Chroniken und Lebensläufen darüber.
Sie, die uns namentlich oder zumindest ihrer Position nach bekannt sind, lassen sich in die Partei des Junggesellen, Buhlen oder Bräutigams Tilly und in die der Jungfrau oder Braut Magdeburg einteilen. Diese Selbstzeugnisse waren fast ausschließlich nicht für den Druck bestimmt, sondern zunächst Informationen an Freunde und Bekannte. Es waren Versuche, das Erlebte mit der Niederschrift zu bewältigen, zu bannen oder ihren Kindern als Vermächtnis weiterzugeben. Es waren aber auch Apologien oder lediglich religiöse Pflichtübungen. Das erklärt das zumeist sehr späte Erscheinungsjahr. Sie sind dennoch und zugleich Zeit-, Standes-, Lokal- oder Regional-, Konfessions- und Generationszeugnisse in ihrer Verknüpfung von Faktizität und Subjektivität:
„Es hatte nur 3 oder 3 1/2 Stunden gewährt, woraus Ich dann Gottes sonderbare Allmacht und Strafe erkennen konnte".
(Georg Ackermann, Kapitän bei Pappenheim: Bericht, 1772 erstmals veröffentlicht).
„...als wenn die Stadt niemals gewesen".
(Ein Oberstleutnant aus dem kaiserlich-ligistischen Lager, Protestant: Brief, veröffentlicht 1931).
„Aber in die stadt am neistadter tohr bin ich 2 Mal durch den leieb geschossen worden das Ist meine beute gewesen."
(Peter Hagendorf?, Söldner unter Pappenheim. In: Peters, Jan (Hg.): Ein Söldnerleben im Dreißigjährigen Krieg, 1993).
„... und die toten und verbrannten Körper sind hernach fuderweise in die Elbe geschleppet."
(Christophorus Krause, Lehrer am altstädtischen Gymnasium, Frühprediger und Kantor zu St. Jacob, Tagebuch, veröffentlicht 1875).
Hervorzuheben als Zeitzeugnis ist neben Otto von Guerickes *„Mein ... Herkommen und Lebenslauf"* in Sonderheit der leider nur überlieferte dritte Teil seiner

dreibändigen Geschichte der Stadt Magdeburg, der 1860 *„Aus der Handschrift zum Ersten Male“* von Friedrich Wilhelm Hoffmann unter dem Titel *„Geschichte der Belagerung, Eroberung und Zerstörung Magdeburgs“* herausgegeben wurde.
Von literarischem Rang sind die Erlebnisberichte der Geistlichen Christoph Thodaenus (Zweiter Pfarrer an St. Katharinen), Zacharias Bandhauer (Propst des Klosters Jerichow) und Josef Wilhelmi (Prediger an St. Petri), die Jahrhunderte später (vor allem Thodaenus) zu literarischen Figuren wurden.

*

Es ist schwierig, die poetischen Bemühungen der zeitgenössischen Literaten, die das allgemeine Zeitschicksal teilten und schließlich, wenn manchmal auch nur in einem einzigen Verse, sich zum Schicksal Magdeburgs in diesen leidvollen Jahren äußerten, zu erschließen und im Gewirr der mythologischen Formelsprache und höfischen Requisiten nach solchen Äußerungen zu suchen. Ihre nicht geringe Zahl ist der Tatsache geschuldet, daß *„die deutsche Poetik und Rhetorik (und damit der Großteil der deutschsprachigen Textproduktion) zur Domäne des Protestantismus“* geworden war. Magdeburg galt noch immer als Hoch- und Trutzburg streitbaren Luthertums. Der zeitgenössische Autor verstand sich als Kenner, *„der im Reich des Geistes die Herrschaft ausübt“*. Sein Adressat war eine lesende Minderheit von Gelehrten und Klerikern.

Sein Erleben war durch Religion und Konfession vorgeformt, an Bibel und Antike gebrochen. Er blieb bei aller zu Herzen gehenden Eindringlichkeit dem beispielhaft Repräsentativen verhaftet und enthielt sich weitgehend dem Persönlichen. Deswegen ist bei allen Interpretationen Vorsicht geboten und vor übereilten vordergründigen Lokalbezügen zu warnen. Dennoch gaben sie der Nachwelt einen menschlichen, weil poetischen Fingerzeig.
„Wo alles wüst lag“, sinnierte Jahrhunderte später Günter Grass, *„glänzten einzig die Wörter“*.

Magdeburgum – Die Einnahme der Zollschanze und der Vorstädte durch die kaiserlichen Truppen im April 1631. Zeitgenössischer Stich aus Theatrum Europäum, 2. Teil, Frankfurt/M., 1659

Lucretia Schmidt.

Eine Erzählung

aus Magdeburgs dunkelsten Tagen.

Von

Caritas.

Halle a. S.
J. Fricke's Verlag
(Nithack-Stahn & Richter).
1892.

Lucretia Schmidt, 1892,
eine Erzählung von Caritas,
Ps. f. Bertha Bethge,
(geb. 1829 in Calbe/S.)

So reagierte die barocke Dichtung auf ihre Zeit mit zumeist gleichnishaften allegorischen Deutungen. Johann (es) Micraelius, mit bürgerlichem Namen Lütkeschwager, Universitätsprofessor für Rhetorik, Theologie und Philosophie in Stettin, hat sehr früh, bereits 1632, *„ein New Comoedien Spiel / Darinn abgebildet wirdt / Die blutige Hochzeit der schönen Parthenia / Vnd darauff folgende Straffe deß ungütigen vermeynten Bräutigams Contilij“* in Druck gegeben.
Ganz dem Bild der Magdeburgischen Hochzeit folgend, werden in barocker Fülle von Allegorien schließlich als Handelnde u. a. dargestellt:
Agathander / der Held (Gustav Adolf), *Parthenia / Contilis gesuchte Braut* (Jungfrau Magdeburg), *Contilius / der vermeynte Bräutigamb* (Tilly), *Falcomontius / ihre Vormundt* (Falkenberg), *Lastlevius / Megalinnis* (Mecklenburg), *Alter Buhl* (Wallenstein), *Lalemannus / Der Parthenen Verräther* (Alemann).
„Parthenia:
Nun Falcomont mein Freundt …
Hie ist Streit vnd dort Forcht: wenig Rath vdrig ist:
Du nehest GOTT allein mein Schutz und Retter bist.
Contill will mit Gewalt mich zwingen …
Vnd ach Lalemann! Du hast fürwahr /
sie selbst gestürzt in diß Gefahr“.
Und zum Schluß:
„Aber bald sichs wenden wirdt Ja schon hat sichs gewandt /
Nach dem aus Mitternacht die Hülff ist außgesandt“.
Die zeitgenössischen Autoren lassen sich im übrigen in ihrem Magdeburg-Bezug in drei mögliche literarische Ströme einordnen.

Ein erster:
Sie nennen mit dem Leid auch den Namen der Leidgeprüften: Magdeburg.
Georg Greflinger, Privatlehrer, Notarius, Journalist, setzte in seiner zwölfteiligen Verschronik *„Der Deutschen Dreyßig - Jähriger Krieg“* (1647–1657) dem Leiden Magdeburgs ein Denkmal:
„Wann ich die Augen nun auf deine Mauren werffe
So werff ich auch zugleich viel Thränen in den Sand
Umb deinen hohen Fall und unerhörten Brand /
Du vormahls schöne Stadt“.
Um ihre einstige Schönheit trauerte auch Simon Dach, Universitätsprofessor, Rektor in Königsberg, der die Stadtschulen von Wittenberg und Magdeburg besucht hatte und vor der Pest aus unserer Stadt geflohen war, in seiner *„Klage über den endlichen Vntergang der Musicalischen Kürbs-Hütte vnd Gärtchens. 13. Jan. 1641.“:*
„O könt ich deiner doch, o Magdeburg, hie schweigen,
Waß kanst du ietzt vnß noch von deiner Schönheit zeigen!
Ich habe dich gesehn vnd offt gesagt, du must
Desz Höchsten Gnüge seyn, sein Hertz vnd beste Lust.“
„Du, der du betäubt hier stehst,
wunderst dich über die Trümmer und erstarrst,
den anderen Städten erzähle von ihrem Schicksal Reisender“ – *„Inscription des W. Clementis a Lybaeo monte“*, aus dem Lateinischen von Stefan Pätzold übertragen – und er warnte:
„sie mögen achtgeben, daß sie morgen nicht selbst verbrannt werden“.
Eine gewisse Zeitzeugenschaft der Leiden Magdeburgs kann schließlich auch hier kein geringerer als Hans Jacob Christoffel von Grimmelshausen mit seinem nachweislichen Aufenthalt 1636 in kaiserlichem Solde vor der Stadt für sich in Anspruch nehmen. In seinem Roman *„Der Abentheuerliche Simplicissmus Teutsch …“*, 1668 erschienen, wird an zahlreichen Stellen bezug auf unsere Stadt genommen. Als Narr *„dem Läger vor Magdeburg genähert“*, ist sein Trachten, die Leidgeprüfte den Schwedischen wieder abzujagen, und wenn auch nur noch

auf närrische Weise möglich: Mit einem Seil, *„solches um die Stadt* [zu] *ziehen... und der Gestalt ... in einem Tag übern Haufen schleifen* [zu] *lassen"* oder *„die Elbe auszudrücknen"*.

Ein zweiter möglicher literarischer Strom: Es wird nicht die Stadt beim Namen genannt. Er scheint unaussprechlich zu sein.
„Das Bös so sie vollführen,
Man nicht aussprechen kann",
mahnte Michael Ziegenspeck an.

Dem Bilde der „Magdeburgischen Hochzeit" folgend, wurde allein der Personifizierung der Stadt als ein Typenporträt in Gestalt der Jungfrau, Jungfräulein, Dame (a), Magd und Mägdlein, Dirn und Braut – auch in religiöser Entsprechung der Vorzug gegeben. Das war zunächst in Flugblättern weit verbreitet.
Diederich von dem Werder, in hessischen, anhaltischen, schwedischen und kurbrandenburgischen Diensten, u. a. Obrist unter General Banér, benannte zwar in seinem *„Trawer Lied/ Über die klaegliche Zerstoerung der Loeblichen und Uhralten Stadt Magdeburg"* dieselbe, spricht aber im übrigen nur von *Jungfraeuwlein, jungfraeuwlicher Stadt, jungfraeuwlichem Kranz,* von *Verloebnues Fest* und *Mahlschatz*, von *Braut* und *Bräutigam, Keuschheit, Buhlen Knecht* und *Nothzucht*.
Für Georg Gloger ist Magdeburg in seinem Gedicht *„General Tillys drei Tugenden in Laster verkehrt"* schlechthin *„der Sachsen Magd"*:
„Nachdem er [Tilly] aber sich an Blutschuld voll gesoffen
Und an der Sachsen Magd die Keuschheit abgeloffen,
So kann er in der Schlacht nicht mehr, wie vor, bestehen
Und muß vor seinem Feind' in stetem Fliehen gehn".

Die Abendburg, 1909,
ein Roman von Bruno Wille
(1860–1928)

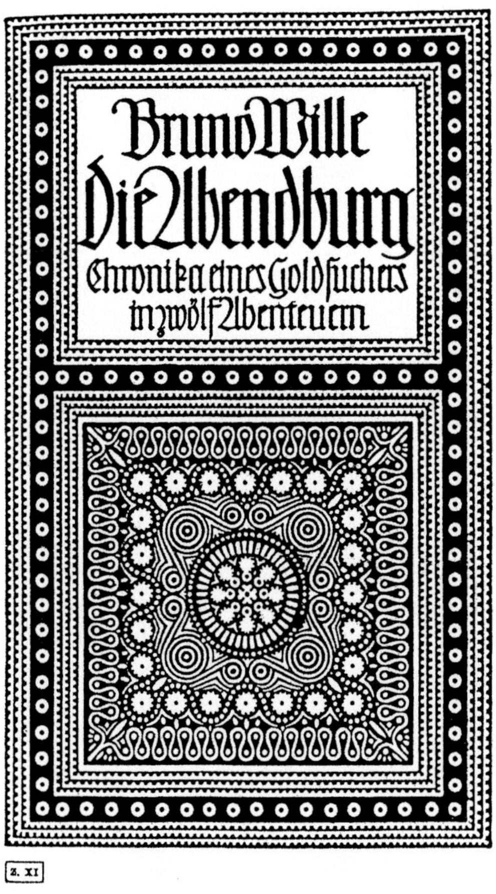

Häufig in Sammlungen wurden Verse von Martin Opitz aus seinem: „Epigramma in Magdeburgum captum" aufgenommen:
„Die stets alleine schlief / die alte keusche Magd /
Von tausenden gehofft / und tausenden versagt /
Die Carl zuvor / und itzt der Marg-Graf hat begehret /
Und jenem nie / und dem nicht lange ward gewähret /
Weil jener ehrlich war / und dieser Bischoff ist /
Und keine Jungfrau nicht ein fremdes Bett erkiest /
Kriegt Tilly ..." – mit dem typisch barocken Schluß:
„Also koᵉmmt itzt keusch und keusche Flammen / Und Jungfrau und Gesell / und alt und alt zusammen."

Ein dritter möglicher literarischer Strom:
– und zwar im wahrsten Sinne des Wortes – die Elbe.
In barocken Dichtungen wurden der Rhein, der Boberfluß, der Pregel-Strom, die Saale, die Mulde und auch die Elbe besungen – aber nicht die Majestät letzterer, ihre Schönheit, sondern der Tod, den sie im Falle Magdeburgs im wahrsten Sinne des Wortes mittragen mußte. „Von Leichen zugestopft" als ein aber nicht nur auf Magdeburg zutreffendes Leitmotiv. *„Trage sie talwärts barmherziger Strom"*, zitierte Kaempfe ein Lied. Johannes Rist, Hauslehrer, Pastor, schließlich in kaiserlichen Diensten, jubelte in seinem 1634 veröffentlichten *„Gustavus Adolphus"*:
„Er trieb den Feind hinweg / der Oderstromb ward frey /
Die Elbe ward erlöst".
Zeitgenössische Literaten hatten also sehr früh die Magdeburgische Hochzeit als abschreckendes Beispiel von Not und Tod, aber auch für möglichen Verrat und für das Zaudern der protestantischen Mächte, Magdeburg zu helfen, angemahnt und schließlich abschreckend auch als *„unvermeidliches Schicksal, eine Prüfung und Strafe Gottes um der Sündhaftigkeit der Menschenwillen"*. Magdeburg also

In
Schutt und Asche,
(Magdeburg 1629—1631).
Von
Paul Kaempfe.
Magdeburg.
Creutz'sche Verlagsbuchhandlung.
1901.

In Schutt und Asche, ein Epos von Paul Kämpfe, 1841 in Magdeburg geboren, Pfarrer in der Friedrichstadt/Magdeburg

Die letzte Seele, 1907, eine Erzählung von Otto von Leixner (Leixner-Grünberg)

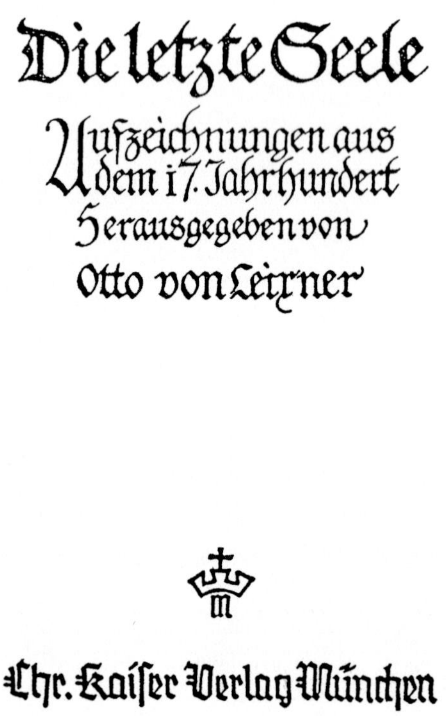
Die letzte Seele
Aufzeichnungen aus dem 17. Jahrhundert
Herausgegeben von
Otto von Leixner
Chr. Kaiser Verlag München

als Opfer und Märtyrer, als *„Magdeburgische Weltfackel"*, wie es die Flugschrift *„Turculenta expugnatio"*, 1631, ausweist:

„Die Magd und Burg, die feste Stadt,
An Gott durch eine röm'sche That
[gemeint ist Sagunt 219 v. Chr.]
Ihr' Jungfrauschaft geopfert hat.
...
So Luthrische Lucretia,
Aufrecht Deutsch' Contantia,
Bin ich in ewiger Gloria".

„Thut Buße meine andere getrewe Schwestern", forderte die Nachschrift zum Liede *„Ein Gebet und Lament der christlichen Jungfer und Stadt Magdeburg"* (1631).

Demoiselle Brandstrup, die Jungfrau von Magdeburg 1831, verkündete im „Prolog zur Erinnerung an die vor 200 Jahren erfolgte Erstürmung Magdeburgs":

„O! Edle Stadt, dein ist Kampf ist wohl gelungen,
Du hast der Freiheit Märthyrthum errungen".

*

Die poetische Zeitreise führt nun von der zeitgenössischen Dichtkunst auf das Feld der historischen Dichtung. Ein jedes solcher Werke sendet Geschichts- und Zeitsignale aus. Der Übergang vom Barock fällt leichter, wenn die poetische Zeitreise mit der Schaubühne fortgesetzt wird, zumal in barocker Vorstellung der Krieg als *„theatrum belli"* (im *„Theatrum Europaeum"*) aufgefaßt wurde und demgemäß die *„dramatis personae"* wie im Personenverzeichnis eines Schauspiels hervortreten.

Am Beginn soll eine Autorenpersönlichkeit stehen, die, zunächst der exakten Geschichtswissenschaft zugewandt, ein großes Werk der autonomen Poesie schuf: Friedrich von Schiller.

Welche Rolle er Magdeburg im Dreißigjährigen Kriege beimaß, ist an seiner dreibändigen *„Geschichte des dreißigjährigen Krieges"* (1793) ablesbar, die auf die Meinungsbildung nachfolgender Historiker – wie Hülße nachwies – von nicht zu unterschätzender Wirkung war. Wie sich diese Darstellung Magdeburgs als Maß aller Greuel in *„Wallensteins Lager"* zeigt, ist dreifach belegbar: Zunächst war ein „Anfangslied" über die Zerstörung Magdeburgs geplant, um das Schiller Goethe bat. Dieser aber, wie er an Schiller schrieb, brachte es *„nicht zustande"*. Versucht hatte er es: *„Die Zerstörung von Magdeburg"*, erstmals 1836 in der sogenannten Quartausgabe veröffentlicht:

... *„Dein Vater lieb ist hin,*
Die Bürger alle fliehn;
Schon fließt das Blut die Straße hin,
Wo fliehn wir hin, wohin?
...
Ach, keine Rettung mehr!
In Straßen rast das Heer;
Es rast mit Flammen hin und her,
Ach, keine Rettung mehr!"
...

Zum zweiten wird im Prolog, gesprochen bei der Wiedereröffnung der Schaubühne in Weimar am 24. Oktober 1798, dem 150. Jahrestag des Westfälischen Friedens, Magdeburg als einzige Stadt exemplarisch genannt:

„Verödet sind die Städte, Magdeburg
ist Schutt..."

Magdeburg also als Maß aller Greuel, an der das Schicksal von Städten gemessen wurde.

Titelkupfer zu Grimmelshausen: Simplicissimus Teutsch, 1669

Zum dritten prahlt der Erste Jäger in *„Wallensteins Lager"* vom lustigen und losen Leben der Tillyschen Soldateska vor Magdeburg 1631 im Gegensatz zur Wallensteinschen:

„Ja, Das war schon ein ander Ding!
Alles da lustiger, loser ging,
Soff und Spiel und Mädels die Menge!
...
Sein Spruch war: leben und leben lassen".

Im gleichen Lagermilieu spielt auch Bertolt Brechts *„Mutter Courage und ihre Kinder"*, 1938/39 geschrieben, motivisch frei nach Grimmelshausens *„Trutz Simplex oder Ausführliche und wunderseltzame Lebensbeschreibung der Erzbetrügerin und Landstörtzerin Cuorasche"*. Mutter Courage, Anna Fierling, kommt mit ihrem Planwagen durch aller Herren Länder, im und vom Kriege lebend, und ist auch 1631 im Gegensatz zur Grimmelshausenschen vor Magdeburg.
„Meinen Schnaps will ich," fordert der Soldat, *„Ich bin zu spät zum Plündern gekommen."*
„Tillys Sieg bei Magdeburg", so heißt es in der szenischen Anmerkung, *„kostet Mutter Courage vier Offiziershemden"*. Es muß ein großes Unglück sein, wenn sie, hart geworden vom Krieg, das Opfer – diese vier Offiziershemden, zu Verbandsmaterial zerrissen – toleriert.
An weiteren dramatischen Gestaltungen hatte es nicht gefehlt, so im Bemühen, das Vermächtnis der Magdeburgischen Hochzeit in der breiten Öffentlichkeit Magdeburgs zu bewahren. Vor der ersten Säkularfeier 1831 war es zunächst das Theater, das in Magdeburg im schillerschen Sinne eine „moralische Anstalt" war, was das Vermächtnis der Zerstörung Magdeburgs betraf. Im Sommer 1771 brachte die Döbbelinsche Schauspieltruppe *„Die Eroberung von Magdeburg"* von Rohwedel, in Bearbeitung von Schummel, mit großem Erfolg auf die Bretter. Leider wissen wir vom Autor lediglich, daß er 1798 preußischer Infanterieoffizier war. Ein Glanzpunkt wurde mit dem Stück *„Sturm von Magdeburg"* vom Schauspieler, Regisseur und Theaterdirektor Friedrich Ludwig Schmidt gesetzt, das am 10. Mai 1799 seine Erstaufführung erlebte. *„Ein vaterländisches Schauspiel"*, das den Parteienhader in den entscheidenden Maitagen 1631 reflektiert und einen von

Eroberung Magdeburgs 1631, Kupferstich, 17./18. Jahrhundert

Tilly begnadeten Magdeburger Kundschafter als Erretter feiert. Es erlebte bis 1876 an jedem 10. Mai ein Reprise, nachweislich bis 1869 sind 123 Aufführungen. Mit der Inszenierung der gesamten Wallensteintrilogie rundete sich das Bild der Besinnung und Erinnerung an die Magdeburgische Hochzeit auf dem hiesigen Theater um die Wende vom 18. zum 19. Jahrhundert ab.

„Mit starkem und echtem Klange", so schrieb der Magdeburger General-Anzeiger vom 12. Mai 1931, *„tönte der Abend des Gedenk-Sonntags" (10. Mai)* mit dem Festspiel von Pfarrer Johannes Maresch *„Die Zerstörung Magdeburgs. Historisches Schauspiel in drei Aufzügen"* aus. *„Das Spiel fesselte bis zum letzten Fallen des Vorhanges und erschütterte so stark, daß in das Beifallklatschen nach den Aktschlüssen sich die Gegenkundgebungen derer mischten, denen lauter Beifall hier zu wenig war".*

*

Die Trauernde Magdeburg, Begleitfigur des Wormser Lutherdenkmals, Nachguß von 1906. Entwurf: Ernst Rietschel, Ausführung: Adolf Donndorf

Literarische Figuren wie Michael und Marey (aus *„Michael und Marey und die Zerstörung Magdeburgs"*, 1931, von Willy Fehse), Erdmuth Plögen und Willigis Alemann (aus le Fort's *„Magdeburgische Hochzeit"*, 1938), Hauptmann Schmidt und Bertha von Felseneck (aus Amalie Struves Roman *„Der Fall von Magdeburg"*, 1850), Lucretia Schmidt und Dietrich von Falkenberg (aus Berta Bethges Erzählung *„Lucretia Schmidt"*, 1892) u. a. nehmen den Leser an die Hand und führen ihn hinein nach Magdeburg – vor, während und nach dem Inferno. Sie begegnen auf ihrem Wege, der immer auch ein Lebens-, ein Schicksalsweg ist, historischen Persönlichkeiten als Feind oder Freund. Wie fein das gesponnen ist, zeigt der Roman *„Die Abendburg"* (1904) von dem 1860 in Magdeburg geborenen Populärphilosophen, Lyriker und Romancier Bruno Wille: Eine rührende Simpliciade in 12 Abenteuern, in Anlehnung an den Titel des *Simplicissimus* vorgestellt: *„Die Beschreibung des Lebens eines seltsamen Vaganten"* – eines Alchimisten, Schatzsuchers, Landsknechts, Eremiten – in Magdeburg *„in diese Welt gekommen"*, viel *„darin gesehen / gelernt / erfahren"* – von Seni befreit, von Wallenstein in die Freiheit entlassen, unter Falkenberg in Magdeburg gekämpft, mit dessen Schwägerin während der Magdeburgischen Hochzeit verlobt und verheiratet, und *„diese Welt"* als Einsiedler in der Abendburg *„wieder freiwillig quittiert"*, ohne ihr ganz zu entsagen.

Auf der Suche nach Überlebenden, Hilfe bietend und um Hilfe bittend, brechen unsere „Helden" bestürzt in die Welt des Infernos ein. Liebende werden getrennt, Familien auseinandergerissen, und die Wogen des Erlebten schlagen über ihnen zusammen – wie in der Erzählung *„Der brennende Baum"* (1931) von Gustav Frenssen oder in *„Palm Kleinau"* (1918) von August Uhle. Palm, ein Dahlenwarsleber Bauernsohn, Vetter von Johann Alemann, begegnet im brennenden Magdeburg Tilly, Pappenheim, Mansfeld und Christian Wilhelm als Gefangenen. Er lernt zuvor Falkenberg kennen, der im Hause seines Ohms stirbt, berichtet später darüber Gustav Adolf, kämpft im schwedischen Regiment Augusts von Bismark, der bei Breitenfeld Pappenheim in unmittelbarem Aufeinandertreffen besiegt. Wie letzterer suchen auch Johann David Voerckel in *„Die Zerstörung Magdeburgs. Ein geschichtliches Gedicht"* (1933) oder Paul Kämpfe mit *„In Schutt und Asche. Ein Epos"* (1901) u.a. das Geschehen chronikalisch zu fassen bzw. direkten oder fiktiven Bezug darauf zu nehmen. Der Leser lernt Magdeburgs Ratsherren, Geistliche und Militärs – Johann Alemann, Brauns, Dehnhardt, Gerholdt, Kühlewein, Pöpping, Steinberg, Westphal und Bake, Cramer, Gilbert, Spaignart und Oberst Falkenberg, Oberstleutnant von Trost, Hauptmann Schmidt, von Uslar u.a. – natürlich als literarische Figuren kennen. Und immer wieder trifft er auf Otto von Guericke, überragend in der Verantwortung für die Geschicke der Stadt, insbesondere nach ihrer Zerstörung. *„... Gerühmet* (wird) *der Fleiß, die Treue und Unverdrossenheit des großens Mathematici".*

Musiker (Flötist und Gambist) und tanzende Paare aus Madur: Brandt Grimmige ..., Magdeburg 1619

Der Magdeburgischen Hochzeit setzte er als schöpferischen, den Frieden fördernden Akt die Magdeburger Halbkugeln entgegen, um im Kleinen zu ergründen, „was den im Großen waltenden Gesetzen entspricht“. Er wurde zum Botschafter eines unter Schmerzen wiedergeborenen Magdeburgs.
„Es steigt vor mir die neue Stadt empor – mit neuen Straßen, die ich selbst gezogen.“ (Trümpelmann, 1902).
Auch später waren Literaten Magdeburg in Zeiten schweren Neubeginns, so nach dem Zweiten Weltkrieg und dem 350. Geburtstag Otto von Guerickes verpflichtet: z.B. Basan, Brennecke, Jordan.
„O Magdeburg! Du sollst herrlich wieder auferstehen. Du sollst mehr und besser und größer und schöner werden, ein Kleinod unter den deutschen Städten.“ (Jordan, 1957). Aber auch Betroffenheit wurde benannt: *„Die Halbkugeln“* von Erich Fried, 1965:

„Oh Magdeburg
wo ist deine starke Kugel?
Der Hahn der nicht kräht
Läßt den Erdball zerfallen.“

Otto von Guericke fand vergleichsweise spät Aufnahme in die Schar der literarischen Magdeburger. Er ist in der Literatur der personifizierte Neubeginn, der Re-

Brandt Grimmige
Kurtzweil.
Dem Ehrnvesten / Achtbahrn vnd Wolgelahrten Herrn
HEINRICO
Grimmio,
Der Magdeburgischen Schulen Wolverordentem Musico,
Breutgamb
Vnd auch seiner geliebten Spons
Der Erbahren vnd EhrenTugentreichen
Jungfrawen
MARTHÆ Brandes / etc.
Zugerichtet / Durch
ERARDUM MADURUM.
Zu Magdeburgk / Gedruckt
Durch Andream Betzeln / Wohnhafftt zum Gülden Jfloff. An. 1619.

Erhard Madur: Brandt Grimmige Kurzweil. Dem Ehrenvesten/Achtbarn vnd Wolge-/ lahrten Herrn/HEINRICO/ Grimmio ..., Mgdb. 1619 (Gedicht auf die Hochzeit des Magdeburger Kantors Heinrich Grimm, 1619) alpolitiker am Scheideweg Magdeburgs, der alles für seine Heimatstadt gab und an ihr fast zerbrach. Schon früh in eine Vaterrolle für die Stadt gedrängt, stets vermittelnd, wird er als der vom Lebenskampf gezeichnete, auch einsame, selbst- und sendungsbewußte geniale Mann gestaltet. Er tritt uns gegenüber als Bürgermeister, Diplomat und Physiker, Astronom, als ein *„der Wissenschaft Verfallen(er)“*, bewundert und verehrt, geschmäht und gehaßt – letztendlich das Vorbild, dem die Nachfahren zu großem Dank verpflichtet seien.

*

Ricarda Huch entwarf in ihrem *„Der große Krieg in Deutschland“*, 1912–1914 (später unter dem Titel *„Der Dreißigjährige Krieg“*), der ursprünglich ohne Gattungsbezeichnung erschien und erst später als Roman benannt wurde, Bild um Bild dieses leidvollen Krieges und mittendrin als Aufschrei der Gequälten die Magdeburgische Hochzeit. Sie stellt uns nahezu alle großen Persönlichkeiten vor, und das Werk schließt anders als Raabes *„Else von der Tanne“* mit einem ökumenischen Ostergottesdienst als ein erstes Lichtsignal wahren Friedens.

In Wilhelm Raabes Erzählung *„Else von der Tanne oder das Glück Domini Friedemann Leutenbachers armen Dieners am Wort Gottes zu Wallrode im Elend“*, geschrieben 1864, stoßen Flüchtlinge aus dem zerstörten Magdeburg, ein Lehrer der Domschule mit seiner jüngsten Tochter, in der Abgeschiedenheit des Harzes auf vom Kriege gezeichnete Existenzen voller Aberglauben, Haß und Niedertracht. In der Christnacht des Friedensjahres anno 1648 wurde die hoffnungsfrohe, ihnen fremde Else als Hexe zu Tode gesteinigt. *„… es ist keine Rettung in der Welt vor der Welt“. „Sie lebt, … wir aber sind tot …“*

Völlig andere Zeitsignale sandten Autoren gleicher Generationen aus, egal, wen sie aus dem teutschen Kriege mit Lorbeeren bekränzten oder verdammten:

„Wo ist ein Volk auf Erden, dem deutschen gleich an Tapferkeit und Heldensinn … zäher und härter als Stahl …“ (Bolanden, 1867);

„Vor jener wälschen Tyrannei zu retten,
die bis zum Meere schon ihr Netz gebreitet,
In dem sie jede Regung wird ersticken.“
(Stoeckert, 1881);

„Unser Heldenblut war zu dick geworden; es drohte ganz einzutrocknen. Da kam der Krieg und weckte die Schläfer auf … Der Krieg ist ein allgewaltiger Zuchtmeister.“ (Uhle, 1918).

Nicht für Gertrud von le Fort. In ihrem Roman *„Die Magdeburgische Hochzeit“*, 1938, versammelte sie in freier schöpferischer Gestaltung Magdeburger, historisch verbrieft, und andere historische Persönlichkeiten von Rang. Der Magdeburger Dom war es, der sie zu diesem Roman inspirierte. In einem Brief beschrieb sie einen etwas launigen Aufenthalt im Dom in den dreißiger Jahren, in dem sie, von dem Küster vergessen, über viele Stunden eingeschlossen, den Entschluß zu dem Roman faßte:

„Als der Küster mich endlich zu schon später Stunde erlöste, stand in meinem Inneren das Buch der Magdeburger Hochzeit fest.“ Kompositorisch wird die Magdeburgische Hochzeit als *„jüngster Tag und Weltgericht“* mit einer auf Erfüllung drängenden Liebe zwischen Willigis Alemann und Erdmuth Plögen verknüpft, die der durch den Krieg in die Stadt gespülte Falkenberg fast erstickt hätte.

„… da tanzte der Herr Sturm der schönen Braut zu Magdeburg den Fackeltanz vor, da schüttelten und schichteten die wilden Gesellen aus den Lüften ihr das flammende Hochzeitslager.“

Für Getrud von le Fort ist das geschundene Magdeburg mehr als nur eine protestantische Stadt schlechthin, sondern, *„Sinnbild des Reiches selbst, das am Feuer des Dreißigjährigen Krieges verbrennt“*. Und *„Willigis Alemann ist … der unselige Deutsche jenes Krieges, hin und her gerissen zwischen der Forderung seines Glaubens und Forderung seiner Treue zum Reich“*. Der Zweite Weltkrieg warf

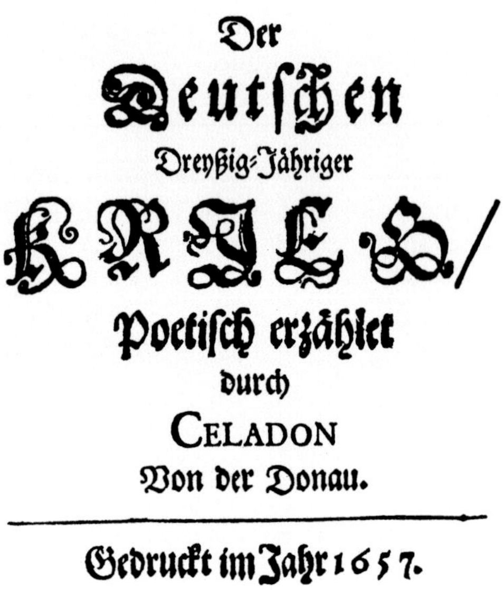
Der Deutschen Dreyßig-Jähriger KRJEG/ Poetisch erzählet durch CELADON Von der Donau.

Gedruckt im Jahr 1657.

Der Deutschen Dreißig-Jähriger Krieg, 1657, eine Verschronik von Caledon von der Donau, Ps. f. Georg Greflinger

Die Zerstörung Magdeburgs, 1881, ein historisches Trauerspiel über Magdeburgs leidvolle Tage 08.–10. Mai 1631

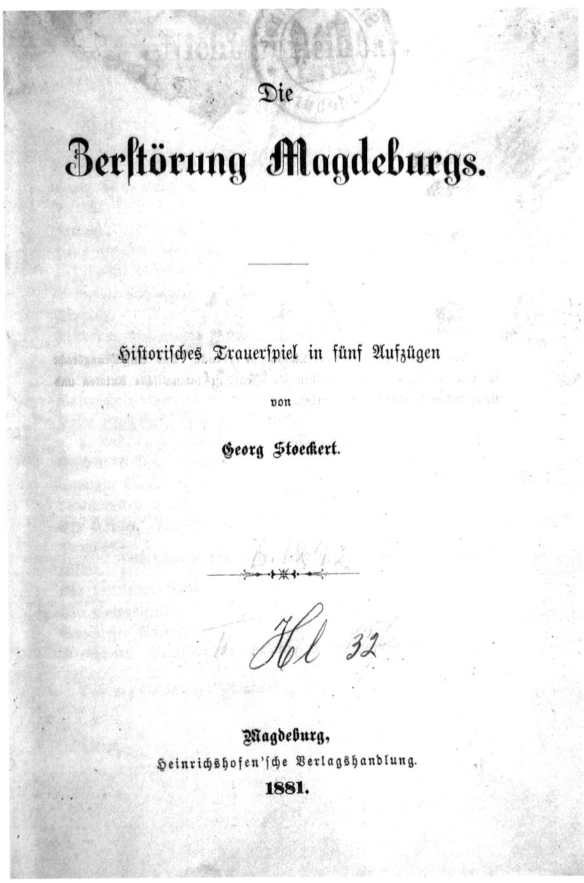
Die Zerstörung Magdeburgs.

Historisches Trauerspiel in fünf Aufzügen von Georg Stoeckert.

Magdeburg, Heinrichshofen'sche Verlagshandlung. 1881.

Titelkupfer zu Greflinger: Der Deutschen Dreißig-Jähriger Krieg, 1657

seine Schatten voraus. Und es war dank ihres ganz eigenen symbolischen Stils und ihres am Johannisevangelium geschulten Blickes das brennende Magdeburg des 10. Mai 1631, das als prophetische Vision brennender Städte Europas verstanden wurde. Am 10. Mai 1938 noch auszugsweise im Magdeburger General-Anzeiger veröffentlicht, wurde ihr Name mit Kriegsbeginn totgeschwiegen und die Verbreitung ihrer Werke behindert.

Peter Englund, ein junger schwedischer Historiker, bettete sein großes Historiengemälde *„Die Verwüstung Deutschlands. Eine Geschichte des Dreißigjährigen Krieges"*, 1993, in eine romanhafte Handlung. Sein Fazit der facettenreich gestalteten Magdeburger Hochzeit:

„Etwas Böses und Finsteres, das stärker war als der menschliche Wille, war in Deutschland entfesselt worden, etwas, das aus Geheimnissen wie diesem Energie gewann und nun wie ein großes und schweres Rad zu rotieren begann".

*

Ein anderes „Kapitel" umfaßt jene Werke, die das Wirken historischer Persönlichkeiten, die mit entsprechendem Magdeburg-Bezug die Geschichte des Krieges mit dem Degen schrieben, in den Mittelpunkt stellen: Wallenstein, Tilly, Pappenheim, Falkenberg und Gustav Adolf. Über Wallensteins *„Einlagerungen, Durchzüge und Kriegsdepressionen"* – die Eroberung der Stifter Halberstadt und Magdeburg 1625 und damit den Eintritt in den Krieg mit hohen Belastungen durch Kontributionen – läßt Alfred Döblin den sächsischen Kurfürsten philosophieren: *„Man genoß die Klagen, schwelgte in den Schandtaten"*. Von der Unheil versprechenden Überführung der Gebeine des Heiligen Norbert 1627 in die Abtei Strachow/Prag auf Vermittlung Wallensteins kündet die Sage *„Die weiße Kutsche des heiligen Norbert"*.

Über Wallensteins Niederlage bei der Belagerung Magdeburgs 1629 triumphierte Ritterhusius, und andere Autoren rückten ihn in die Nähe zur Magdeburgischen Hochzeit.

Friedrich Schreyvogel, der gebürtige Wiener Musikprofessor und Chefdramaturg, ließ in seinem Roman *„Der Friedländer"*, Band 2, 1943, Pappenheim im Auftrage Tillys zu Wallenstein reiten und stand, von Gesichten der Zerstörung Magdeburgs bedrückt, dem Friedländer Rede und Anwort auf dessen präzise Fragen. *„Aber schon, wie er* (Wallenstein) *den Strom nur nannte, überfielen ihn*

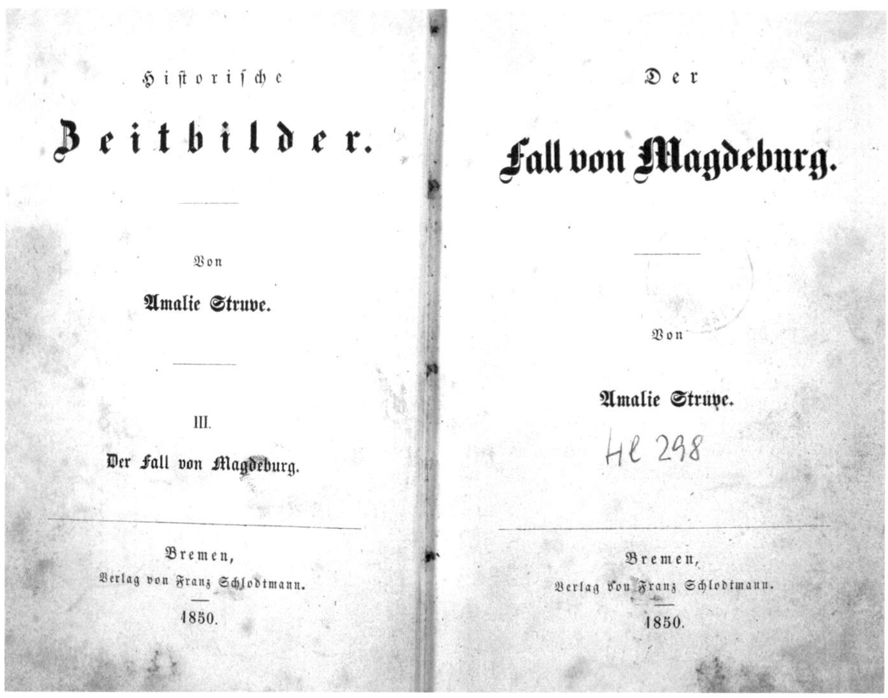

Historische Zeitbilder.

Von Amalie Struve.

III.

Der Fall von Magdeburg.

Bremen, Verlag von Franz Schlodtmann. 1850.

Der Fall von Magdeburg.

Von Amalie Struve.

Hl 298

Bremen, Verlag von Franz Schlodtmann. 1850.

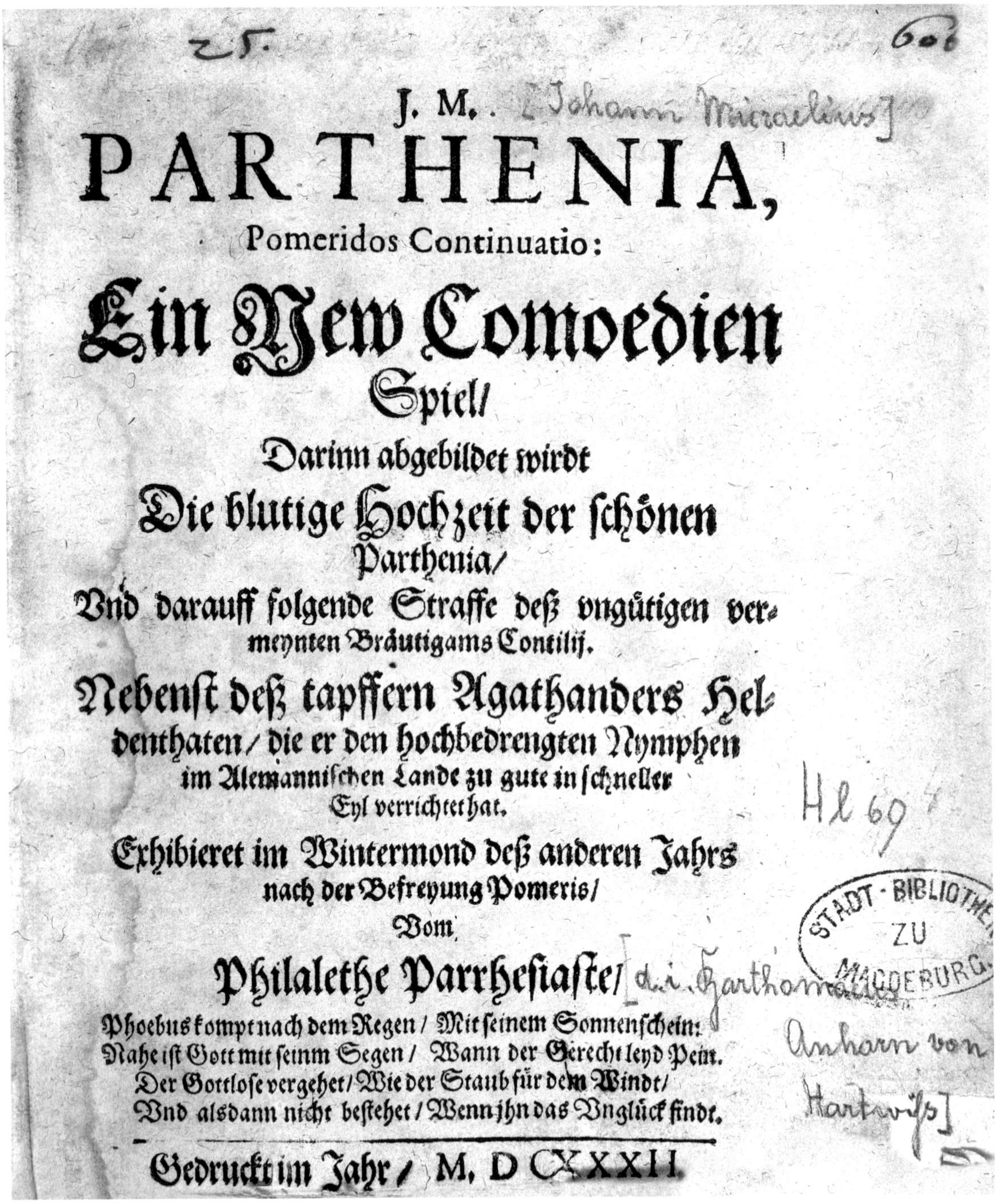
25. 606

J. M. [Johann Micraelius]

PARTHENIA,

Pomeridos Continuatio:

Ein New Comoedien Spiel/

Darinn abgebildet wirdt

Die blutige Hochzeit der schönen Parthenia/

Und darauff folgende Straffe deß ungütigen vermeynten Bräutigams Contilij.

Nebenst deß tapffern Agathanders Heldenthaten/ die er den hochbedrengten Nymphen im Alemannischen Lande zu gute in schneller Eyl verrichtet hat.

Exhibieret im Wintermond deß anderen Jahrs nach der Befreyung Pomeris/

Vom

Philalethe Parrhesiaste/ [d. i. Bartholomäus Anhorn von Hartwiss]

Phoebus kompt nach dem Regen/ Mit seinem Sonnenschein:
Nahe ist Gott mit seinm Segen/ Wann der Gerecht leyd Pein.
Der Gottlose vergehet/ Wie der Staub für dem Windt/
Und alsdann nicht bestehet/ Wenn jhn das Unglück findt.

Gedruckt im Jahr/ M. DCXXXII.

Titelseite der Parthenia ... Ein New Comoedien Spiel ..., 1632, von J. M. für Johann(es) Micraelius (Lütkeschwager)

wieder die Erinnerungen an Magdeburg, an die dunkel hinströmende Elbe und an den blutigen Widerschein der brennenden Stadt in dem nachtschweren Wasser.“

Alle solche konkreten Magdeburg-Bezüge vereint Golos Manns gleichnamige „*Wallenstein*“-Biographie, ein Werk von hohem literarischem Rang, in dem sich akribische Forschung mit der „*Vitalität eines Romans*“ verbindet.

In der Literatur über Tilly und Pappenheim ist der Bezug zu unserer Stadt und ihrem Leid scheinbar eindeutiger, die Ablehnung einhelliger:

„*Tilly und der Teufel galten in Magdeburg ungefähr gleichviel: Katholische und Kaiserliche kamen gleich hinterher*“. Mit Hermann Daums Beiname der „*Schreckliche*“ für Tilly wird eine historische Parallele assoziiert. Immermanns Postulat (Memorabilien, 1840) galt für viele, aber nicht für alle Autoren: Für Bolanden ist Tilly der „*Kriegsheld*“, der „*Tugendheld*“, „*großartigen Charakters*“, der „*den höchsten Lohn fand … im Bewußtsein erfüllter Pflicht, im Hochgefühl bitterer Entsagung und rastloser Mühen*“. Leisere Töne sind von Kämpfe zu vernehmen:

Aus Micraelius: Parthenia, III. Akt, III. Szene, Auftritt Parthenia (Jungfrau Magdeburg), Falcomontus (Falkenberg) und Lalemannus (Alemann)

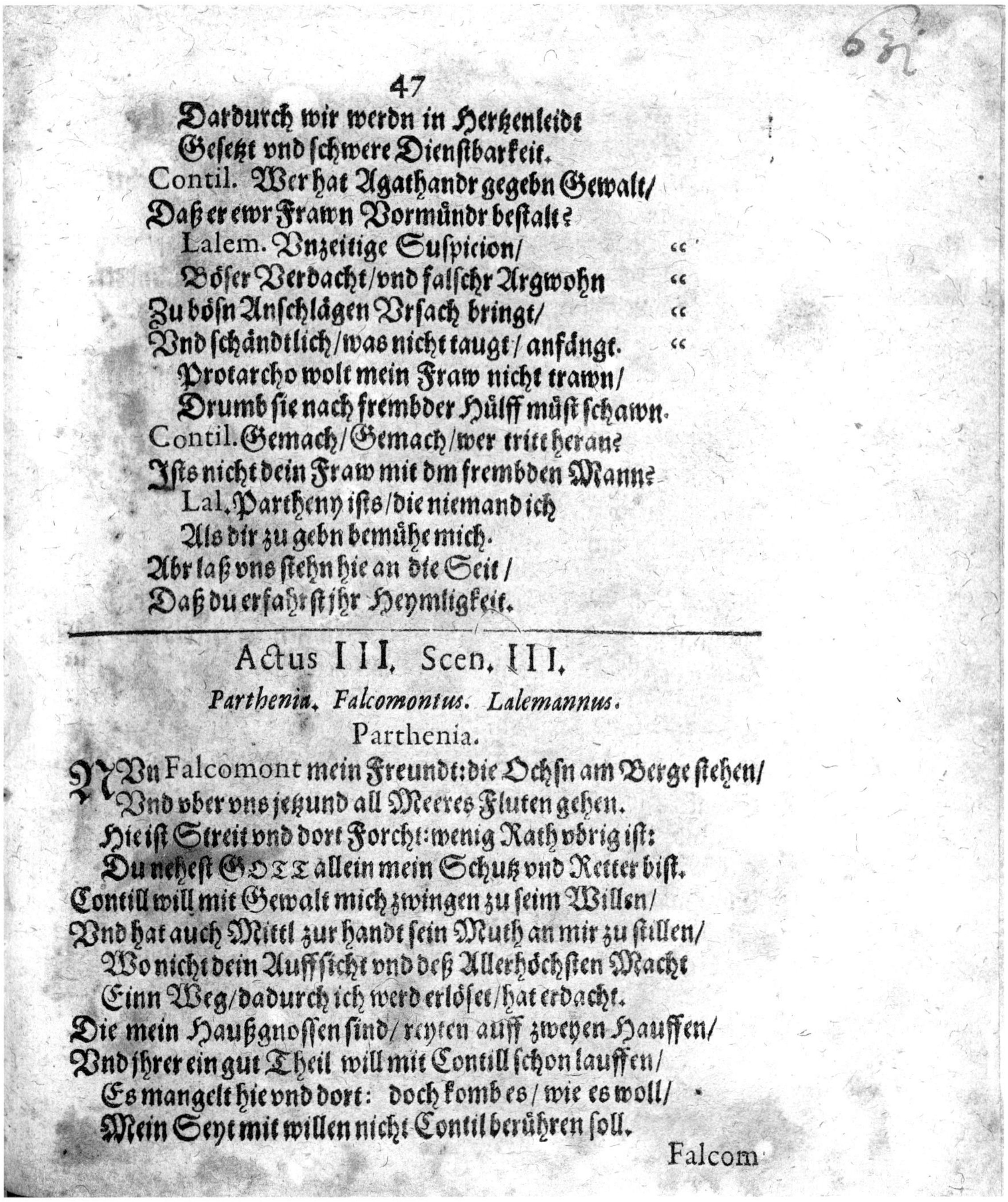

47

Dardurch wir werdn in Hertzenleidt
Gesetzt vnd schwere Dienstbarkeit.
Contil. Wer hat Agathandr gegebn Gewalt/
Daß er ewr Frawn Vormündr bestalt?
Lalem. Vnzeitige Suspicion/ „
Böser Verdacht/vnd falschr Argwohn „
Zu bösn Anschlägen Vrsach bringt/ „
Vnd schändtlich/was nicht taugt/ anfängt. „
Protarcho wolt mein Fraw nicht trawn/
Drumb sie nach frembder Hülff müst schawn.
Contil. Gemach/Gemach/wer tritt heran?
Ists nicht dein Fraw mit dm frembden Mann?
Lal. Partheny ists/die niemand ich
Als dir zu gebn bemühe mich.
Abr laß vns stehn hie an die Seit/
Daß du erfahrst ihr Heymligkeit.

Actus III. Scen. III.

Parthenia. Falcomontus. Lalemannus.

Parthenia.

NVn Falcomont mein Freundt: die Ochsn am Berge stehen/
Vnd vber vns jetzund all Meeres Fluten gehen.
Hie ist Streit vnd dort Forcht: wenig Rath vbrig ist:
Du nehest GOTT allein mein Schutz vnd Retter bist.
Contill will mit Gewalt mich zwingen zu seim Willen/
Vnd hat auch Mittl zur handt sein Muth an mir zu stillen/
Wo nicht dein Auffsicht vnd deß Allerhöchsten Macht
Einn Weg/dadurch ich werd erlöset/hat erdacht.
Die mein Haußgnossen sind/ reyten auff zweyen Hauffen/
Vnd ihrer ein gut Theil will mit Contill schon lauffen/
Es mangelt hie vnd dort: doch komb es/wie es woll/
Mein Seyt mit willen nicht Contil berühren soll.

Falcom

„Nicht Tilly trifft die Schuld für alle Greuel,
Die Magdeburg erlitt. Es war der Geist
Der schlimmen Zeit, der Geist des Söldnerheeres“.

Seine Getreuen fanden ihn, den *„General in Mönchskutte“*, nach dem Sturm auf Magdeburg im *„Fieberwahn über dem Gekreuzigten“* in seinem Zelte liegend. (Ullrich, Hans: Der Söldner am Pflug, 1934).

Für Gertrud von le Fort trägt Tilly *„in seinem Herzen das Gewissen der Zeit“*.

„Die Stadt muß dem Kaiser geben was des Kaisers ist, denn sonst geht der Glaube unter; aber der Kaiser wird Gott geben müssen, was Gottes ist, denn sonst geht das Reich unter.“

Tilly wird zur tragischen Figur, die zum Verzicht auf die Ausbreitung des Glaubens mit Feuer und Schwert rät und selbst zu dessen Vollstrecker wird. Mit Magdeburg begann Tillys Stern zu sinken.

„Seit Magdeburg geht nichts mehr gut“ (Schuder, 1957).

Weniger differenziert erscheint auf der poetischen Reise Pappenheim – zumeist als Pendant zu Tilly, als Gleichgesinnter oder Gleichgescholtener, wenn auch mehr als

Außführlicher vnd Gründlicher Bericht:
Was sich bey vergangner
Beläger: vnd Eroberung der fösten vnd weit-berühmbten Statt Magdeburg verloffen.
Darbey Herrn Generaln Grafen von Tylli trewhertzige Warnungsschreiben zu lesen/ welche seitt Excell: vor hero an den vermeinten Administratorn; Item/ dene von Falckenberg/ vnd die Statt Magdeburg abgehen lassen.
Auch wessen ihre Excell: von denen verstockten Gemüthern widerumben beantwortet worden: Worauß dann klar zu sehen ist/ daß sie jhnen allein selbsten diesen ruin vnd Jammer zu klagen haben.
Gedruckt im Jahr Christi/ 1631.

Außführlicher vnd Gründlicher/Bericht: Was sich bey vergangner/Beläger: vnd Erobervng der ...Statt Magdeburg/verloffen ..., Flugschrift, o. O. 1631

Die Hochzeit von Magdeburg, 1867, Roman von Konrad von Bolanden, Ps. f. Josef Eduard Konrad Bischoff

Gustav Adolph.
Historischer Roman
von
Conrad von Bolanden.
„Jedem sein Recht."
Zweiter Band.
Die Hochzeit von Magdeburg.
II.
Mainz,
Verlag von Franz Kirchheim.
1867.

Die
Hochzeit von Magdeburg.
Historischer Roman
über
Gustav Adolph
von
Conrad von Bolanden.
Zweiter Band.
Mainz,
Verlag von Franz Kirchheim.
1867.

Landsknechtsnatur, als *„blutdürstig, verwegen"*, mit *„... an Fanatismus grenzende* [m] *Haß gegen Magdeburg"*. Für Ricarda Huch ist er im Vergleich zu Wallenstein *„mehr ehrgeizig und ruhmsüchtig als habgierig, abenteuerlustig und ungestüm tapfer"*. Pappenheim tritt aber auch aus Tillys Schatten heraus und bekommt den größeren Teil oder gar die Hauptschuld an Magdeburgs Untergang aufgeladen. Kein Nachruhm aus Magdeburgs leidvollen Tagen – Otto von Guericke als Lichtfigur des Neubeginns ausgenommen – währte so lange und prägte Politik und Literatur oder diente ihr als Vehikel wie der Gustav Adolfs (und auch Falkenbergs).

Bereits zu Lebzeiten feierten ihn protestantische Dichter:

„Es schläft zur rechten Rache
Des HERREN AUGE nie",

prophezeite Diederich von dem Werder.

„Er führt mit gleicher Ehr'
Auff seinem Haupt die Cron' und in der Hand die Wehr".

Und Dietrich von Falkenberg in einem Atemzug nennend:

„Und du O Edler Heldt:/
Der du ihr warest gleich als Hertzog fürgestellt/
Glantz aller Tapferkeit/und Sonne des Verstandes ..."

Und später Kämpfe:

„Verloren war die Stadt, als Falkenberg
Die Seele ausgeatmet ..."

Falkenberg – aufrichtig und verschlagen, ein Held und Brandstifter, Rauhbein und Liebhaber, Realist und Phantast, gehaßt und geliebt, Gustav Adolfs Magdeburger Ebenbild und in memoriam aufgenommen in des Krieges „protestantischer Walhalla", so begegnet er uns auf unserer poetischen Zeitreise.

Gustav Adolf war der eigentliche Held der deutschen Presse damals im Kriege. Die Verehrung hielt zumindest in der Geschichtsschreibung an, steigerte sich auch in der Literatur zu einem Kult und erlebte im nationalen Führungsstreit im Deutschland des 19. Jahrhunderts eine wahre Renaissance. Man sah in Gustav Adolf *„das Symbol eines Helfers der Protestanten in der Diaspora"* und folgerichtig den Politiker, der die Habsburger Hegemonie verhindert und dem protestantischen Preußen den Weg in die Zukunft ermöglicht habe.

„Ihr treuen Magdeburger!... habt Euch geopfert ... für mich und die heilige Sache." (Kämpfe) Diese Tradition wurde weiter ausgeformt. Es ging und geht um *„Heimat und Glauben"*, schrieb Frantz, Pfarrer an St. Johannis, 1931.

Professor Brandenburg hob in seiner Festrede auf der Säkularfeier Magdeburgs im gleichen Jahr hervor, *„daß die ganze neuere geistige Kultur Deutschlands nur auf protestantischem Boden denkbar ist"*. Er führte angesichts der Opfer der Magdeburgischen Hochzeit aus, *„daß in diesen Kämpfen die Entscheidung über die Möglichkeit einer eigenen deutschen Kultur gefallen ist und wir werden auch vom nationalen Standpunkt aus immer wieder den Männern danken müssen, die ihre Existenz für diese geistigen Güter eingesetzt haben"*.

An diesem Bilde des *„Lichtritters"* kratzten Ricarda Huch und andere, indem sie stärker dessen machtpolitische Erwägungen bedachten. Das erhielt dann oftmals tragische Züge. Nicht so bei Konrad von Bolanden, der Gustav Adolf, *„den nordischen Eroberer"* und *„Meister der Heuchelei"*, oberlehrerhaft in das Reich des Bösen nebst Falkenberg, Stalmann, den Dingebankenbrüdern u. a. verbannte: *„Die erste Stufe aber zum Throne"*, so Gustav Adolf zu Stalmann, *„bildete der Untergang von Magdeburg ... Ich erscheine als Freund, wo ich Feind und Todesengel bin."* Ähnlich bei Alfred Döblin: *„Lachte, grölte: trefflich hätte der Kaiser sie malträtiert, das Diversionswerk Magdeburg sollte geschmiedet, die halbe kaiserliche Armee daran gebunden werden ..."*, und für seinen Adlatus Falkenberg war Magdeburg *„nichts, die deutschen Bürger jämmerlich verzagtes Lumpenpack"*.

Ware Contrafactur der Statt Magdeburg ... Flugblatt, Kupferstich von Daniel Manasser, 1631

Die Magdeburgische Hochzeit bleibt unauslöschlich im kulturellen Gedächtnis und umschreibt das bis heute nachwirkende Trauma des Dreißigjährigen Krieges, der noch immer für die meisten der große bekannte Unbekannte ist. *„... wir ... sind mit ihm"*, wie Grass schrieb, *„alle aschgrau von dazumal."*

Literaturhinweise:

Basan, Walther: Das Geheimnis der Magdeburger Halbkugeln, Berlin 1954.

Ders.: Falken über der Stadt. Historischer Roman um Otto von Guericke, Halle 1956.

Bethge, Bertha (Pseud. Caritas): Lucretia Schmidt, Halle 1892.

Bolanden, Konrad von: Die Hochzeit von Magdeburg, Mainz 1867. In: Gustav Adolf, 4. Band.

Calvisius, Seth-Henricus: Das zerstöhrete und wieder aufgerichtete Magdeburg, Magdeburg 1727.

Englund, Peter: Die Verwüstung Deutschlands. Eine Geschichte des Dreißigjährigen Krieges, Stuttgart 1998 (Stockholm 1993).

Erhard Madur: Brandt Grimmige Kurzweil.

Dem Ehrenvesten/Achtbarn vnd Wolge-/lahrten Herrn/HEINRICO/Grimmio ...., Mgdb. 1619.

Fehse, Willi: Michael, Marey und die Zerstörung Magdeburgs, Burg 1931.

Fort, Gertrud von le: Die Magdeburgische Hochzeit, Frankfurt/M. u. Leipzig 1938.

Frenssen, Gustav: Der brennende Baum, Berlin 1931.

Grass, Günter: Das Treffen in Telgte, Darmstadt u. Neuwied 1979.

Greflinger, Georg: Der Deutschen Dreyssig-Jähriger Krieg (1657), München 1983.

Gertrud von le Fort: Die Magdeburgische Hochzeit, 1938, Roman, „... in hymnisch-chronikalischer Form die Geschichte von Reich und Glauben ..."

Grimmelshausen, Hans Jacob Christoffel von: Der Abentheurliche SIMPLICISSMUS Teutsch... Monpelgart 1669 (erschienen 1668).

Guericke, Otto von: Geschichte der Belagerung, Eroberung und Zerstörung Magdeburgs. Aus der Handschrift zum Erstenmale veröffentlicht von Friedrich Wilhelm Hoffmann, Magdeburg 1860.

Heckmann, Herbert (Hg): Von der Eitelkeit der Welt. Barockgedichte, Berlin 1994.

Horn, W. O. v.: Während und nach der Zerstörung von Magdeburg. Nach der Mitteilung eines Augenzeugen der Jugend und dem Volke erzählt [Thodaenus], Konstanz 1863.

Huch, Ricarda: Der große Krieg in Deutschland (später unter dem Titel: Der Dreißigjährige Krieg), Frankfurt/M. u. Leipzig 1912–1914.

Jordan, Manfred: Zwischen Ruhm und Haß, Berlin 1956.

Justus, Th.: In Schutt und Asche. Eine Geschichte aus Deutschlands trübster Zeit, Reutlingen 1866.

Kämpfe, Paul: In Schutt und Asche (Magdeburg 1629–1631), Magdeburg 1901.

Köppe, Manfred: Die „Magdeburgische Hochzeit". Das besonders abschreckende und mahnende Beispiel für die zerstörerische Gewalt des Krieges. In: Krieg und Frieden — Not und Folgen. Protokollband des Wissenschaftlichen Kolloquiums anläßlich des 350. Jahrestages des Westfälischen Friedens am 10. Oktober 1998 in Magdeburg, Halle 1999 (=Beiträge zur Regional- und Landeskultur Sachsen-Anhalts, Heft 10), S. 6ff.

Der Deutschen Dreyßig-Jähriger Krieg. Sagenhaftes aus Sachsen-Anhalt, gesammelt und nacherzählt, Halle 2001.

Krusenstjern, Benigna von: Selbstzeugnisse der Zeit des Dreißigjährigen Krieges. Beschreibendes Verzeichnis (=Selbstzeugnisse der Neuzeit 6), Berlin 1997.

Lahne, Werner: Magdeburgs Zerstörung in der zeitgenössischen Publizistik. Gedenkschrift des Magdeburger Geschichtsvereins zum 10. Mai 1931, Magdeburg 1931.

Leixner, Otto von: Die letzte Seele. Aufzeichnungen aus dem 17. Jahrhundert, München 1906.

Mann, Golo: Wallenstein, Frankfurt/M. 1971.

Micraelius, Johann: Parthenia. Ein New Comedien Spiel ... 1631.

Neubauer Dr. Ernst (Hg.): Magdeburgs Zerstörung 1631. Sammlung zeitgenössischer Berichte, Magdeburg 1931.

Opel, Julius/Cohn, Adolf: Der Dreißigjährige Krieg. Eine Sammlung von historischen Gedichten und Prosadarstellungen, Halle 1862.

Raabe, Wilhelm: Else von der Tanne oder das Glück Domini Friedemann Leutenbachers armen Dieners am Wort Gottes zu Wallrode im Elend, geschrieben 1864.

Schiller, Friedrich von: Wallensteins Lager, 1798.

Zit. n. Schillers sämmtliche Werke in zwölf Bänden, Vierter Band, Stuttgart u. Tübingen 1838.

Schmidt, F. L.: Der Sturm von Magdeburg. Ein Vaterländisches Schauspiel in fünf Aufzügen, Magdeburg 1799.

Stoeckert, Georg: Die Zerstörung Magdeburgs. Historisches Trauerspiel in fünf Aufzügen, Magdeburg 1881.

Struve, Amalie: Der Fall von Magdeburg, Bremen 1850.

Trümpelmann, August: Die Zerstörung Magdeburgs, Magdeburg 1902.

Uhle, August: Palm Kleinau. Eine Bördegeschichte aus dem Dreißigjährigen Kriege, Schkeuditz bei Leipzig 1918.

Ullrich, Hans: Der Söldner am Pflug, Hannover 1934.

Wille, Bruno: Die Abendburg. Chronika eines Goldsuchers in zwölf Abenteuern, Jena 1909.

Wir vergehn wie Rauch von starken Winden. Deutsche Gedichte des 17. Jahrhunderts, 2 Bd., Berlin 1985.

Die Erstürmung Magdeburgs am 10./20. Mai 1631, Diorama, 1984

„Die Pferde sind ganz munter, und ich reite viel, weil ich nichts zu tun habe. Magdeburg ohne Garnison, c´est l´ Egypte moins le nile, und es ist schrecklich langweilig hier.“

(Helmuth von Moltke: Brief an seine Gattin, 1. September, 1855)

KARL
IMMERMANN
1796–1840

„Wenn man die Poesie gründlich ausrotten wollte, so müßte man die Dichter nach Magdeburg senden; wir haben hier nur Kanonen, Beamte und Krämer, und die Phantasie fehlt in der Seelenliste gänzlich."

(Carl Leberecht Immermann: Brief an Karl Varnhagen von Ense, 1827)

Kluge Köpfe und mutige Menschen

Till Eulenspiegel als Brunnenfigur auf dem Alten Markt

Berühmte Magdeburger

MARTIN WIEHLE

Das Gesicht einer Stadt ist ebenso wie ihr Ruf und ihre Ausstrahlung untrennbar mit ihren hier lebenden und handelnden Personen verbunden. Zu diesem prägenden Bild zählen auch die Persönlichkeiten, die in der Vergangenheit durch ihre Leistungen das Werden und Wachsen eines Gemeinwesens beeinflußten.

In der fast 1200jährigen Geschichte Magdeburgs gibt es eine Vielzahl von Frauen und Männern, die ihre Wirkungsstätte hier hatten, an diesem Ort mehr oder weniger lange wirkten und meist weit über die Grenzen des Stadtgebietes hinaus bekannt wurden. Viele von ihnen bereicherten Kunst, Kultur, Bildung, Wissenschaft und Technik Deutschlands, saßen mit an den Schalthebeln der Macht und bestimmten so auch die deutsche Historie. Nicht wenige hatten europäische Bedeutung oder beförderten sogar welthistorische Prozesse.

Aus der großen Anzahl von Magdeburger Persönlichkeiten mit Rang und Namen konnte nur eine Auswahl getroffen werden. 136 sind mit biographischen Artikeln aufgenommen. Ihren Lebensläufen wurden weitere Hinweise über 24 Personen, die ihren Lebenskreis berührten, zugeordnet. Für die Aufnahme war nicht allein der Geburtsort Magdeburg entscheidend. Etwa knapp 70 Personen sind „Kinder der Stadt“. Nur ein Teil der gebürtigen Magdeburger blieb zeitlebens der Vaterstadt treu. Viele suchten das Glück in der Ferne. Andere Berühmtheiten fanden dagegen aus unterschiedlichen Gründen in Magdeburg eine Wirkungsstätte, ja nicht selten sogar eine neue Heimat. Manche trugen die Launen des Schicksals, – eine Versetzung, ja sogar die Härte des Gesetzes oder vielleicht auch nur ein Zufall – in die Elbestadt. Allen aber, gleich, ob sie dauernd oder vorübergehend in Magdeburg waren, und unabhängig von Beruf, Ansehen, Leistung und Weltanschauung ist eines gemeinsam: Sie prägten mit das Ansehen, das Öffentlichkeitsbild der Metropole und beeinflußten die städtische Entwicklung in unterschiedlichen gesellschaftlichen Bereichen. Der zeitliche Rahmen reicht vom Zeitalter der Ottonen bis in die jüngste Vergangenheit.

AGRICOLA, MARTIN, eigentlich MARTIN SORE

Komponist und Pädagoge, geb. am 6. Januar 1486 Schwiebus/Brandenburg, gest. 10. Juni 1556 Magdeburg

Der Autodidakt, Anhänger Luthers, war der führende Musiktheoretiker und Schulmusiker der Reformationszeit. Seine Lehrbücher „Kurz deudsche Musica“ (1528) wurden bereits zu seinen Lebzeiten mehrfach aufgelegt. Von ihm stammen zahlreiche Choräle, Motetten und andere Kirchenmusiken. Dadurch wurde er zu einem der Wegbereiter der Musikpflege in

Titelblatt des „Musica instrumetalis deudsch vnd welcher begriffen ist …“ von Martin Agricola

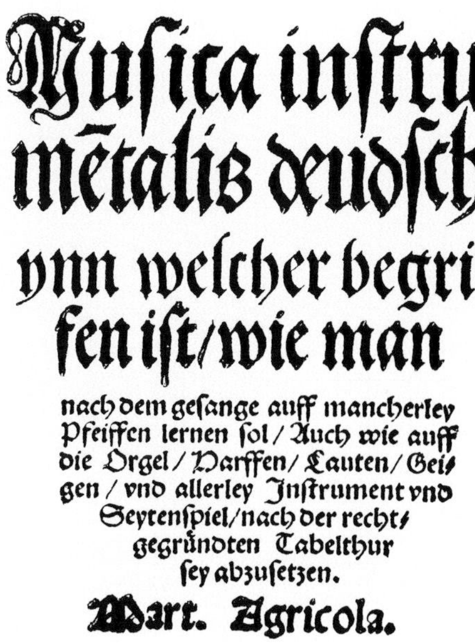
Musica instru-
mētalis deudsch
ynn welcher begrif-
fen ist/wie man
nach dem gesange auff mancherley
Pfeiffen lernen sol/ Auch wie auff
die Orgel/ Harffen/ Lauten/ Gei-
gen/ vnd allerley Instrument vnd
Seytenspiel/nach der recht-
gegründten Tabelthur
sey abzusetzen.
Mart. Agricola.

Deutschland. Er prägte viele deutsche musikalische Fachtermini wie Ton, Tonleiter und Takt.
Seine vielseitige Tätigkeit in Magdeburg von 1519 bis zu seinem Tode, besonders als Kantor und Musikdirektor der Stadtschule seit 1525 (1529?) sowie als Komponist und Fachschriftsteller, verschafften ihm den Ruf einer Autorität weit über die Grenzen der Stadt hinaus.

Nicolaus von Amsdorf

Amsdorf, Nikolaus von

Reformator, geb. am 3. Dezember 1483 Torgau, gest. 14. Mai 1565 Eisenach

Der Professor und zeitweilige Rektor der Universität Wittenberg hatte als enger Freund, Vertrauter und Mitstreiter von ➪Martin Luther einen großen Anteil an der Einführung und Konsolidierung der Reformation in Mittel- und Norddeutschland. 1531 wirkte er an der Erarbeitung der Schmalkaldischen Artikel mit. 1542 wurde er in Naumburg-Zeitz als erster evangelischer Bischof im Reich eingesetzt. Nach dem Schmalkaldischen Krieg 1547 fand er Zuflucht in Weimar, wo er sich um die Gründung der Jenenser Universität verdient machte. Nach Luthers Tod 1546 gehörte er zu den kompromißlosesten und dogmatischsten Führern der lutherischen Orthodoxie.
Seine Tätigkeit in Magdeburg von 1524 bis 1541 als Pfarrer und Superintendent trug entscheidend zur Festigung der Reformation in der Stadt bei. 1541 vertrat er die Stadt bei den Religionsgesprächen während des Regensburger Reichstages. Er wirkte von Magdeburg aus bei der Verbreitung der Reformation im mitteldeutschen Raum, so auch als Mitreformator in Goslar, Hannover und Einbeck. Hervorzuheben ist seine Beteiligung an der Gründung der Stadtschule im Magdeburger Augustinerkloster, die sich zur führenden protestantischen Schule in Mitteldeutschland entwickelte. Als Flüchtling vor dem Interim, das er gemeinsam mit ➪Matthias Flacius und anderen Gelehrten erbittert mit zahlreichen Streitschriften bekämpfte, lebte er von 1548 bis 1552 erneut in Magdeburg.

Aston, Louise, geborene Hoche, wiederverheiratete Meier

Schriftstellerin und Politikerin, geb. am 26. November 1814 Gröningen, gest. 21. Dezember 1871 Wangen/Allgäu

Sie war eine der markantesten Frauenpersönlichkeiten Deutschlands aus der Zeit des Vormärz. Wegen ihres konsequenten Eintretens für eine demokratische Republik und die Rechte der Frauen wurde sie verfolgt und mehrfach aus Berlin sowie aus anderen deutschen Städten ausgewiesen. In ihren autobiographisch begründeten Romanen „Aus dem Leben einer Frau“ (1847) und „Lydia“ (ein Jahr später bei dem progressiven Magdeburger Buchhändler Wilhelm Baensch erschienen) schlug sie weitaus radikalere Töne an als in den anderen zeitgenössischen Emanzipationsromanen üblich. Aus der Pastorentochter, die politisch ➪Rudolf Dulon und ➪Leberecht Uhlich nahestand, wurde die aktive Kämpferin in der Revolution von 1848/49.
1835 heiratete sie in Magdeburg den englischen Maschinenbauer und späteren Unternehmer ***Samuel Aston*** *(geb. am 14. o. 18. Februar 1792 Pendydarren/Wales, gest. 29. Oktober 1848 Burg). Er war um 1818 mit seinem Bruder George aus England, wahrscheinlich auf Veranlassung von ➪Johann Gottlob Nathusius, in die Elbestadt ausgewandert. Zuerst vertrat er wohl englische Fabriken, die Maschinen zur Zuckerverarbeitung herstellten. 1823 eröffneten die Brüder eine mechanische Werkstatt, die spätere Maschinenfabrik und Eisengießerei Gebr. Aston und Co. – eine der ersten in Magdeburg.*
1838 wurde die Ehe geschieden, aber drei Jahre später heirateten sie erneut. 1844 kam es zur endgültigen Scheidung. Louise Aston zog nach vorübergehendem Aufenthalt in Biederitz und Burg, wo ihr Mann eine Maschinenfabrik errichtete, 1844 nach Berlin. In ihren Romanen verarbeitete sie literarisch ihre gescheiterte Ehe und begründete ihren Bruch mit Konventionen sowie ihre Ansicht von den Rechten und Glücksansprüchen der Frauen.

Bäumer, Gertrud

Sozialpädagogin, Schriftstellerin und Pädagogin, geb. am 12. September 1873 Hohenlimburg/Sauerland, gest. 25. März 1954 Bethel bei Bielefeld

Sie zählte zu den herausragenden Persönlichkeiten der deutschen Frauenbewegung in der ersten Hälfte des 20. Jahrhunderts. Von 1910 bis 1919 war sie Vorsitzende des „Bundes Deutscher Frauenvereine“, an deren Zeitschrift „Die Frau“ sie seit 1899 mitarbeitete und deren Herausgeberin sie 1916 wurde (bis 1944). Aktiv war sie auch im „Allgemeinen Deutschen Lehrerinnenverband“ tätig. 1919 bis 1933 vertrat sie die Deutsche Demokratische Partei als Abgeordnete in der Nationalversammlung und später im Reichstag. 1920 erhielt sie als erste Frau in Deutschland die Stelle einer Ministerialrätin und zwar im Innenministerium, wo sie für das Schulwesen und die Jugendwohlfahrt zuständig war. 1933 entließen sie die Nazis. Des weiteren war sie eine beachtenswerte und vielseitige Schriftstellerin. Zahlreiche wissenschaftliche Werke zur Frauenfrage, so das fünfbändige „Handbuch der Frauenbewegung“ (gemeinsam mit ihrer Freundin Helene Lange), über Goethe und

seinen Kreis sowie über 500 Artikel und biographische Porträts, stammen aus ihrer Feder. Ferner schrieb sie Romane und Biographien.
Nach dem Ablegen des Lehrerexamens in Halberstadt arbeitete sie von 1894 bis 1898 als Lehrerin am privaten Elisabeth-Rosenthal-Lyzeum in Magdeburg. Sie war die erste und einzige weibliche Pädagogin an dieser Einrichtung. Auch später weilte sie wiederholt zu Vorträgen in Magdeburg, so zur „Ersten Magdeburger Frauenwoche“ 1926. Ihr Roman „Adelheid. Mutter der Königreiche“ (1936) war ihr größter literarischer Erfolg.

BALK, JUTTA

Puppenspielerin und- gestalterin, Schriftstellerin und Übersetzerin, geb. am 9. Juli 1902 Riga, gest. 9. August 1987 Magdeburg

Die Künstlerin, eine Vertreterin der Pioniere des modernen Puppenspiels in Deutschland, gehörte als Mitbegründerin des Magdeburger Puppentheaters zu den wichtigsten Persönlichkeiten des Magdeburger Kulturlebens in den ersten beiden Jahrzehnten nach dem Zweiten Weltkrieg. Magdeburg war seit 1941 zu ihrer zweiten Heimat geworden. Kurze Zeit später begann sie, angeregt durch den bekannten Magdeburger Puppenspieler ➩Xaver Schichtl, sich mit dem Puppenspiel zu beschäftigen. 1947 trat sie erstmalig mit selbstgefertigten Marionetten auf. Mit ihren Aufführungen sowie durch Vorträge und Veröffentlichungen trug sie viel zur Wiederbelebung des Puppenspiels und zur Gründung eines Puppentheaters in Magdeburg bei. 1958 wurde das Städtische Puppentheater mit einem festen Ensemble eröffnet, in dem sie bis zu ihrem Ausscheiden 1965 aktiv mitwirkte und das sie auch noch später mit Rat und Tat unterstützte. 1972 wurde sie Ehrenmitglied der Weltorganisation des Puppentheaters UNIMA. Bedeutung erlangte sie auch als Übersetzerin, so der Lebenserinnerungen des berühmten sowjetischen Puppenspielers Sergei Obraszow und von 30 russischen und sowjetischen Puppenspielen.

Jutta Balk

BASEDOW, JOHANN BERNHARD

Pädagoge und Schriftsteller, geb. am 11. September 1724 Hamburg, gest. 25. Juli 1790 Magdeburg

Der Begründer und Theoretiker des Philanthropismus strebte als Aufklärer bürgerlich-humanistische Erziehungsformen an, bei denen die Naturwissenschaften, handwerkliche Tätigkeiten, körperliche Übungen und Fremdsprachen im Vordergrund standen. Der Unterricht sollte auf eigener Anschauung beruhen und zur Tüchtigkeit im Leben erziehen. Dem Angebot von Fürst Leopold Friedrich Franz von Anhalt-Dessau folgend, baute er in Dessau eine Muster- und Versuchsschule, das Philanthropinum, auf. Das Wirken dieser Lehranstalt war ein Höhepunkt in der spätaufklärerischen Erziehungsbewegung mit epochaler Ausstrahlungskraft. Es gelang ihm allerdings nicht, seine Vorstellungen in dieser Institution (1774–1793) auf Dauer zu verwirklichen. Nach mannigfaltigen innerschulischen Streitereien trat er 1776 von der Leitung zurück. Sein grundlegendes pädagogisches Buch ist das vierbändige „Elementarwerk“ (1774) mit Kupferstichen, die meist von Daniel Chodowiecki stammen.
Der bedeutende Pädagoge hatte viele Anhänger in Magdeburg. Unter ihnen war Heinrich Rathmann, der Autor der ersten zusammenfassenden Geschichte der Stadt Magdeburg, der 1791 eine viel beachtete Biographie über ihn schrieb. Basedow hielt sich oft hier auf. Seit 1785 lebte er zeitweilig in der Elbestadt, wo er auf Wunsch des bekannten Schriftstellers und Pädagogen, des Abtes von Kloster Berge Friedrich Gabriel Resewitz, praktische Schulversuche durchführte. 1790 plante Basedow, endgültig hierher zu ziehen. Ein von Johann Wilhelm Ludwig Gleim, der vielfältige Verbindungen zu Magdeburg besaß, sowie von Magdeburger Gelehrten initiiertes Monument für Basedow ist leider beim Abriß der Heilige-Geist-Kirche nach 1950 zerstört worden.

Johann Bernhard Basedow

Hermann Beims

BEIMS, HERMANN

Kommunalpolitiker, geb. am 26. April 1863 Haverlah bei Braunschweig, gest. 20. Dezember 1931 Magdeburg

Er war einer der führenden Kommunalpolitiker der SPD in der Weimarer Republik und eine der herausragendsten Persönlichkeiten seiner Zeit im mitteldeutschen Raum. Er gehörte der Nationalversammlung 1919, dem Deutschen Reichstag (1920-1924, 1928-1933) und dem Preußischen Staatsrat (1925-1929) an. Mit seinen Vorschlägen zur staatlichen Neuordnung Mitteldeutschlands dachte er weit über die kommunalen Grenzen hinaus und erkannte weitsichtig die wirtschaftlichen und politischen Zeichen der Zeit.

Seit 1902 lebte Beims in Magdeburg. Als Stadtverordneter (seit 1905) und späterer unbesoldeter Stadtrat sowie als Bezirkssekretär der SPD (seit 1906) setzte er sich sehr für die Arbeiter ein. Er war Anhänger des reformistischen Flügels der deutschen Sozialdemokratie. Von 1919 bis 1930 stand er als Oberbürgermeister dem Magistrat vor. Mit Weitblick, taktischem Geschick und sozialem Empfinden entwickelte er Magdeburg zu einer der am besten geleiteten Großstädte des Reiches. Durch den sozial orientierten Wohnungsbau in der Stadt leistete er gemeinsam mit ➪Bruno Taut und Johannes Göderitz einen wichtigen Beitrag zu einem Modell des modernen kommunalen Wohnungsbaus.

BERADT, MARTIN

Schriftsteller und Jurist, geb. am 26. August 1881 Magdeburg, gest. 26. November 1949 New York

Der seinerzeit sehr geschätzte expressionistische Schriftsteller war ein erfolgreicher Anwalt, u.a. als Syndikus des Automobilherstellerverbandes. Erstes literarisches Aufsehen erregte er 1909 mit dem Roman „Go". Zu den ersten belletristischen Äußerungen über den Ersten Weltkrieg zählte sein autobiographischer Roman „Erdarbeiter, Aufzeichnungen eines Schanzsoldaten" 1919, dessen Vorabdruck 1916 von der Zensur verboten und mit dem er bekannt wurde. Dieses Antikriegsbuch veröffentlichte er in einer erweiterten und überarbeiteten Fassung 1929 unter dem Titel „Schipper an der Front". 1933 schlossen ihn die Nazis aus der Anwaltskammer aus. Beradt emigrierte nach England und ein Jahr später in die USA.

BEYE, BRUNO

Grafiker und Maler, geb. am 4. April 1895 Magdeburg, gest. 5. Juni 1976 Magdeburg

Er war ein in Aquarell, Zeichnung und Druckgrafik begabter und vielseitiger Porträtist und Landschaftsmaler. Von 1917 bis 1924 arbeitete er an der namhaften Zeitschrift „Aktion" mit. Er zählte zu den bekanntesten zeitgenössischen Pressezeichnern.

Bruno Beye gehörte neben ➪Wilhelm Höpfner, ➪Robert Seitz und ➪Erich Weinert zu den Gründern der Magdeburger Künstlervereinigung „Die Kugel". Trotz längerer Reisen und Aufenthalte in Berlin war er über drei Jahrzehnte mit seiner Heimatstadt verbunden. Der links eingestellte Künstler und ständige Zeichner für die Magdeburger „Volksstimme", der 1932 in einer Zeichnung Hitler demaskierte, konnte sich den Verfolgungen der Nazis nach 1933 nur durch längere Auslandsaufenthalte entziehen. Nach 1945 stellte er sich dem Wiederaufbau zur Verfügung und war in Magdeburg einer der Mitbegründer des Kulturbundes zur demokratischen Erneuerung Deutschlands.

Bruno Beye

Blencke, Erna

Pädagogin und Politikerin, geb. am 25. Juli 1896 Magdeburg, gest. 21. Juni 1991 Bad Soden

Nach der Lehrerausbildung 1917 und einem anschließenden Studium in Göttingen arbeitete sie als Studienrätin in Hannover und Frankfurt/Main. Sie engagierte sich bald politisch, besonders als Funktionärin des 1925 gegründeten Internationalen Sozialistischen Kampfbundes, einer nichtmarxistischen militanten sozialistischen Organisation (ISK). 1933 von den Nazis entlassen, arbeitete sie illegal, mußte sich 1938 der drohenden Verhaftung durch die Flucht entziehen und gelangte über Zwischenstationen in der Schweiz und Frankreich, wo sie 1940 aus einem Internierungslager entkam, ein Jahr später ins Exil in den USA. 1951 kehrte sie nach Deutschland zurück und arbeitete in der Erwachsenenbildung in Hannover und später in Frankfurt/Main, wo sie dem SPD-Vorstand angehörte. Sie baute auch das ISK-Archiv auf.

Bodenstein, Max Ernst August

Physiko-Chemiker, geb. am 15. Juli 1871 Magdeburg, gest. 3. September 1942 Berlin

Nach dem Studium war er Schüler und Assistent der Nobelpreisträger für Chemie Walter Nerst in Göttingen/Berlin und Wilhelm Ostwald in Leipzig. 1904 erhielt er eine Professur am Physikalisch-Chemischen Institut der Universität Leipzig, 1906 in Berlin und 1908 an der Technischen Hochschule Hannover. 1923 wurde er Nachfolger von Nerst als Ordinarius für physikalische Chemie und Direktor des Physikalisch-Chemischen Instituts in Berlin (bis 1936). Er ist einer der Mitbegründer der chemischen Kinetik und entwickelte 1913 zuerst den Begriff der Kettenreaktion. Seine grundlegenden Arbeiten über Gasreaktionen, chemische Gleichgewichte und Fotochemie hatten große Bedeutung für die chemische Technik. Seit 1924 gehörte er der Preußischen Akademie der Wissenschaften an und war auch Mitglied der Hallischen Leopoldina. Der Mitherausgeber der „Zeitschrift für physikalische Chemie" verfaßte das „Handbuch der Katalyse" (1941).
Sein Abitur legte er 1889 am Pädogogium Kloster Unser Lieben Frauen in Magdeburg ab. Seine Geburtsstadt verlieh ihm 1941 die Otto-von-Guericke-Medaille.

Brundert, Willi

Politiker, geb. am 12. Juni 1912 Magdeburg, gest. 7. Mai 1970 Frankfurt/Main

Während des Jurastudiums in Halle engagierte er sich als Vorsitzender der Sozialistischen Studentenschaft und arbeitete nach dem Machtantritt der Nazis zeitweilig illegal in der Widerstandsbewegung um Carlo Mierendorf. Nach 1945 war er am Aufbau der Landesregierung von Sachsen-Anhalt beteiligt (Hauptabteilungsleiter und stellvertretender Minister für Wirtschaft) und hielt als Professor für Staatsrecht Vorlesungen an der Martin-Luther-Universität. 1949 wurde er verhaftet und zusammen mit dem Minister Herwegen in einem Schauprozeß ohne Rechtsschutz und Beweise zu 15 Jahren Zuchthaus verurteilt. Nach über sieben Jahren Haft erreichten seine sozialdemokratischen Freunde die Freilassung. Anschließend übernahm er in Hessen Verwaltungsaufgaben und war von 1964 bis zu seinem Tode Oberbürgermeister von Frankfurt/Main sowie seit 1967 Präsident des Deutschen Städtetages.
Er wuchs in Magdeburg in einer sozialdemokratisch geprägten Angestelltenfamilie auf, legte hier sein Abitur ab und trat 1930 in die SPD ein. In der Nazizeit lebte er nach seiner Promotion 1935 einige Jahre in seiner Heimatstadt, war Referendar in Schönebeck, später Steuerjurist, bis er 1939 nach Berlin zog.

Lazare Nicolas Carnot

Carnot, Lazare Nicolas

Französischer Politiker, Militär und Wissenschaftler, geb. am 13. Mai 1753 Nolay (Burgund), gest. 3. August 1823 Magdeburg

Er gehörte zu den berühmtesten Persönlichkeiten der Französischen Revolution. Seit 1793 war er als Mitglied des allmächtigen Wohlfahrtsausschusses für die Leitung der Armee zuständig, schuf die Massenheere der Revolution und galt als „Organisator des Sieges“ über die Interventionstruppen der europäischen Reaktion. 1795 bis 1797 stand er als Mitglied des Direktoriums an der Spitze der Republik und bekleidete 1800 die Position des Kriegsministers. Während der „Hundert Tage“ diente er Napoleon als Innenminister. Nach dessen Sturz mußte er als „Königsmörder“ emigrieren. Auch als Wissenschaftler leistete er im Fortifikationswesen, in der technischen Mechanik und der Geometrie Bedeutendes.
Von 1816 bis zu seinem Tode lebte Carnot in Magdeburg im Exil. Er stand hier in hohem Ansehen und war mit angesehenen Familien befreundet. Sein Rat war in Festungs- ebenso wie in Bildungsfragen geschätzt. 1889 wurden seine sterblichen Überreste feierlich von Magdeburg nach Paris ins Pantheon, das Mausoleum berühmter Franzosen, überführt. 1989 schuf der Bildhauer Heinrich Apel im Auftrag des Magdeburger Stadtrates eine Büste von Carnot, die im Nordpark steht.
Carnots Sohn, ***Nicolas Leonard Sadi Carnot*** *(geb. am 1. Juni 1796 Paris, gest. 24. August 1832 Paris), der 1824 eine grundlegende Arbeit über den theoretisch erreichbaren Wirkungsgrad der Dampfmaschine, einen fundamentalen Beitrag zur Thermodynamik, publizierte, hielt sich 1821 mehrere Monate bei seinem Vater in Magdeburg auf.*

Cloos, Hans

Geologe, geb. am 8. November 1885 Magdeburg, gest. 26. September 1951 Bonn

Nach einem zweijährigen Aufenthalt als Erdölgeologe in Niederländisch-Indien und der anschließenden Habilitation 1914 wurde er 1919 Professor in Breslau und sieben Jahre später in Bonn Direktor des Geologisch-Paläontologischen Instituts. Der Gelehrte von Weltruf entwickelte die experimentelle Richtung in der tektonischen Geologie. Er verfaßte geologische Standardwerke sowie bahnbrechende Werke auf dem Gebiet der Tektonik und des Baus der Plutone.

Delbrück, Adelbert Gottlieb

Bankier, geb. am 16. Januar 1822 Magdeburg, gest. 26. Mai 1890 Konstanz

Er gehörte zu den großen Persönlichkeiten des Handels und der Banken in Deutschland während der Bismarck-Ära. Der Jurist war nach seinem Studium kurze Zeit als Rechtsanwalt und Justitiar im Rheinland tätig, bis er sich Versicherungs-, Handels- und Finanzgeschäften zuwandte. Seit 1853 in Berlin ansässig, knüpfte er vielfältige Beziehungen zu Persönlichkeiten des öffentlichen Lebens. Ein Jahr später gründete er gemeinsam mit anderen Teilhabern das Bank- und Kommissionsgeschäft Delbrück, Leo und Co. Seine Tätigkeit im Ältestenkollegium der Berliner Kaufmannsschaft und seine aktive Mitwirkung beim Aufbau der Börse verschafften ihm bald eine führende Stellung im deutschen Wirtschaftsleben. Er gehörte 1861 zu den Mitbegründern des Deutschen Handelstages (später Industrie- und Handelstag), zu dessem Vorsitzenden er 1870 gewählt wurde (bis 1885). Diese Vereinigung entwickelte sich unter seiner Leitung zu einer der führenden und einflußreichsten deutschen Wirtschaftsverbände. 1869 war er der Initiator zur Gründung der Deutschen Bank, die den deutschen Export und Import unabhängig vom englischen Kapital abwickeln sollte. An der Gründung waren führende deutsche Bank- und Handelshäuser beteiligt. Delbrück wurde 1870 zum ersten Aufsichtsratsvorsitzenden gewählt. Nach Differenzen mit Georg von Siemens, dem geschäftsführenden Direktor, legte er später den Vorsitz nieder, blieb aber bis zu seinem Tod Mitglied des Aufsichtsrates. Großen Anteil hatte er auch an der Bildung von Tochtergesellschaften der Deutschen Bank sowie an der Entwicklung des Seebades Heringsdorf.

Delbrück, Friedrich Johann Gottlieb

Pädagoge und Theologe, geb. am 22. August 1768 Magdeburg, gest. 4. Juli 1830 Zeitz

Auf Empfehlung des einflußreichen und mit Magdeburg eng verbundenen August Hermann Niemeyer in Halle wurde Delbrück 1800 mit der wichtigen Aufgabe eines Prinzenerziehers am preußischen Hof betraut. Hier war er für die Erziehung und Bildung der Söhne von König Friedrich Wilhelm III. und Königin Luise, Kronprinz Friedrich Wilhelm (später König Friedrich Wilhelm IV.) und Prinz Wilhelm (später Kaiser Wilhelm I.), verantwortlich. Diese ihn in den öffentlichen Blickpunkt stellende Aufgabe erfüllte er bis zu seiner Entlassung nach höfischen Intrigen 1809. Seine erst 1907 veröffentlichten umfangreichen Tagebuchaufzeichnungen als Prinzenerzieher sind ein wichtiges Zeitdokument. Angebote zur Anstellung im Staatsdienst lehnte er ab und ließ sich 1917 als Superintendent und 1. Prediger an der Michaelskirche in Zeitz einsetzen. Sein Neffe war ➩ Adelbert Delbrück.

Die Familie Delbrück, seit 1750 in Magdeburg ansässig, brachte über drei Generationen Prediger, Pädagogen und Juristen hervor, die sich um die Stadt verdient machten. Darüber hinaus kamen aus ihr Persönlichkeiten, die im preußisch-deutschen Staat bis 1918 führende Positionen in der Regierung erreichten. Friedrich Delbrück war nach dem Studium in Halle für zwei Jahre Lehrer am Altstädtischen Gymnasium in Magdeburg und dann von 1792 bis 1800 Rektor und wichtigster Partner von Propst ➩Rötger am Pädagogium Kloster Unser Lieben Frauen. Als Pädagoge, Schulrektor und Autor pädagogischer Publikationen fand er weit über die Grenzen seiner Vaterstadt hinaus Beachtung.

Dietrich von Portiz, genannt Kagelwit

Theologe und Politiker, geb. um 1300 Stendal, gest. 17. (18?) Dezember 1367 Magdeburg

Der Stendaler Bürgersohn war ein bedeutender Staatsmann. Seit 1347 im Dienste von Kaiser Karl IV., wurde er bald dessen einflußreichster Ratgeber und Günstling. Der spätere Kanzler der böhmischen Krone verhalf in geschickten diplomatischen Verhandlungen dem Kaiser zum Erwerb der Mark Brandenburg. 1362 wirkte er als Stellvertreter des Monarchen und als Mitregent in der Mark (bis 1365).

Dank der kaiserlichen Protektion saß er ab 1361 auf dem Stuhl des Magdeburger Erzbischofs. Er verstärkte Macht und Einfluß der Diözese, sicherte den Landfrieden, ordnete die Finanzen und erwarb verpfändete Gebiete, Orte und Burgen wie Jerichow, Loburg, Sandau und Staßfurt. Portiz förderte den Magdeburger Dombau und konnte 1363 die Kathedrale weihen.

Draesecke, Bernhard Johann Heinrich

Theologe, geb. am 18. Januar 1774 Braunschweig, gest. 8. Dezember 1849 Potsdam

Der Pastor in Mölln, Ratzeburg (1804) und Bremen (1814) war einer der populärsten Prediger Norddeutschlands.

König Friedrich Wilhelm III. berief ihn 1832 zum Generalsuperintendenten der Provinz Sachsen mit dem Titel eines evangelischen Bischofs in Magdeburg. In dieser einflußreichen und kirchenpolitisch exponierten Stellung gelang es ihm nicht, den besonders von der Universität Halle ausgehenden Kampf der konservativen pietistischen kirchlichen Orthodoxie mit dem

Figur des Johann Andreas Eisenbart auf dem Eisenbart-Brunnen

theologischen Rationalismus zu Gunsten der die Orthodoxie unterstützenden evangelischen preußischen Staatskirche zu lösen. Die von Draesecke ausgelöste harte Disziplinierung des rationalistischen Pfarrers an der Magdeburger Heilige-Geist-Kirche, Wilhelm Franz Sintenis, im Jahr 1840 führte im Anschluß zu einer ausgedehnten öffentlichen Auseinandersetzung zwischen beiden theologischen Strömungen, die einer der wesentlichen Anlässe zur Bildung der Lichtfreundebewegung unter ➩Leberecht Uhlich wurde. Draesecke konnte seine dadurch angeschlagene Position nicht halten und bat 1843 um seine Entlassung. Seine letzten Lebensjahre verbrachte er als Prediger von König Friedrich Wilhelm IV. in Potsdam.

Dulon, Rudolf

Politiker und Schriftsteller, geb. am 30. April 1807 Stendal, gest. 13. April 1870 Rochester/USA

Der christlich-sozial eingestellte Theologe war von 1836 bis 1842 Prediger in den Altmarkgemeinden Werben, Flössau und Rönnebeck. 1843 kam er als Prediger der deutsch-reformierten Gemeinde nach Magdeburg. Als Anhänger der Lichtfreunde um ➩Uhlich nahm er seit 1843 eine immer radikalere Haltung ein und griff in Wort und Schrift aktiv in die innerkirchlichen Auseinandersetzungen ein. Am 23. März 1848 nahm er an den Beisetzungsfeierlichkeiten für die Märzgefallenen in Berlin teil und begrüßte auf einer Kundgebung in Magdeburg die Revolution. Er mußte schließlich die Stadt verlassen, da er eine konsequente Volksherrschaft anstrebte.
Seit 1849 als Pfarrer an der Bremer Liebfrauenkirche tätig, entwickelte er sich immer mehr zu einem Anwalt der Unterdrückten und Wortführer der Linken in der Bremer Bürgerschaft (Landtag). In dieser Zeit schrieb er sein Hauptwerk „Vom Kampf um Völkerfreiheit“. 1852 verlor er seine Stelle, mußte sich einer drohenden Haftstrafe durch die Flucht nach Helgoland entziehen und emigrierte in die USA (Rektor der deutschen Schule in Rochester).

Eike von Repgow, auch E. von Repchowe, Heico von Repechowe

Rechtsgelehrter, geb. um 1180 Reppichau bei Anhalt, gest. 1235

Über sein Leben ist wenig bekannt. Außer der Erwähnung in Urkunden, in denen sein Aufenthalt in sechs Orten bezeugt wird, und den spärlichen eigenen Angaben im „Sachsenspiegel“ wissen wir nichts über seinen Lebensweg. Offensichtlich war er ein freier Dienstmann, der wohl wegen seiner ausgeprägten Rechtskenntnisse als Ratgeber von Angehörigen des mitteldeutschen Hochadels zu Rechtshandlungen hinzugezogen wurde. Zwischen 1220 und 1235 verfaßte er, aus dem praktischen Rechtsleben schöpfend und überwiegend auf der Grundlage des sächsischen Gewohnheitsrechtes, den „Sachsenspiegel“ – zuerst in lateinischer, dann auf Bitten des Grafen Hoyer von Falkenstein im Harz in niederdeutscher Sprache. Es ist das älteste und bedeutendste Rechtsbuch des deutschen Mittelalters mit epochaler Bedeutung und Wirkung bis weit in das 19. Jahrhundert. Die Gesetzessammlung des feudalen Land- und Lehnsrechtes erhielt bald gesetzesähnlichen Charakter in weiten Teilen Deutschlands sowie in einigen Ländern Nord- und Osteuropas bis nach Kiew. Seine Mitwirkung an der „Sächsischen Weltchronik“ ist wissenschaftlich umstritten.
Eike von Repgow verfügte über eine gediegene Bildung. Es ist durchaus denkbar, daß er die Domschule in Magdeburg besuchte, aber auch eine Ausbildung in Halberstadt oder einer regionalen Klosterschule ist möglich. Seit 1227 ist in Magdeburg ein Stadthaus seiner Familie, die zur Vasallenschaft des Erzbischofs zählte, nachweisbar. 1233 berichtet eine Urkunde von seiner Teilnahme an einer Rechtshandlung in Salbke (heute Magdeburg). 1937 schuf der zeitweilig in Magdeburg lebende Bildhauer Hans Grimm (geb. 1886, gest. 1940) ein Denkmal für den Rechtsbuchverfasser. Es steht an der Hallischen Straße/Ecke Carl-Miller-Straße. Seit 1998 vergibt die Stadt Magdeburg jährlich für besondere wissenschaftliche Leistungen bei der Erforschung der Geschichte Mitteldeutschlands den Eike-von-Repgow-Preis.

Eisenbart, Johann Andreas, auch Eysenbarth

Chirurg und Wanderarzt, geb. am 27. März 1661 Oberviechtach/Oberpfalz, gest. 11. November 1727 Hannoversch-Münden

Er war ein geschickter und erfolgreicher Arzt, dessen Wissen weit über dem medizinischen Können seiner Zeit lag. Seit 1685 durchzog der ausgebildete „Medicus und Operator“ als Chirurg und Starstecher halb Europa und erfand für seine zum Teil neuartigen Behandlungsmethoden auch entsprechend neue Geräte, so z.B. eine Starnadel. Den damaligen Gebräuchen entsprechend praktizierte er, den König Friedrich I. von Preußen zum Hofokulisten und Hofrat ernannte, meist auf öffentlichen Märkten, verbunden mit einer aufwendigen Schau. Um 1800 entstand das 1818 im Göttinger Neuen Kommersbuch abgedruckte Lied „Ich bin der Doktor Eisenbart, kurier die Leut nach meiner Art …“
Der Wander- und Wunderarzt praktizierte seit 1703 in Magdeburg und erwarb im gleichen Jahr das prächtige Haus „Zum güldenen Apfel“ (im Zweiten Weltkrieg zerstört). Das Haus, von dem aus er seine

Reisen unternahm, blieb sein Wohnsitz bis zu seinem Lebensende. Hier praktizierte er auch, wenn er sich in der Stadt befand. 1939 schuf der Bildhauer Fritz von Graevenitz in der Elbestadt einen Eisenbart-Brunnen. Das Denkmal steht etwa dort, wo sich das Eisenbartsche Haus befand.

Fahlberg, Constantin

Chemiker und Industrieller, geb. am 22. Dezember 1850 Tambow (Rußland), gest. 15. August 1910 Nassau/Lahn

Nach dem Chemiestudium war er in London und den USA als Chemiker tätig, habilitierte sich in Baltimore und erkannte 1878 bei Versuchen die Süße des Saccharins. In Erkenntnis der wirtschaftlichen Bedeutung seiner Entdeckung ließ er sich das Herstellungsverfahren patentieren. Gemeinsam mit seinem Onkel Adolph List gründete er 1884 in New York eine Versuchsfabrik zur technischen Auswertung des neuen Süßstoffes.
Auf der Suche nach dem geeigneten Standort für ein größeres Werk wurde Westerhüsen/Salbke bei Magdeburg ausgewählt. Die Wahl dieses Geländes erfolgte wegen der Verkehrslage, des preisgünstigen Bodens und der billigen Arbeitskräfte. So gründete er hier 1886 die Saccharinfabrik „Fahlberg, List und Co.“ (seit 1902 Aktiengesellschaft), die sich zu einem Weltunternehmen entwickelte. Fahlberg, der zu den namhaftesten deutschen Chemikern des 19. Jahrhunderts gehörte, war bis 1906 in Magdeburg ansässig. Zeitweilig war er hier Präsident der Industrie- und Handelskammer. Begraben ist er auf dem Magdeburger Südfriedhof.

Fahrenhorst, Walther

Jurist und Industrieller, geb. am 12. Januar 1871 Magdeburg, gest. 8. April 1938 Berlin

Nach dem Abitur 1888 an Pädagogium Kloster Unser Lieben Frauen in Magdeburg und dem anschließenden Jurastudium arbeitete er seit 1897 zunächst im Staatsdienst in der Landwirtschaftsverwaltung, zuerst in der Generalkommission in Münster und dann als Spezialkommissar in Höxter und Dortmund. 1904 erhielt er die Berufung als Regierungsrat im Preußischen Ministerium für Landwirtschaft, Domänen und Forste. Wenig später verließ er den Regierungsdienst und wechselte in die Privatindustrie. Dabei entwickelte er sich zu einem der führenden Männer der deutschen Wirtschaft. Seit 1905 Vorstandsmitglied der Phoenix-AG in Ruhrort, kam er nach der Fusion mit dem Hörder Verein nach Hörde (heute Dortmund) und wurde 1924 Generaldirektor der Phoenix-AG in Düsseldorf. Fünf Jahre später erhielt er die Berufung zum Aufsichtsratsvorsitzenden der Vereinigten Stahlwerke in Düsseldorf. In zahlreichen anderen Aufsichtsräten bedeutender deutscher Eisen- und Stahlunternehmen bekleidete er Funktionen.

Ferdinand, Herzog von Braunschweig-Lüneburg

Militär, geb. am 12. Januar 1721 Wolfenbüttel, gest. 3. Juli 1792 Braunschweig

Der preußische Generalfeldmarschall (1758) war einer der fähigsten Generäle Friedrich II., seines Schwagers, mit dem er sich aber später entzweite. Als „ausgezeichneter und energischer Feldherr“ (Scharnhorst) behauptete er als Oberbefehlshaber der mit Preußen verbündeten hannoversch-braunschweigisch-hessischen Truppen und von Großbritannien bezahlten Armee zur Verteidigung der Westflanke Preußens Nordwestdeutschland 1757 bis 1762 gegen die Franzosen. So schlug er sie 1788 bei Krefeld und Minden und in weiteren Schlachten. Mit seinen Siegen hielt er dem König den Rücken frei und bewahrte Magdeburg und Mitteldeutschland vor kriegerischem Unheil. Auf dem Denkmal Friedrich des Großen in Berlin ist er als Eckfigur hoch zu Roß und mit erhobenem Feldherrenstab verewigt. Der Herzog war einer der führenden Freimaurer seiner Zeit in Deutschland.
Herzog Ferdinand hatte seinen Wohnsitz zeitweilig in Magdeburg. Von 1755 bis zu seinem Ausscheiden aus dem preußischen Dienst 1766 war er hier Kommandant der Festung. Als Domherr (1763) hielt er sich dann hier jährlich mehrere Wochen auf. Bis zu seinem Tode war er Protektor der 1761 gegründeten ältesten Magdeburger Freimaurerloge „de la felicite“, der er 1779 die Genehmigung gab, den Namen „Ferdinand zur Glückseligkeit“ zu tragen.

Fischer, Hermann

Jurist, Unternehmer, Bankier und Politiker, geb. am 22. November 1873 Magdeburg, gest. 28. April 1940 Berlin

1900 begann der Dr. jur. seine Karriere als Rechtsanwalt am Oberlandesgericht Köln, Dozent für bürgerliches und Handelsrecht an der dortigen Handelshochschule und Justitiar (bis 1912). Das spätere Vorstandsmitglied des Schaafhausenschen Bankvereins siedelte 1923 nach Berlin über. Hier wurde er ein Jahr später Geschäftsinhaber der Diskontogesellschaft. 1919 schied er aus der Direktion beider Banken aus. Das Aufsichtsrat- bzw. Vorstandsmitglied großer deutscher Industrieunternehmen war bis 1933 Präsident des 1909 gegründeten Hansabundes, einer

Interessenvertretung von Industrie und Handel. Von 1902 bis 1912 stand er an der Spitze des Vorstandes des von ihm gegründeten Jungliberalen Reichsverbandes und vertrat die Deutsche Demokratische Partei von 1920 bis 1933 als Abgeordneter im Deutschen Reichstag.

Flacius, Matthias, genannt Illyricus, eigentlich Matthias Vlacich

Theologe, Historiker und Schriftsteller, geb. am 3. März 1520 Albona (Istrien), gest. 11. März 1575 Frankfurt/Main

Der Schüler und Mitstreiter ➩Martin Luthers war ein bedeutender Gelehrter mit universellem Wissen, der einen wichtigen Beitrag für die Geschichtswissenschaft geleistet hat. Seit 1541 in Wittenberg und drei Jahre später Professor für Hebräisch, gehörte er zum engsten Kreis um Luther. Kompromißlos und rechthaberisch verteidigte er nach dem Tod des Reformators dessen Werk und trug zugleich zur Durchsetzung des Protestantismus bei.

1549 bis 1557 wirkte er in Magdeburg und schrieb hier über einhundert Streitschriften gegen das Interim und für das orthodoxe Luthertum. Hier entstand die Idee zur Herausgabe einer Kirchengeschichte aus evangelischer Sicht. Es waren die „Magdeburger Centurien“, eingeteilt nach Zenturien, das heißt Jahrhunderten, die für lange Zeit ein richtungsweisendes Geschichtswerk sein sollten. Flacius war der spiritus rector des Unternehmens, das die Krönung seines an wissenschaftlichen Leistungen und kämpferischem Streit reichen Lebens für den Protestantismus darstellt und an dem namhafte Magdeburger Gelehrte und Ratsherren mitwirkten. Vier der insgesamt dreizehn Bände (Basel, 1559–1574) entstanden in Magdeburg.

Francke, August Wilhelm

Kommunalpolitiker, geb. am 14. März 1785 Karow bei Genthin, gest. 23. Mai 1851 Magdeburg

Er zählte zu den bedeutendsten Oberbürgermeistern der Stadt. Der weitsichtige und tatkräftige Politiker hatte große Verdienste um die industriekapitalistische Entwicklung Magdeburgs. Meriten erwarb er sich mit dem Anschluß der Stadt an das Bahnnetz 1835 bis 1846, bei der Förderung von Industrie und Schiffahrt sowie der Schul- und Bibliotheksreform und im Sozialwesen. Bei der Einrichtung von Parks gewann er für deren Gestaltung den bedeutenden preußischen Gartengestalter Joseph Peter Lenné. Trotz seiner monarchistischen Grundhaltung unterstützte er die bürgerliche Opposition im Vormärz. Seit 1809 war er in Magdeburg zuerst als General-Sekretär des Elbedepartements des Königreiches Westfalen und nach dessen Auflösung 1814 als Kommissar des preußischen Militärgouvernements tätig. Schließlich stand er von 1817 bis 1848 als Oberbürgermeister an der Spitze der Stadtverwaltung. 1857 wurde ein Denkmal von ihm als Auftragswerk der Gemeindeverwaltung aufgestellt. 1907 mußte es dem Guericke-Denkmal weichen und steht seitdem auf dem Nordfriedhof.

Friedrich, Walter

Biophysiker, geb. am 25. Oktober 1883 Salbke (jetzt Magdeburg), gest. 16. Oktober 1968 Berlin

Der Schüler von Wilhelm Conrad Röntgen war ein bedeutender Wissenschaftler für physikalische Probleme der Röntgenstrahlen sowie der physikalischen und biologischen Grundlagen der Strahlentherapie und Krebsforschung. 1912 fand er in München gemeinsam mit den Physikern Max von Laue und Paul Knipping die Inferenz von Röntgenstrahlen, eine wichtige Vorarbeit zu Forschungen, für die Laue zwei Jahre später den Nobelpreis erhielt. 1928 wurde er Präsident der Deutschen Röntgengesellschaft. Seit 1923 (bis 1956) war Friedrich Professor und Direktor des Instituts für Strahlenforschung an der Berliner Universität. Nach 1945 engagierte sich der spätere Nationalpreisträger der DDR für den Wiederaufbau der Wissenschaft als Rektor der Humboldt-Universität zu Berlin (1949–1951), als Präsident der Akademie der Wissenschaften von 1951 bis 1956 sowie in der Friedensbewegung als Präsident des Deutschen Friedensrates und Vizepräsident des Weltfriedensrates.

Friesen, Karl Friedrich

Patriot und Turnpädagoge, geb. am 25. September 1785 Magdeburg, gest. (gefallen) 15. März 1814 La Robbe bei Rethel (Frankreich)

Er war mit Friedrich Ludwig Jahn Begründer des Vaterländischen Turnens und Wegbereiter der deutschen Burschenschaften. Neben Theodor Körner wurde er das Vorbild der burschenschaftlichen Jugend und ein Symbol des bürgerlichen Patriotismus 1813. Er trat als einer der ersten in das Lützowsche Freikorps ein und wurde später als Hauptmann Adjutant Lützows. Sein Kampfgefährte Jahn schrieb über ihn: „Wie Scharnhorst unter den Alten, so ist Friesen von der Jugend der Größte der Gebliebenen.“ Friesen ist neben dem berühmten General und Militärreformer Gerhard von Scharnhorst auf dem Berliner Invalidenfriedhof beigesetzt.

Er verbrachte seine Jugend in Magdeburg (bis 1805) als Schüler von ➩Georg Samuel Mellin. 1808 führte er bei Magdeburg für Major von Schill Kundschafter-

dienste aus. 1813 war er an der Beobachtung von Truppenbewegungen der Franzosen von Magdeburg bis Küstrin beteiligt. Sein von Ernst Habs geschaffenes Denkmal steht in den Grünanlagen in der Hegelstraße.

Gassner, Gustav

Botaniker, geb. am 17. Januar 1881 Berlin, gest. 5. Februar 1955 Lüneburg

Nach der Promotion lehrte er an der Landwirtschaftlichen Hochschule in Montevideo (1907) und an der Universität Rostock (1912), bis er 1918 als Professor an die Technische Hochschule Braunschweig berufen und dort 1932 zum Rektor gewählt wurde. Als deutsch-nationaler Gegner der Nazis entließen sie ihn ein Jahr später. Er emigrierte in die Türkei, wo er als Leiter des türkischen Pflanzenschutzdienstes wirkte. 1945 erhielt er eine erneute Berufung an seine alte alma mater in Braunschweig sowie als Präsident der Biologischen Zentralanstalt, der späteren Biologischen Bundesanstalt (bis 1951).
Von 1939 bis 1945 arbeitete er in Magdeburg als Leiter des Biologischen Forschungsinstituts von Fahlberg-List.

Gerlach, Ernst Ludwig von

Politiker, Schriftsteller und Jurist, geb. am 7. März 1795 Berlin, gest. 16. Februar 1877 Berlin

Der Anhänger der Ständemonarchie und einer der Führer der konservativen orthodoxen Lutheraner Preußens war zusammen mit seinem Bruder, General Leopold von Gerlach, ein führender Vertreter der reaktionären Hofkamarilla vor und während der Revolution von 1848/49 und im folgenden Jahrzehnt. Als einer der engsten Vertrauten von König Friedrich Wilhelm IV. hatte er bei Hofe zeitweilig Einfluß auf die Landespolitik. Das Mitglied des preußischen Staatsrates seit 1847 und der Initiator zur Gründung der „Neuen Preußischen Zeitung" (kurz „Kreuzzeitung" genannt) als einflußreiches Sprachrohr des Konservatismus, trug entscheidend dazu bei, der Konterrevolution in Preußen ab Herbst 1848 wieder in den Sattel zu helfen. Gerlach unterstützte Otto von Bismarck, mit dem er zeitweilig befreundet war, in seiner Politik etwa bis 1866. Seine politische Laufbahn beendete er in dogmatischer Opposition gegen das Bismarckreich.
Von 1844 bis 1874 war er Präsident des Oberlandes- und Appellationsgerichtes in Magdeburg. Mit Übernahme dieser wichtigen Position begann er mit der konservativen und antiliberalen Kräftesammlung. Damit wurde er zu einem der führenden Köpfe der reaktionären Adelsgruppierung in der Provinz. Dazu zählte auch **Bismarck, Otto von** *(geb. am 1. April 1815 Schönhausen/Elbe, gest. 30. Juli 1898 Friedrichsruh), der seit 1844 zeitweilig und seit 1846 ständig (bis 1849) auf seinem Gut in Schönhausen lebte. Die nahe Verbindung zur Provinzialhauptstadt erlaubte ihm, seit 1845 immer engere Beziehungen zu Ludwig von Gerlach zu knüpfen. Dieser wurde sein politischer Mentor und unterstützte ihn in seiner politischen Karriere, die in dieser Zeit begann.*

Grade, Hans

Flugpionier, Ingenieur und Unternehmer, geb. am 17. Mai 1879 Köslin/Pommern, gest. 22. Oktober 1946 Borkheide bei Belzig/Mark

Der Altmeister des deutschen Motorfluges mit dem deutschen Flugzeugführerpatent Nr. 2 stellte ab 1909 (bis 1914) erstmalig in Deutschland Sportflugzeuge in Reihenbau her und gründete die erste deutsche Fliegerschule. Grade war ebenso Konstrukteur von Motoren, Motorrädern und Kleinwagen (1921–1928 Grade-Automobilwerke in Borkheide).
Hans Grade wirkte von 1905 bis 1909 in Magdeburg als technischer Leiter einer von ihm gegründeten Motorenfabrik. Während seiner Dienstzeit als Pionier unternahm er erste Flugversuche, wofür ihm die Militärbehörde den Cracauer Anger zur Verfügung stellte, wo er am 28. Oktober 1908 den ersten deutschen Motorflug in einem selbst erbauten Flugzeug unternahm. Er verließ Magdeburg hauptsächlich, weil er zu wenig Unterstützung vom Magistrat bekam. Später besuchte er aber oft die Elbestadt, so zu Flugtagen 1910, 1911 und 1912. Er hatte auch weiter-

Johann Philipp Gruson

hin fachliche Beziehungen zu Magdeburg, da er oft als Berater und Gutachter für die Firma Buckau-Wolf tätig war. 1937 errichtete die Magdeburger Stadtverwaltung in Erinnerung an den Flug auf dem Cracauer Anger einen Gedenkstein, der sich jetzt auf dem Flughafen Magdeburg-Süd befindet.

Grimme, Adolf

Pädagoge und Politiker, geb. am 31. Dezember 1889 Goslar, gest. 27. August 1963 Degerndorf/Inn (heute Brannenburg)

Der Pädagoge wurde 1928 Ministerialrat im preußischen Kultusministerium und Vizepräsident des Provinzialschulkollegiums Berlin/Mark Brandenburg und 1930 Kultusminister. Der religiöse Sozialist und aktive Schulreformer wurde 1932 nach dem Staatsstreich des Reichskabinetts Franz von Papens gegen die von der SPD geführte Preußenregierung aus seinem Amt entlassen. Als Mitglied der Widerstandsbewegung „Rote Kapelle“ befand sich Grimme von 1942 bis 1945 in Gestapohaft. Nach 1945 bekleidete er leitende Funktionen in der Niedersächsischen Landesregierung, so von 1946 bis 1948 als Kultusminister. Einen großen Anteil hatte er beim Aufbau eines demokratischen Rundfunks in der BRD als Generaldirektor des Norddeutschen Rundfunks. Er trat auch als Autor und Herausgeber pädagogischer Schriften hervor. Nach ihm ist der 1961 gestiftete „Adolf-Grimme-Preis“ benannt.
Von 1925 bis Mitte 1928 war er Oberschulrat in Magdeburg, wo er nach den Worten seines Amtsnachfolgers „wohl die glücklichste Zeit seiner pädagogischen Laufbahn“ verlebte. Gemeinsam mit dem Magdeburger Stadtschulrat Hans Löscher (1891–1946), einem bekannten Schulreformer und Schriftsteller, gelang es Grimme, seine schulreformerischen Vorstellungen sowohl in Magdeburg als auch in der Provinz weiter voranzubringen.

Hermann August Jaques Gruson

Gruson, Hermann August Jaques

Industrieller und Ingenieur, geb. am 13. Februar 1821 Magdeburg, gest. 31. Januar 1895 Magdeburg

Er stammt aus einer seit 1689 in Magdeburg ansässigen Hugenottenfamilie und war der Sohn von **Abraham Louis Gruson** *(geb. 19. Dezember 1793 Magdeburg, gest. 31. Januar 1895 Magdeburg), der sich als Ingenieurmajor und Bauleiter der Bahnlinie Magdeburg-Leipzig große Verdienste erwarb. Nach der technischen Ausbildung bei August Borsig und der Tätigkeit als Konstrukteur und Oberingenieur ging Hermann Gruson 1854 wieder in seine Heimatstadt zurück. Nach einjähriger Tätigkeit als Technischer Direktor der Maschinenfabrik Buckau gründete er eine eigene Maschinenfabrik, Eisengießerei und Schiffswerft (letztere fiel 1857 der Wirtschaftskrise zum Opfer). Später erfolgte die Umstellung auf Eisenbahnmaterialien mit Anwendung des Hartgusses sowie ab 1863 die Produktion von Granaten, Panzerungen und Geschützen. In den siebziger Jahren wurde er einer der größten deutschen Rüstungsproduzenten. 1891 schied Gruson aus dem Werk aus. Zwei Jahre später fusionierte das Werk mit der Firma Krupp. Es erhielt den Namen Krupp-Gruson. Der Ehrenbürger von Magdeburg (1889) interessierte sich sehr für Botanik und baute die berühmten Gruson-Gewächshäuser auf, die seine Erben der Stadt übereigneten. Sie wurden 1896 als Städtische Gewächshäuser eröffnet.*
Hermann Gruson, der dem Hartguß neue militärische und zivile Einsatzmöglichkeiten erschloß, gehörte zu den großen deutschen Wirtschaftspionieren. Der begabte Ingenieur und Konstrukteur besaß neben seinem soliden technischen Wissen und Können große Fähigkeiten als Unternehmer und Wirtschaftsorganisator. Sein Bruder **Otto Gruson** *(geb. am 6. Januar 1831 Magdeburg, gest. 15. Juni 1866 Magdeburg) war als Besitzer einer Eisen- und Stahlgießerei ein in Magdeburg bekannter Unternehmer.*

Gruson, Johann Philipp, auch Grüson

Mathematiker und Pädagoge, geb. am 2. Februar 1768 Magdeburg, gest. 16. November 1857 Berlin

Der vielseitige Gelehrte konnte nicht nur als Lehrender, sondern auch als Schriftsteller, Erfinder und Übersetzer auf ein umfangreiches wissenschaftliches Werk zurückblicken. Seit 1794 war er als Professor der Mathematik in Berlin tätig, von 1794 bis 1827 am Kadettenkorps, von 1811 bis 1850 an der Universität, von 1817 bis 1834 am Französischen Gymnasium sowie seit 1799 an der Bauakademie. In seiner Lehrtätigkeit war er um die praktische Anwendung der Mathematik bemüht. Seine 43 Bücher waren hauptsächlich für die von ihm Auszubildenden bestimmt. Er publizierte auch zehn Tabellenwerke und war als Übersetzer von Lehrbüchern geschätzt. Viel Aufmerksamkeit erregte er mit der Erfindung einer Rechenmaschine. Seit 1798 war er Mitglied der Akademie der Wissenschaften. Für ein von ihm erdachten System der Chiffrierung und Dechiffrierung erhielt er 1819 den Hofrattitel. Sein Neffe ➪Karl Rosenkranz, der während seines Studiums in Berlin bei ihm wohnte, schilderte ihn in seinen Lebenserinnerungen liebe- und ehrfurchtsvoll.
Gruson stammte aus einer Magdeburger Hugenottenfamilie. Er war von 1787 bis 1794 in seiner Heimatstadt als Bau-Conducteur, später als Oberbaudepartements-Assessor tätig.

Otto von Guericke

Guericke, Otto von, geboren als Otto Gerike, 1666 geadelt

Naturforscher, Ingenieur, Kommunalpolitiker und Diplomat, geb. am 20. November 1602 Magdeburg, gest. 11. Mai 1686 Hamburg

Als großer Naturforscher war er einer der Väter der Experimentalphysik oder, wie ihn einige Wissenschaftler bezeichnen, der „Galilei Deutschlands". Er wies das Vakuum nach und ist als der Begründer der Elektrostatik anzusehen. Auch seine Leistungen als Astronom und Naturphilosoph sind bemerkenswert. Seine Erkenntnisse und Erfindungen beeinflußten Wissenschaft und Technik bis in unsere Zeit. Sein Buch „Experimenta nova ..." (1672) ist sein wissenschaftliches Vermächtnis.
Guericke gehört zu den größten Söhnen der Stadt, der er als Ratsmitglied mehr als fünfzig Jahre diente, davon über drei Jahrzehnte als einer der vier Bürgermeister. Sein weitsichtiger Plan von 1632 zum Wiederaufbau der Stadt war wegen der Eigentumsverhältnisse nicht zu realisieren. Von 1642 bis 1663 führte ihn eine ausgedehnte politisch-diplomatische Reisetätigkeit für seine Heimatstadt zu Brennpunkten der europäischen Politik, z.B. zu Reichstagen. Hier verhandelte er mit Kaiser und Reichsfürsten, bei denen er auch seine Experimente vorführte.
Als Gesandter Magdeburgs nahm er an den Friedensverhandlungen in Münster und Osnabrück 1646/1647 teil. Wenn es ihm auch gelang, der Stadt wesentliche Privilegien zu sichern, so scheiterte die erstrebte Reichsfreiheit für Magdeburg an den politischen Umständen. Seine Halbkugelversuche machten den Namen Magdeburgs weit über die Grenzen Deutschlands hinaus bekannt. Seit 1907 erinnert ein Denkmal von Carl Echtermeyer (geb. 1845, gest. 1910) am Rathaus an den berühmten Bürgermeister.

Hanstein, August Gottfried Ludwig

Theologe und Pädagoge, geb. am 7. September 1761 Magdeburg, gest. 25. Februar 1821 Berlin

Von 1787 bis 1803 wirkte er als Pfarrer in Tangermünde und dann kurzzeitig als Oberdomprediger und Superintendent in Brandenburg/Havel. In dieser Zeit erregte er in führenden evangelischen Kirchenkreisen Berlins Aufmerksamkeit, weil er sich als Theologe besonders der Homiletik (Lehre vom Predigen) widmete. Schwerpunkt war dabei die Verbesserung der homiletischen Ausbildung der Predigtamtskandidaten und die Tätigkeit als Herausgeber der „Homiletisch-kritischen Blätter …“ (1791–1811). 1804 erfolgte seine Berufung nach Berlin. Seitdem stand er als Superintendent der Diözese an der Spitze der Berliner Geistlichkeit. Sein kirchenpolitischer Einfluß wuchs immer mehr. Fünf Jahre später erhielt er die Ernennung zum Oberschulrat im Innenministerium. Hier wurde er vom Monarchen zur Reform des preußischen Kirchenwesens, besonders zur Einführung der Union, des vom König vorgeschlagenen Zusammenschlusses der lutherischen und reformierten Kirchen, 1817 sowie zur Veröffentlichung eines neuen Gesangbuches vom Monarchen eingesetzt.
Von 1782 bis 1787 war Hanstein Lehrer am Magdeburger Domgymnasium. Hier gab er den Anstoß zur Bildung eines Seminars zur Ausbildung von Stadt- und Landschullehrern, in dem er Pädagogik unterrichtete. Seit dieser Zeit hatte er enge Kontakte zu ➪Friedrich Delbrück.

Heiland, Karl-Gustav

Pädagoge, geb. am 17. August 1817 Herzberg, gest. 16. Dezember 1868 Magdeburg

Der bedeutende preußische Gymnasialpädagoge war bemüht, die höheren Lehranstalten in Preußen den Erfordernissen der Zeit anzupassen. In der Praxis wie auch in seinen Schriften, so in „Die Aufgabe des christlichen Gymnasiums“ (Weimar 1860), betonte er den unbedingten Zusammenhang zwischen Christentum und Schule. Durch seine Programmschrift „Zur Frage über die Reform der Gymnasien“ (1850) wurden die Schulbehörden auf den Gymnasiallehrer in Halberstadt (seit 1850) aufmerksam. Er erhielt 1850 die Berufung als Gymnasialdirektor in Oels (bis 1854), dann in Stendal (bis 1856) und schließlich in Weimar (bis 1860).
1860 berief ihn das Kultusministerium als Provinzialschulrat nach Magdeburg. Diese Aufgabe erfüllte er bis zu seinem Tode. Er sorgte hier für die Eröffnung neuer Gymnasien in Burg b. Magdeburg, Seehausen/Altmark, Wernigerode sowie des Stadtgymnasiums in Halle/Saale. In Magdeburg unterrichtete er am Kandidatenkonvikt im Pädagogium Kloster Unser Lieben Frauen in der altsprachigen Lektüre.

Heinrichshofen, Wilhelm von

Buchhändler, geb. am 4. März 1782 Mülverstedt bei Langensalza, gest. 29. April 1881 Magdeburg

Kurz nach der Eröffnung der Keilschen Buchhandlung 1797 in Magdeburg erlernte er hier den Buchhändlerberuf und arbeitete dann im Geschäft als Gehilfe. Um 1808 übernahm er die Firma, dabei unterstützt von ➪Friedrich Delbrück. Er erweiterte den Betrieb 1821 um eine Konzertdirektion und später um eine Pianohandlung. Eine bedeutende Ausweitung erfuhr die Buchhandlung unter der Leitung seiner Sohnes (seit 1840 Mitinhaber):

Heinrichshofen, Theodor von

Verleger, geb. am 24. April 1815 Magdeburg, gest. 17. Januar 1901 Magdeburg

Er wurde von ➪Richard Wagner angeregt, einen Musikverlag zu eröffnen. Neben Büchern erschienen Werkausgaben von Johann Sebastian Bach, Ludwig van Beethoven, Joseph Haydn, Wolfgang Amadeus Mozart, Franz Schubert und Robert Schumann. Die hier verlegte Klaviermusik, gehobene Unterhaltungsmusik, aber auch Unterrichtsliteratur ließen das Unternehmen, ab 1884 geleitet von Adalbert H. (geb. am 18. Juni 1859 Magdeburg, gest. 23. Oktober 1932) zu einem führenden deutschen Musikverlag mit großer Bedeutung für die bürgerliche Hausmusik werden. Übrigens wurde 1848 hier auch der 3. Teil der „Gespräche mit Goethe …“ von Johann Peter Eckermann veröffentlicht. Theodor H. leistete auch bedeutendes bei der Magdeburger Turnbewegung. Der Magdeburger Lehrer-Turn-Verein ernannte ihn 1891 zum Ehrenmitglied in „Anerkennung seiner hohen Verdienste … als Turner, Turnlehrer und Turnschriftsteller um das Vereins- Schul- und Militärturnen“.

Herricht, Rolf

Schauspieler, geb. am 5. Oktober 1927 Magdeburg, gest. 23. August 1981 Berlin

Als Humorist in DEFA-Filmen, im Fernsehen, im Berliner Friedrichstadtpalast und in Unterhaltungsveranstaltungen gehörte er zu den Großen seines Faches. Über zwei Jahrzehnte hinweg war sein Partner der mit ihm befreundete Autor, Regisseur und Schauspieler Hans-Joachim Preil (geb. 1923, gest. 1999), der auch zeitweilig als Schauspieler und Oberspielleiter in Magdeburg wirkte.

1945 *schloß sich Herricht als Student und Requisiteur dem Magdeburger Schauspielstudio an, wo er seine Theaterausbildung absolvierte. Nach Engagements in Salzwedel, Staßfurt, Stendal und an anderen Bühnen kehrte er 1957 (bis 1961) wieder an das Magdeburger Theater zurück.*

Hindenburg, Paul von Beneckendorf und von

Militär und Politiker, geb. am 2. Oktober 1847 Posen, gest. 2. August 1934 Neudeck/Pommern

Er bestimmte maßgeblich die deutsche Politik vom Ersten Weltkrieg bis zum Ende der Weimarer Republik. Durch den Sieg der unter seiner Führung stehenden 8. Armee (der eigentliche Leiter der strategischen Operationen war sein Generalstabschef Erich von Ludendorff) 1914 über die Russen bei Tannenberg und den Masurischen Seen wurde er zur Gallionsfigur des deutschen Militarismus und zum „Nationalheros“. Von 1916 bis 1918 war er Chef der Obersten Heeresleitung. Der kaiserliche Generalfeldmarschall und Ludendorff leiteten damit in diesen Jahren de facto die deutsche Reichspolitik. Als Reichspräsident seit 1925 trug er zur Rechtsentwicklung in Deutschland bei und unterstützte Hitler letztlich politisch und moralisch.
Von 1903 bis 1911 war Hindenburg Kommandierender General des IV. Armeekorps in Magdeburg.

Höpfner, Wilhelm

Grafiker und Maler, geb. am 17. Mai 1899 Magdeburg, gest. 14. März 1968 Magdeburg

Der vielseitige Künstler setzte sich in seinen Werken intensiv mit den Kunstströmungen seiner Zeit auseinander. Er hinterließ ein umfangreiches Gesamtwerk, dessen wichtigsten Teil die Druckgrafik mit fast 1600 meist mehrfarbigen Blättern darstellt. Viele Anregungen lieferten Ereignisse aus Magdeburgs Geschichte sowie aus Literatur, Zirkus, Film und Theater, die er in phantasievoller Form sinnbildlich verdichtete.
Nach den ersten Kindheitsjahren in Nürnberg lebte er seit 1907, mit Ausnahme von zwei mehrjährigen Aufenthalten in Berlin, in Magdeburg und zählte zu den wichtigsten Grafikern seiner Zeit in der Elbestadt mit einer Wirkung weit über die Ortsgrenze hinaus. Er gehörte zu den Mitgliedern der „Kugel“. Von 1922 bis 1925 engagierte er sich mit sozialkritisch-satirischen Zeichnungen in der „Volksstimme“, 1931 beendete er seine fünfjährige Tätigkeit in Berlin und arbeitete in Magdeburg als Kunsterzieher. Nach der Befreiung 1945 beteiligte sich Höpfner aktiv beim Aufbau des Kulturbundes. Von 1952 bis 1959 war er Vorsitzender des Verbandes Bildender Künstler im Bezirk Magdeburg.

Paul von Beneckendorf und von Hindenburg

Immermann, Carl Leberecht

Schriftsteller, Theaterdirektor und Jurist, geb. am 24. August 1796 Magdeburg, gest. 25. April 1840 Düsseldorf

Sein alle Genres der Literatur umfassendes Gesamtwerk steht im Übergang von der Romantik zum Realismus des Vormärz. Aus diesem Schaffen ragen die beiden großen Zeitromane „Die Epigonen“ und „Münchhausen“ (mit der Erzählung „Oberhof“, die am Anfang der deutschen Dorfgeschichte des 19. Jahrhunderts steht) heraus, mit denen er literaturhistorische Bedeutung erreichte. Hier gab er ein treffendes satirisches und kritisches Zeitbild. Bedeutsam war auch seine Tätigkeit als Dramaturg und Intendant des Düsseldorfer Theaters von 1829 bis 1837. Sein Versuch, hier eine Musterbühne zu schaffen, scheiterte aus finanziellen Gründen.
Immermann lernte während seiner Tätigkeit als Auditeur bei der preußischen Garnison im Münster 1821 eine für die damalige Zeit ungewöhnliche Frau kennen:

„Ich darf Dir wohl sagen, Magdeburg ist ein fürchterlicher Ort, ohne irgend einen Reiz – und Menschen hatte ich weiter nicht, welche die Oede mir bevölkerten ...“
(Carl Leberecht Immermann: Brief an Ferdinand Gessert, 17. Juli 1825)

Büste Carl Leberecht Immermanns am Immermann-Brunnen

Lützow, Elisa von, geborene von Ahlefeld-Laurvig

geb. am 17. November 1788 Schloß Trankjör (Dänemark), gest. 20. März 1855 Berlin

Die dänische Adlige, deutsch erzogen und begeistert von den Ideen einer Befreiung Deutschlands von der napoleonischen Fremdherrschaft, heiratete 1808 Adolph von Lützow, den späteren berühmten Freikorpsführer. Sie förderte Immermann als jungen Schriftsteller. Nach ihrer Scheidung von Lützow lebte Elisa mit Immermann von 1825 bis 1839 zusammen, die beiden ersten Jahre in Magdeburg. Später entfremdeten sie sich. Immermann beendete das glücklich-unglückliche Verhältnis und flüchtete in eine bürgerliche Ehe mit Marianne Niemeyer, einer Magdeburger Arzttochter, die er 1838 kennengelernt hatte. Nach seinem Tode widmete sich die Witwe auch nach ihrer Wiederverheiratung als ➪Marianne Wolff aktiv der Pflege von Immermanns Werk.

Immermann verbrachte seine Jugendzeit, die er anschaulich und liebevoll in seinen „Memorabilen" beschrieb, bis 1813 in Magdeburg. Als Student hielt er sich in den Ferien meist hier auf. Er arbeitete 1818/1819 als Gerichtsreferendar und von 1824 bis 1826 als Kriminalrichter in Magdeburg. 1831 und 1838 weilte er kurzzeitig in seiner Heimatstadt, mit der er sich in seinen Briefen kritisch beschäftigte.

1899 wurde vor dem Stadttheater der von Carl Echtermeyer geschaffene Immermannbrunnen mit vier Reliefs nach Motiven aus Immermanns „Oberhof" übergeben. 1924 erhielt er einen neuen Standort im Glacis am Adelheidring, wo er sich bis zum Anfang der siebziger Jahre befand. 1996 fand die Wiedereinweihung des rekonstruierten Brunnens an der Danzstraße hinter dem Kulturhistorischen Museum statt. Drei Jahre später wurde an der Fassade des Hauses Immermannstraße 18 die 1927 von Heinrich Zschokke, einem Urenkel von ➪Heinrich Daniel Zschokke, stammende Gedenktafel für den Dichter (bis 1945 am zerstörten Geburtshaus Große Klosterstraße 18) nach ihrer Restaurierung enthüllt.

Johannsen, Christa

Schriftstellerin, geb. am 17. November 1914 Halberstadt, gest. 8. April 1981 Magdeburg

Sie verfaßte mehrere Romane mit zeitgenössischer Thematik sowie zur Verantwortung des Künstlers und Wissenschaftlers in der Vergangenheit, wobei besonders der Roman „Leibniz" (1966) hervorzuheben ist. Ein geplanter Einstein-Roman blieb unvollendet. In Reportagen, Feuilletons und Erzählungen standen Menschen und Ereignisse in der DDR im Mittelpunkt.

Sie lebte seit 1956 in Magdeburg. In dieser Zeit entstanden auch die meisten ihrer Werke. Von 1963 bis 1969 war sie Vorsitzende des Schriftstellerverbandes des Bezirkes Magdeburg.

Kaiser, Georg

Schriftsteller, geb. am 25. November 1878 Magdeburg, gest. 5. Juli 1945 Ascona

Der „Klassiker des Expressionismus" war einer der Bahnbrecher und bedeutendsten Vertreter des expressionistischen Dramas. Er entwickelte sich nach dem Ersten Weltkrieg zum meistgespielten deutschen Dramatiker. Sein Werk „Die Bürger von Calais" (1914) wurde ein Welterfolg. Seine versierte Technik und die gleichsam mathematisch gestalteten Konstruktionen seiner mehr als siebzig Stücke trugen ihm den Beinamen „Denkspieler" ein. Die meisten seiner Werke sind gesellschaftskritisch, im späten Schaffen antimilitaristisch und antifaschistisch. Einige seiner Dramen dienten Komponisten als Opernvorlagen, so für Robert Hannells Oper „Die Spieldose" (1957). Für Kurt Weill schrieb er Librettos, u. a. „Der Silbersee". Die Nazis stuften ihn als „Kulturbolschewisten" ein und nahmen ihm Arbeits- und Auftrittsmöglichkeiten. Er emigrierte schließlich in die Schweiz.

Von 1885 bis 1894 absolvierte er die Schule in Magdeburg (1888 bis 1894 Pädagogium Kloster Unser Lieben Frauen). In zwei seiner Jugenddramen verarbeitete er verschlüsselt Erlebnisse aus seiner Schulzeit, die für ihn, nach Aussage seiner Bruders Felix, Zwang und Schablone bedeutete. 1895 war er Mitbegründer des Lesevereins Sappho. Nach der Obersekunda ging er von der Schule ab und arbeitete 1895 wenige Wochen als Lehrling in der Buchhandlung Rathke und dann in einer Export-Import-Firma (bis 1898). Er verließ dann seine Heimatstadt, in die er 1901 als Kranker zurückkehrte. Von 1902 bis 1908 hielt er sich hier zeitweilig auf.

Kawerau, Gustav

Theologe und Kirchenhistoriker, geb. am 25. Februar 1847 Bunzlau/Schlesien, gest. 1. Dezember 1918 Berlin

Nach über zehnjähriger Tätigkeit als Seelsorger schlug er die wissenschaftliche Laufbahn ein. Seine Berufung als Professor 1886 nach Kiel und später nach Breslau und Berlin waren aber immer mit einer Tätigkeit als Pfarrer verbunden. Darüber hinaus war er seit seinem Breslauer Wirkungsfeld (1894) Konsistorialrat und dann in Berlin (ab 1907) Oberkonsistorialrat. Kawerau gehörte zu den bekanntesten Kanzelrednern seiner Zeit und übte als akademischer Lehrer einen großen Einfluß auf die evangelische

Landeskirche Preußens aus. Er war Mitbegründer und seit 1903 Vorsitzender des Vereins für Reformationsgeschichte. Zwei Jahre später erhielt er die Berufung zum Vorsitzenden der Kommission zur Herausgabe der Weimarer Lutherausgabe. 1894 editierte er innerhalb des „Lehrbuches der Kirchengeschichte“ von W. Möller den Band über die Reformation und Gegenreformation. Ferner gab er innerhalb der Weimarer Lutheredition drei Bände sowie sieben Bände des Briefwechsels heraus. Dazu kam eine große Anzahl von Monographien und Aufsätzen zur Reformationsgeschichte.

Von 1882 bis 1886 wirkte er in Magdeburg als Professor am Pädagogium Kloster Unser Lieben Frauen. Als Geistlicher Inspektor war er Vorsteher des hier untergebrachten Kandidatenkonvikts zur Vorbereitung von Theologen auf ihre Ordination, gab Religionsunterricht für Kandidaten und Schüler und führte als Seelsorger alle Gottesdienste in der Klosterkirche durch. Schon hier leistete Kawerau eine umfangreiche wissenschaftliche Tätigkeit, seit er 1883 von den Universitäten Halle/Saale und Tübingen die Würde eines Dr. hc. der Theologie zuerkannt bekam.

Klewiz, Wilhelm Anton von, auch Klewitz

Politiker, geb. am 1. August 1760 Magdeburg, gest. 26. Juli 1838 Magdeburg

Der vielseitige und befähigte Verwaltungsfachmann gehörte zum engsten Kreis der Reformer um Stein und Hardenberg. Er besaß großen Anteil an den Edikten über die Bauernbefreiung 1807, der mit der Selbstverwaltung der Kommunen verbundenen Städteordnung von 1808 sowie an der Realisierung der Humboldtschen Bildungspolitik. Von 1817 bis 1825 war er preußischer Finanzminister.

Nach dem Schulbesuch im Domgymnasium seiner Heimatstadt verbrachte er seit 1833 fast ein Vierteljahrhundert in dienstlichen Funktionen hier, so als Kriegs- und Domänenrat 1790 bis 1793 an der Kriegs- und Domänenkammer und von 1795 bis 1798 als deren Direktor. Von 1813 bis 1816 machte er sich verdient um die verwaltungsmäßige Wiedereingliederung der 1807 abgetretenen Gebiete in den preußischen Staat. 1825 wurde er Oberpräsident der Provinz Sachsen mit Sitz in Magdeburg (bis 1837). Hier setzte er sich sehr für die Restaurierung des Domes ein. Dafür übernahm er selbst die Oberbauleitung. 1814 wurde er Ehrenbürger von Magdeburg.

Knoblauch, Friedrich

Unternehmer, geb. am 23. September 1805 Magdeburg, gest. 31. Dezember 1879 Magdeburg

Ursprünglich Textilkaufmann, stieg er in die sich erst entwickelnde deutsche Versicherungsbranche um und gründete 1844 in Magdeburg die „Magdeburger Feuerversicherungs-Gesellschaft“, der er mit kurzen Unterbrechnungen bis zu seinem Tode als Generaldirektor vorstand. Er war ein ausgezeichneter Kaufmann, ein Organisationstalent und ein risikobereiter Unternehmer. Die Aktiengesellschaft baute er zu einem der größten deutschen Unternehmen dieser Branche und zu einer weltweit operierenden Versicherung mit Vertretungen im Ausland aus. Wegen seiner Fähigkeiten nannte man ihn den „Bismarck der deutschen Assekuranz“. 1854 gründete er in seiner Heimatstadt die „Magdeburger Hagel-Versicherungs-Gesellschaft“, die eng mit der Feuerversicherung zusammenarbeitete.

Die Tätigkeit eines weiteren bedeutenden deutschen Versicherungsfachmannes ist ebenfalls eng mit Magdeburg verbunden:

Wilhelm Anton von Klewiz

Hahn, Ferdinand

geb. am 26. Mai 1845 Friedberg/Hessen, gest. 12. Dezember 1906 Magdeburg

1868 wurde der Jurist Inspektor der „Magdeburger Feuerversicherungs-Gesellschaft". Nach Tätigkeiten als Leiter der Generalagentur in Frankfurt/Main und als Subdirektor übernahm er 1889 die Direktorenstelle der Gesellschaft in Magdeburg. Bereits ein Jahr später leitete er als Generaldirektor die 1862 gegründete „Magdeburger Versicherungs-AG" (seit 1891 „Wilhelma" mit Sitz im 1896 erbauten Wilhelma-Gebäude) und die „Magdeburger-Hagel-Versicherungs-Gesellschaft". Er schuf die Statuten des Deutschen Vereins für Versicherungswissenschaften, den er seit 1901 leitete.

König, René

Soziologe, geb. am 5. Juli 1906 Magdeburg, gest. 21. März 1992 Köln

Der in Frankreich Aufgewachsene war ein führender und international anerkannter Sozialforscher. Er schrieb zahlreiche wissenschaftliche Werke. Der Professor für Soziologie an der Kölner Universität von 1947 bis 1974 gab das „Handbuch der empirischen Sozialforschung" heraus. Schwerpunkte seiner Forschung bildete die Familien-, Jugend-, Gemeinde- und Industriesoziologie. Von 1962 bis 1968 stand der liberale Antifaschist und Antimarxist als Präsident an der Spitze der Internationalen Soziologischen Gesellschaft.

Kohlrausch, Christian

Turnpädagoge, geb. am 2. April 1851 Benneckenstein, gest. 11. Dezember 1934 Halberstadt

Nach mehrjähriger Tätigkeit als Lehrer in Osterwieck und Halberstadt kam er 1880 nach Magdeburg. 33 Jahre wirkte er als Gymnasial-Turnlehrer am Pädagogium Kloster Unser Lieben Frauen. Nach Übernahme der Verantwortung für das Turnen an der Lehranstalt veränderte er Umfang und Inhalte des Turnunterrichts. Auf der Grundlage seiner mehrjährigen Literatur- und Reisestudien über den antiken Diskus führte er den Wettstreit mit diesem Wurfgerät als Teildisziplin eines ebenfalls aus seinen Forschungen über den griechischen Sport entwickelten „Griechischen Fünfkampfes" ein. Die Popularisierung der damit gemachten Erfahrungen in der Fachpresse und sein Buch „Der Diskus" (1882) sowie der Versand der von ihm entwickelten Diskusscheiben machten ihn rasch bekannt. Damit erwarb er sich große Verdienste bei der Einführung des Diskus' im deutschen Schul- und Vereinssport. Bemerkenswert waren auch seine Aktivitäten bei der Verbreitung der „Spielbewegung" mit Bewegungsspielen einschließlich des Fußballspielens. In Magdeburg engagierte er sich sehr für das Mädchenturnen einschließlich der Ausbildung von Turnlehrerinnen. Kohlrausch bemühte sich sehr um die Organisierung der Turnlehrer, so durch die Gründung des Magdeburger Turnlehrerverbandes 1885 und des Provinzial-Turnlehrerverbandes 1896, dessen Vorsitzender er bis 1901 war. Hervorzuheben ist auch seine Geschichte der Magdeburger Turnbewegung „Das Turnen in Magdeburg. Ein historischer Abriß ..." (1892).

Krause, Max

Industrieller, geb. am 17. März 1838 Treuenbrietzen, gest. 16. Oktober 1913 Berlin-Steglitz

Der Außendienstmitarbeiter der Papierfabrik Hoesch in Düren (seit 1859) erhielt auf seinen Geschäftsreisen durch Europa zahlreiche Anregungen. Daraus entstand die Idee, anstelle des bisherigen Papierverkaufs in Rollen, Briefpapier und Umschläge in einer Kassette zu verkaufen. Mit geringem Eigenkapital machte er sich selbständig und gründete eine Fabrik zur industriellen Nutzung seines Einfalls. Damit schloß er eine Marktlücke und wurde der Begründer einer sich weltweit entwickelnden Branche mit der Bezeichnung Papierausstattung. Sein Betrieb expandierte zum Großunternehmen. MK-Papier wurde zu einem Markenzeichen. Krause gründete den Papierindustriellenverband, an dessen Spitze er zwanzig Jahre stand.
Nach dem Tode seines Vaters zog die Mutter nach Magdeburg. Vom 6. bis zum 13. Lebensjahr wurde Max Krause im Waisenhaus (Pieschelsche Anstalten) in Burg erzogen. 1853 begann er eine Lehre in der Magdeburger Papier- und Kunsthandlung Johann Friedrich Deneke. Hier war er bis etwa 1858 tätig.

Kreikemeyer, Willi

Politiker, geb. am 11. Januar 1894 Magdeburg, gest. 31. August 1950 Berlin

Seit 1920 hauptamtlicher Funktionär der KPD, arbeitete er von 1928 bis 1933 als Geschäftsführer des Neuen Deutschen Verlages unter Willi Münzenberg. 1937 wurde er als Offizier der Internationalen Brigaden in Spanien schwer verwundet und ging anschließend ins Exil nach Südfrankreich, wo er illegal für die Auslandsleitung seiner Partei wirkte. Hier kam er in Kontakt mit Noel H. Field, dem amerikanischen Repräsentanten einer Hilfsorganisation für Flüchtlinge. 1946 nach Deutschland zurückgekehrt, erhielt er in der SBZ leitende Funktionen bei der Deutschen

Reichsbahn (1946 Vizepräsident, 1947 Präsident, 1949 Generaldirektor). Bald geriet er wegen seiner Westemigration und der Verbindung zu Field in das Visier der Staatssicherheit. Er wurde 1950 verhaftet und starb unter bisher nicht geklärten Umständen.
Kreikemeyer, Sohn eines Schlossers, lernte Dreher in Magdeburg, wo er bis etwa 1912 lebte. Nach dem Ersten Weltkrieg war er kurzzeitig hier als Bezirksfunktionär der KPD.

Lentze August

Politiker, geb. am 21. Oktober 1860 Hamm/Westf., gest. 12. April 1945 Werben/Spreewald

Aus einer alten westfälischen Juristenfamilie stammend, entwickelte er sich nach vorübergehendem Justizdienst zu einem erfahrenen Kommunalpolitiker (1889–1894 stellvertretender Oberbürgermeister in Gera, dann Oberbürgermeister in Mühlhausen/Thür. und seit 1899 in Barmen). Durch sein Engagement als Berichterstatter in Etatfragen im Preußischen Herrenhaus (ab 1905) wies er sich als Finanzsachverständiger aus, so daß ihn der König 1910 zum preußischen Staats- und Finanzminister berief. In seiner Amtszeit veranlaßte er mehrere Gesetze und versuchte während des Ersten Weltkrieges, die Staatsfinanzen den Kriegsleistungen anzupassen. Im August 1917 mußte er sein Amt verlassen. Während des Höhepunktes der Inflation 1923 wurde zur Stabilisierung der Währung die Rentenmark eingeführt. Die führenden deutschen Finanzkreise wählten zum Präsidenten des Aufsichtsrates der dazu gegründeten Rentenbank den Staatsminister a.D. Lentze bei gleichzeitiger Präsidentschaft der ebenfalls installierten Deutschen Rentenbank-Kreditanstalt als landwirtschaftlicher Zentralbank. 1933 trat er von diesem Posten zurück, bei Ernennung zum Ehrenpräsidenten. Seit 1918 war er auch Mitglied des Aufsichtsrates der Friedrich Krupp AG.
August Lentze wurde 1906 zum Oberbürgermeister Magdeburgs gewählt. Während seiner Amtszeit erreichte er 1908/1910 die Eingemeindung von sieben Vororten, deren Areal für die weitere industrielle Entwicklung der Stadt von großer Bedeutung war. Das zeigte sich besonders bei Rothensee, wo Industriehafen und Güterbahnhof sich in Planungsstadium befanden. Diese Verkehrsbauten sowie der dortige städtische Bodenbesitz waren wichtig wegen der Anbindung an den geplanten, allerdings erst 1938 realisierten Bau des Mittellandkanals.

August Lentze

Leopold I., Fürst von Anhalt

Militär, geb. am 3. Juli 1676 Dessau, gest. 9. April 1747 Dessau

Der „Alte Dessauer“ diente drei preußischen Königen als Soldat. Der Generalfeldmarschall (1712) war Freund und Berater von König Friedrich Wilhelm I. Als Truppenführer hatte er in Spanischen Erbfolgekrieg entscheidenden Anteil an den Siegen von Höchstädt (1704), Turin (1706) und Malplaquet (1709). Durch die Eroberung von Rügen 1715 erstritt er einen für Preußen vorteilhaften Frieden gegenüber Schweden. Die Krönung seines fünfzigjährigen Sol-

Leopold I., Fürst von Anhalt

datenlebens war sein Sieg in der Schlacht von Kesselsdorf 1745. Fürst Leopold, den Friedrich II. als den „großen Kriegsmechanikus des preußischen Heeres" bezeichnete, reorganisierte auf der Grundlage der progressiven Militärwissenschaft seiner Zeit die preußische Armee. Seine Truppenausbildung beruhte auf militärischer Exaktheit, besonders durch die Einführung des eisernen Ladestockes und des Gleichschritts als wichtige Voraussetzung für ein schnelles Salvenschießen der Infanterie, sowie auf unbarmherzigem Drill. Neue Erkenntnisse brachte er auch in den preußischen Festungsbau ein.

Seine Amtszeit als Gouverneur der Festung Magdeburg von 1702 bis 1747 drückte der Stadt unverwechselbar einen Stempel auf, obwohl er sich wegen seiner Verpflichtung als Landesherr und General hier nicht ständig aufhielt. Unter ihm hörte die Stadt auf, eine Stadt der Bürger zu sein – sie wurde endgültig Garnisons- und Festungsstadt mit einer grundlegenden Wandlung des Wirtschafts- und Soziallebens. Durch ihn erfolgte von 1715 bis 1740 der Ausbau Magdeburgs zur stärksten preußischen Festung. Dadurch veränderte sich das städtebauliche Antlitz der Elbestadt vollständig. Trotz der militärischen Bauten entwickelte sie sich zu einer der ansehnlichsten Städte Preußens und Norddeutschlands. Neue Häuser, öffentliche Gebäude und Straßen sowie der Domplatz und die Promenade auf dem Fürstenwall zierten das Stadtbild. Allerdings wurde der Bau vieler Häuser durch Druck, aber auch mit finanziellen Zuschüssen erzwungen.

Lindau, Paul

Schriftsteller, Journalist und Theaterleiter, geb. am 3. Juni 1839 Magdeburg, gest. 31. Januar 1919 Berlin

Der vielseitige und produktive Autor sammelte vielfältige Erfahrungen als Journalist, Kritiker und Reiseschriftsteller in Paris, Düsseldorf und Leipzig. Seit den siebziger Jahren des 19. Jahrhunderts entwickelte er sich zu einer in Berlin in Theater, Literatur und Gesellschaft mit den Ton angebenden Persönlichkeit. Das zeigte sich besonders in seinen Theaterstücken wie in Leitartikeln, Gerichtsreportagen und Theater- und Kunstkritiken. Seit 1895 Direktor des Meininger Hoftheaters, übernahm er von 1900 bis 1905 die Leitung von Berliner Theatern. Von 1909 bis 1918 wirkte er als Erster Dramaturg am Berliner Schauspielhaus. Die Literaturgeschichte reiht ihn, der den „Literatursultan der Reichshauptstadt spielte" (Franz Mehring), als einen der literarischen Repräsentanten der Gründerjahre ein. Seine Salondramen ahmten französische Gesellschaftstücke nach, und seine Gesellschaftsromane konnten nur oberflächlich die sozialen Zustände seiner Zeit widerspiegeln.

Er besuchte in Magdeburg das Pädagogium Kloster Unser Lieben Frauen. In seiner Autobiographie „Nur Erinnerungen" (1916) erzählte er viel von seiner Kindheit in der Heimatstadt und von der Begegnung mit dem naturalistischen Schriftsteller Otto Erich Hartleben, der 1889/90 Jurist in Magdeburg war.

Lingner, Karl August Ferdinand

Chemiker und Industrieller, geb. am 21. Dezember 1861 Magdeburg, gest. 5. Juni 1916 Dresden

1888 begründete er in Dresden die Firma Lingner und Kraft (seit 1909 Lingner-Werke AG) zur Herstellung pharmazeutischer und kosmetischer Erzeugnisse. 1893 erfand er die „Zahn- und Mundwasser-Essenz Odol" und wurde damit dreißigfacher Millionär. Ein Teil der Gewinne floß in die Lingner-Stiftung zur gemeinnützigen Förderung der Volkshygiene. 1903 zeigte Lingner in Dresden die Ausstellung „Volkskrankheiten und ihre Bekämpfung". 1912 gründete er einen Verein zur Gründung eines Hygiene-Museums in der sächsischen Hauptstadt, das von 1928 bis 1930 als Deutsches Hygienemuseum mit staatlicher und kommunaler Unterstützung erbaut wurde.

Lotter, Michael

Buchdrucker, geb. um 1499 Leipzig, gest. nach 1556 Magdeburg

Er gehörte der berühmten Buchdruckerfamilie Lotter aus Leipzig beziehungsweise Wittenberg an und setzte ihre großen Traditionen bei der Verbreitung der Werke Luthers fort,

Der Stadtkämmerer Ebeling Alemann bewog ihn 1529 zur Übersiedlung nach Magdeburg. Der Drucker setzte damit die örtlichen Drucktraditionen fort, denn mit dem 1480 gedruckten „Magdeburger Missale" war die Elbestadt einer der ersten Orte im mitteldeutschen Raum, in denen Bücher gedruckt wurden. Lotter druckte nicht nur die Werke von ➩Martin Luther, sondern auch einige von ➩Amsdorf und Melanchthon. Sehr bald entwickelte er sich zum bedeutendsten Drucker der Stadt und trug durch die Herstellung zahlreicher Schriften ➩Flacius' Illyricus' und anderer Streiter des Interims entscheidend zum Ruf der Elbestadt als „Unseres Herrgotts Kanzlei" bei.

Louis, Ferdinand, eigentlich Ludwig Friedrich Christian, Prinz von Preußen

Militär, Komponist und Pianist, geb. am 18. November 1772 Friedrichsfelde, gest. 10. Oktober 1806 Saalfeld

Der Neffe Friedrich des Großen war eine für das Hohenzollerngeschlecht ungewöhnlich begabte und vielseitige Persönlichkeit, der „Abgott der Soldaten und jüngeren Offiziere" (Carl von Clausewitz). Der preußische Hof, dessen Politik der Prinz ablehnend gegenüberstand, betrachtete ihn mit Argwohn. Seine „brillanten Eigenschaften" (Clausewitz) und militärischen Fähigkeiten ließ der König deshalb ungenutzt. Er war auch ein außerordentlich talentierter Musiker, ein „Romantiker der klassischen Periode" (Robert Schumann). Sein Klavierspiel und seine Kompositionen wurden von Ludwig van Beethoven und anderen Zeitgenossen sehr gelobt. Als Führer der preußischen Vorhut fiel er am 10. Oktober 1806 im Gefecht bei Saalfeld.

Louis Ferdinand wurde als Generalleutnant 1795 zum Kommandeur des Infanterieregiments Prinz von Baden ernannt, das seinen Standort bis 1796 und ab 1799 in Magdeburg hatte. Der Prinz fand seine Garnison „trostlos und langweilig". Er suchte deshalb Ablenkung außerhalb der Stadt. 1802 pachtete er die Jagd in der gesamten Letzlinger Heide. Ein Jahr später kaufte er das nördlich von Magdeburg, zwischen Colbitz und Zielitz gelegene Gut Schricke. Hier gab er in ungezwungener Runde Gesellschaften und Konzerte.

Luther, Hans

Politiker, geb. am 10. März 1879 Berlin, gest. 11. Mai 1962 Düsseldorf

Er war ein Technokrat und angesehener Verwaltungsjurist, der sich stets auf den Boden der Tatsachen stellte. Nach vierjähriger Tätigkeit als Oberbürgermeister von Essen (1918) betrieb er in verschiedenen Positionen Reichspolitik, so von 1922 bis 1925 als Minister für Landwirtschaft bzw. Finanzen (mit maßgeblichen Einfluß auf die Stabilisierung der Mark). 1925/26 war er für 16 Monate Reichskanzler, erstmalig in der Geschichte der Weimarer Republik in einem Reichskabinett mit deutschnationalen Ministern. Während seiner Amtszeit schloß er gemeinsam mit Außenminister Gustav Stresemann den Locarno-Pakt ab. 1930 Reichsbankpräsident, zwangen ihn die Nazis drei Jahre später zum Rücktritt und fanden ihn mit dem Botschafterposten in Washington ab (bis 1937). 1952 übernahm er in der BRD den Vorsitz im Sachverständigen-Ausschuß für die Neugliederung des Bundesgebietes, auch Luther-Ausschuß genannt.

Hans Luther war von 1907 bis 1913 besoldeter Stadtrat und Rechtsdezernent in Magdeburg.

Martin Luther

Luther, Martin

Reformator, geb. am 10. November 1483 Eisleben, gest. 18. Februar 1546 Eisleben

Luther war eine überragende Persönlichkeit der deutschen Geschichte und erreichte Weltgeltung. Mit seinem Thesenanschlag 1517 an der Wittenberger Schloßkirche löste er die Reformation aus. Sein Kampf gegen den Machtmißbrauch und moralischen Zerfall der katholischen Kirche und für religiöse Freiheit zerstörte die überkommene führende Stellung des Papsttums und erzielte eine revolutionäre Wirkung weit über Deutschland hinaus. Der Begründer des Protestantismus beförderte damit entscheidend die bürgerliche Emanzipation, ohne die feudalen Machtverhältnisse ändern zu wollen.

Der Reformator hielt sich mehrfach in Magdeburg auf. Vom Frühjahr 1497 (vielleicht auch schon seit 1496) war er für etwa ein Jahr lang Schüler bei den Brüdern vom gemeinsamen Leben, einer frommen Vereinigung ohne Ablegung eines Ordensgelübdes. Welche Schule er besuchte, ist noch ungeklärt. Seit 1515 Distriktvikar des Augustinerordens, besuchte er ein Jahr später die Magdeburger Ordensniederlassung. Auf Einladung von Bürgermeister Nikolaus Sturm kam er im Sommer 1524 zu Gesprächen nach Magdeburg, wo er im Augustinerkloster wohnte. Durch mehrere Predigten in der Klosterkirche (seit 1694 Wallonerkirche) und in der Johanniskirche vom

Mehemet Ali Pascha, eigentlich Ludwig Carl Friedrich Detroit

24. Juni bis Anfang Juli 1524 trug er entscheidend dazu bei, die Reformation in der Stadt in bürgerlich-gemäßigte Bahnen zu lenken. Er bewirkte, daß ➩Nikolaus von Amsdorf im September 1524 als Superintendent nach Magdeburg berufen wurde. Auch am Entstehen der Stadtschule, eine der ersten evangelisch-bürgerlichen deutschen Schulen, hatte er zusammen mit Melanchthon großen Anteil. 1537 bezeichnete er sie als die „Krone aller Schulen". An Luthers Aufenthalt erinnert das 1886 von dem Berliner Bildhauer Emil Hundrieser (der für Magdeburg noch weitere Arbeiten lieferte) errichtete Denkmal vor der Johanniskirche.

Marcks, Erich

Historiker, geb. am 17. November 1861 Magdeburg, gest. 22. November 1938 Berlin

Der Geschichtsprofessor seit 1893 von Rang trat als Meister der psychologischen Darstellung und der Essayistik hervor. Der Anhänger der preußisch orientierten Historiographie und konservative Gegner der Weimarer Republik war einer der bedeutendsten Biographen von Bismarck. („Bismarcks Jugend ..." 1909, „Bismarck und die deutsche Revolution 1848–1851")

Marcuse, Adolf

Astronom, geb. am 17. November 1860 Magdeburg, gest. 18. Oktober 1930 Berlin

Nach mehrjährigen Auslandsaufenthalten als Astronom an Sternwarten in den USA, Rußland, Chile und auf Hawai 1882 bis 1891 habilitierte er sich und lehrte ab 1897 (1907 Professor) Astronomie und mathematische Geographie an der Universität sowie später an der Militärisch-Technischen Hochschule in Berlin. Er trug durch Breitenbestimmungen bei astronomischen Beobachtungen zur Genauigkeit astronomischer Karten bei. Sein wissenschaftliches Hauptwerk ist die Publikation „Die technische Verwertung der Naturkräfte, besonders der Sonnenwärme" (1924).

Mebes, Paul

Architekt, geb. am 23. Januar 1872 Magdeburg, gest. 9. April 1938 Berlin

Der Reformarchitekt war ein bedeutender Vertreter des modernen Bauens und wirkte seit 1905 in Berlin. Er beschritt im Kleinwohnungsbau in Siedlungen sowie beim Bau von Schulen und Verwaltungsgebäuden neue Wege. Größere Siedlungen errichtete er vor allem in Berlin, aber auch in Leipzig. Das Mitglied des Deutschen Werkbundes lehrte seit 1918 als Professor

an der Technischen Hochschule Berlin-Charlottenburg. 1910 erfolgte seine Wahl als Mitglied der Preußischen Akademie der Künste, aus der er 1933 ausschied.

Mebes absolvierte von 1887 bis 1890 eine Tischlerlehre und studierte dann an der Magdeburger Baugewerbeschule, wo er extern sein Abitur ablegte. 1922 war er gemeinsam mit ➩Bruno Taut künstlerischer Leiter der MIAMA (Mitteldeutsche Ausstellung für Siedlung, Sozialfürsorge und Arbeit in Magdeburg) und errichtete hier mit ihm im Rotehorn-Park vier große Hallen.

Mechthild von Magdeburg

Mystikerin, geb. um 1207/1210 im Erzbistum Magdeburg (Gegend um Zerbst?), gest. 1282/83 Kloster Helfta bei Eisleben

Mechthild, eine „begabte und begnadete Frau" (Erich Neuß), die offensichtlich aus dem Adel stammte und eine sorgsame Bildung genoß, war eine bedeutende deutsche Dichterin des Mittelalters. Schon mit zwölf Jahren hatte sie ihre ersten Visionen. Heinrich von Halle, ihr Beichtvater, veranlaßte sie, diese aufzuschreiben. Ihr in niederdeutscher Sprache verfaßtes Werk „Das fließende Licht der Gottheit" mit schwärmerischen und ausdrucksstarken Versen, Prosatexten, Hymnen und Gebeten ist eine der großartigsten Schöpfungen der deutschen Mystik. Mechthild beeinflußte damit auch das Schaffen von Meister Eckhart von Hochheim, aber auch Dante, dessen Matelda in der „Göttlichen Komödie" ein literarisches Denkmal für Mechthild darstellen soll.

Mechthild kam etwa 1230 nach Magdeburg und lebte hier als fromme Begine. Da sie in ihrem Werk, das zum größten Teil in Magdeburg entstand, auch Kritik am kirchlichen Leben äußerte, verließ sie wegen damit verbundener Anfeindungen von Seiten eines Teils der Magdeburger Geistlichkeit die Stadt. Sie fand Zuflucht im Kloster Helfta, einem Zentrum der deutschen Frauenmystik des 13. Jahrhunderts.

Mehemet Ali Pascha, eigentlich Ludwig Carl Friedrich Detroit

Türkischer Militär und Politiker, geb. am 18. November 1827 Magdeburg, gest. 17. September 1878 Djakovica (Albanien)

Seit 1842 in türkischen Diensten, nachdem er zum Islam übergetreten war und die Kriegsakademie ab 1846 besuchte, stieg der begabte Offizier und Günstling des späteren Großwesirs bis zum Korpsgeneral, Pascha, Generalfeldmarschall und Oberbefehlshaber der türkischen Donauarmee im türkisch-russischen Krieg 1877/78 auf. Er war hochgebildet, beherrschte mehrere Sprachen und schrieb bzw. übersetzte Gedichte. Der bekannte türkische Schriftsteller Nazim Hikmet soll sein Urenkel gewesen sein.
Als einer der drei Bevollmächtigten des Osmanischen Reiches am Berliner Kongreß 1878 wurde er von Reichskanzler ➩Bismarck geringschätzig behandelt und als Renegat bezeichnet. Wenige Wochen darauf wurde Mehemet Ali im Kampf gegen aufständische Albaner getötet.
Er wuchs als Kind im Waisenhaus der französisch-reformierten Gemeinde in Magdeburg auf und ging 1837 zur Schule in das Kloster Unser Lieben Frauen. Einer Lehre bei dem Magdeburger Kaufmann Köpke entlief er, ging als Schiffsjunge zur See und entfloh 1842 vom Schiff – der Beginn einer abenteuerlichen und glanzvollen Karriere! Drei Tage nach Beendigung des Berliner Kongresses besuchte er seine Heimatstadt. Vom 12. bis 16. Juli hielt er sich hier auf, war Gast von ➩Hermann August Gruson, dessen Fabrik er besuchte, und trug sich mit einem aus dem Arabischen übersetzten Gedicht in das Goldene Ehrenbuch der Stadt ein.

Mellin, Georg Samuel Albert

Philosoph und Theologe, geb. am 13. Juni 1755 Halle/Saale, gest. 11. Februar 1825 Magdeburg

Er war ein von seinen Zeitgenossen anerkannter Philosoph, der sich besonders Immanuel Kant und der klassischen deutschen Philosophie widmete, so als Verfasser des von 1797 bis 1804 erschienenen „Enzyklopädischen Wörterbuchs der kritischen Philosophie …". Der Dr. h. c. der Hallischen Universität veröffentlichte zwischen 1794 und 1807 dreizehn Bücher über die Kantsche Philosophie. Er betrieb auch physikalische und mathematische Studien.
Nach vorübergehender Tätigkeit als Rektor, Hilfsprediger und Hauslehrer wirkte er seit 1794 als Prediger an der Heilige-Geist-Kirche und Superintendent in Magdeburg. Mehrfach schlug er Berufungen an philosophische Lehrstühle aus, um weiter als Geistlicher arbeiten zu können Mit ➩Lazare Carnot war er befreundet.
Eine bekannte Magdeburger Persönlichkeit war auch sein Sohn:

Mellin, Friedrich Albert Immanuel

Architekt, geb. am 27. Juni 1796 Magdeburg, gest. 2. April 1859 Berlin

Seit 1833 bekleidete er verantwortliche Funktionen im preußischen Bauwesen, 1843 erhielt er die Berufung in die Eisenbahn- und Bauverwaltung im Fi-

Georg Samuel Albert Mellin

Helmuth Graf von Moltke, Statuette aus bronziertem Zinkguß von Fritz Schaper (Stiftung Schlösser, Burgen und Gärten des Landes Sachsen-Anhalt)

nanzministerium und wurde wenig später Oberbaudirektor. Damit trug er die Verantwortung für alle Eisenbahnangelegenheiten einschließlich der Bearbeitung der Projekte für Eisenbahn- und Brückenbauten. Wegen seiner Verdienste um den Bau der Ostbahn wurde er zum Generalbaudirektor ernannt. *Nach dem Besuch der Domschule in seiner Heimatstadt kehrte er 1822 als Landbauinspektor, später Regierungs- und Baurat, dorthin zurück. 1826 bis 1831 wirkte er als Oberbauleiter der Domrestaurierung. Ihm ist es wohl mit zu verdanken, daß alle Architekturdetails sorgfältig wiederhergestellt wurden und man die Kathedrale von störenden Um- und Anbauten befreite. Der Dank der Magdeburger dafür bestand in der Verleihung der Ehrenbürgerwürde 1831. Als er im gleichen Jahr nach Köslin in Pommern versetzt wurde, meinte er: „ganz wehmütig macht mich die Trennung von dem schönsten Baudenkmal der Vaterstadt- ja das ganzen Vaterlandes". Von 1833 bis 1840 arbeitete er als Regierungs- und Baurat für den Kreis Magdeburg. Hier leitete er auch noch den Abschluß der Restaurierungsarbeiten am Magdeburger Dom 1834.*

Moltke, Helmuth von

Militär und Schriftsteller, geb. am 26. Oktober 1800 Parchim, gest. 24. April 1891 Berlin

Der dominierende Militärtheoretiker Preußen-Deutschlands in der zweiten Hälfte des 19. Jahrhunderts baute den vorher einflußlosen preußischen Großen Generalstab, dessen Chef er 1857 wurde, zur führenden militärischen und die Politik beeinflussenden Institution des Staates auf, zur künftigen Keimzelle operativ-strategischer Planungen. Der Generalfeldmarschall, konservativ und Gegner aller revolutionären Veränderungen, erkannte als der Stratege der Moderne frühzeitig die ausschlaggebende Bedeutung von Eisenbahn und Telegraf für den raschen Einsatz und die Führung von Massenheeren. Als Feldherr trug er entscheidend zum Sieg über die Österreicher 1866 und die Franzosen 1870/71 bei. Er war auch ein vorzüglicher Militär- und Reiseschriftsteller, „der die Schlachten so zu beschrieben verstand wie zu gewinnen" (Theodor Mommsen).
1848 bis 1855 war Moltke als Oberstleutnant, später Oberst, Chef des Generalstabes beim IV. Armeekorps in Magdeburg. 1870 wurde er Ehrenbürger der Stadt.

Molzahn, Johannes

Maler, Grafiker und Werbegestalter, geb. am 21. Mai 1892 Duisburg, gest. 31. Dezember 1965 München

Ursprünglich Fotograf, widmete er sich (als Künstler Autodidakt) zunehmend der Malerei. Nach der Novemberrevolution 1918 gehörte er zu den jungen Künstlern, die neue Wege, die auch durch seine Mitgliedschaft zur November-Gruppe bestimmt waren, suchten. 1917 stellte ihn der berühmte „Sturm"-Galerist und Kunsttheoretiker Herwarth Walden erstmalig in einer größeren Ausstellung vor. Zwei Jahre später veröffentlichte Molzahn, der zu den „namhaftesten Künstlern der deutschen Avantgarde der 20er und 30er Jahre" (Norbert Eisold) zählte, in Weimar „Das Manifest des absoluten Expressionismus". An der Gründung des Bauhauses, zu dessen umgebender Kunstszene er gehörte, war er als Berater von Walter Gropius, als Vermittler und Förderer beteiligt. Anfangs malte er im Stil des Kubismus und des italienischen Futurismus, entwickelte aber später einen „metaphysischen Konstruktivismus" mit der Kombination technischer Elemente und metaphysischer Symbole. Große Leistungen vollbrachte er auch als Werbegraphiker. Von 1928 bis 1933 lehrte er als Professor an der Akademie für Kunst und Kunstgewerbe in Breslau. Die Nazis bezeichneten seine Kunst als „entartet". So mußte er 1933 in die USA emigrieren, wo er bis 1959 als Professor bzw. freischaffender Künstler arbeitete.

Auf Empfehlung ➪Bruno Tauts, für den er 1927 bei zwei seiner Bücher die Einbandgestaltung übernahm, wurde er 1923 gegen den Widerstand der Schulleitung von ➪Hermann Beims als Lehrer und Leiter der Klasse für Gebrauchsgraphik an die Kunstgewerbeschule Magdeburg berufen. Hier war er bis 1928 tätig. 1964 sagte der Künstler über diese Jahre, daß hier für ihn die „Zeit des Lehrens den Anfang nahm". Im Oktober 1926 wurden in der Elbestadt Werke von ihm gemeinsam mit denen des Bauhausprofessors Georg Muche in einer viel beachteten Ausstellung der ZZ-Gruppe, einer Künstlervereinigung, der auch El Lissitzky angehörte, gezeigt. Im gleichen Jahr übernahm er die Gesamtplanung und Entwurfsberatung für die Mitteldeutsche Handwerkerausstellung im Rotehorn-Park. In seiner Magdeburger Zeit entstanden auch seine beiden Publikationen „Betrifft: Kunstgewerbeschulen" (1925) und „Ökonomie der Reklame-Mechane" (1923).

Johann Gottlob Nathusius

Motz, Friedrich von

Politiker, geb. am 18. November 1775 Kassel, gest. 30. Juni 1830 Berlin

Nach dem Eintritt in den preußischen Staatsdienst 1795 in Halberstadt, wo er sechs Jahre später als Landrat amtierte (bis 1803), und nach weiteren leitenden Staatsfunktionen wurde er 1816 Regierungspräsident in Erfurt. Als Finanzminister reformierte er die Finanzverwaltung, vereinigte das Finanz- mit dem Handelsministerium und förderte zusammen mit Christian Beuth die Entwicklung der Industrie. Durch den Abschluß des Zollvertrages mit Hessen-Darmstadt 1828 schuf er die erste Vorstufe für den deutschen Zollverein, dessen Gründung 1834 er nicht mehr erlebte. Motz war als Anhänger der Ideen der preußischen Reformer der bedeutendste preußische Staatsmann nach Hardenbergs Tod (1822).
Von 1821 bis 1825 wirkte er in Magdeburg als Präsident des Regierungsbezirkes sowie als Oberpräsident der Provinz Sachsen.

Nathusius, Johann Gottlob

Industrieller, Landwirt und Parkgestalter, geb. am 30. April 1760 Baruth, gest. 23. Juli 1835 Haldensleben

Er zählte zu den namhaftesten Wirtschaftspionieren seiner Zeit. Der vielseitige Kaufmann und Fabrikant nutzte risikofreudig und zupackend die ökonomischen Veränderungen während der Wende vom 18. zum 19. Jahrhundert. Neben seinen großen Leistungen bei der Entwicklung der Industrie sind ebenso bedeutungsvoll seine Aktivitäten bei der Durchsetzung der kapitalistischen Produktionsweise auf dem Lande. Nach 1811 begann er in den von ihm erworbenen ehemaligen Klostergütern Althaldensleben und Hundisburg mit dem Aufbau seiner „Gewerbeanstalten". Hier gründete er die zweitälteste deutsche Zuckerfabrik und begründete eine vielfältige Keramikindustrie. In seinen Gütern waren zeitweilig bis zu vierzig Industriezweige angesiedelt. Dies wurde später als der erste Industriekonzern bezeichnet. In der Landwirtschaft und den Betrieben führte er modernste betriebswirtschaftliche Methoden ein. Zwischen 1820 und 1830 ließ er großzügige Parkanlagen und Gärten sowie eine Baumschule mit Versand in alle Welt errichten. Seine Person ging mehrfach in die Literatur ein. Eine der Schlüsselfiguren im Roman „Die Epigonen ..." von ➪Immermann hat Nathusius zum Vorbild. Clemens von Brentano, der von Groß Salze (Schönebeck) aus 1796/97 Magdeburg besuchte, setzte ihm in der 1811 entstandenen Satire „Kommanditchen" ein literarisches Denkmal.
Nathusius kam 1784 als mittelloser Buchhalter nach Magdeburg. Ein Jahr später war er bereits Teilhaber einer Großhandelsfirma. Damit begann sein wirtschaftlicher Aufstieg. 1787 gründete er eine Tabakfabrik, die erste Tabakmanufaktur Preußens. Zehn Jahre später war er für ein Jahr Generaltabakfabrikdirektor des Landes. Mit Finanzminister von ➪Motz war er befreundet und wirkte beratend in wichtigen Finanz- und Steuerfragen des Königreiches. Um 1800 soll er der reichste Bürger Magdeburgs gewesen sein. Nathusius unterstützte mit seinem Reichtum gemeinnützige Einrichtungen. Auch nach dem Kauf der Güter weilte er oft in der Elbestadt.

Nathusius, Marie Karoline Elisabeth, geborene Scheele

Schriftstellerin und Sozialreformerin, geb. am 10. März 1817 Magdeburg, gest. 22. Dezember 1857 Neinstedt bei Thale

Sie schrieb zahlreiche anspruchslose und vielgelesene Familien-, Mädchen- und Reisegeschichten mit pietistischer Moraltendenz. Sie zählte zu den Frauenschriftstellerinnen, die „für die einfache literarische Volks- und Jugendnahrung ihrer Zeit sorgten“ (Alfred Biese). Die meisten ihrer Werke erschienen zuerst in dem von ihrem Mann Philipp Nathusius (geb. am 5. November 1815 Haldensleben, gest. 16. August 1872 Luzern), dem Sohn von ➩Johann Gottlob Nathusius, seit 1849 herausgegebenen konservativ-christlichen „Volksblatt für Stadt und Land“. Außerdem stammen etwa 100 Lieder von ihr, viele davon nach Gedichten von Novalis, Emanuel Geibel und Hoffmann von Fallersleben, der in den vierziger Jahren fast ein Jahrzehnt mit der Familie befreundet war. 1850 gründete das Ehepaar in Neinstedt bei Thale nach dem Vorbild des Hamburger „Rauen Hauses“ ein Knabenrettungs- und Brüderhaus, das noch heute eine beispielhafte Anstalt der Inneren Mission ist.
Sie war die Tochter eines Predigers an der Heilige-Geist-Kirche und späteren Superintendenten in Magdeburg. Nur die ersten beiden Lebensjahre verbrachte sie hier und dann die Zeit von 1834 bis 1835/36. Hier lernte sie auch ihren späteren Mann kennen und hielt sich bis zu ihrer Heirat 1841 wiederholt in ihrer Geburtsstadt auf.

Niebelschütz, Wolf von

Schriftsteller, geb. am 24. Januar 1913 Berlin, gest. 22. Juli 1960 Düsseldorf

Von konservativer Grundhaltung, konnte er während des Nazireiches als Kunstkritiker, Redakteur von Frontzeitungen und als Autor im Umfeld der Zeitschrift „Das Innere Reich“, ein zeitweilig verbotenes Forum nationalistisch-aristokratischer und bürgerlich-oppositioneller Kreise, schriftstellerisch tätig sein. Große literarische Bedeutung, besonders für die Literaturentwicklung der BRD gewann er mit seinem breit angelegten, virtuos geschriebenen und der westlichen Tradition verpflichteten historischen Roman „Der blaue Kammerherr“ (1949, vier Bände). Der Erzähler von barocker Vielfalt verfaßte weitere Romane, sowie Erzählungen, Essays, Gedichtbände, Komödien und Gelegenheitsschriften.
Er wuchs bis zu seinem 14. Lebensjahr in Magdeburg auf. Sein Vater war der ehemalige aktive Offizier und spätere Kunsthistoriker, Autor und Redakteur ***Niebelschütz, Ernst von*** *(1879–1946), 1898 bis 1919 Offizier, lebte von 1920 an in Magdeburg, war ständiger Mitarbeiter und Kunstkritiker, ab 1928 Redakteur der „Magdeburger Volksstimme“, Verfasser von Monographien über Kunstlandschaften und über die Kunst in Städten wie Magdeburg, Halberstadt, Lübeck.*
Wolf von Niebelschütz trat nach seinem Studium 1933 als Volontär bei der „Magdeburger Volksstimme“ an und übernahm hier 1935 das Feuilleton. Zwei Jahre später wurden er und sein Vater wegen „politischer Unzuverlässigkeit“ entlassen.

Niemeyer, Felix von (seit 1866)

Mediziner, geb. am 31. Dezember 1820 Magdeburg, gest. 14. März 1871 Tübingen

Er zählte zu den besten Klinikern der Neuzeit in Deutschland. Von dem bekannten Universitätslehrer (1855 Professor in Greifswald, 1860 in Tübingen) stammen wichtige medizinische Fachbücher mit Übersetzungen in fast alle europäischen Sprachen, darunter das „Lehrbuch für Specielle Pathologie und Therapie“ (1858–1861), das elf Auflagen erlebte.
Niemeyer war von 1844 bis 1853 in Magdeburg Arzt in freier Praxis und dann bis 1855 Ober- bzw. Chefarzt der Inneren Station im Städtischen Krankenhaus. 1848 gründete er mit drei anderen Ärzten die Medizinische Gesellschaft in der Elbestadt als erste ihrer Art in Deutschland.
Ein ebenfalls in Magdeburg populärer Arzt war sein Halbbruder:

Niemeyer, Paul

Mediziner, geb. am 9. März 1832 Magdeburg, gest. 24. Februar 1890 Berlin.

Nach seiner Ausbildung ließ er sich als Arzt in Magdeburg nieder und praktizierte hier bis 1875. Er verfaßte zahlreiche medizinische Fachbücher und populäre Aufklärungsschriften zur Volkshygiene.

Norbert von Xanten

Theologe und Politiker, geb. zwischen 1080 und 1085 Xanten (oder Gennep an der Maas südl. von Nijmegen), gest. 6. Juni 1134 Magdeburg

Norbert, der offensichtlich dem Hochadel entstammte und hochgebildet war, wurde als junger Kleriker an den Hof des Kölner Erzbischofs und 1105 an den Hofstaat Kaisers Heinrich V. gezogen. Zehn Jahre später erfolgte eine plötzliche Wendung. Zwischen 1115 und 1120 wirkte er als begabter Wanderprediger und als Eremit, der sich für eine Kirchenreform einsetzte. Dafür gründete er 1121 in Premontré bei Laon (Nordfrankreich) den Prämonstratenserorden

(erst 1126 vom Papst anerkannt). Norbert war eine charismatische Persönlichkeit mit starkem Sendungsbewußtsein und großem Machtanspruch. Er stärkte die prämonstratensische Bewegung entscheidend, nahm bei Papstwahlen eine Schlüsselposition ein und unterstützte auch reformwillige Kleriker anderer Mönchsorden. 1582 wurde er heiliggesprochen.
Als Kandidat des Papstes wurde er 1126 zum Erzbischof von Magdeburg gewählt. 1129 erfolgte auf seine Veranlassung die Umwandlung des Augustinerkollegiatsstiftes in das Kloster Unser Lieben Frauen, das er dem Prämonstratenserorden übergab. Als „Premontré des Ostens" entwickelte es sich zum Mutterkloster für zahlreiche weitere Klöster des Ordens. Für König Lothar übernahm er diplomatische Missionen und begleitete ihn auf seinen Reisen, so als Erzkanzler 1132/33 auf seinem Romzug zur Kaiserkrönung. Der Erzbischof stieß wegen seiner strengen Anforderungen an die Lebensweise der Geistlichen und der Begünstigung seiner Ordensbrüder zeitweilig auf beträchtlichen Widerstand des Klerus', des Adels und der Bürgerschaft Magdeburgs. 1626 wurde sein Grab in der Klosterkirche geöffnet. Seine Gebeine wurden ein Jahr später in die Abtei Strahov bei Prag überführt.

Oelze, Richard

Maler und Grafiker, geb. am 29. Juni 1900 Magdeburg, gest. 27. Mai 1980 Gut Posterholz bei Hameln

Anfänglich war er in seinem Schaffen vom Bauhaus beeinflußt, wo zu seinen Lehrern Johannes Itten, Paul Klee und Oskar Schlemmer gehörten (1921 bis 1925). In seinen Pariser Studienjahren Anfang der dreißiger Jahre bekam er Kontakt zu den führenden Surrealisten Salvador Dali und Max Ernst. Hier entwickelte er sich zu einem der namhaftesten deutschen Vertreter dieser Richtung. Seine Werke wertete der Künstler als „innere Landschaften". Er erzielte 1935/36 mit seinem Bild „Die Erwartung", das einen Markstein in der Geschichte der Malerei unseres Jahrhunderts darstellt, einen großen Erfolg. Von 1939 bis 1962 arbeitete er in der Künstlerkolonie Worpswede.
Oelze lebte in Magdeburg bis 1921. Von 1914 bis 1918 ließ er sich als Lithograph ausbilden. Zugleich belegte er im Abendstudium einen Lehrgang zum Aktzeichnen an der Kunstgewerbeschule. Von 1919 bis 1921 studierte er an dieser Ausbildungsstätte als Stipendiat.

Ollenhauer, Erich

Politiker, geb. am 27. März 1901 Magdeburg, gest. 14. Dezember 1963 Bonn

Er war einer der führenden sozialdemokratischen Politiker nach dem Sieg der Alliierten über Nazideutschland. Nach der Rückkehr aus dem Londoner Exil 1946 beteiligte er sich an der Seite von Kurt Schumacher aktiv am Wiederaufbau der SPD und an der Gründung der BRD. Er zählte dabei zu den entschiedenen Gegnern der Kommunisten. Seit 1933 Mitglied des Parteivorstandes, stieg er 1952 zum Parteivorsitzenden auf. Unter seiner Leitung wurde 1959 das Godesberger Programm erarbeitet und durchgesetzt. Die Folge davon bestand in der Abkehr von sozialistischen Zielen und der Umwandlung der SPD in eine Volkspartei. Seit der Gründung der Sozialistischen Internationale nahm er hier leitende Positionen ein (1963 Präsident).
Er wuchs in Magdeburg als Sohn eines Maurers auf, schloß hier 1918 eine kaufmännische Lehre ab und fand 1916 Anschluß an die Arbeiterbewegung sowie zwei Jahre später an die SPD. Von 1919 bis 1921 arbeitete er bei der „Magdeburger Volksstimme" (neben seiner Funktion als Geschäftsführer der Sozialdemokratischen Jugendinternationale und als Sekretär des Arbeiterjugendverbandes Deutschlands seit 1920).

Otto I. (der Grosse)

Deutscher Kaiser, geb. am 23. Januar 912 (vielleicht Wallhausen bei Sangerhausen), gest. 7. Mai 973 Memleben/Unstrut

Er, der schon zu seinen Lebzeiten „der Große" genannt wurde, war die mächtigste Persönlichkeit Mitteleuropas im 10. Jahrhundert. ➩Thietmar von Merseburg schrieb in seiner Chronik, „daß seit Karl dem Großen die Welt keinen größeren Herrscher sah". Als Begründer des deutsch-römischen Imperiums vollzog er den Aufstieg seines Reiches zur europäischen Hegemonialmacht. Der Kaiser baute das Reichskirchensystem mit dem hohen Klerus als Hauptstütze seiner Herrschaft aus, mit der es ihm gelang, in einer Ära der Rebellion gegen ihn, die Macht der Herzöge zu brechen, die Konsolidierung des frühfeudalen deutschen Staates zu beenden, den Integrationsprozeß der deutschen Stämme zu fördern und den Landfrieden zu festigen.
Magdeburg besaß für den Kaiser die gleiche Bedeutung wie Aachen für Karl den Großen. Die Stadt gehörte zu den Orten, in denen er sich am meisten aufhielt. Nachweisbar weilte er zweiundzwanzigmal hier. Sie war sein Lieblingsaufenthalt und die bevorzugte Kaiserpfalz. In seiner imperialen Politik spielte die Stadt eine entscheidende Rolle. Er stiftete hier 937

Stahlstich v. Carl Mayer's Kunst-Anstalt in Nürnberg

das Moritzkloster und veranlaßte 955 den Bau des Domes. Zur Förderung der Zentralgewalt entwickelte er aus dem Kloster das Magdeburger Erzbistum. Als auszubauende Reichsmetropole erhielt die Stadt gewissermaßen den Charakter einer „Hauptstadt des deutschen Ostens" (Berent Schwineköper), ein „Konstantinopel des Nordens". Stadt und Erzbistum sollten für ihn die feste Bastion gegen den sächsischen Hochadel und das Tor für die Eroberung und Christianisierung der slawischen Gebiete jenseits von Elbe und Havel sein.
Als ersten Erzbischof setzte Otto 968 einen hochgebildeten Mönch ein:

Adalbert von Magdeburg

(geb. ?, gest. 20. Juni 981 Zscherben/Saalkreis),
ein in Missionsfragen erfahrener Kleriker, Abt von Weißenburg im Elsaß, eines der berühmtesten Klöster Deutschlands, war die geeignete Persönlichkeit für die exponierte Stellung als Vorposten gegenüber den Slawen an der Ostgrenze.
Adalbert gründete 968 die Domschule, die den Nachwuchs für den kaiserlichen Hof und den höheren Klerus heranbildete und bald einen guten Ruf gewann. Aus ihr gingen berühmte Gelehrte und Erzbischöfe hervor, wie z.B. Adelbert von Prag (geb. um 955, gest. 997), der spätere Apostel der Deutschen, Brun von Querfurt (geb. um 973/74, gest. 1009), der als Erzbischof der Heiden den Märtyrertod starb, und der Geschichtsschreiber ➩Thietmar von Merseburg (geb. 975, gest. 1018).
Die Heiratspolitik Ottos I. war ein Teil seiner Strategie zur Stärkung seiner Stellung in Europa. Seine erste Gattin war:

Editha, auch Edgith

(geb. um 910/912 England, gest. 26. Januar 946 Magdeburg?),
eine englische Prinzessin. 930 mit Otto vermählt, erhielt Editha Magdeburg als Morgengabe und förderte die Stadt in vielfältiger Weise. So wie es der Kaiser bestimmt hatte, ist er neben seiner Gattin im Magdeburger Dom beigesetzt worden.

Der Kaiser heiratete 951 erneut. Es war eine burgundische Königstochter:

Adelheid von Burgund

(geb. 931 wahrscheinlich Orbe/Schweiz, gest. 16. Dezember 999 Kloster Selz/Elsaß).
Hochgebildet und weltgewandt, war sie eine der bedeutendsten Frauengestalten des frühen Mittelalters. An der Seite Ottos I. spielte sie als „consor regni", d.h. Mitregentin, und als „Mutter der Königreiche" (Gerbert von Aurillac) eine aktive politische Rolle, die auch nach seinem Tode anhielt. 984 übte sie gemeinsam mit ihrer Schwiegertochter Theophanu (geb. 960, gest. 991), einer byzantinischen Prinzessin, für den noch unmündigen Otto III. die Regentschaft aus und sicherte nach Theophanus Tod von 991 bis 994 die Herrschaft der Ottonen.
Das in der sechzehneckigen Kapelle im nördlichen Langhaus des Domes befindliche sitzende Herrscherpaar soll nach lokaler Überlieferung die Stifter Otto und Editha darstellen. Das ist wissenschaftlich umstritten. Im Kreuzhof der Kathedrale zeigt eine Putzzeichnung Otto mit seinen beiden Gattinnen. Drei Monumentalbilder mit Szenen aus dem Leben Ottos I. mit Bezug auf Magdeburg malte der Historienmaler Arthur Kampf (geb. 1864, gest. 1950) 1905 für das Kaiser-Friedrich-Museum, das heutige Kulturhistorische Museum, in Magdeburg.

PAUL, ELFRIEDE

Medizinerin und Pädagogin, geb. am 14. Januar 1900 Köln, gest. 30. August 1981 Magdeburg

Ursprünglich Lehrerin in Hamburg, begann sie 1926 mit einem Medizinstudium und arbeitete dann als Ärztin in Berlin. Seit 1921 KPD-Mitglied, leistete sie Widerstand gegen die Faschisten und kämpfte illegal in der Widerstandsgruppe „Rote Kapelle". Dieser gehörte auch der Magdeburger Techniker **Hans Heinrich Kummerow** (geb. am 27. April 1903 Magdeburg, gest. 4. Februar 1944 Halle/Saale) an, der Informationen an die Sowjetunion weiterleitete und 1944 im Zuchthaus Halle hingerichtet wurde. Elfriede Paul wurde wegen Hochverrats verurteilt und war zwei Jahre inhaftiert. Sie erwarb sich nach 1945 große Verdienste beim demokratischen Aufbau, so als Ministerin für Arbeit, Aufbau und Wohlfahrt 1946 im Lande Hannover, das dann im Land Niedersachsen aufging,

Elfriede Paul

sowie nach ihrer Übersiedlung nach Berlin als Abteilungsleiterin in der Zentralverwaltung für Gesundheitswesen der SBZ/DDR und später an der Humboldt-Universität, wo sie sich 1954 habilitierte. Ihre Lebenserinnerungen „Ein Sprechzimmer der Roten Kapelle" erschienen 1981.

1956 wurde sie als Professorin an die Medizinische Akademie Magdeburg berufen, wo sie das Institut für Sozialhygiene begründete und bis 1964 leitete. Sie initiierte die Medizinischen Sonntage der Urania in der Elbestadt. Die erste dieser Veranstaltungen fand am 18. Oktober 1959 statt.

Paul, Hermann

Germanist, geb. am 7. August 1846 Salbke (jetzt Magdeburg), gest. 29. Dezember 1921 München

Seit 1874 Professor in Freiburg/Breisgau, erfolgte 1893 seine Berufung als Ordinarius für Deutsche Philologie an die Münchner Universität (bis 1916). Er gehörte zu den namhaftesten deutschen Germanisten und nahm mit seinen Standardwerken wie „Prinzipien der Sprachgeschichte" (1880, 1995 10. Aufl.), „Mittelhochdeutsche Grammatik" (1881, 1989 23. Aufl.), „Deutsches Wörterbuch" (1897, 1992 9. Aufl.) und „Deutsche Grammatik" (fünf Bände, 1916/1920) großen Einfluß auf die deutsche Sprachwissenschaft. Das geschah auch durch seine dominierende Rolle in der Philologenschule der Junggrammatiker, die in historischer und empirischer Verfahrensweise unter Einbeziehung der Gegenwartssprache sprachliche Gesetze als einziges Forschungsprinzip festlegten. Er gehörte 1873 zu den Mitbegründern der „Beiträge zur Geschichte der deutschen Sprache und Literatur", die noch heute zu den führenden altgermanistischen Zeitschriften zählen.

Paul, der Sohn eines Salbker Maurermeisters, besuchte in Magdeburg das Pädagogium Kloster Unser Lieben Frauen, wo er 1866 das Abitur ablegte. Der Wissenschaftler war während der Semesterferien oft in seinem Heimatort, um in Ruhe arbeiten zu können. Als Hochschullehrer betreute er 1889 die Dissertation des Magdeburger Germanisten und Musikwissenschaftlers

Leitzmann, Albert

(geb. am 3. August 1867 Magdeburg, gest. 16. April 1950 Jena).

Der Professor für deutsche Sprache und Literatur an der Universität Jena verfaßte literaturhistorische Werke, so über Goethe, Schiller und die Brüder Grimm sowie Biographien über Beethoven und Mozart.

Ein weiterer bedeutender Sprachwissenschaftler ist ebenfalls gebürtiger Magdeburger:

Hirt, Hermann

(Indogermanist, geb. am 19. Dezember 1865 Magdeburg, gest. 12. September 1936 Gießen).

Seit 1896 Professor und seit 1912 Ordinarius für Sanskrit und vergleichende Sprachwissenschaft an der Universität Gießen, beschäftigte er sich besonders mit der Urheimat und dem Gesamtaufbau des Indogermanischen und der Ausgliederung der Sprachen. Zu seinen wichtigsten Werken zählen: „Die Indogermanen" (2 Bände, 1905–1907), „Indogermanische Grammatik" (sieben Bände, 1921–1937) und „Handbuch des Urgermanischen" (drei Bände, 1931–1934).

Philippson, Ludwig

Theologe, Schriftsteller und Publizist, geb. am 27. Dezember 1811 Dessau, gest. 29. Dezember 1889 Bonn

Der Sohn des bekannten jüdischen Lehrers, Schriftstellers und Verlegers Moses Philippson wuchs in Dessau, der führenden jüdischen Reformgemeinde Anhalts, auf. Er war einer der bedeutendsten Vertreter des preußischen Judentums im 19. Jahrhundert. Der aktive Vertreter humanistischer und liberaler Ideen setzte sich für die Rechte und die Bildung der Juden sowie ihre Einbindung in die Gesellschaft ein. Von 1837 bis zu seinem Tode gab er die von ihm gegründete „Allgemeine Zeitung des Judentums" als Sprachrohr des liberalen Judentums heraus. Der „Pu-

blizist des Judentums“ (Hermann Cohen) veröffentlichte zahlreiche religiöse Schriften sowie je ein israelitisches Gesangs- und Gebetsbuch. Seine „Gesammelten Dichtungen und Novellen“ (sechs Bände) erschienen 1843 in Magdeburg. 1839 bis 1854 übersetzte er die Bibel (mit Kommentar sowie Illustrationen von Gustav Doré).
Zu seinen Hauptwerken zählt die dreibändige „Israelitische Religionslehre“ (1878). 1853 gründete Philippson das Institut zur Förderung der israelitischen Literatur und war 1872 an der Gründung der Berliner Hochschule für die Wissenschaft des Judentums beteiligt.
1833 trat er das Amt des Rabbiners sowie Lehrers und späteren Vorstehers der Synagogengemeinde in Magdeburg an. Unter seiner Leitung erlebte die Gemeinde einen großen Aufschwung, und er wurde weit über die Grenzen der Stadt hinaus bekannt. Er bemühte sich um eine Neuordnung des Gemeindelebens, um soziale Belange sowie um Bildungsfragen. Durch eine rege publizistische Tätigkeit (ein Großteil seiner Werke entstand in Magdeburg) versuchte er, seine reformerischen Ideen von der Elbestadt aus im deutschen Judentum zu verbreiten. Großen Erfolg in der Öffentlichkeit errang er 1846 bis 1848 durch seine Vorträge über die Bedeutung des Judentums für Kultur und Gesellschaft. Seine große Popularität trug dazu bei, daß er als Kandidat für die Nationalversammlung im Kreis Haldensleben aufgestellt wurde. Wegen eines zunehmenden Augenleidens mußte er 1862 seine Tätigkeit in Magdeburg aufgeben und zog nach Bonn, wo er mit Hilfe seiner Frau seine publizistische Tätigkeit fortsetzte. In den dreißiger Jahren des 20. Jahrhunderts versuchte der jüdische Jugendverein „Ludwig Philippson“ in Magdeburg, sein Erbe zu bewahren. Ludwig Philippson war der Begründer einer namhaften Wissenschaftlerfamilie.
Dazu zählte sein Sohn:

Philippson, Martin Emanuel

Historiker, geb. am 22. Juni 1846 Magdeburg, gest. 2. August 1916 Bonn

1871 an der Universität Bonn habilitiert, wurde er vier Jahre später dort außerordentlicher Professor. Da ihm als Jude eine Professur mit Lehrstuhl in Deutschland versagt war, übernahm er 1878 ein Ordinariat für Geschichte an der Universität Brüssel. Antideutsche Angriffe zwangen ihn 1890 dort zur Amtsniederlegung. Anschließend wirkte er als Privatgelehrter in Berlin aktiv mit Publikationen und als Verbandsfunktionär, so als Vorsitzender des Verbandes jüdischer Deutscher (seit 1904) und des Deutsch-Israelitischen Gemeindebundes (1896–1912) für die Integration der Juden. Als namhafter Historiker schrieb er Werke zur westeuropäischen und preußischen Geschichte. Sein Hauptwerk ist die dreibändige „Neueste Geschichte des jüdischen Volkes“ (1907–1911). Der Generaldirektor der preußischen Archive und führende Kopf der preußisch-deutschen Geschichtsschreibung, Heinrich von Sybel, untersagte ihm die Benutzung preußischer Archive, da Philippson mit seiner „Geschichte des preußischen Staates seit Friedrich dem Großen bis zu den Befreiungskriegen“ (1880–1882) Anstoß in „höchsten Kreisen“ erregt hatte. 1891 gab er „Gesammelte Schriften“ seines Vaters ➲Ludwig Philippson heraus.

Polte, Eugen

Industrieller und Ingenieur, geb. am 27. Juli 1849 Magdeburg, gest. 31. Mai 1911 Magdeburg

Polte war ein erfolgreicher Industrieller und hervorragender Ingenieur, der zu den Pionieren der automatisierten Fertigung in der Metallbranche zählte. Sein Aufstieg als Großindustrieller hing eng mit der Entwicklung des deutschen Militärstaates vor dem Ersten Weltkrieg zusammen.
Polte, der aus einer Hugenottenfamilie stammte, lebte bis 1866 in Weimar. In seiner Heimatstadt arbeitete er seit 1867 als Zeichner und Konstrukteur in der Firma Gruson und, nach Studium und Kriegsteilnahme 1870/71, seit 1874 dort als Oberingenieur. 1885 erwarb er mit Hilfe eines Kredits von ➲Rudolf Wolf eine eigene Armaturenfabrik, die er aus kleinsten Anfängen mit Hilfe von Militäraufträgen zur größten Munitionsfabrik Deutschlands entwickelte. Hier ent-

standen auf automatisierter Grundlage Munitionssortimente, Munitionsmaschinen und schließlich komplette Fabriken zur Fertigung von Geschoßhülsen.

Porten, Henny

Schauspielerin und Filmproduzentin, geb. am 7. Januar 1890 Magdeburg, gest. 15. Oktober 1960 Berlin

Sie war eine der beliebtesten deutschen Schauspielerinnen der Stummfilmzeit und der frühen Jahre des Tonfilms. Henny Porten ging neben Asta Nielsen als der erste Filmstar in Deutschland in die Filmgeschichte ein. Ihre schnelle Popularität (seit 1911) verdankte sie den etwa zweihundert Stummfilmen meist geringer Qualität (seichte Lustspiele, Heimatfilme und Melodramen). Der bekannte Theaterkritiker Herbert Ihering bezeichnete sie als „die bessere Marlitt des Films". In der Zeit von etwa 1919 bis 1924 wirkte sie aber auch bei Filmkunstwerken wie „Rose Berndt" (1919) mit, wo sie bei anspruchsvollen Regisseuren oder Drehbüchern ihr schauspielerisches Können zeigen konnte. 1924 bis 1931 betrieb sie mit Carl Froelich eine eigene, auf Breitenwirkung berechnete Filmproduktion. Nach 1933 waren ihre Arbeitsmöglichkeiten wegen ihres jüdischen Ehemannes stark eingeschränkt. Ein kurzes Comeback hatte sie 1954/55 mit den DEFA-Filmen „Carola Lamberti" und „Das Fräulein von Scuderi". Sie schrieb 1932 „Vom 'Kintopp' zum Film. Ein Stück miterlebter Filmgeschichte."

Sie verlebte ihre Kindheit überwiegend in Magdeburg. Ihr Vater Franz P. war hier als Opernsänger engagiert. Er war mit dem Pionier des deutschen Films und der Tontechnik Otto Messter bekannt und ließ 1907 Tonbilder von seiner Tochter Henny drehen. Messter entdeckte sie für den Film, und sie wurde neben Emil Jannings und Conrad Veidt der Star seiner Filme.

Putlitz, Gustav Heinrich, Gans Edler Herr zu

Schriftsteller und Theaterdirektor, geb. am 20. März 1821 Retzin/Prignitz, gest. 5. September 1890 Retzin

Sein umfangreiches literarisches Werk („Ausgewählte Werke" in sieben Bänden, 1872–1888) ist heute vergessen. Der Erfolgsautor der zweiten Hälfte des 19. Jahrhunderts in Deutschland verfaßte viele und oft gespielte Lustspiele und Dramen, aber auch Romane und Novellen. Als Gutsbesitzer errichtete er auf seinem Gut Retzin ein eigenes Theater. Von 1863 bis 1867 war er Intendant des Hoftheaters Schwerin und in gleicher Eigenschaft von 1872 bis 1888 am Hoftheater Karlsruhe.

Seit 1833 war er Schüler des Pädagogiums Kloster Unser Lieben Frauen in Magdeburg und legte hier 1841 sein Abitur ab. Von 1846 bis 1848 arbeitete er als Jurist bei der Regierung in Magdeburg. Er war mit ➩Marianne Niemeyer, der späteren Gattin von ➩Carl Leberecht Immermann befreundet. 1870 erschien sein Buch „Karl Immermann. Sein Leben und sein Werk, aus Tagebüchern und Briefen an seine Familie zusammengestellt".

Raabe, Wilhelm

Schriftsteller, geb. am 8. September 1831 Eschenhausen/Weserland, gest. 15. November 1910 Braunschweig

Raabe war neben Theodor Fontane und ➩Friedrich Spielhagen der wichtigste bürgerlich-demokratische Schriftsteller Deutschlands in der zweiten Hälfte des 19. Jahrhunderts. In seinem umfangreichen dichterischen Werk von mehr als einem Dutzend Romanen und zahlreichen Erzählungen und Novellen zeichnete er mit Anteilnahme und Liebe sowie mit Humor ein lebendiges Bild der kleinen Leute. Meist sind es Außenseiter und Enttäuschte, aber weniger Sonderlinge, die in Deutschland nach der gescheiterten Revolution von 1848/49 und im Taumel der Gründerjahre nach 1870/71 mit der von Geld, Macht und der Zerstörung menschlicher Werte geprägten Zeit nicht mehr zurechtkamen und an ihr zerbrachen oder resignierten. Mit der Roman-Triologie „Der Hungerpastor", „Abu Telfan ..." und „Der Schüdderump"

Wilhelm Raabe

Erich Rademacher, genannt Ete

(1864–1870) leistete er einen wichtigen Beitrag zum deutschen Entwicklungsroman.

Von 1849 bis 1853 absolvierte Raabe in Magdeburg in der Creutz'schen Buch- und Musikalienhandlung am Breiten Weg eine ohne Abschluß beendete Buchhändlerlehre. Diese Jahre waren für seine spätere Entwicklung bedeutungsvoll. Hier erwarb er die, wie er selbst sagte, „außergewöhnlichen Bücherkenntnisse", die er zum nachfolgenden Universitätsstudium in Berlin mitnahm. Ausführliche historische Studien am Ort inspirierten ihn sieben Jahre später, einen Roman aus Magdeburgs Geschichte auf der Grundlage von der „Beschreibung der ... Belagerung der ... Freyen Reichs Stadt Magdeburg" von Elias Pomarius (1622) zu schreiben. Im Roman „Unseres Herrgotts Kanzlei" schildert er den Kampf der Magdeburger 1550/51 gegen Kaiser und Reich. In einem Brief 1891 schrieb er sich mit „Recht das Verdienst" zu, den in Magdeburger Publikationen des Interims verwendeten Begriff von „Unseres Herrgotts Kanzlei" im Buchtitel „in alten Ehren wieder aufgefrischt zu haben". Magdeburg war auch später noch mit seinem Leben verbunden. Das beweisen der Schriftwechsel mit der Creutz'schen Buchhandlung, Korrespondenzen mit einer Reihe von Magdeburger Bürgern, der ständige freundschaftliche Brief- und Besuchskontakt mit dem Magdeburger Gymnasiallehrer Dr. Edmund Sträter (geb. 1858, gest. 1939), Tagebuchaufzeichnungen sowie der Besuch der von ihm so bezeichneten „guten Stadt Magdeburg" 1857 und 1904.

Zwei gebürtige Magdeburger waren bedeutende Raabe-Forscher:

Adler, Max

(geb. am 23. Juni 1867 Magdeburg, gest. 18. Januar 1937 Salzwedel)

Der Direktor des Salzwedeler Gymnasiums von 1907 bis 1932 führte als erster Raabe in die pädagogische Literatur ein und bemühte sich mit Publikationen um seine Einbeziehung in den Deutschunterricht. Aus dem Briefwechsel mit dem Dichter entwickelte sich eine enge Freundschaft.

Fehse, Wilhelm

(geb. am 27. April 1880 Magdeburg, gest. 1946 Lager Torgau)

Der Professor an den Gymnasien Burg (1903–1914) und Salzwedel schrieb mehrere Bücher über ihn, gab 1940 eine Briefsammlung und 1913–1916 die erste Ausgabe der Gesammelten Werke Raabes heraus. Der „prominente Nazi-Germanist" (Wilhelm Fuld) trug allerdings auch zur Ausschaltung und Diffamierung jüdischer Raabe-Forscher nach 1933 maßgeblich bei.

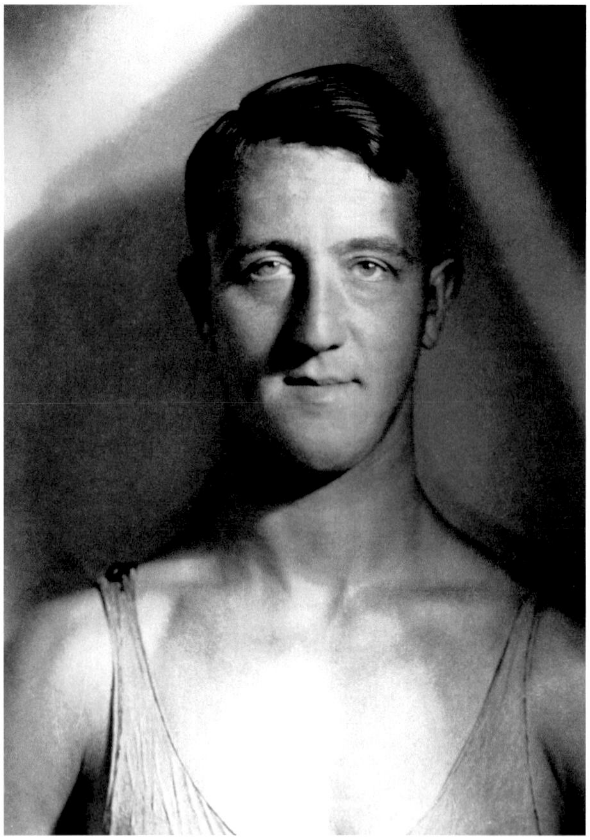

Rademacher, Erich, genannt Ete

Schwimmsportler und Wasserballer, geb. am 9. Juni 1901 Magdeburg, gest. 1. April 1979 Stuttgart

Sein Name ist unauslöschlich mit dem deutschen Schwimmsport verbunden. Er gehörte zu den Pionieren des Hochleistungssports im Schwimmen und wurde 1926 als der „Nurmi des deutschen Schwimmsports" bezeichnet. Er war in der Zeit von 1919 bis 1928 der beste deutsche Rückenschwimmer. Alle Weltrekorde seiner Disziplin standen während seiner aktiven Laufbahn auf seiner Erfolgsliste. 1926 und 1928 war er Europameister im 200 m Rückenschwimmen. Bei der Olympiade 1928 errang er Silber in der gleichen Disziplin. Als Torwart der deutschen Wasserballmannschaft kehrte er von den Olympischen Spielen 1928 mit einer Goldmedaille und 1932 mit einer Silbermedaille zurück.

Seit 1910 schwamm er für den SC Hellas Magdeburg. Dazu kam der Einsatz als Torwart der Wasserballmannschaft. Er hielt lange Jahre alle deutschen Rekorde und verschaffte damit seinem Verein und seiner Vaterstadt einen führenden Platz im deutschen Schwimmsport.

Rettelbusch, Adolf

Maler, Graphiker und Pädagoge, geb. am 15. Dezember 1858 Kammerforst bei Mühlhausen/Thür., gest. 7. Januar 1934 Magdeburg

Rettelbusch war überwiegend Landschaftsmaler. In zahlreichen, oft längeren Studienreisen durch viele Länder und über die Meere, von Marokko bis zum Nordkap, und durch die meisten Landschaften Deutschlands entstanden Landschafts- und Naturbilder, Stadtansichten, Seestücke, Architekturstudien sowie Straßen- und Arbeitsszenen in Aquarell und Pastell, mit Blei- oder Ölkreidestift. Seine besondere Liebe galt dem Harz, vornehmlich dem Brocken. Der unermüdliche Zeichner dieser Landschaft, der Begründer der Brocken-Sylvester-Gemeinde und künstlerische Gestalter der Inneneinrichtung des Brockenhotels (im Zweiten Weltkrieg zerstört) trug mit Recht den Ehrennamen „Brockenmaler". Auch als Porträtist leistete er Beachtliches. Der Künstler nahm über sein 1898 in Magdeburg erschienenes Werk „Botanik für Dekorationsmaler und Zeichner" und durch sein eigenes Schaffen Einfluß auf die dekorative Ornamentik des Jugendstils in Deutschland. *Rettelbusch war von 1887 bis 1924 Professor für dekorative Malerei an der Kunstgewerbeschule in Magdeburg. Dadurch und als Vorsitzender des von ihm 1893 gegründeten Künstlervereins St. Lukas, der unter seiner Leitung ab 1900 die ehemalige Bastion Preußen kaufte und im historisierenden Stil zur Lukasklause ausbaute, nahm er Einfluß auf das künstlerische Leben der Stadt. Von ihm stammen viele Zeichnungen von Magdeburg und der Magdeburger Börde. An und in öffentlichen Gebäuden, Privathäusern, Hotels und Gaststätten in Magdeburg und der Umgebung hinterließ er Spuren seines Könnens. Das meiste zerstörte der Krieg, so die Jugendstilfenster im Gebäude der Freimaurerloge Ferdinand zur Glückseligkeit, deren Mitglied er war. 1934 vermachte er seinen künstlerischen Nachlaß der Stadt. Ein großer Teil wurde später zerstört oder verkam. Im Kulturhistorischen Museum werden noch rund tausend Zeichnungen Rettelbuschs aufbewahrt.*

Reuter, Ernst

Kommunalpolitiker, geb. am 29. Juli 1889 Apenrade/Schleswig, gest. 29. September 1953 Berlin

Ebenso wie ➩Hermann Beims setzte er nachhaltige Akzente in der Kommunalpolitik der deutschen Sozialdemokratie für den Zeitraum vor und nach dem Zweiten Weltkrieg. Als linker Sozialdemokrat erlebte er 1917 die russische Oktoberrevolution, wurde im Dezember 1917 Sekretär des Internationalen Kriegsgefangenenkomitees im Militärkreis Moskau und war von April bis Ende 1918 einer der beiden Volkskommissare für Wolgadeutsche Angelegenheiten in Saratow. Der Teilnehmer des Gründungsparteitages der KPD übernahm leitende Funktionen in der Partei, war kurzzeitig 1921 Vorsitzender und wurde im gleichen Jahr wegen seines Widerstandes gegen die Parteilinie der Komintern ausgeschlossen. Nach dem Wiedereintritt in die SPD arbeitete er als Journalist bei den Parteizeitungen „Freiheit" und „Vorwärts". Nachdem er bereits von 1926 bis 1930 Stadtrat für Verkehr in Berlin war, bekleidete er nach der Rückkehr aus dem Exil von 1948 bis 1953 den Posten des Regierenden Bürgermeisters von Westberlin, nachdem 1947 seine Wahl als Oberbürgermeister von Groß-Berlin auf Einspruch der sowjetischen Besatzungsmacht nicht anerkannt wurde.
1931 erfolgte seine Wahl zum Oberbürgermeister von Magdeburg. Unter den erschwerten wirtschaftlichen und politischen Bedingungen setzte er die sozial bestimmte Politik seines Vorgängers ➩Hermann Beims durch Arbeitsbeschaffungsmaßnahmen, die „Magdeburger Winternothilfe" und die Errichtung von Selbsthilfesiedlungen am Stadtrand, so u. a. in Lemsdorf, Eichenweiler und Hopfengarten, fort. Er erreichte die Fortsetzung der Bauten am Mittellandkanal und im Industriehafen. Im August 1932 konnte er das Wasserwerk in Colbitz eröffnen. Am 11. März 1933 vertrieben ihn die Faschisten mit Gewalt aus seinem Amt. Nach zweimaliger Haft im KZ Lichtenburg emigrierte er Anfang 1935 nach Holland und dann in die Türkei (bis 1939 Lehrstuhl für Kommunalwissenschaften in Ankara).

Ernst Reuter

Fritz Reuter

Reuter, Fritz

Schriftsteller, geb. am 7. November 1810 Stavenhagen, gest. 12. Juli 1874 Eisenach

Der bekannteste niederdeutsche Schriftsteller zählte zu den wichtigen kritisch-realistischen deutschen Autoren des 19. Jahrhunderts. Seine anfangs oppositionell-liberale Haltung ging später in einen pragmatischen Realismus mit der Bejahung der Reichseinheit „von oben“ über. Sein umfangreiches, meist plattdeutsches Werk (Romane, Erzählungen, Versepen, Lustspiele) ist im wesentlichen antifeudal und zeigt ihn als urwüchsigen und humorvollen Volksschriftsteller mit lebensechten Schilderungen des ländlichen Mittelstandes.

Reuter wurde wegen „burschenschaftlicher Verbindungen“ 1833 zum Tode verurteilt und später vom König zu dreißig Jahren Festungshaft „begnadigt“. Sieben Jahre saß er in den schlesischen Festungen Silberberg und Glogau sowie in Graudenz, Dömitz und Magdeburg. Von 1837 bis 1838 war er Häftling unter entwürdigenden Bedingungen in der Festung Magdeburg. Darüber berichtete er, allerdings verharmlosend („… Und habe ich auch den Bittern Schmerz durch Scherz und Laune abgemildert …“), in „Ut mine Festungstid“ (1862). Das Werk widmete er seinem Mithäftling Hermann Grashof (geb. 1809, gest. 1867), „meinem biedern Freund und treuen Leidensgefährten“.

Richter, Trude, wirklicher Name Erna Barnick

Literaturwissenschaftlerin und Pädagogin, geb. am 19. November 1899 Magdeburg, gest. 4. Januar 1989 Leipzig

Die Lehrerin wurde 1931 Mitglied der KPD und übernahm ein Jahr später die Funktion des Ersten Sekretärs des 1928 gegründeten Bundes proletarisch-revolutionärer Schriftsteller (BPRS), der von den Kommunisten stark beeinflußten ersten deutschen sozialistischen Schriftstellervereinigung, deren Arbeit sie mit anderen Autoren 1933/34 illegal fortsetzte. Über Prag emigrierte sie in die Sowjetunion, wo sie als Verlagsmitarbeiterin und Hochschuldozentin arbeitete. Die Jahre von 1936 bis 1956 verbrachte sie in einem sowjetischen Straflager. Nach ihrer Entlassung war sie in Leipzig als Dozentin am Literaturinstitut „Johannes R. Becher“ sowie als Literaturwissenschaftlerin und Publizistin tätig.

Rötger, Gotthelf Sebastian

Pädagoge, Theologe und Schriftsteller, geb. am 5. April 1749 Klein-Germersleben bei Wanzleben, gest. 16. Mai 1831 Magdeburg

Er war einer der bedeutendsten Pädagogen und Pröpste des Klosters Unser Lieben Frauen in Magdeburg. Der ehemalige Schüler des dortigen Pädagogiums wurde hier 1771 Lehrer und neun Jahre später Propst (bis 1830). Er trat für eine humanistische, bürgerlich-nationale Erziehung ein. Dem einst berühmten Pädagogium gab er wieder Bedeutung, wobei er als ein der Aufklärung verpflichteter Pädagoge auch auf Erfahrungen des Dessauer Philanthropinum von ➪Basedow, über dessen Erziehungssystem er bereits 1776 eine wohlwollend-kritische Schrift veröffentlichte, zurückgriff. Es gelang ihm, befähigte Schulmänner wie Friedrich August Göring (geb. 1770, gest. 1840) und ➪Friedrich Delbrück als Lehrer sowie als Autoren für die von ihm neubegründeten Jahrbücher des Pädagogiums mit wissenschaftlichen Abhandlungen und Schulnachrichten zu gewinnen. Während der französischen Besatzung sicherte er mit politisch-taktischem Geschick den Erhalt des Klosters. Rötger wirkte in städtischen Körperschaften sowie bei der Reform des Magdeburger Schulwesens unter ➪Oberbürgermeister Francke und Karl Christoph Gottlieb Zerrenner (geb. 1780, gest. 1851), seinem Nachfolger als Propst, mit. „Vater Rötger“, wie er schon zu Lebzeiten genannt wurde, genoß weit über die Stadt hin-

aus hohes Ansehen. Zu seinem 50. Geburtstag übersandte ihm sein ehemaliger Schüler ➩Carl Leberecht Immermann aus Münster ein Huldigungsgedicht. Aus gleichem Anlaß ließ die Stadt Magdeburg durch den bekannten Berliner Bildhauer Christian Friedrich Tieck (geb. 1776, gest. 1851) eine Porträtbüste von ihm anfertigen. Seine alte alma mater Halle verlieh ihm 1821 die Würde eines Ehrendoktors. Neun Jahre später übergab ihm der Rat der Stadt Magdeburg eine Silberne Bürgerkrone.

Johann Heinrich Rolle

Rolle, Johann Heinrich

Komponist und Musikpädagoge, geb. am 23. Dezember 1716 Quedlinburg, gest. 29. Dezember 1758 Magdeburg

Der Sohn von Christian Friedrich Rolle (geb. 1681, gest. 1751), der dreißig Jahre Kantor am Altstädtischen Gymnasium in Magdeburg war, kam 1722 nach Magdeburg. Nach fünfjähriger Tätigkeit an der Hofkapelle in Berlin wurde er 1746 als Kantor an die Magdeburger Johanneskirche berufen und übernahm 1751 das Amt des städtischen Musikdirektors. Neben der musikalischen Ausbildung am Altstädtischen Gymnasium war er verantwortlich für die Musikpflege an den sechs städtischen Hauptkirchen. Er bestimmte maßgeblich das Magdeburger Musikleben im Sinne der bürgerlichen Aufklärung. Ihm war es zu verdanken, daß Magdeburg seit 1764 die erste deutsche Stadt (außer Residenzen) war, die regelmäßig Konzerte durchführte. Sie fanden im 1945 zerstörten Innungshaus der Seidenkrämer an der Südseite des Alten Marktes statt. Rolle, einer der beliebtesten Komponisten Mittel- und Norddeutschlands, schrieb zahlreiche Kantaten, Symphonien sowie Oratorien.

Das Wohnhaus von Johann Heinrich Rolle

Rollenhagen, Georg

Pädagoge, Schriftsteller und Theologe, geb. am 22. April 1542 Bernau, gest. 20. (18.?) Mai 1609 Magdeburg

Der Schüler Melanchthons gilt als der letzte Repräsentant der bürgerlich-lehrhaften Dichtung der Reformationszeit. Seine an der Antike orientierten Schuldramen dienten der Verbreitung bürgerlicher Tugendlehren. Sein Hauptwerk ist das 1591 in Magdeburg erschienene moralisch-satirische Versepos „Froschmäuseler", nach einem antiken Tierepos. Das volkstümliche Werk verurteilt den Krieg und preist bürgerliche Ethik. Der Universalgelehrte beschäftigte sich mit verschiedenen wissenschaftlichen Themen und stand im Briefwechsel mit bekannten Gelehrten, so mit Tycho Brahe.

Rollenhagen verbrachte den Hauptteil seines Lebens in der Stadt an der Elbe. Nach dem Schulbesuch hier von 1558 bis 1560 wirkte er von 1567 bis zu seinem Tode als Pädagoge am Altstädtischen Gymnasium, das sich unter seiner Leitung (ab 1575) zu einer der berühmtesten Schulen Norddeutschlands entwickelte. Er zählte zu den Persönlichkeiten, die in der zweiten Hälfte des 16. Jahrhunderts das geistige Leben in Magdeburg mitbestimmten.

Rosenkranz, Johann Karl Friedrich

Philosoph und Literaturwissenschaftler, geb. am 23. April 1805 Magdeburg, 14. Juni 1879 Königsberg/Ostpreußen

Er war einer der vielseitigsten Schüler Hegels. Durch die Weiterführung von Aspekten Hegelscher Ästhetik erbrachte er bleibende theoretische Leistungen. Bedeutendes erreichte der Philosophieprofessor in Königsberg (seit 1833) auch auf dem Gebiet der Philosophiegeschichte, z. B. mit der ersten Hegelbiographie (1844), sowie in der Literaturwissenschaft. Gemeinsam mit F. W. Schubert gab er die Werke Kants heraus (zwölf Bände, 1838–1840). Seine wissenschaftliche Vielseitigkeit und sein Eingreifen in tagespolitische Fragen zeigte er in seinen zahlreichen Aufsätzen („Studien", fünf Bände 1839–1848 und „Neue Studien", zwei Bände, 1875).

Er ging von 1816 bis 1824 in seiner Heimatstadt zur Schule, u. a. am Pädagogium Kloster Unser Lieben Frauen. 1828 weilte er für wissenschaftliche Studien hier. In seiner Autobiographie „Von Magdeburg bis Königsberg" (1873) zeichnete er ein lebendiges Bild des Lebens in seiner Vaterstadt. Sein Vetter war ➪ Zschokke.

Georg Rollenhagen

Ruppin, Arthur

Soziologe und Nationalökonom, geb. am 1. März 1876 Rawitsch/Provinz Posen, gest. 1. Januar 1943 Jerusalem

Der aktive Zionist leitete in Berlin das von ihm begründete „Büro für jüdische Statistik und Demographie“ von 1904 bis 1907. Von 1908 an Leiter der jüdischen Einwanderung in Palästina, zählte er zu den Pionieren der Einwanderungsbewegung. Er beteiligte sich aktiv an der Entwicklung des Landes, besonders durch den Aufbau von Kibbuzim, über die der Professor für Soziologie an der Jüdischen Universität in Jerusalem in zahlreichen Schriften berichtete. Auf seine Anregung hin kam es zur Gründung der ersten rein jüdischen Stadt Palästinas, Tel Aviv. Er war einer der Vorväter des Staates Israel.

Wirtschaftliche Not zwang seinen Vater zur Übersiedlung nach Magdeburg. Trotz bedrückender sozialer und finanzieller Verhältnisse schaffte der junge Ruppin den gesellschaftlichen Aufstieg und errang nach neunjähriger Arbeit im Getreidehandel eine angesehene Position. Während des anschließenden Jurastudiums war er 1902/03 Referendar in Klötze/Altmark.

Saldern, Friedrich Christian

Militär, geb. am 2. Juni 1719 Kolberg/Pommern, gest. 14. März 1785 Magdeburg

Saldern zählte zu den bemerkenswertesten Generälen Friedrichs II., auf dessen Denkmal in Berlin er auf dem Figurenfries verewigt ist. Er bewährte sich in Friedens- und Kriegszeiten. Nach der Schlacht bei Leuthen 1757 bekam er den Orden Pour le merite. Ein Jahr später deckte er als Befehlshaber der Nachhut geschickt den Rückzug der geschlagenen preußischen Armee bei Hochkirch, was ihm den Rang als Generalmajor einbrachte. 1760 trug er in der Schlacht bei Torgau zum Sieg der Preußen bei. 1761 schien allerdings seine bisher so glänzende Karriere beendet zu sein, als er sich gegenüber dem bisher sehr gewogenen König weigerte, dessem Befehl zur Plünderung des sächsischen Schlosses Hubertusburg nachzukommen, weil er dies mit seiner Ehre als Offizier nicht vereinbaren könne. Er verließ die Armee, kehrte aber ein Jahr später wieder zurück. Saldern war ein ➪Leopold von Anhalt ebenbürtiger Exerziermeister der preußischen Armee. Viele seiner militärischen Zeitgenossen lobten ihn als bedeutenden Taktiker, so Prinz Heinrich, der Bruder Friedrichs des Großen. Spätere Militärs sahen in der nach ihm benannten Salderschen Taktik das Symbol für die überzogene Pedanterie und Verknöcherung des spätfriederizianischen Heeres auf den Weg in die Katastrophe 1806/07.

Als Nachfolger von ➪Herzog Ferdinand von Braunschweig wurde er 1763 Gouverneur der Festung Magdeburg. Zugleich erhielt er die Generalinspektion über die im Raum Magdeburg/Altmark/Halberstadt stationierten Infanterieregimenter. Dabei erwarb sich Saldern große Verdienste bei der Wiederherstellung der Kampftüchtigkeit der Truppe nach den drei Schlesischen Kriegen. 1766 setzte ihn der König als Chef des Infanterieregiments Alt Braunschweig Nr. 5 von Saldern ein und beförderte ihn zum Generalleutnant.

Schichtl, Xaver August Jean

Puppenspieler, geb. am 21. Juni 1888 Glauchau, gest. 10. Juni 1965 Neckarsgmünd

Schichtl stammte aus einer der traditionsreichsten und berühmtesten deutschen Puppenspielerfamilien und nimmt einen festen Platz in der deutschen Puppenspielgeschichte ein. Er betrachtete das Spiel mit Handpuppen, besonders mit Marionetten, als Mittel der Erziehung.

Der Puppenspieler besaß vielfältige Beziehungen zur Elbestadt. Als Kind lernte er die Stadt während der Tourneen seines Vaters kennen. 1920 ließ er sich mit seiner Frau in Magdeburg nieder, wo er ein Grundstück mit Magazin, Werkstatt und Fuhrpark besaß. Von hier aus bereisten sie mit ihrem Marionetten- und Varieté-Theater Deutschland von Breslau bis Bonn, Karlsruhe bis Kiel, vor allem aber Mittel- und Norddeutschland. Der volkstümliche Künstler trat in Magdeburg regelmäßig auf dem Domplatz (zeitweilig in einem festen Haus, dem Schichtl-Theater), im Stadttheater-Tunnel sowie in Schulen auf. 1927 beteiligte er sich mit ➪Robert Adolf Stemmle an der Deutschen Theaterausstellung im Rotehorn-Park, wo er auch am Aufbau einer Ausstellung über das Puppenspiel mitwirkte.

Schiebold, Ernst

Physiker und Techniker, geb. am 9. Juni 1894 Leipzig, gest. 4. Juni 1963 Magdeburg

Der Gelehrte beschäftigte sich seit seiner Tätigkeit als Professor in Leipzig (1926) mit der technischen Röntgenkunde. In der Untersuchung des Zusammenhanges der Kristallstruktur mit den chemischen und physikalischen Eigenschaften erwarb er sich einen internationalen Ruf. Er war einer der Wegbereiter der Einführung der Röntgentechnik in die Werkstoffprüfung. In den ersten Jahren des Wiederaufbaus nach 1945 half er durch umfangreiche röntgenologische Untersuchungen schweißtechnischer Art bei der Wiederinstandsetzung von Kesselanlagen und Rohrleitungen in der chemischen Industrie. 1951 übernahm er die Leitung der Forschungsstelle für Zerstörungsfreie Werkstoffprüfung des Deutschen Amtes für Material- und Warenprüfung in Leipzig.

Der international anerkannte Wissenschaftler wirkte von 1954 bis 1963 als Professor und Direktor des Instituts für Werkstoffkunde und Werkstoffprüfung der Hochschule für Schwermaschinenbau (heutige Universität) in Magdeburg. Sein Institut wurde zum Zentrum der zerstörungsfreien Werkstoffprüfung für Forschung, Aus- und Weiterbildung in der DDR. 1958 erhielt Schiebold den Nationalpreis der DDR.

Schiffer, Eugen

Politiker und Jurist, geb. am 14. Februar 1860 Breslau, gest. 5. September 1954 Berlin

Er zählte zu den führenden liberalen Politikern nach der Novemberrevolution in Deutschland. In der Kaiserlichen Regierung war er 1917/18 Unterstaatssekretär bzw. Staatssekretär im Reichsschatzamt. In der Weimarer Republik übernahm er leitende Regierungsfunktionen, so 1919 als Reichsfinanzminister und anschließend in mehreren Reichskabinetten bis Herbst 1921 als Reichsjustizminister und Vizekanzler. Anschließend führte er in Genf die offiziellen Verhandlungen mit Polen über Oberschlesien. Nach

seinem Rücktritt aus der Politik 1925 stand er dem Bankhaus Mendelsohn als juristischer Berater zur Verfügung. Aufsehen erregte er 1928 mit seinem Buch „Die Deutsche Justiz. Grundzüge einer durchgehenden Reform". Als Jude und Liberaler wurde er nach 1933 von den Nazis überwacht. 1945 stellte er sich dem demokratischen Wiederaufbau zur Verfügung. Der Mitbegründer der LDPD stand von 1946 bis 1948 an der Spitze der Zentralverwaltung für Justiz der SBZ. 1949 siedelte er nach Westberlin über.
Von 1900 bis 1910 wirkte er als Landrichter, später als Land- und Kammergerichtsrat in Magdeburg. Bei der Einweihung des neuen Justizpalastes 1905 in der Halberstädter Straße verfaßte er die Festschrift mit der Festrede „Der Schöffenstuhl zu Magdeburg". Als Abgeordneter vertrat er die Magdeburger 1903 bis 1919 im Preußischen Abgeordnetenhaus und von 1912 bis 1924 im Reichstag als Nationalliberaler bzw. Mitglied der Deutschen Demokratischen Partei.

Schink, Johann Friedrich, genannt Frauenlob

Schriftsteller, geb. am 29. April 1755 Magdeburg, gest. 9. Februar 1835 Sagan/Schlesien

Sein umfangreiches Werk (Dramen, Lustspiele, Erzählungen, Gedichte, Kirchenlieder, Biographien) war in seiner Zeit geschätzt, ist aber heute vergessen. Er war ein sachkundiger Theatermann, reiste mit Theatergruppen, wirkte als Dramaturg in Hamburg, veröffentlichte theaterhistorische Schriften sowie zahlreiche Theaterkritiken. Der Literaturwissenschaftler Hermann Hettner schrieb über seine Bearbeitung von Shakespeare-Stücken, daß er zu den „handwerksmäßigen Routiniers" zähle, die daraus „abgeschmackte Rührstücke und Possen zurechtschneiden" würden. Oft stellungslos und von Gelegenheitsschriften lebend, fand Schink 1819 eine feste Anstellung am Hofe der Herzogin Dorothea von Kurland in Löbichau und 1821 als Bibliothekar in Sagan.

Schmeil, Otto

Pädagoge und Biologe, geb. am 3. Februar 1860 Großkugel bei Halle/Saale, gest. 3. Februar 1943 Heidelberg

Der Volksschullehrer in Zörbig und Halle (1880 bis 1895) studierte daneben Biologie an der Halleschen Universität. Er trat als Verfasser weit verbreiteter Schulbücher über Biologie, Zoologie und Botanik hervor. Mit einer Gesamtauflage von mehr als 25 Millionen Exemplaren erlangten die Schmeilschen Lehrbücher die größte Verbreitung, die je ein deutsches Schulbuch hatte. Die Bücher wurden in fast alle Kultursprachen übersetzt.
1894 begann er seine Tätigkeit als Rektor der Wilhelmstädter 1. Volksschule, der jetzigen Grundschule Annastraße. Zwei Jahre später erregte er Aufmerksamkeit mit seiner Schrift „Über die Reformbestrebungen auf dem Gebiet des naturwissenschaftlichen Unterrichts". Die Magdeburger Jahre waren entscheidend für seine Entwicklung. Hier entstanden in rascher Folge von 1896 bis 1904 ein rundes Dutzend Lehrbücher, Grundrisse, Leitfäden sowie botanische und zoologische Wandtafeln. Aber die Doppelbelastung als Autor und Pädagoge war zu viel für ihn. So schied er 1905 mit viel Anerkennung für seine Verdienste um das Magdeburger Schulwesen aus dem Schuldienst aus. Fortan wirkte Schmeil als Privatgelehrter.

Schmidt-Nonne, Helene

Pädagogin und Kunstweberin, geb. am 8. November 1891 Magdeburg, gest. 7. April 1976 Darmstadt

Die Studentin am Bauhaus in Weimar/Dessau (seit 1924) und Schülerin von Paul Klee (bei gleichzeitiger Beschäftigung mit kunsttheoretischen Fragen) legte 1928 ihr Diplom ab. Nach der Auflösung des Bauhauses ging sie mit ihrem Mann, dem Bauhausprofessor Joost Schmidt nach Berlin. In der NS-Zeit erhielt sie nach einer Denunziation Arbeitsverbot. Nach dem Zweiten Weltkrieg arbeitete sie kurzzeitig als Journalistin und lehrte von 1953 bis 1957 als Gastdozentin an der Hochschule für Gestaltung in Ulm.
Von 1908 bis 1912 studierte sie an der Kunstgewerbeschule in Magdeburg, später an der Kunstschule in Berlin. 1919 erhielt sie das Diplom einer Werklehrerin und war dann bis 1924 als Werk- und Zeichenlehrerin am Magdeburger Victoria-Lyzeum und an der mit dem Lyzeum verbundenen Frauenschule tätig.

Schrauth, Walter

Chemiker und Unternehmer, geb. am 20. Februar 1881 Magdeburg, gest. 1. Mai 1939 Berlin

Der Privatdozent an der Berliner Universität wurde 1916 vom Reichsmarineamt mit dem Bau der Tetralinwerke in Rodleben bei Roßleben/Anhalt beauftragt und wurde Generaldirektor des Werkes. 1927 übernahm er den Vorstandsvorsitz der Deutschen Hydrierwerke AG in Berlin. Der bedeutende Fachmann für Hydrierprodukte und Professor an der Universität Berlin (1924) und Honorarprofessor seit 1933 an der Technischen Hochschule Berlin war der Verfasser zahlreicher Publikationen zur chemischen Technologie und pharmazeutischen Chemie.
1902 legte Schrauth sein Abitur am Pädagogium Kloster Unser Lieben Frauen in Magdeburg ab.

Schümer, Georg

Pädagoge und Politiker, geb. am 11. Dezember 1873 Schüttorf bei Rheine, gest. 1. Juni 1945 Schüttorf

Der Gymnasiallehrer in Leer, Goslar und Görlitz war seit Anfang des Jahrhunderts politisch aktiv tätig, so seit 1919 als Mitglied der Deutschen Demokratischen Partei und Abgeordneter der Weimarer Nationalversammlung. Das Mitglied der SPD (seit 1923) und des Bundes Religiöser Sozialisten gehörte dem Vorstand der Deutschen Liga für Menschenrechte, der Deutschen Friedensgesellschaft und des Bundes der Bodenreformer an. 1932 war Schümer Gründungsvorsitzender des Allgemeinen Deutschen Friedensbundes.
Seit 1924 Direktor der Lessingschule (Deutsche Oberschule) in Magdeburg, wurde er 1933 vorübergehend verhaftet, dann aus dem Schuldienst entlassen und polizeilich überwacht. 1938 kehrte er in seinen Geburtsort Schüttorf zurück.
Sein Sohn war:

Schümer, Wilhelm

Theologe, geb. am 22. Januar 1909 Magdeburg, vermißt seit 15. Juli 1943 Rußland

Der evangelische Pfarrer mußte 1934 wegen seiner pazifistischen und gegen den Antisemitismus gerichteten Predigten seine Gemeinde in Hagen verlassen und leistete ein Jahr später als Seelsorger einer reformierten Kirche in Frankfurt/Main „freiwilligen" Amtsverzicht. Seitdem erhielt er keine Pfarrstelle mehr. Als einziger Pfarrer der Bekennenden Kirche verweigerte er den Kriegsdienst, wurde verhaftet und später als Krankenpfleger an der Ostfront eingesetzt.

Schütze, Johann Stephan

Schriftsteller und Pädagoge, geb. am 1. November 1771 Olvenstedt (jetzt Magdeburg), gest. 20. März 1839 Weimar

Seit 1804 lebte er mit Unterstützung seines Onkels Christian Sch., eines wohlhabenden Magdeburger Kaufmanns, als freier Schriftsteller in Weimar. Hier war der „Doktor" als Original bekannt und beliebt. Er stand mit Goethe, ➩Wieland, der Großherzogin Maria Pawlowna und den Schopenhauers in freundschaftlicher Verbindung. Er redigierte das „Journal des Luxus und der Mode", eine der wichtigsten literarischen deutschen Zeitschriften seiner Zeit (1815 bis 1827). Er verfaßte neben Bühnenstücken, Theaterkritiken und Novellen den dreibändigen Roman „Der unsichtbare Prinz" (1812/13). Als Kunsttheoretiker schrieb er „Theorie des Reimes" (1802) und „Theorie des Komischen" (1817).

Johann Stephan Schütze

Der Olvenstedter Gastwirtssohn, dessen Vorfahren Bauern waren, besuchte 1784/85 die Magdeburger Domschule, arbeitete von 1785 bis 1789 bei seinem Onkel als Handlungsgehilfe und absolvierte anschließend das Pädagogium Kloster Berge. Nach dem Theologiestudium in Halle/Saale und Erlangen war er Hauslehrer in Magdeburg und Sommerschenburg bei Marienborn. In seiner 1834 in Neuhaldensleben erschienenen „Lebensgeschichte" gab er ein ausführliches und anschauliches Bild vom dörflichen Leben in Olvenstedt und von seiner Zeit als Schüler und Kaufmann in Magdeburg.

Schwantes, Martin

Pädagoge und Politiker, geb. am 20. August 1905 Drengfurt, Kreis Rastenburg/Ostpreußen, gest. 5. Februar 1945 Brandenburg/Havel

Martin Schwantes

In Gommern südlich von Magdeburg aufgewachsen, absolvierte er das Lehrerseminar in Quedlinburg. Nach dem Examen 1924 bekam er keine Anstellung und ging in die USA, wo er sich in vierzehn verschiedenen Berufen mühsam durchschlug. 1926 erhielt er in Gommern die erste kurzzeitige Stelle als Lehrer.
Von 1927 bis 1932 arbeitete er als Lehrer in Magdeburg. 1928 trat er der KPD bei, wo er nach zwei Jahren zum Mitglied der Bezirksleitung und 1932 zum Sekretär für Agitation und Propaganda gewählt wurde. 1933 aus dem Schuldienst entlassen, leistete er illegale Arbeit. Von 1934 bis 1941 saß er in mehreren Zuchthäusern, so ab 1937 im KZ Sachsenhausen. Er

setzte dann die illegale Tätigkeit fort. Als Mitglied der operativen Leitung der Partei seit 1941 für Berlin, Sachsen-Anhalt, Sachsen und Thüringen war er der Initiator der größten Widerstandsgruppe in Magdeburg. Nach der Verhaftung 1944 wurde er gemeinsam mit seinen Magdeburger Genossen Hermann Danz, Friedrich Rödel und Hans Schellheimer in Brandenburg hingerichtet. Die Ehefrau von Hermann Danz, die Magdeburger Schriftstellerin Eva Lippold, setzte in ihrem Roman „Haus der schweren Tore" den Antifaschisten ein literarisches Denkmal.

Schwartzkopff, Louis

Industrieller, geb. am 5. Juni 1825 Magdeburg, gest. 7. März 1892 Berlin

Nach dem Studium am Gewerbeinstitut in Berlin seit 1842 und einer anschließenden praktischen Ausbildung in der Lokomotivfabrik August Borsig gründete er 1852 mit einem Berliner Gießereimeister die „Eisengießerei und Maschinenfabrik Schwartzkopff und Nitsche". Am Anfang stand der Kunstguß im Vordergrund der Produktion. Bald aber wandte er sich dem Maschinenbau zu, so der Herstellung von Bergwerks- und Walzmaschinen. 1860 fing er mit der Herstellung von Eisenbahnmaterialien für Strecken- und Bahnhofsbauten an. Besondere Verdienste erwarb er sich aber um den Bau von Lokomotiven. Darauf konzentrierte er sich. Bald erreichte er eine führende Position in der deutschen Industrie. Er war Vorsitzender des Lokomotiv-Vereins und Präsident des Centralverbandes Deutscher Industrieller. Der König berief ihn 1884 in den Preußischen Staatsrat.

Seitz, Robert

Schriftsteller, geb. am 28. September 1891 Magdeburg, gest. 21. April 1938 Lörrach/Baden

Seit dem Ende der zwanziger Jahre war Seitz ein bekannter Autor in Deutschland. Er schrieb eine Reihe von Romanen sowie Erzählungen, die beim renommierten Paul-Zsolnay-Verlag erschienen. Mit Paul Hindemith und Werner Egk schuf er Kinderopern. Für Paul Dessau schrieb er Kantatentexte. Seitz gehörte zu denen, die im jungen Rundfunk ein neues Medium für Literatur sahen. So schrieb er Hörspiele, die auch in Genf, London und Prag gesendet wurden.
Seitz war im Januar 1919 unter den Initiatoren zur Bildung einer Magdeburger Künstlervereinigung und zählte zu den Gründern der „Kugel". 1921 erschien im Verlag Karl Peters in Magdeburg sein erster Gedichtband. Von ➩Bruno Beye wurde er mehrfach porträtiert.

Seldte, Franz

Politiker und Unternehmer, geb. am 29. Juni 1882 Magdeburg, gest. 1. April 1947 Fürth

Politisch bedeutsam wurde er als Initiator zur Gründung des „Stahlhelm", der unter seiner Leitung Anfang der dreißiger Jahre erheblich zum Aufstieg der NSDAP beitrug. Seldte bildete 1931 mit Adolf Hitler, Alfred Hugenberg und anderen Politikern die Harzburger Front als vorübergehendes Sammelbecken der rechten Opposition gegen die Deutsche Republik. Seit April 1933 befürwortete er die Überführung des „Stahlhelm" in die SA. Der SA-Obergruppenführer leitete 1934/35 als Bundesführer des Nationalsozialistischen deutschen Frontkämpferbundes den noch selbständigen Teil seiner früheren Organisation (1935 aufgelöst). Von 1933 bis 1945 war er Arbeitsminister in der Reichsregierung, allerdings ohne großen Einfluß. In der sogenannten Geschäftsführenden Reichsregierung unter Nazigroßadmiral Dönitz übernahm Seldte das Ressort des Arbeits- und Sozialministers. Als dienstältester Minister Hitlers wurde er als Kriegsverbrecher in Nürnberg angeklagt. Er starb vor der Prozeßeröffnung.
Nach dem Chemiestudium übernahm er die Leitung der väterlichen Fabrik für Selterwasser und chemische Produkte in Magdeburg. Als Hauptmann aus dem Ersten Weltkrieg zurückgekehrt, wurde er als Stadtverordneter der Deutsch-Nationalen Volkspartei einer der führenden extrem konservativen Politiker der Elbestadt. Gemeinsam mit seinen zwei Brüdern und weiteren ehemaligen Offizieren gründete er am 13. November 1918 in Magdeburg die Organisation „Der Stahlhelm – Bund Deutscher Frontsoldaten". Es war eine rechtsgerichtete militaristische und revanchistische Massenorganisation mit deutlicher Zielrichtung gegen die Weimarer Republik mit dem Bundessitz in Magdeburg. 1920 wurde Seldte Bundesführer des „Stahlhelm".

Spielhagen, Friedrich

Schriftsteller, geb. am 24. Februar 1829 Magdeburg, gest. 25. Februar 1911 Berlin

Nach vorübergehender Tätigkeit als Lehrer redigierte er fast 20 Jahre lang Zeitschriften. Als Redakteur der weitverbreiteten „Westermann Illustrierten Deutschen Monatshefte" von 1878 bis 1884 bestimmte er den literarischen Geschmack des deutschen Bürgertums mit. Er zählte zu den großen Romanciers Deutschlands in der zweiten Hälfte des 19. Jahrhunderts. Sein Zeitgenosse Theodor Fontane nannte ihn 1872 den „angesehendsten deutschen Romanschriftsteller der Gegenwart". In seinem umfangreichen Werk (über zwanzig Romane) versuchte

Friedrich Spielhagen

er, seine Zeit dichterisch zu gestalten. Victor Klemperer, der Romanist und Germanist, schrieb darüber seine Dissertation. Seine realistischen Romane sind antifeudal, der preußisch-deutschen Entwicklung gegenüber kritisch und sowohl radikal-demokratisch als auch liberal-reformerisch. Später, besonders nach den Gründerjahren 1871–1873, verstand er die Zeit nicht mehr und wurde zunehmend ablehnend gegenüber antihumanen und unmoralischen Tendenzen der Bourgeoisie. Sein heute fast vergessenes Gesamtwerk ist literaturhistorisch interessant für die Gesellschaftsentwicklung Deutschlands in dieser Periode.
Er verbrachte die ersten sechs Lebensjahre in seiner Vaterstadt, die er liebevoll in seiner Selbstbiographie „Finder und Erfinder“ (1889/90) schilderte. An seinem Geburtshaus Neustädterstraße 46 (im Zweiten Weltkrieg zerstört) wurde an seinem 80. Geburtstag eine Gedenktafel angebracht.

Stemmle, Robert Adolf

Schriftsteller, Pädagoge, Regisseur und Produzent, geb. am 10. Juni 1903 Magdeburg, gest. 25. Februar 1974 Baden-Baden

Er war einer der bekanntesten und produktivsten Filmemacher seiner Zeit. Von 1931 bis zu seinem Tode stand sein Name als Autor, Regisseur oder in Personalunion auf den Programmzetteln von zweiundsiebzig Filmen und fünfundzwanzig Fernsehproduktionen (seit 1965 konzentrierte er sich völlig auf des Fernsehen). Darunter befanden sich Kassenerfolge und beeindruckende Literaturverfilmungen, aber auch Trivialfilme. Von 1930 bis 1934 war er Chefdramaturg bei der Tobis-Filmgesellschaft und danach bis 1945 Regisseur bei der Ufa und Bavaria. Nach dem Zweiten Weltkrieg arbeitete er mehrere Jahre als Theaterregisseur. Stemmle verfaßte einige Romane, Puppenspieltexte, Hörspiele sowie eine Vielzahl von Drehbüchern.
Er besuchte die Realschule in seiner Heimatstadt und war von 1923 bis 1927 Lehrer in der Buckauer Versuchsschule. 1927 trat er während der Magdeburger Theaterausstellung als Leiter der Puppenbühne des Volksbühnenverbandes Berlin auf. Während dieser Zeit arbeitete er mit ➪Otto Bernhard Wendler zusammen. In einem Radiohörbild, gemeinsam mit dem bekannten altmärkischen Schriftsteller Willi Fehse (geb. am 16. Mai 1906 Kassieck, gest. 2. März 1977 Göttingen), der auch zeitweilig Lehrer in Magdeburg war, sowie in einem Roman und in einem seiner bekanntesten Filme, „Affäre Blum“ (1948), griff er einen aus antisemitischen Motiven praktizierten Justizskandal um den jüdischen Fabrikanten Haas aus Magdeburg 1925 auf.

Steuben, Friedrich Wilhelm von

Militär, geb. am 17. September 1730 Magdeburg, gest. 28. November 1794 Oneida County (USA)

Steuben war eine der großen Persönlichkeiten des Nordamerikanischen Unabhängigkeitskrieges von 1775 bis 1783. Seit 1746 in der preußischen Armee, war der Stabskapitän zeitweilig einer der Flügeladjutanten Friedrichs des Großen. Nach Beendigung des Siebenjährigen Krieges erhielt er den Abschied. Auf Vermittlung französischer Freunde trat er 1777 in den Dienst der jungen Vereinigten Staaten von Amerika. Als Generalinspekteur aller Bundestruppen schuf er aus ungeordneten Farmermilizen eine disziplinierte und schlagkräftige Armee. Der General erarbeitete das Dienst- und Exerzierreglement der US-Army (bis 1812 gültig). Das berühmte „blue Book“ paßte das preußische Reglement in wesentlich vereinfachter Form den amerikanischen Verhältnissen an und bedeutete eine Bereicherung der zeitgenössischen Militärtheorie. Zeitweilig befehligte er auch Divisionen im unmittelbaren Kampf gegen die Engländer. Steuben trug so entscheidend dazu bei, den Sieg der Unabhängigkeitsbewegung in den USA zu sichern. Eine Stadt im Bundesstaat Ohio trägt seinen Namen.
Er verbrachte nur ein Jahr in Magdeburg, weil sein Vater, ein Offizier, versetzt wurde. Seine Taufe (einer seiner Taufpaten war ➪Gerhard Cornelius von Walrave) fand in der französisch-reformierten Kirche am

Friedrich Wilhelm von Steuben

Breiten Weg statt, wo heute die Hauptpost steht. Am Gebäude erinnert eine 1937 entstandene (von 1950 bis 1990 entfernte) Gedenktafel an ihn. 1930 wurde auf dem Ehrenhof der Stadthalle ebenfalls eine Gedenktafel für den General angebracht. 1937 schuf der Magdeburger Bildhauer Konrad Pirntke (geb. am 6. Juni 1894 Hirschberg/Schlesien, gest. 1961/1960?) eine Büste von ihm. 1996 fand in der Harnackstraße die Enthüllung eines Steubendenkmals, eines Nachgusses des Denkmals im Lafayettepark von Washington, statt.

Stuckenschmidt, Hans Heinz

Musikkritiker und Musikhistoriker, geb. am 1. November 1901 Straßburg/Elsaß, gest. 15. August 1988 Berlin

Der Autodidakt war einer der Bahnbrecher für moderne Musik nach dem Ersten Weltkrieg und eine der Schlüsselfiguren der deutschen Musikkritik seiner Zeit. Als Musikkritiker in Berlin, Hamburg (1934 Schreibverbot von den Nazis), Wien, Prag und Paris, als Verfasser von Werken über zeitgenössische Komponisten wie Boris Blacher (1963), Maurice Ravel (1966), Arnold Schönberg (1951) und Igor Strawinsky (1957) setzte er Maßstäbe. Der Dozent (1948) und Professor für Musikgeschichte an der Technischen Universität Berlin (1953–1967) hinterließ ein umfangreiches publizistisches und wissenschaftliches Werk

Von 1913 bis 1920 lebte er in Magdeburg, wo sein Vater, der spätere Generalmajor, seit 1914 Kommandeur des Fußartillerieregiments war. Der Schüler des Bismarckgymnasiums, Mitglied und Autor der „Kugel", engagierte sich in dieser Zeit für die neuen europäischen Kunstströmungen, so den Dadaismus. In seiner Autobiographie „Zum Hören geboren – Ein Leben für die Musik unserer Zeit" (1982) schrieb er über seine Kindheit und Jugend in Magdeburg und seine damaligen Begegnungen mit Künstlern und Schriftstellern.

Taut, Bruno

Architekt, Maler und Kunsttheoretiker, geb. am 4. Mai 1880 Königsberg/Ostpreußen, gest. 24. Dezember 1938 Ankara

Bruno Taut zählte zu den prominenten Vertretern des Neuen Bauens, der von Funktionalismus geprägten Richtung der deutschen Architektur in der ersten Hälfte des zwanzigsten Jahrhunderts. Er trat für die Ganzheitlichkeit des Städtebaus mit architektonischen, planerischen, sozialen, gesellschaftlich-ökonomischen und künstlerischen Bestandteilen ein. Als „Prophet des Glases und der Farbe" war er unmittelbar nach dem Ersten Weltkrieg der unbestrittene

Bruno Taut

GEORGIVS PHILIPPVS TELEMANN
REIPVBLICAE HAMBVRGENSIS DIRECTOR
CHORI MVSICI,
Natus Magdeburgi MDCLXXXI die 14 Martii

Führer des Expressionismus in der deutschen Architektur. Große Verdienste erwarb er sich im sozialen Wohnungsbau unter Einbeziehung der Umwelt. Aufsehen erregte er auch durch mehrere Bücher zur modernen Architektur. Tauts linke Einstellung brachte es mit sich, daß er 1933 emigrieren mußte. Über Japan gelangte er 1936 in die Türkei, wo er als Professor und Leiter des Architekturbüros im türkischen Unterrichtsministerium tätig war.

Bruno Taut besaß einen entscheidenden Anteil am Entstehen der Siedlung Gartenstadt Reform in Magdeburg. 1913/14 war er hier für Planung und Bauausführung des ersten Bauabschnittes verantwortlich. Von Oberbürgermeister ➲Hermann Beims wurde er 1919 zum Stadtbaurat berufen. Mit seinem Amtsantritt begann eine Entwicklung im Baugeschehen der Stadt, die sie für über ein Jahrzehnt zu einem der Zentren des deutschen Wohnungsbaus der Moderne, zu einem Mekka des Bauens werden ließ. Taut hatte daran einen entscheidenden Anteil. Durch seine farbige Gebäudebehandlung, eine europäische Sensation, gelangte der Name der Stadt in die Kunstgeschichte. Von seinen zahlreichen Bauentwürfen konnten wegen der fortschreitenden wirtschaftlichen Stagnation nur die Halle „Stadt und Land" sowie der zweite Bauabschnitt von Reform (1921/22) realisiert werden. Bemerkenswert war auch sein Generalsiedlungsplan. 1924 verließ er Magdeburg.

Sein Werk ließ er in den guten Händen seiner Mitstreiter im Stadtbauamt, besonders in denen der Architekten Johannes Göderitz (geb. am 24. Mai 1888 Ramsin bei Bitterfeld, gest. 27. März 1978 Braunlage/Harz) und Carl Krayl (geb. am 17. April 1890 Weinsberg/Württemberg, gest. 1. April 1947 Magdeburg). Sie arbeiteten auf der Grundlage des Tautschen Generalsiedlungsplanes in seinem Sinne weiter und verwirklichten über genossenschaftliches Eigentum ein beachtliches soziales Wohnungsbauprogramm, das Magdeburg als Stadt des Neuen Bauens berühmt werden ließ.

Telemann, Georg Philipp

Komponist, Kapellmeister und Musikpädagoge, geb. am 14. März 1681 Magdeburg, gest. 25. Juni 1767 Hamburg

Sein Weg führte ihn als Konzert- und Kapellmeister, Kantor und immer bekannter werdende Komponist von Sorau/Schlesien (1704) über Eisenach (1708), Frankfurt am Main (1712) schließlich nach Hamburg (1721), wo er als Musikdirektor der fünf städtischen Hauptkirchen und Kantor am Gymnasium Johanneum bis zu seinem Tode wirkte. Vielseitig wie sein kompositorisches Schaffen war ebenso sein musikpädagogisches und musikorganisatorisches Lebenswerk. Der „Vater der Musik", wie ihn sein Landsmann ➲Johann Heinrich Rolle respektvoll nannte, war einer der bedeutendsten Meister seiner Zeit mit europäischer Ausstrahlung. Der Musikhistoriker Erich Valentin (geb. am 27. November 1906 Straßburg, gest. 16. März 1993 Bad Aibling), von 1928 bis 1935 Musikkritiker und Lehrer in Magdeburg und Begründer der Magdeburger Telemann-Pflege, bezeichnete ihn als „Wegbereiter der Klassik". Er gehörte neben Johann Sebastian Bach und Georg Friedrich Händel zu den großen Komponisten der bürgerlichen Aufklärung. Der erfolgreichste Komponist deutscher Opern in der ersten Hälfte des 18. Jahrhunderts schrieb über fünfzig Opern, Serenaden und Intermezzi. Fast unübersehbar war sein Instrumental- und Vokalmusikschaffen. So komponierte er 1600 Kantaten, 40 Passionen, sechs Oratorien, darunter „Der Messias" (nach Klopstock), sowie zahlreiche Motetten, Kapitänsmusiken, Sinfonien und Konzerte.

Telemann wuchs in Magdeburg auf und besuchte bis zu seinem 13. Lebensjahr die Stadtschule und später die Domschule. Für eine Schulaufführung schrieb er eine Oper. In seinen drei Autobiographien berichtete er dankbar und in freundlicher Erinnerung über den Bildungsweg in seiner Heimatstadt, die er nach dem hier abgelegten Examen 1701 nicht wiedersah. Seit 1981 erinnert ein Denkmal „Telemann und die vier Temperamente" von Eberhard Roßdeutscher an den großen Sohn der Stadt. Heinrich Apel schuf in der Bronzetür am Rathaus das Relief „Telemann und die Muse" (1969).

Stadtbaurat
Johannes Göderitz

Thape, Ernst

Politiker, geb. am 29. Mai 1892 Klein Aga bei Gera, gest. 1985 Hannover-Langenhagen?

Der Maschinenschlosser, Mitglied der SPD seit 1908, wollte nicht im deutschen Heer dienen und lebte seit Kriegsausbruch 1914 illegal in der Schweiz, wo er mit einem Stipendium einige Semester Maschinenbau studieren konnte. In Magdeburg wurde der SPD-Funktionär 1939 verhaftet und saß bis 1945 im KZ Buchenwald. Gemeinsam mit Hermann Brill an der Spitze der sozialdemokratischen Mithäftlinge, formulierte er mit ihm im April 1945 ein Manifest über das zukünftige Deutschland als ein sozialistisches Gemeinwesen. Nach der Befreiung engagierte er sich beim Aufbau der sozialdemokratischen Parteiorganisation der Provinz und wurde ihr Vorsitzender. Trotz Bedenken setzte er sich für die Vereinigung von SPD und KPD zur SED (Mitglied des Landesvorstandes) ein. Als Vizepräsident des Landtages und seit 1946 als Minister für Volksbildung (ab 1948 auch für Kultur) wirkte er aktiv beim Wiederaufbau mit. Ende 1948 verließ er die SBZ, weil er keinen Spielraum mehr für eine sozialdemokratisch orientierte Politik sah. Bis

1957 arbeitete er dann als Pressereferent in der Staatskanzlei der Niedersächsischen Landesregierung in Hannover.
In Magdeburg-Buckau aufgewachsen, lernte er hier Maschinenschlosser. Von 1922 bis 1933 war er politischer Redakteur bei der „Volksstimme".

Thietmar von Merseburg

Theologe und Geschichtsschreiber, geb. am 25. Juli 975 (?) vermutlich Walbeck an der Aller, gest. 1. Dezember 1018 Merseburg

Aus dem hochadligen Geschlecht der Grafen von Walbeck stammend, empfing er 1004 die Priesterweihe und wurde 1009 zum Bischof von Merseburg bestellt, wo er König Heinrich II. bei der Slawenmission und der Grenzsicherung unterstützte. Thietmars Bedeutung liegt vor allem in seiner Tätigkeit als Chronist. Seine 1012 begonnene „Chronik" sollte ursprünglich nur die Geschichte des Ortes und Bistums Merseburg sein. Daraus wurde aber die Historie des ottonischen Reiches. Die ersten vier Bände behandeln die Regierungszeit von Heinrich I. bis Otto III. Die folgenden vier Bände sind Heinrich II. gewidmet. Sie ist die wichtigste, ausführlichste und anschaulichste Quelle nicht nur für die damalige Reichsgeschichte, sondern auch für das Alltagsleben.
Er absolvierte seine Ausbildung vor allem am Kloster Berge bei Magdeburg und in der Magdeburger Domschule. Bis 1009 lebte er als Domherr am Domstift in der Elbestadt.

Tiedge, August

Schriftsteller, geb. am 14. Dezember 1752 in Gardelegen, gest. 8. März 1841 Dresden

Er war der Autor von Lehrgedichten und Versepen, die ihn als Modeschriftsteller und -philosophen mit großem zeitgenössischen Erfolg auswiesen. Das gilt besonders für sein Versepos „Urania ...", das ihn zu einer europäischen Berühmtheit machte. Bekannt wurde er auch als Reisebegleiter und Lebensgefährte (seit 1803) der Schriftstellerin Elisa von der Recke (1754–1833).
Von 1758 bis 1770 besuchte er in Magdeburg die Schule, worüber er in seinen autobiographischen Aufzeichnungen berichtete. Bis zum Tode seines Vaters (1772), der seit 1760 Konrektor am Altstädtischen Gymnasium war, hielt er sich oft hier auf. Von 1777 bis 1782 übte er in der Stadt verschiedene Tätigkeiten als Advokatsgehilfe und Hauslehrer (auch 1794/95) aus.

Trenck, Friedrich Freiherr von der

Militär und Schriftsteller, geb. am 16. Februar 1727 Haldensleben, gest. 25. Juli 1794 Paris

Das umfangreiche aufklärerische und eine stark antiklerikale Tendenz aufweisende schriftstellerische Werk ist heute vergessen. Das gilt nicht für seine Memoiren „Friedrich Freyherrn von der Trenck merkwürdige Lebensgeschichte" (1787), die ihn berühmt machten. Diese Mischung von Dichtung und Wahrheit gehörte zu den bekanntesten autobiographischen Zeugnissen des späten 18. Jahrhunderts. Goethe schrieb am 15. September 1787 aus Rom: „Nun habe ich auch Trencks Leben gelesen, es ist interessant genug, und es lassen sich Reflexionen genug darüber machen."
Der ehemalige Ordonanzoffizier Friedrichs des Großen wurde von diesem willkürlich 1754–1763 in der Festung Magdeburg in der sogenannten „Trenckkasematte" gefangengehalten. Ein angebliches Liebesverhältnis Trencks mit der Schwester des Königs, Amalia von Preußen, der späteren Äbtissin des Stiftes Quedlinburg, als Grund für die Inhaftierung ist in das Reich der Legende zu verweisen. Auch der ihm zugeschriebene Verrat von Geheimnissen an Österreich ist nicht bewiesen. In seinen Memoiren beschrieb Trenck detailliert seine Haft in Magdeburg.

Tresckow, Henning von

Militär, geb. am 10. Januar 1901 Magdeburg, gest. 21. Juli 1944 Ostrow Mazowieka/Bialystok (Ostpolen)

Der Familientradition folgend, wurde er Offizier. Der Leutnant des Ersten Weltkrieges arbeitete seit 1924 in einer Bank und trat 1926 in die Reichswehr ein. Der Absolvent der Kriegsakademie und begabte Generalstabsoffizier hatte sich schon frühzeitig dem Denken der Nazis angenähert. Er begrüßte anfänglich 1933 ihren Machtantritt, weil sie die deutsche Wiederaufrüstung forcierten. Zunehmend distanzierte er sich von ihnen. Seit dem Judenpogrom 1938 gehörte er zu den Gegnern des Regimes. Er schloß sich einem Kreis führender oppositioneller Offiziere an. Von Oktober 1939 an diente er in einer leitenden Funktion des Stabes der Heeresgruppe Mitte. Hier und später als Chef des Generalstabes der 2. Armee wurde er zum Mittelpunkt einer Gruppe von Verschwörern. Seit 1942 versuchte er mehrfach Attentate gegen Hitler. Tresckow entwickelte sich zu einem der Führer der militärischen Opposition, wobei er die Fäden zwischen den wichtigsten Widerstandszentren im Heer knüpfte. Nach dem Scheitern des Attentates am 20. Juli 1944 beging der Generalmajor Selbstmord.
Er verbrachte einen Teil seiner Kindheit in Magdeburg, wo sein Vater Generalmajor und Kommandeur der 7. Kavalleriebrigade war.

Uhlich, Leberecht

Theologe und Politiker, geb. am 22. Februar 1799 Köthen, gest. 23. März 1872 Magdeburg

Uhlich zählte zu den namhaftesten Persönlichkeiten in der Geschichte Sachsen-Anhalts im 19. Jahrhundert. Der protestantische Theologe, von 1827 bis 1845 Pfarrer in Pömmelte bei Schönebeck/Elbe, gründete 1841 im nahegelegenen Gnadau die „Lichtfreunde" als eine demokratische Organisation der Protestanten im theologischen Gewand gegen die herrschende preußische Staatskirche. Dieser anfänglich rein kirchliche Widerstand gegen die lutherische Orthodoxie wuchs allmählich zu einer politischen Oppositionsbewegung an. Sie verbreitete sich rasch in der Provinz Sachsen.
Einflußreiche liberale Persönlichkeiten setzten gegen den Widerstand des Konsistoriums durch, daß Uhlich 1845 die Stelle des 2. Predigers an der Magdeburger Katharinenkirche erhielt. Seine wachsende Beliebtheit ließ ihn zu einer der Führer der bürgerlichen Opposition in der Stadt werden. Wachsenden Anfeindungen der kirchlichen und königlichen Behörden ausgesetzt, wurde er 1847 vom Amt suspendiert. Daraufhin trat er aus der Landeskirche aus und gründete eine Freie Gemeinde, die rasch anwuchs. Im Jahr darauf wurde der Mitbegründer des „Vereins für Volksrechte", in dessen Vorstand auch ➪Ludwig Philippson saß, zum Mitglied der preußischen Nationalversammlung gewählt. Der streitbare und populäre Prediger mußte später Haftstrafen und Polizeiaufsicht erleiden. Er schrieb das Buch „Zehn Jahre in Magdeburg" (1855).

Unruh, Hans Victor von

Politiker, Ingenieur und Unternehmer, geb. am 28. März 1806 Tilsit, gest. 4. Februar 1886 Dessau

Der Schüler von Karl Friedrich Schinkel war ein fähiger Ingenieur, der sich als anerkannter Experte um den Eisenbahn- und Brückenbau in Preußen verdient machte. 1844 übernahm er die Bauleitung der Potsdam-Magdeburger Eisenbahn und trat in das Direktorium der Magdeburger-Wittenberger Eisenbahn ein. Als gemäßigten Liberalen wählten ihn die Magdeburger Bürger in die preußische Nationalversammlung, deren Präsident er wurde. Anläßlich ihrer gewaltsamen Auflösung durch den König in der Nacht vom 10. zum 11. November 1848 lehnte er den bewaffneten Kampf dagegen ab und prägte dabei den Begriff vom „passiven Widerstand", nach einem Brief Bismarcks an seine Frau „ein zeitgemäßer Ausdruck für das, was man Angst nennt". 1850 wegen seiner politischen Einstellung aus dem Staatsdienst entfernt,

Hans Victor von Unruh

übersiedelte er 1855 wegen wachsender Anfeindungen nach Anhalt. In Dessau gründete er die Deutsche Continental-Gasgesellschaft und baute eine Reihe von Gasanstalten, u. a. auch in Magdeburg. Von 1857 bis 1874 leitete er als Generaldirektor die Fabrik für Eisenbahnbedarf in Berlin. Als Mitbegründer der Deutschen Fortschrittspartei 1861 und als Politiker der Nationalliberalen vertrat er, den Ernst Engelberg als „Personifikation des allmählichen Zusammenwachsens von Adel und Besitzbürgertum zu einer einzigen ... herrschenden Klasse ..." bezeichnete, die Lösung der nationalen Frage in Deutschland mit der „Revolution von oben" durch Preußen.
Unruh wohnte von 1846 bis 1852 in Magdeburg, wo er aktiver Politiker wurde. 1850 lehnte der König den Vorschlag der Magdeburger Stadtverordnetenversammlung zu seiner Wahl als Oberbürgermeister ab. In Magdeburg veröffentlichte er „Skizzen aus Preußens neuster Geschichte" (1849) und „Erfahrungen aus den letzten drei Jahren" (1851). Der Ehrenbürger Magdeburgs (1876) vertrat die Bürger von 1863 bis 1879 im preußischen Landtag und von 1870 bis 1879 im Reichstag.

Volbehr, Julie, genannt Lu

Schriftstellerin, geb. am 5. Juni 1871 Nürnberg, gest. 13. Januar 1945 Neustadt a. d. Aisch

Julie Volbehr stammte aus einer alten Nürnberger Familie. Vieles aus ihrem umfangreichen Werk, darunter über dreißig Romane sowie Erzählungen, Kinderbücher und Dramen sowohl historischer als auch zeitgenössischer Thematik, ist im Lebensraum und der Historie Nürnbergs und Frankens verwurzelt.
Nach der Eheschließung mit ➪Theodor Volbehr 1893 zog sie nach Magdeburg, wo sie bis zur Pensionierung ihres Mannes lebte. Ein Teil ihrer Werke entstand hier, einiges davon auch mit Bezügen zur Stadt.

Volbehr, Theodor

Museologe, Kunsthistoriker und Schriftsteller, geb. am 6. November 1862 Rendsburg, gest. 8. August 1931 Berlin

Er wirkte über dreißig Jahre in Magdeburg (1892–1923). Als erster Direktor des 1905 eröffneten Kaiser-Friedrich-Museums entwickelte Volbehr aus den übernommenen Vereinsbeständen ein bemerkenswertes Bildungsmuseum mit einer geschlossenen Sammlung der verschiedensten Kunstgattungen. Zielgerichtet und mit Weitsicht sammelte er auch die Kunst der Moderne. Bemerkenswert war weiterhin seine rege publizistische Tätigkeit und Öffentlichkeitsarbeit. Von den 55 während seiner Amtszeit herausgegebenen Museumsheften tragen 48 seinen Namen als Verfasser. In den Expositionen des Magdeburger Kunstvereins seit der Jahrhundertwende wurden Werke von Anselm Feuerbach, Max Klinger, Walter Leistikow, Max Liebermann, der Worpswede-Maler Hans von Ende und Fritz Mackensen und anderer namhafter zeitgenössischer Künstler gezeigt. Das waren alles Kunstwerke, die Volbehr in dieser Zeit für das Museum ankaufte und u. a. in seinem umfangreichen Museumsführer von 1907 vorstellte.

Wagner, Richard

Musikdramatiker, Schriftsteller, Dirigent und Theaterleiter, geb. am 22. Mai 1813 Leipzig, gest. 13. Februar 1883 Venedig

Der geniale Komponist und Autor leistete mit seinem vielseitigen Lebenswerk, besonders mit seinen Musikdramen meist aus Stoffen der deutschen Volkssage, in die er politische und ökonomische Probleme und Widersprüche seiner Zeit mit einbezog, einen unvergänglichen Beitrag zum Welttheater. Der „musizierende Dichter und dichtende Musiker" (Ernst Krause) setzte neue Maßstäbe im musikkompositionellen Schaffen. Mit der Entwicklung des musikalischen Dramas als Einheit von Dichtung, Musik, Bühnenbild und Darstellung sowie seinen Leistungen als Organisator und Einstudierer seiner Werke bewirkte er eine Wende in der Musikgeschichte. Die von ihm mit dem Bau des Festspielhauses in Bayreuth verwirklichte Idee alljährlicher Aufführungen seiner Werke erfreut sich auch heute, nicht zuletzt auf

Richard Wagner

Grund der langen Tradition und der dort agierenden herausragenden Künstler, eines Weltrufs.
Wagner war vom Oktober 1834 bis Mai 1836 in Magdeburg Musikdirektor. Darüber hinaus betätigte er sich hier auch als Dramaturg für das Schauspiel. Seine zweite Oper „Das Liebesverbot" (nach Shakespeares „Maß für Maß") kam hier am 29. März 1836 unter mißlichen Umständen zur Uraufführung. Er dirigierte die öffentlichen Konzerte in der Loge „Ferdinand zur Glückseligkeit", so am 1. Januar 1835 die Uraufführung der Kantate „Beim Antritt des Neuen Jahres". Nach eigenen Angaben gewann er in den beiden Spielzeiten „vollkommene Sicherheit in der Orchesterdirektion". Hier lernte er auch seine erste Frau, die Schauspielerin Minna Planer, kennen. Mehrfach berichtete er in der „Neuen Zeitschrift für Musik" in Leipzig 1834 und 1836 über das Magdeburger Musikleben, so am 3. Mai 1836 mit dem Artikel „Aus Magdeburg".

Walrave, Gerhard Cornelius von (seit 1724)

Militär, geb. 1692 (1691?) Westfalen (Warendorf an der Ems?), gest. 16. Januar 1773 Magdeburg

Der Ingenieurgeneral (seit 1741) gehörte zu den bekanntesten Festungsbaumeistern seiner Zeit und leistete einen wichtigen Beitrag zur Entwicklung der Fortifikationswissenschaft. 1715 trat er in preußische Dienste. König Friedrich Wilhelm I. erkannte bald sein Talent, und so machte er rasch Karriere, bis er 1729 Chef des preußischen Ingenieurkorps wurde. Damit ging die Oberleitung über alle Festungsbauten im Land einher. Besonders die Anlagen der Festungen Magdeburg und Stettin sind mit seinem Namen verbunden, aber auch die Erweiterung der Festungsanlagen in Mainz und Wesel. 1747 verfaßte er für Friedrich II. die „Denkschrift über den Angriff und die Verteidigung fester Plätze". Wegen Veruntreuung auf Grund seiner aufwendigen Lebensführung (während es keine Beweise für Landesverrat gab) wurde er 1748 verhaftet und in Magdeburg inhaftiert.
Der begabte Offizier wurde von ➪Leopold von Anhalt-Dessau für den Dienst in der preußischen Armee gewonnen (seit 1715). Drei Jahre später übernahm er die Leitung des Baus der Festung Magdeburg, die zur stärksten in Preußen wurde. Er errichtete hier einen zweiten starken äußeren Verteidigungsring und erbaute nahe dem Kloster Berge das Fort Berge (später Sternschanze). Mit einer Synthese von „verteidigungstechnischen und baukünstlerischen Aspekten" schuf er in Magdeburg „ein militärisches Gesamtkunstwerk ersten Ranges" (Irene Roch-Lemmer). 1725 ließ sich Walrave am Domplatz ein prächtiges Palais erbauen. In der Nähe von Hohenwarthe besaß er das Schloß Liliput. In der von ihm erbauten Sternschanze war er von 1748 bis zu seinem Tode mit beträchtlichen Hafterleichterungen, einem relativ hohem Jahresgeld und einem für ihn erbauten Häuschen im Hof der Festung Staatsgefangener.

Weinert, Erich

Schriftsteller und Politiker, geb. am 4. August 1890 Magdeburg, gest. 20. April 1953 Berlin

Der proletarisch-revolutionäre Schriftsteller stellte sich als Lyriker, Rezitator und Publizist bewußt in den Dienst der kommunistischen Arbeiterbewegung. Aktiv kämpfte er gegen den Faschismus, so als Mitglied der Internationalen Brigaden 1937 in Spanien und 1943 als Mitbegründer und Präsident des Nationalkomitees „Freies Deutschland" in der Sowjetunion. 1945 setzte er sich als Vizepräsident der Zentralverwaltung für Volksbildung für den Wiederaufbau ein. 1949 und 1952 erhielt er den Nationalpreis der DDR.
Der Ehrenbürger der Stadt (1950) wuchs in Magdeburg auf und besuchte hier von 1908 bis 1910 die Kunstgewerbeschule. Im Ersten Weltkrieg leistete er Garnisonsdienst in Burg, Bernburg und Magdeburg. Er gehörte der Künstlergruppe „Kugel" an. Hier wurden seine ersten Gedichte veröffentlicht. Bis 1921 arbeitete er in seiner Vaterstadt als Zeichenlehrer. Sein Geburtshaus in der Thiemstraße in Magdeburg-Buckau wurde 1961 als Gedenkstätte für ihn einge-

Erich Weinert

richtet. Nach 1990 erhielt es die Aufgabe eines Literaturhauses für Magdeburger Literaturtraditionen. 1969 wurde auf der Karl-Marx-Straße ein Denkmal für Erich Weinert enthüllt. Nach der Entfernung 1990 erhielt es 1997 einen neuen Standort auf der Freifläche hinter seinem Geburtshaus.

Weitling, Wilhelm

Schriftsteller und Arbeiterführer, geb. am 5. Oktober 1808 Magdeburg, gest. 25. Januar 1871 New York

Weitling, einer der Repräsentanten des linken Flügels der deutschen Opposition im Vormärz, wird als Begründer des deutschen utopischen Arbeitersozialismus und erster proletarischer Theoretiker Deutschlands von internationalem Rang angesehen. Er war Mitbegründer und Publizist des „Bundes der Gerechten“ (seit 1841). Seine Publikation „Die Menschheit wie sie ist und wie sie sein sollte“ ist das Programm des Bundes. Sie „gehört zum Besten, was die vormarxsche sozialistische Literatur im 19. Jahrhundert hervorgebracht hat“ (Waltraut Seidel-Höppner). *Weitlings Magdeburger Geburtshaus war das Gebäude der Freimaurerloge „Ferdinand zur Glückseligkeit“ im Neuen Weg, der heutigen Weitlingstraße. Er wuchs hier als uneheliches Kind einer Köchin und eines französischen Offiziers auf. Er wurde Schneider, lernte schon frühzeitig Ausbeutung und Verfolgung kennen und begann, sich als Autodidakt weiterzubilden. 1828 verließ er seine Heimatstadt, die er im Sommer 1844 nach der Ausweisung aus der Schweiz für kurze Zeit wieder betrat und aus der er als „unerwünschtes Individuum“ ausgewiesen wurde. Über seine Kinderzeit, besonders über die brutale Behandlung „in einer Zelle hinter dem Dom“, berichtete er in seinem Werk „Gerechtigkeit …“ (1844/45). Während der Magdeburger Wilhelm-Weitling-Ehrung 1983 erhielt die Stadt- und Bezirksbibliothek (jetzt Stadtbibliothek) den Ehrennamen „Wilhelm Weitling“ (bis 1998). Dem Andenken Weitlings dient auch die Plastik von Dieter Borchardt „Der Gefesselte“ in der Gareisstraße, die 1983 übergeben wurde.*

Wilhelm Weitling

Wichmann von Seeburg

Theologe und Politiker, geb. vor 1116, gest. 25. August 1192 Könnern

Wichmann zählt zu den berühmten Erzbischöfen Magdeburgs. Als Kirchenfürst mit Charisma war er einer der fähigsten und einflußreichsten Berater und Diplomaten von Kaiser Friedrich I. Barbarossa in dessen Auseinandersetzungen mit Herzog Heinrich dem Löwen und den Päpsten. Er begleitete ihn auf mehreren Romzügen und führte mehrfach wichtige diplomatische Aufträge für ihn aus, so als Leiter einer Mission an den Hof des ungarischen Königs. Ganz im Gegensatz zu seiner sonst friedensfördernden Politik war er einer der Führer des Reichskrieges 1181 gegen Heinrich den Löwen, da dessen Expansionspolitik eine Bedrohung des Erzbistums darstellte. 1177 leistete er Maßgebliches am Zustandekommen des Friedens von Venedig zwischen dem Kaiser und dem Papst und zeigte sich dabei als ein Politiker von europäischem Rang. Wichmann war eine den Ausgleich suchende, dem Frieden dienende und Frieden stiftende Persönlichkeit. Hier lag sein Hauptverdienst um Kaiser und Reich. In der bekannten Gedichtsammlung der Stauferzeit, der „Carmina Burana“, bezeichnete ihn ein unbekannter Dichter als den „Schöpfer des ganzen Friedens“ und als „Sachsens Zier“.

Gegen den Widerstand des Papstes und eines Teils des Domkapitels wurde er, seit 1149 Bischof von Naumburg, drei Jahre später durch Druck des Kaisers als Erzbischof in Magdeburg eingesetzt. Durch eine systematische und erfolgreiche Siedlungspolitik, die Teilnahme an der Ostexpansion und Schenkungen des Kaisers aus dem Besitz Heinrichs des Löwen baute er den territorialen Besitz des Erzstiftes aus. Mit der Verleihung des Stadtrechtsprivilegs von 1188 an Magdeburg trug er entscheidend zur Erhöhung der Rechtssicherheit und Entwicklung des Handels bei.

Der Erzbischof ist im Magdeburger Dom begraben. Seine Bronzegrabplatte zählt zu den wichtigsten mittelalterlichen Kunstschätzen der Kathedrale.

Wichmann von Seeburg

Wille, Bruno

Schriftsteller, geb. am 6. Februar 1860 Magdeburg, gest. 31. August 1928 Lindau am Bodensee

Er, den Ernst Hille als den „Walt Whitman" der Mark bezeichnete, war neben seinem Freund Wilhelm Bölsche die führende Persönlichkeit des Friedenshagener Dichterkreises, des „Musenhofes am Müggelsee"(Franz Mehring). Als Mitbegründer der „Freien Volksbühne" von 1890 bis 1892, der „Neuen Freien Volksbühne" ab 1892 und der „Freien Hochschule" 1902, der ersten arbeitsfähigen deutschen Volkshochschule, entfaltete er gemeinsam mit anderen Schriftstellern über etwa ein Jahrzehnt eine beeindruckende und wirkungsvolle kulturpädagogische Tätigkeit für die Berliner Arbeiter unter dem Motto: „Die Kunst des Volkes". Dies geschah im Sinne einer produktiven Zusammenarbeit zwischen den sozialreformerischen Schriftstellern und dem Proletariat.
Bis 1872 besuchte Wille das Pädagogium Kloster Unser Lieben Frauen in Magdeburg. Diese Zeit beschrieb er in seiner Autobiographie „Aus Traum und Kampf ..." (1902). Die ersten Kapitel seines Romans „Die Abendburg", wofür er 1908 den vom Reclam-Verlag ausgelobten und hochdotierten Preis für den besten Roman des Jahres erhielt, beschreiben das Magdeburg vor 1631.

Wolf, Rudolf

Ingenieur und Unternehmer, geb. am 26. Juli 1831 Magdeburg, gest. 20. November 1910 Magdeburg

Wolf gehörte zu den erfolgreichsten zeitgenössischen deutschen Ingenieuren sowie zu den Wegbereitern der industriellen Entwicklung in Deutschland. Nach der Ausbildung an der Provinzialgewerbeschule in Halberstadt arbeitete er als Konstrukteur unter ➩Hermann Gruson in der Berliner Maschinenfabrik Wöhlert und anschließend als Oberingenieur von 1854 bis 1861 in Stuttgart. 1862 kehrte er nach Magdeburg zurück.
Sein Vater war Lehrer am Magdeburger Domgymnasium, das auch Rudolf Wolf absolvierte. Seine technische Laufbahn begann er 1847 als Praktikant der Buckauer Maschinenfabrik. 1862 machte er sich in Magdeburg selbständig. In der in Magdeburg-Buckau errichteten Fabrik begann er Lokomobile zu entwickeln, die für die verschiedensten gewerblichen sowie land- und forstwirtschaftlichen Zwecke genutzt werden konnten. Dank seiner allen ausländischen Erzeugnissen weit überlegenen Lokomobile entwickelte sich das Werk rasch zu einem Unternehmen mit Weltruf. Deshalb mußte es durch die Einrichtung eines weiteren Betriebes in Salbke (heute Magdeburg) 1900 erweitert werden. 1910 stiftete Wolf 100 000 Mark für die Erweiterung der Sammlungen des Kaiser-Friedrich-Museums seiner Heimatstadt. Der Verein Deutscher Ingenieure (VDI) wählte ihn zu seinem Vorsitzenden. Die Technische Hochschule Berlin-Charlottenburg verlieh ihm die Ehrendoktorwürde.

Wolff, Marianne, geborene Niemeyer, verwitwete Immermann

Schriftstellerin, geb. am 8. September 1819 Magdeburg, gest. 17. Februar 1866 Hamburg

Sie lebte, von kurzzeitigen Aufenthalten in Halle abgesehen, bis 1839 in Magdeburg. 1838 lernte sie ➩Carl Leberecht Immermann kennen, der ihr 1839 drei Sonette widmete. Im gleichen Jahr heirateten sie. Knapp ein Jahr später starb ihr Mann. Auch nach der späteren Heirat mit Guido Wolff in Hamburg war sie um die Pflege des Werkes von Immermann sehr bemüht. 1870 veröffentlichte sie das Buch „Karl Immermann und seine Werke". ➩Wilhelm Fehse meinte, daß in Immermanns Roman „Münchhausen" die Lisbeth die Züge von Marianne Niemeyer tragen würde. Ihr Halbbruder war ➩Paul Niemeyer, ihr Bruder ➩Felix von Niemeyer.

Rudolf Wolf

Ziegler, Franz

Politiker, Jurist und Schriftsteller, geb. am 3. Februar 1803 Warchau/Brandenburg, gest. 1. Oktober 1876 Berlin

Er war einer der markantesten demokratischen Politiker seiner Zeit in Preußen. Als weitsichtiger Kommunalpolitiker setzte er sich für den Bau der Eisenbahnlinie Potsdam-Magdeburg ein. Sogar sein politischer Gegner ➪Otto von Bismarck bezeichnete ihn als einen „sehr gewandten (und) fähigen Mann“. Der tatkräftige Oberbürgermeister von Brandenburg von 1840 bis 1850 dachte und handelte sozial. Er zog sich den Haß der städtischen Geschlechter durch die Einführung einer progressiven Vermögenssteuer zu. Als Abgeordneter der preußischen Nationalversammlung trat er 1848/49 für Steuererhebung und Aufhebung des Belagerungszustandes ein. Deshalb wurde er wegen „Hochverrat und Aufruhr“ zu sechs Monaten Festung verurteilt. Außerdem lautete das Urteil auf Amtsenthebung. Als Mitglied des preußischen Abgeordnetenhauses seit 1864 und Mitglied des Reichstages von 1867 bis 1876 blieb er seiner demokratischen Gesinnung treu. 1863 gehörte er zu den Gründungsmitgliedern des Allgemeinen Deutschen Arbeitervereins (ADAV) von Ferdinand Lasalle. Für den ADAV entwarf er das Statut. Als Schriftsteller verfaßte er bemerkenswerte Novellen aus seinem unmittelbaren märkischen Erlebnisbereich.
Ziegler besuchte nach einer Internatsschule in Brandenburg das Gymnasium in Magdeburg bis zum Abitur. Im Frühjahr/Sommer 1851 saß er seine Festungshaft in Magdeburg ab. Hier begann er mit dem Schreiben politisch-ökonomischer Schriften und von Belletristik.

Zschokke, Johann Heinrich Daniel, eigentlich Schokke, Pseudonym Johann von Magdeburg

Schriftsteller, Politiker und Pädagoge, geb. am 22. März 1771 Magdeburg, gest. 27. Juni 1848 Aarau (Schweiz)

Der Deutsch-Schweizer ist in die Geschichte eingegangen als einer der einflußreichsten und meistgelesenen deutschsprachigen Volksschriftsteller des 19. Jahrhunderts, der als Pädagoge hoffte, die Menschen mit der Suggestivkraft der Literatur zu bessern. Er war kein Jakobiner, kein Freund der Revolution, fühlte sich aber stets den humanistischen Ideen der Französischen Revolution verpflichtet. Als Autor und Staatsmann (Mitglied des Hohen Rates des Kantons Aargau) trat der aufrechte Demokrat für die Rechte des Volkes und seine Bildung ein. Die von ihm herausgegebenen populären Zeitschriften und Sonntagsblätter waren in ganz Europa verbreitet.

Johann Heinrich Daniel Zschokke

Zschokke, der in seiner „Selbstschau“ schrieb, daß ihm seine Vaterstadt „lieb und theuer geworden ... und geblieben ist“, war bis 1787 Schüler am Pädagogium Kloster Unser Lieben Frauen und am Altstädtischen Gymnasium. Drei Jahre später besuchte er kurzzeitig seine Heimatstadt, in der er 1792 ein halbes Jahr als Pfarrer amtierte. Die Erzählungen „Kriegerische Abenteuer eines Friedfertigen“ (1822) und „Der Feldwebel“ (1823) weisen Bezüge zur Stadt auf. 1830 wurde er ihr Ehrenbürger. Ihr widmete er seine Autobiographie „Seine Selbstschau“ (1842), in der er seine Magdeburger Jugendzeit ausführlich schilderte. 1846 wurde hier ein Leseverein, der Zschokke-Verein, gegründet, der bis etwa 1858 bestand. 1864 ließ der Magdeburger Sängerbund am Geburtshaus Schrotdorfstraße 2 (im Zweiten Weltkrieg zerstört) Gedenkbüste und Tafel anbringen.

Zuckschwerdt, Elias Christian Ludwig

Kaufmann und Unternehmer,
geb. am 1. April 1791 Flechtorf (heute Lehre) bei Braunschweig, gest. 11. November 1848 Magdeburg

Er gehörte zu den Wegbereitern der deutschen Zuckerrübenindustrie. Seit 1805 in Braunschweig als Kaufmann tätig, übersiedelte er 1818 nach Magdeburg und gründete hier mit einem Wolfenbütteler Kaufmann das „Kommissions-, Exporthaus und Warengeschäft Zuckschwerdt und Beuchel“. 1819 folgte eine Zichorienfabrik sowie 1826 und 1827 je eine

Zuckerfabrik in Magdeburg-Sudenburg. Er wurde 1831 2. Vorsteher des Kollegiums der Ältesten der Kaufmannschaft, Stadtverordneter und setzte sich für den Anschluß Magdeburgs an das Bahnnetz ein. Zuckschwerdt war der Begründer einer Dynastie von Unternehmern, die bis in die dreißiger Jahre des 20. Jahrhunderts in Magdeburg maßgeblich im Zuckergroßhandel, Bankgeschäft und in Aufsichtsräten sowie in der Politik tätig waren.

Bei der Textgestaltung der biographischen Artikel wurde auf die beiden Bücher „Magdeburger Persönlichkeiten" und „Altmark-Persönlichkeiten" zurückgegriffen. Alle Artikel sind auf der Grundlage neuer wissenschaftlicher Erkenntnisse oder später erschlossener Quellen überarbeitet und oft vollkommen neu verfaßt. Bei etwa einem Viertel der Biographien sind Berühmtheiten vorgestellt, die zu Unrecht in Vergessenheit gerieten und als „Neuentdeckungen" angesehen werden können, da über sie, von wenigen Ausnahmen abgesehen, bisher in keinem Nachschlagewerk Magdeburger Persönlichkeiten oder einer anderen regionalen Abhandlung publiziert wurde.

Literaturhinweise:

Allgemeine Deutsche Biographie. Bd. 1–56. Leipzig, 1875–1912.

Biographisches Jahrbuch und Deutscher Nekrolog. Bd. 1–18. Berlin, 1897–1917.

Buchholz, Ingelore/Ballerstedt, Maren: Man setzte ihnen ein Denkmal. Magdeburg, 1997.

Deutsche Biographische Enzyklopädie. Bd. 1–10. München, New Providence, London, Paris, 1995–1999.

Deutsches Biographisches Jahrbuch. Bd. 1–11. Stuttgart, Berlin, Leipzig, 1925–1929.

Dick, Jutta/Sassenberg, Maria: Wegweiser durch das jüdische Sachsen-Anhalt. Potsdam, 1998.

Engelberg, Ernst: Bismarck. Das Reich in der Mitte Europas. Berlin, 1998.

Engelberg, Ernst: Bismarck. Urpreuße und Reichskanzler. Berlin, 1998.

Frauen und Männer aus Deutschlands Mitte. Persönlichkeiten aus der Geschichte Sachsen-Anhalts. Halle/Saale, 1996.

Kloster Unser Lieben Frauen Magdeburg. Stift-Pädagogium-Museum. Oschersleben, 1995.

Die Kunstgewerbe- und Handwerkerschule Magdeburg 1793 bis 1963. Magdeburg, 1993.

Lexikon des Widerstandes 1933–1945. München, 1994.

Magdeburger Blätter. Jahresschrift für Heimat- und Kulturgeschichte. Magdeburg, 1982–1991.

Mitteldeutsche Lebensbilder. Bd. 1–5. Magdeburg, 1926–1930.

Neue Deutsche Biographie. Bd. 1 ff. Berlin, 1953 ff.

Ostermann, Wolf-Dieter (Bearb.): Lebensbilder aus Harz und Börde. Bd. 1. Halle/Saale, 1999.

Parthenopolis. Aussagen über Magdeburg. Ausgew. v. Werner Kirchner. Burg, 1931.

Richter, Johann: Mit allerhöchster Genehmigung. Zur Geschichte und Entwicklung des Puppentheaters in der Stadt Magdeburg und ihrer weiteren Umgebung. Oscherleben, 1999.

Schnitter, Helmut (Hrsg.): Gestalten um Friedrich den Großen. Biographische Skizzen. Bd. 1–2. Reutlingen, 1993.

Tullner, Matthias (Hrsg.): Persönlichkeiten der Geschichte Sachsen-Anhalts. Halle/Saale, 1998.

Tullner, Matthias: Die Revolution von 1848/49 in Sachsen-Anhalt. Halle/Saale, 1998.

Wiehle, Martin: Altmark-Persönlichkeiten. Biographisches Lexikon der Altmark, des Elbe-Havel-Landes und des Jerichower Landes. Oschersleben, 1999.

Wiehle, Martin: Magdeburger Persönlichkeiten. Magdeburg, 1993.

Zwischen Kanzel und Katheder. Das Kloster Unser Lieben Frauen Magdeburg vom 17.–20. Jahrhundert. Oschersleben, 1998.

„Magdeburg nimmt sich in der Ferne schön aus, hält aber in der Nähe nicht recht Wort. Die Straßen sind alle enge, den einzigen breiten Weg ausgenommen, der dagegen wieder krumm ist ... Der Umgang ist hier fast wie in allen Provinzialstädten ... Der Luxus ist nicht klein, doch unterscheidet er sich ... in der Quantität und Qualität von anderen großen Orten himmelweit ... er besteht hauptsächlich in den Vergnügungen der Tafel.

Gleich den Holländern sind die Magdeburger starke Esser und scharfe Trinker ... Kurz, Magdeburg ist eine wohlhabende, fleißige, gute Stadt, in der mehr gesunder Verstand ist, als große Gelehrsamkeit, mehr wackere, biedere, als berühmte Leute, mehr brave Mütter und gute Mädchen, als große Schönheiten ..."

(Friedrich Karl Grimm: Reisen durch Deutschland, Frankreich und Holland, 1773/74)

MAGDEBURG

Glanz goldener Zeiten

DEICKE
Deicke
Deicke
DAUERWELLEN
ATELIER
Foto-
HERM. Schlüter
INH. TRAUGOTT POHLE
BUTTER
GRÖSSTES
BUTTER
SPEZIAL
GESCHÄFT
DEUTSCHLANDS
BUTTER
LOHMANN

Ein verschwundenes Stadtbild

INGELORE BUCHHOLZ

Der Blick über das Magdeburg der zwanziger und dreißiger Jahre vermittelt ein scheinbar mittelalterliches Stadtbild. Obgleich die Stadt 1631 fast völlig zerstört wurde, ist dieser Eindruck geblieben. Der Wiederaufbau Ende des 17. und Anfang des 18. Jahrhunderts erfolgte überwiegend auf den mittelalterlichen Grundmauern. So entstand in der Altstadt ein Gewirr von kleinen Straßen und Gassen. Eine großzügigere Stadtgliederung, wie sie sich Otto von Guericke erträumte und auch zeichnerisch darstellte, blieb Magdeburg aus finanziellen Nöten versagt. Dennoch, der neue Baustil, der das Ende des 17. und besonders bis in die Mitte des 18. Jahrhunderts vorherrschte, der Barock, setzte sich auch in Magdeburg durch. Es entstanden am Breiten Weg Barockbauten, die ihm den Ruf schönste Barockstraße Deutschlands einbrachten. Die Barockbauten er-

Stadtplan mit Lupe und Dreieck. Foto von Xanti Schawinsky für die Zeitschrift „Das Stichwort", Nr. 17, 17. Juni 1931.
„Das Stichwort" trug den Untertitel „Magdeburger Blätter für Bühne, Musik und gestaltende Arbeit" und erschien mit 18 Nummern lediglich 1930/31.

Alte Ulrichstraße 15a/16

Anzeige der Buchhandlung Fritz Wahle zum 100. Jubiläum

streckten sich von der Danzstraße bis zum Krökentor. Daneben entstanden Barockbauten am Domplatz und am Alten Markt.

Der Grundstein für das barocke Magdeburg wurde durch den Fürsten Leopold von Anhalt-Dessau gelegt. Er war von 1702 bis 1747 Gouverneur von Magdeburg. Sein Hauptaugenmerk war auf den Ausbau der Stadt zur stärksten Festung Preußens gerichtet. Die zu dieser Zeit wirkenden Festungsbaumeister Heinrich Schmutze, Hans Martin von Basso, Gerhard Cornelius von Walrave und Preußer vereinigten in ihren Bauten sowohl wehrtechnische als auch baukünstlerische Aspekte. Obwohl Militärs, waren sie durchaus in der Lage, Profanbauten zu errichten. Das Magdeburger Rathaus (Schmutze) sowie der Alte Packhof (Preußer) legen beredtes Zeugnis dafür ab. Die Barockbauten am Breiten Weg, wie sie uns auf Fotos entgegentreten (Fotograf war wahrscheinlich ein Herr Vohleitner), haben bis auf zwei den Zweiten Weltkrieg nicht überstanden. Es handelt sich bei den noch vorhandenen Häusern um die Nummern 178 und 179. Sie wurden zwischen 1727 und 1730 errichtet. Mit jeweils 6,50 m Breite gehören sie zu den kleinsten Häusern. Die geringe Breite wurde durch eine größere Tiefe ersetzt. Diese Tiefe erforderte große Fensterflächen. Beide Gebäude waren Handelshäuser und damit zur Lagerung von Waren bestimmt. Sie waren mit Winden versehen, um die Güter auf den Boden zu transportieren. Die darunter liegenden Gesimse waren durchbrochen, damit dem Aufzug der Waren nichts hinderlich war. Der Mittelbau war im Verhältnis zu den Seitenflügeln ziemlich schmucklos gehalten. Beide Häuser haben zeit ihres Bestehens kaum Veränderungen erfahren, was nicht von allen Barockbauten auf dem Breiten Weg behauptet werden kann. Eines der schönsten Häuser, das Pieschelsche Haus, war umgebaut worden. Es hatte noch ein zusätzliches Geschoß bekommen, Läden waren eingefügt worden. Auch das 1745 wieder aufgebaute Innungshaus der Seidenkrämer, auch später Börse genannt, im 20. Jahrhundert Sitz der Handelskammer, wurde 1666 bis 1674 erweitert, 1872 bis 1890 und 1904 bis 1906 umgebaut und wieder erweitert.

Die Magdeburgische Zeitung vom 3. April 1927 beklagt diese Veränderungen wie folgt: „Der Breite Weg zu Magdeburg ist zwar immer noch unter den deutschen Hauptgeschäftsstraßen eine der ersten. Aber er hat schwer gelitten unter den ungehemmten Einflüssen unserer Zeit, die gar zu schnell Neues an Stelle von Altem setzen wollte. Heute steht die Magdeburger Prunkstraße nun zwar unter 'Denkmalschutz'. Aber das heißt in der Regel nur, dass man das vorhandene nicht 'verbösern' darf. Verbesserungen aber können nicht erzwungen werden. Sie sind Sache der freiwilligen Leistung. Und da sie an Geld, meist sogar an viel Geld gebunden sind, so finden sie heutzutage nur selten statt."

Ähnliche Gedanken bewegten wohl auch Bruno Taut, bis 1924 Stadtarchitekt von Magdeburg, als er durch farbige Gestaltung die Bauten am Breiten Weg aufwerten wollte, um sie vor einem möglichen Abriß zu schützen.

Magdeburg war um 1920/30 eine Stadt des Aufbruchs. Zu dieser Zeit wurde es bekannt als Stadt des „Neuen Bauwillens". Ein sachlicher, auf das Praktische orientierter Baustil setzte sich durch. Zahlreiche Wohnsiedlungen in Magdeburg sind Ausdruck dafür. Die Gartenstadt Reform, die Beimssiedlung, die Angersiedlung, die Siedlungen in Fermersleben und Westerhüsen u. a., wurden gebaut, um den Bedürfnissen ihrer Bewohner, überwiegend Arbeiterfamilien, kleine Beamte, Gewerbetreibende zu entsprechen. Diese Wohnungen stellten einen positiven Gegensatz insbesondere zu den engen, licht- und luftarmen Quartieren im Bereich zwischen Jakobstraße und Breitem Weg, von den Magdeburgern als „Knattergebirge" oder „Kleen London" bezeichnet, dar.

Das neue Bauen fand seinen Niederschlag auch in den Gesellschaftsbauten, wie z. B. Stadthalle, Fernsprechamt, Viehmarkt- und Ausstellungshalle „Halle Land und Stadt", Ortskrankenkasse. Der von Bruno Taut eingeschlagene Weg wurde von seinen Nachfolgern Karl Krayl und Johannes Göderitz fortgesetzt.

Auch auf dem Gebiet des Schulwesens wurden Reformbestrebungen deutlich. Das Wirken von Berthold Otto erregte dabei große Aufmerksamkeit. Mehrere

Puppen der Firma Hugo Nehab, Magdeburg, 1930

Breiter Weg

Straßenschilder als Werbeträger. Eine völlig neue Form der Reklame wird von Schawinsky als Leiter der Grafikabteilung des Hochbauamtes der Stadt Magdeburg von 1929 bis 1931 entwickelt.

Reformschulen befanden sich im Stadtgebiet. Hervorzuheben ist die Schule in Rothensee. Zu den Klassenräumen gehörte jeweils ein Klassengarten für den Unterricht im Freien.
Die Reformschulen verfolgten das reformpädagogische Ziel, das Kind in das Zentrum aller Bemühungen zu stellen, größere Lebensnähe zu erreichen, handwerkliche Tätigkeit und körperliche Beschäftigung zu fördern, Berücksichtigung der Fantasie des Kindes, seiner schöpferischen Gedanken und Entwicklung der musischen Fähigkeiten.
Das Gesundheitsamt der Stadt Magdeburg entstand. Es entwickelte eine umfassende Tätigkeit vor allem auf dem Gebiet der Gesundheitsvorsorge. Reihenuntersuchungen wurden durchgeführt. Im Stadtgebiet entstanden Volksbäder, so am Salbker Platz im Stil des neuen Bauens, in der Karl-Schmidt-Straße (früher Feldstraße) in Buckau, in der Hamburger Straße in Neustadt. In ehemaligen Forts wurden Planschbecken für die Jüngsten, z. B. im Fort I in Fermersleben, Badeanstalten im Fort an der Leipziger Straße oder Tagesheilstätten für Tbc-Kranke an der Harsdorfer Straße errichtet.
Magdeburg entwickelte sich in dieser Zeit zur Ausstellungsstadt. Auf der Rotehorninsel entstanden Ausstellungshallen. Bekannte Ausstellungen waren die MIAMA und die Theaterausstellung.
Der ehemalige Bauhäusler Xanti Schawinsky und spätere Leiter der Grafikabteilung (1929–1931) des Hochbauamtes der Stadt Magdeburg setzte viele dieser neuen Einrichtungen ins „rechte Licht“. Das Gedankengut des Bauhauses propagierte er künstlerisch. Seine brillanten Fotos legen Zeugnis davon ab.

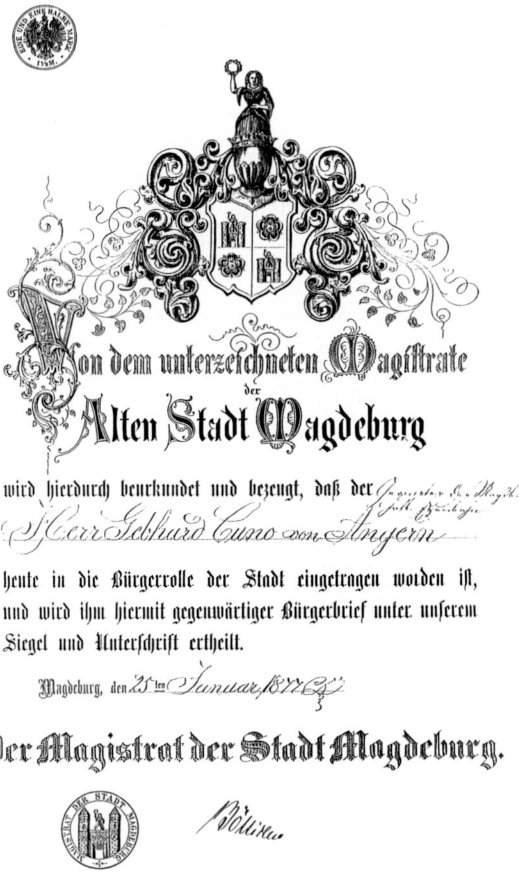
Von dem unterzeichneten Magistrate der Alten Stadt Magdeburg

wird hierdurch beurkundet und bezeugt, daß der Herr Gebhard Cuno von Angern

heute in die Bürgerrolle der Stadt eingetragen worden ist, und wird ihm hiermit gegenwärtiger Bürgerbrief unter unserem Siegel und Unterschrift ertheilt.

Magdeburg, den 25ten Januar 1877

Der Magistrat der Stadt Magdeburg.

Eintragung in die Bürgerrolle der Stadt Magdeburg

Der Fährdampfer „Buckau“ – hier eine Aufnahme von 1928 – verkehrte zwischen der Anlegestelle in Buckau und der Rotehorninsel.

Blick in den Breiten Weg mit der Katharinenkirche im Hintergrund. Unter dem Haus Nr. 159 befand sich die Einfahrt in die Neue Ulrichstraße, die 1848 angelegt wurde. Der sogenannte Ulrichsbogen galt den Magdeburgern als ein Wahrzeichen ihrer Stadt.

Breiter Weg/Ecke Alte Ulrichstraße. Der Name Alte Ulrichstraße entstand 1848, als die Neue Ulrichstraße angelegt wurde.

Breiter Weg mit Katharinenkirche. Sie wurde während des Zweiten Weltkrieges teilweise zerstört. 1966 wurden die bis heute noch vorhandenen Türme beseitigt und das „Haus der Lehrer" errichtet.

Breiter Weg 55

Alter Markt mit Reiterdenkmal

„Vor dem alten und in wirklicher Schönheit ehrwürdigen Dom, um den ein edler, stiller und ehrfürchtiger Platz seinen dunkelgrünen Kreis zieht, lagert das Reichsbankgebäude, ein schauderhaftes Muster neuzeitlicher Kasematten- und Fabrikkultur, eine steinerne Ohrfeige, hingehauen zu Füßen des Gotteshauses ... die immerhin beschränkten Möglichkeiten des menschlichen Gefühls, das 'Liebe' heißt, dürften die riesigen Ausmaße der Stadthalle kaum überwältigen können. Das einzige Gefühl, das ich für dieses modernste aller Bauwerke in Deutschland aufbringen kann, ist Achtung. Die Stadthalle scheint mir ein gelungener ... Versuch, dem Demos einen Palast zu bauen ... Es ist ein Triumph der Größe, der Zahl und der Nützlichkeit ..."
(Joseph Roth: Kölnische Zeitung, 3. Mai 1931)

Blick auf den Dom mit dem Bankgebäude im Vordergrund. Von Bruno Taut wurde die Errichtung des Reichsbankgebäudes vor dem Dom bedauert, und er machte sich Gedanken über eine Schadensbegrenzung.

Breiter Weg 201

Breiter Weg mit
Barockbauten

Breiter Weg 20

Hauszeichen dienten, ehe es Straßennamen und Hausnummern gab, der Orientierung. Das Hauszeichen war unabhängig vom Besitzer. Deshalb hielt sich der davon abgeleitete Hausname über einen langen Zeitraum. Auch viele Straßennamen entstanden daraus.

Neobarockes Haus am Breiten Weg/Ecke Himmelreichstraße

Ulrichsbogen am Breiten Weg 159. Die Einfahrt unter diesem Haus in die Neue Ulrichstraße wurde um 1848 angelegt.

Kloster Unser Lieben Frauen. Ende des 19. Jahrhunderts war die Klosterkirche eng in die Häuserreihe integriert.

oben: Blick ins Mittelschiff der Klosterkirche, 1891

links: Blick zum Chor aus dem Kreuzarm, 1891

Sakristei der Klosterkirche

Breiter Weg 135–139

Zentraltheater mit Café am ehemaligen Kaiser-Wilhelm-Platz (heute Universitätsplatz), Jugendstilbau, eröffnet am 15. August 1907

Jeder lobt Electra
sandfrei
weil sie den hartnäckigsten Schmutz mühelos löst und daher unentbehrlich für alle Industriebetriebe, Schlosser, Monteure, Autowerkstätten usw. ist!
MÜLLER & KALKOW KG
MAGDEBURG

Magdeburger Hauptbahnhof, 1939, eröffnet am 16. Mai 1873, errichtet auf dem westlichen Stadterweiterungsgelände

Jahnturnhalle, Werner-Fitze-Straße (heute Erich-Weinert-Straße)

Artur Mest erbaute 1924/25 den Deulig-Palast, ein Lichtspieltheater (Alter Markt 18/19). Mest wurde durch den Bau von Lichtspielhäusern, insbesondere für Hannover, bekannt.

Der Hasselbachplatz nach der Entfernung des Hasselbachbrunnens, der seit 1927 auf dem Haydnplatz steht

Reger Verkehr an der Einmündung vom Breiten Weg zum Alten Markt

HOTEL BELLEVUE

Tafelwasser
Aus Trink= wasser unter Zusatz von Bad Winds= heimer -
Natursole und Kohlen= säure. Hergestellt in der....
Mineralwasser-Fabrik
Ernst Träger
Magdeburg Fernruf 40568. Augustastr.32

Hotel Bellevue in der Bahnhofstraße 2

LEINEN/WÄSCHE DAMEN-MODEN
PALIS
MAGDEBURG

oben: Ratswaageplatz, um 1930

Schwibbogen im Weihnachtsschmuck, 1938

Bismarckdenkmal auf dem Scharnhorstplatz (heute Friedensplatz)

Durchgang Altes Fischerufer zum Neuen Fischerufer, 1932

Ausstellung „Deutsche Woche", 27. September 1931, Ehrenhof der Stadthalle, Geschäftswagenumzug

„Von unserem Theater besagt der Anschlagezettel jedesmal ausdrücklich, daß geheizt sei, weil es sonst niemand glauben würde. Man friert geistig und körperlich. Wenn nicht der riesige Dom vor meinem Fenster stände, so gäbe es hier nichts, was an eine edlere Geisteshaltung erinnert."
(Helmuth von Moltke: Brief an seinen Bruder Johann, 15. Januar 1850)

Flugplatz-Ost mit Wirtschaftsgebäude und Reparaturhalle

Ausstellung „Deutsche Woche", 1931, Festwagen auf dem Ehrenhof vor der Stadthalle

„... noch bevor man den dom sieht, fallen einem die komischen menschen auf, wenn man zum ersten mal nach magdeburg kommt. überhaupt originelle gestalten. typen wie nur in magdeburg ... schöne frauen sieht man auf der straße selten. sie gehen nicht aus oder fahren nur mit verhängten kutschen durch die stadt. bis einem ein großes offenes auto mit einer schönheitskönigin am linken augapfel vorbeifährt – sehr schnell. oder ein entzückendes milchmädchen zirkelt in die hausflure. da kommt keine holländische prinzessin mit ... wenn auch sonst die leute am breiten weg unnahbare gesichter zur schau tragen – auf dem markt scheint alles eine witzige verwandtschaft zu sein, und die alten haben das ruder in der hand ... zahlreiche moderne siedlungen gibt es; aber sie sind für die menschen und nicht zum photographieren ..."
(Xanti Schawinsky in der Zeitschrift „Das Stichwort", 1930)

Kartenspiel auf dem
Petriförder-Vorland

Taxifahrer vor dem
Hauptbahnhof

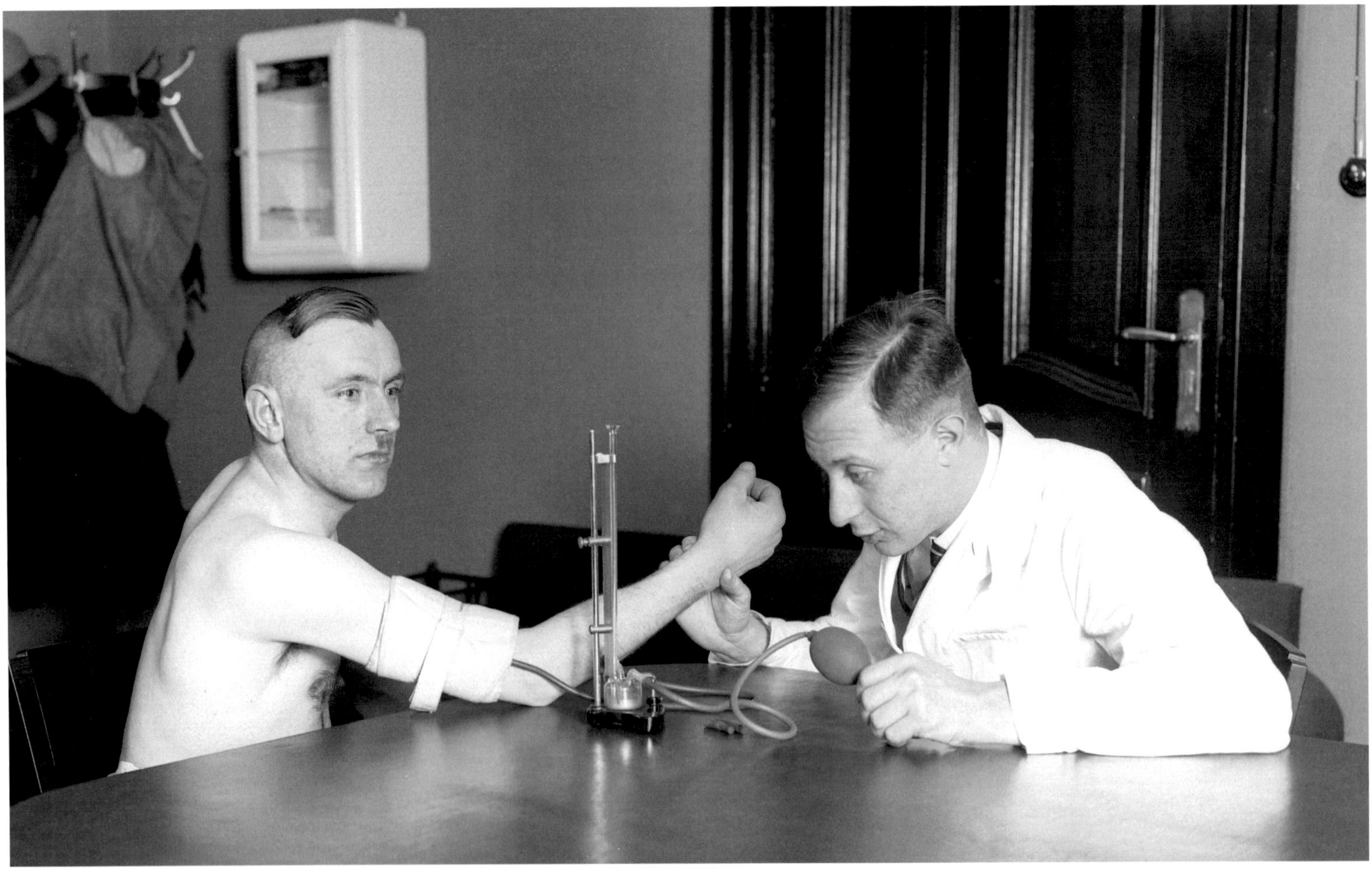

Ab 1926 entstand das Gesundheitsamt. Es umfaßte alle einschlägigen Bereiche wie Stadtmedizinalbüro, Chemische Untersuchungsanstalt, Desinfektionsanstalt, Seuchen- und Tuberkulosefürsorge, Krankenhäuser Altstadt und Sudenburg, Badeanstalten, Fürsorgerinnen etc.

Insassen des Augustinerstifts, 1930

Messe auf dem Domplatz, 1930. Aus einer Warenmesse entstanden, entwickelte sie sich zum Jahrmarkt, der im Frühjahr und im Herbst stattfand.

Meerestau

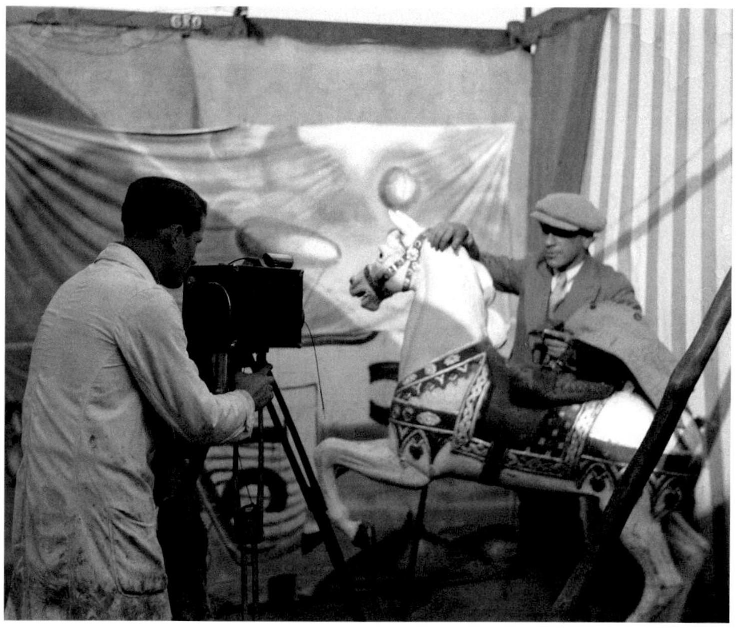

Andrang an der Theaterkasse (12. September 1930)

Zuschauerraum des Stadttheaters, 1927

Karen Fredersdorf, 1930

Egon Neudegg,
Generalintendant, 1930

Requisitenkammer des
Theaters

Gret Palucca bei der
Tanzprobe im Stadttheater

Ballett des Stadttheaters, 1930

Blick von der Zitadelle auf die Elbe mit Strombrücke, Schiffsmühlen und Badeanstalt, um 1850

Stadtansicht von der Elbseite

Der Magdeburger Dom, im Vordergrund eine Schiffmühle einmaliger Bauart. Diese bestand aus zwei Hausschiffen, zwei Wellrädern und einem Wellschiff. Die gesamte Konstruktion wurde von einem großen Spannbaum überragt.
Lithographie von Schmidt nach einer Zeichnung von Köhler, 1825

Nördlicher Teil der Altstadt Magdeburgs vom Werder, um 1830

Elbdampfer von der Brücke gesehen, um 1930

Hochwasser auf dem Geländе des Handelshafens, 1939

rechts: Reger Schiffsverkehr auf der Stromelbe

„Magdeburg an der Elbe ... mir ist, als stünde ich auf einem Laufband: unbeweglich gleitet alles vor meinem Auge vorüber, Magdeburg mit seinen verschiedenen Türmen, Magdeburg, das umgekehrte Spiegelbild der Avenue des Chalets, das starkfarbige Bild eines Lebens, das in Paris nur fahle, blasse Farben zeigte ... Ich kann mich noch sehr deutlich an jene große Ebene erinnern, obwohl ich sie seit langen Jahren nicht mehr gesehen habe ... Magdeburg erschien mir dadurch auf der einen Seite von etwas besonders Erdhaftem umgeben, während seine andere Grenze durch den breiten Fluß gebildet wurde, zu dessen geheimnisvollen Inseln meine Mutter oft als Kind und auch später als junges Mädchen auf Schlittschuhen gelaufen war ... Die Stadt, die heute zerstört ist, war vor langer Zeit schon einmal zerstört worden, und zwar durch Tilly ... Obwohl es nicht meine Heimatstadt war, hielt ich damals Tilly für den grausamsten Eroberer aller Zeiten. Die Feuersbrunst, die er entfacht hatte und der nur wenige krumme Gassen entgangen waren, weckte ... in mir den Gedanken, daß die Liebe zu Gott seltsamerweise zu Katastrophen führen kann, denn schließlich war die gesamte Umgebung jener alten Gassen durch einen Religionskrieg verschwunden. Die Stadt, wie ich sie als Kind gekannt habe, war häßlich. Mitten hindurch zog sich eine große Dorfstraße, die fast immer dem Lauf des Flusses folgte und nach Salzlake roch, denn vor den Lebensmittelgeschäften standen große Heringfässer in Reih und Glied, was den maritimen Charakter der Stadt noch betonte."
(Clara Malraux: Wer den Ruf vernimmt. Memoiren)

Schiffsunfall an der Strombrücke, 1934

Sternbrücke, 1922 durch Oberbürgermeister Beims eingeweiht

Gleisanlagen am Westufer der Elbe, die sogenannte Magistratsstrecke. Sie diente dem Umschlag von Waren.

Bei Niedrigwasser ist der Domfelsen deutlich sichtbar (Juni 1934).

Ruhende Frachtkähne auf der Zollelbe

Eisversetzung auf der Stromelbe, 1937

Die Strom-Elbe – „... dieser reiche und feste Platz hat an Reizen allerdings nicht in dem Maße zugenommen, als von Jahr zu Jahr an Stärke und Verkehr; vielmehr das Gegenteil. Mit den gewaltigen Rauchschlünden seiner Zuckersiedereien, seiner chemischen und technischen Fabriken, mit seinen an das Elbufer gedrängten, ja in das Flußbett und kasemattenartig in die Festungswälle hinein gemauerten Bahnhöfen, seinen engen, winkeligen, dunstigen Gassen und Gäßchen zwischen Gräben und Mauern eingezwängt ... von Rübenfeldern umgeben, ist es allerdings einer der unvergnüglichsten Punkte, welche ein Tourist berühren kann, wenn auch die Bewohner mit Stolz seine Entwicklung preisen und mit Liebe ihm anhängen ..."

(Louise von Francois: Bericht im „Morgenblatt für gebildete Stände", August 1856)

Getreide-Sauganlage am Silo im Handelshafen, 1937

Magdeburg verfügte über viele Flußbadeanstalten.

Rettungsstation für Badeopfer am Cracauer Wasserfall

Aquarelle des Malers Louis Frincke

Hof des Hauses Kreuzgang/Ecke Poststraße

Blick vom Petriförder auf die Petrikirche. Sie entstand im 12. Jahrhundert und hat den Charakter einer wehrhaften Dorfkirche.

Posthaus Kreuzgang-/Ecke Poststraße

Giebel des Posthauses, 1904 von Paul Schuster im Stil der Gotik angepaßt

Altes Rathaus mit dem farbigen Anstrich nach Vorschlägen Bruno Tauts

Alter Markt 5/6, Innungshaus der Seidenkrämer (spätere Börse). Das Bauwerk wurde 1645 wieder aufgebaut, 1666 bis 1674 erweitert und in der Folge mehrfach umgebaut. Ursprünglich im Stil der Spätrenaissance errichtet, gehört es zu den für den Alten Markt typischen Giebelhäusern. Über dem Portal befand sich die Plastik des heiligen Georg (heute noch in der Industrie- und Handelskammer vorhanden).

Wo die Stadt
Geschichte
atmet ...

Spurensuche

GABRIELE SCHUSTER

Magdeburg *Hauptbahnhof*. Für viele Besucher der erste Eindruck von der Stadt, zunächst nichts Besonderes und doch schon ein Denkmal. Das heute noch erhaltene östliche Empfangsgebäude des Zentralbahnhofes entstand von 1874 bis 1882 für die Magdeburg-Halle-Leipziger Eisenbahngesellschaft. Im gleichen Zeitraum wurden die westlichen Empfangsgebäude der Berlin-Potsdam-Magdeburger Eisenbahngesellschaft erbaut, von denen nach den Zerstörungen des Zweiten Weltkrieges heute nur noch Relikte vorhanden sind. Beide Baukörper waren von annähernd gleicher Höhe und Längenausdehnung und durch einen Personen- und Gepäcktunnel sowie zwei riesige Perronhallen miteinander verbunden. Die unterschiedlichen Fassaden der Empfangsgebäude entwarf der Berliner Architekt Ludwig Heim. Das erhaltene und in den letzten Jahren aufwendig sanierte östliche Bahnhofsgebäude war weit weniger prunkvoll als das in der Art der italienischen Spätrenaissance gestaltete westliche. Dennoch ist die Bahnhofsfassade im Stil der toskanischen Renaissance mit ihrem imposanten Hauptportal heute ein „modernes“ Denkmal der Stadtgeschichte.

Alter Markt

Es sind nur wenige Minuten Fußweg vom Hauptbahnhof zum *Alten Markt*. Auf seinem Sockel vor dem historischen Rathaus überragt der *Magdeburger Reiter* das Marktgetümmel. Allerdings ist es nur eine hervorragende Bronzekopie, die hier 1966 aufgestellt wurde. Die originale Sandsteinplastik ist im Kulturhistorischen Museum zu bewundern. Der Magdeburger Reiter und seine Begleitfiguren entstanden um die Mitte des 13. Jahrhunderts. Vergleichende Untersuchungen mit den Skulpturen des Mauritius im Chor, der Verkündigungsgruppe im Chorumgang und des Herrscherpaares in der sechzehneckigen Kapelle des Magdeburger Domes ließen die Schlußfolgerung zu, daß sie von der Hand eines Meisters bzw. aus einer Werkstatt stammen – vermutlich aus der damaligen Magdeburger Dombauhütte. Unbestritten ist die hervorragende künstlerische Qualität der Plastiken, und unstrittig ist der Magdeburger Reiter das erste freistehende Reiterstandbild nördlich der Alpen. Über seine Bedeutung gab es viele Spekulationen. In der neueren Forschung gilt der Reiter mit der Banner- und der Schildträgerin als Rechts- und Hoheitssymbol und als eine Darstellung Kaisers Otto I., des Stifters und Gründers des Erzbistums Magdeburg. Über den ursprünglichen Standort gibt es keine gesicherten Erkenntnisse. Dokumentiert ist die Figurengruppe zuerst vor dem Rathaus in einem spätgotischen Tabernakel, beschirmt von einem Baldachin mit

vorherige Doppelseite: Dom zu Magdeburg. Blick aus dem Chorumgang ins Langhaus. Das Kruzifix wurde 1999 aus dem Chor entfernt.

links: Domplatz 7, Sitz des Landtages von Sachsen-Anhalt

Rathaus, im Hintergrund die Johanniskirche auf dem Alten Markt

Hauszeichen am Alten Markt

Otto-von-Guericke-Brunnen von Karl Echtermeyer

Spitzhelm und Zinnenkranz. 1651 ersetzte man diesen jedoch durch eine Barockhaube, die 1966 vollständig rekonstruiert wurde. Bei der Restaurierung des Reiterstandbildes und seiner Begleitfiguren zu Beginn der sechziger Jahre analysierten die beteiligten Bildhauer und Kunsthistoriker die Veränderungen und Ergänzungen aus der Barockzeit und dem 19. Jahrhundert. Zu erwähnen ist hierbei, daß der untere Teil des Pferdes und der Sockel nicht mehr original sind. Für das Modell der Bronzekopie nahm man diese Veränderungen weitgehend zurück und rekonstruierte den ursprünglichen Zustand der Figurengruppe.

Von der Atmosphäre des Alten Marktes zur Entstehungszeit des Magdeburger Reiters ist auf den ersten Blick leider nichts mehr zu entdecken. 1631 verheerten die Truppen Tillys die mittelalterliche Stadt. Die schönen und reich verzierten Spätrenaissance- und Barockhäuser, die danach am Alten Markt entstanden, haben 1945 Bomben zerstört. Noch erhaltene Fassadenreste fielen der radikalen Enttrümmerung zum Opfer. Rekonstruiert wurde lediglich die westliche Rathausfassade.

Die ältesten Teile des *Rathauses* befinden sich im Bereich des heutigen Ratskellers. Das knapp 41 m lange und 10,45 m breite zweischiffige Gewölbe war im 12. und zu Beginn des 13. Jahrhunderts die Lager- und Verkaufshalle der Kürschnerinnung. An seiner Südseite befindet sich noch ein Tonnengewölbe, der sogenannte Bischofssaal, an der Nordseite sind spitzbogig gewölbte Keller erhalten. 1238 wurde das Innungsgebäude vom Rat der Stadt übernommen, 1293 brannte es nieder und es entstand ein größerer Bau im gotischen Stil. Seine Fassade zur Marktseite war prächtig geschmückt. Magdeburg zählte im Mittelalter zu den mächtigsten und bedeutendsten Städten im mitteleuropäischen Raum. Die Magdeburger Bürgerschaft war sehr selbstbewußt und verteidigte vehement die errungenen Rechte und Freiheiten. Als Erzbischof Burchard III. (1307–1325) von Heinrich VII. 1310 auch die Lehnsherrschaft über das Erzstift Magdeburg erhielt und mit Vertragsbruch und Gewalt regierte, kam es zu langjährigen erbitterten Auseinandersetzungen. Sie endeten im Ratskeller – tödlich. Die erzbischöfliche Leiche brachte den Magdeburgern nicht nur Anerkennung, sondern auch den Kirchenbann ein und damit erheblichen wirtschaftlichen Schaden.

Das Rathaus beherbergte ab 1425 auch den Schöffenstuhl. Nach der Zerstörung im Dreißigjährigen Krieg wurde das Gebäude nach Entwürfen des Ingenieur-Hauptmanns Heinrich Schmutze von 1691 bis 1714 im Anklang an die italienisch-niederländische Hochrenaissance neu errichtet, fiel allerdings 1945 ebenfalls den Bomben zum Opfer. Danach entstand ein dreischiffiger Neubau mit Satteldächern und Giebeln an

der Ostseite. Lediglich die Fassade an der Marktseite wurde in der Bauweise des 17. Jahrhunderts rekonstruiert. In der Bronzetür des Hauptportals (1969) hielt Heinrich Apel Persönlichkeiten und Ereignisse der Stadtgeschichte in Momentaufnahmen fest.

In Bronze verewigte Historie ist auch auf dem Platz an der Nordseite des Rathauses zu finden. Seit 1907 erinnert hier der Otto-von-Guericke-Brunnen von Karl Echtermeyer an den berühmten Erfinder, Physiker, Forscher, Ingenieur, Stadtplaner, Diplomaten und Bürgermeister und seinen Magdeburger Halbkugelversuch von 1657.

Eine besondere Attraktion des Rathauses ist das Glockenspiel mit vier Oktaven und Stockklavier. Das Carillon wurde von Peter und Margarethe Schilling entworfen und in ihrer Glockengießerei in Apolda gefertigt. Es besteht aus 47 Glocken, deren Gewicht von 10 kg bis 1 000 kg reicht. Das Carillon erklingt nicht nur zu Konzerten, sondern ist häufig auch an ganz normalen Markttagen zu hören.

Geschichtszeugnisse ganz anderer Art sind heute an der Nordseite des Alten Marktes zu besichtigen. Einige der schönen alten Hauszeichen des Marktes und der Altstadt wurden aus den Trümmern geborgen, bewahrt und restauriert und dort in einer *Hauszeichenwand* aufgehoben.

Die *Sandsteinplastik des heiligen Georg zu Pferde* entstand um 1670 und schmückte einst das Portal des Innungshauses der Seidenkrämer, die spätere Börse, ein prunkvolles Spätrenaissancehaus an der Südseite des Alten Marktes. Im Gebäude der Industrie- und Handelskammer am Marktplatz erhielt der restaurierte heilige Georg 1993 einen würdigen Platz und avancierte zum Wahrzeichen dieser Institution.

Eine versteckte Sehenswürdigkeit kann der Besucher an der nordwestlichen Ecke des Marktplatzes entdecken: die *Halle an der Buttergasse*. Sie war das Untergeschoß eines mittelalterlichen Innungshauses und ist das größte erhaltene profane romanische Gewölbe in Deutschland. Die Halle aus Bruchsteinmauerwerk ist 29 m lang und 15 m breit, vierschiffig und mit Kreuzgratgewölben versehen, die ursprünglich bis zu 4,40 m hoch waren. Das Gewölbe wird von

OTTO v. GVERICKE
1602 - 1686

Detail am Eulenspiegel-Brunnen von Heinrich Apel auf dem Alten Markt

rechts: Johanniskirche

zwei äußeren Pfeilerreihen und einer mittleren Säulenreihe getragen. Die Säulen sind mit Zwickelkapitellen versehen.
Im Norden und Süden schließen sich Tonnengewölbe an die Halle an. Die beeindruckende Anlage ist um 1200 als Lager und Verkaufshalle der Gerberinnung nachgewiesen. Nach dem Dreißigjährigen Krieg wurde sie bis zum Gewölbeansatz mit Schutt verfüllt und erst bei der Stadtkernforschung nach 1945 von Werner Priegnitz wieder entdeckt und freigelegt.
Nach sorgfältiger Sanierung der Halle an der Buttergasse eröffnete hier 1970 ein Weinrestaurant. Zur Zeit sind die Gewölbe nur bei Führungen zu besichtigen.

Johanniskirche

Die östlich vom Rathaus gelegene *Johanniskirche* dokumentiert in einzigartiger Weise gravierende Ereignisse der Magdeburger Stadtgeschichte. Archäologische Untersuchungen ergaben, daß es hier bereits zur Zeit Karls des Großen um 800 christliche Bestattungen gab. 941 wurde an diesem Standort erstmals eine ecclesia plebeia und 946 eine ecclesia popularis (Volkskirche) erwähnt, 1015 eine ecclesia mercatorum (Kaufmannskirche) dokumentiert. 1170 erhielt das Kloster Unser Lieben Frauen das Patronat über die Marktkirche St. Johannis. Der große Stadtbrand 1188 vernichtete auch diese Kirche, die nach den archäologischen Befunden als romanische Basilika wieder aufgebaut wurde. Nach dem Stadtbrand von 1207 entstanden die Untergeschosse der Westtürme aus Bruchsteinmauerwerk mit abschließendem Rundbogenfries, die Obergeschosse mit der Türmerwohnung wurden von 1218 bis 1238 errichtet. Charakteristisch ist die klar gegliederte spätromanische bis frühgotische Westfassade. Nach einem weiteren Brandschaden 1297 erfolgte um 1300 ein Umbau der Basilika zur dreischiffigen gotischen Hallenkirche mit poligonalem Chor im Mittelschiff. 1451 verursachte ein Blitzeinschlag in die Türme einen weiteren großen Brandschaden. Die spätgotische Westvorhalle mit kunstvollem Kreuzrippengewölbe, einer Kielbogenpforte, Fenstern mit Fischblasenmaßwerk, aufwendigem Blendwerk und Figurenschmuck war ebenso wie neue Maßwerkfenster im Langschiff ein Ergebnis dieses Wiederaufbaus. 1505 erhielt der Bau an der Nordwestecke einen Treppenturm und eine Sakristei. St. Johannis wurde nun zur Hauptpfarrkirche der Stadt und zur Ratskirche, zum politischen und kulturellen Mittelpunkt der Bürgerstadt – und zu einem Zentrum der Reformation. Am 26. Juni 1524 predigte hier Martin Luther *„über die wahre und falsche Gerechtigkeit"*. Er muß sehr überzeugend gewesen sein, denn der Rat und die gesamte Stadt bekannten sich danach zum evangelischen Glauben. Magdeburg wurde gerühmt als *„unseres Herrgotts Kanzlei"* und als standhafte Hochburg des Protestantismus, bis katholische Truppen unter Tillys Führung am 10. Mai 1631 die Stadt einnahmen und verwüsteten und auch die Johanniskirche zerstörten. Der Wiederaufbau erfolgte unter schwierigen Bedingungen, langsam und sparsam. Erst am 1. Advent 1670 wurde sie wieder geweiht. Aus dieser Bauphase sind die schmucklosen Turmhauben überliefert, die die zerstörten gotischen Turmhelme ersetzten.
Nach langwierigen Verhandlungen erhielt die Johanniskirche 1691 eine neue Orgel. Sie entstand in der Werkstatt des Hamburger Orgelbaumeisters Arp Schnitker; den Prospekt und den reichen Figurenschmuck schuf der Bildhauer Tobias Wilhelmy. Mit 60 Registern war sie 150 Jahre lang eine der berühmtesten und meistbeschriebenen Orgeln Deutschlands. Etliche großartige Kirchenmusiker wirkten hier und machten die Johanniskirche auch zum musikalischen Zentrum der Stadt.
Durch die Bombenangriffe am 28. September 1944 und am 16. Januar 1945 wurde die mächtige dreischiffige Halle der Kirche bis auf die Umfassungsmauern zerstört. Die Doppelturmfront erlitt die geringsten Schäden, sie wurde ihrer Turmspitzen beraubt, der Turmzwischenbau sowie die spätgotische Vorhalle

„Wir kamen nach Magdeburg, einer ziemlich großen Stadt, die sich aber von den letzten zwo Plünderungen, die sie neulich von den Kayserlichen und hernach von der Königlich Schwedischen Armee gewaltig ruiniert worden, noch nicht wieder hat erholen können ... Es war eine große breite Strasse, da ein neuer Bau angefangen ward. Die Festungswerke der Stadt sind eben die besten nicht, doch liegt vorne vor dem einen Thore ein sehr gut fraisirtes oder mit starken Baumhöltzern versichertes Hornwerck ... Indem wir aber die Gassen passierten, so sahen wir annoch die unglückseligen Merkmale des leidigen Krieges an den unzähligen, gantz ruinierten Häusern ... Wir zehreten in unserem Wirtshause sehr theuer, und wurden doch mit elendem Bier und noch schlimmeren Weine vor unser gut Geld gespeiset."
(20. Oktober 1663 – aus: „Des Herrn de Monconys ungemeine und sehr curieuse Beschreibung seiner ... Reisen ...", deutsche Ausgabe, 1697)

Eulenspiegel auf dem Sockel des Eulenspiegel-Brunnens, im Hintergrund die Türme der Johanniskirche

Petrikirche, Detail an der Nordwand des Mittelschiffs

waren dagegen total ausgebrannt. Wie ein Gleichnis blieb als einziges Ausstattungsstück die *„Trauernde Magdeburg“* (ein Bildwerk des Lutherdenkmals in Worms, das auf die maßlose Verwüstung der Stadt 1631 hinweist) in der zerstörten Kirche erhalten. Lediglich diese Plastik sowie der Torso des Kanzelträgers und einige Epitaphe zog man aus den Trümmern. Die Ruine blieb zunächst notdürftig gesichert. 1953 bis 1956 konnten der Turmzwischenbau und die wertvolle spätgotische Westvorhalle wiederhergestellt und zur Nutzung als Gemeinderaum eingerichtet werden. Gleichzeitig erfuhr auch der Nordturm seine Rekonstruktion, erhielt wieder eine Steinkuppel und seine zwölf Meter hohe gotische Nadel. Nach der Wiederentdeckung zweier während des Krieges zum Einschmelzen bestimmter Glocken der Johanniskirche wurde 1955 ein neuer Glockenstuhl errichtet und die Glocken erklangen wieder. Nachdem die evangelische Gemeinde St. Johannis aufgegeben und der Stadt zur Erhaltung und Nutzung übertragen hatte, entstand im ehemaligen Gemeinderaum eine Ausstellungshalle. Die darunter liegende Gruft wurde von Schutt befreit und als weiterer Ausstellungsraum erschlossen. Eine ständige Ausstellung zur Stadtgeschichte und Stadtplanung hielt das Interesse an der Johanniskirche wach. Mit dem Ausbau des Südturmes zur Aussichtsplattform 1980 blieb das bedeutende Denkmal ein Anziehungspunkt für die Magdeburger und ihre Gäste.
Nach der Beräumung des Kirchenschiffes von Schuttmassen sowie Sicherungs- und Erhaltungsmaßnahmen an den Außenwänden und der Arkadenreihe zeigte sich die Johanniskirche als Mahnmal zur Erinnerung an die Zerstörungen der Stadt.
Das 1982 von Heinrich Apel geschaffene plastische Ensemble, die Bronzetür für das Westportal mit den Skulpturen der trauernden Mutter, die ihr Kind nicht vor den Schrecken des Krieges bewahren konnte, und der Trümmerfrau, verleiht dieser Mahnung eindringlich künstlerischen Ausdruck.
Mit dem gesellschaftlichen Umbruch und Aufbruch wurden 1990 die Weichen für den Wiederaufbau der Johanniskirche gestellt. Aus dem *„steinernen Gedächtnis“*, dem stadtgeschichtlichen Denkmal und Mahnmal, entstand durch den Wiederaufbau des Kirchenschiffs ein kulturelles Zentrum der Landeshauptstadt.
Sehenswert ist der begehbare Teil des unter dem gotischen Chor ergrabenen romanischen Vorgängerbaues. Noch ist nicht abschließend geklärt, ob es sich um Teile der 941 erwähnten Volkskirche handelt.
Besondere Aufmerksamkeit verdienen die Wappensteine der Familie Otto von Guerickes und der Stadt Magdeburg am neugeschaffenen Eingang in das Kirchenschiff. Die Wappensteine schuf Tobias Wilhelmy 1674 für die Grabkapelle über der Gruft der Familie Alemann-Guericke, die im Nordwesten an die Johanniskirche angrenzte und in der auch Otto von Guericke 1686 seine letzte Ruhestätte fand. Die Steine wurden aus den Trümmern geborgen, restauriert und ergänzt.
Weitere erhaltene Ausstattungsstücke sind der Torso des Kanzelträgers von Tobias Wilhelmy (1670), einige Barockepithaphien und die „Trauernde Magdeburg“ in der Westvorhalle. Das Bildwerk ist eine Kopie der von Adolf Donndorf 1858 geschaffenen Begleitfigur zum Wormser Lutherdenkmal des Dresdener Bildhauers Ernst Rietschel. Das Standbild des großen Reformators vor der Johanniskirche fertigte Emil Hundrieser 1886.

Blick auf die Petrikirche vom Petriförder aus

Petrikirche

Etwa 300 m nordöstlich der Johanniskirche befinden sich unmittelbar an der Stadtmauer die *Petrikirche* und die *Magdalenenkapelle*.
Ursprünglich gehörte die romanische Kirche St. Petri zum Fischerdorf Frohse, das nördlich der alten Stadtmauer am Zusammenfluß zweier Elbarme lag. Die Kirche entstand in der zweiten Hälfte des 12. Jahrhunderts unter der Ägide Erzbischof Wichmanns, als Magdeburg zur bedeutenden Handelsmetropole gewachsen war und Frohse zur Vorstadtsiedlung wurde. Otto IV. zerstörte 1213 mit der Neustadt und den umliegenden Dörfern auch diese romanische Saalkirche, nur der Turm blieb erhalten.

Erzbischof Albrecht II. ließ daraufhin die Stadtmauern im Norden erweitern, so daß der südliche Teil Frohses mit der Petrikirche innerhalb der Stadtbefestigung lag. Eingemeindet wurde Frohse allerdings erst 1390. Zu dieser Zeit begannen auch im Auftrage der Bürgerschaft die Arbeiten zum Umbau der zu klein gewordenen Saalkirche zu einer geräumigen Hallenkirche.

Interessant daran ist der Baubeginn im Osten am Chor. Man ließ die alte Kirche zunächst unangetastet und trug sie dann mit dem Fortschreiten der Bauarbeiten jochweise ab. Bis zur Fertigstellung des Langhauses vergingen fast 100 Jahre. Die einzelnen Bauphasen sind noch heute zu erkennen. Der Chorschluß entstand aus sorgfältig behauenen Sandsteinquadern als fünfseitiges Polygon, welches sich zwischen den strahlenförmig herausragenden Strebepfeilern nach allen Seiten öffnet. Reiche plastische Ornamente gliedern die Pfeiler und lassen sie schmaler und höher erscheinen. Auch das Fenstermaßwerk zeugt vom hohen kunsthandwerklichen Können des, vermutlich aus böhmischer Schule stammenden, Baumeisters. Im zweiten Bauabschnitt – bei der Ausführung von Chorjoch und Ostwand des Langhauses – war man bereits sparsamer. Sandstein wurde nur noch für das Profilwerk der Fenster und Strebepfeiler verwendet. Die Wände entstanden, wie später das gesamte Langhaus, aus Bruchstein. Vor dem Bau des Langhauses wurde der Bauplan nochmals geändert; erhöhte Fenstersockel und verbreiterte Pfeiler belegen das. Im letzten Viertel des 15. Jahrhunderts wurden Chor und Langhaus eingewölbt. Dabei verzichtete man im Chor auf das ursprünglich vorgesehene Sterngewölbe – welches die Rippenanfänge aus Sandstein erwarten lassen – und errichtete ein Kreuzgewölbe aus Backsteinrippen. Mit dem Anbau der Vorhalle vor dem Doppelportal des südlichen Seitenschiffes fanden die Bauarbeiten Ende des 15. Jahrhunderts zunächst ihren Abschluß. Eigenartig erschien nun der, auf der Nordwestecke der Kirche stehende, romanische Turm. Bei der Bauplanung für die gotische Kirche war sein teilweiser Abbruch und die Ausführung einer Doppelturmfront vorgesehen, dank der Ebbe in der Gemeindekasse aber blieb der älteste Teil der Petrikirche erhalten.

Auch St. Petri erlitt im Dreißigjährigen Krieg schwere Schäden. Der Stadtbrand am 10. Mai 1631 verschonte die Kirche nicht, ihre gesamte Ausstattung verbrannte, und ein Teil der Gewölbe stürzte ein. Erst im letzten Viertel des 17. Jahrhunderts konnten unter der Leitung des bereits genannten Bildhauers Tobias Wilhelmy die Kriegsschäden an St. Petri beseitigt werden. Die von Wilhelmy geschaffene barocke Ausstattung wurde leider bei der dritten Zerstörung der Petrikirche am 16. Januar 1945 völlig vernichtet. Die Kirche fiel bis auf den Turm, die Umfassungsmauern und die Arkadenreihen in Schutt und Asche.

Petrikirche, Blick nach Osten

1963 bis 1970 erfolgte der Wiederaufbau. Das Kirchenschiff wurde in seiner Außenansicht mit den Zwerchgiebeln wiederhergestellt und auch im Inneren sorgfältig restauriert, allerdings wäre eine Rekonstruktion der gotischen Gewölbe zu aufwendig gewesen. So erhielt es eine Holzbalkendecke. Lediglich in der Vorhalle ist das Kreuzrippengewölbe erhalten. Die Vorhalle, heute als Marienkapelle eingerichtet, gilt als hervorragendes Zeugnis der Backsteingotik.

Besonders schön ist der Blick in den Chor mit den beeindruckenden Maßwerkfenstern. Die Glasgestaltungen der Fenster vollendete Charles Crodel 1970. Sie sind ein Spätwerk des Münchner Künstlers und illustrieren im Altarraum die Petrusgeschichte. In den Fenstern des Kirchenschiffes werden auf der Südseite Szenen aus dem Alten Testament und auf der Nordseite Szenen aus dem Neuen Testament dargestellt.

Petrikirche:
Gewölbeschlußstein in der Marienkapelle

rechts: Glasfenster im Chor der Petrikirche

Kruzifix in der Magdalenenkapelle

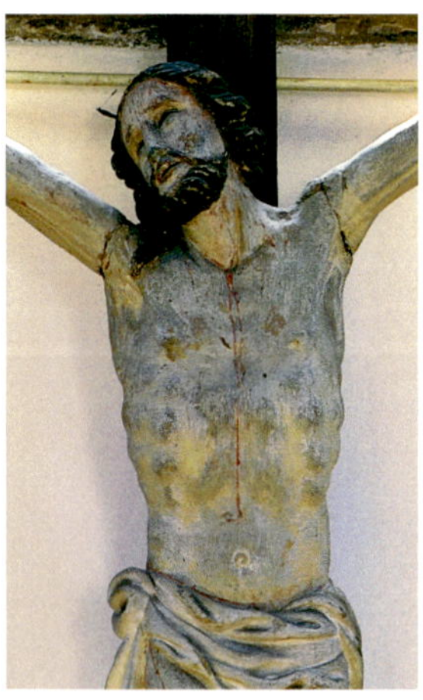

Sehenswert ist auch das spätgotische Holzkruzifix von 1480 in der Seitenkapelle der Kirche. Es stammt aus der Kapelle des Hospitals in Sangerhausen.
Taufstein, Altar und den Gewölbeschlußstein in der Marienkapelle schuf Heinrich Apel.
St. Petri verfügt seit 1988 über eine hervorragende Jehmlich-Orgel. Konzerte sind dank der ausgezeichneten Akustik in dieser Kirche, die als katholisches Gotteshaus genutzt wird, ein besonderes Erlebnis.
In unmittelbarer Nachbarschaft der Petrikirche befindet sich, eingebaut in die Stadtmauer, die *Magdalenenkapelle*. Das Gotteshaus wurde der Legende nach als Sühne für den Diebstahl eines Gefäßes mit geweihten Hostien errichtet. 1315 war der hochgotische Kapellenbau vollendet. Ungewöhnlich ist, daß der Bau keine äußeren Strebepfeiler aufweist. Massive Außenmauern und ein stabiles Tonnengewölbe bilden den Ausgleich dafür. Durch die fünf Chorfenster erhält das kleine Gotteshaus gotische Eleganz. 1385 schenkte Pabst Urban IV. die Sühnekapelle und die Petrikirche dem nahe gelegenen Magdalenenkloster. 1631 teilte die Magdalenenkapelle das Schicksal der Stadt. Erst 1714 wurde sie wieder aufgebaut und erhielt nun ein barockes Mansarddach mit Dachreiter, das jedoch im Januar 1945 den Bomben zum Opfer fiel. Bei der Rekonstruktion erhielt die Kapelle einen neuen Dachstuhl und bekam wieder ihr gotisches Dach mit dem Nadeltürmchen. Nach mehrjährigen Bauarbeiten war die Magdalenenkapelle 1968 fertiggestellt und die altlutherische Gemeinde konnte sie nutzen. Nach der Restaurierung des Innenraumes wurde die Kapelle im Juli 1989 zur Gedenkstätte für Lazare Carnot, Mitglied des französischen Nationalkonvents und später Kriegsminister unter Napoleon, der 1823 in Magdeburg starb.
1991 erhielt das katholische Hilfswerk Subsidiaris die Kapelle. Seither kann man hier tagsüber eine Oase der Ruhe und Besinnung finden.
Bemerkenswert sind die fünf hochgotischen Chorfenster, deren Maßwerke als die schönsten in Magdeburg gelten. Sehenswert ist auch ein spätgotisches Magdalenenbild in der Kapelle.

Wallonerkirche

Dicht neben St. Petri ragt das gewaltige Schiff der Wallonerkirche in den Himmel.
An dieser Stelle entstand 1285 in der Vorburg einer ehemaligen Burganlage ein Augustinerkloster. Von der Burg blieben der Turm am alten Fischerufer, die Stützmauer längs der Straße und unterirdische Gewölbe erhalten. Das Kloster wurde 1295 fertiggestellt. Der Bau der Klosterkirche St. Augustin erfolgte anschließend. Um 1300 entstand der Chor. 1311 setzte man den Stifter des Klosters, den Magdeburger Ritter Werner Feuerhake, im Chorraum bei. 1366 wurde der Bau des hochgotischen dreischiffigen Langhauses fertiggestellt. Das achteckige Türmchen entstand erst um 1400.
Das Augustinerkloster war bis zur Reformation von einiger Bedeutung. Martin Luther weilte 1516 und 1524 mehrmals hier. Der Prior des Augustinerklosters, Melchior Mirisch, entwarf 1524 gemeinsam mit anderen Magdeburger Predigern zehn Thesen, die, vom Stadtrat angenommen, zur Durchsetzung der Reformation in Magdeburg führten.
1525 löste man das Kloster auf, die Stadt nutzte die Anlage – zunächst als Gymnasium, dann als Armenhospital und Pest-Lazarett, später als Waisen-, Zucht- und Armenhaus der Altstadt.

Durch Vernachlässigung 1631 entstandener Kriegsschäden, stürzten 1639 die Gewölbe der Kirche ein. 1689 folgten Glaubensflüchtlinge aus der Pfalz dem Ruf des Großen Kurfürsten. Die niederländisch-wallonisch-reformierte Gemeinde aus Mannheim übersiedelte nach Magdeburg und erhielt die Kirche St. Augustin zur Nutzung. Von 1694 bis zur Zerstörung 1945 war St. Augustin das Gotteshaus dieser reformierten Gemeinde und wurde deshalb als Wallonerkirche bekannt.
1961 begannen die Arbeiten zur Sicherung und zum Wiederaufbau des Kirchengebäudes. Mit längeren Unterbrechungen erfolgte bis 1977 die Rekonstruktion des stark zerstörten Kirchenschiffes. Weitere Restaurierungsarbeiten wurden 1990 abgeschlossen. Seit Ihrer Wiederherstellung ist die Kirche Heimstatt der evangelisch-reformierten Gemeinde und der Evangelischen Altstadtgemeinde.
Sehenswert ist das 1435 in der Magdeburger Gießhütte hergestellte Taufbecken von Ludolf und Heinrich von Braunschweig. Es stammt, ebenso wie der außerordentlich schöne spätgotische Flügelaltar von 1488, aus der St.-Ulrich-Kirche in Halle.
An der Südseite des Chores befindet sich in einem zweigeschossigen Anbau eine kleine Kapelle mit Kreuzrippengewölbe. Auf dem Gewölbeschlußstein ist Christus auf dem Löwenthron dargestellt, eine Arbeit aus dem späten 14. Jahrhundert.

Kruzifix in der Petrikirche

Am Elbufer

Östlich der mittelalterlichen Stadtbefestigung, die St. Petri, St. Magdalenen und die Wallonerkirche einschließt, befindet sich dicht an der Elbe ein weiterer Stadtmauerzug, der sich im Norden bis zum Lukashügel mit der *Lukasklause* erstreckt. Ältester Teil dieser Anlage ist der *Welsche Turm*. Er wurde bereits 1279 erwähnt und bildete zu dieser Zeit den nordöstlichsten Punkt der Stadtbefestigung. 1536 sicherte man das Areal um den Welschen Turm durch den Bau eines starken Rondells. Dennoch drangen am 10. Mai 1631 an dieser Stelle Tillys Truppen in die Stadt ein und verwüsteten sie.
Im Zuge des Ausbaus Magdeburgs zur größten preußischen Festung wurde der Welsche Turm im 18. Jahrhundert modernisiert und Teil der *Bastion Preußen*.
Um 1900 nahm sich der Künstlerverein Lukas des nunmehr nutzlos gewordenen verfallenen Festungsturms an. Durch den Ausbau des Turms und einige Anbauten entstand daraus die Lukasklause. Nach längerer Fremdnutzung, z. B. als Kindergarten, rekonstruierte man die Lukasklause von 1980 bis 1983 umfassend und richtete Ausstellungsräume und eine Gaststätte ein. Heute beherbergt die Lukasklause ein Museum zum Leben und Wirken Otto von Gueri-

links: Wallonerkirche, Innenansicht

Fragmente der Magdeburger Festung

Palais am Fürstenwall, Festsaal

ckes und wird von der Otto-von-Guericke-Gesellschaft für vielfältige Veranstaltungen genutzt.
Der denkmalpflegerisch interessanteste Teil der Lukasklause ist der über 700 Jahre alte achteckige Turm. Er ist 22 m hoch und hat einen Durchmesser von 11,50 m. Seine Mauerstärke beträgt im Erdgeschoß stattliche 1,42 m. Im unteren Turmraum wurde bei der Rekonstruktion eine gotische Holzdecke eingepaßt. Eine süddeutsche Arbeit, die aus den Trümmern des Magdeburger Museums geborgen werden konnte. Dort hatte sie einmal zu einem gotischen Zimmer gehört. Im Veranstaltungssaal in der nächsten Turmetage erfuhren die Holztäfelungen aus der Entstehungszeit der Künstlerklause eine sorgfältige Restaurierung und teilweise Rekonstruktion. Die Einrichtung entstand, stilistisch angepaßt, 1982 neu. Bemerkenswert sind die gleichfalls 1982 von Rudolf Pötzsch geschaffenen Wandbilder zur Stadtgeschichte.
Der südliche, erst 1983 vollendete Anbau mit dem Entrée ist dem historischen Baukörper vollkommen angepaßt, so daß er von den meisten Besuchern nicht als moderne Zutat empfunden wird.
An der Lukasklause, unmittelbar an der Stadtmauer, ist eine beeindruckende Kanone zu sehen, die jedoch bei der Verteidigung der Stadt nie zum Einsatz kam. 1666 fiel Magdeburg durch den Vertrag von Kloster Berge an das Kurfürstentum Brandenburg. Die Magdeburger Bürger huldigten ihrem neuen Landesherrn, dem „Großen Kurfürsten" Friedrich Wilhelm I., und schenkten ihm 1669 zwei 24pfündige Geschütze. Um 1900 ließ Kaiser Wilhelm II. einen Abguß von einem dieser Geschütze anfertigen und vor dem Magdeburger Museum aufstellen. Um diese Replik des Huldigungsgeschenkes der Magdeburger Bürger handelt es sich hier, die Lafette wurde anhand historischer Vorlagen 1983 nachgestaltet. Das Originalgeschütz befindet sich im Museum für Deutsche Geschichte in Berlin.
Die *Elbuferpromenade* ermöglicht den Blick auf die schon beschriebenen Altstadtkirchen und eröffnet die Aussicht auf das *Kloster Unser Lieben Frauen* und den Dom. Von der Elbuferpromenade führt eine Fußgängerbrücke auf den *Fürstenwall*, ein weiteres Teilstück der alten Stadtbefestigung. Hier ist ein anderer *Stadtturm* erhalten. Er entstand um 1430 und wurde, da die Wachen von dort aus in die Küche des erzbischöflichen Palais sehen konnten, *Kiek in de Köken* genannt. In der Zeit des Nationalsozialismus erfolgten gravierende Veränderungen am Turm Kiek in de Köken.
Heute kann man vom Fürstenwall zwar nicht mehr in die Küche, dafür aber in den *Möllenvogteigarten* und auf das einzige erhaltene *mittelalterliche Stadttor* Magdeburgs schauen. Es ist ein Zeugnis der Backsteingotik. 1493 wurde es in die östliche Mauer eingebaut und sicherte den Zugang vom Hafen des Erzbischofs zum Hof der Möllenvogtei. Das Gebäude der alten Möllenvogtei grenzt im Norden an das Stadttor. Auf dem Fürstenwall sind mehrere wertvolle Barockplastiken, so wie sie aus den Bombentrümmern geborgen wurden, in die Parkanlage einbezogen. Am Ende des Fürstenwalls befindet sich der *Turm hinter der Ausfahrt der Möllenvogtei.* Er entstand ebenfalls um 1430. Von 1767 bis 1819 war darin die Wasserkunst für die Domfreiheit installiert. Anschließend beherbergte er eine Dampfbadeanstalt. Heute ist der Turm nur noch als Ruine erhalten. Wenige Schritte davon entfernt gelangt man durch einen Torbogen in den *Remtergang*. Erst bei genauerer Betrachtung erweist sich das Torhaus als weiterer Teil der alten Stadtbefestigung. Es handelt sich um den 1241 am südöstlichen Ende der Stadtmauer errichteten sogenannten *Tartarenturm*. Er war ursprünglich dreigeschossig, 1899 erfolgte jedoch ein Durchbruch durch sein Mittelgeschoß für eine Zufahrt vom Fürstenwall zum Remtergang. Das Obergeschoß wurde dabei verändert.
Vom Remtergang kann man sehr gut den Chor des Domes betrachten. Die farbige Pflasterung neben dem Chor bleibt von den meisten unbeachtet. Sie zeichnet die Umrisse der darunter liegenden Krypta nach. Dem Chor gegenüber befindet sich das Fachwerkhaus *Remtergang 1*, das älteste erhaltene Wohnhaus Magdeburgs. Die genaue Entstehungszeit des Gebäudes ist nicht belegt. Es wird als ehemalige Domkurie angenommen. Unter dem Haus befinden sich romanische Tonnengewölbe. Der ältere Nordteil ist ein Renaissancebau, der die Zerstörung der Stadt

Grabstein an der Südwand der Wallonerkirche

1631 unbeschadet überstand. An seinem Westgiebel befinden sich zwei sogenannte Neidköpfe. Die kleinen Plastiken sollten böse Geister und mißgünstige Nachbarn fernhalten.
Ein kleiner Abstecher aus dem Remtergang hinunter zum Stadttor und in den *Möllenvogteigarten* lohnt sich. Die mittelalterliche Gartenanlage bestand bereits 1377. Sie wurde liebevoll wiederhergestellt und ist wegen ihrer Zwingerlage nicht nur für Romantiker besonders reizvoll. Interessierte Besucher können aus der Anlage über Treppen zu den Resten der *Gangolphi-Kapelle*, im Volksmund auch als „Kaldaunen-Kapelle" bezeichnet, gelangen. Sie war die Palastkapelle der Erzbischöfe, 1310 erstmals erwähnt. Unter Erzbischof Günther wurde sie mit einem Kollegiatsstift besetzt und 1373 mit einem gotischen Sterngewölbe neu errichtet. 1906 brach man für den Neubau eines Verwaltungsgebäudes das Langschiff ab, nur der kleine polygonale Chor an der Ostseite blieb erhalten. Vier Maßwerkfenstergewände baute man jedoch in eine Mauer des Hofes Domplatz 4 ein. Diese so über die Zeit geretteten Teile wurden 1999 restauriert und konserviert.
Im Möllenvogteigarten kann man dicht an der inneren Stadtmauer einen mittelalterlichen Brunnen entdecken. Der Weg durch das Stadttor hinauf zum Dom hat seinen eigenen Reiz. Man gelangt nun von Südosten auf den Domplatz und betritt die *Kaiserpfalz*.

Die Kaiserpfalz

In der Südostecke des heutigen Domplatzes befand sich die Kaiserpfalz Ottos I. In einem Areal von etwa 50 x 50 m konnten bei Ausgrabungen der Akademie der Wissenschaften unter der Leitung von Dr. Ernst Nickel 1964 bis 1968 Bodenverfärbungen und Fundamentgräben nachgewiesen werden, die als Teil der Pfalzanlage von Otto dem Großen zu bestimmen waren. Leider ließ die Grabung nur an wenigen Stellen aufwachsendes Mauerwerk zutage treten. Am interessantesten war dabei der Fuß einer Treppenspindel in einem Treppenturm im nordöstlichen Teil des ergrabenen Areals. Wahrscheinlich diente die Kaiserpfalz nach einem Brand oder anderweitiger Zerstörung als Steinbruch für den Bau des gotischen Doms. Anhand des ergrabenen Pfalzgrundrisses wurde mittels vergleichender Untersuchungen, z.B. mit der Aachener Kaiserpfalz, der Versuch einer zeichnerischen Darstellung bzw. von Computersimulationen unternommen. Ein Wettbewerb zur Gestaltung der Kaiserpfalz auf dem Domplatz 1996 erbrachte zwölf interessante Vorschläge. Bis zur Ottonenehrung 2001 mit der Landes- und Europaratsausstellung „Otto der Große, Magdeburg und Europa" soll nun die Realisierung des Kaiserpfalzprojektes von Heinrich Apel und Hans Schuster erfolgen. Ihr Konzept sieht vor, entsprechend dem dokumentierten Ausgrabungsplan Dr. Nickels, die aufgefundenen Mauerreste, Fundamentmauern und Fundamentgräben als eine 1:1-Projektion auf der jetzigen Domplatzoberfläche nachzuzeichnen. Dem möglichen Mauerverlauf folgend, wird ein schmaler Betonsockel aufgebracht, auf den bis in Sitzhöhe roter Kopalaksandstein als Mauerwerksadaption aufgesetzt ist. Durch das Aufsetzen des überkragenden Sandsteins soll deutlich gemacht werden, daß es sich nicht um originales Mauerwerk handelt, sondern nur um eine optisch erfaßbare und in ihren Ausmaßen erlebbare Darstellung der ehemaligen Pfalzanlage.

Der Domplatz

Die Größe des Platzes ist ungewöhnlich und dem Umstand zu „verdanken", daß Magdeburg nach den Zerstörungen des Dreißigjährigen Krieges unter dem

„Magdeburg gehört zu den Städten, die ihre Physiognomie aus einer weitgreifenden Zerstörung ableiten müssen. Wie London durch seine Riesenfeuersbrunst 1666 sein Mittelalter bis auf wenige Reste zusammengedrängt und sich daher in der Architektur einen ganz modernen Charakter geschaffen hat, so ist auch Magdeburg in seiner Außenseite vom Mittelalter losgerissen. Allein auch selbst die Kirchen sind größtenteils, weil sie viel gelitten hatten, modernisiert."
(Johann Karl Friedrich Rosenkranz: Von Magdeburg nach Königsberg, 1875)

Domplatz 4, Sitz der Staatskanzlei von Sachsen-Anhalt

Domplatz 7, Detail am Eingang des Gebäudes

Domplatz, nachgestaltete Umrisse der Kaiserpfalz vor der Staatskanzlei im ehemaligen Königspalais

Domplatz 2/3

„Von Magdeburg zu behaupten, daß es weder eine vergnügliche, noch eine schöne, noch eine geistreiche Stadt, sondern eine eintönige Industrie- und Handelsstadt mit vorwiegend materiellen Interessen sei, deren schöne alte Stadtteile Tilly zerstört habe, ist fast ein Gemeinplatz geworden ... Ihr Gepräge erhalte sie, abgesehen von der Industrie, von den Nachklängen der großen Festungs- und Garnisonszeit, sie sei so nüchtern preußisch, nicht künstlerisch preußisch wie Potsdam ... Seinen einzigartigen weltgeschichtlichen Ruhm aber verdankt Magdeburg seiner Zerstörung durch Tilly ... 1631, die das einzige Beispiel der vollkommenen Verwüstung einer großen und stolzen Stadt in neuerer Zeit ist ... Die Stadt hat eine besondere Struktur. Sie ist nicht um den Dom winkelig herumgebaut, sondern die großen Kirchen liegen in der Längsrichtung wie angereiht ... der Ausdruck dafür, daß Magdeburg sich längs der Elbe erstreckt, so daß die Elbrichtung auf die Richtung der Hauptstraßen einwirkte ... In dem Teil des alten Stadtkerns zwischen Breitem Weg und Stromelbe stecken die Schönheiten der mittelalterlichen Stadt. Im Süden der wunderbare gotische Dom, der noch etwas romanisch wirkt. Da ist still und breit und mit Bäumen bepflanzt, der Domplatz ... von würdigen Barockhäusern umrahmt, im Bannkreis der gewaltigen Kirche. Preußentum des 18. Jahrhunderts verbindet sich hier mit romanisch umhauchter Gotik des Mittelalters zu einer feierlichen Einheit ... als Ganzes gesehen, stellt das alte Magdeburg ein Gemisch von schöner Anreihung, breiter Übersichtlichkeit und trotzdem von festungshafter Enge und Winkeligkeit dar ... Wären die Dinge anders gelaufen, etwa unter dynastischer Führung und ohne die große Zerstörung, so hätte hier die würdige Hauptstadt des Reiches entstehen können, mitten in Deutschland, viel mehr Elemente deutschen Wesens in sich begreifend als Berlin, auf altdeutschem Boden und doch schon nach Osten weisend."
(Eugen Diesel: Kleine Monographie Magdeburgs, Deutsche Rundschau, April 1934)

oben: Domplatz 9, sog. „Freyhauß"

links: Figur am Eingang, Domplatz 4

Remtergang 1

Giebelfigur des Gebäudes vom Domplatz 7

Domplatz 8

Regime des „Alten Dessauers", des Fürsten Leopold von Anhalt, nicht nur zur größten und modernsten preußischen Festung ausgebaut wurde, sondern auch zur barocken Garnisonsstadt. Befähigte Ingenieur-Offiziere wie Schmutze und Walrave fungierten nicht nur als Festungsbaumeister, sondern auch als Planer repräsentativer Straßenzüge und Plätze. Besonders eindrucksvoll ist die erhaltene barocke Bebauung an der Ost- und Nordseite des Domplatzes. Das Gebäude *Domplatz 1* war die *neue Möllenvogtei*, erbaut 1745. Das Gebäude *Domplatz 2–3* entstand ab 1707 unter der Leitung des preußischen Hofstukkateurs Giovanni Simonetti am Standort des früheren erzbischöflichen Palais'. Man bezog die ehemalige Hauskapelle der Erzbischöfe, St. Gangolph, und die Reste einer mittelalterlichen Halle, der „Dörnitz", in den Bau ein. Nun diente das Gebäude als *königliches Palais* und beherbergte während der Kriege Friedrich II., die königliche Familie nebst Hofstaat, Staatsschatz und Kronjuwelen. Aus dieser Zeit stammt auch der Ehrenhof an der Südseite des Baues mit den beiden beeindruckenden Barockportalen, deren kunstvolle schmiedeeiserne Gitter leider durch „sozialistische Bilderstürmer" vernichtet wurden.

Das Gebäude *Domplatz 4* entstand 1732 als Palais für den Geheimen Rat Christian Knaut. Auffällig ist die reiche Fassadengliederung, besonders die Gestaltung des Mittelrisalits mit vier Hermen, kunstvollen Brüstungs- und Giebelfiguren verdient eine eingehendere Betrachtung.

Das ehemalige Naturkundemuseum *Domplatz 5* war 1945 nur noch als Ruine erhalten und wurde im Gegensatz zu den angrenzenden Barockbauten erst Ende der 80er Jahre rekonstruiert.

Das Gebäude entstand 1728 als *„neue" Domdechanei.* Am Ende des 18. Jahrhunderts beherbergte es Mitglieder des königlichen Hofes und wurde deshalb als „Fürstenhof" bezeichnet. 1808 diente das Gebäude Napoleon und seinem Bruder Jérôme als Quartier. Später wurde es der Stadt übereignet, war Generalkommando und schließlich ab 1892 Museum, ab 1906 Naturkundemuseum.

Das Gebäude *Domplatz 7* an der Nordostseite wurde von 1724 bis 1728 für den Weinhändler Christian Wunenburg erbaut und bildet mit den angrenzenden Bauten 8 und 9 eine symmetrische Einheit. Die Fassade ist streng gegliedert und dennoch mit reichem Schmuck versehen. Säulen, Ornamentschmuck sowie Masken und Figuren am üppigen Ziergiebel verleihen dem Bau ein repräsentatives Aussehen. Im Zweiten Weltkrieg brannte das Gebäude vollständig aus, die Fassade blieb jedoch so weit erhalten, daß sie abgestützt und später rekonstruiert werden konnte. Das Nebengebäude Nr. 6 ist ein stilistisch angepaßter Neubau. Das Zentrum der nördlichen Platzwand bildet das Gebäude *Domplatz 8* mit seinem überhöhten

Mittelteil mit Schmuckgiebel und Giebelfigur sowie den vier seitlichen Gaubenfenstern im Dach. Fassadengliederung und Dekor entsprechen der hervorragenden Qualität des Ensembles. 1725 bis 1728 ließ der Maurermeister Hans Georg Reinecke das Gebäude als Mietshaus für drei Nutzer errichten. 1944 durch Bomben zerstört, wurde das Haus bereits 1953 wieder aufgebaut. Da es nun in Verbindung mit den angrenzenden Gebäuden als Fachschule fungierte, verzichtete man dabei auf den Einbau eines Portals.
Der Festungsbaumeister Gerhard Cornelius von Walrave errichtete das Gebäude *Domplatz 9* als *„Freyhauß"* (wie die Inschrift im Giebelfeld ausweist), das 1725 fertiggestellt war. 1911 mußte es wegen Baufälligkeit abgebrochen werden, wurde jedoch unter weitestgehender Verwendung der alten Teile originalgetreu wiederhergestellt. Nach dem Zweiten Weltkrieg erfolgte der Wiederaufbau bis 1953.
Die Barockgebäude des Domplatzes mit Ausnahme der Häuser 1 und 5 wurden nach 1990 umfassend saniert und werden nun von der Landesregierung genutzt.

Der Dom

Auf der Kaiserpfalz Ottos des Großen zu stehen und den Dom zu betrachten ist faszinierend und ein überwältigender Eindruck.
In seinen Jugendjahren weilte Otto I. oft und gern in Magdeburg, und auch seine Auserwählte, die englische Prinzessin Edith (auch Edgit oder Editha genannt), liebte die Stadt sehr. Sie erhielt sie nach der Hochzeit als Morgengabe.
937, im Jahr nach seiner Krönung, stiftete Otto I. in Magdeburg ein Benediktinerkloster zu Ehren des heiligen Mauritius. Die Klosterkirche hatte er zur Grabkirche für sich ausersehen, 946 wurde seine Gemahlin Edith dort beigesetzt.
Otto I. blieb zeitlebens der Stadt verbunden und machte sie zu seiner östlichen Reichshauptstadt. Er ließ eine Pfalz errichten und begann 955, nachdem er für die Benediktinermönche das Kloster Berge gestiftet hatte, den Umbau der Klosterkirche zum Dom voranzutreiben. Er bereitete die Bildung eines Erzbistums in Magdeburg vor, was ihm jedoch wegen des erbitterten Widerstandes der Erzbischöfe Wilhelm von Mainz und Bernhard von Halberstadt erst nach seiner Kaiserkrönung und dem Tod Wilhelms 968 gelang.
Nach dem Tode Kaisers Otto I. 973 in Memleben wurde sein Leichnam nach Magdeburg überführt und im Dom beigesetzt.
Doch was blieb vom ottonischen Dom? Aus zeitgenössischen Überlieferungen und aus vorgefundenen Bauresten schlußfolgerte man, daß die erste Magde-

Giebelfigur des Gebäudes vom Domplatz 4

„Magdeburg selbst hat drei Merkwürdigkeiten: den Bürgermeister Franke, den Dom und die Sage vom Weiberball. Franke ist klassisch, der Dom romantisch-christlich, die Sage ... romantisch-heidnisch, weil ein keuscher Vorhang über ihrer Unkeuschheit hängt. Dieser Weiberball, man nennt ihn auch den schönen Frauenverein, ist aber das Interessante an Magdeburg, trotzdem man von ihm wenig weiß. Sonst aber weiß man in Magdeburg alles."
(Heinrich Laube, 1837)

Domplatz 2/3

Magdeburger Dom, Westportal

burger Kathedrale eine große dreischiffige, wahrscheinlich im Grundriß kreuzförmige, Säulenbasilika war. Der 1926 ergrabene Südteil einer romanischen Krypta – zunächst als Krypta des ottonischen Domes und ursprüngliche Grablege Ottos I. und Ediths vermutet – ist vom Kreuzgang aus zugänglich. Neuere Forschungen belegen jedoch, daß es sich hierbei um eine neue Ostkrypta handelt, die unter Erzbischof Tagino angelegt und 1008 geweiht, später von Erzbischof Hunfried nochmals vergrößert und 1049 geweiht wurde.

Im Hohen Chor befindet sich in einem schlichten, mit einer antiken Marmorplatte abgeschlossenen Stucksarkophag das Grab Ottos I. Der Sarkophag ist eindeutig aus ottonischer Zeit. Er wurde in den gotischen Dom an diese liturgisch höchst bedeutsame Stelle in unmittelbarer Nähe des Hauptaltars verbracht, in besonderer Verehrung und als Würdigung des Kaisers und Stifters. 1844 öffnete man die Tumba und fand darin einen hölzernen Sarg mit den Gebeinen Ottos des Großen, allerdings nicht mehr in ursprünglicher Lage.

Die antike Marmorplatte kam wahrscheinlich bereits in ottonischer Zeit auf den Sarkophag, der Schriftrost darauf ist allerdings eine Zutat von 1937. Es ist die ins Lateinische übertragene Nachdichtung einer Inschrift, die bereits im 15. Jahrhundert durch die lateinischen Aufzeichnungen des Domkapitulars Sebastian Weynmann belegt war. Er schrieb, wörtlich übersetzt: *Sein* (Kaiser Otto I.) *Grabmal ist aber mit sehr hellem Marmor ganz bedeckt und in der Höhe ein wenig aufgerichtet. In der Umschrift des Marmors (der Marmorplatte) aus Goldblech hat es in sehr schönen Buchstaben diese Grabinschrift in sich eingeschlagen: Drei Anlässe zur Trauer sind unter diesem Marmor verschlossen: unser König, der Ruhm der Kirche und das höchste Ansehen des Vaterlandes.* (Die Übersetzung der 1937 aufgebrachten Nachdichtung von Hermann Goerns lautet: *Vor dem Marmorsarkophage – Dreimal neigt ihr Haupt die Klage: – Königtum, der Kirche Zier, – Glanz des Reichs beweint sie hier.)*[1]

Das Grab der Königin Edith befindet sich im Chorumgang. Bei den mehrfachen Umbauten der Kathedrale wurde auch ihr Grab nicht am ursprünglichen Platz in der Krypta belassen. Das Sandsteingrabmal (um 1500) für die verehrte Königin und Stifterin hat allerdings erst Erzbischof Ernst von Sachsen in Auftrag gegeben. Auf der Deckplatte der Tumba ist Königin Edith dargestellt als schöne liebenswerte junge Frau, ohne das Pathos einer Herrscherin. Die bewußt altertümlich gestaltete Umschrift nennt als Todesjahr 947 statt 946. Ihre Übersetzung lautet: *Hier sind die sterblichen Überreste der göttlichen Edith, der Königin der Römer und Tochter des englischen Königs Edmund, geborgen, durch deren fromme Liebe veranlaßt diese Kirche von ihrem Gemahl, dem göttlichen Kaiser Otto dem Großen, gestiftet wurde. Sie verstarb im Jahre Christi 947.*[2] Die kleinen wachenden Löwen an den Ecken des Schriftbandes bezeugen die fürstliche Herkunft Ediths. Die Seitenwände des Grabmals zieren Standbilder der Heiligen Adelheid, Kunigunde, Elisabeth und Hedwig mit ihren Wappen. Mauritius und Katharina sind an der östlichen Stirnwand der Tumba dargestellt und an der westlichen Maria und Anna mit zwei besonders schönen Wappenengeln. In der Mitte der Längsseiten und an den Stirnseiten sind die Wappen der Königin Edith überliefert – der kaiserliche Doppeladler gegenüber dem englischen Königswappen mit den drei Leoparden sowie das Wappen des Erzbistums und das sächsische Wappen des Erzbischofs Ernst.

rechts: Magdeburger Dom, Innenansicht nach Osten, im Vordergrund der Taufstein

Dom, Innenansicht nach Westen vom Bischofsgang aus

Der heilige Mauritius und die heilige Katharina im Sanktuarium des Domes

Weitere unmittelbare Spuren aus ottonischer Zeit finden sich im Hohen Chor. Die antiken Marmorsäulen ließ Otto I. für den Bau seines Domes aus Italien heranschaffen. Diese Spolien überstanden den Dombrand von 1207 und wurden an hervorragender Stelle in den gotischen Neubau einbezogen. Aus dem romanischen Dombau überkommen ist auch die Osterlichtsäule aus Marmor, entstanden in der ersten Hälfte des 12. Jahrhunderts. Ihr Sandsteinfuß ist eine von Heinrich Apel 1958 geschaffene Zutat.
Gleichfalls aus romanischer Zeit bewahrt sind die Bronzegrabplatten der Erzbischöfe Friedrich von Wettin von 1152 und Wichmann von 1192. Beide Bildwerke entstanden in der damals berühmten Magdeburger Gießhütte und sind von hervorragender künstlerischer Qualität. Interessant ist der Vergleich zwischen der hochromanischen Darstellung des Erzbischofs Friedrich von Wettin und der spätromanischen Wichmanns. In der plastischen Durchbildung, der Körperhaltung, der Darstellung der Gesichtszüge, der Gestaltung der Gewänder ist der stilgeschichtliche Wandel unmittelbar abzulesen. Am Rande erwähnt sei hier ein kleines Detail, ein Zitat der Antike: der Dornauszieher am unteren Ende des Bischofsstabes des Wettiners.
In die Marienkapelle des 15. Jahrhunderts bezog man romanische Marmorreliefs mit einem Engel, Evangelistensymbolen und Seligpreisungen, die um 1160 wohl für die Chorschranke und den Ambo des ottonischen Doms geschaffen wurden, ein.
Beim großen Stadtbrand 1207 wurde auch der ottonische Dom schwer in Mitleidenschaft gezogen. Dennoch wollten die traditionsbewußten Magdeburger „ihren" romanischen Dom, in Verehrung seines Gründers und aus Furcht vor weiteren Steuern und Abgaben für einen Neubau, wieder herstellen. Erzbischof Albrecht II. (1205–1232) hatte jedoch die gotischen Kathedralen in Frankreich vor Augen, als er den Neubau plante, der 1209 begonnen wurde und bis 1520 dauerte. Der Magdeburger Dom ist damit die erste gotische Kathedrale in Deutschland.
Es würde zu weit führen, die detaillierte Baugeschichte hier darzulegen. Die beeindruckende Atmosphäre dieses Bauwerks muß man einfach erleben und die Etappen des Baues bei einem Rundgang ablesen. Fünf große Bauabschnitte sind nachweisbar. Von der Grundsteinlegung bis zum Tode von Erzbischof Albrecht (1209–1232) entstanden die unteren Teile von Chor, Osttürmen und Querhaus sowie das Langhaus in einem nicht genau zu bestimmenden Ausmaß, bis zur Höhe des Gesimses. Das Südportal ist in der Form seiner Entstehungszeit um 1220 erhalten. Im zweiten Bauabschnitt wurden Relikte des ottonischen Doms an sichtbarer Stelle wieder eingebracht, der Bischofsgang entstand, die Arbeiten am Querhaus wurden abgeschlossen. Die dritte Baupha-

Dom, Blick ins Langhaus nach Westen vom Bischofsgang aus

Kruzifix im Bischofsgang

„Schon als Kind war mir diese Stadt besonders liebenswert. Wenn ich morgens aufwachte, hörte ich die Turmuhr vom Dom schlagen ... Ja, ich war wieder in Magdeburg, dem lieben alten Magdeburg. Durch das schmale Fensterchen über meinem Bett sah ich die Dächer der Domkirche. Und dort am Seiteneingang, da waren die schönen Figuren von den Frauen, von denen die Mutter mir erzählt hatte ..."
(Xaver August Schichtl: Erinnerungen, 1962)

Magdeburger Dom, die Wundertätige Madonna im Südarm des Querhauses

se endete mit der Fertigstellung des Langhauses und der Weihe des Doms 1363. Mit dem Ausbau der Seitenschiffe und dem Bau des Untergeschosses der prachtvollen Westfassade währte der vierte Bauabschnitt bis 1477. Die Ausführung des aufwendig geschmückten Obergeschosses des Zwischenbaus und die Vollendung der Westfassade mit den achteckigen Turmgeschossen bildeten 1520 den Abschluß des gotischen Baues.
Nachfolgende bauliche Veränderungen, denkmalpflegerische Arbeiten nach dem Brand 1449, eine von Karl Friedrich Schinkel beratene umfassende Wiederherstellung in den Jahren 1826 bis 1834, die zum Teil auch „verrestaurierte", und die Beseitigung der schweren Kriegsschäden nach 1945 sollen hier nur erwähnt werden.
Zu den bedeutendsten Bildwerken des Magdeburger Doms gehören zweifellos der Torso des heiligen Mauritius und die heilige Katharina im Hohen Chor. Beide stammen aus der Mitte des 13. Jahrhunderts. Die Figur der Katharina kann als Vorstufe für die Standbilder der Ecclesia und der Synagoge angesehen werden, die den Figurengruppen der Klugen und Törichten Jungfrauen an der Paradiespforte zugeordnet sind. Die frühgotischen Figuren entstanden um 1260, zweifellos früher als das hochgotische „Paradies", wie die Vorhalle auch genannt wird. Die Jungfrauengruppe ist wohl für die meisten Besucher das anrührendste und schönste Figurenensemble des Doms. Obwohl sie, verglichen mit den individuell ausgeprägten Stifterfiguren des Naumburger Doms, nur „typisiert" Freude und Schmerz ausdrücken, sind Haltung und Mimik bei jeder der Jungfrauen anders und zeugen von der Meisterschaft ihres Schöpfers.
Im Chorumgang sind eine Maria und ein Erzengel Gabriel zu einer Verkündigungsgruppe zusammengestellt. Es ist nicht eindeutig, ob die Figuren ursprünglich zueinander gehörten. Vergleichende Untersuchungen ordnen beide Plastiken jedoch von der Entstehungszeit um die Mitte des 13. Jahrhunderts und in der künstlerischen Ausführung dem Schöpfer des Magdeburger Reiters zu. Einen weiteren Bezugspunkt zur Reiterskulptur sehen die Kunsthistoriker im Herrscherpaar in der sechzehneckigen Kapelle im Mittelschiff des Domes. Auch das kleine Bildwerk eines thronenden Herrscherpaars entstand um die Mitte des 13. Jahrhunderts. Unklar ist, für welchen Standort im Dom es ursprünglich geschaffen wurde. Über die Bedeutung der Figuren ist man sich ebenfalls nicht einig. Es könnten die Stifter des Moritzklosters und späteren Domes, Otto I. und Edith, sein. Die Schüssel mit den neunzehn Kugeln in der Hand des Herrschers wird als Symbol für die neunzehn Tonnen Gold, die Otto für den Dombau stiftete, gedeutet. Die moderne Forschung geht dagegen von einer Darstellung des himmlischen Herrscherpaares aus. Bei der Schüssel mit den 19 Kugeln soll es sich demnach um eine Modifikation der Sphaira, der mittelalterlichenVorstellung der Himmelskugel, mit den damals bekannten sieben Planeten im inneren und zwölf Tierkreiszeichen im äußeren Kreis, handeln.
Das ausdrucksvolle Standbild der Gottesmutter im Bischofsgang, das leider nur noch als Torso erhalten ist, entstand vermutlich um 1270. Etwa 50 Jahre später ist das Marienstandbild aus Marmor im nördlichen Querhaus zu datieren. Es wurde aus dem Schaft einer Säule des ottonischen Doms geschlagen und hat seinen Standort in einer tabernakelartigen, aus Spolien entstandenen Arkade. Haltung und Gewandbildung zeigen sowohl die gotische S-Form als auch die Anlehnung an antike Vorbilder.
Die hochgotische, sogenannte Wundertätige Madonna im Südarm des Querhauses stammt aus dem letzten Viertel des 13. Jahrhunderts.
Ein bedeutendes Geschichtszeugnis befindet sich an der Westwand des Kreuzgangostflügels. Von den meisten Besuchern wird die Putzritzung aus der Mitte des 13. Jahrhunderts übersehen. Es handelt sich dabei um eine Darstellung des Stifters Otto I. mit seinen beiden Gemahlinnen Edith und Adelheid, flankiert von den ersten neunzehn Magdeburger Erzbischöfen. Leider wurde der eingeritzte Wandfries im 17. Jahr-

hundert durch das Einbringen von Epitaphien beschädigt, die Witterungsunbilden zerstörten ihn weiter. Am besten erhalten ist noch das Bildnis des thronenden Kaisers zwischen seinen Gemahlinnen. Im Magdeburger Museum kann man eine frühere Abformung dieser Putzritzung besichtigen.

Im Westteil des Mittelschiffs befindet sich der Taufstein aus poliertem Porphyr in Form eines überdimensionalen Kelches. Er wurde mehrfach versetzt und kam nach Ansicht der Kunsthistoriker wie zahlreiche andere Spolien bereits zur Ausstattung des ottonischen Domes nach Magdeburg. Seine heutige Form erhielt der Taufstein – ebenso wie der Hochaltar – kurz vor der Weihe des gotischen Dombaues um 1363. Sein flaches achteckiges Podest, ebenfalls aus rotem Porphyr, ist vermutlich eine Zutat der Renaissance.

Blickt man vom Taufstein nach Westen, so fällt ein kunstvolles spätgotisches Gitterwerk auf, das den Turmzwischenbau vom Kirchenschiff trennt und ein kunsthistorisches Kleinod birgt.

Erzbischof Ernst von Sachsen plante bereits im Alter von 30 Jahren seine Grabkapelle in der Eingangshalle zwischen den Westtürmen. 1494 gab er ein prunkvolles Grabmal in Auftrag. Der autarke Erzbischof ließ das Hauptportal des Domes für immer verschließen und bestellte bei einem Kunstschmied das Gitter zur Abgrenzung seiner Grabkapelle.

Das Grabmal des Erzbischofs Ernst befindet sich inmitten der Grabkapelle. Auf der Tumba ist die Gestalt des Erzbischofs in detailgetreuem Ornat als jugendlicher Herrscher dargestellt. Der Löwe zu seinen Füßen präsentiert das sächsische Wappen mit denen des Erzbistums Magdeburg und des Bistums Halberstadt. Jahrhundertealter Tradition folgend bilden die vier Evangelistensymbole die Eckpunkte. An den Längsseiten der Tumba sind die Apostel und an den Stirnseiten die Heiligen Mauritius und Stephan dargestellt, sie begleiten gleichsam als „erhabener Trauerzug“ den Verstorbenen.

Das prunkvolle Grabmal ist „*gemacht zu nurmberg von mir peter fischer rotgießer und ist vollbracht worden da man zalt 1495 iar*“, liest man unter den beiden Wappen der östlichen Stirnseite. Es ist eines der bedeutendsten Werke aus der Nürnberger Gießhütte Peter Vischers d. Ä. und belegt noch in höchster Vollendung die Formenwelt der Spätgotik, doch der Übergang zur Renaissance wird bereits in der denkmalhaften Darstellung und der wunderbar ausgearbeiteten Majuskelinschrift um die Deckplatte deutlich.

Beachtenswert ist in der Ernstkapelle auch die Alabasterstatue des heiligen Mauritius. Ursprünglich stand die Figur des Dompatrons hinter dem Johannisaltar, dem Liturgiealtar vor dem Lettner. Eine Inschrift weist 1467 als Entstehungsjahr aus. Die Plastik wird demselben großartigen Meister zugeschrieben, der gleichfalls im Jahr 1467 das Alabasterrelief des heiligen Michael für die Erfurter Severikirche anfertigte.

Darstellung der heiligen Katharina am Kanzelkorb

Die Kanzel wurde 1595–1597 von Christoph Kapup aus Nordhausen für den Dom geschaffen.

Unter den vielen hervorragenden Renaissancebildwerken des Magdeburger Domes sollten das Epitaph für den Oberst Ernst von Mandelsloh (1590 bis 1592) und die Kanzel (1595–1597) hervorgehoben werden. Beide schlug der Nordhäuser Bildhauer Christoph Kapup aus Alabaster. Die Sandsteinteile der Kanzel stammen aus der Hand von Kapups damaligem Gesellen Sebastian Ertle, der später als Meister in Magdeburg eine Werkstatt leitete und mehrere wertvolle Bildwerke für den Dom schuf, unter anderem die Epitaphien für den Dechanten Ludwig von Lochow am norwestlichen Vierungspfeiler und das Bildwerk für den 1610 verstorbenen Domherrn Wichard von Bredow.

Als Schüler Sebastian Ertles wiederum nimmt der Magdeburger Bildhauer Christoph Dehne wegen sei-

Darstellung des Apostels Paulus am Fuß der Kanzel

Das thronende Herrscherpaar in der sechzehneckigen Kapelle

Die sechzehneckige Kapelle am Kanzel-Pfeiler im Langhaus

Der Lettner

Illusionistische Gewölbemalerei in der Ernstkapelle

Bischofsgang nach Südosten

Pieta im Bischofsgang

„Man ist sehr fromm in Magdeburg, die guten alten Reichszeiten leben wieder auf ... Der Dom wird schon lange restauriert, man interessiert sich in dieser Gegend überhaupt für alle Restauration, und die kirchliche kostet dem König von Preußen viel Geld. Dafür liebt man ihn auch nirgends so industriös als in Magdeburg, das ist seine allergetreueste Stadt ... der kleine nüchterne Tilly, der den einfältigen Ruhm zu verlieren hatte, nie trunken gewesen zu sein, nie ein Weib berührt und nie eine Schlacht verloren zu haben, hat bekanntlich den Dom einst stark beschädigt. Die Wunden hat man echt protestantistisch bis auf die neuste Zeit offen gelassen. Erst jetzt wird wieder eine Heilung versucht ... Das Gebäude ist wieder recht stattlich geworden. Nur weiß man nicht recht, welchen Stil es hat. Es ist nicht recht gotisch, nicht mittelalterlich, luftig, schnörkelig; gegen einen mystischen alten Dom nimmt es sich recht naseweis aufgeklärt aus. Es hat keinen tiefen Charakter."

(Heinrich Laube, 1837)

Wange des Chorgestühls, Christi Himmelfahrt

Sarkophag des Erzbischofs Ernst in der Ernstkapelle

Marmormadonna im Nordarm des Querhauses

Pfeiler mit figürlichem Dekor an der Kapitellzone in der Ernstkapelle

Spitze des Bischofsstabes an der Bronzegrabplatte des Erzbischofs Friedrich

Kapitelle im Chorumgang

„Magdeburg ist eine hawbstadtt in Sachßenland an dem fluß der Elbe gelegen ... Dise statt ... ist in drey ryfier getaylt und mit zynnen, vorwernn, ergkern, thürmen und graben befestigt und bewaret, und mit großtetigen, herrlichen hewßern, hübschen gaßen und weytten schönen Tempeln gezieret ... In diser statt Magdeburg ist ein fast zierliche kirch in sant Mauricien ... auß quadersteynen erpawet, gar ein edels werck ..." (Hartmann Schedel: Weltchronik, 1493)

ner schöpferischen, weit über seine Vorbilder hinausgehenden Arbeiten einen besonderen Rang ein. Drei Epitaphe für evangelische Domherren zeugen mit ihrer barocken Bilderfülle von seiner künstlerischen Meisterschaft. 1615 schuf Dehne das Hängeepitaph für den Domherrn Christian von Hopkorf im südlichen Seitenschiff. Das (leider nur noch unvollständig erhaltene) Bildwerk für den Senior Ernst von Meltzing an der Südwand des Querhauses entstand 1617. Als letztes Werk des großartigen Künstlers gilt das Bronzeepitaph für den Domherrn Cuno von Lochow an der Südwand des Querhauses. (Es sollte 1809 eingeschmolzen werden, seitdem fehlt der ursprüngliche obere Abschluß.)

Ein Bildwerk des Magdeburger Domes hat eine ganz besondere Bedeutung – zum einen für die Kunsthistoriker, zum anderen und vor allem aber für die Magdeburger. Es ist das Ehrenmal für die Gefallenen des Ersten Weltkrieges von Ernst Barlach.

1929 schuf Barlach das Mahnmal für den Standort in der nördlichen Nebenapsis des Domes. Es löste bei den Betrachtern Betroffenheit, Befremden und auch Proteste aus. Barlachs Kriegerdenkmal ist weit entfernt von jeder Heldenverehrung und Glorifizierung, es ist Mahnung und Anklage. 1934 wurde es aus dem Dom entfernt. Als „entartete Kunst" sollte es in der Zeit des Nationalsozialismus vernichtet werden, doch einige Mitglieder der Domgemeinde hatten das Kunstwerk verwahrt. 1956 stellte man das Mahnmal wieder an seinem ursprünglichen Standort im Dom auf.

Ernst Barlach schreibt über seine Intentionen bei der Gestaltung des Magdeburger Ehrenmals: „*... es ist Spannung und nur äußere Gelassenheit aus architektonischer Notwendigkeit in der Darstellung. Auf einem Gräberfeld erheben sich drei Krieger, das ragende Grabkreuz der vor ihnen Hingesunkenen umringend in der Haltung solcher, die sich behaupten werden. In der Mitte hochaufgereckt, obwohl am Kopf verwundet, heroisch dem Tod ins Auge blickend, der junge Führer, rechts von ihm, schon tiefer im Bereich des Todes fußend, der ältere Landsturmmann, links von ihm der noch knabenhafte Neuling in dieser Welt der Ungeheuerlichkeit, trotz seiner Zagheit und Unerfahrenheit der Erprobung gewachsen; der Sturm des Kampfes hat die Gestalt des schon skelettierten Soldaten, den Stahlhelm auf dem im Fleisch verfallenen Kopfe, halben Leibes emporgeworfen, und ihn flankieren zwei durch alle Stadien des Schreckens gezwungene, kaum noch dem Leben angehörende Genossen der noch Aufrechten. Wollte man das Ganze symbolisch unterbauen, so müßte man sagen: hier ist auf Not, Tod und Verzweiflung als Gradmesser der wahren Bedeutung unverhohlener Opferbereitschaft hingewiesen ... Ich lehne es ab, darüber zu streiten, ob solche Darstellungen Bestand-*

teile eines Ehrenmals sein dürfen. Ich benötige sie zur Ganzwerdung eines aller Beschönigung unzugänglichen Geschehens … Alles Vereinzelte, möge es gefällig oder grausig erscheinen, wäre Fälschung an der Wahrheit.
Den Andern nun, die meine Bändigung der Spannung durch das, was sie vielleicht Starrheit und lebloses vertikales Durcheinander nennen, unbefriedigt läßt, sei gesagt, daß sie nicht weit genug denken. Die Würde des sakralen Raums besteht auf dem Zwang zum Gleichmaß. Die unleugbare Unbewegtheit der Fassung des Mals wurzelt in der Selbstzwingung des Künstlers, in der Nötigung zu Übersichtlichkeit und Ruhe, die den Jahrhunderten gewachsen sein muß. Das Gedächtnis sollte nicht nur einer Generation genügen. Den Stolz dieses Selbstvertrauens mag man mir vorwerfen, kann ihn aber nicht beugen.“[3]
Diese Geisteshaltung des Künstlers war Vorbild für nachfolgende Generationen. Das Barlach-Ehrenmal ist zugleich ein Symbol für die politische Wende Anfang der 90er Jahre. Aus den traditionellen wöchentlichen Friedensgebeten am Kriegerdenkmal wurden im Herbst 1989 die Montagsgebete für gesellschaftliche Erneuerung – und schließlich waren es mehr als 10 000 Magdeburger, die die friedliche Revolution von hier aus mit Kerzen in den Händen ins Land trugen.

Blick in den Kreuzgang

links: Standbild vor dem Arkadenpfeiler des Bischofsgangs

Detail aus dem Ehrenmal für die Gefallenen des Ersten Weltkrieges

Die Hegelstraße

Vom Dom aus in südlicher Richtung verläuft die *Hegelstraße*, ein Teil der planmäßigen, nach festgelegten Bausatzungen vorgenommenen Stadterweiterung der Gründerzeit. Zu ihrer Entstehungszeit Augustastraße genannt, war die repräsentative Allee parallel zum Breiten Weg und zur Kaiserstraße (der heutigen Otto-von-Guericke-Straße) eine der Hauptverbindungen in den Süden der wachsenden Industriestadt.
Sie entstand im Zeitraum von 1880 bis 1920. Repräsentative Häuser an den Hauptstraßen, weniger aufwendig gestaltete an den Seitenstraßen, ein hoher Überbauungsgrad mit Seiten- und Hinterhäusern war charakteristisch für diese Quartiere.
Der desolate Zustand der meisten Wohnhäuser dieses Gebietes wurde bei einer Volkszählung 1981 erschreckend ins Bewußtsein gerückt, weil die Einwohnerzahl um 51% zurückgegangen war. Eine Konzeption des Stadtarchitekten von 1976 sah zunächst den großflächigen Abriß und die Neubebauung in Großblockbauweise vor. Doch dank des Engagements der jungen Bauingenieurin, die die Vorarbeiten für die „Städtebauliche Leitplanung für die Umgestaltung des südlichen Stadtzentrums" zu leisten hatte, konnte mit Unterstützung der Denkmalpfleger der weitgehende Erhalt der gründerzeitlichen Bausubstanz durchgesetzt werden. Erste Bauten wurden unter Denkmalschutz gestellt, und 1984 begann man mit der Sanierung und Entkernung einzelner Quartiere. Nach dem Abriß von Hinter- und Seitenhäusern konnten die Innenhöfe neu gestaltet und begrünt werden. In den 90er Jahren erfolgten umfassende Rekonstruktions- und Sanierungsmaßnahmen durch die neuen oder Alteigentümer – in vielen Fällen mit erheblicher Unterstützung durch Fördermittel. Es ist sehenswert, wie die stuckverzierten Fassaden in „alter" Schönheit erstrahlen und sich die Hegelstraße wieder zur Prachtstraße und Flaniermeile wandelte. Ein besonders auffälliger Bau ist das an einer kleinen Parkanlage in unmittelbarer Domnähe gelegene *Palais am Fürstenwall*. Für die architektonische Gestaltung der Westfassade wurden Elemente der Renaissance und des Barock adaptiert und verbunden. Das 1889 von dem Magdeburger Architekten Paul Ochs entworfene und unter seiner Leitung 1893 fertiggestellte General-Kommando-Dienstgebäude war die Wohn- und Arbeitsstätte des kommandierenden Generals der Kavallerie des IV. Armeekorps von Hänisch. Zugleich diente es der kaiserlichen Familie bei ihren Besuchen in Magdeburg als Aufenthaltsort und Residenz. Das zentral gelegene Vestibül mit der repräsentativen Treppenanlage, der Saal sowie die prunkvollen Empfangsräume im 1. Obergeschoß mit ihren üppigen Stukkaturen vermitteln einen Eindruck von der glanzvollen Seite der wilheminischen Ära. Die detailgetreu restaurierten Repräsentationsräume des Palais werden heute von der Landesregierung für Empfänge und Veranstaltungen genutzt. Vorrangig beherbergt das Gebäude jedoch das Justizministerium des Landes Sachsen-Anhalt.
Vom Palais und Park am Fürstenwall aus bietet sich noch einmal eine beeindruckende Domansicht.

links und unten: Sanierte Häuser in der Hegelstraße

Hegelstraße
Einsteinstraße
ATHEN
PREISSTURZ!!
Mittagstisch
alles unter
10.00 DM

Hegelstraße:
Rekonstruierte Fassaden

Originalgetreu wiederhergestellte gußeiserne Wasserpumpe

Die St.-Sebastian-Kirche

„Ich habe seitdem Magdeburg sehr lieb gewonnen, und es wird mir … mit jedem Tag werther … Manches verdient freylich Mißbilligung und Tadel, aber das Gute, das Schätzbare, das Rühmliche und Lobenswürdige finde ich wahrlich überwiegend: Die vortrefflichen Seiten, welche Magdeburg hat, sind ausserhalb und sonderlich in Berlin nicht bekannt genug …"
(Briefe über Magdeburg, Zweyter Brief, Magdeburgisches Magazin, 11. April 1786)

St.-Sebastian-Kirche

Ursprünglich bildete das Kanonikerstift St. Sebastian mit dem Kloster Unser Lieben Frauen und der gesprengten Nikolaikirche (an der Nordwestecke des heutigen Domplatzes) gleichsam die Begrenzung des bischöflichen Zentrums der Stadt.
Die Gründung des Stiftes erfolgte unter der Regentschaft des Erzbischofs Gero (1012–1023) um 1015. Zunächst war die Stiftskirche sowohl Johannes dem Evangelisten als auch dem Märtyrer Sebastian geweiht. Da sich im Dom eine Kopfreliquie des heiligen Sebastian befand, die alljährlich am 20. Januar in feierlicher Prozession aus der Kathedrale in die Stiftskirche getragen wurde, ist die Aufwertung dieses Patrons zu erklären – zumal der heilige Johannes bereits als Schutzpatron der Marktkirche in Anspruch genommen war. Ein Beleg für das hohe Ansehen und die vornehme Stellung des Kollegiums ist die Grablege des Erzbischofs Gero in der Stiftskirche. Bis in das späte 18. Jahrhundert befand sich sein Grabstein in unmittelbarer Nähe des Hauptaltars. Auch war es in Magdeburg Tradition, daß verstorbene Erzbischöfe am ersten Tag nach ihrem Tod in der St.-Sebastian-Kirche aufgebahrt wurden, bevor sie nach einer zweiten Aufbahrung in der Klosterkirche Unser Lieben Frauen dann im Dom ihre letzte Ruhestätte fanden.
In Folge der Reformation entsagten schließlich auch die Stiftsherren dem Katholizismus, 1573 wurde auch das Stift protestantisch. Ein bedeutender Prediger dieser Zeit war der Rektor der Magdeburger Stadtschule Georg Rollenhagen.
Im Mai 1631 vernichtete der große Stadtbrand auch die Turmspitzen, alle Holzkonstruktionen und das gesamte Dach der Sebastianskirche. Infolgedessen stürzten später die Gewölbe größtenteils ein. 1642 ist die Kirche nur noch als Ruine erwähnt.
Ab 1660 wieder aufgebaut, mit neuer „gewölbter" Holzdecke und barocken Turmhauben versehen, wurde die Kirche ab 1692 wieder für Gottesdienste genutzt. Doch die nördlich der Kirche gelegene Klosteranlage mit dem Kreuzgang verfiel zusehens. Die Grundstücke, auf denen die Stiftsgebäude gestanden hatten, wurden in Erbpacht gegeben und mit Wohnhäusern bebaut, nur das Geviert des Kreuzganges blieb als Kirchhof in Nutzung bis man es im 19. Jahrhundert der Öffentlichkeit zugänglich machte.
Das Stift war 1810 aufgelöst worden, die französische Garnison nutzte den Kirchenbau als Magazin, Speicher, Feldschmiede und Werkstatt. 1823 erwarb die Stadt das Gebäude, das fortan als Wollmagazin diente. Lediglich der Chor war von 1845 bis 1854 der Treffpunkt der kleinen deutsch-katholischen Gemeinde. Als 1873 die römisch-katholische Gemeinde die von ihr genutzte Kirche Unser Lieben Frauen räumen und dem Kloster zurückgeben mußte, wurde St. Sebastian nach umfangreichen Restaurierungsarbeiten 1878 zur katholischen Pfarrkirche.
Beim verheerenden Bombenangriff am 16. Januar 1945 erlitt auch St. Sebastian schwere Schäden. Bis 1959 erfolgten umfassende Restaurierungsarbeiten. Doch war die Kirche bereits ab 1949 Bischofskirche für den Weihbischof der Erzdiözese Paderborn. Seit 1994 ist die Probsteikirche St. Sebastian Kathedrale des Bistums Magdeburg.
Das Archiv des Stiftes wurde 1631 vom Feuer vernichtet, und so ist die Baugeschichte der im Ursprung romanischen Basilika wenig belegt. Auskunft geben jedoch einige stadtgeschichtliche Quellen und vor allem der Bau selbst.
Die ältesten Teile des Baues aus der Zeit der Romanik sind im Querschiff erhalten. Im südlichen Querhausteil finden sich an der östlichen und südlichen Wand vermauerte rundbogige Fensterpaare. An der östlichen Innenwand blieb der Einfassungsbogen der ursprünglichen südlichen Nebenapsis gut sichtbar. Die Kämpfer der kreuzförmigen Vierungspfeiler sind mit Palmetten und Schachbrettmuster geschmückt – ähnliche Ornamente finden sich in den Kapitellen des Kreuzganges des Klosters Unser Lieben Frauen.
Die unteren Teile der Seitenschiffswände stammen ebenso wie die wesentlichen Teile des Westbaues aus romanischer Zeit. Ursprünglich ist die Stiftskirche wohl als dreischiffige kreuzförmige Basilika mit einer Flachdecke anzunehmen. Im Westen bildete die noch bestehende Doppelturmfassade den Abschluß des Kirchenschiffes. Die Weihe dieses romanischen Baues erfolgte 1169. Die schrecklichen Stadtbrände 1188

Detail an der Fassade des Hauses Breiter Weg 212a

Gründerzeitliche Bauten, Breiter Weg 212a und 212

und 1207 zogen den Kirchenbau stark in Mitleidenschaft. Ein Wechsel des Steinmaterials etwa in der Höhe des heutigen Dachansatzes zeugt von der Wiederherstellung im 13. Jahrhundert. Zu Beginn des 14. Jahrhunderts begann das Stiftskollegium schließlich einen gravierenden Umbau der romanischen Basilika. Den Chor hat man wesentlich vergrößert, und an der Nordseite entstand ein zweijochiges Seitenschiff, das Querhaus wurde erhöht und an der Südseite mit einem großen gotischen Fenster versehen. Der alte romanische Chor wurde abgebrochen und diente der Gewinnung von Baumaterial. In der Mitte des 15. Jahrhunderts begann man den Umbau des Langhauses, berücksichtigte dabei jedoch die romanischen Fundamente. Man erhöhte die Wände des Seitenschiffes und versah sie mit Maßwerkfenstern. Da an die Kirche im Norden der Kreuzgang angrenzte, sind die Fenster der Nordseite höher angesetzt als auf der Südseite. Besondere Beachtung verdienen die Pfeilerformen im Langhaus. Die drei Stützenpaare sind in unterschiedlicher Weise äußerst kunstvoll gegliedert, was in den Scheidbögen fortgesetzt wird.
Im Mai 1489 weihte Erzbischof Ernst von Sachsen die gotische Sebastianskirche.
Von der ursprünglichen Ausstattung der Kirche ist, bedingt durch ihre wechselvolle Geschichte, nichts erhalten. Es lohnt jedoch, den spätgotischen Hauptaltar (um 1520) aus der Kirche von Polleben und den um 1500 entstandenen Altar im nördlichen Nebenchor eingehender zu betrachten. Sie sind wegen ihrer hohen künstlerischen Qualität beachtenswert. Das eindrucksvolle lebensgroße Kruzifix im südlichen Querhausteil stammt ebenfalls aus der Zeit um 1500. Von den „modernen“ Kunstwerken sind besonders die von Alois Plumm entworfenen Mittelfenster des Chores und die vom Bildhauer und Maler Jürgen Suberg geschaffene Bronzetür des Westportals, in der Szenen des Alten Testaments dargestellt werden, hervorzuheben.
Ein Besuch im nur wenige Schritte entfernten *Kulturhistorischen Museum* lohnt sich ebenfalls in jedem Falle.

Breiter Weg

Unmittelbar neben der Sebastianskirche befindet sich hier das Gebäude der *Hauptpost*. Vor der Errichtung des mächtigen Postbaues in den Jahren 1895 bis 1899 mußten die Peter-Paul-Kirche, in der unter anderen Friedrich Wilhelm von Steuben getauft worden war, sowie alte Bürgerhäuser, darunter das „Roch'sche Haus“, ein hervorragender Renaissancebau, abgebrochen werden. Da die Magdeburger vehement gegen diese Abbrüche protestierten, kopierten die Bauherren Giebel und Erker des Roch'schen Hauses und integrierten sie in die Westfassade des Postgebäudes. Die repräsentative Hauptstraßenfassade am Breiten Weg wurde im Stil der niederländischen Spätgotik gestaltet. Gleichsam als Schutzpatrone bemühte man

„Der Breite Weg ist die längste und breiteste Straße der Stadt, und führt von einem Ende derselben zum anderen; es fehlt ihr aber viel, um schön zu heißen, denn sie ist weder gerade, noch sind ihre Gebäude ausgezeichnet ... Die meisten werden durch Giebeldächer entstellt, und neben ansehnlichen Häusern stehen oft wahre Hütten. Der architektonische Geschmack ist nämlich sehr fehlerhaft. Die Verzierungen sind fast immer verschwendet und widersinnige Schnörkel ...“ (Zeitung für die elegante Welt, 1810)

Detail des Brunnens in der Leiterstraße

Detail vom Gründerzeithaus Breiter Weg 180

rechts: Gründerzeithaus Breiter Weg 180, daneben restaurierte Barockbauten Breiter Weg 179/178

Das Gebäude der Hauptpost

Otto I. und Editha, ihre überlebensgroßen Statuen zieren die besonders reich gegliederte Mittelfront über dem Hauptportal. Die Fassade wurde in den Jahren 1974 bis 1986 umfassend restauriert, fehlende Teile, u. a. der Kopf des Kaisers, nachgebildet.
Der Breite Weg war bis zur Zerstörung der Magdeburger Innenstadt 1945 als der schönste Barockboulevard Deutschlands berühmt. Heute sind davon nur Fragmente geblieben, z. B. das Portal des ehemaligen Schloßcafés an der Fassade des Neubaus Breiter Weg 193. Lediglich zwei schmale barocke Giebelhäuser wurden wiederhergestellt, die Gebäude Breiter Weg 178 und 179. Sie entstanden 1727 bis 1730 und waren mit je 6,50 m Breite die bescheidensten in der Straße. In ihrem sogenannten „falschen Giebel“ an der Traufseite befand sich eine Winde, mit der Waren in den Bodenlagerraum der Handelshäuser transportiert werden konnten. Das südliche Gebäude wurde ursprünglich von einer Giebelfigur gekrönt. Leider war diese in die Jahre gekommen und nicht mehr standfest – die „Schönheitsoperation“ für sie war dem neuen Hausherrn zu teuer. So erinnern sich heute nur noch wenige Magdeburger an die letzte barocke Giebelfigur des Breiten Weges.

Kloster Unser Lieben Frauen

Vom Breiten Weg erblickt man die Basilika des Klosters Unser Lieben Frauen. Es sind nur wenige Schritte bis zu dieser wiedererstandenen romanischen Klosteranlage, dem Ausgangs- und Endpunkt der *„Straße der Romanik"* in Sachsen-Anhalt.
An der Südseite der Klosterkirche fällt ein schönes romanisches Portal mit einer wuchtigen Bronzetür auf. 1150 entstand hier der Haupteingang zur Stiftskirche. Die Tür schuf Waldemar Grzimek erst 1977. In seinem beeindruckenden Bildwerk illustrierte er das Thema „Gefahren und Kreatur" und ließ Adam und Eva sowohl das Paradies als auch allerlei Unheil zuteil werden.
Am Eingang der Klosteranlage wird der Besucher von zwei kleinen Plastiken Heinrich Apels begrüßt. Die einzigartige Anlage bietet als Kunstmuseum oder Konzerthalle vielfältige Möglichkeiten.
Die Geschichte des Klosters begann mit kriegerischen Auseinandersetzungen zwischen dem Markgrafen Bernhard von der Ostmark und Erzbischof Gero. Die Fehde veranlaßte Gero 1017 zur Verlegung eines Armenhospitals aus dem nahe gelegenen Rottersdorf in die Stadt und zur Gründung eines Marienklosters, dessen Versorgung die Güter des zerstörten Hospitals sicherten und das sich später zum Kloster Unser Lieben Frauen entwickelte. Von den Bauten des von Erzbischof Gero gegründeten Kanonikerstiftes ist nichts erhalten, sie wurden abgebrochen als Erzbischof Werner (1063–1073) einen Kirchenneubau in Angriff nahm. Die wesentlichen Teile der überkommenen Klosterkirche stammen aus dem ausgehenden 11. Jahrhundert. 1078 war die frühromanische Stiftskirche soweit fertiggestellt, daß Erzbischof Werner in der Krypta beigesetzt werden konnte. Die geschlossene romanische Klosteranlage entstand in mehreren Etappen im 12. Jahrhundert. Besonders unter Erzbischof Norbert von Xanten (1126–1134) wuchs die Bedeutung des Stiftes, nachdem er es 1129 dem Prämonstratenserorden übertragen hatte.
Die Klosterkirche erhielt im Westen eine Doppelturmfront, die Rundtürme mit dem eingefügten Glockenhaus beeindrucken noch heute. Die Klausuranlagen wurden errichtet, ein zweigeschossiger Kreuzgang mit vier kreuzgratgewölbten Flügeln um einen rechteckigen Innenhof entstand ebenso wie der Nordflügel mit dem Winterrefektorium (heute als Obere Tonne bezeichnet) und einem darunterliegenden weiteren Tonnengewölbe (die kleinste und unterste Tonne ist vermutlich eine spätere Zutat).
Im Westflügel befand sich das Sommerrefektorium, eine zweischiffige und zum Kreuzgang hin offene Säulenhalle. Für die Stützen verwendete man antike Spolien.

Blick von Südosten auf die Klosterkirche des Klosters Unser Lieben Frauen

Im Westen an das Querhaus der Basilika angrenzend entstand ein zweigeschossiger Raum mit Tonnengewölben (später als Poenitentiarium bezeichnet). Vom Südflügel nach Osten hin ausgebaut, schloß sich das gleichfalls zweigeschossige Dormitorium an. Im Untergeschoß befand sich wahrscheinlich der Kapitelsaal. Das vom östlichen Kreuzgangflügel in den Innenhof hineingebaute Lavatorium entstand gleichfalls bereits im 12. Jahrhundert. Es stellt in seiner zweigeschossigen Anlage mit gemauertem Helm eine Besonderheit dar und ist heute das älteste erhaltene Brunnenhaus in Deutschland.
Parallel zur immensen Bautätigkeit an der Klosteranlage entstanden im Umfeld viele Tochtergründungen, die Ansehen und Einfluß des Prämonstratenserordens stärkten.
Im Juni 1134 starb Norbert von Xanten und wurde in der Klosterkirche beigesetzt. Nach der Heiligsprechung Norberts durch Papst Gregor XIII. errichtete man 1582 für ihn eine Grabanlage, die sich westlich von der ursprünglichen Krypta bis zum ersten Pfeiler des Langhauses erstreckt. Die Grablege des Heiligen befindet sich – im Gegensatz zu seinen Gebeinen, die ins Kloster Strahov (bei Prag) überführt wurden – noch heute dort.
Nach dem großen Stadtbrand von 1188 waren auch an der Marienkirche Baumaßnahmen erforderlich. So ummantelte man die Säulen des Langhauses oder ersetzte sie durch Pfeiler, vom vormals östlichen Säulenpaar blieben Kapitell- und Schaftteile sichtbar.
Die nördliche Nebenapsis wurde abgebrochen und an dieser Stelle die „Hochsäulige Kapelle" errichtet. Von 1220 bis 1240 erhielt die Klosterkirche ein frühgotisches Gewölbe, mit Kreuzrippen im Mittelschiff und Kreuzgratgewölben in den Seitenschiffen, was zunächst eine Vorblendung von Stützen und eine Veränderung der Gliederung der Wände erforderlich machte.

„Der Breite Weg ist Magdeburgs Hauptstraße. Der Name erhält sich unverändert seit langer Zeit. Andere Städte hätten ihrer repräsentativen Straße vielleicht längst einen klangvolleren Namen gegeben. Ich mag in dieser einfachen Unwandelbarkeit einen Sinn für Geschichtlichkeit und Überlieferung sehen. Es gibt in deutschen Städten wenig Straßen, in denen sich der Charakter einer geschichtlichen ‚Verkehrsader' dermaßen sichtbar erhalten hätte. Immerhin scheint gegen die alte Treue der neue Eifer einer modernen baukünstlerischen Unsicherheit zu kämpfen, und der Ehrgeiz jener 'neuen Sachlichkeit', die keinen Ort, keine Bewegung ... in Deutschland ruhen läßt, unterbricht die ehrlichen Gesichter der erhaltenen Fassaden durch eine gewollte, kühne Kälte, eine glatte, sachliche, unangenehm betonte Gesinnung aus Beton ..."
(Joseph Roth: Kölnische Zeitung, 3. Mai 1931)

Detail am Carl-Immermann-Brunnen, von Karl Echtermeyer, 1899

rechts: Kloster Unser Lieben Frauen

„Ihr Ansehen ist wegen der vilen Thürme schön und besser, als der Prospekt des großen Berlins. Sie hat in der Elbseite Aehnlichkeit von der Gestalt und Lage mit Cöln am Rhein ..."
(Briefe über Magdeburg, Erster Brief, Magdeburgisches Magazin, 1. April 1786)

An-, Um- und Ausbauten späterer Jahrhunderte, die durch Zerstörungen des Dreißigjährigen Krieges und eine wechselvolle Nutzung der Klosteranlage als Klosterschule, Pädagogium und Bibliothek erforderlich wurden, können hier unerwähnt bleiben.
Nach der schweren Beschädigung des Klosterkomplexes im Zweiten Weltkrieg begannen bereits 1945 erste Aufräumungs- und Instandsetzungsarbeiten, vor allem im Bereich der Marienkirche. 1947 bis 1949 erfolgte der Wiederaufbau des Chores sowie die Errichtung des Dachstuhles. Ab 1959 konzentrierten sich die Arbeiten auf den Aufbau des Westflügels und des Sommerrefektoriums. Bei der Wiederherstellung der Klosteranlage setzten die zuständigen Denkmalpfleger alles daran, die ursprüngliche romanische Bausubstanz zu restaurieren bzw. zu ergänzen. Beim schrittweisen weiteren Ausbau des Klosters Unser Lieben Frauen zu einem Kulturzentrum und Kunstmuseum wurden behutsam spätere Verbauungen des Barocks und der Gründerzeit beseitigt.
So erschloß sich erst nach dem Entfernen von Zwischenwänden und dem Aufbrechen der vermauerten romanischen Fenster der großartige Raumeindruck der Oberen Tonne, des ehemaligen Winterrefektoriums.
Das Sommerrefektorium und heutige Klostercafé wird kaum jemand für einen Neubau halten, lediglich die Deckenkonstruktion erweist sich als moderne Zutat, da die Wiederherstellung der Gewölbe zu kostspielig gewesen wäre.
Im September 1977 fand die Rekonstruktion des Klosters Unser Lieben Frauen mit der feierlichen Eröffnung der Konzerthalle „Georg Philipp Telemann" in der romanischen Basilika ihren vorläufigen Abschluß.
1988/89 erfolgte die Restaurierung des oberen Kreuzganges, und weitere Maßnahmen zur Erhaltung der romanischen Bauteile laufen seit 1994.
Im Kloster Unser Lieben Frauen zu verweilen lohnt. Es ist faszinierend, die reizvolle Verbindung von Bau und Kunst, Geschichte und Gegenwart in dieser einmaligen Anlage zu erleben. Hier am Ausgangs- und Schlußpunkt der Straße der Romanik soll die kleine Stadtexkursion zunächst enden. Für alle, die neugierig und aufmerksam durch die Stadt streifen, bleibt noch viel zu entdecken an interessanter Vergangenheit und spannender Gegenwart im altehrwürdigen und modernen Magdeburg.

Fassade in der Leiterstraße

Literaturhinweise:

1) Schubert, Ernst: Stätten sächsischer Kaiser. Leipzig – Jena – Berlin 1990, S. 96
2) Schubert, Ernst: Der Magdeburger Dom. Leipzig 1984, S. 217
3) Barlach, Ernst: Zitiert nach Schubert, Ernst: Der Magdeburger Dom, S. 226

Apel, Heinrich: Querschnitte. Oschersleben, 1995.

Archivunterlagen der Paul Schuster GmbH Magdeburg zur Rekonstruktion von Magdeburger Denkmalobjekten, 1886–1999.

Das Magdeburger Stadtbild in sechs Jahrhunderten. Kulturhistorisches Museum Magdeburg, 1964.

Dehio, Georg: Handbuch der deutschen Kunstdenkmäler. Der Bezirk Magdeburg. Berlin, 1974.

Die Pfarr- und Ratskirche St. Johannis zu Magdeburg. Magdeburger Gesprächsreihe, Heft 10. 1998.

Entwicklungskonzept Innenstadt Magdeburg. Stadtplanungsamt, Heft 54. 1998.

Gerling, Heinz: Denkmale der Stadt Magdeburg. Magdeburg, 1991.

Geschichte der Stadt Magdeburg. Autorenkollegium. Berlin, 1975.

Hagedorn, Renate; Berger, Hans; Apel, Heinrich: Apel. Magdeburg, 1991.

Heinritz, Ulrich: St. Sebastian zu Magdeburg. München – Berlin, 1997.

Hubmann, Franz; Pohl, Walter: Deutsche Könige – Römische Kaiser. Augsburg, 1996.

Kloster Unser Lieben Frauen Magdeburg. Stift – Pädagogium – Museum. Oschersleben, 1995.

Magdeburger Friedhöfe und Begräbnisstätten. Stadtplanungsamt, Heft 60. 1998.

Magdeburg und seine Kirchen. Magdeburg, 1999.

Parkanlagen der Stadt Magdeburg. Stadtplanungsamt und Grünflächenamt, Heft 31. 1998.

Puhle, Matthias: Magdeburg im frühen Mittelalter. Magdeburger Museumshefte 4/1995.

Schubert, Ernst: Der Magdeburger Dom. Leipzig, 1984.

Schubert, Ernst: Der Magdeburger Reiter. Magdeburger Museumshefte 3/1994.

Schubert, Ernst: Stätten sächsischer Kaiser. Leipzig – Jena – Berlin, 1990.

Schulze, Richard: Der alte Markt und seine Umgebung. Beiträge zur Magdeburger Heimatkunde, Heft 1.

Schulze, Richard: Der Domplatz und seine Umgebung. Beiträge zur Magdeburger Heimatkunde, Heft 2.

Schulze, Richard: Das Kloster Unser Lieben Frauen. Der Breite Weg. Beiträge zur Magdeburger Heimatkunde, Heft 3 (Alle Hefte ohne Erscheinungsjahr, ca. 1940).

Südwestliche Stadterweiterung. Stadtplanungsamt, Heft 30. 1995.

Uebbing, Christof: St. Petri zu Magdeburg. München – Berlin, 1993.

Post AG
Deutsche Post AG
WURTH

Gärten der Phantasie

Magdeburg – die grüne Stadt

HEIDEMARIE TITZ

Kaum eine andere deutsche Großstadt ist seit jeher auf Grund ihrer Entwicklung und aus dem Mangel an nahegelegenen Erholungsräumen heraus so sehr auf ihre Parkanlagen und Gärten angewiesen wie Magdeburg. Deshalb hat sich wohl gerade in dieser Stadt, die noch bis zum Ende des 19. und Anfang des 20. Jahrhunderts von einem mächtigen Festungsgürtel umschlossen war, ein hartnäckiges Bemühen um die Schaffung von „Frei"räumen entwickelt.

Mit der Besetzung Magdeburgs durch Napoleon I. (1806–1815) galt für die Stadt die westfälische Verwaltungsordnung. Ab 1812, so schrieb Erwin Stein, Generalsekretär des Vereins für Kommunalwirtschaft und Kommunalpolitik, gab es innerhalb der Stadt auch eine Gartenverwaltung, die aber erst ab 1864, mit der Ernennung Paul Niemeyers zum ersten Gartendirektor, zu einem selbständigen Amt erhoben wurde.

Bis zu dieser Entwicklung war es jedoch ein weiter Weg. Magdeburg hatte nach der völligen Zerstörung im Dreißigjährigen Krieg 1631 weitgehend seine wirtschaftliche Selbständigkeit eingebüßt. Mit der Angliederung an Kurbrandenburg 1666 begann der Ausbau der Stadt zur preußischen Festung, die bis 1740 Bestand hatte.

Sonntag im gastlichen Herrenkrug

Mit Gottlieb Schoch (1853-1905) gewann Magdeburg einen der fähigsten Garten- und Landschaftsarchitekten seiner Zeit. 1890 wurde er zweiter städtischer Gartendirektor.

Während der Amtszeit (1702–1747) des Festungsgouverneurs Leopold von Anhalt-Dessau entstand entlang der Elbe die Fürstenwall-Promenade. Sein Nachfolger, Ferdinand von Braunschweig, ließ 1764 den Domplatz mit Bäumen bepflanzen.
In der Altstadt gab es wohl hier und da kleine Gärten bei den Wohnhäusern. Zahlreiche Bürger hatten jedoch vor den Toren der Stadt, teilweise sogar im Elbvorland gelegene, Nutz- und Obstgärten.
Gegen Ende des 18. Jahrhunderts legte Kammerrat Gabriel Gotthelf Faber mit Unterstützung des Stadtbaumeisters Harte im Herrenkruggelände eine Baumschule an.
Dankbar nutzten die Magdeburger jede Möglichkeit, sich im Freien zu erholen. Um so beklagenswerter war, daß 1803 bis 1805 Ludwig Ferdinand von Preußen 330 Morgen Wald des Rothenseer Busches aus finanziellen Gründen abholzen ließ. Weitere schwere Verluste an Grünsubstanz mußte die Stadt während der Besatzung und des Rückzuges der napoleonischen Truppen hinnehmen.
Stadtbaumeister Harte äußerte 1814:
„Magdeburg- schon früher arm an , ich will nicht einmal sagen reizenden, sondern nur solchen Umgebungen und Vergnügungsgärten, wo man doch wenigstens im Schatten der Bäume sitzen könnte- hat auch diese durch die traurigen Ereignisse von 1813/14 verloren. Die Anlagen in den öffentlichen Gärten zum Buckauer und Ullrichstor in der Neustadt und in der Sudenburg sind zerstört. Der Rothenseer Busch, diese letzte Zuflucht der Magdeburger, diese einzige Sommerpartie, ist gleichfalls abgehauen und hat den abgezogenen Franzosen eine warme Stube gemacht. So ist denn Magdeburg öde, und fast nirgends ein Baum zu sehen oder zu finden.“ Er fährt fort: *„Magdeburg wird darum noch auf lange, hinsichtlich der ländlichen Vergnügungen ein trauriger Ort bleiben, wenn nicht von seiten des Magistrats etwas geschieht. Es sei an und für sich Pflicht, für das allgemeine Beste zu wirken, selbst ohne Rücksicht auf Gewinn für die Kämmerei.“*
Ein Glücksumstand für Magdeburg war der Amtsantritt des Oberbürgermeisters August Wilhelm Francke im Jahr 1817. Vor dem Hintergrund wachsender kommunaler Selbstverwaltung durch die preußischen Reformen entwickelten sich unter seinem Einfluß nicht nur Industrie, Wasserversorgung, Hygiene und Volksbildung, sondern auch ganz besonders das Stadtgrün. Seiner Initiative verdankt die Stadt die Anlagen beim Herrenkrug, den Volksgarten Kloster Berge, den Nordfriedhof und den Erwerb des Vogelgesanges.
Zunächst ließ er den alten Teil des Herrenkrugparkes weiter ausgestalten. Im Jahr 1820 wandte sich Francke an die Regierung mit der Bitte um Erlaubnis, durch eine Geldsammlung unter der Bürgerschaft der Festungsbehörde zu Hilfe kommen zu dürfen, damit diese die Ausgestaltung des Festungs-Glacis zu Promenaden ausführen könne. In seinem Aufruf „An die vermögenden Bürger der Stadt“ vom 25. Februar 1821 sagt er, *„daß es eine der ersten Pflichten einer Kommunalbehörde ist, wo immer möglich für Umgebungen zu sorgen, die Schatten und heiteren Anblick gewähren und auf das Gemüt jedes guten Menschen so günstig als möglich einwirken“.*

Von 1863 bis 1890 war Paul Niemeyer erster städtischer Gartendirektor.

Francke erkannte frühzeitig den sozialen Wert öffentlicher Parkanlagen, und so ging er in einer Zeit, in der die Ausgaben der Städte für das öffentliche Stadtgrün nachließen, „ohne Aufmunterung" durch die königliche Regierung, an das Projekt der Umgestaltung des zerstörten Kloster Berge Gartens zum „ersten deutschen Volksgarten"– ein bemerkenswertes Einzelbeispiel weitblickender Kommunalpolitik dieser Zeit! Für diese Aufgabe hat Francke den königlich preußischen Gartendirektor Peter Joseph Lenné gewonnen.

Die Besonderheit des Auftrages schilderte Lenné mit folgenden Worten: *„Ich habe diesen Plan, welchen ich hiermit vorgelegt und erläutert habe, mit besonderer Liebe bearbeitet. Es ist mir nicht neu, daß Fürsten und reiche Privatleute große Summen an die Werke der schönen Gartenkunst wenden ..., von Seiten eines Stadtmagistrats ist es das erste Beispiel, welches sich mir in meinem Kunstleben dargeboten hat ... Die weisen Führer jenes Gemeinwesens haben erkannt: daß das Gefallen der Menge an den schönen Werken ein Bildungsmittel ist, welches denjenigen, welche wir mit vornehmem Ernste pflegen, in der Wirkung nicht nachsteht."*

Lenné beriet die Stadt in den Folgejahren im Sinne einer weitsichtigen Gesamtplanung mit der Absicht, die Stadt durch ein Grünflächensystem zu gliedern. Er strebte die enge Vernetzung des Nordparks über den Hohepfortewall mit dem Glacis und dem Klosterbergegarten an. Nicht alle Ziele konnten verwirklicht werden, auch Teile des schon Erreichten mußten mit den Ereignissen gegen Ende des 19. Jahrhunderts wieder aufgegeben werden.

Mit der Niederlegung der Festungswälle ab 1870 wurden der Ausbau des städtischen Verkehrs und eine stürmische bauliche und wirtschaftliche Entwicklung Magdeburgs ermöglicht. Die damit verbundene Ausdehnung der Stadt ging leider auch zu Lasten der Grünanlagen. So wie schon 20 Jahre zuvor das Elbufer des Klosterbergegartens durch den Eisenbahnbau „auf der Strecke" blieb, wurde auch der Nordfriedhof verkleinert und vom nördlichen Glacis getrennt. Die westlichen Glacisanlagen hat man, ausgelöst durch den Bau des Zentralbahnhofes, überbaut und weiter außerhalb der Stadt völlig neu nach Plänen Paul Niemeyers wieder aufgebaut. Der Tätigkeit dieses ersten Städtischen Gartendirektors ist vor allem die Anlagen des Wiesenparkes im Herrenkrug, des Rosengartens im Vogelgesang und des Rotehornparkes zu verdanken. Mit seinem Nachfolger Gottlieb Schoch gewann Magdeburg 1890 einen der fähigsten Garten- und Landschaftsarchitekten seiner Zeit. Der Nordfriedhof wurde während seiner Amtszeit in den Nordpark umgewandelt, und unter Einbeziehung alter Festungsanlagen entstand der Königin-Luise-Garten. Seine Planungen für den östlichen Teil des Rotehornparkes sowie für den Herrenkrug sind realisiert worden und noch heute ablesbar.

Peter Joseph Lenné (1789–1866), königlich-preußischer Gartendirektor von Sanssouci, einer der wichtigsten Gartenkünstler des Landschaftsgartens im 19. Jahrhundert

Innerhalb der geschlossenen Bebauung entstanden nach der neuen Bauordnung (1875) die ersten Vorgärten. Die bis dahin relativ selbständigen Vororte dehnten sich weiter aus, und die enge wirtschaftliche Verflechtung führte schließlich zur Eingemeindung und zur Verschmelzung mit der Altstadt. Mit den städtischen Friedhöfen wurde das Grünsystem um einen stabilen Bestandteil erweitert.

Während der schweren Jahre des Wiederaufbaus nach den Zerstörungen des Zweiten Weltkrieges ist unter dem langjährigen Direktor des Grünflächenbetriebes, Helmut Lorenz, mit wirksamen Mitteln in kurzer Zeit die damals so notwendige Begrünung vorgenommen worden. Mit der Anlage der Elbuferpromenade wurde 1974 schließlich das für die Eisenbahn aufgeschüttete Flußufer im Bereich der Altstadt für den Fußgänger erschlossen und unter Einbeziehung mehrerer bildender Künstler aufwendig gestaltet.

Garten der Möllenvogtei

Der Garten der ehemaligen Möllenvogtei liegt etwas versteckt am nördlichen Ausgang des Remterganges zum Domplatz. Seine Geschichte reicht bis in die Entstehungszeit des Magdeburger Altstadtkerns zurück. Es ist anzunehmen, daß diese aus dem erzbischöflichen Baumgarten hervorgegangene Anlage seit dem Mittelalter kaum anders als gärtnerisch genutzt worden und damit vielleicht die älteste Freianlage der Stadt ist.

In karolingischer Zeit erstreckte sich hier ein umfriedeter Wirtschaftshof mit Herrenhaus, Kapelle, Backhaus, Speicher, Schuppen sowie einer Mühle unter dem Schutz des von Karl dem Großen errichteten fränkischen Grenzkastells weit über den heutigen Domplatz.

Nach dieser Mühle, deren Ruine bis 1432 erhalten war, erhielt der in ihrer Nähe wohnende erzbischöfliche Vogt die Bezeichnung „voget up dem mollenhove" oder „molnvoigt" (um 1461). Er war zunächst Verwalter des Abgabegetreides, das hier für den Erzbischof gemahlen wurde, später auch der in der Elbe verankerten Schiffsmühlen und schließlich Verwalter des weltlichen Vermögens des Kirchenfürsten.

Das Gebäude der alten Möllenvogtei mit seinen tonnenüberwölbten Arrestzellen liegt unmittelbar am Vogteigarten. Dieser hatte, erstmals 1377 erwähnt, einen Zugang zum östlich anschließenden „Hafen hinter der Möllenvogtei".

Durchläuft man den Hof der ehemaligen Möllenvogtei, führt der Weg durch das einzige Stadttor, das in Magdeburg noch erhalten ist. Ursprünglich soll das Tor durch einen Turm gesichert worden sein, dessen Gewölbe man durchschritt, um an die Elbe (den Saumarsch), zum Diebeshorn nach Norden oder auf den Weg zum Kloster Berge (10. Jahrhundert bis 1810) nach Süden zu gelangen. Der Turm mit dem bezeichnenden Namen „der Hebbenstrid" zeugte von den über Jahrzehnte andauernden Streitigkeiten zwischen der Stadt und dem Erzbistum um das Gelände östlich des Bischofssitzes. Der Turm wurde 1492 abgebrochen und durch das erhaltene Spitzbogentor in Backstein-Gotik ersetzt.

Eine andere Auffassung besagt, daß sich damals in der Richtung nach dem Brücktor (vor der heutigen Strombrücke) keine gemauerte Ausfahrt, sondern nur zwei Pforten befunden haben sollen; zwischen ihnen ein Graben mit Zugbrücke; vor der einen Pforte eine starke Kette, die der Rat nachts schließen ließ. Im Jahr 1492 ließ der Erzbischof Ernst von Sachsen die Kette entfernen, 1493 die Pforten und den Graben beseitigen, eine gemauerte Torfahrt „nach der Stadt" errichten und so vom Domplatz durch den Mühlenhof eine öffentliche Hinterausfahrt anlegen.

Der „Hafen hinter der Möllenvogtei" verfiel um 1520, es ist 1524 von einem „Sumpfe hinter dem Mühlenhof" die Rede.

Mit dem Ausbau der elbseitigen Befestigungsanlagen ab 1525 verlor die Ausfahrt an Bedeutung, zuletzt

Garten der Möllenvogtei

wird sie 1585 erwähnt. Otto von Guericke stellt das Tor in seinem Plan von 1632 ohne Ausfahrt dar. Mit dem Ausbau der Befestigungsanlagen im 16. Jahrhundert wurde die Furt nach Osten endgültig versperrt. Ein allseits umschlossener kleiner Park entstand unterhalb des Fürstenwalls.

Mit der Einrichtung des Königreiches Westfalen wurde das Amt des Möllenhofes 1810 aufgehoben. Die alte Möllenvogtei und die neue, erst 1744 errichtete Dienstwohnung des letzten Möllenvogtes Peter Schrader (heutige Staatskanzlei), dienten nun Regierungsbehörden. Die gesamte Stiftsfreiheit, und damit der Garten, gehörte von nun an dem Magistrat und nicht mehr dem preußischen Fiskus, der seinerseits die Rechtsnachfolge der Erzbischöfe angetreten hatte.

Im Norden des Vogteigartens wurde 1842 das repräsentative Gebäude des Oberpräsidiums Fürstenwallstraße 20 errichtet. Heute ist es Sitz der Wasser- und Schiffahrtsdirektion. Der Möllenvogteigarten mit seinem wertvollen Baumbestand wurde 1974 saniert. Er bietet dem Besucher eine unverwechselbare, in Magdeburg seltene Kleinteiligkeit. Zu seinen Eigenheiten gehören neben den in die innere Zwingermauer eingelassenen Nischen eine zu den Resten der Gangolphikapelle emporsteigende steinerne Treppe sowie ein schlichter Brunnen.

Fürstenwall (um 1725)

Der Fürstenwall, der sich oberhalb des vielbefahrenen Schleinufers zwischen Dom und Gouvernementsberg entlangzieht, ist aus ehemaligen Befestigungsanlagen hervorgegangen.

Sich ursprünglich noch weiter nördlich bis zur Großen Klosterstraße erstreckend, wurde er zu einer Zeit, als Magdeburg zur stärksten Festung Preußens ausgebaut wurde, eine der ersten Bürgerpromenaden Deutschlands. Er ist, wie der Möllenvogteigarten, aufs engste mit der Stadtgeschichte Magdeburgs verbunden.

Das Gelände, auf dem sich heute der Fürstenwall befindet, war ursprünglich freies Elbvorland. Das rund sieben Meter hohe Ufer der Elbe bildete die natürliche Ostgrenze der Magdeburger Altstadt. In der zweiten Hälfte des 12. Jahrhunderts verlagerte sich das Flußbett weiter nach Osten, so daß das Elbvorland trocken fiel und nur größere befischbare Teiche und zahlreiche Sumpfstellen zurückblieben. Diese wurden im Laufe der Jahre verfüllt, und es entstanden Gärten, von denen besonders häufig der große Baumgarten des Erzbischofs genannt wird. Das Diebeshorn (die spätere Fürstenwallstraße) verlief als schmale Gasse von der Möllenvogtei entlang der Gartenmauer des Klosters Unser Lieben Frauen bis zu einem Torhaus, der Seidenbeutelpforte, in Höhe der heutigen Großen Klosterstraße. Östlich des Diebeshorns lagen Gärten und kleine Häuser. Vor 1500 gehörten diese dem nahegelegenen Kloster der Trollus-(Trill-)Mönche. Später ging der Besitz an das Liebfrauenkloster über.

In der zweiten Hälfte des 14. Jahrhunderts ließ der Rat der Stadt hier, an der Elbseite des Diebeshorns, mehrere Türme errichten.

Auf dem inzwischen verfestigten Ufergelände soll, unter Ausnutzung des Domfelsens, die erste Brücke errichtet worden sein. Der westliche Brückenkopf war ein starker Bergfried aus Holzwerk. Nachdem 1275 ein starkes Winterhochwasser die Brücke zum Einsturz brachte (die Schöppenchronik berichtet, es seien bei einer Prozession „mehr als 300 Volks verdrunken"), wurde an seiner statt ein gedoppelter Rundturm, der sogenannte „Wipturm" gebaut. Vermutlich wurden Güter der dort anlegenden Schiffe mit Hilfe eines Krans entladen und an Land geschwenkt. Auch die Existenz einer Zollstelle ist denkbar, da „wipen" mit „wägen, bewerten" vergleichbar ist. Merian bildete ihn auf seiner Ansicht von 1625 ab, und Otto von Guericke verzeichnet den Turm noch 1632 in seinem Stadtplan.

Erzbischof Wilbrand (1235–1253) ließ im Jahr 1241 an der Südostecke der Domfreiheit den „Tatarenturm" gegen die Einfälle der Tataren bauen. Bei der Anlage des Rondells Cleve (vorher Gebhard) ist 1536 das Erdgeschoß und mit ihm ein nach Süden führender Gang durch Auffüllungen verdeckt worden. Seine heutige Gestalt erhielt der Turm 1899, indem auf dem veränderten Niveau eine Torausfahrt zum Remter durchbrochen wurde.

Um 1300 war der Rat um die Sicherheit der Stadt besorgt. Er ließ auf der Linie der heutigen Danzstraße eine Stadtmauer mit der Herren- oder Düsteren Pforte errichten. Die West- und Nordseite der Stadt waren bereits gesichert, vom „Welschen Turm" (Lukasturm) im Nordosten reichte die Stadtmauer bis zur Seidenbeutelpforte. Diese Befestigung wollte der Rat nun bis hinter den Dom weiterführen. Das Vor-

Wilhelm Lincke war von 1905 bis 1931 dritter Gartendirektor in Magdeburg.

Promenieren auf dem Fürstenwall um die Jahrhundertwende (historische Postkarte)

Anbindung Hubbrücke über die Elbe zwischen Rotehorn-Insel und Fürstenwall/Klosterberge-garten

rechts: Magdeburger Dom

„Endlich waren wir in Magdeburg, ich sage endlich: denn die Überfahrt von London nach Hamburg hatte nur wenige Stunden länger gedauert. Hier nahmen wir den Dom in Augenschein, ein herrliches Gebäude, dessen Schönheiten aufzuzählen hier zu weit führen würde. Im übrigen ist Magdeburg für den Fremden rechtschaffen langweilig. Wenn der Breite Weg die schönste Straßen daselbst ist, so mag ich nicht die schmalen sehen; so läßt sich der bekannte Berliner Witz in bezug auf Magdeburgs Prachtstück variieren."
(Theodor Fontane: Tagebuch, 10. Juni 1844)

haben wurde mit dem Bau mehrerer freistehender Wehrtürme begonnen. Es entstanden 1430 der „Turm hinter der Möllenvogtei", der „Scheibliche" oder „Rote Turm" (er diente der Möllenvogtei als Gefängnis), die „Seidenbeutel- oder Wasserpforte" und 1431 der Turm „Kiek in de Köken". Letzterer verdankt seinen Namen dem Umstand, daß von hier aus Einsicht in die erzbischöfliche Küche genommen werden konnte.

Bald nach 1430 hatte die Stadt gegen den Protest des Erzbischofs erreicht, daß zwischen den Türmen „Planken und Palisaden" gesetzt werden konnten. Im Jahr 1525, als die Gefahr einer Belagerung der Stadt bestand, wurden sie durch eine feste Mauer ersetzt. Die bis zu einem Meter starke Konstruktion aus zwei mit Bruchstein und Mörtel verfüllten Mauerschalen läßt auf große Eile schließen. Mit dem Rondell „Gebhard" als südöstlichstem Pfeiler wurde 1536 die Elbfront und damit der Festungsgürtel um die Stadt geschlossen. Bis 1874 behielt Magdeburg diese Ausdehnung bei.

Wie nötig die Sicherungsmaßnahmen waren, bewies die Belagerung der Stadt 1550/51 durch Moritz von Sachsen. Zur weiteren Verstärkung der Verteidigungsanlage wurde westlich der bestehenden eine zweite Mauer in ca. zwölf Metern Entfernung errichtet, so daß die beiden Mauerzüge vom „Gebhard" bis zur Seidenbeutelpforte einen Zwischenraum, einen sogenannten Zwinger, bildeten.

Wie ein Stich von Merian 1653 zeigt, reichte das Westufer der Elbe bis dicht an die Elbe heran, berührte sie sogar stellenweise. Demnach müssen die Fundamente der Türme und Mauern bis unter den Elbspiegel gegründet sein. Wichtige bauliche Details des Aufbaus der Befestigungsanlage wurden durch Sanierungsarbeiten bekannt, die 1986 ca. 20 Meter südlich der Gouvernementsstraße notwendig wurden. Die nach Abtragung der sichtbaren äußeren Bruchsteinschicht am Schleinufer zu Tage getretenen Bogenreihungen, in etwa zwei Meter Höhe über dem Straßenniveau, entpuppten sich als bereits früher entfernte Gewölbeanschlüsse eines Wehrganges innerhalb der alten Zwingeranlage. Einst befanden sich unter den Wölbungen in der Mauer die Schießscharten der Wehranlage. Eine solche Anlage konnte nach 1945 im Grundstück Knochenhauerufer 22 freigelegt und vermessen werden.

Während der preußischen Regierungszeit, unter Gouverneur Fürst Leopold von Anhalt-Dessau, erhielt der Fürstenwall die heute noch zum Teil sichtbare Gestalt.

Um 1700 erfuhr das Elbvorland große Veränderungen. Der vom Rondell „Cleve" bis zum Gouvernement reichende Hauptwall wurde nach Norden zum jetzigen Reichsbahngebäude verlängert. Westlich der alten Zwingeranlage entstand 1722 die Fürstenwallstraße mit ihren Wohnhäusern. Der Wall nördlich der Gouvernementsstraße erhielt sogenannte Souterrains (Kasematten mit Tonnengewölben). Nach der Austrocknung des Mauerwerks brachte man Erde darüber. Der Zwinger im südlichen Abschnitt wurde verfüllt und zu einem Wall aufgeschüttet. Nach Entwürfen des preußischen Ingenieurs Kapitän Preusser trug man die an der Außenmauer stehenden Türme bis auf Brüstungshöhe ab. Auf den Turmstümpfen wurden kleine Pavillons mit Elbaussicht errichtet. Nur der Turm „Kiek in de Köken" und der „Turm hinter der Möllenvogtei" sowie der „Tatarenturm" blieben erhalten, wenn auch von nun an nur noch das obere Drittel ihrer ursprünglichen Höhe sichtbar war. Den nördlichen Abschluß des Fürstenwalls bildete ein schräger, langgezogener Abgang am späteren Reichsbahngebäude. Gestaltungspläne dieser frühen Zeit sind leider nicht bekannt. Historische Stadtansichten und Grundrisse aus dem 18. Jahrhundert zeigen aber bereits eine gleichmäßige doppelte Baumreihe.

Die Kasematten unter der Wallanlage waren zusammen etwa 60 Meter lang. Sie enthielten später fünf Wohnungen von je einer großen gewölbten Stube mit Küche. 1780 richtete Gottfried Ruhnecke in einer Kasemattenwohnung einen Wirtschaftsbetrieb mit öffentlichem Garten an der Elbe ein. Er machte damit den Anfang auf dem Fürstenwall. Bald gesellte sich 1791 hier auch noch eine Badeanstalt hinzu.

Am „Turm hinter der Möllenvogtei" wurde 1826 eine Badeanstalt durch den Garnisonsstabsarzt Dr. Haase eingerichtet. Der Vorgängerbau war bereits 1766 eine alte Wasserkunst, die, durch den Oberbaurat Silberschlag erbaut, das gesamte Domplatzgebiet zu versorgen hatte; sie arbeitete bis 1818. Später gehörte das Bad Dr. Lossier, danach Dr. P. Schreiber, welcher in den 80iger Jahren eine Augenklinik mit Wannenbetrieb (Wannenbäder) eröffnete. Ein russisches Dampfbad befand sich im gegenüberliegenden Gebäude, das noch heute als Wohnhaus im Vogteigarten steht.

Im Jahre 1812 ließ der französische Gouverneur Le Marios alle Gewölbe des Fürstenwalls räumen und verwandelte sie in Kasematten und Munitionsstützpunkte. Ab 1843 mietete die preußische Bahnpostexpedition die seit 1818 leerstehenden Räume. Die Direktion der Berlin-Potsdamer Eisenbahn besaß die Gewölbe des Fürstenwalls von 1850 an.

Das imposante Gebäude der Augenklinik wurde bis auf das inzwischen sanierte Wohnhaus und die Ruine des derzeit in den Bau integrierten „Turms hinter der Möllenvogtei“ völlig zerstört.

Der Turm „Kiek in de Köken“, dessen unterer Teil erhalten geblieben war, wurde in der Nazizeit in seiner Form durch einen Umbau völlig verändert. Vorübergehend nutzte man das Umfeld des Turmes als Begräbnisstätte der sogenannten Alten Garde.

Nach den Zerstörungen des Zweiten Weltkrieges blieb lediglich der südliche Abschnitt mit seinen Alleebäumen und Rasenflächen, später durch Plastiken bereichert, bestehen. Nach wie vor lädt der Fürstenwall zum Spazieren ein.

Park am Fürstenwall (1900)

Kaum zu trennen vom Fürstenwall ist die Anlage zwischen Dom und Bürgelstraße. Sie geht ebenso wie die Bürgerpromenade auf den alten Befestigungsgürtel, speziell auf das Gelände des ehemaligen Rondells „Gebhard“ zurück. Dieses entstand 1536 mit der Sicherung der Elbfront durch je ein starkes Eckbauwerk im Südosten und Nordosten (der ehemalige Turm Preußen ist noch erhalten). Während des 30jährigen Krieges weiter verstärkt, wurde es unter preußischer Regierung mit gewaltiger Erdmassenbewegung zur modernen Bastion „Cleve“ umgebaut.

Im Jahre 1900 erarbeitete der Gartendirektor Johann Gottlieb Schoch aus Anlaß der Aufstellung eines „Kriegerdenkmals“ einen Entwurf zur Gestaltung des Areals.

Park am Fürstenwall, 1900

Der alte Baumbestand und die attraktive Lage im historischen Stadtgebiet an der Hegelstraße mit dem Palais am Fürstenwall verleihen dem Park einen hohen Stellenwert. Er ist Ausgangspunkt für Spaziergänge durch das historische Magdeburg sowohl nach Norden in Richtung des Klosters Unser Lieben Frauen und der Johanniskirche, als auch nach Süden zum Klosterbergegarten oder auch über die Elbe in den Rotehornpark.
Weiterführend in den Herrenkrugpark bieten sich den Magdeburgern und ihren Besuchern reizvolle Routen an.

Glacis (um 1830, 1870)

Die Tendenzen, die allgemein in der Entwicklung von Stadtgrün seit dem 17. bis 18. Jahrhundert zu beobachten waren, trafen etwa seit dem Ende des 18. Jahrhunderts auch für die westlichen Bereiche des Glacis Magdeburgs zu ('Glacis' bezeichnet eine offene Fläche vor einer Festung, die es Angreifern unmöglich macht, ungesehen bis zu den Festungswerken vorzudringen).
Nach Beendigung des napoleonischen Krieges (1792 bis 1797), in dessen Verlauf Napoleon Bonaparte zum jüngsten General aufstieg, bot die Umgebung Magdeburgs ein Bild der Zerstörung. Die Städte Neustadt und Sudenburg waren auf Anordnung Napoleons geschliffen und sämtliche sichtbehindernde Vegetation weitestgehend beseitigt worden. Magdeburgs Bewohner hatten nach dem Ende des Krieges keine grünen Erholungsanlagen mehr. So entstanden neben Anpflanzungen von Alleen an den wichtigsten Ausfallchausseen der Stadt auch erste Baumpflanzungen auf den Flächen des Glacis. Eine neue Wertigkeit erlangte das Glacis durch die Anlage des Volksgartens am Kloster Berge.
Lennés Verdienst war es, daß er auf eine Verbindung zwischen dem von ihm 1825–1835 angelegten Volksgarten und dem Glacis Wert legte, so daß sich gleichsam eine Parklandschaft als Gürtel rings um die Stadt entwickeln konnte. Das entsprach seinem großartigen Denken der Landesverschönerung und dem Bemühen (heutigem ökologischem Denken vorweggenommen), ein vernetztes Grünsystem in der Stadt zu schaffen. Neben der Tätigkeit Lennés am Volksgarten, am Herrenkrug und am Nordfriedhof wurde er auch zur Beratung bei der Gestaltung der Glacis-Anlagen herangezogen. Es entstand die erste Gestaltung eines geschmückten Spazierweges entlang der Festungsmauern der Stadt.
Man konnte, ohne den Park zu verlassen, vom Friedrich-Wilhelms-Garten (Klosterbergegarten) bis zum Städtischen Begräbnisplatz bei der Alten Neustadt (heutiger Nordpark) wandern. Auch Pläne zur Gestaltung der Umgebung dreier kleinerer Kirchen bei dem Glacis sind von Lenné erhalten. Vom Glacis ist heute nichts mehr vorhanden. Der Bau der Eisenbahnlinien und des Hauptbahnhofes eroberte sämtliches Terrain. Durch die Stadterweiterungen um 1870 verschoben sich die Festungswerke und damit der Standort des Glacis in Richtung Westen. An diesem neuen Ort entstand ohne Verzögerung wieder eine Parkanlage unter der Federführung des Gartendirektors Niemeyer. Er bemühte sich auch, die Anknüpfung zum Friedrich-Wilhelms-Garten beizubehalten. Dort wurden die Sternwiesen bei der Turnanstalt gekauft und wenig später gärtnerisch gestaltet. Erstaunliche Fernsichten und schlängelnde Wege über offene Rasenflächen bildeten einen starken Gegensatz zum hektischen Getriebe der dicht bevölkerten Stadt. Ähnlich wie der Friedrich-Wilhelms-Garten erfreute sich die Glacis-Anlage nicht lange eines ungestörten Daseins. Bald wurde durch das starke Wachstum der Stadt das Zerschneiden des Glacis durch neue oder größere Straßen unumgänglich. Flächenverluste durch die Umnutzung von Teilbereichen, wie z. B. mit mehreren Badeanstalten, zerstückelten die Anlage zusätzlich.
Nach Ende des Zweiten Weltkrieges wurden, den neuen Verkehrsverhältnissen angepaßt, große Teile des Glacis mit der Magdeburger Stadtautobahn, der Tangente, belegt und damit unwiederbringlich beseitigt. Die Stadtväter waren froh, eine solche unbebaute Nord-Süd-Verbindung dafür benutzen zu können. Die die Böschungen der Tangente begleitenden Grünflächen sind bis auf einige Restflächen neueren Datums und haben nichts mit der Ursprungsplanung Niemeyers gemein.

Klosterbergegarten (1824)

Auf dem höchsten Punkt des Klosterbergegartens, von dem man in den Volksgarten und zu den markanten Punkten der Stadt und der Landschaft blicken konnte, stand eine Sonnenuhr, auf der folgender Vers zu lesen war:

„Kloster-Berge gegründet 937
- hierher verlegt 965
- aufgehoben 1810
- zerstört 1812
Friedrich-Wilhelms-Garten
auf dessen Trümmern,
für Magdeburgs Bewohner,
angelegt 1825“

Der Volksgarten wurde auf sehr geschichtsträchtigem Boden errichtet – auf den Ruinen des Klosters Berge. Die Franzosen demolierten das Kloster und dessen gerühmte alte Gärten. So wurde der sogenannte

„Poetenweg“, eine Allee mit dreihundert Jahre alten Eichen und Ulmen, zerstört. Sollten dabei von den Bäumen noch einige überlebt haben, dann fielen sie den Verteidigungszwecken der Franzosen zum Opfer. Am 14. Oktober 1806 wurde ein Dekret zum Abholzen der Bäume erlassen.
1813 baute man aus dem ehemaligen Spielplatz der Klosterschule, dort, wo später die Sonnenuhr stand, eine Schanze. Die Klosterfreiheit und andere Gebäude wurden abgebrochen. Die übriggebliebenen Gebäude der Klosteranlage auf dem Berg, seit 1811 als Militärlazarett genutzt, schliffen die Franzosen ebenfalls, um eine freie Sicht von den Magdeburger Festungsmauern in die Umgebung zu erlangen.
Eine gute Entwicklung für die nach 1814 folgende Zeit ergab sich durch den Amtsantritt des Wilhelm August Francke im Juli 1817 als Oberbürgermeister Magdeburgs. Die Einsetzung Franckes durch den König Friedrich Wilhelm III. wurde durch die Fürsprache maßgebender Magdeburger Bürger unterstützt. Sein besonderer Verdienst ist die Schaffung des Grundstocks des Magdeburger Grüns.
Die Idee für einen Magdeburger Volksgarten kam nicht von ungefähr. In der Stadt war keine parkartige Erholungsstätte vorhanden. Den in Friedenszeiten gern als Ausflugsziel benutzten Rothenseer Busch hatten die Franzosen abgeholzt. Die kleinen Bürgergärten vor den Toren der Stadt fielen den Kriegsstürmen zum Opfer. Wälder wurden teilweise zur Tilgung von Kriegsschulden abgeholzt. Die Gegend um Magdeburg gab sich öde und trist.

links: Das ehemalige Kloster Berge (Ansicht von der Anhöhe am Buckauer Wege, Darstellung von 1845)

oben: Blick aus dem Klosterbergegarten auf die Treppenanlage und zur Stadt

Francke hatte die Idee, auf dem Gebiet des wüsten Klosters Berge einen Park im landschaftlichen Stil zur Erholung der Magdeburger Bürger anzulegen. Die Anregung gab ihm der damalige Commandant Graf von Haake, der mehrere Jahre mit seiner Familie eine Sommerwohnung im stehengebliebenen Pfarrhaus des Klosters genommen hatte und die Umgebung, insbesondere die Stadtsilhouette und die Elbwiesen, sehr ansprechend fand.
47,5 Morgen von der Stadt angekauftes Land des wüsten Kloster Berge (für 4000 Thaler im Jahr 1824) bildeten den Grundstein des Parks. Dieses Land war das erste Mal im Gespräch, als mit dem Anliegen an den Gartendirektor von Sanssouci, Peter Joseph Lenné, herangetreten wurde, in Magdeburg einen Volksgarten zu entwerfen. Lenné war von der Idee begeistert. Nach seinen Vorstellungen sollte sich der Volksgarten sogar über eine Fläche von 120 Morgen erstrecken.

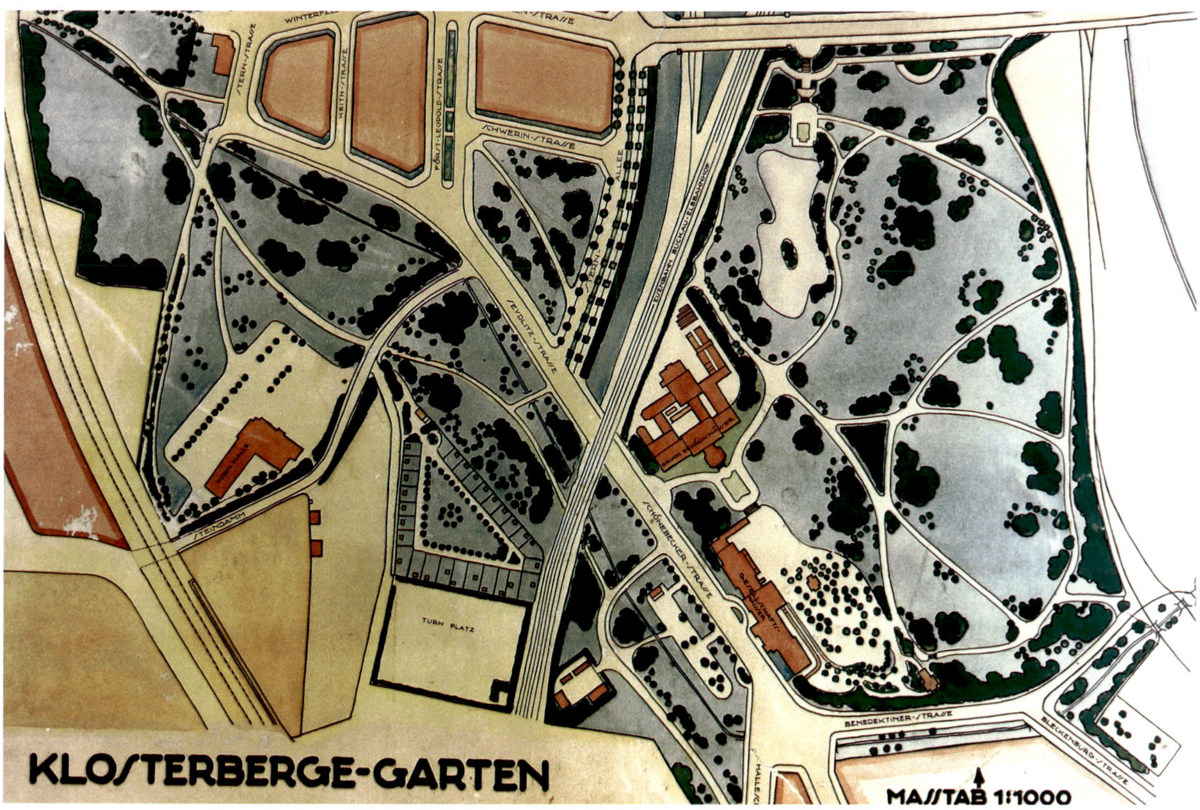

Plan des Klosterbergegartens, 1931

Anne-Frank-Stele des Bildhauers Rommel

Das ehemalige Pfarrhaus, das Gewächshaus und das abteiliche Grabgewölbe waren die einzigen Gebäude, die von der weiträumigen Klosteranlage übriggeblieben waren. An der Stelle der Klosteranlage sollte ein Gesellschaftshaus errichtet werden und das durch Verteidigungszwecke zerfurchte Bodenrelief sich nun in sanft geschwunge Wiesenflächen mit hainartigen Baumgruppen verwandeln.
Die Schönebecker Straße führte damals als Landstraße nahe am Festungswerk „Stern" vorbei. Die Klinke war wasserreich und speiste mehrere Teiche. Der Fischteich vorm Pfarrhaus galt als der beste Fischteich der Umgebung. All diese landschaftlichen Besonderheiten fanden Berücksichtigung bei dem Entwurf, den Lenné anfertigte. Dieser Plan des Klosterbergegartens wurde von Lenné am 18. Oktober 1824 nach Magdeburg gesandt, wo ihn Oberbürgermeister Francke dankend erhielt. Zwei Monate später (am 28. Dezember) erhielt Francke noch einen Erläuterungsbericht sowie ein Pflanzplan zum Entwurf von Lenné, der an dem Magdeburger Volksgarten mit wahrer Begeisterung arbeitete.
Der Erläuterungsbericht glich einer Überzeugungsschrift, wie sie Lenné für seine Volksgartenplanung nicht besser formulieren konnte. Die ausführliche Erläuterung des Konzepts, das mit dem Magdeburger Volksgarten erreicht werden sollte, wurde auch veröffentlicht und damit weithin bekannt. Außerdem sollten sich die Erläuterungen und Pläne für die Verhandlungen Franckes mit dem Magistrat und der Regierung als wichtige Argumentationshilfe erweisen.
Der Kostenvoranschlag für den Park hatte 18000 Thaler ergeben, eine riesige Summe für die damalige Zeit. Trotzdem konnte Oberbürgermeister Francke im Januar und April 1825 den Gemeinderat und die Stadtkommandantur für die Gartenanlage begeistern. Das Aufbringen der 18000 Thaler sowie das Beschaffen der weiterhin benötigten Grundstücke wurde beraten.
Die Regierung verhielt sich ablehnend. Die Frage, ob mit dem Geld nicht eher die Schulden der Stadt bezahlt werden sollten, wurde offen in Erwägung gezogen. Erst erneute Vorstöße seitens des Magistrats ergaben eine zögerliche Zustimmung zu diesem Projekt. Baucondukteur Friedrich Wilhelm Wolff hatte die Leitung der Anlage des Volksgartens übernommen. Im April 1825 war der eigentliche Baubeginn, da die wichtigsten Genehmigungen, eben hauptsächlich durch die preußische Regierung, erst jetzt erteilt wurden. Die Fertigstellung zog sich bis 1835 hin, da einige Teile bis dahin verpachtet waren. Ihren Anfang nahm die Anlage mit der Bodenmodellierung und der Schaffung des Wegenetzes. Ende 1825 wurde der Inselteich angelegt. Bis zum Frühjahr 1826 standen bereits 25000 Stück Gehölze.
König Friedrich Wilhelm III. war im Herbst 1825 in Magdeburg, schaute sich auch die entstehende Parkanlage an und äußerte sich lobend über das Vorhaben. Mit seinem Einverständnis wurde der Park Friedrich-Wilhelms-Garten genannt. Die öffentliche Bekanntmachung erfolgte am 15. April 1826.
Die Oberleitung über die erste Hauptpflanzung, die das Grundgerüst des Parks bilden sollte, behielt sich Lenné vor. Dazu kam er im Frühjahr 1826 mit Condukteur Greiß aus Potsdam nach Magdeburg. In dieser Zeit wurden außerdem die Rasenflächen gesät.

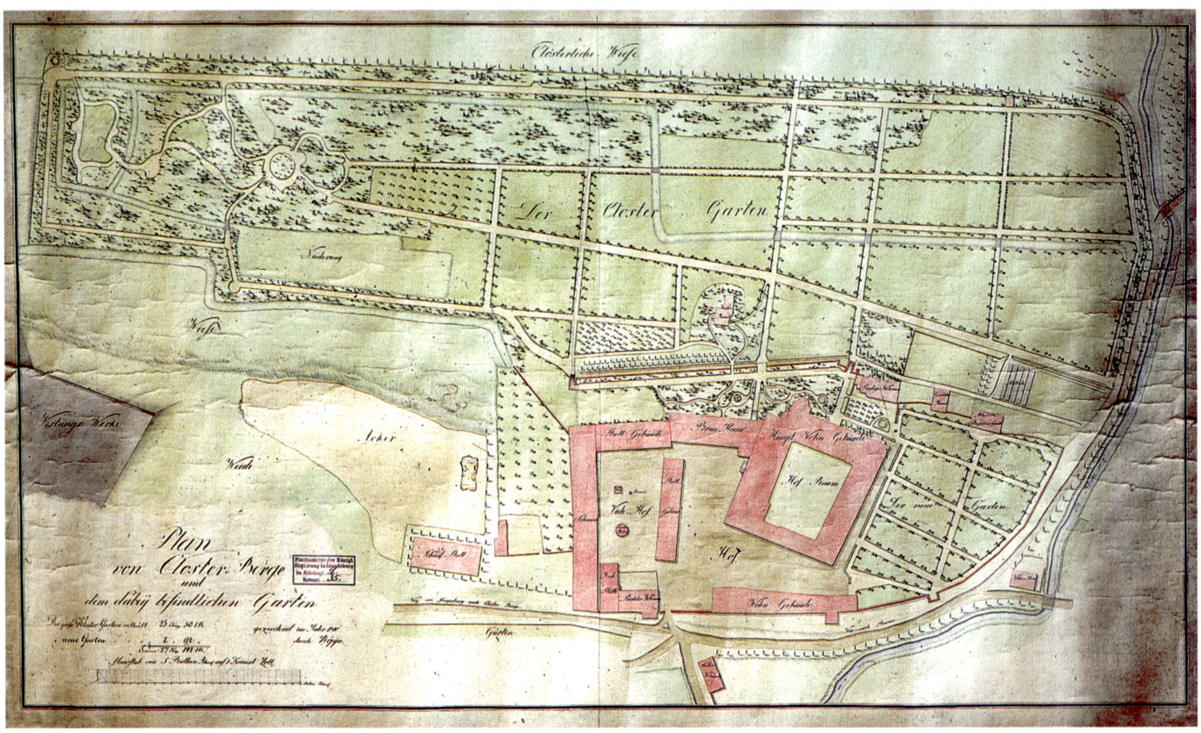

Bestandsplan von Kloster Berge vor der Entstehung des Volksgartens, 1810

In den Grusongewächshäusern

Spätestens jetzt konnte man sich die Parkanlage ganz gut vorstellen – auch wenn noch einige dazwischenliegende und landwirtschaftlich genutzte Grundstücke den Gesamteindruck schmälerten.
Im Januar 1827 ging die Bleckenburg in das Eigentum der Stadt über und wurde bis zum Frühjahr 1828 zur Gartenanlage umgewandelt. Das dort befindliche Wohngebäude nutzte der Gärtner Heinrich Wercker, der im Herbst 1825 für den Friedrich-Wilhelms-Garten eingestellt worden war. Nach einigen Jahren richtete Wercker in der Bleckenburg ein Georgium und ein Rosarium ein – beides von den Magdeburgern bewundert. Wercker betreute den Volksgarten 50 Jahre lang.
1828 ging es an den Bau des Gesellschaftshauses. Die Pläne stammten von Bauconducteur Friedrich Wilhelm Wolff, der zusammen mit Baurat Clemens auch den Bau des Hauses leitete. Der ursprüngliche Entwurf, an den sich auch Wolff anlehnte, stammte von dem Berliner Baumeister Karl Friedrich Schinkel. Dieser wurde aber aus Kostengründen von der Stadt abgelehnt. Fertiggestellt war das Gesellschaftshaus bereits im Folgejahr und verpachtet schon im Oktober 1829.
Die Neupflanzungen im Park blieben nicht ohne Rückschläge. Besonders durch große Trockenheit machten sich Nachpflanzungen erforderlich. Die Anlage des Parkes erforderte viele neue Pflanzen. Eine Baumschule und Gewächshäuser im Friedrich-Wilhelms-Garten (später wieder geschlossen) waren in diesem Zeitraum eingerichtet und vom Gärtner betrieben worden.
1830 begann die Gestaltung des Klinketales. 1831 entstanden dort die Wirtschaftsgebäude. Die Sicherung des Terrains für die Stadt erfolgte wie auch bei den anderen Flächen des Volksgartens durch Tausch und Kauf verschiedener Grundstücke.
Anfang 1835 lief endlich der Pachtvertrag für die 18 Morgen ‘Große Klosterwiese’ aus, die zwischen Weidenwerder und Möllenvogtei-Wiese an der Elbe lag. Diese sollte auf Veranlassung der Stadt anders gestaltet werden, als das Lenné vorsah. Anstelle der offe-

nen Wiesen und kleineren Gehölzflächen an Wegegabelungen wollte man einzelne Bäume in 16 Fuß Abstand pflanzen, so daß noch Gras unter den Kronen wachsen konnte. Das sollte dem Bodenabtrag durch Hochwässer besser entgegenwirken.
Außer zwei Flächen von zwei und anderthalb Morgen im südlichen Parkbereich war nun der Friedrich-Wilhelms-Garten vollendet.
Eine etwas andere Lage erhielt der der Elbe zunächst liegende Promenadenweg – aus dem Grund, weil die Klosterwiese erst 1835 übernommen werden konnte und man deshalb gezwungenermaßen den Weg etwas weiter weg anlegte, als es Lenné konzipiert hatte.
Die Klinke wurde nicht durch den Teich, sondern getrennt zwischen diesem und der Schönebecker Straße geleitet. Das sollte sich für die spätere Zeit als richtig erweisen, da die Klinke durch die Abwässer der Zuckerfabriken in Sudenburg stark verschmutzt wurde. 1840 erfolgte die endgültige Abtrennung des Zuflusses der Klinke vom Fischteich. So war zumindest bis 1861 die Fischzucht möglich, bevor der Teich in den 70er Jahren des vorigen Jahrhunderts zugeschüttet wurde.
Die durch Lenné geplante Klinke-Insel, der Lusthafen, wurde hauptsächlich durch Baucondukteur Wolff verworfen. Wichtigstes Argument dafür waren die Hochwasserschäden, die in der Folgezeit behoben werden müßten (u.a. Entschlammen des Hafens, Ersetzen von Gehölzen etc.), was einen enormen finanziellen Aufwand für die Stadt zur Folge hätte.
Zudem existierte an dieser Stelle eine andere wichtige Einnahmequelle der Stadt – der Ausladeplatz rechtsseitig der Klinkemündung, der wichtigste im südlichen Stadtbereich zur Belieferung der umliegenden Fabriken mit Holz und Steinkohle.

Der Magdeburger Volkspark Friedrich-Wilhelms-Garten

Seine Ungestörtheit in voller Größe und Schönheit sollte der Volkspark jedoch lediglich vier Jahre behalten, von Anfang 1835 bis Ende 1838.
Der Plan Lennés – der Friedrich-Wilhelms-Garten als beliebtes Ausflugsziel für die Magdeburger – hatte sich erfüllt.
Andere nicht erwartete Merkmale der industriellen Umlandentwicklung wurden jedoch zusätzlich im Parkbild sichtbar: so die erste Eisenbahnstrecke von Magdeburg nach Leipzig (Magdeburg-Schönebeck 1839 eröffnet – Leipzig 1841 eröffnet), die den Park mittig zerschnitt, samt dem dazugehörigen Bahnhof „Unterwelt"; die Hubbrücke, die 1848 für die Eisenbahnverbindung nach Berlin gebaut wurde; der vergrößerte Ausladeplatz der Frachtschiffe an der Klinkemündung. Auch die ersten Buckauer Fabriken veränderten das südliche Blickfeld.
Die ersten Gleise wurden zwischen dem Bahnhof und dem Industriegelände auf der sogenannten „Magistratsstrecke" verlegt, was einige Wegeveränderungen und eine Abpflanzung des Parkes gegen die Elbe zur Folge hatte. 1890 wurde die dauernde Benutzung der Gleise auf der Magistratsstrecke durch die Preußische Eisenbahngesellschaft mit Grundbucheintrag festgeschrieben. Bald konnten die negativen Auswirkungen nicht mehr ignoriert werden. Die Eisenbahn als auch die Schönebecker Landstraße wurden zu Barrieren, die den Park in drei Teile schnitten.
Weitere nicht gewollte Auswirkung auf den Park hatte indirekt der Bahnhof „Unterwelt". Einerseits konnte die vornehme Gesellschaft in den eintreffenden Zügen sogleich in den Friedrich-Wilhelms-Garten gelangen. Andererseits wurde der Park durch die Arbeiter beschädigt, die quer durch ihn hindurch zu den Fabriken in Buckau marschierten, ohne sich um die Wege zu kümmern. Der Volksgarten hatte sich als gesellschaftlicher Treffpunkt der höheren Kreise etabliert, und deshalb sah man die Arbeiter nicht gern. Die Klagen über die Trampelpfade der Arbeiter verstummten erst mit dem Bau des Zentralbahnhofes im Jahr 1884. Vorher trennte man den Park bereits durch das Einziehen von Wegen und eine südliche Einfriedung vom Durchgangsverkehr ab, ähnlich, wie das in anderen Städten bei Bürgerparks üblich geworden war, die sogar vollständig von Mauern umgeben sein konnten.

Wenn nicht von Beginn, so haben sich Beschädigungen des Parks bereits in den 40er Jahren so stark bemerkbar gemacht, daß die Einstellung eines Wächters notwendig wurde. Der offene Fußweg von Buckau zum Beispiel durch das Klinketal nach Magdeburg war eine wichtige Verbindungsstrecke. In der Magdeburger Zeitung von 1850 wird berichtet, daß die Fruchtbäume und -sträucher dort durch unsachgerechte „Beraubung" vielfach eingegangen oder verkrüppelt waren. Kosten für einen Hilfsaufseher und später einen Parkwächter tauchten daher seit 1869 regelmäßig in den Verwaltungsberichten der Stadt auf.
Neben den erwähnten Unannehmlichkeiten galt der Park als ausgesprochener Publikumsmagnet. Attraktionen waren neben der Restauration im Gesellschaftshaus das Georgium – der Dahliengarten, den der Gärtner in der Bleckenburg für seine Züchtungen angelegt hatte – und ein Rosengarten. An der Klinkemündung konnte man mit Gondeln zum Rotehorn übersetzen.
Um 1850 besaß der Friedrich-Wilhelms-Garten eine große Artenvielfalt an Gehölzen, was wiederholt Erwähnung fand. Der botanisch Interessierte traf hier auf verschiedenste ausländische Gehölze. Allerdings war der Herrenkrug als Botanischer Garten wesentlich attraktiver.

Verschönerungsplan von Klosterberge bei Magdeburg zur Anlage eines Volksgartens von Peter Joseph Lenné, 1824

1860 begann ein langwieriger Streit um die Verlegung der Kommunalgrenze von Buckau. Es ging um die Zugehörigkeit des Friedrich-Wilhelms-Gartens. Die Grenze verlief entlang des nördlichen Teils des Parkes, dort, wo heute die Sternbrücke und die Straße in Richtung der zerstörten Südbrücke liegt. Eigentümer war die Stadt Magdeburg, die Kommunalsteuern mußten jedoch an die Gemeinde Buckau entrichtet werden. Das mißfiel der Stadt. Mit der Eingemeindung Buckaus 1887 entschied die Stadt den Streit für sich.

In der Folgezeit wurde dem Bebauungsdruck rings um den Park nachgegeben, bis der Park dann zur Jahrhundertwende vom Stadtgefüge aufgenommen worden war. Der Bezug zur Landschaft, ein wesentlicher Faktor der Atmosphäre des Landschaftsgartens, war durch Bebauung, Abpflanzung der Magistratsstrecke und die Festungswerke des Stern und des Kavalier Scharnhorst verloren gegangen. Außerdem nahm man in Magdeburg ab 1870 noch den Bau des zweiten Festungsgürtels in Angriff. Daher ergaben sich in den Außenbereichen des Parks in den 80er und 90er Jahren des vorigen Jahrhunderts wesentliche Veränderungen.

1881 erwarb die Stadt die Sternwiesen und veränderte sie gartengestalterisch. Durch den Bau des äußeren Festungsgürtels wurden die näheren Bereiche des Stern und des neuen Kavalier Scharnhorst (1876/77) zunächst zerstört und dann den veränderten Bedingungen angepaßt, also in der Regel mit einem Promenadenweg und einer Baumpflanzung versehen.

Da die Glacisanlagen nun weiter außerhalb lagen, ergab sich die Möglichkeit einer Neugestaltung des Übergangs vom Friedrich-Wilhelms-Garten über den Bereich des neuen Turnplatzes und der Sternwiesen zum Glacis.

Neben den Veränderungen der Gartenanlagen in den Nahbereichen der neuerrichteten Festungswerke blieb der Kernbereich und gleichfalls der schönste Teil der Parkanlage erstaunlicherweise bis in die heutige Zeit in seinen Grundzügen erhalten.

Am 12. April 1896 wurden die Gruson-Gewächshausanlagen im Friedrich-Wilhelms-Garten feierlich der Allgemeinheit zugänglich gemacht.

Der Friedrich-Wilhelms-Garten galt zu jener Zeit als in der Gestaltung als abgeschlossen, während Flächen wie der Herrenkrug oder dann der Stadtpark auf dem Rotehorn viel mehr Aufmerksamkeit auf sich zogen und in den Mittelpunkt des Interesses der Verwaltung rückten.

Mittlerweile war es kein Problem mehr, den Herrenkrug oder den Stadtpark mit Straßenbahnen zu erreichen, so daß der Schwerpunkt der gesellschaftlichen Treffen nicht mehr nur im Friedrich-Wilhelms-Garten zu finden war, sondern sich zunehmend auch auf die anderen Parks verteilte.

Eine allgemeine Tendenz in der Gartenarchitektur war um die Jahrhundertwende zu beobachten: Viele Parks wurden umgestaltet ohne mitunter den gartenkünstlerischen Wert der Anlage zu beachten. Auch der Friedrich-Wilhelms-Garten blieb davon nicht verschont.

So errichtete man 1895 die Grusonschen Gewächshäuser für die einzigartige Pflanzensammlung des verstorbenen Geheimen Kommerzienrates Hermann Gruson, dessen Familie der Stadt die Sammlung schenkte. Am 12. April 1896 wurden die Gewächshausanlagen im Friedrich-Wilhelms-Garten feierlich der Allgemeinheit zugänglich gemacht. Der Park hatte einen neuen Anziehungspunkt.

Der Gesellschaftsplatz erfuhr im Laufe der Zeit mehrmals eine Anpassung an den veränderten gesellschaftlichen Zeitgeschmack. Das hatte jedoch keinen Einfluß auf die Grundgestaltung des Landschaftsgartens. Die geschwungenen Alleen schienen sich für das als Restauration genutzte Gesellschaftshaus nicht zu bewähren, so daß bald ein locker mit Bäumen überstandener Platz entstand. Ein Plan von 1875 zeigt einen nischenartigen großen Gesellschaftsplatz mit zwei geschwungenen Alleen.

Die Diskussion um das Gesellschaftshaus und sein Umfeld wurden 1895 beendet. Zunächst entstanden 1896 Erweiterungsbauten des Gesellschaftshauses an dessen Südseite. Später sollte das alte Gesellschaftshaus abgerissen werden, um es um den spiegelbildlichen Teil des neuen Hauses zu ergänzen. Zu dieser Ergänzung ist es dann jedoch nicht gekommen. Das alte Gesellschaftshaus mit seiner klassizistischen Fassade blieb erhalten.

Gleichzeitig mit den Neubauten am Gesellschaftshaus nahm man eine gärtnerische Umgestaltung des Gesellschaftsplatzes in Angriff. Die alten Schankbuden verschwanden, und der Platz wurde dem Zeitgeschmack und dem gewachsenen Publikumsverkehr angepaßt.

1896 baute man auch das Abortgebäude im südlichen Parkteil an der Benediktinerstraße, das um 1930 zu einem Jugendtreff umgebaut wurde, womit auch einige Veränderungen in Hausnähe (z. B. ein Appellplatz) verbunden waren. Diesen Platz hat man später wieder entfernt.

Auch kurzzeitige Veränderungen für Ausstellungen wandelten das Aussehen des Parkes; z.B. 1906 für eine Obst-Gemüse-Imkerei-Ausstellung. Solche Expositionen hatten besonders durch die 1894 durchgeführte Gartenbauausstellung, mit der der heutige Geschwister-Scholl-Park auf ehemaligem Festungsgelände geschaffen wurde, an Ansehen in der Stadt gewonnen.

Erstaunlicherweise bleib das Grundschema des Lennéschen Entwurfs erhalten, was für die grandiose Einmaligkeit des Parkes spricht. Jedoch manifestierte sich die Größe der Parkanlage auf den heute noch erhaltenen Kernbereich um das Gesellschaftshaus und den Inselteich. Die restlichen Flächen standen durch die städtebauliche Entwicklung nicht mehr zur Verfügung.

Die Schönebecker Straße wurde 1893 auf 20 Metern verbreitert. Dadurch erfuhren auch die angrenzenden Bereiche an der Klinke eine Überarbeitung.

Durch Beschluß des Magistrats erhielt im Jahre 1921 der Friedrich-Wilhelms-Garten den Namen „Klosterbergegarten".

In den 20er Jahren veränderte sich der Nordteil des Klosterbergegartens, denn 1924 war endlich die Südbrücke fertig (Benennung: F.-Ebert-Brücke, dann A.-Hitler-Brücke). Mit dem Südbrückenzug entstand die Treppenanlage, die heute in der Sichtachse Gesellschaftshaus-Inselteich-Dom zu sehen ist. In diesem Zusammenhang ist auch eine heute nicht mehr vorhandene Aussichtsplattform an der Nordböschung, die mit Bänken und einer Bepflanzung versehen wurde, zu nennen. Die eigenwillige Böschungsformung ist aber heute noch erkennbar.

Ein Projekt von 1925, den Inselteich in Ergänzung der Treppenanlage als symmetrisches Wasserbecken auszubilden, kam nicht zur Ausführung.

Der Schaden durch den Zweiten Weltkrieg für den Klosterbergegarten war vergleichsweise zum Rotehornpark oder Nordpark nicht so groß. Trotzdem erinnern heute nur wenige alte Bäume an den einstigen Reichtum der Anlage.

Der Pionierpark

Die gesellschaftlichen Verhältnisse der DDR brachten es mit sich, daß der Klosterbergegarten zum Pionierpark umfunktioniert wurde. Damit wurde zunächst beim Gesellschaftshaus begonnen, das nun Pionierhaus „Hermann Matern" hieß.
Ein Verkehrsgarten entstand bis zum Internationalen Kindertag am 1. Juni 1966. Bis 1972 wurden mehrere Kleinsportfelder, der Verkehrsgarten und ein Kinderspielplatz in den Park integriert. Das zerstörte den freien Wiesencharakter der Parkanlage, da diese Spielflächen immer im Sichtbereich der Wege lagen. Ein neuer Mittelweg zerschnitt die großen Wiesen am Fuß der Terrasse des Gesellschaftsplatzes, was die Kleinteiligkeit des Parkes endgültig manifestierte.
1978 wurde bei der Treppenanlage die Anne-Frank-Stele des Bildhauers Rommel aufgestellt – anstelle des „Freundschaftsmonuments", einer von Pionieren gestalteten Emaille-Arbeit.
Bereits in den 60er Jahren hatte man den Inselteich wegen Bewirtschaftungsschwierigkeiten und Wasserstandsschwankungen zugeschüttet. Die Tradition des Eislaufens lebte, da nun der Inselteich fehlte, auf einer gespritzten Eisfläche unmittelbar vor dem Pionierhaus auf dem Gesellschaftsplatz fort. Ab 25. November 1978 stand der Pionierpark unter Denkmalschutz. Anläßlich des 200. Geburtstags Lennés wurde 1989 eine Büste im Eingangsbereich des Parkes aufgestellt. Seit 1990 heißt der Pionierpark wieder Klosterbergegarten. Seitdem sind auffällige Neuerungen im Park sichtbar. Der Gesellschaftsplatz wurde neu gestaltet. Die gepflanzten geschwungenen Lindenalleen gehen auf den Entwurf Lennés von 1824 zurück. Die Magistratsstrecke zwischen Park und Elbe ist wieder ein Teil des Parkes.

Nordpark (1827)

Der Nordpark ist hervorgegangen aus dem als Nordfriedhof bezeichneten ersten städtischen Begräbnisplatz, der außerhalb der Festung angelegt wurde.
Zwar existierte vor dem Ulrichstor in der westfälischen Zeit ein allgemeiner städtischer Begräbnisplatz, jedoch hielt dieser den wechselnden Umständen nicht stand und mußte mehrfach umverlegt werden.
Nach der napoleonischen Besetzung 1815 wurde nur ein Armenfriedhof vor dem Krökentor weitergeführt. Im Verlauf des 18. und zunehmend des

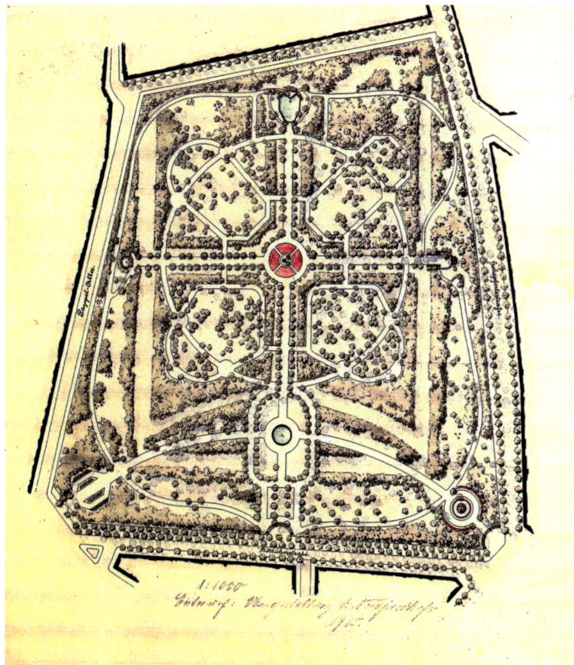

Entwurf zur Umgestaltung des Nordfriedhofs von Gottlieb Schoch, 1905

19. Jahrhunderts ergab sich in der Folge des Bevölkerungswachstums und der Verdichtung der Stadt aus hygienischen Gründen die Notwendigkeit, auch für die bemittelten Schichten Friedhofsanlagen außerhalb der Festungsmauern neu anzulegen. Oberbürgermeister Francke (1785–1851) setzte sich gegen den Widerstand des Festungskommandanten und der Regierung zielgerichtet dafür ein. Die Wahl des Standorts fiel auf das Areal der 1812 von Napoleonischen Truppen zerstörten Neustadt. Die Stadt erwarb die Fläche 1824 vom Militärfiskus im Rahmen eines Finanzausgleichs.
Am 29. Juli 1824 wurde Peter Joseph Lenné in Zusammenhang mit dem gleichzeitig anlaufenden Vorhaben des Volksgartens Kloster Berge von Regierungsdirektor Sack schriftlich gebeten, einen Entwurf für einen städtischen Friedhof anzufertigen. Lenné sagte zu, mit dem Hinweis, daß die Gestaltung derartiger Anlagen ihrer spezifischen Bedeutung und den Gemütsempfindungen der Menschen entsprechen sollte und „gleichzeitig durch Anmut anziehend und einladend genug, um mit Genuß und Vergnügen dort zu verweilen".
Lenné besuchte Magdeburg zum ersten Mal vom 8. bis 14. September 1824 und wurde von Francke in die geplanten Aufgaben eingeführt. Schon vier Wochen später erhielt Francke gleichzeitig mit dem Plan des Volksgartens verbale Vorschläge für die Bepflanzung des Friedhofes, über dessen Gestaltungsstruktur man sich wohl bereits in Magdeburg grundsätzlich geeinigt hatte.
Die festungstechnischen Bestimmungen schrieben vor, daß aufrechtstehende Grabdenkmäler, Grabhügel, Familiengewölbe oder sonstige Massivbauten

nicht gestattet waren. Die Grabsteine, überwiegend aus weißem Marmor gearbeitet und z. T. besonders wertvolle handwerkliche Leistungen, mußten flach auf dem Boden liegen.

Am 10. Dezember 1824 übersandte der Bauconducteur Friedrich Wilhelm Wolff dem Oberbürgermeister Francke eine von Lenné zugestellte und abgeänderte Zeichnung mit erläuternden Bemerkungen. Unter der Leitung Wolffs entstand 1825–1827 die Anlage auf einer Fläche von etwa 41 Morgen.

Am 21. März 1827 wurde der Nordfriedhof als erster, außerhalb der Stadt gelegener Begräbnisplatz eröffnet. Im Mittelkreis des Hauptachsenkreuzes blieb nach einem Beschluß von 1827 eine Begräbnisstätte für den Oberbürgermeister Francke und dessen Familie frei. Nach Franckes Tod am 23. Mai 1851 konnte das von dem Berliner Bildhauer Gustav Bläser 1852 modellierte und 1857 gegossene Standbild zunächst nicht auf seinem Grab aufgestellt werden, da die Militärbehörde im Festungsrayon keine massiven baulichen Elemente genehmigte. So wählte man den Standort an der Hauptwache, wo es bis 1907 seinen Platz fand. Die Aufstellung des Otto-von-Guericke-Denkmals war der Anlaß dafür, daß das Francke-Standbild an seinen eigentlichen Bestimmungsort kam.

Die erste Belegung des Friedhofes erfolgte mit Reihen- und Wahlgrabstellen bis ca. 1852. Bereits in der ersten Hälfte des 19. Jahrhunderts wurde die erwartete Bevölkerungszunahme von der Realität weit übertroffen, was eine Erweiterung um zehn Morgen nach Süden bis an die Nordgrenze des Festungsglacis sowie den Bau eines Friedhofs- und Leichenhauses notwendig machte. Somit geht der gesamte südliche Bereich bis zum ersten Querweg nicht auf Lenné zurück. 1858–1881 erfolgten nochmalige Belegungen der Begräbnisplätze unter teilweiser Beibehaltung von Wahlgrabstellen. 1883/84 wurde am südlichen Hauptwegekreuz eine Grabkapelle errichtet. Nach der Anlage des Südfriedhofes 1872 und des Westfriedhofes 1898 wurde der Nordfriedhof geschlossen. Bestattungen erfolgten nur noch, wenn die Grabstätten zuvor schon käuflich erworben worden waren.

Frühjahrsstimmung mit Blaustern-Blütenmeer im Nordpark (Scilla sibirica, Nickende sibirische Sternhyazinthe, auch Meerzwiebel oder Scilla genannt)

Im Zuge der Stadterweiterung erfuhr die Umgebung des Nordfriedhofs durch die Quartierbebauung des Nordfrontgeländes eine umfassende Veränderung. Das Friedhofsgelände wurde 1896 verkleinert. Dabei unterbrach man auch die für Lenné wichtige und zweckmäßige Verbindung des Friedhofs mit dem Grün des nördlichen Glacis.
Planungen der zukünftigen Eingangssituation der Anlage sowie der den Friedhof umgebenden Straßenzüge mit großzügigen Alleepflanzungen legte 1894 Gartendirektor Schoch vor. Er trug den Hauptverdienst an der Umwandlung der Friedhofsanlage in eine Parkanlage, die ab der Jahrhundertwende in die Tat umgesetzt wurde. Im Laufe der Zeit ebnete man fast alle Gräber ein. Später erfolgte noch der Abriß der Grabkapelle und aller Nebenanlagen.
Die 1902, 1915 und 1931 folgenden, kleinteilig wirkenden Planungen wurden glücklicherweise nicht verwirklicht, so daß die historische Struktur der Lennéschen Anlage weitestgehend erhalten blieb.
Der Zweite Weltkrieg fügte dem Nordpark schweren Schaden zu. Bombenangriffe ließen ihn in Flammen aufgehen und verursachten an die 200 Bombentrichter. Durch den Brand gibt es heute nur noch einige Bäume, die auf die Entstehungszeit der Anlage zurückzuführen sind. Nach dem Krieg wurde ein Teil des nordöstlichen Quartiers als Friedhof für gefallene sowjetische Soldaten sowie bis 1966 für verstorbene Soldaten und Bürger der sowjetischen Garnison Magdeburg genutzt.
Von den früheren Gräbern sind gegenwärtig noch zehn Grabstätten vorhanden und teils durch Steinmale kenntlich, darunter einige von bedeutenden Persönlichkeiten Magdeburgs des 19. Jahrhunderts. Weitere Steinmale sind an einer gesonderten Stelle zusammengefaßt.
Im südöstlichen Bereich mußten 1960 durch den Bau eines Schulkomplexes noch einmal Flächenverluste hingenommen werden. Neben dem Flächenzugang auf der Südseite um 1850 stellt vor allem dieser Eingriff eine Beeinträchtigung der von Lenné geplanten Grundstruktur dar. In der Nähe der Schule wurde 1989 eine Plastik des französischen bürgerlichen Revolutionärs Lazare Carnot aufgestellt. Diese Plastik schuf der Künstler Heinrich Apel.
Der Nordpark fällt vor allem im Frühjahr durch seine „blauen" Wiesen auf – der Blaustern *(Scilla)* erfreut die Spaziergänger mit eindrucksvoller Blütenpracht. Am Erscheinungsbild des Parks läßt sich auch heute noch die Entwicklung vom „Allgemeinen Begräbnisplatz" über den Friedhof bis hin zum Nordpark (an dem Achsenkreuz der Hauptallee mit dem Francke-Denkmal und den historischen Grabstätten) deutlich ablesen, wenngleich der hohe Verlust an originaler Substanz zu beklagen ist.

links oben: Goldkopflöwenäffchen

oben: Streichelgehege

Relativ jung ist der 1950 als Heimattiergarten eröffnete Magdeburger Zoo. Im Laufe der Zeit kamen immer mehr exotische Tiere hinzu. Mitte der 80er Jahre begann eine grundlegende Umgestaltung und Modernisierung. Der Tierbestand erhielt ein neues Profil. Zahlreiche heimische Wildtierarten und Haustierrassen wurden gegen zum Teil seltene, vom Aussterben bedrohte Tierarten ausgetauscht. Heute existiert aus der Gründungszeit fast kein Tierhaus oder Gehege mehr. Der Zoo zeigt sich als eine gepflegt gestaltete Park- und Gartenlandschaft mit großen, möglichst naturnah angelegten Gehegen. Stück für Stück gehen die Veränderungen weiter voran: Wo es möglich ist, verschwinden z. B. Gitter als Begrenzung. Gegenwärtig leben im Zoo Magdeburg etwa 1 000 Tiere in rund 200 Arten. Es gibt hier nicht – wie andernorts – Aquariums- oder Terrariumsgebäude mit Fischen, Amphibien und Reptilien. Das tiergeographische Konzept liegt bei afrikanischen und südamerikanischen Arten. Für Kinder bietet der Magdeburger Zoo natürlich ein Streichelgehege und einen großen, abwechslungsreichen Spielplatz.

unten: Seriema

unten links: Japanischer Serau, Erstgeburt 1999 im Zoo

Hohepfortewall (um 1930)

So wie der Name „Glacis“ erinnert auch der „Hohepfortewall“ an die Zeit, in der Magdeburg zur Festung ausgebaut wurde.
Die „Hohe Pforte“ mußte vom 16. bis ins 19. Jahrhundert passieren, wer die Altstadt in Richtung der (Alten) Neustadt verlassen wollte. Sie stellte den einzigen Durchlaß in der Nordfront zwischen dem Turm Preußen und dem Krökentor dar. Daran erinnert noch heute ein Gedenkstein im Park.
Den großen und planmäßigen Zerstörungen und Sprengungen durch Tillys einfallende Truppen hielt das Tor nicht stand.
Erst 1688, während der brandenburgischen Besetzung, konnte man es als letztes der zerstörten Stadttore wieder errichten. Im selben Jahr verstärkte man die Nordfront in hohem Maße. Der „Hohen Pforte“ wurde die Bastion „Mark“ vorgelagert, die der um 1850 an dieser Stelle errichteten Kaserne ihren Namen gab. Beträchtliche Teile der Neustadt hat man dabei aus Gründen der besseren Verteidigung „niedergelegt“.
Nach dem Krieg von 1870/71 erfolgte die Übergabe des Erweiterungsgeländes an die Stadt. Der Übergabevertrag für die Nordfront konnte indes erst 1888 abgeschlossen werden. In den Folgejahren ebnete man die Flächen ein und erweiterte die Passagen zu breiten Straßen.
Zwischen der heutigen Walther-Rathenau-Straße, der Gustav-Adolf-Straße und der Hohepforte-Straße entstand 1927 unter Gartendirektor Kaufmann ein Park, der noch heute von dem ehemaligen Kasernengelände flankiert wird. Ein Kinderspielplatz und ein Schmuckgarten bilden das Grundgerüst der kleinen Anlage.

Herrenkrug

Die Reihe der in Magdeburg zu Beginn des 19. Jahrhunderts bereits geschaffenen großen Anlagen wie Vogelgesang, Klosterbergegarten und Nordfriedhof wird mit dem Herrenkrug um den Park mit der wechselhaftesten Entwicklung bereichert. Das Herrenkrug-Gelände, in der nördlichen Elbaue gelegen,

Löwe im Herrenkrugpark, gußeiserne Stifterfigur, 1845

Herrenkrugpark, ein beliebter Ausflugsort

ist ein sehr altes städtisches Besitztum mit ursprünglich dichtem Waldbestand.
Nach umfangreichen Rodungen wurden seine ausgedehnten Wiesen und Weiden von den Ratsherren zur Heugewinnung und Beweidung genutzt.
Im Jahre 1676 ließ der Rat wegen häufiger Vieh-, Gras- und Holzdiebereien ein Wärterhaus errichten, woraus bald ein Wirtshaus entstand, welches den Namen Herren- oder Neuer Krug trug.
Bereits in den Jahren von 1780–1799 wurden Alleen und ein „Akazienhain" angelegt. Das inzwischen zu einer „Meierei großen Stils" gediehene Anwesen verfiel während der Westfälischen Regierung (1807 bis 1814), nachdem auf Verordnung des Stadtregimentes umfangreiche Abholzungen stattfanden.
Der damalige Stadtbaumeister Harte unterbreitete dem Rat daraufhin Vorschläge für einen neu zu schaffenden Erholungsort. Magdeburg war zu dieser Zeit allseits umfriedet, und der Bedarf nach Gärten und Erholungsräumen war groß.
Die durch A. W. Francke 1817/18 erteilten Aufträge zur Vermessung des Herrenkruges an Stadtbaumeister F. W. Wolff und zum Entwurf einer Parkanlage durch Regierungsrat Clemens leiteten die kommunale Grünentwicklung unter dem neuen Bürgermeister ein. Mit der Schaffung des Nordfriedhofes (Nordpark), des Klosterbergegartens und der Umwandlung des Festungsgürtels wurde diese für die Bewohner der dichtbebauten Festung so wertvolle Entwicklung fortgesetzt.
In den Jahren 1818–24 entstand zunächst eine vorrangig landwirtschaftlich-gärtnerisch genutzte Anlage. Zwei steinerne Zeugen sind uns von damals erhalten geblieben: der Sockel einer Sonnenuhr (1991 schuf die Bildhauerin Martina Seffers ein neues Ziffernblatt) und eine Steinbank mit der Inschrift „F·U·E·R F·A·U·L·E".
Der königlich preußische Gartendirektor Peter Joseph Lenné, der zu dieser Zeit bereits für die Aufgaben im Klosterbergegarten und auf dem Nordfriedhof gewonnen werden konnte, beriet im Frühjahr 1826 während eines achttägigen Aufenthalts auch zum Herrenkrug. Im Mai 1829 wurde er mit der Gesamtplanung beauftragt. Im südwestlichen Bereich (heute zwischen Findling und Gärtnerhaus) konnten mit Neuanpflanzungen und geschaffenen Durchblicken Teile seines bereits im Oktober vorliegenden Planes realisiert werden. Anscheinend war Lenné sehr stark an die gegebene Situation mit alleenartigen Pflanzungen und regelmäßigen Partien gebunden.
Da die Anlage vielfach durch Hochwasser zu leiden hatte, wurde sie 1836/37 von Westen und Süden mit einem Damm umgeben.
Zum weiteren Fortgang schreibt A. W. Francke: „*Es wird beklagt, daß die Anlagen des Herrenkrug theils durch Alter theils durch andere Umstände in einen beklagenswerten Zustand geraten sind. Zur Begutachtung und Beratung wird Gartenconducteur Schoch aus Dessau-Wörlitz eingeladen.*"

Rennwiesen – Restaurant im Herrenkrugpark

Unter Mitwirkung Rudolf Schochs erfolgte der dritte Versuch zur Parkgestaltung innerhalb von nur zwanzig Jahren. Seinen Anregungen zufolge war man durch schrittweise Pflegemaßnahmen bemüht, die zusammenhanglosen Partien dichter waldartiger Baumbestände und regelmäßiger Obstanlagen zu einer Homogenität zu entwickeln.
Anstelle des baufälligen und schon 1810 abgebrochenen Wohnhauses baute man das auf Befehl des französischen Gouverneurs abgetragene und von der Stadt angekaufte Schützenhaus der Pfälzer Kolonie der Sudenburg hier wieder auf.
Dieses Gebäude ersetzte 1843/44 ein neues, nach den Plänen des Stadtbaumeisters F. W. Wolff erbautes Gesellschaftshaus. Dem Park war damit ein Anziehungspunkt gegeben, der wesentlich zu seinem wachsenden Ansehen in der Bevölkerung beitrug. Ausdruck dessen sind u.a. die in den Folgejahren gestifteten Denkmale wie der gußeiserne Löwe, den der Buchdrucker Friedrich August Heinrich Faber der Stadt 1845 schenkte, und die 1861 im Schnittpunkt des Deiches mit der „Domallee" durch Wolff errichtete Kugelsonnenuhr. Der Sockel der 1989 restaurierten Sonnenuhr trägt die Inschrift:
(Ostseite): *„Auf diesem wüst gewordenen Lande der vormaligen Meyerei Herrenkrug ward im Jahre 1818 auf Veranlassung des Oberbürgermeisters Francke mit Bewilligung des Gemeinderaths, zur Erholung und Erheiterung für die Bewohner Magdeburgs dieser Park angelegt."*
(Westseite): *„Unter der Aufsicht und Leitung der Garten- Deputation ist dieser Park seit dem Jahre 1818 ausgeführt, erweitert und gepflegt von dem Stadtbaumeister Wolff mit den Kunstgärtnern Minding und Erich. Dieses Denkmal ist gesetzt von dem Stadtbaumeister B. Wolff beim Ablauf seiner 56jährigen Dienstzeit im Jahre 1861."*
Von 1863 bis 1872 betreute und rekonstruierte auf Empfehlung Lennés der Garteninspektor Paul Niemeyer den Park. Er trieb die Verknüpfung des Herrenkruges mit den angrenzenden Wiesen voran und gestaltete nach eigenen Vorstellungen vor allem den Nordteil des Herrenkrugparkes, veränderte die Wegeführungen, lichtete die zu dichten Gehölzbestände und schuf Neupflanzungen. Im Jahr 1872, nun Gartendirektor, wandte Niemeyer seine Aufmerksamkeit vor allem dem Rotehornpark zu.
Im Jahr 1877 rentierte sich aufgrund der hohen Besucherzahlen – um 1900 hatte das Parkrestaurant im Herrenkrug 12000 Sitzplätze – die Einrichtung einer Pferdebahn. Seit dem 14. Juli 1886 verkehrte dann die „kleine Schwester" der damals noch jungen Eisenbahn, eine Dampftrambahn, zwischen Friedrichstadt und Herrenkrug. Sie wurde am 22. März 1900 durch die spätere „Linie 6" der Straßenbahn – Rathaus-Herrenkrug – abgelöst.

Pferderennen im Herrenkrug

Das heutige Bild des Herrenkrugs ist wesentlich geprägt durch das Schaffen von Niemeyers Nachfolger, Gartendirektor Gottlieb Schoch (1890–1903).
Dieser bezog das Gelände zwischen Pumpstation und der den Park im Süden begrenzenden Eisenbahnlinie nach Berlin sowie die vorhandenen Baumschulbestände in die Anlage ein. Ein von Schoch angefertigtes Gehölzverzeichnis vermittelt etwas von dem damaligen Artenreichtum der Anlage. „Um 1900 zählte man 616 Laub- und 66 Nadelgehölzarten ..." Besonders erwähnenswert ist Schochs „Entwurf zur Aufschließung des Biederitzer Busches als Stadtwald und Verbindung mit dem städtischen Wiesengelände." Er weist die auch heute verfolgte Großzügigkeit einer Gesamtplanung auf.
Die Ideen Schochs wurden nach dessen frühem Tod von Gartendirektor Wilhelm Lincke (1903–1931) aufgegriffen. Große Summen stellte der Magistrat zum Ausbau der nördlich gelegenen Herrenkrugwiesen bereit. In seine Amtszeit fallen auch die Gründung des „Magdeburger Rennvereins" und die Inbetriebnahme der erweiterten Rennanlage.
Die wechselvolle Geschichte des Parks erfuhr mit dem Zweiten Weltkrieg noch einmal einen tiefen Einschnitt. Umfangreiche Zerstörungen der Anlage und

Endhaltestelle der bunten Bördebahn im Herrenkrugpark

Entwurf zur Zuziehung der Baumschule, des Reich'schen Dienstgartens und des frühen Kreutz'schen Grundstücks in den Gartenanlagen des Herrenkruges, von Gottlieb Schoch, 16. Oktober 1891

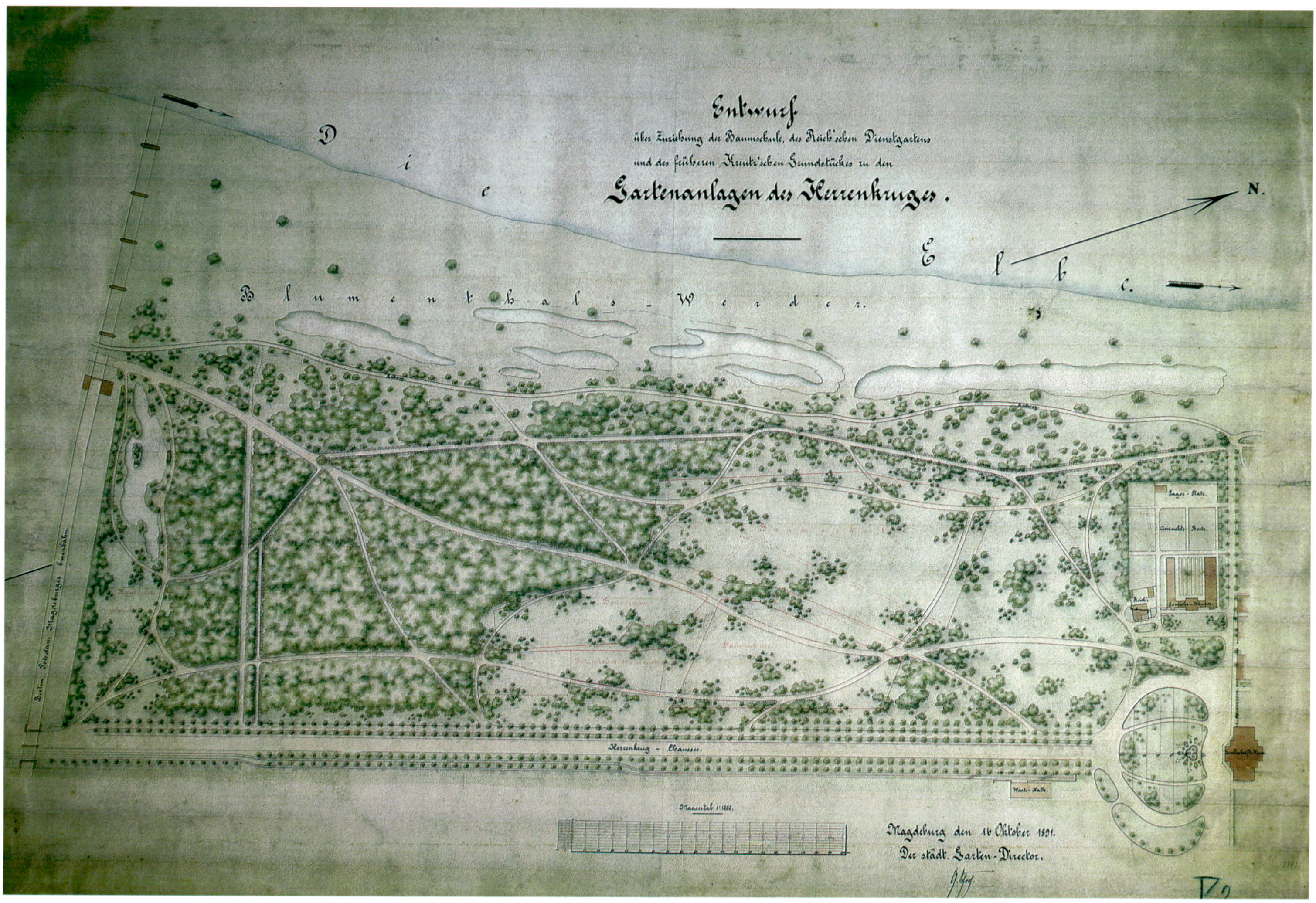

Beliebter Ort der leichten Muse ist der Herrenkrugpark.

rechts: Allegorie Saale und Elbe am Jugendstilsaal im Herrenkrug

vor allem der Rennbahn waren ein schweres Erbe. In den Folgejahren (1952–80) versetzte man unter Helmut Lorenz Park und Rennbahngrünanlagen wieder in einen gepflegten Zustand.
Der Kleine Cracauer Anger und der Wiesenpark wurden durch die militärische Nutzung der sowjetischen Truppen jedoch weiterhin stark in Mitleidenschaft gezogen.
Die Restaurierung des zum ehemaligen Gesellschaftshaus gehörenden Parkrestaurants sowie ein anschließender Hotel-Neubau gaben dem Park seine architektonische und städtebaulich wichtige Anziehungskraft wieder und verliehen der seit 1989 betriebenen denkmalgerechten Pflege der Anlage weitere Impulse.

Vogelgesang

Mit „Vogelsank/Vogelgesang" wurden bereits im Mittelalter Gebüsche und Waldstücke bezeichnet, in denen Vogelfänger ihre Netze spannten, um Singvögel zu fangen. In der Umgebung von Magdeburg gab es mehrere dieser Plätze, worauf heute noch der Name hinweist (z. B. Vogelgesang bei Gommern).
In alten Aufzeichnungen ist schon im 12. Jahrhundert ein Vogelgesang bei Magdeburg zu finden, der in der Nähe des heutigen Herrenkruges lag. Die Elbe hatte damals ein völlig anderes Bett und floß viel weiter westlich, etwa dort, wo heute der Geländeabbruch zum Schrotebach und der heutige Vogelgesang liegen, in dessen Gebiet seit dem 13. Jahrhundert das Kloster Beata Maria Magdalena und später auch das Hospital St. Georg viele Ländereien erworben hatten.
Das Kloster, gestiftet 1230, kaufte im Jahre 1377 den sogenannten Klosterwerder und drei Quartiere Holz für 25 Mark von einer verarmten Witwe aus Insleben. Um den Wald und die Wiesen zu beaufsichtigen, ließ man ein kleines Wärterhäuschen bauen und einen Wächter beschäftigen. Der Bewohner des Wärterhauses wurde vom Volksmund „Pannemann" genannt (von Pfändemann; weil er Holzdiebe pfändete). Ein Wächter legte den ersten „Vogelgesang-Park" an. Den Klostervorstehern gefiel das und sie erweiterten die Anlage.
Das Schicksal des Vogelgesanges sollte im Laufe seines Bestehens die wiederholte Zerstörung sein. Er wurde jedoch jedesmal neu aufgebaut.
1550: *„... verwüsteten die Kaiserlichen im Schmalkaldischen Kriege Haus und Anlagen, um dessen Besitz sich alsbald Streitigkeiten erhoben."*
1594: *„Der Möllenvogt als domprobstlicher Gerichtshalter sah die Erbauung des 'Pannhuses' als Eingriff in die Rechte des Erzbischofs an und ließ Hütte und Anlagen im Jahr 1594 zerstören."* Durch Vermittlung des Magdeburgischen Magistrats kam endlich ein Vertrag zustande, der die Wiedererbauung der Wächterhütte gestattete.
1631: Am 23. April 1631 *„fiel auch der Baumbestand des Vogelgesangs, der die Verteidigungsarbeiten erschwerte, größtenteils der Axt der belagerten Magdeburger zum Opfer."*
Durch Kriegswirren des Dreißigjährigen Krieges hatten sich die Besitztumsgrenzen verwischt. 1649 ka-

Ausritt im Herrenkrugpark

men neue Streitereien auf durch einen Prozeß um den Besitzanspruch des Vogelgesangs. Die Seidenkrämer-Innung als Vorsteher des Hospitals St. Georg erhob Anspruch auf den Vogelgesang. Es kam zum Prozeß vor der Möllenvogtei, der erst nach mehr als 26 Jahren am 21. Juli 1676 beendet wurde.
Ab 1676 traten dann als gemeinschaftlicher Eigentümer das Maria Magdelena Kloster und das Georgenhospital für den *„vom Wasser umschlossenen Garten oder die Insel nebst Hausplatz, Graben und Teich, sowie der Vorplatz vor dem Teichgraben“* auf.
1813: *„... endlich schlugen die Franzosen den Rothenseer Busch und den größten Teil des waldigen Vogelgesangs völlig nieder.“*
Der Vogelgesang wurde 1722 erstmals der Öffentlichkeit zugänglich gemacht. Das Gasthaus am Rande des Rothenseer Busches war mit einem kleinen Garten umgeben. Nur das stellte den eigentlichen Vogelgesang dar. Die Spaziergänger nutzten jedoch das angrenzende Waldstück mit den verschlungenen Pfaden zur Erholung, so daß man den Vogelgesang als größer erachtete als er war.
Der Vogelgesang sollte sich in Zukunft als Treffpunkt vorwiegend der niederen Stände entwickeln. Der auf der anderen Elbseite gelegene Herrenkrug hingegen wurde vorwiegend von den höheren Ständen als Ausflugsziel genutzt.
Ein Blumengarten, ein Irrgarten, ein Schneckenberg, von dem man weit über das Panorama Magdeburgs und seiner benachbarten Orte hinwegschauen konnte, waren Zutaten, die im Laufe der Zeit in die waldartige Anlage eingefügt wurden. Der Zerstörung des Rothenseer Busches 1813 durch die Franzosen fielen glücklicherweise nicht alle der wunderschönen alten Bäume im Vogelgesang zum Opfer, so daß der Garten im gewissen Sinne erhalten blieb.
Seit 1820 veränderte der Gärtner Erich nach eigenen Vorstellungen Schritt für Schritt viele Teile des Vogelgesanges. Er beseitigte u. a. den Irrgarten, und an die Stelle der verwilderten Gebüsche traten lichtere An-

Vogelgesang-Park. Der Rosengarten wurde 1912 geschaffen und 1983 rekonstruiert.

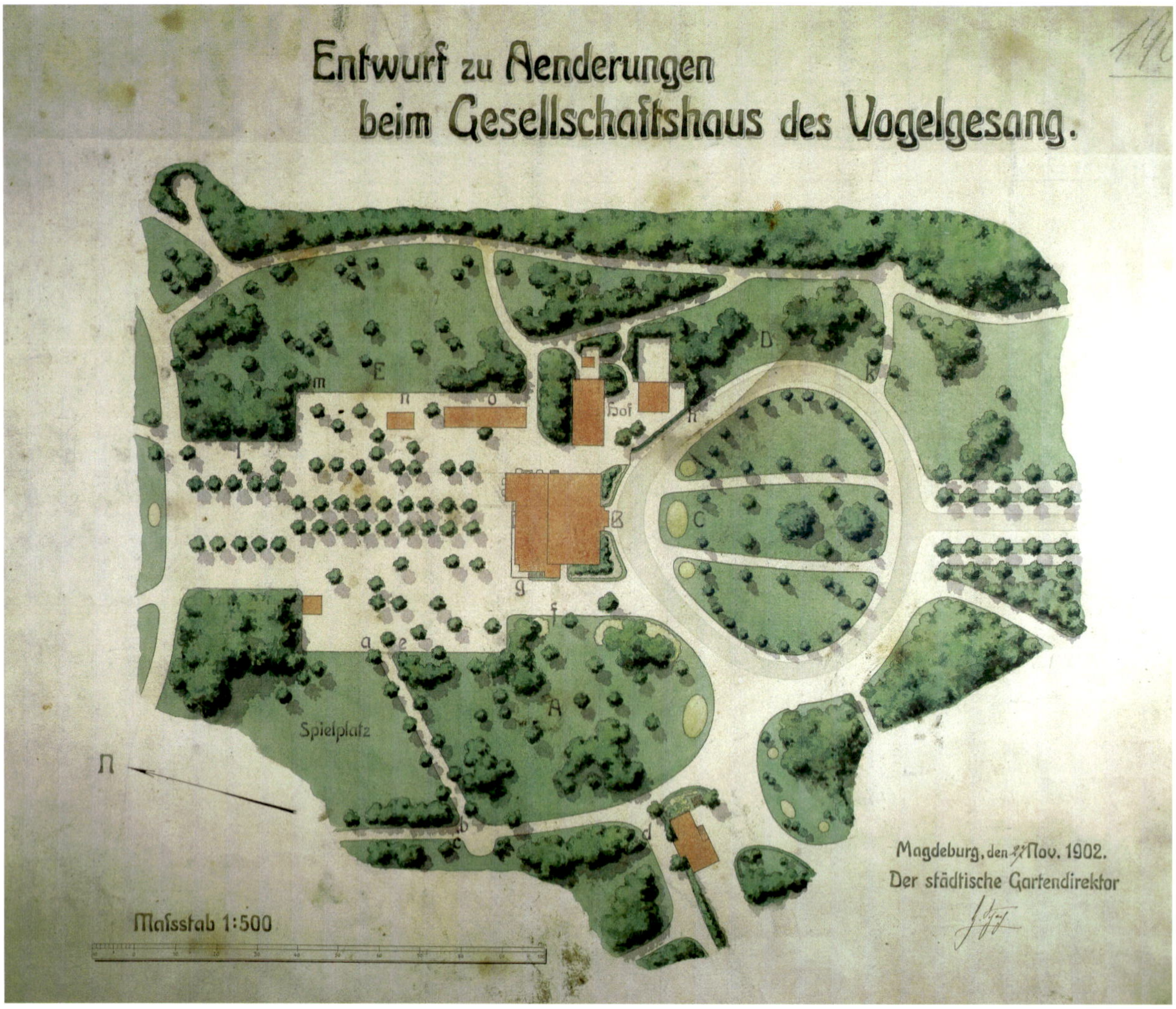

Vogelgesang, Detail-Plan von G. Schoch, 1902

pflanzungen. Breite Wege wurden angelegt. 1821 baute man ein neues Gasthaus aus Fachwerk, wie üblich als Gesellschaftshaus bezeichnet.

Dem Wunsch der Bürgerschaft folgend erwarb der Magdeburger Magistrat 1841–1842 für mehr als 20 000 Thaler den Vogelgesang vom Kloster und dem Hospital. *„Der nördliche (38,5 Morgen) Teil des insgesamt 83,5 Morgen großen Grundstückes wurde als Acker- und Weideland vergeben, der südliche als öffentliches Vergnügungslokal beibehalten."*

Im darauffolgenden Jahr berief der Oberbürgermeister Francke F. Rudolph Schoch aus Dessau zur Gestaltung des Vogelgesangs. Damit begann die Neugestaltung des Geländes nach Plänen des anhaltinischen Hofgärtners bis zum Jahr 1845. So entstand der Vogelgesang, wie er im überwiegenden Teil heute noch vorhanden ist. Die Gestaltung weist in der Durchführung der Hauptachse sehr viel Ähnlichkeit mit der Herrenkruganlage auf.

Ab den siebziger Jahren des vorigen Jahrhunderts wurden, den Zeitvorstellungen entsprechend, einzelne Sondergärten in den Park eingefügt. So entstand 1868 der erste Rosengarten, der nach 44 Jahren durch einen neuen ersetzt wurde. Das neue Rosarium erstreckte sich über eine Fläche von fünf Morgen. Es war symmetrisch gegliedert und hatte an der einen Seite einen 75 Meter langen Laubengang und an der anderen einen Keramikbrunnen. In der Mitte war ein großes ruhiges Wasserbecken. Weiße Holzbänke und geschnittene Hecken ergänzten das Ensemble. 1912–1914 entstand zudem der Stauden- und Heidegarten. Neben der Rosenzüchtung begann man intensiv mit der Züchtung von Dahlien (Georgien), die über die Jahrhundertwende hinaus mit Begeisterung betrieben wurde. Davon zeugten im Vogelgesang ein 1925 angelegter, mit Hainbuchenhecken eingefaßter Dahliengarten sowie die häufig stattfindende Herbstblumen- und Dahlienschau. Die Blumenschauen waren so attraktiv, daß sogar 1928 zwei Reihen der vierreihigen Kastanienallee, die zum Gesellschaftshaus führte, abgeholzt wurden, um den Blumenbeeten Platz zu machen.

Die 1841 vom Park abgetrennten Flächen (Bereich des heutigen Zoos) wurden 1925 in eine Freizeitanlage, die sogenannten Volkswiesen, umgestaltet. Es gab Liegewiesen, ein Planschbecken und Sandflächen. Vor schweren Zerstörungen im Zweiten Weltkrieg blieb auch der Vogelgesang nicht verschont. 1944 wurden das Gesellschaftshaus und der Rosengarten vollständig zerstört.

Turm an der Stadthalle

Nach dem Krieg fand bereits 1949 eine Sommerblumenschau statt, die den starken Aufbauwillen der Magdeburger verdeutlichte und eine neue Tradition einleitete. Im Jahre 1951 waren die Aufbauarbeiten im historischen Park auch so weit vorangeschritten, daß alle Sondergärten für eine Blumenschau zur Verfügung standen.

In diese Zeit des Wiederaufbaus fiel auch die Einrichtung eines Heimattierparkes auf dem ehemaligen Volkswiesengelände, der am 21. Juli 1950 eröffnet wurde. Später kam noch ein Teil des Dahliengartens zum Tierpark (seit 1959 Zoologischer Garten) dazu. 1980 wurde der Vogelgesang als Gartendenkmal in die Kreisdenkmalliste der DDR aufgenommen. (Urkunde vom Dezember 1982)

In den 80er Jahren begann man, einige Sonderbereiche des historischen Parkes zu rekonstruieren. Glanzstück wurde 1983–1984 der nach alten Vorlagen von 1912 wiedererschaffene Rosengarten. Anstelle des Wasserbeckens entstand eine Rasenfläche. Der in den 70er Jahren abgerissene Laubengang wurde originalgetreu wieder aufgebaut und gibt dem Rosengarten heute sein Gepräge.

Seit 1987 erfolgten verstärkt Rhododendron-Neupflanzungen, so daß diese Pflanzenart manche Teile des Vogelgesanges mit ihrer Blütenpracht beherrscht, u. a. das „Rhododendrontal“, das früher einmal ein Teich war. Wann dieses Gewässer völlig beseitigt wurde, ist nicht genau belegt. Um die Jahrhundertwende befand sich dort jedenfalls ein Senktal, das auch heute durch seine Abgeschiedenheit eine der schönsten Partien des Vogelgesangs bildet.

Um den Vogelgesang als Gartendenkmal zu erhalten, gab die Stadt Magdeburg 1993 ein Parkpflegewerk in Auftrag, mit dessen Hilfe sich der Vogelgesang als Gesamtanlage langfristig entwickeln kann.

Rotehorn-Park (1871/1891)

Die Sage geht von einer Geschichte, die sich in alten Zeiten zutrug: damals, als sich der Vorort Buckau noch als armseliges Dorf um eine Burg scharte.

Ritter Willfried, ein dem Waidwerk zugetaner Burgherr, hatte eines Tages im Elbauenwald dem Wild nachgespürt.

Müde vom Lauf ruhte er sich am Ufer des Stromes aus. Gedankenverloren schaute er ins Wasser und ihm schien, als schwömme auf der Elbe ein von Schwänen gezogener kostbarer Nachen in der Form einer Seemuschel. Im Kahn saß ein hübsches Mädchen, dessen mit Perlen und Edelsteinen reich verziertes Gewand im Abendlicht ebenso schimmerte wie ihr mit einem Kranz aus Schilf und Wasserrosen geschmücktes Haar. Leise Musik erklang ringsum. Korallenrot leuchtete ein Horn, das die Schöne um den Hals hängend trug.

Ausstellungskomplex der „Mitteldeutschen Ausstellung für Siedlung, Sozialfürsorge und Arbeit“

Doch Ritter Willfried schreckte aus seiner Träumerei auf und glaubte seinen Augen nicht zu trauen: Da kam ihm auf der Elbe tatsächlich der Nachen entgegen. Die Jungfrau jedoch lächelte ihm nicht nur zu. Sie winkte, bat ihn ins Boot. Kaum, daß er Platz genommen hatte, zogen die stattlichen Schwäne an und brachten das Seemuschelboot geschwind ans gegenüberliegende Ufer.

Dort hieß die unbekannte Schöne Willfried aussteigen und führte ihn ins Innere des dichten Waldes an eine lichte Stelle. Auf einer Moosbank nahm sie Platz; Willfried ließ sich zu ihren Füßen nieder. Nun verriet ihm die Jungfrau, daß sie Elwine sei, die Beherrscherin der Elbe. Sie lebe in einem unterirdischen Wasserschloß und nähme nur ab und zu Menschengestalt an, um auf der Erdoberfläche nach dem Rechten zu sehen. Jetzt habe sie sich Willfried zu ihrem Gemahl erwählt, der nur eine einzige Bedingung zu respektieren habe: Niemals dürfe er Mißtrauen gegen sie zeigen. Ansonsten werde sie für immer von ihm scheiden müssen. Ritter Willfried stimmte dem bereitwillig zu.

Kurze Zeit danach, als es dunkelte, kamen von allen Seiten tanzende Wassernixen auf die Lichtung und umschwärmten das liebende Paar. Im glänzenden Licht der Sterne begann ein geisterhafter Reigen sich drehender, schwebender, schmiegender Nixen. Als um Mitternacht die Stunde des Abschieds schlug, geleitete Elwine ihren Bräutigam zum Strand zurück, blies in ihr rotes Muschelhorn und ließ damit den silberglänzenden Nachen vorfahren, der Willfried zurück ans heimatliche Ufer übersetzte.

Von nun an war Willfried Tag für Tag bei seiner Wasserbraut auf der Elbinsel und verlebte die glücklichsten Stunden.

Doch eines Tages bat ihn Elwine, eher als üblich den Heimweg anzutreten. Sie erwarte ihre Schwestern, die Beherrscherinnen von Saale, Unstrut und Elster und

Im Rotehornpark

kein Mensch dürfe ihnen je ins Angesicht schauen. Willfrieds Argwohn war geweckt, er fühlte sich hintergangen, nahm zum Schein Abschied und schlich im Dunkel der Nacht zum Treffpunkt an der Moosbank. Aber statt eines anderen fremden Liebhabers sah er sich in der Tat dem Kreis der hübschen Wassernixen gegenüber. Ein knarrender Ast verriet den Späher. Mit lautem Schrei und einem gleißenden Lichtstrahl verschwanden die Schönen. So sehr auch Willfried rief, er hatte den Schwur, seiner Geliebten nie zu mißtrauen, gebrochen. Nie sah er Elwine wieder. Zu seiner Überraschung fand er am anderen Tage neben der Moosbank das rote Horn der Wassernixe, doch es versagte ihm den so oft gewährten Dienst. Der vertraute Nachen kam nie wieder ans Ufer. Ritter Willfried konnte seine Elwine nicht vergessen. Er ließ zum Zeichen seiner Liebe unweit der Moosbank ein Wohnhaus errichten, dessen Eingangspforte vom weithin leuchtenden roten Horn geschmückt war. Die Elbinsel hat seit dieser Zeit den Namen jenes Torschmucks: Rotehorn.

Im Jahr 1871 richtete sich das Augenmerk des Magistrats der Stadt auf die Elbinsel, die den Elbestrom genau entlang des historischen Stadtgestades in die 'Alte Elbe' und die 'Stromelbe' teilte.

Durch den Bau des Cracauer Wehres 1819 versandete der östliche Elbarm. Die breiten Badestrände wurden bis weit ins 20. Jahrhundert hinein genutzt. Durch die ständigen Hochwasserüberschwemmungen war die Insel nur von Wiesen und Weiden sowie Wasserlachen und nur in Teilbereichen von der typischen, fast waldartigen Elbauenlandschaft, bedeckt. Nur ein geringer Teil im Nordwesten, der weniger hochwasserbeeinflußt blieb, war bebaut worden. Dort, wo die Strombrücke, die Zollbrücke und die Sternbrücke die westliche Altstadt mit der östlichen Friedrichstadt verbanden, befand sich die Zitadelle des Militärfiskus und zu deren Füßen der Zollhafen, durch den lange Zeit sämtliche Schiffe nur mit Schiffahrtszoll die Stadt passieren durften.

Von 1871 an, als der Magistrat die gärtnerische Ausgestaltung des Rotehorns beschloß, leitete der damalige Gartendirektor Paul Niemeyer (1863–1890) die Umsetzung seines von ihm entworfenen 25 Hektar großen „Stadtparks". Dieser Park umfaßte den Teil südlich der Sternbrücke bis hin zum Fort XII und wurde im Osten begrenzt durch den Heinrich-Heine-Weg, einen Schanzenbau zum Fort XII sowie westlich durch die Stromelbe. Vorbilder für diesen Landschaftspark lieferten ihm die anderen städtischen Parkanlagen wie besonders der Friedrich-Wilhelms-Garten und der Herrenkrugpark.

Die folgende 15jährige Schaffenszeit Niemeyers erzeugte einen Landschaftspark, der in seiner Großzügigkeit die klassischen Elemente der Landschaftsgärtnerei aufgreift: Ein bequemer Promenadenweg, der heutige Niemeyerweg, der an der Elbe entlangführt, wurde durch ein weiträumiges Wegenetz vervollständigt. Die locker mit markanten Baumgruppen geschmückte Elbaue gab eine großartige Kulisse für die fast 500 Meter langen Parksichten ab.

Gegen Ende der neunziger Jahre des vorigen Jahrhunderts wurde unter Aufwendung bedeutender städtischer Mittel auch der zur Alten Elbe gelegene Teil der südlichen Elbinsel parkmäßig ausgestaltet. Der „Generalplan" zum Ausbau des gesamten Inselgeländes stammte vom zweiten Gartendirektor der Stadt, Johann Gottlieb Schoch, den dieser bereits 1891 vorlegte, und den die Stadt 1898 bewilligte. Bis zum Jahr 1905 wurde die Ausführung umgesetzt.

Wander- und Reitwege durchzogen den Park, Bootshäuser der Ruder- und Segelklubs (heute Olympiastützpunkt), das Haus der Schützengilde und unter anderem Gaststätten ordneten sich in die harmonische Parkanlage ein, die noch viel weitläufiger gestaltet wurde, als der Niemeyer'sche Teil.

Die Umgebung der Salzquelle, einer geologischen Besonderheit, wurde als Ausflugsziel gartengestalterisch aufgewertet.

Zwischen der Insel und der Cracauer Seite verkehrte bis Mitte der 60er Jahre der Wasserfall-Fährkahn, der mehrmals durch eine Brücke ersetzt werden sollte. Den natürlichen Charakter der Auenlandschaft betonte Schoch u.a. durch Anpflanzen von Pappeln, Weiden und Rüstern.

Besondere Förderung erhielt der Stadtpark in der Amtszeit des Bürgermeister Hermann Reimarus (1910–1919). Dazu zählte die Regulierung der Tauben Elbe, die zeitweise große Teile des Stadtparks überschwemmte, und der Bau von kleineren Brükken (Schenkungen von Bürgern), wie der Reyher-, der Graals- und der Laasbrücke sowie mehrerer Holzbrücken.

1906 wurde Wilhelm Lincke als Nachfolger G. Schochs zum Gartendirektor ernannt. Er setzte die Planungen und Ausführungen seines Vorgängers fort. Sein Verdienst ist es, daß durch geschickte Ergänzung des Wegenetzes wichtige Blickbeziehungen der Schoch'schen Planung betont, der Erlebnisspaziergang mit weiteren reizvollen Durchblicken und Überraschungsmomenten bereichert wurden.

Mit Hilfe von Geldspenden des Magdeburger Industriellen Adolf Mittag entstand 1906 bis 1908 durch Aufweitung der Tauben Elbe der sogenannte Adolf-Mittag-See, dem wenig später durch abermalige Spenden ein weiteres Kleinod landschaftsgärtnerischer Kunst hinzugefügt wurde: der Tempel der Marieninsel mit zwei malerischen Holzbrücken sowie die Bootsinsel. Damit schuf der Industrielle sich selbst und seiner Frau ein bleibendes Denkmal.

Neben dem See entstand ein von Gartendirektor Lincke geplanter, ca. fünf Hektar großer, muschelförmiger und vor allem hochwasserfreier Festplatz, der

Ballonstart im Rotehornpark

von doppelten Alleen umkränzt war. Der unterhalb der Seeterrassen mit Koniferen, Rhododendren, Rosen und Stauden geschmückte Promenadenweg war bald sehr beliebt. Auf den Seeterrassen fand jährlich das Frühlings- und das Schützenfest statt.
An der Südspitze der Rotehorn-Insel stellte man 1915 zu Ehren des ersten Magdeburger Gartendirektors Niemeyer einen Gedenkstein auf.
Das 1910 an die Stadt zurückgegebene Fort XII sollte unter Beibehaltung der äußeren Form um 1920 zu einem Naturtheater umgewandelt werden.
Eine weitere wichtige Maßnahme war die Verbreiterung und Erhöhung des Schanzendammes (Heinrich-Heine-Weg) zum hochwasserfreien Promenadenweg zwischen den Seeterrassen und dem Fort XII. Mit einer Breite von 32 Meter und einer vierreihig gepflanzten Lindenallee konnte er als Geh-, Fahr-, Radfahr- und Reitweg genutzt und damit zu einem dominanten Teilstück des Parkes erhoben werden.
Der am nördlichen Ende des Weges errichtete Heinrich-Heine-Platz erhielt 1924 mit der Einweihung der nach fast zehnjährigem Bau fertiggestellten Sternbrücke eine Wendeschleife der Straßenbahn, so daß eine direkte verkehrstechnische Anbindung an die Innenstadt Magdeburgs gegeben war, die den Besucherstrom verstärkt in den Park lenkte. Den Höhepunkt der Amtszeit des Gartendirektors Wilhelm Lincke bildete jedoch der Beschluß zum Bau des Ausstellungsgeländes zwischen den Seeterrassen des Adolf-Mittag-Sees und der Sternbrücke. Innerhalb der Jahre 1922–1927 entstand ein Komplex mit Pavillons, Bühnen und Hallen, die Verdienste der Architekten Paul Mebes und Bruno Taut sind. Eröffnet wurde 1922 mit der „Mitteldeutschen Ausstellung für Siedlung, Sozialfürsorge und Arbeit“ (MIAMA). Dieser folgten in jedem Jahr weitere, in Deutschland Aufsehen erregende Ausstellungen.
Krönung war die 1926–27 nach Plänen des Stadtbaurates Johannes Göderitz in nur viereinhalb Monaten Bauzeit errichtete Stadthalle, in der 1927 die „Deutsche Theaterausstellung“ stattfand. Die Stadthalle bildete mit den Ausstellungshallen von Mebes und Taut, dem 1927 errichteten, von Prof. Albinmüller (Darmstadt) entworfenen, 60 Meter hohen Aussichtsturm und dem Pferdetor rund um den mit Lichtsäulen und Springbrunnen gestalteten Ehrenhof eine Einheit.
Bis zum Zweiten Weltkrieg wurden außer einigen Korrekturen an der Tauben Elbe und Reparaturen am Wegenetz keine weiteren Veränderungen im Stadtpark wirksam.
Der Krieg brachte die vollständige Zerstörung sämtlicher baulichen Anlagen im Park, zahlreiche Bom-

Reiherbrücke im Rotehornpark

Rotehornpark mit Aussichtsturm (1927) am Adolf-Mittag-See

bentrichter zerpflügten das Parkgelände und zerstörten viele Gehölze. Die Sprengung aller Elbebrücken trennte die Elbinsel von der Stadt.
In den ersten Nachkriegsjahren wurden die Trümmer der Gebäude des Ausstellungsgeländes im Südosten des Heinrich-Heine-Platzes zu einem Hügel aufgeschüttet und aus ihm später die Freilichtbühne I gestaltet. Die Bombentrichter füllte man gleichfalls mit der Zeit mit Schutt auf. Einzelne Parzellen wurden mit Kartoffeln und Gemüse bestellt, um den größten Hunger zu stillen. Nachdem 1946 die Alte Strombrücke wiederhergestellt war, haben die Magdeburger den Park rege genutzt.

Ab 1955 entstand ein Konzept für die Ausgestaltung des Stadtparks zu einem Kulturpark.
Um diesen besser zu erreichen, wurde im Oktober 1956 eine „Pioniereisenbahn" auf einem Schmalspurgleis von 2,2 km Länge in Betrieb genommen. 1967 stellte diese den Betrieb aus ökonomischen Gründen wieder ein.
In den 70er Jahren entstand ein neuer Messe- und Ausstellungskomplex mit der Hyparschale und den Ausstellungshallen, wie sie heute zu sehen sind. 1969 war die Hyparschale erstmalig anläßlich einer Ausstellung provisorisch der Öffentlichkeit zugänglich gemacht (Hyparschale leitet sich von der besonderen architektonischen Dachform der Ausstellungshalle ab – ein hyperbolisches Paraboloid).
Am 7. Oktober 1974 fand die feierliche Eröffnung des neuen Ausstellungskomplexes statt.
Eine Freilichtbühne bei den Scherbelsbergen wurde nicht vollendet, das Gelände jedoch für Jugendveranstaltungen häufig genutzt.
1973 öffnete der Sportgarten nahe des Aussichtsturms, und die Stadthalle wurde eröffnet.
Der Bau der Gaststätten „Jägerhütte" und „Wiesengrund" sollte die Tradition der Ausflugsgaststätten wiederaufleben lassen, die durch die Zerstörungen des Krieges verlorengegangen waren.
Nicht zuletzt durch das vielfältige Angebot an Freizeitmöglichkeiten und seine Zentrumsnähe ist der Stadtpark der Erholungspark der Magdeburger schlechthin.

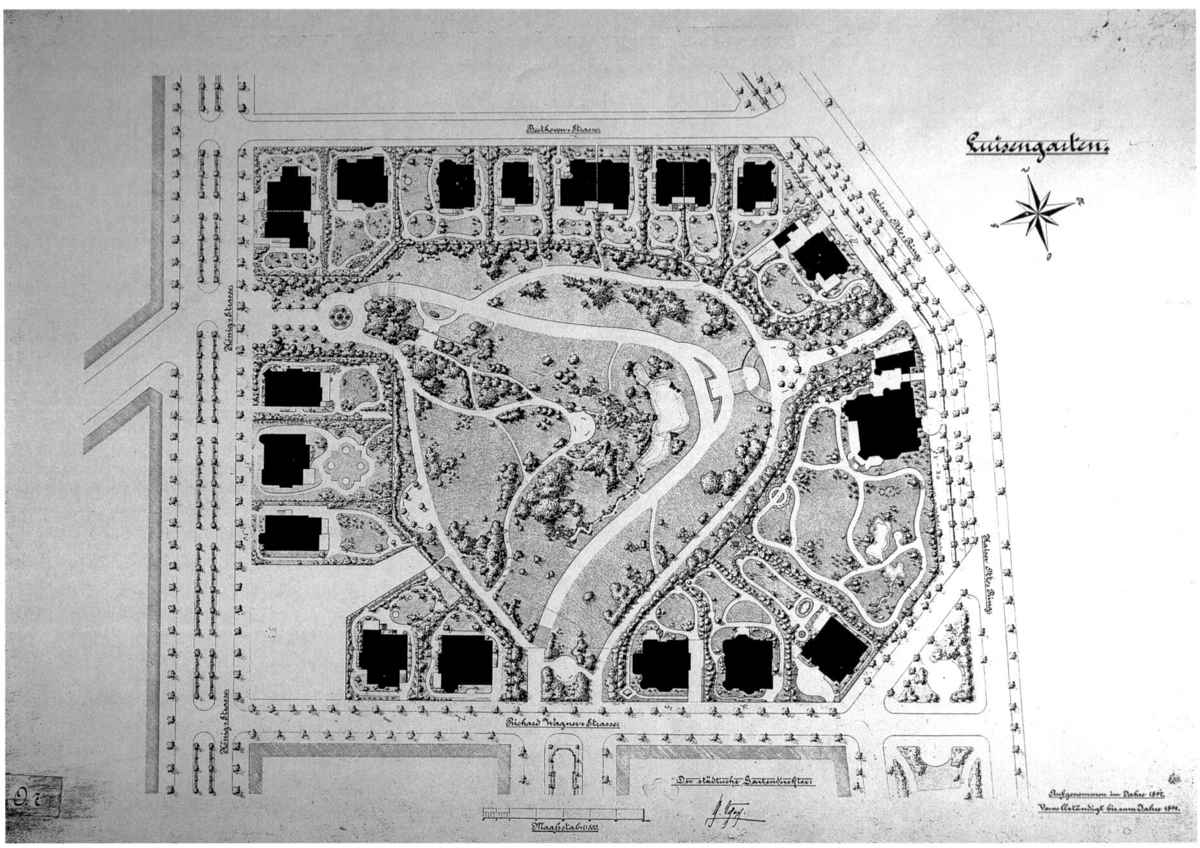

Königin-Luise-Garten (Luisengarten), Entwurf 1895, bis 1899 von G. Schoch vervollständigt. Seit 13. April 1951 heißt die Anlage Geschwister-Scholl-Park.

Büste Franz Mehrings im Geschwister-Scholl-Park von Heinrich Apel, 1979

Der Geschwister-Scholl-Park (1895)
(Königin-Luise-Garten, im Volksmund Luisengarten)

Der Geschwister-Scholl-Park liegt im Bereich des Stadtzentrums und gehört mit den Anlagen am Elbufer, dem Hohepfortewall, dem Nordpark und dem Glacis zu einem „grünen Ring", der die Innenstadt Magdeburgs umschließt. Das Glacis, der Hohepfortewall und der Geschwister-Scholl-Park haben ihren Ursprung in einem Gürtel von militärischen Befestigungsanlagen, der die preußische Garnisonsstadt Magdeburg im 18. und 19. Jahrhundert umgab. Auf dem Gelände des Geschwister-Scholl-Parks befand sich die Bastion „Braunschweig", die das nordwestliche Stadttor, das Krökentor, schützte. Der damalige Magdeburger Gartendirektor Johann Gottlieb Schoch (1890–1903), ein Sproß der berühmten Wörlitzer Gärtnerfamilie, regte im Rahmen der Vorbereitungen zum 50. Jubiläum des Magdeburger Gartenbauvereins im Jahre 1895 an, auf dem Gelände der „Nordfront" eine Gartenbauausstellung auszurichten und somit „das dort brachliegende Kapital zu nutzen".

Eine Fläche von neun Hektar des Geländes wurde erworben und nach einem Jahr Vorbereitungszeit am 28. August 1895 die Gartenbauausstellung eröffnet. Bis zum 8. September desselben Jahres zog sie täglich ein großes Publikum an. Aufmerksamkeit und Bewunderung erregte neben der Leistungsschau örtlicher und regionaler Gartenbaubetriebe vor allem die geschickt das vorhandene Bodenprofil der Befestigungsanlage ausnutzende landschaftsgärtnerische Gestaltung der Ausstellungsflächen. Ausgesprochene Attraktionen waren der Aussichtspunkt mit Blick auf die Altstadt sowie die auf der gegenüberliegenden Talseite angeordnete Wasserkaskade. Für die Ausführung der landschaftsgärtnerischen Arbeiten zeichnete der Gartenbauingenieur P. Laessig verantwortlich. Er realisierte eine Idee des Gartenbaudirektors Schoch.
Die Gartenbauausstellung brachte dem Gartenbauverein nicht nur Anerkennung in weiten Teilen der Bevölkerung ein, sondern auch einen beträchtlichen finanziellen Gewinn. So wurde schon kurz nach Beendigung der Ausstellung der Vorschlag diskutiert, einen Teil des Geländes als öffentliche Parkanlage zu belassen. Weitere Einnahmen versprach der Verkauf von Grundstücken für eine Villenbebauung.

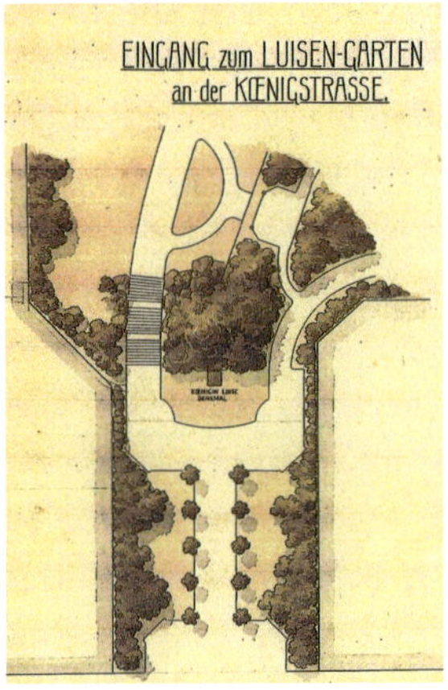

Der Eingangsbereich von der Königstraße (heute Walther-Rathenau-Straße) wurde anläßlich der Errichtung des Luisen-Denkmals überplant.

Der „Park an der Nordfront" entstand in dem landschaftsgärtnerisch besonders gelungenen zentralen Bereich mit seinen ausgeprägten Bodenprofilen. Gartenbaudirektor Schoch arbeitete seinen Entwurf für die Ausstellung in die Konzeption für einen öffentlichen Park um. Seine Gestaltungsabsichten sind uns in einer Erläuterung des Entwurfs erhalten geblieben. So spricht er sich dafür aus, daß alles so aussehen soll, als ob es durch die lange Einwirkung der Naturkräfte entstanden sei. „Bloße Attraktionen" wie den Wasserfall verwirft er. Die Bauzeit des Parkes währte bis ins Jahr 1897. Gleichzeitig entstand rund um den Park ein Kranz schöner Villen, deren Abgrenzungen transparent sein mußten, so daß der Park durch das Grün der Gärten optisch erweitert wurde.
Am 18. Juni 1901 ließ der Vaterländische Frauenverein ein Denkmal der Königin Luise von Preußen (Gemahlin von Friedrich Wilhelm III.) aufstellen. Der Standort der aus weißem Marmor bestehenden Plastik von Johannes Götz befand sich an der Königstraße (heute Walther-Rathenau-Straße) gegenüber dem Krökentor. In Anlehnung an den Friedrich-Wilhelms-Garten, wie der Klosterbergegarten damals hieß, sollte der Park nunmehr Königin-Luise-Garten oder, volkstümlich, Luisengarten heißen.
Während der folgenden Jahrzehnte wurden mehrfach Rekonstruktionen durchgeführt, die den Charakter des Parkes nicht wesentlich änderten. Infolge des Zweiten Weltkrieges erweiterte sich das Areal des Parkes um einige Trümmergrundstücke.
Auf Beschluß der Stadtverordnetenversammlung vom 13. April 1951 erhielt die Anlage den Namen Geschwister-Scholl-Park.
Im Februar 1963 fand man das Standbild der Königin Luise vom Sockel gestoßen. Die näheren Umstände blieben unbekannt.
Eine Sanierung während der 60er Jahre sollte den Park „modernisieren". Die große Treppenanlage am Otto-Nuschke-Ring (heute Walther-Rathenau-Straße) wurde abgebrochen, der Teich in der Senke auf eine Restfläche reduziert, die geschwungene Wegeführung in der oberen Parkebene begradigt.
Lange Jahre dämmerte der Park nun in einem Dornröschenschlaf. Dies war wohl vor allem auf das gewachsene Verkehrsaufkommen auf der Walther-Rathenau-Straße zurückzuführen, das die potentiellen Nutzer aus der Altstadt vom Besuch der doch so nahe gelegenen Parkanlage abhielt. Wer sich trotzdem über die Straße wagte, wurde von der für das im Flachland gelegene Magdeburg beeindruckenden Geländebewegung mit einem Tal von neun Metern Tiefe überrascht, aber auch über den mangelnden Pflegezustand verärgert.
1990–1994 erfolgte eine umfassende Sanierung des Parks durch das Grünflächenamt mit dem Ziel der originalgetreuen Wiederherstellung der Parkanlage des Johann Gottlieb Schoch von 1897.
Der stark verwilderte Gehölzbestand wurde ausgelichtet und durch wertvolle Blütengehölze und Koniferen aufgewertet. Der Teich in der Senke und die Treppe am Kaiser-Otto-Ring erhielten ihre originale Form.
1994 verlieh man der oberen Parkebene ihr neues altes Aussehen mit der geschwungenen Wegeführung zwischen Walther-Rathenau-Straße und Richard-Wagner-Straße. Auch die Gehölzgruppen wurden dem Originalplan entsprechend neu geordnet.
Der Geschwister-Scholl-Park steht unter Denkmalschutz. Seine komplette Sanierung nach denkmalpflegerischen Gesichtspunkten sichert ihm eine Ausnahmestellung unter den Parkanlagen Magdeburgs, denn bei ihm war der Originalzustand nur geringfügig überformt worden. Das Sanierungsziel lag also nahe, und sein begrenztes Areal erlaubte einen übersehbaren finanziellen Rahmen. So erstrahlt heute das „Kleinod unter den heimischen Gartenanlagen" in neuem Glanz.

Goetheanlage und Schrotegrünzug

Beide Anlagen liegen im Stadtteil Stadtfeld. Die Schrote fließt, aus Hemsdorf bei Groß-Rodensleben kommend, über Diesdorf, parallel zur Großen Diesdorfer Straße, durch die Goethestraße bis zur Olvenstedter Straße, von wo aus sie vorerst verrohrt ist. Im Bereich des Vogelgesangs fließt sie oberirdisch, passiert den Neustädter See westlich und mündet in die Elbe. Der gesamte Schrotelauf von Diesdorf bis zur Olvenstedter Straße ist zur Grünanlage ausgebaut – neben der Möglichkeit zur Erholung eine wichtige, autofreie Wegeverbindung für Radfahrer und Fußgänger.
Nach der Zerstörung Magdeburgs 1631 verschwanden auch die in diesem Bereich vorhandenen Dörfer Harsdorf und Schrotdorf. Neben der landwirtschaftlichen Nutzung entstanden 1638 die ersten Gartenanlagen mit Gartenhäusern. Diese fielen jedoch dem Festungsausbau von 1717 zum Opfer. Das Gelände diente danach als Wiesen- und Weidefläche. Ab 1740 wurden entlang der Schrote Maulbeerbäume angepflanzt.
Große Schäden richtete das Aufstauen des Baches 1813 während der französischen Besatzung an. Die großflächige Überschwemmung des „Stadtfeldes" hatte das Ziel, die Annäherung der Truppen Tauenziehens zu erschweren.
Bereits Mitte des 19. Jahrhunderts gab es im Bereich Schroteanger „Armengärten".
Im Zusammenhang mit der Aufgabe der Festung ging das Gebiet 1871 in den Besitz der Stadtgemeinde

über. Im südlichen Anschluß an die Goethestraße wurden nach 1900 Schrebergärten angelegt, deren Anzahl sich nach dem Zweiten Weltkrieg noch einmal wesentlich erhöhte.
Nachdem 1892 das Stadtfeld auf Erlaß des Kaisers den Namen „Wilhelmstadt" erhielt und 1894 die Pauluskirche errichtet wurde, wies ein Bebauungsplanentwurf von 1896 die Goethestraße als „Schrote-Promenadenweg" aus. Im Zusammenhang mit der Bauausführung ab 1900 nahm die Schrote ihren heutigen Lauf entlang der Goethestraße. Zuvor lag das Bachbett im Bereich der heutigen Puschkinstraße.
1906/1907 entstanden die Grünanlagen an der Schrote in der Goethestraße. Es wurden Sitz- und Spielbereiche sowie Wiesenflächen mit geschwungenen Wegen geschaffen. Bemerkenswert war der heute leider nicht mehr vorhandene Reichtum an Blütengehölzen.

Schneidersgarten (1907)

Dieser nur ca. 1,3 Hektar große Park liegt im Süd-Westen von Magdeburg, im Stadtteil Sudenburg, nördlich der Halberstädter Straße. Heute wird er begrenzt durch die Jordan-, Brunner- und Dürerstraße. Er ist typisch für eine Entwicklungsphase der Stadt, in der private Gartenanlagen unter verschiedenen Umständen in städtisches Eigentum übergingen.
Vergleichbar ist auch der Strube-Park in Buckau, der vom Industriellen Gruson der Stadt geschenkt wurde. Der Park wird heute vorwiegend von Kindern (Spielplatz) und den Anwohnern des Wohngebietes genutzt. Sein Altbaumbestand sorgt dafür, daß Schneidersgarten auch bei größter Hitze eine kühle, schattige Oase in der Stadt bleibt.
Um die Jahrhundertwende gehörte das ganze Areal bis zur Sudenburger Wuhne dem Großgrundbesitzer Wilhelm Schneider. Auf Plänen aus dieser Zeit erkennt man das geschwungene Wegesystem und die Villa Schneiders, die bis heute noch erhalten sind.
Schneidersgarten war ein beliebter Treffpunkt der Bürgerschaft, besonders der Sudenburger. Da Sudenburg die wenigsten Grünflächen besaß, bestand großes Interesse an der Erhaltung und Öffnung des Parks für die Allgemeinheit. Der Magistrat kaufte ihn relativ günstig von Schneider, der im Gegenzug die Genehmigung zu einer Randbebauung erhielt. Leider konnte der Park nicht in seiner vollen Größe erhalten werden. Entlang der Jordanstraße entstand eine Zeile von Mietshäusern. Diese erhielten, bemerkenswert für diese Zeit, kein Hinterhaus, so daß von den Wohnungen ein freier Blick in den Park möglich war. Auch diese Häuser sind heute noch erhalten.
In den Jahren 1928 und 1958 wurde das Wegenetz überarbeitet. Dabei blieben die Grabstätten der Familie Schneider unangetastet.
1992 fand die letzte umfassende Parksanierung statt, die die Gestaltung von 1958 nicht veränderte. Der Spielplatz wurde entsprechend den Forderungen der neuen Spielplatznormen umgestaltet. Seit 1993 steht Schneidersgarten unter Denkmalschutz.

Westerhüser Park (1918/1934)

Westerhüsen (1910 eingemeindet) ist der südlichste Ort des schmalen Siedlungsbandes von Buckau her zwischen der Elbe und der alten Leipziger Heerstraße sowie der Leipziger Eisenbahnlinie. Westlich des Ortes erstreckt sich seit Aufforstungen in den 20er Jahren ein ca. 25 Hektar großer Park.
In diesem Gebiet wurden vorher Kies und Sand für die Glashütte Westerhüsen gewonnen, bis die Stadt ein Areal von 140 Morgen als Friedhofserwartungsland erwarb. Noch 1918 konnten Werksangehörige Flächen für den Kartoffelanbau pachten. Zwei Jahre zuvor lobte die Stadtverwaltung einen Wettbewerb für Magdeburg „zur Erlangung von Entwürfen für Friedhofsanlagen mit Krematorium im Stadtteil Westerhüsen" aus, dessen Umsetzung jedoch nicht realisiert wurde. Nur 3,7 Hektar werden seitdem als Friedhofsfläche genutzt. Die verbleibenden Flächen bepflanzte man mit Laub- und Nadelgehölzen und eröffnet am 1. Mai 1934 den Volkspark.
Ein sparsam angelegtes Wegenetz und fehlende bauliche Ergänzungen (am höchsten Punkt war ein Aussichtsturm geplant) führten dazu, daß der Volkspark bis weit in die 50er Jahre sich selbst überlassen blieb. Temporäre Verschönerungsarbeiten, meist durch ansässige Betriebe, Bürger und auch Schulen, erweckten den Park nicht aus seinem Dornröschenschlaf.

Böckelmannscher Park, Amtsgarten Ottersleben (1833)

Der 2,5 Hektar große Böckelmannsche Park liegt im Süd-Westen Magdeburgs, im Stadtteil Ottersleben.
Er wurde durch den Landwirt, Ritterguts- und Fabrikbesitzer Wilhelm August Böckelmann und seinen Schwager Hermann Bertog aus Magdeburg geplant und schließlich 1874 angelegt. Das Haus entstand erst nach Abriß eines Vorgängerhauses im Zusammenhang mit der Hoferweiterung 1893.
Die Parkanlage folgte in ihrer Gestaltung den Prinzipien der „Englischen Parks". Um Raumtiefen, Kulisseneffekte und Farbspiele zu erreichen, pflanzte man hier gezielt Solitärbäume bestimmter Arten, wie zum Beispiel einen wechselfarbigen Eschenblättrigen Ahorn, Blutbuchen und selbstgezogene Ginkgobäume.
Die geschwungene Wegeführung läßt immer neue Räume und Flächen erblicken. Im Park befindet sich

1999 gestalteter Platz am Elbufer

ein Quellgraben, der am Ottersleber Teich in die Klinke mündet. Durch teilweise Verrohrung des Wasserlaufes erzeugte man große Rasenflächen, wobei der Übergang in die Verrohrung durch günstige Bepflanzung kaschiert wurde. Im Schutze der Baum- und Strauchpflanzung konnte sich auch ein Teich zu einem gesicherten Biotop für die Singvogelwelt entwickeln. Außerdem erwähnenswert sind der ehemalige Nutz- und Gemüsegarten, ein großes Gartenhaus mit Spielplatz und ein Brunnenhaus.
Der Park ist von einer Natursteinmauer umgeben, die an manchen Stellen geöffnet wurde. Dort haben sich „Durchgangswege“ gebildet.
Zum Ende des Krieges erlitt die Anlage Treffer von einigen Sprengbomben, die u.a. die zwei Ginkgobäume zerstörten – die einzigen „Exoten“ im Park, der ansonsten von seiner Grundstruktur her von „Exoten“ freigehalten werden sollte, weshalb man auch auf eine Pappelanpflanzung verzichtete, die typisch für die Bördegegend war.

Benneckenbeck

Weithin sichtbarer Zentralpunkt der Grünanlage ist der Wohnturm zu Benneckenbeck. Er steht am südöstlichen Dorfausgang in der Nähe des Eulengrabens (zwischen Magdeburger Ring und Klinke).
Der Turm erhebt sich über einem quadratischen Grundriß und wies noch um 1850 ein steiles Zeltdach auf. Das Außenmauerwerk ist sorgfältig aus einem lagerhaften Bruchsteinmauerverband errichtet.
Die Fenster der drei Obergeschosse, Zugänge und auch die Eckverbände sind unter Verwendung von Kalksteinquadern hervorgehoben. Der Turm, der zweifellos in Zeiten der Unsicherheit und Kriegsnot als letzte Zuflucht galt, ist nach seinen baulichen und stilistischen Merkmalen nicht vor 1520 entstanden.
Der kleine Park des Anwesens zu Füßen des Turms ist im Laufe der Jahre stark verwildert. Neben dem Baumbestand lassen u.a. die beiden durch Aufstauen des Eulengrabens entstandenen Teiche noch etwas von der früheren gärtnerischen Absicht des ländlichen Parks erkennen.

Die Elbuferpromenade

Mit der Gestaltung der Elbuferpromenade gelang es, die Stadt (die bislang „an der Reichsbahn“ lag) wieder an den Strom heranzuführen. Zudem wurde es 1973/74 möglich, eine fast 140 Jahre lang industriell genutzte Fläche als Grünanlage zu gewinnen. Die Geschichte des westlichen Altstadtufers zwischen Dom und Lukasturm ist vor allem Eisenbahngeschichte.

Außerhalb des Festungsgürtels gelegen, konzentrierten sich hier die Magdeburger Eisenbahnanlagen von 1830 bis 1874. Im Jahr 1838 begann der Bahnbau und bereits am 29. Juni 1839, vier Jahre nach dem Bau der ersten deutschen Eisenbahn, wurde die erste Strecke der Magdeburg-Leipziger Eisenbahn nach Schönebeck eingeweiht.
Jenseits der Bahnstrecke auf dem Elbvorland und dem heutigen Schleinufer zog sich bis zur Jakobstraße das sogenannte „Knattergebirge“ oder „Klein London“ hin. Hier lebten unter den schlechtesten sozialen und hygienischen Bedingungen bis zu 24 000 Menschen – zumeist Hafen- und Lagerarbeiter sowie Fischer.
Nach der Zerstörung der Altstadt am Ende des Zweiten Weltkrieges entstand bis in die 60er Jahre ein völlig neues Wohngebiet, das Jakobviertel.
Ab 1970, nachdem der Aufbau des zentralen Bereiches der Stadt beendet war, begann mit Hilfe von ansässigen Betrieben und hunderten Bürgern die Freiraumgestaltung des Elbuferbereiches. Wo der Alte und der Neue Packhof standen, die Anlegestelle für Schiffe war, sollten intensiv gestaltete Grünanlagen entstehen. Der städtebauliche Entwurf wurde im Büro des Stadtarchitekten (H. Heinemann, G. Schöne, W. Käsebier) gefertigt. Die Projektierung leistete das Wohnungsbaukombinat/Freiflächenplanung. Für die Ausführung zeichnete der kommunale Grünanlagenbetrieb verantwortlich. Zahlreiche Plastiken, Brunnenanlagen und Sitzbereiche, zum Teil mit Pergolen, wechseln sich auf einer Länge von 4000 Metern mit zahlreichen üppigen Saison- und Rosenpflanzungen ab. Hunderte Bäume geben der nun 20jährigen Grünanlage einen wirkungsvollen Rahmen.
Etwa im funktionellen und kompositorischen Schwerpunkt der neuen Promenade, am Petriförder, schwingt sich eine stählerne Fußgängerbrücke über das Schleinufer in Richtung Magdalenenkapelle. Somit ist eine Anbindung an das innerstädtische Fußgängersystem über Jakobstraße, Alter Markt und Nordabschnitt/Breiter Weg möglich. Zwischen Petriförder und Askanischem Platz prägen die freistehende Wehrmauer mit den Maulscharten sowie die Torpfeiler mit den Rollen für die Zugbrücke und das Blockhaus für die Wache den Charakter der Anlage. Den nördlichen Abschluß der Promenade bildet der Lukasturm.
Hier begann am 10. Mai 1631 mit dem Einfall der Truppen Tillys die Zerstörung der Stadt. Der Turm wurde 1900 zu einer Künstlerklause umgestaltet. Die Pläne für die Außenanlage lieferte G. Schoch. In der Lukasklause ist heute ein Museum mit wechselnden Ausstellungen untergebracht. Auf dem Lukashügel selbst steht eine Stele. Eine Nachbildung wurde in der Partnerstadt Nagasaki in Japan aufgestellt – beide Städte sind durch die Spuren des Zweiten Weltkrieges gezeichnet.

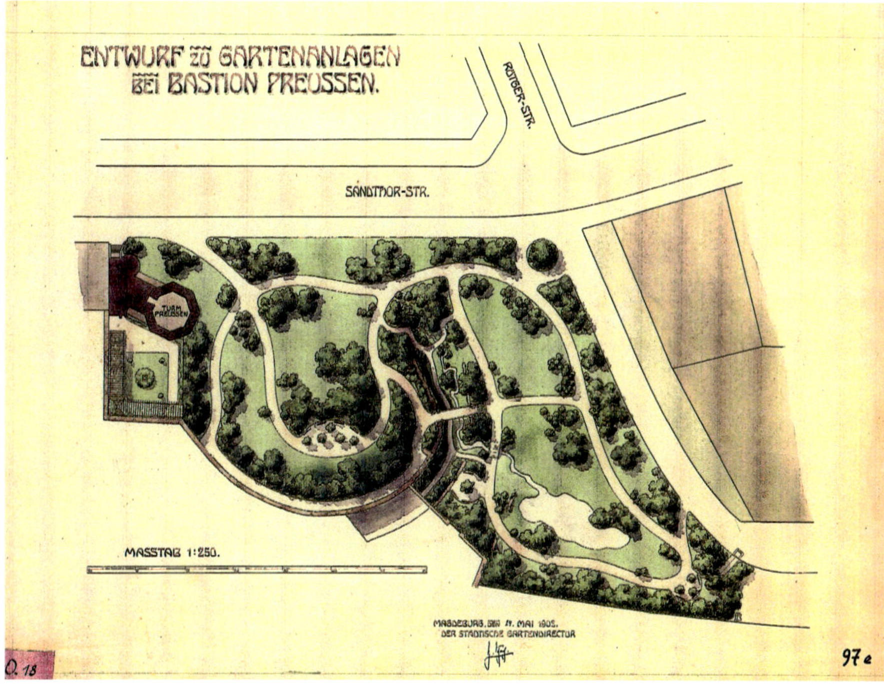

Entwurf zur Gartenanlage bei der Bastion Preußen von G. Schoch, 1902

Von der Strombrücke bis zum südlichen Eisenbahntor sind, bedingt durch die strenge städtebauliche Enge, nur schmale Fuß- und Freiräume auf einer Länge von 400 Metern möglich. Entlang der verbliebenen Lager- und Verwaltungsgebäude am Elbebahnhof gelangt der Besucher bis zur Hubbrücke, einem der bedeutendsten technischen Denkmale der Landeshauptstadt. Das Hubjoch läßt sich bei Hochwasser bis zu 2,87 Meter anheben.
Über die Hubbrücke gelangen die Radfahrer und Fußgänger zum Stadtpark, in Richtung Süden zum Klosterbergegarten sowie über den Hammersteinweg, am Kavalier Scharnhorst vorbei, über den Elbebahnhof zum südlichen Stadtzentrum.
Heute präsentiert sich die Elbuferpromenade auf einer Gesamtlänge von mehr als drei Kilometern den Gästen und Einwohnern Magdeburgs.

Der Bördegarten (1989)

Die jüngste der Magdeburger Parkanlagen ist der Bördegarten. Er bildet ein grünes Band, das die Neubaugebiete Olvenstedt und Neustädter Feld miteinander verbindet. Nördlich wird der Park durch den Olvenstedter Graseweg, südlich durch das Wohngebiet Nordwest (Texas) begrenzt.
Schon Anfang der 80er Jahre wurde das Gelände im Zuge des Aufbaus beider Neubauviertel als Reservestandort für einen Wohngebietspark ausgewiesen. Konkretere Formen nahm dieser Gedanke im Jahre 1987 an. Im Rahmen eines Entwurfsseminars brachten mehrere Landschaftsarchitekten ihre Ideen zu Papier.

Teich im Bördegarten

Beabsichtigt war die Neugestaltung eines Gesamtareals von rund 42 Hektar. 18 Hektar waren als öffentliche Freifläche zu gestalten, 24 Hektar zur Nutzung für die Kleingartenanlage vorgesehen. Im Januar 1989 begannen die Bodenmodellierungsarbeiten für den öffentlichen Bereich wie auch die Baumaßnahmen für die Kleingartenanlage. Mit den neuangelegten Kleingärten konnten sich viele Magdeburger ihren Traum vom „Wirtschaften auf eigener Scholle" verwirklichen. Der planerische Ansatz, diese Sparten mit Durchwegungen auch für die Öffentlichkeit zugänglich zu machen, blieb unerfüllt.

Die öffentliche Freifläche sollte für die Bewohner der Neubaugebiete vielfältige Erlebnisbereiche schaffen. Der Ausbau des Holzweges teilte das Gelände in zwei Bauabschnitte. Dies brachte nicht nur eine Differenzierung in der Bauzeit mit sich, sondern auch eine grobe Funktionsteilung. Während der erste Bauabschnitt mit seinen Sondergärten in erster Linie dem Besucher, der Ruhe und Entspannung finden möchte, gewidmet ist, dient der zweite Abschnitt mehr der aktiven Erholung.

Schritt für Schritt hat sich das Gelände des Bördegartens von einem Acker in eine attraktive Parklandschaft verwandelt. Im ersten Bauabschnitt entstand ein Teich, der den Hintergrund für bunte Staudenpflanzungen bildet. Bauern- und Kräutergarten bilden weitere Themenkomplexe. Leider wurden sie seit ihrer Fertigstellung im Jahre 1992 mehrfach zerstört. Rhododendronbeet und Rosengarten sind weitere Zentren dieses Areals.

Den herausragendsten Punkt des Bördegartens bildet der Rodelhügel im zweiten Teil. Von seinem rund zwölf Meter über dem Geländeniveau liegenden „Gipfel" blickt man über den Park bis zur Autobahn im Nordwesten. Der Spielplatz an seinem Südhang entstand 1993/94. Hier sollten alle Aspekte des Spielens am Hang gezeigt werden: Klettern, Rutschen, das Überbrücken von Tälern, Skateboard- oder Fahrradfahren auf steilen Rampen. Das Spielangebot des Bördegartens wird durch einen Laufpfad zwischen Holzweg und Neustädter Feld komplettiert.

Das neugepflanzte Gehölzsortiment besteht aus einer Mischung einheimischer und fremdländischer Gewächse. Dichte Gehölzmassive sollen Windschutz bieten und Kleintieren und Vögeln Unterschlupf und Nistmöglichkeiten bieten. Punktuell angeordnete „botanische Raritäten", Blütengehölze und Koniferen setzen je nach Jahreszeit unterschiedliche Aspekte.

Der Bördegarten deckt wichtige Defizite im Freizeitbereich der Bewohner der Neubaugebiete von Neu-Olvenstedt und Neustädter Feld.

Literaturhinweise:

ASMUS, H. U. AUTORENKOLLEKTIV: Geschichte der Stadt Magdeburg. Berlin, 1975.

BUCHHOLZ, I.: Magdeburg – so wie es war. Düsseldorf, 1991.

BUTTLAR, F. V.: Peter Joseph Lenné. Volkspark und Arkadien. Berlin, 1989.

GLADE, H.: Magdeburg und seine Umgebung. Berlin, 1981.

GÜNTHER, H.: Peter Joseph Lenné. Gärten/Parke/Landschaften. Berlin, 1985.

HESSE, R.: Die Parkanlagen der Stadt Magdeburg. Magdeburg, 1907.

KRENZKE, H. J.: Magdeburg. Fischerhude, 1991.

LENNÉ, P. J.: Über die Anlage eines Volksgartens bei der Stadt Magdeburg. Berlin, 1825.

LINCKE, W.: Ein Ausschnitt aus der Magdeburger Entwicklung als Garten- und Parkstadt. Magdeburger Amtsblatt vom 8. September 1928.

SCHÜTTAUF, H.: Parke und Gärten in der DDR. Leipzig, 1969.

STEIN, E.: Monographien Deutscher Städte, Band II. Magdeburg. Oldenburg, 1912.

Stationen „grüner Stadtgeschichte“

HEIDEMARIE TITZ

Lukasklause

1377 Möllenvogteihof (Domvogtei mit Mühle) befindet sich auf dem Gelände des heutigen Möllenvogteihofes

Kauf des Klosterwerder und eines kleinen Waldstückes vom Rothenseer Busch durch das Magdalenen-Kloster (Bereich des heutigen Vogelgesanges), Anlage eines ersten Schmuckgartens

1520 Wohnturm Benneckenbeck erbaut

1525 Verwüstung des Kloster Berge

1537 Bau der „Alten Wasserkunst“ (Schöpfwerk befördert Wasser von der Elbe zum Domplatz über einen Höhenunterschied von 15 m)

1547 erneute Verwüstung des Klosters Berge

1550 Zerstörung des Vogelgesanges

1565 Kloster Berge soweit wiederhergestellt; Bau einer neuen kleinen Kirche

1595 Wiederherstellung des Vogelgesanges

1631 Abholzung des Vogelgesanges zu Verteidigungszwecken im Dreißigjährigen Krieg, danach Wiederaufforstung

1676 Rat der Stadt errichtet auf dem großen städtischen Wald- und Wiesenkomplex an der Landstraße nach Burg das erste Wirtshaus „Herrenkrug“

1722 Entstehung des Fürstenwalls als erste deutsche Bürgerpromenade, öffentliches Gasthaus im Vogelgesang

1813 Abholzung des Vogelgesanges zu Verteidigungszwecken

1818 Anlegen des Herrenkrugparkes (bis 1824)

1821 Bau eines Gesellschaftshauses im Park Vogelgesang

1824 Kontaktaufnahme durch A. W. Francke zum königlich-preußischen Gartendirektor Peter Joseph Lenné (Gewinnung für die Gestaltung des Nordfriedhofes und des Volksgartens Klosterberge)

Beginn der Gestaltung des Glacis als Promenadenweg und Grünzug (Beratung durch Lenné)

Geschwister-Scholl-Park

1825 Schaffung des städtischen Begräbnisplatzes (Nordfriedhof) auf dem Gelände des heutigen Nordparkes (bis 1827)

Gestaltung des Klosterbergegartens als erster deutscher Volksgarten nach Plänen von Lenné (Fertigstellung 1835)

Errichtung der erste Parkanlage im Herrenkrug

1826 Namensgebung „Friedrich-Wilhelms-Garten“ (heute Klosterbergegarten)

Spielplatz am Fischerufer

Der Lukashügel ist ein beliebter Aussichtspunkt über der Stadt.

„In der heiteren Vorstadt war der Übergang von der Stadt selbst ... unmerklich gewesen, in der Altstadt dagegen fühlte ich mich von dem Harnisch der Festung umhüllt, deren ‚Werke' ... sich zwischen Häuser und Feld wie ein künstliches Gebirge hinlagern. Die Altstadt Magdeburg bildet im Großen ein ungefähres Parallelogramm, das nach Süden, Westen und Norden von den Basteien der Festung, nach Osten von dem Elbstrom umschlossen wird, nach welchem hin die Ufer ziemlich steil abfallen ... Im Elbstrom selbst liegen zwei langgedehnte ... Inseln, deren schmälere in ihrer Mitte die berühmte Zitadelle trägt, welche mit ihren Kanonen den Fluß und die gegenüberliegende Stadt beherrscht, und die Gefängnisse der Baugefangenen und der Staatsgefangenen in sich schließt ..."
(Johann Karl Friedrich Rosenkranz: Von Magdeburg nach Königsberg, 1875)

1828 Bau des Gesellschaftshauses im Klosterbergegarten (Fertigstellung 1829)

1829 Lenné erhält Auftrag für die Umgestaltung des Herrenkrugparkes

1836 Mitwirkung des Gartendirekors F. Rudolf Schoch (Vater des späteren Gartendirektors Gottlieb Schoch) aus Dessau-Wörlitz bei der Anlage des Herrenkrugparkes

1838 Bau der ersten Eisenbahnstrecke Magdeburg-Schönebeck-Leipzig (bis 1840) und Durchschneidung des Klosterbergegartens

Aufschüttung des gesamten westlichen Elbvorlandes und Sicherung durch Kaimauern

1842 Ankauf des Parks Vogelgesang durch den Magistrat (83,5 Morgen)

1843 Bau des Gesellschaftshauses im Herrenkrugpark (bis 1844)

Umgestaltung des Parks Vogelgesang (40 Morgen) durch F. R. Schoch (bis 1845)

1850 Trennung des Klosterbergegartens von der Elbe

Bau der „Magistratsstrecke" der Eisenbahn

1863 Amtsantritt des Gartendirektors Paul Niemeyer (als „Garten- und Ackerinspektor" 1863–1890)

Beginn von Niemeyers Wirken im Herrenkrugpark; Entstehung des weitläufigen Wiesenparks

1866 Bau des Fort XII im Rotehornpark

1868 Anlage des ersten Rosengartens im Park Vogelgesang; Betreiben der Dahlienzucht

1870 Neues Glacis entsteht durch Verschiebung der Festungswerke nach Plänen Niemeyers (bis 1871); bisheriges Glacis wird überbaut

1871 Beschluß zur gärtnerischen Gestaltung des Rotehorns nach einem Entwurf von Niemeyer (Fertigstellung 1886)

1872 Schaffung des Südfriedhofes

1874 Anlage des Böckelmannschen Parks (Amtsgarten) durch Landwirt, Ritterguts- und Fabrikbesitzer Wilhelm August Böckelmann

1876 Auffüllen des Fischteichs westlich der Schönebecker Straße (gegenüber Gesellschaftshaus im Klosterbergegarten)

1877 Pferdebahn zum Herrenkrug

1878 Entstehung des südlichen Teils des Alten Stadtparks nach Plänen Niemeyers (bis 1882)

1886 Dampftrambahnlinie von Friedrichstadt zum Herrenkrug eingerichtet

1890 Neustrukturierung der Gartenverwaltung (jetzt vier Gartenbezirke)

1890 Beginn der Amtszeit von Gottlieb Schoch als Gartendirektor (bis 1903)

1893 Bau des Gebäudes im Böckelmannschen Park und Erweiterung der Anlage

1895 Bau der Grusonschen Gewächshäuser

Anlage des Königin-Luise-Gartens anläßlich der Gartenbauausstellung zum 50jährigen Jubiläum des Gartenbauvereins

1896 Beginn der Umwandlung des Nordfriedhofes zum Nordpark

Umgestaltung des Klosterbergegartens im Bereich des Gesellschaftshauses (Erweiterungsbauten und Neugestaltung des Platzes)

1897 Umgestaltung des Königin-Luise-Gartens in eine öffentliche Parkanlage

1898 Schaffung des Westfriedhofes

Ausgestaltung des östlichen Teils der Rotehorninsel nach Entwürfen von Schoch (bis 1905)

Spielende Kinder von Ursula Schneider-Schulz, 1974, Bronze, Elbuferpromenade

Die originalgetreu nachgebaute Schiffsmühle

Begegnung

	Vorlegen einer Landschaftsplanung für den Wiesenpark am Herrenkrugpark durch Gottlieb Schoch (bis heute aktuell)
1901	Aufstellung des Luisendenkmals am Eingang des Königin-Luise-Gartens
1903	Wilhelm Lincke wird Gartendirektor (bis 1931)
1905	Anlegen des Grünzuges „Goetheanlage" mit Sitz- und Spielbereichen, vielen Blütensträuchern entlang der Schrote
	Ausgestaltung des Schroteweges nach Diesdorf als Promenadenweg
1906	Entstehung des Adolf-Mittag-Sees und des Festplatzes im Rotehornpark
1907	Magistrat der Stadt kauft auf Wunsch der Bürgerschaft Sudenburgs das Gelände zwischen Jordan-, Brunner- und Dürerstraße, um es der vollständigen Bebauung zu entziehen.
	Umsetzung des Francke-Denkmals von der Altstadt in den Nordpark
1910	Stadt erhält die 1866 an den Militärfiskus abgetretene Fläche des Fort XII im Rotehorn zurück und gestaltet sie zu einem Naturtheater
	Glacis nun gänzlich in der Hand der Stadt
1912	Offizielle Auflösung Magdeburgs als Festung
	Anlage eines Rosen-, Stauden- und Heidegartens im Park Vogelgesang
1915	Gedenkstein für Niemeyer an der Südspitze des Rotehornparkes
1918	Eröffnung des Neuen Westerhüser Friedhofs
1921	Umbenennung Friedrich-Wilhelms-Garten in Klosterbergegarten
1922	Beginn der Arbeiten am Ausstellungskomplex mit Stadthalle (1926/27) und Aussichtsturm im Rotehornpark
1924	Bau der Treppenanlage zum Inselteich im Klosterbergegarten (im Zusammenhang mit dem Bau der Sternbrücke)
1924	Fertigstellung und Einweihung der Sternbrücke zum Rotehornpark nach fast 30jähriger Planung und Bauzeit
1925	Anlage des Dahliengartens im Park Vogelgesang; Anlage von Liegewiesen, Wasserbecken und Sandflächen (im Bereich des heutigen Zoos)
1928	Deutsche Dahlien- und Herbstblumenschau im Park Vogelgesang
1931	Amtsantritt des Gartendirektors H. Kaufmann (bis 1938)
1934	Übergabe des Westerhüsener Parkes als Volkspark an die Öffentlichkeit
1945	Zerstörungen durch den Zweiten Weltkrieg in vielen Parkanlagen (u.a. Nordpark, Vogelgesang)
1948	Helmut Lorenz Betriebsdirektor des städtischen Grünanlagenbetriebes (bis 1980)
1949	Entstehung des Heimattiergartens im Bereich des nördlichen Parkteils Vogelgesang (1950 eröffnet, 1959 zum Zoologischen Garten erweitert)
	1. Dahlienschau nach dem Krieg im Park Vogelgesang
1950	Klosterbergegarten wird zum Pionierpark, Gesellschaftshaus zum Pionierhaus
1955	Beginn der Umgestaltung des Rotehornparkes in einen „Kulturpark" (u.a. mit Freilichtbühnen, Gaststätten, Sportgarten)
1960	Inselteich im Klosterbergegarten zugeschüttet
	Bau der Ost-West-Magistrale (Magdeburger Ring) – damit Zerstörung eines großen Teils des Glacis
1966	Schaffung von Verkehrsgarten und Sport- und Spielfeldern im Klosterbergegarten (bis 1972)
1973	Gestaltung der Elbuferpromenade Magdeburg

Blick vom Ulrichplatz zur Ernst-Reuter-Allee über die neue, üppige Staudenpflanzung

1974 Sanierung des Möllenvogteigartens

1976 Klosterbergegarten, Nordpark und Rotehornpark unter Denkmalschutz gestellt

1980 Unterschutzstellung des Park Vogelgesang

Herrenkrug und Geschwister-Scholl-Park auf Kreisdenkmalliste gesetzt

Joachim Brennecke (Betriebsdirektor des VEB Grünanlagen) tritt Nachfolge von Helmut Lorenz an

1983 Rekonstruktion des Rosengartens und Laubenganges im Vogelgesang (bis 1984)

1989 Aufstellung einer Plastik von Lazare Carnot im Nordpark

Erste Arbeiten an der Anlage des Bördegartens

Aufstellung einer Büste von Lenné zu dessen 200. Geburtstag im Eingangsbereich des Klosterbergegartens

1990 Rekonstruktion und Restaurierung des Geschwister-Scholl-Parks nach den Plänen Schochs von 1897 (bis 1994)

1992 Verabschiedung der Sowjetischen Armee und damit Freiwerden der Konversionsflächen wie des Cracauer Angers

1993 Unterschutzstellung von Schneiders Garten

größter Teil des Bördegartens fertig

Wettbewerb Bundesgartenschau

1994 Beräumung und Beginn der Gestaltung des Kleinen und Großen Cracauer Angers zur Vorbereitung der Bundesgartenschau

1999 BUGA, Elbauenpark

2000 Ergänzung des Klosterbergegartens in Buckau im Sinne Lennés

„Flora" von Heinrich Apel, 1979, Bronze, Detail mit Amor

Wo aus Schuttbergen Gärten der Phantasie wuchsen

MANFRED KÖPPE

Das Jahr 1999 stand in Magdeburg ganz im Zeichen der Bundesgartenschau (BUGA), während der sich Tradition und Moderne, klassische und zeitgenössische Gartenkunst, gewachsene Landschaftsbilder und neu geschaffene Gartenräume begegneten. Die BUGA trat in eine Symbiose mit der Landeshauptstadt, fügte sich ein in den Elbauenpark mit Bördelandhalle, neuem Messegelände und Fachhochschule, mit dem Sportzentrum an der Pferderennbahn im Herrenkrug und dem attraktiven Erlebnisbad NEMO in unmittelbarer Nähe zum Rosengarten.

Es war die 25. BUGA, die ausgerechnet in Magdeburg stattfand – die „Silberne Hochzeit" der Grünen Welt. Zuvor ging in Magdeburg bislang nur von der „Magdeburgischen Hochzeit" 1631 die Rede. Die Eroberung der Außenwerke auf der östlichen Elbseite durch die kaiserlich-ligistischen Truppen war für Magdeburgs Verteidiger ein strategisch bedeutsamer Verlust. Der Blockadering um die altehrwürdige Stadt am Strom wurde immer enger gezogen und strangulierte sie letztendlich. Die Elbe, in der sich das Flammenmeer spiegelte, konnte die vielen tausend Toten nicht mehr aufnehmen. Die in den Fluß geworfenen Leichen stauten ihn auf.

Heute fließt die Elbe – eine Lebensader unseres Raumes und Mitteleuropas – unbehelligt und wieder zu neuem Leben erweckt in ihrem angestammten Bett und widerspiegelt neues Blühen. Vom östlichen Ufer gehen dank der BUGA viele Wege ins Land. Darüber konnte man in den *Gärten der Erinnerung* nachsinnen und sich zugleich am Aufblühen erfreuen. Von der Lebenskraft, die trotz des beispiellosen Infernos damals 1631 dieser Stadt innewohnte, zeugte der Ausstellungsteil „Otto von Guericke" im *Schiefen Turm*, dem Jahrtausendturm von Magdeburg.

Noch einmal – mehr als 300 Jahre später – kam viel Leid über die Stadt, und wieder hatte dieses Stückchen Erde am östlichen Elbufer Magdeburgs damit etwas zu tun. Von hier aus, aus der Hindenburg-Infanteriekaserne, von ihren Schieß- und Exerzierplätzen zogen junge Männer in den Zweiten Weltkrieg, der schließlich nach hier zurückkam. Und wieder spiegelten sich in der Elbe Feuer und Rauch. Riesige Berge von Schutt aus der zerbombten Innenstadt wurden, bis zu fünf Meter mächtig, hier auf dem Kleinen Cracauer Anger abgelagert. Daran erinnerten auf der BUGA phantasievoll gestaltete Mauern aus vorhandenen besonders schönen Steinen und auf Hügeln und in Senken eine reichhaltige Wildstauden-Flora, die diesen trockenen Lebensraum liebt – *Ruinengarten* und *Wildstaudenhügel* waren Stätten der Erinnerung im Grünen. Und so entstand hier lebendige Geschichte, u.a. mit den *Gärten der Macht* und der *Besinnung*, der *Toleranz* und der *Strategie*, der *Freiheit* und der *Ordnung*.

Die große Sommerschau – ein Schwelgen in Farben und Düften. Blumen- und Hallenschau in einer der beiden neuen Messehallen

Schönster Fund im Trümmerschutt, einst Teil eines Springbrunnens

Die grüne Nutzung militärischer Objekte ist eine zu würdigende Tradition, die mit der „Sprengung" des Festungsringes im vergangenen Jahrhundert begann und mit der BUGA einen gewissen Abschluß erfuhr. Die Geschichte dieser Auenlandschaft, des Kleinen und Großen Cracauer Angers, ist wechselvoller und lebensbejahender als bisher angedeutet. Die BUGA knüpfte bewußt daran an.

An das frohe und bunte Treiben vor den Toren der Stadt nördlich des damaligen Dorfes Cracau in Nachbarschaft zum „Herrenkrug". Ein paar Ausflugs- und Tanzlokale lockten ins Grüne, vor allem aber war es ein beliebter Tummel- und Tobeplatz für die Jugend. Ab 1922 lud die Sportanlage des Fußball- und Cricket-Clubs Viktoria, die nach einer Erweiterung 1932 40 000 Besuchern Platz bot, die Sportbegeisterten ein. Zu einem anderen Besuchermagneten geriet der 1922 erbaute Flugplatz auf dem Großen Anger. Zuvor hatte Hans Grade seine legendären „Hoppser" mit dem selbstgebauten Motor-Dreidekker hier veranstaltet, landete 1914 das Zeppelin-Luftschiff „Hansa". Nunmehr wurden Luftpost und Passagiere regelmäßig befördert, und die Magdeburger Flugschule machte in Deutschland von sich reden. Vieles fand sich auf der BUGA wieder: unter anderen phantasievolle Anlagen für Sport und Spiel, Spielhaus, Kletterwand, Skaterparcours, zwischen den früheren Schießwällen Sportplätze und ein Abenteuerspielplatz.

Detail aus dem Ruinengarten

An die einstmals dort im Grünen Ruhe suchenden Spaziergänger, Reiter und Radfahrer erinnerte die BUGA und präsentierte sich als Ort der Meditation und Stille. Farbenteppiche ergossen sich je nach Jahreszeit – ein blühendes Gartenlexikon mit den *Gärten der Dichter* und *Musik*, der *Dynamik* und des *Überlaufs*, der *Gegensätze* und *Visionen*. Anklänge ans Paradies gab es mit *Platz an der Sonne, Tönender Welt, Apfeltraum, Momos Reich, Leichtigkeit des Seins, Liebeszauber, Bunter Fülle*. In die ehemaligen Schießwälle lockten alte Baumbestände. Vogelsang, mystische Labyrinthe und eine dunkle Farnenschlucht.

Eine der anziehendsten Attraktionen der BUGA war mit Sicherheit der *Schiefe Turm* auf dem Kleinen Anger, der einen einzigartigen Gang durch die Entwicklungs- und Forschungsgeschichte der Menschheit bot. Im höchsten Holzturm in Holz-Leimbinder-Bauweise der Welt (übrigens mit dem gleichen Neigungswinkel wie der Schiefe Turm von Pisa) gilt es, Zeitmauern durch eigenes Experimentieren zu überwinden – von der ersten Nutzung des Feuers bis zur Kernenergie, Forschung und Technik, Umwelt und Mensch –, ein Blick ins Morgen eröffnet sich am Schluß.

Insgesamt 2,3 Millionen Gäste zählte das aufwendige Spektakel über den Zeitraum von sechs Monaten hinweg, rund 11 000 Reisebusse und 270 000 PKWs fuhren vor. Den Turm besichtigten 1,5 Millionen Besucher. 2 000 Veranstaltungen fanden statt. Insgesamt waren 70 Firmen am Anlegen und Pflegen des riesigen Gartens beteiligt. 500 000 Kubikmeter Erdmasse wurden bewegt, über 30 000 Gehölze neu gepflanzt (900 davon Großbäume). 8 000 Rosen in 350 verschiedenen Sorten gab es zu bewundern. Bei 25 Hallenschauen präsentierten sich die Spitzenleistungen der Gärtnerkunst. Rund 170 Millionen Mark Fördergeld steuerten Europäische Union und Land für den insgesamt 210 Millionen Mark teuren Wandel von Militärbrache und Deponie zu blühenden Gärten bei. Kein schnell verflossenes Geld, denn der über 90 Hektar große Elbauenpark wird weiterbetrieben. Mindestens zehn Jahre lang. Nach einer kurzen „Ruhepause" präsentiert sich das Gelände wieder seinen Gästen. Attraktionen wie der *Schiefe Turm*, die *Sommerrodelbahn* und die *Panoramabahn* bleiben. Und auch künftig sollen zahlreiche Veranstaltungen ihr Publikum anziehen, u.a. Jahreszeitenfeste, Festivals, Kinderfeste. Im Winter sorgen Schneekanonen für Langlaufloipen und Rodelbahnen. Zahlreiche Um- und Ausbauten waren hierfür notwendig, die nur sommertauglichen Einrichtungen der BUGA wurden wetterfest gemacht.

Die Landschaft gerät so zu einem Vier-Jahreszeiten-Park, der immer interessante Erlebnisse bietet.

Der Schiefe Turm
mit dem gleichen
Neigungswinkel wie der
Campanile von Pisa und
mit seinen 60 Metern
höchster Holzturm der Welt

Ausblick vom Schiefen Turm

Magdeburgs neues Wahrzeichen – der Schiefe Turm, ein „Mekka" der Wissenschaft, eine Zeitreise durch Jahrtausende

Ein Themengarten: Garten der Macht

Künstliche Klippen am Angersee

Mauer aus Trümmersteinen mit Wildkräutern und -stauden

„... Der Magdeburger soll in diesem Volksgarten nur die allgemeine Freude einer geschmückten Natur genießen. Er soll indemselben zugleich ein conzentriertes Bild von den Vorzügen einer eigenthümlichen Lage, und in dieser Individualität jene Freude genießen. Schön ist es gewiß, den Magdeburgern die reiche Landschaft sehen zu lassen ... dieses Theilstück einer reichen Provinz und den mächtigen Fluß, schön und gemüthlich zugleich, ihm in den schönen Formen seines Lustgartens diese Grundlage seines Wohlstandes, in immer neuen Bildern vorzuführen. Zur Vollendung derselben aber, gehört auch die Stadt selbst, mit ihren Baumassen und ihren Thürmen ... eine Stadt, in welcher sich Gewerbe, Künste, Wissenschaften und gute Sitten eine bleibende Stätte gewonnen haben ...“

(Joseph Peter Lenné: Über die Anlage eines Volksgartens bei Magdeburg, 1824)

Ort der Musen

Zur bildenden Kunst in Magdeburg

JÖRG-HEIKO BRUNS

Magdeburg, die Stadt Otto I., war seit der Gründung des Erzbistums an der Elbe 968 als Handelszentrum und aufstrebende Stadt immer von wirtschaftlicher und politischer Bedeutung. Von hier ging das Magdeburger Recht beispielhaft aus und auch nach den fast völligen Zerstörungen von 1631 und 1945 gewann die Stadt schnell wieder an Bedeutung. Festungsstadt der Preußen und mit zunehmender Industrialisierung die Stadt des Schwermaschinenbaus – auch das schon wieder Geschichte – war Magdeburg aber nie eine Stadt der Kunst, sieht man von den bedeutenden sakralen Bauten wie dem Kloster Unser Lieben Frauen und dem Dom oder der einstmaligen herausragenden profanen städtischen Barockarchitektur, von der nur noch Reste existieren, ab. Damit ist nicht gesagt, daß hier nicht auch Kunst entstand und nicht auch viele Namen bekannter Künstler mit der Stadt in Zusammenhang stünden, sondern vielmehr, daß von hier aus kaum Impulse für die Entwicklung der Kunst ausgingen wie etwa von Dresden, München oder Berlin. Daran wird auch der Kalender mit der Zahl 2000 nichts ändern. Indes evoziert der Beginn des neuen Jahrtausends, auch wenn er rechnerisch ein Jahr später einsetzt, einen Rückblick auch auf Magdeburg und die bildende Kunst und einen sicherlich nur vagen Ausblick auf möglicherweise Kommendes.

Mittelalter und Barock

Die wichtigsten Zeugnisse mittelalterlicher bildender Kunst in Magdeburg finden sich in den sakralen Bauten und, inzwischen geschützt wie der Magdeburger Reiter (vor dem Rathaus die bronzene Kopie), in den Museen. Weltweit bekannt wie der Reiter und seine Begleitfiguren sind die zehn Klugen und Törichten Jungfrauen und Sponsus und Sponsa, die oft auch als Kaiserpaar gedeutet wurden. Sie entstanden in einer Zeit, als man noch keine Trennung von Kunst und Handwerk kannte und die Skulptur fast ausschließlich dem architektonischen Zusammenhang unterzuordnen war. Themen und Programme dienten dabei der Repräsentation und der Propagierung der christlichen Heilslehre. Die Geldgeber, Staat und Kirche, die Benutzer und Konsumenten, Herrscher und Volk, und die Künstler, deren Namen unbekannt blieben, waren allesamt durch den christlichen Glauben einander verbunden. Die glanzvollen Kunstwerke, die selbst Analphabeten bildhaft die Lehre Gottes vermittelten, haben bis heute nichts von ihrer Ausstrahlung verloren, auch wenn sich die Sprache der Kunst, ihre Mittel und die sie tangierenden Weltanschauungen bis heute oft gewandelt haben.
Vom barocken Magdeburg hat der Bombenhagel des 16. Januar 1945 nur wenig verschont, Breiter Weg

Kluge und Törichte Jungfrauen im Magdeburger Dom

„Die jetzige Stifttkirchen aber oder der Dom zu St. Moritzen und St. Catharinen ist ... aus eitel Werckstücken, einer großen Höhe und Weite und in zierlichen Proportionen gebauet ... Ferners seyn in dieser Kirchen, in einer sonderlichen capellen zu sehen, die zehen Jungfrauen sehr köstlich und artig in Steine gehauen, also, daß die fünff Thörichten mit unterwärts gekehrten Lampen und weinenden Augen sehr kläglich anzusehen, hingegen die Klugen mit auffwärts brennenden Lampen und lachenden Gesichtern so artig gemachtet seynd, daß wer es ansiehet, des Mitlachens sich nicht enthalten kann ..."
(Matthäus Merian: Topographia Germaniae, 1642)

Bruno Beye (1895–1976): Selbstporträt als Maske, Holzschnitt von 1920

und Domplatz lassen mit ihren Restbeständen nur schwerlich die einstige Pracht künstlerischen Schwelgens erahnen.

Die Kunstgewerbe- und Handwerkerschule

Nur wenige Jahre nach der Periode von Barock und Rokoko begründete der Vorsitzende der „Gesellschaft patriotischer Männer ohne Unterschied des Standes“, Regierungsrat Wilhelm Gottlieb von Vangerow, 1793 eine Kunstschule, um „den vaterländischen Kunstfleiß zu befördern und auf Manufacturen und Gewerbe den wichtigen Einfluß“ auszuüben, *„daß einheimische Künstler mit geschmackvollen Arbeiten jeder Art, den Auswärtigen nicht ferner nachstehen“*.* Aus dieser Sonntags- und Abendschule ging schließlich 1887 die Magdeburger „Kunstgewerbe- und Handwerkerschule“ hervor, deren Fortbestand bis 1963 andauerte, als sie wegen angeblich mangelnden Bedarfs von den Behörden der DDR als „Fachschule für angewandte Kunst“ geschlossen wurde. Zu Beginn des 20. Jahrhunderts und in den zwanziger bis dreißiger Jahren sind für diese Schule, die immerhin als erste deutsche Kunstschule die Photographie als Lehrfach aufnahm, nur einige Höhepunkte zu verzeichnen, die über die Stadtmauern hinaus zu einiger Anerkennung führten. Auf der Weltausstellung in St. Louis 1904 bekamen die Lehrer Paul Bernadellis für den neuen Kronleuchter der Pauluskirche und Albin Müller, Hans und Fritz von Heider, Paul Bürck und Paul Lang für ein gemeinsam gestaltetes und ausgeführtes Zimmer einen Grand Prix. Zwei Jahre später erhielten Lehrer und Schüler auf der Dritten Deutschen Kunstgewerbeausstellung in Dresden viel Lob für ihr gemeinsam entworfenes und realisiertes Direktorenzimmer mit 122 gestalteten Einzelpositionen. Die Lehrer Paul Dobert, Fritz von Heider, Ferdinand Nigg und Albin Müller erhielten Auszeichnungen. Mit Rudolf Bosselt bekam die Schule von 1911–1924 einen erneuerungswilligen, prominenten Vertreter der Kunstlandschaft, der u. a. die allgemeine künstlerische Vorbildung als Ausbildungsfach einführte.

Daß die Schule im Verlauf des Ersten Weltkrieges und an den sich anschließenden Umbrüchen quasi unbeteiligt blieb, ja selbst mit der Magdeburger Künstlervereinigung „Die Kugel“ oder anderen progressiven Strömungen in kaum einer Weise verbunden war, brachte ihr 1922 die scharfe und unerbittliche Kritik des Stadtbaurates Bruno Taut, der sich durch starke künstlerische Ambitionen auszeichnete und eher mit der „Kugel“ sympathisierte, ein. Allerdings warf er selbst nicht viel später in Magdeburg das Handtuch. 1925 übernahm Wilhelm Deffke die Leitung der Schule. Von 1923–28 waren Johannes Molzahn und

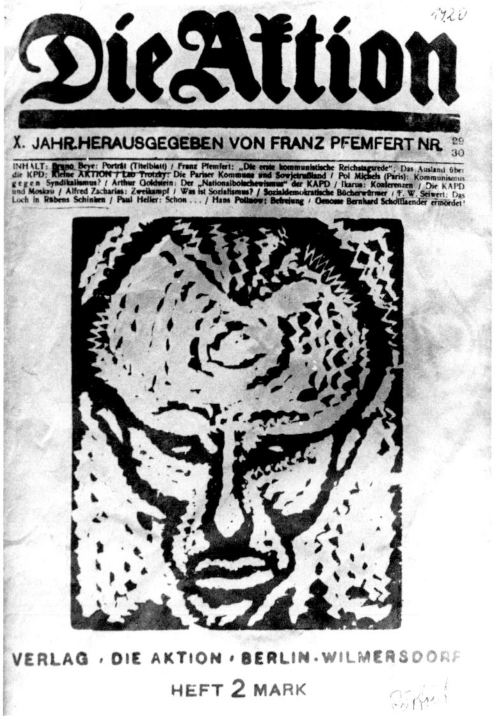

von 1928 bis 1935 Walter Dexel als Lehrer an der Einrichtung tätig. Sie seien hier als die Künstler benannt, die über das normale Maß des Fachschul-Alltags hinaus ihren Beitrag in der deutschen Kunst leisteten. Nach 1945 gab es zwar Erneuerungsversuche, die aber im rigiden Kunstbetrieb der DDR der fünfziger Jahre nicht zum Tragen kommen konnten, obzwar einige wichtige Künstler des heutigen Magdeburgs an dieser Schule ihre Laufbahn starteten. Zu ihnen gehören die Maler Jochen Aue, Manfred Gabriel, Annedore und Wolgang Policek, die Glasgestalter Reginald Richter, Marga und Oskar Hamann, der Fotograf und spätere Hochschullehrer in Leipzig Horst Thorau, und selbst Werner Tübkes künstlerische Laufbahn nahm hier ihren Anfang. Bemühungen um die Neugründung einer Kunstschule nach der Wende schlugen fehl, aber Teile der bereits erarbeiteten Konzeptionen flossen in die Programme der nun tätigen Fachhochschule ein.

„Die Kugel“ und ihr Umfeld

Wirklich aus dem städtischen Alltag heraus ragte nach dem Ende des Ersten Weltkrieges die schon erwähnte Künstlervereinigung „Die Kugel“, deren Wirken von der Gründung im Frühjahr 1919 bei schwächer werdender Intensität bis 1923 reichte, nominell wohl sogar bis 1929. Zwar hatten einige ihrer Mitglieder an der Magdeburger Fachschule studiert, aber die Diskrepanzen zwischen Erneuerern und Traditionalisten waren so groß, daß Lehrer oder Studenten der Kunstgewerbeschule generell nicht in die Reihen der Kugel-Leute aufgenommen wurden oder,

* Gedrucktes Einzelblatt vom 1. Dezember 1797, zitiert nach Norbert Eisold Die Kunstgewerbe- und Handwerkerschule Magdeburg, 1793–1963, Ausstellungskatalog zur gleichnamigen Ausstellung, Kloster Unser Lieben Frauen, Magdeburg, 1994), Stadtarchiv Magdeburg

wie Dexel und Molzahn, bestenfalls vor deren Tätigkeit an der Schule, als Gast an Kugel-Ausstellungen teilnehmen konnten.
Im üblichen revolutionären Pathos des Jahres 1919 hieß es in der ersten Nummer der „Kugel": *„An Sie ergeht unser erster Ruf, Sie jungen Künstler und Dichter der Volksrepublik. Noch liegt die neugeborene Freiheit in elender Krippe. Lassen Sie uns die Hirten sein ... Leben heißt Schaffen! So strecken wir – ein kleines Häuflein in hindämmernder Stadt – Ihnen die Hände entgegen. Lassen Sie uns zusammen schaffen in freudiger geistiger Arbeitsgemeinschaft größeren Tagen entgegen und beschwingt durch den Glauben an die Offenbarung der Zukunft: Die Erlösung einer geläuterten Menschheit von Grenze und Gesetz !"***
Und was die vor sich hindämmernde Stadt betraf, waren hier vor allem aus Sicht der Kugel-Leute die reaktionär-bürgerliche „St. Lukas-Malergilde" und die konventionelle Vereinigung „Die Börde" gemeint.
Kurt Pinthus hatte schon 1916 in Magdeburg die erste große Ausstellung expressionistischer Kunst in der Elbestadt organisiert, was vorläufig ohne Folgen blieb, sich nun aber ändern sollte. Maximilian Rosenberg, einer der Mitstreiter, erinnert sich später: *„In der provinziellen Stickluft Magdeburgs wirkte die Aktivität der Kugelmitglieder wie eine frische Böe. Den Zopfträgern flog der Staub vom Kopf, ihre aufgescheuchten Seelchen fuhren wie Motten aus dem Schrank. Mit welchem Hallo begrüßten die „Kugel-Leute empörte Kritiken in bürgerlichen Blättern, in denen zu lesen stand, daß ihre Leistungen primitiv, absurd und kunstzerstörend seien. Unser Stil war so notwendig wie das Pulver, wenn eine alte Fassade nicht von selbst einstürzen will ..."**** Autoren und Mitarbeiter der Zeitschrift und Mitglieder der Künstlergemeinschaft „Die Kugel" und ihrer Sezession „Wir aber" sowie Mitwirkende ihrer Abende waren außer den Gründern Franz Jan Bartels, Bruno Beye und Robert Seitz u. a. Oswald Pohl, Alfred John, August Bratfisch, Max Dungert, Annemarie und Katharina Heise (letztere noch mit dem Pseudonym Karl-Luis Heinrich Salze), Kurt Pinthus, Johannes R. Becher, Heinrich Schaefer, Theodor Däubler, Else Lasker-Schüler, Günter Vogler, Wilhelm Stolzenburg, Herbert Fredersdorf, Max Herrmann-Neisse, Gerhard Kahlo, Hans Heinz Stuckenschmidt, Hermann Benühr und Erich Weinert (damals noch Erik), später (1921/22) stieß auch Wilhelm Höpfner zur Gruppe. Auf Anregung von Bruno Taut malte Höpfner 1922 den Schinkelsaal im Magdeburger Gesellschaftshaus „Klosterbergegarten" aus. Diese Wand- und Deckenmalereien sind allerdings nicht erhalten. Die „frische Böe" war in der Tat aber nur ein kurzer heftiger Windstoß, schon bald stellten auch die Kugel-Leute wieder in den traditionalistischen „Börde"-Ausstellungen aus oder hatten sich aus Magdeburg total zurückgezogen. Künstler wie Bruno Beye oder Wilhelm Höpfner, die für die Stadt wichtig blieben, veröffentlichten zwar weiter in der Magdeburger „Volksstimme" sozialkritische Arbeiten, traten aber mit Ausstellungen in Magdeburg nur peripher in Erscheinung. Beye „überbrückte" die Zeit des Nationalsozialismus mit fortwährender „Wanderschaft", vor allem im Ausland, und Wilhelm Höpfner zog sich ins Kunsterzieher-Leben zurück, was beide nicht davor schützte, daß auch Werke von ihnen in der Aktion „Entartete Kunst" von den Nazis beschlagnahmt wurden.

Bruno Beye: Porträt Dr. Kurt Pinthus, Linolschnitt, 1919

Wiederaufbau und Formalismusdiskussion

Nach 1945 gehörten Beye und Höpfner in Magdeburg als bildende Künstler zur Entnazifizierungskommission und zu den Mitbegründern des Kulturbundes zur demokratischen Erneuerung Deutschlands. Die ersten Ausstellungen nach dem Zusammenbruch in Magdeburg waren in der Tat noch ganz im Sinne des Erneuerungswillens zustande gekommen. Magdeburger Künstler stellten in den Kunstausstellungen Sachsen-Anhalts in Halle und in Magdeburg aus. Der kommunistische Künstler Hermann Bruse, der der Vollstreckung des Todesurteils gegen ihn entgangen war, war wieder in Magdeburg, Herbert Stockmann, einer der wesentlichsten Nachkriegskünstler, zeichnete und malte das zertrümmerte Magdeburg, Bruno

Bruno Beye: Selbstporträt, Holzschnitt, 1919 (für Nr. 1 „Die Kugel")

** „Die Kugel", Zeitschrift für neue Kunst und Dichtung, Nr. 1, 1. Jahrgang, 1919, zitiert nach Jörg-Heiko Bruns, Bruno Beye, Versuch einer Monographie, Karl-Marx-Universität Leipzig, 1980

*** Maximilian Rosenberg, Vor dreißig Jahren: Die Kugel, Volksstimme 6.10.1948, zitiert nach „Die Kugel" – eine Künstlervereinigung der 20er Jahre, Katalog zur gleichnamigen Ausstellung, Kloster Unser Lieben Frauen Magdeburg, 1994

Bruno Beye: Malweib (Malschülerin II), Zeichnung, 1926

rechts: Malschule Colarossi, Lithographie, 70er Jahre (nach Zeichnungen von 1926)

Beye hatte seine „ewige Wanderschaft“ beendet, auch Katharina Heise war nach Schönebeck zurückgekehrt. Schon 1946 gaben die damals noch im Kulturbund organisierten bildenden Künstler eine Kunstmappe mit farbigen Drucken Magdeburger Motive heraus, die vor der Zerstörung Magdeburgs entstanden waren und *„dem Neuaufbau unserer durch den Nazikrieg so grenzenlos zerstörten Heimatstadt“* gewidmet war. Beteiligt an dieser ersten Nachkriegs-Kunstpublikation in Magdeburg waren Hermann Bruse, Herbert Stockmann, Franziska Wagner, Bruno Beye und Franz Jan Bartels. Die Hoffnungen aller bildenden Künstler auf freie künstlerische Entfaltung wurden mit Beginn der Formalismus-Diskussion in der Sowjetischen Besatzungszone und der jungen DDR aber bald zunichte gemacht. 1948 und 1949 machte in Magdeburg die Künstlergruppe DALBE mit Ausstellungen und Diskussionsabenden von sich reden. *„... aus dem leben – für das leben, aus der zeit für die zeit. - wir sind eine gruppe junger magdeburger künstler, die – geläutert durch die kriegsjahre – die gebote der zeit ausdrücken wollen. durch klare farben- und formensprache wollen wir zum ursprünglichen zurückführen, nicht schönheit, sondern wahrheit soll der betrachter in dieser ausstellung suchen“*, heißt es in einem kleinen Faltblatt der Gruppe, zu der sich u. a. Ewald Blankenburg, Walter Bischof, Günter Pilling und Ernst Seifert zusammengeschlossen hatten und der auch Hans Oldenburger durch seine Freundschaft mit Blankenburg zugetan war. Schon bald aber schrieb die „Volksstimme“ nach gründlich gesiebter Publikumsdiskussion *„Alles Weltfremde oder gar Lebensverneinende wurde einmütig abgelehnt, die durch den Zweijahrplan auch den Kunstschaffenden gestellte Zeitaufgabe klar erkannt und herausgehoben. Mögen nun auch die Maler und alle Künstler die Giftphiolen Existentialismus und Nihilismus – nichts weiter steckt hinter so vielen anderen „Ismen – beiseitestellen und mit dem Volke rufen: Zu neuen Ufern lockt ein neuer Tag!“*.

Während Bruse, er war jetzt Lehrer an der Humboldt-Universität in Berlin, meinte, der Formalismus sei der Feind der Kunst, konnten Künstler wie Bruno Beye (trotz seiner Anpassungsfähigkeit an Auftraggeber) und Katharina Heise nicht auf ihr expressives Werk aus den 20er Jahren und ihre linksprogressive Überzeugung zurückgreifen und standen so vor erneuten Existenzproblemen. Herbert Stockmann ging in Halle in den Freitod, Bruno Beye wich wieder für einige Zeit durch Vermittlung Erich Weinerts nach Berlin als Pressezeichner aus, Wilhelm Höpfner hatte wenigstens sein Einkommen als Lehrer und Katharina Heise hat sich, in Schönebeck als Kulakentochter beschimpft, trotz einiger wesentlicher Arbeiten (z. B. ihr politisch und künstlerisch mutiger Entwurf „Denkmal des unbekannten politischen Gefangenen“ für den internationalen Wettbewerb in London 1953, also noch in der Stalin-Ära, oder das Porträt „Anne Frank“ und das Relief „Wiederaufbau“) künstlerisch nie wieder so recht erholen können. Andere konnten sich da besser „einrichten", so die Puppengestalterin und Schriftstellerin Jutta Balk, die bis 1945 noch Juden- und Russenköpfe gestaltete, auf die der Kasper ordentlich einschlagen sollte. Sie hatte jetzt schneller als andere immer die richtige real-sozialistische Losung parat. Die 50er Jahre waren so für die bildende Kunst in Magdeburg wieder eine recht unerquickliche Zeit. Erst Mitte der 60er Jahre stellten sich erste Veränderungen ein. Noch 1963 wurden die vehementen, expressiv-dramatischen Landschaften des jungen Malers Jochen Aue in einer Pressekampagne „abgeurteilt", eine neue Entwicklung ließ sich aber nicht mehr aufhalten.

Bruno Beye: Malschülerin (Zeichnerin III), Zeichnung, 1926

Neue Wege?

Nach den vordergründig-propagandistischen Werken der 50er Jahre war in der DDR so etwas wie ein Bedarf an wahrer Kunst entstanden. In Berlin, Halle und Leipzig hatten sich neue Künstlergenerationen auf den Weg gemacht, was sich für Magdeburg mit der Schließung der Fachschule nicht so bald als möglich erwies. Noch in den 60er Jahren erhielt die Kunstlandschaft der Stadt Magdeburg aber Verstärkung mit jungen Absolventen von Kunsthochschulen wie Annedore und Wolfgang Policek, Helga und Frank Borisch, Helmut Kleiser, Dietrich Fröhner. Marlene und Dieter Ramdohr prägten als Grafikdesigner und Ausstellungsmacher die Szene mit.
Manfred Gabriel, er studierte extern noch einmal in Halle, und die bekannten Glasgestalter Reginald Richter, Oskar und Marga Hamann und Richard Wilhelm oder der Metallgestalter Wilfried Heider hatten als Absolventen der Magdeburger Fachschule ebenso wie Jochen Aue schon für ein erträgliches Kunstklima in der Bezirksstadt zu wirken versucht. An ihrer Seite hatten sie die Bildhauer Eberhard Roßdeutscher, Heinrich Apel, Dieter Borchardt, Joachim Sendler. Vor allem Heinrich Apel prägte mit seinen Plastiken später das Magdeburger Stadtbild entscheidend (u.a. mit seiner größten Arbeit, dem bronzenen Brunnen in der Leiterstraße) und Eberhard Roßdeutscher und Joachim Sendler setzten in den 70er Jahren markante Punkte am neu gestalteten Elbufer.
Aber erst als die nächsten Generationen in Magdeburg zu arbeiten begannen, gab es wieder produktive Reibungen, die auch zu unterschiedlichen Gruppierungen führten. Anette Groschopp, Dieter Ladewig, Eckehard Schwandt, Helmut Biedermann, Jürgen und Sabine Linge, Manfred Augurzki, Michael Emig, Rudolf Pötzsch und der Bildhauer Wolfgang Roßdeutscher und danach Peter Adler, Iris Hartmann, Anne Rose Bekker, Reinhard Rex u. a. machten die Kunstszene lebendiger. Hinzu kamen erstmals auch diplomierte Künstler, die als Photographen die Phalanx der bildenden Kunst in Magdeburg verstärkten (Hans

Bruno Beye: Pariser Café II (Café du Dome), Paris, 60er Jahre, Siebdruck nach einer Zeichnung von 1926, die in „Der deutsche Rundfunk" erschien

Herbert Stockmann (1913–1947): Blick über Trümmer zum Dom, 1946, Radierung (Zustandsdruck)

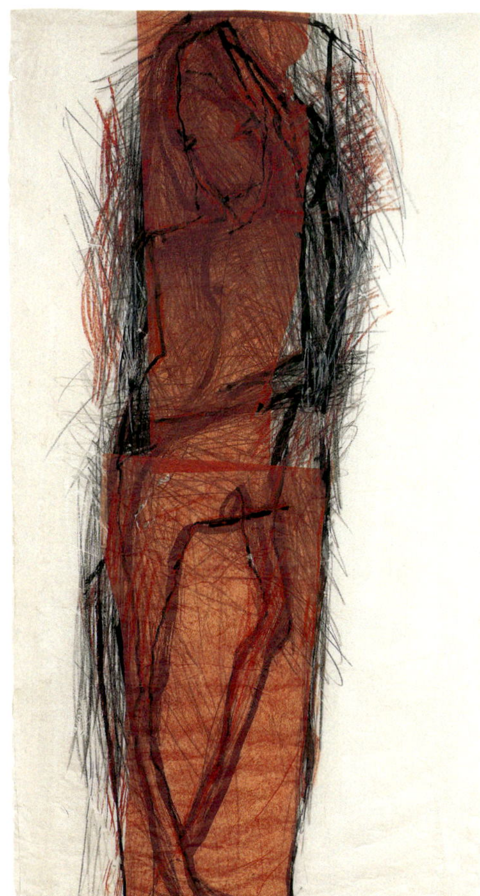

Anette Groschopp (geb. 1951): Vier Kluge Jungfrauen, 1995/96, Zeichnungen (1–2) Zeichnungen/Collage (3–4)

Gespenst das
(Morgenstern)
61

Wolf Kunze und Wolfgang Zeyen) und als Graphik-Drucker Michael Groschopp und Ulrich Grimm, die die Szene autarker machten. Dabei darf nicht übersehen werden, daß Künstler, die nicht in Magdeburg ansässig waren, wie Lutz und Ruth Heyder und später Jens Elgner aus Blankenburg, Johann Peter Hinz in Halberstadt, Hans Hermann Richter und später Olaf Wegewitz in Huy-Neinstedt, Georg und Sonngard Marcks, damals in Neuwegersleben, oder Johanna Bartl bei Salzwedel, ebenfalls auf eine positive Entwicklung in Magdeburg Einfluß nahmen.

Wilhelm Höpfner (1899–1968): Die Fahne hoch II, 1958, Aquatintaradierung

Museen und Galerien

Die Lobby für Kunst und Künstler wurde stärker. Siegrid Hinz holte 1965, die Zeit war reif, die umstrittenen jungen Berliner mit einer großen Ausstellung ins Kulturhistorische Museum und erregte damit einiges Aufsehen. Die Magdeburger Kunstfreunde halfen sich selbst, indem sie 1964 den „Grafikkreis" im Kulturbund der DDR gründeten, der sich zu Beginn der 70er Jahre in den „Freundeskreis Bildende Kunst" umwandelte und dann mit seinen Ausstellungen in der KLUBGALERIE und mit seinen Graphikmappen DDR-weit Interesse weckte. So gab es in Magdeburg praktisch die ersten Kunstausstellungen außerhalb der Museen, was in der DDR nach Lothar Langs 1962 gegründetem Kunstkabinett in Berlin-Weißensee immer noch eine totale Neuigkeit darstellte. In solchen kleinen Galerien und Kunstkabinetten war es damals einfach leichter (wenn die Ausstellungsmacher nur ein wenig Mut und Durchsetzungsvermögen hatten) als in den offiziellen Kunstinstituten, auf progressive Traditionen deutscher und internationaler Kunst zurückzugreifen (unvergessen die Vorträge Diether Schmidts oder Rudolf Mayers im Graphik-Kreis) und mit eigenen Editionen Kunst für private Sammler anzubieten. Später legte hier die Pirckheimer Gesellschaft für die in ihr beheimateten Graphiksammler und Bibliophilen noch ein gesund konkurrierendes Programm auf. Die Magdeburger Graphikmappen und einige Einzeleditionen (z. B. mit Arbeiten von HAP Grieshaber und Anatoli Kaplan), die bis 1980 regelmäßig erschienen, stellen heute auf dem Kunstmarkt Kostbarkeiten dar und sind nur noch um ein Vielfaches des damaligen Editionspreises (durchschnittlich 10 Blätter für 150 Mark) zu haben.
Die Popularität des Graphiksammelns und des „Mit-Kunst-unter-die-Leute-gehen" erreichte 1972 mit der monatlich vom Freundeskreis für Bildende Kunst in der auflagenstarken „Volksstimme" veröffentlichten und zum Kauf angebotenen originalen Druckgraphik einen ersten öffentlichen Höhepunkt, auch wenn die dazu gedruckte Meinung von Fachleuten und Lesern noch „naturgemäß" zuweilen die real-sozialistische Wirklichkeit und anhaltende Verbildung in Sachen Kunst stark durchschimmern ließ.
Mit der KLUBGALERIE und ihrem Programm sind bis heute neben den Magdeburger Künstlern Maler, Graphiker und Bildhauer verbunden wie HAP Grieshaber aus dem anderen Deutschland, der hier auch als früher Förderer gesehen wurde, der russisch-jüdische Künstler Anatoli Kaplan aus Leningrad, die Spanier José Renau, Nuria Quevedo, der Italiener Gabriele Mucchi, der Grieche Fotis Zaprasis, der Chilene Guillermo Deisler, Waldemar Grzimek und Gustav Seitz, die früher in der DDR lebten, Otto Niemeyer-Holstein, Albert Ebert, Charlotte E. Pauly, Elly Schreiter mit ihren sehr eigenwilligen Künstlerprogrammen innerhalb der älteren Generation, René Graetz, Fritz Cremer, Werner Klemke und Joachim John, Harald Metzkes, Dieter Goltzsche, Lothar und Christa Böhme, Hans Vent, Eva Vent, Klaus und Marlene Magnus, Manfred Böttcher, Wolfgang Leber, Dieter Tucholke, Robert Rehfeldt, Gero Troike, Horst Zickelbein, Manfred Butzmann, Linde Bischof, Bärbel Bohley, Friedrich B. Henkel aus Berlin, Max Uhlig, Gerda Lepke, Hartmut Bonk, Claus Weidensdorfer, Werner Wittig, Ernst Lewinger, Ulrich Eisenfeld, Jürgen Schieferdecker, Eberhard Göschel, Hertha Günther aus Dresden, Frieder Heinze, Günter Richter, Volker Stelzmann, Rolf Münzner, Karl-Georg Hirsch, Bernhard Heisig, Rolf Kuhrt und Gil Schlesinger aus Leipzig, Wasja Götze aus Halle, alle Clara-Mosch-Künstler (Carlfriedrich Claus, Thomas Ranft, Dagmar Ranft-Schinke, Michael Morgner und Torsten G. Schade) aus dem heutigen Chemnitz,

Wilhelm Höpfner: Das Gespenst, das Taschentücher frißt, zu Morgenstern, farbige Aquatintaradierung

Heinrich Apel (geb. 1935):
Adam und Eva, Lithographie,
o. J.

Michael Emig (geb.1948):
Zum Bauernkrieg, Radierung,
1976

Eberhard Roßdeutscher
(1921 – 1980): Familie,
Lithographie, 1972

Zum Bauernkrieg
Probedruck
Bl. 6

Manfred Gabriel
(geb. 1939): Neun Akte an
einem flachen Strand,
1996/99, Öl auf Leinwand

Manfred Gabriel:
Strandszene und Figuren,
1981, Lithographie (aus der
letzten Graphikmappe der
KLUBGALERIE Magdeburg
1981)

Gerd Mackensen und Horst Peter Meyer aus dem Süden und Claus Hänsel, Gerhard Wienckowski und Felix Büttner aus der nordöstlichen bzw. nördlichen Region der kleinen DDR. Die 50. Ausstellung mit Selbstbildnissen und die 100. zum Thema Ikarus, die das Hauptkapitel der Klubgalerie auch beendete, erhielten republikweit Beifall. Die Ikarus-Ausstellung fand sogar als Übernahme in dem renommierten Angermuseum in Erfurt ihren Abschluß.

Nachdem andere Städte der DDR schon Galerien für den Kunsthandel eingerichtet hatten, gelang dies auch in Magdeburg mit der Kleinen Galerie, die dann nach der Wende zeitweise noch als Galerie des VBK und heute als Galerie Himmelreich des gleichnamigen und führenden Kunstvereins der Elbestadt funktioniert. Mit offenbar gestiegenem Wohlstand begannen zuvor in der DDR immer mehr Menschen, auch Kunst für die eigene Wohnung zu kaufen. Der Staatliche Kunsthandel, auch er wurde zentral von Berlin aus gesteuert, versuchte, diese neuen Bedürfnisse zu befriedigen und, anders als im Westen Deutschlands, hatte dabei die originale Druckgraphik einen hohen Stellenwert, auch bei den neuen Sammlern. Übersehen werden muß dabei nicht, daß es auch Beispiele für die Anlage von Geld in Kunst gab, da Geld in größeren Summen im abgegrenzten Land nicht so ohne weiteres auszugeben war.

Mit dem Entstehen von einigen hundert Kulturbund-Galerien in der DDR und der Verdichtung des Netzes des Staatlichen Kunsthandels bis in die 80er Jahre hinein waren aber neue Bedürfnisse geweckt worden, die auf eine große Vielfalt des Angebots zielten. So entstand in Magdeburg die INSEL-GALERIE, die unter Leitung von Michael Groschopp andere, provokantere Programme mit jüngeren Künstlern verfolgte, als es beispielsweise der offizielle Kunsthandel wollte und auch die KLUBGALERIE nicht anbot. Diese progressive Gründung bestand nicht, weil sie, ständig von zahlreichen Zuträgern observiert, den Parteioberen von Magdeburg nicht in die Linie paßte und die führenden Funktionäre des Bezirks-Kulturbundes sich der Parteilinie kritiklos und willig fügten. Eine andere, nicht nur stadtgeschichtsträchtige Gründung war die erste private Galerie in der Wohnung von Ingrid Bahß in der Hegelstraße, wo sie seit 1981, behördlich immer wieder behindert, bis zu ihrer Ausreise 1983 vor allem Ausstellungen u. a. mit Arbeiten von Penck, aber auch Lesungen, z. B. mit Heiner Müller, organisierte.

Auch das Gesicht der Bezirkskunstausstellungen, deklariert als Rechenschaftslegungen des Verbandes Bildender Künstler der DDR, zumeist zu den Jahrestagen der östlichen deutschen Republik, nahm seit den 70er Jahren ein anderes Erscheinungsbild an. Propaganda-Kitsch wurde weitgehend zurückgedrängt, denn die Künstler selbst waren in den Jurys inzwischen meist in der Überzahl und konnten Funktionärswünsche in Abstimmungen oft zurückweisen. Mit dem Jahr 1984 läutete der Verband mit seinen Mitgliedern eine neue Art der Öffentlichkeitssuche ein. Nachdem die zentralen Kunstausstellungen der DDR in Dresden wirkliche Publikumsmagnete geworden waren, erhielten die kritischen Stimmen bildender Künstler auch mehr Gewicht. Endlich wurde versucht, stärker gegen Traditionszwänge zu arbeiten. In Leipzig hatte der Herbstsalon, privat von einer Künstlergruppe organisiert und gegen staatliche Einmischung verteidigt, auch Zeichen für die Künstler „abseits der Zentren“ gesetzt. Die in der Presse 1984 als „experimentelle“ Ausstellung gewürdigten „Vorgänge“, so hieß die für Magdeburg fast revolutionäre Ausstellung, war für die beteiligten 13 Künstler parallel zur Bezirkskunstausstellung zum einen die Möglichkeit, schöpferische Prozesse sichtbar zu machen (das Publikum konnte das Entstehen der Ausstellung und einzelner Werke miterleben), zum anderen aber auch eine erste zaghafte öffentliche Antwort (im Atelier gab es da natürlich schon zuvor produktive Auseinandersetzung) auf aktuelle Tendenzen in der westeuropäisch/amerikanischen Kunstszene. So konnte man in „Vorgänge“ auch die erste Performance in Magdeburg erleben, und die im Künstlerverband allzu starren Sektionsgrenzen wurden als gebrochen angesehen. Es ging also nicht mehr, im internationalen Kontext betrachtet zugegebenermaßen sehr spät, nur um das Ölbild auf der Leinwand im viereckigen Rahmen oder die herkömmliche figürliche Plastik. Man brach einfach mit traditionellen Materialien und nutzte alle Techniken für neue Ideen. Die Kunst zielte auf individuellere Sinnlichkeit und räumlich greifende Objektkunst. Dieser Magdeburger Auf- und Ausbruch, fast ist man an die aufmüpfigen Kugel-Leute erinnert, wurde in zentralen Medien wie dem „Sonntag“, der vom Kulturbund herausgegebenen Wochenzeitung, wohlwollend honoriert und von der Akademie der Künste der DDR ebenfalls verteidigt. Nichtsdestotrotz versuchten natürlich Lokalmatadoren, die Ausstellung zu schließen, was aber nicht gelang. Das ermutigte zu weiteren „Vorgänge“-Ausstellungen, die aber die Brisanz der ersten Schau im gesellschaftlichen Umfeld nicht wieder erreichten.

Mit dem Ausbau des Klosters Unser Lieben Frauen zur Konzerthalle und zum Kunstmuseum als zentralen Platz für in der DDR entstandene Plastik, waren hier schon in DDR-Zeiten zunehmend Ausstellungen von internationaler Bedeutung zu sehen. Weitere kleine Galerien, wie z. B. die Galerie Süd, versuchte, sich in Wohngebieten als Zentrum der Künste zu etablieren, indem nicht nur Ausstellungen stattfanden, sondern auch Lesungen, Konzerte u. a. m.

Jochen Aue (geb. 1937): Elbelandschaft bei Magdeburg, Holzschnitt (für „Die Holzschnittmappe“, 15. Druck der Kabinettpresse Berlin), 1970

Erneute Suche und Selbstfindung

Der Totalumbruch von 1989/90 stellte auch die bildenden Künstler in eine völlig neue Situation. Sie mußten praktisch über Nacht eine z. T. behütete Stellung (nicht nur der „Staatskünstler“ hatte in der DDR mit Werk und Wort Gewicht) aufgeben und sich auf den freien Kunstmarkt einstellen. Sie sahen sich plötzlich vor der Aufgabe, eine Galerie zu finden, die ihr Werk vertritt, sich gleichzeitig in völlig veränderter Kunstlandschaft mit Westmaximen gegen die arrogante Abwertung ihrer Arbeit durch Künstler wie Georg Baselitz zu verteidigen. Außerdem mußten sie noch zur Kenntnis nehmen, daß Vertreter des Laienschaffens und Scharlatane (ab sofort war

Jochen Aue: Kloster Unser Lieben Frauen, Holzschnitt, 1970

Eckard Schwandt (geb. 1942), Wolkenschweben, farb. Aquatinta (Zustandsdruck)

Neujahrsgruß 1980, farb. Aquatinta von Manfred Richard Böttcher

Ernst Seifert (1922–1976):
Heulende Wölfe, 70er Jahre,
Lithographie

Sabine Linge (geb. 1953):
Zeichnung, 1981

Einladung, Lithographie von
Günter Böwe, 1978

links: Einladung zur
100. Ausstellung der
KLUBGALERIE zum Thema
Ikarus, 1980/81, Offsetlitho
von Dietrich Fröhner

Helga Borisch (geb. 1939): Aquarellskizze zum Jahr der Frau, 1975

Dietrich Fröhner (1939–1983): Der Magdeburger Dom, 1976, Offsetlitho

ja jeder Künstler und dies nicht im Sinne von Joseph Beuys) mit den Gegebenheiten des Marktes viel besser, niemand machte hier auch nur einen Millimeter Platz, zurechtkamen und sich als Undergroundkünstler der DDR verkauften. Auch Magdeburg blieb hiervon nicht verschont.

Zeitig genug wurden viele Magdeburger Künstler Mitglied des Bundesverbandes Bildender Künstler, der praktisch die vorherige Arbeit fortsetzt. Und als die Mittel für die Verbandsgalerie nicht mehr reichten, wurde für die renommierte Einrichtung in der Himmelreichstraße der Verein „Freunde des Himmelreichs" gegründet, der mit notwendigem wirtschaftlichen Ergebnis die Arbeit bis heute fortführt. Die Mischung der Förderung durch öffentliche Gelder von Land und Stadt und durch potente Sponsoren, vor allem der EVM (heute AVACON), kann als gelungenes Beispiel für Kunstförderung angesehen werden, und die Magdeburger Künstler sehen zu Recht die Himmelreich-Galerie immer noch als ihre Galerie und müssen „den Auswärtigen nicht ferner nachstehen" mit dem, was sie dort anbieten. Die Galerie Süd und das Soziokulturelle Zentrum FEUERWACHE in der Halberstädter Straße sind einander gesunde Konkurrenz, die „Reitermesse" trat mit spektakulären Aktionen wie den Stühlen am sogenannten „Blauen Bock", einer Aktion von Sabrina Hohmann aus München, hervor und holte generell Künstler von „außen" nach Magdeburg, das Einewelthaus der Landeshauptstadt zeigt Kunstausstellungen, und selbst die Galerie im Flur des AMO Kultur- und Kongreßhauses existiert noch. In bescheidener Zurückhaltung hat inzwischen auch die Telekom-Galerie in der Leipziger Straße als feste Größe öffentliche Aufmerksamkeit gefunden.

Die Bundesgartenschau von 1999 hat sich mit einer ganzen Reihe von bemerkenswerten Auftragswerken ins Licht gerückt, gemeint sind hier nicht die wenig überzeugenden, z. T. langweilenden Nachahmungen, die zumeist von Architektur- oder Landschaftsarchitektur-Büros eingebracht wurden (!), sondern eher die fundamental-monumentalen Ziegelschichtungen von Reiner Seliger, das intelligente und anspruchsvolle Schriftstück „Das, was nie sein wird" von Ludger Gerdes, Olaf Nicolais „Duftbaum" und Hamilton Finlays „Hirtenlied" (Ferch), die tönenden Notenständer „Be-ge-Es" von Ingo Güttler und Christian Späthe und die, allerdings auch nicht erste, Installation mit „Glas im Grünen" von Dan Graham. Ebenso kann Tim Ulrichs „Erdachse" vor dem Bahnhof, die im BUGA-Jahr ihre Weihe fand (dies ganz in der Nähe bei fast zeitgleicher Zerstörung einer Wandgestaltung des Magdeburger Künstlers Bruno Groth in der Leiterstraße durch die Arroganz einer bekannten deutschen Bank), als Bereicherung festgemacht werden. Auf dem BUGA-Gelände liegen für Magdeburg

die Chancen, etwas wirklich Neues zu hüten und weiterzuentwickeln im Gegensatz zur heute antiquiert wirkenden Elbuferpromenade, die dringend einer neuen Konzeption bedürfte, um ohne jede Bilderstürmerei wieder einen Anziehungspunkt auch in Sachen Kunst in diesem mittstädtischen Elbabschnitt zu schaffen.
Schlägt man aber das bekannte belser kunst quartal, den internationalen Ausstellungsanzeiger, auf, findet man in der letzten Nummer vor der Jahrtausendwende nur zwei Vermerke aus Museen in Magdeburg, während auf dem gleichen Blatt unter Mainz 20 und unter Mannheim gar 29 Kunstausstellungen vermeldet werden.

Magdeburg immer noch außerhalb der Zentren und „hindämmernde Stadt" wie 1919? Wird das von einem Teil der Magdeburger als Attraktion gewünschte Hundertwasserhaus in der Nähe des gotischen Doms da etwas ändern? Die Klugen und die Törichten wird es in Magdeburg auch künftig, und nicht nur im Dom, gleichermaßen geben. Überlassen wir eine Antwort deshalb getrost der Geschichtsschreibung des nächsten Jahrtausends, alle Chancen sind gegeben.

Helga Borisch (geb. 1939): zu Lem „Sterntagebücher", Aquarell, 1976

René Graetz (1908–1974): Inborn Power, 1970, Beton

Heinrich Drake (1903–1994): Liegende, 1930, Bronze

Eberhard Roßdeutscher (1921–1980): Der Fährmann, plastisches Ensemble, Kalkstein, 1972–74

„Daphne" von Auke de Fries

Wilfried Fitzenreiter (geb. 1932): Junger Sportler (liegender Knabe), 1974, Bronze

Siegfried Krepp (geb. 1930): Sitzende Schwimmerin, Bronze

Jenny Mucchi-Wiegmann (1895–1969): Große Schwimmerin, 1969, Bronze

Kunst im Freiraum am Kloster Unser Lieben Frauen.
Heinrich Apel (geb. 1935):
Raum Zeit Materie, 1988,
Bronze

Teile der Plastikgruppe „Lebensfreude" von Bernd Göbel gegenüber des Gebäudes der Hauptpost, Bronze

Wolfgang Roßdeutscher (geb. 1945): Denkmal für Sinti und Roma, weißer Marmor und Edelstahl

Wieland Förster (geb. 1930): Porträtstele Erich Arendt, 1968, Bronze

Ein neuer Zugang zur internationalen Museumsszene

DAS JAHR 2000 ALS WENDEPUNKT IN DER FAST 150JÄHRIGEN GESCHICHTE MAGDEBURGER MUSEEN

KARLHEINZ KÄRGLING

Anfang der 90er Jahre gab es in Berlin im Zusammenhang mit der Neuordnung der hauptstädtischen Museen einen heftigen „Museumsstreit" um eine weitgehend ohne öffentliche Diskussion getroffene Entscheidung der Stiftung Preußischer Kulturbesitz, die Gemäldesammlung nicht wieder an ihren einstigen Standort ins Bode-Museum zurückkehren zu lassen. Mit der Unterstellung, die Museumspläne Wilhelm von Bodes (1845 bis 1929) und das Konzept der (Berliner) Museumsinsel aus der Gründerzeit gehörten nun, 70 Jahre nach seinem Tod, in den Papierkorb der Geschichte, war jeder weiteren gesellschaftlichen Auseinandersetzung über die Neugliederung der Berliner Museumslandschaft und zur inhaltlichen Neuorientierung die Grundlage entzogen worden.

Wilhelm von Bode und Magdeburg

Auch die Magdeburger Museen befinden sich seit einem Jahrzehnt in einer ebenso schwierigen Situation struktureller Veränderung. Als zentrale Aufgabe nach der Wiedererlangung der deutschen Einheit wurde mit der seit langem notwendigen Entflechtung des Kulturhistorischen Museums (von 1906 bis 1945 Kaiser Friedrich Museum) begonnen, das nach 1945 die Restbestände des in den letzten Kriegsmonaten fast vollständig ausgebrannten Museums für Naturkunde und Vorgeschichte aufgenommen hatte. Ohne den Zugewinn musealer Einrichtungen und die sinnvolle Weiterentwicklung des Kulturhistorischen Museums war auch in Magdeburg eine inhaltliche Neuordnung einschließlich der Ausgliederung von Teilen aus dem Verbund wie deren Zuordnung in andere Bereiche der Kulturverwaltung nicht zu leisten. Im Gegensatz jedoch zu dem heftigen Streit in Berlin und zu der zum Teil scharfen öffentlichen Kontroverse um die Theaterstruktur in der Landeshauptstadt, vollzogen sich die Veränderungen im Bereich der Magdeburger Museen eher im Konsens mit dem öffentlichen Willen und den Vorstellungen der unmittelbar Beteiligten.
So arbeitet nach mehrjähriger Standortsuche seit Mai 1995 das Technikmuseum in einer denkmalgeschützten Werkhalle am Rande eines traditionsreichen, sich wandelnden, industriellen Terrains. Dem Museum angeschlossen ist der Elbschleppdampfer „Württemberg", der von dem Magdeburger Elbe-Schiffer-Verein e.V. betreut wird.
Im selben Jahr richtete die Otto-von-Guericke-Gesellschaft e.V. in der Lukasklause das „Otto-von-Guericke-Museum" ein, dessen Programm den weitgefaßten Rahmen des Lebens und wissenschaftlichen Werkes des berühmtesten Sohnes der Stadt ausfüllt. Ein Beschluß der Stadtverordneten aus dem Jahr

links:
Kloster Unser Lieben Frauen

Das Kulturhistorische Museum
in der
Otto-von-Guericke-Straße

Lukasklause: seit 1983 museal genutzt, ab 1995 Otto-von-Guericke-Museum mit ständiger Ausstellung zu Leben und Werk des Bürgermeisters und Naturwissenschaftlers

1990 führte zur Einrichtung der Gedenkstätte Moritzplatz Magdeburg für die Opfer politischer Gewalt in der ehemaligen Untersuchungshaftanstalt des Ministeriums für Staatssicherheit, deren Arbeit zunächst noch vom Land in Kooperation mit der Stadt getragen wird.

Nachdem die in den 80er Jahren geplante Rückkehr des Museums für Naturkunde durch den Eigentümerwechsel des barocken Baudenkmals am Domplatz endgültig gescheitert war, beschloß der Stadtrat Magdeburgs 1997 den nach 2003 zu vollziehenden Umzug der Sammlungen in frei werdende Schulaltbauten in der Leiterstraße. Über deren Einbindung in den Stadtraum und das künftige inhaltliche Profil des Museums informiert eine Broschüre.

Zum Besseren gewendet hat sich ebenso die Unterbringung des Schulmuseums, das bereits seit 1998 an eben demselben Standort einige Kapitel der weit ins Mittelalter hineinreichenden Geschichte des Magdeburger Schulwesens präsentiert. Der unglaubliche Zuwachs an Sammlungsgut, an historischem Schulmobiliar, an Lehr- und Lernmitteln oder an Schulbüchern, brachte die Einrichtung in kurzer Zeit an die Spitze vergleichbarer Museen (im Osten) Deutschlands, so daß aus dieser Sicht beste Voraussetzungen zur weiteren Ausgestaltung bestehen.

Die Rekonstruktion des Kulturhistorischen Museums, die fast zeitgleich mit dem Berliner „Museumsstreit“ in die Planung genommen und 1997/98 begonnen wurde, wäre ohne die Rückbesinnung auf die eigene Geschichte und Baugeschichte sicher verfehlt. Zu den Erkenntnissen über die Baugeschichte, die Raumbedeutungen und -fassungen vor allem des sakral anmutenden Magdeburger Saales, die die Innenarchitektur des Museums bestimmen, wird auch die Sammlungsgeschichte künftig wieder stärker in die Neugestaltung der ständigen kulturhistorischen und stadtgeschichtlichen Ausstellungen einbezogen werden können und müssen. Die monographische Darstellung der Museumsgeschichte Magdeburgs ist nach wie vor ein dringliches Erfordernis, das an der Schwelle des neuen Jahrhunderts wieder einmal zu bemerken und zu präferieren ist, mit diesem Abriß aber weder befriedigt werden sollte noch könnte.

Die ab 1871 errichtete Produktionsstätte der Hermann-Gruson-Werke und spätere Halle 18 des Schwermaschinenbaukombinates „Ernst Thälmann“ (SKET) wurde im Mai 1995 mit einem Schaudepot als Technikmuseum eröffnet.

Auch Wilhelm von Bodes Unterstützung für den Aufbau mehrerer Sammlungsbereiche der Magdeburger Museen ist unvergessen, genauer erforscht aber bis heute nicht.

Die wissenschaftliche Bearbeitung seines Nachlasses, der unbeschadet von Krieg und Nachkrieg am Ende einer Odyssee dem Zentralarchiv auf der Museumsinsel übereignet worden war, begann in der zweiten Hälfte der 80er Jahre des 20. Jahrhunderts. Das zunächst mehr historische Interesse jenes Beginns wandelte sich mit den neuen Fragen und Antworten, die sich aus den aktuellen Vorgängen um die hauptstädtischen Museen ergaben und die mit der Aufnahme des Insel-Ensembles in das Weltkulturerbe noch stärker akzentuiert wurden.

Das 1995 edierte Bestandsverzeichnis bestätigte zudem die Vermutung, daß die Notiz- und Tagebücher des wilhelminischen Museumsgenerals, die Entwürfe seiner Schriften, die Briefe und Kopien nicht nur für die Geschichte und die Rekonstruktion der Berliner Museumsszene sowie für deren künftige Struktur von Bedeutung sein würden. Schon ein flüchtiger Blick in die Auflistung der Reiseziele Bodes und die Einsicht in das Namensverzeichnis der umfangreichen Korrespondenz des Generaldirektors der Königlichen Museen zeigten, daß seine Anregungen zur Gestaltung einer modernen Museumslandschaft am Ende des 19. und zu Beginn des 20. Jahrhunderts weit über Berlin hinaus auch in der Provinz fruchtbar geworden waren.

Bereits im Mai und November 1885 sind Aufenthalte Bodes in Magdeburg aktenkundig. Inwieweit diese Visiten von den Mitgliedern des 1869 gegründeten Kunstgewerbevereins angeregt wurden, bedarf noch der Aufklärung. Besser dokumentiert ist der über eineinhalb Jahrzehnte währende intensive Schriftverkehr, der Bode mit dem 1892 von Nürnberg nach Magdeburg gewechselten künftigen Museumsdirektor Dr. Theodor Volbehr (1862 bis 1931) verband und der vor allem auf die Erweiterung der städtischen Sammlungen durch den Ankauf im In- und Ausland gerichtet war. Auserlesene kunstgewerbliche Gegenstände, vornehmlich aus der italienischen Renaissance des 15. und 16. Jahrhunderts, auch Möbel, vor allem Truhen, Schränke und Tische, die mit Hilfe Bodes nach Magdeburg kamen, wurden noch 1892 im „Museumssaal“ des Rathauses präsentiert. Volbehr verweist darüber hinaus 1895 unter anderem auf ein

vorzügliches Bildnis von J. van Rossum, einem Niederländer des 17. Jahrhunderts, das zu den Erwerbungen des Geheimrats Bode aus dem Grusonfonds gehörte und bald nach dem Eintreffen in Magdeburg der Öffentlichkeit präsentiert wurde. Leider steht der wundervolle „Jugendliche Kopf mit Allonge-Perücke“ von 1671 auf der Liste der unersetzbaren Verluste des Museums nach dem Zweiten Weltkrieg.
Auch der Direktor des Königlichen Kunstgewerbemuseums in Berlin, Prof. Lessing, unterstützte den Aufbau hiesiger Sammlungen. Durch den Rat und die Vermittlung beider Direktoren gelangten beispielsweise bedeutende Privatsammlungen aus Goslar und Konstantinopel nach Magdeburg.

Die Anschauung eines Zeitalters

Der von Volbehr ab 1906 mit der Eröffnung des Kaiser Friedrich Museums vorgestellte „vollkommen neue Museumstyp“ ist deshalb wohl nur denkbar als Ergebnis einer zuletzt 1903 in Mannheim von deutschen Museumsdirektoren geführten Diskussion über „Die Museen als Volksbildungsstätten“ und des von Bode 1904 im Kaiser-Friedrich-Museum (heute Bode-Museum Berlin) entwickelten Prinzips der Einrichtung von Stilräumen, die im kulturgeschichtlichen Kontext von Kunstgewerbemuseen eine Epoche zur Anschauung brachten. Ähnliche Konzepte verfolgten die großen Museen in München und Dresden; und Magdeburg schloß sich an.
In seinem didaktischen Bemühen wußte sich der neue Direktor des Museums in Übereinstimmung nicht nur mit den Berliner Museologen, sondern vor allem auch mit Alfred Lichtwark in Hamburg.
Volbehr berief sich nach eigenem Bekenntnis auf Goethes Programm zur Volkserziehung und zur Entwicklung des Heimatgefühls und inszenierte in Magdeburg eine Mischung aus Gemälden, Skulpturen, historischen Dokumenten, aus kunsthandwerklichen und alltäglichen Gegenständen zu solchen „Epochenräumen“, die den geschichtlichen Zusammenhang der Objekte vor Augen führen und damit zu einem Ganzen (wie Bode in dem ungleich größeren Berliner Pendant). So gab es hier wie dort den Antiken-Saal des Museums, das Gotische Zimmer, das Renaissancezimmer, in Magdeburg ein Louis-XIV.-Zimmer oder den Michelangelo-Saal. Den Begriff des Museums, mithin seine Aufgaben, definierte der Wahl-Magdeburger demnach keineswegs ausschließlich über die Kunst, sondern sowohl über die „Beschäftigung mit den Naturwissenschaften“ als auch, auf Anregungen Gottfried Sempers zurückgehend, über die „Probleme des materiellen Lebens“, die ihren Platz im Gesamtkonzept von Sammlung, Ausstellungsgestaltung und Vermittlung erhalten müßten.

In einem „geschlossenen, eindrucksvollen Bilde“ sollte die Kultur einer Epoche das Zeitalter zur Anschauung bringen. „Stile sind Lebensformen ... sind Möglichkeiten unseres eigenen Seins ..., die wir in den Werken der Früheren erkennen, ein geistiger Spiegel des Menschtums, im Gerät nicht unergründlich und tief und geheimnisvoll wie im großen Kunstwerk, aber doch wesenhaft und bedeutungsvoll, um den Ernst unserer Betrachtung zu verlangen“, schrieb Walther Greischel 1927, Museumsdirektor seit 1924, die Intentionen seines Amtsvorgängers würdigend. Das Museum verdanke ihm, dem Gründungsdirektor, nicht nur die glänzende Sammeltätigkeit, sondern auch „bahnbrechende Methoden der Aufstellung“, fügte er an anderer Stelle hinzu. Seine Darstellung der „Kultur des Hauses“ war im deutschen Museumswesen originär und wurde von vielen Städten nachempfunden.
Im Übrigen werden die Möglichkeiten dieses Modells der „period rooms“ in den großen Museen der USA oder Frankreichs in der zweiten Hälfte und auch am Ende des 20. Jahrhunderts kreativ weiterentwickelt und keineswegs zu den historisch erledigten Konzepten gelegt. „Wenn ein Museum wirklich lebendigen Sinn haben soll, muß es dem heutigen Leben auch wirklich Gewinn geben.“ Dieses Credo aus den 20er Jahren hat 80 Jahre später nichts an Aktualität verloren und sollte auch im Jahre 2006 zum 100. Jubiläum des Museums noch ebenso gültig sein.
Großzügige Stiftungen aus der Bürgerschaft standen am Anfang der hiesigen Museumsarbeit, mit der zunächst die Förderung der Kunst durch die Begründung einer öffentlichen Kunstsammlung und, seit dem Ende der 50er Jahre des 19. Jahrhunderts, auch die längst beabsichtigte und vielfach geforderte Ein-

Seit 1998 befindet sich das Schulmuseum am neuen Standort in der Max-Josef-Metzger-Straße. Blick in das historische Klassenzimmer, Anfang 20. Jahrhundert

Kaiser Friedrich Museum, Nordostseite, Ecke Danzstraße mit dem Erweiterungsbau Heydeckstraße

Kaiser Friedrich Museum,
Rokokosaal um 1928

richtung von städtischen Museen vorangebracht wurden. Bedeutende Zuwendungen kamen unter anderem aus den Familien Alenfeld, Arnold, Deneke, Duvigneau, Ebering, Faber, Farenholtz, Gruson, Hauswaldt, Heinrichshofen, Hennige, Hubbe, Jordan, Lichtenberg, Lippert, Lücke, Neubauer, Polte, Porse, Rudolph, Strauß, Thiem, Wolf, Zuckschwerdt und vielen ungenannten anderen.

Die Frage, die in den zurückliegenden Jahren angesichts der ständigen Einsparung öffentlicher Mittel zur Museumsfinanzierung immer wieder gestellt wurde, wie eng die Kooperation mit Sponsoren sein dürfe, schien damals kein Thema, die Unabhängigkeit des Museums offensichtlich nie in Gefahr.

Kaiser Friedrich Museum,
Magdeburger Saal,
20er/30er Jahre

Kunstausstellungen schon um 1800

Bemühungen dieser Art regten sich jedoch bereits im ausgehenden 18. Jahrhundert. Öffentliche und überregional beachtete Ausstellungen hatte es in der Stadt unter der Ägide der Königlichen Provinzial-Kunstschule – übrigens eine der ältesten in Deutschland – seit ihrer Gründung 1793 wiederholt gegeben. Entsprechende Räume für repräsentative Kunstveranstaltungen fanden sich bis in die 50er Jahre des 19. Jahrhunderts jedoch nur im Innungshaus der Kaufleute, dessen Säle für derartige Zwecke vorübergehend zur Verfügung standen.

Magdeburg mußte damals bereits „was Wissenschaft und religiöse Bildung angeht, den Vergleich mit den besten Städten des Vaterlandes gewiß nicht ... scheuen". Es sei auch deshalb an der Zeit, daß die Kunst eine ähnliche Würdigung finde. Dieser Gedanke bewegte vor 165 Jahren eine Tafelrunde honoriger Magdeburger Bürger, als sie unter königlichem Patronat die Gründung des hiesigen Kunstvereins paraphierten, den man getrost in die Tradition der Mittwochsgesellschaft von 1761 einordnen kann.

Im Kreis der kunstsinnigen Männer saßen neben dem verdienstvollen Oberbürgermeister August Wilhelm Francke (1785–1851) unter anderem der Regierungs- und Baurat Friedrich Albert Immanuel Mellin, der Kämmerer, Magistratssekretär und Stadtschulrat Georg Friedrich Gerloff sowie der Kunstmaler Carl Sieg. Durch Wanderausstellungen, durch Kunstvorträge oder Verlosungen der vom Verein erworbenen Gemälde und Lithographien verfolgte dieser das Ziel der „Förderung der echten Kunst nach allen ihren Richtungen".

In seinem drängenden Bemühen um die Errichtung eines Museums gelang es dem Vorstand schließlich 1856, der Königlichen Regierung wenigstens die Zusage zu einem großen Ausstellungsraum im sogenannten Dekanatsgebäude über dem Kreuzgang am Dom abzuringen. Im Frühjahr 1858 wurde dort die erste Ausstellung gezeigt, und zwei Jahre später konnte der Kunstverein diese Gründung als erstes Magdeburger Museum für Kunst – vorerst in eigener Hand – bestätigen. Der Anfang war gemacht!

Man kann darüber spekulieren, ob die Administration im Rathaus zu der weitergehenden Entscheidung für den Neubau eines Museums bereit gewesen wäre, hätte nicht der Preußische Justizminister Dr. Gerhard Adolf Wilhelm Leonhardt die Bürgerschaft 1879 in einer Rede vor dem Landtag mit der Feststellung brüskiert, Magdeburg fehle die „geistige Atmosphäre", gewissermaßen das Flair, das der Stadt ein positiveres Erscheinungsbild und einen der vorderen Plätze unter den deutschen Metropolen geben könnte.

Naturwissenschaft und Kunst unter einem Dach

Immerhin noch 14 Jahre dauerte es, bis im einstigen Generalkommando-Gebäude am Domplatz ad interim das Städtische Museum öffnete. Hier wurden nicht nur die Sammlungen zur Kunst und zum Kunstgewerbe untergebracht, sondern auch die naturkundlichen Sammlungen aus städtischem Besitz, das Schneidersche Herbarium, die Wahnschaffesche Insektensammlung und die Schmetterlingssammlung des Bahndirektors Dihm sowie die Bestände des Naturwissenschaftlichen Vereins, der jedoch zunächst unter dem gemeinsamen Dach die von der Stadtverwaltung geförderte, aber noch selbständige Einrichtung betrieb.

Der Naturwissenschaftliche Verein Magdeburg hatte sich 1869 zum 100. Geburtstag Alexander von Humboldts konstituiert; seine Mitglieder verfügten ab Ende 1875 über Ausstellungsräume in der damals neuerrichteten Schule in der Brandenburger Straße. Alle Abteilungen der Vereinssammlungen wurden bis 1891, dem Jahr der Anstellung des ersten Konservators Dr. Willi Woltersdorff, ehrenamtlich betreut.

Von 1893 bis 1905 blieben die naturwissenschaftlichen Bestände und die kunstgewerblichen Gegenstände sowie die Gemälde aus dem Besitz des Kunstgewerbevereins im Gebäude am Domplatz vereint. Zur Ergänzung erhielten die Ausstellungen einige Gemälde aus den Königlichen Sammlungen zu Berlin. Wilhelm von Bodes Vermittlung darf dabei als sicher gelten.

Obwohl das Städtische Museum die „wünschenswerte Wirkung" eines solchen Hauses durch die Zusammenführung verschiedener Bereiche geradezu vollkommen erfüllen mußte, wurde nie der Versuch unternommen, beide Einrichtungen „für eine spätere organische Einheit im Goetheschen Sinne" zusammenzuführen. Ja, noch vor der Fertigstellung des künftigen Museums für Kunst- und Kunstgewerbe war der Neubau eines zweiten städtischen Museums beschlossene Sache. Zu diesem Zweck gingen am 1. April 1904, unmittelbar vor dem Umzug des Kunstmuseums, die naturwissenschaftlichen Sammlungen als Schenkung in den Bestand des Naturwissenschaftlichen Museums der Stadt Magdeburg über. Am 16. Dezember 1906 konnte die Stadt ihren ersten und für den Rest des Jahrhunderts einzigen Museumsneubau eröffnen, der Kunstgewerbeverein sein „mit Sorgfalt und Liebe aufgezogenes Kind" der deutschen Öffentlichkeit präsentieren.

Kaiser Friedrich Museum, Haupteingang, 20/30er Jahre

Der dem Naturwissenschaftlichen Verein in Aussicht gestellte Neubau eines naturkundlichen Museums wurde wieder und immer wieder verschoben, anfangs wegen des Weltkrieges 1914/18, später aufgrund der wirtschaftlichen Krisensituation in der Weimarer Republik, und während der NS-Diktatur galten andere Prämissen. Dessenungeachtet bemängelte sogar noch 1940 die Lokalpresse, daß „das Museum für Naturkunde und Vorgeschichte am Domplatz nicht so untergebracht ist, wie es den in seinen Räumen gestapelten Schätzen aus der Heimat" entsprechen müßte. Aber nicht nur damals blieb es wie zuvor schon bei Absichtserklärungen und Mahnungen.

Der Neubau 1906 – ein preiswürdiges Plagiat

Nach fast fünfjähriger Bauzeit waren an der alten Kaiserstraße die letzten Gerüste gefallen. Mit der Eröffnung des Kaiser Friedrich Museums für Kunst und Kunstgewerbe ging ein über Generationen gehegter Wunsch der Bürger Magdeburgs in Erfüllung, der 1897 nach der Ausschreibung zu einem Architekturwettbewerb konkrete Form angenommen hatte. Bis zum Stichtag waren den Preisrichtern insgesamt 79 Einsendungen zugegangen. Die Veröffentlichungen der Ergebnisse in einer Ausstellung, in der „Deutschen Bauzeitung" und insbesondere in der in Leipzig edierten Publikation „Deutsche Konkurrenzen" hatten eine ziemlich unerwartete Resonanz. Es stellte sich heraus, daß der unter dem Kennwort „Kiek in die Koeken" preisgekrönte Entwurf zweier Architekten aus Straßburg tatsächlich nicht aus deren eigener „Küche" stammte, sondern das Plagiat eines Entwurfes war, den Professor Friedrich Ohmann (1858–1927) für ein Museum im damaligen Reichenberg/Böhmen angefertigt hatte. Dieser wiederum

Kaiser-Otto-Saal im Kulturhistorischen Museum

Bildnis Theodor Volbehr von Rudolf Bosselt, Bronzerelief, 1913

Adolf von Menzel, der „Kasseler Karton", Einzug Heinrichs des Kindes in Magdeburg, 1848 (Kriegsverlust)

entsprach nicht nur vollkommen den Magdeburger Vorstellungen, sondern hinsichtlich der Anforderungen an moderne Museen auch dem Vorbild des National-Museums München. Man entschied sich im düpierten Preisgericht gerade deshalb für die Ausführung dieses Projektes und konnte Friedrich Ohmann, den damaligen Bauleiter der Kaiserlichen Hofburg in Wien, und seinen Kompagnon Kirstein vertraglich binden.

Sowohl die räumliche Nähe des Gebäudes zum Dom und zur Kirche St. Sebastian als auch seine äußere Gestaltung und die asymmetrische Raumanlage im Innenbereich mit Zunfthalle und Magdeburger Saal, mit Kreuzgang und Tonsur oder mit der Kapelle und hochragendem Kirchenchor im Binnenhof sind eine Reminiszenz an das im Dreißigjährigen Krieg zerstörte mittelalterliche Stadtbild. Für „die überaus malerische Wirkung" des Entwurfes und seine herausragenden künstlerischen Detaillösungen gab es weithin nur Lob und Anerkennung. Der Plan hielt zudem die in der Ausschreibung geforderten Erweiterungsmöglichkeiten bereit – sowohl für die Gemälde-, die Skulpturen- als auch für die kunstgewerblichen Sammlungen und die Kabinette, in denen Münzen und Kupferstiche aufbewahrt werden sollten.

Ein neuer Typus Museum

Der zur Einweihung vorliegende „Führer durch das Kaiser Friedrich Museum der Stadt Magdeburg" weist auf 187 Seiten insgesamt 67 Ausstellungsräume und zahlreiche Nebenräume aus, in denen die bedeutendsten Meisterwerke der Malerei und Grafik, herausragende Skulpturen, zum Teil Nachgüsse exemplarischer Beispiele der hellenistischen Plastik und der Kunst der römischen Kaiserzeit, seltene Bildteppiche und Textilien, erlesene Zeugnisse des Kunsthandwerks, Möbel, aber auch Gegenstände des bürgerlichen Alltags und historische Dokumente aus Magdeburgs Geschichte ohne jegliche Einengung, ausgehend von dem Goetheschen Wort vom „Häuslichen", präsentiert wurden.

Schon mehr als ein Jahrzehnt zuvor notierte Volbehr immer wieder mit Stolz die Neueingänge: eine „wundervolle Porzellanuhr, ein Meisterstück aus der königlichen Porzellanmanufaktur zu Berlin"; die Gemälde „Erntezeit" von A.K.Brown und „Christliche Nächstenliebe" von Gaston La Touches sowie Aquarelle und Handzeichnungen hervorragender und historisch bedeutsamer Künstler des 19. Jahrhunderts, eine ganze Sammlung griechischer Gefäße aus dem 6. bis 3. Jahrhundert v. Ch., geschmückt mit figürlichen Darstellungen, Kupferstiche von Dürer, als Hauptblatt „Hieronymus im Gehäuse", und Arbeiten von den bedeutendsten seiner Schüler, genannt sind Aldegrever, Barthel und Sebald Behaim, aber erwähnt sind auch ein Deckelkrug der Feilenhauerzunft, Zinnkannen, Willkomm-Pokale, Erinnerungszeichen, Medaillen, eine lederne Innungslade samt Fahne der ehemaligen Buchbindergesellschaft zu Magdeburg und vieles andere.

Neben den Bürgervereinen arbeiteten mehrere Gremien der städtischen Verwaltung, wie der Museums-Verwaltungsausschuß und ein Unterausschuß für Kunst. In ihrer Zusammensetzung vereinten diese den Sachverstand und in der Führung zum Beispiel des Verwaltungsausschusses durch die Oberbürger-

Weibliche Büste, gesockelt, um 1800, Steingut, Magdeburger Fayence- und Steingutmanufaktur Guischard, Kulturhistorisches Museum

meister Dr. Gustav Schneider (1895–1906) und Dr. August Lentze (1906–1910) auch die entscheidende Kompetenz zur Beschaffung der Mittel zum Ankauf einer Vielzahl bedeutender Kunstwerke wie zur Vergabe von Auftragsarbeiten. Weder zuvor noch später wurden jemals wieder so viele Gelder für den Anschaffungsetat des Museums aus privaten und öffentlichen Fonds bereitgestellt.
1904 erwarb Volbehr auf einer Berliner Kunstauktion Franz Lenbachs Gemälde „Vor dem Gewitter flüchtende Landleute“ aus dem Jahr 1858, das ebenso wie ein Moltke-Porträt desselben Künstlers von 1887 und der Kasseler Karton von Adolf Menzel „Einzug Heinrich des Kindes in Marburg“, die der Museumsdirektor 1908 ankaufen konnte, zu den mehr als 400 Werken gerechnet werden muß, deren Schicksal seit dem Ende des Zweiten Weltkrieges bis auf wenige Einzelfunde ungeklärt ist. In diese Reihe der 1908 in die Sammlungen aufgenommenen Werke zählen zudem das große Thoma-Triptychon „Die Quelle“, eine Wilhelm-Raabe-Büste von Ernst Müller, die Aufstellung im Magdeburger Saal fand, und das Haupt Johannes des Täufers, eine technisch raffinierte Plastik von Rodin. Zum Jahresabschluß war erstmals auch die dem Museum gestiftete Innsbrucker Weihnachtskrippe zu sehen.
Schon 1906 beim Eröffnungsrundgang des Kronprinzen Friedrich Wilhelm war das Museum kein bloßes „Zukunftsversprechen“ mehr, nicht nur die Andeutung dessen, was einmal werden sollte, wie Volbehr 1918, 25 Jahre nach der Einrichtung eines ersten Städtischen Museums, rückschauend feststellen konnte, sondern „in gewisser Weise wie ein Abgeschlossenes, wie ein Organismus“. Allerdings beklagte sich der Museumsdirektor noch Jahre später, daß ihm nicht die geringste Einflußmöglichkeit auf den Innenausbau gestattet worden war. Daraus ergaben sich „an nicht wenigen Stellen schwere Unsachlichkeiten“. Trotz der unvermeidbaren Brüche mußte das Programm für den Besucher ohne weiteres ablesbar sein. Nach Volbehrs Vorstellungen entstand ein neuer Typus des Museums – den geistigen Bedürfnissen des modernen Großstädters entsprechend und eine „Volksbildungsstätte im weitesten Sinne“, die jedem Bewohner Anschauungsunterricht geben konnte zum besseren Verständnis seiner Kulturwelt, in der er lebt. Kein Raritätenkabinett. Keine Schauanstalt. Keine Mustersammlung für Kunsthandwerker, aber auch kein Fachmuseum.
Der erste von mehreren geplanten Erweiterungsbauten, die das Ensemble nach der Fertigstellung auch im Süden schließen sollten, bot sieben Jahre nach der Eröffnung vor allem den Werken der modernen Kunst zusätzliche Räume.
Unterbrochen von den Kriegsjahren 1914 bis 1918 wurden die Sammlungen nunmehr vertieft, das heißt dort ergänzt, wo im Entwicklungsgang der deutschen Malerei noch Lücken sichtbar waren bzw. ganze Epochen fehlten.
1921 begann Volbehr, die Gemäldegalerie nach künstlerischen Bewertungskriterien insgesamt neu zu ordnen und nahezu stringent die einreihige Hängung, damit eine Konzentration auf das einzelne Kunstwerk, durchzusetzen. In dieser Zeit gelang es ihm, zu dem großen und einem kleinen Führer durch das Museum erstmals auch „Museumshefte“ zur monographischen Darstellung ausgewählter Objekte und Museumsbereiche erscheinen zu lassen. Dadurch sind die Bestände auch nach deren Verlust heute noch recht gut zu verifizieren. Erst 1992 konnte an diesen Gedanken Volbehrs in zwiefacher Form wieder angeknüpft werden: zum einen mit der neuen Reihe „magdeburger museumshefte“, zum anderen mit Faksimile-Drucken einzelner historischer Ausgaben aus der Frühzeit des Museums.
Nach drei Jahrzehnten erfolgreicher Arbeit in Magdeburg, bei der neben seiner zielgerichteten Sammeltätigkeit auch ein beträchtliches publizistisches Werk entstand, übergab Theodor Volbehr die Direktion an Dr. Walther Greischel (1889–1970), dessen Kompetenz im Kreise von Wissenschaftlern bedeutender deutscher Kunstmuseen unbestritten war. Greischel war einst Schüler des Pädagogiums am Kloster Unser Lieben Frauen, hatte in Leipzig, Berlin, Heidelberg und Freiburg unter anderem Kunstgeschichte, Archäologie und Philosophie studiert und war nach seiner Promotion ab 1915 als Volontär, nach dem Krieg als wissenschaftlicher Hilfsarbeiter und als Kustos am Magdeburger Museum tätig. Nach der Revolution von 1918 übernahm er zusätzlich das Amt des Geschäftsführers im traditionsreichen Magdeburger Kunstverein.

Große Karaffe, Steingut, um 1800, Magdeburger Fayence- und Steingutmanufaktur Guischard, Kulturhistorisches Museum

Kaiser Friedrich Museum, Großer Gemäldesaal, um 1928

Eines der wenigen erhaltenen Zeugnisse der bedeutenden Gemäldegalerie des Kaiser Friedrich Museums: Adam und Eva von Lucas Cranach d. Ä. (1472-1553), Öl/Tempera auf Holz, 1532

Der Wendepunkt 1923 und die Katastrophe 1945

Das Kaiser Friedrich Museum stand mit dem personellen Wechsel sicher vor einem „Wendepunkt seiner Geschichte" (Prof. Max Sauerlandt, Hamburg 1923). „Entschiedene Umformungen innerhalb der Sammlungen" vor allem im Bestand an Gemälden und Plastiken aus dem 19. Jahrhundert befürwortete seinerzeit auch Bruno Taut, Stadtbaurat und gleichzeitig Museumsdezernent in Magdeburg. Als Randnotiz auf einem Archivale gab er sein Votum ab für Greischels Ernennung zum neuen Museumsdirektor. Aus späteren Äußerungen Greischels ist zu vermuten, daß dieser eher zu den vielen Kritikern Tauts zählte und dessen provokative Thesen und Aktionen nicht ohne Widerspruch hinnehmen konnte. Beide hatten vielleicht schon dort voneinander abweichende Vorstellungen, wo Kunst und Architektur den Alltag berührten. Dennoch meinte der Architekt, er, Greischel, der jahrelang an der Seite Volbehrs stand, böte die Gewähr, dessen Arbeit erfolgreich weiterzuführen.

In Entwürfen, Notizen und öffentlichen Beiträgen spricht Greischel mit Hochachtung von der großen Leistung seines Amtsvorgängers, dessen Programm „als meisterhaft zu bezeichnen" sei. Den von Volbehr 1921 aufgestellten Grundsatz, „durch neue Hängung bzw. Aufstellung die Wirkung der einzelnen Stücke klarer und entscheidender herauszuheben", wollte Greischel unbedingt beibehalten und in allen Galerieräumen umsetzen. Andernfalls würde das Urteil des „nicht ganz sicheren Betrachters ... durch Zulassung des eigentlich Unzulässigen" getäuscht. So erhielt bei nächster Gelegenheit u. a. manches der Porträtbilder aus der Geschichte Magdeburgs seinen Platz im historischen Kontext der Ausstellung „Magdeburger Erinnerungen". In unmittelbarer Nähe sollte auch die „Trauernde Magdeburg" Aufstellung finden – ein Abguß des Wormser Luther-Denkmals vom Rietschel-Schüler Donndorf, der an seinem alten Standort im Magdeburger Saal „eine wichtige Hauptansicht versperrte".

In einer Hinsicht, so glaubte er, müsse das Konzept erweitert werden: durch eine Abteilung alter mitteldeutscher Kunst. Das Museum besaß nur einige Tafeln Cranachs, wenige, bloß minder wertvolle Altäre und Abgüsse von Werken aus dem Dom.

Die Bedeutung, doch auch die Zwiespältigkeiten, die ihn zögern ließen, und die Schwierigkeiten, eine solche Sammlung einzurichten, lagen auf der Hand. Die Zeiten spektakulärer Ankäufe waren vorüber, leider zunächst auch die, in denen die Mittel ausreichten, um Schriften im Selbstverlag herausgeben zu können. Trotzdem dürfte das Museum seine „aufklärerische Tätigkeit" nicht vernachlässigen – Führungen, Vorträge und Besprechungen oder die Unterstützung von Vereinen, die Bildungszwecke verfolgen, blieben auch unter schwierigeren Bedingungen für den neuen Direktor wichtige Aufgaben. Die 1924 erfolgte Gründung des Museumsvereins ist als ein Teil dieser Bemühungen anzusehen.

Die öffentlichen Auseinandersetzungen jener Jahre um die Modifizierung des Museumskonzeptes nannte ein Magdeburger Kunstkritiker dieser Zeit den „kleinen Kulturkampf", um dann aber Greischels Position gegen die seiner Gegner zu verteidigen, denn sobald ein Museum aufhöre, „den Pulsschlag der Zeit fühlen zu lassen", hätte es seinen Sinn verloren.

Gegen Ende der 20er Jahre zeigten sich aufgrund der bereits genannten und anderer Zwänge dennoch schon deutliche Veränderungen. Das Museum schien sein Elixier, seinen lebendigen Sinn eingebüßt zu haben, stagnierte, obwohl 1927 noch „die Möglichkeit zu weiterem Aufstieg gegeben" war. Diese Einschätzung mag begründet gewesen sein in der weltweit erfolgreichen Theaterausstellung, in deren Vorbereitung auch das Kaiser Friedrich Museum eingebunden war. Die Ursachen für diese Stagnation zum Ende des Jahrzehnts suchte Greischel nicht zuerst oder einzig in den widrigen Umständen. Immerhin hatte die Stadt Magdeburg bei ca. 300 000 Einwohnern Ende 1929 19 000 Arbeitslose. Er sah die Mitverantwortung auch bei jenen Subalternen, die „in Amt und Würde am geistigen Aufbau der Stadt zu wirken" hatten und deren Verwaltungskunst sich darauf beschränkte, die schlechten Zeiten für den Verlust an Gestaltungsmöglichkeiten verantwortlich zu machen. Greischel reflektierte aber auch kritisch darüber, welche anhaltenden Folgen die sozialen Veränderungen mit Beginn der Frühen Neuzeit hinsichtlich des kulturellen Lebens überhaupt hatten. Er sah in der „völlige(n) Entwurzelung der Kunstwerke" – zum Beispiel aus ihrer einst hieratischen Funktion – Indizien des kulturellen Verfalls und in der öffentlichen Präsentation weniger den Ansatz kultureller Erneuerung, denn eine Rettungstat, ohne die deren substantielle Erhaltung in Frage gestellt war. Das Museum, so mußte Greischel sich eingestehen, könnte dem Kunstwerk und seinem Betrachter nie ein wirklicher neuer Lebensraum sein, sondern es blieb, was es war: der Ort seiner letzten Aufbewahrung. Die Ordnung, in der das Kunstwerk fürderhin stand, war nicht mehr die seines Lebens, sondern die „bildungsmäßiger Betrachtung".

Seine Auffassung von der Didaktik des Museums war zwangsläufig nicht unberührt von solchen Überlegungen, und er maß sich selbst eine größere Verantwortung zu in der „Denkmalpflege"; das meint die Erhaltung von Kunststätten, von Burgen, Kirchen, Schlössern oder Bürgerhäusern etc.

Der im 19. Jahrhundert manchmal betriebene „Raub" von Bildwerken mit „kulthafter Verwurzelung" aus Kirchen und Schlössern und deren Verwandlung zu „bloßem Bildungsgut" schien ihm letztendlich eine Missetat. Dafür wären nicht die Museen in Verantwortung zu nehmen, es enthöbe sie aber keineswegs ihrer aktuellen und künftigen Pflichten bei der Bewahrung und Pflege geistiger Werke.

Hatte also Volbehr noch sein Haus zur „Volkshochschule" entwickeln wollen mit dem Ziel einer „sorgfältigen künstlerischen Erziehung des Auges und der Empfindung" des Betrachters (Alfred Lichtwark) und zwar in einer möglichst vollständigen Abfolge kultureller Epochen, so lag das nur insofern in der Absicht seines Nachfolgers, als dessen Bestreben darin bestand, „die Schranken weg zu räumen, die am Erfassen des Bildes hindern, und die Empfindung zu erwecken". Man müsse schon sehr kunstfremd sein, schrieb er in einem seiner unveröffentlichten Manuskripte, wohl zur eigenen Selbstverständigung, wollte man versuchen, Kunstwerke dem Betrachter „näher" zu bringen. Es käme gerade darauf an, so Greischel, daß sie „nicht näher gebracht" würden. Das Kunstwerk müsse sich selber erschließen lassen, alles andere führte zu dessen Verfälschung, und oberflächliche Auslegungen verdürben nur das Verständnis.

Unser auf Herder zurückgehender Begriff von „Aneignung" kommt auch heute nicht aus ohne die „kommunikativen Vorbedingungen" des Betrachters. Man kann also davon ausgehen, daß hier zwar partielle Unterschiede in der Motivation und Praxis von Vermittlung vorliegen und Grenzen genauer abgesteckt wurden, im Grundsätzlichen jedoch Konsens bestand.

Ganz anders dürfe sich das Museum dagegen im jeweils aktuellen Kunstbetrieb verhalten und solchen Kunstwerken gegenüber, die „keine ursprüngliche Raumbindung" besitzen. Hier käme es darauf an, hob Greischel hervor, „die wahren Meister zu entdecken" und zur Wirkung zu bringen. Auch das fordere jedoch von den Museen ein hohes Maß an kultureller Verantwortung.

Ungeachtet des veränderten gesamtwirtschaftlichen Rahmens der 20er Jahre, in dem die Schwerpunkte anders als zuvor gesetzt werden mußten, konnten zwischen 1925 und 1931/32 den Sammlungen bedeutende Kunstwerke hinzugefügt werden: so unter anderem ein Aquarell der Innenansicht des Chorumganges des Doms von Karl Graeb (1862), Bildnisse von Friedrich Wasmann und Ferdinand Waldmüller, Arbeiten von Arnold Böcklin, Hans Thoma, Ludwig Thormaehlen und Erich Heckel sowie der „Jugendliche Dionysos" (200 n. Ch.), die „Attische Schüssel" (9.–8. Jahrhundert v. Ch.) und einige Werke von Johannes Sass. Selbst 1939 gelang ihm noch der Ankauf eines Böcklin-Gemäldes und der beiden Arbeiten von Ludwig Thoma „Luna und Endymion" sowie „Oberrheinische Wiesenlandschaft".

Ausstellungen zu Dix und Heckel (1922, 1923, 1932), Schmidt-Rottluff (1926 und 1932), Kaus (1927), Nolde und Feininger (1934) und Vorträge u.a. von Mies van der Rohe, die vor allem im Jahrzehnt nach dem Ersten Weltkrieg angeboten wurden, führten Mitte der 30er Jahre zu einer neuen politischen Intrige gegen den Museumsdirektor Greischel, der Künstler wie Heckel und Feininger, Klee und Kirchner offensichtlich immer noch förderte, obwohl sie vom nationalsozialistischen Kunstbetrieb, als „Repräsentanten des Verfalls" diffamiert, längst ausgeschlossen waren und ihre Werke in der Ausstellung „Entartete Kunst" in München geächtet wurden. Unter seiner Leitung betreibe der Magdeburger Kunstverein die Politik des verbotenen Deutschen Künstlerbundes, wurde ihm von bestimmten Teilen der kommunalen Führungsspitze im Rathaus vorgeworfen. Greischel mußte sich solcher Angriffe erwehren und versuchte zu lavieren, wie er dies nach der Machtübernahme der Nationalsozialisten immer wieder gezwungen war zu tun. Daher rühren seine wohl auch zum Teil aus heutiger Sicht konformistischen öffentlichen oder amtlichen Äußerungen, die sich in den bisher zugänglichen persönlichen Aufzeichnungen so nicht finden lassen.

1933 trat ihm Stadtbaurat Göderitz zur Seite, und auch 1937 fanden sich offensichtlich nicht genug Gründe und einflußreiche Parteifunktionäre, um sei-

Jan van Rossum, Bildnis jugendlicher Kopf mit Allonge-Perücke, 1671, erworben 1895 durch Wilhelm von Bode aus dem Grusonfonds für das Kaiser Friedrich Museum (Kriegsverlust)

Städtisches Museum (ehemals Kaiser Friedrich Museum), Zustand um 1946/47

ne Entlassung wegen „nationalsozialistischer Unzuverlässigkeit" durchzusetzen. Eine Sympathie mit bestimmten Erscheinungsformen der Herrschaft des Regimes und seiner Ästhetik der Ordnung ist nicht wirklich zu erkennen, vielmehr entwickelt er geflissentlich Verhaltensweisen und Strategien, wie sie in Diktaturen zur Selbsterhaltung notwendig werden, um Positionen und Personen nicht ohne Not zu gefährden. Auch aus der Funktion, die ihm, dem ausgewiesenen Fachmann für die Kunstschätze des Mittelalters, als Organisator der Luftschutzmaßnahmen für Kunstschätze und Baudenkmäler in seiner Eigenschaft als Direktor des größten städtischen Museums nahezu zwangsläufig am Beginn des Zweiten Weltkrieges zufiel, ist eine geistige Nähe oder gar Neigung zum Nationalsozialismus und Gefolgschaft nicht abzuleiten. Die Listen, die er nach Görings „Erlaß zur Säuberung der Museen" im August 1937 mit allen denjenigen in Magdeburg vorhandenen Werken von Künstlern abliefern mußte, die in München auf der Ausstellung „Entartete Kunst" zu sehen waren, können Greischel nicht zur Last gelegt werden, hatte doch der Ankauf vieler dieser Arbeiten in eigener Verantwortung gelegen. Seine Weigerung hätte die Meldung gewiß nicht verhindert. Es mußte ihm vielmehr unendlich schmerzlich gewesen sein, die Werke der von ihm geschätzten Künstler aus seinem Museum in dieser Ausstellung rüde angeprangert zu sehen. In Begleitschreiben machte er mit eher hilfloser Gebärde darauf aufmerksam, daß es einen Katalog dieser Münchener Ausstellung nicht gäbe, er also durchaus das eine oder andere in den Depots „übersehen" haben könnte. Andererseits war er nicht bereit, so weit gegen seine Überzeugung zu handeln und eine von ihm verantwortete Auswahl weiterer möglicher „entarteter" Kunstwerke zu treffen, um diese zur Beschlagnahme freizugeben. Ja, am Beginn der nationalsozialistischen Gleichschaltung der Kulturinstitutionen wies er in Schreiben an die Reichskammer der bildenden Künste sogar darauf hin, daß die deutschen Museen einen Anspruch darauf hätten, ihre kulturelle Arbeit nicht nur unter einem einzigen Aspekt betrachtet zu sehen, dem des Ankaufs und der propagandistischen Verbreitung von „entarteter Kunst". Seine eigene Tätigkeit dokumentiert Greischel mit den beiden Magdeburg-Büchern über den Dom (1928) und „Parthenopolis" (1931). Mehr war nach den ständigen Inspektionen durch lokale und zentrale Sonderkommissionen, die zuerst auch der „amtlichen Beurteilung" und Entfernung „unzuverlässiger" Museumsdirektoren galt, nicht zu riskieren. Die zumindest distanzierte Form seiner Reaktion wurde jedenfalls von der unmittelbaren Obrigkeit in Magdeburg durchaus verstanden, ohne daß sie ihn wirklich von seinem Posten entfernen konnte.

Beschlagnahmt wurden bei einer dieser wie Razzien organisierten Kontrollen im Museum u.a. Gemälde von Heckel, Pechstein und Rohlfs, Aquarelle von Kaus, Klee, Schmidt-Rottluff und Molzahn, eine Plastik von Rudolf Bosselt sowie Zeichnungen und Drucke von Kokoschka, Lehmbruck, Nolde, Feininger und Corinth, dem er 1925 zum Nachruf das „Zeugnis eines ganz vom Glück des wirklichen Sehens durchstrahlten Lebens" ausgestellt hatte.

Ohne sorgfältige Recherche ist aber jede abschließende Wertung damaliger Vorgänge und der Äußerungen Greischels unredlich. Trotzdem führt auch eine genaue Untersuchung – wie in solchen Fällen oft – vermutlich kaum zu einem alle gleichermaßen befriedigenden Resultat.

Die Ausstellungsinhalte der Jahre nach dieser „Säuberung" wurden ganz augenscheinlich immer öfter fremdbestimmt und seltener vom Hause selbst, als von nationalsozialistischen Institutionen und Organisationen – z.B. von der Reichsschrifttumskammer, der Deutschen Arbeitsfront und deren territorialen Gliederungen bzw. von eingesetzten Ausstellungsleitern, aber auch von Einrichtungen der Wehrmacht. Im Mai und Juni 1944, zu einem Zeitpunkt, als die Amerikaner nach Monaten ihre Bombenangriffe auf die Magdeburger Großunternehmen wieder aufnahmen und deutsche Truppen auf dem Kriegsschauplatz im Osten nur noch vernichtet oder gefangen wurden, kam eine der letzten derartigen Expositionen ins Museum: „Im Banne der Rollbahn – Kunstausstellung einer Armee im Osten", die das heldische Bild des deutschen Soldaten „in seines Wesens Grunde" beschwor.

Durch Gleichgültigkeit und, so gut es ging, durch Abwesenheit distanzierte sich Greischel von der Entwertung seines Amtes. Schon 1941 hatte er einen mehr als halbjährigen Arbeitsurlaub eingereicht, um seine Forschungen zur Mittelaltergeschichte Magdeburgs weiterführen zu können.

Wohl mit Recht wird ihm heute allerdings seine Stellungnahme zur Entfernung des Barlach-Denkmals aus dem Dom vorzuwerfen sein, die er zur Abwehr der Anfeindungen und zur Rechtfertigung sowie zum Nachweis der von ihm geforderten „Einschät-

zung moderner Kunst“ auch noch wiederholt instrumentalisierte. Aber in dieser Sache hatte er sich bereits 1929 auf eine Bitte von Domprediger Martin hin überraschend deutlich geäußert. Nach einem zweiten Anlauf und mit Druck von der Magdeburger NSDAP wurde das Denkmal 1934 der Nationalgalerie übergeben und verschwand im Magazin.
Trotz der dezentralen Auslagerung der Museumsschätze in das Salzbergwerk Neustaßfurt und in umliegende Orte, die Greischel ab 1939 vorbereitete und verstärkt ab 1942 vornahm, ließ sich die Katastrophe nicht abwenden. Durch Brand und Plünderung in den letzten Kriegstagen bzw. nach Kriegsende wurden fast zwei Drittel des gesamten Bestandes und dabei vor allem die Gemälde vernichtet. Das Gebäude des Kaiser Friedrich Museums selbst war bei einem Luftangriff Mitte Februar 1945 schwer beschädigt worden. Damit war die Arbeit fast eines ganzen Jahrhunderts weitgehend verloren. Magdeburg lag wie 1631 in Schutt und Asche. Die Stadt hatte nach wenig mehr als 300 Jahren abermals die wertvollsten Dokumente ihrer Geschichte und Kultur verloren.

Das Museum für Naturkunde

Bereits im Jahr zuvor hatten Bombentreffer das einstige Generalkommando-Gebäude am Domplatz teilweise zerstört. Die Verluste wichtiger Anschauungsobjekte waren beträchtlich. Im Wettlauf mit der Zeit mußte Greischel auch dieses Museum evakuieren, da dessen Direktor Alfred Bogen (1885–1944) im März desselben Jahres nach langer Krankheit gestorben war.
Bogen hatte die Einrichtung im Dezember 1931 als „Museum für Naturkunde und Vorgeschichte“ übernommen. Es war dies damals bereits die dritte Umbenennung nach der Übernahme des Vereinsbesitzes in die städtische Verwaltung. Für Monate wurden die Sammlungen zum „Naturwissenschaftlichen Museum“ vereinigt, das ab 1905 in „Museum für Natur- und Heimatkunde“ umbenannt worden war und ein Jahr danach mit Prof. Dr. August Mertens (1864 bis 1931) endlich auch seinen ersten hauptamtlichen wissenschaftlichen Direktor erhielt. Daraufhin vergingen vier Jahre, bis das städtische Museum im Oktober 1910, abgesehen von einigen wenigen Abschnitten, wiedereröffnet werden konnte, obwohl es größere bauliche Maßnahmen wegen des vorgesehenen Neubaus nicht gegeben hatte.
In dieser Zeit gelang jedoch die Einrichtung neuer Personalstellen, u.a. für einen biologischen Präparator und zur wissenschaftlichen Bearbeitung der vorgeschichtlichen Sammlungen, die der spätere Direktor der Landesanstalt für Vorgeschichte, Dr. Hans Hahne (1875–1935), übernahm. Nach den vier Jahren

Bergkristall, aus der 1999 eröffneten Ausstellung über die Welt der Minerale

Umbau gliederte sich die Struktur u. a. in folgende Bereiche: die Paläontologie, die allgemeine Geologie, die Petrographie (Gesteinskunde), die Mineralogie, die Vorgeschichte, Völkerkunde und die Zoologie. Zudem gab es die alte Apotheke, die Sammlung Budenberg, Reptilien, Fische, die Konchyliensammlung, Insekten und das Herbarium.
Ganz ähnlich wie die Bestandserweiterung im Museum für Kunst und Kunstgewerbe erfolgte der Ausbau der Sammlungen des Museums für Natur- und Heimatkunde in den ersten drei Jahrzehnten des vergangenen Jahrhunderts durch Stiftungen von Vereinsmitgliedern, interessierten Bürgern und großzügigen Sponsoren, aber auch durch die planmäßige Sammeltätigkeit seiner wissenschaftlichen Mitarbeiter. So ist fast die gesamte Abteilung Ethnographie den Schenkungen Einheimischer zu danken. Auf dieselbe Wei-

Museum für Naturkunde und Vorgeschichte, Haus Domplatz Nr. 5, Aufnahme 1939

Vollständiges Skelett eines Riesenhirsches, Megaloceros giganteus (Blumenbach 1803) aus Irland vom Ende der letzten Eiszeit vor ca. 9000 Jahren

rechts: Fuchsgruppe vor ihrem Bau, Ausschnitt aus einem Diorama der zoologischen Ausstellung

se konnten dem Museum eine reichhaltige Drogensammlung (1906), mehrere Käfersammlungen (1907 und 1921) und ein umfangreicher Bestand an Seeschnecken (1910), präparierte Säugetiere aus China sowie die Bornemannsche Schmetterlingssammlung (1913) und zumindest teilweise auch die berühmten südfranzösischen Originale des Schweizer Prähistorikers Otto Hauser hinzugefügt werden. Wichtige Ankäufe gelangen u.a. mit der Übernahme der Vogelsammlung aus Tsingtau und der Bisongruppe (1904), der Elchgruppe (1906), dem Okapi, einer Waldgiraffenart des tropischen Afrika (1910/11), aber auch durch die Anschaffung zahlreicher mineralogischer Pretiosen.

Andererseits erlangte die über viele Jahre vervollständigte Urodelensammlung des Kustos' Dr. Willy Wolterstorff, die bis zum Tod des geschätzten Herpetologen 1943 mehr als 7 000 Präparate von Schwanzlurchen erfaßte, weltweite Anerkennung. Wolterstorff war Mitglied in zahlreichen in- und ausländischen Fachgesellschaften.

Außerordentlichen Schauwert hatte eine noch kurz vor dem Ersten Weltkrieg in der Toreinfahrt von Domplatz 5 aufgerichtete 14 Meter lange „geologische Wand", die einen Schnitt durch die Erdschichten zwischen Aller und Ohre vorstellte.

Zu den bedeutenden Ausstellungsabteilungen zählte unzweifelhaft die vorgeschichtliche Sammlung in drei Erdgeschoßräumen, die mit Bodenfunden aus dem Magdeburger Raum, der Provinz und aus dem Thüringer Gebiet einen vollständigen Einblick in die Vor- und Frühgeschichte gestattete. Der Mitte der 20er Jahre vom wissenschaftlichen Hilfsarbeiter, dem nachmaligen Rektor der Greifswalder Universität, Prof. Dr. Carl Engel (1895–1947) vollkommen neu und vor allem übersichtlich gestaltete, ausführlich beschriftete und durch wissenschaftliche Karten ergänzte museale Bereich bildete sowohl für die weitere vorgeschichtliche Forschung als auch für die populärwissenschaftliche und insbesondere für die schulische Arbeit hervorragende Voraussetzungen. Daneben leistete Engel in seiner Magdeburger Zeit bis 1929 eine intensive öffentliche Arbeit, schrieb mit großer Energie für Zeitschriften und Zeitungen und regte die Bildung von Arbeitsgemeinschaften für Vorgeschichte unter den Schülern an.

Die Reichhaltigkeit und lückenlose Vollständigkeit des Anschauungsmaterials der zoologischen Abteilung des Museums, vor allem aber auch die große Zahl seltener und besonders schöner Präparate hielt jedem Vergleich mit den Sammlungen bedeutender Museen der Welt- und Universitätsstädte stand.

Die aus Platzmangel nur zum geringeren Teil gezeigte Skelettsammlung enthielt neben dem menschlichen Skelett das eines Gorillas, aber auch die von anderen Affen, Raubtieren, Nagern, Huf- und wertvollen Schnabeltieren und von den wichtigsten Vertretern der Gruppe der Vögel, darunter das Skelett einer Dronte. Dieser Taubenvogel lebte einst auf Mauritius und starb im 17. Jahrhundert infolge der Jagd durch Seefahrer aus.

Zu sehen waren die riesigen Schädel eines Nilpferdes und eines Riesenhirsches, aber ebenso anschauliche Objektbilder (Dioramen) von Rudeln beutegieriger

Farbenpracht und Formenvielfalt zeigen tropische Schmetterlinge: Papilio priamus (Neu-Guinea) und rechts Papilio priamus croesus (Molukken).

Wölfe und mehrere Exemplare des Mufflons. Zu den Glanzstücken gehörten die Riesenschlange (vermutlich zu den Pythonarten gehörend) und einige überaus seltene Exemplare des China-Alligators. Natürlich gab es das Herbarium mit mindestens 60 000 Blättern, einen großen Bestand an Insekten, zudem noch einheimische und exotische Fische und nach Tausenden zu zählende Arten von Schnecken und Muscheln, einschließlich der zentnerschweren Schale einer Riesenmuschel.

Zuletzt verfügte das Museum am Domplatz 5 über wenigstens 30 Schau- und 18 Magazinräume, und es gab eine umfangreiche wissenschaftliche Bibliothek. Diese basierte auf der des Naturwissenschaftlichen Vereins, der ab 1885 die Publikation „Jahresberichte und Abhandlungen" edierte, deren Nachfolger bis heute unter dem Titel „Abhandlungen und Berichte des Museums für Naturkunde" erscheint.

Die Fülle des angestauten historischen und neueren Materials erforderte schon bald eine vollkommene Überarbeitung der Präsentation, deren Neuordnung, die Trennung in Magazin oder Schausammlung und die Katalogisierung aller Bestände, die bis zur Auslagerung noch nicht vollständig abgeschlossen werden konnten.

Es hatte sich andererseits aber gezeigt, daß eine weitere Differenzierung unumgänglich geworden war, die in der Bezeichnung „Museum für Naturkunde und Vorgeschichte" zum Ausdruck kommen sollte. Ganze Teile wurden ausgegliedert, in Depots verwahrt und manches später auch an andere Museen veräußert – wie die völkerkundlichen Sammlungen nach Leipzig.

Die stadtgeschichtlichen und die volkskundlichen Bestände vereinigte die Stadtverwaltung im April 1934 zu einem dritten Standort, dem „Museum für Stadtgeschichte und heimatliche Volkskunde" in der Kunstgewerbeschule, Brandenburger Straße. Auch hier hatte es einen Förderkreis gegeben, der innerhalb von kürzester Zeit insbesondere volkskundliche Objekte aus Magdeburg und der Börde zusammenbrachte. Ergänzt mit Leihgaben aus dem Kaiser Friedrich Museum thematisierten die Ausstellungen in den acht Zimmern u.a. folgende Rubriken: Verwaltung und Bürgerschaft, Otto von Guericke, Kirche und Schule, Handel, Industrie, Verkehr, Magdeburger Druckereien, Magdeburger Baukunst, Stadtansichten, Schrifttum, Theater und Musik.

Seine Entwicklung wurde jedoch bald durch die erneute Räumung des Gebäudes und dessen Rückgabe an die Meisterschule Anfang der 40er Jahre unterbrochen und stand danach offensichtlich schon unter den Vorzeichen des aufziehenden Krieges und der bald beginnenden Auslagerungen.

Als mögliche neue Museumshülle wurde 1938 in der Öffentlichkeit bereits der unter dem Fürsten Leopold von Anhalt-Dessau erbaute alte Packhof gehandelt, der am 16. Januar mit der Innenstadt zerstört wurde. Zum Ersatz kam in den 50er und 60er Jahren das Rathaus ins Gespräch.

Magdeburg lebt!

Ungeachtet der Sicherungsmaßnahmen stand der Direktor des Museums bei Kriegsende mit leeren Händen da. Noch weniger mag sich nach seinem Abgang Richtung Kassel bzw. Münster im Juni 1945 und dem Wechsel der Besatzungsmacht in Magdeburg der neue Mann im Museum für Naturkunde und Vorgeschichte, Dr. Herbert Brüning, in diesem Chaos zurechtgefunden haben, denn er kannte weder die Orte noch die genaueren Umstände der Auslagerungsmaßnahmen (zwischen 1940 und 1945 war er zum Dienst als Wehrgeologe an den Fronten im Westen und Osten). Zu lange war zu wenig geschehen im Bergwerk Staßfurt. Gegraben wurde praktisch nur mit bloßen Händen. Bis zu den Kisten mit den Bildern konnte nach dem Brand im Schacht IV niemand vordringen. Ab 1948 war jede weitere Suche wegen angeblicher Abbruchgefahr verboten.

Bis heute sind die meisten Widersprüche in den rudimentären schriftlichen Unterlagen ungeklärt geblieben, was schon damals Anlaß zu wilden Spekulationen und Gerüchten gab, die sich nach mehr als einem halben Jahrhundert kaum noch entkräften lassen. Es gehört sicher auch in Zukunft wohl leider zu den seltenen Glücksfällen, daß ein bedeutendes Zeugnis nach Jahrzehnten wieder in den Bestand eingegliedert werden kann, wie dies Anfang 1996 mit der aus den USA zurückgekehrten Luther-Handschaft „Wider Hans Worst" (1541) geschehen ist.

Die Großtrappen, die schwersten flugfähigen Vögel der Erde, sind vom Aussterben bedroht. Das Diorama des Museums für Naturkunde zeigt das Tier in seiner natürlichen Umgebung.

Magdeburg lebt! – Blick in die Ausstellung über die Stadtgeschichte und Wiederaufbauprojekte vom Juni bis August 1947. Plakatentwurf: Wilhelm Deffke

rechts: Salzbergwerk Neustaßfurt, Schacht IV. Die Mitarbeiterin des Museums gräbt 1947 auf der Sohle in 460 Metern Tiefe mit bloßen Händen nach verschüttetem und vom Brand beschädigtem Museumsgut.

Herbert Brüning leitete jedenfalls elf Jahre mit Umsicht den Wiederaufbau der Magdeburger Museen.
Anfang August 1945 gab das städtische Amt für Schulen und Kulturdienst den Auftrag zur systematischen Erfassung dessen, was an kulturellen Werten geblieben, und zur sofortigen sicheren Aufbewahrung, wo diese gefährdet war.
Eine weitgehend vollständige Übersicht über die Umstände und die beachtliche Qualität der verlorenen Gemäldegalerie liegt seit 1995 mit der Veröffentlichung „Alles verbrannt?" in den „magdeburger museumsheften" vor, so daß an dieser Stelle nur darauf verwiesen werden muß.
Brüning konnte sich in den ersten Wochen und Monaten allein auf Greischels Mitarbeiterin Ilse Schliephack stützen. Ein Neubeginn schien unter solchen Umständen wahnwitzig. Dennoch wurde noch im Herbst 1945 unter unendlichen Schwierigkeiten einerseits mit der Dokumentation von Verlusten und Schäden an den Auslagerungsorten und andererseits mit der Rückbergung der Überreste der Museumsgüter begonnen. Daß wiederum Eile geboten war, belegen die ungeheuren Plünderungen und Zerstörungen, die auch nach Kriegsende zu beträchtlichen Schäden und weiteren Verlusten an Museumsgut führten.
Zu den Verlusten gehörten auch 45 000 Bände der Bibliothek des Museums für Naturkunde und Vorgeschichte, dessen gesamter Hauptkatalog, seine wertvolle Bibersammlung, 22 000 Stücke der bedeutenden Münzsammlung des Heimatgeschichtlichen Museums, große Teile der Möbelsammlung des Kaiser Friedrich Museums u. a.
Wie Sonderausstellungen bereits 1946 zustande kommen konnten, ist nahezu unvorstellbar. Begonnen wurde u.a. mit der ziemlich umfangreichen Hygiene-Ausstellung aus Dresden vom 10. bis 31. Juli 1946. Mindestens drei weitere Expositionen folgten im Anschluß daran bis zum Jahresende in den notdürftig hergerichteten Räumen, darunter vom 20. Oktober bis zum 10. November die erste Kunstausstellung des Bezirkes Magdeburg nach dem Krieg. Die Schau mit Magdeburg-Gemälden von Herbert Stockmann, mit Porträts Bruno Beyes und Franziska Wagners, mit Landschaftsbildern von Walter Lohmeyer und Liselotte Behrend oder mit den Reliefs von Katharina Heise nahm in dem von Bomben aufgerissenen, einst prachtvollen Gebäude die Tradition des erst 40jährigen Museums für Kunst und Kunsthandwerk auf, um

Statuette des Prinzen Louis Ferdinand von Preußen, Eisenguß, teilweise bronziert, 1893

Bild rechts: Kugeltöpfe, Keramik, 12./13. Jahrhundert, Kulturhistorisches Museum

Magdeburger Löwenaquamanile, Bronzeguß, 2. H. 12. Jahrhundert, Fundort: Stephansbrücke, 1961

sie über die Stunde Null hinaus zu bewahren. Vergeblich ...
Die bronzene Gedenkstatue für Kaiser Friedrich III. vor dem Portal war bereits im Hochsommer 1942 vom Sockel gehoben worden. Ohne ihren Patron und ohne die wertvolle Gemäldesammlung, innerlich ausgeschlachtet, hieß die Einrichtung nunmehr einfach Städtisches Museum.
Gewissermaßen zum Fanal über den Trümmern der Stadt, unter denen wohl noch immer ungeborgene Leichen lagen, wurde die mehrwöchige Ausstellung „Magdeburg lebt!“, die am 8. Juni 1947 begann und am 10. August endete. Zum großen Teil galt die Schau der Stadtgeschichte, erneuerte in einer „Schreckenskammer“ aber auch die Erinnerungen an die Bombennacht des 16. Januar und präsentierte zum Zeichen des Lebenswillens seiner Bürger Aufbaupläne, die zwölf Architekten dem Wiederaufbauamt eingereicht hatten. Überdies enthielt die Exposition Wiederaufbauprojekte u.a. aus den Städten Halberstadt, Dessau, Zerbst und Eilenburg. Einzelne Ausstellungsabschnitte gingen anschließend als Wanderausstellung in andere Orte Sachsen-Anhalts.

Der verschwundene Reiter – ein Kriminalstück

Die Not gebar in diesen Monaten das Provisorium der Magdeburger Museen, das recht eigentlich erst am Beginn der 70er Jahre mit der Zuordnung des Klosters Unser Lieben Frauen und 1979 mit der Eröffnung der Turmhalle der „ehemaligen“ Johanniskirche als Dependancen des Kulturhistorischen Museums neue Konturen und Perspektiven erhielt.
Im vom Krieg geschändeten einstigen Kunstmuseum drängten sich schließlich trotz der Entlastungen all die Jahre bis zur Wiedervereinigung unter sich ändernden Raumverhältnissen und Strukturen sowie mit wechselnden Bezeichnungen das Naturkundemuseum, das sich entwickelnde Technikmuseum, ein Museum der Ur- und Frühgeschichte und ein Stadtgeschichtsmuseum.
Nach den dringendsten Sicherungsarbeiten wurde das Gebäude am 3. Oktober 1948 über einen Nebeneingang wiedereröffnet. Insgesamt zwölf Räume und Säle standen für die acht Komplexe u.a. zu den Themen „Eiszeitliche Tierwelt“, die „Frühzeitliche Besiedelung unserer Heimat“, die „Kunst- und Wohnkultur des 15.–18. Jahrhunderts“, „Otto von Guericke“ und „Gemälde des 15. und 16. sowie des 17. und 19. Jahrhunderts“ zur Verfügung.
Unter Mitwirkung von Archäologen und Historikern des Museums begann im selben Jahr, geleitet von Dr. Ernst Nickel, die von der Forschungsstelle Magdeburg der Akademie der Wissenschaften zu Berlin initiierte Stadtkerngrabung zwischen Dom und Johanniskirche. Die dabei bis 1968 mehr als 300 000 geborgenen Fundstücke aus dem 9. bis zum 16. Jahrhundert gehören zu dem einmaligen Sammlungsbestand, dessen wissenschaftliche Bearbeitung im Vorfeld der Landes- und Europaratsausstellung „Otto der Große, Magdeburg und Europa“ im Jahr 2001 wieder aufgenommen wurde und systematisch weitergeführt wird.
Ein Kriminalstück mit vielen unbekannten „Tätern“ entwickelte sich aus dem Kriegs- und Nachkriegsschicksal des Magdeburger Reiters. Dieser hatte für jedermann sichtbar, in einer Holzkiste eingeschlagen, scheinbar seinen jahrhundertealten Platz vor dem Rathaus nicht verlassen. Nur eine Handvoll Beobachter wußte, daß der Kaiser hoch zu Roß, verborgen hinter den dicken Betonmauern des Elbebunkers, im Juni 1945 als stummer Zeuge der Einweihung der

Nach der Restaurierung durch die Bildhauer Fritz Maenicke (1892–1970) und Heinrich Apel erhält die Figurengruppe des Magdeburger Reiters 1961 den endgültigen Standort im Kulturhistorischen Museum.

Porträt der allegorischen Jungfrau mit Schild

Der Magdeburger Reiter (1. H. 13. Jahrhundert), Kulturhistorisches Museum

„Brücke der Freundschaft" gemeinsam mit amerikanischen, schottischen und russischen Offizieren beiwohnte. Nach dem Einmarsch der Roten Armee und der vom Stab beabsichtigten Sprengung des Bunkers, schien er seines Bleibens nicht mehr sicher. In welcher finstren Nacht und mit wessen Hilfe der Herrscher den Ort verließ, blieb im Dunkel der Geschichte. Was niemand wahrhaben wollte – das Standbild war für lange Zeit verschwunden. Diejenigen, die etwas wußten, schwiegen, waren gestorben oder hatten Magdeburg verlassen. Jede Spur verlor sich in den Trümmern. Hüben wie drüben kursierten die unglaublichsten Gerüchte. Erst als die Stadtverwaltung 1950/51 die Kriminalpolizei einschaltete und die Akten durchforsten ließ, gab es Hinweise auf das einstige Gebäude der Allianz in der Gerhart-Hauptmann-Straße. Man fand Kaiser Otto unter der Treppe hinter einer Ziegelmauer, in einer Kiste hockend, neben seinen beiden Jungfrauen.

Unmittelbar nach der Entdeckung wurde das Monument von Direktor Brüning auf einem Tieflader ins Kulturhistorische Museum eskortiert. Die Restaurierung erfolgte 1957 bis 1960, die Aufstellung der Bronzekopie auf dem Alten Markt 1966.

Die bald nach Kriegsende im Herbst 1945 erlassenen Anordnungen zur Bodenreform und Verstaatlichung der Betriebe führten nicht nur zur Liquidierung des „feudal-junkerlichen Grundbesitzes" und Landbesitzes über 100 Hektar sowie der Großindustrie, sondern zur Enteignung und Vergesellschaftung auch „alles toten Inventars". So füllten die Museen ihre Ausstellungsräume und Depots mit Möbeln, Bibliotheken und Kunstschätzen verschiedenster Provenienz aus Schlössern, Burgen, Herrenhäusern und Fabrikantenvillen, sofern nicht die Besatzungsmacht das Kunstgut requirierte.

Die „umfangreiche und profilierte" neue Sammlung des Kulturhistorischen Museums entstand auf diese Weise zum wesentlichen Teil aus den Übereignungen während der Bodenreform. Aus dieser Kollektivierung erhielt die naturkundliche Abteilung die Vogelsammlung Nathusius', ohne die es wohl kaum möglich gewesen wäre, eine Schausammlung aufzubauen. Die staatlichen Ankaufsmittel reichten anfangs meist nur zum Ausgleich der wichtigsten Fehlstellen, die Dr. Sigrid Hinz, die verdienstvolle Kustodin der Kunstsammlungen, aufspürte. In einer Bilanzausstellung 1970 wurden fast 250 der bedeutendsten Erwerbungen bzw. Zueignungen vorgestellt, darunter Gemälde von Jan Vermeer van Haarlem, Ferdinand von Rayski, Emil Orlik, Hans von Marées, von dem mindesten drei Bilder in den Verlustlisten des Museums standen. Aber auch Handzeichnungen von C. D. Friedrich, Johannes Sass, Caravaggio, Bruse, Hackert, Reni und Rettelbusch, grafische Blätter von Dürer, Corinth, Barlach, Zingg und Dix sowie Plastiken von Fritz Cremer, Lehmbruck oder Michael Wohlgemut konnten der Sammlung hinzugefügt werden. Herausragende Stücke befanden sich ebenso unter den Neuerwerbungen an Möbeln, Keramiken und Metallwaren.

Das Museum als Zeitspiegel

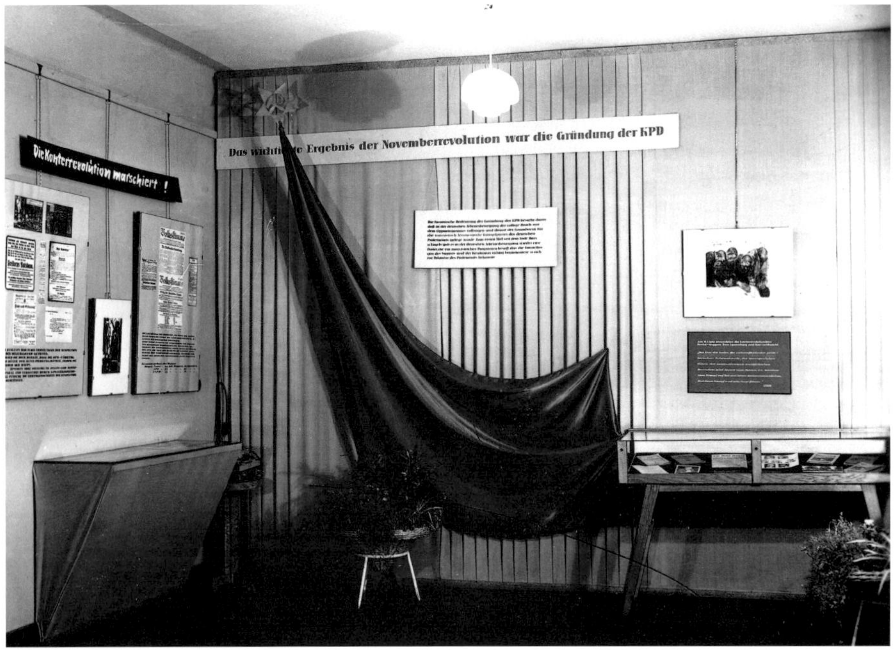

Ausstellung „Vierzig Jahre Novemberrevolution", 1958

Wenige Monate vor der Gründung der DDR konnten die Besucher des Museums eine Schau erleben, die sichtbar machen wollte, welchen Zweck Museen in diesem Teil Deutschlands fortan primär zu erfüllen haben, nämlich „Spiegel unserer Zeit" zu sein. Aufgegeben war das Thema am Beispiel des Zweijahresplans: Die Maler lieferten Gemälde zum Sujet „Arbeit", die Presse zeigte sich in ihrer übernommenen Funktion als „kollektiver Organisator" mit entfalteter Volkskorrespondentenbewegung, und die großen Trümmerbilder in Schwarz/Weiß um die Figur der „Trauernden Magdeburg" dokumentierten neues Leben zum Wiederaufbau des Verkehrswesens, zur Reform des Schul- und Bildungswesens wie zur Bodenreform.
Zum Hauptgegenstand künftiger Dauerausstellungen wurde die Darstellung der „großen gesellschaftlichen Wandlung unserer Zeit" erhoben. Gemeint war die Beschreibung dessen, wie die „monopolkapitalistischen Aktiengesellschaften in volkseigene Betriebe" umgewandelt worden waren oder wie und was die Industriebetriebe unter der Leitung von Arbeitern produzierten.
Ein neues Sammlungsgebiet mit Betonung der örtlichen Geschichte der Arbeiterbewegung entstand, 1958 kam die Abteilung „Geschichte der Technik" hinzu. Es war die erste polytechnische Abteilung eines Museums in der DDR und ein zaghafter Versuch, den Aufbau des Technikmuseums voranzutreiben.
Der Magdeburger Saal erhielt nunmehr anstelle der geräumten Sockel für die Pretiosen zur Mittelaltergeschichte Fundamente für Kraftmaschinen und, gewissermaßen zur Entschädigung für das zunächst mit Stoffbahnen abgehängte, dann übermalte und beklebte Kampf'sche Wandgemälde mit den drei Lebensstationen Ottos des Großen, Hans Grades Eindecker, der natürlich die Aufmerksamkeit in die Höhe des Raumes zog. Den ablenkenden Einblick in die obere Kapelle verhinderte eine Füllmauer, dadurch wurden der ursprüngliche Raumcharakter und seine Bedeutung weitgehend getilgt. Im Seitenschiff befanden sich die Erzeugnisse aus wichtigen volkseigenen Betrieben – dem SKET, der Werkzeugmaschinenfabrik „H. Matern", dem Meßgerätewerk „E. Weinert" oder dem VEB Magdeburger Armaturenwerke „K. Marx" –, die den Nachweis der Leistungskraft der DDR-Industrie erbringen sollten.
Nahezu sakrosankt dagegen geriet die Präsentation der Magdeburger Halbkugeln und anderer Nachbauten einzelner Geräte Otto von Guerickes (1602 bis 1686) in der Apsis.
Der Magdeburger Saal mutierte zum Techniksaal.
Die politische und geistig-kulturelle Umgestaltung der Gesellschaft hatte endgültig auch die Architektur des Hauses erreicht.
Mit dem ersten Bauabschnitt der Rekonstruktion nach den Kriegszerstörungen waren schon Mitte 1953 die Arbeiten am Südteil und an Teilen des Nordtraktes des nunmehr Kulturhistorischen Museums zum Abschluß gekommen. Nach der Beseitigung der Trümmer des Haupteingangs stockte der Wiederaufbau mehrere Jahre und konnte erst 1960 bis 1961(unter Verzicht auf den Turm) zu den Arbeiterfestspielen beendet werden.
Am Ende der Ära Ulbricht gliederten sich die Ausstellungen des Kulturhistorischen Museums in fünf Abteilungen: die Ur- und Frühgeschichte, die Naturwissenschaftliche Abteilung, die Abteilung Geschichte der Technik, die Abteilung Kunst und die Abteilung Geschichte. Man hatte sich darauf beschränkt, Geschichte mit dem „Entstehen der Arbeiterklasse in der Periode nach 1815" zu beginnen und diese weiter über die Revolutionen von 1848, 1917 in Rußland bis hin zur „antifaschistisch-demokratischen und der sozialistischen Etappe unserer revolutionären Entwicklung" nachzuzeichnen. Vorgesehen

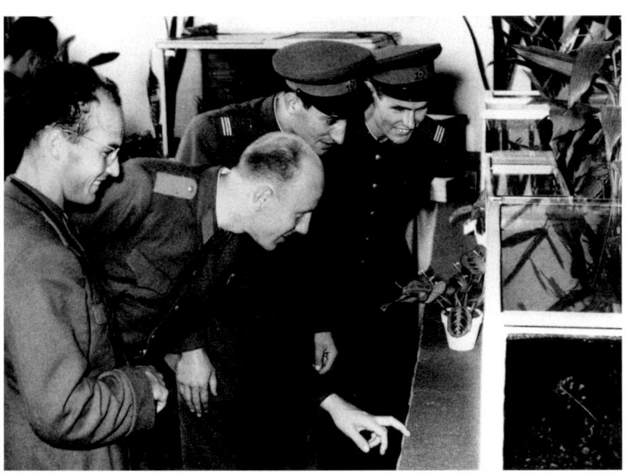

Gäste in der Naturwissenschaftlichen Abteilung des Kulturhistorischen Museums, 1956

Aus der stadtgeschichtlichen Ausstellung: August Wilhelm Francke, Öl auf Leinwand, um 1830 (Künstler unbekannt)

war allerdings, die älteren Abschnitte der Stadtgeschichte dauernd im oberen Kreuzgang des Klosters Unser Lieben Frauen auszustellen. Von ca. 1968, im vorgesehenen Umfang wahrscheinlich sogar erst ab 1971 bis 1973, gab es dort diese Ausstellung zur mittelalterlichen Geschichte Magdeburgs, die schließlich aber zugunsten der weiteren Ausgestaltung des Klosters als Kunstmuseum wieder entfernt wurde.

Als 1974 die Abteilungen des Kulturhistorischen Museums eigentlich ohne direkte Veränderungen aufgelöst und in die später relativ selbständigen Bestandteile der „Museen, Gedenkstätten und Sammlungen der Stadt Magdeburg“ umgewandelt wurden, ergab sich keineswegs zufällig eine bislang so nicht bestehende neue Hierarchie der politischen Leitung des Verbundes aus Kulturhistorischem Museum, dem Kloster Unser Lieben Frauen, der Gedenkstätte Johanniskirche, der Lukasklause (ab 1983) und der Gedenk- und Bildungsstätte „Erich Weinert“.

Der Einfluß der SED im Kulturbereich wurde auf diese Weise weiter verstärkt, Anleitung und Kontrolle ließen sich im Sinne des Systems effektiver gestalten, was die Einrichtungen befähigen sollte, der Aufgabe „bei der Herausbildung sozialistischen Geschichtsbewußtseins und Heimatgefühls sowie zur Ausbildung eines marxistisch-leninistischen Weltbildes“ besser gerecht zu werden.

Zu den unmittelbaren Folgen dieser Entscheidung gehörte der nun konsequent durchgesetzte Umbau des „Techniksaales“ im Erdgeschoß und damit der endgültige Verzicht auf das monumentale Wandgemälde von Arthur Kampf. Der schwere Eingriff wurde als „bauliche Rekonstruktion“ verbrämt, die Neueröffnung im Jahr 1977 mit dem 375. Geburtstag Otto von Guerickes zusammengelegt.

Ab 1974 arbeitete der „Fachbereich Geschichtswissenschaft“ an einem neuen Ausstellungskonzept zur Ur- und Frühgeschichte des Magdeburger Raumes wie zur Stadtgeschichte von der Ersterwähnung im Didenhofener Kapitular bis zur Mitte des 16. Jahrhunderts. Fast neun Jahre zog sich dessen Umsetzung in die ständige Ausstellung hin.

Auch die Geschichte der Arbeiterbewegung erfuhr noch einmal Anfang der 80er Jahre die vollkommene Umgestaltung – deren Inhalte, in denen Themen wie der Volksaufstand vom 17. Juni 1953, der Mauerbau 1961 und der Prager Frühling 1968 nicht vorkamen, überdauerten jedoch die politischen Umwälzungen am Ende des Jahrzehnts bereits nicht mehr.

Ausstellung „Geschichte der Technik“ im Magdeburger Saal, Aufnahme: 60er Jahre

Museum im Kloster

In der gespannten politischen Situation der Friedensgebete und der Montagsdemonstrationen im Herbst 1989 erlebte das Kloster noch einmal ein „staatstragendes Ereignis“. Zur Feier des 40. Jahrestages der DDR erhielt der umfangreiche Fundus an Kleinplastik den Status als „Nationale Sammlung Plastik der DDR“. Damit fand eine Entwicklung zur Umwidmung des Klosters ihren Höhepunkt, die in der ersten Hälfte der 70er Jahre, fast mit Honeckers Machtantritt, begonnen hatte.

Bis dahin gab es übrigens noch Gottesdienste der evangelisch-reformierten Gemeinde in der Krypta.

Diese dritte und vorerst letzte Zweckbestimmung des Monasteriums und nachmaligen Pädagogiums mag

Gustav Seitz: Käthe Kollwitz, Bronze, 1958, Sammlung des Kunstmuseums Kloster Unser Lieben Frauen

Kunstmuseum im Kloster Unser Lieben Frauen – Blick vom Oberen Kreuzgang auf die Türme

den Bürgern Magdeburgs dereinst jedoch um so willkommener gewesen sein, als der architektonische Bestand auch dieses in seiner Geschlossenheit seltenen Ensembles hochmittelalterlicher Baukunst latent gefährdet war. Das Schicksal von Liebfrauen hätte das vieler abgerissener Kirchen werden können, wenn die Denkmalpflege nicht rasch genug mit der Sicherung der Basilika und mit der Erhaltung von größeren Teilen des Kreuzgangs und der Klausur begonnen hätte. So mutet es schon paradox an, daß die Reihe von Sonderausstellungen 1974 ausgerechnet mit dem wunden Thema „Architektur in der Stadt Magdeburg" einsetzte.

Kunstmuseum Kloster Unser Lieben Frauen – Südlicher Kreuzgang nach Osten

Ab 1976 wurde das einstige Mutterkloster der sächsischen Prämonstratenser zum Standort einer heute einmaligen Sammlung von DDR-Kleinplastik, die dann mit der Aufstellung von Kunstwerken im Außenraum auch großfigurige Plastik einschloß. Die mit der Restaurierung des Kreuzgang-Westflügels gewonnene obere Galerie nahm von Anfang an wechselnde Ausstellungen des zeitgenössischen Kunstschaffens auf, die mächtigen Tonnengewölbe im Nordflügel bilden seither ideale Präsentationsmöglichkeiten u.a. für die Plastiksammlungen vom Spätmittelalter bis ins Computerzeitalter. Nahezu 200 Sonderausstellungen waren im ersten Vierteljahrhundert des Bestehens als Kunstmuseum zu sehen. Die Themen reichten von europäischen Fayencen über Tübkes Handzeichnungen und Försters Plastiken bis hin zur bisher umfassendsten Retrospektive von Ruth Francken und Skulpturen von Friedrich Press. Mit den jüngeren Ausstellungsprojekten „Verborgene Botschaften" (1998) und „Figur Alphabet" (1998/99) wurde ein Weg vorgezeichnet, der neben den Ausstellungen zum aktuellen Kunstschaffen die wissenschaftliche Erforschung und Bearbeitung des einzigartigen Bestandes und seine umfassende Präsentation im Kunstmuseum zum Ziel hat.
Die Liebfrauenkirche des romanischen Bauwerks gestalteten die Architekten und Restauratoren als Konzertraum mit einer großen Jehmlich-Konzertorgel, deren ungewöhnliche Klangmöglichkeiten von vielen Organisten aus aller Welt seit 1979 immer neu bestätigt werden.
Die Bibliothek war schon 1945 in dem alten, vom Krieg kaum beschädigten neogotischen Bau an der Nordseite wieder zur Nutzung freigegeben worden. Nach dem dennoch erfolgten Abriß, der nebenbei auch die Vernichtung der wunderbaren Innenausstattung bedeutete, und dem Asyl der Bücher in mehreren Notunterkünften, befindet sich die Klosterschulbibliothek schließlich seit Anfang der 80er Jahre im Dachgeschoß des Klausurwestflügels. Die historisch gewachsene, heute ca. 22 500 Bände umfassende Sammlung enthält originale literarische Schriften des 15. bis frühen 20. Jahrhunderts; ihr größter Teilbestand entstammt dem 18./19. Jahrhundert.
Mit der Einweihung der „Straße der Romanik" durch den damaligen Bundespräsidenten Richard von Weizsäcker im Jahr 1993 stand der „Edelstein in der Stadtkrone" wieder im Mittelpunkt eines bedeutenden kulturpolitischen Ereignisses, das Bund, Land und Kommune im ältesten Baudenkmal der Stadt zusammenführte. Diesmal galt die ungeteilte Aufmerksamkeit den ehrwürdigen Mauern selbst.
Das romanische Magdeburg geriet mit dem Akt der Freigabe einer gedachten Verbindung im ganzen Land verstreuter Pfalzen, Burgen, Dome, Klöster, Stifter, Dorfkirchen, Türme und Höfe nun wirklich

wieder in den Mittelpunkt Sachsen-Anhalts. Die Stadt schien sich zu wandeln, nicht nur dank der neuen Innenstadtarchitektur, vielmehr durch die Rückbesinnung ihrer Bürger auf Magdeburgs Bedeutung als Herrschaftszentrum am Beginn der deutschen Geschichte.
In nur wenigen Jahren konnte ein anspruchsvoller und sorgfältig entwickelter Ausstellungs- und Publikationszyklus zur Bau- und Kulturgeschichte des kostbaren „Solitärs" aufgelegt und mit der Retrospektive über 25 Jahre Kunstmuseum vorerst abgeschlossen werden.

Die 100jährige Concierge im Technikmuseum

Ein erster entscheidender Schritt auf dem Weg zur Entfaltung der Museumslandschaft und zur notwendigen Entflechtung des Kulturhistorischen Museums gelang 1993. Mitten im Prozeß des schwierigen Strukturwandels hatte sich die Stadt zum Neuaufbau eines Technikmuseums in der ehemaligen Grusonschen Panzerplatten-Gießerei und nachmaligen Produktionshalle 18 des SKET (VEB Schwermaschinenbaukombinat „Ernst Thälmann") entschlossen.
Nach einer Teilsanierung des Industriebaus am ehemaligen Klostergraben erhält der Besucher im Schaudepot seit 1995 zunächst anhand von Maschinen, Produkten, Texten und Abbildungen Einblicke in die Themenvielfalt der zukünftigen Ausstellung. Deren Schwerpunkte orientieren sich an den für Magdeburg und das Umland relevanten Leitsektoren der handwerklichen und industriellen Entwicklung seit 1800, darunter Landwirtschafts- und Mühlentechnik, Nahrungs- und Genußmittelindustrie, Maschinen-, Motoren- und Apparatebau, Bergbau und Hüttenwesen sowie Verkehrs- und Infrastruktur. Wichtige Faktoren sind bis in die Gegenwart unter anderem das städtische Handwerk und die städtische Konsumgüterproduktion, die Versorgungs- und Entsorgungstechnik ebenso wie die Alltagstechnik.
In nur fünf Jahren wurde das Technikmuseum zu einem unverzichtbaren Standort der Magdeburger Museen.
Die ausgestellten Antriebsmaschinen, Werkzeugmaschinen der Holz- und Metallverarbeitung, Druck- und Setzmaschinen, die Landwirtschaftstechnik, eine Posamentenwerkstatt, eine Schuhmacherwerkstatt und der Transmissionsbereich sind jedoch nur ein kleinerer Teil tatsächlich vorhandener technischer Objekte und Ensembles, die mittel- und längerfristig für die vorgesehene Erweiterung der Halle restauriert und wissenschaftlich bearbeitet werden müssen.
Neben der Darstellung von technischen Entwicklungslinien und Arbeitsprozessen soll im Vorgriff auch die Firmengeschichte einzelner Maschinenbaubetriebe behandelt werden. Ein Abschnitt zeigt die Entwicklungsgeschichte des Hermann-Gruson- bzw.

Blick in die Ausstellungshalle des Technikmuseums: im Vordergrund ein Gasmotor der Magdeburger Firma Bendel, Baujahr ca. 1890

Nach der Umsetzung der hier gezeigten Dieselmotoren entsteht in diesem Bereich des Technikmuseums eine Ausstellung historischer Landmaschinen.

Wiederherstellung des Magdeburger Saales mit dem monumentalen Wandbild von Arthur Kampf über drei Lebensabschnitte Ottos des Großen im Kulturhistorischen Museum, Aufnahme 1999

des späteren Thälmannwerkes; der Steinbrecher, eine Ölmühle und ein Walzenstuhl stehen beispielhaft für die Produktpalette der Traditionsfirma. Ihr Gründer hatte auf der Weltausstellung 1867 in Paris das Kreuz der französischen Ehrenlegion erhalten; neben der bereits erwähnten Förderung der Museen hinterließ er seiner Vaterstadt eine bedeutende exotische Pflanzensammlung, die Gruson-Gewächshäuser.
Zukünftig werden zudem Firmen wie Schäffer & Budenberg (Magdeburger Armaturenwerke, MAW) und R. Wolf in Buckau (nach 1945: Schwermaschinenbau „Karl Liebknecht“) vorgestellt. Mit dem Exemplar „Nr. 2“ besitzt das Museum eine der ältesten Kesseldampfmaschinen (Lokomobile), die 1862 nach Schönebeck ging. Wolf nutzte für seine Dieselmotorenfertigung auch die Erfahrungen Hans Grades, der zu den Altmeistern des deutschen Motorfluges gehört und anfangs in seiner Magdeburger Firma schnelle Motorräder und Autos konstruierte und fertigte.
Mit einem Dreidecker, dem ausgestellten Nachbau vergleichbar, unternahm Grade seine ersten zaghaften Flugversuche auf dem Cracauer Anger. Viel erfolgreicher war er jedoch später mit dem Eindecker „Libelle“. Davon besitzt das Technikmuseum ein fast ausschließlich aus Originalteilen rekonstruiertes Flugzeug.
Nicht selten entstehen von einem zum anderen Quartal vollkommen neue Ausstellungsbereiche, oder ausgewählte Kapitel der Darstellung werden durch interessante Exponate weiter vervollständigt. Zu der im Vorführbetrieb präsentierten Fabrikation von Posamenten, der Schuhmacherei und den klassischen Werkzeugmaschinen im Transmissionsbereich haben sich funktionsfähige Modelle vom Schiffshebewerk Rothensee und von der Hafen-Hubbrücke gesellt.
Gewissermaßen wie eine in die Jahre gekommene und geliftete Concierge begrüßt die Besuchergruppen eine 100jährige alte Dame – Magdeburgs erste „Elektrische“, die dem Eingang vis-à-vis in ihr letztes Depot eingefahren ist und in unendlicher Kleinarbeit von ABM-Mitarbeitern rekonstruiert wurde.
Das Technikmuseum bietet regelmäßig eigene Sonderausstellungen an, die sich vertiefend mit technikhistorischen Themen beschäftigen, wie etwa 1995 die Bruno-Taut-Ausstellung, 1996 die aufwendige Retrospektive „100 Jahre Strom für Magdeburg“ oder 1999 „100 Jahre Straßenbahn“.
Mit dem weiteren Ausbau entsteht eine Dauerausstellung, die den Besucher einleitend über die grundsätzlichen Prinzipien der Technik und ihre Geschichte informiert, die allgemeine gewerbliche und soziale Entwicklung darstellt, um dann die für Magdeburg und die Region maßgeblichen Gewerbe- und Industriezweige ausführlich zu behandeln. Vor allem für die wissenschaftliche Arbeit entstehen gleichzeitig eine fachspezifische Bibliothek sowie ein Bild- und Firmenarchiv.

Ein neuer Zugang zur internationalen Museumsszene

Manche der Ideen und Vorstellungen, welche in den Wochen und Monaten der friedlichen Revolution 1989/90 zu Papier gebracht wurden, waren schon nach dem Druck bloß noch Makulatur. Andere, deren Verfallszeit die Diskussionen kaum zu lohnen schien, behaupteten sich gegen alle Bedenken, Widerstände und Sparmaßnahmen am Ende der 90er Jahre. Wer erinnert sich daran, daß die Stadtgeschichte im Barockpalais am Domplatz ihren neuen musealen Standort erhalten sollte. Von der Realität längst widerlegt ist auch die Illusion, man könnte das Kulturhistorische Museum, wie vor 1945, in ein Museum für Kunst und Kunsthandwerk zurückverwandeln und somit anknüpfen an die Gründerjahre.
An eine Wiederherstellung der Johanniskirche wagte damals kaum jemand zu denken, und nicht viel hätte wohl gefehlt, dann wäre die Lukasklause privatisiert worden und aus dem Ausstellungs- und Veranstaltungsangebot städtischer Museen herausgefallen.
Die Umbildung der „Erich-Weinert-Gedenkstätte“ in das Literaturhaus und dessen Unterbringung unter dem Dach des Kulturamtes hat nicht zum Verlust der Einrichtung, vielmehr zur beträchtlichen Belebung der Kulturarbeit besonders im Stadtteil Buckau geführt.
Schon in dieser ersten Phase der Neuordnung der Museen und substanzerhaltender Baumaßnahmen wurde der Gedanke einer „Ottonen-Ausstellung“, der bereits aus den 80er Jahren stammte, wieder aufgegriffen, durchaus ernsthaft geprüft und in einem ersten Projekt konzeptionell aufbereitet. Doch wichtige Vorbedingungen sprachen damals noch gegen eine schnelle Realisierung im Kulturhistorischen Museum: der vernachlässigte Bauzustand des Gebäudes, die veraltete Sicherheits- und Klimatechnik, die fehlende moderne Museums-Infrastruktur und anderes mehr.
Nicht zuletzt bedurfte die Durchführung eines derartigen Projektes vor allem auch der wissenschaftlichen und organisatorischen Kompetenz. So standen nach 1990 neben der Anpassung der Personalstruktur an die Verhältnisse der alten Bundesrepublik schrittweise – und zwar in allen Häusern – zunächst diese und ähnliche Aufgaben zur Lösung an. Schon 1992/93 gab es jedoch in kurzer Folge hintereinander interessante historische und kulturgeschichtliche Ausstellungen wie die zur Kunstgewerbe- und Handwerkerschule Magdeburg, über den „Erzbi-

schof Wichmann (1152–1192) und Magdeburg im Hohen Mittelalter“ im Kloster Unser Lieben Frauen bzw. die in Kooperation mit dem Braunschweigischen Landesmuseum erarbeitete Schau „Sachsen-Anhalt. 1200 Jahre Geschichte – Renaissance eines Kulturraumes“ im Kulturhistorischen Museum. Dieser Beitrag war zum einen die erste umfassende Präsentation der Geschichte eines der damals neuen Bundesländer, zum anderen Orientierungspunkt im langfristigen, über das Jahrzehnt hinausgreifenden Konzept der Museen. Aus der Perspektive lokalen Geschehens sollten weitere Themen zur Stadtgeschichte, insbesondere jedoch zur Kulturgeschichte des Mittelalters vorgestellt werden.
In diesem Zyklus gab es 1996 die bislang aufwendigste Ausstellung zur Geschichte der im Spätmittelalter untereinander eng verbundenen Hansestädte des Binnenlandes mit dem Titel „Hanse – Städte – Bünde. Die sächsischen Städte zwischen Elbe und Weser um 1500“. Nicht weniger Resonanz erreichte die Exposition „... gantz verheeret! Magdeburg und der Dreißigjährige Krieg“ – ein Beitrag zum 350. Jahrestag des Friedens von Münster und Osnabrück. Sowohl die zu diesen Projekten jeweils edierten Kataloge in der Reihe „Magdeburger Museumsschriften“ als auch die Folge von wissenschaftlichen Vorträgen angesehener Historiker und Kunstwissenschaftler öffnen den Magdeburger Museen einen neuen Zugang zur internationalen Museumsszene. Ergebnis einer länderübergreifenden Kooperation ist auch die Rettung der vier großen Bildteppiche aus dem 16.–18. Jahrhundert, die nach intensiver wissenschaftlicher Vorbereitung zwischen 1994–1998 in Mechelen (Belgien) gereinigt und unter fachlicher Beratung aus dem In- und Ausland in Halle restauriert wurden. Sie gehören zu den wertvollsten kunsthistorischen Besitztümern der Stadt.
Nicht zuletzt verfügt das Kulturhistorische Museum mit dem historischen Spielprojekt „Die mittelalterliche Stadt Megebeborch“ seit 1996 über ein in Deutschland wohl einmaliges museumspädagogisches Angebot und begeistert jährlich tausende Kinder und Jugendliche für diese Art des Geschichtsunterrichtes im Museum.

Die Anerkennung, die in der wachsenden länderübergreifenden und internationalen Zusammenarbeit der Museen deutlich wird, kommt auch darin zum Ausdruck, daß die Ausstellung „Otto der Große, Magdeburg und Europa“ den Status einer Ausstellung des Europarats erhalten hat. Wie die 25. Bundesgartenschau an der Schwelle zum 21. Jahrhundert so kann auch diese Schau aus der historischen Perspektive das Bild einer modernen, aufstrebenden Stadt in der Mitte des vereinten Europa der internationalen Öffentlichkeit präsentieren.

Die Rekonstruktion des Kulturhistorischen Museums mit der Errichtung der schon von Ohmann vorgesehenen architektonischen Verbindung des West- und Ostflügels im Süden, der Neuaufbau einer Dauerausstellung zum Jahr 2005, die Weiterentwicklung des Technikmuseums und die wissenschaftliche Bearbeitung der Sammlungen des Schulmuseums sind ebenso die Aufgaben dieses Jahrzehnts wie die notwendige Sanierung von Teilen der Klosteranlage, deren behutsame Ergänzung mit neuen Funktionsräumen und die weitere Konturbildung des Kunstmuseums oder die Gestaltung des Museums für Naturkunde am neuen Standort. Ein mit Höhepunkten angereichertes interessantes Ausstellungsprogramm, die Zusammenarbeit mit Universitäten und Hochschulen, dazu Führungen und Vorträge, Museumsfeste und Familiensonntage, Magazin- und Werkstattbesuche, Freizeit- und Ferienangebote für Kinder und Jugendliche, der Unterricht im Museum, die Veranstaltungsreihen für Senioren und gewiß ebenso die Aktivitäten von Arbeitsgemeinschaften und Fachgruppen sowie die mehrerer Fördervereine gestalten die Magdeburger Museen zum Erlebnisraum und zu einem kulturellen Mittelpunkt in der Stadt und im Land Sachsen-Anhalt.

Hans Scheib: Halberstädter Figur, 1983/89, im Hintergrund: Sitzende von Uwe Raddatz, 1988, Sammlung des Kunstmuseums im Kloster Unser Lieben Frauen

„Magdeburg hat ein Theater, das eines häufigeren Besuches würdig ist. Die Offiziere der Garnison haben aus Berlin Konditoreien mit Journallektüre nach sich gezogen ... Die Schulen, die gesellschaftlichen Vereinigungen und Vergnügungsorte haben einen großstädtischen Zuschnitt, der sich mit umso größerem Selbstbewußtsein zu erkennen gibt, als Magdeburg wohl weiß, daß es mehrere Millionen Taler zum jährlichen Finanzetat steuert und denn dafür auch versichert wird, eine Lieblingsstadt des Königs zu sein.“

(Karl Gutzkow, 1838)

HEATER DER LANDESHAUPTSTADT

Magdeburg und seine Theater

DAGMAR BREMER

Theater in Magdeburg hat eine jahrhundertelange Tradition. Den strukturellen Unterschieden der geschichtlichen Entwicklung lassen sich verschiedene Formen von Theater zuordnen, bis sich das bürgerliche Theater als Grundlage unserer heute bestehenden Theaterlandschaft herausbildete.

Was kann Theater also sein? Ein Gebäude; eine bestimmte Institution, Einrichtung; eine Kunstform; Alltagsverhalten. Als sich Theater im 18. Jahrhundert als historische und gesamteuropäische Erscheinung konstituierte, entstand nicht DAS THEATER, sondern eine bestimmte Form davon – das bürgerliche Theater. Dieses bediente sich seiner Vorläufer, wie beispielsweise des Schultheaters des Humanismus und der Renaissance.

Im frühen Humanistentheater des 15. und 16. Jahrhunderts standen nicht künstlerische Ambitionen im Vordergrund, sondern die Schulung von Sitten, Tugend, Gedankengut der Renaissance. Ein wichtiger Repräsentant der Entwicklung und Förderung der Schuldramatik war der Pädagoge und Dramatiker Georg Rollenhagen (1542–1609), der über vier Jahrzehnte in Magdeburg wirkte.

Mit der Zerstörung Magdeburgs während des 30jährigen Krieges 1631, als die Zahl der Einwohner von ca. 30 000 auf etwa 500 sank und von ca. 2 000 Häusern nur etwa 10% die verheerenden Verwüstungen überstanden, wird Magdeburg für mehr als ein Jahrhundert abgeschnitten von der geistesgeschichtlichen Entwicklung jener Zeit. Solange braucht es auch, bis die Stadt wieder ihre ursprüngliche Einwohnerzahl erreicht. Sie hat inzwischen den Status einer Festungsstadt des preußischen Militärstaates. Am wirtschaftlichen Aufblühen interessiert, auf merkantilistische Politik ausgerichtet, bestimmt das Nützlichkeitsdenken das Handeln. „Fahrendem Volk" – und zu diesem gehörten die Wandertruppen der Berufsschauspieler, aber auch die Puppenspieler, die mit Beginn des 18. Jahrhunderts durch die Lande reisten und auf Jahrmärkten, Messen und in dafür geeigneten Häusern spielten – wurde mit großem Mißtrauen begegnet. Beredtes Beispiel dafür ist das Gastspiel der ersten Berufsschauspielertruppe unter der Direktion der Witwe Catharina Elisabeth Velten, die 1700/1701 in Magdeburg gastierte. Sie geriet in Auseinandersetzung mit der Geistlichkeit. Der Magdeburger Pastor Winckler richtet einen scharfen Angriff gegen die Veltensche Truppe: *„Beschauet die Personen recht / zu deren actionen ihr kommt / und euch divertiren lasset. Sind es nicht meistentheils solche Leute, die ihren rechtmäßigen Beruff verlassen / und entweder aus Faulheit oder Liederlichen Hertzen zu dieser gefährlichen Lebens-Art sich geschlagen?"* Catharina Velten wehrte sich und verfaßte eine für ihre Rehabilitation bestimmte und auf Verteidigung der Schaubühne ge-

links: Das Theater der Landeshauptstadt (1997)

Detail aus der Requisitenkammer am Magdeburger Stadttheater, 1930

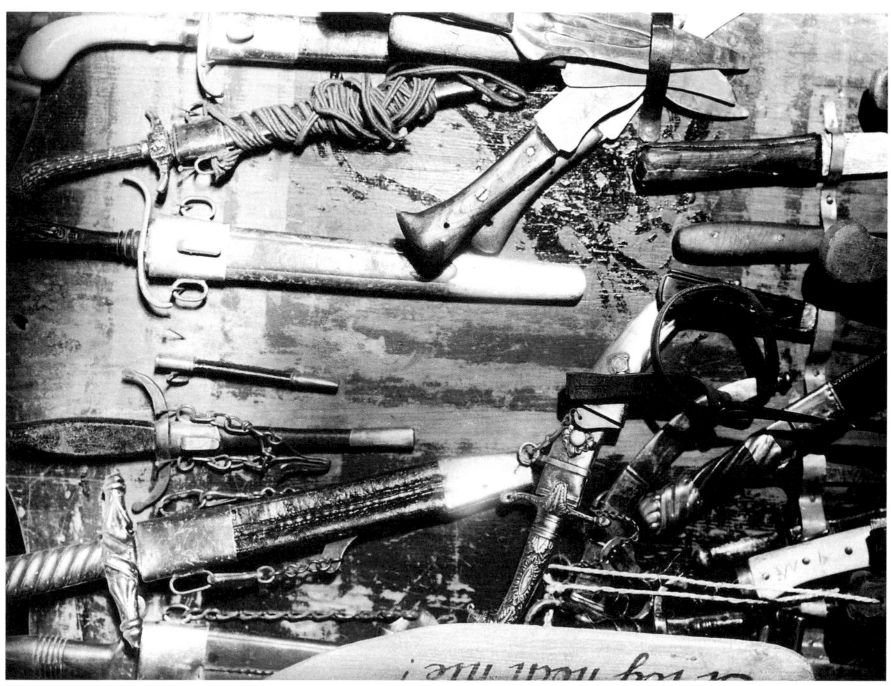

Titelblatt der Veltenschen Streitschrift

Zeugnis der Warheit
Vor Die
Schau-Spiele
oder Comödien/
Wider
Hn. Joh. Joseph Wincklers/
Diaconi an der hohen Stiffts-Kirchen
in Magdeburg/
Herausgegebenen Schrifft/
Worinnen er Dieselbe heftig angegriffen / um verhaßt
zu machen sich vergeblich bemühet /
Aus vieler Theologorum Zeugnis auch anderer
Gelehrten Schrifften zu sammen getragen
und auffgesetzt
Von
Frauen C. E. Velthemin/
Principalin der Königl. Polnischen und Chur-Fürstl.
Sächsischen Hoff-Comoedianten.
Gedruckt/ Anno 1701.

richtete Schrift – mußte aber trotzdem ihr Gastspiel abbrechen und weiterziehen.

Es gingen viele Jahrzehnte ins Land, ehe wieder fahrende Schauspieler nach Magdeburg kamen.

Bemühungen um die nationale Einheit in Deutschland liefen einher mit den Bildungsbestrebungen der Aufklärung. Eine große Aufgabe, die sich die Aufklärung stellte – die Vereinigung der deutschen Kleinstaaten, u. a. mit Hilfe des Theaters – war zugleich eine große Illusion. Nichtsdestotrotz leistete sich das erstarkende Bürgertum Nationaltheater, nationale Schaubühnen in den Städten ab Mitte des 18. Jahrhunderts. Es entstanden Theatergebäude, Berufsschauspieler wurden von der Bürgerschaft engagiert und bezahlt, Dramatik gespielt, die dem Anspruch der *„Bühne als moralische Anstalt"* (Schiller) Rechnung trug. Für eine gewisse Zeit verzichtete das deutsche Theater auf das, was weite Teile des internationalen Theaters bestimmte: auf das Spielerische, Unterhaltsame, Kreativität Freisetzende. Das Theater kam in Deutschland zum Stehen im doppelten Sinn.

Auch in Magdeburg gab es bereits Mitte der 70er Jahre des 18. Jahrhunderts Bestrebungen, ein stehendes Theater einzurichten, ein Theatergebäude zu schaffen, weil ein zunehmendes Interesse von Seiten des Publikums am Theaterspiel bestand. Ratmann G. N. Fritze sei hier als Beleg zitiert: *„Der Platz, worin bisher unsere Schauspiele aufgeführt wurden, war für unsere Stadt und eine große Anzahl unserer Nachbarn und Freunde zu klein und unbequem; die angesehensten Familien waren genötigt, 1$^1/_2$ Stunden früher zu kommen und risquirten, noch drei Stunden und länger stehen zu müssen ... Schauspiele scheinen nun einmal für das Zeitalter Bedürfnisse geworden zu sein und da viele gute Menschen in den jetzt mehrentheils geläuterten Schauspielen ihr Vergnügen und ihre Erholung finden, so werden die Vorurteile einzelner Bewohner Magdeburgs dagegen wohl nichts entscheiden können."* Tatsächlich gelang es engagierten Bürgern, mit Hilfe einer zu diesem Zweck gegründeten Aktiengesellschaft, in der Dreiengelstraße (Ecke Breiter Weg 134) ein Schauspielhaus zu bauen. Die mit 10 000 Talern veranschlagten Kosten wurden um das Doppelte überschritten. Die Pläne für den Bau stammten von dem Dessauer Architekten Friedrich Wilhelm Erdmannsdorff. Sie sind zwar verschollen, aber der zeitgenössische Bericht des Freiherrn von Dalwigk, eines Offiziers der Magdeburger Garnison, gibt Auskunft: *„Als das neueste Schauspielhaus ist es gewiß das geschmackvollste, alles Schnitzereyen und Bildereyen, die mann in den Logen in anderen gewohnt ist, fallen gantz weg, sondern Simplizität mit schönstem Geschmack verbunden, machen es für das Auge sehr anziehend."* Am 21. Februar 1795 öffnete sich erstmals der Vorhang für Mozarts *Zauberflöte*.

Nachdem in dem neu gebauten Haus Musiktheatervorstellungen überhandnahmen, beschlossen die Mitglieder der Theaterkomiteesitzung am 24. März 1795, das Haus an eine Gesellschaft zu vermieten, die sich um einen Vertrag bemüht hatte. Zwei Tage später wurde mit Carl Döbbelin jun. ein Mietkontrakt über zwei Jahre abgeschlossen. Schauspiele Ifflands, Rührstücke Kotzebues, gängige Lustspiele jener Zeit von Bretzner und Schröder beherrschten Döbbelins Spielplan. Er bot Gebrauchstheater von und für Zeitgenossen. Daneben versuchte er vor allem, die Oper und das Singspiel in den Spielplan aufzunehmen.

Aber unseriöses Geschäftsgebaren Döbbelins und Angst der Aktionäre um ihren Gewinn führten dazu, daß der Kontrakt aufgehoben wurde und Döbbelin das Haus laut Rechtsspruch verlassen mußte. Am 9. Februar 1796 wurde das Theater mit Ifflands *Aussteuer* geschlossen.

Nach dem Scheitern der Döbbelinschen Direktionszeit mußten die Magdeburger Aktionäre einen neuen Weg finden, das Theater weiterzuführen. Daher beantragten sie beim preußisch königlichen Kabinett eine Erlaubnis zur *„Haltung einer eigenen Magdeburger Schauspielergesellschaft"*. Sie begründeten ihr Gesuch mit dem Umstand, daß ein Theatergebäude vorhanden sei, aber ohne entsprechende Nutzung keine Zinsen abwerfen würde. In der von Offizieren, Krämern und Beamten bevölkerten preußischen Garnisonsstadt wird nur das unterstützt, was finanziellen Gewinn verspricht – die Aktionäre betrachteten das Theater als reines Geschäftsunternehmen. Sie

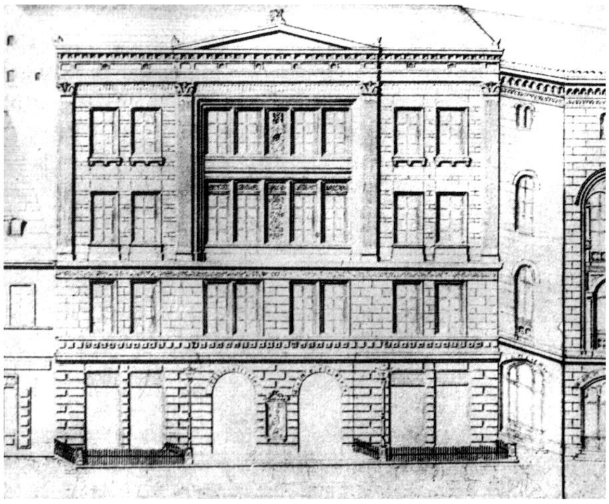

Skizze des 1794 von Erdmannsdorff erbauten Magdeburger Nationaltheaters (Vorderansicht Breiter Weg 134)

erhalten ihre Genehmigung zur „Haltung einer eigenen Magdeburger Schauspielergesellschaft auf eigene Kosten und Gefahr". Am 19. September 1796 wird in Magdeburg die „Deutsche National-Schaubühne" mit Ifflands *Das Vermächtnis* eröffnet.
An das Theater wurden etwa 22 Mitglieder berufen, die sich bei Abschluß ihres Vertrages auf die im September 1796 aufgestellten „Gesetze für das deutsche Theater zu Magdeburg" verpflichten mußten. Diese Gesetze beinhalteten Pflichten und Rechte jedes Mitgliedes vom Regisseur bis zum technischen Personal, wie beispielsweise, daß „niemand ... in seiner Rolle Aenderungen oder Zusätze zum Nachtheil des Stückes – unsittliche Theaterspiele oder Possen anbringen, lachen oder sonst etwas thun" darf, „das die Täuschung aufhebt". Die Störung der Illusion, der „vierten Wand" Diderots, war verboten. Die Forderung nach Naturwahrheit auf der Bühne stand im Vordergrund. Aus den Gesetzen ist auch zu entnehmen, welche Pflichten dem Regisseur in der damaligen Zeit zukamen: Ihm oblag die Aufstellung des Spielplanes – *„das Publikum durch das Theater zu unterhalten und zu bilden, sei sein Ziel"*; zusätzlich hatte er die Funktion des Dramaturgen wahrzunehmen, war für den Druck der Theaterzettel und Arienbücher verantwortlich, hatte die Oberaufsicht über den Fundus an Dekorationen, Kostümen und Requisiten. Als Regisseur hatte er also im wesentlichen „nur" die äußeren Effekte zu ordnen, war Arrangeur, der schematisch Auf- und Abgänge zu organisieren hatte.
Als hervorzuhebende Inszenierung der ersten Spielzeit ist der *Hamlet* in der Regie von Friedrich Ludwig Schmidt, erster künstlerischer Leiter bis 1804 am Magdeburger National-Theater, zu nennen. Weitere Aufführungen waren *Minna von Barnhelm, Die Räuber, Fiesco*. 1801 brachte Schmidt eine für die deutschen Bühnen bahnbrechende Inszenierung von Lessings *Nathan der Weise* zur Aufführung. Ihm gelang als erstem eine fesselnde theatralische Umsetzung der dramatischen Vorlage Lessings. Schmidt, der sich auch als Dramatiker betätigte, erlangte mit seinem Schauspiel *Der Sturm von Magdeburg*, das am 10. Mai 1799 zum Gedenken an die Zerstörung Magdeburgs im Jahre 1631 durch Tilly seine Erstaufführung erlebte, überaus nachhaltigen Erfolg. Die lokalpatriotische Begeisterung der Magdeburger führte dazu, daß das Stück eines der erfolgreichsten Schauspiele des 19. Jahrhunderts und noch bis zum Jahr 1876 am 10. Mai eines jeden Jahres aufgeführt wurde.
Bemerkenswert ist, daß sich Magdeburg – im Gegensatz zu vielen vergleichbaren Kommunen – während des 19. Jahrhunderts ohne nennenswerte Unterbrechungen Theater leistet und diese Tradition im 20. Jahrhundert fortführt.

Die verschiedenen Theatergebäude

Künstler und Mitarbeiter eines Theaters fristen im 18. und 19. Jahrhundert ein armseliges Dasein. Ihr Einkommen ist dürftig, ihr Ansehen fragwürdig. Die Subventionen der Stadt und des Staates sind gering und nie sicher, das Publikum ist arm. Die Direktion eines Theaters wechselt häufig – der Erfolg ebenso.
Die Schuldenlast zwingt zum Abbau des musikalischen Apparates, auf die Oper wird fast vollständig verzichtet. Im Schauspiel dominiert „populäres Lachtheater". Stücke von Schiller, Goethe oder Shakespeare stehen nur noch selten auf den Spielplänen. 1807 findet sich anläßlich einer Aufführung von *Emilia Galotti* eine Anzeige in der Magdeburger Zeitung. Darin wird gebeten, *„zwey Strophen aus die-*

Vorderansicht aus dem Jahre 1937

Auszug aus den Magdeburger Theatergesetzen von 1796

jeder unterschreiben muß, damit alle Ausflucht wegfalle. Um dem Probenansager mehrere Gänge zu ersparen, trägt der Schauspieler Jemanden in seiner Wohnung auf, zu unterschreiben, wenn er selbst abwesend ist.

§. 16.

Wer zu der ersten Probe eines Stückes zu spät komt, und dadurch den Anfang hindert, oder wer einen Auftritt versäumt, zahlt Zwei Groschen Strafe. Wer eine solche Probe ganz versäumt, zahlt Vier Groschen.

§. 17.

Bei allen Proben muß Stille und Ordnung herrschen. Wer einen Hund mit in die Probe bringt, zahlt Zwei Groschen. Besonders muß die Hauptprobe mit aller Pünktlichkeit der wirklichen Vorstellung gehalten werden, und sich Niemand außer den Spielenden, auf der Scene befinden. Eine Hauptprobe muß jeder ohne Rolle probiren, und den zu spielenden Charakter nach seinen Kräften bezeichnen.

Wer zu einer Hauptprobe zu spät komt, oder wer einen Auftritt versäumt, bezahlt Vier Groschen.

sem Meisterwerke ja zu beherzigen. Es sind die Worte des Prinzen und des Malers Conti: Nun, Conti, was macht die Kunst? Prinz, die Kunst geht nach Brod.“

Gastspiele prominenter Zeitgenossen helfen, das Theater zu füllen. 1810 kommen August Wilhelm Iffland und Friedrich Ludwig Schmidt. 1816 und 1817 gastiert Ludwig Devrient – besonders stürmisch gefeiert als Franz Moor.

Doch dem Debakel entgeht man nicht – im Mai 1821 kommt der finanzielle Zusammenbruch, im September 1821 wird das Theater an die Gesellschaft der Braunschweiger Witwe Sophie Walter vermietet, die das Musiktheater wieder aufleben läßt und 1822 in Magdeburg erstmals Webers *Freischütz* aufführt.

Auf Veranlassung des damaligen Oberbürgermeisters August Wilhelm Francke gründet man 1824, nachdem auch Sophie Walter völlig verarmt gescheitert ist, eine neue Aktiengesellschaft, um das Theater erneut in eigene Verwaltung der Stadt übernehmen zu können. Diese AG bestand bis 1833. Die Rückzahlungsforderung eines Kredites bewirkt eine weitere Destabilisierung der Theaterverhältnisse in Magdeburg. Bis 1875 hat das Haus allein elf verschiedene Pächter.

Einige bedeutende Ereignisse seien noch angemerkt: 1828 übernimmt Eduard Genast für ein Jahr das Theater und führt es mit großem Erfolg. Er belebt Opernaufführungen und schafft es, das Publikum mit „klassischem“ Schauspiel zu begeistern. Am 13. November 1829 – nach der Uraufführung vom 19. Januar 1829 in Braunschweig – bringt Magdeburg als eine der ersten deutschen Bühnen eine Inszenierung von Goethes *Faust* heraus. Von 1834 bis 1836 ist Richard Wagner Musikdirektor in Magdeburg. Er führt hier seine zweite Oper *Das Liebesverbot* auf – das ganze gestaltet sich zur Katastrophe: Zur Uraufführung befinden sich ganze drei Besucher im Parterre. Wagner dazu: *„Dem ohngeachtet, hoffte ich noch auf Zuwachs, als plötzlich die unerhörtesten Szenen hinter den Coulissen sich ereigneten. Dort stieß nämlich der Gemahl meiner ersten Sängerin auf den zweiten Tenoristen ... gegen welchen der gekränkte Gatte ... eifersüchtigen Groll hegte.“* Es kam zu einer Prügelei und der Liebhaber mußte *„mit blutendem Gesicht in die Garderobe entweichen“*. Auch die Primadonna war nicht mehr in der Lage aufzutreten. Wagner verläßt fluchtartig die Stadt.

Die um die Mitte des 19. Jahrhunderts in Magdeburg einsetzende Industrialisierung verändert die Stadt. Der Zollverein, die Ansiedlung von Zuckerindustrie und Maschinenbauunternehmen, der Ausbau der Verkehrsverbindungen durch die Eisenbahngesellschaften und die Dampfschiffcompagnie, der Bau von Brücken machen Magdeburg zu einem wichtigen Verkehrsknotenpunkt und Umschlagplatz. Die kapitalistische Revolution führte zu einer regelrechten Bevölkerungsexplosion in der Hauptstadt der Provinz Sachsen (1837: 42 000 EW; 1840: 51 000; 1849: 60 000; 1870: 100 000). Die Verlegung des Festungsgürtels zwischen 1850 und 1875 schafft die Voraussetzungen für die Erweiterung der ehemals engen Altstadt und die Ausweitung der Vorstädte.

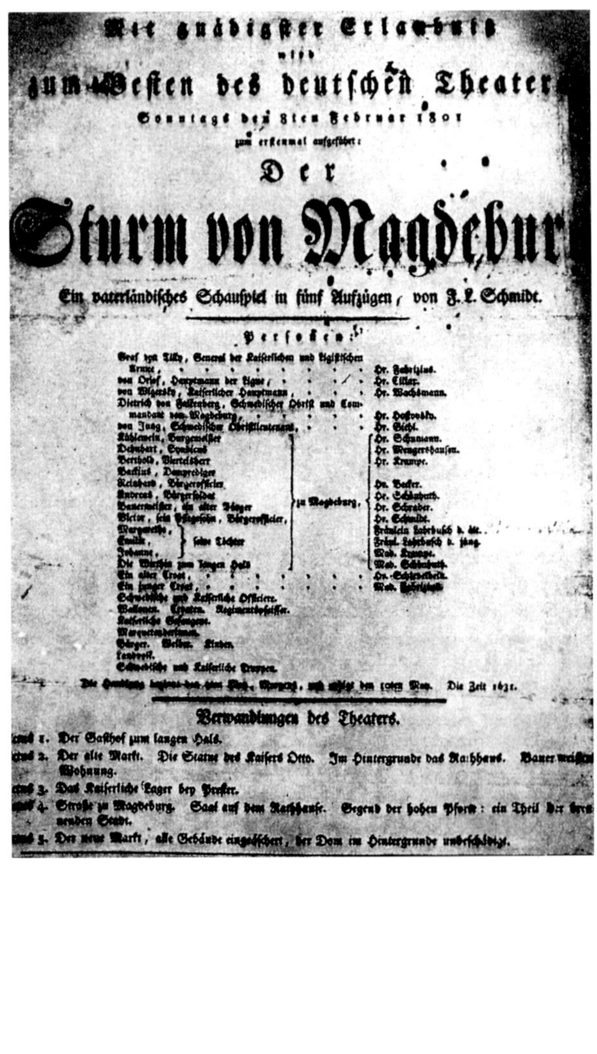

Programmzettel zum *Sturm von Magdeburg*

Magdeburg übersteht die Kriege 1864, 1866, 1870/71, die Choleraepidemie 1873, durchleidet die wirtschaftliche Depression nach dem Börsenkrach 1873 und profitiert Ende des Jahrhunderts von der goldenen Zeit der Gründerjahre. Der wirtschaftliche Aufschwung hält an bis zu Beginn der 20er Jahre des 20. Jahrhunderts – Magdeburg produziert für die Rüstungsindustrie.

Bereits 1846 gibt es eine Neuerung im Theaterangebot der Stadt. Der neue Konzessionsinhaber Rudolf Wirsing eröffnet vor dem Ulrichstor (in der Nähe des heutigen Damaschkeplatzes) das erste Magdeburger Vorstadt-Theater. Nicht überdacht und mit aus Latten zusammengezimmerten Sitzbänken, einer – manchmal ob der Lautstärke die Vorstellung störenden – Gastwirtschaft in der Nähe, ist das *Tivoli* eine florierende Kleinkunstbühne, für die Wirsing sogar ein Abonnement auflegen konnte. Das zweite *Tivoli* wird im Frühjahr 1849 auf dem Werder, am östlichen Elbufer, errichtet. Es faßt 1 500 bis 1 600 Zuschauer. Dort können sogar Opern und Schauspiele gezeigt werden, während das Theatergebäude im Breiten Weg/Ecke Dreiengelstraße immer mehr verfällt.

Um die Einnahmen zu erhöhen, werden zunehmend Varieté-Gastspiele angeboten. Das Theater spielt die üblichen Possen und bürgerlichen Rührstücke. Klassische Werke finden sich auch im Spielplan, aber lediglich als Beigabe, Konzession. Materielle Interessen stehen eindeutig im Vordergrund. Das Theater verkommt zur Vergnügungsstätte, zum Geschäft.

Die Forderung der 48er Revolution nach einem wahren Nationaltheater, das im Mittelpunkt geistiger und politischer Auseinandersetzungen stehen sollte, verstummt mit dem Scheitern der bürgerlichen Revolution. Die Bemühungen um die Reformierung der deutschen Bühne scheitern. Die Lage der Theater und der Theaterschaffenden verschlechtert sich zunehmend. Virtuosentum – nicht Ensemblespiel – herrscht vor. Bedeutende Gäste kommen nach Magdeburg, u.a. Eduard Genast, Johanna Wagner, Maria Seebach, Anna Schramm, Hedwig Raabe, Franziska Elmenreich.

Die 1843 in England eingeführte Gewerbefreiheit, zwar erst ab 1869 auch in Deutschland Gesetz, hat schon vorher ihre Auswirkungen: Es entsteht eine Vielzahl von Bühnen, gedacht als reine Geschäftsunternehmen. So auch in Magdeburg. Am 18. Mai 1860 eröffnet Otto Nowack sein auf eigene Kosten in der Mittel-/Ecke Lingnerstraße erbautes Viktoria-Theater mit dem Schwank *Eine Nacht in Berlin*. „*Nicht ganz wasserdicht*“, aber ca. 1 200 Besuchern Platz bietend, werden hauptsächlich Lustspiele und Schwänke aufgeführt – das Haus ist in der Regel ausverkauft. Es wird bis 1925 bespielt und 1930 abgerissen.

Das Viktoria-Theater, 1860 von Otto Nowack erbaut

Im Winter 1864 eröffnet Gottlieb Senst am Brücktor in der Berliner-/Ecke Johannesfurthstraße (am Schleinufer in der Höhe des Klosters Unser Lieben Frauen) das Café francais, später „Théâtre des Varietées“, zu Beginn des Deutsch-Französischen Krieges 1870, in Wilhelm-Theater umbenannt. 1870 noch mit *Wilhelm Tell* eröffnet, entwickelt sich das Haus zunehmend zur reinen Operettenbühne. *Die Fledermaus* von J. Strauß erlebt 65 Aufführungen, Millöckers *Gasparone* gar 98 in einer Spielzeit!

Das alte Stadttheater im Breiten Weg ist der Konkurrenz von Viktoria- und Wilhelm-Theater, der Vielzahl der Tivolibühnen und der unzähligen Restaurants kaum noch gewachsen. Bemühungen, sich durch gehobenen künstlerisch-ästhetischen Anspruch den Publikumszuspruch zu sichern (z. B. durch Wagner-Inszenierungen), machen in dem verfallenen Haus keinen Neuanfang möglich.

Der Bau eines neuen Stadttheaters wird unumgänglich. Der oben angedeutete wirtschaftliche Aufschwung in der Stadt begünstigt die Bestrebungen der zu diesem Zweck gegründeten Aktiengesellschaft. Nach den Plänen des Direktors der Berliner Bauakademie, Prof. Lucae, wird in den Jahren 1873 bis 1876 in der Kaiserstraße (gegenüber dem Hauptbahnhof) das neue Stadttheater gebaut. Der Magi-

Das Wilhelm-Theater nahe der Elbe

Blick in den Zuschauersaal des Wilhelm-Theaters

strat verpflichtet sich, innerhalb von 20 Jahren die Aktien aufzukaufen, zieht sie aber dann bereits 1890 ein, wird so Eigentümer des Gebäudes und verpachtet bis 1920.

1 200 Gäste erleben am 6. Mai 1876 mit Goethes *Egmont*, dem die Jubel-Ouvertüre von Weber vorausging, die Eröffnung des Hauses, das konzipiert ist als Dreispartentheater: Oper, Schauspiel (vom klassischen Drama bis zur Posse), Operette; sogar eine sechsköpfige Ballett-Truppe wird engagiert. Die Spielzeit dauert vom 1. September bis zum 1. Mai, d. h. 200 Spieltage; ca. 35 Neuinszenierungen sind notwendig. Das Repertoire unterscheidet sich gänzlich von dem des alten Stadttheaters und der anderen Bühnen, die sich als Unterhaltungsbühnen verstehen. Lokalstücke und Mischformen werden nicht gespielt. Es dominiert die Oper; das Sprechtheater ordnet sich unter. Zeitgenössische Dramatik (Ibsen, Hauptmann, Schnitzler) spielt nur eine episodische Rolle. *Der Freischütz, Der Widerspenstigen Zähmung, Fidelio, Faust, Othello, Hamlet, Carmen,* Schiller und Wagner bestimmen den Spielplan. 1894 findet die erste Gesamtaufführung des *Ring des Nibelungen* in Magdeburg statt. Unter Theaterdirektor Cabisius (1891–1907) werden Wagners Werke besonders häufig inszeniert. Wagner-Aufführungen können bereits seit Mitte der 80er Jahre ausschließlich mit eigenem Personal bestritten werden. Sowohl der *Ring* als auch ein Mozart-Zyklus gewinnen überregionale Bedeutung. Die nationale Fachpresse lobt das Haus und sein Orchester und bescheinigt dem Stadttheater „hervorragend gute" Personalverhältnisse.

Im Juni 1883 gastiert am Magdeburger Stadttheater das Hoftheater Meiningen – ein epochemachendes Gastspiel.

1897 entscheidet die Stadtverordnetenversammlung, den nunmehr als Städtisches Orchester firmierenden Klangkörper – zunächst für drei Jahre – zu bezuschussen. (Das Orchester behält diesen Namen fast

Stadt-Theater in Magdeburg.

Direction Varena.

Mittwoch, den 13. Juni 1883.

Dreizehntes Gastspiel des Herzoglichen Meiningenschen Hof-Theaters.

Zum ersten Male:

Wallenstein's Tod.

Anfang 7 Uhr!

Nach dem 3. Acte Pause.

Offizielle Texte à 40 Pfg. sind an der Casse und bei den Billeteuren zu haben.

Preise der Plätze.

Cassenöffnung 6½ Uhr. Anfang der Vorstellung 7 Uhr. Ende nach 10 Uhr.

Donnerstag, den 14. Juni 1883. 14. Gastspiel des Herzogl. Meiningenschen Hoftheaters.
Zum zweiten und vorletzten Male: Wallenstein's Lager in 1 Act von Friedrich v. Schiller.
Hierauf zum zweiten u. vorletzten Male: Die Piccolomini. Schauspiel in 5 Acten von Fr. v. Schiller.

Die Tageskasse befindet sich in dem Nebenbau des Stadttheaters (Victoriastraße) und ist an Wochentagen von 10 bis 2 Uhr, an Sonn- und Festtagen von 11 bis 2 Uhr geöffnet. Abends ist der Billetverkauf im Hauptgebäude des Stadttheaters. – Nachmittag-Billet-Verkauf findet nicht statt.

Vormerkgebühren werden nicht erhoben, dagegen können Billets stets für den nächstfolgenden Abend gekauft werden.

Bestellungen auf Billets von auswärts wolle man gefälligst unter Beifügung des Betrages an den Cassirer des Stadttheaters, Herrn Tölle, richten.

Gastspielankündigung des Meininger Hoftheaters in Magdeburg, 1883

100 Jahre, im Mai 1991 wird es umbenannt in Magdeburgische Philharmonie.) Im Herbst 1900 erfolgt die Übernahme der Orchestermitglieder ins Angestellten- bzw. Beamtenverhältnis mit Pensionsanspruch. 1901 werden die 1. Maifestspiele anläßlich der Feierlichkeiten zum 25jährigen Bestehen des Magdeburger Stadttheaters u. a. mit Wagners *Ring* begangen.
Mit Beginn der Spielzeit 1913/14 übernimmt Heinrich Vogeler als Pächter und Theaterleiter das Stadttheater. Er war bereits von 1908–1911 am Haus als Schauspieler und Oberspielleiter engagiert.
1907 eröffnet schräg gegenüber dem um 1895 erbauten Zirkus Blumenfeld (2 890 Plätze) am Staatsbürgerplatz das Zentraltheater (heutiges Theater der Landeshauptstadt am Universitätsplatz) mit einem Varieté-Programm. Als kommerzielles Haus geführt, spielt es zunächst Varieté- und Revueprogramme und pro Saison acht Wochen eine neue und moderne Operette en suite – etwas, das sich das Stadttheater aus finanziellen Gründen nicht leisten konnte. Mit ca. 1 800 Plätzen bot das Zentraltheater der Stadt, die um 1910 ca. 200 000 Einwohner zählte, auch vielfältige Spezialitätenprogramme (Hunde- und Pferdedressuren, Drahtseilakte, Tirolerszenen). Zur Wirtschaftlichkeit des von Direktor Lölgen geführten Hauses gehörte ein großer gastronomischer Betrieb im Kellergeschoß mit ca. 1 500 Plätzen und einer zweiten Bühne (Bunte Bühne). Diese wurde nach dem Ersten Weltkrieg verstärkt für die Spezialitätenprogramme genutzt, während auf der Hauptbühne vornehmlich moderne Operette gespielt wurde – in Konkurrenz zum Wilhelm-Theater unter Vogeler. Werke von Kálman, Lehar, Lincke und Oskar Straus sicherten Lölgen die Erfolge. Otto Reutter war ständiger Gast auf der Bühne. Lotte Werkmeister und Paul Westermeier verdienten hier ihre ersten Sporen.
Während des Ersten Weltkrieges spielen nur das Stadttheater und das Wilhelm-Theater weiter. Nach

Blick in den Zuschauersaal des Zentraltheaters

Blick in den Zuschauersaal des Stadttheaters

Ankündigung der Mai-Festspiele von 1901 im Magdeburger Generalanzeiger

Stadt-Theater zu Magdeburg.

Festspiele

zur 25jähr. Jubelfeier des Magdeburger Stadt-Theaters

am 6., 8., 10., 12., 14., 16. Mai 1901.

Zur Aufführung gelangen:

„Der Ring des Nibelungen“ Bühnenfestspiel von R. Wagner:

„Tristan und Isolde“ von Rich. Wagner.

„Die Meistersinger von Nürnberg“ von Rich. Wagner.

Das Rheingold.

(6. Mai. — Anfang 6 Uhr.)

Wotan: Kammersänger Carl Perron.
Alberich: Fritz Friedrichs.
Mime: Hofopernsänger Julius Lieban.
Loge: Dr. Otto Briesemeister.
Fasolt: Hofopernsänger Hans Keller.
Fafner: Hofopernsänger Victor Klöpfer.
Donner: Rich. Breitenfeld.
Froh: Kammersänger Wilh. Cronberger.
Fricka: Kammersängerin Charl. Huhn.
Erda: Hofopernsängerin Marie Goetze.
Freya: Hofopernsängerin Irma Koboth.
1. Rheintochter: Josefine v. Artner.
2. „ Hofopernsängerin Marie Deppe.
3. „ Hofopernsängerin Marie Goetze.

Walküre.

(8. Mai. — Anfang 5 Uhr.)

Brünhilde: Kammersäng. Kath. Senger-Bettaque.
Wotan: Kammersänger Carl Perron.
Siegmund: Kammersänger Aloys Burgstaller.
Hunding: Hofopernsänger Victor Klöpfer.
Fricka: Kammersängerin Charl. Huhn.
Sieglinde: Kammersängerin Ida Hiedler.
Waltraute: Hofopernsängerin Marie Deppe.
Helmwige: Kammersängerin Emilie Gleiß.
Schwertleite: Hofopernsängerin Rosa Ethofer.
Ortlinde: Hofopernsängerin Helene Hartwig.
Sigrune: Hofopernsängerin Ludm. Prochaska.
Gerhilde: Hofopernsängerin Bella Alten.
Roßweiße: Hofopernsängerin Elfr. Harden.
Grimgerde: Frieda Zerny.

Siegfried.

(10. Mai. — Anfang 5 Uhr.)

Siegfried: Kammersänger Emil Gerhäuser.
Mime: Hofopernsänger Julius Lieban.
Wanderer: Kammersänger Carl Perron.
Alberich: Fritz Friederichs.
Fafner: Hofopernsänger Victor Klöpfer.
Brünhilde: Kammersäng. Kath. Senger-Bettaque.
Erda: Hofopernsängerin Marie Goetze.
Waldvogel: Josefine v. Artner.

Götterdämmerung.

(12. Mai. — Anfang 5 Uhr.)

Siegfried: Kammersänger Emil Gerhäuser.
Alberich: Fritz Friedrichs.
Hagen: Hofopernsänger Hans Keller.
Gunther: Richard Breitenfeld.
Brünhilde: Kammersäng. Kath. Senger-Bettaque.
Gudrune: Hofopernsängerin Irma Koboth.
Waltraute: Hofopernsängerin Marie Deppe.
1. Rheintochter: Josefine v. Artner.
2. „ Hofopernsängerin Marie Deppe.
3. „ Hofopernsängerin Marie Goetze.
1. Norne: Hofopernsängerin Rosa Ethofer.
2. „ Hofopernsängerin Marie Deppe.
3. „ Josefine v. Artner.

Tristan und Isolde.

(14. Mai. — Anfang 5 Uhr.)

Tristan: Kammersänger Emil Gerhäuser.
Isolde: Kammersäng. Kath. Senger-Bettaque.
Brangäne: Kammersängerin Charlotte Huhn.
Marke: Kammsänger Carl Perron.
Kurwenal: Hofopernsänger Baptiste Hoffmann.
Hirt: / Steuermann: Kammersänger Wilhelm Cronberger.
Melot: Max Heller.
Seemann: Ed. Hedrich.

Meistersinger von Nürnberg.

(16. Mai. — Anfang 5 Uhr.

Stolzing: Kammersänger Dr. Raoul Walter.
Hans Sachs: Kammersänger Theodor Bertram.
Beckmesser: Fritz Friedrichs.
David: Hofopernsänger Jul. Lieban.
Pogner: Hofopernsänger Hans Keller.
Kothner: Richard Breitenfeld.
Eva: Kammersängerin Ida Hiedler.
Magdalena: Hofopernsängerin Marie Goetze.
Eislinger: Hofopernsänger Max Grahl.
Ortel: Hofopernsänger Carl Greis.
Vogelgesang: Otfried Hagen.
Zorn: Max Heller.
Schwarz: Hans Oberstoetter.
Foltz: Stephan Möhring.
Nachtigall: Carl Roseling.
Moser: Wilhelm Wirk.
Nachtwächter: Ed. Hedrich.

Preise der Plätze incl. städt. Billetsteuer:

Parquet und Parquetloge . . . . Mk. 10.10.	III. Rang . . . . Mk. 4.10.
II. Parquet . . . . „ 8.10.	Gallerie . . . . „ 1.35.
II. Rang . . . . „ 6.10.	

Der Verkauf findet täglich an der Tageskasse statt, woselbst auch die Festschrift mit den Bildern und Biographien der mitwirkenden Künstler zum Preise von Mk. 1.50 zu haben sind.

Die Vorstellungen enden so zeitig, um die letzten Züge, nach allen Richtungen hin, benutzen zu können.

Bestellungen auf Billets müssen rechtzeitig gemacht werden, da Billets nur noch in beschränkter Anzahl zu haben sind.

Die Direction.

dem plötzlichen Tod von Operndirigent Josef Göllrich übernimmt Walter Rabl im Herbst 1915 die Leitung des Orchesters. Während des Krieges ist der „Theaterhunger“ groß. Die Spielplangestaltung – anfangs dominiert noch großdeutsches Pathos – gestaltet sich schwierig. Das Personal steht nicht mehr vollzählig zur Verfügung, die soziale Lage ist unsicher. Ohne Ganzjahresverträge lassen sich keine überdurchschnittlich begabten Künstler an eine Provinzialhauptstadt binden. Die Stadt steht dem Ansinnen von Vogeler, hier Veränderungen vorzunehmen, noch zumal in Kriegszeiten, abwartend gegenüber. 1917 wagt Vogeler das Experiment, pachtet das Viktoria-Theater und verfügt so mit zwei Spielstätten über größere Disponibilität. Einem Teil des künstlerischen Personals kann er dadurch Ganzjahresverträge anbieten. Unterstützt werden seine Bemühungen durch die erfolgreiche Organisation von Gastspielen. Ab November 1916 wird auch das in der altstädtischen Apfelstraße gelegene Walhalla-Theater ganzjährig bespielt.

Während sich für die privat bewirtschafteten Viktoria-, Wilhelm-, Zentral- und Walhalla-Theater nach Kriegsende kaum etwas ändert, stellt die Stadt – Dank der Entschlossenheit der Stadtverwaltung – entscheidende kulturpolitische Weichen, die das Stadttheater und seine Beschäftigten betreffen: Am 1. Mai 1920 übernimmt der Magistrat das Stadttheater in eigene Regie. Die Spielzeit wird um zwei Monate (bis 30. Juni) verlängert, die Sinfoniekonzerte finden im größeren Zentraltheater statt; die Gagen – auch unter dem Druck gewerkschaftlicher Forderungen der Bühnenangehörigen – steigen. Die Städtischen Bühnen werden gegründet, sie verfügen über ca. 3 500 Plätze. Heinrich Vogeler wird zum Intendanten und städtischen Beamten auf Kündigung mit Pensionsberechtigung berufen. Der gesamte Bühnen- und Verwaltungsapparat geht in den Bereich der städtischen Verwaltung über. Die Stadt pachtet das Wilhelm-Theater für Schauspielaufführungen und übernimmt Vogelers finanzielle Verpflichtungen dem Viktoria-Theater gegenüber. Sie kauft Vogelers Kostüm- und Dekorationsfundus. Theater- und Orchesterausschuß werden zu einem Gremium zusammengeführt, das Oberbürgermeister Hermann Beims leitet. Der Theaterdezernent Dr. Fresdorf sei an dieser Stelle zitiert: Das Stadttheater *„muß sich als vornehmstes Ziel setzen, der lebendigen gemeinsamen Gegenwart zu dienen ... Es ist die wohlverstandene Forderung des Tages, jedes ehrliche Theaterinteresse zu fördern, der eigenen Entwicklung fruchtbar zu machen ... Hochwertige künstlerische Leistungen sind nur möglich bei erstklassigem Personal und technischem Material, an dessen Vervollkommnung weiterzuarbeiten eine wichtige Aufgabe der städtischen Theaterverwaltung sein wird.“*

Eine wichtige Rolle zur Sicherung des Theaterbesuches spielten in den 20er und 30er Jahren die unterschiedlichen Formen der Besucherorganisationen. Für das Stadttheater war dies das von den Städtischen Bühnen aufgelegte Städtische Abonnement; im Wilhelm-Theater hingegen sicherten im wesentlichen Theatergemeinden den Besuch der Vorstellungen: die Volksbühne und der Bühnenvolksbund (Gesellschaft für Theater und Kunst). Beide waren vom Theater unabhängige Vereine, sie suchten Stücke aus, die in ihr jeweiliges Bildungskonzept paßten, und schlugen sie der Theaterleitung für Aufführungen vor. Damit griffen sie zwar in die Spielplangestaltung ein, garantierten aber so Serienvorstellungen. Durch die gestützten Eintrittspreise, die die Theatergemeinden ihren Mitgliedern boten, konnten allen sozialen Schichten der Stadtbevölkerung Theaterangebote unterbreitet werden, die für die Anrechtsbesucher Schauspiele, Opern, Schauspiele mit Musik, aber auch Kammermusik, Solistenabende und Sonderkonzerte beinhalteten.

1924 beruft die Stadt erstmals einen Generalmusikdirektor: Walter Beck (bis 1933) wird Leiter der Sinfoniekonzerte und Musikalischer Oberleiter des Theaters. Im gleichen Jahr legt die Stadt unter Leitung von Oberbürgermeister Beims die Struktur der Städtischen Bühnen fest. Ausgehend vom reinen Kommerzdenken, über den Versuch, Kunst und Kommerz zu vereinigen, werden die Städtischen Bühnen schließlich zum Instrument kommunaler Kulturpolitik.
Höhepunkt kommunaler Theaterpolitik – aber auch ein kluger Schachzug der Stadtväter zur Imagepflege – war zweifellos die Vorbereitung und Durchführung der 1. Deutschen Theaterausstellung von Mai bis September 1927. Hierfür wurden im Rotehorn-Park die Stadthalle, die Ausstellungshallen, der Aussichtsturm und die freischwimmende Bühne auf dem Adolf-Mittag-See gebaut. Zum festlichen Abschlußkonzert am 25. September erklang in der Stadthalle *Die Sinfonie der Tausend* von Gustav Mahler.
Sowohl Heinrich Vogeler als auch sein Nachfolger Egon Neudegg (1930–1932) waren um einen die Zeitprobleme aufgreifenden Spielplan bemüht, konnten sich damit aber nicht durchsetzen.
Nach dem Ende der Weimarer Republik im Januar 1933 bleibt die bestehende Theaterstruktur mit den Schwerpunkten Stadttheater, Wilhelm-Theater und angemietetem Zentraltheater vorerst erhalten. 1938 kauft die Stadt das Zentraltheater und hat nunmehr das gesamte Theaterwesen in ihren Händen.
Natürlich beeinflußten die Machtübernahme der Nationalsozialisten und der Zweite Weltkrieg die Spielplangestaltung. Wie auch immer, das Interesse des Magdeburger Publikums am Theater hielt unvermittelt an. Die Theater spielten – trotz aller Widrigkeiten – bis zur generellen Theaterschließung in Deutschland 1944 weiter.

An dieser Stelle sei ein Hinweis auf die Bedeutung des *Puppenspiels* gestattet, das in Magdeburg einen bedeutenden Platz einnahm und noch heute innehat. Die Puppenspieler, in der Geschichte dem fahrenden Volk zugehörig, unterlagen oft noch restriktiveren Bestimmungen als die Wandertruppen der Berufsschauspieler. Ungeachtet dessen erfreuten sie mit ihrem Puppenspiel ihr Publikum auf Volksfesten und Jahrmärkten. Für Magdeburg war besonders das Wirken von Julius Xaver Jean Schichtl (1888–1965) von Bedeutung. Er siedelte sich 1920 in Magdeburg an und war zwischen 1922 und 1928/29 regelmäßig Gast auf der Messe auf dem Domplatz. Sein großes Marionettentheater gehörte mit einer Frontbreite von 20 Metern, einer Tiefe von 7,5 Metern und 400 Plätzen zu den repräsentativsten jener Zeit. Die notwendige Energie wurde übrigens mittels einer Lokomobile und Lichtmaschine erzeugt. Schichtls Engagement ist es zu verdanken, daß das Puppenspiel mit einer eigenen Abteilung auf der 1. Theaterausstellung 1927 in Magdeburg vertreten war. Die Puppenspieler präsentierten sich auch in dem bunten Veranstaltungsprogramm. Schichtl bemühte sich um die Anerkennung des Puppenspiels als „künstlerische Angelegenheit“. Er spielte – solange er die Genehmigung dazu hatte – auch in Schulen und auf einer kleinen Bühne in der Prälatenstraße, nachmittags für Kinder, abends für Erwachsene. Er richtete Lehrgänge ein, um seine Fähigkeiten und Fertigkeiten im Puppenspiel und in der Puppengestaltung weiterzugeben. Auch Jutta Balk, die Mitbegründerin des Puppentheaters der Stadt Magdeburg, gehörte zu seinen Schülerinnen. Sie und Gustel Möller, der erste Leiter

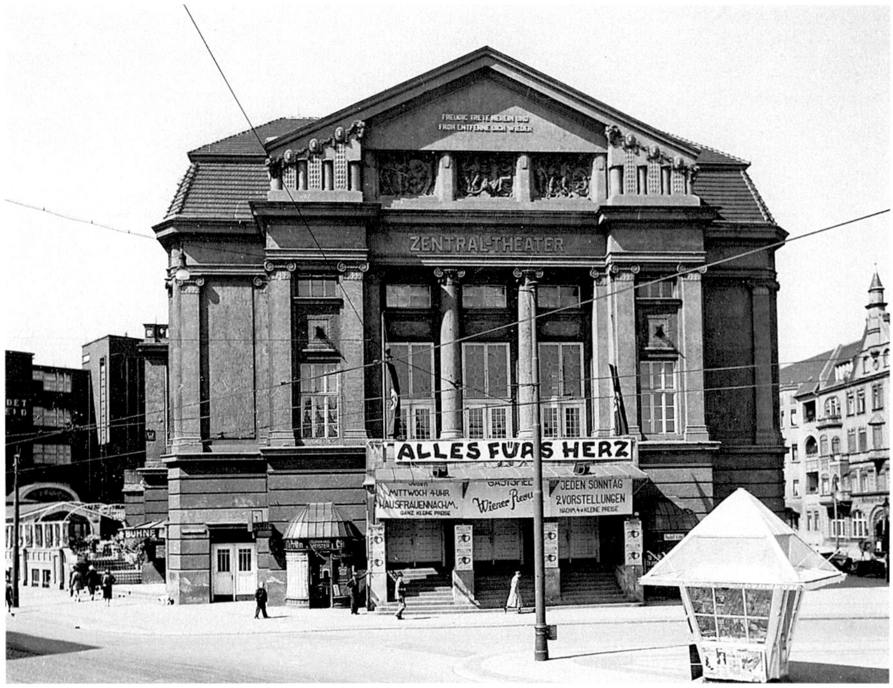

Das 1907 eröffnete Zentraltheater, Ansicht vom Breiten Weg

Festkonzert in der Stadthalle anläßlich der Theaterausstellung 1927

Schichtls Marionettentheater in den 20er Jahren

„Wir liebten Magdeburg, meine Eltern und ich ... Hier war mein Vater immer gerne, hier konnte er die Vorstellungen machen, die ihm selbst Freude bereiteten. Keine großen Orgeln durften in der Nähe spielen, denn die Magdeburger wollten vom Schichtl-Theater alles hören ..."
(Xaver August Schichtl: Erinnerungen, 1962)

des Puppentheaters, hatten mit ihren Bemühungen um ein festes Theatergebäude für das Puppenspiel Erfolg: Am 1. September 1958 konnte das Ensemble der Städtischen Puppenbühne Magdeburg zur Eröffnung des Hauses in der Warschauer Straße 25 einladen. Unter der gleichen Adresse ist das Puppentheater auch heute noch zu finden. Es ist weiterhin ein professionelles Ensembletheater in Trägerschaft der Stadt Magdeburg.
Der 16. Januar 1945 war ein verheerender Tag für Magdeburg und seine Bürger: Bombenangriffe zerstörten fast 80% der Innenstadt, vernichteten über ein Drittel des Wohnungsbestandes und fast 70% der wichtigen Industriebetriebe. Die Bevölkerungsstatistik sagt aus, daß Ende Oktober 1945 fast 100 000 Menschen weniger in der Stadt lebten als 1938. Alle Theatergebäude fielen dem Luftangriff zum Opfer ebenso wie viele Lichtspielhäuser, der Zirkus Blumenfeld ...
Unmittelbar nach Kriegsende wird in der zerstörten Stadt nach Spielmöglichkeiten für Theatervorstellungen gesucht. Im Magistrat einigt man sich auf das Kino Roxy, gelegen auf der Ostseite der Elbe im Brückfeld, wo der Regisseur Paul R. Henker das Stück *Der zerbrochene Krug* spielen läßt – in improvisierten Dekorationen und ebensolchen Kostümen, aber vor ausverkauftem Haus. Im Gesellschaftshaus des Harmonievereins, den heutigen Freien Kammerspielen, damals bezeichnet als Stadttheater, hebt sich am 18. August 1945 der Vorhang für Szenen aus *Faust I* und *Faust II,* am 1. September 1945 hat dort *Orpheus und Eurydike* von Gluck Premiere. In den Palasttheatern (Vorstadtkinos) Sudenburg und Buckau werden en suite kleine Operetten und Schwänke gespielt. Bis Ende 1950 gibt es auch auf der Kleinen Bühne in der Goethestraße (Vortragssaal der Feuersozietät) Vorstellungen. Bereits am 4. Juni 1945 findet die erste Kunstveranstaltung mit Mitwirkenden des Theaters statt: In der Pauluskirche spielt unter Leitung von GMD Erich Böhlke das Städtische Orchester die 8. Sinfonie (Unvollendete) von Schubert und Beethovens 7. Sinfonie.
Die Städtischen Bühnen Magdeburg besaßen in den ersten Nachkriegsjahren mit 430 Mitarbeitern und mehr als 3 000 Plätzen, die übrigens stets besetzt waren, den größten Theaterbetrieb (incl. Gastspieltätigkeit) der sowjetischen Besatzungszone außerhalb Berlins.
Die einst so theaterreiche Stadt bedarf wieder eines repräsentativen Theatergebäudes – darin sind sich die Stadtväter einig und treffen 1948 die Entscheidung, das ehemalige Zentraltheater wieder aufzubauen.

Plakat der Deutschen Theaterausstellung 1927 in Magdeburg

Lokomobile und Lichtmaschine bei Schichtl in den 20er Jahren

Fünf Millionen Mark stehen zur Verfügung. Am 20. Dezember 1950 findet die Eröffnungsvorstellung mit *Der große Verrat* von Ernst Fischer statt. Das Haus hat 1 300 Plätze und erhält den Namen Maxim-Gorki-Theater. Ende 1951 ist der Spielbetrieb auf das Maxim-Gorki-Theater und das Stadttheater (= Harmoniegebäude = Kammerspiele) begrenzt. Die Städtischen Bühnen Magdeburg bleiben weiterhin ein Dreispartentheater und werden von der Stadt unterhalten.
1963 richtete man im Maxim-Gorki-Theater eine kleine Spielstätte ein. Die Podiumbühne bot rund 75 Gästen Platz. Schon die Eröffnungspremiere (noch im Theatercasino), das Stück *Der Fuchs und die Trauben* von G. Figueiredo, wurde ein großer Erfolg. Auf der kleinen, experimentellen Bühne gab es auch Vorstellungen des Musiktheaters wie Opern von Telemann und Hasse oder die Co-Produktion zwischen den Bühnen der Stadt und dem Städtischen Puppentheater *Der kleine Prinz* nach Saint-Exupéry.

Erster Generalintendant der Städtischen Bühnen Magdeburg ist Hans Geißler, ihm folgt Heinz Isterheil (1957–1968). Erster Generalmusikdirektor ist Erich Böhlke (1946–1950), gefolgt von Herbert Charlier. Von 1952 bis 1968 wirkt Gottfried Schwiers als musikalischer Oberleiter des Hauses.
Zwischen 1958 und 1964 wurde das Stadttheater nicht bespielt, weil es dringend der Sanierung bedurfte, für die die finanziellen Mittel aber fehlten. Die Städtischen Bühnen nutzten als Ausweichspielstätte zeitweilig das Pionierhaus (= Gesellschaftshaus) in der Schönebecker Straße. Bis Mitte der 60er Jahre erklangen die Sinfoniekonzerte des Städtischen Orchesters im Varietégebäude Kristallpalast.
Mit Beginn der Spielzeit 1969/70 erhielt die Stadt ein eigenes Kinder- und Jugendtheater. Als Bestandteil der Städtischen Bühnen spielte es in den Kammerspielen (= Harmoniegebäude = Stadttheater). So bestand die Möglichkeit, unter Nutzung der vorhandenen Kapazitäten, für Kinder und Erwachsene zu spielen. Legt man die Zahlen für das Anrecht des Städtischen Puppentheaters für Vorschulkinder gemeinsam mit denen des Theaters für Junge Zuschauer zugrunde, erreichte es 1969 17 700 Besucher. 1976 kamen 32 000 Gäste.
Von 1968 bis 1973 ist Hans-Diether Meves Generalintendant der Städtischen Bühnen. Generalmusikdirektor ist von 1968 bis 1992 Roland Wambeck. Danach übernimmt Mathias Husmann die künstlerische Leitung des Musiktheaters, ab 1998 Christian Ehwald und ab Herbst 2003 Gerd Schaller. Von 1973 bis 1991 liegt die Generalintendanz in den Händen von Karl Schneider, ihm folgt Max K. Hoffmann.

Innenansicht des Städtischen Puppentheaters von 1958

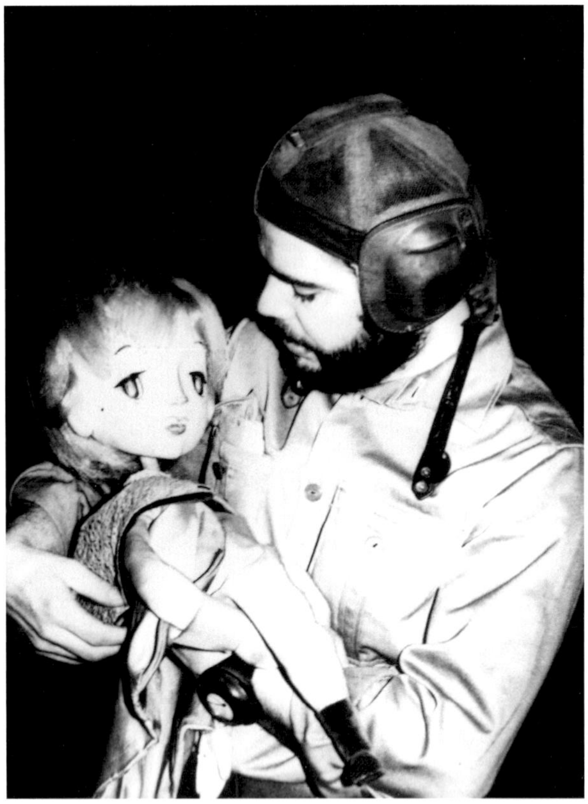

Szenenfoto aus der Inszenierung *Der kleine Prinz*, eine Co-Produktion mit dem Städtischen Puppentheater auf der Podiumbühne, 1970

Vierteiliges Plakat zur *Ring*-Aufführung, 1988 – 1990

Szenenfoto aus der Inszenierung *Einer flog übers Kuckucksnest* in den Kammerspielen, 1989

Das erste Domizil des Kabaretts „Die Kugelblitze" - ein Zelt im ehemaligen Saal des Kristallpalastes

Blick in das zerstörte Bühnenhaus des Maxim-Gorki-Theaters nach dem Brand vom 20. Mai 1990

Die Interimspielstätte „Kuppeltheater"

Das Theater am Jerichower Platz

Gebäude des Gesellschaftshauses Harmonie, nach 1945 als Stadttheater bezeichnet, heute Freie Kammerspiele

Nicht vergessen werden soll in diesem kurzen Exkurs über die Theater in Magdeburg, daß 1979 das Berufskabarett „Die Kugelblitze" gegründet wurde. Es erhielt seine erste Spielstätte in einem in den Zuschauersaal des Kristallpalastes eingebauten Zelt. Im Kristallpalast durften aus baupolizeilichen Gründen keine Bühnenveranstaltungen mehr durchgeführt werden. 1986 konnten die Kabarettisten ihr neues Domizil im Breiten Weg beziehen. Das eigens für sie und ihr sehr interessiertes Publikum errichtete Gebäude hat 190 Plätze im Saal und ca. 60 Plätze im Brettl-Keller. Von 1996 bis 2003 gehört das Kabarett zum Theater der Landeshauptstadt. Ab dem Jahr 2000 sind die Vorstellungen des Kabaretts auf der neuen Spielstätte auf der Theaterinsel am Universitätsplatz zu sehen.

Das Maxim-Gorki-Theater wurde im Laufe der Jahre mehrfach umgebaut (u. a. auch Ausbau der Seitenbühne, Fassadensanierung, Einbau einer neuen Lichtstellanlage), so daß 1990 Plätze für 950 Gäste im Hauptsaal zur Verfügung stehen. In den Kammerspielen gibt es 350 Plätze – tagsüber für Kinder und Jugendliche, abends für Erwachsenenvorstellungen des Schauspiels.

Szenenfoto aus der Inszenierung *Der Fuchs und die Trauben* auf der Podiumbühne im Maxim-Gorki-Theater, 1963

Die Bühnen der Stadt Magdeburg verfügen über einen umfangreichen Spielplan im Schauspiel- und Musiktheaterbereich. Gespielt werden die Klassiker neben Stücken der Gegenwart von Autoren des In- und Auslandes. Besonderes Engagement gilt der Pflege der Volkstheatertraditionen wie mit Stücken von de Vega, Goldoni, Molière oder Horváth, Nestroy. Inszeniert werden Stücke von Wesker, Dürrenmatt, Fo, O´Casey und Wassermann. Hierbei sind die erfolgreichen Bemühungen um DDR-Erstaufführungen hervorzuheben, die sich auch in der überdurchschnittlichen Publikumsresonanz niederschlugen. Neben der traditionellen Aufführung der Stücke russischer Dramatiker ist man natürlich bemüht, auch Werke Gorkis immer wieder in den Spielplan zu nehmen. Im Musiktheater werden neben dem klassischen Repertoire besonders Werke von Telemann und Wagner gepflegt. 1988 beginnt das ehrgeizige Projekt, in Magdeburg erstmals wieder eine komplette *Ring*-Aufführung zu produzieren. Drei Teile der Aufführung werden inszeniert – bevor *Die Götterdämmerung* im Herbst 1990 zur Premiere gelangen kann, brennt das Theatergebäude aus.

Im Februar 1990 faßt der Stadtrat den Beschluß, den Kammerspielen einen eigenständigen Status zu verleihen, sie aus dem Verbund der Bühnen der Stadt herauszulösen. Knapp ein Jahr später wird Wolf Bunge Interdant der Freien Kammerspiele. Das Profil des Hauses zeichnet sich aus durch Inszenierungen moderner Gegenwartsdramatik und innovative Verknüpfung von Theater mit anderen Kunstformen. Besondere Aufmerksamkeit erringen die Künstler mit ihren Spektakeln in offenen Räumen (Fabrikhalle, Kirchenruine, Hafen, Elbufer, Fußballstadion). 2001 übernimmt Tobias Wellenmeyer die Intendanz. Bis zum Abschluß der Sanierungsarbeiten des Theatergebäudes der Freien Kammerspiele im Jahre 2005 spielt das Ensemble in der alten Staatsbank am Dom und im Theater am Jerichower Platz. Auch nach der Wende werden Maxim-Gorki-Thater und Freie Kammerspiele – nunmehr künstlerisch und verwaltungstechnisch getrennt geleitet – von der Stadt und vom Land Sachsen-Anhalt finanziell bezuschußt.

Das ehemalige Zentraltheater, spätere Maxim-Gorki-Theater, heutige Theater der Landeshauptstadt wurde am 20. Mai 1990 durch Brandstiftung so schwer zerstört, daß es nicht weiter bespielt werden konnte. Eine Vielzahl von Interimspielstätten halfen, den Theaterbetrieb aufrechtzuerhalten. Dazu gehörten u. a. das Kuppeltheater (Zeltbau) und ab Spielzeit 1992/93 das Theater am Jerichower Platz. Diese Spielstätte auf dem ehemaligen Kasernengelände der Russen ließ die Stadt eigens für diesen Zweck ausbauen.

Am 4. Oktober 1997 wird das Theater der Landeshauptstadt – mit nunmehr 741 Plätzen – mit Wagners *Meistersingern von Nürnberg* wieder eröffnet.

Literaturhinweise:

Bremer, Dagmar: Theater für eine Stadt – dargestellt am Beispiel der Magdeburger Stadttheaterentwicklung von ihrer Ausprägung zu Beginn des 20. Jahrhunderts bis Anfang der 50er Jahre. Dipl.-Arb. Leipzig, 1991.

Kabel, Rolf.: 160 Jahre Magdeburger Theater 1796–1956. Festschrift. Magdeburg, 1956.

Krusche, Friedemann: Theater in Magdeburg. Band 1 u. 2. Halle, 1994.

Geschichte des Stadtarchivs

INGELORE BUCHHOLZ
CONSTANZE BUCHHOLZ

Der Begriff „Archiv" kommt aus der griechischen Sprache und hieß dort „archeion". Im Lateinischen gab es ihn als „archivum", in die deutsche Sprache ging er als „Archiv" ein. Das Wort hat mehrere Bedeutungen. Es wird darunter ein Regierungs- oder Amtsgebäude verstanden oder eine Einrichtung für die systematische Erfassung, Ordnung, Verwahrung, Betreuung und Erschließung von Schrift-, Bild- und Tongut staatlicher Dienststellen, anderer Institutionen (Verbände, Unternehmen) oder Einzelpersonen. Es gibt u. a. Staats-, Landes-, Kreis-, Kommunal-, Kirchen-, Adels-, Familien-, Wirtschafts-, Partei-, Parlaments-, Hochschul-, Literatur-, Kunst-, Presse-, Rundfunk- und Filmarchive. Ein Archiv erwächst in der Regel organisch aus laufendem Geschäftsverkehr; es nimmt die in der Registratur entbehrlichen Unterlagen auf, die wegen ihres wissenschaftlichen, politischen, rechtlichen, technischen, wirtschaftlichen, künstlerischen oder allgemein kulturellen Quellenwertes als aufbewahrungswürdig angesehen werden.
Voraussetzung für die Entstehung von Archiven ist die Schrift. Bei den rund 400 000 aus dem Altertum vor allem in Mesopotamien und Kleinasien gefundenen Tontafeln handelt es sich noch nicht um Archivalien, sondern um Kanzlei- und Registraturschrift-

Eingang Stadtbibliothek und Stadtarchiv, Neuer Weg 6/7, 1937. Der Gebäudekomplex wurde 1894 im Jugendstil erbaut.

Puncten, haben Wir diese Ordnung, mit Unserm
hierunter anhangenden Stadt Secret, wissent-
lich bestärcket, Undt ist auch am statt
Eines Ehrsamsten Raths, von dem praesidiren-
den Bürgermeister, herrn Otto Gerickenn,
wie auch Ehrn Peter Schützen, undt Ehrn
Andreas Rohen, als Directorn deß Erb.
Ausschosses, undt sämbtlichen Ältisten undt
Kirchvätern, mit eigenen händen unterschrieben undt untersiegelt worden.
So geschehen in der Stadt Magdeburgk,
den 14. Decembris, Anno 1652.

Otto Gericke
nomine Senatus

Peter Schütze
im Nahmen Primae Classis

Andreas Rohr
nomine secundae Classis
subscr.

Nahmen der Jenigen Persohnen, so hierließer zum
Predig Ambte verordnet worden.

Johannes Bonschalck, mppa
M. Hieronymus Sievert mppr
M. Casparus Andreae mppra
Johannes Böttiger
SS. Theol. Doctor
Malachias Siebenhaar. Mñ.
M. Hieronymus Sievert
Johannes Zimmermann Mñ.
M. Petrus Herst mppa
M. Casparus Andreae
M. Henricus Schwartz mppra
M. Andreas Fabricius mppra
Samuel Pomarius,
SS. Theol. Licentiatus.
Jacobus Chenitius mmcâ
M. Ernestus Bakius mcâ
M. Casparus Andreae Pastor Johannis.
M. Ernestus Bakius, Archi-Diaconus
ad D. Johannis
M. Andreas Fabritius mea
Diaconus Johannis.
M. Johann. Henric. Turban.
Diaconus ad aedem Spir. S.
Franciscus Schoff Pastor
Gübsensis

Ernestus Bakius, SS. Theol. Lic.
Ad D. Johannis Pastor Mmea.
M. Christianus Scriverius ad D.
Jacobi Pastor mppria
M. Balthasar Kinderman
P. L. C. Diaconus Johannis.
Christophorus Rust. Diacon. ad D. Jacob.
M. Balthasar Kinderman, Sittavia
Lus. ad D. Ulrici et Lev. Pastor.
M. Matthias Langius, P. L. C. Ascania
Saxo, Diaconus Johannis.
M. Henricus Matthias von Brucke
Derenburgo Saxo Pastor ad D. Sp. S.
Henricus Telemann Cerstadio-Saxo
Diaconus ad D. Sp. S.
M. Samuel Joxi S. Jorga Misn.
Diaconus ad D. Joh. Evang.
Sigismundus von Vockerod Magd. Sax.
Pastor in Ottersleben
M. Nicolaus Müller Theopaniens. Misn.
Pastor ad S. Catharin.
Franciscus Julius Lütkens, Lunaburgens.
Diacon. ad S. Catharin.
M. Samuel Lau Pastor ad S. Sancti
Trinitatis Conventu Halberstadiensis
et oppido Ermsleben
Erdmannus Bethcke. Neo-Brand.
March. Diac. ad D. Cathar.

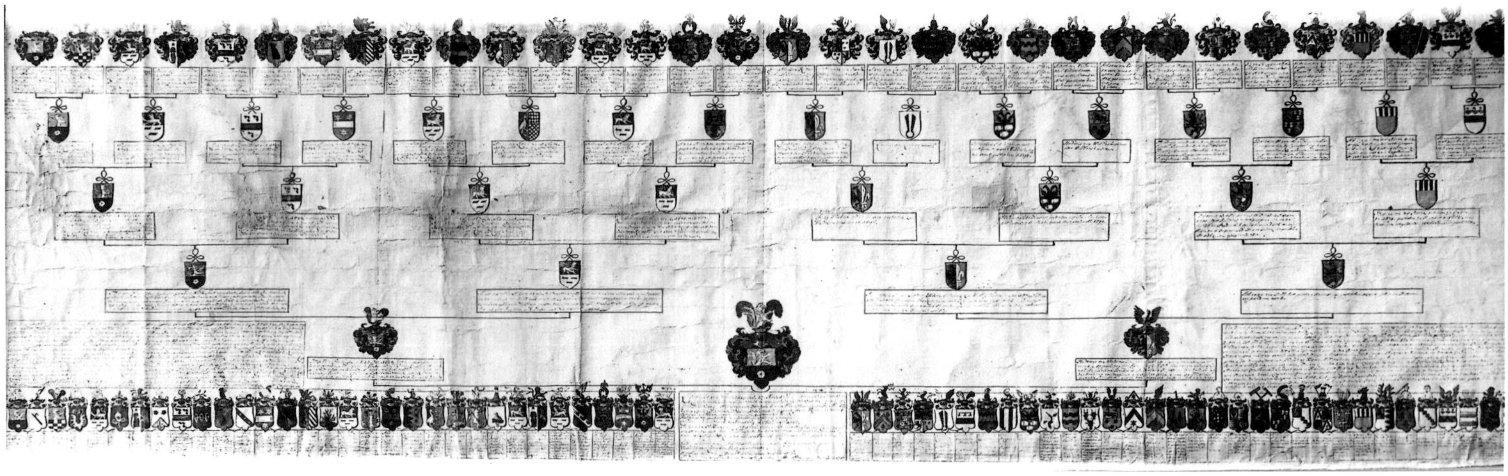

Ahnentafel der Familie Guericke, Foto von 1936. Vom Original sind nur noch die beiden Seitenteile im Stadtarchiv vorhanden. Das wichtige Mittelstück mit Angaben über Otto von Guericke ging im Zweiten Weltkrieg verloren.

Vorhergehende Seiten: Kirchenverordnung für die Stadt Magdeburg, unterschrieben und gesiegelt am 14. Dezember 1652 durch Bürgermeister Otto Gericke (später Otto von Guericke), die Direktoren des Erbausschusses, sämtliche Älteste und Kirchenväter.

gut, das aufgrund der Dauerhaftigkeit des Schreibmaterials eher zufällig erhalten geblieben ist.

Ein eigentliches Archiv, das zur Aufbewahrung der Gesetze diente, gab es erstmals im antiken Griechenland. In Rom wurden in republikanischer Zeit die vom Senat erlassenen Gesetze und andere Beschlußfassungen im „Aerarium Saturni" aufbewahrt. 78 v. Chr. entstand am Südosthang des Kapitols ein eigener Archivbau, das „Tabularium civitatis". In Deutschland legten seit dem 9./10. Jahrhundert Bistümer und Klöster aus Sorge um ihre Privilegien und Schenkungen Archive an. Die Städte folgten im 12. Jahrhundert, Fürsten und Grafen im 13. Jahrhundert. Erst zu Beginn des 15. Jahrhunderts waren mit der Einführung eines geordneten Registraturwesens die Voraussetzungen für ein dauerhaftes Archiv auch der Reichsverwaltung in Deutschland gegeben. Die verhältnismäßig späte Entstehung eines Archivs auf Reichsebene hängt mit dem Wanderkönigtum in Deutschland im Mittelalter zusammen. Da sich die Städte von Anfang an am gleichen Ort befanden, waren hier bessere Voraussetzungen für die Anlage von Archiven gegeben. Dies trifft auch für die Kirchen zu.

Das klassische Kommunalarchiv ist das Stadtarchiv. Es kann mit den Institutionen Museum oder Bibliothek nicht gleichgesetzt werden. Letztere sind kulturelle Einrichtungen. Für das Archiv trifft dies nur teilweise zu. Archive haben praktische Aufgaben für die Ämter und anderen Dienststellen der Stadtverwaltung, deren Eigentum sie sind, zu leisten. Für deren Tätigkeit stellen sie zur Wahrung von Rechtsansprüchen bzw. zur Verwaltungsdurchführung die notwendige Schriftgutüberlieferung zur Verfügung. Sie bewahren sie vor Verlust, Zerstörung oder unbefugter Nutzung. Zu den Aufgaben gehören u. a.: Erschließung der ständig anwachsenden historisch wertvollen Aktenbestände, Erweiterung und Nutzbarmachung der archivischen Sammlungen, Ergänzung und Katalogisierung der Präsenzbibliothek.

Magdeburg wurde im Verlaufe seiner Geschichte zweimal zerstört: Am 10. Mai 1631 durch die Truppen Tillys während des 30jährigen Krieges und am 16. Januar 1945 durch anglo-amerikanische Bomben. Auch die zweite Zerstörung Magdeburgs hatte ungeheure Ausmaße. Die Altstadt wurde zu fast 90 % vernichtet. Der Wirtschaft wurden unermeßliche Schäden zugefügt. Der Sachschaden betrug über zwei Milliarden Mark. Die genannten Zerstörungen unserer Stadt hatten leider auch Auswirkungen auf ihr Archiv. Die Existenz des Stadtarchivs Magdeburg vor der ersten Zerstörung 1631 ist nachweisbar. Die Unterlagen sind nicht mehr vorhanden, auf welche Weise sie vernichtet wurden, ist bis heute ungeklärt. Während des Zweiten Weltkrieges erlitt das Stadtarchiv ebenfalls große Verluste. Wertvolle Akten aus der Zeit von 1632 bis zum Anfang des 19. Jahrhunderts wurden vernichtet.

Die Bestände des Stadtarchivs waren während des Zweiten Weltkrieges ausgelagert worden. Auslagerungsorte waren Glindenberg, Meyendorf, Dahlenwarsleben, Kusey, Bahrendorf und auch Schulen, Turnhallen innerhalb der Stadt Magdeburg. 1943/44 brachte man die älteren Bestände nach Staßfurt in das Kalibergwerk. Dort sollen nach dem 8. Mai 1945 durch Fremdarbeiter aus Rache Brandstiftungen vorgenommen worden sein, die zur Folge hatten, daß wertvolle Unterlagen des Stadtarchivs, der Stadtbibliothek und des Museums vernichtet wurden. Auch Plünderungen und Abtransporte durch die Besatzungsmächte können nicht ausgeschlossen werden.

Der in Meyendorf eingelagerte Teil der Handbibliothek des Archivs wurde geplündert und ist nicht mehr vorhanden. Die Unterlagen, die in der Turnhalle der ehemaligen Augustaschule lagen, verbrannten am 16. Januar 1945. Die Aufrechnung, die nach Ende des Krieges vorgenommen wurde, war schmerzlich. Für den Ende 1945 wieder eingestellten Archivar Dr. Konrad Schrod war es die wichtigste Aufgabe, die Bestände zurückzuführen und zu sichten. Erst 1948 wurden die Rückführungsarbeiten im wesentlichen beendet. Die einzelnen Magazinräume waren in der Stadt verstreut. Das erschwerte wesent-

lich die Arbeiten. Trotzdem konnten die Ordnungsarbeiten und die Ermittlungen der Verluste verhältnismäßig unkompliziert durchgeführt werden, da sämtliche Findbücher erhalten geblieben waren.
Das Stadtarchiv öffnete am 15. März 1950 erstmalig wieder seine Pforten für Benutzer. Zu diesem Zeitpunkt waren die Ordnungsarbeiten längst nicht abgeschlossen. Die größten Bestände mußten noch mit den vorhandenen Findbüchern verglichen, teilweise neu geordnet und in Findbüchern verzeichnet werden. Diese Arbeiten zogen sich bis zum Anfang der sechziger Jahre hin. Sie wurden erschwert durch Raummangel in der schwer zerstörten Stadt und dadurch, daß das Archiv mehrmals umziehen mußte, bis es endgültig wieder im Hause des Rates der Stadt – Bei der Hauptwache 4/6 – untergebracht werden konnte. Da die Räume keine Archivzweckräume sind, wurde in den vergangenen Jahren sehr viel für ihre Ausstattung getan.
Nach der Aufarbeitung der ausgelagerten und zurückgeführten Bestände begann Anfang der siebziger Jahre die Arbeit an den neueren Archivunterlagen.
Im Jahre 1952 wurde aufgrund einer gesetzlichen Festlegung ein Verwaltungsarchiv eingerichtet. Bis 1954 verwaltete der jeweilige Leiter des Stadtarchivs das Verwaltungsarchiv und das Stadtarchiv gemeinsam. 1954 erfolgte die Trennung. Das Stadtarchiv war nun nachgeordnete Einrichtung des Rates der Stadt, während das Verwaltungsarchiv der Abteilung Innere Angelegenheiten unterstand. Seit 1970 werden beide Institutionen wieder gemeinsam verwaltet. Mit Wirkung vom 1. Januar 1980 wurde dem Stadtarchiv Magdeburg die Altregistratur der Staatlichen Bauaufsicht, die Bauaktenkammer, zugeordnet.
Im Zuge der politischen Wende 1989/90 änderte die Stadtverwaltung ihre Struktur. Das Archiv wurde in seiner Gesamtheit als Amt 47 dem Dezernat III Kommunal- und Ordnungsangelegenheiten unterstellt. In diesem Dezernat vereinigen sich neben dem Stadtarchiv das Ordnungsamt, das Rechtsamt, die Feuerwehr und das Standesamt. Diese Zuordnung hat sich für das Archiv, das keine ausschließlich kulturelle Einrichtung ist, positiv ausgewirkt.
Seit dem 3. Juli 1997 verfügt das Archiv über eine vom Stadtrat beschlossene Benutzungsordnung, in deren Paragraph 1 folgender Geltungsbereich festgeschrieben ist: „Die Landeshauptstadt Magdeburg unterhält das Stadtarchiv Magdeburg als öffentliche Einrichtung. Das Stadtarchiv Magdeburg gliedert sich in die Teilbereiche Stadtarchiv, Verwaltungsarchiv, Bauaktenarchiv und Archivbibliothek. Diese Teile des Archivs sind jedermann im Rahmen dieser Benutzungsordnung öffentlich zugänglich." Heute verfügt es über ca. 8 000 lfm. Archiv- und Sammlungsgut.
Über den Umfang des mittelalterlichen Stadtarchivs ist nichts bekannt. Allerdings ist seine Existenz belegt. Wie Zeitgenossen berichten, war das Magdeburger „Rathaus mit allen Gewölben und Gemächern und allem Inhalt rein am 10./20. Mai 1631 ausgebrannt". Damit war ein mittelalterliches Archiv, das neben den Urkunden und Akten der Stadt Magde-

Die Hauptaufgaben des Archivs konzentrieren sich in erster Linie auf die Übernahme, Ordnung und Verzeichnung von archivwürdigem Verwaltungsschriftgut, das durch einen Prozeß der Bewertung als solches definiert wurde. Dabei handelt es sich in der neuesten Zeit nicht nur um Papier als Informationsträger, sondern auch um Film- und Tonschriftgut sowie um digitalisierte Dateien und Datenbanken.
Stadtarchive werden immer mehr in die Veröffentlichung von stadtgeschichtlichen Themen einbezogen. Sie stellen eigene Schriftenreihen her oder beteiligen sich an Darstellungen anderer Institutionen. Sie gestalten Ausstellungen oder wirken daran mit. Die Zusammenarbeit mit Schulen und anderen Bildungseinrichtungen wird immer enger und umfangreicher. Die zuletzt genannten Aufgaben werden erst seit der Mitte des 19. Jahrhunderts allmählich zum Arbeitsgegenstand der Archive. Bis zum 19. Jahrhundert dienten sie fast nur praktischen Verwaltungszwecken. Der Historiker Leopold von Ranke (1795–1886) nutzte erstmals Archivgut für die historische Forschung. Seit diesem Zeitpunkt drängen die Historiker darauf, die Archive für die Geschichtsforschung zugänglich zu machen.

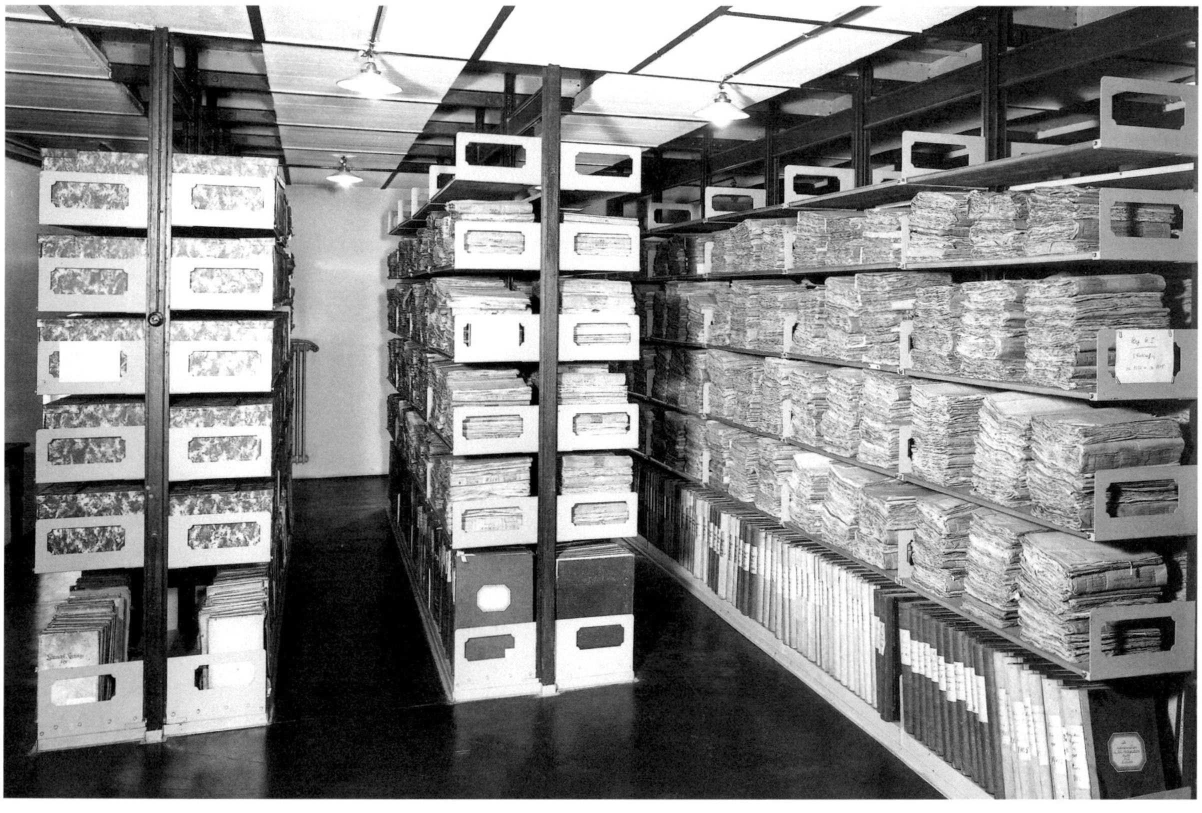

Stadtarchiv, Magazin, 1938

burg als wertvollen Bestand das Archiv des für die deutsche Rechtsgeschichte bedeutsamen Magdeburger Schöffenstuhls enthalten hatte, restlos vernichtet. An älteren Beständen besaß das Archiv die Akten der städtischen Klöster und Stifter, Kirchen und Innungen sowie sonstige Dokumente, die während des Rathausbrandes zufällig nicht dort lagen und dadurch erhalten blieben. Von städtischen Privilegien aus der Zeit vor 1631 wurden später aus der kaiserlichen Kanzlei in Wien, dem Archiv der Hansestadt Lübeck und dem erzbischöflichen Archiv Abschriften beschafft. Dies belegt folgende Notiz aus einer Akte des Landeshauptarchivs Magdeburg, wonach der damalige Stadtsekretär Heinrich Wesche beim Administrator, Herzog August, nach Dokumenten fragt, die die Stadt Magdeburg betreffen.

„Hochwürdigst=Durchleuchtigster Fürst
Gnädigster Herr.
Es ist leyder! mehr denn bekannt, welcher gestalt bey grausamer Erober= und Einäscherung der guten Stadt Magdeburg, auch das Rath=Hauß daselbsten sambt allem was darinnen zu befinden gewesen, gantz jämmerlich mit in die Asche geleget, so gar, daß auch von allen Brieffschaften und Uhrkunden /: zu was großen gemeiner Stadt Vorlust und Schaden, ist leicht zuermeßen:/ kein eintziger Bogen salviret worden; Nun denn Vermuthlich, daß bey revidirung des alten Ertz Stifftischen Archivi sich wol eines und anderes finden dörffe, welches gesagter Stadt in ihrer gerechtsahme zustatten kommen möchte, und dahero E. E. Rath daselbsten, alß bey Ew. Hochfürstl. Durchl. und Dero Erz Stifftischen Regierung wegen einiger gemeiner Stadt Angelegenheiten unterthänigst zu sollicitiren. Er meine Weinigkeit uffhero geschicket, mir zugleich committiret, daß uff erhaltene gnädigste Concession bey berührtem Archivo ein wenig nachsehn und da zu gemeiner Stadt Besten sich etwas fünde, umb dessen gnedigste ommunication in unterthänigster submission bitten solte. — —

Halle, 26. März 1677.“

Stadtarchiv, Magazin, 1938

Der Verlust des Archivs wird weiterhin durch eine Bestätigung gegenüber der Familie von Möllendorf belegt. Diese hatte 1600 eine Lade mit Urkunden im Archiv hinterlegt. Nun benötigte sie ein Zeugnis, daß diese Urkunden vernichtet seien. Der Rat bescheinigte ihr im Oktober 1646: „es sei weltbekannt, daß 1631 das Rathaus mit allen Gewölben und Gemächern und allem Inhalt rein ausgebrannt sei.“
Über den ersten Abschnitt der Geschichte des Magdeburger Stadtarchivs ist deshalb so gut wie nichts bekannt.
Über den zweiten Abschnitt, der von 1631 bis zum 1. Oktober 1913 – also von dem durch die Zerstörung Magdeburgs bedingten Wiederaufbau des städtischen Aktenwesens bis zur Verselbständigung des Archivs – reicht, enthält das Archiv ebenfalls wenig Nachrichten. Die früheste stammt aus dem Jahre 1712: Am 22. Dezember dieses Jahres inventarisierte der Obersekretär Starcke die „privilegia et documenta civitatis Magdeburgensis“ in Gegenwart der Bürgermeister und des Syndikus. 19 Originale – von 1625 bis 1712 – wurden dem „Privilegienkasten“ einverleibt. Sechs Jahre später wird ein Registrator beim „Rathäuslichen Archiv“ angestellt, Johann Georg Hohenstein. Er wird Starcke unterstellt. 15 Jahre später arbeiten unter Starcke sein künftiger Nachfolger Goedaeus, der Aktuarius Betke und zwei Kanzlisten. Schon damals wurde eine Trennung des Archivs von der Registratur angestrebt. Am 30. Juli 1719 wird der Auftrag erteilt, die „alten Akten“ in Ordnung zu bringen. Das Aktenstück bricht mit diesem Jahre ab. Deshalb ist über das Ergebnis der Arbeiten nichts überliefert. Die Bestände wuchsen allmählich so stark, daß die Einrichtung einer neuen „Registraturstube“ erforderlich wurde. Sicher ist, daß die nicht mehr im Geschäftsgang befindlichen Akten bis zum Ausgang des 18. Jahrhunderts im Magdeburger Rathaus einen nur selten gestörten Dornröschenschlaf hielten. Erst im Jahre 1820, im Zusammenhang mit dem von Oberbürgermeister Francke geförderten Plan der Gründung eines „Preußisch-Sächsischen Provinzial-Archivs“, beginnt das Interesse für ältere Magdeburger Akten. Auf eine Anfrage des Oberpräsidenten von Bülow berichtet der Magistrat, „daß er zu betreuen habe a) das mit 1631 beginnende Stadtarchiv, b) die Archive der Kirchen und milden Stiftungen“.

War die Aufsicht über die Registratur und das Archiv bisher – nachweislich seit 1690 – dem städtischen Obersekretär anvertraut, der die Verwaltung einem oder mehreren Registratoren zu überlassen pflegte, so trat bald nach der Franzosenzeit eine grundsätzliche Änderung ein. Gerloff, der 1826 das Archiv übernahm, war gleichzeitig Ratsbibliothekar. Er war somit der erste städtische Beamte auf diesem Posten, der neben verwaltungstechnischen auch wissenschaftliche Aufgaben zu erfüllen hatte. Unter ihm waren jedoch immer noch Registratoren als tatsächliche Verwalter des Aktenwesens tätig, denn die Trennung von Archiv und Registratur wurde erst 1886 durchgeführt. Die Verwaltung von Archiv und Bibliothek blieb in einer Hand bis zum 26. Juni 1913. An diesem Tag trat Dr. Ernst Neubauer die Leitung der Bibliothek an Reichsritter Arthur von Vincenti ab. Bereits 1899 nahm Neubauer eine Gesamtrevision vor und begann, die alten Bestände neu zu ordnen und gleichzeitig zu verkarten. Im Verwaltungsjahr 1901/02 erfolgte die erste große Sichtung der auf den Böden der Rathäuser von Altstadt, Buckau und Sudenburg lagernden Aktenbestände. Sudenburg war 1867 und Buckau 1887 eingemeindet worden. Schon 1893 erfolgte die erste größere Ablieferung der Zentralregistratur, 1901/02 die zweite. Trotz weitgehender Kassationen erwies sich der bisherige Archivraum für die ordnungsgemäße Unterbringung der Bestände als unzureichend. Aber erst im Jahre 1908 war es möglich, eigene Räume in dem stadteigenen Haus Bei der Hauptwache 4–6 zu beziehen. Ab 1. Oktober 1913 konnte sich dann Neubauer der Verwaltung und Auswertung des Stadtarchivs ausschließlich widmen. Die verwaltungsmäßige und wirtschaftliche Trennung von der Bibliothek erfolgte erst 1940. Ab 1. April 1940 war das Stadtarchiv eine selbständige Dienststelle.
Bis zum Frühjahr 1934 verblieb das Archiv in den damals bezogenen, inzwischen völlig unzulänglich gewordenen Räumen. Dann erfolgte der Umzug in das am Neuen Weg 6/7 gelegene Haus der aufgelösten Loge „Ferdinand zur Glückseligkeit“.
Die Übernahmen von Schriftgut in das Archiv sind aus den jährlich veröffentlichten Verwaltungsberichten der Stadt Magdeburg zu entnehmen. Im Sommer 1937 wurde das Stadtarchiv durch Oberbürgermeister Dr. Markmann mit der Sammlung von Magdeburger Schöffensprüchen beauftragt. Zunächst sollten sich die Arbeiten auf diejenigen Gebiete des Geltungsbereichs des Magdeburger Stadtrechts erstrecken, die innerhalb der damaligen Grenzen Deutschlands lagen. Durch den am 1. September 1939 ausgebrochenen Krieg wurden die Arbeiten insbesondere auch auf Polen – das sogenannte Generalgouvernement – ausgedehnt. Mit dieser Aufgabe, die der damals herrschenden Ideologie entsprach, wurde Stadtarchivar Dr. Paul Krause beauftragt.

Stadtwappen aus der Ansichtskartensammlung des Stadtarchivs

Im September 1941 nahm Prof. Dr. Theodor Goerlitz seine Tätigkeit als Direktor des Instituts zur Erforschung des Magdeburger Stadtrechts auf. Das Institut war dem Stadtarchiv angegliedert. Die heute noch vorhandene Überlieferung des Instituts ist nicht umfangreich und wenig aussagekräftig.
Das Stadtarchiv (Endarchiv) verfügt zur Zeit über Bestände für den Zeitraum von 1632 bis heute. Darunter befinden sich neben den Akten der ehemaligen Altstadt auch die aller eingemeindeten Städte und Dörfer, Nachlässe sowie Unterlagen einiger Betriebe. Eine sehr gute Überlieferung ist vor allem für das 18. und 19. Jahrhundert vorhanden. Die Hauptmasse des Archivgutes stammt aus dem 19. Jahrhundert. Es sind dies vor allem die Akten der Altstadt Magdeburg 1806 bis Mitte der dreißiger Jahre des 20. Jahrhunderts. Sie enthalten alle Belange, die die Stadt betreffen wie Verwaltungsangelegenheiten, städtische Verfassung, Grundeigentum, Vermögen, Hochbau- und Tiefbauamt, Finanzen, Schul- und Gesundheitswesen, städtische Betriebe usw. Einen weiteren wichtigen Bestand bilden die Unterlagen der Innungen, die nach der Auflösung 1807 in das Stadtarchiv übernommen wurden. In einzelnen Fällen reichen diese Akten, Innungs-, Meister-, Lehrlings- und Gesellenbücher sowie Satzungen und Willküren bis ins 16. Jahrhundert zurück.
Die Bestände des Stadtarchivs sind mit wenigen Ausnahmen erschlossen, das heißt, es sind Findbücher vorhanden. Um möglichst schnell Informationen bereitstellen zu können, ist im Stadtarchiv Magdeburg zusätzlich zu den Findbüchern ein umfangreiches Karteiensystem vorhanden. Eine Namenkartei gibt Aufschluß über bekannte Persönlichkeiten unserer Stadt; sie weist sowohl auf Akten als auch auf Literatur oder Zeitungsartikel hin. Daneben existiert jeweils eine Kartei der Straßennamen, über Pläne und

Zeichnungen und für die Bestände der Altstadt Magdeburg bis Mitte der dreißiger Jahre des 20. Jahrhunderts zusätzlich zum Findbuch eine Schlagwortkartei sowie eine spezielle Kartei zur Stadtgeschichte, geordnet ebenfalls nach Schlagwörtern.

Die Archivbestände werden durch umfangreiche Sammlungen ergänzt. Vor allem die Zeitungssammlung ist zu nennen. Neben anderen Zeitungen besitzt das Stadtarchiv die Magdeburgische Zeitung von 1717–1944 fast vollständig, den Magdeburger General-Anzeiger von 1883–1941, die Volksstimme ab August 1947 bis heute. Eine Fotosammlung, in der auch eine Glasplatten-Negativsammlung von ca. 30 000 Stück enthalten ist, dokumentiert die Geschichte Magdeburgs vor und nach ihrer Zerstörung 1945. Darüber hinaus enthält sie Abbildungen von Archivdokumenten, Persönlichkeiten, Luftaufnahmen usw. Sehr wichtig für die Arbeit der Archivare und Benutzer ist die Präsenzbibliothek. Sie umfaßt 18 000 Bände, darunter insbesondere Magdeburgica, Geschichts- und Nachschlagewerke sowie Zeitschriftenreihen. Weitere Sammlungen sind die Karten-, Plakat-, Autographen-, Graphik-, Ansichtskarten- sowie die sogenannte Zeitgeschichtliche Sammlung. Letztere enthält u. a. Flugblätter, Theater- und Veranstaltungsprogramme.

Als Mittler zwischen den Registraturen der Verwaltung und dem Endarchiv unterhält die Stadt Magdeburg ein Verwaltungsarchiv, auch Zwischenarchiv genannt. Das Verwaltungsarchiv übernimmt das Schriftgut, das für den laufenden Geschäftsverkehr nicht mehr ständig benötigt wird, stellt es bei Notwendigkeit den abliefernden Fachämtern wieder zur Verfügung und achtet auf die Einhaltung der Aufbewahrungsfristen. Der Teil des Schriftgutes, der für archivwürdig befunden wird, geht in das Endarchiv ein. Zuvor erfolgt eine Bewertung dieser Dokumente, die durch den Archivar vorgenommen wird. Voraussetzung für die Bewertungsarbeit sind Kenntnisse auf den Gebieten Archivwissenschaft, Stadtgeschichte, Verwaltungsgeschichte usw.

Im Teilbereich Bauaktenarchiv sind mit wenigen Ausnahmen die Bauakten aller in der Stadt befindlichen Gebäude enthalten. Bauakten haben, solange das Gebäude steht, praktischen Wert. Viele dieser Akten, insbesondere von architektonisch hervorragenden Gebäuden, haben darüber hinaus historischen Wert. Sie werden dauerhaft aufbewahrt, auch wenn das Gebäude nicht mehr steht.

Die Benutzung des Stadtarchivs mit all seinen Teilbereichen ist sehr intensiv. Nutzer neben der Verwaltung sind Wissenschaftler aller Bereiche, interessierte Bürger sowie Schüler und Studenten. Überwiegend wird zu stadtgeschichtlichen, architekturgeschichtlichen, geographischen und genealogischen Themen gearbeitet. Ergebnisse sind Disserta-

Darstellung der Belagerung der Stadt Magdeburg im Jahre 1551 durch kaiserliche Truppen

ümten alten Stadt Magdeburg, welche im Jahr DCCCC.XXXVII von Käiser Otthone, des Grossen
n Gemahel erbauet, darzu mit Freiheiten begnadet, und iezt im M.D.LI. Jahr vom Römischen Reich belägert,
lches hie mit allen Feldlagern und Blochhäusern für Augen zu sehen
Stadtarchiv Magdeburg
STADT-BIBLIOTHEK ZU MAGDEBURG
Wandleben
9. S. Ulrich.
10. S. Johannes.
11. Das Rahthaus.
12. Barfüsser.
13. S. Katharina.
14. S. Maria Magdalena.
15. Hunenthurn.
16. S. Peter.
17. S. Jacob.
18. S. Augustin.
19. Hohe Pfort
20. Läger in der Newstat.
21. Schwarzen Blochhaus.
22. Lazarus Schwenden Blochhaus
23. Wachtmeisters Blochhaus.
24. Teuffstetters Blochhaus.

Wappen eines Meisters der Knochenhauerinnung aus dem Jahre 1691. In Wappen bürgerlicher Familien befanden sich häufig Darstellungen ihrer Berufstätigkeit, wie Pflugscharen, Ähren, Hammer, Messer, Beile usw.

tionen, Diplomarbeiten, stadtgeschichtliche Serien und Artikel sowie Ausstellungen. Für die einzelnen Forschungsgebiete werden gleichermaßen alle Unterlagen – Akten, Sammlungen, Bücher – genutzt.

Das Stadtarchiv betreibt selbst Öffentlichkeitsarbeit: archiv-, verwaltungs-, stadtgeschichtliche Vorträge, Archivführungen, eigene Ausstellungen und Beteiligung an Ausstellungen. Seit 1991 gibt es jährlich eine Broschüre heraus, die sich inzwischen zur Schriftenreihe entwickelt hat.

Anläßlich der 300. Wiederkehr der Grundsteinlegung für den Wiederaufbau des im 30jährigen Krieg zerstörten Magdeburger Rathauses am 14. September 1991 erschien die erste Broschüre des Magdeburger Stadtarchivs. Sie trug den Titel „300 Jahre Magdeburger Rathaus 1691–1991“. Kurz und knapp werden die Geschichte des Magdeburger Rathauses, sein jetziges Erscheinungsbild, sein Vorgängerbau und seine Besonderheiten wie Magdeburgische Elle, Uhr, Tür von Heinrich Apel, Glockenspiel sowie seine einstige Bemalung, veranlaßt durch Bruno Taut, vorgestellt.

Nach der Beschreibung des Rathauses lag es nahe, den Hausherren dieses Gebäudes Aufmerksamkeit zu schenken. In einer Schrift des Jahres 1992 stellte das Stadtarchiv Magdeburger Bürgermeister vor. Von den ersten Bürgermeistern aus dem bekannten Geschlecht der Alemann führt das Heft bis zu Dr. Fritz Markmann, der während der Zeit des Faschismus Oberbürgermeister der Stadt war und im April 1945 abdanken mußte.

Die Broschüre, die kürzlich in zweiter Auflage erschien, beschreibt nicht nur die Persönlichkeiten und ihr Wirken an der Spitze Magdeburgs, sondern streift auch die Verfassungsgeschichte der Stadt.

Nun war es zur Tradition geworden, zu einem jeden 3. Oktober, dem Tag des Beitritts der DDR zur Bundesrepublik Deutschland, eine Schrift zur Stadtgeschichte erscheinen zu lassen. Es folgten: „Magdeburger Ehrenbürger“, „Friedrich Wilhelm von Steuben – ein Sohn Magdeburgs“, „Man setzte ihnen ein Denkmal“ (mit einer Auswahl von Denkmälern, deren Entstehungsgeschichte/Bedeutung vom Lutherdenkmal bis zum Mahnmal „50 Jahre Pogrom“). Eine weitere Broschüre erschien 1995 – „Magdeburg – Stadt im Aufbruch und Umbruch. Fünf Jahre deutsche Einheit“.

Schriften erschienen ebenfalls zum „Magdeburger Stadtwappen“, zu „Quellen zur Familiengeschichtsforschung und zu Otto von Guericke im Stadtarchiv Magdeburg“ sowie zum Kampf der Stadt gegen Pest und Cholera mit dem Titel „Eine Stadt wehrt sich“.

Anläßlich des 125jährigen Bestehens der Standesämter wurde deren Entwicklung dargestellt.

Bei all diesen Veröffentlichungen arbeitete man auf der Grundlage von Akten des Stadtarchivs und seiner Sammlungen, insbesondere auch der Bildersammlung. Da das Magdeburger Stadtarchiv trotz aller Verluste reich an Beständen ist, liegt es nahe, eine Bestandsübersicht einem breiteren Publikum zugänglich zu machen.

Literaturhinweise:

BUCHHOLZ, INGELORE: Stadtarchiv Magdeburg 1949-1979, in: Archivmitteilungen. Zeitschrift für Theorie und Praxis des Archivwesens, Heft 2. Potsdam, 1979.

Das Magdeburgische Stadtarchiv, in: Geschichts-Blätter für Stadt und Land Magdeburg. Magdeburg, 1871.

GEBHARDT, PETER V.: Das Magdeburger Stadtarchiv. Übersicht über seine Geschichte und seine Bestände. Leipzig, 1935.

JAKOBI, FRANZ-J.; LAMBACHER, HANNES; WILBRAND, CHRISTA (HRSG.): Das Stadtarchiv Münster und seine Bestände. Münster, 1998.

KRAUSE, PAUL: Forschungen zum Magdeburger Recht im Generalgouvernement, in: Sachsen und Anhalt. Jahrbuch der Landesgeschichtlichen Forschungsstelle für die Provinz Sachsen und für Anhalt, Band 17, 1941–1942--1943, Burg bei Magdeburg, o. J.

NEUBAUER, ERNST: Magdeburgs Wiederaufbau nach 1631, in: Sachsen und Anhalt. Jahrbuch der Historischen Kommission für die Provinz Sachsen und für Anhalt, Band 3. Magdeburg, 1927.

1525–2000 475 Jahre Stadtbibliothek

MARTIN WIEHLE
PETER PETSCH

Seit 1998 lautet die offizielle Bezeichnung der Stadtbibliothek der Landeshauptstadt „Stadtbibliothek Magdeburg — gegründet 1525“. Mit der Angabe des Gründungsdatums wird auf die nunmehr 475jährige Geschichte dieser Institution verwiesen, die damit eine der ältesten Stadtbibliotheken im deutschsprachigen Raum ist. Dies ist Grund genug, um ihre wechselvolle Geschichte vorzustellen.

Ihr Entstehen verdankt die Bibliothek der Reformation. Durch das Auftreten Martin Luthers, seine Predigten in der Johanniskirche im Juni/Juli 1525, siegte endgültig die bürgerlich-gemäßigte reformatorische Richtung in der Stadt. Das auch von diesen Teilen des Bürgertums vertretene Säkularisierungsprogramm der Reformation verfolgte das Ziel, das geistliche Eigentum in weltlichen Besitz zu überführen. Diese „wohlfeile Kirche“ im überwiegenden Interesse des Stadtbürgertums führte in den Städten zu grundlegenden Veränderungen im Bildungs- und Sozialwesen der Gemeinde. Am 6. November 1525 übergab der Konvent das Augustinerkloster dem Rat der Stadt mit allen Gerechtigkeiten, Privilegien und Gütern samt den „Texten (d.h. Handschriften), Bücher“. Damit wurde auch die 1355 gegründete Klosterbibliothek städtisches Eigentum. 1552 wurde sie zur Ratsbibliothek erklärt, obwohl sie wahrscheinlich schon früher diese Funktion besaß. Wie weit sie in den ersten Jahrzehnten ihres Bestehens eine öffentliche Bibliothek war, ist nicht nachweisbar. Die damalige Situation in Magdeburg läßt dies allerdings vermuten. Begünstigende Tendenzen für eine öffentliche Stadtbibliothek waren in Magdeburg das rege Buchdruckergewerbe (1480 Druck des „Magdeburger Missale“), das der Stadt bald den Ruf als „Unseres Herrgotts Kanzlei“ verschaffte, eine relativ große Anzahl von potentiellen gebildeten Bürgern sowie die Gründung der altstädtischen evangelischen Schule 1524, die später weit über die Stadtgrenzen als „Blüte und Krone aller Schulen“ (Luther) berühmt wurde. 1591 wurde eine Reihe von Büchern als städtischer Besitz gekennzeichnet.

Auf der Mitte des Einbandes ist neben vielen eingepreßten Verzierungen (darunter die Bildnisse der Reformatoren) das Magdeburger Wappen mit dem Hinweis „Dis Buch gehört in eines Ehrbarn Raths der Stadt Magdeburg Librei“ angebracht. Auf dem hinteren Buchdeckel befindet sich das Stadtwappen mit dem Familienwappen der Luthers, der sogenannten Lutherrose und dem Text „Liber ex bibliotheca reipubl. Magdeburgesis 1591“. Diese Bucheinbände verrieten hohes künstlerisches und handwerkliches Können. Bei der Zerstörung der Stadt 1631 blieb die Bibliothek in ihrem Standort Augustinerkloster zwar erhalten, aber nicht von Plünderungen verschont. 1705 erhielt sie die Bezeichnung Stadtbibliothek. Das Interesse an ihr blieb aber gering. Bis 1819 lebte sie

Glasfassade der Stadtbibliothek

Das
zerstöhrete und wieder aufgerichtete
Magdeburg,
Oder
Die blutige Belagerung,
und
Jämerliche Eroberung u. Zerstöhrung
der alten Stadt Magdeburg,
Wie es vom Anfang des 1631. Jahres bis auf den 10. Maji und denn
weiter bis zum Ende desselbigen merckwürdig ergangen;
Samt einer Summarischen Erzehlung
derer Denckwürdigkeiten,
welche sich seint der Zeit in Magdeburg bis ietzo zugetragen,
und
dem Flor,
in welchem die Stadt sich gegenwärtig befindet;
entworffen von
M. SETH-HENRICO CALVISIO,
Pastore zu Magdeburg.
Magdeburg,
Verlegts sel. Christoph Seidels Wittwe und Georg Ernst Scheidhauer.
Gedruckt durch Christian Leberecht Faber. 1727.

mehr oder weniger von Spenden und Schenkungen, so von Bürgermeister Friedrich Krüger, der von 1708 bis 1718 im Nebenamt die Bibliothek verwaltete und ihr 1708 1000 Taler schenkte. Jeder, der ein städtisches oder geistliches Amt übernahm, war bis 1718 verpflichtet, bei Amtsantritt der Bibliothek ein Buch oder den Gegenwert von 4 Talern zu stiften. Seit 1718 bis 1819 erhielt sie einen jährlichen Etat von 40 Talern. Entsprechend gering war ihre Nutzung. 1807 wurde der Buchbestand, da der Stadtrat die „Stadtbuchstube“ als Sitzungszimmer benötigte, in Kisten verpackt und auf dem Rathausboden untergebracht. 1816 übernahm der Ratssekretär und spätere Stadtschulrat Georg Friedrich Gerloff die Bibliotheksleitung. Er erreichte, daß sie wieder ihren früheren Raum als Domizil erhielt. Es gelang Gerloff aus einem Bücherchaos eine wohlgeordnete Bibliothek zu schaffen. Sein damit verbundener Plan, sie als eine Institution für das Besitzbürgertum schrittweise zu entwickeln, scheiterte am Geldmangel und der Uninteressiertheit der Stadt und ihrer Bürger. Erst in der zweiten Hälfte des 19. Jahrhunderts entstand im Zuge der sprunghaften Entwicklung der Stadt infolge der Industrialisierung eine wissenschaftliche Stadtbibliothek, die seit 1886 von einem hauptberuflichen Bibliothekar geleitet wurde. Magdeburg zählte zu den ersten deutschen Großstädten, die um die vorige Jahrhundertwende nach dem Vorbild der angloamerikanischen Public Library Volksbüchereien mit eigenen Räumen, ausgebildeten Bibliothekaren sowie einem umfangreichen und differenzierten Buchbestand errichteten. Es waren „Bildungsbibliotheken für die unbemittelten Stände“. Die erste Volksbücherei wurde am 1. April 1900 in der Rötgerstraße eingerichtet. Bis 1913 folgten weitere derartige Einrichtungen, die dem Direktor der Stadtbibliothek unterstanden, in der Wilhelmstadt und in Sudenburg, Buckau und Neustadt. 1927 wurde in Südost gemeinsam mit einem Volksbad eine weitere Volksbücherei übergeben. Die Stadtbibliothek entwickelte sich seit den neunziger Jahren zu einer durchaus leistungsfähigen wissenschaftlichen Institution, die sich fast ausschließlich an das gebildete Bürgertum wandte. Insgesamt konnte sich das Bibliotheksnetz in Magdeburg durchaus mit vielen deutschen Großstadtbibliotheken messen.
Als 1933 die Nationalsozialisten die Macht übernahmen, wurden die städtischen Bibliotheken sehr schnell im Sinne der Naziideologie gleichgeschaltet. In den Volksbüchereien wurden zahlreiche bürgerlich-demokratische und sozialistische Bücher aus den Regalen entfernt und vernichtet. In der Stadtbibliothek standen derartige Werke für wissenschaftliche Zwecke eingeschränkt zur Verfügung. Als 1933 alle Freimaurerlogen Deutschlands ihre Tätigkeit einstellen mußten, traf dies auch die traditionsreiche Loge Ferdinand zur Glückseligkeit, eine der größten in Preußen, im Neuen Weg, der späteren Weitlingstraße. Hier erhielt die Stadtbibliothek, die bisher in der Hauptwache sehr beengt untergebracht war, nach einem vollständigen Umbau und der Einrichtung eines fünfgeschossigen Büchermagazins ein neues Domizil. Hier verblieb sie bis 1999.
Die Kriegspolitik der Faschisten brachte auch dem Magdeburger Bibliothekswesen unersetzliche Verluste. Drei Volksbüchereien wurden zerstört. Am 6. Januar 1945 trafen Bomben das Gebäude der Stadtbibliothek, der Nord- und Südflügel wurden vernichtet, die beiden oberen Stockwerke brannten aus. Der Großteil des Buchbestandes der Volksbüchereien überstand nicht den Krieg. Am schwerwiegendsten aber war der Verlust solcher Bücher, die ihres Alters, ihres kulturhistorischen Wertes oder ihrer Seltenheit wegen unwiderbringlich verloren sind. Das gilt für die mittelalterlichen Handschriften sowie Inkunabeln, aber auch für wichtige territorialkundliche Literatur in der Stadtbibliothek. Sie besaß am Kriegsende 279 Handschriften, darunter etwa 70 mittelalterliche aus der Zeit vor 1500, so eine Sachsenspiegelhandschrift Eicke von Repgows von 1390 und 200 Wiegendrucke (Bücher aus der Frühzeit des Buchdrucks bis 1500). 1944 lagerte die Bibliotheksleitung umfangreiche Bestände aus, um sie vor eventuellen Luftangriffen zu schützen, darunter die Handschriften, Wiegendrucke und ein Teil der Magdeburgica. Auslagerungsstätten waren die Schloßkirche in Wernigerode und ein Kalischacht in Staßfurt. Nur ein Teil der ausgelagerten Bestände kehrte zurück. Über das Schicksal der Literatur im Kalischacht gibt es widersprüchliche Angaben. Teilweise wurden die verlagerten Bestände geplündert. Beträchtliche Bestände wurden von der Roten Armee als Beutegut und inoffizielle Reparationsleistung in unterschiedliche Gebiete der Sowjetunion gebracht. 1996 wurden etwa 20 000 Bücher, darunter wertvolle Magdeburgica von Georgien an die Stadtbibliothek zurückgegeben.
Nach 1945 gelang es im Zuge des Wiederaufbaus der Stadt, in relativ kurzer Zeit im Bibliothekswesen die gröbsten Schäden zu beseitigen. Im August 1945 konnten drei Volksbüchereien wieder eröffnet werden. Ein Jahr später entstand die erste selbständige Kinderbibliothek, und zwar in Sudenburg. Die Bestände wurden von der faschistischen und militaristischen Literatur gesäubert. Später mußten allerdings auch Bücher von Autoren mit pazifistischen, sozialdemokratischen und anderen unerwünschten ideologischen Anschauungen weichen. Zur gleichen Zeit wurde bürgerlich-demokratische und sozialistische Literatur in die Regale gestellt. Dadurch und durch die Einrichtung von Zweigbibliotheken in bisher bibliothekarisch nicht erschlossenen Wohngebieten konnten neue Leserschichten an die Bibliotheksnut-

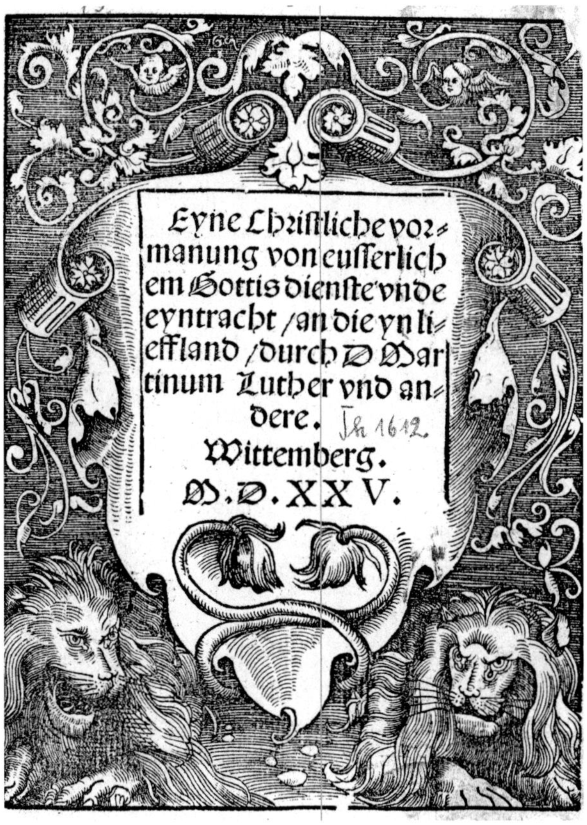

zung herangeführt werden. Es entstand so seit etwa den sechziger Jahren eine relativ gut strukturierte Großstadtbibliothek mit einem einheitlichen und straff geleiteten Bibliotheksnetz, das im Sinne der sozialistischen Ideologie arbeitete, ohne bewährte Traditionen des bibliothekarischen Berufsstandes vor 1945 in Vergessenheit geraten zu lassen.

1954 erhielt die Magdeburger Stadtbibliothek ebenso wie die anderen Öffentlichen Bibliotheken der Bezirksstädte der DDR die Funktion einer Bezirksbibliothek. Als Stadt- und Bezirksbibliothek (seit 1983 mit dem Ehrennamen „Wilhelm Weitling“ – bis 1999) war sie bis Ende 1990 neben ihren bisherigen Aufgaben für die fachlich-methodische Anleitung der öffentlichen Bibliotheken in den Kreisen, Städten und Gemeinden des damaligen Bezirkes Magdeburg zuständig. Diese Doppelfunktion bewährte sich im Prinzip.

Große Anstrengungen unternahmen Rat der Stadt und Bibliotheksleitung, um den Einwohnern der neuen Stadtteile auch die Bibliotheksnutzung zu ermöglichen. Nach der Eröffnung der ersten Neubaubibliothek in Reform 1975, die später den Namen Bruno-Apitz-Bibliothek erhielt, folgten bis in die Mitte der achtziger Jahre je zwei Zweigbibliotheken in Neu-Olvenstedt und in der Neustadt sowie eine Einrichtung am Hasselbachplatz (später Internationale Bibliothek).

1976 wurde die Fahrbibliothek in Dienst gestellt. Die Einrichtung dieser neuen Bibliothekseinrichtungen führte zu einer weiteren erfreulichen Steigerung der Leistungen. Hervorzuheben sind auch die vielfältigen Bemühungen, um den noch vorhandenen wertvollen Altbestand, besonders aus dem 16. und 17. Jahrhundert trotz großer personeller und materieller Probleme zu erschließen und der Öffentlichkeit, besonders der Wissenschaft zugänglich zu machen.

In den mehr als vier Jahrzehnten von 1945 bis zur Wende konnte in Magdeburg ein leistungsfähiges und weitgehend flächendeckendes Bibliotheksnetz aufgebaut werden. Allerdings entsprach die materiell-technische Ausrüstung in keiner Weise mehr den Anforderungen. Qualifizierte und engagierte Mitarbeiter, ein ausgebauter Bestand von 960000 Büchern und Medieneinheiten (bei allerdings fehlender Titelbreite), vielfältige Aktivitäten in der Öffentlichkeitsarbeit, so durch die Einführung der Schüler in die Bibliotheksbenutzung, die bewährten Bibliothekssonntage sowie Veranstaltungen trugen entscheidend dazu bei, der Bibliothek einen geachteten Platz im geistigen Leben der Elbestadt zu sichern.

Die Wende 1989/90 eröffnete in der Bibliotheksarbeit, die sich von Ausgrenzungen und Einengungen befreien konnte, neue Möglichkeiten. Es gelang, anknüpfend an bewährte fachliche Strukturen und Arbeitsmethoden, der Stadtbibliothek, ihren traditionsreichen Platz als unersetzbare kommunale Einrichtung nicht nur zu behaupten, sondern weiter auszubauen. Unterstützt wird sie dabei durch die 1991 gegründete „Gesellschaft der Freunde der Stadtbibliothek Magdeburg e. V.“ als Bibliotheksförderverein. Die gewonnenen Freiheiten wurden durch die Zu-

führung bisher nicht beschaffbarer Literatur sowie durch den Ankauf von Geräten, Möbeln und anderen Einrichtungsgegenständen im Interesse der Leser und Mitarbeiter genutzt. Der größte Teil des übernommenen Buchbestandes aus der DDR-Produktion wurde ausgesondert. In den Regalen stehen nun die Bestände, die den Forderungen und Werten der Zeit entsprechen. Dazu zählen auch die neuen Medien wie CD-ROM und CDs. Sie werden ebenso wie der wertvolle Altbestand, die Sondersammlungen und der Territorialkundliche Bestand über Computerkataloge (OPAC) erschlossen. Das Bibliotheksnetz wurde aus finanziellen und strukturellen Gründen, aber auch wegen der Mängel in der Unterbringung und Ausstattung ausgedünnt. 18 Zweigbibliotheken wurden geschlossen oder mit anderen Einrichtungen zusammengelegt. Dafür stehen nun neben der neuen Zentralbibliothek drei modern eingerichtete Stadtteilbibliotheken sowie das 1992 angeschaffte Fahrzeug der Fahrbibliothek mit 19 Haltepunkten den Lesern, die auf einen Bestand von etwa 500 000 Medien zurückgreifen können, zur Verfügung.

Die neue Zentralbibliothek

Die Stadtbibliothek ist eine der ältesten Kultureinrichtungen Magdeburgs. Ihr heutiges Profil an der Schwelle zum 21. Jahrhundert gewinnt sie als Dienstleistungseinrichtung für die Bürger der Stadt Magdeburg.

Mit einem derzeitigen Bestand von ca. 500 000 Medien, 48 Stunden Öffnungszeit pro Woche, einem Leseranteil von ca. 10 % der Bevölkerung, ca. 20 000 bis 25 000 Neuzugängen im Jahr, insgesamt ca. 500 000 Besuchern und 1,2 Millionen Entleihungen pro Jahr verwirklicht sie u.a. Aufgaben wie Medienbereitstellung und Nutzung, Information und Beratung, Bildung und Weiterbildung, Bewahrung und Pflege historischer Bestände, Veranstaltungsarbeit zur Leseförderung.

Ausgangssituation

Die Zentralbibliothek befand sich 65 Jahre im Gebäude der heutigen Weitlingstraße 1A. Es diente bis 1933 als Freimaurerloge. Lediglich der in den 30er Jahren zu einem Büchermagazin umgebaute Seitentrakt konnte lange Zeit als für eine Bibliothek zweckentsprechend gelten. Zerstörungen im Zweiten Weltkrieg und nur ein teilweiser Wiederaufbau führten zu weiterer räumlicher Enge bis in die Gegenwart.
Trotz aller Unternehmungen für eine moderne und funktionsgerechte Ausstattung waren die baulichen und räumlichen Verhältnisse äußerst ungünstig. Bedingt durch die Rückübertragung des bis dahin kommunalen Gebäudes an die Freimaurer 1995 fielen außerdem hohe Mietkosten an, ohne daß der Bedarf an Sanierung, Funktionalität und notwendiger Flächenerweiterung gedeckt werden konnte.
Mit dem Neubaubeschluß des Magdeburger Stadtrates im Dezember 1997 wurden die entscheidenden Voraussetzungen geschaffen, eine neue, moderne Zentralbibliothek zu errichten. In den Ankauf des Gebäudes Breiter Weg 109/Krökentor (vorher ein Kaufhaus) war der schlüsselfertige Umbau zur Zentralbibliothek nach den Anforderungen des Fachamtes eingeschlossen.
Dadurch konnte an einem attraktiven und günstig gelegenen Standort eine der besucherstärksten Kultureinrichtungen in der Landeshauptstadt neu, funktionsgerecht, bedarfsorientiert und bürgernah untergebracht werden.
Die Zentralbibliothek mit ihren zentralen Diensten und ihrer Verwaltung soll als Mittelpunkt des gesamten Bibliotheksnetzes der Stadt fungieren. Dies bedeutet, daß sie höchste Priorität bei der dauerhaften und zweckmäßigen Unterbringung in der Landeshauptstadt genießt, um den gehobenen und komplizierten Literatur- und Informationsbedarf zu decken. Gerade in der Informationsgesellschaft wird die Bibliothek als Navigationssystem, das die Ausbildung von Medienkompetenz und den Informationszugang für alle Bevölkerungsgruppen gewährleistet, immer wichtiger.
Eine effiziente Bibliothek ist bei entsprechender Benutzerorientierung Standortfaktor der Region für

Ausbildung, Beruf, Alltag, Wirtschaft, Wissenschaft, Politik usw. Die Nutzungsmöglichkeit als Medientreffpunkt, Bildungs- und Informationseinrichtung, Kommunikations- und Kulturort und Hauptbestandszentrum bedeutet, Bestände in allen traditionellen und elektronischen Medienformen vorzuhalten.
Diese Aufgaben für die unterschiedlichsten Zielgruppen setzen neben dem umfangreichen Medienbestand kompetente Beratungs- und Auskunftstätigkeit, eine moderne technische Ausstattung, eine zweckmäßige Möblierung und ein funktionsfähiges, ausreichend Platz bietendes Gebäude voraus.

Raum- und Funktionsprogramm

Das neue Haus bietet ca. 6 500 qm Fläche inkl. der Nebennutz-, der allgemeinen Verkehrs- und Funktionsflächen auf fünf Ebenen. Darin sind die verschiedenen Bereiche und Funktionen klar gegliedert: Publikumsbereiche, Magazine, Verwaltung und Haustechnik.

Publikumsflächen

Auf fünf Geschosse verteilen sich zentrale Verbuchung, Kinderbibliothek, Lesecafé „Eselsohr“, Ausstellungen, Infothek, Bürgerinformation, Garderobe, die Bibliothek mit Belletristik, Interessenkreisen (und Magazin der Fahrbibliothek), Sach- und Fachliteratur, Mediothek mit Musikbibliothek, Internationale Bibliothek, Videothek, CD-Rom, Konferenzraum, Informationszentrum, Lesesaal, Zeitschriften, regionalkundliche Literatur, Internetkabinett.

Magazin- und Verwaltungsflächen

Die Büchermagazine für die historischen Altbestände, Sondersammlungen und archivierte Literatur (z.B. DDR-Archiv) werden im Untergeschoß sowie im 1. und 2. Obergeschoß des Seitenhauses (Krökentor) eingeordnet (insgesamt ca. 3 500 laufende Regalmeter).
Die Verwaltungsflächen umfassen sowohl die Büros der Direktion und der allgemeinen Hausverwaltung als auch bibliotheksspezifische Funktionsräume wie die zentrale Einarbeitung, Lektorate, IUK-Systemverwaltung, bibliothekarische Fachbibliothek, Katalograum, Konferenz- und Schulungsraum, Kaufsitzungsraum, Poststelle, auswärtiger Leihverkehr, Kassenraum, Kopierbereich, Buchbinderei, Bereiche für technische Geräte und Lager. Sie konzentrieren sich zum Teil im 3. und 4. Obergeschoß des Seitenhauses, sind jedoch auch entsprechend den optimalen Organisationsabläufen bzw. den baulichen Gegebenheiten in die einzelnen Geschosse integriert.

Zahlen und Fakten in Kürze

- Das Gebäude wurde von März 1998 bis Oktober 1998 zu einer nutzergerechten Zentralbibliothek umgebaut. Die Gesamtkosten für Kauf, Ausstattung und Nebenkosten betrugen 19,8 Mio DM.
- Auf fünf Etagen mit jeweils 500–600 qm werden übersichtlich die Medienbestände der Stadtbibliothek präsentiert: Bücher, Zeitschriften, Zeitungen, Noten, Kassetten, CDs, CD-Rom, Videos, Schallplatten.
- Ca. 350 000 Medien stehen zur Verfügung.
- Mehr als 50 Mitarbeiter arbeiten im Publikumsbereich als Bibliothekare und hinter den Kulissen, z.B. in der Katalogisierung, Verwaltung.
- Auf drei Etagen im Krökentorbereich werden in Magazinen mit besonderer Statik die Altbestände und Sondersammlungen der Stadtbibliothek verwahrt.
- An einer großen Verbuchungstheke im Eingangsbereich des Erdgeschosses werden alle Medien, die man im Hause entleihen kann, zentral verbucht.
- Das gesamte Gebäude wurde mit EDV versorgt und vernetzt, so daß in allen Publikumsbereichen und allen Büroräumen die Online-Kataloge und Datenbanken der Bibliothek zur Verfügung stehen.
- Die Internet-Arbeitsplätze im Lesesaal/Informationszentrum (4. OG) konnten u.a. mit Hilfe des Landes Sachsen-Anhalt aufgebaut werden.
- Nach außen soll die Fassadengestaltung auf dem Breiten Weg die neue Funktion symbolisieren: eine gläserne Buchseite mit Eselsohr, die abends entsprechend hinterleuchtet wird.
- Auch die Fahrbibliothek hat hier ihr neues Zuhause gefunden; von einem Stellplatz am Krökentor aus wird sie täglich mit Magazinbeständen versorgt und startet dann von hier zu den Haltepunkten im Stadtrandbereich.
- Die Internationale Bibliothek am Hasselbachplatz schloß Mitte November 1998 ihre Pforten und ist jetzt ebenfalls in der neuen Zentrale untergebracht (3.OG).
- Zur Ausstattung gehören Konferenzraum, Lesecafé, zwei Fahrstühle, Behinderten-WC, Wickelraum, ausreichend Leseplätze auf allen Etagen.

Inzwischen hat sich das neue Haus etabliert, Kinderkrankheiten wurden beseitigt und etwa 1 000 Besucher kommen am Tag. Besonders junge Leute fühlen sich hier wohl; ihr Leseanteil hat sich weiter erhöht. Die Stadtbibliothek Magdeburg ist heute die Kultureinrichtung mit den höchsten Besucherzahlen pro Jahr.

Lebendige Musik von unerschöpflichem Einfallsreichtum

ZUR TELEMANN-PFLEGE UND -FORSCHUNG

WOLF HOBOHM

Nachdem man über ein Jahrhundert lang Telemanns Musik kaum beachtet hatte, wendete sich seit Anfang des 20. Jahrhunderts das Blatt. Die Musikwissenschaft legte Neudrucke und mehrere Studien vor, die der Bestandsaufnahme dienten. Vor allem aber entdeckten Musikerziehung und Hausmusik seine Lieder, seine Menuette, seine Kammermusik. Der Wunsch, sich mit Telemann zu befassen, seine Musik zu spielen und damit an der allgemeinen Telemann-Renaissance teilzuhaben, wurde unter vielen Musikern und Musiklehrern Magdeburgs schon während der 20er Jahre des 20. Jahrhunderts laut. Einige Konzerte fanden statt – besonders in Gedenkjahren. 1929 wurde das Opernintermezzo „*Pimpinone*“ im Wilhelm-Theater aufgeführt. Da Magdeburg damals keine Universität besaß, war es ein glücklicher Umstand, daß sich der junge Musikkritiker Dr. Erich Valentin, der spätere namhafte Mozartforscher und Rektor der Münchner Musikhochschule, in der Stadt niederließ. Er verfaßte die erste als Buch erschienene Telemann-Biographie und mehrere Spezialstudien. Als Herausgeber von Einzelstücken aus Telemanns gedrucktem Kantatenjahrgang „*Der Harmonische Gottesdienst*“ trat der Organist KMD Werner Tell hervor. Unermüdlich warb Konzertmeister Otto Kobin für Telemann.

Nach dem Zweiten Weltkrieg veranstaltete die 1949 gegründete und nach Telemann benannte „Fachgrundschule für Musik“ zweimal (1954 und 1956) festliche Gedenktage. Der Musikgeschichtsdozent dieser Schule, Dr. Hans Große, begann schon damals mit der Sammlung aller Telemann-Briefe, die er später zusammen mit dem Weimarer Musikhochschul-Rektor Hans-Rudolf Jung herausgab. Sein Ziel, die Gründung einer gesamtdeutschen Telemann-Gesellschaft, ließ sich jedoch nicht verwirklichen. Quasi eine kleine Lösung (aber eigentlich nur Ersatzlösung) war 1961 die Gründung eines Arbeitskreises „Georg Philipp Telemann“ im Deutschen Kulturbund. Es gehörten ihm Musiker, Musikwissenschaftler, Musikpädagogen, Kirchenmusiker, auch interessierte Laien, unter dem Vorsitz von Generalmusikdirektor Gottfried Schwiers an. Es fügte sich glücklich, daß zwei von ihnen, der Musiklehrer Willi Maertens und der Musikwissenschaftler Dr. Günter Fleischhauer, am Institut für Musikwissenschaft der Martin-Luther-Universität in Halle tätig waren. Die Magdeburger Telemann-Bestrebungen blieben künftig in allen Phasen dem halleschen Institut eng verbunden und wurden von diesem nachhaltig gefördert.

Mit diesem Arbeitskreis trat die Magdeburger Telemannpflege in ein neues Stadium ein. Zunächst richtete man eine Kammermusikreihe ein, in der Magdeburger und auswärtige Musiker spielten – anfangs ohne Gage, später stellte die Stadt dafür Mittel zur Verfügung. Monatlich einmal, an jedem ersten Sonn-

„Deutschland, die fruchtbare Mutter geschickter Köpfe, rühmet sich, diesen Mann in ihrem Schoß geboren und erzogen zu haben; Magdeburg aber, als der beglückte Ort seiner Geburt, nimmt an dieser Ehre den nächsten Anteil. Diese ansehnliche Stadt erblickte ihn das erste Mal im Jahr 1681, den 14. März, und schrieb ihn den folgenden Tag, nach empfangener Taufe, in die Zahl der dasig Evangelisch-Lutherischen Gemeinde." (aus einer anonymen Telemann-Biographie, Nürnberg, kurz nach 1740)

GEORG PHILIPP TELEMANN

MUSIKALISCHE WERKE

Herausgegeben von
Martin Ruhnke und Wolf Hobohm
in Verbindung mit dem Zentrum für
Telemann-Pflege und -Forschung
Magdeburg

BÄRENREITER KASSEL · BASEL · LONDON · NEW YORK · PRAG

1999

tag des Monats, war in diesen „Sonntagsmusiken" Musik Telemanns und seiner Zeitgenossen zu hören. Am 6. Februar 2000 konnte so die 380. Sonntagsmusik besucht werden. Mehr als 500 Telemann-Werke erklangen hier in den vergangenen 40 Jahren, über 50 – aus den Quellen erarbeitet – seit mehr als zwei Jahrhunderten überhaupt zum ersten Mal. Schon 1962, ein Jahr nach seiner Gründung, veranstaltete der Arbeitskreis die 1. Magdeburger Telemann-Festtage. Auch diese Telemann-Festtage hatten Bestand. Im allgemeinen fanden sie, dann von der Stadt getragen, in einem zwei- bis dreijährigen Abstand statt, im Jahr 2000 also zum 15. Mal. Ihr Ziel war und ist es, die bis dato unbekannten oder zu selten gespielten, kaum beachteten großen Vokalwerke – Opern, Oratorien – zu Gehör zu bringen. Von einigen solchen Werken vor allem des alten Telemann lagen bereits Neudrucke vor: *„Der Tag des Gerichts"*, die *„Ino-Kantate"*, *„Die Tageszeiten"*, die natürlich dann mehrmals aufgeführt wurden. In den vergangenen vierzig Jahren lernte Magdeburg alle erhaltenen Telemann-Opern kennen: *„Der geduldige Socrates"*, *„Der neumodische Liebhaber Damon"*, *„Emma und Eginhard"*, *„Der Sieg der Schönheit"*, *„Miriways"*, durch Eisenacher Gastspiele *„Flavius"* und *„Orpheus"*.
Heute hat sich die Erkenntnis gefestigt, daß Telemann zu den überragenden Opernkomponisten und musikdramatischen Begabungen der Musikgeschichte gehört. Mehrere Kapitänsmusiken (das sind umfangreiche Oratorien und Serenaten zu den Konvivien der Offiziere der Hamburger Bürgerwache), von den Passionsoratorien jenes nach Worten des Dichters Barthold Heinrich Brockes und *„Der Tod Jesu"* nach der Dichtung von Karl Wilhelm Ramler, zwei ganz erstaunliche, würdige Trauermusiken auf Kaiser Karl VII. und auf August den Starken, die Festmusik zum hundertjährigen Bestehen der Hamburger Admiralität, das schöne späte Oratorium *„Die Auferstehung und Himmelfahrt Jesu"* (ebenfalls Ramler), daneben noch zahlreiche Serenaten, geistliche und weltliche Kantaten traten in Magdeburg ihren Weg in die Konzertsäle und Rundfunkanstalten des internationalen Musiklebens an. Während der Telemann-Festtage fanden meistens auch wissenschaftliche Konferenzen statt, deren Referate in Berichten erschienen. Neben den Konferenzberichten publizierte das Telemann-Zentrum regelmäßig *„Magdeburger Telemann-Studien"* mit Beiträgen seiner wissenschaftlichen Mitarbeiter und auch fremder Autoren.
Da die bis dahin ehrenamtliche Arbeit im Arbeitskreis so nicht mehr bewältigt werden konnte, entstand seit dem Ende der 60er Jahre durch Zuführung von „Planstellen" nach und nach ein kommunales „Zentrum für Telemann-Pflege und Forschung". Zunächst der Musikschule „Georg Philipp Telemann" angeschlossen, war es einige Jahre lang ein „selbständiger" Betrieb und ist heute Teil des Kulturamtes der Landeshauptstadt Magdeburg. Die Mitarbeiter wollen die langjährige Magdeburger Tradition, Theorie und Praxis zu verbinden, wissenschaftliche Arbeit mit dem Ziel der Bereicherung des städtischen Musiklebens zu betreiben, fortsetzen. Das „Telemann-Zentrum", so die Kurzbezeichnung, ist heute auf folgenden Gebieten tätig: Ihm obliegt die Konzeption und Organisation der Magdeburger Telemann-Festtage, des Internationalen Georg-Philipp-Telemann-Wettbewerbs, der Telemann-Sonntagsmusiken und zahlreicher Sonderveranstaltungen. Es arbeitet an der computergestützten Erfassung aller Noten- und Schriftdokumente Telemanns und stellt auf dieser Datengrundlage auch Aufführungsmaterialien her. Das Zentrum gibt eigene Publikationsreihen und populärwissenschaftliche Veröffentlichungen heraus, seine Mitarbeiter erarbeiten wissenschaftliche Beiträge für Fachzeitschriften, Jahrbücher usw., edieren Telemann-Werke und arbeiten auf Anforderung auch bei CD- und Rundfunkeinspielungen zu, stellen Ausstellungen oder Wanderausstellungen zusammen. Das Telemann-Zentrum bewahrt, erweitert und erschließt seinen seit Beginn einer regelmäßigen Magdeburger Telemannpflege 1961 zusammengetragenen, nun sehr reichhaltigen Bibliotheks- und Archivbestand, der aus Literatur, Musikalien, Aufführungsmaterialien, Film-, Schall- und Dokumentenarchivalien besteht. Dieser Bestand dient der Forschung, wird aber auch an Theater, Orchester, Kammermusikvereinigungen, Chöre, Kantoreien, Rundfunk- und Fernsehanstalten und CD-Firmen ausgeliehen. Viele Telemann-Fans machen von der Sammlung ebenfalls Gebrauch.
In Anbetracht dieses reichen Materials und die weit ausstrahlende Wirkung des Zentrums für Telemann-Pflege und -Forschung würdigend, begründete die für die deutschen Musikergesamtausgaben zuständige Koordinationsstelle „Musikwissenschaftliche Editionen" an der Akademie der Wissenschaften und der Literatur Mainz im Auftrag der Konferenz (heute: Union) der deutschen Akademien der Wissenschaften 1992 am Telemann-Zentrum eine Arbeitsstelle für die Telemann-Auswahlausgabe mit einer wissenschaftlichen Mitarbeiterin für die redaktionellen Arbeiten. Diese Auswahlreihe *„Georg Philipp Telemann. Musikalische Werke"* wird seitdem von Prof. Dr. Martin Ruhnke, Erlangen, und Dr. Wolf Hobohm, Magdeburg, in Verbindung mit dem Zentrum für Telemann-Pflege und -Forschung Magdeburg herausgegeben.
Ihren Sitz in Magdeburg hat auch die seit 1991 bestehende Telemann-Gesellschaft e.V. (Internationale Vereinigung). Ziel der Gesellschaft ist die weltweite Förderung der Erforschung und Verbreitung von Te-

BAND XXXVIII

GEORG PHILIPP
TELEMANN

MIRIWAYS
SINGSPIEL IN DREI AKTEN
NACH EINEM LIBRETTO VON JOHANN SAMUEL MÜLLER
TWV 21 : 24

Herausgegeben von
Brit Reipsch

BÄRENREITER KASSEL · BASEL · LONDON · NEW YORK · PRAG

BA 5854

lemanns Musik. Nach wie vor wirkt verdienstvoll der oft erwähnte Arbeitskreis Georg Philipp Telemann e.V., der sich als Förderverein aller Magdeburger Telemann-Bestrebungen eher lokalen Aufgaben widmet. Der Arbeitskreis gründete 1993 die Magdeburger „Melante-Stiftung", die von den Zinsen ihres Kapitals junge Musiker und Wissenschaftler fördert, die sich mit der Musik Georg Philipp Telemanns auseinandersetzen. Jährlich zeichnet die Landeshauptstadt einen Musiker, Musikwissenschaftler oder ein Ensemble mit dem Telemann-Preis der Landeshauptstadt Magdeburg aus.

Sinn und Ziel jeder musikwissenschaftlichen Arbeit – und so auch der Beschäftigung mit Telemanns künstlerischem Erbe – ist immer das Erklingen von Musik – für jene Menschen, die bereitwillig auf sie zugehen.
Telemann trägt heute den Namen seiner Geburtsstadt wieder in alle Welt. Er ist Botschafter und Transporteur guter Traditionen und kultureller Ambitionen dieser Stadt. Die Magdeburger Telemann-Festtage haben eine geachtete Stellung unter den deutschen Barockmusikfesten. Die Telemann-Sonntagsmusiken finden immer eine beachtliche Zuhörerschaft. Die Magdeburger Forschungsergebnisse werden in Fachkreisen anerkannt und gewürdigt. Telemanns Musik ist überall lebendig – in Kammerorpern, in der Kirchenmusik, bei Chören, bei Kammerorchestern, Kammermusikvereinigungen, in der Musikerziehung, in vielen Rundfunksendungen ... Wie einst zahlreiche seiner Zeitgenossen, sind auch heute wieder viele Musiker und Musikliebhaber, die guten Willens ihre Hörgewohnheiten auch mit seiner Musik erweitern möchten, reich belohnt – vielleicht mitunter begeistert von seiner wortgemäßen, andererseits instrumentengerechten Musik, die gern ihren Hörer anredet, ihm etwas verdeutlichen möchte, von seiner schönen, affekthaften, textverständlichen Melodik, seiner oft gewagten, stets reizvollen Harmonik. Damals fand Telemann Anerkennung mit überragender Kompetenz auf allen Gebieten des Musiklebens, des Musizierens, des Komponierens, der Musiktheorie; heute begeistern seine kompositorische Modernität, seine Fähigkeit zur erregenden Darstellung menschlicher Leidenschaften, zu den gattungsgemäß angelegten, oft aber sehr eigenen Strukturen – geschaffen für Kenner und zugleich für Liebhaber.

Mit Guerickes Erbe ins 3. Jahrtausend

DITMAR SCHNEIDER

Das dritte Jahrtausend unserer Zeitrechnung beginnt im Magdeburger Raum für Historiker, geschichtlich Interessierte und die Stadtväter mit vier großen Jubiläen. 2001 wird nach 1000 Jahren die lokale, nationale sowie internationale Wirkung und Bedeutung der Ottonen für Europa bilanziert, ihr Erbe in Magdeburg aufgearbeitet und zeitgemäß in einer Europaausstellung präsentiert. 2003 begeht die jüngste Universität Deutschlands würdig den 50. Jahrestag ihres Ursprungs. 2005 feiern die Stadt und ihre Gäste das 1200. Jahr der ersten urkundlichen Erwähnung. Die letzten beiden Jubiläen sind an konkrete Daten gebunden; so auch der Geburtstag eines der größten Söhne unserer Stadt und des Namensgebers der Universität *Otto von Guericke* (1602–1686), der sich am 30. November 2002 zum 400. Male jährt.

Zur Bedeutung Otto von Guerickes Leben und Werk

Die Jahrtausendwende und das bevorstehende Jubiläum sollten Anlaß sein, 350 Jahre Würdigungen von Guerickes Leben und Werk und die etwa 200 Jahre Guericke-Forschung zum Ende des Jahrtausends zu analysieren.
Otto von Guericke war über 50 Jahre lang Mitglied des gewählten Rates der Alten Stadt Magdeburg (1626–1678), davon 30 Jahre Bürgermeister (1646 bis 1676), auch Bauherr, Schutzherr, Scholarch, Kämmerer und Apothekenherr, Ingenieur, besonders Festungsbauingenieur in der Alten Stadt Magdeburg.
Während der über 20 Jahre als Abgesandter/Diplomat der Alten Stadt Magdeburg (1642–1663) erreichte er nationale und internationale Bedeutung. Guericke nahm an 17 mit Akten belegten diplomatische Entsendungen durch den Rat, so am Westfälischen Friedensschluß in Münster und Osnabrück 1646/49, am Exekutionstag zu Nürnberg 1649 und am Reichstag in Regensburg 1653/54 teil, erlangte Audienzen bei Kaisern, Kurfürsten und Abgesandten verschiedener Länder und setzte seine Magdeburger Experimente für seine der Stadt dienenden diplomatischen Missionen ein.
Als Vater der Experimentalphysik in Deutschland etablierte sich Otto von Guericke indem er das naturwissenschaftliche Experiment als neue Methode erkannte, die er augenscheinlich praktizierte, durch Rechnung begleitete und wofür er Vorausberechnungen nutzte. Somit wurden konstruktive und Prozeßgrößen verknüpft.
Der Wissenschaftler diskutierte intensiv die Weltbilder von Ptolemäus, Brahe und Kopernikus, trug somit intensiv zum Sturz der physikalischen Säulen des Aristotelismus bei, hatte großen Anteil an der Errich-

Vorbereitung von Experimenten mit den Großen Magdeburger Halbkugeln Mai 1936. Otto-von-Guericke-Archiv Magdeburg

Otto von Guericke, Kopie des Ölgemäldes von Lucia Maria Lauch, Wien, ca. 1650. Otto-von-Guericke-Archiv, Magdeburg

tung tragfähiger physikalischer Säulen des Kopernikanismus (Leere, Weltkräfte) und gab neue Impulse für die Errichtung des Atomismus.
Seine Entdeckung der Schwere der Luft und die Erfindung der grundlegenden Geräte zur technischen Erzeugung und Fixierung eines Vakuums machten Guericke zum *Vater der Vakuumtechnik*. Er erfand die Vakuumluftpumpe und beschrieb viele Lufteigenschaften (Druck, Temperatur, Dichte) und Wirkungen des Luftdruckes. Er nutzte die Kräfte des Luftdruckes durch eine erste atmosphärische Hebemaschine, die die innovative Grundidee für atmosphärische Dampf- und Verbrennungskraftmaschinen (Papin, Huygens, Savery) bildete.
Durch die Erfindung der Reibungselektrisiermaschine (rotierende Schwefelkugel) konnte Guericke die grundlegenden Phänomene der Elektrostatik untersuchen. Damit gelang es ihm, viele Eigenschaften der Elektrizität ausführlich zu beschreiben (so die elektrische Anziehung und Abstoßung), und die Leitung zu entdecken, was die englische und französische Schule der Elektrizitätslehre direkt befruchtete.
Die riesigen finanziellen Aufwendungen für sein „Hobby“, die Magdeburger Versuche, realisierte Guericke durch sein ebenfalls äußerst geschicktes Verhalten in Familienangelegenheiten. Durch die starke Unterstützung seiner Mutter, Anna von Zweydorf, konnte Guericke trotz großer Kriegsverluste das finanzielle Vermögen der Familie sichern und seine Häuser in der Alten Stadt Magdeburg wieder aufbauen. Er errang mit seiner erfolgreichen diplomatischen Tätigkeit persönliche Privilegien und den Adelstitel (damit der Steuer- und Quartierfreiheit).

Märchenstunde für jung und alt von Frau von Koppelow an der Lukasklause

Die Guericke-Rezeption

Die Rezeption dieses Erbes, seines Lebens und Werkes, und damit auch die Guericke-Forschung in Magdeburg weist Höhen und Tiefen, würdige Aktivitäten und auch unverzeihliche Frevel auf, die bleibende Lücken in die Quellen und in die Forschungsentwicklung rissen. Im Umfeld der seit Jahrhunderten begangenen Jubiläen zeigt sich eine erstaunlich hohe Dichte von Ereignissen, mit deren Potential und Wirkungen die Freunde Guerickes in das nächste Jahrtausend gehen:
TODESTAG 1686: Nach Otto von Guerickes Tod am 11. Mai 1686 fanden bei seinem Sohn in Hamburg die Beisetzungsfeierlichkeiten mit einem vom Stellvertreter des Kurfürsten Friedrich Wilhelm angeführten Leichenbegängnis statt. Guerickes Leichenpredigt mit dem zum überwiegenden Teil von ihm selbst verfaßten Lebenslauf wurde 1686 in Hamburg gedruckt.
100. GEBURTSTAG 1702: Der Luftpumpenthaler, ein Zahlungsmittel, wurde in Braunschweig geprägt. 100 Jahre nach seinem Geburtstag wird die Bedeutung Guerickes in seiner Vaterstadt Magdeburg nicht ausreichend erkannt.
150. GEBURTSTAG 1752: Die *Ausgesuchten Closter-Bergischen Versuche in den Wissenschaften der Natur-Lehre und Mathematik* wurden von Georg Christoph Silberschlag (1731–1790), Entdecker der Venusatmo-

sphäre, in Magdeburg gepflegt. Ein gleichnamiges Buch erschien 1768 in Berlin. Die Wiederentdeckung und Pflege der Neuen Magdeburger Versuche hatte ihr Zentrum besonders an den überregional bekannten Magdeburger Schulen. Für lange Zeit waren sie die einzigen Träger seines Erbes in der Stadt.

200. GEBURTSTAG 1802: Heinrich Rathmann (1750 bis 1821) vollendete zwischen 1800 und 1806 die erste zusammenhängende *Geschichte der Stadt Magdeburg*, die Ereignisse bis 1680 umfaßt. Er erkannte die großen politischen Wirkungen Guerickes für die Stadtentwicklung des 17. Jahrhunderts und ihre unmittelbaren Folgen.

150. TODESTAG 1836: Im Gedenken an den 200. Jahrestag der Zerstörung Magdeburgs entstand 1831 um Oberbürgermeister August Wilhelm Francke (1785–1851) die Idee der Errichtung eines Guericke-Denkmals. Immerhin hatte Rathmanns Buch bei den Stadtvätern eine Auseinandersetzung mit Guerickes Bedeutung hervorgerufen.

250. GEBURTSTAG 1852: Friedrich Wilhelm Hoffmann (1785–1865) arbeitete an einer vertiefenden dreibändigen *Geschichte der Stadt Magdeburg* und betonte darin die lokale und nationale Bedeutung Otto von Guerickes. 1860 druckte Hoffmann in Magdeburg mit der *Geschichte der Belagerung, Eroberung und Zerstörung Magdeburg's* erstmals wieder ein Werk Guerickes seit dessen Tod. 1862 erschien, konsequenterweise ebenfalls in Magdeburg, die erste Biographie über *Otto von Guericke und seine Verdienste* von Friederich Dies. Das Zentrum der Guericke-Forschung lag zu dieser Zeit unzweifelhaft in seiner Vaterstadt Magdeburg. Das erste öffentliche Denkmal Guerickes, eine Büste, wurde allerdings von König Ludwig I. von Bayern (1786–1868) 1842 in der Walhalla nahe von Regensburg enthüllt.

200 JAHRE *EXPERIMENTA NOVA (UT VOCANTUR) MAGDEBURGICA DE VACUO SPATIO 1872:* Die umfangreichste, bis dahin wichtigste Biographie – *Otto von Guericke, Bürgermeister der Stadt Magdeburg. Ein Lebensbild aus der deutschen Geschichte des siebzehnten Jahrhunderts*, erarbeitet von Friedrich Wilhelm Hoffmann – gab Julius Otto Opel (1829–1895) 1874 fast zehn Jahre nach Hoffmanns Tod in Magdeburg heraus. Nur wenige Jahre zuvor (1868) wurde das Wohnhaus Guerickes abgerissen und nicht rekonstruiert, was wohl möglich gewesen wäre. Dieser Vorgang zeigt, daß die Stadtväter die erfolgreichen Arbeiten der Historiker leider nicht in entsprechende Taten umsetzen konnten, wodurch die gesamte Guericke-Erbepflege einen herben Dämpfer erhielt.

200. TODESTAG 1886: 1879/80 erfolgte die erste Namensgebung für eine Institution in Magdeburg, die Otto-von-Guericke-Realschule, deren Lehrer und Schüler auch in den folgenden Jahren viel für die Forschung und Popularisierung taten. Zehn Jahre später baute man die Alemann/Guericke-Gruft in der Johanniskirche, die letzte Ruhestätte der Guerickes, in einen Kohlenkeller für eine neue Heizungsanlage und die dazugehörige Kapelle zum Haupteingang der Kirche um. Der Verbleib der Särge und Gebeine der dort begrabenen Alemanns und Guerickes ist seit dieser Zeit ungeklärt.

1894 erschien erstmals in deutscher Sprache in *Ostwalds Klassiker der exakten Wissenschaften*, Band 59, *Otto von Guerickes Neue „Magdeburgische" Versuche über den leeren Raum,* das 3. Buch des Hauptwerkes, herausgegeben von Friedrich Dannemann in Leipzig. Das Zentrum der Guericke-Forschung begann, aus Magdeburg abzuwandern, die Aktivitäten hier wurden nicht verstärkt.

300. GEBURTSTAG 1902: Eine größere Anzahl Artikel zu Guerickes Leben und Werk erschienen in Zeitungen und Zeitschriften in ganz Deutschland. Eine Festveranstaltung war der Höhepunkt der Ehrungen in Magdeburg. Aber erst fünf Jahre nach dem Jubiläum und über 70 Jahre nach dem ersten Stadtratsbeschluß widmete die Stadt Magdeburg „Ihrem großen Sohne" 1907 ein Otto-von-Guericke-Denkmal. Die Grundsteinlegung des Deutschen Museums München am 13. November 1906 erfolgte mit einem Festvortrag von Prof. Dr. Adolf Slaby zu Guericke und zog das Versprechen des Kaisers Wilhelm II. nach sich, das Original der Reiseluftpumpe aus Berlin in das Deutsche Museum zu bringen. Noch im gleichen Jahr ließ der Magdeburger Kommerzienrat Arnold (Schäffer & Budenberg) einen zweifachen Nachbau der Berliner Reiseluftpumpe in Zusammenarbeit mit dem Deutschen Museum München für das Physikalische Institut der Universität Berlin anfertigen. Die zweite Kopie erhielt das neu entstehende Kaiser Friedrich Museum in Magdeburg, während das Ber-

Ein kleiner Junge ist stärker als 16 Pferde, die die evakuierten Halbkugeln nicht trennen konnten. Nachdem er den Hahn geöffnet hatte und die Luft einströmen ließ, fallen die Kugeln von selbst auseinander. Versuch auf der Bundesgartenschau, 1999

Der 1279 erstmals erwähnte Turm der Lukasklause, idealisierte Darstellung aus dem 19. Jahrhundert

liner Original in das Deutsche Museum München kam. Hier werden seither neben der Originalpumpe auch die großen Magdeburger Halbkugeln Guerickes als Meisterwerke deutscher und europäischer Wissenschafts- und Technikgeschichte ausgestellt.

250. Todestag 1936: Ein Vorbereitungskomitee koordinierte die Vielzahl der Veranstaltungen. Dazu gehörten eine gut besuchte Festveranstaltung in der Stadthalle und die erstmals nach Guericke (1657) wieder ausgeführten Versuche mit den großen Magdeburger Halbkugeln am Galgen und mit den 16 Pferden auf den Rennwiesen vor mehr als 20 000 begeisterten Zuschauern. Ingenieure, Mechaniker und Gießer des Friedrich-Krupp-Gruson-Werkes bauten die großen Magdeburger Halbkugeln (Durchmesser ca. 57 cm) nach, die noch heute für derartige Spektakel verwendet werden. Eine weitere wichtige Biographie, *Otto von Guericke. Bürgermeister von Magdeburg. Ein deutscher Staatsmann, Denker und Forscher* von Hans Schimank (1888–1979), einem Hamburger Wissenschaftshistoriker, erschien in Magdeburg. Mit diesem ersten Beitrag begann der bisher größte Guericke-Forscher Hans Schimank sein umfangreiches Werk zu Guericke. Das Zentrum der Guericke-Forschung lag nun in Hamburg. Ein Versuch des Rates, Schimank 1941/42 nach Magdeburg zu holen, scheiterte unter anderem an den Auswirkungen des Zweiten Weltkrieges.

350. Geburtstag 1952: Eine den Nachkriegsumständen entsprechende bescheidene *Festschrift zum Gedächtnisjahr 1952* erschien in Magdeburg. Die Festveranstaltung war mit einer Sonderausstellung im Kulturhistorischen Museum Magdeburg gekoppelt. Viel später, 1961, trat die örtliche Hochschule mit einer Statusänderung und dem Namen Technische Hochschule „Otto von Guericke" sein Erbe an. Gleichzeitig begann der Aufbau einer Guericke-Forschung in Magdeburg, auch unter dem Gesichtspunkt der eingetretenen deutschen Teilung.

300 Jahre *Experimenta Nova (ut vocantur) Magdeburgica de Vacuo Spatio 1972:* 1968 krönte Schimank in Hamburg seine 40jährige Forschungsarbeit mit der Herausgabe der ersten kompletten deutschen Übersetzung von Guerickes Hauptwerk, das ausführlich durch Fritz Krafft (geb. 1935) kommentiert wurde. Gleichzeitig war eine umfangreiche Dokumentensammlung als Anlage beigefügt. Ebenfalls 1968 veröffentlichte der an der Technischen Hochschule „Otto von Guericke" Magdeburg arbeitende Alfons Kauffeldt (1906–1982) sein Buch *Otto von Guericke – Philosophisches über den leeren Raum*, in dem er naturphilosophische Anschauungen und die Erkenntnisprozesse Guerickes untersuchte. 1972 erschien vom gleichen Autor aus gegebenem Anlaß die erste Auflage seiner Guericke-Biographie in Leipzig. Weitere Auflagen folgten. Mit großen Mühen versuchten Forscher und interessierte Bürger, die Pflege von Guerickes Erbe in seiner Vaterstadt Magdeburg neu zu begründen.

375. Geburtstag 1977: Auf einem nationalen Kolloquium an der Technischen Hochschule „Otto von Guericke" wurde die Bedeutung Guerickes für die Gegenwart aufgearbeitet. Eine besondere Würdigung erfuhr sein mittelbarer, lange unterschätzter Einfluß als Bauherr und Festungsbauingenieur auf das Stadtbild. Angeregt von diesem Kolloquium gründete sich 1978 der Freundeskreis „Otto von Guericke" beim Kulturbund, der sich mit seiner ganzen Kraft der Erbepflege verschrieb. In Darmstadt erschien 1978 in *Erträge der Forschung*, Band 87, Fritz Kraffts *Otto von Guericke*. Er nahm die Einordnung Guerickes in die Wissenschaftsgeschichte vor und ergänzte mit neueren Forschungsergebnissen die Erkenntnisse Schimanks besonders über die naturwissenschaftlichen Arbeiten Guerickes.

300. TODESTAG 1986: Die Otto-von-Guericke-Ehrung in Magdeburg 1986 wurde durch ein Vorbereitungskomitee der Technischen Hochschule und der Stadt seit 1985 koordiniert. Zu diesem Höhepunkt im Stadtleben gehörten vielfältige Veranstaltungen: eine von 500 Teilnehmern besuchte und gestaltete Festveranstaltung im Großen Haus der Magdeburger Theater, eine unmittelbar nach dem Erscheinen vergriffene *Festschrift* als Heft der *Wissenschaftlichen Zeitschrift der Technischen Hochschule „Otto von Guericke" Magdeburg* 1986, eine außerordentlich gut besuchte Guericke-Ausstellung mit vom Besucher selbst ausführbaren Experimenten in der Lukasklause, das Experiment mit den Magdeburger Halbkugeln und 16 Pferden vor etwa 10 000 Zuschauern und eine zwei Tage dauernde nationale wissenschaftliche Konferenz auf hohem Niveau mit etwa 100 Wissenschaftshistorikern und Interessierten, deren Ergebnisse in der *Wissenschaftlichen Zeitschrift der Technischen Hochschule „Otto von Guericke"* 1987 veröffentlicht wurden.
Die genannten Veröffentlichungen waren Ausgangspunkt für die Begründung der *Monumenta Guerickiana*, die seit 1989 (zuerst in der *Wissenschaftlichen Zeitschrift der Technischen Universität „Otto von Guericke"* und seit 1992 selbständig unter Leitung der Otto-von-Guericke-Gesellschaft e.V.) erscheinen. In Folge der vielen durch Mitarbeiter der damaligen Technischen Hochschule nachgebauten historischen Experimentiergeräte, die den wesentlichen Teil der Guericke-Ausstellung in der Lukasklause bildeten, entstand 1987 die erste ständige Guericke-Ausstellung Magdeburgs im Kulturhistorischen Museum.
GRÜNDUNG DER OTTO-VON-GUERICKE-GESELLSCHAFT E.V. 1991: Aus dem Freundeskreis „Otto von Guericke" entstand mit der Wende eine internationale Gesellschaft. Die Otto-von-Guericke-Gesellschaft e. V. vereint natürliche und juristische Personen, die sich als Interessengemeinschaft und als Freundeskreis der historischen Persönlichkeit Otto von Guericke verpflichtet fühlen. Sie beschäftigt sich mit der Pflege des Erbes Otto von Guerickes, mit der Erforschung von dessen Leben und Werk, der Herausgabe seines Nachlasses sowie mit der Wirkung seines Denkens und Forschens bis in die Gegenwart. Die Forschungsergebnisse der Mitglieder und Freunde der Gesellschaft bilden die Grundlage der regelmäßig zweimal im Jahr stattfindenden wissenschaftlichen Tagungen. Dadurch wurden und werden die wissenschaftlichen Arbeiten zu Leben und Werk Guerickes wieder aktiviert. So erschien 1991 eine kleine Biographie in Zusammenarbeit mit der Arbeitsgemeinschaft industrieller Forschungsvereinigungen „Otto von Guericke" e.V., die wiederum Grundlage für eine umfangreichere Biographie *Otto von Guericke – Ein Leben für die Alte Stadt Magdeburg*, erschienen 1995 in Leipzig war. Die Otto-von-Guericke-Gesellschaft e.V. wird zum Initiator, Koordinator und Zentrum der nationalen und internationalen Guericke-Forschung.
OTTO-VON-GUERICKE-MUSEUM IN DER LUKASKLAUSE AB 1995: In historischem Ambiente ist hier seit 1995 die ständige Ausstellung „Leben und Werk Guerickes" zu sehen. In zwei Etagen wird insbesondere sein naturwissenschaftliches Wirken, sowohl in Wort und Bild als auch durch Experimente, ansprechend dargestellt. Zu dem Leistungsangebot im Rahmen der Ausstellung gehören Führungen mit Experimenten (Galgenversuch mit den kleinen Magdeburger Halbkugeln, Versuch mit der Luftbüchse, Implosionsversuch u. a.), Videovorführungen etc. Besonderer Attraktivität erfreuen sich die zahlreichen Nachbauten seiner Experimentierapparate wie Vakuumpumpen, Halbkugeln, Luftbüchse, sein zehn Meter langes Wasserbarometer, Magdeburger Wettermännchen, Magdeburger Thermometer, Schwefelkugel. Auch ein Nachbau der weniger bekannten Galgenanordnung Guerickes zum Nachweis der Wirkung des Luftdruckes ist vorhanden. Neben diesen Experimentieranordnungen befinden sich auch Nachbildungen der Schwefelkugeln Guerickes und der daraus entwickelten Elektrisiermaschinen in der Ausstellung. Weitere funktionstüchtige Nachbauten, wie sein Fernrohr, werden folgen. Ein Teil der Vakuumexperimente, die Guericke auf seinen diplomatischen Missionen vorführte, und verschiedene andere Experimente, die die Auswirkungen des Vorhandenseins oder des Fehlens von Luft demonstrieren, können im Otto-von-Guericke-Museum Magdeburg auch mit Hilfe moderner Versuchsaufbauten durchgeführt werden. Im Mittelpunkt dieser Veranstaltungen stehen Otto von Guericke, die Geschichte der Alten Stadt Magdeburg im 17. Jahrhundert und relevante Themenkreise des 17. Jahrhunderts für die Magdeburger Region.

Rekonstruiertes Wappen der Familie Guericke, Steinmetzarbeit in der wiederaufgebauten Johanniskirche von Tobias Wilhelmy, 1674

Das Guericke-Jahr 2002

Im Februar 1999 beschloß der Stadtrat, das Guericke-Jahr 2002 auszurufen. Ab 2000 präsentierten zahlreiche Projekte das große Jubiläumsjahr für die Stadt Magdeburg und das Land Sachsen-Anhalt. Die Otto-von-Guericke-Gesellschaft schloß damit an die lokalen und nationalen Traditionen der Erbepflege Guerickes an. Das Guericke-Jahr zeigte sich mit zahlreichen Glanzlichtern, z. B. mit zwei Festveranstaltungen zur Eröffnung des Guericke-Jahres und zum Höhepunkt, dem 400. Geburtstag Otto von Guerickes in der Johanniskirche, einer Festschrift, zwei internationalen wissenschaftlichen Konferenzen

Die Johanniskirche nach der Rekonstruktion des Daches

in Magdeburg und Wittenberg, mit dem ersten Band der Gesamtausgabe, der bisher größten Ausstellung zu seinem Leben und Werk *Die Welt im leeren Raum* (mit umfangreichem Katalog), mit einem internationalen Schulprojekt (mit 500 Schülern aus zwölf Ländern), mit einem Roman *Die Macht des Nichts*, mit der Wiederentdeckung der *Magdeburger Farbschatten*, mit etwa 20 Guericke-Vorträgen, mit einem neuen Forschungsprojekt zu *Diplomatischen Missionen* Guerickes und natürlich mit dem Versuch mit den Magdeburger Halbkugel. Die etwa 200 Veranstaltungen des Guericke-Jahres besuchten mehr als 260 000 Personen. Diese Ehrung ist vom wissenschaftlichen Inhalt und den Besucherzahlen die bisher größte Ehrung Otto von Guerickes in der Geschichte seiner Vaterstadt.

Die Grundlage aber aller dieser Aktivitäten bildet eine international anerkannte, kontinuierlich geführte Guericke-Forschung, deren mehr oder weniger starke Präsenz zu allen hier untersuchten Zeiten das Niveau der Erberezeption entscheidend mitbestimmt hat. Otto von Guericke verband Mitteleuropa mit Magdeburg und schickte eine Botschaft aus seiner Heimatstadt in die Welt, die Magdeburger Versuche. Dieses außerordentlich wirksame Potential gilt es auszubauen und auszunutzen.

Literaturhinweise:

OTTO VON GUERICKE GESAMTAUSGABE, ERSTER BAND, Ottonis de Guericke Experimenta Nova (ut vocantur) Magdeburgica de Vacuo Spatio, Faksimiledruck, Halle an der Saale, im Jahr 2002.

Lebenslauf aus Otto von Guerickes eigener Hand in: Otto von Guerickes Selbstbiographie (entstanden nach 1672). In: Blätter für Handel, Gewerbe und sociales Leben (Beiblatt zur Magdeburgischen Zeitung), Nr. 47, Montag, den 24. November 1890, S. 369–370 und Nr. 48, Montag, den 1. Dezember 1890, S. 377–378 (4 Seiten).

Trost=Schrifft Und sonderbahres hochschuldiges Ehren=Gedächtniß Wegen sehl. Absterben Des Hoch Edelgebohrnen/ Gestrengen und Vesten Herrn/ Herrn Otto von Guericken ... Hamburg 1686. Otto-von-Guericke-Archiv Magdeburg.

Friedrich Dies: Otto von Guericke und sein Verdienst. Magdeburg, 1862.

Heinz Glade: Otto von Guericke in Magdeburg. Biographische Skizze. Magdeburg, 1985.

Friedrich Wilhelm Hoffmann: Otto von Guericke, Bürgermeister der Stadt Magdeburg. Ein Lebensbild aus der Deutschen Geschichte des siebzehnten Jahrhunderts. Herausgegeben von Julius Otto Opel. Magdeburg, 1874.

Alfons Kauffeldt: Otto von Guericke. In: Biographien hervorragender Naturwissenschaftler, Techniker und Mediziner, Band 11. Leipzig, 1980.

Fritz Krafft: Otto von Guericke. In: Erträge der Forschung, Band 87. Darmstadt, 1978.

Fritz Krafft: Otto von Guericke in seiner Zeit. In: Otto von Guerickes Neue (sogenannte) Magdeburger Versuche über den leeren Raum. Düsseldorf, 1996.

Otto von Guericke 1602–1952. Festschrift zum Gedächtnisjahr 1952. Herausgegeben vom Rat der Stadt Magdeburg, 1952.

Ernst Schiebold: Otto von Guericke als Ingenieur und Physiker. In: Zehn Jahre Technische Hochschule Otto von Guericke Magdeburg 1953–1963. Festschrift. Herausgegeben vom Rektor und Senat. Magdeburg, 1963.

Hans Schimank: Otto von Guericke und seine Zeit. In: Otto von Guerickes Neue (sogenannte) Magdeburger Versuche über den leeren Raum. Düsseldorf, 1968.

Hans Schimank: Otto von Guericke, Bürgermeister von Magdeburg. Ein deutscher Staatsmann, Denker und Forscher. In: Magdeburger Kultur- und Wirtschaftsleben Nr. 6, Magdeburg, o. J. (1936).

Ditmar Schneider: Otto von Guericke. Biographische Skizze anhand überlieferter Quellen. In: Reihe Akzente der Arbeitsgemeinschaft industrieller Forschungsvereinigungen „Otto von Guericke“ e.V. (AiF).

Ditmar Schneider: Otto von Guericke. Ein Leben für die Alte Stadt Magdeburg. Unter Verwendung zeitgenössischer Dokumente und Bilder. Reihe: Einblicke in die Wissenschaft, Wissenschaftsgeschichte. Stuttgart-Leipzig, 1997.

Festschrift. Otto-von-Guericke-Ehrung in der DDR. Magdeburg, 1986. In: Wissenschaftliche Zeitschrift der Technischen Hochschule „Otto von Guericke“ Magdeburg 30 (1986), Heft 1/2.

Fortsetzung der Festschrift: Otto-von-Guericke-Ehrung in der DDR Magdeburg 1986. In: Wissenschaftliche Zeitschrift der Technischen Hochschule „Otto von Guericke“ Magdeburg 31 (1987), Heft 1.

Monumenta Guerickiana. Veröffentlichungen der Referate zu Leben und Werk Guerickes von den zweimal jährlich stattfindenden Guericke-Tagungen und Forschungsergebnisse der Otto-von-Guericke-Gesellschaft e.V.

Monumenta Guerickiana (1)–(14) zuerst veröffentlicht in: Wissenschaftliche Zeitschrift der Technischen Universität „Otto von Guericke, Magdeburg“, 1989–1992.

Monumenta Guerickiana 1–9 (Heft 1). Magdeburg, 1992.

Monumenta Guerickiana (15)–(22) (Heft 2). Magdeburg, 1992.

Monumenta Guerickiana (23)–(31) Heft 3. Magdeburg, 1996.

Monumenta Guerickiana (32)–(42) Heft 4. Magdeburg, 1997.

Monumenta Guerickiana (43)–(50) Heft 5. Magdeburg, 1998.

Monumenta Guerickiana (51)–(58) Heft 6. Magdeburg, 1999.

Monumenta Guerickiana (59)–(68) Heft 7. Magdeburg, 2000.

Monumenta Guerickiana (69)–(75) Heft 8. Magdeburg, 2001.

Festschrift zum Guericke-Jahr 2002, Monumenta Guerickiana (76)–(90) Heft 9/10. Magdeburg, 2002.

Festvorträge zum Guericke-Jahr 2002, Monumenta Guerickiana (91)–(103) Heft 11/12. Magdeburg, 2003, in Druck.

Das Literaturhaus

GISELA ZANDER

In Magdeburg-Buckau, in der Thiemstraße 7, wo sich alte, inzwischen renovierte Mietshäuser aneinanderreihen, ist ein schmuckloses graues Haus mit dem Denkmalschutzzeichen versehen. Verwundert fragt sich der uneingeweihte Betrachter, welchen Sinn das Zeichen an der sichtbar veränderten Fassade haben soll. Die schon etwas unleserliche Gedenktafel über der Eingangstür weist darauf hin, daß in diesem Haus 1890 Erich Weinert geboren wurde. Seit 1961 befindet sich hier eine Ausstellung zu dem Dichter, der in der DDR als Arbeiterdichter offiziell sehr verehrt wurde. Das Haus erhielt schon in den 70er Jahren Veranstaltungsräume und ein kleines Archiv. Heute lassen die angebrachten Schilder am Eingang erkennen, daß aus der ehemaligen Gedenkstätte das Literaturhaus der Stadt Magdeburg geworden ist, in dem auch zahlreiche literarische Vereine Unterkunft gefunden haben. Das Literaturhaus bietet Ausstellungen zu literarischen Themen, Veranstaltungen und Filme zur Literatur an. Es dokumentiert und archiviert Autorennachlässe und Zeugnisse literarischen Lebens aus der Region Magdeburg und Sachsen-Anhalt. Als städtische Einrichtung, die zum Kulturamt gehört, arbeitet das Haus mit verschiedenen Vereinen zusammen. Kindergartenkinder, Schüler, Studenten und andere Publikumsgruppen werden zu Projekten des Literaturhauses eingeladen oder gestalten mit dem Haus gemeinsam Projekte zur Literatur. Jedes Jahr im Frühling finden in Magdeburg Literaturwochen statt, in denen sich das gemeinsame Vorgehen des Kulturamtes und seines Literaturhauses mit vielen Partnern, so der Stadtbibliothek, der Universität „Otto von Guericke“, einigen Buchhandlungen, den Schulen und Gymnasien, den Lesergesellschaften und Autorenverbänden, besonders dem „Förderverein der Schriftsteller e.V.“, widerspiegelt und die Verbundenheit mit dem literaturinteressierten Publikum in der Stadt ausdrückt.

Bürger und Gäste Magdeburgs können ständig im Literaturhaus die Ausstellungs-, Lesungs- und Filmangebote wahrnehmen, die oft thematisch an die Ausstellungen gebunden sind und auf bestimmte Bedürfnisse verschiedener Publikumsgruppen eingehen. Neben zwei Dauerausstellungen führt das Haus jährlich ca. sechs Sonderausstellungen zu Autoren der Region, aber auch zu Schriftstellern von weltliterarischem Rang durch. Besonders gut besucht waren die Ausstellungen zu Hermann Hesse, Stefan Zweig und Theodor Fontane. Die Sonderausstellung „Literaturräume – Autoren aus Sachsen-Anhalt vorgestellt“ gab 1998 einen Einblick in die Archivbestände des Literaturhauses und präsentierte ca. 130 Autoren. Ein Teil dieser Ausstellung ist als Wanderausstellung in den Bibliotheken Sachsen-Anhalts unterwegs.

Die beiden Dauerausstellungen des Hauses konzentrieren sich auf Erich Weinert und den ebenfalls in Magdeburg geborenen Dramatiker Georg Kaiser.

Die Weinertsammlung enthält eine Reihe von Originalen. Das Arbeitszimmer des Dichters mit dem gesamten Mobiliar und der Arbeitsbibliothek wurde von der Witwe Weinerts an die Stadt Magdeburg übergeben. Briefe, Ausweise, Zeichnungen und Gemälde des ursprünglich an der Magdeburger Kunstgewerbe- und Handwerkerschule zum Maler ausgebildeten Dichters werden gezeigt. Die derzeitige Ausstellung geht besonders auf die Kinder- und Jugendjahre Erich Weinerts in Magdeburg ein. Seine Schulzeit an der Kunstgewerbeschule und sein Mitwirken in der Künstlergruppe „Die Kugel“, die für das künstlerische Leben in der Stadt um 1920 von großer Bedeutung war, sind so nachzuerleben. Das Originalkostüm aus Weinerts Zeit als Kabarettist am Leipziger Kabarett „Retorte“ und sein Selbstporträt in Öl im Stil der alten niederländischen Maler weisen auf Wesenszüge Weinerts hin, die bisher in der Weinertrezeption nur wenig Beachtung fanden. Flugblätter, Zeitungen und andere wertvolle Dokumente aus dem Exil in Frankreich, in der Sowjetunion und Spanien werden in der Sammlung bewahrt und stehen dem interessierten Besucher zur Einsicht zur Verfügung. Fotos, alte Schallplatten- und Tonbandaufnahmen und auch Filmmaterial können nach Anmeldung zusätzlich gesichtet bzw. gehört werden. Sie machen die politischen Auseinandersetzungen

der 20er Jahre und die Schrecken des Zweiten Weltkrieges wieder gegenwärtig. Von großem Interesse ist das Material über Weinerts Zeit als Vorsitzender des Nationalkomitees „Freies Deutschland“ in der damaligen Sowjetunion. Hintergründe seiner Wahl als Vorsitzender, Beziehungen zur sowjetischen Führung und zu deutschen Exilpolitikern sind noch weitgehend unerforscht oder bedürfen der Neubewertung. Das Literaturhaus Magdeburg kann mit seiner Ausstellung und Sammlung allerdings nur Anregungen bieten. Weinerts umfangreicher dichterischer und politischer Nachlaß befindet sich im Archiv der Akademie der Künste in Berlin.
Ebenso verhält es sich mit dem Nachlaß Georg Kaisers, dem die zweite Dauerausstellung im Literaturhaus Magdeburg gewidmet ist.
Georg Kaiser, 1878 geboren, durch die einseitige Erbepflege der DDR in seiner Vaterstadt weitaus weniger bekannt als Erich Weinert, ist unbestritten ein wichtiger Dramatiker des 20. Jahrhunderts, der auch international Anerkennung gefunden hat. Zur Zeit wird zu Kaiser in den USA und Kanada mehr geforscht als in Deutschland.
Die Ausstellung im Literaturhaus gibt Einblick in das Leben und umfangreiche Schaffen Georg Kaisers. Originale Dokumente sind in der Ausstellung leider kaum zufinden. Bis auf die inzwischen angekauften Bücher sind die meisten Exponate Kopien von Materialien des Georg-Kaiser-Archivs der Akademie der Künste Berlin. Die Ausstellung stellt sich die Aufgabe, den Autor Georg Kaiser in seiner Heimatstadt wieder in das Bewußtsein der Bürger und Besucher zu rücken, denn seine Dramen wurden seit 1978 in Magdeburg kaum aufgeführt, obwohl Magdeburg sogar Schauplatz einiger seiner Stücke ist. „Der Fall des Schülers Vehgesack“ und „Rektor Kleist“ sowie das Fragment „Die Dornfelds“ nehmen auf Kaisers Schul- und Jugendzeit Bezug. Zeitgenossen erkannten sogar die realen Hintergründe seiner Stücke wieder.
Obwohl Kaiser schon in seiner Jugend als Einzelgänger galt, nahm er in seiner Heimatstadt an gerade neu aufgekommenen Vergnügungen wie dem Fußballspielen teil. Ein Jugendfoto in der Ausstellung zeigt Kaiser im Fußballdreß. Später, so in seinem berühmt gewordenen und heute noch gespielten Stück „Von morgens bis mitternachts“, griff er auf diese Erlebnisse zurück. Kaiser war wohl einer der ersten Autoren, dessen Held ein Fußballstadion besucht. Mit Begeisterung war der junge Georg Kaiser auch im Leseverein „Sappho“ engagiert, in dem sich Schüler seiner Schule, des Pädagogiums im Kloster Unser Lieben Frauen, zusammenfanden. Die Atmosphäre in seiner Geburtsstadt behagte Georg Kaiser allerdings nicht sehr. Selbst aus einer Kaufmannsfamilie stammend, verachtete er die „Krämertätigkeit“. Nach einem Ausbruchsversuch, einer Flucht nach Buenos Aires, blieb Georg Kaiser bis zu seiner Heirat mit Margarete Habenicht im Jahr 1908 mit Magdeburg verbunden, wichtige Anregungen für sein Schaffen erhielt er hier.
Ein dritter Dichter, Carl Leberecht Immermann, der 1796 in Magdeburg geboren wurde, ist im Literaturhaus zwar durch keine Ausstellung, wohl aber durch eine Namensgesellschaft präsent. Die Immermann-Gesellschaft e.V. wurde 1990 als gemeinnützige literarische Gesellschaft gegründet. Sie ist aus dem seit 1983 bestehenden „Freundeskreis Carl Leberecht Immermann“ im Kulturbund der DDR hervorgegangen, der sich bereits Verdienste um die Bewahrung und Förderung des literarischen Werkes des Dichters im Umkreis seiner Geburtsstadt erworben hatte. Die etwa 80 Mitglieder zählende Immermann-Gesellschaft ist eine Vereinigung, die gemäß ihrer Satzung „zur Pflege und Verbreitung des literarischen Erbes des Dichters, Schriftstellers, Dramatikers und Theaterleiters“ Immermann beitragen will und zu diesem Zweck Ausstellungen, Lesungen, Vorträge, Veranstaltungen und Diskussionen organisiert, die aber ebenso die Forschungs- und Publikationstätigkeit zu Leben und Werk Immermanns anregt.
Bisher sind zwei- bis dreimal jährlich Mitteilungsblätter erschienen, vom Jahre 2000 an wird ein Immermann-Jahrbuch publiziert.
Die Gesellschaft kümmert sich auch darum, daß Immermann im Stadtbild präsent bleibt. Die Neuaufstellung des Immermann-Brunnens in der Danzstraße, das Anbringen einer Plakette, die auf den Dichter hinweist, in der Immermannstraße, dies alles geht auf Initiativen der Mitglieder der Gesellschaft zurück.
Höhepunkt der bisherigen Arbeit war im Jubiläumsjahr 1996 die Vorbereitung und Durchführung einer umfangreichen Ausstellung zu Leben und Werk Carl Leberecht Immermanns im Literaturhaus Magdeburg. Damit verbanden sich zahlreiche Aktivitäten am Immermann-Gymnasium und in der Stadt bis hin zur Einstudierung und Aufführung von „Liebhaberstücken“. Die Gesellschaft betreut eine kleine Materialsammlung zu Immermann und ist über das Literaturhaus jederzeit zu erreichen.
Das literarische Leben Magdeburgs wird seit 1991 auch durch die „Literarische Gesellschaft Magdeburg“ geprägt, die ebenfalls im Literaturhaus ihren Sitz hat.
„Der Verein wendet sich an alle Einwohner und Besucher Magdeburgs. Er will durch ein vielfältiges Angebot öffentlicher literaturbezogener Veranstaltungen zu allen literarischen Richtungen und Epochen der Welt das kulturelle Leben Magdeburgs bereichern.“ (Satzung der Literarischen Gesellschaft Magdeburg e.V.)

Bereits im Sommer und Herbst 1990 fanden sich Literaturenthusiasten zusammen, die an die alten Traditionen wie die Magdeburger Mittwochsgesellschaft um 1800 anknüpfend und auf literarische Veranstaltungen des Freundeskreises Literatur beim Kulturbund der DDR aufbauend, eine literarische Gesellschaft gründen wollten. Während des nunmehr zehnjährigen Bestehens der Gesellschaft, die sich fast ausschließlich von Mitgliedsbeiträgen und Fördermitteln finanzieren muß, wurde eine Vielzahl literarischer und literarisch-musikalischer Veranstaltungen durchgeführt. Die literarische Gesellschaft hat sich ein besonderes Verdienst erworben, indem sie durch ihre Veranstaltungen und ihre interessierten Mitglieder Verbindungen der städtischen Einrichtungen, insbesondere des Literaturhauses, zur Universität, zu großen Buchhandlungen und anderen Institutionen nach der Wende neu knüpfte. Sie ist oftmals Mittler zwischen dem Institut für Germanistik der Otto-von-Guericke-Universität, der Stadtbibliothek und dem Literaturhaus. Innerhalb ihrer literarischen Projekte, die offen sind für Erbepflege und die Beschäftigung mit der regionalen Literatur der Gegenwart, lädt der Verein zu Vorträgen und Lesungen ein und regt mit geselligen Zusammenkünften zur individuellen Auseinandersetzung mit Literatur an. Einige der schönsten Veranstaltungen fanden 1999 auf der BUGA statt. Ein Mitglied des Vereins hat auf der Bundesgartenschau die Schaffung eines Gartens der Dichter initiiert.

Auf andere Weise mit dem Literaturhaus verbunden ist der Verein der Bibliophilen und Graphikfreunde Magdeburg und Sachsen-Anhalt e.V. „Willibald Pirckheimer“. Die Bücherfreunde und Kunstsammler, die hier zusammengeschlossen sind, unterstützen das Literaturhaus maßgeblich bei der Vorbereitung von Sonderausstellungen. Viele bibliophile Kostbarkeiten, hohe Buchkunst und Graphik werden durch diesen Verein dem Magdeburger Publikum vorgestellt. Ehrenamtlich nehmen die Mitglieder Kontakt zu Malern und Graphikern auf, organisieren Ausstellungen und ein interessantes Vortragsprogramm. Höhepunkt der Zusammenarbeit zwischen dem Literaturhaus und dem Verein der Bibliophilen und Graphikfreunde war die große Ausstellung „Blätter zur Bibel“, die 1999 zeitgleich im Magdeburger Kunstmuseum im Kloster Unser Lieben Frauen, in der Galerie Himmelreich, im Hegel-Gymnasium und im Literaturhaus stattfand.

Das Literaturhaus in der Thiemstraße 7 in Magdeburg-Buckau ist nicht nur eine wichtige Adresse für Schreibende aus anderen Bundesländern, die hier ihre Bücher und Manuskripte präsentieren wollen. Es ist ebenso das Domizil der Autoren bzw. Autorenverbände aus Sachsen-Anhalt. So betreibt der „Verband deutscher Schriftsteller (IG Medien), Landesverband Sachsen-Anhalt“, seit 1994 seine Geschäftsstelle im Literaturhaus Magdeburg. Landesweit organisiert das „Literaturbüro Sachsen-Anhalt e.V.“, das von den Autoren 1997 eröffnet wurde, Lesereihen und auch Lesereisen für Literaten aus unserem Bundesland. Die Landesliteraturtage, die jährlich im Herbst mit einer Vielzahl von Lesungen und Literaturaktionen besondere Beachtung finden, werden vom Literaturbüro Sachsen-Anhalt e.V. vorbereitet und zusammen mit den Städten, die diese Tage der Literatur ausrichten, durchgeführt. Bisher wurden die Landesliteraturtage an die Städte Dessau, Halle, Magdeburg, Halberstadt, Osterburg und Naumburg vergeben.

Das Literaturbüro koordiniert literarische Aktivitäten im Land. Seine Lesereihen „Wortlaut – Wortlust – Wortbruch“ und „Was war, ist wahr!?“ wenden sich zum Beispiel der jüngsten Vergangenheit zu. Verständigung mit den Lesern, aber auch Selbstverständigung der Autoren über geschichtliche Vorgänge und gesellschaftliche Entwicklungen können so publik gemacht werden. Ein öffentliches Forum bietet auch die Zeitschrift „Ort der Augen“, die vom Literaturbüro herausgegeben wird. Obwohl „Ort der Augen“ grundsätzlich für alle Autoren zugänglich ist, verfolgt sie doch das Ziel, insbesondere jungen, noch nicht sehr bekannten Autoren aus Sachsen-Anhalt Möglichkeiten zur Veröffentlichung ihrer Texte einzurichten. Gleichzeitig informiert die Zeitschrift über aktuelle literarische und kulturelle Ereignisse im Land, rezensiert Neuerscheinungen und zählt essayistische und literaturwissenschaftliche Beiträge zu ihrem Inhalt. Adressaten sucht die Zeitschrift in den oberen Klassen der Sekundarschulen und Gymnasien, sie wendet sich natürlich auch an ein allgemein literarisch interessiertes Publikum.

Die Förderung von Schreibtalenten wird durch das Literaturbüro Sachsen-Anhalt e.V. und den Förderverein der Schriftsteller e.V., der ebenfalls im Literaturhaus seinen Sitz hat, seit Jahren sehr systematisch in einer Schreibwerkstatt betrieben. In Workshops, Klausurtagungen und monatlich stattfindenden Werkstattgesprächen setzen sich die Schreibenden mit den eigenen Texten auseinander, sie laden sich erfahrene Autoren ein und erhalten Ratschläge zu ersten Veröffentlichungen. Auch Kontakte zu Verlagen in Sachsen-Anhalt können unter Umständen vermittelt werden.

Die Schreibwerkstatt für Frauen, die ebenfalls monatlich im Literaturhaus Magdeburg stattfindet, ist nicht so konsequent darauf ausgerichtet, ihre Mitglieder zu ersten Veröffentlichungen zu führen. Hier geht es um Diskussion und Verständigung unter Frauen mittels eigener Textversuche. Aber gerade diese Möglichkeit des Gespräches zieht seit Jahren viele schreibende Frauen an.

Bei der Durchführung von Schreibwettbewerben für Schüler bzw. Schreibwerkstätten für Kinder arbeitet das Literaturhaus eng mit einigen Autoren, aber auch mit dem Friedrich-Bödecker-Kreis in Sachsen-Anhalt zusammen. Viele Lesungen für Schüler werden über diese bewährte Kooperation an die Magdeburger Schulen vermittelt.

Der kurze Überblick über die Arbeit des Literaturhauses und die Arbeit der Vereine im Literaturhaus mag genügen, um zu verdeutlichen, daß Magdeburg mit seinem Literaturhaus über eine besondere kulturelle Einrichtung verfügt. In den Jahren seit der Wende ist es durch gemeinsames Wirken vieler Partner gelungen, auch trotz mancher Rückschläge, ein enges Netz der „Versorgung" mit literarischen und literaturbezogenen Veranstaltungen in Magdeburg und in der Umgebung der Landeshauptstadt aufzubauen. Die Besucherzahlen des Literaturhauses, das eigentlich nur über kleine, etwa 40 Personen fassende Räume verfügt und das bisher leider noch nicht in seiner Bausubstanz saniert werden konnte, zeigen, daß viele Magdeburger das Haus angenommen haben. Jährlich kommen etwa 11 000 Gäste. Mit vielen Veranstaltungen muß das Literaturhaus anderswo Unterkunft suchen, weil die vorhandenen Räume für großes Publikum zu klein sind. Durch all die Unternehmungen, Veranstaltungsreihen und große wie kleine Höhepunkte leistet das Literaturhaus seinen ganz eigenen und einzigartigen Beitrag zur Entwicklung einer besonderen kulturellen Atmosphäre in der Landeshauptstadt.

Stadt der Wissenschaft

OTTO-VON-GUERICKE-UNIVERSITÄT, DIE HOCHSCHULE MAGDEBURG-STENDAL UND DIE FORSCHUNGSINSTITUTE

KLAUS ERICH POLLMANN
ANDREAS GEIGER

Die Zukunftschancen einer modernen Großstadt hängen von vielen Standortfaktoren ab: Tradition, Lage, Anbindung an das Verkehrssystem auf der Straße, der Schiene, den Wasserwegen und in der Luft; Infrastruktur; Qualität und Zahl der Arbeitsplätze; kulturelle Angebote; Freizeitwert; Bildungsgrad der Bevölkerung, namentlich der jungen Generation; Dynamik und Motivation ihrer Bewohner.

Unbestritten ist der Rang eines weiteren Faktors, dem heute und in der Zukunft geradezu eine Schlüsselbedeutung für die Entwicklungschancen einer Stadt zukommt. Magdeburg kann an der Schwelle des dritten Jahrtausends als Stadt der Wissenschaft gelten, deren wichtigste Institutionen

- die Otto-von-Guericke-Universität,
- die Hochschule Magdeburg-Stendal,
- das Max-Planck-Institut für Dynamik komplexer technischer Systeme,
- das Fraunhofer-Institut für Fabrikbetrieb und Fabrikautomatisierung,
- das Leibniz-Institut für Neurobiologie,
- das Labor für Umweltschutz und chemische Analytik und
- das Umweltforschungszentrum Leipzig-Halle mit der Sektion Gewässerforschung sind.

Zu dem Wissenschaftsstandort zählt ferner das in Barleben angesiedelte Institut für Automation und Kommunikation ebenso wie die wachsende Zahl der An-Institute der Otto-von-Guericke-Universität. Solche Institute werden zur Bearbeitung spezieller Forschungsaufgaben überwiegend mit einem direkten Anwendungsbezug gegründet. Sie bilden ferner den Rahmen für institutionelle Kooperationsmöglichkeiten mit Partnern der Privatwirtschaft und weiteren öffentlichen Trägern. Hier wird der Zusammenhang von Wissenschaft und Wirtschaftsförderung sichtbar.

Magdeburg, seit dem frühen Mittelalter Stätte berühmter Klosterschulen, ist erst sehr spät Hochschulstadt geworden, nachdem man 1544 die Anfrage des Reformators Melanchthon, die vom sächsischen Kurfürsten geschlossene Wittenberger Universität aufzunehmen, abgelehnt hatte. Die im 17. Jahrhundert preußisch gewordene Stadt erhielt den Charakter einer Militär- und Verwaltungsstadt, seit 1815 als Hauptstadt der Provinz Sachsen. Im Zuge der Industrialisierung entwickelte sich Magdeburg zur Industriestadt, zunächst in der Nahrungsmittelverarbeitung, später im Maschinenbau. Staatliche Administration und industrielle Zentren gingen in Preußen selten mit der Gründung von Universitäten gemein. Von einigen Vorläufern in der Medizin – etwa der Medizinisch-Chirurgischen Lehranstalt von 1827 bis 1849 – abgesehen, scheiterten alle Versuche zur Gründung hochschulähnlicher Einrichtungen vor 1945.

Der als Hommage an Otto von Guericke künstlerisch gestaltete Eingangsbereich symbolisiert zugleich die Verbindung zwischen der Landeshauptstadt und der Universität.

Inmitten einer Trümmerlandschaft entstand 1956 als erster Neubau der Universität das „Institut für Werkstoffkunde".

Die Otto-von-Guericke-Universität

Die Hochschulgeschichte Magdeburgs im eigentlichen Sinne beginnt 1953. Die Technischen Hochschulen waren in Deutschland regional ungleich verteilt. Auf dem Gebiet der DDR befand sich damals neben der Bergakademie Freiberg nur eine einzige Technische Hochschule, nämlich die TH Dresden. Diese konnte den Bedarf an Ingenieuren bei weitem nicht abdecken. Deshalb wurden 1953 drei technische Spezialhochschulen gegründet, darunter die Hochschule für Schwermaschinenbau in Magdeburg, deren Profil auf die Industriestruktur der Stadt ausgerichtet war. Ein Jahr später, 1954, erfuhr das wiederaufgebaute Krankenhaus Sudenburg einschließlich einiger wissenschaftlicher Institutionen im Gesundheitsdienst eine Aufwertung zur Medizinischen Akademie. Die zu diesem Zeitpunkt begonnene klinische Ausbildung wurde zu Beginn der sechziger Jahre um die vorklinische Ausbildung ergänzt. Ebenfalls 1953 erfolgte die Gründung eines Instituts für Lehrerbildung, das 1972 im Zuge der Verwissenschaftlichung der Lehrerbildung zu einer Pädagogischen Hochschule ausgebaut wurde.

Die Hochschule für Schwermaschinenbau, die in dem weitgehend zerstörten Stadtgebiet zwischen Nordpark und Rathenaustraße (abgesehen von dem ersten fertiggestellten Gebäude, dem Institut für Werkstoffkunde an der Großen Steinernetischstraße) entstand, erhielt 1958 das Promotionsrecht für zwei Fakultäten und 1961 den Status einer Technischen Hochschule mit dem Namen „Otto von Guericke". Im Jahre 1962 wurde das Institut für Chemisches Apparatewesen errichtet, das innerhalb der DDR eine Leitfunktion erhalten sollte. 1964 begann man auch mit der Ausbildung von Berufsschullehrern, welche in der Folgezeit durch einen Studiengang für Mathematik- und Physiklehrer ergänzt wurde. Außerdem kam eine Sektion für Elektrotechnik hinzu. Der Schwerpunkt blieb allerdings immer bei dem Maschinenbau. Wie an fast allen Hochschulen der DDR gab es auch hier eine Fakultät für Gesellschaftswissenschaften, die spätere Sektion Marxismus-Leninismus, die obligatorische Lehrveranstaltungen für Studenten aller Studiengänge durchführte.

Die Verwaltung der Hochschule hatte eine dualistische Struktur: auf der einen Seite die akademische Selbstverwaltung, auf der anderen Seite die Hochschulparteileitung der SED, der FDGB und die FDJ. Bis auf wenige Ausnahmen blieben die Leitungsämter wie das des Rektors oder Sektionsdirektors SED-Mitgliedern vorbehalten. Die 3. Hochschulreform 1969 bewirkte eine weitere Einschränkung der Hochschulautonomie und eine Verstärkung des politischen Einflusses. Das spiegelt sich sehr deutlich in der Festschrift aus Anlaß des 25jährigen Bestehens der Hochschule von 1978 wider. Damals hatte die Hochschule 4000 Studenten, 65 Professoren und 79 Mitarbeiter. 1987 wurde die Hochschule, die inzwischen um die Sektionen Informatik, hervorgegangen aus der Sektion Rechentechnik und Datenverarbeitung, und Sozialistische Betriebswirtschaft erweitert worden war, zur Technischen Universität „Otto von Guericke" aufgewertet.

Der Aufbruch im Herbst 1989 und der Zusammenbruch der DDR führten zu einer grundlegenden Reform und einem weitgehenden Neuanfang an den drei Magdeburger Hochschulen. Im Ergebnis wurden diese drei Institutionen zur Otto-von-Guericke-Universität vereinigt, zunächst am 01.04.1993 die TU mit der PHM und schließlich am 03.10.1993, dem Gründungstag der neuen Universität, mit der Medizinischen Akademie.

Erster Computerarbeitsplatz an der 1968 gegründeten, damaligen Sektion Rechentechnik und Datenverarbeitung

In dem vierjährigen Umbruchsprozeß zwischen Ende 1989 und Oktober 1993 lassen sich folgende Phasen, die sich zum Teil überlagerten, unterscheiden:

- Eine interne Reform der Studiengänge erfolgte im intensiven Austausch mit westdeutschen und ausländischen Fachvertretern, verbunden mit der Entmachtung oder gar Entlassung der politisch hochbelasteten Amtsträger.
- Es bildete sich eine neue Hochschulstruktur im neuen Bundesland Sachsen-Anhalt auf der Basis von Empfehlungen des Wissenschaftsrates bzw. einer Hochschul-Strukturkommission. Zwei Landesuniversitäten, Halle und Magdeburg, mit je spezifischem Profil waren ebenso vorgesehen wie fünf Fachhochschulen, davon eine in Magdeburg. Umstritten war zunächst die Breite der geisteswissenschaftlichen Fächer an der neuen Universität. Mit der Entscheidung für die Lehrämter an Gymnasien sowie Haupt- und Realschulen am Standort Magdeburg war die Repräsentanz der wichtigsten Lehramtsfächer notwendig. Die Otto-von-Guericke-Universität wurde wegen der Synergie mit den technischen Fakultäten zum einzigen Standort der Ausbildung für das Lehramt an Berufsbildenden Schulen vorgesehen. 1994 ging zusätzlich ein Institut für Musik aus der Außenstelle der Felix-Mendelssohn-Bartholdy-Musikhochschule Leipzig hervor, das künstlerische, pädagogische und musikwissenschaftliche Studiengänge vereinigt.
- Die Erneuerung der Hochschule selbst erfolgte.

Die erste spontane Reformphase mündete in die durch das Hochschulerneuerungsgesetz vom 31. Juli 1991 bestimmte Entwicklung. Dieses Gesetz verfolgte einen „mittleren“ Weg zwischen der Übernahme der bisher dort tätigen Wissenschaftler und einer durchgreifenden personellen Erneuerung. Zunächst wurden die ideologisch deformierten und für einen Neuaufbau ungeeigneten Sektionen abgewickelt. Das betraf die Sektionen Marxismus-Leninismus und Sozialistische Betriebswirtschaft. Es gab eine Überprüfung des Hochschulpersonals durch – intern besetzte – Personalkommissionen, die feststellen sollten, wer aus politischen Gründen für die erneuerte Hochschule als nicht mehr tragbar erschien. Im Ergebnis dieser Prüfung wurden zahlreiche Mitglieder zum Verlassen der Hochschule aufgefordert, sofern sie nicht von sich aus bereits diese Konsequenz gezogen hatten.
Die fachliche Evaluierung des wissenschaftlichen Personals führte eine Kommission mit externer Beteiligung durch, welches in der überwiegenden Zahl der Fälle eine Bestätigung erhielt. Die Zahl der positiv evaluierten Wissenschaftler war in vielen Bereichen wesentlich höher als die Zahl der Planstellen,

Praktikumsauswertung im Institut für Berufs- und Betriebspädagogik

die im Rahmen der neuen Hochschulstruktur nach den Kennziffern der Bund-Länder-Kommission im Stellenplan zur Verfügung gestellt wurden. Für die Professorenstellen hatte man überdies eine Höchstgrenze von 25% der Stellen für die Rekrutierung aus dem bisherigen Lehrkörper freigegeben. Diese Quote schöpften längst nicht alle Fakultäten aus; andererseits wurde diese Vorgabe in den technischen Fakultäten sowie in der Medizin durch zusätzliche Berufungen in normalen Ausschreibungsverfahren deutlich übertroffen.
Im Rahmen der vom Wissenschaftsrat ausgesprochenen Empfehlungen gründeten sich die

- Fakultät für Geistes-, Sozial- und Erziehungswissenschaften (FGSE),
- Fakultät für Wirtschaftswissenschaft (FWW),
- Fakultät für Mathematik (FMA),
- Fakultät für Naturwissenschaften (FNW),
- Medizinische Fakultät (FME),
- Fakultät für Informatik (FIN),

Wissenschaftler aus Wisconsin (USA) arbeiten gemeinsam mit Studierenden und Hochschullehrern am Institut für Musik.

On-Uma Kheowan, Doktorandin an der Fakultät für Naturwissenscahften, untersucht die Lichtempfindlichkeit von Reaktions-Diffusions-Prozessen.

- Fakultät für Maschinenbau (FMB) und
- Fakultät für Elektrotechnik und Informationstechnik (FEIT).

Einen besonderen Status hat die Psychologie inne, da sie an drei Fakultäten (FGSE, FNW, FME) angesiedelt ist.

1998 wurde aus der Fakultät für Maschinenbau die Fakultät für Verfahrens- und Systemtechnik (FVST) ausgegliedert bzw. neu gegründet. Dabei verlagerte man die Chemie im Sinne eines modernen chemical engineering in diese neue Fakultät. Das Jahr 2000 bringt die Errichtung eines Instituts für Biologie an der Fakultät für Naturwissenschaften.

Leitbild und Ziele der Otto-von-Guericke-Universität

Mit dem Bezug auf ihren Namenspatron weiß sich die Otto-von-Guericke-Universität dem technischen Erfindergeist, der Universalität der Wissenschaften, der internationalen Orientierung und der Verantwortung für die Gesellschaft besonders verpflichtet. Als junge Universität ist sie bestrebt, im Hinblick auf ihre Organisationsstruktur, ihre Forschung und Lehre neue Formen zu erproben, ohne bewährte Traditionen aufzugeben. Die Einheit von Forschung und Lehre sowie die Freiheit der Wissenschaft sind unabdingbare Prinzipien. Die Otto-von-Guericke-Universität ist sich ihrer Verantwortung für ihre Studenten bewußt und darum bemüht, durch hohe Qualitätsmaßstäbe in der Ausbildung ihre Absolventen optimal auf ihre späteren beruflichen Tätigkeiten vorzubereiten. Die Studiengänge folgen den Erfordernissen der Wissenschaft und sind forschungsorientiert, sie sind aber zugleich auf ihre Eignung für die berufliche Praxis ausgestaltet.

Man weiß an der Otto-von-Guericke-Universität um Besonderheiten des Standorts als Hochschule in einem neuen Bundesland. Die Probleme der Integration einer Gesellschaft mit unterschiedlichen Sozialisationserfahrungen über zwei Generationen hinweg werden wie bisher ein wichtiger thematischer Bereich der wissenschaftlichen Reflexion sein. Die Universität hält die bewährten traditionellen Partnerschaften mit Wissenschaftlern aus den osteuropäischen Ländern aufrecht, hat diese sogar noch um zahlreiche Kooperationen mit Fachkollegen und Studenten aller Kontinente erweitert und bildet insofern eine Brücke zwischen Ost und West.

Die Otto-von-Guericke-Universität ist eng mit der Landeshauptstadt und dem Land Sachsen-Anhalt verbunden. Ein Ziel ist, die Abiturienten des Landes in verstärktem Maße von den Vorzügen eines Universitätsstudiums zu überzeugen und größere Teile der Bevölkerung mit Vortrags- und Weiterbildungsangeboten zu erreichen. Die Ausbildungsstätte versteht sich als Kooperationspartner der regionalen Wirtschaftsunternehmen, Verbände, Bildungseinrichtungen und sonstigen gesellschaftlichen Institutionen und trägt mit ihren Angeboten und Fähigkeiten zum Aufbau und zur Prosperität einer neuen, modernen Industrielandschaft und damit zu der Vermehrung attraktiver zukunftsorientierter Arbeitsplätze bei. Dazu ist eine Universität mit einer starken technischen Prägung besonders befähigt.

Profil der Otto-von-Guericke-Universität

Die Universität der Landeshauptstadt steht in der Tradition der früheren Technischen Hochschule. Sie versteht sich als eine moderne Universität mit technischen Schwerpunkten. Ihr Profil trägt der Tatsache Rechnung, daß das Zusammenwirken von technischem und nichttechnischem Wissen und entsprechenden Fähigkeiten zu einem zentralen Charakterzug der Informationsgesellschaft geworden ist. Neben den Ingenieurwissenschaften prägen deshalb die Naturwissenschaften und die Medizin sowie die

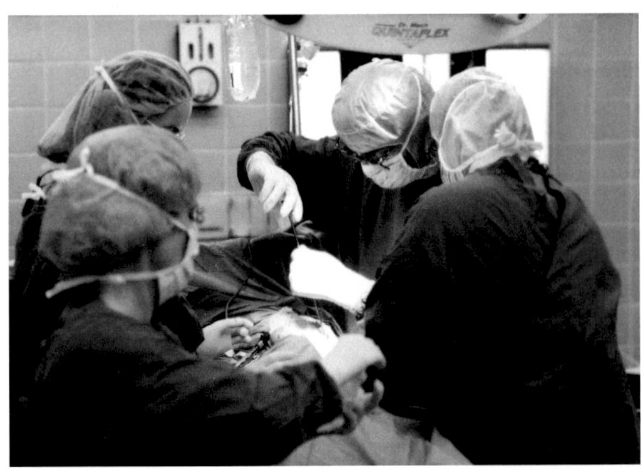

Operation am Universitätsklinikum

Wirtschafts-, Sozial- und Geisteswissenschaften das Lehr- und Forschungsprogramm.
Die Einrichtung hat sich nie als Volluniversität verstanden. Dies erweist sich als eine strukturelle Stärke, die es erlaubt, ein scharf konturiertes und schlankes Profil zu entwickeln. Alle sechs Grunddisziplinen – Ingenieur- und Naturwissenschaften, Medizin, Wirtschafts-, Sozial- und Geisteswissenschaften – erfüllen Funktionen, auf die nicht verzichtet werden kann.
Die technischen Disziplinen gliedern sich in die Fakultäten Maschinenbau, Verfahrens- und Systemtechnik sowie Elektro- und Informationstechnik. Die Fakultät für Informatik versteht sich überwiegend als eine ingenieurwissenschaftliche Fakultät. Mathematik, Physik und Chemie sind in ihren inhaltlichen Schwerpunkten auf technische Disziplinen bezogen. Biologie und Psychologie haben ein neurowissenschaftliches Profil und tragen zur Vernetzung der Medizin-, Technik- und Geisteswissenschaften bei. Die Wirtschafts-, Sozial- und Geisteswissenschaften sind – ungeachtet ihrer eigenständigen Bedeutung – nach Größe, Struktur und Studiengängen so ausgerichtet, daß sie in Forschung und Lehre komplementäre Leistungen zu den Ingenieur- und Naturwissenschaften sowie der Medizin bieten.
Die zunehmende Bedeutung interdisziplinärer Forschung und Lehre macht die Grenzen zwischen den etablierten Disziplinen flüssig. Deshalb ist es ungeachtet des Primats ihrer Kerndisziplinen notwendig, für künftige Entwicklungsperspektiven nach Maßgabe der Wissenschaftsdynamik, des zu erwartenden Wissenschaftsfortschritts, zukünftiger Ausbildungsbedürfnisse und späterer Berufschancen offenzubleiben und demgemäß das Profil weiterzuentwickeln.
Die Otto-von-Guericke-Universität räumt der interdisziplinären Forschung und Lehre Priorität ein. Sie hat ferner von Anfang an eine Schwerpunktbildung verfolgt.

Studiengänge

Die Universität bietet insgesamt 50 Studiengänge an: Diplom-, Lehramts-, Magister-, Master-, Bachelor- und Postgraduale Studiengänge sowie den der Humanmedizin. All diese wurden in den letzten Jahren kontinuierlich verbessert und neue nach Maßgabe des Bedarfs und der vorhandenen Ressourcenkonzentration entwickelt. Dabei hat die Entwicklung interdisziplinärer Studiengänge eine besondere Rolle gespielt. Einige von ihnen sind als modellhaft für die Bundesrepublik zu bezeichnen, so vor allem der Studiengang Computervisualistik in seiner deutschen und englischen Variante und der gerade neu konzipierte Hauptstudiengang Neurobiologie, der Interessenten mit Vorbildung aus einem breit angelegten Fächerspektrum zugänglich gemacht wird. Wichtige

Aufarbeitung eines Zwischenproduktes auf dem Weg zur Synthese einer antitumoraktiven Verbindung im Labor des Chemischen Instituts der Fakultät Naturwissenschaften

Zielbestimmungen sind auch hier weiterhin die Interdisziplinarität, die Vermittlung von Schlüsselkompetenzen, die Befähigung zu systematischem Denken, die Berücksichtigung der Multimedia, die Verstärkung der Praxisnähe sowie die Ausrichtung auf professionalistisches Handeln.
Derzeit sind 7200 Studierende an der Otto-von-Guericke-Universität eingeschrieben.

Internationale Ausrichtung

Die Otto-von-Guericke-Universität hat in letzter Zeit der fortschreitenden Internationalisierung eine hohe Priorität zugemessen und wird diesen Kurs konsequent fortsetzen. Neben dem Ausbau der Partnerschaften, internationalen Konferenzen und Kontakten sowie Gastprofessuren hat die Einführung der in englischer Sprache angebotenen Studiengänge hier eine große Rolle gespielt. Ein wichtiges Ziel ist dabei, Studienmöglichkeiten zu bieten, die für ausländische Studierende besonders attraktiv sind. Langfristig können solche gemeinsame Studien dazu beitragen, die Exportchancen für die deutsche Wirtschaft zu för-

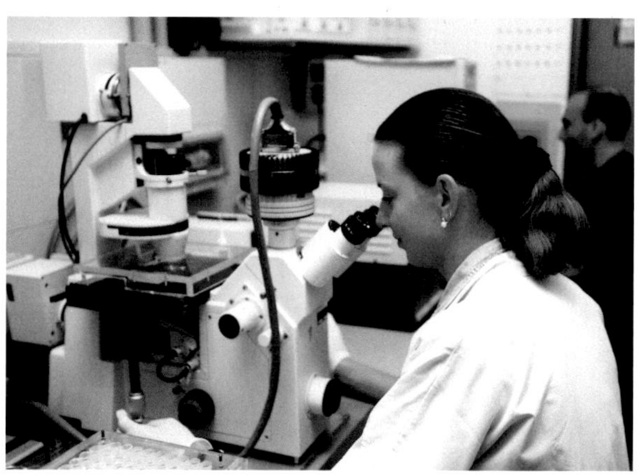

Laboruntersuchung zur Medikamentenforschung im Zentrum für Neurowissenschaftliche Innovation und Technologie (ZENIT)

Im Auditorium maximum der Otto-von-Guericke-Universität Magdeburg

dern. So wurde z.B. an der Fakultät für Wirtschaftswissenschaft ein international orientiertes Studienprogramm eingeführt. Es wird vollständig in englischer Sprache durchgeführt und ermöglicht den Erwerb von Bachelor-, Master- und Ph.D.-Abschlüssen. Die Studierenden dieses Programms sind je zur Hälfte deutscher und ausländischer Herkunft.

Impulse für die Wirtschaft

Über die Aufgaben in Forschung und Lehre hinaus weiß sich die Otto-von-Guericke-Universität in besonderer Weise dem Neuaufbau einer zukunftsorientierten Industriestruktur, besonders im high-tech-Bereich, sowie der Schaffung von attraktiven Arbeitsplätzen in Sachsen-Anhalt verpflichtet. Da die Industrieforschung in Sachsen-Anhalt bis auf eine Restgröße reduziert wurde, hat die industrierelevante Forschung an den Universitäten und Forschungsinstitutionen eine erhebliche kompensatorische Bedeutung.

Die aktive Gestaltung der Prozeßkette von der Grundlagenforschung über die angewandte Forschung bis hin zur Mitwirkung bei der Entwicklung von Produkten, die erfolgreich vermarktet werden können, ist eine Aufgabe, der sich die Otto-von-Guericke-Universität mit besonderem Vorrang stellt. Hierzu wird der Wissens-, Technologie- und Personaltransfer auch durch ein auf dem Internet basierendes Informationsmanagement weiter ausgebaut.

Derzeit wirbt die Universität Mittel Dritter in Höhe von 16% ihres Budgets ein (ohne Universitätsklinikum), dabei stammen 12% dieser Drittmittel von Unternehmen. Diese hohen Drittmitteleinwerbungen, die über den Zweck der Forschungsverstärkung hinaus einen Beschäftigungseffekt haben, das Abwandern junger Fachkräfte verhindern und geeignet sind, der regionalen Wirtschaft durch kontinuierlichen Technologietransfer zusätzliche Impulse zu geben, sollen weiter verstärkt werden. Hierbei soll zukünftig die Beteiligung an Verbundprojekten zwischen Unternehmen und Forschungseinrichtungen im nationalen und internationalen Verbund weiter zunehmen. Grundlage dafür bildet die bisherige erfolgreiche Beteiligung an über 30 europäischen Verbundprojekten.

Die Alma mater präsentiert sich mit Vorlesungen, Vorträgen und Experimenten in der Aktion „Uni-*life*" der Öffentlichkeit.

Die wachsende Zahl von Ausgründungen aus den Instituten der Otto-von-Guericke-Universität als eine besondere Form des Personal- und Wissenstransfers wird diesen Effekt noch verstärken. Seit 1990 wurden mit wesentlicher Beteiligung von Wissenschaftlern aller Fakultäten der Otto-von-Guericke-Universität 40 neue Firmen und fünf An-Institute gegründet.
Neben der Förderung des Wissens- und Technologietransfers in der bisher üblichen Partnerschaft zwischen einzelnen Instituten und einzelnen Unternehmen werden die hierfür gebildeten Zentren wesentliche Kristallisations- und Konzentrationspunkte darstellen. Dies sind:

- Technologie-Transfer-Zentrum als zentrales Kommunikationszentrum an der Schnittstelle Universität-Wirtschaft,
- „Zentrum für Neurowissenschaftliche Innovation und Technologie (ZENIT) GmbH" auf den Gebieten der medizinischen und medizintechnischen Forschung,
- Zentrum „Neue Produktionssysteme – Experimentelle Fabrik" auf den Gebieten der Entwicklung innovativer industrieller Produkte, Prozesse und Qualifikationen und
- das für das Jahr 2000 geplante „Zentrum für Entrepreneurship" für das Gebiet der unternehmerischen Tätigkeiten.

Die Zentren werden darüber hinaus mit Partnern des Technologietransfers in regionalen und überregionalen Verbünden wirksam werden, u.a. in dem EU-Projekt „Regionale Innovationsstrategie – Region Altmark, Harz, Magdeburg" und einem zum Schwerpunkt Medizintechnik beantragten Projekt des InnoRegio-Wettbewerbs des BMBF.

Die Hochschule Magdeburg-Stendal (FH)

Am 2. Juli 1991 beschloß das sachsen-anhaltische Kabinett die Errichtung der Fachhochschule Magdeburg sowie von drei weiteren Fachhochschulen in diesem jungen Bundesland. An der Fachhochschule Magdeburg wurden nach der Gründung verschiedene örtliche Traditionslinien der Ingenieurausbildung fortgeführt. Schon 1793 war in Magdeburg eine Kunstschule für eine zeichnerische Ausbildung von Baufachleuten gegründet worden. 1800 erfolgte deren Umbenennung in „Magdeburgische Provinzial-, Kunst- und Bauhandwerkerschule", später Ingenieurschule für Bauwesen. Die in den fünfziger Jahren gegründete Fachschule für Chemie, die 1956 von Schleusingen (Thüringen) nach Magdeburg verlagerte Ausbildung im Bereich der Wasserwirtschaft (Ingenieurschule für Wasserwirtschaft) und die Ingenieurschule für Maschinenbau und Elektrotechnik waren ebenfalls prägend für Magdeburg.

Die Magdeburger Bodenverwirbelungskammer – eine neuartige Meßeinrichtung zur Untersuchung elektromagnetischer Störfestigkeit und Störemission von technischen Systemen am Institut für Elektromagnetische Verträglichkeit

Zukunftsorientiertes Studium an traditionsreichem Ort

An der inhaltlichen Arbeit zur Gründung der Fachhochschule Magdeburg hatten Dozenten der ehemaligen Ingenieurschulen für Maschinenbau und Elektrotechnik, Wasserwirtschaft und Bauwesen einen erheblichen Anteil. So war es möglich, schon zum Wintersemester 1991 die ersten Studierenden in den entsprechenden Fachrichtungen zu immatrikulieren.

Hochschule Magdeburg-Stendal (FH)

Praktische Übung in der Musiktherapie

Fachbereiche der Hochschule Magdeburg-Stendal (FH):
Bauwesen
Chemie/Pharmatechnik
Elektrotechnik
Fachkommunikation
Gestaltung/Industriedesign
Maschinenbau/Technische Betriebswirtschaft
Sozial- und Gesundheitswesen
Wasserwirtschaft

und in Stendal:
Betriebswirtschaft
Journalistik/Medienmanagement
Rehabilitiationspsychologie

Mittlerweile ist die Gründungsphase abgeschlossen und die Fachhochschule - nun Hochschule genannt und mit dem zweiten Standort Stendal verbunden - hat sich mit einem attraktiven Studienangebot zu einer über die Grenzen von Sachsen-Anhalt hinaus bekannten Bildungseinrichtung entwickelt. Das Angebot an Studiengängen wurde erheblich erweitert. Neben dem Fachbereich Sozial- und Gesundheitswesen, mit einigen in Deutschland seltenen Studiengängen wie Gebärdensprachdolmetschen oder Musiktherapie, gibt es außerdem die Fachbereiche Chemie/Pharmatechnik, Fachkommunikation sowie Gestaltung/Industriedesign.

Kasernen zu Hörsälen

Seit Oktober des Jahres 1999 hat die Hochschule Magdeburg-Stendal (FH) in Magdeburg ihren Sitz im Osten der Stadt, in direkter Nachbarschaft des Elbauenparkes. Dieser gelangte 1999 zu Berühmtheit – als Ort der Bundesgartenschau. Über zwei Millionen Besucher der BUGA sind somit schon direkt am neuen Campus vorbeispaziert, konnten also sehen, wie aus den alten Gebäuden neue wurden, wie sich ein ehemaliges Militär- in ein Hochschulgelände verwandelte.
Das hatten sich die Planer des Geländes in den dreißiger Jahren des zwanzigsten Jahrhunderts wohl noch ganz anders gedacht. Nachdem im Jahr 1935 die ersten Bauaufträge für Kasernen der Wehrmacht gestellt worden waren, begann kurz darauf die Errichtung der Gebäude. Genutzt wurde das riesige Gelände als Artillerie-Standort und Lazarett. Nach der Beendigung des Zweiten Weltkrieges übernahm im Juli 1945 die sowjetische Armee diesen Kasernenkomplex. Danach diente das Gebiet bis zum Abzug der GUS-Truppen im Jahr 1992 weiter als militärischer Standort.

Bis zu diesem Zeitpunkt galt für die meisten Magdeburgerinnen und Magdeburger: Die Kasernen sind ein Terra incognita, das nicht zu betreten und nicht einzusehen war. Für viele war es schwer vorstellbar, daß hinter den grauen Mauern, an denen die Straßenbahn auf dem Weg zum Herrenkrug vorbeischaukelt, sowjetisches Militär kampieren mußte. Was geschieht dort? Immer wieder Unbehagen auf dem Weg zu einem der Parks in Magdeburg, dem weder Krieg noch sozialistische Planwirtschaft etwas anhaben konnten. Auch aus den schweren Tatra-Wagen der Straßenbahn war im Vorbeifahren nur wenig zu erkennen vom wirklichen Leben hinter dem Wall. Ein Wandel war nicht in Sicht. Bedrückend dann die Bilder nach dem Abzug der GUS-Truppen. Abgewirtschaftete Häuser, provisorisch geflickte Baracken und unzählige Umwelt-Altlasten prägten das Bild des verlassenen Geländes.
Auf der Suche nach einem gemeinsamen Campus für die Hochschule Magdeburg, die über mehrere Gebäude in verschiedenen Stadtteilen verstreut lag, entstand dann die Idee, aus dem lange Zeit militärisch genutzten Gelände einen Hochschulcampus werden zu lassen. Wer heute über den Campus geht, findet nur noch wenige Spuren der militärischen Vorgänger. Das damalige Lazarett läßt nach vollendeter Sanierung nichts von seiner früheren Funktion erkennen und wird vom Fachbereich Sozial- und Gesundheitswesen sowie als Bibliothek genutzt. Die Umwelt gefährdende Altlasten sind längst entsorgt. Nur noch am Haus des Fachbereiches Chemie/Pharmatechnik zeugen zwei überlebensgroße, russische Wandfiguren von den vergangenen Zeiten.

Attraktiver Campus

Mit dem neuen Campus hat die Einheit der Hochschule auch ihren baulichen Ausdruck gefunden. Die ehemaligen, inzwischen sanierten Kasernenbauten werden ergänzt durch neu errichtete Laborgebäude, ein Hörsaalzentrum sowie die Mensa mit Auditorium maximum. Ideale Bedingungen zum Studieren bieten aber nicht nur die frisch sanierten und neu gebauten Häuser, sondern auch die gesamte Anlage des rund 200 000 Quadratmeter großen Campus. Freundliches Gelb kennzeichnet die Häuser, viel Glas erweitert sie. Reichlich Platz und Grün zwischen den Gebäuden der Fachbereiche geben dem Campus den Charakter eines Parks.

Vielfältiges Angebot

Mit ihrem breitgefächerten Studienangebot ist die Hochschule eine wichtige Säule in der Bildungslandschaft Sachsen-Anhalts. Gegenwärtig sind in Magdeburg und Stendal über 5000 Studierende eingeschrieben. Ihnen steht ein hohes Maß an individueller Betreuung zu, und auch die hervorragende technische Ausstattung sichert ein effektives Studium. An der Hochschule Magdeburg-Stendal (FH) ist die Verzahnung der einzelnen Studienangebote besonders gut gelungen. Hier vereinen sich jetzt die für Magdeburg traditionellen technisch orientierten Studiengänge mit den Offerten der geistes- und sozialwissenschaftlichen Fachbereiche. In insgesamt neun Fachbereichen kann derzeit aus 32 Studiengängen gewählt werden. Das Angebot reicht u. a. von Heilpädagogik/Rehabilitation über Gesundheitsförderung/-management, Sozialwesen, Rehabilitationspsychologie, Journalistik/Medienmanagement oder Industriedesign bis hin zu den Studiengängen Bauingenieurwesen bzw. Architektur, Abfallwirtschaft, Wasserwirtschaft, Maschinenbau oder Elektrotechnik. Die ingenieurtechnischen Studiengänge nehmen – angesichts mangelnden Nachwuchses in der Industrie – wieder deutlich an Bedeutung zu.

Praxisnahe Ausbildung und Forschung

Die Hochschule bietet eine sehr praxisnahe Ausbildung. Und wo für die Praxis ausgebildet wird, sind Themen wichtig, die nicht in der Schublade landen. So können Studierende aus dem Fachbereich Bauwesen immer wieder für Aufsehen sorgen, wenn es um die Entwicklung von Ideen für die Umgestaltung von Wohnhäusern, Industriegebäuden oder Schulen geht. Für die Entwicklung einer Märchenschule aus einer Plattenbau-Schule im Magdeburger Stadtteil Neu-Olvenstedt waren die angehenden Architekten genau die richtigen Partner. Die Modelle, die mittlerweile in der Landeshauptstadt schon zu einiger Bekanntheit gelangt sind, können zwar aus finanziellen Gründen derzeit nicht umgesetzt werden, finden aber die Zustimmung von Kindern, Eltern und Lehrern. Der Gebrüder-Grimm-Schule kann man nur wünschen, daß die Märchenschule nicht nur ein modellierter Traum bleibt und daß die notwendigen Spenden fließen.
Andere Studierende waren während der Bundesgartenschau in diversen Projekten tätig, die im Spielhaus den jungen und bei einem Projekt der Gesundheitsförderung den nicht mehr ganz jungen Besuchern der BUGA galten. Wer nach langer Fahrt aus dem Bus stieg, konnte daher schon durch eine Bewegungsanimation überrascht werden oder sich über rückengerechte Gartenarbeit informieren lassen. Im Studiengang Industriedesign entwickelten Studenten altengerechte Telefone – zwar noch nicht serienreif, aber mit tollen Ideen, die die Handhabbarkeit für ältere Leute deutlich verbessern. Dergleichen Beispiele gibt es reichlich. Zu erwähnen ist auch ein wasserwirtschaftliches Projekt, das im äußersten Südosten Magdeburgs der Verlandung der Alten Elbe entgegenwirken soll. Es ist zu hoffen, daß die dazu angestellten Untersuchungen tatsächlich zu einem Schutzprogramm für die Alte Elbe führen werden.
Außer den direkten Auswirkungen auf die Praxis dienen diese Projekte letztendlich auch dem Zweck, die Studienangebote auf dem aktuellsten Stand zu halten und die Berufschancen der Absolventinnen und Absolventen zu verbessern. Die große Nachfrage nach Diplomanden der Hochschule Magdeburg-Stendal (FH) aus ganz unterschiedlichen Bereichen beweist die Richtigkeit des eingeschlagenen Weges.
Anwendungsorientierte Forschung sowie Wissens- und Technologietransfer sind für die Hochschule ebenfalls selbstverständlich. Gemessen an dem erst kurzen Bestehen der Bildungsstätte und den Belastungen, die mit einer Gründungs- bzw. Aufbauphase verbunden sind, hat sich schon eine sehr intensive Forschungskultur entwickelt. Dabei handelt es sich gemäß dem Bildungsauftrag im Wesentlichen um angewandte Forschung, das heißt die Umsetzung von Ergebnissen der Grundlagenforschung in Lösungen konkreter Praxisaufgaben bis hin zur Produktentwicklung. Dies geschieht in enger Zusammenarbeit mit Partnern in der Region, wobei bemerkt werden muß, daß die Hochschule schon jetzt über ein weit verzweigtes Netz an Kooperationsbeziehungen zur Wirtschaft und zu ganz unterschiedlichen gesellschaftlichen Institutionen verfügt. Forschungsaufgaben werden im ingenieurwissenschaftlichen und im sozial- und geisteswissenschaftlichen Bereich durchgeführt. Die Forschungsaktivitäten sind gerichtet auf aktuelle und praxisrelevante Fragestellungen, die sich zu einem großen Teil auf die Region beziehen. Exemplarisch seien hier einige gegenwärtige Vorhaben benannt:

„Die Fachhochschulen dienen den angewandten Wissenschaften und bereiten durch anwendungsbezogene Lehre auf berufliche Tätigkeit vor, die die Anwendung wissenschaftlicher Erkenntnisse und Methoden oder die Fähigkeit zu künstlerischer Gestaltung erfordern. In diesem Rahmen nehmen die Fachhochschulen Forschungs- und Entwicklungsaufgaben und künstlerisch-gestalterische Aufgaben wahr." (Hochschulgesetz des Landes Sachsen-Anhalt, §3 (10))

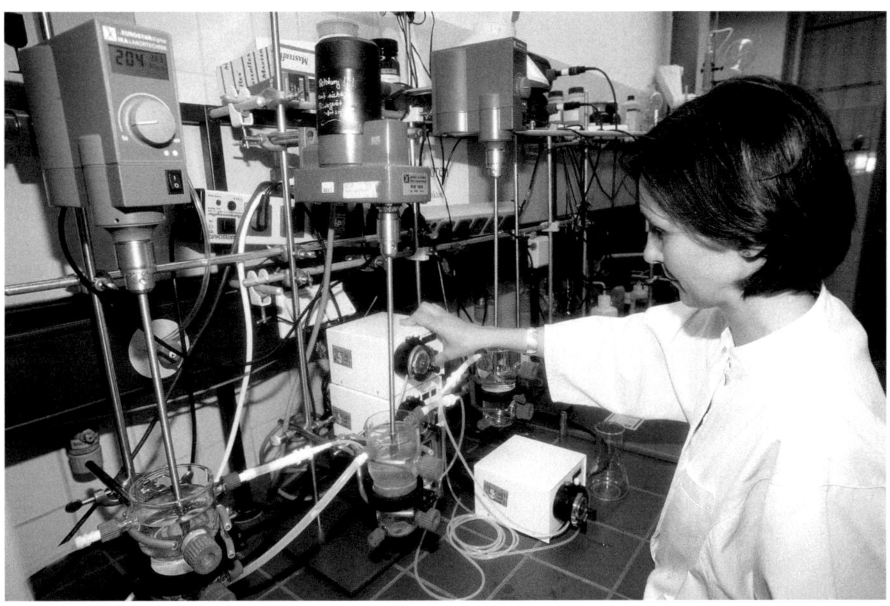

Modernes Labor im Fachbereich Chemie/Pharmatechnik

Umgestaltung der Gebrüder-Grimm-Schule. Entwurf von Kerstin Besecke

- Planung und Methoden der Bausanierung;
- Schutz und Güteüberwachung von Wässern und Gewässern;
- Neue lokale Politik gegen soziale Ausgrenzung in europäischen Städten;
- Alternative Energien;
- Analytikmethoden bei polymeren Werkstoffen.

Angestrebt ist aber, die Forschungslandschaft und damit auch das Forschungsvolumen in den kommenden Jahren deutlich zu erweitern, um auch mit der regionalen Wirtschaft und anderen Trägern bzw. Institutionen die Kooperation noch deutlich zu verstärken.

Gute Auslandsverbindungen

Die Praxis- und Studienaufenthalte im Ausland gewinnen immer mehr an Bedeutung in der Ausbildung an der Hochschule. Deshalb werden verstärkt Sprachen angeboten. Neben Englisch, Französisch, Russisch und Spanisch wird z. B. auch Chinesisch gelehrt. Seit 1999 kann man im Fachbereich Fachkommunikation Behörden-, Gerichts- und Krankenhausdolmetschen studieren, einen Studiengang mit internationaler Ausrichtung, der nicht nur besonders für ausländische Studierende geeignet ist, sondern auch mit dem neuen Studienabschluß „Bachelor" endet. Für Absolventen, die eine Arbeit im Ausland suchen, ist ein international bekannter und anerkannter Abschluß ein unschätzbarer Vorteil. In einzelnen Studiengängen sind obligatorische Auslandssemester integriert. Studierende anderer Studiengänge können sich selbstverständlich ebenfalls für Praktika, Studienexkursionen und -aufenthalte im Ausland bewerben.
Es ist ein Anliegen der Hochschule, die internationalen Beziehungen weiter auszugestalten. Dies bedeutet einmal die Erhöhung der Fremdsprachenkompetenz der Studierenden durch die Verbreiterung der Angebotsstruktur. Das heißt aber auch, die Auslandskontakte auszubauen und vor allen Dingen mit Leben zu füllen und die Strukturen für die Erweiterung von Auslandsaufenthalten für die Studierenden zu verbessern. Darüber hinaus werden verstärkt Lehrende von den Kooperationspartnern der Hochschule Magdeburg-Stendal (FH) von allen fünf Kontinenten in die hiesige Lehre als Gastdozenten eingebunden. Ebenso werden auch Lehrende der Hochschule in den Partnerhochschulen die Kooperationsbeziehungen durch Lehre und gemeinsame Forschungsansätze vertiefen.
Zu nennen ist in diesem Zusammenhang aber auch die Entwicklung neuer Studiengänge mit den internationalen Abschlüssen „Bachelor" und „Master", um im nationalen und internationalen Kontext konkurrenzfähig zu bleiben. Internationalisierung der Lehre beinhaltet darüber hinaus auch das Angebot von Lehrveranstaltungen in einer Fremdsprache.

Entwicklung neuer Lehr- und Lernformen

Die rasche Entwicklung der Informations- und Kommunikationstechnologien hat wesentliche Auswirkungen auch auf die Entwicklung neuer Lehr- und Lernformen an der Hochschule Magdeburg-Stendal (FH). Das Zentrum für Kommunikation und Informationsverarbeitung arbeitet eng mit den einzelnen Fachbereichen an der Entwicklung neuer Programme durch die Einbindung von Medien unterschiedlicher Art zusammen. Gerade auch in dieser Hinsicht ist die Kooperation mit internationalen Partnern, die teilweise über sehr weitgehende Erfahrungen in diesen Bereichen verfügen, unabdingbar. Zu nennen sind in diesem Zusammenhang die Entwicklung weiterer Fernstudienangebote neben den schon bestehenden, aber auch zum Beispiel Lehrformen über Videokonferenzen etc.
Die genannten neu entwickelten bzw. zu entwickelnden Lehr- und Lernformen gewinnen besondere Bedeutung im Kontext der Weiterbildung. Dies rührt aus dem sich tendenziell verändernden Bildungsauftrag einer Hochschule in Richtung auf eine Institution, die sich als integraler Bestandteil der regionalen Bildungslandschaft begreift. Mit dem Aufbau eines Weiterbildungszentrums hat die Hochschule hierfür die notwendige Struktur geschaffen, um den Aufgaben auch in Fort- und Weiterbildung sowie in Studienformen mit gestuften Abschlüssen – gerade auch im Hinblick auf die neuen Herausforderungen unter dem Stichwort „lebenslanges Lernen" – gerecht zu werden.

Lebendiger Campus

Unabdingbar für ein erfolgreiches Studium ist neben der Qualität der Lehre auch ein lebendiger Campus. Das neue Gelände am Herrenkrug – auch der Campus in Stendal ist ähnlich, d. h. ebenfalls auf einem ehemaligen Kasernengelände konzipiert – bietet hierfür beste Voraussetzungen, auch wenn die Stadt-

randlage dies nicht gerade befördert. Die Hochschule begreift die Situation aber als große Herausforderung und ist bemüht, die notwendige Infrastruktur zu schaffen, die es den Studierenden nicht nur ermöglicht, ihren Lernort als einen Ort zu begreifen, an dem sie sich wohl fühlen, sondern den Campus auch zu einem Anziehungspunkt für die Bürger der Stadt Magdeburg werden läßt.
Nach gut zehn Jahren des Aufbaus kann die Hochschule Magdeburg-Stendal (FH) auf einen äußerst dynamischen Entwicklungsprozeß zurückblicken, der allerdings noch lange nicht abgeschlossen ist.

Forschungsinstitute in Magdeburg

Leibniz-Institut für Neurobiologie (IfN)

Das Institut geht auf eine Vorläufer-Institution zurück, die bereits 1981 gegründet wurde. Gemeinsam mit der Otto-von-Guericke-Universität trägt das IfN zu dem internationalen Ansehen der Neurowissenschaften in Magdeburg bei. Das IfN wird die Untersuchung der Hirnmechanismen von Lernen und Gedächtnis in den nächsten Jahren integrativ weiter vorantreiben. Im Zentrum des Interesses der Systemphysiologie stehen kognitive Hirnmechanismen im Bereich der kategorialen Sprach- und Hörforschung.

Fraunhofer-Institut für Fabrikbetrieb und -automatisierung (IFF)

Die konzeptionellen Vorarbeiten zur Gründung eines produktionstechnisch orientierten Fraunhofer-Institutes am Standort Magdeburg begannen 1990. Am 1. Januar 1992 nahm das IFF mit 30 Mitarbeitern seine Arbeit auf. Heute arbeitet das IFF auf dem Gebiet der angewandten Forschung zu Fragestellungen der Produktionstechnik und Logistik auf den Geschäftsfeldern: wandlungsfähiges Unternehmen, Innovationsinstrumente, betriebliche Wertschöpfung, virtuell kooperative Unternehmensverbünde, Wettbewerbsstrategien und Produkte, sustainable development, Systemdynamik, auftragsangepaßte Automatisierung und lernender Betrieb.
Das IFF entwickelt hierzu innerhalb zweier Geschäftsbereiche 15 Kernkompetenzen: Unternehmensstrategie und -strukturen, Produkt- und Prozeßplanung, Produktionssystemplanung, Fabrikplanung und Logistik, Robotik- und Handhabungstechnik, technisches Innovationsmanagement, Prozeßsteuerungssysteme, Instandhaltungs- und Service-Management, Qualitätsmanagement, Industriebau und Fabrikentechnik, Grundlagen des Fabrikbetriebs, Personalentwicklung, Design und ergonomische Gestaltung, Fabrikökologie, Visualisierungstechnik.

Die besondere Profilierung des IFF ist zum einen gerichtet auf die Optimierung von Systemen zur Stückgutproduktion, zum anderen auf Betreibermodelle im Maschinen- und Anlagenbau.

Max-Planck-Institut für Dynamik komplexer technischer Systeme (MPI)

Das 1997 gegründete Max-Planck-Institut für Dynamik komplexer technischer Systeme ist die erste Forschungseinrichtung der Max-Planck-Gesellschaft im Bereich der Ingenieurwissenschaften. Es befaßt sich hauptsächlich mit Fragen der Analyse, Synthese, Auslegung und Führung komplexer verfahrenstechnischer und bioverfahrenstechnischer Systeme.
Im Endausbau wird das Institut neben den bereits existierenden Abteilungen „Prozeßtechnik" und „System- und signalorientierte Bioprozeßtechnik" über die Abteilungen „Physikalisch-chemische Grundlagen der Prozeßtechnik" und „Systemtheoretische Grundlagen der Prozeßtechnik" verfügen.
Außerdem bestehen zur Zeit die folgenden Forschungsgruppen:
Physikalisch-Chemische Grundlagen, Physikalisch-Chemische Verfahren, Prozeßdynamik und Prozeßgestaltung, System- und Regelungstheorie.
Die bereits existierende Zusammenarbeit mit den Instituten der Fakultät für Verfahrens- und Systemtechnik soll zukünftig weiter ausgebaut werden. Darüber hinaus ist eine enge Zusammenarbeit mit der Universität im Rahmen des Forschungsschwerpunktes „Nichtlinearität und Unordnung in komplexen Systemen" geplant. Weiterhin ist eine Einbindung des Max-Planck-Instituts in die neuen Studiengänge „Verfahrenstechnik" und „Systemtechnik und Technische Kybernetik" vorgesehen.

Institut für Automation und Kommunikation (ifak)

Das ifak ist ein selbständiges Institut der angewandten Forschung, welches direkten Technologietransfer von der universitären Forschung in die industrielle Anwendung unterstützt. Es arbeitet nach dem Fraunhofer-Geschäftsmodell, beschäftigt ca. 50 Mitarbeiter und hat seinen Sitz im IGZ Barleben.
Profillinien des ifak sind:

- Automatisierungstechnik (Anwendungen im Umwelt- und Verkehrsbereich, Überführung moderner Informationstechnologien in die Automatisierungssysteme),
- Industrielle Kommunikation (überwiegend digitale Datenübertragung innerhalb von Automatisierungssystemen),
- Industrielle Meßtechnik (insbesondere Online- und Inline-Sensoren für die chemische Analytik).

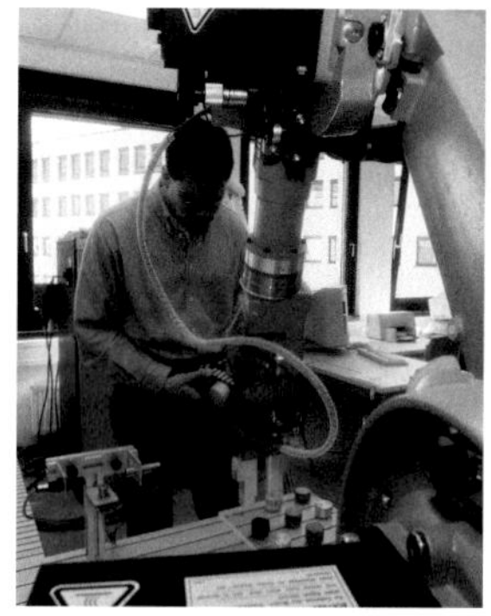

Programmierung am sechsarmigen Gelenkarmroboter (Maschinenbau)

Seit Aufnahme des Institutsbetriebes im Oktober 1992 wurde folgende Expertise aufgebaut:

- Anwendung von Informationstechnologien in der Verfahrens- und Fertigungstechnik,
- Gestaltung von durchgängigen Engineeringprozessen in der Automatisierungsindustrie,
- Telekommunikation und
- Naturwissenschaftliche Grundlagen und Experimentiervoraussetzungen.

Die gesamte Expertise wird verstärkt ausgebaut auf den Gebieten der Software für PC-basierte Systeme, insbesondere für die Produktdatenmodellierung und die Entwicklung von Applikationslösungen (Informationssysteme) sowie auf dem Gebiet der Verkehrstelematik.
Enge Kooperationsbeziehungen bestehen zu Instituten der Fakultäten Elektrotechnik, Informatik, Maschinenbau und Naturwissenschaften.

LUS GmbH für Umweltschutz und chemische Analytik

Arbeitsgebiete:

- Durchführung von anwendungsorientierten Forschungsvorhaben zu den Themenschwerpunkten,
- Qualifizierte chemische Analytik als Dienstleistung im Rahmen von Forschungsthemen anderer universitärer Institute,
- Durchführung von Altlastenuntersuchungen und Gefährdungsabschätzungen; Erarbeitung und Planung von Sanierungskonzeptionen; Überwachung von Rückbau- und Sanierungsmaßnahmen; Ausarbeitung von Privat- und Gerichtsgutachten.

UFZ – Umweltforschungszentrum Leipzig-Halle GmbH, Sektion Gewässerforschung Magdeburg

Die Arbeiten der Sektion Gewässerforschung behandeln die Probleme der Belastung und der Ökologie von Seen und Fließgewässern. Mit Priorität werden die Gewässer des Elbeeinzugsgebietes bearbeitet, also die natürlichen und die durch Bergbauaktivitäten künstlich geschaffenen Seen, der Elbestrom, die Elbenebenflüsse und die Begleitgewässer des Stroms in den Flußauen. Die Gewässer sind oft überdüngt und/oder mit Schadstoffen belastet. Die stofflichen Belastungen sind Ursache für veränderte Prozesse und Reaktionen der Ökosysteme der Gewässer. Die Erfassung der Belastungen, der Folgeprozesse in der ökologischen Wirkungskette und die Ableitung von Eingriffs- und Steuerungsoptionen stellt eine komplexe und nur interdisziplinär anzugehende Problemkonstellation dar, für deren Bearbeitung und Lösung die Sektion Gewässerforschung in Magdeburg auf Empfehlung des Wissenschaftsrates als eigenständige wissenschaftliche Einrichtung aufgebaut wurde.

Die räumliche Dimension

Die grundlagenorientierte bzw. angewandte Forschung befindet sich an drei Standorten:

- Medizinischer Campus zwischen Leipziger Straße, Fermersleber Weg und Brenneckestraße mit der Medizinischen Fakultät und dem IfN. Dort entsteht derzeit ein neues Klinikum und der Neubau für die medizinisch-theoretischen Institute – mit fast 300 Millionen DM das größte öffentlich finanzierte Investitions-Objekt der Stadt.
- Campus zwischen Universitäts- und Askanischer Platz sowie, ihm vorgelagert, das Gebäude der FH in der Brandenburger Straße und das Lehrgebäude der Fakultät für Geistes-, Sozial- und Erziehungswissenschaften am Schroteplatz. Zwischen Gareisstraße, Walther-Rathenau-Straße, Sandtorstraße, Ernst-Lehmann-Straße und Hohenstaufenring liegen die Gebäude der übrigen sieben Fakultäten und Zentren, die Wohnheime und die Mensa. Derzeit wird dort die neue Universitätsbibliothek gebaut. Gegenüber dem IFF entsteht derzeit das MPI sowie die Experimentelle Fabrik; in ihrer Nähe ist ein Neubau für die Fakultät für Verfahrens- und Systemtechnik geplant, ferner ein zentrales Hörsaalgebäude in unmittelbarer Nähe von Bibliothek, Rechenzentrum und Mensa.

Ein dritter Standort ist gerade bezogen worden: das Herrenkruggelände der FH in unmittelbarer Nähe des Elbauenparks in einer attraktiven Umgebung. Magdeburg bietet damit auch räumlich sehr gute Voraussetzungen für die Kooperation seiner Hochschuleinrichtungen und Forschungsinstitute.

Magdeburger Sport

STREIFLICHTER SEINER ENTWICKLUNG

NORBERT HEISE

An der Jahrtausendwende erscheint es angezeigt, auch über die Entwicklung von Körperübungen und Sport in der Stadt Magdeburg zu berichten.

Viele Bezeichnungen für den *Sport* sind mit gewisser Eigenständigkeit in ihm als Oberbegriff enthalten: Körperübung, körperliche Entwicklung, körperliche Vervollkommnung, Körpererziehung, Gymnastik, Athletik, Agonistik, Leibesübungen, Leibeserziehung, Turnen etc. Der Begriff *Sport* selbst stammt aus England, er wurde vom Ende des 18. Jahrhunderts an und besonders im 19. Jahrhundert stark von der sozialen Oberschicht getragen und bedeutete eigentlich *„sich vergnügen"* (to disport). Anfangs umfaßte der Sport auch eine große Vielfalt von Vergnügungen wie beispielsweise Briefmarkensammeln, Hunderennen und Wettkämpfe, z. B. im Rudern, Reiten, Ballspielen. In der englischen wirtschaftlichen Entwicklung des 19. und beginnenden 20. Jahrhunderts drängte der Konkurrenzkampf zum Leistungsvergleich und umfaßte als eine gesellschaftliche Erscheinung auch den Bereich der körperlichen Leistungsfähigkeit. Dabei gab es in England eine strenge Abgrenzung zwischen der Entwicklung des *„Gentlemansports"* der Oberschichten und dem Sport der unteren Schichten. Sie wurde geregelt durch den sogenannten *Amateurparagraph,* in dem u.a. festgelegt war „... wer zum Lebensunterhalt körperliche Arbeiten verrichtet hat oder wer Handwerker oder Arbeiter ist oder war ..." kann nicht als Amateur betrachtet werden. Viele Komponenten der nationalen und internationalen Entwicklung, besonders aber die Olympische Bewegung Coubertins seit 1894, fanden auch in der weiteren Ausformung des *Sports* ihren Niederschlag. Er wurde schließlich zur *Körperübung mit dem Ziel der individuellen und mannschaftlichen Höchstleistung durch Wettkampf.* Dieser moderne Sport setzte sich in Deutschland erst seit dem Ende des 19. Jahrhunderts gegen den heftigen Widerstand des traditionellen *deutschen Turnens* nur langsam durch. Während das deutsche Turnen *Vielseitigkeit* der körperlichen Ausbildung anstrebte, zielte der moderne Sport auf Höchstleistung in Einzeldisziplinen. Der Widerstand der Turner gegen die Sportbewegung hatte aber vorrangig politische Wurzeln, Sport wurde als „undeutsch" abgestempelt.

Lange vor der Ausbreitung und zunehmenden Ausformung des modernen Sports bis in die Gegenwart, mit seinen vielschichtigen regionalen, nationalen und internationalen Wettkämpfen und Meisterschaften, haben die Menschen in früheren Geschichtsepochen ihre körperlichen Fähigkeiten auch schon in unterschiedlichen *Fertigkeitsvergleichen* gemessen, z. B. im Klettern, Fechten, Ringen und Reiten.

Beim Blick in die Magdeburger Vergangenheit findet man urkundliche Erwähnungen von Körperübungen

Schwimmunterricht im Stadtbad

des Adels unter König Heinrich I. (919–936) und unter Kaiser Otto I. (936–973). In einer Quelle von 974 heißt es u. a.: „Drei Tage lang führten die Männer ritterliche Übungen mit viel Freudenspiele in Magdeburg durch." Für das frühe Mittelalter (500–1000) stammen die Ansätze zu planmäßigen Körperübungen im wesentlichen aus dem germanischen Erbe. Im hohen Mittelalter (1000–1300) mit der Herausbildung des Ritterstandes und der Prägung eines neuen Lebensgefühls erhalten geistige und körperliche Ausbildung einen höheren Stellenwert in der Zielsetzung der *ritterlichen Tugenden*. Die Ausbildung der jungen Adligen umfaßte die *sieben Behändigkeiten* (Laufen, Werfen, Springen, Schwimmen, Bogenschießen, Turnieren/Tjostieren u. Hofieren) und die *sieben freien Künste* (Grammatik, Rhetorik, Dialektik, Arithmetik, Geometrie, Astronomie u. Musiktheorie). Im Hochmittelalter verbot Erzbischof Wichmann (1125–1192) in Magdeburg die Ritterturniere und drohte mit „Exkommunikation", weil beim Reiterkampf mit scharfen Waffen oft Tote zu beklagen waren. Dennoch berichten die Quellen, daß im 12. Jahrhundert als Siegerpreis eines Turniers in Magdeburg „Schöne Ware", sprich: eine schöne Jungfrau, ausgeschrieben war und auf dem heutigen Werder (zwischen Zoll- u. Alter Elbe) ein Turnier- und Festplatz gewesen ist. Im Spätmittelalter (1300–1500) verloren durch die großen gesellschaftlichen Veränderungen (wirtschaftlicher und politischer Niedergang des Adels) auch die Ritterturniere ihren Glanz.

Das Stadtbürgertum entwickelte sich zu einer neuen, in sich differenzierten, gesellschaftlichen Gruppierung, die bereits im 13. und 14. Jahrhundert eine Hochphase hatte. Auch bei den Bürgern hatten die Körper- oder Leibesübungen eine bestimmte Funktion. Die Patrizier als frühkapitalistisches Großbürgertum, das im wesentlichen die Ratsherren stellte, imitierten den höfischen Lebensstil und das ritterliche Turnierwesen. Bereits für 1230 ist ein erstes Turnier der Magdeburger Bürgerschaft belegt. Die Handwerker als städtische Mittelschicht übernahmen vorrangig die Schutzfunktion der Stadt, schlossen sich in Zünften und Gilden zusammen und entwickelten spezifische Formen der körperlichen Ertüchtigung. Ringen, Fechten in verschiedenen Formen, Armbrustschießen, ab dem 15. Jahrhundert Schießen mit Büchse und Pistole, Werfen und Nahkampf mit dem Spieß waren charakteristische Übungen, vorrangig durch die Zunftmeister angeleitet. Das Volk pflegte traditionelle bäuerliche Spiel-, Tanz- und Wettkampfübungen. Volksfestartige Organisationsformen wie Kirchweihe, Sonnenwende, Erntedank umfaßten eine breite Übungspalette. Lauf-, Hüpf- und Geschicklichkeitsspiele, Schwimmen, Klettern, Eislaufen, Schlittenfahren, Reiten, Stelzengehen seien nur genannt. In den Städten entstanden Fechthäuser, Badestuben und Ballspielhäuser.

Im Zeitalter des Humanismus (1400–1600) wuchs mit der Bewunderung der Antike ein neues Welt- und Menschenbild, das auch innerhalb der Stadtmauern Magdeburgs seinen besonderen Ausdruck im Erziehungsbereich fand. Der berühmte Humanist und Mitgestalter der Reformation *Philipp Melanchthon* (1497–1560) nahm Einfluß auf die Gründung Magdeburger Gymnasien (1524/25). Für das Jahr 1534 belegen die Quellen, daß Magdeburger Gymnasiasten vom „Kloster Berge" und „Unser Lieben Frauen" erstmalig an einem Schützenfest teilnahmen. Gymnasialdirektor *Georg Rollenhagen* (1542–1609) war ein aktiver Förderer der Körperübungen. Ab 1576 waren alle Männer der Bürgerschaft und des Adels teilnahmeberechtigt an den Schießübungen und den Schützenfesten.

Im 17. und 18. Jahrhundert blieb die Idee der schulischen Körpererziehung erhalten, fand aber keine generelle Durchsetzung. Im Zeitalter des Absolutismus (1600–1800) stieg das Interesse der Landesfürsten an der körperlichen Ertüchtigung besonders für den Militärstand. Als Ausbildungsstätten des Adels entstanden Ritterakademien, in denen die ritterlichen Exerzitien gepflegt wurden (Reiten, Fechten, Schwimmen, Exerzieren, Voltigieren u. allgemeine Bewegungsschulung).

Größerer Einfluß auf die Körpererziehung ging von der ideengeschichtlichen Strömung der *Aufklärung* aus. Die Grundsäule war der *Glaube an die Allmacht der Vernunft*. Diese gebot auch eine natürliche und gesunde Körperertüchtigung, sie wurde durch die *Philanthropisten* systematisch angestrebt und im Blickfeld des *spielenden Lernens* realisiert. Der Begründer des *I. Philanthropinums* von 1774 in Dessau war Johann Bernhard *Basedow* (1724–1790). Er wirkte danach als Privatlehrer in Magdeburg, wo er 1790 verstarb.

Im Zeitraum der Befreiungskriege schuf der *Turnvater* Friedrich Ludwig *Jahn* (1778–1852) das „deutsche Volksturnen". Seine *Turnbewegung* und die studentische *Burschenschaftsbewegung* wurden zu einer wichtigen Basis der „Nationalerziehung" im beginnenden 19. Jahrhundert. Engster Mitstreiter Jahns und Kampfgefährte im Lützower Freikorps war der Magdeburger Karl-Friedrich *Friesen* (1784–1814), der im Befreiungskrieg sein Leben verlor.

Nach dem Beginn der I. Demagogenverfolgung von 1819 wurde auch in Magdeburg das Turnen als „politische Gemeinschaft" verboten. Aber im Jahr 1828 gründete der Magdeburger Arzt Dr. Conrad Ferdinand *Koch* eine „Gymnastische Anstalt", für die er „unpolitisches Turnen" versprechen mußte. Diese Anstalt befand sich im Kloster Berge Garten (heute

Jahnsportplatz) und wurde vom damaligen Oberbürgermeister August Wilhelm Francke (1785–1851) gefördert. Der preußische Staat verbot sie nach der *II. Demagogenverfolgung* im Jahre 1835 wieder. Auf Drängen der Bürgerschaft durfte die Magdeburger „Gymnastikanstalt“ 1841 wieder eröffnet werden, allerdings unter der Aufsicht eines Rektors der Schule. 1400 Teilnehmer hatten sich nach kurzer Zeit eingeschrieben. Der Kampf um Einheit und bürgerliche Freiheit entsprach den Erfordernissen der Zeit und dem Streben der revolutionären Jugend. Im Jahre 1845 gründeten ein Fräulein Kötschau und ein Herr Heinrichshofen in Magdeburg die *erste deutsche Mädchenturnanstalt,* Herr Winkelmann zudem einen privaten Turnplatz auf dem Vorhorn (heute Curie-Siedlung) sowie eine Schwimmschule, die beide jedoch vom Magistrat bald wieder verboten wurden. Bereits 1848 erfolgte dann die Gründung des ersten Magdeburger Turnvereins. In der zweiten Hälfte des 19. Jahrhunderts entstanden etwa 16 weitere Turnvereine, u. a. 1860 MTV-Neustadt, 1862 MTV-Buckau und MTV-Sudenburg, 1877 Turnverein Jahn, Turnverein Friesen und Alte Neustädter Turnerschaft. In den neunziger Jahren bildeten sich die Arbeiterturnvereine Altstadt, Buckau, Sudenburg, Wilhelmstadt und Neue Neustadt.
Um die Jahrhundertwende setzte sich auch in Magdeburg der Sportgedanke langsam mehr und mehr

Übungsturm mit Fallschirmspringer im Stadtpark

Orthopädisches Turnen in der Turnhalle Peter-Paul-Straße, 1930

Gymnastik in der Betriebssportgemeinschaft des Ernst-Thälmann-Werkes

durch. Allerdings wurde erst 1920 eine Ortsgruppe des *„Deutschen Reichsausschusses"* gegründet, der sich schon seit 1904 in Deutschland intensiv um die Sportentwicklung und deutsche Beteiligung an den modernen Olympischen Spielen bemüht hatte. Die unterschiedlichen Grundhaltungen zwischen „Turnern" und „Sportlern" führten schließlich in Deutschland 1922 zu dem *„Beschluß zur reinlichen Scheidung"*, also zu dem Versuch einer klaren Formulierung zwischen der Turnerzielsetzung der *„Vielseitigkeit körperlicher Ausbildung"* und der Sportlerzielsetzung *„spezifischer Höchstleistung durch Wettkampf"*. Die Magdeburger Bevölkerung war an der Turn- und Sportentwicklung sehr aktiv beteiligt. 1925 waren 25% in Turn- und Sportvereinen organisiert (67 000 Mitglieder bei einer Bevölkerung von 294 000). 1928 an den *Olympischen Spielen in Amsterdam* nahmen für Deutschland von 223 Athleten 10 Magdeburger Sportler teil. Hildegard *Schrader* errang die Goldmedaille in 200 m Brustschwimmen, im 2. Semifinale schwamm sie Olympischen- und Weltrekord. Lotte *Mühe* erreichte Bronze. Zur Goldmedaillen-Mannschaft im Wasserball gehörten die Magdeburger Erich *Rademacher*, Emil *Benecke* und Joachim *Rademacher*. In der Nationenwertung hatte Deutschland damals den 2. Platz hinter Amerika. Auch bei den *Olympischen Spielen 1932 in Los Angeles* waren die drei genannten Magdeburger sowie Hans *Schulze* u. Heiko *Schwartz* als Wasserballspieler erfolgreich, sie brachten die Silbermedaille mit nach Hause. Bei den *Olympischen Spielen 1936 in Berlin* errang der Magdeburger Erwin *Sietas* die Silbermedaille in 200 m Brustschwimmen und Hans *Schulze* im Wasserball.

Kunstschwimmen in der am 28. April 1962 eröffneten Elbeschwimmhalle

Schwimmen

Gründe für die positive Leistungsentwicklung des Magdeburger Schwimmsports mit Ausstrahlung auf ganz Deutschland waren die günstige Lage an der Elbe (Flußbäder als Ponton- und Floßkonstruktionen), der frühe Bau von Hallenbädern und die frühen Schwimmvereinsgründungen (1831 Hallenschwimmbad Sternbrücke als erstes europäisches Hallenbad, 1860 Friedrichsbad, 1897 Wilhelmsbad; 1886 I. Magdeburger Schwimmverband, Magdeburger Schwimm Club 1896, I. Magdeburger Damenschwimm Club 1899, SC Poseidon 1903, SC Hellas 1904, SC Neptun 1905).
Leistungshöhepunkte besonders vom „Magdeburger Schwimm Club 1896“ und „Hellas 1904“ waren:
Oskar *Schiele,* 1911 Sieger des Deutschen Kaiserpreises, 1912 Weltrekord 100 m Rücken in Brüssel, 1912 Olympische Spiele Stockholm 4. Platz 4 x 200 m Kraul. 1907, 1908, 1909, 1913 Englischer Königspreis in London.
Wilhelm *Lützow,* 1912 Olympische Spiele in Stockholm Silbermedaille 200 m Brust, 1914 Weltrekord 200 m Brust in Magdeburg.
Deutsche Rekorde 1926 durch *Schweitzer*, *Görges*, *Gubener*, *Heitmann* und *Neitzel* in 5 x 100 m Kraul; in 4 x 200 m Kraul (ohne Schweitzer); in 3 x 200 m Kraul (ohne Görges).

Erwin Sietas
nahm an drei Olympischen Spielen im Endlauf des 200-Meter-Brustschwimmens teil und errang in Berlin die silberne Olympia-Medaille für Deutschland.

Hildegard Schrader

oben links:
Schwimmveranstaltung im Stadion der Bauarbeiter

Stadtbad, 1949

Klubhaus im Fort 8, 1930

Werner *Neitzel,* 1927 Deutscher Rekord in 500 m Kraul. Bereits 1923, fünfzehnjährig, Sieger im 3-km-Stromschwimmen der Männerklasse. Bei 550 Starts erreichte er 350 Siege, war 12 x Deutscher Meister, hielt vier Europarekorde und 19 Deutsche Rekorde. Zur Europameister-Staffel 4 x 200 Kraul 1927 in Bologna gehörte der Magdeburger *Heitmann*, zur Vizeeuropameister-Mannschaft Wasserball 1931 in Paris zählte Hans *Schulze*. Bei den IV. Europa-Meisterschaften Schwimmen, Springen, Wasserball 1934 in Magdeburg wurden sehr gute Leistungen erzielt, u. a. Silber in 4 x 200 m Kraul mit Heiko *Schwartz*, 400 m Kraul, 1500 m Kraul mit Raimond *Deiters* und die Silbermedaille im Wasserball mit Rolf *Heinrich*, Heiko *Schwartz* und Hans *Schulze*. 1935 errangen *Gerstenberg* und *Schwartz* Europarekorde über 200 m Rücken, *Gerstenberg* noch Weltrekord über 400 m Rücken. 1936 erkämpften Magdeburgs Schwimmer Deutsche Rekorde in den Rückenschwimm-Staffeln 3 x 100 m, 4 x 100 m, 10 x 100 m und 10 x 50 m. Deutsche Höchstleistungen in 6 x 100 m Lagen erzielten 1941 *Gerstenberg*, *Brosig*, *Kempf*, *Bierstedt*, *Lentze* und *Manike*, Magdeburgs Wasserballer holten im gleichen Jahr die Silbermedaille bei den Deutschen Meisterschaften in Wien. 1942 war der „Magdeburger Schwimm-Club 1896" der erfolgreichste deutsche Schwimm-Verein. Im Kriegsjahr 1943 wurde Werner *Lentze* Sieger in 100 m Brustschwimmen in Oslo, das war zugleich der viertausendste Sieg für den „Magdeburger Schwimm Club 1896".

Die anderen Magdeburger Schwimm-Clubs wie der Damen-Schwimm-Club 1899, Poseidon 1903, Hellas 1904, Neptun 1905 haben die Magdeburger Schwimmtradition ebenfalls mitgeprägt. Wally *Dressel* errang 1912 bei den Olympischen Spielen in Stockholm die Silbermedaille in der Staffel 4 x 100 m Kraul. Max *Ritter* von „Hellas 1904" war ein sehr erfolgreicher Schwimmer, erkämpfte in zwei Jahren (1904–1906) 18 Medaillen, wanderte nach Amerika aus und war später sogar viele Jahre Präsident des internationalen Schwimmverbandes. Walter und Wal-

Europameisterschaften im Schwimmen im Stadion „Neue Welt", 1934

links: Schwimmbad „Turmpark" in Salbke

demar *Riemann*, Gründungsmitglieder von „Hellas 1904", waren 1900, 1901, 1902 Deutsche Meister in 100 m Freistil, 1901 und 1903 Deutsche Mehrkampfmeister (Schwimmen, Springen, Tauchen). Der oben genannte Erich *Rademacher* (1901–1979) von „Hellas 1904" gehörte zum „Goldenen Sextett" der Weltschwimmelite in den 20er und 30er Jahren. In 20 Wettkampfjahren stellte er 30 Weltrekorde auf, wurde dreimal Europameister (1921, 1926, 1927), Olympiasieger in Amsterdam 1928 im Wasserball, achtmal Deutscher Meister 100 m Brust (1919–1921 und 1923–1927). Kurt *Behrens*, Gründungsmitglied und langjähriger Vorsitzender von „Hellas 1904", holte Olympisches Silber im Kunstspringen 1908 in London, Olympische Bronze 1912 in Stockholm. Arno *Bieberstein* von „Hellas 1904" errang die Goldmedaille in 100 m Rücken bei den Olympischen Spielen 1908 in London, war Deutscher Meister 1907 in 200 m Rücken und 4 x 100 m Lagen.

1910 schwamm Gerhard *Arnold* Weltrekord in 200 m Rücken, 1911 Kurt *Bretting* Weltrekord in 100 m Kraul. 1917 bei einem „Wolga-Derby" deutscher Kriegsgefangener in Rußland gewann *Berstecher* über 100 m Brust und 100 m Freistil.

1926 wurde *Frölich* Deutscher Meister im Rückenschwimmen, 1934 Werner *Ramme* Deutscher Hochschulmeister über 200 m Brust, Werner *Gruß* Zweiter über 200 m Kraul. 1947 war *Gerstenberger* Deutscher Meister über 100 m und 200 m Brust sowie Dritter über 100 m Rücken in Frankfurt/M., 1948 H.-J. *Lange* Ostzonenmeister über 200 m Brust, 1952 Margot *Masur* Landesmeisterin über 100 m und 200 m Freistil, Evelin *Kuban* über 100 m und 200 m Brust (gesamtdeutsche Rekorde). Horst *Fritsche* wurde DDR-Meister über 100 m Schmetterling und 100 m Brust. 1953 gab es Deutschen Rekord über 4 x 200 m Schmetterling durch Peter *Lange*, Erich *Rademacher*, Horst *Fritsche*, Gerhard *Giera*. Horst *Gregor* war 1957 schnellster Kurzstreckenkrauler der DDR. 1960 beim DDR-Altersklassen-Schwimmfest in Berlin war Gertrud *Pohle* die erfolgreichste Teilnehmerin mit vier Siegen, drei 2. und vier 3. Plätzen; Erich *Bierstedt* und Erwin *Hübner* holten je einen Sieg. 1961 schwamm Barbara *Goebel* Weltrekord über 100 m Brust, 100 Yard und in der 4 x 100 Yard Lagenstaffel. 1962 wurde Barbara *Goebel* Europameisterin in Weltrekordzeit mit der 4 x 100 m Lagenstaffel in Leipzig und Deutsche Studentenmeisterin über 100 m und 200 m Brust in Magdeburg. 1970 holte Yvonne *Nieber* EM-Bronze in Barcelona. 1973 erreichte Angela *Franke* WM-Silber, und beim Europa-Cup in Utrecht schwamm sie neuen Weltrekord in 400 m Lagen, 1974 wurde sie dreifache DDR-Meisterin (200 m Freistil, 400 m Freistil, 200 m Lagen) in Rostock. 1976 erkämpfte Antje *Stille* den Weltrekord über 200 m Rücken in Tallin. 1980 holte Petra *Riedel* Olympische Bronze in Moskau.

Seit der Sportausbreitung in Deutschland hat sich die Tradition des Schwimmens in Magdeburg mit hoher

Erich Rademacher (Ete)

In der Elbeschwimmhalle

Schwimmerin Barbara Goebel, Bronzemedaillengewinnerin über 200 m Brust bei den Olympischen Spielen 1960

Leistungsbeständigkeit nahezu kontinuierlich fortentwickelt. Wenn die Gebrüder Walter und Waldemar *Riemann* bereits 1900, 1901 und 1903 mit ihren „Deutschen Meister-Titeln" im Kraulschwimmen und im Mehrkampf (Schwimmen, Springen, Tauchen) die Fackel des Magdeburger Schwimmsports entzündet haben, so wurde sie über viele Jahrzehnte bis zu unserer Jahrtausendwende von hervorragenden Frauen und Männern würdig fortgetragen, wie die obrigen Darlegungen belegen. Auch für die 80er und 90er Jahre wird diese Linie bestätigt:
Frank *Baltruch* erschwamm in 200 m Rücken 1982 WM-Bronze, 1983 EM-Bronze, 1985 EM-Bronze, 1986 WM-Silber, 1987 EM-Silber und in 4 x 100 m Lagen EM-Bronze, 1988 holte er Olympisches Silber in Seoul. Kathlen *Nord* erreichte 1982 WM-Silber in 400 m Lagen, 1983 EM-Gold in 400 m Lagen, EM-Silber in 200 m Lagen, 1985 EM-Gold in 400 m und 200 m Lagen, 1986 WM-Gold in 400 m Lagen und WM-Bronze in 200 m Lagen, 1987 EM-Gold in 200 m Schmetterling und EM-Bronze in 400 m Lagen, 1988 Olympisches Gold über 200 m Schmetterling in Seoul, 1989 EM-Gold über 200 m Schmetterling und EM-Bronze 100 m Schmetterling. Rainer *Sternal* gewann 1983 EM-Silber in 4 x 200 m Freistil und EM-Bronze in 4 x 100 m Freistil. Anke *Möhring* holte 1985 EM-Silber in 400 m Freistil und EM-Bronze in 800 m Freistil, 1987 EM-Gold in 800 m Freistil und 4 x 200 m Freistil, 1988 Olympische Bronze über 400 m Freistil in Seoul, 1989 EM-Gold in 400 m, 800 m und 4 x 200 m Freistil. Astrit *Strauß* erkämpfte 1985 EM-Gold in 400 m, 800 m und 4 x 200 m Freistil, 1986 WM-Gold in 800 m und 4 x 200 m Freistil sowie Silber in 400 m Freistil, 1987 EM-Gold in 4 x 200 m Freistil und EM-Silber in 400 m und 800 m Freistil, 1988 Olympisches Silber über 800 m Freistil in Seoul, 1989 EM-Gold in 4 x 200 m Freistil und EM-Silber in 800 m Freistil. Patrick *Kühl* wurde 1992 Deutscher Meister in München und 1993 in Potsdam. Sabine *Herbst* erreichte 1991 EM-Silber in 200 m Schmetterling, 1992 zweimal Silber bei der Deutschen Meisterschaft in München, 1994 einmal Gold bei der Deutschen Meisterschaft in Hannover. Sebastian *Wiese* errang 1993 EM-Silber in 1500 m Freistil in Sheffield. Antje *Buschschulte* holte 1997 bei den Deutschen Meisterschaften in München Gold in 4 x 200 m, 4 x 100 m Freistil und 4 x 100 m Lagen, 1997 bei den Europa-Meisterschaften in Sevilla erschwamm sie viermal Gold, einmal Silber, einmal Bronze und war damit die erfolgreichste Teilnehmerin der EM, 1998 zur Deutschen Meisterschaft in Hamburg holte sie wiederum zwei Goldmedaillen. Sebastian *Wiese* wurde 1997 Deutscher Meister im Langstreckenschwimmen über 5000 m im Chiemsee. Dagmar *Hase* bestimmte über ein knappes Jahrzehnt die nationale und internationale Spitze des Frauen-Schwimmens mit. 1991 erreichte sie EM-Silber in 4 x 100 m, 4 x 200 m Freistil sowie 4 x 100 m Lagen und EM-Bronze über 100 m und 200 m Rücken, WM-Gold in 4 x 200 m Freistil, WM-Silber über 200 m Rücken in Perth, 1992 zur Deutschen Meisterschaft in München gewann sie zweimal Gold, einmal Bronze, 1992 holte sie Olympisches Gold in 400 m Freistil, Olympisches Silber in 200 m Rücken und 4 x 100 m Lagen in Barcelona, 1993 zur Deutschen Meisterschaft in Potsdam holte sie wiederum Gold, 1993 noch EM-Gold in 400 m Freistil und 4 x 200 m Freistil, 1994 zur Deutschen Meisterschaft in Hannover errang sie zwei Silbermedaillen. 1994 zur WM in Rom erschwamm sie Silber in 4 x 200 m Freistil, 1995 EM-Gold in 4 x 200 m Freistil, EM-Silber in 200 m Rücken in Wien, 1996 zur Deutschen Meisterschaft in Braunschweig zweimal Gold, zweimal Silber, einmal Bronze. 1997 zur Deutschen Meisterschaft in München gab es für sie Gold in 4 x 200 m Freistil, zweimal EM-Gold in Sevilla, 1998 WM-Gold in 4 x 200 m Freistil, WM-Silber in 200 m Rücken sowie Bronze in 400 m Freistil in Perth.

Wasserball

In der Anfangszeit waren zumeist die schnellsten Schwimmer zugleich aktive Wasserballspieler. Ganz deutlich demonstrierten dies der legendäre vielfache

Dorothy Poynton, amerikanische Kunst- und Turmspringerin mit dem deutschen Wasserballspieler Aki Rademacher

links: Die deutsche Wasserballmannschaft: (stehend) Albert Schumburg, Otto Cordes, Gerd Pohl, Erich Rademacher; (sitzend) Heiko Schwartz, Emil Benecke, Joachim Rademacher, Hans Schulze

Welt-, Europa- und Deutsche Meister „Ete" *Rademacher* und sein Bruder „Aki" *Rademacher*, Hans *Schulze*, Heiko *Schwartz*, Rolf *Heinrich* u. a. Das Wasserballspiel hat sich in England entwickelt. In Deutschland fand es um die Jahrhundertwende Eingang und konsolidierte sich auch hier parallel zum Schwimmen als eine spezifische Disziplin.
In den Magdeburger Schwimm-Vereinen (MSC 1896, Poseidon 1903, Hellas 1904, Neptun 1905) wurde das Wasserballspiel gepflegt. Oft diente es zum Aufwärmen vor dem Schwimmtraining, als Abwechslung für die Zuschauer oder als spielerisch lockerer Ausklang für die Schwimmer.
Zunehmend aber wurde es zur spezifischen Wettkampfdisziplin mit festen Spielregeln und regionalen, nationalen und internationalen Meisterschaften. Im Olympischen Programm ist Wasserball bereits seit den II. Sommerspielen von 1900 in Paris enthalten.
Die Magdeburger Wasserballtradition wurde durch das hohe schwimmerische Leistungsvermögen seiner Spieler begründet. Zunehmende technische und taktische Perfektion ließ Magdeburg schon bald die Spitze des deutschen und europäischen Wasserballspiels mitbestimmen. In den Sommermonaten trainierten die Clubs oder Vereine in ihren eigenen Freibädern, im Winter aber hatten sie alle Übungszeiten im städtischen Wilhelmsbad, was häufiger zum gegenseitigen Kräftemessen besonders auch im Wasserballspiel führte.

Stadion „Neue Welt", 1957

Noch vor dem Ersten Weltkrieg fanden im Wilhelmsbad zwei Länderspiele gegen Ungarn statt. Während der Kriegsjahre wurden Wohltätigkeitsschwimmfeste für hungernde Kinder veranstaltet, bei denen zumeist auch Wasserballspiele auf dem Programm standen.

Im Jahre 1916 gab es bei einem Wohltätigkeitsschwimmfest des „Hannoverschen Schwimmclubs Delphin 1892“ ein Wasserballspiel zwischen einer hannoverschen Städtemannschaft und einer Marinemannschaft, in der die Spieler Ernst *Poppe* und Georg *Wolter* vom Magdeburger Schwimmclub „Hellas 1904“ ein 2:2 mit erspielten.

Seit 1912 wurden „Deutsche Meisterschaften im Wasserball“ ausgetragen. Nach Berlin, Frankfurt/Main, Heidelberg und Hannover erkämpften die Magdeburger in den 20er und 30er Jahren häufig den Sieg. „Hellas 1904“ hatte die stärkste Magdeburger Wasserballmannschaft, sie wurde 1924–1926, 1928–1931 und 1933 insgesamt achtmal „Deutscher Wasserball-Meister“.

Bis in die Zeit des Zweiten Weltkrieges erreichten diesen Titel bei einigen ausgefallenen Meisterschaften Hannover insgesamt siebenmal, Berlin insgesamt fünfmal, Duisburg dreimal, Frankfurt/Main, Heidelberg und Wien je einmal. Damit hatte die Wasserballmannschaft von „Hellas 1904“ allein 30 % der möglichen Titel erkämpft und führte die Rangliste an. Zu den Stammspielern von „Hellas 1904“ gehörten die o. g. „Ete“ *Rademacher* als hervorragender Torwart, sein Bruder „Aki“ *Rademacher*, Emil *Benecke*, *Görnemann*, *Cordes*, *Amann*, *Giesecke*, *Röhr* u. a.

Auch im internationalen Vergleich bewiesen die Magdeburger Wasserballspieler ihre Leistungsstärke. Viele wurden in deutsche Olympia-Mannschaften und in Ländermannschaften berufen. Bei den IX. Olympischen Sommerspielen 1928 in Amsterdam holte die deutsche Mannschaft gegen Ungarn nach Verlängerung mit 5:2 die Goldmedaille. In der Mannschaft waren viele Magdeburger.

Zur Europameisterschaft 1931 in Paris erkämpfte die deutsche Wasserballmannschaft die Silbermedaille, in ihren Reihen war der Magdeburger Hans *Schulze* vom „MSV 1896“. Bei den X. Olympischen Sommerspielen in Los Angeles gelang es der deutschen Wasserballmannschaft im Endspiel gegen Ungarn, mit 6:2 die Silbermedaille zu erreichen, in ihren Reihen spielten die Magdeburger Erich („Ete“) und Joachim („Aki“) *Rademacher*, Otto *Cordes*, Emil *Benecke*, Heiko *Schwartz,* Hans *Schulze*, Fritz *Gunst*. Zur Europameisterschaft 1934 in Magdeburg holte die deutsche Wasserballmannschaft wiederum die Silbermedaille mit Rolf *Heinrich*, Heiko *Schwartz* und Hans *Schulze* vom „Magdeburger

„Sportler“ von H. Burschik auf der 1974 eingeweihten „Promenade der Völkerfreundschaft“ am Elbufer

Schwimmclub 1896" (MSC). Auch von den XI. Olympischen Sommerspielen 1936 in Berlin brachte Hans *Schulze* vom „MSC 1896" eine Wasserball-Silbermedaille mit nach Hause. Bei den Gaumeisterschaften 1937 und 1938 standen in den Wasserball-Endspielen immer die Magdeburger Mannschaften „MSC 1896" und „Hellas 1904". 1937 siegte „Hellas 1904", 1938 der „MSC 1896". Im Jahre 1941 bei den Deutschen Hallen-Meisterschaften in Breslau siegte wiederum „Hellas 1904".

Diese gute Tradition fand nach dem Zweiten Weltkrieg im Osten Deutschlands nahezu eine ungebrochene Fortsetzung. Bereits 1948 wurde die Sportgemeinschaft (SG) „Magdeburg Neue Neustadt" Landesmeister von Sachsen-Anhalt, die SG „Magdeburg West" (später „BSG Börde") erster Wasserball-Ostzonenmeister im Magdeburger Schwimmbad Nord. 1949 und 1950 waren die Spieler von „Börde Magdeburg" wiederum Wasserball-Ostzonen- bzw. DDR-Meister. Lediglich 1951 holten diesen Titel die Spieler von der Betriebssportgemeinschaft (BSG) „Lokomotive Chemnitz". In den folgenden Jahren von 1952 bis 1957 gelang es den Spielern von „Börde Magdeburg" noch sechsmal, die DDR-Wasserball-Meister-Titel an die Elbe zu holen. Anfang der 50er Jahre erfolgte ein zielstrebiger Aufbau von Nachwuchsmannschaften, und schon 1952 wurde „Börde Magdeburg" DDR-Jugend-Wasserballmeister. Auch viele gesamtdeutsche Wasserballturniere förderten den Neuaufbau des Wasserballsports in Deutschland. Übrigens war die „Weltschwimmlegende" Ete *Rademacher* noch als Wasserballtrainer bei „Börde Magdeburg" (ab 1954 unter der Bezeichnung „Sport Club Aufbau Magdeburg") einige Jahre tätig, er wurde dann von „Fatty" *Fangerow* abgelöst.

Im Jahre 1953 begann die „Sportgemeinschaft Dynamo", in Magdeburg ein zweites Wasserballzentrum aufzubauen und vermochte vom Ende der 50er Jahre an, am häufigsten DDR-Wasserball-Meister zu werden. In den Jahren 1958–1966 neunmal in Folge, 1968, dann 1970–1973 und 1976–1978. Bis 1980 war es den „Dynamo"-Spielern gelungen, siebzehnmal „DDR-Wasserball-Meister" zu werden. Die Stadt Magdeburg, Aufbau und Dynamo, hat damit von 1948–1980 insgesamt 26 von 33 möglichen Titeln (79%) gewonnen. Die stolze Traditionslinie im deutschen Wasserball von 1912 bis 1945 für ganz Deutschland und von 1948–1980 für Ostdeutschland wurde von Magdeburg entscheidend geprägt, denn von 59 nationalen Meisterschaften wurden 34 gewonnen (57%). (Dabei konnten andere Wettkämpfe wie Europa-Weltmeisterschaften, Länderspiele und viele andere in der Aufzählung noch gar nicht berücksichtigt werden!)

Von den 60er Jahren an entstand mit „Turbine" ein drittes Wasserballzentrum in Magdeburg. Neben den o. g. leistungsstärksten Wasserballspielern müssen für die hervorragenden Ergebnisse über viele Jahrzehnte, ohne Berücksichtigung der Clubzugehörigkeit, hervorgehoben werden: die Gebrüder *Bastel*, *Blenk*, *Henschel*, *Uhde*, *Schmidt*, *Kniep*, *Thiel*, *Voß*, *Ballerstedt*, *Elfert*, Günther *Becker* als legendärer Nationaltorwart mit weit über 90 Länderspielen, *Wenzel*, *Wollmey*, *Kluge*, *Bezold*, *Borstel*, *Wand*, *Arend*, *Bergner*, *König*, *Reichsberg*, *Hintze*, *Rusche*, *Zurdel*, *Fritsche*, *Umlauf*, *Lösche*, *Höhne*, *Lehmann*, *Zein*, *Fehn*, *Schüler* u. a.

Im Jahre 1970 faßte die DDR-Sportführung den Beschluß, „Wasserball, Eishockey u. a. Sportarten" als nicht genügend „medaillenträchtig" aus dem Förderprogramm zu streichen. Das bedeutete natürlich auch für die Magdeburger Wasserballtradition einen Einbruch.

Zum Schluß soll unbedingt vermerkt werden, daß im Jahre 1978 Magdeburg zum zwölftenmal den Titel des DDR-Meisters im Versehrten-Wasserball erringen konnte.

Rudern

Das **Rudern** fand schon früh viele Anhänger, so daß bereits 1883 der erste „Magdeburger Ruder Club" und 1884 der „Ruder Club Elbe" sowie der „Buckauer Segel Club" gegründet wurden. 1902 folgten der „Ruder Club Werder" und „Ruder Club Germania" sowie der „Magdeburger Yacht Club", 1902 wurden mehrere Clubs zur „Magdeburger Rudergesellschaft" zusammengeschlossen. Alle entwickelten Training und Wettkampftätigkeit. Bereits 1926 wurde der „Magdeburger Frauen Ruder Verein (MFRV)" gegründet. Örtliche und regionale Regatten wurden zunehmend häufiger gefahren, gleichwohl auch die Geselligkeit in den Clubs nicht zu

kurz kam. An besonderen Leistungshöhepunkten soll eine knappe Entwicklungsübersicht skizziert werden. In den 20er und 30er Jahren lagen die Wettkampfschwerpunkte auf örtlichen und regionalen Regatten, zunehmend aber auch schon auf nationalen Vergleichen. Mit Calbe, Bernburg, Schönebeck, Leipzig, Hamburg, Dessau, Berlin-Grünau, Heilbronn, Hannover wurden Regatten veranstaltet. Organisatoren und aktive Ruderer waren Leopold und Eduard *Staufenbiel*, *Gläsing*, *Tuchen*, *Brämer*, *Zander*, *Lauterbach*, *Habild*, Fräulein *Bodenstein*, Bodo *Mühlhaus*, Karl *Nagel* u. a. 1946 begannen die Staufenbiel-Brüder mit anderen Ruderern den Aufbau des Kanusports in Magdeburg. 1949 war die erste Herbstregatta, 1952 die 4. Ruderregatta, Magdeburg orientierte auf den Kanusport. Clubsieger und Landesmeister waren Harry *Wagner*, Erich *Lehneit*, Gerhard *Holzvoigt*, Helmut *Salomon*, Uschi *Meyer*, Inge *Grapenthin*. Zur 5. Ruderregatta in Magdeburg 1953 auf der Stromelbe waren Boote aus der gesamten DDR. Wolfgang *Güldenpfennig* gewann 1972 Olympische Bronze im Einer in München, 1973 EM-Bronze und WM-Bronze; 1973 wiederum EM-Bronze und WM-Bronze, 1975 WM-Gold im Doppel-Vierer, 1976 Olympisches Gold im Doppel-Vierer in Montreal, 1977 WM-Gold im Doppel-Vierer. Friedrich Wilhelm *Ulrich* holte 1973 EM-Gold und WM-Gold im Achter, 1975 WM-Gold im Achter, 1976 Olympisches Gold im Zweier mit Steuermann in Montreal, 1977 WM-Silber im Zweier mit Steuermann, 1978 WM-Gold im Achter, 1979 WM-Gold im Achter. Martin *Winter* erreichte 1975 WM-Bronze im Skull, 1977 WM-Gold im Doppel-Vierer, 1978 WM-Gold im Doppel-Vierer, 1979 WM-Bronze im Doppel-Zweier, 1980 Olympisches Gold im Doppel-Vierer in Moskau, 1981 WM-Gold im Doppel-Vierer, 1982 WM-Gold im Doppel-Vierer und 1983 WM-Silber im Doppel-Vierer. Harald *Jährling* erkämpfte 1976 Olympisches Gold im Zweier mit Steuermann in Montreal, 1977 WM-Silber im Zweier mit Steuermann, 1978 WM-Gold im Achter, 1980 Olympisches Gold im Zweier mit Steuermann in Moskau, 1981 WM-Gold im Vierer mit Steuermann, 1983 WM-Silber im Achter. Georg *Spohr* erruderte 1976 Olympisches Gold im Zweier mit Steuermann, 1977 WM-Silber und 1979 WM-Gold im Zweier mit Steuermann, 1980 Olympisches Gold im Zweier mit Steuermann in Moskau. Bernd *Lindner* und Frank *Gottschalk* holten 1977 WM-Gold im Achter. Peter *Kersten* errang 1979 WM-Gold im Doppel-Vierer und 1980 Olympische Bronze im Skull in Moskau. Ralf *Kersten* gewann 1981 WM-Gold im Doppel-Vierer. Uwe *Mund* erruderte 1982 WM-Gold im Doppel-Vierer, 1983 WM-Silber im Skull. Andreas *Costrau* holte 1987 WM-Silber im Achter. André *Willms* gewann 1992 Olympisches Gold im Doppel-Vierer in Barcelona, 1993 WM-Gold im Doppel-Vierer, 1994 WM-Gold im Einer-Skull in Indianapolis, 1995 WM-Silber im Doppel-Vierer und 1996 Olympisches Gold im Doppel-Vierer in Atlanta.

Kanusport

Gute Traditionen im Kanusport gab es schon seit den 20er Jahren. Bereits 1922 erkämpfte die Kanu-Renngemeinschaft *Reuter-Hermann* den „Wanderpreis" des Ortskartells vom Arbeitersport für die Strecke Magdeburg-Schönebeck-Magdeburg in zwei Stunden und neun Minuten – eine so gute Zeit, daß sie bis 1999 noch nicht wieder erreicht wurde. *Hosien* vom Kanu-Club-Cracau konnte 1929 den „Deutschen Meister-Titel" im Senioren Einer-Kanu erringen. 1938 waren im Faltboot-Einer *Mattern-Zoll* sowie im Faltboot-Zweier *Losch-Zoll* und *Großmann-Krone* die besten Magdeburger Kanuten. 1951 wurde „Börde Magdeburg" DDR-Meister im Zehner-Kanadier mit D. *Grellmann*, E. *Wille*, *Linow*, *Poppe*, *Becker*, *Jakob*, *Reinecke*, *Büchsler*, *Thieme*. Heinz *Muscee* wurde 1952 DDR-Meister im Rennkanadier-Einer über 10 000 m, Manfred *Wernicke* und Karl-Heinz *Estedt* wurden DDR-Meister im Rennkanadier-Zweier über 10 000 m. Sigrid *Schnabel* erkämpfte 1953 den DDR-Meister-Titel im Kanu über 3 000 m, Walter *Kresse* siegte über 10 000 m, Gerda *Held* Silber über 3 000 m, Harry *Wagner* über 500 m. Im Jahre 1953 war die „BSG-Lok" beste Kanu-Sportgemeinschaft der DDR. Bei zwölf Regatten holte sie 78 Siege, 54 zweite und 49 dritte Plätze.
Seit dem Ende der 50er Jahre gehörte der Magdeburger Kanu-Sport mit zur europäischen und zur Weltspitze. Günter *Perleberg* erkämpfte 1959 EM-Gold über 1 000 m im Kanu-Vierer, Werner *Jahn* und Walter *Kresse* erreichten EM-Bronze über 10 000 m im Kanu-Vierer. 1960 holte Günter *Perleberg* Olympisches Gold über 500 m im Kanu-Vierer in Rom, 1961 EM-Gold über 10 000 m im Kanu-Vierer, EM-Bronze über 1 000 m im Kanu-Zweier mit Günter *Holzvoigt*, 1963 WM-Gold über 1 000 m im Kanu-Vierer und WM-Silber über 10 000 m im Kanu-Vierer, wiederum mit Günter *Holzvoigt*. Jürgen *Eschert* wurde 1964 Olympia-Sieger über 1 000 m im Einer-Canadier in Tokio. Ingeborg *Lösch* holte 1970 WM-Silber über 500 m im Kanu-Vierer. Bernd *Duvingneau* erreichte Olympische Bronze über 1 000 m im Kanu-Vierer in Montreal mit Jürgen *Lehnert*. 1980 wurden Bernd *Duvingneau* und Harald *Marg* Olympia-Sieger über 1 000 m im Kanu-Vierer in Moskau.
Olaf *Heukrodt* holte 1980 Olympisches Silber über 1 000 m im Zweier-Canadier und Olympische Bronze über 500 m im Einer-Canadier, 1987 WM-Gold über 500 m und 1 000 m im Einer-Canadier, 1988

Kanu-Lehrbecken Südost

Olympisches Gold über 500 m im Einer-Canadier, Olympisches Silber über 1 000 m im Zweier-Canadier in Seoul, 1992 Olympische Bronze über 500 m im Einer-Canadier in Barcelona. Eckhardt *Leue* erkämpfte 1980 Olympische Bronze über 1 000 m im Einer-Canadier in Moskau. Ingo *Spelly* holte 1992 Olympisches Gold über 1 000 m im Zweier-Canadier und Olympisches Silber über 500 m im Zweier-Canadier in Barcelona. Ulrich *Papke* erreichte 1992 ebenfalls Olympisches Gold über 1 000 m im Zweier-Canadier und Olympisches Silber über 500 m im Zweier-Canadier in Barcelona.

Radsport

Bereits 1869 entstand der „Velocipeden Club Saxonia" auf dem Werder Rennpark unter dem Vorsitz von Carl Hindenburg. Zehn Radfahr-Vereine für Männer und einer für Frauen belegen den großen Zuspruch und die Begeisterung für diese Sportart. Die Vereinsnamen „Saxonia", „Hohenzollern", „Teutonia", „Borussia", „Arminia", „Germania", „Bismarck", „Komet", „Vorwärts", „Triumpf" und für die Damen „Frohsinn" waren typisch für das Kaiserreich. Der Magdeburger „Verein für Radfahrwege" schuf ein Netz von Radwegen, gab Landkarten heraus und förderte besonders das Radwandern. Als erste sportliche Leistungen in Magdeburg können für die letzten Jahrzehnte des 19. Jahrhunderts belegt werden, daß Willy *Tischbein* 1889 bei der „Preußischen Meisterschaft im Dreiradfahren" den 3. Platz belegt hat und Rudolf *Roderwald* 1891 die „Böhmische Meisterschaft" mit dem Niederrad in Pilsen gewann. 1892 stellte der Magdeburger Hans Traugott *Hirsch* den „Jahres-Kilometer-Rekord" mit 15 506,8 km als Bundesrekord auf, und 1896 wurde der o. g. Rudolf *Roderwald* Zweiter in der „Deutschen Meisterschaft der Radsprinter". Schließlich vermochten die Magdeburger Radvereine schon 1897, eine 400-m-Zement-Radrennbahn an der Berliner Chaussee zu eröffnen. Durch Carl Hindenburg hatte Magdeburg eine führende Stellung im „Deutschen Radfahrerbund" und veranstaltete 1900 das 17. Bundesfest. In die Leistungspalette müssen auch eingeordnet werden: Hermann *Herzog*, der 1912 beim Straßenrennen Basel-Cleve über 620 km den 3. Platz belegte, und Martin *Osterroth*, der 1920 beim „Großen Sprintpreis von Deutschland" in Hannover Dritter wurde. Otto *Nitze* wurde 1924 Sieger im Straßenrennen „Rund um die Heinleite", Zweiter in den

Festabend des Velocipeden-Klubs (mit der Gründung 1869 einer der ältesten Radfahrervereine Europas)

Turn- und Velocipeden-Klub „Saxonia", Mitglied des 1884 in Leipzig gegründeten Deutschen Radfahrerbundes, der seinen Sitz in Magdeburg hatte

„Etappenrennen" 1923 München-Berlin und 1924 Zürich-Berlin. Ernst *Hartmann* fuhr zwischen 1925 und 1930 mehrere „Deutsche Höchstleistungen" für Amateure (u. a. 100 km in 2:49:55 Std.). Ein herausragender Magdeburger Radsportler der 20er und 30er Jahre war Pepi *Brummert*. 1928, 1930 und 1931 wurde er Deutscher Meister im 1 000 m Bahnfahren. Paul *Oberhaupt* gewann 1930 die „Harzrundfahrt" der Amateure. Schließlich mußte 1929 die Zement-Radrennbahn an der Berliner Chaussee nach über dreißigjähriger Nutzung abgerissen werden. Die „Deutsche Mannschafts-Meisterschaft im Straßen-Rennen" gewann 1930 Magdeburg mit *Brummert*, *Bauer*, *Guderjahn*, *Hermes*, *Jahns*, *Michaelis*, *Neustedt*, *Riemann* und *Weckerling*.

In den 30er Jahren wechselten auch Magdeburger Radsportamateure ins Profilager, vielfach um ihren Lebensunterhalt zu sichern. Der o. g. Otto *Weckerling* war als Berufsradrennfahrer sehr erfolgreich. Bereits 1935 siegte er im Rennen „Rund um Frankfurt am Main" und beim „Großen Preis von Schweinfurt". In den 30er Jahren nahm Otto *Weckerling* viermal an der „Tour de France" teil und mehrfach am „Giro d'Italia" und an der „Tour de Suisse". Walter *Richter* wurde 1941 Sieger der Harzrundfahrt, *Zöffzig* siegte im 1 000 m Malfahren (Fahren um ein Wendemal wie Fahne o.ä.) 1944 beim „Großen Straßenpreis von Magdeburg", und Otto *Weckerling* gewann 1943 im Steherrennen in Breslau sowie 1946 den „Großen Eröffnungspreis von Magdeburg" gemeinsam mit *Hoffmann* aus Berlin auf der Biederitzer Radrennbahn (um 1995 abgerissen). 1947 war neben Biederitz noch die Sudenburger Radrennbahn eröffnet worden (Germer-Stadion). 1950 fuhr Gustav Adolf *Schur* (Täve) sein erstes Radrennen. Erika *Fuchs* siegte 1951 beim ersten Frauen-Radrennen in Magdeburg. In den 50er und 60er Jahren prägte Täve *Schur* den regionalen, nationalen und internationalen Straßenradsport entscheidend mit und wurde zu einem Sportlervorbild der Jugend. Aus Täve Schurs Erfolgsserie seien nur genannt: 1951 erster großer Sieg im Rennen „Berlin-Frankfurt-Berlin"; 1952 „Friedensfahrt"-Teilnahme, 1953 DDR-Meister im „Querfeldeinfahren", 3. Platz in der „Friedensfahrt", 1. Platz im Straßenrennen „Berlin-Leipzig", im „100-km-Einzelfahren" in Erfurt, im Rennen „Berlin-Frankfurt-Berlin", Erster bei „Rund um Dortmund", Erster bei der „DDR-Rundfahrt", Studentenweltmeister in Rumänien, 1954 erneut Erster bei der „DDR-Rundfahrt", Erster beim „Einzelzeitfahren" in Leipzig, Studentenweltmeister in Budapest; 1955 Sieger der Friedensfahrt, 1956 Sieger im „100-km-Einzelzeitfahren" Magdeburg-Wolmirstedt-Magdeburg, Olympische Bronze in der gesamtdeutschen Mannschaft in Melbourne; 1958 Amateurweltmeister im französischen Reims; 1959 zum zweiten Mal Friedensfahrtsieger, zum zweiten Mal Amateurweltmeister; 1960 Sieger der „Harzrundfahrt", Olympisches Silber mit Straßen-Vierer in Rom, 1979 zum dritten Mal als „Sportler des Jahres" gewählt.

Neben dieser eindrucksvollen Bilanz des Ausnahme-Athleten Täve *Schur* haben weitere Frauen und Männer die Magdeburger Radsportgeschichte mit hervorragenden Leistungen bereichert. Werner *Hesse* wurde 1951 Studenten-Weltmeister im Straßenrennen in Berlin, Horst *Gaede* nahm 1952 an der Friedensfahrt teil und siegte 1953 im Rennen „Berlin-Angermünde-Berlin". Elisabeth *Eichholz* (geb. Kleinhans) erkämpfte 1960 Olympische Bronze beim Straßenrennen in Rom und wurde 1965 Amateurweltmeisterin im Straßenradsport. Wolfgang *Wesemann*, Helmut *Seeger* und Horst *Wagner* nahmen

in der gesamtdeutschen Mannschaft 1968 an den Olympischen Spielen in Mexiko teil. Dietmar *Horn* und Siegfried *Stumpf* gelang es bei den „DDR-Meisterschaften im Radball“ 1980 und 1981, jeweils Bronze zu erspielen. Stephan *Gottschling* wurde 1984 Kriteriumssieger, 1988 Sieger beim „Großen Pneumant Preis“ auf der Berliner Winterbahn, Dritter der „Österreich-Rundfahrt“, 1992 Dritter in der „Deutschen Amateur-Straßenmeisterschaft“ in Frankfurt/Oder. Jan *Schur* war 1988 Friedensfahrtteilnehmer, Sieger der „Amateurmeisterschaft im Straßenfahren“ in Zürich, Olympischer Goldmedaillengewinner im Straßenvierer in Seoul; 1990 wechselte er ins Profilager, belegte bei der „Flandern-Rundfahrt“ den 6. Platz, bestand die „Tour de France“, war nach Otto Weckerling in den 30er Jahren nun der zweite Teilnehmer aus Magdeburg. Kai *Melcher* wurde 1988 Junioren-Weltmeister über 1 000 m und belegte 1989 den 3. Platz. Steffen *Wesemann* holte 1989 WM-Bronze im Straßenrennen in Moskau, gewann 1992 die „16. Niedersachsen-Rundfahrt“, war Dritter der Deutschen Amateur-Straßenmeisterschaft in Frankfurt/Oder und 1992 Sieger der 45. Friedensfahrt.

Leichtathletik

Leichtathletische Disziplinen wurden zunächst als „volkstümliche Übungen“ in Turn-, Schwimm- und Sportvereinen durchgeführt. Vereine für Volkssport organisierten häufig Waldläufe, führten Wettkämpfe durch (Laufen, Springen, Werfen) oder veranstalteten Mehrkämpfe im Springen (Hoch-, Weit-, Tiefsprung), Werfen und Stoßen (Diskus, Speer, Kugel) und im Laufen (verschiedene Strecken und Staffeln). Mit der zunehmenden Durchsetzung des Sportgedankens kristallisierten sich auch die vielfältigen Disziplinen und Laufstrecken immer deutlicher als Gesamtkomplex und damit als die spezifische Sportart Leichtathletik heraus, deren Entwicklung nach 1945 bemerkenswert war.
Als strukturelle Vorbedingungen entstanden 1945/46 das „Kommunale Sportamt“, die „Antifa-Jugendausschüsse“, das „Städtische Hauptsportamt“, 1947 der „Landessportausschuß Sachsen-Anhalt“, 1948 der „Deutsche Sportausschuß (DS)“ für die Ostzone und 1957 der „Deutsche Turn- und Sportbund“ (DTSB) der DDR.
Die breit gefächerte Sportart *Leichtathletik* erlebte in Magdeburg vom Ende der 50er Jahre an einen Konzentrations- und Konsolidierungsprozeß. Verdienstvolle Initiatoren und Trainer waren u.a. Ernst Strümpel, H. Voigt, Brunhilde Preuß, Kurt Wübbenhorst, Günter Wenke, Willi Olfert u. a. Leistungsstarke Athleten bauten Magdeburgs Leichtathletiktradition zielstrebig aus. Es seien nur hervorgehoben:
Brunhilde *Preuß* (Hochsprung), Ilse *Schönemann* (800 m), Christa *Seliger-Stubnik* (Sprint), Karin *Reinhard-Balzer* (Hürden), Eckehard *Lesse*, Klaus *Lobach* (Marathon), Margitta *Helmboldt-Gummel* (u.a. Olympisches Gold 1968 in Mexiko und zugleich Weltrekord im Kugelstoßen mit 19,61 m), Rudi *Langer* (u. a. DDR-Rekord Kugelstoßen 1961, DDR-Meister 1961 und 1964, DDR-Studentenmeister 1964 Diskus und Kugel). Manfred *Preußger* (u. a. Europarekord 4,65 m Stabhochsprung 1958 in Dresden), Gieselher *Beyme* (u. a. Silber im Stabhochsprung beim Internationalen Leichtathletiksportfest in Sofia 1961), Margrit *Herbst-Olfert* (u. a. DDR-Rekord im Fünfkampf 1970, Europa-Cup-Sieg in der Nationalmannschaft 1970, DDR-Rekord mit 6,81 m Weitsprung 1971, EM-Bronze im Fünfkampf 1971 in Helsinki, Europa-Cup-Sieg im Fünfkampf 1973 in Edinburgh). Eine besonders herausragende Leichtathletin war Annelie *Jahns-Erhard* (u.a. Weltrekord in 200 m Hürden und DDR-Meister in 100 m Hürden in Erfurt, Junioren-Weltrekord in 100 m Hürden in 12,9 Sek. 1970 in Berlin, EM-Silber in 100 m Hürden 1971 in Helsinki, Weltrekord in 100 m Hürden in 12,5 Sek. 1972 in Potsdam, Olympisches Gold in 100 m Hürden 1972 in München, erneut Weltrekord in 100 m Hürden in 12,3 Sek. in Dresden, Europa-Cup-Sieg in 100 m Hürden in Edinburgh, EM-Gold in 100 m Hürden 1974 in Rom, Europa-Cup-Sieg in 100 m Hürden 1975 in Nizza).
Große Erfolge erreichten auch Karla *Bodendorf* (u .a. Europa-Cup-Sieg in 4 x 100 m 1975, Olympisches

Weltmeisterschafts-Vorrunde im Hallenhandball, Einzug der Mannschaften in die Hermann-Gieseler-Halle

Gold in 4 x 100 m 1976 in Montreal, EM-Bronze in 200 m und in 4 x 100 m 1978 in Prag), Angela *Schmalfeld-Voigt* (u. a. Europa-Cup-Sieg im Weitsprung 1973 in Edinburgh, Olympisches Gold im Weitsprung 1976 in Montreal, EM-Silber im Weitsprung 1978 in Prag), Waltraud *Birnbaum-Dietsch* (u.a. Europa-Cup-Sieg in 4 x 400 m 1973 in Edinburgh, EM-Gold in 4 x 400 m 1974 in Rom), Dagmar *Käsling-Lühnenschloß* (u.a. Olympisches Gold in 4 x 400 m 1972 in München), Olaf *Prenzler* (u.a. EM-Silber in 200 m und in 4 x 100 m 1978 in Prag, EM-Gold in 200 m, EM-Silber in 4 x 100 m 1982 in Athen, EM-Silber in 4 x 100 m 1986 in Stuttgart), Andreas *Knebel* (u.a. Olympisches Silber in 4 x 100 m 1980 in Moskau, EM-Silber in 400 m 1982 in Athen), Frank *Emmelmann* (u.a. EM-Gold in 100 m, EM-Silber in 4 x 100 m, EM-Bronze in 200m 1982 in Athen, EM-Gold in 4 x 400 m, EM-Silber in 4 x 100 m 1986 in Stuttgart), H. D. *Michalak* (u.a. EM-Bronze im Zehnkampf 1971 in Helsinki), Barbara *Broschat* (u.a. Olympisches Gold in 400 Hürden 1980 in Moskau), Cornelia *Ulrich* (u.a. WM-Bronze in 400 m Hürden 1987 in Rom), Kirsten *Emmelmann* (u. a. WM-Gold in 4 x 400 m und WM-Bronze in 400 m 1987 in Rom, Olympische Bronze in 4 x 400 m 1988 in Seoul), Kathrin *Neimke* (u.a. WM-Silber im Kugelstoßen 1987 in Rom, Olympisches Silber im Kugelstoßen 1988 in Seoul, EM-Bronze im Kugelstoßen 1990 in Split, Olympische Bronze im Kugelstoßen 1992 in Barcelona, WM-Bronze im Kugelstoßen 1993 in Stuttgart und WM-Gold im Kugelstoßen 1995 in Göteburg).
Die Leistungsentwicklung in der Leichtathletik der Stadt Magdeburg ist über viele Jahrzehnte hinweg von Kontinuität und soliden Ergebnissen geprägt. Ein gewisser Höhepunkt war in der Mitte der 80er Jahre erreicht, als bei den DDR-Meisterschaften in der Leichtathletik 1985 in Leipzig der Sport-Club Magdeburg erfolgreichster Club der DDR mit sechsmal Gold, viermal Silber und dreimal Bronze wurde.
Auch im **Sport der Körperbehinderten** wurden in Magdeburg viele Aktivitäten entwickelt. Die Bereiche der Organisationsstrukturen und der inhaltlichen Trainings- und Wettkampfgestaltung erhielten zahlreiche Impulse vom „Behinderten Sportverein Aufbau Börde“. Im Leistungsspiegel der **Leichtathletik Körperbehinderter** kann Magdeburg eine ansprechende Bilanz vorweisen. Es sollen stellvertretend genannt werden: Willy *Krumrey* (DDR-Meister im Kugelstoßen 1975), Klaus *Jüdicke* (DDR-Meister im Kugelstoßen und Speerwurf 1986), Horst *Botzek* (Vizemeister 1986), Hartmut *Jerenz* (3. Platz 1986), Reimund *Patzelt* (u.a. DDR-Rekord im Weitsprung 1984 in Naumburg, 1987 in Erfurt, Hallensportfest 1988 in Berlin im Kugelstoßen und Hochsprung 2. Platz), Dr. Detlef *Eckert* (u.a. DDR-Mehrkampf-Meisterschaft-Sieger im Dreikampf, Hochsprung, Kugelstoßen, Speerwurf 1979, Einzel- u. Mehrkampf-Siege 1980-1984, DDR-Rekord-Mehrkampf bei Intersport Invalid 1988 in Ostrava, 1989 erneuter DDR-Rekord in Halle, Olympische Silbermedaille im Fünfkampf 1992 bei den Paralympics in Barcelona, zugleich Weltrekord im Kugelstoßen und Olympische Silbermedaille im Fünfkampf 1996 bei den Paralympics in Atlanta).

Handball

Bereits in den 20er Jahren gründete der „Sportverein Germania“ eine Handballabteilung, und „Vorwärts Fermersleben“ nahm 1928 gegen „Ottokring Wien“ am Endspiel der ATSB-Meisterschaft teil, erkämpfte immerhin die Silbermedaille. 1932 wurde die Frauenmannschaft von „Germania-Jahn“ Pokalsieger gegen den „SV 1900“. In der Olympiamannschaft von 1936 spielte der Magdeburger Alfred *Klingler* vom „Magdeburger Polizei Sportverein“ und brachte eine Goldmedaille mit. 1943 war die Deutsche Frauen-Handball-Meisterschaft in Magdeburg. Nach 1945 begann der Neuaufbau unter den o. g. strukturellen Vorbedingungen (s. Leichtathletik).
Besonders aktiv waren Hans-Jürgen *Wende*, Herbert *Wahrendorf*, *Wolff*, *Siefert*, *Borrmann* u. a. Langjährige Kapitäne der DDR-Nationalmannschaft im Feldhandball waren sowohl Herbert *Wahrendorf* als auch Hans-Jürgen *Wende*.
1953 wurde Magdeburg DDR-Jugend-Meister. 1957 besiegte die DDR-Elf mit Kapitän Hans-Jürgen (Bubi) *Wende* in Hannover den Weltmeister Westdeutschland und in einem Länderspiel auch Schweden. 1959 für die Handball-Weltmeisterschaft in Österreich wurde nach vier Ausscheidungsspielen eine gesamtdeutsche Mannschaft gebildet und Bubi Wende zum Kapitän gewählt, sie erkämpfte WM-Gold.
Die Handball-Männer-Mannschaft im Hallenhandball setzte die Magdeburger Leistungstradition erfolgreich fort. Von 1970–85 war sie achtmal DDR-Meister (sechsmal in Folge) und sechsmal Vizemeister. 1977/78 wurden die Magdeburger Europapokal-Sieger der Landesmeister, 1978/79 FDGB-Pokal-Sieger und 1980/81 wiederum Europapokal-Sieger der Landesmeister. Olympisches Gold erkämpfte man 1980 in Moskau, zur DDR-Mannschaft gehörten die Magdeburger Wieland *Schmidt*, Lothar *Doering*, Günter *Dreibrodt*, Ernst *Gerlach*, Hartmut *Krüger*, Ingolf *Wiegert*. Der Trainer Klaus *Miesner* verdient besondere Erwähnung, formierte er doch sehr starke Mannschaften, zu denen weitere klangvolle Namen wie *Röhrig*, *Flacke*, *Lakenmacher*, *Schütte* und viele andere gehörten. Bis

1988 beispielsweise haben die Magdeburger Handball-Männer 57 Europapokalspiele bestritten, sie gewannen davon 41 Spiele (72%), fünfmal spielten sie unentschieden (9 %) und nur elf Spiele (19%) gingen verloren. Eine wahrlich stolze Bilanz.

Im **Handball** hatte sich bis in die 60er Jahre hinein der Trennungsprozeß von *Feldhandball* und *Hallenhandball* vollzogen. Seit der Sportclubgründung 1955 gehörte Magdeburg mit zur Feldhandballspitze in der DDR und hielt diesen Leistungsstand auch im Hallenhandball. Bei der letzten DDR-Feldhandball-Meisterschaft 1967 war Magdeburg überlegener Sieger. Das „Internationale Olympische Comitee" (IOC) hatte 1965 in Madrid beschlossen, daß ab 1972 *Hallenhandball* „olympische Disziplin" wird. Bereits 1969 wurde die Magdeburger **Handball-Frauen-Mannschaft** DDR-Vizemeister, 1971/72 errang sie den gleichen Titel. 1975 waren die Frauen FDGB-Pokal-Sieger, 1976/77 holten sie die Bronze-Medaille in der DDR-Meisterschaft und 1980/81 wurden sie erstmals DDR-Meister. Bei internationalen Meisterschaften waren die Magdeburger Handballspielerinnen erfolgreich, unter ihnen Barbara *Heinz*, geb. Pflugmacher, Liane *Michaelis*, Christine *Gehlhoff*, Sylvia *Siefert*. Olympisches Silber in Montreal 1976 erreichten die Magdeburgerinnen *Michaelis* und *Siefert*. Zur Weltmeister-Mannschaft 1978 gehörten *Heinecke*, *Kunisch*, *Puck* und *Wunderlich*. 1980 bei den Olympischen Spielen in Moskau erkämpften Birgit *Heineke*, Kornelia *Kunisch* und Claudia *Wunderlich* die Bronze-Medaille. 1983 beim Europa-Pokal erspielten die Magdeburgerinnen die Silbermedaille. 1990 verließen acht Stammspielerinnen und der Trainer Magdeburg. Gabi *Palme* holte 1990 WM-Bronze in der letzten DDR-Nationalmannschaft. 1991 gelang der Magdeburger Frauenmannschaft der Aufsprung in die Bundesliga unter ihrem Trainer Ingolf *Wiegert*, von 1993 an war Manfred *Jahn* Frauen-Trainer. Im Jahre 1993 wurden die Magdeburgerinnen Gabi *Palme* und Franziska *Heinz* mit der Deutschen Nationalmannschaft Weltmeister.

Fußball

Allgemein betrachtet vollzog sich auch in Magdeburg ein differenzierter Prozeß der Sportentwicklung. Die Sportarten Handball, Boxen, Ringen, Leichtathletik, Hockey, Wintersport, Motorsport, Flugsport, Kanu, Tennis und viele weitere Sportarten mit einzelnen Sportdisziplinen bildeten eigene Organisationsstrukturen, führten regionale Meisterschaften durch, beteiligten sich an nationalen und internationalen Wettkämpfen. Die Organisationsstrukturen lagen immer auch im Einflußfeld der jeweiligen Gesellschaftsordnungen (Kaiserzeit, Weimarer Republik, Nationalsozialismus, Sowjetische Besatzungszone, DDR). Der gesellschaftliche Stellenwert des Sports wurde auch reflektiert in schulischen und universitären Bereichen sowie im Hochleistungssport als ein nationales Prestigemittel oder auch als ein ideologisches Aushängeschild.

Vier große Fußball-Vereine nahmen bereits um die Jahrhundertwende die spielbegeisterten Jungen auf. 1894 war der erste Magdeburger „Fußball- und Cricket-Club" gegründet worden. Es folgten 1896 der „Fußball-Club-Victoria", 1898 der „Fußball-Club Weitstoß" und 1899 der „Sport-Club Preußen". Im Jahre 1901 wurde die Mannschaft von „Victoria 96" erster Magdeburger Fußballmeister.

Für den Zeitraum nach 1945 können für Magdeburg folgende *Streiflichter* skizziert werden: Strukturelle Stationen waren die gleichen, wie oben bei der Sportart Leichtathletik dargestellt. Ergänzend sei aber vermerkt, daß die Kontrollratsdirektive 23 vom 17. Dezember 1945 alle nationalsozialistischen Sportorganisationen auflöste und demokratische Neugründungen nur auf der Verwaltungsebene von Kreisen und Städten erlaubte (Phase des Kommunalen Sports). Noch im Dezember 1945 wurde die „Sportgemeinschaft Sudenburg" durch ehemalige Fußballspieler wie Fritz *Kolber*, Kurt *Zernicke*, Otto *Müller*, Kurt *Holke* u. a. gegründet. Es folgte 1946 die Sportgemeinschaft „Sowjetische Aktien Gesellschaft (SAG) Krupp-Gruson", deren Leiter bis 1951 Franz *Marzahl* war. Der Spielbetrieb durfte zunächst nicht über die Stadtgrenze hinausgehen, aber bereits 1947 wurde sowohl eine erste Stadtmeisterschaft ausgetragen als auch um Wanderpreise des Stadt-Sportamtes gespielt. Über die Stadtgrenze hinaus fanden auch schon 1947 Fußballvergleiche zwischen Magde-

Die deutsche Handball-Nationalmannschaft stürmt zum Endspiel.

burg und Dessau-Nord sowie gegen Chemnitz statt. Im Jahre 1948 spielten Fußball-Auswahl-Mannschaften Sachsen-Anhalts gegen Sachsen. 1950 wurden die Betriebs-Sport-Gemeinschaften (BSG) „Krupp-Gruson" und „Eintracht Sudenburg" in „Stahl Magdeburg" umbenannt, 1952 folgte die Umbenennung in „Motor Mitte", Trägerbetrieb war der VEB Schwermaschinenbau „Ernst Thälmann". 1953 fanden Spiele gegen „Einheit Ost" Leipzig und „Dynamo Dresden" sowie gegen „Wissenschaft Halle" statt. 1955 war die Sektion Fußball der BSG „Motor Mitte" nur zweitklassig und fand deshalb zunächst keine Aufnahme in den 1955 gegründeten „Sport Club (SC) Aufbau Magdeburg", was 1957 nachgeholt wurde. Der Aufstieg in die Oberliga gelang noch nicht. Erst 1960 konnte die Mannschaft aufsteigen, das erste Punktspiel gegen den „SC Empor Rostock" wurde mit 2:0 in Magdeburg gewonnen. Bereits 1961 wurden Günter *Hirschmann* und Günter *Kubisch* als erste Magdeburger Fußballer in die DDR-Nationalmannschaft berufen. Das erste internationale Fußballspiel gewann der „SC Aufbau Magdeburg" 1961 gegen „Flamura Arad" aus Rumänien mit 4:2. Dennoch wurde bis 1965 nur wenig Leistungssteigerung erreicht. Eine Hauptursache war das lange Zurückhalten der Leistungsträger durch die kleineren BSG. Erst mit dem Sieg im FDGB-Pokal 1964 gegen Leipzig mit 3:2 in Dessau und dem FDGB-Pokal-Sieg 1965 gegen Jena mit 2:1 in Berlin deutete sich endlich eine Wende im Magdeburger Fußballsport an. Denn mit den Landes-Pokal-Siegen erfolgte der Eintritt ins Ringen um den *Europapokal* (Pokal der Pokalsieger). Allerdings strauchelten 1964 die Magdeburger Fußballer an der ersten Hürde in Istanbul. Olympische Bronze holte jedoch Hermann *Stöcker* 1964 in Tokio mit der DDR-Elf; 1965 wurde das Viertelfinale im Europapokal erreicht. Im Dezember 1965 erfolgte die Umbenennung des „SC Aufbau" in „Fußball Club Magdeburg" (FCM). Aber 1966 konnten die Leistungen nicht gesteigert werden, es folgte der Abstieg aus der Oberliga. Erst unter dem Trainer Heinz *Krügel* gelang 1967 der Wiederaufstieg in die Oberliga, und in den Jahren 1967, 1968, 1969 wurde jeweils der 3. Platz erreicht. 1969 gelang zum dritten Mal der FDGB-Pokalsieg gegen den FC Karl-Marx-Stadt mit 4:0 in Dresden. 1972 wurde der FC Magdeburg zum ersten Mal DDR-Fußball-Meister.

Der hohe Leistungsstand des FCM war Anlaß, die halbe Mannschaft in die DDR-Olympia-Mannschaft 1972 zu berufen (Jürgen *Pommerenke*, Wolfgang *Seguin*, Jürgen *Sparwasser*, Manfred *Zapf*, Axel *Tyll*). Von den 20. Olympischen Sommerspielen in München brachten sie die Bronzemedaille mit nach Hause. Auch im Jahre 1973 wurde der FDGB-Pokal-Sieg mit 3:2 Toren gegen den FC Lok Leipzig erkämpft und 1974 der Europa-Cup der Pokalsieger mit einem 2:0 gegen den AC Mailand in Rotterdam gewonnen. Zur Fußball-Weltmeisterschaft 1974 in Deutschland wurden fünf Magdeburger Spieler in die DDR-Nationalmannschaft berufen (Jürgen *Sparwasser*, Jürgen *Pommerenke*, Wolfgang *Seguin*, Martin *Hoffmann*, Manfred *Zapf*). Im WM-Gruppenspiel DDR gegen BRD schoß Jürgen *Sparwasser* die ostdeutsche Mannschaft mit seinem legendären Tor zum Gruppensieger, gleichwohl die westdeutsche Mannschaft im Endspiel Weltmeister wurde. In den folgenden

Jahren vermochte der Magdeburger Fußball Club weitere Siege und Pokale zu gewinnen. 1975 war er zum dritten Mal DDR-Meister. 1976 wurde Jürgen *Pommerenke* zum „DDR-Fußballer des Jahres“ gewählt. Olympisches Gold 1976 in Montreal holte die DDR-Mannschaft, in dessen Reihen der Magdeburger Martin *Hoffmann* zu den besten Spielern gehörte. 1978 unter Trainer Klaus *Urbanczyk* aus Halle erkämpfte der FCM seinen 5. FDGB-Pokal-Sieg mit 1:0 gegen Dresden im Berliner Stadion der Weltjugend, 1979 gelang der 6. FDGB-Pokal-Sieg in der Verlängerung mit 1:0 gegen den Berliner Fußball Club Dynamo im gleichen Stadion, und Achim *Streich* wurde 1979 zum „DDR-Fußballer des Jahres“ gewählt. 1980 holte Wolfgang *Steinbach* in der DDR-Olympiamannschaft in Moskau die Silbermedaille. 1983 wurde der FCM zum 7. Mal FDGB-Pokal-Sieger mit 4:0 gegen den FC Karl-Marx-Stadt (Chemnitz), Joachim *Streich* wurde zum zweiten Mal als „DDR-Fußballer des Jahres“ gewählt. 1984 bestritt *Streich* im Londoner Wembley-Stadion sein 100. Länderspiel. 1985 wurde *Streich* Trainer des FCM.

Da es im Landessportbund Sachsen-Anhalt 48 Sportverbände gibt, ist es nicht möglich, alle in diesem Rahmen darzustellen. Die quellenmäßige Aufarbeitung ihrer Entwicklungslinien befindet sich außerdem noch in sehr differenzierten Anfangsstadien. Durch eine Reihe von Diplomarbeiten aus der ehemaligen Pädagogischen Hochschule und aus der Außenstelle der Deutschen Hochschule für Körperkultur (DHfK) steht erstes Basismaterial zur Verfügung. Dennoch ist der Forschungs- und Auslotungsprozeß erst am Anfang. Der Versuch einer ersten chronologischen Ereignis-Erfassung über die Turn- und Sportentwicklung in Magdeburg hat dankenswerter Weise begonnen. Auch „kleinere“ Sportarten werden nun statistisch erfaßt.

Feldhockey

1950 und 1953 wurde die Magdeburger Damenmannschaft von „Aufbau Börde“ DDR-Meister. Erfolgreiche Spielerinnen waren *Pröffel*, *Seifert*, *Knüppel*, *von Boxnier*, *Schmidt*, *Lorenz*, *Herscu*, *Boxmann*, *Weiser*, *Ziekau*, *Gloning*, *Otto*, *Rohloff*, *Kain* u. a. 1955 erreichten die Damen und die männliche Jugend-Mannschaft DDR-Vizemeister-Titel, die Damen wurden 1965 Hallen-Hockey-DDR-Vizemeister. Die Männermannschaft von „Lok Magdeburg“ erreichte 1959 den 3. Platz bei der DDR-Hallenderby-Meisterschaft, wurde 1960 und 1967 Sieger, 1968 im Feld- und Hallen-Hockey DDR-Vizemeister, 1973 im Hallen-Hockey wiederum DDR-Vizemeister.

Boxen

1931 siegte der Bantamgewichtler (bis 54 kg) *Liwowski* im Ausscheidungskampf für die Olympischen Spiele von 1932 in Los Angeles. 1939 wurden *Utsch* und *Hach* Deutscher Amateur-Boxmeister in Essen. 1953 erkämpfte Ulli *Nitschke* im Halbschwergewicht (A bis 72, B bis 75 kg) den Titel „Europameister der Amateure“. Achim *Grote* wurde 1956 „DDR-Meister“. 1960 erreichten Robert *Büchner* und Hans *Liwowski* die Gürtel als „Deutsche-Amateur-Box-Meister“, Hans Joachim *Bedau* errang 1962 den Vizemeister-Titel, Rolf *Müller* wurde 1964 „Deutscher Meister“ im Federgewicht (bis 57 kg). Walter *Cybinski* war von 1964–1967 viermal „Deutscher Meister“ im Fliegengewicht (bis 51 kg). In den 70er Jahren erboxten Werner *Kohnert* und Peter *Wien* im Halbschwergewicht der Amateure „DDR-Meister-Titel“ (bis 72/75 kg). Im Halbmittelgewicht (bis 71 kg) erreichte Helmut *Wagner* 1978 den „DDR-Meistergürtel“.

Judo

1956 gelangen bei den DDR-Meisterschaften in Markkleeberg drei Siege durch *Lücke* (Mittelgewicht bis 72,5 kg), *Perleberg* (Weltergewicht bis 67,5 kg), *Rehmann* (Schwergewicht über 80 kg). 1957 wurde die „BSG-Motor“ zum dritten Mal DDR-Jugend-Judo-Meister. 1958 war in Fürstenwalde „Motor Südost“ die beste DDR-Jugend-Judomannschaft. Auch 1963 zur „Deutschen-Jugend-Judo-Meisterschaft“ in Eisenach waren Magdeburger Judoka erfolgreich: Henry *Krüger* Gold; Bernd *Köhler* Silber; Fred *Wahren*, Gerald *Mohs*, Rudi *Marcinkowski*, Winfried *Peulecke* Bronze.

Gewichtheben

Die Sportart hat in Magdeburg eine lange Tradition. Von 1921 bis 1929 war der Schwerathletik-Verein „Atlas-Neustadt“ ununterbrochen Bezirksmeister. Zur Ostzonenmeisterschaft 1949 erkämpfte Karl *Hund* (Halbschwergewicht bis 82,5 kg) und Willi *Stephan* (Federgewicht bis 60 kg) jeweils eine Silbermedaille. 1951 wurde *Kretschmer* (Federgewicht) DDR-Meister. Bei den „Deutschen Einzelmeisterschaften“ 1959 in Eisenach gewannen *Baumeister* Gold, *Nordmann* Silber und *Bawelsky*, *Rauscher* und *Machus* Bronze. Zur „Deutschen Jugend-Meisterschaft im Gewichtheben“ 1961 in Magdeburg wurden Vizemeister: Jürgen *Müller* (Leichtgewicht bis 67,5 kg), Dieter *Schluricke* (Mittelgewicht bis 75 kg), Hagen *Steiner* (Mittelschwergewicht bis 90 kg).

Europameisterschafts-Bronze erkämpfte Frank *Zander* 1972. Dieter *Schluricke* wurde 1973 zum sechsten Mal DDR-Meister im Mittelgewicht. Eine Weltmeisterschafts-Goldmedaille gewann 1973 Frank *Zielecke*.

Kegeln

1954 holte Inge *Leck* von „Einheit Magdeburg" bei den Kegel-Meisterschaften in Neuruppin den „DDR-Meister-Titel" nach Magdeburg, den „Mannschaftsmeister-Titel" gewannen Emmi *Gerboth*, Erna *Müller*, Elli *Weinreich*. Bernhard *Rumpf* gehörte zu den Goldmedaillen-Gewinnern der „Mannschafts-Weltmeisterschaft" 1955 im Bohle-Kegeln und 1957 im Asphalt-Kegeln.

Tischtennis

Die Sportart *Tischtennis* hatte auch in Magdeburg eine leistungsfähige Anhängerschaft. Bereits 1936 fand hier ein Tischtennis-Länderkampf zwischen Deutschland und Holland statt. Nach dem Zweiten Weltkrieg wurde in den Sportgemeinschaften der Stadtteile wie „Magdeburg-West", „Neue Neustadt", „Alte Neustadt" und „Magdeburg-Diesdorf" wieder Tischtennis gespielt. 1948 schlossen sich diese Gemeinschaften zur „Sektion Tischtennis der BSG Post-West-Magdeburg" zusammen. Damit wurde die Möglichkeit regionaler und nationaler Wettkämpfe geschaffen. 1948 fand die „Stadt-Meisterschaft" statt. Sieger waren: im Frauen-Einzel *Büldge*, im Männer-Einzel *Vorwerk*, im Frauen-Doppel *Büldge/Zöllner*, im Männer-Doppel *Arndt/Vorwerk*, im Gemischten-Doppel *Brüning/Arndt*. Im Mai 1949 siegte bei den Ostzonen-Meisterschaften der Frauen in Eisenach die „BSG Post-West-Magdeburg". 1951 schloß sich die „Sektion TT Post-West-Magdeburg" der „BSG Aufbau Börde Magdeburg" an. Im Jahre 1952 waren in Magdeburg die Tischtennis-Meisterschaften der „Sportvereinigung Post" (SV), also vom gesamten Gebiet der DDR. „Börde Magdeburg" gehörte inzwischen zur SV Aufbau (Basis der SV waren die Gewerkschaften, z.B. SV Traktor/Landwirtschaft, SV Turbine/Energieerzeugung usw.).

1952 erkämpfte Astrid *Hobohm-Horn* von „Aufbau Börde Magdeburg" den DDR-Meister-Titel im Frauen-Einzel, DDR-Mannschaftsmeister wurde „Aufbau Börde Magdeburg". Astrid *Hobohm-Horn* erreichte von 1949–1952 viermal in Folge den DDR-Meister-Titel im Frauen-Einzel. Renate *Schüler* von der „BSG Motor Fermersleben" erspielte 1953 den DDR-Jugend-Meister-Titel im Tischtennis.

In den 50er Jahren wurden in Magdeburg mehrere gesamtdeutsche Tischtennis-Wettkämpfe durchgeführt. 1955 besiegte „Einheit Magdeburg" den „VfL Hannover". 1957 gewannen *Taeger*, *König*, *Kuhr*, *Schreiber*, *Wittkowski* von „Aufbau Börde" einen Vergleichskampf zwischen den Landesverbänden Magdeburg und Bremen. 1959 beim Deutschlandpo-

Junge Tischtennisspieler der Betriebssportgemeinschaft „Chemie"

Motocross in Magdeburg-Südwest

kal waren die Magdeburger *Taeger*, *Knappe*, *Fromm* erfolgreich. *Schulze* von „Aufbau-Empor-Ost-Magdeburg“ wurde 1959 Deutscher Meister Körperbehinderter im Doppel mit *Köhler* von „Motor Mitte Magdeburg“, *Köhler* zugleich auch im Einzel. *Fromm/Taeger* wurden 1963 Deutscher Vizemeister im Herrendoppel, und *Fromm* konnte sich für das VIII. Europatreffen der Tischtennisjugend 1963 in Duisburg-Wedau qualifizieren. Im Jahre 1975 erkämpfte Harry *Schulz* eine Bronzemedaille im TT Einzel bei den III. Weltfestspielen Körperbehinderter im französischen St. Etienne. 1977 zu den XXII. DDR-Einzelmeisterschaften in Gera gehörte „Aufbau-Empor-Ost-Magdeburg“ zu den erfolgreichsten Mannschaften mit dreimal Gold, zweimal Silber, dreimal Bronze.

Nur von einem Bruchteil der Sportarten, die den Magdeburger Sport bis zur Jahrtausendwende mitgeprägt haben, konnte hier stellvertretend berichtet werden.

Insgesamt sind es 48 Sportarten, die im Landessportbund von eigenen Verbänden vertreten und geleitet werden.

K-Wagen-Rennen im Herrenkrug

„Magdeburg erlitt drei Zerstörungen: die erste durch Tilly, eine grausame, deren Folgen wegen der ungebrochenen Kulturkraft der Zeit aber überwunden wurden. Die zweite aber, die durch die Franzosenzeit, griff tiefer. Sie machte die herrlichen Kirchen zu ausgeweideten Leichen, und vollends die dritte kannte

kein Erbarmen. Sie zerstörte nicht bloß, sondern ‚baute' in völliger Ratlosigkeit ‚auf', so daß heute ein Gefäß da ist, ein großes zwar, aber ein leeres, wenn man an das denkt, was einen Menschen und eine Stadt anziehend macht ..."

(Bruno Taut: Frühlicht, 1921)

COMPUTER
MULTIMEDIA
EUROSPAR
MEYER REISEN

„Unter den Städten, die ich sah und betrat, ist mir keine vorgekommen, die fast alle ihre Herrlichkeiten so in eine lange, breite Straße konzentriert hätte, wie Magdeburg, die seinige in den Breiten Weg, der wie ein markiges Rückgrat durch die Stadt läuft ... dieser Breite Weg ist wie das Prunkzimmer Magdeburgs, wohinein der Genius dieser Stadt, der in seinem ganzen Hause eben nicht die beste Eleganz beobachtet, die Fremden von Süden, Westen und Norden zu führen eilt, um von seinem Glanze und Wohlstand eine gute Idee zu erwecken."

(Die Stadt Magdeburg im Vergleich zu anderen Städten, 1801)

„Von Magdeburg hatte ich gehört, es war einst die erste Festung Preußens gewesen, jetzt aber angefüllt mit Maschinenfabriken, Zuckerraffinerien und im übrigen alt und eng, und wer diese Stadt nicht gesehen hätte, müßte sich darum nicht schämen. Als ich dann dieses Magdeburg sah, war es niedergeworfen vom letzten, wütenden Wahnsinn des Krieges, ein Gewirr von Ruinen, Schutt, Staub und viel menschlichem Elend. Ich hatte vorher keine Stadt gesehen, die so gnadenlos zusammengebombt war …"

(Martin Selber: … Und das wurde Heimat. In: „Das Sachsen-Anhalt-Lesebuch", 1993)

SKET
STAHLGIESSEREI
BETRIEB 36
SKET SCHWER-
MASCHINENBAU
MAGDEBURG GMBH
BEREICH METALLURGIE
Bereichsleiter Metallurgie
Fertigungsbereich - Gießerei
BEREICH WALZWERKSBAU
Fertigungsbereich - Getriebebau

ERWE

„... Ein Gang über den Breiten Weg, diese stattliche Straße, welche die ganze Stadt der Länge nach gleich einer Pulsader durchschneidet, ein Blick auf die belebte Elbe bekunden diesen wachsenden Verkehr, zeugen, daß die alte Stadt mehr als einmal aus Schutt und Trümmer, aus Kriegsnöten aller Art entstanden, ein Schoßkind der Industrie unserer Zeit geworden ist ... – Ist denn keine wissenschaftliche oder künstlerische, öffentliche oder private Sammlung hier, die man aufsuchen könnte? Nein ... Poesie, Kunstsinn, Tiefsinn gehören nicht zu den Blüten, welche der Geist neben vielen löblichen, bürgerlichen Tugenden hier getrieben hat, dessen Lokalton man vielleicht als eine Exaltation der Mittelmäßigkeit bezeichnen könnte ..."

(Louise von Francois im „Morgenblatt für gebildete Stände", August 1856)

Stadt des 21. Jahrhunderts

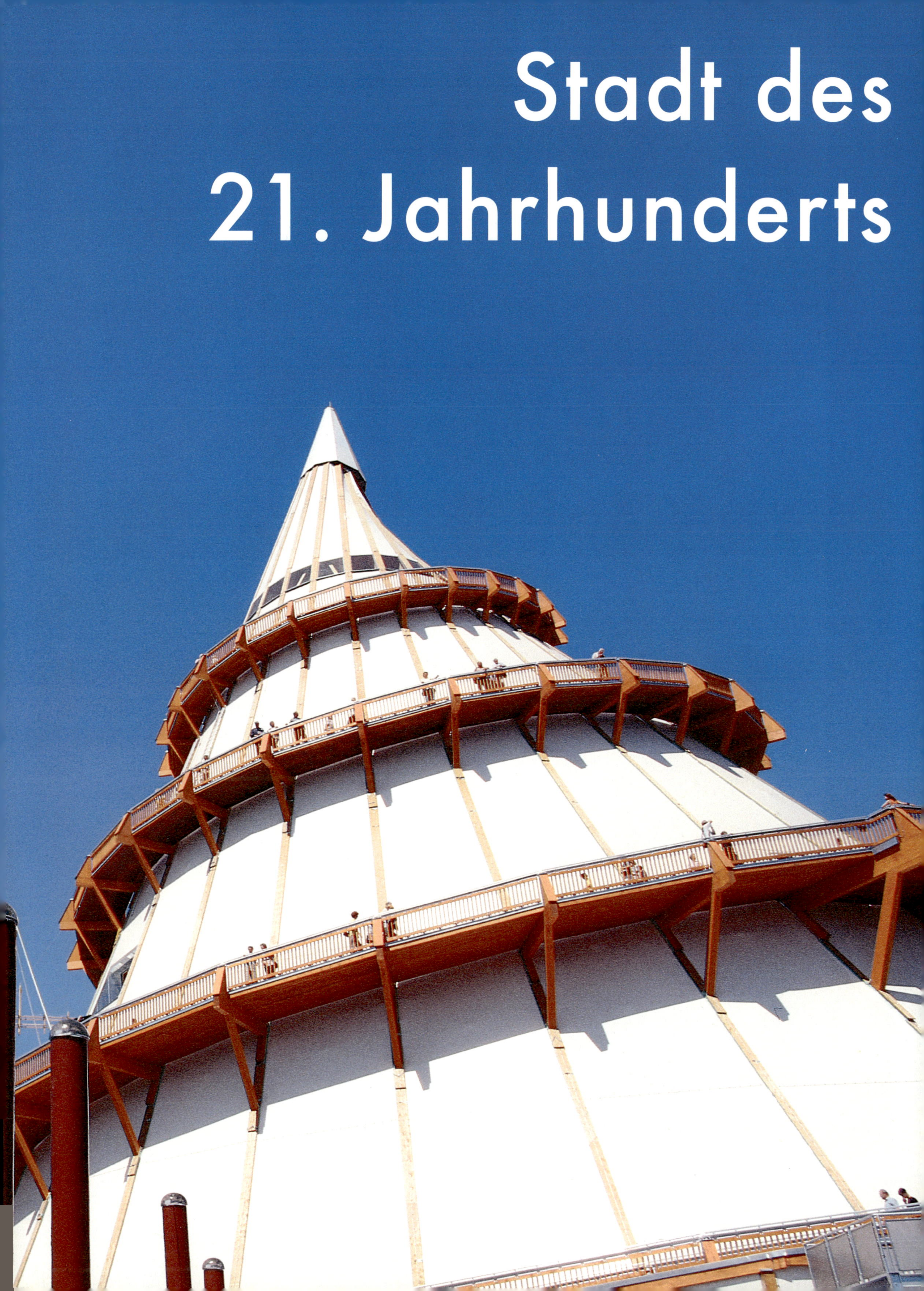

(Augen)Blicke auf das
moderne Magdeburg

Hegelstraße

Wendejahre wurden Baujahre

MAGDEBURG ZWISCHEN VERGANGENHEIT UND ZUKUNFT

WERNER KALESCHKY

Wer in Magdeburg aufgewachsen ist oder sich seit längerer Zeit hier aufhält, wird eines sicher bestätigen: Das Erscheinungsbild der Landeshauptstadt hat sich in den zehn Jahren vor der Jahrtausendwende in rasantem Tempo verändert.

Noch nie erlebten die Bürger eine derartige Vielfalt im Baugeschehen, ein solches Wachstum.

Ein Rückblick in die lange Geschichte der Stadt läßt erkennen, daß Baukultur – wie wohl an jedem Ort – nicht nur von der geographischen Lage und Faktoren wie Klima, Wasser, Luft und Bodenbeschaffenheit abhing. Politisches, wirtschaftliches und soziales Geschehen sowie der Fortschritt wissenschaftlicher Erkenntnisse bestimmten zu allen Zeiten das gesellschaftliche Leben und somit auch das Bauen in Magdeburg. Ebenso spielten auch die allzu menschlichen Leidenschaften der Mächtigen und Geldgeber, der Bauherren und Baumeister eine nicht unwesentliche Rolle für die Ästhetik und Funktionalität aller Bauwerke, die das Bild der Stadt prägten. So drückte jede Zeit ihren Stempel auf: Magdeburg war karolingisches Kastell, Domburg, ottonische Stadt, Burggrafenburg oder auch Kaiserpfalz, Festungsstadt, Zentrum des Erzbistums, Handelsstadt, Hansestadt, brandenburgisch-preußische Festung, napoleonische Gründung, Industriemetropole, Stadt des Neuen Bauwillens, Verkehrsknoten in Deutschland, Stadt des Schwermaschinenbaus …

Trotz der verheerenden Zerstörungen im Jahre 1207, im Dreißigjährigen Krieg und im Zweiten Weltkrieg stehen heute noch Zeugen längst vergangener Zeiten: aus Romanik, Gotik, Barock, Historismus, Moderne. Etwas unglücklich verlief Magdeburgs Bauentwicklung zur Zeit der einstigen DDR, als man historische und traditionelle Strukturen unbeachtet ließ. In diesen Jahren entstand allerdings auch eine Ost-West-Achse. (Bereits Otto von Guericke, Magdeburger Bürgermeister und bedeutender Wissenschaftler, hatte einst nach der verheerenden Zerstörung im Dreißigjährigen Krieg eine Ost-West-Verbindung vorgeschlagen.) Im Jahre 1990 bot Magdeburg einen zum Teil traurigen Anblick: Der neue Grundriß der Innenstadt war unter Außerachtlassen früherer historisch gewachsener Eigentumsverhältnisse entstanden. Hinzu kam der radikale Abriß wiederaufbaufähiger Kirchen sowie stadttypischer Gebäudesubstanz (z.B. Stadttheater) – alles für immer verloren. Eine Realität, die vielfältige Probleme brachte, die nun endlich gelöst werden mußten.

Heute prägen hochmoderne Bauten gemeinsam mit denen aus der Geschichte das städtische Bild, das reich ist an Brüchen und doch eine räumliche Einheit bildet.

Obwohl bereits dreizehn Jahre seit der Wiedervereinigung ins Land gegangen sind, erscheint es, als habe

Blick auf die Stadt aus der Vogelperspektive, im Vordergrund der BUGA-Turm

Sprengung eines achtgeschossigen Wohnblocks am Breiten Weg

man die Wende noch wie gestern vor Augen: Plötzlich, von heute auf morgen, waren die Menschen in allen Bereichen mit einem völlig anderen gesellschaftlichen Anspruch und Entwicklungsniveau konfrontiert.

Das Umfeld der Landeshauptstadt Sachsen-Anhalts bestimmten nun Prozesse der Globalisierung und des Wachsens in ein vereintes Europa. Überwundene politische und wirtschaftliche Grenzen, Wissenschaft und Technik, Kommunikationsmöglichkeiten und Verkehrslogistik, Baumaterialien und Bautechnologien sind nur einige Faktoren, die neue Maßstäbe setzten – auch für das Bauen.

Dabei war der damalige Zustand der Bausubstanz in Magdeburg in großem Umfange prekär, ist es teilweise auch heute noch – eine Situation, die Sofortmaßnahmen erforderte. Langfristige Strategien zur Sicherung der zukünftigen Stadtstrukturen und Gebäudebestände sowie eine nachhaltige Stadtentwicklung waren vonnöten. Hierzu mußten nicht nur immer noch vorhandene Schäden aus dem Zweiten Weltkrieg überwunden werden, es galt auch, negative Folgen und positive Ergebnisse aus DDR-Zeiten zu integrieren. Das konnte nur auf der gesetzlichen Basis des Wiedervereinigungsprozesses, mit Aktivierung privaten Engagements und mit finanziellen Fördermaßnahmen geschehen. Die Zeit drängte. Jedoch wirkte der infolge der Wiedervereinigung Deutschlands gesetzlich festgeschriebene Grundsatz „Rückgabe vor Entschädigung“ auf die Prozesse oft eher hemmend als fördernd.

Ein Strukturplan zur Flächennutzung fixierte generelle Entwicklungslinien der Stadt. Eine Vielzahl von informellen Rahmenplänen bildete die Grundlage für vorzeitige Bebauungspläne. Parallel dazu mußten Baugenehmigungen nach der Bauordnung erteilt werden. Trotz der Gefahr, irreparable Fehler in der Stadtentwicklung einzuleiten, war ein hohes Maß an Entscheidungsfreudigkeit und Risikobereitschaft der agierenden Personen gefragt. Rückblickend kann heute festgestellt werden, daß auch negative Erfahrungen in die Geschichte dieser Zeit gehören. Entscheidungen mußten getroffen werden, die nur aus dieser stürmischen Umbruchzeit zu erklären sind. Ihre Umstände und ihr Zustandekommen sind heute beinahe vergessen.

Alle, die Verantwortung für diese Stadt übernahmen, mußten ihr Denken und Handeln auf ein Agieren in offenen, dynamischen und weiterentwickelnden Systemen einstellen. Für die Planung und das Bauen in Magdeburg bedeutete dies, Verantwortung neu zu definieren.

Magdeburger Öffentlichkeit fand in polaren Pro- und Kontra-Ansichten statt. Dabei waren diese Ansichten verständlicherweise oft von vielfältigem Wunschdenken gefärbt. Der Glanz des Barock, die Schönheit des ehemaligen Breiten Wegs, war durch die Zerstörung Magdeburgs am 16. Januar 1945 für immer verloren. Dazu gesellten sich die Ergebnisse der nachfolgenden sozialistischen Baupolitik. – Eine Wiederherstellung der Stadt, so wie sie viele ältere Bürger aus den Zeiten vor dem Zweiten Weltkrieg noch in ihrer Erinnerung haben, war und ist unmöglich. Bei dem Wunsch danach spielte es auch keine Rolle, daß die meisten „Barockbauten“ aus der Gründerzeit stammten oder während dieser Zeit umgebaut wurden. (Bruno Taut schrieb in diesem Zusammenhang bereits von der „dritten Zerstörung“ Magdeburgs.) Auch die engen Hinterhöfe, gemeinsamen Toiletten auf der „halben Treppe“ und vieles mehr aus der „guten alten Zeit“ traten bei Auseinandersetzungen in den Hintergrund, was verständlich ist. Real ist und bleibt jedoch: Zwischen den Etappen der Magdeburger Geschichte liegen „Entwicklungswelten“. Heute, im Zeitalter des Computers und der Überschallgeschwindigkeit, herrscht ein anderer Geist. Und diesem gilt es, gerecht zu werden.

Nach gut zehn Jahren kann man heute sagen, daß eben diese Auseinandersetzungen für den Identifikationsprozeß, das Wahrnehmen des Neuen, das Erfassen des gesamten Baugeschehens in Magdeburg und die Akzeptanz erbrachter Bauleistungen unerläßlich waren und sind.

Neben dem Kommunikationsprozeß mit den Bürgern im Takt des Bautempos soll der enorme Aufwand in den Amtsstuben der Stadtverwaltung während der letzten Jahre bei aller berechtigter und unberechtigter Bürgerkritik nicht unerwähnt bleiben. Vieles gab es zu beachten: Bestimmungen des Einigungsvertrages, das Investitionsvorranggesetz, Wünsche der Investoren und die Eigentumsverhältnisse infolge der veränderten Stadtstrukturen aus der Zeit des sozialistischen Aufbaus taten einiges, die Lage zu erschweren. Magdeburg stand vor einer noch nie dagewesenen Bewährungsprobe. Der Zusammenbruch der Schwerindustrie führte zu erheblich geringeren Steuereinnahmen. Hinzu kam, daß Sanierungsvorhaben sowie neue Bauvorhaben ohne Unterstützung von außen nicht möglich waren. Magdeburg baute mit Fördermitteln des Landes, des Bundes und der Europäischen Union. Am Zusammenar-

Domplatz mit Neubebauung Westseite, im Hintergrund das Kloster Unser Lieben Frauen

Johanniskirche vor dem Umbau

beiten von Kollegen aus Ost und West auf all diesen Gebieten zeigte sich, daß zusammenwächst was zusammengehört. All dies sind gemachte Erfahrungen und gewonnene Erkenntnisse aus den Baujahren während der Zeit nach der politischen Wende. Es sind nennenswerte Tatsachen im Identifikationsprozeß in der Landeshauptstadt Sachsen-Anhalts vor der Jahrtausendwende.
Bauen für die Zukunft hieß, Vorhandenes weiterzuentwickeln – die Anforderungen eines gemeinsamen Europas zu berücksichtigen.
Nichts wird wieder so wie es war. Nichts bleibt wie es ist. Was erhalten wird, bedarf eines gesunden Kompromisses mit den Anforderungen von heute und morgen. In diesem Sinne hat sich Magdeburg in den vergangenen zehn Jahren verändert und wird sich weiter verändern.
Wenn Magdeburg heute und morgen als Drehscheibe zwischen Ost und West, zwischen Nord und Süd fungieren soll, wenn sich diese Stadt als Standort für Gewerbe, Wissenschaft, Kultur, Verkehr und Tourismus mit ihren eigenen deutschlandhistorischen Traditionen für die Zukunft profilieren will – dann muß das Bauen unter und über der Erde die Voraussetzungen für wohlstandserhaltende Infrastrukturen schaffen.

Neue Nervenstränge unter der Erde

Was im heutigen Stadtbild verständlicherweise nicht sichtbar wird, sind die „Nervenstränge" Magdeburgs

Salbker Chaussee

unter der Erde. Ihr maroder Zustand wurde in den vergangenen zehn Jahren nicht nur beseitigt, sondern sie wurden – entsprechend dem neuen Entwicklungsniveau – größtenteils erneuert. Das betrifft Kommunikationssysteme, Energieleitungssysteme, Trinkwasserversorgung, Abwasserableitungen.
Letztgenannte münden zur Abwasserbeseitigung in den Neubau des Klärwerkes Gerwisch. Für dieses Bauwerk erfolgte der Spatenstich im März 1997. Das Herzstück des Klärwerkes, die biologische Reinigungsstufe, wurde im September 1999 eingeweiht.

Verkehrsverbindungen – Lebensadern der Stadt

Magdeburg liegt an der ehemaligen Reichsstraße von Aachen über Berlin nach Königsberg.
Straßen, Autobahnen, Brücken, Schienen- und Wasserwege sowie Flugplatzverbindungen stellen heute für die Landeshauptstadt bereits gut funktionierende „Lebensadern" dar.
Die Aktivitäten des Stadtplanungs- und Tiefbauamtes und der hieraus resultierende bereits erfolgte Straßen- und Brückenbau glichen in den neunziger Jahren einem Wettlauf mit der Zeit. Der innerstädtische Verkehr, der Durchgangsverkehr, die Verbindungen in alle Himmelsrichtungen stellten im Jahre 1990 schlagartig neue, sich vergrößernde Anforderungen. Das rasante Anwachsen der Verkehrsströme sowie der zunehmende Pkw-Bestand zwangen zu durchgreifenden Sanierungs- und Neubaumaßnahmen.
Verkehrszählungen vor einigen Jahren belegten, daß den Magdeburger Ring 27 000 Autos pro Tag in beide Richtungen passierten. Dabei war klar, daß die Belastung durch die Blechlawinen weiter zunimmt. Es mußten nicht nur praktikable und zukunftsträchtige Lösungen gefunden, sie mußten auch schnell realisiert werden – für Entspannung, Beruhigung in der Innenstadt und in den Wohngebieten sowie – nach langfristig wirksamen Projekten – für die störungsfreie Durchlässigkeit des Fernverkehrs. Dabei galt es, die Erfahrungen der Naturschützer zu nutzen und zu berücksichtigen. Ein niveaufreier Ausbau des Magdeburger Ringes und Überführungen über den Ring waren erforderlich, Lärmschutzwände unerläßlich. Der Nordbrückenzug für je eine Fahrtrichtung über die Stromelbe und über die Alte Elbe im Zuge der B1 war auszubauen. Eine Untertunnelung des Askanischen Platzes erfolgte – die Untertunnelung des Universitätsplatzes in Ost-West-Richtung ist geplant.
Die Landeshauptstadt Magdeburg verfügt heute über ein Parkleitsystem mit insgesamt 8 590 Stellplätzen. Nach der Realisierung der dritten Ausbaustufe werden es 8 980 sein.
Sechs Parkhäuser mit 3 820 Stellplätzen stehen heute in der City für die Gäste der Stadt bereit.

Porsestraße

Daß die Straßensysteme der Landeshauptstadt sinnvoll mit den fertiggestellten Vorhaben des Bundes – den Verkehrsprojekten Deutsche Einheit – vernetzt wurden, versteht sich von selbst. Der Ausbau der Autobahn (A2) Hannover-Magdeburg-Berlin sowie die westlich die Landeshauptstadt Magdeburg tangierende Autobahn (A14) Richtung Halle-Leipzig-Dresden ziehen den Durchgangsverkehr an den Rand der Stadt. An dieser Stelle erscheint ein Blick in die Zukunft angebracht und das Projekt 17 für den Ausbau im europäischen Wasserstraßennetz erwähnenswert. Magdeburg erhält ein zukunftsorientiertes Wasserstraßenkreuz. Großmotorgüterschiffe werden auf einer Kanalbrücke im Norden der Stadt die Elbe überqueren oder im Hafen Magdeburgs festmachen. Die Kreuzung der drei Verkehrswege Schiene – Straße – Wasser, der Ausbau dieses Kreuzungspunktes, wird die logistische Bedeutung der Landeshauptstadt erhöhen und den Motor der Wirtschaftsentwicklung der Stadt bilden.

Verkehrsplanung und Straßenbau in den vergangenen Jahren bedeutete nicht nur, dem Kraftverkehr gerecht zu werden. Für Fußgänger, Radfahrer und den Öffentlichen Nahverkehr mußten Verkehrsverbindungen mit allen erforderlichen Überquerungen und Verkehrsleiteinrichtungen konzipiert und geschaffen werden, damit das Leben in dieser Stadt pulsieren kann. Ein weitverzweigtes Netz für Radfahrer reicht heute von der City bis in die Naturschönheiten der Elbauenlandschaft. Es ist an den Europaradwanderweg Hamburg-Dresden angeschlossen. Zwei Brücken, speziell für Fußgänger und Radfahrer, entstanden neu. Sie erfreuen sich bereits großer Beliebtheit bei allen Magdeburgern und ihren Gästen. Die Brücke am Cracauer Wasserfall verbindet die östlichen Stadtteile Cracau und Prester über die Alte Elbe im Süden der Stadt mit dem Stadtpark. Im Norden überspannt schwungvoll eine Brücke – von den Einwohnern liebevoll „Golden Gate" genannt – den Flußlauf. Sie verbindet die westlich gelegenen nördlichen Stadtteile mit dem Herrenkrug, dem Elbauenpark, den Rennwiesen, dem Biederitzer Busch – kurz mit der Naturlandschaft östlich der Elbe.

In der Innenstadt wurde in unmittelbarer Nähe des Hauptbahnhofes der zentrale Omnibusbahnhof errichtet, um einst den direkten Anschluß Schiene-Straße für den Personenfernverkehr zu gewährleisten. Ein zukünftiger Fußgängertunnel unter dem westlichen Abschnitt des Hauptbahnhofes wird eine Verbindung zu den Haltepunkten moderner Niederflurbahnen in alle Richtungen der Landeshauptstadt herstellen.

Was bisher seit 1990 auf dem Gebiet der Planung und des Ausbaues der Verkehrsverbindungen geleistet wurde, zahlt sich aus: Infolge der zentralen Lage in Europa, der Nähe zur Hauptstadt Berlin, einer at-

traktiven City mit ihren historischen Sehenswürdigkeiten, der Schönheit der Elbaue, des Wissenschafts- und Wirtschaftsstandortes sowie vieler Sportereignisse und weiterer kultureller Höhepunkte wird es zukünftig in der Landeshauptstadt Magdeburg noch bewegter zugehen. Verkehrstechnisch ist die Stadt dank der Anstrengungen in der Vergangenheit für derartige Anforderungen gerüstet.

Und obwohl nach der Jahrtausendwende in der Innenstadt noch eine Reihe an Bauvorhaben, wie die Bebauung östlich des Universitätsplatzes und seine Untertunnelung, die Gestaltung des Nordabschnittes des Breiten Wegs, die Lückenschließung zwischen Alter Markt und Breiter Weg, die Gestaltung der Leiterstraße, die Projekte rund um den Domplatz und der Wiederaufbau der Sternbrücke, ansteht, konnten die Bürger Magdeburgs im Jahre 1998 erst einmal durchatmen:

Die City war vom Hauptbahnhof bis an die Elbe bebaut. An der Ernst-Reuter-Allee entstanden das City-Carré (zwischen Hauptbahnhof und Otto-von-Guericke-Straße), das Ulrichshaus und das Allee-Center (am Breiten Weg). Sie bilden gegenwärtig die neue Mitte der Landeshauptstadt.

Endlich vorüber waren der permanente Baulärm, die Verkehrshindernisse im Zentrum der Stadt. Vorbei Schmutz und Staub. Im City-Carré kann man parken, einkaufen, einkehren und in mehreren Kinosälen mit insgesamt rund 2 500 Plätzen einen Film genießen.

Dort, wo sich der Breite Weg und die Ernst-Reuter-Allee kreuzen, erstrahlen heute nachts Allee-Center und Ulrichshaus im Lichtermeer. Wo gestern noch Kräne und Maschinen den Takt für Akkorde des Aufbaus gaben, bewegen sich heute unzählig viele Menschen in einem attraktiven Erlebnisraum. Insbesondere junge Leute aus nah und fern erfüllen das Stadtzentrum wieder mit Leben – Menschen, die flanieren, einkaufen, die sich entspannen. Magdeburg erstrahlt in neuem und modernem Glanz.

Im Ergebnis eines disputvollen und auch ungewöhnlich temporeichen Entwicklungsprozesses haben Bürger und Besucher der City neue Bauwerke mit einer modernen Architektur – mit einer zeitgerechten Funktionalität – angenommen. Im Spannungsfeld vielfältiger Diskussionen entschieden sich die Menschen für das Neue, das in unmittelbarer Nähe des historischen Marktplatzes wuchs. Bereits Otto der Große verlegte, nachdem er im Jahre 965 dem Mauritiuskloster an der Stelle des heutigen Domes das Markt-, Münz- und Zollrecht verliehen hatte, eine Kaufmannssiedlung auf das Plateau im Bereich des Marktes und war in diesem Sinne der Begründer der Bürgerstadt.

Seit dieser Zeit spielen sich Handels- und Wandlungsprozesse im Bereich vom Markt bis zum Domplatz ab. Aus der jüngsten Geschichte sei hier an die Aktivitäten der Bürgerbewegung im Vorfeld des Wiedervereinigungsprozesses erinnert.

Man wird es dereinst zu schätzen wissen, daß in Magdeburg typische Architekturbauten aus der Zeit der damaligen Deutschen Demokratischen Republik – saniert während der vergangenen Jahre – als ein Bestandteil gemeinsamer deutscher Geschichte Bauwerken gegenüberstehen, die dem kulturell-gesellschaftlichen Entwicklungsniveau zur Jahrtausendwende gerecht werden. Architektur aus unterschiedlichen Gesellschaftsordnungen – aus relativ kurzen Zeitepochen – führt in den Straßen Magdeburgs den Dialog friedlicher Vereinigung weiter. Bauwerke aus heutiger Zeit stehen in enger Nachbarschaft der Geschichtszeugen Magdeburgs: Dom, Kloster Unser Lieben Frauen, Johanniskirche (älteste Pfarrkirche der Stadt, in der 1524 Martin Luther predigte und die mit viel Engagement und umfangreichen Fördermitteln wieder aufgebaut wurde), Rathaus am Alten Markt – die Mauern dieser Baudenkmäler berichten vom Wahnsinn zerstörerischer Kräfte des Dreißigjährigen Krieges sowie des Zweiten Weltkrieges. Sie erinnern und mahnen im Spannungsfeld zwischen Vergangenheit und Zukunft, das Denken und Handeln für den Bau einer Lebensperspektive in dieser Stadt einzusetzen.

Zurückgewonnener Lebensraum in der Stadt an der Elbe

Im Zuge der Stadtgestaltung war das Jahr vor der Jahrtausendwende für die Magdeburger ein besonderes. 1999 fand hier die Bundesgartenschau, ein Highlight im Sinne des Bauens, statt. Die Farbe Grün gehört nicht nur zu den Magdeburger Stadtfarben, sondern ist auch ein reales Charakteristikum für das Leben an der Elbe.

Neben Tausenden von Kleingärten und der Elbaue verfügt Magdeburg über eine Anzahl historischer Parkanlagen: den Stadtpark Rotehorn, den Klosterbergegarten, Nordpark, Geschwister-Scholl-Park, Herrenkrugpark – nach der Wiedervereinigung größtenteils liebevoll saniert und gepflegt.

1999 kamen über 2,5 Millionen Besucher aus nah und fern in die Stadt, um die Bundesgartenschau zu besuchen, das neue Magdeburg zu sehen.

Wo einst Gewehrsalven krachten und Panzer die Erde zerwühlten, demonstrierte die Landeshauptstadt mit der BUGA 1999 – mit einer blühenden Landschaft – menschliche Kreativität und Ideenreichtum im Umgang mit der Natur.

Auf dem Großen und dem Kleinen Anger östlich der Elbe gelegen – auf einem ehemaligen Militärübungsplatz – konnte noch vor der Jahrtausendwende Lebensraum für die Stadt zurückgewonnen werden.

Kasernen wurden für einen riesigen Fachhochschulkomplex sowie für die Verwaltung des Landes Sachsen-Anhalt umgenutzt. Heute befinden sich dort ebenfalls ein gern besuchtes Spaßbad sowie ein attraktives neues Messegelände mit dem Standard für regionale Ausstellungen.

Gründerzeitliche Bauten gerettet

Im ausgehenden 19. Jahrhundert erlebte Europa nach dem Krieg 1870/71 auch eine Zeitspanne des Aufbruchs, der Zerrissenheit, der sozialen Umwälzungen und Gegensätze, in der sich die Lebensverhältnisse radikal veränderten. In Magdeburg zeichnete sich ein enormer Aufschwung ab, der sich auch in vielen Bauten manifestierte.

Gerettet wurden aus dieser Zeit schwerpunktmäßig Bürgerhäuser im südlichen Stadtzentrum durch zielgerichtete Förderungen. Ausgangspunkt bildeten die Bauten in der Hegelstraße.

Durch das Engagement damaliger Verantwortlicher wurde die heutige Hegelstraße als gründerzeitliche Allee bereits 1980 zu einem Bestandteil der Denkmalliste der Stadt Magdeburg. Man begann mit ihrer zögerlichen Sanierung 1982/83. Wenn die Steine dieser Straße reden könnten, würden sie daran erinnern, daß in den siebziger Jahren das konzeptionelle Denken von einer Ideologie geprägt war, die darauf drängte, Altbausubstanz abzureißen. Diese Straße spiegelte vor zehn Jahren die ersten Sanierungsergebnisse entsprechend dem Verständnis und den Möglichkeiten der DDR in den achtziger Jahren wider. Die damalige quartierweise Entkernung der Innenbereiche stellte Aufgaben, die nur schwer zu lösen waren.

Mit dem, was noch vorhanden war, konnte dieser Bereich Magdeburgs in das Sonderprogramm „Städtebaulicher Denkmalschutz, Sicherung und Erhaltung historischer Stadtkerne“ aufgenommen werden.

Es galt, bemerkenswerte Zeichen deutscher Architektur aus einer großartigen Epoche zu retten: parkähnliche Freiräume, bezaubernde Vorgärten, viele interessante Details (von schmiedeeisernen Zäunen bis zu repräsentativen Hauseingängen), individuell gestaltete Treppenhäuser und Eingangshallen. Ein unverwechselbarer Hausbestand – vor zehn Jahren in einem baulich beängstigenden Zustand – erinnerte an den wilhelminischen Charakter damaliger Stadtgestaltung.

So wurden in der Hegelstraße im Jahre 1991 Qualitätsmaßstäbe gesetzt, deren Vorbildwirkung im ge-

Maxim-Gorki-Straße

„Hier in Magdeburg erstaunt und erschrickt der Durchschnittsmensch noch über Dinge, die anderswo selbstverständlich sind. Magdeburg, einst eine hervorragende Kulturstätte, heute in Dingen der Kunst, man möchte fast sagen, von Gott verlassen ... Es ist dies Sache der geistigen Atmosphäre, von der schon 1879 der preußische Justizminister im Landtag gesagt hat, daß sie in Magdeburg nicht da ist. Diese Atmosphäre kann sich nur nach und nach bilden ... Ich bitte Sie, sich zum Verständnis dieser Meinung vor Augen zu halten, daß Magdeburg offensichtlich ein Stiefkind unter den deutschen Städten seiner Größe ist. Die Schuld daran ist weniger den Einwohnern als der Nähe Berlins beizumessen, das die starken Kräfte allzusehr absaugt und unserer Stadt eine fremde Blickrichtung nach außen abnötigt, auf Kosten des beständigen Ruhens in sich selbst ..." (Bruno Taut: Antrittsrede vor der Stadtverordnetenversammlung Magdeburg, 21. Juli 1921)

samten südlichen Stadtzentrum Magdeburgs griff. Die Hegelstraße sollte wieder als Ganzes zur Geltung kommen.
Ein hoher Anspruch war in die Tat umzusetzen: Denkmalwürdiges zu bewahren, Geschlossenheit und Harmonie in ausgewogener Vielfalt zu realisieren, ursprünglich baukünstlerische Qualität in der Einheit mit dem Neuen in dieser Straße zu erhalten. Sanierung in der Hegelstraße bedeutete daher nicht nur Sanierung der Gebäudesubstanz mit den Vorgärten, Fassaden, Fenstern, Haustoren und -türen, mit den Innenräumen, ihrem Interieur sowie den Wand- und Deckenmalereien. Es bedeutete auch die Neugestaltung des gesamten Straßenraumes: die stadttechnische Erneuerung sämtlicher Versorgungstrassen, der Pflasterdecken, Gehwegbahnen, Alleebaumbepflanzung, Straßenbeleuchtung, historischer Pumpen. Diese Arbeit forderte von den Beteiligten alles ab: Verständnis, Geduld, Einfühlungsvermögen, Hartnäckigkeit sowie Qualität bis ins Detail.
Dabei hieß es auch, die Baulücken auf den vom Zweiten Weltkrieg zerstörten Grundstücken zu schließen. Nach wie vor gehört das Einfügen neuer Architektur in eine vorhandene historische Stadtstruktur zu den schwierigsten Aufgaben, die an Planer, an Architekten und an Bauausführende gestellt werden. Neu bauen in alter Umgebung birgt immer den Konflikt zwischen der Bewahrung des baulichen Erbes und der Entfaltung gegenwärtiger Architektur. Das Zürich-Haus in der Hegelstraße, Wohn- und Geschäftshäuser in der Keplerstraße und Geißlerstraße sind gelungene Beispiele.

Hegelstraße

Magdeburg hat heute durch das Sonderprogramm „Städtebaulicher Denkmalschutz, Sicherung und Erhaltung historischer Stadtkerne" in allen Quartieren des Erhaltungssatzungsgebietes „Domplatz/Südliches Stadtzentrum" deutlich an Attraktivität gewonnen. Der Hasselbachplatz ist zu einer ansehnlichen Mitte im südlichen Stadtzentrum geworden. Angrenzende Straßen, wie Sternstraße, Breiter Weg, Liebigstraße, Bölschestraße, Einsteinstraße, zeigen sich im sanierten Gewand. Neu gestaltete Straßen mit Baumpflanzungen haben das Umfeld verbessert.
In diesem Sinne wird nun auch nach der Jahrtausendwende in Magdeburg weitergebaut: am Domplatz, im Umfeld vom Kloster Unser Lieben Frauen, am Fürstenwall. Das sind Aufgaben, die in der Planung bereits in Angriff genommen wurden und über die mit den Bürgern ein Meinungsaustausch erfolgt.

Vergangenes muß mit der Zukunft unserer Stadt einen Konsens finden.

In Vorbereitung der 1200-Jahr-Feier im Jahre 2005 besitzt der Bereich um den Domplatz innerhalb des Förderprogrammes Priorität. Die Straße am Dom, der Remtergang und der Fürstenwall sind bereits saniert worden. Die vom Einsturz bedrohte Stadtmauer ist nachhaltig instand gesetzt. Im angrenzenden Möllenvogteigarten, einem stimmungsvollen Kleinod im Zentrum der Stadt, steht noch ein 1497 erbautes Tor zum damaligen Hafen. Interessante historische Funde wurden freigelegt und in die Restaurierung des Möllenvogteigartens einbezogen.

Wohnumfeldverbesserung auf den Spuren von Taut und Göderitz

Sanierungen und wohnumfeldverbessernde Maßnahmen waren unter denkmalverträglichen Gesichtspunkten in vielen Stadtteilen unumgänglich. Magdeburg gehört neben Berlin und Frankfurt zu den Städten, in denen die „Bauten der 20er Jahre" mit ihren Grünbereichen ganze Stadtteile prägen: die Hermann-Beims-Siedlung, die Anger-Siedlung, die Cracauer Siedlung, die Curie-Siedlung, die Gartenstadt Reform, der Westernplan, Siedlung Westerhüsen – Stadtsegmente, deren Gebäudesubstanz und Freiräume in den Jahrzehnten vor 1990 sträflich vernachlässigt worden waren. Dieses große Potential an Wohnungen spiegelt die soziale Einstellung des Bauens aus der Zeit der Weimarer Republik wider – den genossenschaftlichen Wohnungsbau. Die Ideen der „Stadt des Neuen Bauwillens" – Ideen, die Taut und Göderitz als Stadtbauräte sowie die Architekten Krayl und Rühe initiierten – reflektieren mit diesen

Siedlungen ein Stück Magdeburger Identität. Die 1990 vorhandenen städtebaulichen Mißstände, u.a. nicht-bedarfsgerechte Straßensanierung, ein hohes Defizit an Stellflächen sowie unbefriedigende Qualität der Aufenthalts-, Spiel- und Grünräume im öffentlichen Raum bedurften besonderer gesellschaftlicher Aufmerksamkeit. Entsprechend dem städtebaulichen Gesamtkonzept der Landeshauptstadt Magdeburg konnten in großen Bereichen dieser Gebiete bis Ende 1999 das Wohnumfeld und die Wohnqualität entscheidend verbessert werden.

In sechs Großwohnsiedlungen begannen Weiterentwicklungen

Neu-Olvenstedt, eine der jüngsten Großwohnsiedlungen aus der Zeit vor 1990, erfährt seit 1993 eine Förderung durch das Programm zur städtebaulichen Erneuerung und Weiterentwicklung. Zahlreiche Projekte sind verwirklicht worden: Straßensanierungen, Stellplätze, Freiflächengestaltung, Jugendfreizeittreffpunkte, Kinderspiel- und Bolzplätze. 1996 wurde ein städtebaulicher Rahmenplan erstellt. Die Zusammenarbeit mit den Bürgern erfolgt in Lenkungsrunden. Die Meinungen aller Akteure, wie Bürgerinitiative, Wohnungseigentümer, Gewerbeverein und Stadtverwaltung, werden hier vorgebracht, Empfehlungen ausgesprochen und Beschlüsse im Konsensverfahren gefaßt.
Aufbauend auf den Erfahrungen in Olvenstedt entstanden 1998 für die Großsiedlungen Neustädter See, Kannenstieg, Neustädter Feld, Spielhagenstraße, Neu-Reform Stadtteilentwicklungskonzepte, die 1999 fortgeschrieben wurden. Auch hier war insbesondere die Meinung der Bürger gefragt, weshalb man auf die Einbindung von Akteursgruppen – von Partnern im Stadtteil – großen Wert legt. Akteursorientierte Arbeitsweise äußert sich als Demokratie in Aktion – Grundlage konzeptionellen Denkens und Planens zum Bauen einer Zukunft innerhalb Magdeburger Großwohnsiedlungen. Diese Arbeitsweise wird auch im gegenwärtigen Programm zum Stadtumbau Ost fortgeführt.

Ehemaliges Wohnquartier im Arbeiter- und Industriegebiet Buckau erhält eine attraktive Perspektive

Der Stadtteil Magdeburg-Buckau stellt seit 1991 eines der größten Stadtteilsanierungsgebiete im Lande Sachsen-Anhalt dar. Es gibt keine Straße, in der sich seit dieser Zeit nicht Zeichen der Erneuerung zeigten. In der Klosterbergestraße, in der Basedowstraße, in der Neuen Straße – überall dominieren bereits sanierte Grundstücke. Ziel ist, durch Neugestaltung des Elbuferbereiches den Stadtteil Buckau an den Erlebnisraum Elbe heranzuführen. Der Wiederaufbau der Sülzebrücke war ein entscheidender Schritt in diese Richtung. Der Erwerb der Flächen am Sülzebahnhof setzt die Voraussetzung zur Neugestaltung des Elbuferbereiches.
Mit dem denkmalgerechten Umbau eines Silos zu Wohnungen sowie durch die Bebauung im Bereich dieses Silos an der Elbe ist es gelungen, einen beachtlichen Teil des Elbvorlandes zukunftsorientiert zu gestalten.
Der sanierte Knochenpark wertet die Bebauung an der Neuen Straße auf. Neue Gestaltungen der Weststraße, der Südstraße und der Gnadauer Straße setzten Zeichen für die Umfeldverbesserung dieser Quartiere.
Zahlreiche Neubauten schlossen Baulücken in der Schönebecker Straße und in der Neuen Straße. Größere Wohnungsbauvorhaben an der Porsestraße und an der Bleckenburgstraße haben den Wohnungsstandort Buckau gestärkt.

Otto-von-Guericke-Straße

Bauen am Wirtschaftsstandort

Der wirtschaftliche Niedergang der nach Osten exportorientierten Schwerindustrie in Magdeburg zeichnete nach 1990 viele dramatische Facetten und beeinflußte das Schicksal unzähliger Magdeburger auf nachhaltige Weise.
Von besonderer Bedeutung war und bleibt daher die Entwicklung gewerblich orientierter Stadtteile. Das heißt: zügige Beräumung von Altlasten und die Wiedernutzung zahlreicher Brachen. Auf Grund fehlender Verfügbarkeit ehemaliger Industrie- und Gewer-

Universitätsplatz

beflächen für Neuansiedlungen ist auch die Erschließung neuer Industrie- und Gewerbegebiete erforderlich. Eine Bestandsermittlung der gewerblich-industriellen Bauflächen in Magdeburg ergab, daß im Jahre 1999 insgesamt 716 Hektar Fläche gewerblich-industriell genutzt wurden. Das waren 50% der im Flächennutzungsplanentwurf vorgesehenen gewerblich-industriellen Areale. Von den restlichen 50% diente ca. ein Drittel noch als landwirtschaftliche Nutzfläche. Die weiteren zwei Drittel bildeten Brachen mit oder ohne bauliche Anlagen.

Die künftige Anordnung der Industrie- und Gewerbeflächen im Stadtgebiet geht von der bisherigen Struktur aus. Vorhandene Gewerbebrachen sollen möglichst wieder für gewerbliche Zwecke genutzt werden. Kleinräumige Mischungen von Wohnen und Gewerbe sollen erhalten bleiben, obwohl hier viele immissionsschutzrechtliche Konflikte zu bewältigen sind.

Einzelne Gewerbebrachen scheinen infolge ihrer Nähe zu angrenzender Wohnbebauung und der weniger günstigen Verkehrserschließung für den Schwerlastverkehr nicht oder nur eingeschränkt für eine weitere gewerbliche Nutzung geeignet. Das gilt beispielsweise für Teilflächen des ehemaligen Schlachthofes sowie für den Westteil des ehemaligen SKET-Areals.

In der Universitätsstadt Magdeburg erwartet man für die kommenden Jahre zusätzlich die Ansiedlung von zukunftsorientierten Betrieben mit hoher Wertschöpfung sowie von Forschungsinstituten, welche keinen großen Flächenbedarf in Anspruch nehmen. Die Fraunhofergesellschaft hat mit einem Neubau den Forschungsstandort Magdeburg aufgewertet. Die Max-Planck-Gesellschaft schließt sich mit ihrem Institutsgebäude am Askanischen Platz diesem Trend an.

Für die perspektivische Entwicklung und den Bau von Wirtschaftsstandorten sind in der Landeshauptstadt vorgesehen: der Hafenbereich für hafenrelevante Industriebetriebe, das Industrie- und Logistikzentrum Rothensee für Betriebe des Transport- und Logistikgewerbes sowie Industriebetriebe in der städtebaulichen Entwicklungszone I, Hochschulbereiche für Hochschulen sowie öffentliche und private Forschungseinrichtungen, der Verwaltungsbereich Brückfeld zur konzentrierten Ansiedlungen von Verwaltungseinrichtungen.

Betriebe im Bereich Dienstleistungen und Tourismus finden vor allem auf innerstädtischen gemischten Bauflächen Platz. Ziel ist, verträglich gewerbliche Nutzungen, wie Handel, Dienstleistungen, Verwaltung, bevorzugt auf gemischten Bauflächen in der Innenstadt und in den Stadtteilen anzusiedeln. Hierdurch sollen der Verkehr gemindert und die Wiedernutzung historischer Gebäude sowie die Wiederherstellung der historischen Stadtgestalt gefördert werden.

Ein erheblicher Teil des zusätzlichen gewerblich-industriellen Flächenbedarfs kann im Entwicklungsschwerpunkt Gewerbegebiet Nord, Stadtteil Rothensee, abgedeckt werden

Der Bereich der Entwicklungsmaßnahme Rothensee wird infolge der günstigen Verkehrsanbindung künftig als gewerblich-industrieller Schwerpunkt der Landeshauptstadt weiter gestärkt. Rothensee ist als Standort des einzigen Güterverkehrszentrums mit landesweiter Bedeutung vorgesehen. Die Deutsche Bahn AG beabsichtigt dort den Bau eines Terminals für kombinierten Ladeverkehr. Im Rahmen der Entwicklungsmaßnahme Rothensee ist die Erschließung des Güterverkehrszentrums (GVZ) und angrenzender Flächen im ersten Bauabschnitt abgeschlossen. Hier sollen sich GVZ-spezifische Betriebe ansiedeln, um Synergieeffekte zu erzielen und die entstehende Infrastruktur zu sichern.

Der dem Güterverkehr benachbarte Hafen besitzt ebenfalls überregionale Bedeutung. Er dient der Ansiedlung von Betrieben, die die Hafenstruktur nutzen. Die Fertigstellung des Wasserstraßenkreuzes wird den Hafen vom Elbniedrigwasser unabhängig machen.

In Magdeburg spürt man den Puls einer Zeit voller Um- und Aufbrüche, voller zukunftsorientierter Lösungen.

Die Bundesgartenschau, die City, die Siedlungen, die Brücken – besonders der Nordbrückenzug über die Elbe – die Straßen, das Sanierungsgebiet Buckau stellen nur Beispiele des Baugeschehens in der Landeshauptstadt vor der Jahrtausendwende dar. Stadtfeld, Rothensee, Alte und Neue Neustadt, Sudenburg, Cracau, Prester und Pechau sind Stadtteile, die das Bautempo der vergangenen zehn Jahre ebenfalls erfaßt hat.

Magdeburg hat sich verändert und wird sich weiter verändern – ob im Zentrum oder in den Stadtteilen – hin zu einer lebens- und liebenswerten Stadt, in der die Zukunft zu Hause ist.

Mittelstraße

Wiederherstellung und Erhaltung des städtischen Charakters ...

... DER STADT MAGDEBURG AUS DER SICHT DES DENKMALPFLEGERS

GOTTHARD VOSS

Mit der Wiederherstellung des großen Daches über der Johanniskirche ist die letzte Ruine des Zweiten Weltkrieges aus dem Stadtbild von Magdeburg verschwunden. Somit gibt es keine sichtbaren Zeugnisse mehr, die an die schweren Luftangriffe vom Herbst 1944 und besonders an die vom 16. Januar 1945, die die Altstadt zu 90 Prozent zerstört haben, erinnern. Allein die Weiträumigkeit der Fläche, die einst die Altstadt ausfüllte, läßt noch darauf schließen, welche Änderungen des Stadtgrundrisses sich nach den verheerenden Zerstörungen vollzogen haben müssen.
Die Neubebauung negiert in ihren Abmessungen und Höhenentwicklungen ganz bewußt ältere Stadtstrukturen, ohne dabei überzeugende, neue stadträumliche Qualitäten zu erreichen. Die in den letzten Jahren errichteten Büro- und Einkaufskomplexe am Bahnhof und entlang der Ernst-Reuter-Allee füllen zwar die zuvor noch leeren Areale, doch die Architektur als Beitrag für ein prägendes Stadtbild und erlebbare Stadträume hätte durchaus einfallsreicher ausfallen können. Bezüge zur langen, wechselvollen Geschichte stellen allein die wenigen noch erhaltenen mittelalterlichen Bauten her, die, wiederum für sich oder auch untereinander eine Beziehung aufnehmend, in inselartige Bereiche mit Resten älterer Bebauung eingebunden sind.

Die östliche Stadtsilhouette über der Elbe mit den markanten Kirchtürmen hat ihre Ausstrahlung bis heute eindrucksvoll behalten und bewahrt die Erinnerung an eine große mittelalterliche Tradition. Dieses einmalige Stadtbild fortbestehen zu lassen, war eines der denkmalpflegerischen Ziele beim Wiederaufbau der zerstörten Stadt. Leider stehen die drei viel zu hohen Wohnscheiben auf dem Hochufer der Elbe und das Hochhaus an der Jakobstraße diesem städtebaulichen Konzept entgegen. Das hohe Dach der Johanniskirche setzt einen neuen selbstbewußten Akzent, mit dem das Stadtzentrum betont wird. Das Doppelturmpaar mit seinem Giebel in der Mitte hat sich als einzige von ähnlichen Anlagen – früher an drei weiteren Stadtkirchen, deren Ruinen leider abgerissen wurden – erhalten. Während der Nordturm mit einem nach der Kriegszerstörung der Stadt von 1631 entstandenen barocken Aufbau betont wird, schließt der Mauerschaft des Südturmes statt der im letzten Krieg zerstörten Haube mit einer Aussichtsplattform ab. Diese Ungleichheit ist zu einem neuen Erkennungszeichen geworden, das an die inzwischen im heutigen Stadtbild unvorstellbare Zerstörung erinnert. Die Wiederherstellung des Aufbaues auf dem Südturm würde zwar eine Lücke schließen, damit gleichzeitig aber auch das letzte noch im Stadtbild in Erscheinung tretende Zeugnis eines wichtigen Ereignisses der Geschichte Magdeburgs beseitigen.

Ruine der Johanniskirche, 1944

Kirchenschiff der Stadtkirche St. Johannis, 1944

Die große dreischiffige Halle der Johanniskirche war bis auf die Umfassungswände und die nördliche Arkadenreihe zerstört, dazu die Ausstattung gänzlich verloren. Sicherungen konzentrierten sich zunächst auf die Vorhalle, deren Innenraum seit den 1950er Jahren für unterschiedlichste Zwecke genutzt wurde. Die von dem Magdeburger Bildhauer Heinrich Apel geschaffene und 1983 in das Westportal eingefügte Bronzetür will zusammen mit den Figuren der beiden Trümmerfrauen an die Schrecknisse von Krieg und Zerstörung erinnern. Auf einer eingearbeiteten Schrifttafel ist zu lesen: „Wer aus Krieg und Zerstörung nichts gelernt, sondern weiter Haß und Zwietracht sät, den klagen wir an." 1978 konnte die Kirche endlich vom Schutt beräumt und von 1986 an die Mauerkrone stabilisiert werden, um diese als Auflager für eine neue Dachkonstruktion vorzubereiten. Inzwischen tragen die Mauern wieder ein hohes Dach in der ursprünglichen Form und ermöglichen damit die Nutzung des weiten Innenraumes. Mit diesem Raum hat man keine Rekonstruktion angestrebt, sondern vielmehr Gegebenheiten genutzt, die aus der Zerstörung erwachsen waren. Die Gewölbe fehlen, ebenso auch die südliche Arkadenreihe. Das Hauptschiff und das ehemalige Seitenschiff bilden zusammen den großen Veranstaltungsraum. Im nördlichen Seitenschiff wurde aus der Notwendigkeit der Verankerung des Stahldachstuhls ein Geschoßbau eingefügt, der vielfältige Nebenfunktionen aufnimmt. Weitere nutzungsbedingte Räumlichkeiten wurden in einem Anbau auf der Nordseite der Kirche untergebracht, der sich in seiner Architektur ganz bewußt als eine Zutat unserer Zeit zu erkennen gibt. Die alte und doch auch neue Johanniskirche wurde für die Stadt Magdeburg zu einem Ort, der das Kulturleben wesentlich bereichert.

Die massive, hoch aufragende Turmfront der Stadtkirche St. Johannis ist vom Markt her über das Rathaus hinweg ein wichtiger städtebaulicher Blickpunkt. Auf diesem früher eng umbauten Platz gab es nach dem 16. Januar 1945 nur Trümmer und Ruinen. Allein die Reste des Rathauses wurden gerettet und dieses in den 60er Jahren als Amtssitz des Oberbürgermeisters und für die Stadtverwaltung wieder auf- und umgebaut. Der 1691 bis 1698 als Schauseite aufgerichtete Westflügel erhielt eine Restaurierung in seiner alten Form. Gotische Reste konnten im Nordflügel berücksichtigt werden, dessen Dreischiffigkeit in dem Giebel der neugestalteten Ostansicht ablesbar wird. Die Lücke anstelle des verlorenen Ost- und Südflügels von 1865 schließt ein Neubau, der sich zurückhaltend und wie selbstverständlich in den geschlossenen Baukomplex des Rathauses einfügt. Bei der Wiederbebauung des Marktes nahm man die alte nördliche und südliche Platzbegrenzung auf und hielt sich bei den Gebäuden an einen Maßstab, der dem gesamten städtebaulichen Ensemble, bezogen auf das Rathaus, die angemessene Ausgewogenheit bietet. Es entstand ein Stadtraum mit historischem Ambiente, von dem allein die Grundrißflächen des Platzes und Teile des Rathauses mit dem Standbild des Reiters davor und die alles überragende Johanniskirche Authentizität besitzen. Die weite Öffnung zwischen den Hochbauten gegenüber dem Rathaus bedarf noch einer stadträumlichen Verengung, für die eine architektonische Lösung von hoher Qualität angestrebt werden muß.

Das am Markt in den 50er Jahren umgesetzte Bemühen, Stadtbaugeschichte nachzuzeichnen, ist nur noch am Domplatz verwirklicht worden. In der übrigen Altstadt folgte man anderen Prämissen. Die Zentrumsbebauung ist von einer überspannten Repräsentationssucht bestimmt, die in der neuen Ost-West-Querachse ihren ganz eigenen architektonischen Ausdruck fand. Dieser setzte sich in dem der historischen Wegeführung folgenden, von Norden nach Süden verlaufenden Breiten Weg nicht fort, sondern ging besonders am nördlichen Breiten Weg und auch entlang der Jakobstraße in eine Monotonie über, die in ihrer Unmaßstäblichkeit keinerlei Bezüge zum historischen Stadtbild aufnimmt. Südlich der Querachse vom Bahnhof bis zur Elbe, der heutigen Ernst-Reuter-Allee, gibt es im Breiten Weg lediglich zwei Häuser, die in ihrem weitgehend ursprünglichen barocken Aussehen wieder aufgebaut werden konnten. Sonst erinnert hier nichts mehr an die frühere Pracht des barocken Breiten Weges. In diesem, ideologischen Grundsätzen folgenden, stadtplanerischen Konzept hatten die noch erhaltenen großen Ruinen der Stadtkirchen St. Ulrich, St. Jakob und St. Katharinen keinen Platz. Sie wurden alle, dazu auch noch andere Kirchenruinen, abgebrochen, was bis heute von den Magdeburgern als besonders schmerzlich empfunden wird.

Abseits des bis 1989 sogenannten sozialistischen Stadtzentrums entstand gleichsam wie geduldet eine weitere, aus mittelalterlichen Bauten bestehende stadträumliche Insel, die das Erscheinungsbild der nördlichen Altstadt prägt. Die kleine Magdalenenkapelle, die Petri- und die Wallonerkirche sind durch die nach der Zerstörung von angrenzenden Wohnbauten freigelegte Stadtmauer miteinander verbunden. Neubauten für Pfarr- und Gemeindezwecke sind den beiden Kirchen zugeordnet und lassen ein Ensemble entstehen, das zu den eintönigen Wohnbauten ein spannungsvolles Gegenüber bildet.

Die Maria Magdalenenkapelle, als kleiner einjochiger Raum um 1315 erbaut, brannte 1945 aus, wobei erstaunlicherweise das Gewölbe erhalten blieb. Beim Wiederaufbau 1964–1968 wurde nicht das nach dem Dreißigjährigen Krieg entstandene Mansarddach erneuert, sondern ein an gotische Architektur angelehntes steiles Dach mit spitzem Dachreiter aufgesetzt, ohne damit den Anspruch einer Rekonstruktion erheben zu wollen. Der kleine Innenraum mit der Empore aus dem 19. Jahrhundert dient heute als kirchliche Andachts- und Begegnungsstätte und ist ein Angebot besonders für Spaziergänger entlang der Stadtmauer.

Von der Petrikirche entgingen allein die Umfassungswände des romanischen Turmes und der dreischiffigen gotischen Halle mit den beiden Arkadenreihen der Zerstörung. Durch den Brand der Ausstattung war die Steinsubstanz erheblich geschädigt. Erst Mitte der 60er Jahre gelang es, den Außenbau zu sichern und ihm mit der neuen Dachform ein Aussehen zu geben, das dem vor der großen Zerstörung von 1631 nahekommt. Damals hatte man, dem Stil der Zeit folgend, ein Mansarddach aufgesetzt; heute überdeckt die Halle der Kirche und den Chor mit seiner von Böhmen her beeinflußten Bauzier ein nach Osten abgewalmtes Satteldach mit Zwerchhäusern über den Seitenschiffen. Der Turm, der allein vom romanischen Vorgängerbau erhalten geblieben ist, tritt mit seinem neuen Walmdach gegenüber der Halle nur wenig hervor. Im Innenraum hat man die Gewölbe nicht rekonstruiert, sondern eine flache Holzdecke eingezogen, deren Feldergliederungen dem konstruktiven System des Stahldachstuhles entsprechen. Die schadhaften Pfeiler wurden ohne größere Steinauswechselungen, mehr durch Antragungen, wieder in ihre Form gebracht, die Wände verputzt und ein Fußboden aus schwarzen Schieferplatten gelegt. Zur modernen Ausstattung gehören von Heinrich Apel geschaffene liturgische Stücke und sehr zurückhaltend eingefügte Glasmalereien von Carl Crodel in den Chor- und den Seitenschiffenstern. Seit Anfang der 1990er Jahre vervollständigt eine hölzerne Empore mit einer neuen Orgel vor der Westwand des Mittelschiffes das Raumbild, in dem sich Mittelalterliches mit Neuem in gelungener Weise verbindet.

Ruine der Maria Magdalenenkapelle, 1964

Blick zur Magdalenenkapelle mit Petri- und Wallonerkirche

Petrikirche, 1964

Auch die Wallonerkirche wurde mitsamt dem hohen Mansarddach vom Ende des 17. Jahrhunderts zerstört. Allein die Umfassungsmauern, die beiden hohen Arkadenreihen und das Treppentürmchen blieben erhalten. An diesem waren die Spuren der Satteldachneigungen abzulesen, die als Anhalt für die beiden neuen, ungleich hohen Dächer über der dreischiffigen Halle und dem langgestreckten Chor dienten. Die Dachflächen wurden, wie auch die über der Petrikirche und der Magdalenenkapelle, weniger nach einem Befund als vielmehr aus finanziellen Gründen und aus der Forderung nach Dauerhaftigkeit mit Kupferblech eingedeckt, dessen weitgehend geschlossenes Grün einen beinahe zu kräftigen, den Maßstab sprengenden Akzent setzt. Auf der Südseite umschließen neue ein- bis zweigeschossige Gebäude einen Hof. Die Gebäude nehmen mit ihren Satteldächern historische Formen auf, dennoch sind sie für die Architektur der 1970er Jahre in der DDR durchaus bemerkenswert, ebenso wie auch das über die Stadtmauer hinausgestreckte Pfarrhaus an der Petrikirche.

Im Inneren der Wallonerkirche beeindrucken die hohen schlanken Räume. Die gotischen Gewölbe waren im Dreißigjährigen Krieg zerstört und nicht wieder eingefügt, sondern 1694 eine Holzbalkendecke eingebaut worden. Sie gilt zusammen mit der Ausstattung als Kriegsverlust. Heute überspannt die dreischiffige Halle und den vom Hauptschiff durch eine Mauer abgetrennten Chor wieder eine Holzdecke mit sehr engliegenden Balken. Die stark geschädigten Pfeiler wurden durch Werksteine oder verputztes Ziegelmauerwerk in ihrer Form ergänzt, die Wände verputzt und ein Sandsteinplattenbelag eingebracht. In der Halle sollte kirchliches Kunstgut, dessen Erhaltung in aufgegebenen Kirchen nicht mehr zu gewährleisten war, depotartig aufbewahrt werden. Diese Zielstellung ist durch die neuen Perspektiven für gefährdete Kirchen bedeutungslos geworden. So steht die Halle leer und wird hin und wieder für Ausstellungen und Großveranstaltungen genutzt. Der Chor dient der Gemeinde für ihre Gottesdienste, die auf den hier relativ klein wirkenden qualitätsvollen gotischen Schnitzaltar mit bemalten Flügeln und einem hohen filigranen Gepränge ausgerichtet sind. Eine kleine, den Raum musikalisch füllende neue Orgel wurde vor der Westwand aufgestellt und fügt sich mit ihrer Gestaltung sehr gut ein. Der Altar stammt zusammen mit dem von spitzbogigem Blendmaßwerk reich gegliederten Altarblock aus der Ulrichkirche in Halle. Noch andere Teile deren Ausstattung, z. B. die wunderschöne Renaissancekanzel, waren in die Wallonerkirche verbracht worden. Zu dieser Umsetzung kam es, als der Rat der Stadt Halle den von der Ulrichgemeinde aufgegebenen Bau 1971 für 99 Jahre übernommen hatte und dort die Einrichtung einer Konzerthalle plante. Für die Verantwortlichen stand die natürlich religiös ausgerichtete Ausstattung im Widerspruch zu der in Zukunft verschiedensten Veranstaltungen vorbehaltenen Nutzung. Die intensive Suche nach einem anderen Aufstellungsort für die wertvolle Ausstattung in Halle blieb ohne Ergebnis. So kam es zu der Überführung nach Magdeburg – zu einer Aktion, die um so mehr zu bedauern ist, wenn man feststellt, daß sie sich heute nicht wiederholen würde. Für die Kunstlandschaft der Stadt Magdeburg

Wallonerkirche

ist dieser Altar angesichts der übergroßen Kriegsverluste durchaus eine echte Bereicherung und der sicher nicht wieder rückgängig zu machende Vorgang ein geschichtlich zu akzeptierendes Faktum.
Um den Dom und die Liebfrauenkirche gibt es wiederum inselartig historische Gebäude, von denen nur wenige den Krieg unbeschadet überstanden haben. Die Westseite des Breiten Weges, dem Dom gegenüber, prägen das 1884–1894 errichtete langgestreckte Hauptpostamt und, etwas zurücktretend, die Sebastiankirche. An der Fassade der Post sind die Spuren der Kriegsschäden durch die 1974–1988 bis in die Details reichende Instandsetzung mit ihren ergänzten Werkstücken deutlich ablesbar. Die Sebastiankirche, 1949 zur Bischöflichen Kirche erhoben, wurde nach Beseitigung der Kriegsschäden am Dach, an den Turmhauben und den Fenstern im Innenraum von 1953–1959 durchgreifend, im Chor mit dem Einbau einer zeitgemäßen Ausstattung, im Westen des Raumes mit einer neuen Emporenanlage für die große Orgel, instand gesetzt. Einige hierher umgesetzte gotische Flügelaltäre bereichern den Raum, während die Farbfenster im Chor etwas zurückhaltender hätten ausfallen können. Bei umfangreichen Arbeiten in den 1980er Jahren wurden am Mauerwerk der Türme erhebliche Auswechselungen vorgenommen. Die Galerie zwischen den Türmen ist weitgehend neu. Für die Außenhaut der Kirche wurde entsprechend den sehr umfangreich erhaltenen Putzresten eine dünne Putzhaut vorgeschlagen. Trotz überzeugender Proben entschied man sich für ein Verfugen des kleinteiligen Mauerwerkgefüges.
Der Domplatz ist an seiner Nord- und Ostseite von Gebäuden begrenzt, die nach den Kriegszerstörungen und bei den jüngsten Umbauten zum Teil erhebliche Veränderungen erfahren haben. Das östliche Gebäude der Nordseite ist ein Neubau der 1950er Jahre, der, um eine Sichtverbindung vom Domplatz zu den Türmen der Liebfrauenkirche zu erreichen, eine zu große Lücke anstelle der Straßeneinmündung in Kauf nimmt. Als alle Gebäude der Nordseite 1997/98 für den Landtag umgebaut wurden, konnte in diesem Haus das Treppenhaus mit all seinen Details der 50er Jahre und den späteren Zutaten, wie den farbigen Glasfenstern, erhalten werden. Vom anschließenden Nordflügel gehört nur noch die östliche Außenwand zum Altbestand. Der übrige Teil des Hauses mußte zugunsten des neuen Plenarsaales und anderer wichtiger Funktionsanforderungen weichen.
Alle weiteren Gebäude der Nordseite des Platzes wurden nach schweren Beschädigungen in ihren barocken Fassaden wiederhergestellt. Im Inneren gibt es beinahe keinen erkennbaren Altbestand.
Die Häuser der östlichen Platzseite haben den Krieg sehr unterschiedlich überstanden. Vom nördlichsten Gebäude, der ehemaligen Domdechanei (Nr. 5), gab

Wallonerkirche, Schiff gegen Osten, 1964

es nur wenige Umfassungswände, dazu die Ruine des östlichen Seitenflügels, in dem sich sowohl romanische Bauteile als auch Renaissancesubstanz befinden. Der Wiederaufbau erfolgte in den 80er Jahren und hatte lediglich in der Fassade, eingeschlossen die Portalumrahmung, eine dem Original angenäherte Rekonstruktion zum Ziel. Gegenwärtig wird das Innere ausgebaut. Dem barocken Gebäude soll sich entlang des Gouvernementberges ein langgestreckter Neubau anschließen, der sich im Sinne einer Randbebauung parallel zum Fürstenwall fortsetzt. Das sich südlich anschließende Palais – heute der Amtssitz des Ministerpräsidenten – wies die geringsten Schäden auf. Bemerkenswert ist der Schmuck der Fassade mit dem vorspringenden Balkon, dessen Farbigkeit zukünftig den Anstrich ähnlicher Bauglieder an der Nordseite des Platzes vorgeben soll. Im Inneren des Hauses gibt es eine sehr gut erhaltene hölzerne Treppe und Raumstrukturen, die noch den ursprünglichen entsprechen. Das größte Gebäude dieser Platzseite ist das ehemalige erzbischöfliche und spätere königlich-preußische Palais, heute ganz im Sinne dieser Tradition für die Staatskanzlei genutzt, von dem neben Teilen der Fassade ganze Gebäudebereiche zerstört waren. Am schwersten wiegt der Verlust des großen Balkons über der Auffahrt in der Mitte der Hauptansicht. Im Sinne der denkmalpflegerischen Zielstellung ist seine Rekonstruktion vorbereitet. Die langgestreckten seitlichen Rampen konnten in einem ersten Bauabschnitt 1998/99 wiederhergestellt werden. Viele der inneren Raumstrukturen sind während des Wiederaufbaus aufgegeben worden. Im Hof wurde das durch Schwammbefall gefährdete, für das Gesamtensemble sehr bedeutsame sogenannte Gartenhaus 1998/99 gerettet und inzwischen wieder einer Nutzung zugeführt. Der Hof ist zu einem angenehmen Erlebnisraum geworden; man erreicht ihn über die mit neuen Toren versehene Durchfahrt vom kleinen Ehrenhof aus.

Das südlichste, später aufgestockte zweigeschossige Gebäude der Ostseite war die ehemalige Dompropstei. Heute haben hier Abgeordnete des Landtages ihre Büros. Auch das Hintergebäude soll nach Abschluß der Sanierung ähnlich genutzt werden.

Die Fläche des barock umbauten Domplatzes wurde noch in der 1. Hälfte des 18. Jahrhunderts mit einer doppelreihigen Allee umstellt. Diese Gestalt bildete die Grundlage der umfangreichen Arbeiten Ende der 70er Jahre. Ein Plattenbelag auf der Mittelfläche wurde gewählt, als für die hier geplante, ursprünglich vorhandene wassergebundene Oberfläche die notwendige Festigkeit nicht wieder erreicht werden konnte. Die Straßenführung mit den hohen Bordkanten rund um den Platz ist eine dem zunehmenden Verkehr geschuldete Zutat. Wie alte Ansichten zeigen, war die Platzfläche ursprünglich durchgepflastert. An diese Situation erinnert heute das einheitliche große Pflaster. Umgestaltungen in den kommenden Jahren haben eine bessere Erlebbarkeit des Platzes zum Ziel.

Die Westseite des Platzes ist gegenwärtig bis zum Breiten Weg hin offen. Ein in den 60er Jahren errichteter langgestreckter viergeschossiger Plattenbau wurde 1998 abgerissen, um einem Neubau Platz zu machen, der die ehemalige Blockstruktur mit Verbindungen zwischen dem Platz und dem Breiten Weg wieder aufnehmen wird. Dadurch entstehen in Anlehnung an die Bebauung bis zur Kriegszerstörung wiederum drei Baukörper, die jedoch in ihrer Gestalt dem Formwillen unserer Zeit entsprechen. Der dann wieder geschlossene Platz hat die Chance, zu einem Zentrum der Stadt zu werden – eine Aufgabe, die dem Domplatz in den letzten Jahren wegen des Mangels an Angeboten mehr und mehr verloren gegangen ist.

Die Südseite des Platzes wird allein vom langgestreckten Dom eingenommen, der mit seinen beiden über hundert Meter hohen Türmen und dem hoch aufragenden Mittelschiff die umgebenden Stadträume bestimmt und über die Elbe hinweg und weithin in der Landschaft sichtbar die Stadtsilhouette prägt. Bis auf örtlich begrenzte Schäden blieb der Dom 1945 wie auch schon 1631 von schweren Zerstörungen verschont, doch klaffte in der reich gegliederten Westfassade ein großes Loch. Über einem Joch im südlichen Seitenschiff fehlte das Gewölbe. Vollständig ging die große Orgel auf der Westempore verloren. Die Bombeneinschläge mit ihren Splittern hinterließen am Außenbau und auch im Inneren vielfältige Spuren. Alle Fenster, zum Teil mit Farbverglasungen aus dem 19. Jahrhundert, waren zerstört. Dabei hatte eine massive Einhausung wertvolle Teile der Ausstattung zu schützten versucht, so daß der große Reichtum an mittelalterlichen steinernen und bronzenen Bildwerken bis heute erlebbar geblieben ist. Unmittelbar nach Kriegsende begann man die erhaltene Bausubstanz zu sichern. Am schwierigsten gestaltete sich der Verschluß der offenen Fenster und der Umgang mit den schadhaften Schieferdachflächen. Zu einem wirklich ernsten Problem wurde die Höhe der Bauteile und die Abmessung des Innenraumes, denn Gerüste standen nicht hinreichend zur Verfügung. Dennoch gingen die Sicherungs- und Restaurierungsarbeiten schrittweise voran, bis 1957 im Dom wieder Gottesdienste gefeiert werden konnten. Bei den Maßnahmen am Außenbau war es das denkmalpflegerische Ziel, die große Form der Kathedrale wiederherzustellen und bei den in Stein gebildeten Details, wie z. B. bei den Wasserspeiern, auch neu gestaltete Einzelheiten zuzulassen. Im Inneren wiederholte man die bei der Instandsetzung 1834 angestrebte Steinsichtigkeit, die auch bei der Raumbehandlung seit den 80er Jahren, die im Chor noch auf ihren Abschluß wartet, erneut die Grundlage bildete. Ältere Fassungen konnten bis auf einen nur noch in Resten erhaltenen weißen barocken Anstrich bei den Untersuchungen nicht festgestellt werden. Die Ausstattung behielt nach ihrer schrittweisen Restaurierung die ursprünglichen Standorte weitgehend bei. Allein die 16eckige Heilig-Grab-Kapelle wurde vom Chorumgang auf das bei Ausgrabungen freigelegte Fundament in die nördliche Arkadenreihe versetzt.

Der Domplatz, Ostseite, Dezember 1977

Die Altargestaltung vor dem Lettner wurde leider aufgegeben und hier der sogenannte Katharinenaltar aufgestellt, der in der Mittelachse des Domes im Laufe der Geschichte verschiedene Standorte hatte. Aus heutigem Kenntnisstand heraus muß dieser Eingriff als eine sehr fragwürdige Entscheidung bezeichnet werden.

Vor und nach der Wende des Jahres 1989 wurden die Dachflächen des Hauptschiffes und des Querhauses mit Schiefer, die Seitendächer mit Kupferblech eingedeckt, die Fenster neu verbleit, die Wand- und Gewölbeflächen des Haupt- und Seitenschiffes sowie auch das Querhaus zum Teil verputzt und malermäßig behandelt. Am Außenbau konzentrierte sich die Arbeit in den letzten Jahren auf die Westtürme, zwischenzeitlich auch auf die Außenwand des nördlichen Seitenschiffes, während gegenwärtig das sogenannte Paradies, die Vorhalle vor dem nördlichen Querhaus, restauriert wird. Immer ist es das denkmalpflegerische Ziel, so viel wie nur möglich von der originalen Substanz zu erhalten und Werksteine erst dann auszuwechseln, wenn die Schäden eine Erhaltung nicht mehr zulassen. Die Konservierungs- und Restaurierungsarbeiten am Dom werden noch nicht so bald ein Ende finden, sondern die Baustellen mit ihren Einrüstungen an verschiedenen Bauteilen vorläufig eine Dauereinrichtung bleiben.

Südlich des Domes ist die Bebauung der Hegelstraße – eine Anlage vom Ende des 19. Jahrhunderts – in großen Teilen erhalten geblieben. Zu den bedeutendsten Gebäuden dieser Zeit in Magdeburg gehört das hier 1893 errichtete sogenannte Palais am Fürstenwall, der ursprüngliche Wohn- und Dienstsitz des Preußischen Generalkommandanten. Trotz vielfältigem Wechsel in der Nutzungsgeschichte hat sich im reich ausgestatteten Inneren unter einigen jüngeren Anstrichen die originale Raumfassung weitgehend erhalten. Sie konnte zum Teil freigelegt und auch erneuert werden.

Der zwischen dem Dom und dem Palais gelegene Park geht in den Fürstenwall östlich des Domes über – eine Promenade, die im 18. Jahrhundert auf der Stadtbefestigung oberhalb der Elbe angelegt wurde. Von hier aus hat man einen Ausblick auf die andere Seite des Elbufers und blickt hinein in den Möllenvogteigarten, der über das einzige erhaltene Stadttor vom Remtergang her zu erreichen ist und ursprünglich auch über Terrassen an das sogenannte Schloß des Domplatzes und an das Gebäude des Oberpräsidenten angeschlossen war. Dieser Garten ist in den 1980er Jahren neu gestaltet und zugänglich gemacht worden.

Am nördlichen Abschluß des Fürstenwalles fällt der Blick auf die Kirche des Klosters Unser Lieben Frauen und auf die Andeutung der ehemaligen Stadtmauer. Die Freistellung der Kirche und der im Norden angefügten Klausur hat sich als neue städtebauliche Lösung durch die Kriegszerstörungen und den Abbruch umliegender Bebauungen ergeben. Fundamentreste südlich der Kirche und das Mauerstück eines ehemaligen Tores auf der Nordseite sind bescheidene Andeutungen früherer eng stehender Gebäude. Da an eine Neubebauung vor allem der Fläche südlich der Kirche nicht gedacht war, wurde als raumbildende Zutat eine größere Gruppe von Kastanien gepflanzt. Dennoch ist die städtebauliche Gestaltung des Umfeldes der Kirche mit der zu großen Öffnung zum Domplatz und den zum Teil viel zu hohen Plattenbauten sehr unbefriedigend. Der Versuch, sich mit maßstäblich passenden Gebäuden dem wertvollen Klosterbaukomplex zu nähern, ist mit der rückwärtigen Bebauung der Domplatznordseite und den gegenüberliegenden Wohnbauten durchaus gelungen, jedoch leider nicht fortgesetzt worden.

Die Kriegsschäden an der Liebfrauenkirche und den Klausurgebäuden waren erheblich. Über dem Chor war das Dach mitsamt dem Gewölbe verloren und der Westflügel mit den mittelalterlichen Räumen im Erdgeschoß zur Ruine geworden. An ein Fortbestehen der Schultradition war nicht zu denken und durch die schweren Zerstörungen der städtischen Wohnhäuser der Bedarf an gottesdienstlichen Räumen erheblich zurückgegangen. Dennoch wurde die Kirche nach Beseitigung der Schäden 1952 der evangelisch-reformierten Kirchengemeinde zur Verfügung gestellt. Sie zog 1971 aus und beendete damit

Die Kriegsschäden an der Liebfrauenkirche und den Klausurgebäuden waren erheblich. Aufnahme vom Domturm, 1950

eine über Jahrhunderte währende geistliche Nutzungstradition, die in einigen Raumteilen neben der sonst vorwiegend musealen Nutzung durchaus wieder aufleben könnte. Bei der Wiederherstellung im Inneren der Kirche vermied man auf der einen Seite mit dem Einbau einer Holzdecke im Chor und dem Erhalt der großen gotischen Fenster rekonstruktives Handeln, entfernte jedoch auf der anderen Seite zugunsten einer Annäherung an die romanische Raumgestalt Teile der Ausstattung von 1890/91 und von 1907, wie z. B. die Westempore, die Kanzel und die Chorbrüstungen. Die Raumfarbigkeit nimmt keine älteren Zustände auf, sondern betont das verschiedenfarbige Steinmaterial im Kontrast zu den hellen Gewölbe- und Wandflächen. Die Nutzung als Konzertraum hatte den Wunsch nach einer Orgel zur Folge. Auf dem über der Krypta erhöhten Chor steht seit 1979 eine große Orgel mit zwei kleinen vorgesetzten Rückpositiven. Die zurückhaltende Gestaltung des Raumes entspricht dem sakralen Charakter und übt auf die Besucher eine große Anziehungskraft aus. Allein für das Gestühl sollte eine zurückhaltendere Form gefunden werden.

An den Gebäuden der Klausur waren die Wiederaufbau- und Umbaumaßnahmen sehr viel umfangreicher. Der zerstörte Westflügel wurde neu errichtet, dabei der Kreuzgang mit den Arkaden rekonstruiert sowie auch die Außenwand darüber entsprechend den übrigen Seiten mit den Fensteröffnungen des 19. Jahrhunderts. Das zum Kreuzgang hin offene sogenannte Sommerrefektorium erhielt seine Gewölbe nicht wieder, sondern eine gerade abschließende Betondecke, die wegen ihrer zu geringen Höhenlage eine Rekonstruktion des Gewölbes mit den Säulen in der Mitte auch in Zukunft nicht mehr zuläßt. Die zur Stadt weisende Außenwand wurde im Obergeschoß durch ein mit Bruchsteinen ausgemauertes Stahl-Beton-Skelett bewußt neu gestaltet. Zwischen dem West- und dem Nordflügel entstand der neue Eingang, verbunden mit einer großzügigen Treppenhalle, die zum Obergeschoß des Westflügels mit seinem großen Ausstellungsraum und in das Dachgeschoß führt, in dem die Klosterbibliothek mit ihren wertvollen Buchbeständen untergebracht ist.

Das dritte Obergeschoß über dem Nordflügel, in dem im 19. Jahrhundert die Aula eingerichtet worden war, wurde trotz des guten Erhaltungszustandes zugunsten einer einheitlichen zweigeschossigen Kreuzhofanlage abgetragen. Im verbleibenden Gebäudevolumen findet das langgestreckte, sehr hohe, mit einer Tonne überwölbte Refektorium Platz. Es war nach dem Ausbau von Zwischenwänden und eingezogenen Decken freigelegt worden und gehört heute zu den besonders eindrucksvollen Räumen der Klosterbaukunst des 12. Jahrhunderts. Die beiden unter dem Refektorium liegenden Tonnen wurden ebenfalls zugängig gemacht.

Die Räumlichkeiten der Klausur dienen in enger Verbindung mit der Klosterkirche, der Konzerthalle „Georg Philipp Telemann“, musealen Zwecken, wobei die Sammlung des plastischen Kunstschaffens, besonders der Kleinplastik, das Profil des Hauses bestimmt. Durch eine Vielzahl von außerordentlich bemerkenswerten Ausstellungen, von großen musikalischen Darbietungen und durch verschiedenste Veranstaltungen ist das Kloster Unser Lieben Frauen ein Ort der Kultur und der Begegnung in der Stadt Magdeburg.

Die Wende in Magdeburg

EINE SKIZZE

RAINER SCHULZE

Als Honecker der Bundesrepublik Deutschland im Jahre 1987 einen offiziellen Besuch abstattete, schien es, als sei die Teilung Deutschlands nunmehr zementiert worden. Zwar glaubten viele Menschen an den Lauf der Geschichte im Ganzen, daß Systeme kommen und gehen, und irgendwann, so dachte man, würde es auch einmal eine Wiedervereinigung Deutschlands geben, aber das Wann und das Wie überstieg jegliche Vorstellungskraft.

Die Verschlechterung der wirtschaftlichen Lage und die Stagnation des Lebensstandards in der DDR waren für die Bevölkerung spürbar, der immer größer werdende Rückstand gegenüber der Bundesrepublik wurde ebenfalls wahrgenommen, wie auch die Tatsache, daß sich unter Berufung auf die KSZE-Schlußakte von Helsinki Ansätze einer Bürgerrechtsbewegung gebildet hatten, die mehr Freizügigkeit einforderte. War dadurch aber die Gefahr einer Krise für die DDR entstanden? Wenn man die sozialistische Presse las, wohl nicht!

Durch eine leichte Liberalisierung der Reisebestimmungen konnten in den achtziger Jahren zunehmend auch jüngere Menschen in den Westen fahren und die Glitzerwelt des Konsums mit dem Grau in Grau der sozialistischen Errungenschaften vergleichen.

Dennoch glaubte kein Mensch an eine ernsthafte Erschütterung des Systems. Hatte die SED nicht schon ganz andere Probleme „gemeistert"? War es nicht immer irgendwie weitergegangen? Der Volksaufstand von 1953 war mit Hilfe der Sowjetarmee niedergeschlagen worden, und der danach aufgetretenen Massenflucht hatte man mit der Errichtung der Berliner Mauer und dem festungsartigen Ausbau der innerdeutschen Grenze einen Riegel vorgeschoben.

Eines war jedoch seit Mitte der achtziger Jahre anders als sonst. Die SED-Führung, sonst in Nibelungentreue zur Sowjetunion förmlich erstarrt, hatte sich zum ersten Mal trotzig gegen den Kreml gestellt. Die Reformpolitik Gorbatschows war der Greisenriege um Honecker unheimlich. Vom Sozialismus in den Farben der DDR wurde gesprochen und auch davon, daß man nicht mehr alles aus dem Land Lenins übernehmen müsse, ein für das sonst so moskauhörige Politbüro geradezu unerhörter Vorgang.

Als Ungarn im Sommer 1989 die Grenze zu Österreich öffnete, begann dann die Massenflucht von DDR-Bürgern in die Bundesrepublik. Die Daheimgebliebenen wurden verbitterter, aber auch selbstbewußter. In den Betrieben sahen sich haupt- und ehrenamtliche Parteileitungen mit Austrittsanträgen in bisher unbekannter Größenordnung konfrontiert, die Zahl der Ausreisewilligen stieg, oppositionelle Gruppen formierten sich. Aber handelte es sich wirklich um eine gefährliche Entwicklung? Nein, denn nach der Lektüre des „Neuen Deutschland" konnte sich jeder „aufrechte" DDR-Bürger beruhigt zurück-

Kundgebung auf dem Domplatz, November 1989

lehnen – alles nur eine „Erfindung westlicher Geheimdienste“.
Eines Tages war dann aber doch von Friedensgebeten und Demonstrationen in Berlin und Leipzig zu hören, und auch in Magdeburg begann eine ganz spezifische Wende …

Die Domprediger – Moderatoren der Wende

„Wach auf, der du schläfst, und steh auf von den Toten, so wird dich Christus erleuchten. Mit diesem Auferstehungswort und dem Entzünden der Osterkerze sollen von nun an die Montagsgebete beginnen. Es ist etwas in Bewegung geraten in unserem Land, ein Aufbruch, ein drängender, nicht mehr zu unterdrückender Wunsch nach Veränderung, nach gesellschaftlicher Erneuerung in unserem Land. Wo viele jahrelang schwiegen, ihre kritischen Gedanken nur Vertrauten gegenüber äußerten, mit relativer Gelassenheit Mißstände ertrugen und sich in ihren Nischen komfortabel einrichteten, da sieht es plötzlich anders aus. In den Geschäften und auf den Plätzen, in Betrieben wird wie in der Kirche offen ausgesprochen, was an Resignation und Frustration vorhanden ist. Liegt es an den Bildern auswandernder junger Leute, die wir alle sahen? Oder an den immer bedrängender werdenden Problemen unserer Wirtschaft? Oder daran, daß plötzlich der Kontrast zwischen Presse und Wirklichkeit nicht mehr auszuhalten ist?“
Mit diesen Worten begann die Predigt von Waltraut Zachhuber anläßlich des ersten Gebetes um gesellschaftliche Erneuerung im Magdeburger Dom am 18. September 1989. Die Frau, die damals aussprach, was viele dachten, wurde 1941 im dänischen Christiansfeld geboren und verbrachte die Schulzeit bis zum Abitur in Niesky/Oberlausitz, wo ihr Vater Vorsteher eines Diakonissenmutterhauses war. Waltraut Zachhuber studierte an der Martin-Luther-Universität in Halle Theologie. Über Vikariate in Gnadau und Halle kam sie 1969 zum ersten Mal nach Magdeburg. Danach war sie in Schwarzheide als Gemeindepfarrerin tätig, bevor sie 1980 in die Elbestadt zurückkehrte und Dompredigerin wurde.
Schon lange vor der Wende gab es im Dom ein Friedensgebet. Sein Platz war zunächst im Hohen Chor, später vor dem Barlach-Denkmal. Ende der siebziger Jahre kamen die Friedensdekaden der evangelischen Kirchen der DDR hinzu. Diese Veranstaltungen, auf denen man sich auch mit gesellschaftlichen Themen auseinandersetzte, fanden immer im November statt und endeten jeweils am Bußtag.
„Ich glaube, die Raketenstationierung, die Einführung des Wehrkundeunterrichtes und auch die Ankündigung Honeckers, daß Frauen im Verteidigungsfall aktiv dienen sollten, ließ uns in der evangelischen Kirche noch kritischer auf die gesellschaftlichen Vorgänge in der DDR schauen“, so Waltraut Zachhuber. Innerhalb der Friedensdekaden gab es auch Friedensgebete, ebenfalls vor dem Barlach-Denkmal.
Schließlich wurden diese Veranstaltungen regelmäßig durchgeführt und fanden jeden Donnerstag um 18 Uhr statt. Anfang der achtziger Jahren kamen viele Menschen zu den Gebeten, erinnern sich die Domprediger, ihre Zahl ging erst nach 1983 zurück, als es nicht gelang, die Stationierung weiterer Raketen zu verhindern.
Zeitweise wurde das Dach der Kirche von bestimmten Gruppen genutzt, die sich politisch engagierten, die dem System kritisch gegenüberstanden oder auch von solchen, die sich ausgegrenzt fühlten, von Punkern zum Beispiel.
Als es im Januar 1988 im Zusammenhang mit den Gedenkdemonstrationen für Karl Liebknecht und Rosa Luxenburg zu Verhaftungen kam und unter den Festgenommenen Ausreiseantragsteller und Oppositionelle waren, gab es auch in Magdeburg, wie in vielen anderen Orten, Fürbittandachten.
Diese Gebete entwickelten sich im Laufe der Zeit immer stärker zu einem Forum für die Ausreisewilligen. Die Verantwortlichen in Dom und Kirche waren nicht glücklich darüber. Für sie paßte es nicht zusammen: einerseits das Gebet für Frieden, Gerechtigkeit und Bewahrung der Schöpfung und auf der anderen Seite Menschen, die mit dem System, mit dem Staat, in dem sie lebten, keinen Frieden mehr schließen wollten.
Am Abend des 14. September 1989 beriet man im Dompfarrhaus. Es kamen Gemeindekirchenratsmitglieder, Mitarbeiter der Domgemeinde mit ihren Ehepartnern und die beiden Domprediger zusammen. Grund des Treffens war die bedrückende politische Situation in der DDR. Tausende Menschen verließen das Land. Bilder, wie Eltern ihre Kinder über Botschaftszäune hoben, gingen um die Welt, vor allem aber wurde immer wieder gezeigt, wie DDR-Bürger rannten, um aus ihrer Heimat wegzukommen.
Im Dom entschied man an diesem Abend: Das Gebet für die Ausreisewilligen ist wichtig und soll bleiben. Noch wichtiger aber ist der Dialog mit den Menschen, die hierbleiben und etwas verändern wollen. Deshalb muß es eine neue Art der Veranstaltung geben: das Gebet um gesellschaftliche Erneuerung.
Die Beratergruppe Dom wußte, daß sie mit diesem Vorhaben nicht alleine stand. Der damalige Magdeburger Bischof Dr. Christoph Demke hatte in seinem Ende August 1989 veröffentlichten Brief „Fragen nach der Wahrheit“, der an die kirchlichen Mitarbeiter gerichtet war, die Situation auf den Punkt gebracht und zum Gebet aufgerufen.
Interessant ist aus heutiger Sicht, was Dr. Demke als erhaltenswert beschrieb:

Die soziale Sicherung der Grundbedürfnisse des Lebens, der Möglichkeit der Arbeit, der Wohnung, der medizinischen Grundversorgung für jedermann gehörte für ihn genauso dazu wie die Aufrechterhaltung der Politik der Friedenssicherung. Allerdings fügte er schon damals einschränkend hinzu, daß die Gewährleistung der sozialen Sicherheit anders angepackt werden müsse, als immer weiter an der Subventionsspirale zu drehen. Weiterhin verwies er darauf, daß Frieden und inneres Recht zusammengehörten. Bleiben sollten auch die antifaschistische Verpflichtung und das sozialistische Grundanliegen, Lasten und Früchte miteinander zu teilen.

Bei den Gebeten um gesellschaftliche Erneuerung im Dom, die an den Montagabenden stattfanden, redeten die Menschen über ihre Probleme, viele taten das zum ersten Mal in der Öffentlichkeit. Dokumente oppositioneller Gruppen wurden vorgestellt, so der Gründungsaufruf des Neuen Forums und die Absichtserklärung, eine sozialdemokratische Partei zu gründen. Alle „Papiere" bekamen vom ersten Tag an einen festen Platz, auf Tafeln im Eingangsbereich im südlichen Querschiff. Diese Tafeln wurden bald zu einer Art Zeitung, zu der einzigen interessanten in Magdeburg überhaupt, denn die DDR-Presse befand sich noch im Tiefschlaf der politischen Gleichschaltung.

„Liebe Schwestern und Brüder, liebe Freunde! Ich bin ein 'Staatsfeind'! Ich wollte es lange Zeit nicht glauben, aber ich bin ein 'Staatsfeind'. Ich war illegal tätig, denn: Ich habe das Neue Forum unterschrieben. Man sollte es nicht für möglich halten: Ich bin ein 'Staatsfeind'. Das Ministerium des Innern hat es mir nun öffentlich erklärt. Ja, habe ich denn nicht gelesen, was ich da unterschrieben habe? Das Ministerium des Innern bietet mir noch eine Entschuldigung an: Ich habe mich über die wahren Absichten der Verfasser täuschen lassen!"

Mit diesen Worten begann Giselher Quast seine Predigt vom 25. September 1989. Zum gleichen Thema sagte er an einer anderen Stelle: *„Nun weiß ich es also: Ich bin ein 'Staatsfeind'. Habe ich dem Ministerium des Innern die Feindschaft erklärt? Nein! Das Ministerium hält die Erstunterzeichner, die Tausende weiterer Unterzeichner und auch mich für Feinde und proklamiert in unserer ohnehin schon spannungsvollen Situation ein neues Feindbild. Die Ausreiser – Staatsfeinde! Die Hierbleibenden - Staatsfeinde! 'Feinde, Feinde, nichts als Feinde!' - heißt es auf einer Karikatur vorn an unserer Informationswand, auf der drei einsame Generale den leeren Horizont absuchen."*

Der Mann, der sich dagegen wehrte, ein Staatsfeind zu sein, wurde 1951 in Dresden als fünftes von sechs Kindern in einem evangelisch-freikirchlichen Pfarrhaus geboren. 1956 zog die Familie nach Magdeburg. Kurz vor dem Abitur mußte Giselher Quast die Erweiterte Oberschule „Geschwister Scholl" verlassen, weil er den Wehrdienst verweigerte und nicht an der vormilitärischen Ausbildung teilnahm. Das Theologiestudium an der Universität Halle wurde ebenfalls abgelehnt. Es erfolgte eine Sonderreifeprüfung und ein Studium der Theologie am Katechetischen Oberseminar in Naumburg. 1977 übernahm Quast seine erste Pfarrstelle in Eilenburg und wurde 1979 Domprediger in Magdeburg. Zur Zeit der Wende hatte er bereits zwei sogenannte OPK-Vorgänge (Operative Personenkontrolle) der Staatssicherheit hinter sich: 1983 wegen pazifistischer Beeinflussung der Jugend und 1989 wegen Begünstigung der Ausreiseantragsteller.

Neues Forum braucht das Land

Mit der Predigt von Giselher Quast sind wir den Ereignissen ein wenig vorausgeeilt. Am 9. und 10. September 1989, wenige Tage vor dem ersten Gebet um gesellschaftliche Erneuerung im Magdeburger Dom, fand die Gründungsversammlung des Neuen Forum auf dem Grundstück des 1982 verstorbenen Systemkritikers Robert Havemann statt. *„Ungefähr 30 Personen aus der ganzen DDR nahmen daran teil"*, erinnert sich Hans-Jochen Tschiche, damals Leiter der Evangelischen Akademie von Sachsen-Anhalt. Mit den Worten: *„Außer mir waren aber nur noch zwei Pfarrer dabei"*, entkräftet er, zumindest für das Neue Forum, die These, daß sich in den neuen oppositionellen Gruppen ausschließlich die Pfarrer getummelt hätten. *„Da waren viel mehr Ärzte, Naturwissenschaftler, Studenten und Künstler."*

Eine weitere Teilnehmerin aus dem ehemaligen Bezirk Magdeburg war die Stendaler Ärztin Erika Drees. Zur Verbreitung des Gründungsaufrufes gaben sowohl Tschiche als auch Frau Drees ihre Anschriften als Kontaktadressen an. *„Ich habe damals 'bergeweis' Post bekommen"*, so Tschiche. Auf seinem kleinen West-Kopierer in der Evangelischen Akademie vervielfältigte er den Gründungsaufruf unter Mißachtung der amtskirchlichen Weisung, daß Arbeitsgeräte nur zu dienstlichen Zwecken verwendet werden durften, und verteilte ihn später im Dom. Auch dort wurde er wieder vervielfältigt, so daß sich die Gründung des Neuen Forum wie ein Lauffeuer verbreitete.

Die Gründer der Bürgerbewegung konstatierten, daß die Kommunikation zwischen Staat und Gesellschaft offensichtlich gestört wäre. Beleg dafür sei eine Verdrossenheit, die sich in einem Rückzug in die private Nische, bis hin zur massenhaften Auswanderung äußere. In Grünheide wurde weiter festgestellt, daß die gestörte Beziehung zwischen Staat und Gesellschaft die schöpferischen Potenzen der Gesellschaft lähme und eine Lösung der anstehenden lokalen und globalen Probleme behindere. Man wünschte auf der einen Seite eine Erweiterung des Warenangebotes und eine bessere Versorgung, andererseits warnte man vor den damit verbundenen sozialen und ökologischen Kosten und plädierte für die Abkehr von ungehemmtem Wachstum. Wörtlich hieß es: *„Wir wollen Spielraum für wirtschaftliche Initiative, aber keine Entartung in eine Ellenbogengesellschaft."*

Es gab noch viele Forderungen, die sich bei näherer Betrachtung fast widersprachen, wie: Erhaltung des Bewährten und Schaffung von Platz für Erneuerung, geordnete Verhältnisse, aber keine Bevormundung, freie, selbstbewußte Menschen, die doch gemeinschaftsbewußt handeln, Schutz vor Gewalt, aber keinen Staat von Bütteln und Spitzeln.

In erster Linie wollte das Neue Forum den demokratischen Dialog, um Wege aus der krisenhaften Situation des Landes zu finden. Seine Tätigkeit wollte es auf gesetzliche Grundlagen stellen.

Man berief sich dabei auf das in Artikel 29 der Verfassung der DDR geregelte Grundrecht, durch gemeinsames Handeln in einer Vereinigung die politischen Interessen zu verwirklichen. Deshalb sollte die Gründung bei den zuständigen Organen der DDR entsprechend der Verordnung vom 6.11.1975 über die „Gründung und Tätigkeit von Vereinigungen" angemeldet werden.

Die über ADN veröffentlichte Reaktion des Staates, die den Domprediger Quast zum Feind desselben machte, lautete so: *„Der Minister des Innern der DDR teilt mit, daß ein von zwei Personen unterzeichneter Antrag zur Bildung einer Vereinigung 'Neues Forum' eingegangen ist, geprüft und abgelehnt wurde. Ziele und Anliegen der beantragten Vereinigung widersprechen der Verfassung der DDR und stellen eine staatsfeindliche Plattform dar. Die Unterschriftensammlung zur Unterstützung der Gründung der Vereinigung war nicht genehmigt und folglich illegal. Sie ist ein Versuch, Bürger der Deutschen Demokratischen Republik über die wahren Absichten der Verfasser zu täuschen."*

Volksstimme, 22. September 1989

Der Gründungsteilnehmer des Neuen Forum Hans-Jochen Tschiche war den DDR-Behörden kein Unbekannter. In einem streng vertraulichen Material der Bezirksverwaltung Magdeburg des Ministeriums für Staatssicherheit vom 26. September 1989 hieß es, die Bildung des Neuen Forum im Bezirk Magdeburg betreffend: *„... Die hinlänglich bekannten feindlich-negativen Kräfte, Tschiche, Hans-Jochen, Samswegen, Provinzialpfarrer und Leiter der Evangelischen Akademie Sachsen-Anhalt, Dr. Drees, Erika, Stendal, Fachärztin für Neurologie, Kreispoliklinik Stendal, waren Teilnehmer der sogenannten Gründungsveranstaltung am 9.9.1989 in Grünheide/bei Berlin und traten auch als Erstunterzeichner des Gründungsaufrufes in Erscheinung. Beide Personen fungieren damit auch als Kontaktadressen für die Verbreitung des „Neuen Forum" im Bezirk Magdeburg."*

Zur wirksamen Zurückdrängung „solcher Erscheinungen" machte die Stasi im Punkt vier eines Maßnahmekataloges folgenden Vorschlag: *„Auf der Grundlage aktueller Hinweise zur Lageentwicklung ist Bischof Dr. Demke nochmals nachhaltig die staatliche Erwartungshaltung darzulegen, insbesondere hinsichtlich der Disziplinierung des Tschiche."*

Der laut MfS von der Amtskirche zu disziplinierende Hans-Jochen Tschiche wurde am 10. November 1929 in Kossa, Dübener Heide, geboren. Seine Eltern hatten dort eine Bäckerei. Das Abitur machte Tschiche 1948 in Wittenberg. 1956 trat er seine erste Pfarrstelle im altmärkischen Hilmsen an. Schon dort stellte er bei sich selbst einen mangelnden kirchlichen Stallgeruch fest. Die Worte eines Zeitungsredakteurs, in Hilmsen gebe es drei Kommunisten, und einer davon sei der Pastor, scheinen dies zu belegen. Ab 1958 war Tschiche dann Pfarrer in Meßdorf bei Bismark und wechselte 1975 an die Evangelische Akademie von Sachsen-Anhalt nach Magdeburg.

Der Name dieser Bildungseinrichtung war keine geniale Vorwegnahme künftiger Entwicklungen, sondern hatte eine innerkirchliche Ursache. Die evangelische Kirchenprovinz Sachsen reichte weit über die heutigen Landesgrenzen nach Thüringen hinein. Dafür existierte eine selbständige kirchliche Einheit um Dessau herum, die den Namen Anhalt trug. Beides vereinigt, ergab schon damals den Namen des heutigen Bundeslandes. Die Evangelische Akademie war ein äußerst effektiver Ort der Erwachsenenbildung in der Kirche und eine DDR-spezifische Einrichtung; es gab nichts Vergleichbares in den anderen sozialistischen Ländern. Die Akademie galt unter kritischen Leuten in der DDR als Geheimtip.

In den achtziger Jahren bildeten sich Gruppen heraus, die sich kritisch mit der gesellschaftlichen Wirklichkeit auseinandersetzten. Man diskutierte über Frieden, gesunde Umwelt, Emanzipation und Gerechtigkeit. Die Gruppen wurden später zu Trägern des „89er Herbstes" und befanden sich fast alle unter dem Dach der Kirche. Sie hatten aber nur ansatzweise Verbindung untereinander.

Hans-Jochen Tschiche machte sich Gedanken darüber, wie man die Gruppen einander näherbringen könnte. Er hatte die Idee einer Vernetzung, und der Name, der dafür stand, hieß „Frieden konkret". Seit 1983 fanden unter dem organisatorischen Dach von „Frieden konkret" jährliche Treffen statt. *„Man muß sich die Tagungen von Berlin, Schwerin, Eisenach, Stendal, Leipzig und Cottbus – in dieser Reihenfolge fanden sie seit 1983 statt – als Zusammenkünfte von Delegierten vorstellen"*, sagt Tschiche. *„Diese Dele-*

gierten, es waren zwischen 180 bis 250, repräsentierten verschiedene Richtungen. Es kamen Abgesandte aus Friedens-, Menschenrechts-, Frauen- und 'Eine-Welt-Gruppen', aus ökologisch ausgerichteten Kreisen und von den Schwulen und Lesben. Man traf sich immer an einem Wochenende, von Ende Februar bis Anfang März." Zwischen den Zusammenkünften leistete eine Interimsrunde, der sogenannte Fortsetzungsausschuß, dessen theologischer Berater Hans-Jochen Tschiche war, die notwendige organisatorische Arbeit und hielt die Verbindung aufrecht.

Durch seinen Sohn Wolfram lernte Tschiche 1980 Katja Havemann kennen und mit ihr viele Personen, die 1989 eine Rolle spielen sollten, z. B. Gerd und Ulrike Poppe, Bärbel Bohley, Markus Meckel, Reinhard Schult und auch Wolfgang Schnur.

Der 9. Oktober

Am 5. Oktober kam es im Anschluß an eine Demo nach dem Donnerstagsgebet der Ausreisewilligen zu gewaltsamen Übergriffen der Staatsmacht – ebenso zwei Tage später am „Nationalfeiertag". Das Montagsgebet am 9. Oktober schien unter keinem guten Stern zu stehen.

Gerüchte wurden verbreitet, im Dom sammle sich die Konterrevolution und Quast und Zachhuber würden sie anführen, so jedenfalls zitierte ein Schüler die Warnung aus seiner Schule. In Betrieben und Einrichtungen gab es Informationen der staatlichen Leiter. Es wurde geraten, das Domgebiet weiträumig zu umgehen, gedroht, daß die Staatsmacht nun zuschlagen werde und angekündigt: Die Domprediger werden verhaftet!

Trotz solch massiver Einschüchterung kamen rund 4 500 Menschen in den Magdeburger Dom. Unter ihnen war auch der damalige wissenschaftliche Assistent der Sektion Technologie der metallverarbeitenden Industrie an der Technischen Universität, Dr. Willi Polte. *„Am 9. Oktober früh"*, erinnert er sich, *„kam mein Chef in das Zimmer, in dem ich mit meinen Kollegen saß und warnte uns davor, an diesem Montag in den Dom zu gehen. Es könnte Blut fließen. Ein befreundetes Ehepaar"*, so Dr. Polte weiter, *„stellte am Nachmittag die Frage: Gehen wir zum Montagsgebet in den Dom, oder nicht? Ich dachte in diesem Moment, wenn ich jetzt nicht hingehe, dann verpasse ich eine Chance. Wir, die Bevölkerung, müssen ein Signal setzen, ging es mir durch den Kopf.*

Ich fuhr schließlich mit meinem Sohn Tobias zum Dom. Mein Auto parkte ich in der Leibnizstraße. Auf dem Hof der damaligen Gagarinschule herrschte starke Dunkelheit und eine geradezu gespenstische Ruhe. Kampfgruppen waren in Stellung gegangen. Ich hatte Angst."

Die Montagsgebete waren an ihrem neuralgischen Punkt angekommen. Nichts könnte die zwischen Hoffnung und Angst schwankende Stimmung besser kennzeichnen, als die Hinweise an die Dombesucher von Giselher Quast:

„Liebe Freundinnen und Freunde, Schwestern und Brüder! Wir wollen jetzt unsere Veranstaltung beschließen. Niemand von uns weiß, was uns draußen vor den Domtüren erwartet. Wir haben die Zusicherung des Rates der Stadt, daß die Sicherheitskräfte, die uns draußen in unbekannter Zahl gegenüberstehen, nur bei Gewalt (Randalen) eingreifen, bzw. eine sich formierende Demonstration auflösen werden. Deswegen bitten wir euch: 1. Begebt euch vom Dom unmittelbar nach Hause. Seit 20.45 Uhr stehen auf der Karl-Marx-Straße zehn Großraumzüge der Straßenbahn für uns bereit – in Richtung Nord: drei zum Neustädter See, zwei nach Olvenstedt, einer nach Rothensee, einer nach Diesdorf. In Richtung Süd: einer nach Sudenburg, einer nach Westerhüsen und einer zur Leipziger Chaussee. Jeder, der will, kann jetzt ohne Gefahr nach Hause kommen.

2. Unternehmt auf dem Weg zur Straßenbahn bzw. nach Hause nichts Demonstratives! Singt nicht! Ruft keine Sprechchöre! Gebt den Sicherheitskräften keine Gelegenheit loszuschlagen!

3. Wenn es draußen oder unter uns Kräfte gibt, die Gewalt provozieren wollen, distanziert euch von ihnen, geht einfach weg von ihnen, laßt sie stehen! Bleibt nicht aus Sensationslust stehen und greift auch nicht ein. Ihr seid dann nicht mehr geschützt vor den Einsatzkräften. Das war vorgestern und am 5. Oktober zu spüren.

Und jetzt wollen wir uns erheben, und während die Glocken des Domes läuten eine Minute schweigen, ehe wir den Dom verlassen.

Gott schütze euch alle."

Dr. Willi Polte brauchte auf keine der bereitgestellten Straßenbahnen zu warten, er ging zu seinem in der Leibnizstraße geparkten Trabi. *„Als wir nach Hause fuhren, befanden sich die bewaffneten Kräfte noch immer auf dem Schulgelände"*, sagt er rückblickend. *„Ich war sehr erregt. Ich spürte aber, nicht zuletzt angesichts der trotz massiver Einschüchterung hohen Teilnehmerzahl am Montagsgebet, daß sich jetzt Freiräume auftaten. Wir müssen uns artikulieren, dachte ich, müssen sagen, was wir wollen, müssen endlich die Bevormundung überwinden."*

Nachdem in den westdeutschen Medien über die Gründung einer Partei namens SDP im märkischen Schwante berichtet worden war, wurde am 9. Oktober 1989 auch im Dom die Frage gestellt, wer an einer Mitgliedschaft interessiert wäre. *„Ein gewisser Konrad Elmer"*, so Dr. Polte, *„verwies damals auf die Möglichkeit, mit Markus Meckel, einem der Mitbe-*

gründer und Teilnehmer an der Schwanter Zusammenkunft, Kontakt aufzunehmen zu können.“
Für Dr. Polte gab es kein langes Überlegen. Am 10. Oktober setzte er sich ins Auto und fuhr zu Herrn Meckel in das benachbarte Bördedorf Niederndodeleben. *„Ich kann mich noch gut an diese Fahrt erinnern. Besonders auf der Rückfahrt habe ich sehr oft in den Rückspiegel geschaut“*, gesteht Dr. Polte, *„immer befürchtend, die Staatssicherheit könnte mir auf den Fersen sein. Das Gespräch mit Markus Meckel fand in einer ökumenischen Begegnungsstätte statt. Dort trafen wir uns dann auch am darauffolgenden Sonnabend und saßen mit etwa 25 Personen einige Stunden zusammen. Alles trug sehr spontanen Charakter.“*
Zum 9. Oktober sei noch gesagt, daß es aufgrund des besonnenen Handelns der Menschen zu keinen Übergriffen der Sicherheitskräfte kam. Wie Domprediger Quast berichtet, war er einige Tage nach dem friedlich verlaufenen Abend von Teilnehmern angesprochen worden: *„Sie spielten auf die lenkende Rolle der Kirche am Abend des 9.Oktober an, als sie sagten: 'Nach all dem, was Sie uns an Verhaltensmaßregeln mit auf den Weg gegeben hatten, wußten wir gar nicht mehr, ob wir überhaupt noch atmen durften.' Ich habe aus diesen Worten, die humorvoll wirken sollten, in erster Linie die Erleichterung darüber herausgehört, daß alles so friedlich geblieben war ...“*

Von der ersten Demo zum Bürgerforum

„Der 9. Oktober war der Durchbruch. Er wurde später als der Tag unserer Wende bezeichnet“, sagten die Domprediger, *„als der Tag, an dem die Magdeburger der höchsten Gewaltandrohung standgehalten hatten und selber gewaltlos geblieben waren.“*
Eine Woche später zählte das Gebet 7 000 Teilnehmer. Schon seit einiger Zeit reichte der Hohe Chor nicht mehr aus, und man kam vor dem Altar zusammen. Die Domprediger entwickelten Aktivitäten, die weit über den kirchlichen Bereich hinausgingen. Sie trafen Sicherheitsabsprachen mit dem Stellvertreter für Inneres beim Rat der Stadt, Dr. Nothe. Sie halfen den im Dom versammelten Menschen, ihre Angst zu überwinden und öffentlich zu sprechen. Waltraut Zachhuber und eine Jugend-Sozialdiakonin verhandelten wegen der Freilassung von Gefangenen, die nach den Übergriffen am 7. Oktober inhaftiert worden waren, und man begann, Demonstrationen vorzubereiten.
Die erste Demo, die von den Montagsgebeten ausging, fand am 23. Oktober statt. Kurz vor ihrem Beginn kamen einige Handwerker, die bereits eine größere Zahl von grünen Bändern an die Versammelten im Dom verteilt hatten, mit einem Blumenstrauß und einer Flasche Wein in den Altarraum. Sie überreichten beides den Dompredigern und erklärten die Bedeutung der grünen Bänder. Diese waren 40 Zentimeter lang, soviele Zentimeter wie der Staat, den man erneuern wollte, Jahre zählte.
Von nun an gehörte das grüne Band zur Montagsdemonstration und war aus dem Bild der Stadt nicht mehr wegzudenken. Die Menschen steckten es sich in die Knopflöcher, an die Antennen der Autos, an ihre Fahrräder oder an ihre Fenster. Nach vierzig Jahren ewigem Rot kam jetzt das zarte Grün der Hoffnung ins Spiel.
Die erste Demonstration wurde später als die fröhlichste und befreiendste angesehen.
Es sei eine ungeheure Leichtigkeit in ihr gewesen, hieß es. Eine Gruppe, die ein weißes Band mit der Friedenstaube trug, lief voran. Die Menschen gingen schweigend, mit den grünen Bändern, mit Plakaten und Kerzen. Sie schwiegen, aber die Tatsache, daß sie demonstrierten, bedeutete mehr als alle Worte. Sie fühlten sich wie befreit.
Für den 6. November hatte die Beratergruppe Dom ein Bürgerforum auf dem Alten Markt vorbereitet. An der Veranstaltung nahmen dann zwischen 50 000 und 80 000 Menschen teil. Domprediger Quast sagte an diesem Abend: *„Liebe Magdeburgerinnen und Magdeburger! Vor vier Wochen gehörte ich mit meiner Kollegin, Dompredigerin Zachhuber, und mit Pfarrer Tschiche vom Neuen Forum noch zu den bestgeschmähten Leuten dieser Stadt. Heute leite ich dieses Bürgerforum: Das ist eine Wende!“*
Am 6. November ergriff auch Hans-Jochen Tschiche das Wort. Eine Woche zuvor war er von Werner Eberlein, dem 1. Sekretär der SED-Bezirksleitung, empfangen worden und zwar in der Gerhart-Hauptmann-Straße, dem „Magdeburger Kreml“, wie Tschiche den Sitz des Funktionärs im Nachhinein beschrieb.
Der Vertreter des Neuen Forum fand ihn sympathisch und beeindruckend, den ehemaligen Ulbricht-Dolmetscher, dessen Vater von Stalin liquidiert worden war. *„Eberlein machte auf mich den Eindruck eines älteren, gütigen, leicht resignierten Superintendenten“*, sagt Tschiche in seinen Erinnerungen. *„Er gehörte offenbar zu den Menschen, die sich trotz fürchterlicher Erfahrung mit den eigenen Leuten nicht von ihren Grundüberzeugungen abbringen ließen.“* Das dann folgende Gespräch entwickelte sich nicht so positiv. Eberlein wollte erreichen, daß die Montagsdemonstrationen aufhörten, während ihm Tschiche und seine Begleiterin, Heidemarie Wüst, deutlich machten, daß sich die Bevölkerung mit den Demonstrationen eine Stimme verschafft hätte, die man nicht zum Schweigen bringen könne.
Zurück zum Bürgerforum. Es regnete in Strömen. Als Tschiche seine Rede beginnen wollte, rief eine

kleine Gruppe, die in der Nähe des Podiums stand: *„Nazis raus, Nazis raus!"* Es gab einen Tumult, und als aus dem Dunkel die Gegenrufe *„Stasi raus, Stasi raus!"*, ertönten, verzogen sich die Störenfriede. Es soll sich bei ihnen um Absolventen der Bezirksparteischule der SED gehandelt haben. An diesem 6. November wurde der damalige Oberbürgermeister Werner Herzig förmlich demontiert und trat wenige Tage später zurück.

Tschiche hatte sich schon zwei Tage vorher bei dem Forum der Künstler auf dem Domplatz zum Führungsanspruch der SED geäußert: *„In einer normalen Gesellschaft treten die zurück, die die Fehler gemacht haben. Das ist doch nicht schlimm! Das ist ganz normal! Das bedeutet doch nicht, daß die SED als Dialogpartner ausscheidet. Aber nur eine reformierte SED kann der Dialogpartner sein für die anderen Kräfte in dieser Gesellschaft. Es ist geradezu unglaubwürdig; und deswegen gehen auch noch so viele Leute aus dem Land; daß die, die gestern noch gesagt haben: 'Ihr, die Unabhängigen, seid Staatsfeinde'; daß die heute sagen: Wir wollen mit euch reden. Das glaubt ihnen doch niemand! Natürlich ist es möglich, daß der eine oder der andere aus innerer Überzeugung sich ändert, aber das heißt doch nicht, daß er, wenn er sich bisher als politisch unfähig erwiesen hat, daß er dann bleiben kann, nur weil er sich geändert hat. Er muß die Konsequenzen seiner Politik tragen! ... Und Parteien, die über 40 Jahre herrschen, verbrauchen sich moralisch, auch wenn die einzelnen aufrechte Menschen sein können. Der Filz der Macht ist verhängnisvoll ... Denn aufgestanden ist das Volk, und die SED hat nachgezogen, alles andere ist Lüge!"*

Die überraschende Grenzöffnung

Drei Tage nach dem Bürgerforum beherrschte ein anderes Ereignis die Schlagzeilen der Presse wie die Gedanken der Menschen. Es war nicht nur unerwartet gekommen, sondern auch noch sehr eigenartig, fast beiläufig bekanntgegeben worden: die Öffnung der innerdeutschen Grenze.

Einige Mitglieder der Beratergruppe Dom waren dadurch eher irritiert, wenn nicht gar bestürzt. Sie hatten Angst, es könnte nun für die wirkliche Erneuerung der Gesellschaft, für das Aufarbeiten der vielen anliegenden Probleme im Lande keine Kraft und keine Möglichkeit mehr geben.

Auch Dr. Willi Polte hatte am 9. November etwas anderes zu tun, als sich mit der Grenzöffnung zu befassen. *„Am Abend des 9. November"*, so berichtet er, *„saßen wir im Keller meines Hauses zusammen und bereiteten die Gründungsversammlung der SDP für das Magdeburger Gebiet inhaltlich und organisatorisch vor. Als meine Frau herunterkam und sagte, daß in Berlin die Grenze geöffnet werden würde, wurde das von uns, so komisch es klingen mag, eher beiläufig aufgenommen, schließlich wollten wir eine Partei gründen."*

Bei der Kundgebung am 13. November auf dem Domplatz hatten sich die Reihen der Teilnehmer am Montagsgebet schon gelichtet. Viele fuhren jetzt lieber nach Helmstedt oder Braunschweig. Beim Gebet um gesellschaftliche Erneuerung ging Waltraut Zachhuber auf die Grenzöffnung ein und kritisierte eine gewisse Würdelosigkeit bei den Westfahrten. *„Magdeburger stürmen die Züge nach dem Westen, als wäre eine Katastrophe ausgebrochen, ohne Rücksicht auf Alte, Schwache, Kinder."*

Die Kundgebung am 13.11. sah wiederum Hans-Jochen Tschiche als Redner. Auch er beschäftigte sich mit der Grenzöffnung, die er als eine Flucht der Verantwortlichen nach vorn bewertete. An die Adresse der SED gerichtet, sagte er: *„Ich denke, eine Krise ist zugleich der Beginn eines Gesundungsprozesses, und der besteht sicher darin, daß man seine Situation erkennt und neu überlegt, wie aus einer zentralistischen, eine demokratische Partei werden kann ..."*

Während der gleichen Veranstaltung sagte Tschiche an einer anderen Stelle auf die Anfrage eines Genossen, was das Zitat von Jens Reich 'Dialog ist erst die Vorspeise' hinsichtlich des Hauptgerichtes zu bedeuten hätte, folgendes: *„Die Vorspeise ist das Volk auf der Straße. Das Hauptgericht ist der Umbau der Gesellschaft. Politisch Verantwortliche sollen zu ihrer Verantwortung stehen und abtreten; oder, wenn es kriminell war, sich auch als Kriminelle behandeln lassen. Die wichtigsten Voraussetzungen für eine Wirtschaftsreform sind: Unabhängigkeit der Betriebe, Wahl des Managements, eine starke Gewerkschaft und die Auflösung der Betriebsparteiorganisation. Eine Partei, die seit 40 Jahren regiert, stellt uns die Fragen? Wir stellen hier die Fragen!"*

Am 18. November hatte sich die SDP für die Stadt und den Bereich des ehemaligen Bezirkes Magdeburg gebildet, ihr Vorsitzender hieß Dr. Willi Polte, jener Mann von der Universität, der am 9. Oktober gedacht hatte: *„Wenn ich zu Hause bleibe, dann verpasse ich eine Chance."*

In den folgenden Wochen konzentrierten sich die Demonstrationen auf die Deutschland-Frage und die Stasi-Materie. Eine Montagsdemonstration Anfang Dezember brachte sogar Zusammenstöße zwischen denen, die nach einem einig Vaterland riefen, und denen, die noch Hoffnung hatten, in der DDR eine neue Gesellschaft aufbauen zu können. Bei den Demonstrationen, die in Richtung der Dienststellen des ehemaligen Ministeriums für Staatssicherheit führten, war dann kirchliches Handeln noch einmal ganz wichtig, um gewaltsame Übergriffe bis hin zur Lynchjustiz zu verhindern.

Anfang des Jahres 1990 herrschte eine große Orientierungslosigkeit, die sich in den gegensätzlichsten Forderungen äußerte, die man sich vorstellen kann. Zwischen dem 15. und 26. Januar erhielt Domprediger Quast mehrere anonyme und namentliche Morddrohungen, gleichzeitig schlugen Arbeiter in ihrem Großbetrieb vor, er solle vorübergehend das Amt des Oberbürgermeisters übernehmen.

Zusammen mit ihrem Kollegen führte Waltraut Zachhuber seit dem 18. September 1989 noch viele weitere Gebete zur gesellschaftlichen Erneuerung durch. Das letzte, das im engeren Zeitrahmen der Wende lag, fand am 12. März 1990, kurz vor der Volkskammerwahl, statt.

Domprediger Quast sagte damals in seiner Predigt: *„Liebe Schwestern und Brüder, liebe Freundinnen und Freunde! Für das letzte politische Forum vor der Wahl haben wir die Deutschlandfrage auf die Tagesordnung gesetzt. Es war die Frage, mit der wir im Herbst überhaupt nicht aufgebrochen sind, die uns utopisch erschien wie keine andere. Damals haben wir gerufen: 'Wir bleiben hier!' Und das meinte wirklich: Wir wollen nicht ausreisen in die Bundesrepublik. Jetzt bekommen wir die Bundesrepublik frei Haus, ob wir wollen oder nicht.“*

Die Bundesrepublik frei Haus, wenn das jemand im September 1989, als die Partei- und Staatsführung den 40. Jahrestag der DDR vorbereitete und wohl auch schon den 12. Parteitag der SED im Hinterkopf hatte, vorauszusagen gewagt hätte, wäre er zumindest als Phantast verlacht worden.

Es ist müßig, an dieser Stelle alle Ereignisse aufzuzählen, die sich in einer relativ kurzen Zeit in der DDR zutrugen, vielleicht verdeutlicht eine Episode am Rande das geradezu atemberaubende Tempo der gesellschaftlichen Veränderungen am besten.

Am 18. September sagte ein Mann aus dem Gemeindekirchenrat auf dem Weg in den Dom: *„Ich habe meine Zahnbürste mitgebracht, denn ich weiß ja nicht, ob ich hinterher wieder nach Hause komme.“*

Die Befürchtung erwies sich zum Glück als unbegründet. Vier Monate später wurde Erich Honecker nach einem Krankenhausaufenthalt verhaftet. Ob er seine Zahnbürste dabeihatte, ist nicht bekannt …

Als die Polarisierung der politischen Kräfte unter starker Einflußnahme der etablierten bundesdeutschen Parteien weiter voranschritt, gehörten die Domprediger zu den wenigen, die sich mit dem Schicksal der einst Mächtigen in der DDR auseinandersetzten. Waltraut Zachhuber sagte am 5. Februar 1990 angesichts der Aufnahme Honeckers durch den Pfarrer Uwe Holmer: *„Sie haben es gesehen. Erich Honecker ist ein alter todkranker Mann ohne Obdach. Sollten wir uns seiner Methoden bedienen und uns darum gar nicht scheren? Sollten wie bisher unmenschlicher Umgang und Menschenverachtung weitergehen? Nein, liebe Freunde, das kann nicht unsere Methode sein. Das kann nicht zum Markenzeichen demokratischer Erneuerung werden, daß jener Greis und seine Frau Rache und Haß ausgesetzt werden.“*

Die Domprediger nahmen auch solche Demonstranten beim Wort, die *„Stasi in die Produktion!“* gerufen hatten, und die dann den MfS-Mitarbeiter doch nicht neben sich am Arbeitsplatz dulden wollten.

Die Volkskammerwahl am 18. März brachte den überraschend hohen Wahlsieg für die CDU. Viele, die sich im Dom engagiert hatten, waren enttäuscht, fühlten sie sich doch innerlich mehr den Bürgerbewegungen und der SPD zugehörig. Die Wahl machte deutlich, was man im Herbst '89 vielleicht noch nicht ganz verinnerlicht hatte: Trotz der hohen Teilnehmerzahlen hatte sich im Dom nur eine Minderheit, gemessen an der Gesamtbevölkerung, getroffen. Eine Minderheit freilich, die ganz entscheidend dazu beigetragen hatte, demokratische Wahlen zu ermöglichen.

Hans-Jochen Tschiche erinnert sich: *„Die Wahlmaschinen der klassischen Parteien liefen mit westlicher Hilfe auf vollen Touren, wir aber hatten Schwierigkeiten mit uns selber. Im Herbst 1989 strömten uns die Massen zu, in den ersten Monaten des Jahres 1990 strömten sie wieder davon. Das Neue Forum stellte zwölf Abgeordnete und wäre, wenn es eine Fünf-Prozent-Klausel gegeben hätte, gar nicht ins Parlament eingezogen.“*

Die am 6. Mai 1990 durchgeführten Kommunalwahlen ergaben annähernd die gleiche Stimmenverteilung wie bei der Volkskammerwahl am 18. März. Willi Polte war einer der wenigen, die den damaligen Trend hin zu den bürgerlichen Parteien durchbrechen konnten.

Der Zeitraum der Wende ist nun durchschritten. Auf zwei Ereignisse soll dennoch hingewiesen werden: Bis zum 2. Juni, dem Tag nach Inkrafttreten der Währungsunion, fanden noch Gebete statt – wie zu Anfang im Hohen Chor, und am 9. Oktober 1990 wurden die Domprediger von Oberbürgermeister Willi Polte mit einer Bronzemedaille (Titel: „Aufbruch 89“) geehrt. Eine Ehrenbürgerschaft hatten Waltraut Zachhuber und Giselher Quast ausgeschlagen.

Eine fast normale Vorwendebiografie

Am 31. Mai 1990 wurde Willi Polte von der Stadtverordnetenversammlung zum Oberbürgermeister von Magdeburg gewählt. Der einige Monate zuvor noch völlig unbekannte Wissenschaftler bekleidete plötzlich das gleiche Amt wie einst Otto von Guericke, Francke oder Beims.

Willi Poltes Lebensweg wies bis zur Wende wenig Spektakuläres auf. Als er 1960 ein Hochschulstudium an der Technischen Universität in Dresden aufnahm, hätte sein Leben allerdings eine dramatische Wendung nehmen können.
Vielleicht war es neben der Überzeugung auch die Abenteuerlust der Jugend, die den Hochschulstudenten im August 1960 ritt, in das Ostbüro der SPD in Westberlin zu gehen und dort den Antrag auf eine ruhende Mitgliedschaft zu stellen.
Polte begab sich also zum Fehrbelliner Platz, in besagtes Ostbüro, das von der DDR-Propaganda als Agentenzentrale des CIA bezeichnet wurde. *„Ich hatte schon ein komisches Gefühl"*, sagt er rückblickend, *„als ich den ovalen Platz betrat und von einem riesigen Bürokomplex förmlich verschluckt wurde. Ich fand mich dann in einem nüchtern wirkenden Warteraum wieder, in dem einige Stühle standen. Das eigentliche Büro befand sich dahinter, an seiner Tür war eine Art Knauf angebracht, keine richtige Türklinke. Ein Mann kam aus dem Büro, nahm meinen Personalausweis entgegen und verschwand wieder. Schließlich, es mochten vielleicht fünf Minuten vergangen sein, erschien der Funktionär wieder und gab mir meinen Ausweis zurück. Ich trug nun mein Anliegen vor. Das alles geschah im Warteraum, das Büro habe ich nie betreten. Man sagte mir, daß es schon sehr ungewöhnlich wäre, in meiner Situation eine ruhende Mitgliedschaft zu beantragen."*
Das Jahr 1961 brachte die Berliner Mauer. Durch die mit diesem Ereignis verbundenen Wirren blieb Willi Poltes Aufnahmeantrag in der Schublade irgendeines Parteibüros hängen, sein gewagter Gang in den Westteil Berlins von den DDR-Sicherheitsorganen unbemerkt.

Zehn Jahre danach

Seit dem Herbst 1989 sind fast zehn Jahre vergangen. Deutschland ist seit dem 3. Oktober 1990 wiedervereinigt. Dieser Tag wurde zu einem nicht unumstrittenen Feiertag erhoben. Umstritten deshalb, weil viele Menschen im Osten der Meinung sind, der 9. Oktober wäre das würdigere Datum. Es scheint angebracht, einmal zu fragen, was inzwischen aus den vier vorgestellten Persönlichkeiten geworden ist.
Giselher Quast ist immer noch Domprediger. Er blieb sich als kritischer Geist treu und ist auch unter den Verhältnissen der Marktwirtschaft umtriebig im besten Sinne, so zum Beispiel beteiligt an neuen gesellschaftlichen Initiativen, Kuratorien, Kommissionen und Protestveranstaltungen.
Waltraut Zachhuber beendete ihre Tätigkeit am Dom noch im Jahre 1990. Danach arbeitete sie fünf Jahre lang als Leiterin der Pressestelle der Evangelischen Kirche der Kirchenprovinz Sachsen und ist seit 1995 Superintendentin des Evangelischen Kirchenkreises Magdeburg.
Der weitere politische Werdegang Hans-Jochen Tschiches nach der Wende ist allgemein bekannt. Über die Kurzstationen Volkskammer und Bundestag zog er schließlich in einer Fünferfraktion in den Magdeburger Landtag ein. Diese Fraktion setzte sich wie folgt zusammen: 1. Platz Heidrun Heidecke (Grüne), 2. Platz Ute Scheffler (Neues Forum), 3. Platz Ulrich-Karl Engel (Demokratie Jetzt), 4. Platz Carla Schulze (Unabhängiger Frauenverband), 5. Platz Hans-Jochen Tschiche (Neues Forum). Tschiche wurde Fraktionsvorsitzender und entwickelte sich zu einem wortgewaltigen Redner der Opposition. Vier Jahre später gehörte er zu den Befürwortern des Magdeburger Modells, das zum Teil heftige Kritik in der deutschen Öffentlichkeit auslöste, weil die rot-grüne Minderheitsregierung nur durch die PDS toleriert werden konnte. Für Tschiche war die Sache nicht so schwierig. Wie er selbst sagte, habe er schon zu DDR-Zeiten relativ gute Kontakte zum kritischen Teil innerhalb der SED gehabt, konnte die SED damals schon differenzierter wahrnehmen. Bei der Landtagswahl 1998 wurden die Bündnisgrünen, wie schon vier Jahre zuvor die Liberalen, aus dem Parlament hinausgewählt. Tschiche ist heute Vorsitzender der Vereinigung „Miteinander". Die Gründung ging auf ein Programm der Landesregierung gegen Rechts zurück. Ziel ist, ein Netzwerk für Demokratie und Weltoffenheit zu schaffen.
Willi Polte war über zehn Jahre Oberbürgermeister von Magdeburg, der erste vom Volk gewählte seit Jahrzehnten. Lange Zeit trugen fremdbestimmte Funktionäre die Amtskette. Es ist zu bezweifeln, ob sie das Wort kommunale Selbstverwaltung überhaupt kannten. Unter diesem Aspekt gewinnt Poltes Amtszeit zusätzlich an Gewicht.
Poltes Vorbild im Amt, wenn man das überhaupt so sagen kann, war Hermann Beims. Der habe nachhaltig dafür gesorgt, daß Magdeburg zu einer bedeutenden Stadt in Mitteldeutschland wurde. Auf diesem Weg befindet sich die Landeshauptstadt Sachsen-Anhalts jetzt wieder. In knapp zehn Jahren ist viel geschehen. *„Magdeburg zieht auf und davon"*, war Ende 1999 in einer Publikation zu lesen. *„Das neue Stadtzentrum, Handel und Dienstleistung sind die großen Bringer. Hinter Leipzig und Dresden liegt man bei der Gewerbesteuer auf dem dritten Platz unter den ostdeutschen Großstädten."* Polte, der 1994, diesmal mit deutlichem Stimmenvorsprung, für eine zweite Amtsperiode direkt wiedergewählt wurde, sagt: *„Die Gestaltung der City, zwischen Hasselbachplatz und Uniplatz, zwischen Bahnhof und Elbe, das ist die Herausforderung."* Er zählt einiges auf, was in breitem Konsens mit den anderen in der Stadtverord-

netenversammlung vertretenen Parteien geleistet wurde. Die Häuser am Hasselbachplatz seien neu gestaltet worden, und die Hegelstraße wäre nicht wiederzuerkennen. Das Stadtzentrum im engeren Sinne habe sein Gesicht mit den drei Einkaufscentren City-Carré, Ulrichshaus und Allee-Center grundlegend verändert. Polte verweist auf das sanierte Theater, die Johanniskirche, auf die Bürohäuser am Universitätsplatz und auch auf 17 000 innerstädtische Parkplätze. „*Die 1999 in Magdeburg durchgeführte Bundesgartenschau übertraf alle Erwartungen*“, konstatiert er mit Befriedigung: „*Sie hat der Stadt einen beträchtlichen Imagegewinn beschert.*“

Geblieben ist, wer sich seiner Vergangenheit stellte

Nicht nur die „Frontleute“ der Wende, auch die weniger spektakulär in Erscheinung getretene Mehrheit machte einen Entwicklungsprozeß durch. Am größten war dieser vielleicht bei der SED selbst, gegen die sich der Protest im Herbst gerichtet hatte.

Als die Montagsgebete schon stattfanden, war die SED, einmal ganz grob skizziert, so „überorganisiert“: Das höchste Organ war die Bezirksleitung, an deren Spitze ein Sekretariat stand. In Magdeburg gab es daneben noch eine Stadtleitung, der die sogenannten Stadtbezirksleitungen unterstellt waren. Darüber hinaus steckten auch noch hauptamtliche SED-Mitarbeiter in den großen Betrieben und Einrichtungen. Im Ganzen mögen es einige hundert gewesen sein.

Hans-Werner Brüning steht zu seiner Vergangenheit, auch zu den Jahren im blauen Dreß der FDJ. Der charismatische Vorsitzende des Stadtvorstandes der PDS wurde 1949 in Magdeburg geboren, wuchs in Rothensee auf und erlernte den Beruf eines Rohrschlossers. Nach einem Studium der Philosophie in Greifswald war er Lehrer an einer FDJ-Schule bei Schwerin. 1980 kehrte er nach Magdeburg zurück und war vier Jahre lang 1. Sekretär der Stadtbezirksleitung Nord der FDJ, bevor er als Abteilungsleiter in die SED-Leitung des gleichen Stadtbezirkes überwechselte. Als er 1989 von einem zweijährigen Studium in Moskau zurückkehrte, blieb nicht mehr viel Zeit bis zum Beginn des „heißen“ Herbstes.

Die SED war zunächst nicht der agierende, sondern der reagierende Teil der Gesellschaft, und die Reaktionen waren schwerfällig. „*Zu schwerfällig*“, wie Brüning sagt. „*Ich hatte den Eindruck, daß in der Partei Lethargie herrschte, und daß die Bezirksleitung nicht mehr arbeitsfähig war.*“

Werner Eberlein, der Mann, den der Bürgerrechtler Tschiche sympathisch fand, wurde im November von der Funktion des 1. Bezirkssekretärs abgewählt. Sein Nachfolger war Wolfgang Pohl, bis dahin 1. Sekretär der Stadtbezirksleitung Nord. Die alten Strukturen blieben noch eine Zeit lang erhalten. Nach der ersten Tagung des Sonderparteitages erfolgten zunächst nur Umbenennungen. Die Leitungen nannten sich Vorstände und die Sekretariate Präsidien. Die SED-PDS zog sich ab Januar 1990 aus den Betrieben zurück. Die Mitglieder meldeten sich, sofern sie nicht ausgetreten waren, in den Wohnparteiorganisationen an.

Im Dezember 1989 gründete Brüning eine Initiativgruppe PDS. Ende Januar wurde der Ruf der Basis nach Erneuerung so stark, daß sich ihm keiner mehr verschließen konnte. Im Januar trat die Bezirksleitung zurück, nachdem die Initiativgruppe und viele andere Genossen dies schriftlich gefordert hatten.

Die Gruppe um Brüning trat für die basisdemokratische Vorbereitung einer Bezirksdelegiertenkonferenz ein, nachdem man sich gegen eine Selbstauflösung der SED-PDS gewandt hatte.

„*Wir konnten und wollten uns nicht vor der Verantwortung drücken, die auf der Partei lastete*“, sagt Brüning. Im Februar 1990 tagte im Großen Saal der Bezirksparteischule eine Stadtdelegiertenkonferenz, auf der Hans-Werner Brüning zum Vorsitzenden gewählt wurde.

Der neue Vorstand sah sich mit komplizierten Aufgaben konfrontiert. Auch die Gesamtsituation hatte sich verändert. Während es bis Mitte 1989 noch rund 60 000 SED-Mitglieder in Magdeburg gab, war deren Zahl bis Februar 1990 auf 10 000 zusammengeschmolzen. Die erste Arbeit bei der Entwicklung neuer Strukturen war der Abbau des hauptamtlichen Apparates. Ende Februar 1990 hatte die Partei in Magdeburg noch 104 hauptamtliche Mitarbeiter, deren Zahl bis Ende des Jahres auf fünf bis sechs schrumpfte. Heute sind es noch zwei Personen.

Die Mitglieder entschieden über Art, Ort und Form ihrer Organisation selbst. So entstanden mehr als 100 Basisorganisationen und 25 Ortsverbände in Magdeburg. Brüning erinnert sich, daß er gemeinsam mit weiteren Mitgliedern des Stadtvorstandes von Februar bis zum Sommer 1990 an jedem Sonntagvormittag mit Mitgliedern der PDS und anderen Magdeburgern zusammentraf. Im Saal der ehemaligen SED-Bezirksleitung fand ein reger Meinungsaustausch statt. Es ging um unzählige Fragen zu den im Land stattfindenden Veränderungen, um die Volkskammerwahl, die Kommunalwahl und die Parteiarbeit.

Wie nach jeder gesellschaftlichen Umwälzung, mußten auch diesmal die einfachen Mitglieder für die Fehler der ehemaligen Führung den Kopf hinhalten. In vielen Betrieben wurden Genossen unter Druck gesetzt. Die Angst, den Arbeitsplatz zu verlieren, griff um sich. Sogar gewählte Stadtvorstandsmitglieder baten darum, ihre Namen auf Dokumenten der PDS nicht zu nennen. Hans-Werner Brüning dazu: „*Über Bedrohungen und Demütigungen habe ich damals viel gehört. 'Ich kann nicht mehr!', war eine übliche*

Begründung für Parteiaustritte. Zu Konfrontationen kam es vor allem in Betrieben, aber auch in Wohngebieten. Es gab Beschimpfungen, Bedrohungen und Sachbeschädigung. In Familien, in Schulen und an den Wahlständen spielten sich bedrückende Szenen ab. Schlimm war für mich der Weggang einiger vertrauter Leute, die einfach am Ende ihrer Kräfte waren.“
Hans-Werner Brüning ist seit 1990 ehrenamtlicher Stadtverordneter, Stadtrat und Fraktionvorsitzender der PDS.

Den Betrieb durch schweres Fahrwasser geführt

„Ich war, als die Mauer geöffnet wurde, sehr bewegt“, blickt Hans Schuster, damals Leiter eines Magdeburger Traditionsbetriebes auf dem Gebiet der Denkmalpflege, zurück. *„Mit Tränen in den Augen blieb ich die halbe Nacht auf und sah das Unfaßbare.“*
Schuster war seit vielen Jahren Mitglied der LDPD. *„Außer mir“*, so erinnert er sich, *„ist aus dem etwa 30 Personen starken Gremium des ehemaligen Bezirksvorstandes nur der spätere Landtagsabgeordnete Buchholz in die FDP übergewechselt. Viele, die nur deshalb einer Blockpartei beigetreten waren, um nicht Genosse werden zu müssen, konnten oder wollten diesen Schritt nicht mitgehen.“*
„Um die Jahreswende 1989/90 gab es eine Menge zu tun“, berichtet Schuster. *„Wir nahmen zunächst erst einmal Kontakt mit den Vertretern der LDPD in Halle auf, um einen Landesverband zu bilden, wir kannten uns ja kaum. Ich hatte den Auftrag, zusammen mit den Parteifreunden Buchholz und Schmidt die Gespräche zu führen.“*
Hans Schuster verband mit der Wende auch persönliche Hoffnungen. Rückblende: Am 1. März 1886 übernahm sein Großvater Paul ein Baugeschäft auf dem Grundstück Breiter Weg 133. Der Firmengründer, von Beruf Zimmermeister und Architekt, entdeckte schon früh sein Herz für die Denkmalpflege. Hans Schuster selbst wurde mit 16 Jahren noch in den Zweiten Weltkrieg hineingezogen. Später lernte er Maurer und Zimmermann. Ein Studium in seiner Heimatstadt Magdeburg wurde ihm mit der Begründung verwehrt: Söhne von Kapitalisten haben auf sozialistischen Schulen nichts zu suchen! So studierte er in Osterwieck und an der späteren Ingenieurschule für Bauwesen in Blankenburg und übernahm mit 26 Jahren die Leitung des Familienbetriebes. Seither ist der Name Paul Schuster KG auf das engste mit der Denkmalpflege verbunden. Fast alle bedeutenden historischen Bauwerke der Stadt Magdeburg verdanken die Tatsache, daß sie von der Öffentlichkeit wieder besucht werden können, dem Engagement dieses Unternehmens.

Das Jahr 1959 brachte einen dramatischen Einschnitt, denn von da ab war die Paul Schuster KG ein halbstaatlicher Betrieb, was den Verlust der Selbständigkeit bedeutete. *„Der ganze Vorgang war wohl dem Buchstaben des Gesetzes nach freiwillig“*, sagt Hans Schuster heute, *„aber wer nicht wollte, der wurde einem starken ökonomischen Druck ausgesetzt, so daß er später dann doch der staatlichen Beteiligung zustimmte. Ökonomischer Druck bedeutete, daß man keine Bilanzgrößen für die ohnehin knappen Materialien wie Steine, Zement, Kalk, Dachpappe und ähnliches bekam.“*
Die Firma hieß von 1959 bis 1972 noch Paul Schuster KG, trug aber den Zusatz: Baubetrieb für Denkmalpflege. Sie war zu dieser Zeit mit rund 100 Beschäftigten der einzige Denkmalpflegebetrieb im Lande und hinterließ in vielen Gebieten der DDR ihre Spuren.
Die Steuern betrugen für die heutigen Verhältnisse kaum faßbare 95 Prozent vom Gewinn. Trotzdem mußte sich der ältere der beiden Schuster-Söhne von einem Lehrer sagen lassen, daß er der letzte Kapitalistensohn in Magdeburg wäre.
Die von Honecker betriebene Stärkung des sozialistischen Sektors in der Produktion machte auch vor der Paul Schuster KG nicht halt. Im Klartext bedeutete das: Die Komplementäre hatten ihre Anteile freiwillig an den Staat zu verkaufen. Der Betrieb wurde enteignet und firmierte seit April 1972 unter dem Namen VEB Denkmalpflege Magdeburg.
Bei diesem Vorgang war Schuster, in Anlehnung an seinen Vornamen, noch ein „Hans im Glück“, denn er behielt die Leitung der Firma. Es fehlte allerdings nicht an Versuchen, an seinem Stuhl zu sägen. Einstige Wegbegleiter meinen, seine Fachkompetenz auf dem schwierigen Terrain der Denkmalpflege habe ihn gerettet.
Am 3. Februar 1990 wurde der Antrag auf Rückgabe des Unternehmens gestellt, das seit dem 1. Juli des gleichen Jahres wieder den Namen seines Gründers Paul Schuster trägt. Hans Schuster engagierte sich weiter in der nunmehr gesamtdeutschen FDP und wurde 1990 in den Bundestag gewählt, wo er für eine Legislaturperiode im Ausschuß für Raumordnung, Bauwesen und Städtebau mitarbeitete.
Er ist noch heute gemeinsam mit seinen beiden Söhnen Geschäftsführender Gesellschafter des inzwischen in eine GmbH umgewandelten Betriebes. *„Von Kapitalisten wird unter der Belegschaft nicht mehr geredet“*, sagt er. *„Die Mitarbeiter wissen, daß es in einer Zeit des härtesten Konkurrenzkampfes in der Baubranche um die eigenen Arbeitsplätze geht, daß sich alle in einem Boot befinden.“*
Im März 1990 gründete Hans Schuster zusammen mit anderen engagierten Bürgern die „Magdeburgische Gesellschaft von 1990 zur Förderung der Künste,

Wissenschaften und Gewerbe", deren Vorsitzender er seit der Gründung ist. Die Gesellschaft führt umfangreiche Aktivitäten durch, wie z. B. die Gespräche zur Stadtgestaltung und die Foren mit Persönlichkeiten des öffentlichen Lebens. Seit drei Jahren vergibt sie die August-Wilhelm-Francke-Medaille für besondere Verdienste um die Stadt. Die Auszeichnung, die bisher der Orthopäde Prof. Neumann, die Denkmalschützerin Helga Körner und der Pianist und Musikpädagoge Hermann Müller erhielten, soll an einen Magdeburger Oberbürgermeister erinnern, der von 1817 bis 1848 die Geschicke der Stadt leitete.
Seit dem 20. März 1996 steht Hans Schuster auch dem Kuratorium „1 200 Jahre Magdeburg" e.V. vor, das das Stadtjubiläum im Jahre 2005 vorbereitet.

Die SED ließ wenig Spielraum

1976 wagte Jürgen Scharf, wie er selber sagte, den Eintritt in die Ost-CDU. Er war sich der Machtverhältnisse in der DDR bewußt und hatte keine Illusionen. Er wollte aber sehen, ob es gelingen konnte, unter sozialistischen Verhältnissen Politik aus christlicher Verantwortung zu betreiben. Dabei wurde ihm schnell klar, daß der von der SED gelassene Spielraum sehr eng war. Dennoch versuchte er, die Grenzen politischen Handelns auszuloten.
„... *Wir müssen zur Sicherung des Friedens und der Stärkung der politisch-moralischen Einheit unseres Volkes auf alle ehrlichen Stimmen hören. Kein einziger Gedanke darf hier verloren gehen. Dies gilt auch für die Warnungen an uns.*
– Die unvorstellbaren Schrecklichkeiten eines Krieges in Mitteleuropa dürfen nicht von manchen Leuten verharmlost werden. Ich weigere mich, wie viele andere auch, anzunehmen, daß ich mit einem feuchten Tuch vor dem Mund und einer Plastiktüte über den Kopf gestülpt, mit annehmbarer Sicherheit durch den 3. Weltkrieg komme.
– Das Militärische darf in unserem Leben nicht Überhand nehmen. Es hat eine nicht zu unterschätzende Eigendynamik.
– Es ist nicht von der Hand zu weisen, daß die Erziehung der Jugend zum Denken in militärischen Kategorien die Gefahr fördert, gewaltsame Konfliktlösungen gewaltfreien vorzuziehen. Hier kann ein psychologischer Schaden angerichtet werden, der die Friedensfähigkeit nachfolgender Generationen schwächt."
Kluge Gedanken, die da ausgesprochen wurden, könnte man meinen, auch wenn das Thema nicht mehr ganz aktuell ist. Für Jürgen Scharf, der sie am 24. Februar 1983 im Rahmen eines Diskussionsbeitrages vor der Stadtbezirksversammlung Südost äußerte, brachten sie allerdings viele Probleme.
Die SED forderte seine sofortige Abberufung als Vorsitzender der ständigen Kommission Gesundheitswesen und Sozialfürsorge und als Abgeordneter. Der CDU-Stadtverband kam schon am 2. März zusammen, um über den Diskussionbeitrag zu beraten. Das Gremium, noch verstärkt durch die obligatorischen Gäste aus höheren Parteigliederungen, zeigte ebenfalls kein Verständnis für die Äußerungen des Abgeordneten und Unionsfreundes Scharf.
Auf den Rat politischer Freunde hin informierte dieser den damaligen Bischof Krusche. Daraufhin fanden weitere Gespräche ohne seine Teilnahme statt, die dazu führten, daß die angedrohten Maßnahmen nicht realisiert wurden.

Jürgen Scharf ist heute Parlamentarischer Geschäftsführer der CDU-Landtagsfraktion. „*Der damalige CDU-Stadtvorsitzende, der mich am heftigsten attackierte, hat sich nach der Wende öffentlich bei mir entschuldigt*", sagt er, „*und zwar vor dem Kreisvorstand – dem gleichen Organ, in dem er mich damals angegriffen hatte. Ich habe die Entschuldigung angenommen.*"
Jürgen Scharf, Jahrgang 1952, verbrachte seine Kindheit und Schulzeit in der Altmarkstadt Salzwedel. Seine Neigungen lagen in erster Linie auf dem Gebiet der Naturwissenschaften. 1975 schloß er ein Mathematik-Studium an der Technischen Hochschule „Otto von Guericke" in Magdeburg ab. Scharf arbeitete danach in der angewandten Forschung und Entwicklung beim heutigen Institut für Lacke und Farben.
Er erinnert sich, daß die Ost-CDU mit dem „Brief aus Weimar" zum ersten Mal ihre Stimme zu einer eigenständigen politischen Äußerung erhob.
Über den Brief wandten sich haupt- und ehrenamtliche Mitarbeiter der Kirche, die der CDU angehörten, an die Mitglieder und Vorstände der Blockpartei. Neben Hinweisen zur innerparteilichen Demokratie, zur Profilierung des Beitrages der Partei in der Gemeinschaft des Demokratischen Blocks und zum entschlossenen Herangehen an gesamtgesellschaftliche Probleme enthielt der Brief, datiert vom 10. September 1989, auch Formulierungen, die den SED-Oberen nicht behagen konnten. Die Verfasser wandten sich gegen Tendenzen der Beschönigung oder der Verdrängung gesellschaftlicher Probleme. Sie mahnten eine Ursachenforschung zum Ausreiseproblem an und forderten, die Mündigkeit des Bürgers zu respektieren, indem vom bisherigen, historisch überholten Wahlverfahren abgerückt werden sollte. Der Brief aus Weimar war zwar von der politischen Brisanz her zu keiner Zeit mit dem Gründungsaufruf des Neuen Forum zu vergleichen, wurde aber von der Stasi ebenfalls als ein Vorgang angesehen, der eine Information über die Bestrebungen von feindlich oppositionellen Kräften rechtfertigte.

Jürgen Scharf leistete vor der Wende aktive Arbeit in der Evangelischen Studentengemeinde Magdeburg. Dabei seien Kollisionen mit dem Staat nicht ausgeblieben, sie hätten aber zu keinen ernsthaften Konsequenzen geführt. Er zog sich nach der Erfahrung bei der Stadtbezirksversammlung, in der er den nicht vorhandenen Spielraum ausgelotet hatte, von politischen Aktivitäten weitgehend zurück und konzentrierte sich auf Arbeiten innerhalb der evangelischen Kirche.

Zur Wendezeit entwickelte Scharf zuerst Aktivitäten am Arbeitsplatz. Die alte Betriebsgewerkschaftsleitung wurde aufgelöst und schon Anfang 1990 ein Betriebsrat gewählt, dessen Vorsitzender er wurde. *„Sogleich setzten wir für unseren Betrieb die sinngemäße Anwendung des Betriebsverfassungsgesetzes der Bundesrepublik durch“*, erinnert er sich. *„Mir war klar, alle Versuche, die DDR zu 'erneuern', waren Unsinn. Zum schnellen Beitritt zur Bundesrepublik gab es keine wünschenswerte Alternative.“*

Da stand ein Pferd am Tresen

Die Wende in der ehemaligen DDR brachte nicht nur frischen Wind in die Politik, sondern auch den Ruf: „Neue Wirte braucht das Land“. Die durchaus beachtliche gastronomische Kultur Magdeburgs war am 16. Januar 1945 unter den Trümmern des Breiten Weges begraben worden. Vierzig Jahre HO (Handelsorganisation) hatten auf diesem Gebiet keine neuen Impulse gebracht, sondern eher ein übriges für den schlechten Ruf der DDR-Gastronomie getan.

In der Gellertstraße befindet sich seit zehn Jahren eine Gaststätte. Burkhard Moll machte sie zu einer der bekanntesten der Stadt mit mehr als vierzig Live-Konzerten pro Jahr und viel Prominenz von Heino bis Konstantin Wecker. In den Gasträumen wurden Szenen für den Film „Der Regenmacher“ und für eine TV-Serie gedreht, und es stand auch schon einmal ein Pferd nicht nur auf dem Flur, sondern am Tresen. Ohne die Wende wäre der Name Moll wohl aus den Handelsregistern der Stadt verschwunden, denn sowohl Burkhard als auch seine Schwester Cordula hatten wenig Ambitionen, den väterlichen Feinkostladen weiterzuführen

Burkhard Moll, gelernter Elektriker, arbeitete als Bauleiter für Elektroanlagen bei der Kommunalen Wohnungsverwaltung (KWV). Hier stellt sich die Frage: Wie kommt ein Elektriker zu dem kreativen Beruf eines Gastwirtes? Erstens mußte man unter den Bedingungen der DDR auch bei der KWV ziemlich kreativ sein, wenn man für die Elektroausstattung von 28 000 Wohnungen in Magdeburg-Mitte verantwortlich war, und zweitens war dem heutigen Gastwirt die Kreativität schon in die Wiege gelegt worden: Sein Vater, der ehrbare Feinkosthändler Dieter Moll, verwandelte sich nämlich bis in die sechziger Jahre hinein an den Wochenenden in den Zauberer „Dimo“, Ehefrau Eva-Maria assistierte ihm. Die beiden traten in vielen Varietés der ehemaligen DDR auf und waren auch im Fernsehen zu bestaunen. Burkhard war sozusagen von Anfang an dabei, denn am 18. Februar 1958 wurde er im Anschluß an eine Rosenmontags-„Mugge“, die im „Haus des Handwerks“ stattfand, geboren.

Zur Zeit der Wende wollte Dieter Moll das Geschäft aufgeben. Er dachte an das bevorstehende Rentenalter und wohl auch daran, daß kleine Geschäfte im Zeitalter der Lebensmittelcenter wenig Überlebenschancen hätten. Ein Handgelenkbruch beschleunigte seinen Entschluß. In diesem Moment erwachte in dem Sohn der Wunsch, die Tradition nicht untergehen zu lassen. Nicht mit einem Geschäft, sondern mit einer Gaststätte wollte er den Namen Moll weiterführen. Eine kleine Kneipe hatte er im Sinn und von Gastronomie keine Ahnung. Dafür konnte er improvisieren.

Die Umbauarbeiten, vor allem die Materialbeschaffung, gestalteten sich schwierig. Man befand sich zeitlich noch deutlich vor der Währungsunion, und viele Betriebe hielten ihr Material in Erwartung der D-Mark zurück. So mußte Moll viel in Eigenleistung machen, Freunde halfen.

Er legte einen Befähigungsnachweis bei der IHK ab und meldete den „Laden“ als Imbißbude mit Sitzmöglichkeiten beim damaligen Rat der Stadt an. *„So lautete die Eintragung einige Jahre“*, sagt er, *„die 1993 eröffnete benachbarte Cocktailbar mit eingeschlossen.“*

1995 wurde durch ein unabhängiges Gremium entschieden, daß diese Cocktailbar zu den 40 besten Bars in Deutschland gehört. Wenig, bis gar keine Freizeit sind der Preis für Erfolg und Popularität. An einen Urlaubsplatz, nach dem Auto wohl der Deutschen höchstes Ziel, kann sich Moll seit der Wende nicht erinnern, ein freies Wochenende aus dem Jahre 1991 ist das einzige, was ihm zu dem Thema einfällt. Unter diesem Aspekt soll er auch schon gelegentlich gesagt haben: *„Manchmal bereue ich das Ganze.“*

Und doch: Wohl kaum einer will die Ereignisse, die im Herbst '89 ihren Anfang nahmen, zurückdrehen. In dieser Zeit öffneten sich die Tore zu mehr Selbständigkeit und Freiheit, begannen auch in Magdeburg die Menschen, ihr Leben selbst in die Hand zu nehmen und ihre Stadt zu gestalten zu einem Ort, an dem sie sich zu Hause fühlen.

Die Kirche in der modernen Großstadt

WALTRAUT ZACHHUBER
WOLFGANG GERLICH

Der Reisende, der in Magdeburg aus dem Hauptbahnhof tritt, sieht zunächst nur die beiden krabbengeschmückten Türme des Domes. 104 Meter hoch, überragen sie alle anderen Gebäude der Innenstadt. Der Dom St. Mauritius und Katharinen ist heute die Bischofskirche der Evangelischen Kirche der Kirchenprovinz Sachsen und zugleich Gemeindekirche der Domgemeinde. Näher noch zum Bahnhof befindet sich, mit zwiebelförmigen Turmhelmen versehen, die Kathedralkirche des Bistums Magdeburg, St. Sebastian. Sonst sind weit und breit keine Kirchen zu entdecken.
Die beiden nächsten, die sich finden, sind das ehemalige Kloster Unser Lieben Frauen, heute Konzerthalle, und die frühere Stadt- und Ratskirche St. Johannis hinter dem Rathaus, heute die neueste Festhalle der Bürgerschaft Magdeburgs. Wer nach kirchlich genutzten Kirchengebäuden sucht, wird erst an der Elbe wieder fündig – dicht nebeneinander stehen Walloner Kirche, St. Petri und die kleine Magdalenenkapelle. Alle anderen Kirchen finden sich erst wieder in angrenzenden Stadtteilen oder am Rande Magdeburgs.

Priesterweihe in der St. Sebastiankirche durch Bischof Leo Nowak

Die Evangelische Kirche in Magdeburg – der Evangelische Kirchenkreis in Nachbarschaft mit Evangelischen Freikirchen

Am 26. Juni 1524 predigte Martin Luther in der Johanniskirche – das war der Beginn evangelischer Kirchengeschichte in der Stadt, die sich lange „Unsers Herrgotts Kanzlei“ nannte. Der Dom wurde am 1. Advent 1567 evangelisch. Jahrhunderte hindurch gehörten fast alle Einwohner der Lutherischen Kirche an. Als nach dem Dreißigjährigen Krieg Magdeburg fast keine Bürger mehr hatte, wanderten mehrere tausend von in Frankreich verfolgten Protestanten ein und gründeten Reformierte Gemeinden. Heute sind die verfolgten Protestanten und die reformierten Christen in Magdeburg eine Minderheit (etwa acht Prozent). Die Kirchengemeinden sind zum Evangelischen Kirchenkreis Magdeburg zusammengefaßt.
Die evangelische Kirche hat in Magdeburg viel bewegt: die Musik am Dom, die kulturhistorisch wertvollen Kirchen, die Pflege von Bildung und Erziehung, Kunst und Wissenschaft ... Manches ist auch heute noch oder wieder da.
Im Magdeburger Dom sieht der Kirchenkreis eine besondere Chance, Menschen zu begegnen und sie zu informieren über Fragen des christlichen Glaubens, der Kirche und kirchlicher Arbeit. Er ist zugleich ein Magnet für Touristen und Christen aus aller Welt. Wochentags ist 12 Uhr immer ein Mittagsgebet im Hohen Chor des Domes. Im Dom war im Herbst 1989 das Zentrum der „Gebete für gesellschaftliche

links: Sternsinger

Evangelisches Jugendkabarett „W.I.R."

Erneuerung" und der Ausgangspunkt der friedlichen Demonstrationen. Die Kirchenkonzerte des Domchores werden gern besucht – ebenso die des Magdeburger Kantatenchores. Christen aus beiden Kirchen gründeten nach 1990 das Ökumenische Domgymnasium.

Die Sozialarbeit der Magdeburger Stadtmission e.V. bietet ein breites Spektrum an Beratung, Hilfe und Betreuung an, für Ehen und Familien, für schwangere Frauen in Not, für Flüchtlinge und Sinnesgeschädigte, für Süchtige und sozial Gefährdete und Schwache. Die Pfeifferschen Stiftungen, wie die Stadtmission weit über 100 Jahre alt, sind mit Krankenhaus, Behindertenarbeit, Alters- und Pflegeheimen, geriatrischer Station und Lungenklinik Lostau ein weiterer wichtiger Träger evangelischer Sozialarbeit. Außerdem engagiert sich der Kirchenkreis mit seinen Gemeinden in der offenen Kinder- und Jugendarbeit und unterhält zehn Kindertagesstätten.

Es gibt rund 21 000 Evangelische in 26 lutherischen und in der einen reformierten Gemeinde Magdeburgs. Neben den hauptberuflichen Mitarbeiterinnen und Mitarbeitern arbeiten rund 1000 Ehrenamtliche in den Gemeinden, z. B. bei der Telefon- und Notfallseelsorge, mit der Krankenbesuchsaktion „Grüne Damen", in vielen Chören oder im Betlehemhaus auf dem Weihnachtsmarkt.

Ökumenische Gemeinschaft haben die Gemeinden im Kirchenkreis Magdeburg mit der Evangelisch-methodistischen und der Katholischen Kirche, der Evangelisch-Freikirchlichen Gemeinde und der Adventgemeinde, der Pfingstkirche und christlichen Verbänden wie dem CVJM.

Ein „Ökumenischer Arbeitskreis für Gerechtigkeit, Frieden und Bewahrung der Schöpfung" verantwortet jährliche „Friedensdekaden", organisiert Friedensgebete im Dom und regte die Stiftung „Lothar-Kreyssig-Friedenspreis" an, die seit 1999 Menschen auszeichnet, die sich besonders für Frieden und Versöhnung einsetzen.

„Kirche in der Stadt" zu sein – dazu sehen sich in der Landeshauptstadt die evangelischen Christen herausgefordert. Das Evangelische Kultur&Info-Café „mittendrin" in der künftig wieder pulsierenden Leiterstraße soll dem, der vorübergeht, ein Angebot sein zum Verweilen bei Kaffee oder Tee oder einem kühlen Bier oder zur Information über die Themen „Kirche" oder „Glauben". Das Café soll – anstelle der durch Krieg und Nachkriegszeit verschwundenen vielen Innenstadtkirchen – eine Brücke schlagen zwischen Stadtbevölkerung und evangelischer Kirche.

Die Katholische Kirche in Magdeburg

Nach der Einführung der Reformation in Magdeburg gab es nur noch sehr vereinzelt Christen, die sich zur katholischen Kirche bekannten. Lediglich das St. Agnetenkloster in der Neustadt blieb als katholischer Gottesdienstort bis zur Zerstörung unter Napoleon

„Nacht der Lichter" im Dom

Erstkommunion

rechts: offene Kinder- und Jugendarbeit in Magdeburg Nord

erhalten. Das Kloster selbst wurde schon 1803 durch den Reichsdeputationshauptschluß aufgehoben. Die kleine katholische Gemeinde hatte danach kein eigenes Kirchengebäude mehr zur Verfügung.
Im Laufe der Industrialisierung des 19. Jahrhunderts kamen durch Zuzüge aus Schlesien, dem Eichsfeld und aus anderen katholischen Gebieten Deutschlands zunehmend Katholiken nach Mitteldeutschland. Die meisten katholischen Gemeinden und auch Kirchengebäude Magdeburgs entstanden so in der zweiten Hälfte des 19. Jahrhunderts. St. Sebastian als jetzige Kathedralkirche ging als ehemalige Stiftskirche 1870 in das Eigentum der katholischen Gemeinde über. Das Leben der Gemeinden im konfessionell fest geprägten Umfeld wurde für viele eine zweite Heimat. Ein weiterer wesentlicher Zulauf katholischer Christen ergab sich im Resultat des Zweiten Weltkriegs aus den Flüchtlings- und Vertriebenenströmen aus dem Osten.
Von 1821 bis 1994 war Magdeburg ein Teil des Erzbistums Paderborn. Im Zuge der Neuordnung der deutschen Bistümer wurde das Bistum Magdeburg als eigenständiges Bistum am 9. Oktober 1994 mit seinem ersten Bischof Leo Nowak neu gegründet. Die Kathedralkirche St. Sebastian ist Sitz des Bischofs und seines Kathedralkapitels in einem Bistum, das neben dem (fast gesamten) Land Sachsen-Anhalt einige Gebiete Sachsens und Brandenburgs umfaßt.

Einführung des evangelischen Bischofs im Dom

Die heiligen Bistumspatrone Norbert (Erzbischof von 1126 bis 1134), Mechthild (die große Mystikerin des 13. Jahrhunderts) und Mauritius (römischer Soldatenmärtyrer und erster Patron der ganzen Stadt) erinnern an Menschen, die mit der Geschichte Magdeburgs verknüpft waren und deren Leben aus dem Glauben für viele andere beispielgebend war.

Heute leben in der Elbestadt ungefähr 10 000 katholische Christen in elf Gemeinden verteilt über das gesamte Stadtgebiet. Gemeinsam mit Christen anderer Konfessionen sind somit noch nicht einmal 20 Prozent der hier lebenden Menschen Mitglied einer Kirche. Dies ist für Großstädte in der ehemaligen DDR jedoch nicht untypisch. Trotzdem: Die Kirchen bringen sich mit ihrem Engagement in die Gestaltung des sozialen Lebensraumes Großstadt ein.
Besonders deutlich wird dies an den Bildungs-, Erziehungs- und Sozialeinrichtungen, die in der Trägerschaft der katholischen Kirche betrieben werden. Ein Gymnasium, eine Grundschule, eine Berufsfachschule, das Roncallihaus als Heimvolkshochschule, das Krankenhaus St. Marienstift, ein Alters- und Pflegeheim, das Kolping-Bildungswerk, fünf Kindertagesstätten, zwei Sozialstationen und zahlreiche Beratungs- und Betreuungsangebote des Caritasverbandes stehen als Angebote nicht nur konfessionsgebundenen Menschen offen.
Neben der hauptamtlichen Arbeit von Priestern (darunter ein Prämonstratenser-Chorherren-Konvent), ständigen Diakonen, Ordensschwestern und Gemeindereferentinnen ist das Gemeindeleben vor allem vom vielfältigen ehrenamtlichen Engagement vieler Frauen und Männer abhängig. Ein reges Leben von katholischen Verbänden in der Stadt belegt diese Tatsache. Das Kolpingwerk, die Katholische Arbeitnehmerbewegung, der Bund Katholischer Unternehmer, die Katholische Erwachsenenbildung und der Katholische Frauenbund bieten ein vielfältiges Betätigungsfeld für Menschen, die sich mit Fragen des Glaubens und der Gesellschaft beschäftigen und eine solidarische Handlungsgemeinschaft erleben wollen.

Magdeburg als Zentrum für Industrie und Handel

DIE INDUSTRIE- UND HANDELSKAMMER

HANS-JOCHEN WEGNER
SABINE WENZEL

Zu einer Zeit, da Köln und Mainz bereits Sitze von Erzbischöfen waren, also um etwa 800, war Magdeburg ein weit vorgeschobener Handelsplatz an der Grenze zu den Slawen unter dem Schutz eines fränkischen Kastells. Einzelheiten des Magdeburger Handels im 9. und 10. Jahrhundert sind leider nicht bekannt, aber es gab natürlich auch hier bereits regen Warenverkehr. Der Ort und später die Stadt entstanden durch den Fernhandel. Aus dem 10. Jahrhundert existieren erste Aussagen über die in Magdeburg ansässige Bevölkerung. Hierbei erfahren die Kaufleute eine besondere Würdigung. Schon zu diesem Zeitpunkt hatte die Stadt eine große Bedeutung als ein Haupthandels- und Stapelplatz für die aus den slawischen Gebieten eingehenden Waren. Im Jahr 965 verlieh Kaiser Otto I. Magdeburg das Stadtrecht, er bestimmte den Marktplatz und ordnete die Jahrmärkte an. So gelangte die Stadt zur rechtlichen Stellung eines Handelsmittelpunktes, der durch die Vorteile Marktfrieden und Marktgerichtsbarkeit ausgezeichnet war. Die Magdeburger Kaufleute erhielten erste privilegierte Rechte, so z.B. das Recht, überall im Reich und auch in den slawischen Gebieten zu handeln und ungehindert hin- und herzureisen. Mit der Einrichtung des Erzstifts Magdeburg waren alle Voraussetzungen gegeben, um Magdeburg zur wirklichen Kaufmannsstadt werden zu lassen. Dies bildete auch den Wendepunkt in der allgemeinen Handelsgeschichte, nämlich mit der Verschiebung des Ausgangspunktes des Handels seßhafter Kaufleute vom Rhein an die Elbe, also weiter nach Osten. Magdeburg war die erste wirkliche Stadt im Osten mit einer den rheinischen Städten ähnlichen wirtschaftlichen, sozialen und verfassungsmäßigen Struktur, der Endpunkt einer der wichtigsten west-östlichen Handelszüge, der Straße, die den Niederrhein und Niedersachsen verband. Mit der eigenständigen, spezialisierten Handwerksproduktion, mit Nah- und Fernhandel, Markt, Münze und Geldverkehr waren die wichtigsten Voraussetzungen für die weitere Stadtentwicklung gegeben. Es gab ein freies, grundbesitzendes Bürgertum, dessen Reichtum mit dem der Stadt zunahm. Mitte des 12. Jahrhunderts wandte sich die Magdeburger Kaufmannschaft in ihrer Handelstätigkeit verstärkt dem Osten zu; aber auch mit bedeutenden Plätzen an der Ostsee wurde Handel getrieben. Etwa zu dieser Zeit verlieh Erzbischof Wichmann Innungsprivilegien. Wichmann war ein bedeutender Initiator und Förderer von Handel und Gewerbe. In der Schöppenchronik wurden die Gewandschneider- und die Seidenkramerinnung als erzbischöfliche Gründungen gewürdigt. Außerdem förderte und bestätigte er in Magdeburg die Innungen der Schuhmacher, Bäcker und Schmiede. Für das 12. Jahrhundert können acht verschiedene Gewerbe erwähnt werden. Auch im 13. Jahrhundert entwickelte sich das Gewerbe weiter. Die Zahl der Gewerbearten stieg allerdings nur auf 17. Seit 1281 waren im Magistrat auch Handel und Gewerbe durch die Innungsmeister der großen Innungen (Gewandschneider, Krämer, Kürschner, Leinwandschneider, Schuhmacher) vertreten. Einen bedeutenden Platz im Handel nahm zu jener Zeit die Hanse ein. Obwohl die Magdeburger Kaufleute den Hanse-Bund zunächst ignorierten, gehörten sie ihm schließlich doch an. Durch ihren Eintritt in die Hanse (genaues Datum unbekannt, aber erste Nachricht von 1295) stieg die Bedeutung der Stadt mit der weiteren Ausdehnung des hanseatischen Machtbereiches. Magdeburg galt als Metropole für den Handel südlich und östlich der Elbe. Die Blütezeit des Gewerbelebens wurde im 14. Jahrhundert eingeleitet. Mittlerweile waren in der Stadt 42 verschiedene Gewerbe ansässig.

Im 15. Jahrhundert hatten sich dann schon 79 verschiedene Gewerbe angesiedelt. Der zunehmende Reichtum der Innungen zeigte sich auch in ihren prunkvollen Innungshäusern. Auch im 16. Jahrhundert und im Zeitraum bis zum Jahr 1631 waren keine Einbußen an Reichtum und Macht zu registrieren. Die Anzahl der Gewerbe stieg bis zur Zerstörung der Stadt auf 113. Damit übertraf Magdeburg in seiner Gewerbevielfalt andere bedeutende Städte wie z. B. Braunschweig. Nach dem 10. Mai 1631 änderte sich jedoch die Lage dramatisch. Von der schweren Zerstörung erholte sich die Stadt lange nicht, und es dauerte fast 100 Jahre, bis Magdeburg einigermaßen an die alte Blüte anknüpfen konnte. Als hilfreich in diesem Prozeß erwies sich die Ansiedlung zahlreicher

Wichmann-Medaille, anläßlich der Wichmann-Ehrung 1992 durch die IHK Magdeburg ausgegeben

Alter und neuer Packhof, Schiffmühlen, Elbkähne und Dampfer „Stadt Magdeburg", ca. 1850

Hugenotten in der Region um Magdeburg. Die sich allmählich entwickelnde Manufaktur- und Fabrikproduktion förderte auch die Handelstätigkeit, denn für die Waren mußten neue Absatzgebiete erschlossen werden. Ein neues Zeitalter war angebrochen. Günstigere Bedingungen für Handel und Gewerbe brachte die Eröffnung des Plaueschen (Elbe-Havel-) Kanals im Jahre 1745. Die Magdeburger Handelsverbindungen erstreckten sich am Ende des 18. Jahrhunderts vor allem nach Hamburg, Leipzig, Lüneburg, Nürnberg, Regensburg sowie nach Böhmen, Ungarn, Siebenbürgen und in die Türkei. Zudem existierte ein starker Transitverkehr von Waren verschiedenster Art. In der Zeit der westfälischen Herrschaft wurden die Innungen per Gesetz vom 5. August 1808 aufgehoben. Die Einführung der Gewerbefreiheit brachte der Magdeburger Wirtschaft spürbare Veränderungen und deutlichen Aufschwung. Anfang des 19. Jahrhunderts war Magdeburg im Wesentlichen noch eine Handelsstadt mit beginnender industrieller Produktion. Die Stadt zählte zu diesem Zeitpunkt etwa 35 376 Einwohner und nahm eine Fläche von 2 424 Hektar ein. Die aufkommende Industrie brachte eine weitere Steigerung des Handelsaufkommens mit sich und erforderte völlig neue Verkehrsverhältnisse. Dieser Beginn einer großen Industrialisierung war eng verbunden mit dem Bau von Eisenbahnen. Der damalige Oberbürgermeister, August Wilhelm Francke, setzte sich vehement für die Errichtung einer Eisenbahnverbindung von Magdeburg nach Leipzig ein. Die Idee fand auch in preußischen Regierungskreisen Zustimmung. Nach vielfältigen Bemühungen und dem Überwinden zahlreicher Schwierigkeiten fuhr am 20. Juni 1820 der erste Zug von Magdeburg nach Köthen, am 23. Juni 1840 erfolgte die Streckeneröffnung bis Halle und am 18. August die Einweihung des Abschnittes nach Leipzig. Das neue Verkehrsmittel trat einen Siegeszug an. Dank der geographischen Lage, der handelspolitischen Bedeutung und der Umsicht, Aufmerksamkeit und Betriebsamkeit der Kaufmannschaft, die nach anfänglichem Irrtum die Bedeutung der Eisenbahn erkannte und förderte, erfuhr Magdeburg eine weitere Aufwertung als Handelsstandort. Der regelmäßige Personen- und Güterverkehr wurde im Spätherbst 1840 aufgenommen. Im Sommer 1843 eröffnete die Linie Magdeburg-Halberstadt. Durch die im Jahre 1846 erfolgte Freigabe der Strecke Magdeburg-Potsdam bestand auch eine durchgehende Verbindung bis in die Hauptstadt Berlin. Das Jahr 1849 brachte schließlich die Anbindung an den Norden in Richtung Hamburg mit der Strecke Magdeburg-Wittenberge. Die Bedingungen für Handel und Gewerbe verbesserten sich stetig. Eigen- und Speditionshandel blühten. Magdeburg entwickelte sich zum bedeutendsten Zuckerhandelsplatz Deutschlands. Mit der Ausdehnung der Industrie wuchs der Kohlenhandel, der Holzhandel paßte sich der Situation an. Die Stadtverwaltung leitete Maßnahmen zum Ausbau der Kaianlagen an der Elbe ein, der Bau eines dringend benötigten Winterhafens wurde in Erwägung gezogen. Der Anbau von Zuckerrüben im Umland der Stadt trug dazu bei, daß sich Magdeburg als Industrie- und Handelsstadt ständig auf hohem Niveau weiterentwickelte. In der Mitte des 19. Jahrhunderts existierten im industriellen Bereich elf Zuckerfabriken mit 2 081 Beschäftigten und 21 Zichorienfabriken mit 868 Beschäftigten. Die Einführung, ständige Weiterentwicklung und Anwendung der Dampfmaschine spornte die Industrie weiter an. Der Maschinenbedarf der Zuckerfabriken, die die im Umland geernteten Rüben verarbeiteten, war sehr hoch. Während der Rübenkampagne waren vor allem schnelle Maschinenreparaturen gefragt, damit die Zwischenprodukte nicht verdarben. Das Bestreben

Haus zum Lindwurm. Das frühere Innungsgebäude der Kaufleute-Brüderschaft befand sich an der Ecke Breiter Weg/Schulstraße und wurde als Versammlungsort sowie zu Wohn- und Gewerbezwecken genutzt.

der Zuckerindustrie ging daher in die Richtung, die erforderlichen Maschinen in Magdeburg bauen zu lassen, um hier auch sofort Reparaturkapazität zur Verfügung zu haben. Die günstige Entwicklung der Maschinenfabriken in Magdeburg ist das Resultat der insgesamt positiven Standortverhältnisse. Die Konsumorientierung der Maschinenfabriken (d.h., daß sie für am Ort oder im Umland tätige Abnehmer produzierten) brachte aber auch die Gefahr mit sich, daß bei Abdeckung des örtlichen Bedarfs die Produktion zurückging oder völlig zum Erliegen kam. Dieser Fall mußte in Magdeburg eintreten, wenn der Ausbau und die materiell-technische Einrichtung der Zuckerfabriken abgeschlossen war. Jene Entwicklungsrichtung berücksichtigend, bildete sich neben dem allgemeinen Maschinenbau der Bau von Spezial-Maschinen heraus.

Der völlige Übergang zum spezialisierten Maschinenbau dauerte mehrere Jahrzehnte bis zum Beginn des Ersten Weltkrieges. Hohe Anerkennung weit über die Grenzen Deutschlands hinaus fanden die Erzeugnisse der Grusonwerke Buckau, der Maschinenfabrik der Hamburg-Magdeburger-Dampfschiffahrts-Compagnie, der Maschinenfabrik R. Wolf Buckau etc.

Die Magdeburger Wirtschaft nahm im 19. Jahrhundert in den verschiedensten Bereichen einen großen Aufschwung. Neben dem industriellen Bereich zählten dazu vor allem das Bank- und Geldwesen, das Versicherungsgewerbe, der Handel, die Schiffahrt und das Hafenwesen, Post, Telegrafie und andere Zweige des Verkehrswesens.

Die am 9. April 1825 mit königlicher Genehmigung gegründete „Korporation der Kaufmannschaft zu Magdeburg“, die im Jahre 1899 zur Handelskammer umgebildet wurde und seit dem Jahr 1924 als Industrie- und Handelskammer wirkte, war und ist der Interessenvertreter der Gesamtwirtschaft Magdeburgs. Einen Schwerpunkt der Arbeit sah die korporative Vertretung der Magdeburger Wirtschaft sowohl im 19. Jahrhundert als auch in den folgenden Jahrzehnten in der allumfassenden Förderung der Gesamtwirtschaft, deren Wachstum von günstigen Standortverhältnissen abhängt. Deshalb war und ist eine enge kooperative Zusammenarbeit mit der Stadtverwaltung unerläßlich.

Im 19. Jahrhundert wuchs Magdeburg durch seine Lage, vor allem aber durch die Einsatzbereitschaft und Geschäftstüchtigkeit seiner Industriellen und Kaufleute, zum wichtigsten Zucker-Standort in Deutschland und schließlich in Europa.

Die Magdeburger Börse, die sich aus kleinen Anfängen allmählich entwickelte, erlebte ihre Blütezeit mit dem Einsetzen des Zuckerexportgeschäfts.

Die Magdeburger Zuckerbörse war jahrzehntelang auf dem Weltmarkt tonangebend – möglich, weil sich

Schäffer & Budenberg GmbH
Magdeburg-Buckau, 1860

Armaturen-, Maschinen- und Patronenfabrik Polte, gegründet 1885

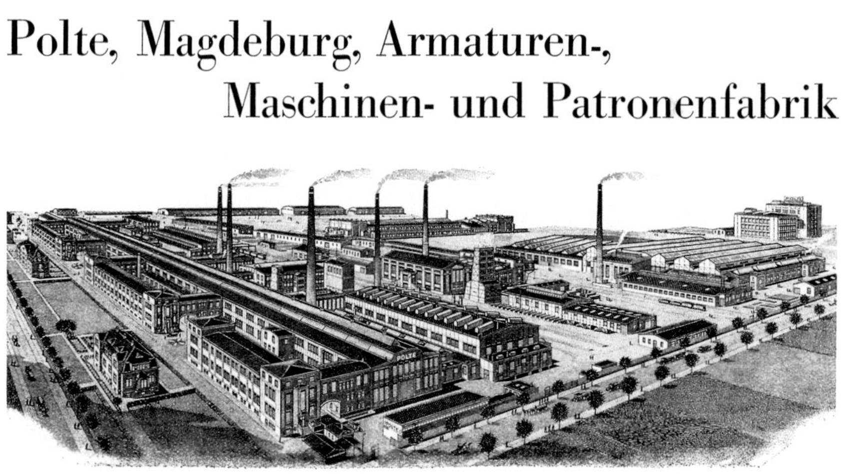

Maschinenfabrik R. Wolf Aktiengesellschaft Magdeburg, Ansicht des Werkes Buckau, um 1860

Zuckerraffinerie Magdeburg Actiengesellschaft, Mitte des 19. Jahrhunderts gegründet

der Handel nicht nur quantitativ, sondern vor allem qualitativ entwickelte, indem er im Laufe der Zeit immer mehr die modernen börsenmäßigen Formen des Terminhandels annahm.

Bei den an der Magdeburger Börse vertretenen Handelskreisen bestand das Bedürfnis, einheitliche Bedingungen zu fixieren, die einen raschen und relativ sicheren Geschäftsabschluß ermöglichten. Diesem Zweck diente auch der mit tatkräftiger Unterstützung der „Aeltesten“ (Älteste der Kaufmannschaft, ähnlich einem Vorstand) im Jahre 1850 in Magdeburg gegründete Verein der deutschen Zuckerindustrie.

Die erste „Börsenordnung“ erließen die „Aeltesten“ im Januar 1863. Am 24. April 1885 folgte die „Börsenordnung für die Stadt Magdeburg“, die am 10. Oktober 1885 ministeriell genehmigt wurde und am 1. Januar 1886 in Kraft trat, nachdem am 13. November 1885 die „Aeltesten“ auch die notwendigen „Ausführungsvorschriften für die Börse zu Magdeburg“ verabschiedet hatten.

Der lokale Markt wurde Weltmarkt, die Marktverhältnisse waren immer schwerer zu überblicken. Ständig steigende Zuckerproduktion und damit verbundener steigender Exportzwang führten zu einer engen Verbindung Magdeburgs mit den internationalen Zuckerhandelsplätzen London und Paris.

Einheitliche Positionen wurden dringend notwendig, zumal sich auch in Deutschland zahlreiche Unstimmigkeiten und Streitigkeiten zwischen den einzelnen Händlern und Handelsplätzen nicht vermeiden ließen. Solche Streitigkeiten zu schlichten war Aufgabe des im Jahre 1883 gegründeten Magdeburger Zucker-Syndikats.

Zu Mitgliedern dieses ehrenamtlich tätigen Schiedsgerichts wählte man je zwei Vertreter aus der Gruppe der Zuckerproduzenten einerseits und der Gruppe der Raffinerien und Kaufleute andererseits. Dieses Vierergremium berief dann ein weiteres neutrales Mitglied als Vorsitzenden.

Vor dem Zucker-Syndikat wurden zahlreiche Verhandlungen geführt und die Mehrzahl mit einem Schlichtungserfolg beendet.

49

Börsen-Ordnung

Stadt Magdeburg.

Magdeburg, 1863.

Börsen-Ordnung für die Stadt Magdeburg, Haenel'sche Hofbuchdruckerei, 1863

Innenansicht des Hauses der Handelskammer, Börsensaal, 1906

Unruhe gab es 1886 auf dem Magdeburger Zuckermarkt, als bekannt wurde, daß Bestrebungen liefen, den Zuckerhandel an die Berliner Börse zu verlegen. Der damalige I. Vorsteher der „Aeltesten der Kaufmannschaft zu Magdeburg", Commerzienrat Neubauer, setzte eine Kommission ein, die sich mit diesem Problem beschäftigen sollte. Sie kam zu dem Schluß, daß die Verwirklichung dieses Planes äußerst negative Auswirkungen auf den Handel Magdeburgs haben würde.

Durch das umsichtige Handeln der „Aeltesten" konnte die komplizierte Situation einvernehmlich geklärt werden, indem auch an der Magdeburger Börse der Zuckerterminhandel eingeführt wurde.

In den an der Magdeburger Börse für das Termingeschäft ausgestellten Schlußscheinen war sowohl „Frei auf Speicher Magdeburg" als auch „Frei an Bord Hamburg" als Lieferungsort festgeschrieben. Bereits im Jahre 1885 gründeten fünf Magdeburger Firmen den „Deutschen Zucker-Export-Verein zu Magdeburg", um sich nicht einseitig von den von ausländischen Handelsplätzen diktierten Bedingungen abhängig zu machen und die Interessen der deutschen Verkäufer zu schützen.

Bedingt durch unseriöse Spekulationsgeschäfte kam es im Jahre 1889 an der Magdeburger Zuckerbörse zu einer schweren Krise. Die angebotene Ware blieb unverkäuflich, ein täglich zunehmender Preissturz trat ein. Dies bedeutete den Ruin der Spekulanten, aber auch solider, nicht an den Spekulationen beteiligter Handelshäuser.

Um solchen Ereignissen vorzubeugen bzw. ihre Folgen zu mildern, wurde am 13. September 1889 die Magdeburger Zuckerliquidationskasse in Form einer Aktiengesellschaft mit einem Grundkapital von drei Millionen Mark gegründet.

Die Kasse übernahm nur die Garantie für die Geschäfte, die von bei ihr als Makler zugelassenen Personen getätigt wurden. Die Makler an der Börse waren zugleich als Makler bei der Liquidationskasse angestellt und verpflichtet.

Die Entwicklung des Wirtschaftsstandortes Magdeburg vollzog sich weiter kontinuierlich. Die Stadt hatte bei der Berufszählung im Jahr 1906 insgesamt 239 325 Einwohner. Es zeigte sich, daß etwa die Hälfte (52,1 %) der Erwerbstätigen in der Industrie und ca. 25 % im Handels- und Verkehrsbereich arbeiteten.

Um die Jahrhundertwende war eine wachsende Zahl von Betrieben und Beschäftigten zu verzeichnen.

Bezogen auf je 10 000 Einwohner bestanden statistisch gesehen in der Stadt Magdeburg 272 Betriebe. Im Vergleich dazu lag die Anzahl der Betriebe in Hamburg bei 371, in Leipzig bei 325, in Altona bei 320, in Bremen bei 302, in Berlin bei 300, in Dresden bei 296, in Frankfurt/M., München und Braunschweig bei je 276.

Gemessen an der Zahl der reinen Handelsbetriebe, lag Magdeburg an elfter Stelle in Deutschland. Die Handelsbetriebe der Stadt beschäftigten im Durchschnitt drei Personen.

Die Magdeburger Wirtschaft war durch die metallverarbeitende Industrie und den Maschinen- und Apparatebau geprägt. In diesem Bereich trat sie im Vergleich mit anderen deutschen Großstädten deutlich hervor. Diese Tendenz verstärkte sich in den folgenden Jahren und Jahrzehnten noch.

Die anderen Industriezweige (außer Nahrungs- und Genußmittelindustrie) und das Handelsgewerbe blieben unter dem Reichsdurchschnitt.

Auch überwog zu dieser Zeit in Magdeburg die Anzahl der kleingewerblichen Betriebe (85% aller Betriebe) mit einer Beschäftigtenzahl bis zu fünf Personen.

In nur drei Betrieben (= 0,01 %) waren mehr als 1000 Personen beschäftigt.

Die am Beginn des 20. Jahrhunderts gute konjunkturelle Lage ebbte zeitweilig ab, setzte sich dann aber bis zu Beginn des Ersten Weltkrieges fort. Die Steuerpolitik des Staates führte allerdings dazu, daß in dieser Zeit die meisten Magdeburger Betriebe über einen erheblichen Rückgang ihrer Gewinne klagten. Soziale Spannungen verschärften die Situation. In zahlreichen Beratungen erörterte die Handelskammer die Situation, versuchte, die Gesamtlage der Magdeburger Wirt-

Adreßbucheintrag der Magdeburger Firma Rudolf Wolf, 1906

links: Adreßbucheintrag der Firma John Fowler & Co., 1906

Handelshafen von Norden gesehen, ca. 1927

Commerz- und Privatbank Magdeburg, Hauptgebäude in der Otto-von-Guericke-Straße

schaft zu verbessern und verwies in diesem Zusammenhang auf die Notwendigkeit der Realisierung wichtiger Verkehrsprojekte, z.B. die weitere Verbesserung des Eisenbahnverkehrs und die zügige Planung, Projektierung und den Bau des Mittellandkanals. Insgesamt gesehen hatte sich die Infrastruktur gut entwickelt, vor allem auch deshalb, weil im Herbst 1910 ein an der Elbe gelegenes Industrie- und Hafengelände seiner Bestimmung übergeben werden konnte. Die gute bis befriedigende Wirtschaftslage schien sich in den ersten Monaten des Jahres 1914 fortzusetzen. Mit dem Ausbruch des Ersten Weltkrieges veränderte sich das Wirtschaftsleben schlagartig.

Es zeigte sich bald, daß die Kapazitäten für die Versorgung des Inlands und die gleichzeitige Befriedigung des ungeheuer großen Heeresbedarfs nicht ausreichten. Hinzu kamen Probleme in der Rohstoffversorgung.

Trotzdem nahm die metallverarbeitende Industrie in Magdeburg während des Krieges durch zahlreiche Rüstungsaufträge einen enormen Aufschwung.

Nicht so günstig war die Situation in der Nahrungsmittelindustrie. Zuckerproduktion und Zuckerhandel kamen fast vollständig zum Erliegen.

Spürbar waren auch Ansätze für neue Wirtschaftszweige, die auf den Transport von Massengütern angewiesen waren. Dazu zählten Getreidemühlen und chemische Fabriken.

Die günstigen Standortverhältnisse und der konsequente Ausbau der Infrastruktur trugen dazu bei, Magdeburgs Position als bedeutender Wirtschaftsstandort trotz aller Widrigkeiten dennoch zu erhalten.

Eine Finanzkrise verschärfte die Situation in Deutschland. Bis zum Ende des Krieges vervollkommnete die Regierung das System der Zwangswirtschaft ständig. Die Einschränkungen für Industrie und Handel gingen soweit, daß Zwangssyndikate gebildet wurden. Vielfältige außerordentliche Kriegsmaßnahmen und die fast vollständige Umgestaltung der freien Wirtschaftsverhältnisse erschwerten die Lage weiter.

Bereits während des Krieges wurden Aspekte einer möglichen Nachkriegswirtschaft und der dahin zu beschreitende Weg diskutiert. Das System der Zwangswirtschaft mußte schrittweise abgebaut werden.

Der Übergang von der Kriegswirtschaft zur Friedensproduktion konnte nur in einem längeren Zeitraum erfolgen. Die Ausgangssituation war ungünstig. Trotz allem Optimismus stand in voller Schärfe die Frage, wie es mit Industrie, Handel und den anderen Wirtschaftsbereichen weitergehen sollte, wie die einstige Bedeutung wiedererlangt werden konnte.

Der Unternehmergeist war durch die Zwangswirtschaft der Kriegsjahre und die daraus resultierenden Folgen gelähmt, der Gewinn der Unternehmen auf ein Minimum reduziert.

Der folgende Zeitraum, in manchen nostalgischen Vorstellungen die „Goldenen Zwanziger“, war alles andere als golden. Das Kriegsende und der Umschwung trafen Magdeburg besonders hart. Während des Krieges war die gesamte Produktion der für das Magdeburger Wirtschaftsleben bestimmenden Metall- und Maschinenindustrie auf die Rüstung ausgerichtet. Die Unternehmer verdienten an der Produktion von Waffen und Munition. Dies schlug sich auch in erhöhten Löhnen nieder, wovon trotz aller Einschränkungen durch die Zwangswirtschaft auch der Handel profitierte.

Strukturelle Änderungen in der Zusammensetzung der Betriebsbelegschaften begannen sich abzuzeichnen. Die Wiedereingliederung der aus dem Krieg zurückkehrenden Soldaten bei gleichzeitigem Ausscheiden von Frauen aus der Produktion mußte koordiniert werden. Regelmäßig fanden Beratungen von Vertretern verschiedener Zivil- und Militärbehörden mit Vertretern der Industrie, des Handels und anderer Gewerbe statt, die das Ziel hatten, Fragen der Demobilisierung, der Umsetzung von Arbeitskräften und der Schaffung neuer Arbeitsplätze zu lösen.

Die Gesamtsituation wurde dadurch erschwert, daß der Im- und Export durch eine Wirtschaftsblockade stark eingeschränkt bzw. zum Teil unmöglich war. Der Inlandsmarkt stagnierte ebenfalls. Die Aufträge für den Maschinen- und Apparatebau, die sonst aus der Nahrungsmittelindustrie, den Zuckerfabriken usw. kamen, blieben aus. Dennoch gelang es insgesamt, die Wirtschaft auf einem relativ niedrigen Niveau zu stabilisieren.

Das Jahr 1920 schien nicht mehr so düster und ungünstig für Magdeburgs Wirtschaft zu verlaufen. Die Zuckerproduktion konnte gesteigert werden; die Zuführung von Rohstoffen und Materialien verbesserte sich. Steigende Betriebskosten und eine schlechte Zahlungsmoral der Kunden führten allerdings zahlreiche Magdeburger Unternehmen in den Ruin. In zunehmendem Maße machte sich ein allmählicher Währungsverfall bemerkbar. Diese inflationären Tendenzen verschlimmerten die Lage weiter.

„... dieser reiche und feste Platz hat an Reizen allerdings nicht in dem Maße zugenommen, als von Jahr zu Jahr an Stärke und Verkehr; vielmehr das Gegenteil. Mit den gewaltigen Rauchschlünden seiner Zuckersiedereien, seiner chemischen und technischen Fabriken, mit seinen an das Elbufer gedrängten, ja in das Flußbett und kasemattenartig in die Festungswälle hinein gemauerten Bahnhöfen, seinen engen, winkeligen, dunstigen Gassen und Gäßchen zwischen Gräben und Mauern eingezwängt ... von Rübenfeldern umgeben, ist es allerdings einer der unvergnüglichsten Punkte, welche ein Tourist berühren kann, wenn auch die Bewohner mit Stolz seine Entwicklung preisen und mit Liebe ihm anhängen ...“ (Louise von Francois: Bericht im Morgenblatt für gebildete Stände, August 1856)

Deutlich spürbar wurde dies ab Mitte 1921. Die Preise stiegen deutlich und erreichten in kurzer Zeit astronomische Ausmaße. In immer kürzeren Abständen mußten Lohn- und Gehaltserhöhungen gewährt werden.
Einen dramatischen Einschnitt auch in das Magdeburger Wirtschaftsleben brachte das Jahr 1923. Französische und belgische Truppen besetzten das Ruhrgebiet. Die deutsche Regierung beantwortete diese Aktion mit „passivem Widerstand“, das heißt mit der Einstellung der gesamten Produktion im Zentrum des deutschen Wirtschaftslebens. Die für Magdeburg so dringend notwendigen Lieferungen an Kohle, Eisen und Stahl aus dem Ruhrgebiet blieben aus. Die Situation in allen Lebensbereichen spitzte sich zu. Die Inflationsrate erreichte bisher nicht gekannte Dimensionen.
Händler hielten Waren zurück. Für das stündlich weiter wertlos werdende Papiergeld gab es nichts mehr zu kaufen. Im November 1923 wurde die Renten- und Goldmark eingeführt und die Stabilisierung der Währung eingeleitet sowie das Ende von Inflation und wirtschaftlicher Talfahrt signalisiert.
Die Preise fielen innerhalb weniger Tage auf das normale Niveau. Die Nachkriegskrise schien gebannt. Der nun einsetzende wirtschaftliche Aufschwung erfolgte jedoch sehr langsam, brachte in Magdeburg nicht den erhofften Erfolg und war obendrein nur von sehr kurzer Dauer. Absatzkrise und hohe Arbeitslosigkeit lähmten bereits 1924 das Magdeburger Wirtschaftsleben erneut. Unzählige angemeldete und vollzogene Konkurse belegen das.

Die Wirtschaft befand sich in einem ständigen Auf und Ab. Große Hoffnungen mußten nüchterner Realität weichen. Offen wurde die Frage diskutiert, wie die „deutsche Wirtschaftsschwäche“ überwunden werden kann.
Als Hauptursachen für diese langlebige Erscheinung galten der Kapitalmangel der Unternehmen, der auf ihnen lastende hohe Steuerdruck und die ungenügende Integration in das bestehende Weltwirtschaftsgefüge.
Nach dem Weltkrieg eröffneten fast alle Großbanken Filialen in Magdeburg. Der Wunsch nach einem regulären Börsengeschäft in Wertpapieren wuchs, zumal die vorhandenen großen Börsenplätze total überlastet waren.

Im September 1921 erörterte die Handelskammer erstmals die Frage der möglichen Eröffnung einer Effektenbörse. Die Initiative ging von der Bankenvereinigung aus. Sie war auch Initiator der seit Oktober 1921 dreimal wöchentlich stattfindenden börsenartigen Versammlungen für Wertpapiere. Ziel war es, die bisher für Wechsel und Wertpapiere, Zucker und Getreide getrennt veranstalteten börsenartigen Versammlungen zusammenzulegen.
Durch Hinzuziehung des Großhandels mit landwirtschaftlichen Produkten und Kolonialwaren sowie des Versicherungs- und Schiffahrtsgewerbes sollte ein Börsenverkehr größeren Ausmaßes erreicht werden.
An das Handelsministerium wurde ein Antrag auf Eröffnung einer offiziellen Börse gestellt.
Die wirtschaftliche Notwendigkeit einer amtlich anerkannten Effektenbörse trat auch deshalb deutlicher hervor, weil die Darlehenskassen Anweisung hatten, nur noch solche Wertpapiere zu beleihen, die an einer amtlich anerkannten Börse notiert waren.
Im Oktober 1922 erfolgte eine erneute Eingabe an das Ministerium. Am 20. Februar 1923 wurden im Börsensaal der Magdeburger Handelskammer in Anwesenheit von Vertretern der staatlichen und städtischen Behörden, Vertretern von Bank-, Industrie- und Handelskreisen die amtliche Effektenbörse und die börsenartigen Versammlungen für Getreide, Kolonialwaren und Chemikalien eröffnet. Insgesamt waren 42 Firmen zugelassen, es wurden 164 Börsenkarten ausgegeben.
Am 1. August 1923 erfolgte die offizielle Eröffnung der amtlichen Magdeburger Getreide- und Produktenbörse. Bereits im selben Jahr bestand auch schon ein reges Interesse an der Wiederherstellung der Zuckerbörse, die ihre Tätigkeit im Jahre 1914 eingestellt hatte. Am 5. Mai 1925 wurde sie wieder eröffnet.
Ausstellungen und Messen fanden bereits in der Vergangenheit statt. Es war jedoch nicht gelungen, überregionale Bedeutung zu erlangen, im Wettbewerb der

DER ZUCKER
AUSSTELLUNG MAGDEBURG
VOM 23. MAI BIS 7. JUNI 1925
WERDEN UND VERLAUF

Logo der Zuckerausstellung, 1925

Stand der Firma Krupp-Grusonwerk auf der Zuckerausstellung 1925 in Magdeburg

Blick auf die Elbe und das Ausstellungsgelände auf der Rotehorninsel, ca. 1926

Messeplätze unterlag Magdeburg der Stadt Leipzig. Nach dem Ersten Weltkrieg entwickelte sich in Magdeburg erneut ein reges Interesse für das Ausstellungswesen. Die Handelskammer, die städtischen Behörden und namhafte Wirtschaftsvertreter verfolgten gemeinsam das Ziel, die Leistungskraft und den technischen Fortschritt der Magdeburger Wirtschaft eindrucksvoll darzustellen, um die Attraktivität der Stadt als hervorragender Wirtschaftsstandort zu belegen.

Seit Oktober 1919 lag in der Magdeburger Handelskammer das Verzeichnis der in- und ausländischen Messen, die für das Jahr 1920 geplant waren, zur Einsicht aus. Es entstand allmählich die Idee, eine Ausstellung oder Großmesse mit überregionaler Bedeutung durchzuführen. Nach Begutachtung durch die Handelskammer entschloß man sich jedoch, auf eine solche Großmesse zu verzichten. Ihre Ausrichtung hätte die Ressourcen Magdeburgs überfordert.

Ansicht der Großgaserei

Der Vorsitzende des „Verkehrs-Verein e.V. Magdeburg", der Stadtverordnete Carl Miller, und einige andere Abgeordnete beantragten 1919 im Stadtparlament die Errichtung von festen Bauten für ein künftiges Messegelände. Dieses sollte im Rotehornpark entstehen.

Es wurde vorgeschlagen, im Jahr 1922 eine „Mitteldeutsche Ausstellung für Siedelung, soziale Fürsorge und Arbeit", die „MIAMA", abzuhalten. Vom 1. Juli bis zum 31. Oktober fand diese dann auch statt. Ausstellungsbegleitend tagten 64 Kongresse. Zahlreiche Ehrengäste, so auch der Reichspräsident Friedrich Ebert, konnten begrüßt werden.

Die MIAMA war ein großer Erfolg. Sie trug maßgeblich zur Stärkung des Industriestandortes und Handelsplatzes Magdeburg bei. Dies veranlaßte die Handelskammer und den Magistrat, weitere Ausstellungen zu planen und durchzuführen. Vielbeachtete Expositionen waren dann auch die „Allgemeine Nahrungs- und Genußmittelausstellung" (ANUGA) 1923, die „Gas, Wasser, Elektrizität" 1924, die Ausstellung „Der Zucker" 1925 und die „Mitteldeutsche Handwerker-Ausstellung" 1925. Trotz solch achtbarer Erfolge beschleunigte sich seit 1927/28 der wirtschaftliche Niedergang.

Die relativ einseitige Struktur der Magdeburger Industrie, die vor allem auf Maschinen-, Apparate-, Meßtechnik- und Armaturenbau ausgerichtet war, begünstigte diesen Prozeß.

Mangelnde oder ganz unterbliebene Investitionen in den zurückliegenden Jahren und Versäumnisse bei der Modernisierung führten bei den Großbetrieben zu Rückständen im technologischen Bereich.

Einschneidende Rationalisierungsmaßnahmen führten auch zu einem erheblichen Stellenabbau. Anzeichen für eine schwere Wirtschaftskrise verstärkten sich. Im Jahre 1929 erfolgten zahlreiche Betriebsstillegungen, die alle Branchen betrafen, aber zunächst vor allem die Lebensmittelindustrie.

Eine kontinuierliche Abwärtsentwicklung der Zuckerindustrie war zu verzeichnen. Bald waren aber auch mittelständische Betriebe der Metallindustrie betroffen. Die Krise verschärfte sich weiter, so daß auch als besonders krisensicher geltende Branchen den allgemeinen Rückgang zu spüren bekamen. Mit der Neuansiedlung zukunftsträchtiger Branchen und Firmen sollte die einseitige Ausrichtung auf Metallverarbeitung überwunden werden.

Überlegungen aus der Zeit vor dem Ersten Weltkrieg, im Norden der Stadt ein Industriegebiet zu errichten, wurden neu belebt und nahmen konkretere Formen an. Im Zusammenhang mit dem Bau des Mittellandkanals und des neuen Hafens bekam dieses Großprojekt einen besonderen Stellenwert.

Verträge zur Errichtung einer Großgaserei, eines Großkraftwerkes und einer Zinkhütte wurden un-

terzeichnet. Zeitgleich erfolgte die Gründung der „Mittellandkanal-Hafen Magdeburg AG“ mit einem Stammkapital von sechs Millionen Reichsmark.
Mit der „Gasversorgung Magdeburg-Anhalt AG“ (Gamanag) entstand die Vertriebsgesellschaft für das produzierte Gas, den Verkauf des anfallenden Kokses übernahm eine „Gassyndikat A.G.“.
Am 1. April 1931 übergab man die neuen Hafenbecken ihrer Bestimmung. Über den Elbabstiegkanal konnten Kohlen zur Großgaserei gebracht werden, die nach einjähriger Bauzeit am 8. November 1930 mit der Gaserzeugung begann.
Anfang der dreißiger Jahre entstand ein modernes Großkraftwerk, das auch mit dem in der Großgaserei anfallenden Koks betrieben wurde.
Wirtschaftliche Schwierigkeiten führten dazu, daß die Grundsteinlegung der geplanten Zinkhütte erst am 1. August 1933 erfolgen konnte. Trotz aller Bemühungen gelang es nicht, weitere ins Auge gefaßte Firmenansiedlungen von maßgebender struktureller Bedeutung zu erreichen.
Eine Zäsur in der weiteren wirtschaftlichen Entwicklung der Stadt Magdeburg brachte die Machtergreifung der NSDAP und die Ernennung von deren Führer Adolf Hitler zum Reichskanzler am 30. Januar 1933. Mit einer Fülle von Gesetzen und Verboten gelang es, innerhalb weniger Monate die Demokratie zu beseitigen, ein Einparteiensystem zu installieren und die wirtschaftliche Selbständigkeit der Länder aufzuheben. Die Wirtschaftler der Stadt äußerten sich zunächst hoffnungsvoll im Hinblick auf eine weitere Kontinuität der bisherigen wirtschaftspolitischen Linie. Aber auch hier setzte bald der Gleichschaltungsprozeß ein. Das tägliche Leben wurde mehr und mehr vom nationalsozialistischen Kult durchdrungen. Gelöbnisse, Appelle und Huldigungen standen auf der Tagesordnung. Die Wirtschaft unterlag mehr und mehr dem politischen Staatswillen. Ständisches Denken trat in den Vordergrund. Eine Zusammenarbeit aller Stände (d.h. Industrie, Handel, Handwerk, Landwirtschaft, freie Berufe) wurde gefordert und im Sinne der Volksgemeinschaft gefördert. Das „Gesetz zur Vorbereitung des organischen Aufbaus der deutschen Wirtschaft“ vom Februar 1934 leitete eine weitere Etappe ein, um die wirtschaftlichen Strukturen organisch mit dem nationalsozialistischen Staatsaufbau in Übereinstimmung zu bringen. Alle Betriebe und Unternehmen hat man, auch im Hinblick auf die beginnende Rüstungspolitik, lückenlos erfaßt. Die Überführung der bisherigen Marktwirtschaft in eine staatliche Planwirtschaft forderte Opfer. Engpässe traten auf, so daß ein System der Bewirtschaftung von bestimmten Gütern und Rohstoffen in Gang gesetzt wurde. Zudem setzten auf dem Rohstoffsektor Autarkiebestrebungen ein. Man wollte sich von ausländischen Roh-

BLOCK
E
Westseite

PLATZKARTE
zur Eröffnung des Mittellandkanals
Hebewerk Rothensee bei Magdeburg
am Sonntag, dem 30. Oktober 1938
Die Plätze müssen bis 10.00 Uhr eingenommen sein

Zur gefälligen Beachtung! 1. Es wird gebeten, einen der nach Wolmirstedt verkehrenden Sonderzüge der Reichsbahn zu benutzen. Die Abfahrtszeiten dieser Züge werden durch die Tageszeitungen und durch den Rundfunk bekanntgemacht. ● 2. Eine Anfahrt ist nur über die Reichsautobahn möglich. Die Parkplätze befinden sich auf der Reichsautobahn. Skizze umseitig

Trommler-Druck Magdeburg

Nr. 001212

Der Reichsverkehrsminister
gibt sich die Ehre,
zu der aus Anlaß der
Eröffnung des Mittellandkanals
am 30. Oktober 1938 vorm. 10^{30} Uhr
stattfindenden
Feier in Magdeburg-Rothensee
einzuladen.

Zur Eröffnung des Mittellandkanals und Einweihung des Schiffshebewerkes Magdeburg-Rothensee weilt eine Ehrenkompanie der II. Marine-Unteroffizier-Lehrabteilung Wesermünde in Magdeburg. Die Kompanie wird durch die Stadt an einem Kameradschaftsabend begrüßt, der am Sonnabend, den 29. Oktober 1938, um 20 Uhr im Klosterbergegarten stattfindet. Ich beehre mich, zur Teilnahme an diesem Kameradschaftsabend aufzufordern.

Heil Hitler!
Dr. Markmann, Oberbürgermeister

Der Oberpräsident
(Elbstrombauverwaltung)

Magdeburg, den 27. 10. 1938.
Domplatz 10, Fernsprecher Nr. 33631–37

Betr.:
Eröffnung des Mittellandkanals
am 30. Oktober 1938.

Aus technischen Gründen fährt der Sonderzug, zu dessen kostenloser Benutzung die Inhaber von Tribünenkarten berechtigt sind, schon um folgende Zeit aus Berlin ab:

Berlin, Potsdamer Bhf. ab: 6^{19}
Potsdam ab: 6^{45}
Magdeburg-Hptbhf. an: 8^{36}

Die Rückfahrt bleibt wie auf den Einladungen und Tribünenkarten angegeben.
Die Kraftomnibusse fahren vom Hauptbahnhof Magdeburg zum Festplatz von 7^{00} Uhr an bis 9^{00} Uhr (letzter Omnibus). Die Ausfahrt aus Magdeburg und von der Reichsautobahn – Anschlußstelle – wird um 9^{15} Uhr gesperrt. Die Tribünenplätze müssen um 10^{00} Uhr eingenommen sein.

J. A.: Dr. Ing. Arens.

Der Präsident
des Zentral-Vereins für deutsche Binnenschiffahrt e. V.
und der
Vorsitzende der Hafenbautechnischen Gesellschaft
geben sich die Ehre,
zu den Veranstaltungen des
Deutschen Binnenschiffahrtstages 1938
in Magdeburg
einzuladen,
der aus Anlaß der Eröffnung des Mittellandkanals
in der Zeit vom 30. Oktober bis 1. November 1938 abgehalten wird.

Berlin, im Oktober 1938.

Anläßlich der Eröffnung des Mittellandkanals fanden zahlreiche Veranstaltungen statt. Hier eine Auswahl von Einladungen dazu.

„Fest der Treue" bei der Firma Vereinigte Ölfabriken Hubbe & Farenholtz anläßlich des 50jährigen Dienstjubiläums eines Mitarbeiters

stofflieferungen unabhängig machen und förderte demzufolge eine inländische Ersatzstoffproduktion. Das brachte der mitteldeutschen Chemieindustrie ein überproportionales Wachstum und den Produzenten einheimischer Rohstoffe (Braunkohle, Salz etc.) Gewinne. Im- und Export wurden lückenlos überwacht. Auch der Arbeitsmarkt war stärkeren Kontrollen unterworfen, mit dem „Arbeitsbuch" wurde ein Instrument zur Überwachung jeder einzelnen Arbeitskraft geschaffen. Arbeitsmarktpolitische Maßnahmen wie großangelegte Verkehrsbauten brachten einen Rückgang der Arbeitslosigkeit wie nie zuvor. 1938 waren nur noch 200 000 Menschen im Deutschen Reich ohne Beschäftigung, von 1933 bis 1939 wurden dafür ca. sechs Milliarden Reichsmark ausgegeben. Für Magdeburg brachten die Maßnahmen den Anschluß an das Reichsautobahnnetz, die Fertigstellung des Mittellandkanals und des Schiffshebewerkes Rothensee. Zudem entwickelte man bestimmte Projekte zur Stadtentwicklung, z.B. zur Schaffung einer Ost-West-Magistrale in der Stadt und einer damit verbundenen Umgestaltung der Elbufer. Dort noch vorhandene Betriebe siedelten in das Elbindustriegelände weiter außerhalb der Stadt um. Die Projekte stagnierten zu Beginn des Krieges. Mit der Verkündung des Vierjahrplanes von 1936 zeigte sich offen, wohin die Entwicklung ging. Es wurden zwei große Ziele anvisiert, denn in vier Jahren sollte die deutsche Wirtschaft kriegsfähig und die deutsche Armee einsatzfähig sein. Man ging daran, Rationalisierungsmaßnahmen zu erarbeiten, vor allem, um im Kriegsfalle die fehlenden Arbeitskräfte zu ersetzen. Auch Luftschutz- und Verdunkelungsübungen fanden seit 1934 kontinuierlich statt. So hatte man 1938 z.B. in der Magdeburger Firma Hubbe & Farenholtz die Voraussetzungen geschaffen, durch entsprechende Lagerhaltung und neue Tankanlagen ein Jahr die Produktion weiter aufrechterhalten zu können. Rücksichtslos wurden jüdische Firmen enteignet, um auf deren Kapital zurückgreifen zu können. Die These vom „raffenden jüdischen Kapital" war auf fruchtbaren Boden gefallen. Mit Beginn des Zweiten Weltkrieges begann eine neue Phase der Wirtschaftsentwicklung. Alles war dem Krieg untergeordnet.

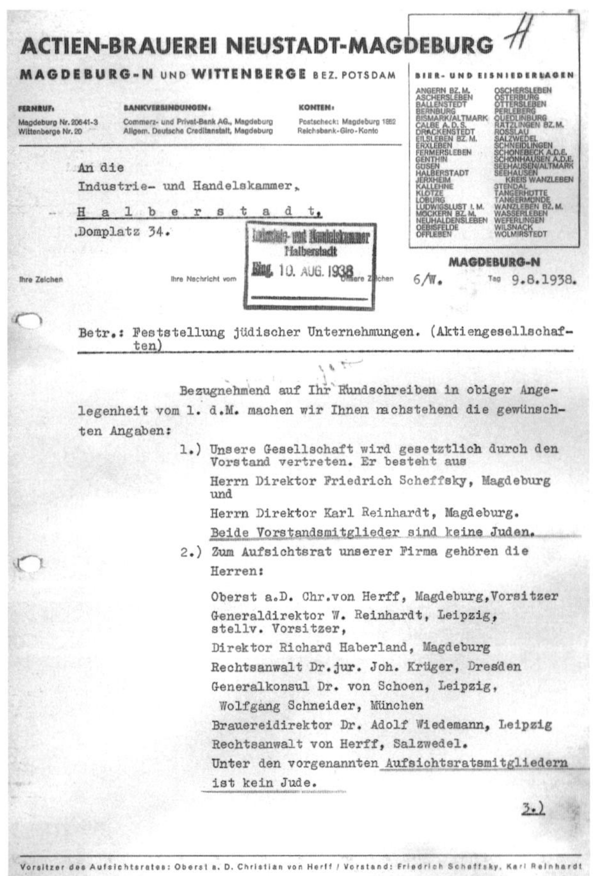

ACTIEN-BRAUEREI NEUSTADT-MAGDEBURG

MAGDEBURG-N UND WITTENBERGE BEZ. POTSDAM

FERNRUF: Magdeburg Nr. 20641-3, Wittenberge Nr. 20

BANKVERBINDUNGEN: Commerz- und Privat-Bank AG., Magdeburg; Allgem. Deutsche Creditanstalt, Magdeburg

KONTEN: Postscheck: Magdeburg 1862; Reichsbank-Giro-Konto

BIER- UND EISNIEDERLAGEN
ANGERN BZ. M., ASCHERSLEBEN, BALLENSTEDT, BERNBURG, BISMARK/ALTMARK, CALBE A. D. S., DRACKENSTEDT, EILSLEBEN BZ. M., ERXLEBEN, FERMERSLEBEN, GENTHIN, GUSEN, HALBERSTADT, JERXHEIM, KALLEHNE, KLÖTZE, LOBURG, LUDWIGSLUST I. M., MÖCKERN BZ. M., NEUHALDENSLEBEN, OEBISFELDE, OFFLEBEN, OSCHERSLEBEN, OSTERBURG, OTTERSLEBEN, PERLEBERG, QUEDLINBURG, RÄTZLINGEN BZ. M., ROSSLAU, SALZWEDEL, SCHNEIDLINGEN, SCHÖNEBECK A.D.E., SCHÖNHAUSEN A.D.E., SEEHAUSEN/ALTMARK, SEEHAUSEN KREIS WANZLEBEN, STENDAL, TANGERHÜTTE, TANGERMÜNDE, WANZLEBEN BZ. M., WASSERLEBEN, WEFERLINGEN, WILSNACK, WOLMIRSTEDT

An die
Industrie- und Handelskammer,
H a l b e r s t a d t,
Domplatz 34.

Industrie- und Handelskammer Halberstadt
Eing. 10. AUG. 1938

MAGDEBURG-N

Ihre Zeichen | Ihre Nachricht vom | Unsere Zeichen 6/W. | Tag 9.8.1938.

Betr.: Feststellung jüdischer Unternehmungen. (Aktiengesellschaften)

Bezugnehmend auf Ihr Rundschreiben in obiger Angelegenheit vom 1. d.M. machen wir Ihnen nachstehend die gewünschten Angaben:

1.) Unsere Gesellschaft wird gesetztlich durch den Vorstand vertreten. Er besteht aus
Herrn Direktor Friedrich Scheffsky, Magdeburg
und
Herrn Direktor Karl Reinhardt, Magdeburg.
Beide Vorstandsmitglieder sind keine Juden.

2.) Zum Aufsichtsrat unserer Firma gehören die Herren:
Oberst a.D. Chr.von Herff, Magdeburg, Vorsitzer
Generaldirektor W. Reinhardt, Leipzig, stellv. Vorsitzer,
Direktor Richard Haberland, Magdeburg
Rechtsanwalt Dr.jur. Joh. Krüger, Dresden
Generalkonsul Dr. von Schoen, Leipzig,
Wolfgang Schneider, München
Brauereidirektor Dr. Adolf Wiedemann, Leipzig
Rechtsanwalt von Herff, Salzwedel.
Unter den vorgenannten Aufsichtsratsmitgliedern ist kein Jude.

3.)

Vorsitzer des Aufsichtsrates: Oberst a. D. Christian von Herff / Vorstand: Friedrich Scheffsky, Karl Reinhardt

links: Plakat für die konsequente Verdunkelung in jedem Haus

rechts: Brief der Actienbrauerei Magdeburg Neustadt über Feststellung von jüdischen Mitarbeitern im Unternehmen

Das neu erbaute Arbeitsamt, ca. 1941

Oberste Priorität hatte die Sicherstellung der Produktionsfähigkeit der kriegswichtigen Industriezweige. Die Rationierung von Benzin zu Gunsten der stark motorisierten Wehrmacht führte zu einer Zwangsstillegung zahlreicher für die Unternehmen wichtiger Fahrzeuge und zur Kontingentierung von Fuhrleistungen bei LKWs und der Bahn. Im Laufe des Krieges trat ein immer stärkerer Arbeitskräftemangel zu Tage. Diesen glich man durch Zwangsarbeiter aus, in manchen Betrieben betrug ihr Anteil bis zu 65 % der Gesamtbelegschaft. Der Krieg brachte zudem auch in Magdeburg eine Konzentration bestimmter Produktionszweige wie z.B. Maschinen-, Apparate- und Kesselbau, Chemische Industrie, Baustoffindustrie, Eisen- und Stahlerzeugung, Nahrungsmittelindustrie, Fahrzeugbau mit sich. Durch Arbeitskräftemangel gingen allerdings auch viele „minderwichtige“ Betriebe zu Grunde. Vor allem Handwerksbetriebe waren davon betroffen, deren Zahl sank um ca. 35 %. Während des Krieges war Magdeburg häufig von Bombenangriffen betroffen, die die Rüstungsbetriebe produktionsunfähig machen und die Menschen demoralisieren sollten. Der Angriff vom 16. Januar 1945 erlangte traurige Berühmtheit. Ihm fiel auch die Börse, gleichzeitig Sitz der Industrie- und Handelskammer Magdeburg, zum Opfer.

Nach der Unterzeichnung der Urkunde über die bedingungslose Kapitulation fand die noch verbliebene Bevölkerung katastrophale Bedingungen vor. Wohnungen, Verkehrswege, Betriebe und Einrichtungen des öffentlichen Lebens waren zerstört. Das gesamte Leben wurde durch die Besatzungstruppen organisiert. Am 6. Juli 1945 erließ der sowjetische Stadtkommandant, Oberst Kononenko, seinen Befehl Nr. 1. Die Wiederaufnahme der Arbeit in öffentlichen Einrichtungen und privaten Betrieben wurde als dringende Notwendigkeit fixiert. Dabei mußten die Versorgung mit Roh- und Brennstoffen und die Erfassung noch funktionierender Maschinen und Anlagen organisiert werden. Die staatlichen Organe und die Besatzungsmacht konnten hier auf die noch funktionierenden Strukturen der Gauwirtschaftskammer Magdeburg und ihre Kenntnisse der wirtschaftlichen Materie zurückgreifen. Der Oberbürgermeister der Stadt bildete eine Industriekommission, die ihm in Wirtschaftsfragen beratend zur Seite stand. Ende 1945 gab es im Stadtkreis Magdeburg 448 Industriebetriebe, 814 Betriebe des Großhandels, 1 855 Einzelhandelsbetriebe und 710 ambulante Gewerbe. Unter sowjetischer Besatzungsherrschaft entwickelten sich Elemente der Planwirtschaft und der Zentralisierung der Wirtschaft – natürlich antifaschistisch ausgerichtet und die Keime der Schaffung von Volkseigentum in sich tragend. Wichtig war auch die politische Säuberung der Wirtschaft von Nazis und Kriegsverbrechern. Nazibetriebe wurden enteignet, noch funktionierende Anlagen Opfer von zu erbringenden Reparationsleistungen. Durch die Schaffung von Handelskontoren war fortan auch der Großhandel an die Weisungen der neuen Selbstverwaltungsorgane gebunden, der freie Warenhandel blieb weiterhin ausgeschaltet.

Mit der Gründung der DDR am 7. Oktober 1949 trat die Umgestaltung der Wirtschaft in eine neue Phase. Ziel war die vollständige Integration der Privatwirtschaft in das bestehende Wirtschaftssystem, eine weitere Zentralisation und Verselbständigung der volkseigenen Betriebe. Im Handel schuf man mit der Handelsorganisation (HO) ein volkseigenes Element, das gemeinsam mit den Konsumgenossenschaften 1950 43,4 % und 1952 schon 59,9 % des Umsatzes erwirtschaftete.

Der von 1949 bis 1950 geltende Zweijahrplan löste bereits eine erste große Wettbewerbswelle aus. In allen Produktionsbetrieben war es Ziel, bestimmte Planpositionen vorfristig zu erfüllen. So meldeten wichtige Betriebe, wie z.B. Buckau-Wolf oder das Krupp-Grusonwerk, bereits im Februar bzw. Juni 1950 die Erfüllung wichtiger Kennziffern.

Der im Juli 1950 abgehaltene III. Parteitag der SED leitete dann endgültig den sozialistischen Umgestaltungsprozeß in der Industrie ein. Ausdruck fand dies

Reichsautobahnbrücke bei Hohenwarthe

Brennendes Bahngelände

im „Fünfjahrplan zur Entwicklung der Volkswirtschaft der Deutschen Demokratischen Republik (1951–1955)". Im April 1951 stimmten die Mitarbeiter des Krupp-Grusonwerkes für eine Umbenennung ihres Betriebes in „Ernst-Thälmann-Werk".
Auch der Aufbau des zerstörten Magdeburger Stadtzentrums wurde fortgesetzt. Am 1. Mai 1951 legte der damalige Bürgermeister Philipp Daub den Grundstein für das bislang größte Bauvorhaben am Breiten Weg. Mit Hilfe von Produktionsinitiativen versuchte man hier, das Tempo zu forcieren. Zudem wies man einzelnen Betrieben im Rahmen des Nationalen Aufbauwerkes bestimmte Objekte zur Enttrümmerung zu.
Mit Wirkung vom 1. Januar 1954 wurden zahlreiche SAG-Betriebe verstaatlicht, darunter auch die Magdeburger Betriebe, z.B. Ernst-Thälmann-Werk, Karl-Liebknecht-Werk, Georgi-Dimitroff-Werk u.a. Es ergab sich für die Privatbetriebe eine neue Situation. Sie sollten noch stärker dem Ziel der Planerfüllung unterworfen werden und dies unter denkbar schlechten Bedingungen, denn Privatbetriebe waren extrem hoch besteuert. Bei finanziellen Engpässen oder bei notwendigen Investitionen griff der Staat „hilfreich" ein und bot seine Beteiligung, d. h. finanzielle Mittel, an mit dem Ziel, Anteile an den Privatbetrieben zu erwerben und somit Einfluß auf deren Produktion zu nehmen. Immer mehr Unternehmen waren dem Druck nicht mehr gewachsen und schlossen staatliche Beteiligungen ab, gaben so ihre Unabhängigkeit auf und wurden immer enger in die sich entwickelnden sozialistischen Produktionsverhältnisse integriert. Dazu gehörten solche Firmen wie die Heinz Bormann KG, die Metallwarenfabrik Oscar Epperlein, die Reinigung und Färberei Karutz, die Baufirma Liebscher u.a.
Natürlich knüpfte die wirtschaftliche Entwicklung Magdeburgs, wenn auch nicht nahtlos, an Vorkriegszeiten an. In den traditionsreichen Magdeburger Betrieben wurde wieder produziert, wenn auch mit anderen Vorzeichen. Das Bild der sozialistischen Großstadt des Schwermaschinenbaus erfuhr seine Vervollkommung – mit wenig Rücksicht auf historisch Gewachsenes und noch weniger Gespür für die Erhaltung dessen, was die Bombenangriffe verschont hatten.
Im Jahr 1963 begann der Aufbau des Nordabschnittes der Karl-Marx-Straße. Die Technische Hochschule „Otto von Guericke" wurde als Forschungseinrichtung parallel zum industriellen Aufschwung entwickelt. Ende der 60er Jahre entstand das Schwermaschinenbaukombinat „Ernst Thälmann" als neue Organisationsstruktur der Produktion und als Ausdruck des sich weiter entwickelnden Sozialismus. Ebenfalls in diese Zeit fielen neue städteplanerische Konzeptionen, deren Grundlage der weitere Ausbau Magdeburgs als Zentrum des Schwermaschinen- und Anlagenbaus war. Die Stadt sollte sich als sozialistische Großstadt und geistig-kulturelles Zentrum des Bezirkes profilieren. 1972 faßte das Politbüro des Zentralkomitees der SED den folgenschweren Beschluß, daß die noch verbliebenen Betriebe mit staatlicher Beteiligung, Privatbetriebe der Industrie und des Bauwesens sowie industriell produzierende Genossenschaften des Handwerks in Staatseigentum zu überführen seien. Man feierte dies als den endgültigen Sieg der sozialistischen Produktionsverhältnisse. Privateigentum gab es nun fast nur noch in den Bereichen Groß- und Einzelhandel, Verkehr, Gaststätten und im ambulanten Gewerbe. Aber auch diese Betriebe waren fest in das staatliche Wirtschaftssystem integriert, man versuchte, vor allem Gaststätten und Einzelhändler mit sogenannten Kommissionshandelsverträgen fest in die sozialistische Planung einzubeziehen. Die volkseigenen Betriebe wurden bezirklich oder überbezirklich in Kombinatsstrukturen zusammengefaßt, was ein Anwachsen der Bürokratie und ein hohes Maß an Unflexibilität zur Folge hatte. Auf konkreten ökonomischen Bedarf konnte nur schwer reagiert werden, und oftmals waren es die wenigen noch verbliebenen privaten Klein- und Kleinstbetriebe, die fähig waren, solche Lücken zu füllen und für den wirklichen täglichen Bedarf zu produzieren. Während die DDR-Industrie offiziell

links: Zerstörte Werkhalle des Krupp-Grusonwerkes

rechts: Zerstörte Schiffe auf der Elbe

Magdeburger Werktätige begrüßen die Gründung der DDR mit einer Kundgebung auf dem Jahnplatz.

einen Exporterfolg nach dem anderen feierte, taten sich im Land immer mehr Versorgungslücken auf. Mangelwirtschaft war an der Tagesordnung, der aufgeblähte Apparat der Wirtschaft konnte nicht reagieren. Man versuchte, mit Hilfe von privatwirtschaftlichen Initiativen dem entgegenzuwirken, und so wurde 1988 ein Beschluß über die Erhöhung der Versorgungsleistungen privater Einzelhändler verabschiedet, der auch kurzzeitig eine Verbesserung der Versorgung der Menschen brachte. Zahlreiche Eisdielen, Cafés, Getränkestützpunkte, Obst- und Gemüseaufkaufstellen, An- und Verkaufseinrichtungen entstanden. Dies war aber nur Kosmetik für die marode Wirtschaft, bis die Ereignisse des Herbstes 1989 den Umbruch einleiteten.

Besondere Bedeutung für die weitere wirtschaftliche Entwicklung auch in der Stadt Magdeburg hatten das am 6. März 1990 verabschiedete Gewerbegesetz, in dem die Gewerbefreiheit festgeschrieben war, und das „Gesetz über die Gründung und Tätigkeit privater Unternehmen und Unternehmensbeteiligungen". Darin hieß es: „Zur Förderung privater Initiativen zur Entfaltung des Unternehmertums unterstützt der Staat die Gründung und Tätigkeit privatwirtschaftlicher Unternehmen, insbesondere von Klein- und Mittelbetrieben in den Bereichen der mittelständischen Industrie, des Bauwesens, des Handels, des Transportwesens, der Dienstleistungen und des Tourismus." Eine schnell steigende Anzahl von Bürgern entwickelte die Motivation und den Mut, diese neuen Freiheiten zu nutzen und sich eine neue Existenz als Selbständige aufzubauen. Existenzgründungen und die beginnende Rückführung bzw. Reprivatisierung einst enteigneter Betriebe ließ die Anzahl neuer Unternehmen schnell anwachsen. Mit der endgültigen Wirtschafts- und Währungsunion beider deutscher Staaten begann der Weg des östlichen Teils Deutschlands in die soziale Marktwirtschaft. Der völlige Umbruch der vorherigen sozialistischen Planwirtschaft war und ist mühevoll und nicht frei von teilweise tiefen Einschnitten im wirtschaftlichen und privaten Bereich.

Einschätzungen verantwortlicher Politiker und Wirtschaftler hinsichtlich einer relativ kurzfristigen Angleichung der Wirtschafts- und Lebensverhältnisse in den neuen Bundesländern auf das Niveau der alten Bundesländer mußten angesichts der tatsächlichen Entwicklung korrigiert werden. Das Erkennen der Schwere der anstehenden Aufgaben forderte und fordert das Entstehen neuer Kräfte zu ihrer Bewältigung. Dies gilt in vollem Maße auch für die Stadt Magdeburg. Der Zusammenbruch der Großkombinate, auch in der Landwirtschaft, die fehlende Mittelstandsbasis, der notwendige Neuaufbau der Verwaltung in Land und Kommunen, die marode Infrastruktur bis hin zu den ökologischen Altlasten erforderten eine marktorientierte Politik, die der privaten Initiative breiten Raum läßt. Die Auflösung der alten zentralistischen Strukturen der Kombinate, ihre Entflechtung und Privatisierung, mußte zu Gunsten bodenständiger mittelständischer Strukturen durchgesetzt werden. Verbunden war dieser Privatisierungsprozeß mit einem massiven Arbeitsplatzabbau. Die große Zahl neu geschaffener Arbeitsplätze konnte eine hohe Arbeitslosigkeit von immer noch 20 % nicht verhindern.

Die Privatisierung der ehemals strukturbestimmenden Betriebe (SKET, SKL, MAW etc.) zeigte leider Tendenzen einer Entindustrialisierung. Probleme traten auch auf dem Gebiet des Handels auf. Die zwingend notwendige Entflechtung des ehemals sozialistischen Einzelhandels wurde mit großem Kraftaufwand durchgeführt. Schwierigkeiten bei den neu-

Plan
des Stadtkreises Magdeburg
für das Jahr 1952

Verantwortlich für diesen Plan ist der Rat der Stadt Magdeburg, der den Zentralen Aufbau-Ausschuß für die Durchführung und Kontrolle einsetzt. Der Zentrale Aufbau-Ausschuß setzt sich wie folgt zusammen:

Oberbürgermeister Daub	
Stadtrat Bösche	Dezernat Aufbau
Stadtrat Zank	Dezernat Wirtschaft
Koll. Hermann Müller	Abtl. Wirtschaftsplanung
„ Müller	Stadtsparkasse
„ Thierfelder	Nationale Front
„ Hötzel	FDGB
„ Miesbach	Thälmann-Werk
„ Haberland	Karl-Liebknecht-Werk
„ Jacob	Karl-Marx-Werk
„ Witte	Bau-Union
„ Walter Reinhold	Kreisbaubetrieb
„ Fricke	Kreisbaubetrieb
„ Kramer	VEB (Z) Projektierung
„ Steinbach	SED
„ Menken	LDP
„ Kupitz	CDU
„ Alemann	NDPD
	FDJ
„ Altenkirch	Sekretär des Aufbaukomitees
Kollegin Lichtenfeld	DFD
Kollegin Paul	Volkskammerabgeordnete

die Vorsitzenden der Stadtv.-Ausschüsse:

Stadtverordneter	Sepp Fischer	Stadtverordneter	Voigt
„	Otto Müller	„	Wiedemann
„	Dummer	„	Wege
„	Kersten	„	Gruschka
„	Thiele		

ein Vertreter der Handwerkskammer,
ein Vertreter der Industrie- und Handelskammer.

9

Zusammensetzung des Zentralen Aufbau-Ausschusses der Stadt Magdeburg, 1952

Logo zum Fünfjahrplan 1951 - 1955

oben und rechts: Propagandistische Schriftenreihe zum Fünfjahrplan 1951 - 1955

en Einzelhändlern, die häufig mit einer geringen Kapitaldecke in die Selbständigkeit gestartet waren, vergrößerten sich in dem Maße, wie marktbestimmende Handelsketten immer neue Verkaufsflächen installierten. Gegensätze zwischen innerstädtischem Handel und den entstehenden großen Handelszentren am Stadtrand oder im Umland taten sich auf. Trotz aller Widrigkeiten zeigte der Einzelhandel eine anhaltend befriedigende Geschäftsentwicklung, hatte jedoch pessimistische Erwartungen an die Zukunft. Ursachen dafür waren die ständig steigende Arbeitslosigkeit und damit verbundene Kaufkraftverluste sowie die Unfähigkeit, kommunale Regelungen zu marktüblichen Gewerberaummieten und Entscheidungen zur Begrenzung der Ansiedlung großflächigen Handels an der Peripherie durchzusetzen.
Das Bauhauptgewerbe, dessen Lage sich stetig verbesserte, versprach eine hoffnungsvolle Entwicklung. Doch nach einem ausgesprochenen Boom seit der Wende zeigte kürzlich die Bauwirtschaft mit Firmenzusammenbrüchen Instabilität gegenüber bisherigem Wachstum. Außerdem war es in den Jahren bis 1995 nicht gelungen, die die Stadt Magdeburg prägende Maschinenbauindustrie in eine erfolgversprechende Zukunft überzuleiten.
Die Zukunft der Wirtschaft der Stadt Magdeburg hängt, gerade unter den Bedingungen der Globalisierung, ganz wesentlich von der intelligenten Verknüpfung von Industrieerzeugnissen und komplementären Dienstleistungen ab. Derartige Verknüpfungen sind für die Weiterentwicklung der Branchenstruktur von entscheidender Bedeutung. Dabei sind im Verbund mit qualitativ hochwertigen Industrieprodukten vor allem die sogenannten wissensintensiven Dienstleistungen wie technische Beratung, Schulung, auch die Übernahme von bestimmten Managementaufgaben u. a. gefragt. Der weitere Ausbau der Infrastruktur, insbesondere der Verkehrsinfrastruktur der Magdeburger „Transitregion" mit bedeutenden Verkehrsprojekten von gesamtdeutscher bzw. europäischer Bedeutung, z.B. A 14 und Wasserstraßenkreuz, bleibt auch in den nächsten Jahren eine vorrangige Aufgabe ebenso wie die verkehrsträgerübergreifende, effektive Einbindung Sachsen-Anhalts in die internationalen Binnenwasserstraßen-, Luftverkehrs-, Schienen- und Straßennetze und der bedarfsgerechte Ausbau der weiteren Verkehrswege im Land.

links: Beschäftigte des Einzelhandels bei einer Maidemonstration

rechts: Propagandistische Schriftenreihe zum Fünfjahrplan 1951 - 1955

Bewährter Partner im Gleis- und Tiefbau

DEUTSCHE GLEIS-UND TIEFBAU GMBH

Die Deutsche Gleis- und Tiefbau GmbH (DGT) ist zur Jahreswende 1994/95 aus fünf Baubetrieben der ehemaligen Deutschen Reichsbahn hervorgegangen. Als hundertprozentige Tochtergesellschaft der Deutschen Bahn AG beschäftigt die DGT derzeit zirka 1300 Mitarbeiter.

Die DGT ist ein Unternehmen, das mit höchsten technischen Standards vertraut ist und auf die langjährigen Erfahrungen seiner Mitarbeiter bauen kann. Neben der Zentrale in Berlin bestehen Niederlassungen in Leipzig, Magdeburg und Berlin sowie der Zentrale Bauhof in Bitterfeld.

In der Niederlassung Maschinenpool in Magdeburg/Königsborn ist einer der modernsten und größten spezifischen Maschinenparks Europas stationiert. Dieser unterliegt einer ständigen Weiterentwicklung, um den wachsenden Ansprüchen der hohen Verfügbarkeit der Strecken gerecht zu werden. Auf dieser Basis übernimmt die DGT Komplettleistungen im Bahnanlagenbau von der Projektierung bis zur Unterhaltung der Anlagen.

Die Weiterentwicklung von spezifischen Fahrbahnsystemen (z. B. Feste Fahrbahn) in den Bereichen der Hochgeschwindigkeits- und Hochleistungsstrecken sowie in den Regionalnetzen und die bedarfs- und technologiebezogene Anpassung der eigenen Baukapazitäten in den Bau-Niederlassungen Leipzig, Magdeburg/Königsborn und Berlin sind mit die wichtigsten Unternehmensziele der DGT.

Die DGT unterhält darüber hinaus in der Niederlassung Magdeburg ein eigenes Ausbildungszentrum für die Aus- und Weiterbildung in den Gewerken Tiefbau, Gleisbau sowie als Baugeräteführer.

Wir legen besonderen Wert darauf, dass in allen Leistungsbereichen ein betriebsschonendes Bauen durchgesetzt wird. Gleichzeitig leisten wir durch ressourcensparende Bauweisen sowie Materialrecycling und -aufarbeitung einen konkreten Beitrag zum Umweltschutz. Wir besitzen im Unternehmen ein wirksames Qualitätsmanagementsystem entsprechend den Forderungen der DIN EN ISO 9001 : 2000 und sind als Entsorgungsfachbetrieb zertifiziert.

Dem zunehmenden Anspruch der Auftraggeber nach Komplettvergaben im Streckenneu- und -ausbau trägt die DGT mit ihrem umfassenden Projektmanagement Rechnung.

Die „Mobile Oberbauschweißtechnik (MOS) GmbH“ mit Standorten in Erfurt, Radebeul, Bitterfeld, Magdeburg/Königsborn, Berlin-Erkner und Bützow ist eine hundertprozentige Tochtergesellschaft der DGT. Sie ergänzt die Produktpalette der DGT bezüglich der Komplettleistung im Gleisbau.

Sprechen sie mit uns, wenn Sie einen verlässlichen Partner suchen.

Deutsche Gleis-und Tiefbau GmbH
Deutsche Bahn Gruppe
Niederlassung Magdeburg
39003 Magdeburg
Postfach 1380
Telefon: (039292) 68 0
Telefax: (039292) 68 109

Cegelec: kundengerecht, flexibel, leistungsbereit …

ANLAGEN- UND AUTOMATISIERUNGSTECHNIK SOWIE TECHNISCHER SERVICE VOR ORT.

Cegelec versteht sich als Partner der Kunden. Gemeinsam werden Lösungen erarbeitet für die elektrotechnische Ausrüstung von Industrieanlagen, Infrastruktureinrichtungen wie Sportstätten oder Großgebäuden, für Automatisierungslösungen sowie die Wartung und Instandhaltung von Maschinen und Anlagen bis hin zu hoch spezialisierten Serviceleistungen.
Anlagengeschäft beginnt mit Vertrauen – besonders, wenn es um Aufgaben mit hohem Anteil an Systemintegration oder sogar um die Übernahme der Verantwortung als Generalunternehmer geht.
Cegelec ist ein weltweit ausgerichteter Anbieter von Dienstleistungen und technischen Lösungen für Unternehmen und öffentliche Auftraggeber.

Die Niederlassung in Magdeburg bietet effiziente technische Lösungen in den Bereichen:

- Industrieautomation und Montagen
- Gebäudeinstallation (TGA)
- Energieversorgung
- Kommunikations- und Informationssysteme

Beispiele für die Aktivitäten von Cegelec Magdeburg sind das Euroglaswerk in Haldensleben, das Zentrum für Neurowissenschaft (ZENIT) und die Experimentelle Fabrik in Magdeburg, die Elektroenergieversorgung der Tagebaue der Mitteldeutschen Braunkohlengesellschaft, das neue Dienstgebäude des Umweltbundesamtes in Dessau, die neue Chirurgie im Uni-Klinikum Magdeburg und Europas längste Kanalbrücke bei Magdeburg mit den Schleusen Rothensee und Hohenwarthe.

Die Cegelec Anlagen- und Automatisierungstechnik GmbH & Co. KG Deutschland mit Zentrale in Frankfurt am Main beschäftigt rund 2500 Mitarbeiter an mehr als 30 Standorten und erwirtschaftete im Geschäftsjahr 2002 einen Umsatz von 589 Millionen Euro.

Cegelec

Cegelec Anlagen- und Automatisierungstechnik GmbH & Co. KG
Niederlassung Magdeburg
Lübecker Straße 53–63
39124 Magdeburg
Telefon: (0391) 72 92 200
Telefax: (0391) 72 92 205
E-Mail:
mail.regost@cegelec.com
www.cegelec.de

Die Mitarbeiter
in den Gruppen Verkauf/Verpachtung und Forst veräußern:

Waldflächen
Rund 23 000 Hektar forstwirtschaftliche Flächen sind noch von der Gruppe Forst der Niederlassung Magdeburg zu privatisieren. Verkaufsobjekte ab 30 Hektar werden öffentlich im Internet und in der jeweiligen regionalen Zeitung wie der Volksstimme sowie der Frankfurter Allgemeinen Zeitung ausgeschrieben. Interessenten müssen ihre Bewerbungen einschließlich forstwirtschaftlichem Konzept bei der BVVG einreichen.

Acker- und Grünland
Etwa 67 500 Hektar Nutzflächen sind von den VV-Gruppen der Niederlassung Magdeburg noch zu privatisieren, meist nach dem Entschädigungs- und Ausgleichsleistungsgesetz (EALG). Der Großteil ist an ortsansässige Landwirte verpachtet. Freiwerdende Flächen werden zur Neuverpachtung oder zum Kauf in der Volksstimme und im Internet öffentlich unter www.bvvg.de ausgeschrieben.

Umwidmungsflächen
Das Angebot bebauter und unbebauter Liegenschaften reicht von Ställen über Scheunen bis hin zu Bauland, zum Beispiel das Wohngebiet Hopfengarten in Magdeburg. Die aktuellen Offerten sind im Internet ebenso nachlesbar wie in einem Verkaufskatalog. Alte Gebäude sind dank des Engagements und Ideenreichtums der Käufer zu neuer Blüte erwacht.

Insgesamt hat die BVVG in den fünf neuen Bundesländern noch 210 000 Hektar Wald und 742 000 Hektar Acker- und Grünland sowie circa 22 000 Objekte zu verkaufen. Die BVVG privatisiert im Auftrag des Bundes ehemals volkseigene land- und forstwirtschaftliche Flächen im ländlichen Raum. Sie nahm ihre Tätigkeit am 1. Juli 1992 auf und verfügt neben dem Hauptsitz in Berlin über zwölf weitere Geschäftsstellen. Die Grundlage der Arbeit der BVVG bilden das Treuhandgesetz vom 17. Juni 1990 sowie das EALG in Verbindung mit der Flächenerwerbsverordnung.
Das Magdeburger Team um den Niederlassungsleiter Hans-Egbert von Arnim berät Sie gern.

Das Angebot der Niederlassung Magdeburg ist VIELSEITIG

BVVG
BODENVERWERTUNGS- UND -VERWALTUNGS GMBH

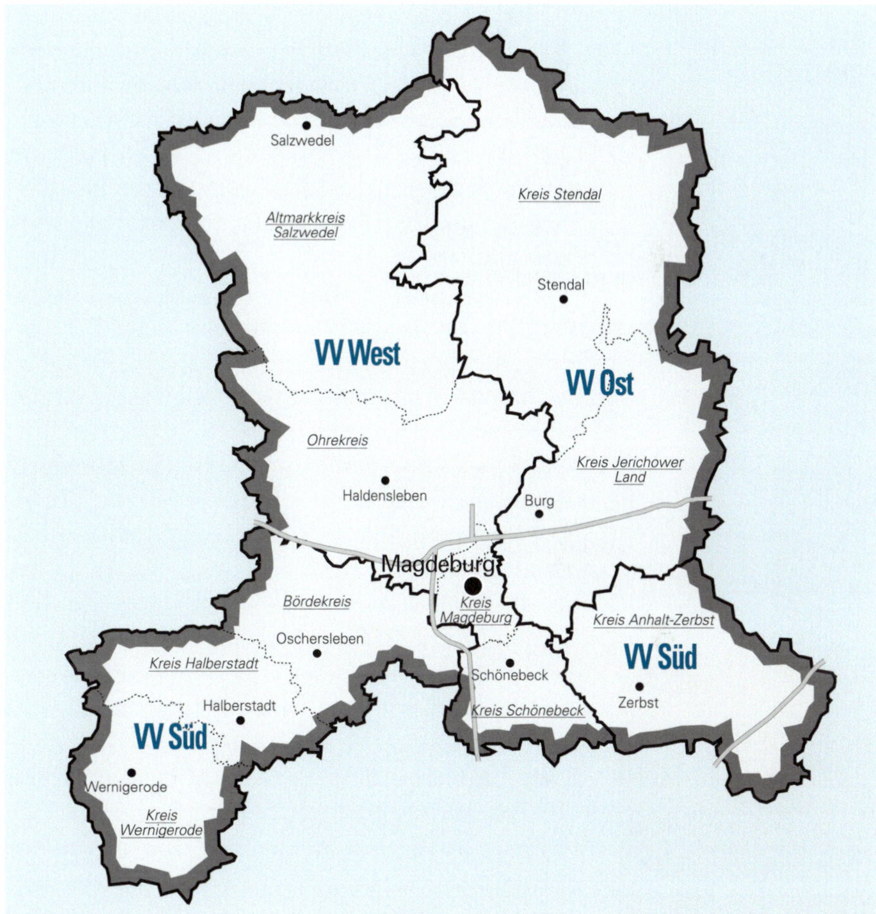

BVVG
Bodenverwertungs- und -verwaltungs GmbH

BVVG
Bodenverwertungs-
und -verwaltungs GmbH
Niederlassung Magdeburg
Universitätsplatz 12
39104 Magdeburg
Telefon:
VV-West (0391) 53 73 720
VV-Ost (0391) 53 73 630
VV-Süd (0391) 53 73 690
Forst (0391) 53 73 660
E-Mail: magdeburg@bvvg.de

Sichern Sie sich Ihren Vorsprung

KID Magdeburg

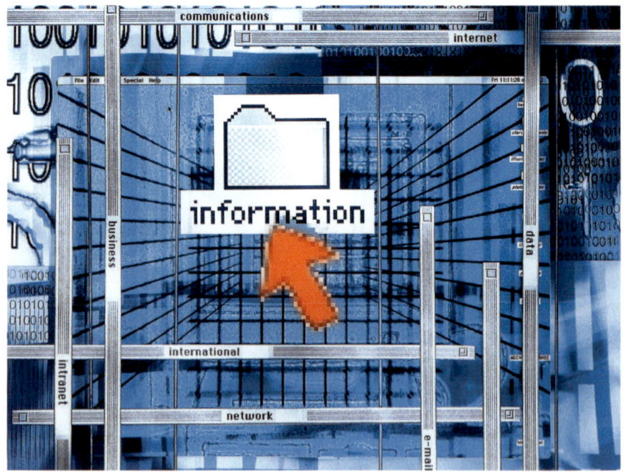

KOMMUNALE INFORMATIONSDIENSTE
MAGDEBURG GMBH

DER IT-DIENSTLEISTER

Kommunale
Informationsdienste
Magdeburg GmbH

Katzensprung 2
39104 Magdeburg

Telefon: (0391) 5 40 70 00
Telefax: (0391) 5 40 70 99

E-Mail: info@kid-magdeburg.de
Internet: www.kid-magdeburg.de

Der Übergang zur Wissens- und Informationsgesellschaft ist längst unumkehrbar geworden. Viele sehen in ihm sogar den Beginn eines neuen Zeitalters. Die neuen Informationstechnologien und Kommunikationsnetze haben nicht nur die Wirtschaft, sondern auch die gesamte Arbeitswelt und fast alle Bereiche des Privatlebens erfasst.
Global wie regional wird zunehmend mit E-Commerce, E-Learning, E-Community gehandelt, gelernt, gelebt und regiert.
Da die neuen Informationstechnologien aus der öffentlichen Verwaltung nicht mehr wegzudenken sind, stehen auch Landespolitik und Kommunalpolitik am Anfang einer neuen Entwicklung, welche die öffentliche Verwaltung mit all ihren althergebrachten Spielregeln grundlegend verändern wird. Waren in der Vergangenheit Anwendungen der Informations- und Kommunikations-Technologien überwiegend auf den internen Ablauf in der Verwaltung konzentriert, so wird sich künftig die Dienstleistung der öffentlichen Verwaltung sehr stark am Kundenverhalten der Bürgerinnen und Bürger orientieren müssen, kurz: E-Government wird unverzichtbar.
Um hier Lösungen zu finden, sind neue organisatorische Konzepte, eine moderne Personalführung mit Fort- und Weiterbildung der Beschäftigten sowie eine Konzentration der Verwaltung auf das jeweilige Kerngeschäft nötig.
Die KID Magdeburg GmbH steht hierfür als Dienstleister im Bereich der Informations- und Kommunikationstechnologie der Verwaltung und der Wirtschaft zur Verfügung. Mit ihrem leistungsfähigen Rechenzentrum und kompetenten Fachkräften der unterschiedlichsten IT-Sparten deckt die KID folgende Tätigkeitsfelder ab:

- IT-Komplettlösungen
- Hostinglösungen
- System- und Netzleistungen
- ASP-Lösungen
- Internetpräsentation/Mehrwertdienste
- Softwareentwicklung
- Organisations- und Beratungsleistungen

Die KID verfügt dazu über ein Rechenzentrum mit einem Großrechner und 25 zentralen Servern, an welche über 4000 Personalcomputer, Drucker und andere Endgeräte angeschlossen sind. Dazu kommt eine stattliche Anzahl von Servern für ihre Kunden.
Garantiert wird Sicherheit auf höchstem Niveau. Das leistungsfähige Rechenzentrum gewährleistet Zuverlässigkeit, Sicherheit und Wirtschaftlichkeit, minimiert die Aufwände für Administration, Systemmanagement sowie die Einführungs- und Beteiligungskosten, erhöht gleichzeitig Flexibilität, Informationsqualität und -quantität. Das komplexe Know-how unserer Mitarbeiter steht Verwaltung und Wirtschaft zur Geschäftsprozessoptimierung für ein Reengineering zur Verfügung.
KID betreibt das stadteigene LWL-Kommunikations- und Datennetz der Landeshauptstadt Magdeburg mit einer Länge von 45 Kilometern und betreut die 39 daran angeschlossenen Verwaltungsstandorte.
Die Gesellschaft betreut und betreibt circa 34 Telekommunikationsanlagen mit über 3700 Telefonen, Faxgeräten und anderen Endgeräten des stadteigenen Telekommunikations-Anlagenverbundes.
Neue Softwarelösungen wie beispielsweise

- eBeschaffung/eVergabe
- eLearning
- Leistungserfassung/Controllingsystem für den kommunalen Bereich

u. a. stehen ihren Kunden zur Nutzung bereit.
Auch den Banken ist sie mit dem Hosten und Anbieten von Wertpapierhandels- und Portfoliomanagementsystemen für Finanzanlagen ein Partner in Sachen IT-Dienstleistungen.
Die langjährige Erfahrung und Tätigkeit als IT-Dienstleister gibt ihr die fachliche und technische Autorität, Kompetenz zu bündeln und ihre Leistungen kostengünstig und einem breiten Kundenspektrum anzubieten.

HYDRO-WACHT

ERTÜCHTIGUNG DER WASSERSTRASSEN VON ELBE BIS ODER

Unweit des Elbekreuzes in Gerwisch bei Magdeburg haben die Hydro Wasser und Tiefbau GmbH und die Joh. Wacht GmbH & Co KG Erd-, Tief- und Wasserbau ihren Sitz. Die Unternehmen mit Stammsitzen in Emmerich (Nordrhein-Westfalen) bzw. Konz-Könen nahe Trier an der Mosel firmieren an ihrem sachsen-anhaltischen Standort als GbR unter dem Namen Hydro-Wacht.

Beide Häuser arbeiten traditionell zusammen und nutzen ihre Technik gemeinsam. Nach dem Erwerb des Firmengeländes in Gerwisch wurde ein bereits dort befindliches Verwaltungs- und Werkstattgebäude ausgebaut und modernisiert. Heute beschäftigt Hydro-Wacht rund 60 Mitarbeiter, von denen die Hälfte aus den neuen Bundesländern stammt.

Die Mutterunternehmen waren von 1960 an bis Anfang der neunziger Jahre überwiegend am Ausbau

Hydro-Wacht

August-Bebel-Straße 64
39175 Gerwisch

Telefon: (039292) 6 64 0
Telefax: (039292) 6 64 22

E-Mail:
info@Hydro-Wasserbau.de
info@Wacht-Wasserbau.de

westdeutscher Wasserstraßen beteiligt, so zum Beispiel an den Mainvertiefungen, dem Moselausbau, an Baumaßnahmen an Saar und Rhein, aber auch an Baulosen des Nord-Ostsee-Kanals.

Nach der Wiedervereinigung und dem Beschluss der Bundesregierung über das Projekt 17, den Ausbau der Wasserstraße vom Mittellandkanal nach Berlin für das Europa-Schiff, bewarben sich beide Firmen mit Erfolg um Projekte an dieser Wasserstraße, das Elbekreuz eingeschlossen. Sie sind erfolgreich tätig an Baustellen des Mittellandkanals westlich der Elbe bei Mannhausen, Bülstringen und in der Nähe von Haldensleben.

Die beiden Unternehmen waren an der ersten Baumaßnahme östlich der Elbe beteiligt, der Verbreiterung des Elbe-Havel-Kanals von Parey bis Seedorf in Richtung Genthin. Das ebenfalls von ihnen betreute Anschlussprojekt von Genthin nach Wusterwitz steht kurz vor der Fertigstellung.

Bei der Auftragsvergabe zur Verbreiterung des Silokanals in Brandenburg fielen das erste und das dritte Baulos an Hydro-Wacht, und auch die Baggerungen beim Bau des neuen Hafens von Schwedt an der Hohensaaten-Friedrichsthaler Wasserstraße sowie an der Oder-Havel-Wasserstraße am Hafen Eberswalde wurden von der Firmengemeinschaft ausgeführt. Zur Zeit beschäftigt sie sich mit zwei Ausschreibungen für Bauarbeiten an der Scheitelhaltung des Oder-Havel-Kanals.

Am Elbe-Havel-Kanal erhielt die Hydro-Wacht ein neues Großes Baulos zur Ertüchtigung der Kanalstrecke für das Großmotorschiff (110 m x 11,40 m) und Schubverbände von 185 m x 11,40 m zwischen Niegripp und Zerben und hat dort mit den Arbeiten begonnen.

Die zahlreichen Projekte weisen deutlich auf die hohe Flexibilität des Unternehmens hin, das die gesamte benötigte Technik an die jeweiligen Baustandorte transportiert und dort mit seinem erfahrenen Personal alle erforderlichen Aufgaben erfüllt. Hydro-Wacht in Gerwisch ist dafür professionell ausgerüstet mit zehn großen Pontons und den darauf arbeitenden Baggern sowie etlichen weiteren schwimmenden Einheiten, z. B. Schüttgerüsten für den Steineverbau und Mattenlegern für das Verlegen von Geotextil.

Das Unternehmen sieht optimistisch in die Zukunft. Einige Jahre wird noch am Projekt 17 gearbeitet werden, doch schon sind weitere Baustellen im Gespräch ...

Raum für Menschen

DIE BAUBECON GRUPPE

BauBeCon Holding AG

Schützenallee 3
30519 Hannover

Telefon: (0511) 84 00 387
Telefax: (0511) 84 00 326

E-Mail: info-ag@baubecon.de
Internet: www.baubecon.de

BauBeCon

Foto: Peter Meyer

Wiederbelebung eines Stadtteils – Magdeburg-Buckau

Die BauBeCon ist seit 1991 mit der Sanierung des Magdeburger Stadtteils Buckau beauftragt. Bis heute wurden 72 Millionen Euro Fördermittel bewilligt und in städtebauliche Maßnahmen umgesetzt. Private Investoren investierten zusätzlich rund 150 Millionen Euro in den Stadtteil. Dadurch konnten insgesamt 1355 Wohn- und Gewerbeeinheiten saniert und in einen zeitgemäßen Wohnstandard versetzt werden.

Im Stadtteil Magdeburg-Buckau zeigte BauBeCon, wie Raum für Menschen geschaffen wird und sich ein ehemaliges dicht besiedeltes Arbeiterviertel zu einem erholsamen Stadtviertel entwickeln kann. Alte Industriebrachen, vernachlässigte denkmalgeschützte Wohnhäuser, Baulücken im Straßenbild sowie fehlende Kultur- und Erholungsstätten prägten bisher das Stadtbild.

Bei der Sanierung des Stadtteils bediente sich die BauBeCon einer bewährten Methode: Vorhandene Bauten wurden einer neuen Nutzung zugeführt. So wurden alte Wohn- und Fabrikgebäude in lebendige Ausbildungs- und Freizeiteinrichtungen umgewandelt. Baulücken schlossen die Sanierer durch harmonisch eingebettete Neubauten, denkmalgeschützte Gebäude des Stadtteils wurden originalgetreu restauriert. Gärtner wandelten Innenhöfe in Freizeit- und Ruhezonen um. Parkanlagen, Grünflächen, Spielplätze sowie die Öffnung des Stadtteils zum nahegelegenen Elbufer bilden heute einen attraktiven Naherholungsraum für den Stadtteil. So eröffnen die neuen Räume auch neue Lebensqualität und neue Perspektiven.

Foto: Peter Meyer

Foto: Guido Erbring

Die BauBeCon steht mit ihren Dienstleistungen mitten in der Gesellschaft. Wohn-Orte bilden die Grundlage für ein gemeinsames Leben: Sie fördern soziales und kulturelles Miteinander. Seit mehr als 70 Jahren baut, pflegt, erhält, vermietet und verkauft die BauBeCon Gruppe Immobilien. Mit einem Bestand von bundesweit 51 000 Wohn- und Gewerbeobjekten vermietet die BauBeCon in Magdeburg 2210 Wohnungen.

Bruno Tauts Erbe – Magdeburg-Cracau

Seit 1999 modernisiert die BauBeCon ihre insgesamt 2210 Wohnungen in den Magdeburger Stadtteilen Cracau, Lehmsdorf, Stadtfeld und Sudenburg. 1900 Wohnungen wurden bereits fertiggestellt – Ende 2003 sind alle Sanierungsarbeiten in Magdeburg abgeschlossen.
Wie gestalten wir menschliche Bedürfnisse, die wir in den kommenden Jahrzehnten verantworten können? Oder was bedeutet die Stadt? Idealist und Architekt Bruno Taut suchte bereits in den 20er Jahren nach zeitgemäßen Lösungen: Lebensräume, die Wohnen, Arbeiten, Handel und Kultur in Einklang bringen. Ein Ansatz, der auch die Bedürfnisse dieses Jahrzehnts vereinbart. Und die Sanierungstätigkeit der BauBeCon in Magdeburg-Cracau lenkte.

Bruno Taut schuf zweckmäßige Wohnungen, den Bedürfnissen der Menschen angepasst. Er gab dem Außenraum einen besonderen Stellenwert und verhalf den Bewohnern zu mehr Licht, Luft und Sonne – Erholung und Lebensqualität für den werktätigen Menschen. Durch den bewussten Einsatz der Farben wurden städtebauliche Kompositionen unterstrichen, und die kräftige Farbgestaltung verlieh seinen Bauten eine heitere Stimmung.
Die Cracauer Wohnquartiere stehen heute unter Denkmalschutz. Die BauBeCon modernisiert Bruno Tauts Erbe im Sinne des Architekten. Oberste Priorität gilt hierbei der verbesserten Wohn- und Lebensqualität für die Mieter. Dies entspricht den Absichten des humanistisch geprägten Architekten.

Foto: Peter Meyer

Magdeburg und seine Sparkasse – eine starke Partnerschaft

STADTSPARKASSE MAGDEBURG

Stadtsparkasse Magdeburg
Unternehmenssteuerung

Lübecker Straße 126
39124 Magdeburg

Telefon: (0391) 2 50 62 36
Telefax: (0391) 2 50 88 34

E-Mail: info@sparkasse-magdeburg.de
Internet: www.sparkasse-magdeburg.de

Am Mittwoch, dem 7. Mai 1823 wurde um 2 Uhr nachmittags die kommunale Sparkasse der Stadt Magdeburg im Beisein des Oberbürgermeisters und aller Mitglieder des Direktoriums eröffnet. Es war ein feierlicher Augenblick. Die ersten Kunden waren die städtischen Beamten, das erste Sparbuch wurde für die Tochter Minna des Oberbürgermeisters August Wilhelm Francke ausgestellt.

Seit dieser Zeit existiert die Sparkasse in Magdeburg als kommunales Geldinstitut. Was einmal angefangen hatte als „Bank des kleinen Mannes“, entwickelte sich zu einem erfolgreichen Kreditinstitut in und für Magdeburg.

180 Jahre Sparkasse in Magdeburg war immer auch die Geschichte ihrer Mitarbeiterinnen und Mitarbeiter. So begannen 3 Personen im Jahre 1823, „das Capital zu mehren für geringere fleißige Personen beiderlei Geschlechts, als Dienstboten, Tagelöhner, Handarbeiter etc.“ Zum Ende des Jahre 2002 waren es 531 Mitarbeiterinnen und Mitarbeiter, die die circa 150 000 Kunden der Stadtsparkasse Magdeburg betreuten.

Der Erfolg unserer Arbeit zeigt sich vor allem an der Entwicklung der Erträge. Meldete das Direktorium 1823 an den Magistrat: „Bei der Sparcasse sind am 1. Einzahlungstage 1015 Taler eingegangen, wir haben bereits 400 Taler Stadtschuldscheine verkauft“, so wuchs die Bilanzsumme zum Ende des Jahres 2002 auf 2 080,7 Mio. Euro.

Der Grundgedanke der Sparkassengründung war es, gerade den wirtschaftlich Schwächsten eine Möglichkeit zur Unterbringung von Kleinstbeträgen zu schaffen. Dass unsere Kunden den Grundgedanken des Sparens besonders verinnerlicht haben, zeigt 2002 deutlich die solide Einlagenentwicklung auf 1 654,4 Mio. Euro.

Die 23 um- oder neugebauten Geschäftsstellen tragen wesentlich zur Gestaltung des Stadtbildes bei. Insbesondere die größte Geschäftsstelle am Alten Markt setzt städtebauliche Akzente. Offenheit und Transparenz als Konzept der Betreuung spiegeln sich auch in der Architektur und Ausstattung wider: Der Einsatz von Glas und Metall ermöglicht den Kunden Einblicke in das Geschehen.

Bereits Mitte des 19. Jahrhunderts unterstützte die Sparkasse die Stadt Magdeburg in erheblichem Maße. Aus den Überschüssen der Sparkasse kamen Mittel zum Bau der städtischen Armenanstalt, für die Straßenpflasterung, Kanal- oder Kirchenbauten. In der heutigen Zeit belebt die Stadtsparkasse das Gemeinwohl nicht nur durch Spenden und Sponsoring, sondern ist mit mehr als 1,3 Mio. Euro einer der größten Steuerzahler der Stadt. Die Stadtsparkasse ist durch vielfältige Aktivitäten in das Leben in der Stadt Magdeburg integriert. Ob Sportverein oder Kulturgruppe, Integrationskindergarten oder Behindertensport – viele Projekte werden durch die Unterstützung der Sparkasse erst möglich. Die Jugendstiftung und die Stiftung Kunst und Kultur der Stadtsparkasse fördern eine Vielzahl von Aktivitäten, die das Miteinander in unserer Stadt bereichern.

Längst sind wir nicht mehr „die Bank des kleinen Mannes“, sondern die Hausbank der Magdeburger. Ob Existenzgründerprogramm oder Hausbau, Versicherungsfragen oder Firmenkredite – die Stadtsparkasse Magdeburg ist immer eine gute Adresse, wenn's ums Geld geht. Sie steht mitten im Leben seit 1823.

Buchhandlung FRITZ WAHLE

SEIT 1841 AUF DEM BREITEN WEG

Am 19. Januar 1841 wurde von Emil Baensch im Hause Breiter Weg 9 eine Buch-, Kunst- und Musikalienhandlung eröffnet. Schon drei Jahre später zog die Firma ins sagenumwobene Haus „Zum Weißen Roß“, Breiter Weg 19. Im Revolutionsjahr 1848 versammelten sich Demonstranten vor dem Haus Breiter Weg 180, weil die kostbare Rokokoeinrichtung einer Buchhandlung für die damalige Zeit so prächtig war, daß man meinte, dagegen protestieren zu müssen. Emil Baensch hatte diese in Auftrag gegeben, weil er kurz zuvor mit seinem Geschäft dorthin umgezogen war. In dem Verlag, den er nun seiner Buchhandlung angegliedert hatte, entwickelte er eine umfangreiche Tätigkeit und gab u. a. eine dreibändige Geschichte der Stadt Magdeburg von F. W. Hoffmann und die Biographie Otto von Guerickes von Otto Opel heraus. Nach mehrmaligem Besitzerwechsel ist die Buchhandlung seit 1912 im Besitz der Familie Wahle. Die kostbare Einrichtung und die umfangreichen Bestände wurden in der Bombennacht des 16. Januar 1945 total vernichtet. In den ausgebrannten Räumen fand ein mühsamer Neubeginn statt, und unter sozialistischen Bedingungen war die Existenz wiederholt gefährdet. Heute wird die Buchhandlung in der dritten bzw. vierten Generation von Hans-Joachim Wahle und seinem Sohn Wolfram im Haus Breiter Weg 174 geführt. Der Tradition der Pflege heimatkundlicher Literatur fühlt man sich aus Liebe zur Stadt Magdeburg weiterhin verbunden. Der große Erfolg für die 1. Auflage des vorliegenden Buches beweist das, denn die Kunden kauften bei „Wahle“ fast ein Viertel der gesamten Auflage.

In jüngster Zeit hat die Buchhandlung zwei Titel (‘*Die Baugeschichte der Stadt und Festung Magdeburg*’ und ‘*Ein Spaziergang durch die Magdeburger Mundart*’) einer Schriftenreihe zur Heimatkunde aus den dreißiger Jahren des 20. Jahrhunderts nachdrucken lassen, um diese, weil sie längst zu Raritäten geworden waren, wieder einer breiten Leserschicht zugänglich zu machen. In Zusammenarbeit mit den Freien Kammerspielen veranstaltet die Buchhandlung regelmäßig Lesungen.

Buchhandlung Fritz Wahle

Breiter Weg 174
39114 Magdeburg

Telefon: (0391) 5435740
Telefax: (0391) 5442793

E-Mail:
buchhandlungfritzwahle@t-online.de

ÖSA Versicherungen: In guter Tradition. Und hier zu Hause.

ÖFFENTLICHE VERSICHERUNGEN SACHSEN-ANHALT

Öffentliche Versicherungen
Sachsen-Anhalt

Am Alten Theater 7
39104 Magdeburg

Telefon: (0391) 73 67 367
Telefax: (0391) 73 67 490

E-Mail:
service.magdeburg@oesa.de
Internet: www.oesa.de

Magdeburg war in den beiden zurückliegenden Jahrhunderten immer auch eine wichtige Metropole der Versicherungswirtschaft in Deutschland.

1844 erhielt die „Magdeburger Feuer" die Geschäftserlaubnis. Sie wurde geführt von dem als Universalgenie angesehenen Generaldirektor Johann Christian Friedrich Knoblauch. Fast 150 Jahre gehörte die „Magdeburger" zu den angesehensten deutschen Versicherungsgesellschaften. Um 1930 hatten sogar sieben Unternehmen in Magdeburg ihren Direktionssitz. Darunter war auch die Land-Feuersozietät der Provinz Sachsen, eine Vorläuferin der ÖSA Versicherungen. Bis zum Zweiten Weltkrieg befand sich ihr Domizil in der Kaiser-Friedrich-Straße, wo heute in der Gerhart-Hauptmann-/Ecke Goethestraße die Wasser- und Schifffahrtsdirektion Ost residiert.

Aber schon wesentlich früher hatte Magdeburg Versicherungsgeschichte geschrieben. Die Recherchen zum 10-jährigen Geschäftsjubiläum der seit 1992 tätigen Öffentlichen Versicherungen Sachsen-Anhalt brachten es zutage: Am 15. Februar 1685 hatten weitsichtige Ratsherren die „Ordnung der General-Feur-Cassa in der Stadt Magdeburg" erlassen. Erhalten ist der Wortlaut ihrer Satzung in einem Faksimiledruck. Die Magdeburger, schwer gebeutelt durch die Zerstörungen des Dreißigjährigen Krieges, hatten sich offensichtlich die 1676 gegründete Hamburger Feuerkasse zum Vorbild genommen. Es ist also festzuhalten: Die zweitälteste öffentlich-rechtliche Versicherungsanstalt Deutschlands wurde in Magdeburg aus der Taufe gehoben.

Interessant dabei: Die „Feur-Cassa" zu Magdeburg verknüpfte schon vor über 300 Jahren den Versicherungsschutz mit der Schadenverhütung. Jeder Gebäudeeigentümer war verpflichtet, einen Ledereimer mit Wasser zum Löschen parat zu halten. Die „Vermögenden" sollten sich sogar eine „gute Handspritze" anschaffen.

Auch diese Tradition findet sich heute in der Satzung der Öffentlichen Feuerversicherung Sachsen-Anhalt wieder. Sie sieht vor, mit den erwirtschafteten Mitteln den Brandschutz im Lande und die Arbeit der Feuerwehren zu unterstützen. Immer nach dem Motto: Schäden verhüten ist allemal besser als Schäden vergüten.

Die ÖSA Versicherungen nahmen 1992 ihre Geschäftstätigkeit in Sachsen-Anhalt auf. Am 11. Juli 1991 hatte der Landtag beschlossen, zwei Anstalten des öffentlichen Rechts zu errichten: die Öffentliche Feuerversicherung und die Öffentliche Lebensversicherung Sachsen-Anhalt, kurz: die ÖSA Versicherungen. Ihre Träger wurden zu jeweils 50 Prozent die Sparkassenorganisation Sachsen-Anhalts sowie zwei niedersächsische öffentliche Versicherer, die VGH aus Hannover und die Öffentliche Braunschweig.

Damit war – unterbrochen durch fast vier Jahrzehnte DDR – erstmals seit 1952 wieder eine öffentlich-rechtliche Versicherung in Sachsen-Anhalt am Markt. Als Auftrag bekam sie mit auf den Weg, Privatkunden, Gewerbetreibenden, Industrie und Landwirtschaft sowie den Kommunen preisgünstigen und umfassenden Versicherungsschutz zu geben. Zugleich, und das unterscheidet die ÖSA von anderen Unternehmen der Branche, hat sie sich per Satzung verpflichtet, zum „gemeinen Nutzen" des Landes zu wirken.

Seit dem 10. April 2000 heißt die ÖSA-Adresse Am Alten Theater 7. Nach acht Jahren am Olvenstedter Platz wurde nun ein neues, modernes Direktionsgebäude bezogen. Mittendrin in der Landeshauptstadt, weithin zu sehen und von Kunden wie von den rund 270 Mitarbeiterinnen und Mitarbeitern gut zu erreichen. Auch optisch wurde ein Zeichen gesetzt: Die ÖSA Versicherungen haben sich fest etabliert.

Mittendrin in Magdeburg befinden sich das Kundendienst Center und die Direktion der ÖSA Versicherungen im City Carré

Zum zehnjährigen Geschäftsjubiläum nannte die Landesregierung die Öffentlichen Versicherungen einen „verlässlichen Partner" der Menschen, der Gewerbebetriebe und der Kommunen im Land. „Kundennähe, gute Beratung und ein schneller Service sind heute ebenso ein Markenzeichen der ÖSA wie die marktgerechten Tarife", erklärte Finanzminister Karl-Heinz Paqué im Juni 2002. Die ÖSA Versicherungen seien auch in ihrem zweiten Jahrzehnt auf Wachstum ausgerichtet, sagte ihr Vorstandsvorsitzender, Dr. Friedrich Leffler. Alle Voraussetzungen dafür seien gegeben: „Ein effizientes Vertriebsnetz, die enge Verbindung zu den Sparkassen in Sachsen-Anhalt, gut ausgebildete Mitarbeiter, die Nähe zu unseren Kunden und wettbewerbsfähige Versicherungsprodukte."

Die ÖSA ist ein Verbundpartner der S-Finanzgruppe. Sie versteht sich als Service-Versicherer. Über ein dichtes Service-Netz arbeitet sie kundennah mit etwa 100 Versicherungsfachgeschäften sowie über die Sparkassen des Landes mit knapp 500 Geschäftsstellen. Die ÖSA ist also überall da – und immer nah. Der von Kunden geschätzte persönliche Kontakt, die kompetente Beratung und die Kenntnis der Gegebenheiten vor Ort machen den „kleinen Unterschied" aus, auf dem Kunden-Vertrauen aufbaut.

Mittlerweile betreut die einheimische Versicherung weit über eine halbe Million Verträge. Alles ist dabei: die HausratPLUS, die wie zu DDR-Zeiten die Haftpflicht sowie weitere Risiken einschließt. Renten- und andere Lebensversicherungen für die wichtige Altersvorsorge. Preiswerte „Knautschzonentarife" für Autos. Günstige Angebote für Gewerbebetriebe. Von den rund 1300 Kommunen bzw. kommunalen Einrichtungen suchen über 80 Prozent ihren Schutz bei der einheimischen Versicherung. Und sie stärken damit andererseits auch die einheimische Wirtschaft. Denn die ÖSA Versicherungen zahlen hier im Lande ihre Steuern, geben der hiesigen Wirtschaft Aufträge und nicht zuletzt: Sie haben über 500 zukunftssichere Arbeitsplätze im Lande geschaffen.

Die Landeshauptstadt ist, was ihre Versicherungsangelegenheiten betrifft, von Anfang an bei der ÖSA in guten Händen. Die betreuten Risiken reichen von A wie Ausstellungen bis Z wie Zoo. Ein Höhepunkt dabei war zweifellos das Sichern und Versichern der großartigen Ausstellung „Otto der Große, Magdeburg und Europa" im Jahre 2001. Aber auch darüber hinaus haben Magdeburg und die Magdeburger mehr von der ÖSA als „nur" passende Versicherungen. So unterstützte sie den Wiederaufbau der Johanniskirche. Sie ist Partner des ALSO-Projekts zur Kriminalitätsprävention unter Jugendlichen. Sie unterstützt die freiwilligen Feuerwehren, und der Landesfeuerwehrverband hat sein Domizil mietfrei unterm Dach des ÖSA-Hauses. Sie beteiligt sich an Verkehrssicherheitsaktionen wie dem „fifty-fifty-Taxi". Sie fördert die Arbeit des Puppentheaters und des Klosters Unser Lieben Frauen. Sie hilft der Krebsliga. Sie tut etwas für den Nachwuchs, damit Magdeburg beim Handball und beim Rudern Spitze bleibt. Und so weiter …

Der historische Kreis indes hat sich geschlossen. Die öffentlich-rechtliche Versicherung war mit der „Feur-Cassa" die erste, die den Magdeburgern Schutz gab. Die ÖSA Versicherungen sind heute nach über drei Jahrhunderten das einzige einheimische Unternehmen der Branche und das einzige, das an große Magdeburger Versicherungs-Traditionen anknüpft.

Die Magdeburger „Feur Cassa" – 1685 wurde sie gegründet und gilt als zweitälteste öffentlich-rechtliche Versicherung in Deutschland.

Ernste Themen freundlich angeboten – Versicherungswerbung muss nicht „dröge" sein.

Die Apotheken der Stadt Magdeburg

Rats-Apotheke am Alten Markt um 1870

Bild rechts oben: Ansicht des Alten Marktes, wo sich bis Ende des 19. Jahrhunderts die Rats-Apotheke befand (Ausschnitt aus einem Stich von 1706)

Die Suche nach einer Apotheke in Magdeburg fällt heute nicht schwer. Von jedem Punkt der Stadt ist zu jeder Zeit ohne lange Wege eine solche erreichbar. Das war nicht immer so.
Ebenso interessant wie die wechselvolle Geschichte Magdeburgs ist auch ein Rückblick zu den Anfängen der Apotheken der Stadt. Hinweise zur Existenz einer Apotheke in Magdeburg lassen sich bis in das 13. Jahrhundert zurückverfolgen. Etwa im gleichen Zeitraum wie in anderen deutschen Städten wird der Apothekenbegriff für Magdeburg erstmals überliefert. Das Wort „apothece" taucht im Jahr 1285 im Urkundenbuch der Stadt auf. Es handelt sich um eine Schenkungsurkunde, in der die Vorsteher des Heilig-Geist-Hospitals beurkundeten, dass ein Magdeburger Bürger dem Hospital die Hälfte einer Apotheke schenkte. Ob es sich bei dieser überlieferten Erwähnung des Apothekenbegriffs um eine Apotheke unserer Vorstellungen handelte, ist nicht gesichert, da früher der Begriff „apotheca" auch für Kramläden und Lagerräume Verwendung fand.

J.

Abdruck der Apoteken Ordnung/Auch Taxt vnd Werdierung aller Ertznenyen/vnd Materialien/so auff des Raths der Altenstadt Magdeburgk auffgerichte Apoteke verkaufft werden/der gemeinen Stadt vnd menniglichen/der sich der Apoteken zugebrauchen pfleget/zum besten/der billigkeit nach gestellet vnd geordenet

Gedruckt zu Magdeburgk/durch Wolffgang Kirchner.

ANNO M. D. LXXVII.

Magdeburger Apothekenordnung von 1577

Erst im Zusammenhang mit medizinischen und pharmazeutischen Angaben sind Rückschlüsse auf eine Apotheke im heutigen Sinn erlaubt. Für Magdeburg besteht diese Verknüpfung mit einem Eintrag in der Magdeburger Schöppenchronik aus dem Jahr 1377. Während eines Besuches Kaiser Karl IV. in der Stadt, klagte dieser über Gichtbeschwerden, worauf ihm ein „Electuarium" aus der Apotheke gereicht wurde. Electuaria waren breiförmige Mischungen pulverförmiger Arzneistoffe oder getrockneter Pflanzenteile mit Honig, Zuckersirup, fetten Ölen oder eingedickten Pflanzenextrakten.
Der Beginn der Pharmaziegeschichte der Stadt kann somit für das Ende des 14. Jahrhunderts angesetzt werden.
Wichtigstes und aufschlussreichstes Zeugnis zur Existenz einer Apotheke in Magdeburg ist die Apothekenordnung des Jahres 1577. Laut Chronik der Stadt beschloss im Jahre 1576 der Rat der Stadt die Errichtung einer eigenen Apotheke, der Rats-Apotheke, und erließ für diese eine Apothekenordnung. Sie ist das älteste in Magdeburg erhaltene Schriftstück, welches detaillierten Einblick in die spätmittelalterliche Apothekenpraxis vermittelt und zählt zu den ältesten Apothekenordnungen Deutschlands. Damit erhielt die Rats-Apotheke als stadteigene Apotheke die erste Apothekenbetriebserlaubnis, die für Magdeburg nachgewiesen werden konnte.
Erst 86 Jahre später, im Jahr 1662, stimmte der Magistrat der Stadt der Errichtung einer zweiten Apotheke in Magdeburg zu. 1679 wurde diese Apotheke unter brandenburgischer Herrschaft zur Hof-Apotheke und der Apotheker zum Hof-Apotheker ernannt. Es

war üblich, dass zum Hofstaat der deutschen Fürsten neben dem Leibmedicus auch ein Apotheker gehörte.

Magdeburgs dritte eröffnete Apotheke bestand nur relativ kurze Zeit. 1681 bestellte der Kurfürst Friedrich Wilhelm zur Versorgung der Garnison einen Apotheker nach Magdeburg. Das Apothekenprivileg für die Garnisons-Apotheke wurde persönlich für den Apotheker ausgestellt und 1763 mit dem Tod des letzten Erben wieder eingezogen.

Um den Bevölkerungszuwachs nach der Zerstörung Magdeburgs im Dreißigjährigen Krieg wieder anzukurbeln, erließ Kurfürst Friedrich Wilhelm das Edikt von Potsdam, welches die organisierte Einwanderung von Flüchtlingen vorsah. Ihnen wurde eine Reihe von Privilegien verliehen, darunter auch ein Apothekenprivileg für einen eingewanderten Apotheker aus der Pfalz, welcher 1694 die Pfälzer-Apotheke eröffnete.

1727 konnte in der Altstadt Magdeburg die Regierungs-Apotheke und 1765 die Einhorn-Apotheke, nach Schließung der Garnisons-Apotheke als zahlenmäßig fünfte Apotheke, eröffnet werden.

Diese Apotheken waren es, die im Jahre 1798 eine der ältesten Apothekenvereinigungen Deutschlands gründeten. Sie schlossen sich zur Magdeburger Apotheker-Konferenz zusammen, mit dem Zweck der Selbsterziehung, zur Wahrung und Verteidigung der Standesehre und zur Festigung der Einheit unter den Apothekern. Die anfänglich kleine Runde der fünf Gründungsapotheker wurde über die Jahre durch neu hinzukommende Magdeburger Apotheker bereichert. Der späteren Satzung (1898) des Vereins war im §1 zu entnehmen:

„Er bezweckt den Schutz und die Förderung der sittlichen, wissenschaftlichen, gesellschaftlichen und wirtschaftlichen Interessen seiner Mitglieder."

Die Magdeburger Apotheker kontrollierten die einzelnen Apotheken, organisierten Fortbildungskurse, engagierten sich für eine einheitliche Preisregelung für Arzneimittel, erarbeiteten eine eigene Handverkaufstaxe, um nur einige Schwerpunkte zu nennen. Diese Arzneimitteltaxe – nach dem Magdeburger Apotheker Dr. Gustav Hartmann (1835–1917) als Hartmanns Handverkaufstaxe über die Grenzen der Stadt bekannt – bildete später die Grundlage für viele Verträge mit den Krankenkassen.

Magdeburgs Apotheker entwickelten innerhalb der Konferenz eigene geschützte Arzneimittel, welche unter gleichem Namen, gleicher Aufmachung und zu gleichem Preis in den Handel gebracht wurden.

Die Magdeburger Apotheker-Konferenz bestand 150 Jahre bis zu ihrer Auflösung 1949. Sie gestaltete aktiv das Apothekenwesen in Magdeburg und behielt auch nach Gründung des Deutschen Apothekenvereins 1891 ihre Selbständigkeit.

In dieser Zeit änderte sich das Bild der Magdeburger Apotheken drastisch. Das hing sowohl mit den pharmazeutisch-technischen Veränderungen, als auch mit der Stadtentwicklung Magdeburgs zusammen. Nach 1870 vollzog Magdeburg ökonomisch, räumlich und verkehrstechnisch den Sprung zur Industriegroßstadt. Parallel erweiterte sich das Apothekennetz. Bis zum Ende des 19. Jahrhunderts entstanden weitere 17 Apotheken, darunter zwei Krankenhausapotheken in den städtischen Krankenhäusern Altstadt und Sudenburg (Ursprung des heutigen Universitätsklinikums). Vor dem Ausbruch des Zweiten Weltkrieges waren es schließlich 33 öffentliche und zwei Krankenhausapotheken.

Mit der Zerstörung Magdeburgs am 16. Januar 1945 zerriss auch das Apothekennetz der Stadt. Insgesamt überlebten nur 13 Apotheken den Bombenangriff. In der Altstadt Magdeburg blieb nur eine Apotheke verschont.

In der Folgezeit war die Entwicklung des Apothekenwesens auch in Magdeburg durch die gesellschaftliche Entwicklung in der Sowjetischen Besatzungszone und der späteren DDR geprägt.

Nach Kriegsende wurden die privaten Apotheken bis auf wenige Ausnahmen verstaatlicht und, wie das gesamte Gesundheitswesen, einem Zentralisierungsprozess unterworfen. Polikliniken, in denen Ärzte der verschiedenen Fachrichtungen arbeiteten, entstanden jeweils mit integrierter Apotheke.

1971 wurde der „Versorgungsbetrieb Pharmazie und Medizintechnik" gegründet. Magdeburg war die erste Stadt der DDR, in der sich alle staatlichen Apotheken zusammenschlossen. Mit Anbindung des Kreises Wolmirstedt 1977 erfolgte die Umbenennung in „Versorgungszentrum Pharmazie und Medizin-

Etiketten von Arzneispezialitäten der Magdeburger Apotheker-Konferenz

VORSCHRIFTEN
ZU DEN
M. A. K. EIGEN-
PRÄPARATEN

V. AUFLAGE
1929

Titelblatt der M. A. K.-Vorschriften von 1929

technik Magdeburg". Weitere neue Apotheken wurden eingerichtet, auch in kleineren Wohngebieten und zusätzliche zentrale Einrichtungen der Arzneimittelkontrolle und Qualitätssicherung, der Arzneimittel- und Labordiagnostikaherstellung, der Aus- und Weiterbildung sowie Werkstätten und Geschäfte für Orthopädie- und Medizintechnik geschaffen. 1989 hatte die Stadt 32 öffentliche Apotheken.
Mit der Wiedervereinigung Deutschlands 1990 ging die Privatisierung der staatlichen Apotheken einher. Zusätzlich entstanden neue Apotheken. Heute kommen 66 Apotheken und 2 Krankenhausapotheken in Magdeburg ihrem gesetzlich verankerten Versorgungsauftrag nach und sichern die wohnort- und zeitnahe Versorgung der Bevölkerung mit Arzneimitteln.
Jede Apotheke hält aus dem breiten Angebot der in Deutschland registrierten Arzneimitteln im Durchschnitt ca. 7000 der am häufigsten benötigten Präparate ständig am Lager. Zusätzlich ist jede Apotheke gesetzlich verpflichtet, ein vorgeschriebenes Sortiment an Arzneimitteln vorrätig zu halten, die bei seltenen, aber schwerwiegenden Notfällen, wie z. B. Vergiftungen, jederzeit sofort zur Verfügung stehen müssen. Sind außerhalb des vorhandenen Sortiments weitere Medikamente zu beschaffen, ist das in der Regel innerhalb weniger Stunden, im Stadtbereich in Einzelfällen noch schneller möglich. Somit ist praktisch in jeder Apotheke jedes in Deutschland zugelassene Arzneimittel verfügbar. Im Einzelfall sind darüber hinaus auch internationale Arzneimittel beschaffbar. Zur schnellen Abwicklung aller Logistikvorgänge gehört die elektronische Datenfernübertragung seit Jahren zum Standard.
Auf Grund des jährlich im Voraus festgelegten Notdienstsystems sichern in Magdeburg täglich zwei bis drei Apotheken die Versorgung rund um die Uhr und stehen somit auch nachts und an Sonn- und Feiertagen für Notfälle zur Verfügung.
Die Apotheke ist heute nicht nur eine Einrichtung zum Verkauf von Arzneimitteln oder deren Abgabe gemäß ärztlicher Verordnung, sondern auch ein bedeutender und kompetenter Verbraucherschützer auf dem expandierenden Gesundheitsmarkt. Dazu tragen umfangreiche Kontrollmechanismen bei. Die Apotheke bietet fachliche Beratung zur Einnahme und Anwendung der Arzneimittel und Hinweise zu Neben- und Wechselwirkungen verordneter und selbst gekaufter Medikamente untereinander, aber auch zu Nahrungs- und Genussmitteln und persönlicher Lebensweise. Einen wichtigen Faktor für Vertrauen und Verständnis stellt dabei das persönliche Gespräch mit dem Patienten dar, das durch die Wohnortnähe gesichert wird.
Die Beratung ist auch von großer Bedeutung bei dem umfangreichen Angebot an Gesundheits- und Körperpflegemitteln sowie von Heil- und Hilfsmitteln, deren Bereitstellung heute ebenfalls in der Apotheke erfolgt.
In keiner anderen Einrichtung sind konzentriert so viele Informationen über Artikel zur medizinischen Verwendung, zur Gesundheits- und Körperpflege sowie Nahrungsergänzungsmitteln verfügbar wie in der modernen Apotheke.
Nicht zuletzt deswegen sind die Apotheken ein wichtiger Partner bei der Gesundheitsvorsorge, unter anderem im Rahmen von Screeningprogrammen, wie z. B. Blutdruck-, Blutzucker- und Cholesterinmessungen. Nicht unerwähnt sollen in diesem Zusammenhang auch Leistungen bleiben wie die Ernährungsberatung oder die Information über vorbeugende Maßnahmen bei Reisen in ferne, besonders tropische Länder.
Für die Sicherheit im Arzneimittelverkehr erfolgen stichprobenweise Prüfungen von Fertigarzneimitteln sowie eine lückenlose Qualitätskontrolle aller in der Apotheke verarbeiteten Stoffe im eigenen Labor nach

Magdeburger Apotheke um 1930

den Vorschriften des Deutschen und des Europäischen Arzneibuches, denn die Herstellung von individuellen Arzneimitteln in der Rezeptur ist auch heute noch eine wichtige Aufgabe.

Um die vielschichtigen Verpflichtungen erfüllen zu können, stehen dem Apotheker, der nach fünfjährigem Studium und erteilter Approbation im Beruf wirksam werden kann, Mitarbeiter mit Ingenieur- oder Fachschulabschluss und für Warenwirtschaftsprozesse solche mit spezifischer Berufsausbildung zur Verfügung. Das erfordert eine breite Aus- und Weiterbildungsarbeit.

Die Apotheke war und ist damit auch ein wichtiger Ausbildungsplatz. In Sachsen-Anhalt erhielten bisher viele Pharmazeutisch-Kaufmännische-Angestellte an den Berufsschulen und Pharmazeutisch-Technische-Angestellte an den Fachschulen in Magdeburg ihre Ausbildung. Eine große Zahl von ihnen konnte ihren Lehr- bzw. Praktikumsvertrag mit Magdeburger Apotheken abschließen. Die Ausbildungszahlen sind in den letzten Jahren allerdings, besonders durch die politisch bedingten Unsicherheiten der Apothekenentwicklung, stark rückläufig.

Dr. K. Albrecht, Dr. J.-A. Münch

Beratung in der Apotheke

An der Herausgabe beteiligte Apotheken:

Apotheke	Inhaber	Apotheke	Inhaber
Adler-Apotheke Stadtfeld	Gert Fiedler	Goethe-Apotheke	Kerstin Gröpler
Adler-Apotheke Südost	Volkhart Köhler	Hansa-Apotheke	Detlev Rochol
Alte-Apotheke	Jörg Preininger	Hopfengarten-Apotheke	Silke Franke
Altstadt-Apotheke	Bärbel Otto	Hufeland-Apotheke	Dr. Sabine Ansorge
Apotheke im Kannenstieg Center	Antje Saalfeld	Klosterhof-Apotheke	Armin Herold
Apotheke „Am Stern"	Stephan Zimmerling	Kronen-Apotheke	Dr. Erika Klauck
Apotheke am Heumarkt	Jens Ansorge	Linden-Apotheke	Marion Schellhase
Apotheke am Theater	Dr. Klaus Paehlke	Löwen-Apotheke	Georg Gaida
Apotheke Am Tränsberg	Andrea Frenzel	Mohren-Apotheke	Wolfgang Wallbaum
Apotheke Groß Ottersleben	Manuela Frost	Neue-Apotheke	Rudolf Krezmar
Apotheke im Flora-Park	Eckard A. Osiander	Neustadt-Apotheke	Thomas Etzold
Apotheke im MSZ	Kirsten Heimann	Nordpark-Apotheke	Dr. Jens-Andreas Münch
Apotheke Rothensee	Dr. Manfred Falk	Orchideen-Apotheke	Christel Georgiev
Apotheke Schilfbreite	Jürgen Stotzki	Ost-Apotheke	Petra Isenhuth
Aston-Apotheke	Uta Preininger	Pawlow-Apotheke	Monika Jahn
Börde-Apotheke	Ulrike Retzlaff	Pelikan-Apotheke im Allee-Center	Claudia Meffert
Bördepark Apotheke	Bärbel Hebestreit	Phönix-Apotheke	Gerd Haese
Böttger-Apotheke	Dr. Andrea Krajenski	Punkt-Apotheke	Ricarda Martens
Buckauer-Apotheke	Florian Eschefeld	Rats-Apotheke	Andreas Haese
Die Herz-Apotheke Reform	Gabriele Aydogan	Regenbogen-Apotheke	Christiane Rüter
Die Kosmos Apotheke Reform	Sükrü Aydogan	Roland-Apotheke	Erika Hesse
Einhorn-Apotheke	Marlies Bandulik	Rosen-Apotheke	Martina Kirsch
Elbe-Apotheke	Volker Ille	Semmelweis-Apotheke	Rüdiger Stotzki
Elfen-Apotheke	Annett Dürre	Sonnen-Apotheke	Alexander Mohrenweiser
Eulenspiegel-Apotheke	Gabriele Merkel	Stern-Apotheke am Hasselbachplatz	Boris A. Osmann
Fermerslebener Apotheke	Elisabeth Nusch	Victoria-Apotheke	Thomas Rößler
Flora-Apotheke	Wolfgang Göhrs	Westend-Apotheke	Monika Riemekasten
Friedrich-Sertürner-Apotheke	Inge Tobiska	Westernplan-Apotheke	Birga Futschedshiew

KNOW HOW aus Magdeburg

www.oehmi.de

ÖHMI AKTIENGESELLSCHAFT

„Gladiators" Sponsoring

Was macht Magdeburg attraktiv? Der Dom, die Elbe, die Historie? Als Stadt Ottos des Ersten, Otto von Guerickes und Georg Philipp Telemanns wird die 1200-Jährige nicht ohne Grund bezeichnet, benannt nach Menschen also, die Magdeburg in der Vergangenheit berühmt gemacht haben. Menschen hinterlassen Spuren und begründen Traditionen. Auch ein altes und doch junges Unternehmen wie ÖHMI bewegt sich auf den Spuren eines Magdeburgers, der zwar nicht so bekannt ist wie Otto von Guericke, aber in der Stadt den Grundstein für eine Industriebranche gelegt hat. Gustav Otto Julius Hubbe (1873–1929), Sohn einer Magdeburger Kaufmannsfamilie, setzte hier Anfang des 20. Jahrhunderts erstmals in Deutschland eine neue Technologie zur Fettspaltung ein und baute 1919 an der Berliner Chaussee eine Ölraffinerie. An diesem Ort und in der Tradition dieses Unternehmens steht ÖHMI.
Als heute tätiges Unternehmen in Magdeburg will ÖHMI auch etwas für die Gegenwart und die Zukunft der Stadt tun. Zuerst natürlich durch wirtschaftliches Wachstum, mit dem attraktive Arbeitsplätze geschaffen werden. Und mit innovativen Produkten, die „made in Magdeburg" in ganz Deutschland und vielen Ländern rund um den Globus eingesetzt werden.

ÖHMI erwirtschaftet mittlerweile eine Leistung von sieben Millionen Euro im Jahr. Rund 150 vorwiegend Magdeburger stehen auf der Lohnliste: Ingenieure, Chemiker, Veterinärmediziner, Laboranten, Kaufleute. So betreut ÖHMI beispielsweise Lebensmittelhersteller und -händler in Magdeburg, Sachsen-Anhalt und deutschlandweit. Pflanzenöl-Raffinerien mit dem blauen ÖHMI-Logo werden sogar bis in die Schweiz und nach Indonesien verkauft. In diesen Anlagen stecken zwei Weltneuheiten aus der eigenen Forschung: Technologien für die Ölbleichung und -filterung, mit denen die Betreiber erhebliche Kosten sparen können. Auf diese Weise ist Magdeburg inzwischen bis weit nach Asien ein guter Name in der internationalen Wirtschaftswelt geworden. Den Kunden in aller Welt überreichen die ÖHMI-Mitarbeiter übrigens zum Geschäftsabschluss gern einen Abguss des Magdeburger Halbkugelversuchs, vom Unternehmen selbst hergestellt aus nachwachsenden Rohstoffen.

Im IGZ NAROSSA, an dem auch die Stadt Magdeburg beteiligt ist, gibt es Raum für junge Forscher und Existenzgründer, die aus den Rohstoffen der Börde mehr machen wollen: Im deutschlandweit ersten Gründerzentrum für nachwachsende Rohstoffe wird mit pflanzlichen Inhaltsstoffen experimentiert und vom Forschungszentrum PPM gemeinsam mit 16 beteiligten deutschen Firmen eine Pilotanlage für Pflanzenöltechnolgie und Biokunststoffherstellung betrieben.

„NAROSSA" Forschungszentrum und Kongress für nachwachsende Rohstoffe

Aber ÖHMI engagiert sich auch über den Unternehmenszaun hinaus für seine Heimatstadt. Zuerst natürlich wiederum für die Menschen: ÖHMI bildet in technischen, kaufmännischen und Laborberufen aus; inzwischen haben 20 junge Leute im Betrieb eine Lehre abgeschlossen.

Mit einem auf ihr Trainingsprogramm abgestimmten Ausbildungsprogramm erhalten bei ÖHMI auch junge Sportler wie der Schwimmer Leif Marten Krüger begleitend zu ihrer Sportkarriere eine solide berufliche Grundlage vermittelt. Magdeburgs bekannte SCM-Handballer werden außerdem seit Jahren von ÖHMI dabei unterstützt, Leistung zu zeigen.

Auf die Spur eines großen Sohnes der Stadt hat die Technologiefirma mit der Großplastik zum Magdeburger Halbkugelversuch geführt. Anlässlich des 400. Geburtstages Otto von Guerickes im Jahr 2002 schenkte ÖHMI der Stadt dieses Kunstwerk, das dank der Hilfe vieler anderer Sponsoren und Förderer vor allem aus der Wirtschaft entstand. Mit der Erinnerung an das weltberühmte physikalische Experiment soll an den innovativen Geist Magdeburgs erinnert und dieser, wo nötig, wieder wachgerüttelt werden. Aber zugleich will ÖHMI damit auch auf die Schwierigkeiten aufmerksam machen, wenn es Neues durchzusetzen galt. Denn Magdeburg soll sich auch in den nächsten Jahrzehnten und Jahrhunderten durch Töchter und Söhne mit Talent und Forschungsgeist, mit zukunftsweisenden Ideen und wissenschaftlichen Leistungen einen Namen machen.

Ute Semkat

„Magdeburger Halbkugelversuch", Großplastik am Breiten Weg

Das Lotto-Haus in Magdeburg

„SECHS RICHTIGE FÜR SACHSEN-ANHALT"

Lotto-Toto GmbH
Sachsen-Anhalt

Stresemannstraße 18–19
39104 Magdeburg

Telefon: (0391) 59 63 0
Telefax: (0391) 59 63 333

E-Mail:
kundendienst@sachsen-anhalt-lotto.de
Internet: www.sachsen-anhalt-lotto.de

Am 26. September 1991 wurde die Lotto-Toto GmbH Sachsen-Anhalt gegründet. Sitz der Gesellschaft ist Magdeburg. Hier laufen alle „Drähte" zusammen, wenn es in unserem Bundesland um LOTTO, Toto, GlücksSpirale, TeleBINGO, Rubbellose oder die Sportwette ODDSET geht. Die Lotto-Zentrale des Landes, mit modernster Rechentechnik ausgestattet, wird in Magdeburg als „Haus des Glücks" bezeichnet. Einerseits werden aus diesem Haus Millionengewinne an die „Lotto-Könige" überwiesen, andererseits können dank des Lottogeschäfts viele soziale, kulturelle und sportliche Projekte gefördert werden. Am Erfolg des Unternehmens hat die Spielfreude der Sachsen-Anhalter einen guten Anteil. Ihre Spieleinsätze haben sich innerhalb von zehn Jahren verfünffacht.

Mit modernen Ausbildungsplätzen ermöglicht das Unternehmen für Jugendliche aus Sachsen-Anhalt einen Einstieg ins Berufsleben. Hier wird den jungen Menschen umfangreiches Wissen vermittelt, und es erschließen sich daraus gute Zukunftsperspektiven. Dafür bedanken sich die Auszubildenden mit durchweg hervorragenden Abschlüssen.

Sachsen-Anhalt startete 1996 in ein neues Lotto-Zeitalter. Per Online-Technik gelangen alle Spielaufträge seither in die Lotto-Zentrale. Die Spielabwicklung vereinfachte sich, was natürlich auch den Lotto-Kunden Vorteile brachte. Zum Beispiel können seit dieser Zeit Lotto-Gewinne in jeder Verkaufsstelle Sachsen-Anhalts eingelöst werden. Inzwischen kann man auch per Internet mitspielen.

Aus allen Teilen unseres Bundeslandes kommen Verkaufsstellenleiter und deren Mitarbeiter in das Lotto-Haus nach Magdeburg. Sie nehmen an Schulungen und Weiterbildungsveranstaltungen teil. Neben der ständigen Verbesserung des Kundenservices wird von hier aus an der Entwicklung des Produktangebotes gearbeitet. Dabei werden vorhandene Lotterien attraktiver gestaltet und neue Spielangebote unterbreitet.

Lotto-Geschäftsführer Wolfgang Angenendt hat allen Grund zur Freude, denn die Entwicklung des Unternehmens ist eine Erfolgsgeschichte für Sachsen-Anhalt. Auf die Bilanz über zwölf Jahre Lotto kann er mit Stolz verweisen. Seit ihrer Gründung hat die Gesellschaft viele Lotto-Millionäre hervorgebracht und zum Gelingen tausender gemeinnütziger Projekte beigetragen. Lotto, das sind „sechs Richtige" für Sachsen-Anhalt …

Tourismusmarketing für die Landeshauptstadt Sachsen-Anhalts

MAGDEBURG MARKETING KONGRESS UND TOURISMUS GMBH (MMKT)

Die Magdeburg Marketing Kongress und Tourismus GmbH (MMKT) wurde im Jahr 1999 zur Vermarktung der Stadt Magdeburg und ihrer touristischen Attraktionen und Einrichtungen gegründet. Integriert ist seit dem 1. Januar 2000 die Tourist-Information Magdeburg (TIM), die ihre Dienstleistungen jetzt an zentralem Standort in der Ernst-Reuter-Allee – am Puls des Geschehens in der Innenstadt – Besuchern und Magdeburgern anbietet.

Die MMKT nimmt die Aufgaben des Destinationsmanagements und -marketings für die Landeshauptstadt Magdeburg wahr. Hauptanliegen ist es als Instrument der Wirtschaftsförderung, die Attraktivität Magdeburgs nach außen hin zu vermitteln, Besucherzahlen zu steigern und insgesamt zu einer positiven Umsatzentwicklung in der Hotellerie, im Einzelhandel, in der Gastronomie und in zahlreichen anderen Dienstleistungsbranchen beizutragen, die allesamt von Tagesbesuchern und Übernachtungsgästen profitieren. Das touristische Außenmarketing der MMKT lässt sich kurz gefasst in folgende Aufgabenfelder auffächern:

- Teilnahme an zahlreichen touristischen Fach- und Publikumsmessen in Deutschland und Europa
- Infostände und Präsentationen bei den unterschiedlichsten Kulturveranstaltungen, Kongressen und Tagungen in Magdeburg
- Bundesweite und internationale Presse- und Öffentlichkeitsarbeit
- Pflege und Ausbau der touristischen Internetplattform unter www.magdeburg-tourist.de
- Entwicklung von aktuellen Printmedien, u. a. für den direkten Kundenkontakt in der Tourist-Information, für Mailings, Pressearbeit, repräsentative Zwecke etc.
- Klassische Werbung wie Anzeigen, Plakatwerbung, Fernseh- und Radiospots
- Entwicklung von touristischen Angeboten wie z. B. Pauschalen für Individual- und Gruppenreisende oder Stadtführungen mit Erlebnischarakter
- Merchandising/Souvenirs
- Konzeptionelle Mitarbeit an der touristischen Infrastruktur und an den touristischen Schwerpunkten in Magdeburg und Sachsen-Anhalt
- Akquise und Organisation von Kongressen, Full-Service-Angebot aus einer Hand

Last but not least sind die Service-Leistungen der Tourist-Information zu nennen, die in direktem Kundenkontakt vielen Tausenden von Besuchern jährlich Informationen, Magdeburg-typische Souvenirs und ein äußerst vielfältiges Sortiment an gedruckten Broschüren und Flyern an die Hand geben. Ob per Telefon, E-Mail, Brief oder Fax: Die TIM wird tagtäglich auf vielen Kanälen kontaktiert und versorgt die Gäste Magdeburgs mit Quartieren jeder Art und Preisklasse, mit originellen Stadtführungen für Gruppen und Einzelreisende und vielen anderen touristischen Dienstleistungen.

Auch die stadtinterne Kommunikation und Koordination der touristischen Leistungsträger zählt zu den wichtigen Anliegen der MMKT.

Ausblick und Ziele:

- Imageverbesserung Magdeburgs und Steigerung des Bekanntheitsgrades der „grünen Domstadt an der Elbe“ bundesweit und international
- Weitere strategische Vermarktung der touristischen Potenziale der Landeshauptstadt zwischen Kontinuität und neuen Wegen
- Stärkere Etablierung Magdeburgs als national und international konkurrenzfähiger Kongressstandort

Magdeburg Marketing Kongress und Tourismus GmbH (MMKT)

Tessenowstraße 5a
39114 Magdeburg

Telefon: (0391) 83 80 321
Telefax: (0391) 83 80 397

E-Mail:
presse@magdeburg-tourist.de
Internet:
www.magdeburg-tourist.de

Magdeburgs Aushängeschild mit großstädtischem Flair

ECE ALLEE-CENTER

Das Allee-Center Magdeburg hat sich seit seiner Eröffnung im Herbst des Jahres 1998 dank seines großstädtischen Flairs zu einem Aushängeschild und zu einer Attraktion der Landeshauptstadt entwickelt. Die elegante Flaniermeile ist zu einem beliebten und gern besuchten Einkaufstreffpunkt im Herzen der Stadt geworden. Das Allee-Center präsentiert auf zwei Licht durchfluteten Ebenen rund 110 Einzelhandelsfachgeschäfte. Einen Schwerpunkt bildet die Mode. Etwa 50 Modefachgeschäfte werden ergänzt durch eine Auswahl an Schuhen, Lederwaren und Accessoires. Abgerundet wird das Sortiment u. a. durch Lebensmittel, Bücher, Foto, Drogerie, Apotheke, Parfümerie und Schmuck. Gemütliche Cafés und Restaurants laden ebenso zum Verweilen ein wie ein großer Schlemmerbereich mit marktfrischen Spezialitäten. So zeigt sich das Allee-Center als ein lebendiger Marktplatz für Magdeburg und das gesamte Umland. Hier im Allee-Center finden rund 950 Menschen einen Arbeitsplatz, knapp 100 Auszubildende eignen sich hier die Grundlagen für eine erfolgreiche berufliche Zukunft an.
Die ECE als europäischer Shopping-Center-Marktführer hat für das Magdeburger Allee-Center ein maßgeschneidertes Konzept entworfen und realisiert. Dazu gehört ein Branchenmix aus bundesweit tätigen Filialisten sowie örtlichen und regionalen Händlern, die hier eine echte Entwicklungsperspektive gefunden haben. Dazu gehört außerdem eine hochwertige Architektur, die sich harmonisch in das Umfeld einfügt. Viel Licht und Transparenz sowie moderne Materialien verleihen dem Allee-Center eine freundliche Atmosphäre, in der die Besucher gerne bummeln und verweilen. Damit hat die ECE auch in Magdeburg einen wichtigen Impuls zur weiteren Innenstadtentwicklung gegeben – wie an 73 Standorten in ganz Deutschland und Europa.
Seit seiner Eröffnung wird das Allee-Center von den Menschen in der Stadt, aber auch von vielen Menschen zum Beispiel aus Stendal, Bernburg, Helmstedt, Wernigerode, Schönebeck oder Burg regelmäßig besucht. Insgesamt hat sich das Einzugsgebiet, also die Gesamtzahl der Allee-Center-Besucher, von 700 000 Einwohnern im Jahre 1998 auf heute rund 900 000 Einwohner erweitert. Vorgesehen ist, dass mit einer Erweiterung im Basement weitere namhafte Mietpartner einziehen werden, zusätzliche Parkplätze werden zu den bereits jetzt vorhanden 1000 geschaffen. Zu erwarten ist, dass sich mit dieser Erweiterung die gesamte Attraktivität des Centers, aber auch der Magdeburger Innenstadt deutlich erhöhen wird.
Diese Anziehungskraft des Allee-Centers beruht auch auf den ständig wechselnden Erlebnisaktionen. Hier wird die Magdeburger Innenstadt zur Bühne gemacht, auf der sich die internationale Mode, Tanz, Musik, Ausstellungen, wissenschaftliche Einrichtungen, Medien, Stardesigner wie Luigi Colani, Chöre und Vereine ein Stelldichein geben. Ebenso beliebt sind bei den Besuchern die Märkte zu den traditionellen Familienfesten wie Ostern oder Weihnachten. Und nicht zuletzt hat das Allee-Center mit seinen Marketing-Aktivitäten ständig die jungen Menschen der Landeshauptstadt im Blick, so mit den traditionellen „Get-in-Party", der Allee-Center-Blade-Night, der Allee-Center-RadTour oder den Kinderflohmärkten.
Großen Wert legt das Center-Management auf die Wünsche der Besucher. Sie werden regelmäßig zu ihren Anregungen, zu dem, was Ihnen am Allee-Center gut oder nicht so gut gefällt und welche Geschäfte Sie sich wünschen, befragt. So ist gewährleistet, dass sich das Allee-Center stets an den Wünschen seiner Besucher orientiert. Auch deshalb gehörte das Allee-Center zu jenen Einzelhandelseinrichtungen in der Landeshauptstadt, die von Anfang an konsequent lange Öffnungszeiten an den Samstagen bis 20 Uhr angeboten haben.
Eine helle, sichere und saubere Ladenstraße, das klare Bekenntnis zur Dienstleistung und immer ein offenes Ohr für die Besucher – so sorgt das Allee-Center seit 1998 für neuen Schwung im City-Einzelhandel.

ECE Projektmanagement
G.m.b.H. & Co. KG
Allee-Center Magdeburg
Centermanagement

Ernst-Reuter-Allee 11
39104 Magdeburg

Telefon: (0391) 5 33 44 33
Telefax: (0391) 5 33 44 55

Internet: www.ece.de

Ein zuverlässiger Partner für gewerbliche und industrielle Ansiedlungen

SKL INDUSTRIEVERWALTUNG GMBH & CO. KG

Der heutige Standort des SKL Industrie- und Gewerbeparks Magdeburg geht zurück auf den Entschluss der Firma R. Wolf Maschinenfabrik Magdeburg-Buckau aus dem Jahre 1899, im damaligen Vorort Salbke etwa sieben Hektar Ackerland, das östlich an die bereits vorhandene Eisenbahnstrecke angrenzte, zu erwerben, weil das Betriebsgelände in der Feldstraße in Buckau für den starken Aufschwung des Lokomobilen-Baus zu eng geworden war.

Seit der Errichtung der ersten Werkstätten im Jahre 1905 – diese sind noch heute nutzbar und stehen unter Denkmalschutz – hat sich die Maschinenfabrik R. Wolf schnell erweitert und dehnte sich am Ende des Zweiten Weltkrieges bis nach Fermersleben an die heutige Friedrich-List-Straße aus.

Nach dem Wiederaufbau der zum Teil schwer zerstörten Werkhallen wurde 1951 der Volkseigene Betrieb VEB Schwermaschinenbau „Karl Liebknecht“ Magdeburg gebildet. Aus dieser Zeit sind noch die heutigen, inzwischen symbolhaften Abkürzungen im Namenszug der SKL Industrieverwaltung GmbH & Co. KG, Magdeburg, übriggeblieben.

Der VEB SKL als Stammbetrieb eines großen Kombinates für Dieselmotoren und Industrieanlagen hatte zur Wende etwa 9000 Beschäftigte.

Die 1990 eingeleitete Privatisierung hat auf dem circa 40 Hektar großen Gesamtterritorium zu einer vielschichtigen, aber sich gegenseitig gut ergänzenden Gewerbe- und Industrielandschaft mit einer sehr ansprechenden Flächenkonzeption geführt.

Die SKL Industrieverwaltung GmbH & Co. KG als Dienstleistungs- und Immobiliengesellschaft betrachtet es als ihr Hauptanliegen, diesen Standort nach der bereits 1992 bis 1996 erfolgten umfangreichen Sanierung stabil auszubauen und die gegenwärtige Anzahl von 1800 Arbeitsplätzen zu sichern und möglichst zu erhöhen.

Der SKL Industrie- und Gewerbepark fügt sich heute als unweit des Stadtzentrums gut erreichbarer Arbeitsplatz und dank der ausbaufähigen Zugänge zum bundesweiten Verkehrsnetz gut in den südlichen Stadtbereich ein.

Die SKL Industrieverwaltung GmbH & Co. KG ist ein zuverlässiger Partner für gewerbliche und industrielle Ansiedlungen und damit ein wichtiger Partner der traditionsreichen Maschinenbaustadt Magdeburg, für die Dr.-Ing. Rudolf Wolf, der ehemalige Firmengründer, vor mehr als hundert Jahren einen erheblichen wirtschaftlichen und sozialen Beitrag geleistet hat.

Für Investoren und neue Ansiedler, vor allem aus dem Mittelstandsbereich, gibt es noch verschiedene Möglichkeiten, komplette Objekte, Freiflächen, Büros und Hallen umgehend oder nach zusätzlicher spezieller Gestaltung zu nutzen.

Mehr Informationen erhalten Sie:
SKL Industrieverwaltung GmbH & Co. KG

Alt Salbke 6–10
39122 Magdeburg

Telefon: (0391) 4 07 22 33
Telefax: (0391) 4 07 22 35
E-Mail: IBG.AG@web.de
Internet: www.skl.de.md

SKL
INDUSTRIEVERWALTUNG GmbH & Co. KG

Die Gestaltung des öffentlichen Raumes – Ein Maßanzug für Magdeburg

STRÖER CITY MARKETING GMBH

Attraktives Design: Stadtmöbel und Werbeträger fügen sich optimal ins Stadtbild ein.

Die Ströer City Marketing GmbH wurde 1990 durch Heinz W. Ströer und Udo Müller in Köln gegründet. Heute ist die Ströer Gruppe mit 36 Unternehmenssitzen und Niederlassungen in elf Ländern einer der führenden internationalen Out-of-Home Media Spezialisten. Circa 100 000 Werbeflächen und rund 50 verschiedene Werbeträgerarten gehören zum Programm – vom klassischen Plakat über elektronisch gesteuerte Medien bis hin zur Stadtmöblierung.

Die Ströer City Marketing in Magdeburg, mittlerweile eine fest etablierte Größe in der Stadt, begann 1990 mit einem Fünf-Personen-Team, aus dem inzwischen ein Unternehmen mit 10 Angestellten geworden ist. Ströer hat für Magdeburg ein Produkt- und Serviceprogramm entwickelt, das besonders auf die individuellen Bedürfnisse der Region zugeschnitten ist. Denn ob als Wirtschaftsstandort, Kulturzentrum oder Touristenziel, Städte und Kommunen stehen heute mehr denn je untereinander im Wettbewerb. Umso wichtiger ist es deshalb für eine Landeshauptstadt wie Magdeburg, ein reizvolles Lebensumfeld für Bürger, Investoren und Besucher zu schaffen und den unverwechselbaren Charakter der Stadt zu betonen.

So gestaltete Ströer gemeinsam mit dem städtischen Planungsamt das Design verschiedener Stadtmöbel, die sich nun optimal in das Stadtbild einfügen.

Neben den Stadtmöbeln vermarktet Ströer heute

circa 2000 Werbeträger, die laufend von regionalen Kunden gemietet werden. Ein Teil der Werbeträger steht der Stadt kostenfrei zur Verfügung. So kann Magdeburg z. B. City-Light-Vitrinen von Ströer kostenlos als Stadtinformationsmedien für seine Bürger und Besucher nutzen.
Im Juli 1999 wurde Ströer Gesellschafter der „Magdeburg Marketing Kongress und Tourismus GmbH", im Jahr 2002 Mitglied im Verein Pro M. Mit beiden Partnern realisiert Ströer entsprechende Kampagnen, um das Image der Stadt weiter zu verbessern. Auch im kulturellen Bereich engagiert sich die Ströer City Marketing GmbH stark für die Stadt. Egal, ob das Theater, das Puppentheater oder der Elbauenpark – Ströer unterstützt die Highlights dieser Partner mit plakativen Maßnahmen.
Nicht zuletzt arbeitet Ströer auch eng mit den Universitäten zusammen. So wurde im Jahr 2003 in einem erstmalig durch Ströer initiierten Projekt mit den Studenten der Hochschule Magdeburg/Stendal Werbung und Werbewirkungsforschung unter realen Bedingungen getestet.
Die Ströer City Marketing GmbH wird sich auch künftig dafür engagieren, Magdeburg für seine Einwohner und Besucher noch attraktiver zu gestalten. Wir wünschen der Landeshauptstadt Magdeburg für die Zukunft alles Gute und freuen uns weiterhin auf eine erfolgreiche Zusammenarbeit.

Vielfalt ist Trumpf: Rund 2000 Werbeträger stellt Ströer in Magdeburg zur Verfügung.

Ströer City Marketing GmbH
Verkaufsbüro

Jahnring 19
39104 Magdeburg

Telefon: (0391) 56 63 300
Telefax: (0391) 56 63 599

Email: info@stroeer.com
Internet: www.stroeer.com

Wohnungsbau-genossenschaft „Otto von Guericke"

Wohnungsbaugenossenschaft „Otto von Guericke" eG

Scharnhorstring 8/9
39130 Magdeburg

Telefon: (0391) 72 61 0
Telefax: (0391) 72 61 272

E-Mail: ov@guericke.de
Internet: www.guericke.de

Betreutes Wohnen Bruno-Taut-Ring 36–39 (oben)

Pablo-Picasso-Straße 22–28 und Objekt Große Klosterstraße (ganz rechts)

Die Wohnungsbaugenossenschaft „Otto von Guericke" eG hat ihren Ursprung im Jahr 1955. Das heutige moderne Wohnungsunternehmen ging nach der Wende hervor aus einer Vereinigung von sechs Arbeiterwohnungsbaugenossenschaften (AWG), die sich in den Jahren 1965 bis 1982 aus wirtschaftlichen Aspekten zusammengeschlossen hatten.
Heute ist die Wohnungsbaugenossenschaft „Otto von Guericke" aus der Magdeburger Stadtlandschaft nicht mehr wegzudenken. Sie zählt inzwischen 8750 Mitglieder und bietet ihren Mietern attraktive Wohnungen mit einem ansprechenden Umfeld in unterschiedlichen Preissegmenten. Im Bestand des Unternehmens befinden sich derzeit 7658 Wohnungen, die seit Anfang der neunziger Jahre bis 2002 mit einem finanziellen Gesamtaufwand von 225,5 Millionen Euro umfangreich saniert und modernisiert wurden. Eines der herausragenden Beispiele für die Leistungen der Genossenschaft ist die Aktion „Wohnen am Kloster". Das Kloster Unser Lieben Frauen gehört zu den hervorstechenden Zeugen Magdeburger Geschichte. Gelegen im historischen Stadtteil, direkt an der Elbe und umsäumt von gepflegten Grünflächen, bietet es eine romantische Kulisse für Wohnen ganz besonderer Art. Die Wohnungsbaugenossenschaft „Otto von Guericke" hat sich 1999 entschieden, hier in der Großen Klosterstraße zeitgemäßes Leben mit einer einzigartigen Umgebung zu verbinden. Wer mitten in der Stadt und dennoch fernab vom Trubel den wunderschönen Ausblick auf die Elbe, das Kloster und die Johanniskirche genießen möchte, für den ist eine der 36 Wohnungen in den drei-, vier- bzw. fünfgeschossigen Häusern genau richtig.
Doch die Genossenschaft denkt in ihrem Planen und Gestalten auch an die älteren Bürger und bietet im Olvenstedter Bruno-Traut-Ring 36–39 „Betreutes Wohnen für Senioren" an. Hier entstanden 40 speziell für ältere Menschen umgestaltete und modernisierte Wohnungen und Gemeinschaftseinrichtungen in einem Wohnumfeld, in dem sich ältere Menschen wohlfühlen, im Bedarfsfalle schnell ärztliche Versorgung erhalten und gesellschaftliche Kontakte pflegen können. Kompetente Serviceanbieter übernehmen die Organisation jener unvermeidbaren Dinge, die in einem Haushalt anfallen und erleichtern so den Senioren die Alltagsbewältigung.
Zu begehrten Objekten entwickelten sich die 16 neu errichteten Reihenhäuser im Sauren Tal. Hier entstand Familienwohnraum mit modernstem Komfort, der damit den gewachsenen Ansprüchen von heute gerecht wird.
Die Wohnungsbaugenossenschaft „Otto von Guericke" ist aktiv am Stadtumbau beteiligt. Beispielsweise wurden bestehende Wohnanlagen aufgewertet, indem nach dem Abriss eines Wohnblocks an gleicher Stelle ein Parkplatz errichtet wurde. Damit einher gingen der Rückbau der Wohnhäuser von sechs auf vier Geschosse sowie umfassende Zuschnittsänderungen in den Wohnungen. Dadurch konnten größere Bäder und gemütliche Wohnküchen geschaffen werden.

Das Dienstleistungsangebot der Genossenschaft wurde 1996 durch die Gründung der „Otto von Guericke" Immobilien GmbH deutlich erweitert. Dazu gehören Fremd-, Miet- sowie Wohnungseigentumsverwaltung für insgesamt circa 1000 Wohneinheiten. Ein weiterer Schwerpunkt ist die Hauswarttätigkeit, vorrangig für die Wohnanlagen der Genossenschaft, aber auch darüber hinaus. Mit diesen Hauswartdiensten wird für die Mitglieder der Genossenschaft ein umfassender Service rund um das Wohnen angeboten.

PLASA

PLASA INGENIEURGESELLSCHAFT MBH

Seit mehr als 13 Jahren sind wir in den Bereichen des Straßen-, Brücken- und Tiefbaus, des Hochbaus und der Landschaftspflege als eigenständiges Planungsbüro tätig.
Die Kreuzung Liebknechtstraße/Westring wird beispielsweise von unserem Bürogebäude entscheidend mitgeprägt. Viele Gebäude wurden in ähnlicher Weise in Zusammenarbeit mit öffentlichen Auftraggebern aus Sachsen-Anhalt von uns umgebaut und saniert.
Für unsere Bauherren übernehmen wir je nach Vereinbarung alle Leistungsphasen der Honorarordnung für Architekten und Ingenieure (HOAI) von der Grundlagenermittlung bis zur Bauüberwachung und Objektbetreuung. Diese beziehen sich auf

- Neubau,
- Umbau und
- Sanierung

auch denkmalgeschützter Gebäude.
Auftraggeber sind private und öffentliche Bauherren, die wir als Dienstleiter z. B. auch bei der Beantragung von Fördermitteln und anderen Leistungen unterstützen konnten.
Unsere technische Ausstattung erlaubt uns flexibles Planen, eine interessante Präsentation und unkomplizierte Kommunikation mit dem Bauherrn und den beteiligten Planungsbüros, einschließlich des Datenaustausches.

Bürogebäude PLASA

Das Planungsbüro Sachsen-Anhalt wurde 1990 als PLASA Ingenieurgesellschaft mbH mit Hauptsitz Magdeburg aus dem ehemaligen Straßen- und Tiefbaukombinat Magdeburg gegründet. Hauptgesellschafter ist die DORSCH CONSULT GmbH in München. Heute sind in unserer Firma circa 30 festangestellte Mitarbeiter tätig.
Besonders bekannt in Magdeburg sind wir durch die Realisierung von Verkehrsprojekten wie z. B. den vierstreifigen Ausbau des August-Bebel-Dammes oder die Brückenneubauten am Magdeburger Ring in Höhe Mittagstraße und Lorenzweg.
Aber auch auf dem Gebiet der Planung technischer Ausrüstungen ist unsere Handschrift in Magdeburg und Umgebung sichtbar. Als Beispiel sei hier die Behindertenschule am Wasserfall mit ihrer neuen Therapiehalle genannt.
Nicht unerwähnt möchten wir unser Engagement bei der Lehrlingsausbildung lassen. Als Ausbildungsbetrieb geben wir Jugendlichen unserer Stadt eine Perspektive für das spätere Berufsleben.
Kompetent und innovativ, wie es unser Motto auf den Präsentationsunterlagen zeigt, wollen wir auch in Zukunft an der weiteren Verbesserung der Stadtgestaltung teilnehmen und uns als zuverlässiger und stabiler Partner der Region beweisen.

Plasa
Ingenieurgesellschaft mbH

Liebknechtstraße 55
39108 Magdeburg

Telefon: (0391) 73 63 0
Telefax: (0391) 73 63 119

E-Mail: plasa@plasa-dc.de
Internet: www.plasa-dc.de

links: Behindertenschule

rechts:
Brücke Magdeburger Ring

MAWOG Grundstücks GmbH

MAWOG
Grundstücks GmbH

Am Birnengarten 19 c
39116 Magdeburg

Telefon: (0391) 4 00 47 74
Telefax: (0391) 61 16 53 26

E-Mail:
info@birnengarten.com
Internet:
www.birnengarten.com

Wer sich heute für den Kauf eines Hauses oder einer Wohnung entschließt, will wissen, mit wem er es zu tun hat. Die MAWOG Grundstücks GmbH ist eine gemeinsame Tochtergesellschaft der Kunersdorf Gruppe Hannover und einer großen deutschen Bank.

Der Schwerpunkt der MAWOG-Aktivitäten liegt in Magdeburg-Ottersleben, wo mit dem birnen.garten auf einer Fläche von 325 000 m² eine Wohnanlage entsteht, die von viel Grün umgeben ist. Bereits vollständig erschlossen, werden dort in den nächsten Jahren insgesamt rund 1200 Wohneinheiten, d. h. Einfamilien-, Reihen-, Doppelhäuser und Geschossbauten in kleinen Wohneinheiten errichtet. Bis Ende 2003 werden davon bereits rund 350 Einheiten fertig gestellt und bezogen sein. Die weitere Planung sieht den Bau von mindestens 150 Wohneinheiten pro Jahr vor. Dieser zügige Fortschritt ist dabei im Wesentlichen aus zwei Gründen möglich: zum einen, weil die stadtnahe und dennoch im Grünen befindliche Lage und Gestaltung den birnen.garten ausgesprochen attraktiv macht, zum anderen, weil es der MAWOG gelungen ist, bei guter Bauqualität einen Verkaufspreis zu erzielen, der dem Eigentumserwerber monatliche Belastungen lediglich in Höhe marktüblicher Mieten abverlangt. Alles in allem Argumente, die selbst diejenigen aufhorchen lassen, die bisher nicht gewagt haben, an den Erwerb eigener vier Wände zu denken. Ganz zu schweigen von dem öffentlichen Interesse, das diese Entwicklung aufgrund ihrer sozialpolitischen Bedeutung weckt. Denn durch die Vergabe von Aufträgen an Firmen aus der Magdeburger Region in einer Größenordnung von mindestens 100 Millionen Euro sind über mehrere Jahre viele Arbeitsplätze gesichert.

Aber nicht nur das. Mit dem birnen.garten gibt die MAWOG vielen Menschen die Chance, sich den Traum vom eigenen Zuhause zu verwirklichen. Dazu tragen nicht zuletzt die zur Zeit extrem günstigen Zinsen bei. Ein Beispiel: Die MAWOG bietet ein Reihenmittelhaus mit einer Wohn- und Nutzfläche von 103 m² inklusive Grundstück für 133 000 Euro an. Für eine Familie mit zwei Kindern bedeutet dies – unter Einbeziehung der Eigenheimförderung und mit einem Eigenkapital von rund 12 000 Euro – eine monatliche Belastung, die nicht höher ist als die entsprechende monatliche Miete. Aber auch bei weniger oder gar keinem Eigenkapital kann mit der MAWOG der Wunsch nach den eigenen vier Wänden im birnen.garten Realität werden. Denn die zahlreichen Finanzierungsmodelle lassen monatliche Belastungen erwarten, die auch nicht über den Mieten in vergleichbar guten Lagen Magdeburgs angesiedelt sind.

Qualitätsgerechte Kiese, Sande und Betone für die Baustoffindustrie

KIES- UND BAUSTOFFWERKE BARLEBEN UND TB ELSKES GMBH & Co. KG

Kies und Sand aus Rothensee

Die Kies- und Baustoffwerke GmbH & Co. KG betreiben eines der modernsten Kieswerke Europas. Das Kieswerk Rothensee, direkt vor den Toren Magdeburgs, der Landeshauptstadt von Sachsen-Anhalt, besitzt beste Verkehrsanbindungen über Wasserstraße, Straße und Schiene.
Durch die vollautomatische Verladeanlage wird eine zuverlässige Verladung für die Belieferung von Großbaustellen oder bei terminkritischen Bauvorhaben sichergestellt.
Selbstverständlich werden auch kleinere, gewerbliche und private Kunden individuell beraten und bedient. Seit langem besitzt der Umwelt- und Landschaftsschutz in unserem Unternehmen einen hohen Stellenwert. Es wurden Lösungen erarbeitet, die es bereits unmittelbar nach der Auskiesung ermöglichen, vielfältige Entwicklungspotentiale für Tiere und Pflanzen anzubieten oder aber rekultivierte Landschaften für die Erholung und Freizeitgestaltung zu erstellen.

Transportbeton aus Rothensee

Die Firma TB Elskes GmbH & Co. KG betreibt in direkter Nachbarschaft zu den Kies- und Baustoffwerken Barleben GmbH & Co. KG ein Transportbetonwerk.
Wir liefern Transportbeton in allen Festigkeitsklassen qualitätsgerecht an die Bauwirtschaft und an private Kunden.
Außerdem können Autobetonpumpen für den Betoneinbau bei uns bestellt werden.
Eine Beratung unserer Kunden vor Ort ist jederzeit möglich.

TB ELSKES GmbH & Co. KG

TB Elskes GmbH & Co. KG
Wiedersdorfer Straße 3
39126 Magdeburg
Telefon: (0391) 300 25 22
Telefax: (0391) 300 25 24
E-Mail: norbert.heiland@baustoffwerke-barleben.de
Internet: www.elskes.de

kies- und baustoffwerke barleben GmbH & Co. KG
Wiedersdorfer Straße 3 · 39126 Magdeburg
Telefon 03 91 / 3 00 25-0
Telefax 03 91 / 3 00 25-99

Kies- und Baustoffwerke Barleben GmbH & Co. KG
Wiedersdorfer Straße 3
39126 Magdeburg
Telefon: (0391) 3 00 25 0
Telefax: (0391) 3 00 25 99
E-Mail: info@baustoffwerke-barleben.de
Internet: www.huelskens.de

Junge Kasse mit langer Tradition

DIE AOK IN MAGDEBURG

Eine junge Kasse mit langer Tradition – das ist die heutige AOK Sachsen-Anhalt. Über elf Jahrzehnte ist es her, dass in Magdeburg 1885 eine „Allgemeine Ortskrankenkasse“ entstand. Bescheiden waren damals die Anfänge. Der Etablierung um die Jahrhundertwende folgte die Phase des Aufbaus der AOK in der Weimarer Republik. Die Jahre der nationalsozialistischen Gewaltherrschaft beendeten die Autonomie der AOK. In der DDR wurde sie in die Sozialversicherung eingefügt. Erst mit der Wende konnte die AOK wieder an ihre großen Leistungen der Weimarer Zeit anknüpfen.
Magdeburg und seine Region waren schon immer geschichtlicher Mittelpunkt in Deutschland. Otto der Große, Martin Luther, Otto von Guericke, Johann Sebastian Bach – viele große Geister brachte das heutige Sachsen-Anhalt hervor. Nicht zuletzt der „Erfinder“ der Sozialversicherung stammt von hier: 1815 wurde Otto von Bismarck auf dem Gut Schönhausen geboren. Er begann nach der Reichsgründung 1871 auch seine Qualitäten als Innenpolitiker zu entwickeln. Aus dieser Situation entstand ab 1881 die Sozialgesetzgebung.

Politisches Kalkül und echte Sorge

Eine Mischung aus politischem Kalkül und Sorge um die Menschen trieb den Kanzler dabei. Einerseits sollte den Sozialdemokraten durch die Versorgung ihrer Klientel der Boden entzogen werden, andererseits wollte man die Arbeiter mit der Monarchie aussöhnen. Durch die Verankerung sozialer Rechte sollten die „Ursachen des Sozialismus, alsoweit Ihnen eine Berechtigung beiwohnt“ beseitigt werden, stellte Bismarck fest. Das „Gesetz, betreffend die Krankenversicherung der Arbeiter“ wurde am 15. Juni 1883 vom Reichstag beschlossen.

Die Geburt der AOK Magdeburg

Die Idee einer Krankenversicherung war nicht neu, wurde aber unter Bismarck erstmals flächendeckend umgesetzt. In Magdeburg gab es schon lange sogenannte Gesellen- und Fabrikarbeiterkassen. 1791 hatten sich die Buchdrucker zusammengeschlossen und eine Kasse mit Versicherungspflicht ins Leben gerufen. Der Beitrag lag bei sechs Pfennigen wöchentlich für „gesunde Subjekte“. Allerdings sah diese Einrichtung keine ärztlichen Leistungen, sondern nur Geldzahlungen vor. Immerhin gab es aber schon Krankengeld. Von einer umfassenden Versorgung der Bevölkerung war man jedoch noch weit entfernt.
Die Verabschiedung des Krankenversicherungsgesetzes führte ab 1883 auch in Magdeburg zu einem Boom von Gründungen. Die verschiedensten Berufsgruppen schufen sich Krankenkassen. Sinnvoll war langfristig nur die Konzentration auf eine gemeinsame Kasse. Prompt lösten Glaser, Seiler, Friseure, Färber, Müller, Schornsteinfeger, Bildhauer und Gerber ihre Kassen auf und formierten sich zur Allgemeinen Ortskrankenkasse. Als die neue AOK formaljuristisch am 1. Januar 1885 das Licht der Welt erblickte, zählte sie rund 1700 Mitglieder.
Dem Aufbau folgte bald der Erste Weltkrieg. Vor allen Dingen die mörderischen Materialschlachten und der Hunger in der Heimat strapazierten neben anderen Sozialeinrichtungen auch die AOK Magdeburg. Doch selbst in Krisenzeiten bewies die AOK immer wieder ihr Engagement. Bereits 1919 rief sie eine eigene Zahnklinik ins Leben, die endlich auch für breite Schichten regelmäßige Zahnarztbesuche ermöglichte. Mit modernster Technik ausgestattet, war die

Zahnklinik eine beispielhafte Einrichtung. Ein ärztliches Institut und eine medizinische Badeanstalt ergänzten die Palette der Angebote.

Modernste Zahnmedizin

Die medizinischen Leistungen sind auch heute durch vier niedergelassene Zahnärzte, organisiert in einer zahnärztlichen Praxisgemeinsschaft, im Hause der AOK in der Lüneburger Straße auf höchstem Niveau. Neben der Praxisgemeinschaft ist ein Zahntechniker-Meisterbetrieb tätig.

Das Wachsen der Mitgliederzahlen auf über 60 000 zu Beginn der 20er Jahre machte eine räumliche Erweiterung erforderlich. Mit dem Neubau ihrer Verwaltung in der Lüneburger Straße in den Jahren 1926/27 wurde auch architektonisch ein neues Kapitel aufgeschlagen. Die Arbeit der Architekten Carl Krayl und Maximilian Worm zeigte deutlich den Einfluss des Dessauer Bauhauses. Kernstück war die für diese Zeit einmalige Kundenhalle. Angeschlossen waren ein Bäderhaus, ein ärztliches Institut und die Zahnklinik. „Mögen die vorbildlichen hygienischen Einrichtungen den Mitgliedern der AOK und damit der Menschheit zu dauerndem Segen gereichen!", schwärmte ein Mediziner im Gästebuch.

Den goldenen 20er Jahren folgten die braunen 30er. Die AOK Magdeburg wurde 1933 – wie alle anderen Kassen auch – von den Nazis „gleichgeschaltet". Die Instrumente der Selbstverwaltung wurden von den Machthabern abgeschafft, an ihre Stelle trat die Kommandowirtschaft. Auch in der DDR wurde die demokratische Struktur der AOK nicht wieder ins Leben gerufen. Erst mit der Wende erwachte die AOK wieder. Heute sind die paritätisch von Arbeitnehmern und Arbeitgebern besetzten demokratischen Organe der Selbstverwaltung wieder aktiv.

Auferstanden aus Ruinen ...

Die Wirtschafts-, Währungs- und Sozialunion legte auch im Bereich der Krankenversicherung neue Maßstäbe fest. Die Sozialversicherung der DDR mußte dem System der alten Bundesländer weichen. Dabei kam der AOK als größtem Anbieter eine Schlüsselrolle zu. Ganze vier Monate blieben in Magdeburg für den Umbau des Krankenkassensystems. Viele Menschen und Institutionen waren in dieser Phase dabei – von den Partnerkassen in Westdeutschland bis hin zu den früheren Mitarbeitern der DDR-Sozialversicherung. Der damalige Geschäftsführer und heutige Vorstandsvorsitzende der AOK Sachsen-Anhalt, Günter Kasten, stellte rückschauend fest: „Ohne diese einmalige Form der Solidarität und Zusammenarbeit wäre das große Werk niemals in so kurzer Zeit vollendet worden."

Dem Aufbau folgte die Konsolidierung. Durch die sozialpolitisch stürmischen Zeiten der 90er Jahre führten Günter Kasten und sein Stellvertreter Helmut Brinkmann die AOK Magdeburg mit sicherer Hand. Die Zusammenlegung der AOK Magdeburg mit der AOK Halle zur AOK Sachsen-Anhalt und die Wahl Günter Kastens zum Vorstandsvorsitzenden sowie Gerd Kuhnerts zu seinem Stellvertreter sorgte 1998 für eine sinnvolle Konzentration der Kräfte. Mit knapp einer Million Versicherten und einem Jahresumsatz von rund 2,2 Milliarden Euro ist die AOK der größte Krankenversicherer Sachsen-Anhalts.

In vier Niederlassungen und 41 Kundencentern sorgen rund 2600 Mitarbeiter für moderne Leistungen und umfassenden Service. Damit ist die AOK weit über die Jahrtausendwende hinaus Garant für soziale Sicherheit im Interesse der Arbeitgeber und Versicherten.

Malte Bastian

AOK Sachsen-Anhalt

Lüneburger Straße 4
39106 Magdeburg

Telefon: (0391) 58 03

Identität für Magdeburg: SKET Maschinen- und Anlagenbau GmbH

DER MASCHINENBAU PRÄGT SEIT 165 JAHREN DAS GESICHT MAGDEBURGS. INNOVATION UND TRADITION LEBEN BEI SKET FORT.

SKET Maschinen- und Anlagenbau GmbH

Schilfbreite 2
39120 Magdeburg

Telefon: (0391) 68 27 84
Telefax: (0391) 68 35 50

E-Mail: info@sket-mab.de
Internet: www.sket-mab.de

Schon von weitem sichtbar künden die vier blauen Buchstaben auf dem Dach der großen Halle davon, dass SKET mit der Industriestadt an der Elbe eng verwachsen ist. Die heutige Heimat von SKET, das Industriegelände an der Schilfbreite, ist identitätsstiftend für die Stadt Magdeburg. 165 Jahre Industrietradition und Erfahrung in der Metallbearbeitung sind bei jedem Schritt durch die moderne 35 000 Quadratmeter große Produktionshalle spürbar.

Der Aufstieg des Industriestandortes Magdeburg beginnt 1838 mit der Gründung der „Dampfschifffahrts-Compagnie“ und dem Bau von Lokomotiven. Die Übernahme durch Friedrich Alfred Krupp im Jahr 1893 gibt dem Maschinenbau einen weiteren Schub. In den folgenden Jahrzehnten entwickeln sich Walzwerktechnik, Stahlbau, Zement- und Speiseölgewinnungsanlagen und Hebezeuge aus Magdeburg zu einem Qualitätsbegriff.

Nach dem Zweiten Weltkrieg beginnt der Wiederaufbau. 1953 wird das Unternehmen in den VEB Schwermaschinenbau „Ernst Thälmann“ umgewandelt, 1969 erhält es den Namen VEB Schwermaschinenbau-Kombinat „Ernst Thälmann“ – kurz SKET. Die politische Zäsur 1989/1990 ist der tiefste Einschnitt in der wechselvollen Geschichte des Maschinenbaus in Magdeburg. Im Januar 1997 gelingt mit der Ausgründung der SKET Maschinen- und Anlagenbau GmbH, einem von acht Nachfolgeunternehmen des vormaligen Schwermaschinenbau-Kombinats, die richtige Weichenstellung für das neue Jahrtausend.

SKET heute hat ein neues Profil: Als Systempartner und Industriedienstleister ist das Unternehmen spezialisiert auf die komplette und optimierte Umsetzung anspruchsvoller und komplexer Metallbearbeitungsprojekte. Dieses Know-how nutzen namhafte Auftraggeber wie Volkswagen, SMS Demag, VAI Voest Alpine und zunehmend wieder Großkunden aus Osteuropa. Neben Bauteilen für Windenergieanlagen werden Walzwerkausrüstungen, Brechtechnik, Pressenausrüstungen, Einzelmaschinen und vieles mehr gefertigt.

Das Geheimnis des Erfolges von SKET sind die 350 Mitarbeiterinnen und Mitarbeiter: ein eingespieltes Team, das durch eine gesunde Mischung aus Jüngeren und Erfahrenen geprägt ist. Flexible Arbeitszeiten sind ebenso ein Erfolgsfaktor wie eine äußerst schlanke Unternehmensstruktur. SKET sieht sich auch in der Verantwortung für die Region: 40 Nachwuchskräfte wurden im Jahr 2003 ausgebildet. Alle Azubis, die ihren Facharbeiterbrief erhalten, haben eine Einstellungsgarantie.

Wie in der Vergangenheit so auch in der Zukunft soll SKET als international anerkanntes Markenzeichen für hochwertigen Maschinenbau aus Magdeburg stehen. Das Motto des Unternehmens passt dazu: Wir machen das.

EDEKA Minden-Hannover – wichtiger Wirtschaftsfaktor

EDEKA MINDEN-HANNOVER HOLDING GMBH

Nach der Wiedervereinigung ist Magdeburg sehr schnell zu einem wichtigen Standort für die EDEKA Minden-Hannover geworden. Neben der Suche nach neuen Verkaufsflächen setzte EDEKA auf die Zusammenarbeit mit dem Konsumgenossenschaftsverband des Bezirks Magdeburg. Bereits im März 1990 waren erste Kooperationen vereinbart. Für Magdeburg und für Sachsen-Anhalt sind daraus umfangreiche Investitionen hervorgegangen. Mit der Ansiedlung neuer Unternehmen und der Eröffnung neuer Geschäfte entstanden zahlreiche Arbeits- und Ausbildungsplätze.

Der Ursprung des genossenschaftlichen Unternehmens liegt in Leipzig – dort schlossen sich 1907 23 Einkaufsvereine zum Verband deutscher kaufmännischer Genossenschaften zusammen. Auch zu DDR-Zeiten war EDEKA nicht gänzlich verschwunden: Nach wie vor gab es einige EDEKA-Genossenschaften, die Handelsgeschäfte betrieben.

Schnell kamen nach der Wende wichtige Kontakte zu Stande. Bereits vor der Wirtschafts- und Währungsunion gingen erste Lieferungen der EDEKA Minden-Hannover an die Kaufhallen der Konsum-Genossenschaften im Bezirk Magdeburg.

Heute ist EDEKA Minden-Hannover die umsatzstärkste von bundesweit sieben EDEKA-Handelsgesellschaften und beschäftigt rund 28 000 Mitarbeiter, davon mehr als 6000 in Sachsen-Anhalt. Hier zählt das Unternehmen nicht nur zu den größten Arbeitgebern, sondern stellt auch die meisten Ausbildungsplätze zur Verfügung. Mit Investitionen von rund 1,3 Milliarden Euro seit 1990 wurden neue Produktionsstätten, Märkte und Lager errichtet.

Ein Schwerpunkt liegt dabei in Magdeburg und Umgebung. Gleich zwei wichtige EDEKA-Betriebe sind vor den Toren der Stadt in Osterweddingen angesiedelt. Von dem 1997 dort in Betrieb genommenen, hochmodernen Lager aus gehen Lebensmittel-Lieferungen in das gesamte Absatzgebiet. Innerhalb der Logistik der EDEKA Minden-Hannover ist Osterweddingen als Lagerstätte für das so genannte Trockensortiment (Nudeln, Reis, Konserven u. Ä.) von zentraler Bedeutung.

Gleich nebenan errichtete das Tochterunternehmen Schäfer's Brot- und Kuchen-Spezialitäten einen Backbetrieb. Mit moderner Technik und handwerklichem Geschick werden hier frische Backwaren produziert – vielfach nach regionaltypischen Rezepten.

In der Landeshauptstadt selber ist EDEKA mit mehr als 30 Lebensmittelgeschäften stark vertreten. Dem örtlichen Bedarf entsprechend werden unterschiedliche Marktvarianten angeboten: Am bekanntesten ist sicherlich das große E center im Börde Park. Hier finden die Kunden eine Bandbreite von rund 30 000 Artikeln – da bleibt von Delikatess-Angeboten bis zur Discount-Ware kein Wunsch offen. Das beliebte Einkaufszentrum ist übrigens auch eine EDEKA-Investition. Es zählt zu den bedeutendsten Einzelhandels-Objekten des Unternehmens.

E neukauf Märkte bieten auf Verkaufsflächen von rund 800 bis 2000 Quadratmetern ebenfalls ein umfangreiches Lebensmittelsortiment mit großer Auswahl insbesondere an Frischeprodukten. Betreiber sind häufig selbstständige EDEKA-Kaufleute, die ihre Kunden gut kennen und auch regional-typische Produkte im Sortiment führen.

NP steht für Niedrig Preis und ist die Bezeichnung für die Discount-Märkte der EDEKA Minden-Hannover. Ihr kompaktes Sortiment zu Discount-Preisen umfasst mehr als 3000 Artikel.

Doch EDEKA beschränkt sich in der Beziehung zu Magdeburg und zu Sachsen-Anhalt nicht ausschließlich auf die Funktion als Wirtschaftsunternehmen. Bei der Flutkatastrophe 2002 leistete das Unternehmen schnell und unbürokratisch Hilfe. Bedürftige erhielten Warengutscheine im Wert von 500 000 Euro, insgesamt unterstützte EDEKA Minden-Hannover die Opfer der Jahrhundertflut mit mehr als einer Million Euro.

EDEKA Minden-Hannover Holding GmbH

Wittelsbacherallee 61
32427 Minden

Telefon: (0571) 80 20

Internet:
www.edeka-minden.de

Der Bördepark verbindet attraktiven Branchenmix mit angenehmer Einkaufsatmosphäre. Zahlreiche Kunden aus Magdeburg und Umgebung besuchen das Einkaufszentrum regelmäßig. Mit seinem umfassenden Angebot an Lebensmitteln und Artikeln des täglichen Bedarfs spielt das E center dabei eine zentrale Rolle.

KARSTADT

Karstadt
Warenhaus-Aktiengesellschaft

Breiter Weg 128
39104 Magdeburg

Telefon: (0391) 59 59 0
Telefax: (0391) 59 59 301

Auf der Fläche am Breiten Weg, die früher einmal das Kaufhaus Barrasch, die schmale Gasse Georgenplatz und auch die Häuser bis zur Großen Schulstraße beherbergte, wurde 1973 das Centrum-Warenhaus eröffnet. Es war das zweitgrößte in der ehemaligen DDR. Bis zur Wende 1989/90 wurden das damalige Handelsniveau und die Verkaufskultur mitgeprägt.
1991 übernahm der traditionsreiche Warenhauskonzern KARSTADT das Objekt und rekonstruierte es bis Dezember 1992 von Grund auf zu einem modernen Handelshaus. Einzig die unverwechselbare Fassade blieb unverändert. 210 Millionen Mark investierte KARSTADT. Unter der Leitung von Geschäftsführer Siegfried Reger entstand mit einer Verkaufsraumfläche von 21 000 m² und einem Sortiment von 180 000 Artikeln eines der größten und leistungsfähigsten Warenhäuser in den neuen Bundesländern. 1993 übernahm Christian Wilk die Leitung der Konzernfiliale in der Magdeburger City. Dieses Jahr wurde umsatzmäßig zu einer Erfolgsstory. Handelsniveau und -sortiment wurden weiter profiliert. Dies setzte sich unter Volker Pesarese fort, der den Chefsessel 1996 übernahm. Insbesondere entwickelte sich das Handelshaus hin zu einem kompletten Sortimenter, konzentrierte sich stärker auf Markenqualität und behauptete sich im zunehmenden Wettbewerb.
Inzwischen hat KARSTADT Magdeburg seinen festen Platz in der Handelslandschaft der Elbestadt eingenommen. Von 1999 bis Mitte 2003 hat die Filiale unter der Leitung von Rolf Lay beständig an Profil zugelegt und sich im Spitzenfeld aller KARSTADT-Häuser bundesweit behauptet. Seit August 2003 lenkt und leitet Wolfgang Nehmann die Geschicke des Hauses.
KARSTADT ist inzwischen ein unverwechselbarer Bestandteil des Zentrums der Landeshauptstadt. Das Warenhaus ist ein starker Wettbewerber im Einzelhandel, es ist für die Kunden zu einer beliebten Adresse geworden, es ist ein bedeutender Arbeitgeber und es hat durch vielerlei handelspolitisches, kulturelles und soziales Engagement eine beachtenswerte gesellschaftliche Bedeutung erlangt.
KARSTADT, Europas größtes Warenhausunternehmen, bricht nunmehr zu neuen Ufern auf. Tradition und Fortschritt vereinigen sich unter dem Markennamen „Besser KARSTADT".
KARSTADT – ein zukunftsorientiertes Unternehmen, dem die Wünsche seiner Kunden wichtig sind.

Die MARITIM-Hotelgesellschaft wird am 1. März 2004 zwölf Jahre in Magdeburg vertreten sein. Am 28. Februar 1992 erfolgte die Privatisierung des Interhotels durch die Treuhand. Da Komfort und Ausstattung dieses Hotels nicht mehr den modernen Anforderungen entsprachen und keine ausreichenden Tagungskapazitäten zur Verfügung standen, entschloss sich die Geschäftsleitung, das 1963 erbaute Interhotel abzureißen und an gleicher Stelle ein neues Hotel zu bauen. In 22 Monaten Bauzeit entstand das größte Hotel Ostdeutschlands. Durch die großzügige und flexible Bauweise, seine insgesamt 18 Tagungsräume, davon der größte Saal mit 1500 qm, die 514 Zimmer und 1018 Betten ist das MARITIM Hotel besonders für Kongresse, Bälle, Empfänge und Ausstellungen bis zu 1600 Personen bestens geeignet. Dadurch können in Magdeburg Veranstaltungen stattfinden, die sonst im Osten Deutschlands lediglich noch in Leipzig und bundesweit an nur wenigen vergleichbaren Standorten möglich wären.

Hier nun einige Referenzen:
April 2001
Bundeskongress des Deutschen Fußballbundes

Oktober 2002
Verleihung des deutschen Umweltpreises

Februar 2003
Eröffnungsveranstaltung des europäischen Jahres für Menschen mit Behinderungen in Deutschland

MARITIM Hotel Magdeburg

MARITIM
HOTEL MAGDEBURG

Die zentrale Lage unmittelbar in der Innenstadt bietet den Gästen die Möglichkeit, die touristischen Sehenswürdigkeiten der Landeshauptstadt wie den Magdeburger Dom mit dem Grabmal Kaiser Ottos I., die Johanniskirche, den alten Marktplatz mit dem historischen Rathaus im Stil der Renaissance und des frühen Barocks sowie das Kloster Unser Lieben Frauen zu Fuß zu erreichen.

Das MARITIM Hotel Magdeburg ist sehr gut an die öffentlichen Verkehrsmittel angeschlossen. Der Hauptbahnhof, der Busbahnhof und verschiedene Straßenbahn-Stationen befinden sich in unmittelbarer Umgebung.

Das MARITIM Hotel Magdeburg ist also nicht nur ein schönes Hotel, es ist mit 160 festen Angestellten ein bedeutender Arbeitgeber, großer Ausbilder und auch im Bereich der Touristik ein ernst zu nehmender Wirtschaftsfaktor für die Region.

Maritim Hotel Magdeburg

Otto-von-Guericke-Straße 87
39104 Magdeburg

Telefon: (0391) 59 49 0
Telefax: (0391) 59 49 990

E-Mail: Reservierung.mag@maritim.de
Internet: www.maritim.de

Technische Generaldienstleistungen aus einer Hand

IMTECH DEUTSCHLAND GMBH & CO. KG

Ansicht Nord LB, Breiter Weg

Imtech Deutschland GmbH & Co. KG
Hauptniederlassung in Magdeburg
Klausenerstraße 16
39112 Magdeburg
Telefon: (0391) 6 23 40 0
Telefax: (0391) 6 23 40 41
E-Mail: magdeburg@imtech.de
Internet: www.imtech.de

Imtech
Rud. Otto Meyer & Rheinelektra Technik

Imtech ist mit 4500 Mitarbeitern an mehr als sechzig Standorten einer der größten technischen Gebäudeausrüster in Deutschland.
Es wird das gesamte Spektrum an Dienstleistungen für alle Bereiche der Gebäudetechnik abgedeckt. Dazu zählen Mechanik und Elektrik, Mess-, Steuer- und Regeltechnik, Gebäude-Leittechnik, Sicherheits- und Datentechnik.
Gleichzeitig ist Imtech bundesweit der erste technische Generaldienstleister, der sämtliche TGU-Gewerke mit eigenen Mitarbeitern realisieren kann.
Die Gründung der Hauptniederlassung in Magdeburg erfolgte 1990 unter der Firmierung Rud. Otto Meyer (ROM).
Mit der Niederlassung in Halle setzen 120 Mitarbeiter, davon 30 Ingenieure, ihre Kompetenz zur Verwirklichung technischer Spitzenleistungen ein.

Heizhaus der Rothenseer Rotorblattfertigung GmbH, Magdeburg

Firmengebäude Imtech in Magdeburg, Klausenerstraße, Sudenburg

Für einen 24-Stunden-Service-Dienst stehen 15 Kundendienstmonteure mit Service-Fahrzeugen und entsprechender Spezialausstattung bereit.
Imtech ist Ihr Partner für komplexe Gebäudetechnik durch ganzheitliches Projektmanagement und optimiert integral im Sinne der Kundenziele. Als technischer Generalunternehmer kann Imtech
- durch Gesamtvergabe Kosten sparen,
- Schnittstellen reduzieren,
- die Funktionen der Gewerke bis ins Detail aufeinander abstimmen,
- den Verwaltungsaufwand minimieren.

Um den Kunden eine dauerhafte Zusammenarbeit anbieten zu können, entwickelt Imtech komplette Lebenszykluskonzepte. Ob als Generalunternehmer, Contracting-Anbieter oder Service-Partner kann Imtech
- Investitionskosten optimieren,
- Betriebskosten minimieren,
- für hohe Wirtschaftlichkeit sorgen.

Imtech in Magdeburg war an bedeutenden Industrie-Projekten und städtebaulichen Vorhaben beteiligt, die das Bild der Stadt Magdeburg prägen, so z. B.
- City Carré, Bahnhofsvorplatz,
- Ulrichshaus, Ulrichsplatz,
- MDR-Landesfunkhaus, Rotehornpark,
- Max Planck Institut, Askanischer Platz,
- Nord LB, Domplatz,
- Gerichtsgebäude, Halberstädter Straße,
- Gebäude N der Uni Magdeburg, Universitätsplatz,
- Theater der Landeshauptstadt, Universitätsplatz,
- Chirurgie (Haus 60) des Universitätsklinikums, Leipziger Straße,
- Rothenseer Rotorblattfertigung GmbH, Magdeburg-Rothensee,
- EUROGLAS, Haldensleben,
- BSL Schkopau.

Mehr als 135 Jahre Tradition

VAKOMA® HOCHDRUCKVERDICHTER GMBH

In Magdeburg wurde durch den Erfinder der Luftpumpe, den Physiker und Bürgermeister der Stadt, Otto von Guericke, eine lange Tradition im Bau von Verdichtern und Vakuumpumpen begründet. Auch der Beginn der Produktion bei der VAKOMA® ist mit einer Handelsregistereintragung unter der Firmierung Koch, Bantelmann & Paasch vom 1. Februar 1869 am Standort Weststraße Nr. 6 historisch belegt. Von diesem Zeitpunkt an hat die Firma viele Höhen und Tiefen erlebt und auch wiederholt den Eigentümer gewechselt. Das Angebot der Produkte reichte vom kleinsten Rohrkrümmer über Armaturen bis zur größten Dampfmaschine, Dampfpumpen und verschiedensten Kompressoren. Nach 1885 wurde auch mit der Produktion von Duplexpumpen begonnen. Das Geschäft mit Partnern in anderen Ländern war von Anbeginn eine wichtige Säule des Vertriebes und gab stets Impulse für die Entwicklung neuer Produkte.

Die frühe Beziehung zu ausländischen Geschäftspartnern ist dem Unternehmen Koch, Bantelmann & Paasch und dessen Nachfolgeunternehmen VAKOMA® über alle Entwicklungsphasen bis zum heutigen Tag erhalten geblieben und festes Element der Unternehmenskultur.

Von 1922 bis 1953 änderte die Gesellschaft mehrfach ihre Rechtsform, überdauerte jedoch erfolgreich die Weltwirtschaftskrise Anfang der 30er Jahre sowie den Zweiten Weltkrieg.

1953 erfolgte die Enteignung der Fabrik durch die sowjetischen Besatzungsmächte und sie wurde Teil des VEB-Betriebes „Einheit“. Aus dem Verband löste sich die Firma 1955 heraus und ging zusammen mit der Schwermetallgießerei unter der offiziellen Bezeichnung „VEB Vakuumpumpen- und Kompressorenbau Magdeburg“ auf einen eigenen Weg. Als deren Abkürzung wurde bald der Name „VAKOMA“ aus den Zeichen „VA“ für Vakuumpumpen, „KO“ für Kompressoren und „MA“ für Magdeburg gebräuchlich. Wenn auch nur inoffiziell, gehörte er selbst bei den ausländischen Geschäftspartnern bald zum Sprachgebrauch und wurde später zu einer eigenen Marke.

In den Jahren nach 1970 machte sich die VAKOMA® bis weit über die Landesgrenzen hinaus einen besonderen Namen als Hersteller von Spezialverdichtern und Vakuumpumpen. Mitte der 80er Jahre kam die Entwicklung und umfangreiche Produktion von Kleinverdichtern hinzu.

1990 wurde mit der Ausgliederung der eigenen Gießerei der VAKOMA® ein erfolgreicher Abschnitt begonnen.

In Magdeburg reiht sich die Firma VAKOMA® Hochdruckverdichter GmbH in die lange Tradition des Maschinenbaus an diesem Standort ein. Neben dem Know-how wurden die Rechte, die Marke und

Teile des Maschinenparks übernommen. Dadurch wurde eine hohe Kontinuität bei der Versorgung der Kunden garantiert, und auch die Produktion neuer Produkte konnte weiter gesichert werden. Vielfältige Kooperationsbeziehungen mit anderen Komponentenherstellern garantieren die Produktion von Anlagen und Ersatzteilen in hoher Qualität.

Im Jahre 2000 hat die Firma einen neuen Standort bezogen, der für die Entwicklung in den kommenden Jahren genug Raum lässt und zur Zeit schrittweise ausgebaut wird.

Die Mitarbeiter der VAKOMA® Hochdruckverdichter GmbH werden auch künftig ihre Arbeit bei der Entwicklung, Produktion, Markteinführung und beim Service an den Bedürfnissen ihrer Kunden ausrichten.

Dem Ausbau des internationalen Vertriebsnetzes sowie der Produkt- und Markenpflege wird im Interesse unserer Kunden künftig noch mehr Aufmerksamkeit beigemessen.

Gerhard Krossing, Geschäftsführer

VAKOMA®
Hochdruckverdichter GmbH
Olvenstedter Chaussee 9
39110 Magdeburg
Telefon: (0391) 7 31 65 97
Telefax: (0391) 7 31 65 98
E-Mail: vakoma@t-online.de
Internet: www.vakoma.de

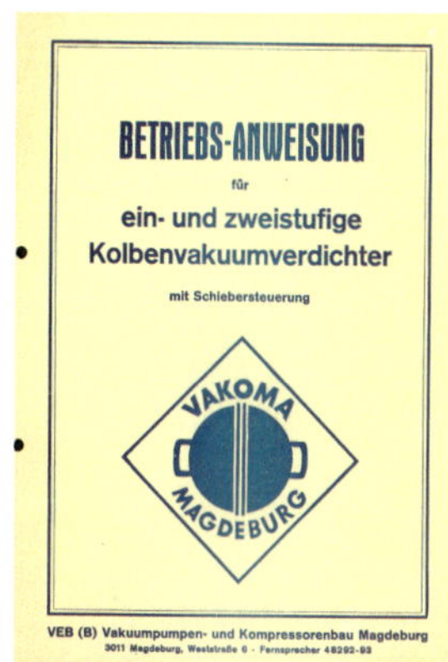

GERO AG

GERO AG

Editharing 34
39108 Magdeburg

Tel. (0391) 72 75 100
E-Mail: mail@gero-ag.de

In der GERO AG sind die privatwirtschaftlichen Unternehmungen des Bistums Magdeburg zusammengefasst. Eigentümer der Gero AG ist das Bistum Magdeburg.
Die GERO AG ist im Jahr 2002 aus der 1993 gegründeten Siedlungswerk St. Gertrud GmbH hervorgegangen. Der klassische Auftrag der Siedlungswerke bestand nach dem zweiten Weltkrieg darin, angemessenen Wohnraum zu schaffen. Die Bildung von Wohneigentum insbesondere für Familien war dabei ein wichtiges Ziel.
Aus der Situation nach der Wende haben sich in unserem Bistum aus der ursprünglichen Bau-, Betreuungs- und Beratungstätigkeit heraus weitere Geschäftsfelder entwickelt. Die verschiedenen Geschäftsfelder bestehen nun als selbständige Gesellschaften unter dem Dach der GERO AG.

Sanierung der Plattenbauten in der Zschokkestraße

Neubau Kreuzgang St. Sebastian

Mit unserer Firmenstruktur haben wir den Schlüssel für die Entwicklung ganzheitlicher Problemlösungen in der Hand und damit einen entscheidenden Wettbewerbsvorteil für die Zukunft.

- Innerhalb der Gero Beteiligungs-, Treuhand- und Verwaltungsgesellschaft mbH können moderne Finanzierungsmodelle projektbezogen entworfen werden. Deshalb haben wir hier im Geschäftsjahr 2002 z.B. die Gero Leasing GmbH gegründet und den Bereich Stiftungsbetreuung aufgebaut.

Gero
Beteiligungs-, Treuhand- &
Verwaltungsgesellschaft mbH

- Umsetzung und Steuerung fallen in den Bereich der Projektentwicklung innerhalb der Siedlungswerk St. Gertrud Bau- und Projektmanagement

Siedlungswerk St. Gertrud
Bau- und Projektmanagement GmbH

– Und schließlich können parallel dazu durch die Siedlungswerk St. Gertrud Wohn- und Immobilienservice GmbH eine rentable Nutzung und Werterhaltung von Immobilien sichergestellt werden.

Siedlungswerk St. Gertrud
Wohn- und Immobilienservice GmbH

Diese Kombination von Spezialisierung der einzelnen Gesellschaften einerseits und Vernetzung untereinander andererseits haben wir bei verschiedenen Projekten erprobt.
In Magdeburg beispielsweise bei den

- Bauaktivitäten im Umfeld der St. Sebastians Kirche – beim Neubau des Roncalli Hauses und des Wohn- und Geschäftshauses Max-Josef-Metzger Str. 4, der Sanierung der Max-Josef-Metzger Str. 2 und 3 und am Breiten Weg 212/213

- Sanierung der Plattenbauten in der Zschokkestraße, die statt Rückbau sogar noch ein zusätzliches Dachgeschoss bekamen

Ab Ende 2005 wird das Stadtbild von Magdeburg entscheidend von uns mitgeprägt sein: mit dem Bau der GRÜNEN ZITADELLE VON MAGDEBURG, einem Hundertwasser-Architekturprojekt.

Wer war GERO?

Gero ist keine Abkürzung, sondern ein Eigenname. Der Magdeburger Erzbischof Gero ist eng mit der Geschichte unseres Bistums verbunden. Seine Amtszeit währte von 1012–1023. Erzbischof Gero gründete das St. Sebastianstift (heutige Bischofskirche) und das Stift St. Marien (heute: Kloster Unser Lieben Frauen). Was wir gemeinsam haben? Aktivitäten rund ums Bauen im und für das Bistum Magdeburg.

Die einstigen Gründungen Geros gehören aktuell auch ganz konkret zu unseren Wirkungsstätten: so die Kathedralkirche St. Sebastian mit dem Sakristeineubau, Kreuzgang und Kapitelsfriedhof.

Modellfoto: DIE GRÜNE ZITADELLE von Magdeburg © Gruener Janura 2003

MWG

MWG – WOHNUNGSGENOSSENSCHAFT eG MAGDEBURG

MWG – Wohnungsgenossenschaft eG
Magdeburg
Letzlinger Straße 5
39106 Magdeburg
Telefon: (0391) 56 98 0
Telefax: (0391) 5 61 01 06
Internet: www.MWGeG.de
www.MDwohnen.de
Vermietungs- und Beratungszentrum
Letzlinger Straße 5
Telefon: (0391) 56 98 -215, -235, -245, -255
Wohneigentum
Letzlinger Straße 5
Telefon: (0391) 56 98 -272, -273
Vermietungsbüro Nord
Mechthildstraße 23
Telefon: (0391) 56 98 -225, -226
City-Büro
Breiter Weg 120 a
Telefon: (0391) 56 98 200

In der Zeit zwischen 1954 und 1957 bildeten sich zur Überwindung der Wohnungsnot in Magdeburg 16 Arbeiterwohnungsgenossenschaften (AWG), deren Trägerbetriebe vor allem in den großen Maschinenbaukombinaten zu finden waren. So auch mit dem offiziellen Gründungsdatum 29. Juli 1954 die AWG „Karl Liebknecht", benannt nach dem gleichnamigen Schwermaschinenbaukombinat. 15 Prozent der Baukosten mussten durch die Genossenschaftsmitglieder selbst aufgebracht werden. Da bis in die achtziger Jahre die Verwaltungskosten pro Wohnung den Betrag von 30 Mark pro Jahr nicht überschreiten durften, arbeiteten die Vorstände zur damaligen Zeit vorwiegend auf ehrenamtlicher Basis.

Die ersten Wohnungen wurden im Jahre 1955 fertiggestellt. Im Laufe der Jahre schlossen sich mehrere Genossenschaften zusammen, um die Bewirtschaftung des rapide zunehmenden Wohnungsbestandes effektiver zu gestalten.

Am 1. Januar 1969 hatte die aus mehreren Genossenschaften formierte neue Vereinigte AWG „Friedrich Engels" bereits einen Bestand von 4160 Wohnungen, die über das gesamte Stadtgebiet von Magdeburg verteilt waren. Anfang der siebziger Jahre entstanden verstärkt Wohnungen auf der grünen Wiese an den Rändern der Stadt Magdeburg.

Zum Zeitpunkt der Wende hatte die Genossenschaft 10 977 Wohnungen, die mit einem mehr oder weniger starken Reparaturrückstau belastet waren. Die AWG „Friedrich Engels" wurde umbenannt in MWG-Genossenschaft eG Magdeburg und begann ab dem Jahre 1992 zunehmend mit der Komplexsanierung ihrer Bestände.

Mit dem Wirksamwerden des Altschuldenhilfegesetzes wurden einerseits die Voraussetzungen für Sicherheiten bei der unternehmerischen Kreditpolitik geschaffen, andererseits aber auch die Zwangsveräußerung von 15 Prozent des Wohnungsbestandes auferlegt. Zwischenzeitlich hat die Genossenschaft einen Wohnungsbestand von 9707 Wohnungen, von denen Mitte des Jahres 2003 77,6 Prozent umfassend saniert und 22,4 Prozent teilsaniert waren, wobei die zur Bestandssanierung und Instandhaltung in diesem Zeitraum eingesetzten Mittel das beachtliche Volumen von 289 Millionen Euro ausmachten. Selbstverständlich gilt bei der Komplexsanierung unser Augenmerk nicht nur dem Gebäude, sondern zunehmend auch dem Wohnumfeld. Wohngrün, Spielplätze, Zuwegungen, PKW-Stellplätze – all das wird beim Produkt Wohnen von immer größerer Bedeutung wie auch der Sachverhalt, dass ohne Balkon wie auch ohne Fahrstuhl ab der vierten Etage eine Wohnung nur noch schwer vermietbar sein wird. Die MWG hat sich auf die veränderten Anforderungen des Wohnungsmarktes in Form des Mietermarktes eingestellt und ihre Investitions- und Servicepolitik auf zukunftsfähige Lösungen eingerichtet. Soziale Betreuung über Sozialarbeiter wie auch Begegnungsstätten für jedermann und Gästewohnungen sind heute ebenso als Standardleistungen einzuordnen wie die durchgängige Betreuung der Wohnquartiere durch Hausmeister.

Im Rahmen des Stadtumbaus hat die MWG bereits 262 Wohnungen vom Markt genommen, wobei es ihr nicht nur um die Reduzierung der leer stehenden Wohnungen, sondern auch und verstärkt um die Aufwertung der Quartiere zur Erhöhung der Zukunftsfähigkeit geht. Der Rückbau vorhandener Etagen ohne Veränderung der Wohnungszuschnitte ist aus Perspektivgesichtspunkten ebenso wenig ein richtiger Lösungsansatz wie der Komplettabriss ohne Nutzungskonzept für die verbleibende Fläche. Der Stadtumbau birgt nicht nur eine große Zahl von Risiken, er beinhaltet auch ein großes Potential an Chancen. Die MWG wird sich aktiv einbringen, um die Chancen für ihre Mitglieder und zum Wohle der Stadt zu nutzen.

Öffentlicher Personennahverkehr – mehr als Mobilität

MAGDEBURG VERKEHRSBETRIEBE GMBH

Von dem Leitfaden der Europäischen Union, unter Daseinsvorsorge auch einen angemessenen Nahverkehr zu verstehen, können sich die Besucher der Stadt Magdeburg ein lebendiges Bild machen.

In einer Zeit, da den Kommunen Mittel für die Erhaltung ihres Leistungsangebotes sowie für die Erneuerung ihrer Infrastrukturen nicht mehr so reichhaltig zufließen, gilt es, den Nahverkehr als wesentliches die Urbanität einer Stadt gestaltendes Moment zu begreifen, ihn mit kostengünstigen Lösungen zu gestalten und anspruchsgerecht auszubauen.

Bei der 125-jährigen Geschichte der Magdeburger Verkehrsbetriebe (MVB) wurde dieser Auftrag in den letzten zwölf Jahren in Verbindung mit einem attraktiven Tarifsystem beispielhaft umgesetzt.

Die MVB verzeichnen in den letzten drei Jahren ein nahezu konstantes Fahrgastaufkommen von 58 Millionen Kunden. Das ist auch der marketingseitig gepflegten Philosophie geschuldet, den Kontakt zum Fahrgast im Gleichklang mit allen betriebswirtschaftlich begründeten Automationsbestrebungen auszugestalten.

Dem Unternehmen gelang zudem mit finanzieller Unterstützung der Kommune, des Landes und auch des Bundes eine inzwischen hochgradig abgeschlossene Sanierung des Gleis- und Fahrleitungsnetzes sowie der baulich damit in Verbindung stehenden Anlagen.

Es verkehren mittlerweile 72 neue Niederflurstraßenbahnwagen und 60 Niederflurbusse auf 20 Tages- und sechs Nachtlinien.

Es wurden zehn Service-Points neu gestaltet. Um das Sicherheitsgefühl der Fahrgäste weiter zu pflegen, wurde mit dem Einbau von ausschließlich präventiv und ereignisbezogen wirkenden Videokamerasystemen begonnen.

128 Haltestellen ermöglichen einen behindertenfreundlichen Zugang zu unseren Verkehrsmitteln. 274 Wartehallen stellen einen wirksamen Witterungsschutz dar. Der 10min-Tagesverkehr der Straßenbahn bzw. der angepasste 20min-Bustakt lassen beispielhafte Reisezeiten zu. Seit dem Jahr 2000 können die Fahrgäste zudem ihre aktuellen Abfahrtzeiten über eine kostenlose Hotline oder per Post erfahren. Seit diesem Jahr ist per Internet zusätzlich eine landesweite Verkehrsmittel- und Routenwahl möglich.

Der mit den neuen Fahrzeuggenerationen auf 99 % gestiegene Zuverlässigkeitsgrad verdient ebenso Respekt wie die verkehrstechnologische Beherrschung einer Vielzahl unabdingbarer Umbau- und Werterhaltungsmaßnahmen im Straßennetz der Stadt.

Die kommunalpolitisch unterstützte Entwicklung des ÖPNV trug auch dazu bei, dass die zweite Nord-Süd-Verbindung als ein infrastrukturell bedeutendes Vorhaben sukzessiv in die Realität umgesetzt werden kann. So wird ein im Oktober 2002 begonnener Lückenschluss zwischen der Olvenstedter Straßenbahntrasse und der Diesdorfer Straße über den Europaring mit einen Wertvolumen von 11,3 Millionen Euro im Juli 2004 fertiggestellt. Fast zeitgleich laufen Arbeiten an einer Trassenverlegung im Bereich Universitätsplatz/Listemannstraße zugunsten eines Straßentunnels im Verlauf der Bundesstraße 1.

Der Abschluss der Sanierung im Gleisnetzbereich Alte Neustadt/Handelshafen steht bevor.

Im Jahr 2002 erfuhr bereits der gesamte ostelbische Raum mit mehreren attraktiven Wohngebieten, dem Elbauenpark und den Sportzentren sein Finale an der Brückstraße mit dem Haltestellenkomplex Heumarkt.

Den signalisierten Sparwillen des Magistrats werden die MVB auch in den nächsten Jahren mit kundenorientierten Angeboten und Lösungen umzusetzen wissen. Eine Stadt, in der jeder Einwohner pro Jahr über 250 Fahrten mit öffentlichen Verkehrsmitteln durchführt, hat es auch verdient, einen an aktuellsten Bewertungskennziffern des Qualitäts- und Umweltmanagements ausgerichteten Nahverkehr zu erfahren. Ein Anspruch, dem sich die circa 900 Mitarbeiter geradezu verschrieben haben.

Bernd Schubert, Leiter Öffentlichkeitsarbeit

MAGDEBURGER VERKEHRSBETRIEBE

Magdeburg Verkehrsbetriebe GmbH

Otto-von-Guericke-Straße 25
39104 Magdeburg

Telefon: (0391) 54 80
Telefax: (0391) 54 30 046

E-Mail: info@mvbnet.de
Internet: www.mvbnet.de

STÄDTE ZUKUNFTSFÄHIG MACHEN

SALEG
SACHSEN-ANHALTINISCHE
LANDESENTWICKLUNGSGESELLSCHAFT MBH

SALEG
Sachsen-Anhaltinische
Landesentwicklungs-
gesellschaft mbH
Turmschanzenstraße 26
39114 Magdeburg
Telefon: (0391) 85 03 3
Telefax: (0391) 85 03 401
E-mail: info@saleg.de

Auch die SALEG musste beim Elbe-Hochwasser im August 2002 ihren Firmensitz sichern.

Die Hasselbachpassage „Q 15"

Mit ihrer 1200-jährigen Tradition ist die Landeshauptstadt Magdeburg eingebettet in eine vielfältige, an historischen Schätzen reiche Städtelandschaft in Sachsen-Anhalt. Diese Städte für ihre Bewohner lebenswert, für Besucher attraktiv und als Wirtschaftsstandorte leistungsfähig zu machen ist die Aufgabe der Landesentwicklungsgesellschaft SALEG. In 55 Städten und Gemeinden des Landes ist das Unternehmen im Auftrag der Kommune als Sanierungsträger tätig und steuert die städtebauliche Entwicklung insbesondere der Innenstädte: von Sachsen-Anhalts ältester Stadt Aschersleben bis zur modernen Chemiestadt Wolfen. Jüngst ist mit Wolfsburg erstmals eine Stadt außerhalb Sachsen-Anhalts hinzugekommen.

Natürlich ist die SALEG – die Abkürzung steht für Sachsen-Anhaltinische Landesentwicklungsgesellschaft mbH – auch in Magdeburg engagiert. Am Hasselbachplatz, im architektonisch attraktivsten Teil der Innenstadt, ist die SALEG Center Managerin der Hasselbachpassage „Q 15", die als qualitätsorientierte Alternative zu den großen Einkaufsmärkten profiliert wird. Im Stadtteil Rothensee steuert die SALEG die eben begonnene Erschließung des neuen Hansehafens, der unter anderem der Verschiffung der in Magdeburg produzierten neuen Generation von Windrädern dient.

An so mancher Stelle der Landeshauptstadt haben Planungen der Landesentwicklungsgesellschaft Impulse gegeben: so zum Beispiel der Rahmenplan für den Bereich Regierungsstraße zwischen dem Allee-Center und dem Kloster Unser Lieben Frauen, der von der SALEG organisierte Wettbewerb für die „Grüne Mitte" Buckau, die Machbarkeitsstudie für die Erschließung des früheren Elbebahnhofs und der Rahmenplan für das frühere, großflächige Kasernengelände an der Turmschanzenstraße. Hier hat die SALEG es nicht bei Planungen belassen: Lange vor der Ansiedlung von Kultusministerium und Sozialministerium in den benachbarten Kasernenbauten etablierte sich die SALEG selbst mit ihrem Firmensitz im Gebäude des früheren Offizierscasinos in der Turmschanzenstraße 26.

Wer bei einer Landesgesellschaft an einen Zuschussbetrieb denkt, liegt hier übrigens falsch: Die vom Land 1991 gegründete SALEG hat seither jährlich Gewinne erwirtschaftet und ausgeschüttet. Mehrheitsgesellschafter ist heute die NORD/LB-Immobilien-Holding; neben dem Land sind weiterhin viele Landkreise, Städte und Gemeinden als Mitgesellschafter der SALEG aktiv. Der Immobiliendienstleister ist direkter Arbeitgeber für mehr als 50 Mitarbeiter in Magdeburg und in der Außenstelle in Halle.

Die Aufgabe, unsere Städte zukunftsfähig zu machen, stellt angesichts der weiter sinkenden Bevölkerungszahlen heute eine neuartige Herausforderung dar. Mit dem Abriss einiger überzähliger Wohnungen ist es nicht getan. Die Strukturen der Städte müssen so umgebaut werden, dass sie der geringeren Zahl von Einwohnern gerecht werden. Um dafür beispielgebende Lösungen zu entwickeln, hat das Land Sachsen-Anhalt die Internationale Bauausstellung Stadtumbau 2010 ins Leben gerufen. Auch hier ist die SALEG dabei: Gemeinsam mit der Stiftung Bauhaus Dessau ist sie Trägerin der IBA und bringt ihre langjährigen Erfahrungen aus der Stadtentwicklung ein. Für Magdeburg wird ein IBA-Vorhaben in den südöstlichen Stadtteilen vorbereitet, die nach der Abwicklung der Maschinenbauindustrie in weiten Teilen ungeordnet sind und deren Potentiale aus ihrer elbnahen Lage ungenutzt bleiben. Weitere IBA-Themen sind in der Diskussion.

Vor der Landeshauptstadt Magdeburg liegt viel Arbeit, um den Stadtumbau erfolgreich zu bewältigen. Die Landesentwicklungsgesellschaft SALEG wird sie dabei weiter unterstützen.

Die Innung der Maler, Lackierer und Schriftenmaler der Landeshauptstadt Magdeburg

Der Berufsstand des Malers und Lackierers verkörpert eine jahrhundertealte Tradition. Schon vor über 800 Jahren schlossen sich die Magdeburger Maler in einer Innung zusammen, sie ist damit die älteste überhaupt in Deutschland. Dass die Innung bis heute aktiv ist, zeigt, dass der Zusammenhalt der Handwerker unserer Stadt untereinander auch in schwierigen Zeiten über die Jahrhunderte Bestand hatte.

Die Innung berät und unterstützt ihre Mitglieder auf fachlichen und betriebswirtschaftlichen Gebieten, bietet Erfahrungsaustausch in regelmäßigen Fachseminaren und Informationsveranstaltungen und unterstützt ihre Mitglieder zu arbeits- und tarifrechtlichen Fragen. Im Rahmen der Berufsausbildung wird großer Wert auf eine qualitativ hohe fachliche Ausbildung in den einzelnen Betrieben gelegt, die sich auch in übergeordneten Leistungswettbewerben widerspiegeln. Denn die Zukunft des Handwerks kann nur über die Qualität gesichert werden.

Der Magdeburger Malerinnung gehören zur Zeit 32 Unternehmen als Voll- bzw. Gastmitglieder an, deren Obermeister seit Februar 2001 Werner Elspaß ist. Aber nicht nur für ihre Mitglieder bietet die Innung Vorteile, sondern es ist besonders für den Kunden von Wert, einen Innungsfachbetrieb mit der Ausführung der Arbeiten zu beauftragen. Heute sind viele Firmen am Markt, die zu Billigpreisen mal eben so Malerarbeiten nebenher mit anbieten. Aber „Maler- und Lackierarbeiten" sind nicht nur Wände anstreichen und Raufasertapete ankleben. Sie bieten, angefangen von der Beratung des Kunden bis hin zur Ausführung, eine breite Vielseitigkeit: angefangen von der Fahrzeuglackierung bis zum Korrosionsschutz, von der fachgerechten Verarbeitung hochwertiger Materialien und Anwendung anspruchsvoller Techniken im Decken-, Wand- und Fußbodenbereich bis hin zu Fassadenarbeiten einschließlich Vollwärmeschutz, von wiederentdeckten dekorativen Oberflächentechniken wie Marmorieren und Maserieren über Wickeln und Spachteln bis zum Vergolden.

Wie sagte unser ehemaliger Oberbürgermeister Dr. Willi Polte auf seiner Festrede zur 800-Jahrfeier der Innung so treffend: „Farbe ist zwar nicht alles - aber ohne Farbe ist alles nichts!"

Unser Unternehmen

EIDEN – HILD – FEHLING – ANOCHIN
WIRTSCHAFTSPRÜFER/STEUERBERATER

Der Anspruch unseres Hauses ist es, schnell auf Anforderungen, Fragen und Probleme unserer Mandanten zu reagieren und konstruktive Antworten zu geben.
Ihnen jederzeit kompetent und beratend zur Seite zu stehen, haben wir uns zum Ziel gesetzt.
Unser Anliegen ist es, die Stadt Magdeburg – Privatunternehmen wie auch städtische Gesellschaften – auf ihrem Weg zu wirtschaftlichem Erfolg zu begleiten und dabei in steuerlichen und betriebswirtschaftlichen Fragen beratend zur Seite zu stehen.
Wir wünschen der Stadt Magdeburg und allen Einwohnern einen schönen Jahrestag und viel Erfolg in den nächsten Jahren.

Eiden, Hild, Fehling, Anochin
Wirtschaftsprüfer/Steuerberater

Halberstädter Str. 115
39112 Magdeburg

Telefon: (0391) 6 05 49 0
Telefax: (0391) 6 05 49 38

E-Mail: kanzlei-md@h-e-p.de

Unser zentral gelegenes Unternehmen wurde im Oktober 1995 in Magdeburg als Zweigniederlassung gegründet. Der Hauptsitz befindet sich in Hannover.
Die vielseitigen und interessanten Aufgaben im Rahmen der wirtschaftlichen Umgestaltungen in den neuen Bundesländern sind unserem Team Ansporn, sich Ihnen zu stellen und bei Ihrer Lösung langjährige Erfahrung und Sachkenntnis vor Ort einzubringen.
Hauptsächlich beschäftigen wir uns mit der Wirtschaftsprüfung, Steuerberatung sowie der Lohn- und Finanzbuchhaltung.

NEUE DIMENSIONEN, NEUE MÖGLICHKEITEN.

SAM
Der Spezialist für schweren Stahlbau

Stahlturm- und Apparatebau
Magdeburg GmbH

Schilfbreite 2
39120 Magdeburg

Telefon: (0391) 68 32 21
Telefax: (0391) 68 20 37

www.sam-md.de

Tausend Tonnen Stahl jährlich. Die höchsten Stahltürme Europas. Brücken in jeder Dimension. Seit Gründung 1997 geht's mit der SAM Stahlturm- und Apparatebau Magdeburg GmbH steil aufwärts. Je anspruchsvoller das Bauvorhaben, desto öfter kommt das Unternehmen ins Spiel. Das Erfolgsrezept: Hervorragende Logistik und ideale Fertigungsbedingungen kombiniert mit einem leistungsstarken Team.

Begonnen hat alles 1997 mit dem Kauf des Geländes und der Ausrüstung des SKL Spezialapparatebaus Magdeburg. Nach der Spezialisierung auf den Stahlturmbau wurde das Produktprogramm schon bald um den schweren Stahlbau erweitert. Der Umzug auf das großzügige SKET-Gelände war deshalb nur eine Frage der Zeit. Da Magdeburg seit jeher ein historisch bedeutender Standort für den Schwermaschinenbau ist, waren erfahrene Mitarbeiter schnell gefunden. Investitionen in Millionenhöhe folgten. Die Fertigungslinien wurden komplett modernisiert und die Logistik perfektioniert.

Heute besitzt das Unternehmen eine der modernsten Fertigungsstätten in Deutschland. Das Leistungsspektrum von SAM umfasst ein Komplett-Angebot, das seinesgleichen sucht.

Das SAM-Angebot reicht vom Engineering über die Fertigung und Konservierung bis zur Montage:

- Stahltürme bis zu einer Gesamthöhe von ca. 100 m
- Straßen-, Eisenbahn- und Fußgängerbrücken in Kasten-, Trog-, Fachwerk- und Stabbogenbauweise
- Stahlwasserbauausrüstungen, z.B. Schleusentore
- Stahlbaukomponenten für den Maschinen- und Anlagenbau

Alles aus einer Hand. Alles an einem Ort.

SAM ist bei der Realisierung von bedeutenden Projekten aus Magdeburg und Umgebung, die die Infrastruktur und die Lebensgestaltung der Stadt verbessern, in beachtlichen Maße beteiligt:

- Elbebahnhofsbrücke in Magdeburg
- Neubau der Sternbrücke in Magdeburg
- Kanalbrücke über die Elbe
- Schleuse Rothensee
- Bahnhofsbrücke Dessau
- Brücken über den Mittellandkanal und Elbe-Havel-Kanal

Kunden (Auszug)
ENERCON • SIEMENS AG • SKET MAB GmbH • Deutsche Bahn AG • WNA Magdeburg • WNA Helmstedt • Stadt Magdeburg Tiefbauamt • DSD Dillinger Stahlbau • Thyssen Krupp Stahlbau • Bilfinger + Berger AG • Porr Technobau Berlin • POLYSIUS AG

Reiseland Sachsen-Anhalt

Viele Wege führen nach Sachsen-Anhalt. Die Region zwischen Harz und Havel, der Altmark im Norden und dem Burgenland im Süden, liegt mitten in Deutschland. Sachsen-Anhalt hat einiges zu bieten: ein wild romantisches Mittelgebirge, urtümliche Flusslandschaften, das sanfte Hügelland im Weinbaugebiet an Saale und Unstrut.
Im Schnittpunkt der Handelsstraßen entwickelten sich bedeutsame Städte des Mittelalters, wurden Waren aber auch Gedanken ausgetauscht. So ist es wohl kein Zufall, dass im Gebiet des heutigen Sachsen-Anhalts so manche Geschichte ihren Ursprung hat. Otto der Große, der erste Kaiser des Heiligen Römischen Reiches Deutscher Nation, legte hier den Grundstock für sein mächtiges Imperium, später war es Martin Luther, der in Wittenberg die Reformation begründete.
Kultur, Natur und Erlebnis, Wandern, Radfahren oder einfach nur Ausspannen – Sachsen-Anhalt bietet Urlaub für jeden Geschmack.

Faszinierendes Mittelalter – „Straße der Romanik“: Imposant und mächtig

Es war die Herrschaft der Ottonen, die der Region zum politischen und kulturellen Aufschwung verhalf. Otto der Große dehnte sein Reich weit nach Osten sowie bis nach Italien aus. An jene Blütezeit vor tausend Jahren erinnern heute noch zahlreiche romanische Bauwerke in ganz Sachsen-Anhalt. Auf der „Straße der Romanik“ können die Besucher die Faszination des Mittelalters erleben. Sie spannt sich in Form einer Acht auf über eintausend Kilometern durch Sachsen-Anhalt. Auf den Spuren von Kaisern, Mönchen und Baumeistern – hier finden sich der Reichtum und die Schönheit mittelalterlicher Baukunst. Dome und Klöster, Dorfkirchen und kaiserliche Pfalzen, aber auch Burgen und Stadtmauern laden ein zu einer spannenden Reise in eine weit zurückliegende Zeit. Konzerte in romanischen Gemäuern, Burgfeste, Ritterspiele und Mittelaltermärkte gehören in Sachsen-Anhalt vielerorts zur lebendigen Tradition.

Gelebte Leidenschaft – „Blaues Band“: Erholsam und abenteuerlich

Wasser spielt in Sachsen-Anhalt eine große Rolle, denn die Flussläufe von Elbe und Saale, von Mulde und Unstrut haben die Landschaft zwischen Arendsee und Zeitz geprägt. Für Freunde des Wassersports gibt es unter dem Motto „Blaues Band – Wassertourismus in Sachsen-Anhalt“ reichlich Auswahl. Wasserwanderer finden unendliche Möglichkeiten zur

links: In der Kinderkemenate auf Schloß Neuenburg in Freyburg/Unstrut erleben junge Gäste die Zeit der Ritter und Fürsten.

rechts: Hussitenkirschfest in Naumburg

aktiven Erholung – auf dem breiten Strom der Elbe durch ganz Sachsen-Anhalt, auf der Havel im Norden, auf der Bode durch die schroffen Schluchten des Harzes oder auf Saale und Unstrut unterwegs in Sachsen-Anhalts Weinbergen. Ein Netz von Anlegestellen und Servicestationen entlang des Blauen Bandes macht jede Bootstour zum erholsamen Erlebnis. Die Schönheit unserer Städte am Fluss kann man außerdem bei zahlreich angebotenen Dampferfahrten erleben. Unsere ausgeprägte Seenlandschaft empfiehlt sich zum Camping, Segeln, Tauchen, Angeln oder Surfen. Noch ursprüngliche Uferlandschaften der Elbe laden im europaweit einzigartigen Biosphärenreservat zu Entdeckungstouren ein.

Grünes für die Sinne – „Gartenträume“: Hinreißend und märchenhaft

Der Einklang von Mensch und Natur ist wohl eine alte Sehnsucht. Mit den „Gartenträumen“ in Sachsen-Anhalt bilden Natur und Kultur eine ganz besondere Form der Harmonie – in zahlreichen Gärten und Landschaftsparks, die zum Projekt „Gartenträume – Historische Parks und Gärten in Sachsen-Anhalt“ gehören. Sie umfassen die ganze Vielfalt der Gartenkunst – vom mittelalterlichen Klostergarten über Barockgärten und klassizistische Anlagen bis zu neu entstandenen Landschaftsparks in ehemaligen Tagebaugebieten. Eingebettet in ihre Umgebung entfalten sie zu jeder Jahreszeit einen eigenen Reiz und laden zum Spazieren, Bootfahren oder Radeln ein. Weltbekannt ist das Gartenreich Dessau-Wörlitz mit

STRASSE DER ROMANIK

GARTEN TRÄUME

BLAUES BAND

Paddeln auf der Unstrut

Schloß Blankenburg ein Anziehungspunkt für gartenbegeisterte Touristen

Mit den „Gartenträumen“ in Sachsen-Anhalt bilden Natur und Kultur eine ganz besondere Form der Harmonie
links: Luisium in Dessau
rechts: Die Roseburg bei Ballenstedt

Radwandern auf dem Saale-Radweg. Radtouren an Elbe, Saale, Unstrut und Mulde führen durch idyllische Flussauenlandschaften.

seinen sechs Anlagen. Es war schon im 18. Jahrhundert eine Sensation und zählt jetzt zum UNESCO-Welterbe. Hier finden sich wie in den meisten unserer Gartenträume Schlösser und prächtige Alleen, aber auch stille Winkel mit kleinen Kapellen oder verwunschen wirkenden Skulpturen.

Erlebbare Geschichte – Kulturreisen: Außergewöhnlich und einmalig

Große Ideen brauchen ein Umfeld, damit sie sich entfalten können. In Sachsen-Anhalt haben solche Ideen Tradition, ob in Kunst und Kultur oder auch in Wissenschaft und Technik. So können die Besucher in Eisleben und Wittenberg auf den Welterbe-Spuren Luthers die Geschichte der Reformation erleben. Mit den Händelfestspielen in Halle sowie den Telemann-Tagen in Magdeburg ehren beide Städte ihre großen Komponisten. In Köthen wirkte Johann Sebastian Bach, hier entstanden die Brandenburgischen Konzerte. Das Bauhaus in Dessau setzte weltweit Impulse für Architektur und modernes Design und gehört zum UNESCO-Welterbe. Neben den berühmten Gebäuden des Bauhauses sind auch die Meisterhäuser nach aufwändiger Renovierung der Öffentlichkeit wieder zugänglich. Dessau ist auch Geburtsstadt von Kurt Weill. Mit einem jährlichen Festival erinnert die Stadt an den Komponisten der Dreigroschenoper.

Lebendige Metropolen – Städtereisen: Beeindruckend und charmant

Sachsen-Anhalts Landeshauptstadt Magdeburg kann auf eine große Geschichte zurückblicken. Sie galt im Mittelalter als eines der wichtigsten geistigen und kulturellen Zentren Deutschlands. Der gotische Dom und das Kloster Unser Lieben Frauen erinnern an jene frühe Blütezeit. Die Stadt zeigt den Wandel zu einem modernen Dienstleistungs- und Verwaltungszentrum mit hohem Freizeitwert. Die alte Universitätsstadt Halle gilt als Sachsen-Anhalts Kulturhauptstadt mit einem reichhaltigen Angebot von Oper über Ballett bis hin zu Kunstausstellungen. Die Stadt an der Saale, die einst durch das Salz reich wurde, hat zahlreiche Sehenswürdigkeiten. Die mittelalterliche Moritzburg dient heute als Museum und birgt unter anderem wichtige Bilder des deutschen Expressionismus. In den berühmten Franckeschen Stiftungen sieht sich der Besucher unversehens in das 18. Jahrhundert zurückversetzt. Die Bauhausstadt

Mit der Gierfähre übersetzen. Bei Reitausflügen in der Altmark kann man auf einer der Gierfähren, wie hier bei Arneburg, leicht zum anderen Elbufer überwechseln.

Auf großer Fahrt. Der historische Reichtum in Sachsen-Anhalts Städten – hier der Magdeburger Dom – lässt sich auf besondere Weise von einem Fahrgastschiff aus erleben.

Das Wasserstraßenkreuz Magdeburg. Die Sparschleuse Rothensee, als Bestandteil des Wasserstraßenkreuzes Magdeburg, macht Sachsen-Anhalt zu einem Drehkreuz für Bootstouristen.

Infos

Landesmarketing Sachsen-Anhalt GmbH

Am Alten Theater 6
39104 Magdeburg

Tel.: 0391/567-7080
Fax: 0391/567-7081
E-Mail: lmg@lmg-sachsen-anhalt.de
www.sachsen-anhalt-tourismus.de
Info-Hotline: 0180/5372000
(0,12 €/Minute)

Dessau liegt inmitten des Gartenreiches und kann, wie viele Städte unseres Landes, auf eine lange Tradition zurückblicken.

Reizvolle Landschaft – Unsere Regionen: Sagenhaft und romantisch

Sachsen-Anhalt hat viele Gesichter. Sagenumwoben ist der Harz mit seiner höchsten Erhebung, dem Brocken. Bei gutem Wetter bietet der höchste Gipfel Norddeutschlands einen weiten Blick ins Land. Eine nostalgische Fahrt mit der Harzquerbahn, eine Wanderung durch die wildromantischen Täler von Bode und Selke, mit dem Mountainbike auf gut präparierten Wegen – der Harz bietet eine breite Palette von Erholungsmöglichkeiten. Die Altmark im Norden des Landes ist hingegen flach. Die Uferlandschaften der Elbe sowie ausgedehnte Waldgebiete prägen die Landschaft – ideal zum Radfahren, Reiten oder Wandern. Sachsen-Anhalts Weinregion an Saale und Unstrut gilt hingegen als Toskana des Nordens. Seit über eintausend Jahren wird hier Wein angebaut. Die sanfte Hügellandschaft mit malerischen Burgen, Städtchen und Weinbergen gilt inzwischen als touristischer Geheimtipp. Wein- und Winzerfeste ziehen alljährlich Schaulustige und Weinkenner aus ganz Deutschland an.

Gut ausgebaute Steganlagen, wie hier am Arendsee, gibt es vielerorts am Blauen Band in Sachsen-Anhalt.

Kulturreisen in Sachsen-Anhalt

Rose-Marie Knape

Straße der Romanik

Führer zu Architektur, Kunst und Geschichte an der Tourismusstraße in Sachsen-Anhalt

Kulturreisen in Sachsen-Anhalt
Band 1
Herausgegeben von Christian Antz
Fotografien von Janos Stekovics

192 Seiten
über 300 farbige Abbildungen, Karten, Grundrisse
Serviceteil zu jeder Station
14 x 21 cm
Broschur
9,80 EUR
ISBN 3-929330-89-X
3. Auflage

Nahezu in allen Teilen Sachsen-Anhalts finden sich heute noch Zeugnisse des ersten umfassenden Kunststils des Mittelalters. Die Straße der Romanik führt durch vielgestaltige Landschaften und berührt Kirchen, Klöster und Burgen, die auf stille oder imposante Weise von einer faszinierenden Zeit künden.
Das vollfarbige Buch – erster Band der neuen Reihe „Kulturreisen in Sachsen-Anhalt" – lädt zu einer Entdeckungsreise in eines der geschichtsträchtigsten Gebiete Deutschlands ein. Neben der Vorstellung der Kunstdenkmäler liefert der handliche Band vor allem auch viele nützliche Informationen – von den Anschriften der einzelnen Stationen bis zu deren Öffnungszeiten – und ist somit ein unverzichtbarer Reisebegleiter für Touristen und Heimatinteressierte gleichermaßen.
Mit insgesamt über 270 Fotos, einer Landkarte über den Verlauf der Route sowie Grundrissen zu allen vorgestellten Objekten hält der Leser mit diesem Buch den ersten Kulturführer zur Straße der Romanik in der Hand, in dem alle Bauwerke ausnahmslos farbig abgebildet sind.

Sebastian Kreiker/Christian Antz

Auf den Spuren Ottos des Großen

Kulturreisen in Sachsen-Anhalt
Band 2
Herausgegeben von Christian Antz
Fotografien von Janos Stekovics

112 Seiten, farbige Abbildungen,
Grundrisse und Karte
umfangreicher Serviceteil
14 x 21 cm
Broschur
9,80 EUR
ISBN 3-929330-36-9
3. Auflage

Auf dem Gebiet des heutigen Sachsen-Anhalts lag vor 1000 Jahren das politische Zentrum Deutschlands. Auf diesen Raum stützten die Liudolfinger, aus deren Familie Kaiser Otto der Große hervorging, ihre Herrschaft. Von ihrem Besitz im Harz aus errangen sie in Aachen die deutsche Königs- und in Rom die römische Kaiserkrone. Von hier aus führten sie Kriege gegen Slawen oder Ungarn. Hier gründeten sie Klöster und Bistümer, setzten geistliche und weltliche Würdenträger ein und ab. Von hier aus gingen Reisen nach Gnesen (Polen) oder Apulien (Italien). Hier spannen sie ihre Heiratsfäden nach Wessex (England) oder Konstantinopel (Türkei). Hier empfingen sie Gesandtschaften aus Cordoba (Spanien) oder Kiew (Rußland). Und hierher versuchten sie zurückzukehren, um ihre letzte Ruhe zu finden. Otto der Große, Magdeburg und Europa müssen als Einheit begriffen werden. Hier wurde europäische Geschichte geschrieben. Auf die Spuren Ottos des Großen, führt dieses Buch.

Anke Werner

Gartenträume

Historische Parks in Sachsen-Anhalt

Kulturreisen in Sachsen-Anhalt
Band 3
Herausgegeben von Christian Antz
Fotografien von Janos Stekovics

208 Seiten,
über 400 farbige Abbildungen, Grundrisse und Karten
umfangreicher Serviceteil
14 x 21 cm
Broschur
12,80 EUR
ISBN 3-89923-001-9

Sachsen-Anhalt ist eines der denkmalreichsten Bundesländer Deutschlands. Dabei ragen die historischen Garten- und Parkanlagen mit ihren dazugehörigen Schlössern, Klöstern und Städten quantitativ und qualitativ heraus. Neben den bekannten Gärten, insbesondere den Anlagen des Dessau-Wörlitzer Gartenreichs im UNESCO-Weltkulturerbe, den Kuranlagen mit dem Goethe-Theater in Bad Lauchstädt oder den Schlossgärten in Ballenstedt, bilden auch die vielen noch weniger bekannten Parkensembles ein herausragendes kulturelles Erbe und bieten abwechslungsreiche, interessante Besuchserlebnisse. Bedeutende Gartenkünstler und Architekten wie Johann Chryselius, David Schatz und Hermann Korb, die Gärtnerdynastie Schoch, Friedrich Wilhelm von Erdmannsdorff und Peter Joseph Lenné, Eduard Petzold, Hermann Muthesius und Paul Schultze-Naumburg haben in Sachsen-Anhalt ihre Spuren hinterlassen.
Aus über tausend solcher Anlagen wurden 40 Gärten und Parks vom 17. bis 21. Jahrhundert, vom Barock bis zur Land Art zu einem deutschlandweit einmaligen touristischen Netz zusammengeflochten: den Gartenträumen. Von der Altmark bis zur Weinregion Saale-Unstrut, vom Harz bis nach Anhalt, von Klostergärten bis zu Schloßparks, von Wallanlagen bis zur Landschaftskunst, von mauerumgrenzten intimen Gartenräumen bis zu den in weite Auenlandschaften einmündenden Naturräumen an Mulde, Elbe und Unstrut werden Auge und Gefühl eingefangen mit Schönheit und Vielfalt, Natur und Kultur.
Lassen Sie sich verzaubern durch das, was Menschenhand in der Geschichte und für die Zukunft, aber immer mit dem Impetus des Schönen und Wahren imstande ist zu schaffen. Sachsen-Anhalt hat mit den Gartenträumen ein landesweites touristisches Projekt initiiert, wo geforscht und gestaltet, saniert und gefördert, aber auch von Anfang an gefeiert und sich erholt wird. Kommen Sie mit diesem Buch auf eine neuartige grüne Reise voller Gärten und Träume.

Magdeburg vivat, floreat, crescat

(ES LEBE, ES BLÜHE, ES WACHSE)

ECKHART W. PETERS

Magdeburg ist mehrfach zerstört worden: durch Brände, durch den Dreißigjährigen Krieg, durch Napoleon und durch den Zweiten Weltkrieg. Das Leid ist vielfach beschrieben worden, durch M. Seth-Henrico Calvisio, Friedrich Wilhelm Hoffmann, Wilhelm Raabe, Werner Lahne, Rudi Hartwig, Manfred Wille u.a. In all den Jahrhunderten wurden die Katastrophen von den Magdeburgern überwunden. Auch das ist vielfach beschrieben worden. Nicht vergessen ist die Königin Luise von Preußen, die 1806 in Tilsit bei den Friedensverhandlungen mit Kaiser Napoleon versuchte, Magdeburg bei Preußen zu belassen.

Noch präsent sind das gelassene Alltagsgebaren der Berliner im Café Kranzler zur Ermordung des österreichischen Kronprinzen in Serbien, die vielen jubelnden Freiwilligen, die einen schnellen Sieg wie 1870/71 zu erringen glaubten, und die ersten laufenden Bilder von der Kriegserklärung 1914. Der durch das Wilhelminische verklärte Blick trieb sogar den über 40jährigen Hermann Löns als Freiwilligen in den Ersten Weltkrieg und in den Tod. Mit glorifizierenden Gesten sowie Bildern – und dazu gehört zum Beispiel die Postkarte mit dem Adler, der dem Verletzten in Verdun das Eiserne Kreuz aus dem strahlenden Berlin bringt – wurden auch die Magdeburger für den Krieg begeistert, jedoch lassen die Berichte von Eduard Simon über das 4. Magdeburger Infanterie-Regiment in den Erinnerungsblättern Deutscher Regimenter (Berlin 1927) zum ersten Giftgaskrieg der Geschichte eine grausame Interpretation zu.

Hat der Wiederaufbau Magdeburgs nach dem Dreißigjährigen Krieg bald hundert Jahre gedauert – es waren von den einst 30 000 Einwohnern nach der Zerstörung Magdeburgs 1631 nur noch 500 in der Stadt verblieben –, so ist auch heute der Wiederaufbau Magdeburgs nach den Zerstörungen des Zweiten Weltkrieges nicht abgeschlossen.

Heute erinnert die Ausstellung im Kloster Unser Lieben Frauen mit der letzten großen Plastik von Gerhard Marcks „Prometheus und der Adler" (mit einer Selbstdarstellung von 1981) an das Leiden der Menschen. Seine an die griechischen Vorbilder erinnernde Plastik seines 1943 gefallenen Sohnes zeigt das Leid, das die Eltern über ihre gefallenen Kinder empfinden. Magdeburgs Innenstadt war durch den Zweiten Weltkrieg fast vollständig zerstört worden. Unendliche Trümmerlandschaften entstanden innerhalb einer Nacht.

Kaum war das Trauma des Nationalsozialismus beendet, begann 1945 die Neuorganisation und der Wiederaufbau der Stadt für die Abertausenden von Obdachlosen. Neue Verwaltungsstrukturen wurden geschaffen und städtebauliche Wettbewerbe durchgeführt. Die Ergebnisse präsentierte man in Ausstellungen dem „Neuen Bürger" Magdeburgs – von den

O weh! was für ein Schreck befällt meine Seele,
Wenn an dein Schicksal ich, o Magdeburg, gedenck,
Ich seh dich schon im Geist als eine Marter-Höhle,
Wenn ich den bangen Sinn auf deinen Unfall lenk.
Man wird dich jämmerlich zerreissen und verwunden,
Man droht dir grausamlich mit Schwert und Spieß den Todt,
Und hast Du Dir den Crantz als Jungfrau gleich gebunden,
So bringt ein Räuber dir doch Schaden, Angst und Noht,
Was man mit Augen sieht, das muß zu Aschen werden,
Du schönes Magdeburg wirst einem Sodom gleich.
Dein schönes Lust-Revier, der Fluß mit samt der Erden
*Umschließt der Thränen Fluht und wird für Schrecken bleich.**

*Aus dem Lateinischen übersetzte Vorhersage zur Zerstörung Magdeburgs des Poeten Petrus Lotichius (gestorben 1560 in Heidelberg) aus: M. Seth-Henrico Calvisio, Das zerstörte und wiederaufgerichtete Magdeburg, Magdeburg 1727, S. 3–4

Postkarte aus dem Ersten Weltkrieg

ursprünglich 340 000 Einwohnern waren bei Kriegsende noch 90 000 in der Stadt. Innerhalb eines Jahres überquerten über 600 000 Flüchtlinge die Notbrükken der Elbe. Viele blieben, so daß 1946 schon 230 000 Menschen wieder in der Stadt lebten.
Kurz nach Kriegsende wurden die ersten Wettbewerbe zum Wiederaufbau durchgeführt, den ersten Bebauungsplan und einen Neuaufbauplan erstellte man schon 1946 unter Leitung des Oberbürgermeisters Rudolf Eberhard. Die Ausstellung „Magdeburg lebt" zeigte die städtebaulichen Möglichkeiten auf.

Die Magdeburger wollen nicht auf den „Trümmern ihrer Stadt klagen, sie haben den festen Willen, ihre Heimatstadt neu zu bauen".
(aus: Ein Jahr Aufbauarbeit in Magdeburg. Magistrat der Stadt Magdeburg, 1946)

Die Geschichte der Landeshauptstadt Magdeburg – der Wiederaufbau – ist ähnlich der Geschichte vieler europäischer Städte. So ist 1952 für Magdeburg in Verbindung mit einem Volkswirtschaftsplan ein Aufbauplan unter Mithilfe aller Bevölkerungskreise aufgestellt und von der Stadtverordnetenversammlung politisch beschlossen worden:
Wir wollen aber, unter Mithilfe der gesamten Bevölkerung Magdeburgs, noch mehr, schneller und besser aufbauen! In Betriebs- und Einwohnerversammlungen wurden Verpflichtungen von der Bevölkerung übernommen, 100 000 cbm Trümmerschutt durch freiwillige Mitarbeit zu beseitigen. Aus den dadurch eingesparten Mitteln sollen zusätzlich neue, schöne Wohnungen und Jugendheime gebaut werden …
In den fünfziger Jahren halfen alle – Kinder und Frauen, Jung und Alt, Werktätige und Rentner, Vertriebene und Heimkehrer –, die Trümmer der Stadt zu beseitigen. Der Wiederaufbau begann, und unzählige Zeugnisse belegen, was die Magdeburger in dieser Zeit geleistet haben – einerseits die Verpflichtung gegenüber der Sowjetunion und andererseits die Wiederbelebung des städtischen Organismus.

Prometheus und der Adler, Selbstbildnis von Gerhard Marcks

Magdeburgs Altstadt nach der Zerstörung 1945

Das Genossenschaftswesen, aus der Wohnungsnot geboren, hat in Magdeburg eine über hundertjährige Tradition, und viele in sich geschlossene Siedlungen aus unterschiedlichen Zeiten sind noch vorhanden. Es ist nicht verwunderlich, daß beim Neuaufbau der Stadt die Genossenschaften und die neugegründeten Wohnungsbaukombinate eine wesentliche Rolle spielten.

Heute sind in der Innenstadt Magdeburgs noch immer Zeichen von der fast totalen Zerstörung zu finden. Die Spuren sind deutlich nachvollziehbar, die wiederverwendeten Bauteile, jedes Öffnen der Erde, jede Baugrube in der Innenstadt lassen einen Blick in die dramatische Geschichte zu. Welche Schicksale sind mit den unterirdischen Trümmern verbunden, welche Leiden hat der Zweite Weltkrieg ausgelöst und welches Unheil das deutsche Volk zur Zeit des „Tausendjährigen Reiches" angerichtet!

Der Organismus Stadt ist nicht allein durch die Architektur und den Stadtgrundriß bestimmt, sondern die Geschichte und der Mensch stehen im Mittelpunkt, das Zusammenspiel aller sozialer und politischen Kräfte bestimmen die Vitalität der Stadt oder vielmehr der Wille des Menschen gibt die Kraft. Heute nehmen die Genossenschaften und die Wohnungsbaugesellschaft bei der Modernisierung wieder eine führende Rolle ein.

Der Wiederaufbau der heutigen Landeshauptstadt ist nicht zu trennen von der Geschichte der DDR. Erklärtes Ziel war es, Magdeburg als sozialistische Großstadt mit dem Schwerpunkt Maschinenbau zu entwickeln. Die damit verbundenen gewaltigen Aufbauleistungen waren nur durch die Energie der Magdeburger möglich. Die Stadt wurde aufgeräumt, Großsiedlungskomplexe und Wohnungen entstanden. Ziel der DDR war es, jedem Magdeburger bis zum Jahrtausendende eine Neubauwohnung mit Zentralheizung zur Verfügung zu stellen, das heißt im Umkehrschluß, die Altbauwohnungen mit Ofenheizung und Toiletten auf halber Etage oder auf dem Hof verfielen, wurden gesperrt oder die Häuser abgerissen. Trotz des gewaltigen Arbeitseinsatzes über Jahrzehnte war der Aufbau Magdeburgs 1990 nicht abgeschlossen. Die technische Infrastruktur blieb desolat, viele Straßen und alte Wohnviertel waren dem Zerfall nahe. Die Stadt als Organismus bildete kein harmonisches Ganzes mehr.

Die städtebaulichen Leitbilder nach dem Zweiten Weltkrieg (siehe auch die 16 Grundsätze zum Wiederaufbau der Städte in der DDR) und das Verlassen der historischen Stadtgrundrisse, der oftmals fehlende Erwerb der Grundstücke haben jedoch Probleme neu geschaffen, die heute eine fast nicht zu überwindende Hürde darstellen.

Die Wiedervereinigung hat diesen Konflikt nicht gelöst, der heute immer wieder wie mit einem unsichtbaren Netz den Aufschwung der ehemals zerstörten Innenstädte zu Boden zieht. So wie im Untergrund die Mauern der Häuser, die Keller noch existieren, so sind in den Grundbüchern noch die rechtlichen Ei-

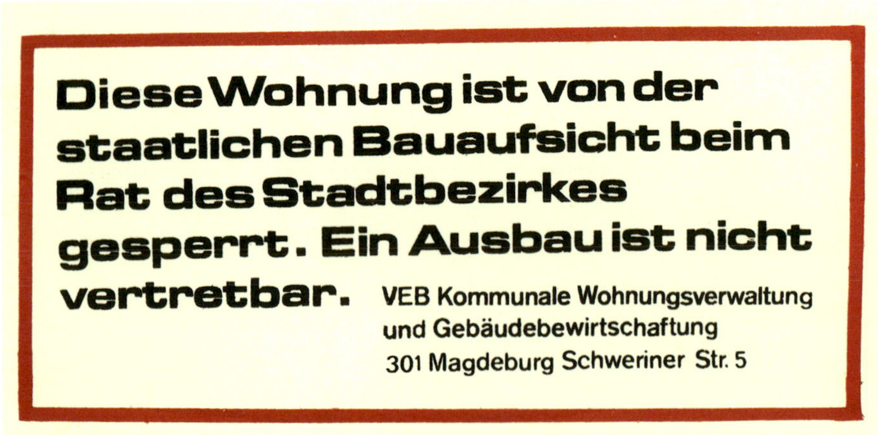

gentümer aus der Zeit vor der Zerstörung der Stadt vorhanden und bei vielen Magdeburgern noch die Bilder des alten Magdeburgs im Kopf – mit der gründerzeitlichen „Augustastraße“ (Hegelstraße) und der schönsten Barockstraße Deutschlands, dem „Breiten Weg“.

Die ungeklärten Eigentumsverhältnisse sind ein Hemmschuh besonderen Ausmaßes. Oftmals handelt es sich nicht um einen Altanspruchsteller, sondern um ganze Erbengemeinschaften, die manchmal weltweit gestreut, im Streit untereinander oder gar nicht erkannt handeln: ein unsichtbares Gitter von rechtlichen Ansprüchen, von ungeteilten Hofgrundstücken, vermessenen Parzellen, das jede erhoffte und gewünschte dynamische Entwicklung der Stadt lähmt. Das heutige Magdeburg gehört nicht mehr den Bürgern der Stadt. Es ist nicht nur bundesweit, sondern weltweit vergeben – an Chinesen, Japaner, Amerikaner, alles in Anlagefonds aus rein steuerlichen Gründen.

Diese Wohnung ist von der staatlichen Bauaufsicht beim Rat des Stadtbezirkes gesperrt. Ein Ausbau ist nicht vertretbar.
VEB Kommunale Wohnungsverwaltung und Gebäudebewirtschaftung
301 Magdeburg Schweriner Str. 5

Die rechtliche Prüfung, das notwendige Verwaltungshandeln bis hin zur Zuordnung und Aufteilung, zur Vermessung und „neuen“ Besitzeinweisung, nehmen Zeiten in Anspruch, die auf wenig Verständnis bei der Bevölkerung stoßen, zumal oft die komplexen Zusammenhänge nicht bekannt sind. Zum Beispiel hat es am Bahnhofsvorplatz beim *City-Carré* über 150 und am Zentralen Platz beim *Allee-Center* über 250 Alteigentümeransprüche gegeben, die in einem rechtlich einwandfreien Investitionsvorrangverfahren überwunden und geeint werden mußten.

Der Ankauf auf freiwilliger Basis und das Zusammenführen oft unterschiedlicher Interessen sind bei den bestehenden rechtlichen Verhältnissen in der Innenstadt bisher immer gescheitert. Ganz anders ist die Entwicklung in den Vorstädten Neue Neustadt und Sudenburg oder im Stadtfeld. Hier war die Zerstörung nicht so groß, hier sind nach wie vor geklärte Eigentumsverhältnisse, die eine kurzfristige Entwicklung ermöglichen.

Die gründerzeitliche Architektur strahlt heute im neuen Glanz und erfreut sich bei den Magdeburgern großer Beliebtheit. Somit erweitert sich das Spannungsfeld zwischen der teilweisen Blockierung in der Innenstadt und den Planungen am Stadtrand auch auf die positiv dynamische Entwicklung der Vorstädte.

Heute hat die Landeshauptstadt mit vereinten Kräften die wesentlichen Spuren der Kriegszerstörung beseitigt, hat mit der Verdichtung vielfältiger Nutzungen begonnen, investiert im hohen Maße in die technische Infrastruktur und modernisiert die in Plattenbauweise errichteten Großwohnsiedlungen. Die jetzt in Angriff genommenen Maßnahmen an der Leiterstraße, der Buttergasse und im Nordabschnitt Breiter Weg führen zur Attraktivitätssteigerung der Innenstadt.

Jedoch viele Magdeburger weinten, als 1998 ein Plattenbau am Breiten Weg zugunsten eines Neubaus gesprengt wurde und in Bruchteilen von Sekunden in sich zusammenstürzte – das war auch bei der Spren-

PANORAMA DER ALTSTADT VON DER ZOLLSTRASSE GESEHEN (1914). K. R. SCHULZ

gung des Gasometers in der Großgaserei in Rothensee, beim Abriß des Interhotels, des Wilhelmsbades und des Appartementhauses am Domplatz so.
Trotz unterschiedlicher Reaktionen in der Bevölkerung auf die neue Architektursprache Magdeburgs – der Wiederaufbau ist gelungen und auch zeitgemäß. In den vergangenen Jahren entstand eine neue Urbanität in Magdeburgs Mitte, geprägt von der Gegenwart und Magnet für die Region.
Für eine kurze Erholungsphase vom Einkaufsbummel bieten die Cafés am Ulrichshaus beste Möglichkeiten. Umgeben vom bunten Treiben im Zentrum Magdeburgs kann man in aller Ruhe entspannen, den Blick über den im Stil der Zeit gekleideten Magdeburger gleiten lassen und vielleicht die neugestaltete Grünfläche mit der Baum- und Blütenpracht bewundern. Das Rauschen des Springbrunnens läßt den „Kaufstreß" für einige Zeit vergessen, um dann die Orientierung auf weitere Vorhaben in der Innenstadt wiederzufinden. Auch am Abend ist der Ulrichsplatz zentraler Treffpunkt für lustige, unterhaltsame und auch gemütliche Stunden mit Freunden – manchmal etwas laut für die Anwohner, aber das gehört auch zur neuen Urbanität Magdeburgs.
Mit der Fertigstellung des Allee-Centers wurde das Stadtbild als einheitliches, betrachtungswürdiges Ganzes gefaßt. Es ist ein Genuß, neben den modernen architektonischen Bauten den Blick über das Elbufer bis hin zum naturbezogenen Rotehornpark schweifen zu lassen.
Die BUGA 99 hat ein bundesweites Zeichen mit beeindruckenden Höhepunkten gesetzt, und der Elbauenpark belebt mit dem Sport- und Freizeitzentrum, dem *NEMO* sowie den Messehallen „Ostelbien" neu. Das „Grüne Magdeburg" mit den vielen neuen Bäumen – Platanen und Linden – hat sich am Zentralen Platz halten können. Nicht nur, weil die Stadt über 20 Parkanlagen verfügt, sondern auch neue Grünzonen entstanden, an der Großen Klosterstraße, in Buckau und am Petriförder, die bis an die Elbe heranführen und mitunter durch kunstvolle Skulpturen einen außergewöhnlichen Blickfang darstellen.
Magdeburg ist auch heute noch Heimat der Sammlung von Kleinplastiken aus den letzten fünfzig Jahren. Die Kunst im öffentlichen Raum gewinnt nach einer Atempause 1990 wieder an Boden. Eine besondere Bedeutung besitzt der Bahnhofsvorplatz, der durch Platanen mit ergänzenden Blumenkübeln gekennzeichnet ist. Dieser Platz wird im wesentlichen durch die Plastik von Timm Ulrichs bestimmt – eine Erdachse im Maßstab 1:1 000 000. Die Achse aus schwarzem Granit ragt rund sechs Meter über den Platz mit einem Durchmesser von 50 Zentimetern. Eine Scheibe aus rotem Granit bildet die „Äquator-Ebene", die einmal am Tag um die eigene Achse ro-

tiert und zugleich das Zifferblatt einer Uhr ist. Durch eine Glasscheibe dringt die Erdachse für den Betrachter sichtbar in das Erdinnere. Mit dieser monumentalen Plastik wird ein ortsspezifischer Bezugspunkt für Magdeburg geschaffen und eine globale Standortbestimmung vorgenommen. Mit den Granitnegativformen der Plastik „Erdachse M. 1:1 000 000" wird eine begehbare Freiraumgestaltung an der Elbe geschaffen. War früher fast jedes Gebäude mit einer künstlerischen Gestaltung geschmückt, so spielt heute bis auf wenige Beispiele die „Kunst am Bau" keine Rolle mehr.
Die Baugruben neuer Projekte wie „Hundertwasserhaus", Tiefgarage am Friedensplatz, das Gebäude der Nord-LB und jede weitere Baustelle lassen einen Blick in die Geschichte Magdeburgs zu. Mauern, Keller, Treppen, Brunnen, Hausratsgegenstände, verkohltes Holz und gebrannter Putz, alte Schriften an den Wänden und immer wieder Schutt zeugen vom Schicksal der Stadt. Unter den großen Neubauten der Innenstadt ruht noch immer die Altstadt: *„Daß Mägdlein ist nicht todt, sondern es schläfft."*
All das läßt ahnen, wie vielfältig, urban und dicht die Bebauung war. Altstädte mit ihrer facettenreichen Gestalt können heute noch Leitbild für das zukünftige Stadtbild sein – nicht nur in Leipzig und Dresden, sondern auch in Magdeburg. Es waren kleine Plätze mit Brunnen und Treppen, eine Vielzahl von Läden über die ganze Stadt verteilt, Werkstätten, Handwerksbetriebe, aber auch Pferdeställe, Garagen, Badeanstalten, Kürschner, Goldschmiede, Knochenhauer. Die Straßennamen geben noch heute Auskunft über die Zünfte in bestimmten Vierteln.

Hegelstraße, südliches Stadtzentrum

Die Bauakten des Stadtarchivs, die historischen Stadtpläne bieten detaillierte Einblicke in die Vielfalt der Räume und Bauten, engen Gassen, kleinen Schluppen, breiten Wege, Plätze. Nichts war rechteckig und einheitlich, ob im Grundriß, in den Parzellen oder Ansichten. Grundsätzlich befanden sich in den Vorderhäusern im Erdgeschoß Läden, dahinter Werkstätten, dann der Innenhof als negative Form weiterer Nebengebäude in agglutinierender (anleimender) Bauweise über Jahrhunderte entstanden. Kein Haus, kein Hof, kein Grundstück glich dem anderen.

Magdeburgs Altstadt liegt am Prallufer der Elbe an einer Furt (ursprünglich am Domfelsen), folglich gibt es Höhenversprünge, manchmal blanke Felsen, davor Überschwemmungsbereiche, die nicht statisch sind. Hier lagen Gärten außerhalb der Stadtmauer, die oft nicht nur Privatbesitzern, sondern der Kirche und dem Kloster gehörten. Die Elbe verlagerte mehrfach ihren Lauf im Elbeurstromtal und gräbt sich noch heute jährlich rund einen Zentimeter tiefer ins Erdreich. So entstand über Jahrtausende das Elbeurstromtal mit unterschiedlichen Flußbereichen, Altarmen und verlandeten Flußarmen.

Der „Historische Stadtrundgang“ zeigt die Spuren der Altstadt auf. Eine Besonderheit einst wie heute ist die Lage der Kirchen, die zusammen mit der Stadtmauer und den Befestigungstürmen und besonders mit dem Dom die Stadt krönen. Die Kirchplätze und die Kirchen selbst dürfen in der Enge der Stadt nicht vergessen werden, nicht nur, weil ein Teil von ihnen erhalten blieb (Wallonerkirche St. Augustin, St. Petrikirche, Magdalenenkapelle, Pfarr- und Ratskirche St. Johannis, Kloster Unser Lieben Frauen, Dom St. Mauritius u. St. Katharina und St.-Gertrauden-Kirche), sondern weil beim Neubau einige alte Kirchen auch wieder freigelegt wurden, z. B. beim Roncallihaus (Templer-Kapelle) und beim Hundertwasser-Neubau (Nikolaikirche) und der Baustelle Nord-LB (romanisches *opus piscatum*).

Die Magdeburger Kirchen sind mit dem Chor nach Osten zur Elbe orientiert, oft mit dem Westwerk eingebaut in Straßenzüge, beispielsweise die Petrikirche, die Katharinenkirche, die Heiliggeistkirche, das Kloster Unser Lieben Frauen. Nur wenige stehen fast frei auf einem schiefwinkligen Kirchplatz, der oftmals auch Friedhof war. Die Kirchplätze sind eng bebaut, viel zu klein und wiederum keiner bestimmten Form folgend, sondern die Negativform zu den platzbegleitenden Straßen und Bauten.

In den letzten Jahren wurde das von Christian Farenholtz entwickelte „Beleuchtungskonzept Elbufer Magdeburg“ (1996) schrittweise realisiert. Immer mehr Gebäude und Objekte werden angestrahlt und beleben auch im Dunkeln das Stadtbild. Der im Jahre 1999 eingerichtete „Kulturlandschaftliche Erlebnispfad Elbaue“ zeigt die Besonderheit der Elbauen und Ostelbiens auf. Das Kuratorium zur 1200-Jahr-Feier (im Jahre 2005) hat mit der Bronzeplastik der 1964 gesprengten Katharinenkirche ein Zeichen gesetzt. Folgende Kirchen sind nach dem Zweiten Weltkrieg trotz der Proteste vieler Magdeburger durch Beschluß der DDR-Regierung gesprengt worden: Pfarrkirche St. Katharina, Heilig-Geist-Kirche, Pfarrkirche St. Ulrich und Levin, Pfarrkirche Sankt Jacobi.

Ein „Kulturhistorischer Pfad“ sollte den Blick in das Erdinnere – in das Schicksal der Stadt – öffnen, um das Bewußtsein für die prozessuale Entwicklung der Stadt zu stärken. Dazu gehört auch die Geschichte des Festungsringes um Magdeburg, die im Projekt „Grüner Ring“ qualifiziert wird. Die Dokumentation über Magdeburg als stärkste Festung Preußens erfolgt zurzeit. Wer weiß heute noch, wo die Festungsanlagen, Kasernen, das Glacis und auch die alten Stadttore gelegen haben?

Das Gelände der BUGA 99, Elbauenpark

Bei allen wesentlichen Neubauten der vergangenen Jahre in der Altstadt sind begleitend archäologische Untersuchungen durchgeführt worden (Ulrichshaus, Allee-Center, Friedensplatz, Hundertwasserhaus und Neubau Nord-LB). Immer wieder tauchen die Spuren der mittelalterlichen Besiedlung auf, und nur selten gelingt es, Teile davon in die Neubauten zu integrieren (s. Heft 91, Domplatz, LH MD).
Verschwunden ist das „Knattergebirge" und aufgefüllt der gesamte Elbuferbereich an der Altstadt. Der Katzensprung an der Buttergasse – eine Straße so breit, daß eine Katze von Dach zu Dach darüber springen konnte – muß belebt werden. Heute braucht die Stadt auch wieder mehr Kleinteiligkeit, Vielfältigkeit, Dichte und Architektur, um urbanes Leben zu erwecken. Bestimmte Bereiche wie an der St. Sebastianskirche, an der Petrikirche, an der St. Johanniskirche, an der Regierungsstraße, an der Bärstraße, an der Großen Klosterstraße, am Reichsbahndirektionsgebäude, die Stadtkante mit Resten der alten Stadtmauer und die Stadtkrone müssen stärker betont werden. Und natürlich muß Magdeburg wieder auf ganzer Länge an den Fluß heranwachsen, nicht nur mit Bebauung, sondern mit unterschiedlichen Funktionen (Freizeit, Sport und Genießen, Wohnen und Entspannen, Tourismus und Schnuppern) – zu jeder Jahreszeit.

Magdeburg ist ohne die Landesregierung nicht mehr vorstellbar und gewinnt als Landeshauptstadt zunehmend an Profil. Die Regierungsgebäude am Domplatz, die Tessenowkaserne und die weiteren modernisierten und neuen Gebäude der Ministerien in Ostelbien sind aus dem Stadtbild nicht mehr wegzudenken. Neben der verwaltenden und politischen Funktion nimmt die Präsenz der Mitarbeiter der Landesregierung im täglichen Leben zu und stärkt die Stadt auch als wirtschaftlichen und gesellschaftlichen Mittelpunkt der Region.
Die weltoffene Otto-von-Guericke-Universität und die angegliederten Institutionen gewinnen mit jedem Semester, mit jedem Forschungsergebnis und mit jedem Neubau. Die Realisierung des Masterplanes der Universität wird sicherlich noch Jahrzehnte in Anspruch nehmen, jedoch muß es nach wie vor Ziel sein, daß die Stadt mit der Universität geistig zusammenwächst, daß die Professoren und Studenten Magdeburg beleben und verjüngen. Dieses Ziel trifft auch auf die Fachhochschule an der Breitscheidstraße zu.
Die Magdeburger müssen ihre Stadt in Besitz nehmen, sie muß ihnen gehören – nicht nur materiell, sondern auch im Selbstwertgefühl. Das von der Stadt neu geschaffene Programm des kommunalen Baulandes, aber gerade die vielen sportlichen und kulturel-

„Magdeburg, mein Standort, wird oft von solchen, die es nicht kennen, unterschätzt. Es ist eine schöne alte Stadt, deren ‚Breiter Weg' und deren ehrwürdiger Dom als Sehenswürdigkeiten gelten müssen. Seit der Schleifung der Festung sind über deren Grenzen hinaus ansehnliche, allen modernen Anforderungen entsprechende Vorstädte entstanden. Was der nächsten Umgebung Magdeburgs an Naturschönheiten versagt ist, hat man durch weitausgedehnte Parkanlagen zu ersetzen gewußt ..."
(Paul von Hindenburg: Aus meinem Leben, 1920)

Santana live in der Stadthalle, 1998

len Höhepunkte in der Bördelandhalle (u. a. mit Boris Becker und Sven Ottke) sind ein wesentlicher Beitrag dazu. Nicht nur Ete Rademacher und Täve Schur sind ein Teil Magdeburgs, sondern auch Thomas Emmrich, Dagmar Haase, André Wilms, Raymond Hecht, Kathrin Neimke, Antje Buschschulte, Grit Breuer und Stefan Kretschmar – um nur ganz wenige zu nennen.

Weltstars in der Stadthalle, die Rocknacht im Maritim oder die Open Airs im Herrenkrug-Park sind Höhepunkte, die die Stadt l(i)ebenswert gestalten.

Natürlich leisten das Theater der Landeshauptstadt, das Poetenpack und die Sommerspektakel der Kammerspiele ihren Beitrag zum Selbstwert der Magdeburger, gleich ob die „Siegfriedsage“, die „Pariser Hochzeit“ oder „Kartoffel, Rübe und Zichorie“ gespielt werden.

Eine Stadt lebt nicht nur in ihrer Architektursprache, sondern zu ihrem Organismus gehören auch die politischen Kräfte, die Fraktionen, der Stadtrat, die Bürgermeister und die vielen Verbände, Vereine, Freundes- und Arbeitskreise mit unterschiedlichstem Inhalt, die das Leben in Magdeburg bestimmen.

Im Jahr 2000 ist es auch in Magdeburg erlaubt, Bilanz zu ziehen, zu schauen in die Altstadt, das gründerzeitliche südliche Stadtzentrum, die einzelnen Stadtquartiere, die Siedlungen der zwanziger Jahre, die Großwohnsiedlungen, die Vorstädte sowie in die Dörfer Rothensee, Olvenstedt, Diesdorf, Ottersleben, Lemsdorf, Randau, Pechau, Prester, Cracau, Beyendorf und die Alte (und Neue) Neustadt, Sudenburg und Bukkau. Es gibt keinen Bereich in Magdeburg, in dem nicht wesentliche Neuerungen durchgeführt worden sind. Und doch sind weitere Maßnahmen zwingend erforderlich.

Die Entwicklungsmaßnahme Rothensee, die Dorferneuerungen Pechau, Randau, Calenberge, Beyendorf, das Sanierungsgebiet Buckau und die Neugestaltung der Angersiedlung, das Erhaltungssatzungsgebiet Südliches Stadtzentrum, das Programm Stadtumbau Ost, die BUGA 99, das URBAN-Projekt Cracau, URBAN 21, die Straße der Romanik, das Blaue Band, Gartenträume und der Grüne Ring sind Maßnahmen, die in die Zukunft weisen, die optimistisch stimmen.

Der Lebensraum Magdeburg ist nicht nur von den Menschen bestimmt, sondern auch von Boden, Wasser, Luft und Klima. Fauna und Flora kennzeichnen den Lebensraum an der Elbe – hier gibt es Elbbiber, Elbwiesen und natürlich die Auenwälder mit den mächtigen Eichen. Am 1. Februar 2000 zogen vom Westen kommend 2100 Graugänse mit tosendem Geschnatter über den Kroatenberg Richtung Südosten in den Elbraum, im Winter nutzen Tausende von Saatkrähen die Stadt mit ihren Gärten und Zivilisationsabfällen als Nahrungsbiotop.

Die Magdeburger können auf ihre Stadt heute stolz sein, auch wenn sie noch nicht perfekt ist. Erhebliche Aufgaben, wirtschaftliche Neuorganisationen und wesentliche strukturelle Veränderungen liegen noch vor ihnen. Aber es ist sicher, daß die Magdeburger die Aufgaben der Zukunft lösen.

Literaturhinweise:

Asmus, Helmut: Geschichte der Stadt Magdeburg. Berlin, 1975.

Calvisio, M. Seth-Henrico: Das zerstörte und wieder aufgerichtete Magdeburg. Magdeburg, 1727.

Eberhard, Rudolf: Ein Jahr Aufbauarbeit in Magdeburg. Magdeburg, 1946.

Hartwig, Rudi; Wille, Manfred: Magdeburg im Feuersturm. Magdeburg, 1985.

Hoffmann, Friedrich W.: Geschichte der Stadt Magdeburg. Magdeburg, 1885.

Lahne, Werner: Magdeburgs Zerstörung in der zeitgenössischen Publizistik. In: Gedenkschrift des Magdeburger Geschichtsvereins zum 10. Mai 1631. Magdeburg, 1931.

Mai, Bernhard: Festungsanlagen. Magdeburg, 1999.

Peters, Eckhart/Stadtplanungsamt: Magdeburgs Innenstadt lebt. Heft 70, Magdeburg, 1998; Domplatz, Heft 91, Magdeburg, 2003.

Puhle, Matthias: „Dann färbte sich der Himmel blutrot ...“, Magdeburg, 1995.

Puhle, Matthias: „gantz verheeret.“, Magdeburg, 1998.

Raabe, Wilhelm: Unseres Herrgotts Kanzlei. Magdeburg, 1889.

rechts: Schiffshebewerk Rothensee

Seite 744: Auf dem Mittellandkanal

GÜN TER
MINDEN MINDEN

„… der weitgereiste Elbstrom, dem man hier, wo er von Schiffen, Mühlen und inselgleichen Holzflößen gedrückt, seine Wassermassen majestätisch vorbeiführt, die paar Wasserstrahlen nicht mehr ansieht, in welchen er den hohen Elbfall des Riesengebirges hinabstürzt …“

(Die Stadt Magdeburg im Vergleich zu anderen Städten, 1801)

MAGDEBURG

Architektur und Städtebau

392 Seiten
über 600 meist farbige Abbildungen
Broschur
13,5 x 25 cm
16,80 €
ISBN 3-929330-33-4

Im ersten Architekturführer Magdeburgs werden bedeutende Gebäude, städtebauliche Anlagen, Grünflächen und Verkehrsbauten vorgestellt. Aus der Vielzahl beachtenswerter Objekte wurde eine Auswahl von 342 Beispielen aus allen baugeschichtlichen Epochen getroffen. Hierbei standen die historische und die städtebauliche Bedeutung, die zeittypische oder auch einmalige Architektur sowie die stadtbildprägende oder soziale Wertigkeit der Objekte im Vordergrund.
Der Aufbau des Buches richtet sich nach den Stadtteilen Magdeburgs. Jedem Stadtteil wird ein Kartenausschnitt vorangestellt, in dem markierte Objekte die Orientierung erleichtern. Dem schnellen Auffinden bestimmter Informationen dienen die im Anhang aufgeführten Personen-, Baunutzungs- und Straßenregister sowie ein historisches Register.

„... ist sehr naturbezogen und trägt seinen Haupttitel 'Wunder der Elbe' völlig zurecht ... Dörfler ist, schlicht und einfach gesagt, für die Elbe rundum kompetent."
(Mitteldeutsche Zeitung)

„Leidenschaftliches Plädoyer"
(Grünstift)

Ernst Paul Dörfler

Wunder der Elbe

Biografie eines Flusses

120 Seiten
140 farbige Abbildungen
gebunden
24 x 22 cm
14,80 €
ISBN 3-932863-40-2
3. Auflage

Während Rhein, Main, Mosel und Saar längst kanalisiert und zu Wasserstraßen verbaut sind, darf die Elbe über 600 Kilometer Länge noch frei fließen.
Ihre einladenden Sandstrände machen sie zur eigentlichen Perle unter den deutschen Flüssen. Die Elbauen erleben noch den steten Wechsel von Hoch- und Niedrigwasser. Hier wurzeln die größten Auenwälder Mitteleuropas. War in anderen Gebieten der Biber ausgestorben, konnte das Nagetier an der Mittleren Elbe überleben. Nirgendwo in Deutschland klappern noch so viele Störche wie zu beiden Seiten dieses Flusslaufes. Seit dem Fall der Mauer verbesserte sich die Wasserqualität fast über Nacht. Nun sind auch die ersten Lachse wieder da.
Faszination Elbe – hundertstimmig, facettenreich. Ein Natur- und Lebensraum, der durch den Ausbau zur „modernen" Wasserstraße auf immer verloren wäre. Doch vielleicht beginnt gerade hier ein zukunftsfähiger Umgang mit Flüssen – wegweisend für Deutschland und Europa.

Ulrich Wüst
MORGENSTRASSE

Magdeburg 1998–2000

mit Texten von Matthias Flügge, Annett Gröschner und Uwe Jens Gellner

104 Seiten
88 Duoton-Fotografien
gebunden, Schutzumschlag
29,5 x 24 cm
22,80 €
ISBN 3-932863-67-4

Ulrich Wüsts Fotografien von Magdeburg verhandeln die Begegnung mit städtischen Räumen, die sein Generalthema ist, auf einer neuen Ebene. In seiner Arbeit über Berlin-Mitte hatte er die Veränderung fotografiert, den Zusammenprall von kriegsversehrten Relikten der Gründerzeit und denen der DDR-Moderne mit der neuen Schamlosigkeit der Investorenarchitektur.
Berlin ist der Ort, an dem der Fotograf seit Jahren wohnt, Magdeburg ist seine Geburtsstadt: das Fremdgewordene, das es wiederzuentdecken gilt. Wohl deshalb sind die Bilder jetzt radikaler und melancholischer zugleich. Der Blick ist schonungslos, die Anstrengung zur Form voll kühler Routine. Aber diese Bilder sind mehr als Bestandsaufnahmen der Un-Gestalt. Im Vergleich zu früher leisten sie sich häufiger erzählerische Metaphern, die sich durch Begegnungen disparater Gegenstände und Bedeutungen im Betrachter herstellen. Ulrich Wüst muss diese Konstellationen nicht absichtsvoll bemühen, sie ergeben sich aus den Strukturen seines Sehens, aus seiner ganz eigenen Form der Aufmerksamkeit.

Ingelore Buchholz
Magdeburg
Der Stadtführer

48 Seiten
12 x 17 cm
3,50 €
ISBN 3-932863-84-4

Magdeburg
Neu fotografiert
Buch mit 16 Postkarten

10,5 x 14,8 cm
5,00 €
ISBN 3-932863-11-9

„Der Deutschen Dreyßig-Jähriger Krieg“

Sagenhaftes aus Sachsen-Anhalt gesammelt und nacherzählt von Manfred Köppe

176 Seiten
gebunden, Schutzumschlag
12,5 x 21 cm
12,80 €
ISBN 3-929330-32-6

Vieles erinnert noch heute an den Dreißigjährigen Krieg. Das seit Jahrhunderten unerhörte Maß an Greueln, Barbarei, Angst, Hunger, Not und Tod blieb gegenwärtig – auch dank der Sagen. Mit ihnen wird längst Vergangenes wieder lebendig.
Historische Fragestellungen erhielten eine überraschende, zumeist nachhaltige Antwort. Historisch Verbrieftes wurde ins Mythische gehoben und kehrte mit einem Wahrheitsanspruch ganz eigener Art an seinen Ursprung zurück.
So sind die Sagen letztlich ein Stück öffentlichen Gebrauchs von Historie.
Diese Sammlung, thematisch eng im Zeitrahmen, aber weit in den Sagenmotiven gefasst, beschränkt sich geographisch auf Sachsen-Anhalt. Sie nahm manches auf, was bisher in keinem Sagenbuch zu finden war.

Manfred Köppe

Auch noch diese Stunde

Eine Guericke-Novelle

116 Seiten
Broschur
13 x 21 cm
12,80 €
ISBN 3-89923-045-0

„Morden ist Alltag in diesem Krieg. Und Brennen. Und Plündern. Und Peinigen und Prügeln. Das alles zusammen, und was endlich der Tod an Seelen zählte, an diesem Tage, in wenigen Stunden – das ist das unerhörte Maß.
Das Maß aller Greuel. Einer von uns hat später, sehr viel später, an der Schwelle des neuen Millenniums den Beweis geführt, Gericke! Und es war ihm dabei sehr hilfreich, was er in dieser Nacht gedacht hatte.“
Otto von Guericke, die Personifizierung des Magdeburger Neubeginns, erinnert sich aus der Kammer heraus, in der er gefänglich gehalten, in einer Nacht mit vielen Gesichtern und Geschichten. Was zu Neuem in seinem Denken führte, präpariert Manfred Köppe in dieser kunstvollen Novelle heraus.

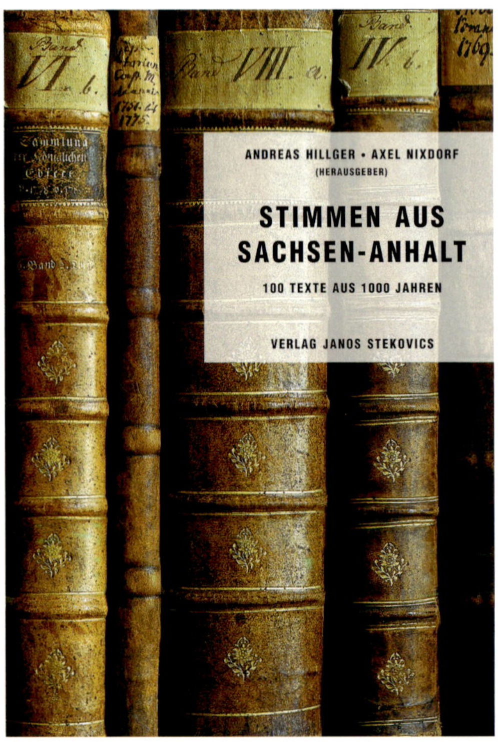

Andreas Hillger • Axel Nixdorf (Hrsg.)

Stimmen aus Sachsen-Anhalt

100 Texte aus 1000 Jahren – ein Lesebuch

352 Seiten
gebunden
17 x 24 cm
19,80 €
ISBN 3-932863-55-0

Stimmen aus Sachsen-Anhalt – fügen sich nur dann zu einem vielstimmigen und hörenswerten Chor, wenn man die Aufnahmebedingungen für ein solches Ensemble großzügig gestaltet. Denn weder die biographischen Eckdaten der Autoren noch die aktuellen politischen Koordinaten des Bundeslandes genügen allein zur Abbildung jenes geistigen Reichtums, der in der mitteldeutschen Region zwischen Arendsee und Zeitz versammelt ist. Zur Darstellung dieses Potentials scheint vielmehr eine Vermittlung zwischen vielen Komponenten nötig: Ein zugereister und auf dem Gebiet des heutigen Sachsen-Anhalt wirksam gewordener Reformpädagoge verdient das geistige Heimatrecht zum Beispiel ebenso wie ein Künstler, dessen Werk sich erst fern von seinem sachsen-anhaltischen Geburtsort entfalten konnte. Ein wissenschaftlicher Text über den Bau der ägyptischen Pyramiden kann eine ebenso wertvolle Facette zum Gesamtbild beisteuern wie etwa eine Zauberformel aus dem Althochdeutschen oder eine Abhandlung über physikalische Vakuum-Versuche. Und eine gleichberechtigte Darstellung von verschiedenen Schreibweisen liefert – insbesondere bei älteren und ältesten Zeugnissen – lesenswerte Beispiele für die literarische Entwicklung im mitteldeutschen Vaterland der Muttersprache.

Ottonis de Guericke: Experimenta Nova (ut vocantur) Magdeburgica de Vacuo Spatio

Otto von Guerickes Neue (sogenannte) Magdeburger Versuche über den leeren Raum

Herausgeber: Otto-von-Guericke-Gesellschaft e. V., Magdeburg

278 Seiten, Faksimiledruck
gebunden
21 x 29,5 cm
38,– €
ISBN 3-89923-015-9

Otto von Guericke (1602–1686) war für seine Heimatstadt Magdeburg ein Leben lang als Ratsherr in verschiedenen Funktionen tätig. Darüber hinaus wirkte er als Diplomat, Ingenieur, Erfinder, Naturforscher, Astronom und Philosoph. Bis heute sind seine Tätigkeiten von nachhaltiger Bedeutung, von der Elementarteilchenphysik mit der Diskussion der „mikroskopischen" Leere bis ins Magdeburger Stadtplanungsamt wegen seines 1632 aufgenommenen und gezeichneten Stadtplanes. Otto von Guericke schuf im von politischen und naturwissenschaftlichen Umbruchsphasen gekennzeichneten 17. Jahrhundert Bleibendes. Die Auseinandersetzung damit ist noch immer lohnend.
Im Jahre 1672 erschien Otto von Guerickes Hauptwerk in Amsterdam, die „Neuen Magdeburger Versuche über den leeren Raum". Ihre Wiederherausgabe als Faksimiledruck steht am Beginn der Neuedition seiner Gesamtausgabe. Das imponierende Werk dieses großen deutschen Universalgenies birgt Überraschendes und Verblüffendes. Die Neuherausgabe seines Werkes schließt eine Lücke.
Der Nachdruck des ersten Bandes folgt der Amsterdamer Originalausgabe einschließlich Titelblatt, Titelkupfer und Porträt und ist ergänzt um eine Chronologie zu Guerickes Werkgeschichte und einen Namensindex. Die Herausgabe des Gesamtwerkes wird fortgesetzt. Sie ist eine Fundgrube, für naturwissenschaftlich wie stadtgeschichtlich Interessierte ebenso wie für Freunde historischer Bücher.

Mitteldeutsches Jahrbuch
Band 10

464 Seiten, zahlreiche Abbildungen
19,80 €
16,5 cm x 24 cm
ISBN 3-89923-031-0
ISSN 0946-3119

Auch im zehnten Jahr seines Bestehens erforscht, schildert und problematisiert das Mitteldeutsche Jahrbuch, herausgegeben von der „Stiftung Mitteldeutscher Kulturrat", die Kultur des Geschichtsraumes zwischen Ostsee und Thüringer Wald in immer neuen Facetten. Die zeitliche Spannweite dieses Bandes erstreckt sich von der Ottonenzeit bis in die 60er Jahre des 20. Jahrhunderts, die thematische von Architektur, Musik, Film, Literatur und bildender Kunst über mentalitätsgeschichtliche Essays oder Überblicksdarstellungen zur Kloster-, Vereins- und Gartenentwicklung bis hin zu einem umfangreichen Rezensionsteil.

Danksagung

Der Verlag dankt folgenden Personen und Institutionen für ihre Ratschläge, Anregungen oder direkte Hilfe:

Herrn Peter Anger, Magdeburg
Frau Dr. Maren Ballerstedt, Magdeburg
Herrn Dr. Konrad Breitenborn, Wernigerode
Frau Dagmar Bremer, Magdeburg
Herrn Jörg-Heiko Bruns, Erfurt
Frau Ingelore Buchholz, Magdeburg
Frau Constanze Buchholz, Magdeburg
Herrn Jürgen Buchholz, Magdeburg
Herrn Norbert Doktor, Magdeburg
Frau Dr. Ursula Föllner, Magdeburg
Herrn Steffen Friedrich, Magdeburg
Herrn Prof. Dr. Andreas Geiger, Magdeburg
Frau Erika Gericke, Magdeburg
Frau Katrin Greiner M.A., Halle (Saale)
Herrn Roland Heinrich, Halle (Saale)
Herrn Prof. Dr. Norbert Heise, Magdeburg
Herrn Dr. Karlheinz Kärgling, Magdeburg
Frau Jutta Klose, Magdeburg
Herrn Manfred Köppe, Schönebeck
Frau Martina Laue, Magdeburg
Frau Dr. Saskia Luther, Magdeburg
Herrn Prof. Dr. Heiner Lück, Halle (Saale)
Herrn Gerd Peter Olschowsky, Magdeburg
Herrn Dr. Stefan Pätzold, Göttingen
Herrn Dr. Eckhart W. Peters, Magdeburg
Herrn Peter Petsch, Magdeburg
Herrn Prof. Dr. Klaus Erich Pollmann, Magdeburg
Herrn Dr. Willy Polte, Magdeburg
Herrn Hanns H. F. Schmidt, Magdeburg
Herrn Boje Schmuhl, Leitzkau
Herrn Dr. Ditmar Schneider, Magdeburg
Herrn Rainer Schulze, Magdeburg
Frau Gabriele Schuster, Magdeburg
Herrn Hans Schuster, Magdeburg
Herrn Prof. Dr. Matthias Springer, Magdeburg
Herrn Heiner Schwarzberg, Halle (Saale)
Frau Heidemarie Titz, Magdeburg
Herrn Prof. Dr. Mathias Tullner, Magdeburg
Herrn Gotthard Voß, Halle (Saale)
Herrn Hans-Jochen Wegner, Magdeburg
Frau Sabine Wenzel, Magdeburg
Herrn Martin Wiehle, Magdeburg
Frau Dr. Gisela Zander, Magdeburg

Landesheimatbund Sachsen-Anhalt e.V.
Stadtarchiv Magdeburg
Stadtplanungsamt Magdeburg
Domstiftung des Landes Sachsen-Anhalt, Leitzkau
Stiftung Schlösser, Burgen und Gärten des Landes Sachsen-Anhalt, Leitzkau
Magdeburger Museen, Magdeburg
Landesmarketing Sachsen-Anhalt GmbH
Industrie- und Handelskammer, Magdeburg

Für die freundliche Unterstützung danken wir

Abendfriede Bestattungen
Inh. Frank Büschel
Halberstädter Str. 115
39112 Magdeburg
Telefon (0391) 5 43 27 06
Telefax (0391) 6 24 87 81

Buttergasse GmbH
Alter Markt 14
39104 Magdeburg
Telefon: Büro (0391) 5 35 35 35
Telefax: (0391) 5 35 35 55
Telefon Restaurant: (0391) 5 44 66 61
E-Mail: anfrage@buttergasse.de
Internet: www.buttergasse.de

CEN GmbH
Communikations- und Energienetze GmbH
Große Diesdorfer Straße 4
39108 Magdeburg
Telefon: (0391) 7 34 67 71/72
Telefax: (0391) 7 34 67 73
Internet: www.cen-gmbh.de

Glasermeister Uwe Schwan
Glaserei – Tischlerei –
Kunsthandlung – Einrahmungen
Schönebecker Straße 100
39104 Magdeburg
Telefon: (0391) 4 04 40 15
Telefax: (0391) 4 01 60 51

Goedecke Haarmoden
Norbert Goedecke – Friseurmeister
Mitglied im Bund Deutscher Haarformer e.V.
St.-Michael-Straße 54 a
39112 Magdeburg
Telefon: (0391) 60 30 62
Telefax: (0391) 6 62 92 73
E-Mail: norbert.goedecke@t-online.de
Internet: www.StadtseitenMagdeburg.de

Haus der Athleten
Sporthotel – Restaurant – Lehrgangsbetrieb
Seilerweg 19
39114 Magdeburg
Telefon: (0391) 5 96 92 00
Telefax: (0391) 5 96 92 06
Internet: www.haus-der-athleten.de

Haustechnik-OSS
Heizung – Sanitär – Abwasser – Kundendienst
Klausener Straße 51
39112 Magdeburg
Telefon: (0391) 6 23 92 76
Telefax: (0391) 6 23 92 77
Funk & Notdienst: (0171) 3 47 29 22

Herrenkrug Parkhotel
Herrenkrug 3
39114 Magdeburg
Telefon: (0391) 8 50 80

Hotel Restaurant „Zum Lindenweiler"
Inh. E. Meyer
Vogelbreite 79
39110 Magdeburg
Telefon: (0391) 7 21 95 45 6
Telefax: (0391) 7 21 95 44

Macon Bau GmbH Magdeburg
Liebigstraße 8
39104 Magdeburg
Telefon: (0391) 53 34 16
Telefax: (0391) 53 34 185
E-Mail: info@macon-bau.de

Maler Nord eG
Innungsbetrieb des Maler- und Lackiererhandwerks
Morgenstraße 6
39124 Magdeburg
Telefon: (0391) 2 52 96 92
Telefax: (0391) 2 52 97 13
E-Mail: info@maler-nord-magdeburg.de
Internet: maler-nord-magdeburg.de

Metallbau Riegg
Hakeborner Straße 7–11
39112 Magdeburg
Telefon: (0391) 6 22 16 42
Telefax: (0391) 6 22 38 06
Funk (0172) 3 93 90 39

Privatvermietung Dieter Hirche
Hoffnung-Privatweg 86
39118 Magdeburg
Anfahrt bitte über die Galileostraße
Telefon: (0391) 61 41 40
Telefax: (0391) 6 21 26 69

Privatvermietung Petzerling
Alt Ottersleben 48
39116 Magdeburg
Telefon/Telefax: (0391) 6 31 37 60
Gut schlafen und frühstücken.

Renate Gottschling
Friseurmeisterin
Hohenwarther Straße 16a
39126 Magdeburg
Telefon: (0391) 50 33 01

VOETS Autozentrum GmbH
Magdeburg-Nordost
Saalestraße 31
39126 Magdeburg
Telefon: (0391) 5 08 95 0
Telefax: (0391) 5 08 95 99
E-Mail: info@voets-magdeburg.de
Internet: www.voets-magdeburg.de

Zehm Vertrieb u. Service GmbH
Glas- und Gebäudereinigung
Halberstädter Straße 55–57
Telefon: (0391) 6 23 93 18

Besonderer Dank gilt:

Helga und Reiner Riegg, Magdeburg
Birgit und Rüdiger Hartewig, Magdeburg

Autoren

Dr. phil. Maren Ballerstedt
geb. 1956, seit 1985 Mitarbeiterin im Stadtarchiv Magdeburg

Dagmar Bremer
geb. 1955, Diplom-Kultur- und Literaturwissenschaftlerin, Theaterwissenschaftlerin (MA), langjährige Tätigkeit an den Bühnen der Stadt Magdeburg

Dipl.-phil. Jörg-Heiko Bruns
geb. 1940, Musiklehrer, später Rundfunk-Reporter (in dieser Zeit Leitung der Klubgalerie Magdeburg und Herausgabe der Magdeburger Graphik-Blätter), 1983–1995 an der städtischen Galerie Fischmarkt/Erfurt, heute freischaffender Kurator, Kunstkritiker und Publizist (Herausgeber und Autor von Katalogen und Büchern zur Gegenwartskunst)

Ingelore Buchholz
Leiterin des Stadtarchivs Magdeburg

Constanze Buchholz
Mitarbeiterin im Stadtarchiv Magdeburg

Dr. Ursula Föllner
geb. 1956, wissenschaftliche Mitarbeiterin am Institut für Germanistik der Otto-von-Guericke-Universität, Forschungsschwerpunkte: Niederdeutsche Sprache und Literatur, Stadtsprache/Soziolinguistik

Prof. Dr. Andreas Geiger
geb. 1947, 1992–1998 Gründungsdekan und ab 1994 gewählter Dekan am Fachbereich Sozial- und Gesundheitswesen der Fachhochschule Magdeburg, Professor für Sozialmedizin und Soziologie, seit 1998 Rektor der Fachhochschule

Wolfgang Gerlich
geb. 1957, ständiger Diakon der katholischen St.-Norbert-Gemeinde, Magdeburg-Buckau

Prof. Dr. phil. habil. Norbert Heise
geb. 1927, langjähriger Hochschullehrer an der TU Dresden, der PH Halle (Saale), der PH Magdeburg, Wissenschaftsbereichsleiter Sportgeschichte/Sportsoziologie, 1990–1992 Prorektor, emeritiert 1993

Dr. phil. Wolf Hobohm
Musikwissenschaftler, Leiter des „Zentrums für Telemann-Pflege und -Forschung" Magdeburg

Dipl.-Ing. (TU) Bau-Ing. (FH) Werner Kaleschky
geb. 1941, Beigeordneter für Bau und Stadtentwicklung der Landeshauptstadt, Präsident der Vereinigung der Straßenbau- und Verkehrsingenieure des Landes Sachsen-Anhalt

Dr. phil. Karlheinz Kärgling
geb. 1948, Studium der Journalistik, Kulturwissenschaften, Literaturwissenschaft und Ästhetik, Leiter des Bereichs Öffentlichkeitsarbeit/Museumspädagogik der Magdeburger Museen

Manfred Köppe
geb. 1940, Lehrer, Geschäftsführer des Landesheimatbundes Sachsen-Anhalt e.V.

Univ.-Prof. Dr. iur. Heiner Lück
geb. 1954, Ordinarius für Bürgerliches Recht, Europäische, Deutsche und Sächsische Rechtsgeschichte an der Juristischen Fakultät der Martin-Luther-Universität Halle-Wittenberg, Ordentliches Mitglied der Sächsischen Akademie der Wissenschaften zu Leipzig

Dr. Saskia Luther
geb. 1958, Referentin für Mundartpflege und -forschung beim Landesheimatbund, Forschungsschwerpunkte: Niederdeutsche Sprache und Literatur, Namenkunde

Dr. phil. Stefan Pätzold
geb. 1966, 1999-2001 wissenschaftlicher Mitarbeiter am Lehrstuhl für Geschichte des Mittelalters der Otto-von-Guericke-Universität Magdeburg, seit 2001 wissenschaftlicher Archivar am Stadtarchiv Pforzheim.

Dr.-Ing. Eckhart Wilhelm Peters
geb. 1943, Architekt und Stadtplaner, 1970–1974 Forschungsaufträge für den Vorderen Orient, Ergänzungsstudium Kultur und Stadtgeographie, 1978 Staatsexamen im Städtebau, seit 1993 Leiter des Stadtplanungsamtes Magdeburg

Peter Petsch
geb. 1952, Studium der Germanistik, Pädagogik und Politikwissenschaften, Lehrer, Zusatzausbildung zum wissenschaftlichen Bibliothekar (2. Staatsexamen), seit 1992 Amtsleiter der Stadtbibliothek Magdeburg

Prof. Dr. Klaus Erich Pollmann
geb. 1940, seit 1993 Professor für Geschichte der Neuzeit an der Otto-von-Guericke-Universität Magdeburg, seit 1. Oktober 1998 Rektor der Otto-von-Guericke-Universität

Hanns H. F. Schmidt
geb. 1937, Studium der Musik und der Mathematik in Halle (Saale), Musikpädagoge in Magdeburg. Seit 1965 freiberuflicher Schriftsteller.

Dr.-Ing., Dipl.-Ing. u. -phil. Ditmar Schneider
geb. 1948, Gründungsmitglied der Otto-von-Guericke-Gesellschaft e.V. und Mitglied des Vorstandes, hält seit 1991 die Guericke-Vorlesung, Guericke-Biograph, seit 1999 Wissenschaftlicher Leiter der Guericke-Gesellschaft

Rainer Schulze
geb. 1950, seit Anfang der 70er Jahre zahlreiche Veröffentlichungen (u. a. im „Eulenspiegel"), 1992–1994 Pressesprecher der FDP-Landtagsfraktion, seit 1996 freischaffender Buchautor in Magdeburg (u. a. Romane: „Eigendorff, der Mann, der nicht nein sagen konnte", „Der Lokalredakteur")

Gabriele Schuster
geb. 1951, Theaterwissenschaftlerin, seit 1977 in den Bereichen Heimatgeschichte und Denkmalpflege tätig, ehrenamtlich tätig für die Magdeburgische Gesellschaft von 1990 und das Kuratorium 1200 Jahre Magdeburg

Heiner Schwarzberg M.A.
geb. 1974, Studium der prähistorischen Archäologie, Kunstgeschichte und Anthropologie in Halle, Jena und Berlin. 2001-2003 Tätigkeit am Deutschen Archäologischen Institut, Berlin, seit 2003 Stipendiat des Landes Sachsen-Anhalt

Prof. Dr. Matthias Springer
geb. 1942, Inhaber des Lehrstuhls für Geschichte des Mittelalters an der Otto-von-Guericke-Universität Magdeburg

Heidemarie Titz
geb. 1960, 1980–1985 Studium der Landschaftsarchitektur an der TU Dresden, seit 1991 selbständige Landschaftsarchitektin

Prof. Dr. habil. Mathias Tullner
geb. 1944, Professor für Geschichte an der Pädagogischen Universität Maputo (Mosambik); Professor am Institut für Geschichte der Otto-von-Guericke-Universität Magdeburg

Dipl.-Ing. Gotthard Voß
geb. 1938, Architekturstudium an der TH (später TU) Dresden, u. a. denkmalpflegerische Betreuung der Dome in Magdeburg, Merseburg, Halberstadt und Havelberg, 1992–2003 Landeskonservator und Leiter des Landesamtes für Denkmalpflege Sachsen-Anhalt in Halle

Dipl.-Ing.-Ök. Hans-Jochen Wegner
geb. 1955, Verwaltungsdirektor der Industrie- und Handelskammer Magdeburg

Sabine Wenzel
geb. 1961, Diplom-Bibliothekarin

Dr. Martin Wiehle
geb. 1926, Bibliothekar und Diplomhistoriker, 1954 bis 1991 Direktor der Stadtbibliothek Magdeburg, derzeit Publizist und Heimatforscher

Waltraut Zachhuber
geb. 1941, Superintendentin des Evangelischen Kirchenkreises, Magdeburg

Dr. phil. Gisela Zander
geb. 1950, Lehrerin/Literaturwissenschaftlerin, Leiterin des Literaturhauses Magdeburg beim Kulturamt der Stadt

Bildnachweis

Dipl.-Ing. Ulrich Ahrendt: 462, 474, 481, 492

apix-Pressedienst, Gesa Buschmann, Magdeburg: 645–647, 749, 750

Archiv J.-H. Bruns: 52 u., 53 o., 506–507, 510–525

Archiv D. Bremer: 558–567, 570

Archiv des Evangelischen Kirchenkreises Magdeburg: 676–678

Archiv Prof. Dr. N. Heise: 615 o. r. (2), 617 o. r., 619 o. (2), 625

Archiv M. Köppe: 287–290, 292–296, 298, 299, 302–304

Archiv Prof. Dr. H. Lück: 278, 279, 280, 284

Archiv der Industrie- und Handelskammer Magdeburg: 679–692

Archiv Dr. E. W. Peters: 744–746

Archiv F. Wahle: 373

Jürgen Banse: 568, 569

Jürgen Buchholz: 63 o., 320

Fachhochschule Magdeburg: 605 u., 608

Jutta Klose: 648–654

Kulturhistorisches Museum Magdeburg: 533–534, 535 o., 536–541, 542 o. l. und r., 543–545, 547, 548, 550, 551 o., 552, 553

Landesamt für Denkmalpflege Sachsen-Anhalt: 655–661
Landesmarketing Sachsen-Anhalt GmbH, Magdeburg: 478 u., 480 u.

Bernd Liebl: 606, 607, 609

Stadtarchiv Magdeburg: 9, 34–52 o., 53 u., 54, 55, 56, 57 (2) o., 58 o., 62 o., 72 u., 73, 75 u., 98, 105, 106, 107 o., 110–111, 112, 113, 114 u., 115, 116, 120–121, 122, 123, 124, 125, 126, 127, 128 o., 129, 133, 134, 135, 136 u., 137–147, 150–154, 157–160, 161–171, 173–178, 180–187, 189–192, 194–200, 202–203, 205–206, 208–209, 211, 214, 215, 216–221, 238, 239, 241, 245, 246, 248 u., 248 o., 249, 251, 253–257, 259, 262, 263, 267, 268–269, 272, 273, 281, 291, 313–318, 323, 324, 327 o., 329, 331 o., 332–335, 337, 341–349, 352–364, 366–372, 374–411, 460, 461, 463, 467, 468, 471, 472, 473, 479 u., 483, 486 o., 488, 509, 554–555, 557, 571–580, 611–615 o. l. und u., 616, 617 (2), 618, 619 u., 620, 623, 624, 626–628, 630, 631

Stadtbibliothek Magdeburg: 582–585

Stadtplanungsamt Magdeburg: 482, 486 u., 491

Stadtverwaltung Magdeburg: 478 l., 479 m., 621

Janos Stekovics: Umschlag, 1, 2, 4, 7, 10, 13, 14, 17, 19, 21, 22–23, 24–25, 26–27, 28–29, 30–31, 32, 57 u., 58 u., 59–61, 62 u., 63 u., 64, 65, 66–67, 68, 70–71, 76, 77, 78, 79, 80, 81, 84, 86, 87, 88, 89, 91, 92, 95, 97, 104, 107 u., 108, 131, 136 o. l., 149, 155, 225–236, 270, 297, 300, 301, 305–312, 325, 327 u., 336, 412–413, 414–459, 464, 465, 467 o., 468, 469, 477, 478 r., 479 o., 480, 482 u., 483 u., 484, 485, 487, 490, 493–505, 508, 526, 526, 527, 528–531, 535 u. 542 u. (2), 546, 549, 551 u., 556, 581, 594, 632–644, 737, 738, 751–753, 758

Verlagsarchiv: 33, 75 o., 114 o., 118, 121 o., 128 u. 130, 136 o. r., 237, 242, 277, 331 u., 340

Klaus-Peter Voigt: 222, 663

Telemann-Zentrum: 586, 588

Zoologischer Garten Magdeburg: 475

Universität Marburg: 72 o., 74

Otto-v.-Guericke-Gesellschaft: 589–593

Otto-v.-Guericke-Universität Magdeburg: 599–605 o.

Die Urheberrechte der im Firmenspiegel auf den Seiten 693–742 abgebildeten Aufnahmen liegen bei dem jeweils zeichnenden Auftraggeber.

weitere Abbildungen:

Inhalt

Ort der Musen

Stadt des 21. Jahrhunderts

Impressum

Deutsche Städteporträts, Band 1

MAGDEBURG – Porträt einer Stadt.
Eine Initiative des Stadtplanungsamtes Magdeburg, Amtsleiter: Dr. Eckhart W. Peters
Herausgeber: Landeshauptstadt Magdeburg und Landesheimatbund Sachsen-Anhalt e.V.
Projektleitung: Manfred Köppe (Landesheimatbund Sachsen-Anhalt e.V.)

Redaktion: Janos Stekovics, Manfred Köppe
Fotografie, Bildredaktion, Gestaltung, Satz und Layout: Janos Stekovics
Sammlung der Zitate im Buch: Martin Wiehle
Lektorat: Katrin Greiner
Druck: Grafisches Centrum Cuno GmbH & Co. KG, Calbe (Saale)
Buchbinderische Verarbeitung: Kunst- und Verlagsbuchbinderei GmbH, Leipzig

Bibliographische Information Der Deutschen Bibliothek

Die Deutsche Bibliothek verzeichnet diese Publikation in der Deutschen Nationalbibliographie; detaillierte bibliographische Daten sind im Internet über http://dnb.ddb.de abrufbar.

ISBN 3-932863-50-X